Formation Administration
Concours

Le droit public

André Legrand
Professeur émérite de droit public à l'Université
de Paris Ouest-Nanterre-La Défense

Céline Wiener
Inspectrice générale honoraire de l'administration
de l'Éducation nationale et de la Recherche

Édition 2014

Sommaire

IV. Institutions européennes

Introduction générale

1. Quelques mots d'histoire sur le droit
2. Droit public et droit privé
3. Les composantes du droit public
4. Les tendances de l'évolution

Cette entrée en matière se propose de donner au lecteur un aperçu de la nature et du contenu du droit public, en les replaçant dans une perspective historique. Les thèmes que l'on y abordera seront traités de manière approfondie dans les différents chapitres de cet ouvrage. Il a paru utile, cependant, d'en esquisser d'emblée les grandes lignes, pour faire apparaître à la fois la diversité des domaines régis par ce droit et les traits communs qui les caractérisent.

1. Quelques mots d'histoire sur le droit

Le droit est aussi ancien que la vie en société : à partir du moment où les hommes sont entrés dans l'ère de l'existence collective, ils ont éprouvé le besoin de régler leurs rapports. Mais depuis l'époque primitive, les sources, les domaines d'intervention et le contenu du droit ont subi de profondes mutations, dues aussi bien à l'évolution des techniques qu'à celle des idées : la diversification des règles suit en effet la complexité croissante de l'organisation sociale.

1. Une démocratisation progressive

À l'origine, il s'agissait principalement de faire régner l'ordre au sein de la communauté et d'assurer la cohésion de celle-ci. Les règles à respecter émanaient de dirigeants que l'on croyait investis d'une mission quasi divine : les sorciers des tribus anciennes commandaient grâce aux pouvoirs magiques qu'ils revendiquaient et cette référence au surnaturel s'est perpétuée jusqu'aux monarques de l'Ancien Régime, qui étaient considérés comme les « lieutenants de Dieu » sur la terre à partir et en vertu de la cérémonie du sacre.

Dès l'Antiquité, toutefois, d'autres sociétés s'étaient dégagées de l'emprise religieuse : la Grèce, puis Rome, instaurèrent la **république**, forme de gouvernement où les dirigeants ne tiennent plus leurs pouvoirs de la volonté divine mais du choix populaire. Au cours de leur histoire, la plupart des pays ont connu des péripéties qui les ont fait osciller de l'un à l'autre de ces modèles d'organisation; mais presque partout, aujourd'hui, le droit s'est laïcisé et, sauf quelques exceptions [1], il ne se réclame plus de la religion.

Cela ne signifie pas que les **considérations morales** en sont absentes : on peut y rattacher des principes tels que l'égalité de tous devant la loi, la protection sociale, l'aide aux personnes démunies, qui fondent en grande partie les systèmes juridiques. Mais cette morale repose désormais sur la notion de droits de l'homme, dégagée au XVIIIe siècle par les « philosophes des Lumières », tels Montesquieu et Rousseau, qui ont inspiré la Révolution de 1789 ainsi que la Déclaration des droits de l'homme et du citoyen adoptée à cette époque et dont les principes sont toujours en vigueur.

D'autres pays, notamment les États-Unis, ont participé au même moment à ce mouvement d'idées en adoptant une Déclaration d'inspiration analogue. Et au XXe siècle, la communauté internationale s'y est également ralliée : une Déclaration universelle des droits de l'homme a été votée par l'ONU (Organisation des nations unies) en 1948, c'est-à-dire au lendemain de la Seconde Guerre mondiale et de la chute du nazisme. Elle a été suivie deux ans plus tard par une Convention européenne, puis complétée ensuite par des pactes relatifs aux droits civils et politiques et aux droits économiques et sociaux. Tous ces textes énoncent une série de droits considérés comme inhérents à la dignité de la personne humaine et à la lutte contre l'oppression : libertés individuelles et collectives, interdiction des discriminations raciales, suffrage universel, caractère démocratique des institutions; les gouvernants sont tenus de les respecter et les citoyens peuvent en exiger le respect. Ainsi, au fil des temps, l'absolutisme royal de l'Ancien Régime a-t-il cédé le pas à la souveraineté populaire.

1. Principalement dans ceux des pays qui appliquent la loi islamique *(charia)*.

2. Un domaine en extension

La complexité de la vie sociale est aujourd'hui sans commune mesure avec ce qu'elle était avant la révolution industrielle. Les rapports économiques se sont multipliés, tandis que se faisait jour la nécessité de protéger les travailleurs : les **droits des contrats, du commerce et du travail** sont alors apparus et ont connu un développement considérable. L'expansion de la circulation automobile a engendré le **Code de la route** et le **droit des assurances**. L'apparition de nouvelles technologies a également dû être encadrée par le droit : il fallait protéger les individus contre l'utilisation abusive des fichiers informatisés et réglementer le recours aux substances polluantes de même que les manipulations génétiques pour prévenir leurs conséquences dangereuses. Et l'on pourrait citer bien d'autres exemples de cet accroissement du domaine du droit.

Parallèlement, le rôle des pouvoirs publics s'est modifié : aux tâches traditionnelles de maintien de l'ordre s'est ajoutée la mission plus large et plus ambitieuse d'assurer de bonnes conditions de vie à la collectivité, voire de favoriser le progrès économique et social. Ce que l'on appelle l'interventionnisme [2] s'est considérablement accru avec les deux guerres mondiales successives et la grande crise économique de 1929 : les services publics se sont multipliés, ainsi que les prestations de toutes sortes et la réglementation de secteurs auparavant considérés comme relevant exclusivement de l'initiative privée. Peu à peu, l'administration a pris en charge la fourniture de l'eau, du gaz et de l'électricité, l'organisation des transports en commun, le fonctionnement d'établissements scolaires ou hospitaliers; elle octroie aussi des aides économiques ou sociales et réalise des équipements. Toutes ces activités ont inévitablement entraîné l'édiction d'un **corps de règles** encadrant les interventions publiques et précisant les conditions dans lesquelles les particuliers peuvent en bénéficier : ces règles sont principalement contenues dans le **droit administratif**. Mais comme l'interventionnisme suppose des crédits et des investissements, le **droit des finances publiques**, qui englobe les prescriptions relatives au budget de l'État et à la fiscalité, s'est développé simultanément.

Enfin, il faut tenir compte de l'extension des relations internationales et surtout de la construction européenne. D'une part, les traités et accords de toutes sortes, ainsi que les organisations multinationales dont la France fait partie (par

2. Par opposition à la doctrine libérale du « laissez-faire » les acteurs privés, qui a prévalu jusqu'à la fin du XIXe siècle. Cette doctrine trouve un prolongement aujourd'hui avec le mouvement favorable à la déréglementation, qui implique notamment l'ouverture à la concurrence de domaines réservés aux services publics et inspire en grande partie la politique économique de l'Union européenne.

exemple, l'Organisation internationale du travail) deviennent plus nombreux et sont à la source de normes spécifiques. Plus importante encore par ses conséquences sur l'ordre juridique est l'Union européenne, grande productrice de règles qui sont applicables dans les pays membres et constituent désormais une branche spécifique du droit, le **droit européen**.

Au total, le droit actuel ne ressemble plus guère à celui du XIXe siècle. D'une part, il est devenu si fourni que de nombreux auteurs, mais aussi des magistrats, dénoncent ce qu'ils dénomment « l'inflation normative » : tous les ans, par exemple, la France adopte près d'une centaine de lois et 1 800 décrets qui viennent s'ajouter au stock des textes en vigueur et auxquels il faut ajouter la réglementation européenne, qui représente un volume annuel équivalent. D'autre part, en raison de la multiplicité de ses domaines d'intervention, le droit s'est spécialisé en diverses branches dont le nombre peut être illustré par celui des enseignements dispensés dans les universités : alors qu'on en comptait une vingtaine dans les années 1950, il y en a plus de quarante aujourd'hui, dont le droit des assurances, de la propriété littéraire et artistique, de l'urbanisme, de la santé... La subdivision principale, toutefois, n'a pas changé : on distingue toujours le droit public du droit privé, les diverses branches spécifiques s'insérant dans l'une ou l'autre de ces catégories – avec parfois, on le verra, quelques zones mixtes.

2. Droit public et droit privé

En théorie, la distinction est nette. Mais si le domaine du droit public est bien délimité, celui du droit privé connaît quelques incursions.

– Le **droit privé** est celui qui régit les rapports entre les particuliers. Il comprend tout d'abord le **droit civil**, dont une grande partie concerne la famille : ainsi en est-il des règles relatives au mariage, à la filiation, au divorce, mais aussi de celles qui ont trait aux patrimoines (régimes matrimoniaux, successions, donations). C'est également le droit civil qui réglemente la propriété privée des biens et la responsabilité qui peut incomber aux particuliers s'ils sont à l'origine d'un dommage, par exemple à l'occasion d'un accident de la circulation.

Vient ensuite le droit commercial, plutôt dénommé aujourd'hui **droit des affaires** : il s'applique, par exemple, aux contrats de vente, à la constitution et à la vie des entreprises, aux assurances. Comme l'est de son côté le droit civil, il est contenu dans un code.

– Le **droit public**, au contraire, régit l'organisation et le fonctionnement des pouvoirs publics, ainsi que leurs rapports avec les citoyens. Il réglemente aussi bien l'élection du président de la République que les compétences attribuées aux collectivités territoriales (communes, départements et régions), le recouvrement des impôts et les contrôles qui s'exercent sur l'administration. C'est également lui qui définit et protège les libertés individuelles et collectives dont bénéficient les citoyens.

Il existe cependant quelques secteurs du droit que l'on pourrait qualifier de mixtes : c'est par exemple le cas du **droit pénal**, qui s'apparente au droit privé dans la mesure où il définit les relations interdites entre particuliers (par exemple, le vol ou les mauvais traitements infligés par des parents à leurs enfants), mais relève aussi du droit public puisqu'il détermine les poursuites et les peines qu'encourent les auteurs d'infractions. On ne l'abordera pas dans le cadre de cet ouvrage, qui est consacré au droit exclusivement public.

3. Les composantes du droit public

Ce droit comprend quatre branches principales.

1. Le droit constitutionnel

Celui-ci définit les règles relatives à l'**organisation et au fonctionnement de l'État**. Il précise ainsi le mode de désignation et les compétences respectives des autorités politiques (principalement le président de la République, le Parlement et le gouvernement), ainsi que les rapports qui s'établissent entre eux : par exemple, les conditions dans lesquelles l'Assemblée nationale peut renverser le gouvernement. Suivant la manière dont il organise ces rapports et les pouvoirs qu'il accorde respectivement au Parlement et au président de la République (ou à toute autre personne exerçant les fonctions de chef de l'exécutif, comme le Premier ministre en Grande-Bretagne), il détermine la nature du régime politique : celui-ci sera qualifié de *parlementaire* si les Assemblées peuvent renverser le gouvernement, de *présidentiel* si les pouvoirs législatif et exécutif sont indépendants l'un de l'autre.

Le droit constitutionnel détermine aussi le **domaine réservé à la loi**, considérée comme une norme de rang supérieur à celui des actes dits « administratifs » (en particulier les décrets pris par le gouvernement) parce qu'elle émane de parlementaires directement issus du suffrage universel. Et il fixe également le statut et les principales attributions d'autres organes jouant un rôle important dans la vie publique, comme le pouvoir judiciaire ou le Conseil constitutionnel.

Ce droit est principalement inscrit dans la **Constitution**, qui a un rang plus élevé que la loi dans la mesure où celle-ci ne peut contredire les dispositions qu'elle édicte. Les textes constitutionnels commencent en général par un Préambule, qui pose des principes généraux tels que le caractère démocratique des institutions ou les libertés fondamentales reconnues aux citoyens et se réfère aux Déclarations des droits mentionnées ci-dessus. Dans de nombreux pays, le respect de cet ensemble de dispositions est assuré par une Cour constitutionnelle (en France, le Conseil constitutionnel) qui peut déclarer inapplicables les textes particuliers, y compris les lois, qui lui seraient contraires.

2. Le droit administratif

Il se situe un cran au-dessous. Il ne traite en effet que des **droits et obligations** des **autorités administratives**, c'est-à-dire le gouvernement (qui est un organe à la fois politique et administratif, mais n'est considéré ici que sous ce second aspect), les ministères et leurs services déconcentrés, les collectivités territoriales et les établissements publics (cette dernière catégorie comprend par exemple les universités et les hôpitaux). Il détermine la nature et le contenu des actes que ces organes peuvent édicter, chacun dans sa sphère d'attributions, la procédure suivant laquelle ces actes doivent être pris et la responsabilité qu'ils peuvent entraîner à l'encontre de leurs auteurs dans l'hypothèse où ceux-ci auraient contrevenu à ces règles. Il régit aussi les rapports que les autorités administratives entretiennent avec leurs agents et avec les citoyens, ainsi que les contrôles qui s'exercent sur elles.

S'il est moins élevé par son domaine d'intervention, ce droit est cependant celui qui a le **plus d'incidences** sur la vie quotidienne des citoyens, dans laquelle le fonctionnement des services publics joue un grand rôle : la durée du mandat des parlementaires, par exemple, n'influe pas au même degré sur les conditions d'existence individuelle que la bonne marche des services de santé ou de transport.

A la différence du droit constitutionnel, mais aussi du droit civil, le droit administratif ne figure **pas tout entier dans des textes**. Plus récemment apparu, il a longtemps résulté – et résulte encore en partie – de principes et de dispositions concrètes posés par les arrêts du Conseil d'État, qui est placé à la tête des juridictions chargées d'exercer le contrôle des activités administratives. Suivant la terminologie classique, c'est un droit plus **jurisprudentiel** : les règles relatives à la responsabilité des agents et des services, par exemple, ont été progressivement dégagées par les arrêts parce qu'il n'existait pas à l'époque de textes qui leur soient applicables.

3. Le droit des finances publiques

Il a un objet plus circonscrit et se subdivise en deux secteurs principaux. Le premier a trait au **budget de l'État** : des règles précises déterminent le mode et le calendrier d'élaboration de la loi annuelle de finances (et des éventuelles lois rectificatives), la nature des ressources et celle des charges obligatoires, l'équilibre qui doit s'établir entre les dépenses et les recettes. Le second secteur concerne le montant et les modalités de recouvrement des **impôts ou taxes** de toute nature qui peuvent être exigés des habitants. Ce droit est à la fois touffu et très technique. Il comprend des règles protectrices des contribuables, mais aussi des dispositions répressives à l'encontre de ceux d'entre eux qui ne s'acquitteraient pas de leurs obligations.

4. Le droit européen

C'est le plus récent. Il est né de la **construction de l'Union européenne**, qui a commencé par celle du Marché commun, et beaucoup de ses dispositions sont donc de nature économique : par exemple, toutes celles qui concernent les aides à l'agriculture ou la libre circulation des capitaux et des marchandises. Les traités ultérieurs (Maastricht, Amsterdam, Lisbonne) ont poussé très loin l'intégration des États membres : sont apparues des règles relatives à la réduction des déficits budgétaires, mais aussi à la police de l'immigration, à la protection de l'environnement et à l'action culturelle.

Dès l'origine, les traités – et la Cour de justice de l'Union européenne chargée de les faire respecter – ont posé en principe que le droit européen avait une force supérieure à celle des droits nationaux ; même les Constitutions doivent être modifiées lorsque l'une de leurs dispositions lui est contraire (certains États membres, y compris la France, n'acceptent pas toujours volontiers cette conséquence). De plus, ce droit connaît une extension considérable : en 1993, déjà, le Conseil d'État estimait que le nombre annuel des textes émanant de Bruxelles était supérieur à celui des textes nationaux (lois et décrets)[3] et ce flux n'a fait que s'accroître[4]. Il est tout aussi important par les conséquences qu'il induit : largement inspiré par le libéralisme économique, c'est lui qui a imposé, par exemple, la suppression des monopoles de service public dans les télécommunications, les transports aériens et la fourniture d'énergie (gaz, électricité…).

4. Les tendances de l'évolution

Le droit public interne aux États se caractérise depuis le siècle dernier par un approfondissement de son **caractère démocratique**. Le droit constitutionnel a connu des hauts et des bas suivant les régimes politiques qui se sont succédé : l'Empire et le régime de Vichy étaient marqués par l'autoritarisme et la régression des droits de l'homme ; les Républiques successives ont entraîné, au contraire, des progrès dans ces deux domaines. Il est acquis aujourd'hui, par exemple, que les gouvernants doivent émaner, directement ou indirectement, du suffrage universel, que la parité entre les femmes et les hommes doit être assurée dans les fonctions électives, que les juges doivent bénéficier d'un statut garantissant leur indépendance.

Par ailleurs, les droits dont jouissent les citoyens se sont accrus : aux **droits individuels** tels que la liberté d'expression ou l'égalité devant les charges publiques se sont d'abord ajoutés des **droits collectifs** comme le droit de grève et le droit d'association ; puis sont apparus ce que l'on appelle des **« droits-créances »**, c'est-à-dire la possibilité d'obtenir des prestations de la collectivité, principalement dans le domaine social : ainsi, la protection de la santé et l'assistance en cas de chômage ou de maladie. Certes, l'effectivité de ces prestations dépend en partie de la conjoncture économique : c'est le cas, par exemple, du droit d'obtenir un emploi qui est inscrit dans le préambule de la Constitution. Et l'édifice tout entier demeure soumis aux aléas de l'Histoire, en ce sens que l'avènement d'un

3. Conseil d'État, *Rapport public pour 1992*, La Documentation française, p. 16.

4. On dénombre ainsi, chaque année, 600 règlements nouveaux et près de 100 directives (Conseil d'État, *Rapport public 2006*, p. 239).

régime totalitaire pourrait le mettre à bas, ou du moins lui imprimer de profondes lézardes. Mais aujourd'hui cette sorte de régime a moins de chances de perdurer qu'elle n'en avait dans le passé, notamment en raison du renforcement, après 1945, des institutions internationales telles que l'ONU et de l'avènement du droit d'ingérence, et il paraît assuré qu'après un temps plus ou moins long, l'évolution progressiste reprendrait son cours.

Le droit administratif a connu un mouvement analogue. Il était fondé à l'origine sur une inégalité foncière entre l'administration et les usagers : la première, parce que considérée comme dépositaire de l'intérêt général, bénéficiait à l'égard des seconds de pouvoirs appelés **« prérogatives de puissance publique »,** tels que celui de prendre des décisions immédiatement applicables et d'en assurer elle-même l'exécution forcée, les intéressés ne pouvant contester ces décisions qu'après coup. De plus, pour préserver les services d'éventuelles pressions, on admettait qu'ils devaient œuvrer dans le secret, c'est-à-dire sans informer les citoyens de leurs motifs, ni même de leurs projets. Cette situation fit progressivement l'objet de critiques de plus en plus vives, fondées sur le sentiment que la démocratisation des institutions politiques contrastait avec la persistance d'un autocratisme administratif ; une série de réformes fut alors décidée.

La première en date fut la transposition aux décisions administratives des droits de la défense reconnus devant les tribunaux : les personnes à l'égard desquelles l'administration envisageait de prendre une sanction reçurent la possibilité d'accéder à leur dossier et de présenter des observations ; cette possibilité fut ensuite étendue à toutes les décisions défavorables, par exemple le retrait d'une autorisation. Plus tard, on admit que l'administration ne devait plus être une citadelle, mais une « maison de verre » : des lois adoptées à la fin des années 1970 autorisèrent de manière générale l'accès aux dossiers qu'elle détient (sous certaines réserves destinées à protéger le secret de la vie privée), et lui firent obligation de motiver ses décisions et d'indiquer les voies de recours ouvertes à leurs destinataires.

Parallèlement, se développèrent diverses formes d'**association des citoyens** à l'action administrative : par exemple, l'enquête publique préalable aux opérations d'urbanisme ou d'aménagement du territoire, la participation des locataires aux organes de gestion des offices publics d'HLM, de même que celle des élèves et de leurs parents aux conseils d'administration des collèges et des lycées. Et, de manière générale, les services se concertent davantage avec leurs usagers qu'ils ne le faisaient autrefois, par le biais d'enquêtes d'opinion et de consultations diverses.

Si l'on ajoute à ces diverses réformes l'approfondissement du contrôle exercé sur l'administration par les tribunaux, ainsi que l'apparition de médiateurs nationaux ou sectoriels chargés d'aplanir les difficultés que peuvent rencontrer les citoyens dans leurs rapports avec les services, on constate que la balance entre la position des premiers et des seconds s'est rééquilibrée : le pouvoir administratif n'a certes pas disparu, mais ses conditions d'exercice ont considérablement évolué.

Partie I
Droit constitutionnel

Le droit constitutionnel est, au sens large, celui de l'État : il définit la nature et les attributions de ses principaux rouages, ainsi que les rapports qui s'établissent entre eux. Il pose aussi les règles fondamentales de l'organisation politique et sociale du pays, c'est-à-dire le caractère plus ou moins démocratique de son régime et les droits que peuvent revendiquer les citoyens à l'égard des institutions. Il s'exprime le plus souvent à travers une Constitution écrite, que l'on peut considérer à la fois comme le statut et la charte de l'État : statut parce qu'elle en détermine les formes et le mode de fonctionnement, charte parce qu'elle lui impose des obligations.

Décrire les institutions actuelles de la France, c'est donc en grande partie exposer les dispositions de la Constitution du 4 octobre 1958. Mais c'est aussi décrire la vie de ce texte, autrement dit la manière dont il s'applique suivant les fluctuations électorales et les majorités parlementaires successives qui en résultent : les pouvoirs reconnus au président de la République, par exemple, ne s'exercent pas de la même manière ni surtout avec la même intensité selon qu'il dispose d'une majorité à l'Assemblée nationale ou que l'on se trouve en période de cohabitation (sur ce terme, voir page 23). En ce sens, l'analyse du droit constitutionnel doit être complétée par des éléments de *science politique*, discipline plus sociologique qui s'attache à décrire les réalités plutôt que les textes.

Pour apprécier la nature et le fonctionnement de nos institutions, il n'est pas inutile de se référer à leur évolution historique et aux exemples étrangers. Mais il est indispensable de retracer au préalable les notions fondamentales qui forment l'ossature du droit constitutionnel : ainsi la place dévolue au référendum ne peut-elle être appréciée que par rapport à l'idée de démocratie directe, de même que les prérogatives attribuées au gouvernement découlent de la nature plus ou moins parlementaire d'un régime. C'est à l'exposé de telles notions que sera consacré le premier chapitre de cette partie de l'ouvrage.

Chapitre 1
Les notions fondamentales du droit constitutionnel

Ces notions peuvent être regroupées sous deux rubriques principales. La première concerne l'objet du droit constitutionnel, c'est-à-dire l'État : comment le définir et quelles sont les formes principales qu'il peut revêtir ? La seconde a trait aux sources de ce droit, donc aux Constitutions : quelles sont les caractéristiques de ces textes et en quoi se différencient-ils des lois, censées être pareillement l'expression de la volonté générale ?

1. L'État

L'État est une réalité à la fois évidente et complexe. Évidente parce que tous les citoyens ont le sentiment d'en faire partie (même s'ils ne se reconnaissent pas toujours dans la politique qu'il mène) et parce qu'il constitue le fondement de la communauté internationale : l'ONU et l'Union européenne, par exemple, sont composées d'États membres, et chaque État a auprès de ses congénères une ambassade qui le représente et est dotée d'un statut d'exterritorialité[1].

Mais l'État est également une réalité complexe en ce sens qu'il doit combiner, pour exister et être reconnu en tant que tel, des éléments de nature différente. Et bien que tous les États aient en commun de réunir ces éléments, ils peuvent avoir des modes d'organisation qui les distinguent beaucoup les uns des autres : il existe ainsi des États démocratiques ou totalitaires, unitaires ou fédéraux, monarchiques ou républicains. On abordera successivement leurs traits communs et leurs principales différences.

1. Les éléments constitutifs de l'État

Ces éléments sont au nombre de trois.

a) Une population

C'est un groupe de personnes liées entre elles par des caractéristiques qu'elles partagent : il peut s'agir d'une origine ethnique, d'une langue ou d'une histoire commune, de convictions religieuses, de traditions culturelles ou autres qui font qu'elles se sentent appartenir à une même collectivité. L'apparition d'États fondés sur ce sentiment repose en général sur le volontarisme (le « *vouloir vivre ensemble* », suivant l'expression de Renan) et ce sont habituellement les plus stables. Mais certains États ont – ou ont eu – un caractère plus artificiel, dans la mesure où leur création résulte de la volonté de pays extérieurs, souvent à la suite d'une guerre : des populations disparates, voire hostiles les unes aux autres, avaient été ainsi regroupées en État, comme en Yougoslavie, et d'autres, qui se considéraient comme un même peuple, avaient été au contraire séparées en États distincts, comme en Allemagne ; l'histoire récente a montré que ces constructions n'ont pas pour elles la durée.

b) Un territoire

Un espace sur lequel s'établir : c'est ce que revendiquaient les Juifs après des siècles de diaspora et de persécutions, et qui a abouti à la création de l'État d'Israël ; c'est aussi ce que réclament aujourd'hui les Palestiniens. Ce territoire, protégé par des frontières que le droit international déclare inviolables, peut être plus ou moins étendu : en Asie, par exemple, le Sri Lanka, avec moins de 66 000 kilomètres carrés, est un État au même titre que la Chine qui en compte près de dix millions ; ce qui importe, en effet, c'est que l'un et l'autre sont indépendants et bénéficient sur leur territoire des attributs de la souveraineté (décrits dans le paragraphe suivant).

c) Une organisation politique et juridique propre

C'est la manifestation de cette souveraineté. Sur son territoire, l'État est libre de s'organiser comme il l'entend et il dispose seul du pouvoir de recourir à la contrainte, qu'il s'agisse de lever les impôts, de rendre la justice ou de faire régner l'ordre. C'est l'État aussi qui crée le droit interne et conclut les accords internationaux. Il a la personnalité juridique, reconnue à l'intérieur comme à l'extérieur de ses frontières : il peut donc posséder un patrimoine, il a des droits et des devoirs à l'égard de ses ressortissants, et sa responsabilité est susceptible d'être mise en jeu. Il peut consentir des limitations – même importantes – à sa souveraineté, comme l'ont fait notamment les États membres de l'Union européenne ; mais, sauf en cas de circonstances exceptionnelles, comme une occupation militaire de son territoire par un autre État, ces limitations sont toujours librement consenties.

2. Les formes d'organisation des États

Les pouvoirs exercés dans le cadre de l'État peuvent être répartis de diverses manières, aussi bien entre ses composantes territoriales qu'entre lui et ses citoyens, ou encore

1. Cela signifie que l'immeuble dans lequel est installée l'ambassade est censé faire partie de l'État qu'elle représente et non de celui auprès duquel elle fonctionne, d'où la possibilité de demander le droit d'asile dans ses locaux.

entre ses gouvernants : il existe ainsi des États unitaires ou fédéraux, des systèmes privilégiant plus ou moins la démocratie représentative par rapport à la démocratie directe, et des régimes parlementaires ou présidentiels.

a) États unitaires et États fédéraux

- **L'État unitaire**

C'est celui dans lequel les citoyens ne sont soumis qu'à un **pouvoir central** et uniquement aux règles juridiques édictées par lui. Il n'existe qu'un Parlement et un gouvernement pour l'ensemble du pays, et les lois comme les décrets qu'ils adoptent sont applicables de la même manière sur tout le territoire. Historiquement, cette forme d'État a souvent été choisie par des régimes autoritaires, comme la monarchie française de l'Ancien Régime, car elle permettait d'affermir l'emprise du pouvoir royal ; mais elle a persisté à l'époque révolutionnaire parce qu'elle paraissait la mieux à même d'assurer l'égalité des citoyens devant la loi. Elle ne se rencontre plus, toutefois, à l'état pur, car l'étendue et la diversité des territoires nationaux, ainsi que l'hétérogénéité des besoins de la population, font qu'il n'est plus possible ni même souhaitable de tout régler à partir de la capitale. Deux correctifs ont donc été apportés au modèle[2].

Le premier est la **déconcentration**, qui laisse aux organes centraux le pouvoir de fixer les règles générales, mais accorde compétence à des autorités locales dépendant d'eux pour en déterminer les modalités d'application ou régler directement les questions mineures : suivant les cas, il peut s'agir de personnalités telles que les préfets ou les recteurs d'académie, des services locaux des ministères, ou même de responsables d'établissements publics comme les lycées et collèges. Cette démultiplication des attributions a l'avantage d'éviter les retards, de permettre une adaptation plus satisfaisante des décisions aux particularités des cas individuels et de ne pas constituer un risque important pour l'unité de l'État puisque les autorités déconcentrées demeurent soumises au **contrôle du pouvoir central**.

Le second correctif est la **décentralisation**, qui remet une partie des pouvoirs à des entités locales (en France métropolitaine : la commune, le département et la région) placées sous l'autorité de dirigeants élus par les habitants. Ces entités sont dotées de la personnalité morale, disposent de ressources propres et peuvent déterminer des politiques spécifiques dans leur ressort territorial, par exemple pour l'emploi, les transports collectifs ou la culture. Leurs attributions sont définies par la loi ou la Constitution, mais cette définition est parfois très générale (*« Le conseil municipal règle par ses délibérations les affaires de la commune »*, dit ainsi la loi du 5 avril 1884, dont les dispositions modifiées sont maintenant reprises dans le Code général des collectivités territoriales). De plus, le contrôle exercé sur la mise en œuvre de ces attributions par les préfets, qui représentent le pouvoir central, s'est largement atténué.

La décentralisation est en effet considérée comme une composante essentielle de la **démocratie locale**, ayant donc autant de vertus politiques que d'avantages techniques. Certains pays européens, comme l'Italie ou l'Espagne, l'ont poussée très loin. La France est moins avancée sur cette voie, d'abord en raison de son souci traditionnel d'égalité des citoyens sur l'ensemble du territoire, ensuite par crainte de l'émergence de contre-pouvoirs trop puissants ; mais l'évolution favorable à l'accroissement de l'autonomie locale, notamment depuis 1982[3], se fait sentir, et le gouvernement issu des élections législatives de 2002 a fait adopter, le 17 mars 2003, une loi de révision constitutionnelle allant plus loin dans cette voie afin, dit l'exposé des motifs, de *« recentrer l'État sur ses missions principales »*.

- **L'État fédéral**

C'est une **superposition d'entités** qui ont, toutes, certains attributs de la souveraineté. La Fédération seule constitue un État au sens plein du terme, dans la mesure où elle conserve le monopole des relations internationales et celui de l'émission de la monnaie. Mais les entités fédérées ont leur parlement, leur gouvernement et leur Constitution propres. Le nom de ces entités varie (*States* aux États-Unis, *Länder* en Allemagne, *cantons* en Suisse, *provinces* au Canada, par exemple), mais leur degré d'autonomie est relativement voisin. Il est toujours déterminé par la Constitution fédérale, qui ne peut être modifiée sur ce point sans leur accord, et qui tantôt énumère les compétences qui leur sont conférées, tantôt dresse seulement la liste de celles qui reviennent à la Fédération.

Le fédéralisme ajoute donc des pouvoirs politiques aux compétences concédées par la décentralisation. Les entités fédérées peuvent adopter des lois et ont leurs propres tribunaux chargés de les faire appliquer – ce qui explique, notamment, qu'aux États-Unis la peine de mort soit appliquée dans certains États, mais pas dans d'autres. Elles participent aussi en tant que telles au pouvoir législatif de la Fédération, qui pratique presque toujours le **bicaméralisme**, l'une des deux chambres du Parlement étant composée de manière à les représenter[4]. La dualité des sources de droit pose cependant des problèmes dans la mesure où l'une des entités pourrait empiéter sur les pouvoirs réservés à la Fédération, ou contrevenir dans sa législation à des principes posés par la Constitution fédérale qui doivent s'appliquer sur l'ensemble du territoire. C'est pourquoi les États fédéraux ont presque tous une Cour constitutionnelle chargée de veiller au respect de la répartition des compétences : ainsi, aux États-Unis, la Cour a interdit en 1954 la ségrégation raciale pratiquée dans les écoles par les États du Sud parce qu'elle l'a jugée contraire au principe *« d'égale protection des lois »* posé par la Constitution fédérale.

Le système fédéral présente l'avantage de **préserver l'identité** des entités fédérées, qui sont souvent composées de populations ayant des caractéristiques ethniques, linguistiques ou culturelles spécifiques. Mais il a l'inconvénient de **morceler des politiques** qui devraient, pour être pleinement efficaces, s'appliquer à grande échelle : par exemple dans le domaine économique, car les systèmes modernes

2. On en verra les principales applications dans la deuxième partie de l'ouvrage, consacrée au droit administratif.

3. Les « lois Defferre », adoptées à cette époque, ont à la fois accru le nombre des compétences dévolues aux collectivités territoriales et desserré l'emprise de la tutelle qu'exerçaient les préfets sur ces collectivités.

4. Aux États-Unis, par exemple, le Sénat est composé de deux représentants de chacun des États fédérés, quelle que soit leur population respective.

de production, de distribution et d'échanges impliquent de grands espaces, ou encore dans celui du développement s'agissant des États du tiers monde. C'est pourquoi on note assez souvent une tendance des Fédérations à minimiser la portée des compétences, reconnues en principe sans partage, aux entités fédérées. L'évolution est ainsi inverse de celle que l'on constate en matière de décentralisation, et un fédéralisme qui s'atténue finit par s'apparenter à une décentralisation très accentuée.

b) Souveraineté nationale et souveraineté populaire

- **La souveraineté populaire**

L'idéologie de la Révolution de 1789 se fondait en grande partie sur la théorie du **contrat social** formulée par Rousseau. Si les individus composant le peuple ont accepté de renoncer à une partie de leur liberté pour vivre en société, c'est à condition de recevoir de celle-ci des contreparties améliorant leurs conditions d'existence. Et sur le plan de l'organisation politique, ils ont admis de se soumettre à la volonté générale, mais sous réserve de prendre part à sa formation. La conséquence logique en est que chacun a le droit de participer à l'élaboration et à l'adoption des lois : c'est ce que l'on appelle la souveraineté populaire.

Séduisante dans son principe, cette forme d'organisation se heurte cependant à un obstacle pratique : elle n'est applicable que dans les collectivités de petites dimensions et (si l'on excepte les référendums communaux) elle n'a jamais été utilisée, en fait, que dans quelques cantons suisses. Par ailleurs, malgré leurs idées très progressistes, les révolutionnaires n'admettaient pas que le suffrage soit totalement universel : ils n'envisageaient naturellement pas d'y faire participer les enfants, mais ils en excluaient aussi les femmes, ainsi que ceux des citoyens qui ne paraissaient pas avoir une éducation ou une formation civique suffisantes, c'est-à-dire ceux qui n'étaient pas assujettis à l'impôt[5]. La conception de *l'électorat-droit* fut ainsi abandonnée au profit de celle de *l'électorat-fonction*. Dans le même temps, la démocratie représentative prit le pas sur la démocratie directe, et l'une et l'autre évolutions entraînèrent la substitution de la souveraineté nationale à la souveraineté populaire.

- **La souveraineté nationale**

Selon la logique de la souveraineté nationale, le pouvoir émane pareillement du peuple, mais celui-ci est considéré de manière abstraite et non plus concrète : il se trouve en effet incarné dans la nation. Comme on l'a vu plus haut à propos de l'État, la **nation** est une **personne morale** distincte de la somme des individus qui la composent à un moment donné, et elle est juridiquement organisée : son statut résulte de la Constitution et elle exprime sa volonté par l'intermédiaire de **représentants**. Ceux des représentants qui sont directement élus par les citoyens, en particulier les députés, personnifient la nation tout entière et non pas la circonscription dans laquelle ils se sont présentés. Les électeurs ne peuvent leur enjoindre de se prononcer dans un sens déterminé à propos d'une question particulière, si importante qu'elle puisse leur paraître : le mandat qu'ils leur confèrent n'est pas impératif. Et le référendum législatif ne saurait être admis, excepté lorsque la Constitution le prévoit expressément – ce qu'elle faisait rarement jusqu'à une époque récente.

Aujourd'hui, en effet, les notions de souveraineté nationale et de souveraineté populaire se sont quelque peu rapprochées, au moins dans la pratique. D'une part, les représentants du peuple (le président de la République aussi bien que les députés) rédigent avant les élections des professions de foi indiquant les mesures qu'ils entendent prendre lorsqu'ils seront au pouvoir. Si certaines de ces mesures sont relativement peu précises (relancer l'économie, par exemple), d'autres ont un contenu nettement défini[6] et incitent leurs auteurs à tenir leurs engagements s'ils souhaitent conserver ultérieurement leur mandat.

D'autre part, les parlementaires ont pris l'habitude de se soucier plus particulièrement des habitants de leur circonscription, dont ils se font souvent les porte-parole auprès des services administratifs centraux et locaux, et l'on parle désormais couramment du député de telle ou telle grande ville – surtout s'il en est en même temps le maire.

Enfin, le **référendum** entre progressivement dans la vie politique : il était prévu de longue date pour l'adoption ou les révisions de la Constitution, mais il peut s'étendre aujourd'hui à des *« réformes relatives à la politique économique, sociale ou environnementale de la Nation et aux services publics qui y concourent[7] ».* La **révision constitutionnelle** de 2008 a introduit une nouvelle possibilité de référendum, dans l'initiative duquel les citoyens jouent un certain rôle. Une loi votée en novembre 2013 fixe les conditions d'application de cette disposition. S'agissant des *réformes* mentionnées ci-dessus, un cinquième des membres du Parlement ont désormais le droit de prendre cette initiative, sous la forme d'une proposition de loi, qui doit être soutenue par un dixième au moins des électeurs inscrits (soit environ quatre millions et demi de personnes, ce qui est considérable), et ne peut tendre à abroger une disposition législative promulguée depuis moins d'un an. Dans l'hypothèse où les signatures sont réunies, la proposition revient devant le Parlement, qui peut l'adopter ou la rejeter dans un délai qu'un projet de loi organique fixe à douze mois; à défaut de cet examen – hypothèse assez peu vraisemblable –, le président de la République la soumet au référendum. Au début comme au terme de la procédure, la volonté des citoyens est donc strictement encadrée par le Parlement, et l'on est loin du *référendum d'initiative populaire* tel que le connaissent, par exemple,

5. Ce type de suffrage, dénommé censitaire (le cens étant l'impôt direct de l'époque), aboutissait ainsi à distinguer les citoyens actifs, qui participaient pleinement à la vie politique, des citoyens passifs, qui n'avaient pas le droit de vote; on estimait que les premiers, parce que de condition plus aisée, pourraient consacrer une part de leur temps à l'examen et à la gestion des affaires publiques.

6. Ainsi l'abolition de la peine de mort dans le programme de François Mitterrand, en 1981, ou la réduction de 5 % par an du montant des impôts dans celui de Jacques Chirac, en 2002.

7. Cette disposition a été incluse dans la Constitution en 1995, le mot « environnemental » ayant été ajouté en 2008, mais elle n'a encore jamais été mise en application. La révision constitutionnelle intervenue en mars 2003 étend par ailleurs le domaine du référendum aux questions touchant à l'organisation et aux compétences des collectivités territoriales; la décision d'organiser un tel référendum appartient à ces collectivités, mais il n'en est pas non plus d'exemple, excepté dans un très petit nombre de communes (voir p. 81-82).

l'Italie ou la Suisse[8]. Au total, la France vit dans un système quelque peu hybride, ce que traduit bien l'article 3 de la Constitution aux termes duquel «*la souveraineté nationale appartient au peuple qui l'exerce par ses représentants et par la voie du référendum*».

c) Les modes de répartition des pouvoirs

Il faut distinguer d'une part selon que les pouvoirs sont séparés ou confondus, d'autre part selon le caractère parlementaire ou présidentiel du régime.

- **Confusion ou séparation des pouvoirs**

On a longtemps confondu les trois fonctions principales de l'État – faire la loi, assurer sa mise en œuvre, rendre la justice – et donc les trois pouvoirs correspondants : **législatif, exécutif et judiciaire**. Sous l'Ancien Régime, ces pouvoirs étaient presque entièrement concentrés entre les mains du monarque, qui édictait les règles générales (dénommées à cette époque «ordonnances» ou «édits»), et prenait ou faisait prendre par ses ministres des actes individuels adoptés ou non en application de ces règles. Pratiquement illimitée, puisque la notion de droits de l'homme n'avait pas encore été dégagée, sa puissance était aux yeux de l'opinion symbolisée par les «lettres de cachet» qui permettaient d'emprisonner les opposants à la Bastille : il s'agissait là d'un régime dit de confusion des pouvoirs.

C'est contre cet absolutisme royal que le «siècle des Lumières» entendit réagir. Rousseau, on l'a vu, considérait que la loi, expression de la volonté générale, ne pouvait émaner, directement ou indirectement, que du souverain, c'est-à-dire **du peuple ou de ses représentants**. Mais s'il réservait au législateur le pouvoir de fixer les règles applicables à l'ensemble de la collectivité, il ne lui accordait pas celui d'adopter des décisions particulières *(«Toute fonction qui se rapporte à l'objet individuel n'appartient point à la puissance législative»)*.

Cette séparation entre le pouvoir législatif et le pouvoir exécutif fut théorisée par Montesquieu, qui y voyait le moyen de lutter contre le despotisme et l'arbitraire, car les autorités auxquelles étaient respectivement confiés les deux types de compétence ne pouvaient rien faire l'une sans l'autre : *«Le pouvoir arrête le pouvoir»,* écrivait-il dans une formule célèbre qui n'a pas perdu son actualité, puisque l'on parle souvent aujourd'hui de contre-pouvoirs. Les auteurs de la Déclaration de 1789 la reprirent à leur compte, dans l'article 16 de leur texte : *«Toute société dans laquelle la garantie des droits n'est pas assurée ni la séparation des pouvoirs déterminée, n'a point de Constitution»* – le mot Constitution étant entendu ici dans son double sens de protection et d'organisation.

- **Régime parlementaire et régime présidentiel**

Dans la plupart des pays, par la suite, le pouvoir législatif fut réservé à des assemblées élues, car l'idée même de régime démocratique paraissait l'imposer; le pouvoir exécutif, considéré comme conditionné par le premier, revenait à des autorités non issues du suffrage universel, comme les monarques, ou n'en émanant qu'indirectement, comme de nombreux chefs de gouvernement. Le **régime parlementaire**, dans lequel les assemblées jouent le rôle principal et où le gouvernement est responsable devant elles, incarna cette évolution et fut très largement adopté en Europe.

Mais il ne constitue pas pour autant un modèle universel. Certains pays lui ont en effet préféré un système dans lequel les pouvoirs législatif et exécutif ont une dignité équivalente, et sont simplement encadrés par un système strict de séparation des attributions. C'est notamment le cas des États-Unis, dont la Constitution est demeurée inchangée sur ce point depuis plus de deux siècles : de même que les membres des deux chambres du Congrès (Sénat et Chambre des représentants), le président est élu et il dispose de pouvoirs aussi étendus qu'elles. Mais la Constitution a soumis leurs rapports à un système de freins et de contrepoids réciproques *(«checks and balances»)* qui les contraint à coopérer.

Dans ce régime, souvent dénommé **présidentiel**, le président n'a pas l'initiative des lois, qui est réservée aux membres du Congrès (il peut cependant, bien que cette procédure n'ait rien d'officiel, demander à un parlementaire appartenant à sa tendance politique de déposer un projet de loi dont le vote lui paraît utile et qu'il a souvent lui-même préparé). Il n'a pas non plus le pouvoir de dissoudre le Congrès et dépend largement de lui pour la mise en œuvre de sa politique : c'est en effet le Congrès qui adopte le budget, et le président n'a pas les moyens de s'opposer à ce que les parlementaires refusent des dépenses qu'il a proposées. De plus, les nominations de maints hauts fonctionnaires doivent avoir l'aval du Sénat et il n'est pas rare que celui-ci s'oppose aux choix du président.

A l'inverse, le président ne peut être renversé par le Congrès[9] et a le droit d'opposer son veto aux lois qui ont été votées (disposition qui peut paraître paradoxale, puisque l'initiative des lois lui est interdite). Ce système porte en germe de nombreuses occasions de conflits, surtout lorsque le président et la majorité parlementaire n'appartiennent pas au même parti. Il fonctionne, cependant, en partie sans doute parce que le pays manifeste un attachement profond pour sa Constitution, en partie aussi parce qu'il est organisé sur une base fédérale et que de nombreuses questions ne sont donc pas traitées dans le cadre de la Fédération.

A l'opposé de ce système, on trouve les régimes **parlementaires** dans lesquels les assemblées disposent de la **prééminence** par rapport à l'exécutif. Le modèle originel en fut tracé par la Grande-Bretagne, où un dicton affirmait que le Parlement pouvait tout faire, excepté changer un homme en femme. En France, la Constitution de la IVe République (en 1946) mit en place un système voisin. La volonté unanime de rétablir la démocratie après l'occupation allemande et le régime de Vichy conduisit à donner à l'Assemblée nationale

8. On relèvera, par ailleurs, que le domaine du référendum prévu par la révision constitutionnelle de 1995 pour autoriser la ratification d'un traité relatif à l'adhésion d'un État à l'Union européenne a été réduit : il n'est plus obligatoire aujourd'hui lorsque le Parlement autorise, à la majorité des trois cinquièmes de ses membres, que la ratification soit votée par le Congrès (c'est-à-dire les deux Chambres réunies), également à la majorité des trois cinquièmes.

9. Excepté en vertu de la procédure très spécifique et exceptionnelle de l'*impeachment*, prévue par la Constitution en cas de manquement grave du président aux devoirs de sa fonction. C'est parce qu'une telle procédure avait été engagée contre lui, à la suite de l'affaire du Watergate, que Richard Nixon démissionna en 1974, lorsqu'il se rendit compte que sa destitution devenait inévitable.

un pouvoir législatif dont le domaine était pratiquement illimité, ainsi qu'une influence très forte sur la vie et la mort des gouvernements : ceux-ci devaient, pour être constitués, recueillir un **vote de confiance** de l'Assemblée, et se trouvaient renversés dès lors qu'elle émettait à leur égard un vote de défiance – ce qui se produisait fréquemment, d'où une instabilité ministérielle qui n'allait pas sans de sérieux inconvénients pour la conduite des affaires.

Ce parlementarisme exacerbé, parfois dénommé « régime d'assemblée », ne résista pas à l'évolution des missions de l'État, née de l'interventionnisme économique et de la nécessité de reconstruire le pays après la guerre. Les mesures que ces nouvelles tâches imposaient d'adopter devaient être prises rapidement et par des autorités techniquement compétentes, donc plutôt par le gouvernement assisté de ses services et de ses experts que par le Parlement, dont les membres sont moins professionnels et les procédures moins rapides. Différentes techniques apparurent alors pour instaurer un **« parlementarisme rationalisé »** : délégations de pouvoir accordées par le Parlement au gouvernement pour légiférer par voie d'actes dits *décrets-lois*, votes de défiance rendus plus difficiles par l'exigence de la majorité absolue, interdiction faite aux parlementaires d'adopter des mesures ayant pour effet une diminution des ressources publiques. Ces techniques (ainsi que d'autres sur lesquelles nous reviendrons dans le chapitre 5) étaient déjà inscrites dans la Constitution, mais l'attachement à la prééminence du Parlement demeurait vivace, et s'opposait à ce qu'elles soient fréquemment utilisées.

Elles furent cependant reprises et complétées dans un sens favorable à l'exécutif par la ve République : l'influence de son fondateur, le général de Gaulle, fut à cet égard déterminante.

La Constitution de 1958 opéra tout d'abord une **réforme** drastique du **domaine législatif** : le Parlement perdit en effet sa traditionnelle plénitude de compétence pour ne se voir attribuer que certains secteurs limitativement énumérés, les autres relevant du pouvoir réglementaire, c'est-à-dire du gouvernement. Elle supprima aussi l'obligation du vote d'investiture requis pour la formation du gouvernement, institua la procédure dite du *vote bloqué*, qui interdit aux parlementaires d'adopter des amendements non acceptés par le gouvernement, et rendit plus facile la *dissolution* de l'Assemblée nationale, alors que le vote par celle-ci d'une motion de censure à l'encontre du gouvernement devenait, au contraire, plus difficile.

Si l'on ajoute à cette évolution le fait que le **président de la République** est, depuis 1962, élu lui aussi au **suffrage universel** et bénéficie donc d'une légitimité analogue à celle de l'Assemblée nationale, il devient clair que le régime n'est plus parlementaire au sens plein – ou originel – du terme. Et il n'est pas inintéressant de relever, car la terminologie est toujours révélatrice, qu'on ne parle plus du pouvoir exécutif, mais du *pouvoir gouvernemental* : le président et le gouvernement bénéficient en effet de pouvoirs au moins équivalents à ceux du Parlement et qui, surtout, ne leur sont ni délégués par lui, ni uniquement destinés à assurer la mise en œuvre des lois.

Pour conclure ce rappel des différents modes de répartition des pouvoirs, une dernière observation doit être faite. Du point de vue des idéaux démocratiques, il est relativement indifférent, aujourd'hui, que l'État soit **monarchique ou républicain**. Les souverains actuels sont pour la plupart aux antipodes de l'absolutisme, comme on peut le voir, par exemple, en Grande-Bretagne et en Suède, où le véritable chef de l'exécutif est un Premier ministre issu d'une majorité parlementaire régulièrement élue, la royauté ne conservant qu'un rôle symbolique ou d'apparat. A l'inverse, il existe des Républiques qui ne sont que des façades au regard de la souveraineté populaire et des droits de l'homme : dans les anciennes « démocraties populaires » de l'Est, le pouvoir réel appartenait au parti communiste et, dans certains États d'Afrique ou d'Amérique latine, souvent à la suite d'un putsch, il se fonde sur les forces armées, les élections n'étant qu'un trompe-l'œil.

2. La Constitution

La Constitution est la **norme la plus haute** de l'État : c'est d'elle que procèdent, au moins en principe, l'agencement des pouvoirs publics mais aussi les fondements de la politique générale qu'ils doivent suivre. Symboliquement et juridiquement, elle joue donc un rôle prééminent. De ce postulat découlent toutefois deux questions. La première est conceptuelle : pourquoi adopte-t-on une Constitution alors que la loi et un exercice démocratique du pouvoir pourraient théoriquement suffire à atteindre les objectifs qu'elle fixe ? La seconde est d'ordre pratique : dès lors que ce texte existe, comment en faire assurer le respect par les autorités politiques, en particulier le Parlement ?

1. La nature de la Constitution

Schématiquement, on pourrait dire que la Constitution est l'**acte fondateur** d'un État ou d'un régime. Les États qui se créent en édictent une pour marquer à la fois leur existence et leur identité, ceux qui changent de système politique font de même pour affirmer la rupture avec le système précédent. Comme exemples du premier cas, on peut citer les États nés de la décolonisation ; le second est illustré par l'Allemagne d'après 1945 et, plus récemment, par les anciennes démocraties populaires.

La Constitution possède en effet une **triple signification** : elle est tout ensemble un symbole, une éthique et une sorte de « casting » politique. Symbole dans la mesure où elle incarne une nation et les traits par lesquels celle-ci entend se caractériser, à l'intérieur comme à l'extérieur de ses frontières. Éthique parce qu'elle fait toujours de l'État ce que l'on appelle un État de droit, au sens où le pouvoir n'y est pas exercé de manière arbitraire, mais conformément à des règles connues que les autorités publiques s'engagent à respecter et dont les citoyens ont la possibilité de se prévaloir : les fondements de ces règles sont souvent contenus dans un Préambule s'exprimant avec une certaine solennité. Et si l'on peut utiliser la métaphore du « casting », c'est parce que la Constitution détermine les grandes fonctions que l'État doit assumer et les organes qui en sont respectivement chargés. Ces règles sont posées dans les chapitres les plus techniques du texte, mais ont une importance bien plus grande qu'un organigramme assorti de règles procédurales : l'ordonnancement qui en résulte détermine largement, en effet, la nature du régime. Il n'est pas indifférent, par exemple, du point de vue de la démocratie, que les Assemblées élues jouent ou non un rôle efficace, ni que les autorités judiciaires soient dotées d'une indépendance suffisante ou placées sous la coupe de l'exécutif.

En tant que telles, les premières Constitutions sont apparues au XVIIIe siècle[10]. Il existait parfois auparavant des principes coutumiers : par exemple, dans la France de l'Ancien Régime, les «*lois fondamentales du royaume*», dont l'une au moins (la loi *salique*, qui excluait les femmes de la succession au trône) a joué historiquement un grand rôle. Il existait aussi, dans certains pays, des textes solennels reconnaissant des droits aux habitants ou à des collectivités : ainsi, en Angleterre, la *Magna Carta* (Grande charte), promulguée en 1215 par Jean sans Terre et, plus tard, le *Bill of Rights* (Pétition des droits) de 1689, qui posait notamment le principe, toujours en vigueur, de l'*habeas corpus*[11]. Mais les premières Constitutions modernes, c'est-à-dire contenant tous les éléments mentionnés plus haut, datent de la **période révolutionnaire** : les États-Unis adoptèrent la leur en 1787, la France fit de même en 1791.

Plus tard, le mouvement gagna progressivement l'ensemble des nations et peut être considéré aujourd'hui comme universel : souvent dénommé «constitutionnalisme», il touche même les organisations internationales, en particulier l'Union européenne qui, après s'être dotée d'une Charte des droits fondamentaux à la fin de l'année 2000, avait élaboré un projet de Constitution, aujourd'hui avorté[12]. La seule exception notable est la Grande-Bretagne qui n'a pas de Constitution écrite, sans doute en raison de sa tradition séculaire de droit coutumier.

L'une des raisons de ce mouvement est le besoin ressenti, après la chute du nazisme en 1945, de réaffirmer avec force les **libertés individuelles et collectives** et de les préserver des atteintes que pourrait leur porter un régime autoritaire. Sans doute les Constitutions ne sont-elles pas des remparts inexpugnables, et certaines servent d'alibi ou de façade à des régimes peu soucieux des droits de l'homme. A l'inverse, l'exemple britannique démontre qu'un pays peut se conformer aux principes démocratiques sans avoir de Constitution écrite. Mais la croyance dans les effets bénéfiques d'un tel texte ne faiblit pas, au contraire. Le sentiment prévaut généralement, dans l'opinion publique comme parmi les juristes, que la proclamation solennelle de droits aide à les faire connaître et respecter, voire à leur permettre d'émerger. Par ailleurs, une **répartition claire** des pouvoirs entre les autorités politiques aide aussi à ce que les règles du jeu soient respectées lorsque des risques de conflits ou d'empiétements se font jour : en France, par exemple, c'est Constitution en main que le président de la République et le Premier ministre vivent les périodes de *cohabitation*. Enfin, les Constitutions écrites prévoient toujours les conditions dans lesquelles elles peuvent être révisées et la procédure qui devra être suivie pour ce faire : ces dispositions garantissent aux citoyens que les gouvernants du moment ne pourront en modifier le contenu à leur gré.

2. L'adoption et la révision des Constitutions

Parce qu'elles fixent l'organisation des sociétés, les Constitutions sont adoptées de façon **solennelle**, c'est-à-dire par le peuple ou par des représentants qu'il a spécialement mandatés à cet effet. En 1791, c'est la seconde solution qui fut choisie : une Assemblée constituante élue élabora le projet et le vota elle-même. En 1946, pour fonder la IVe République, on préféra une formule mixte : une Assemblée analogue prépara le projet, mais celui-ci fut ensuite adopté par voie de référendum. Et la Constitution actuelle ne fut pas rédigée par une Assemblée élue, mais par un groupe de travail composé de hauts fonctionnaires ; soumis ensuite à un comité consultatif comprenant des parlementaires et des personnalités nommées par le gouvernement, le texte fut adopté par le conseil des ministres, puis soumis au référendum.

La **révision** obéit à des principes analogues mais conçus de manière moins stricte : si le vote populaire est parfois requis, il coexiste généralement avec la possibilité de faire adopter le texte par les assemblées législatives existantes, sous réserve qu'elles se prononcent en sa faveur à une forte majorité. Cette procédure allégée s'explique par le fait que les révisions sont souvent limitées dans leur objet et qu'elles interviennent la plupart du temps en période calme ; l'adoption d'une Constitution nouvelle, au contraire, résulte d'événements plus graves, qui entraînent parfois un changement de régime et justifient qu'on recoure à des procédures astreignantes.

Cela ne signifie pas pour autant que réviser la Constitution soit aussi aisé que modifier une loi : s'il en était ainsi, le principe de suprématie serait battu en brèche, puisqu'un Parlement désireux d'adopter une loi contraire à la Constitution n'aurait qu'à réviser celle-ci au préalable pour faire passer son projet. Presque toutes les Constitutions sont dites **rigides**, en ce sens que leur modification est soumise à des conditions destinées à éviter les décisions hâtives ou néfastes. Il est parfois prévu qu'une révision du texte ne pourra intervenir que longtemps après son adoption : la Constitution de 1791, par exemple, imposait un délai de dix ans[13]. Plus fréquemment, sont imposées des conditions de majorité qualifiée (par exemple, les deux tiers des voix dans chacune des assemblées ou dans la réunion de celles-ci en Congrès) ou bien l'adoption du projet par voie de référendum. Il arrive aussi que toute révision soit interdite pendant les périodes au cours desquelles la paix civile n'est pas assurée : c'est le cas en France «*lorsqu'il est porté atteinte à l'intégrité du territoire*» (article 89 de la Constitution actuelle). Et il n'est pas exceptionnel que

10. Dans l'Antiquité, certaines cités grecques ou romaines avaient élaboré des règles relatives à l'organisation et au fonctionnement des pouvoirs publics, mais il ne s'agissait pas de Constitutions au sens plein du terme.

11. Ce principe interdit d'arrêter ou de juger une personne sans qu'elle ait été «*admise à se défendre dans une procédure régulière*».

12. Adopté par de nombreux États membres, ce projet n'a pu aboutir en raison des référendums négatifs intervenus en France et aux Pays-Bas (voir page 200).

13. Cette disposition est toutefois restée lettre morte car la Révolution s'est poursuivie et a rendu caduc l'ensemble du texte ; une autre Constitution, davantage fondée sur les principes de la démocratie directe, fut votée en 1793 mais jamais appliquée. Le Directoire, puis l'Empire, adoptèrent à leur tour des Constitutions, mais aucune ne resta en vigueur plus de quelques années.

la Constitution fasse échapper à la révision certaines de ses dispositions qu'elle juge particulièrement importantes : ainsi en est-il en France, depuis 1946, pour la forme républicaine du gouvernement.

Si contraignantes qu'elles paraissent, ces règles n'empêchent pas que les révisions soient relativement **fréquentes**. Il est d'ailleurs sain qu'elles puissent l'être : les sociétés évoluent rapidement, et on peut juger plus sage d'adapter sur certains points un texte dont l'esprit et les dispositions principales recueillent toujours l'assentiment populaire que de laisser ce texte devenir obsolète, pour en adopter finalement un autre dans un climat politique et social qui ne serait pas nécessairement serein. Ainsi la Constitution initiale des États-Unis est-elle toujours en vigueur, mais après avoir subi vingt-sept amendements relativement importants[14].

La France représente un cas particulier : elle a une **histoire** constitutionnelle **très mouvementée**, puisque quinze Constitutions y ont été successivement adoptées. Le texte actuel est demeuré relativement stable pendant une trentaine d'années, mais a subi depuis lors d'assez fréquentes révisions : on en compte dix-neuf depuis 1992, dont certaines sont dues à la progression des idées (par exemple, l'institution de la parité entre les hommes et les femmes pour les mandats électoraux) et d'autres, plus nombreuses, résultent des incidences de la construction européenne. L'avant-dernière révision est intervenue le 23 février 2007 : elle a eu notamment pour objet de modifier les règles relatives à la responsabilité du président de la République, et d'inscrire dans la Constitution l'abolition de la peine de mort qui avait été votée par le Parlement après le changement de majorité intervenu en 1981. La dernière, dite de *« modernisation des institutions de la Cinquième République »*, a été adoptée le 21 juillet 2008[15] et promulguée le 23 ; elle concerne des questions aussi diverses que la limitation à deux du nombre de mandats consécutifs d'un même président, le référendum, le droit de grâce, la présentation des projets de loi, les langues régionales, etc. Au total, plus de quarante articles de la Constitution de 1958 ont été modifiés ou ajoutés ; et, par le jeu des révisions successives, sur les 89 articles du texte actuel (souvent complétés par de nouveaux alinéas), bien peu demeurent dans leur état originel.

3. Les autres normes constitutionnelles

Les Constitutions ne peuvent régler dans le détail tout ce qui concerne l'organisation et le fonctionnement des pouvoirs publics. Elles sont donc complétées sur divers points par des textes spéciaux : en France, il s'agit des lois organiques et des règlements intérieurs des assemblées parlementaires.

a) Les lois organiques

Votées par le Parlement, elles sont prévues par la Constitution dans des **domaines importants**, mais limitativement énumérés : elles ne peuvent donc intervenir en dehors de ce champ. Ce sont des lois organiques qui ont précisé, notamment, les conditions d'élection du président de la République (y compris en ce qui concerne l'âge requis), les incompatibilités parlementaires, l'organisation du Conseil constitutionnel et du Conseil supérieur de la magistrature (sur ces deux institutions, voir chapitre 6). Presque toutes les lois organiques sont intervenues peu de temps après l'entrée en vigueur de la Constitution ou des principales modifications qui lui ont été apportées ; mais d'autres – dont l'adoption se fait encore attendre, ce qui est tout à fait inhabituel – interviendront ultérieurement pour l'application de la révision votée en juillet 2008.

Ces lois, en raison de leur objet, sont soumises à une **procédure** d'adoption **plus contraignante** que celle des lois ordinaires : si les délais de discussion et d'adoption sont désormais les mêmes, le texte voté par les Chambres doit obligatoirement être soumis à l'examen du Conseil constitutionnel. L'Assemblée nationale dispose, comme pour les lois ordinaires, d'une prééminence par rapport au Sénat, car si les deux Chambres ne parviennent pas à s'accorder sur un texte, le gouvernement peut demander à l'Assemblée de l'adopter en dernière lecture à la majorité absolue de ses membres. Cette procédure n'est pas applicable, toutefois, aux lois organiques relatives au Sénat, qui ne peuvent être adoptées qu'avec l'accord de celui-ci et protègent donc son statut.

L'autorité de ces lois est intermédiaire entre celle de la Constitution et celle des lois ordinaires : elles ne peuvent pas contredire la Constitution, mais les lois ordinaires ne peuvent ni les modifier, ni comporter des dispositions qui leur seraient contraires.

b) Les règlements intérieurs des assemblées

Ce sont des normes un peu particulières. Ils sont en effet propres à chaque assemblée et n'ont pas valeur législative. Ils jouent cependant un rôle important dans la mesure où ils précisent les conditions de fonctionnement de cette assemblée, notamment pour l'examen et le vote des lois : ils déterminent, par exemple, les modalités du travail en commission, le rôle du bureau, les temps de parole accordés aux parlementaires au cours des débats.

La teneur de toutes ces dispositions pourrait aboutir à tourner l'esprit, voire la lettre, de la Constitution en renforçant l'emprise des assemblées sur la procédure législative, et ce fut parfois le cas dans le passé. C'est pourquoi la Constitution de 1958 a prévu que les règlements intérieurs seraient obligatoirement soumis au Conseil constitutionnel avant leur mise en application.

4. Les moyens d'assurer le respect de la Constitution

Le principe de la hiérarchie des normes implique que celles qui sont situées au sommet ne puissent pas être contredites par celles qui ont un rang inférieur. La Constitution,

14. Les douze premiers amendements ont été adoptés en 1791, soit quatre ans environ après l'entrée en vigueur de la Constitution. Le dix-huitième, voté en 1919 pour instituer la prohibition des boissons alcoolisées, fut abrogé par le vingt et unième en 1933.

15. En raison de l'hostilité de l'opposition parlementaire de gauche, mais aussi de quelques parlementaires du centre et même de la droite, elle n'a été votée qu'à deux voix de majorité.

norme suprême, doit donc être respectée aussi bien par la loi que par les actes de l'administration et ceux des particuliers, ce qui ne peut être garanti que par l'institution d'un mécanisme de **contrôle**.

Il n'y avait pas d'obstacle théorique à l'existence d'un tel contrôle pour les deux dernières catégories d'actes, qui ne bénéficient pas d'un prestige spécial, et les juridictions administratives pour les premiers, comme les tribunaux judiciaires pour les seconds, l'ont spontanément exercé[16]. Mais la loi, elle, est censée être l'émanation de la volonté générale exprimée par les assemblées parlementaires élues : à quel titre et par quels moyens la censurerait-on ?

Certains pays ne se sont pas posé de problème à ce sujet : les États-Unis, notamment, considèrent depuis le début du XIXe siècle que les tribunaux peuvent déclarer une loi inconstitutionnelle, donc inapplicable au litige dont ils sont saisis[17]. Mais la France, de même qu'un bon nombre d'États européens, n'a admis la possibilité d'un tel contrôle que beaucoup plus tard et l'a confié non pas aux tribunaux ordinaires, mais à un organe spécial (le Conseil constitutionnel, voir ci-dessous). Ce contrôle, néanmoins, a pris une importance croissante dans la vie politique et sociale et, quelles que soient ses modalités, il entraîne des conséquences comparables.

a) L'organe chargé du contrôle

Il s'agit habituellement d'une **Cour constitutionnelle** dont les membres sont désignés soit par les autorités politiques, soit pour partie par de telles autorités et pour une autre partie par des instances juridictionnelles. Dans certains pays, comme l'Allemagne, l'Italie et l'Espagne, ne peuvent être nommées que des personnes ayant une qualification juridique (magistrats, avocats, professeurs de droit), mais dans d'autres, aucune condition n'est requise. Il est clair que lorsque toutes les nominations émanent des autorités politiques et que celles-ci bénéficient d'une totale liberté de choix, le caractère politique de la Cour devient plus marqué.

C'est le cas du **Conseil constitutionnel** français (que l'on étudiera en détail dans le chapitre 6). Il a été créé par la Constitution de 1958, qui a introduit ce faisant une grande innovation : avant cette date, en effet, le contrôle de constitutionnalité des lois n'avait jamais existé. Les Constituants n'imaginaient d'ailleurs pas que le rôle du Conseil en la matière serait très important, car ils en attendaient surtout un contrôle des empiètements éventuels de la loi sur le domaine réservé au pouvoir réglementaire (voir page 42). C'est plus tard, on le verra, que son importance politique et juridique s'est accrue.

16. Ainsi le Conseil d'État a-t-il annulé, pour incompatibilité avec la Constitution, un décret interdisant aux travailleurs immigrés de faire venir leur famille en France (arrêt *GISTI*, 8 décembre 1978), et la Cour de cassation a fait de même pour un testament qui instituait un héritier, mais à condition qu'il n'épouse pas une personne de confession israélite.

17. Ce principe a été posé par la Cour suprême dans le célèbre arrêt *Marbury v. Madison*, rendu en 1803 et ainsi rédigé : *« Ceux qui contestent le principe selon lequel la Constitution doit être considérée devant un tribunal comme la loi suprême sont nécessairement conduits à soutenir que les tribunaux doivent fermer les yeux sur la Constitution pour ne voir que la loi. Pareille doctrine saperait le fondement même de toutes les Constitutions écrites. »*

Les membres de ces cours bénéficient de garanties statutaires proches de celles des magistrats et destinées à assurer leur indépendance à l'égard du pouvoir politique. D'une part, leur mandat est généralement très long (neuf ans en France, dix ans en Allemagne) ou n'est limité que par l'âge de la retraite obligatoire ; dans le premier cas, pour leur éviter toute tentation de complaisance à l'égard du gouvernement en place, il est souvent prévu que ce mandat ne sera pas renouvelable. D'autre part, leurs fonctions sont incompatibles avec celle de membre d'une équipe ministérielle, ainsi qu'avec l'exercice d'un mandat électif national, voire d'un emploi. Enfin, ils ne peuvent être démis d'office que dans des cas très exceptionnels, comme la survenance d'une incompatibilité ou d'une incapacité physique permanente.

Leur président est désigné soit par ses pairs, comme en Italie, soit par des instances politiques : le Parlement en Allemagne, le président de la République en France ; le président des États-Unis nomme pareillement le *« Chief Justice »* de la Cour suprême, laquelle coiffe l'ensemble des tribunaux et statue donc en dernier ressort sur les problèmes de constitutionnalité. L'autorité morale du président de la Cour est toujours grande, de même que son pouvoir d'organisation des travaux : c'est pourquoi, en France comme aux États-Unis, il est choisi parmi des personnalités dont les vues sont proches de celles du chef de l'État.

b) Les modalités du contrôle

- **Contrôle *a priori* et contrôle *a posteriori***

Le contrôle peut intervenir *a priori*, c'est-à-dire avant l'entrée en vigueur d'une loi, ou *a posteriori,* lorsque la loi est déjà applicable. Le premier modèle est en principe le plus protecteur, puisqu'il a un effet préventif. Mais il est souvent difficile de prévoir, au moment du vote d'une loi, toutes les conséquences concrètes qui en résulteront et dont certaines pourraient s'avérer nocives ; il ne sera cependant pas possible de les contester dès lors que la loi n'aura pas été déclarée inconstitutionnelle. C'est pourquoi la plupart des pays ont choisi le contrôle *a posteriori,* qui permet d'attaquer une loi soit pendant un certain délai à partir de sa promulgation, soit indéfiniment. La France, au contraire, n'a connu que le contrôle *a priori* jusqu'à la révision constitutionnelle de 2008, qui a permis qu'un plaideur puisse contester la constitutionnalité d'une loi dont dépend la solution de son litige lorsque cette loi porte atteinte à des droits ou libertés que lui reconnaît la Constitution (voir page 51).

Le déclenchement du contrôle *a priori* est toujours réservé à des autorités politiques (président de la République, Premier ministre, parlementaires). La mise en œuvre du contrôle *a posteriori* est au contraire plus ouverte : une collectivité territoriale décentralisée ou fédérée pourra ainsi contester une loi empiétant sur les compétences que lui attribue la Constitution ; un tribunal qui doit faire application dans un litige d'une loi qu'il estime inconstitutionnelle peut surseoir à statuer et renvoyer la question à la Cour[18]. Quelques pays, comme l'Allemagne et l'Espagne, admettent même que la Cour soit saisie par des particuliers, mais cette possibilité

18. Aux États-Unis, où l'on a vu que les tribunaux peuvent déclarer eux-mêmes qu'une loi est inapplicable, il est fréquent que les plaideurs leur demandent de le faire.

ne se rencontre que rarement, pour éviter des saisines trop nombreuses et peu justifiées.

- **Contrôle incident et contrôle à titre principal**

Le premier tend à éviter que la loi soit appliquée à un cas particulier. Il n'existe par définition que dans le contrôle *a posteriori* et résulte le plus souvent d'un renvoi à la Cour effectué par un tribunal. Si la Cour estime que la loi est effectivement inconstitutionnelle, cet avis ne vaut généralement que pour le procès en cours : la loi ne pourra lui être appliquée, mais demeure officiellement en vigueur ; en pratique, toutefois, les tribunaux cesseront de la faire respecter[19].

Le contrôle à titre principal, au contraire, est indépendant de tout litige et aboutit à l'invalidation définitive d'une loi, soit avant sa promulgation dans le cas du contrôle *a priori*, soit après, dans le cadre du contrôle *a posteriori*. Certains pays comme l'Allemagne, l'Italie et désormais la France, admettent aussi bien le contrôle à titre principal que le contrôle incident.

c) Les effets du contrôle

Juridiquement, les conséquences du contrôle sont claires : une loi **déclarée inconstitutionnelle** cesse, directement ou indirectement, **de faire partie des normes** applicables. Politiquement, ces conséquences sont parfois critiquées dans leur principe même : au nom de quelle légitimité des juges qui ne sont ni issus du suffrage universel ni responsables devant lui peuvent-ils censurer l'œuvre d'un Parlement démocratiquement élu ?

La suprématie constitutionnelle n'est pas contestée en soi et on admet généralement qu'elle doive être protégée. Mais cet assentiment n'est total que pour les dispositions de la Constitution qui ont un sens précis : si elles prévoient, par exemple, que les députés ne peuvent être élus avant d'avoir atteint l'âge de trente ans, ou que les nominations de magistrats ne peuvent intervenir qu'après avis du Conseil supérieur de la magistrature, la censure d'une loi abaissant cet âge ou supprimant la nécessité de cet avis paraîtra normale. Mais il n'en va pas toujours de même pour les dispositions qui ont une portée plus générale et consistent même parfois en des objectifs à atteindre. Ainsi en est-il de plusieurs principes énoncés dans les préambules des Constitutions, qui tracent les grandes lignes de l'organisation sociale du pays et peuvent être interprétés de manière plus ou moins extensive – ou subjective. Le droit à la vie, par exemple, implique-t-il l'interdiction de la peine de mort et/ou celle de l'interruption volontaire de grossesse ? Le principe d'égalité des citoyens s'oppose-t-il à ce que des discriminations positives soient instituées en faveur de personnes ou de catégories sociales défavorisées pour leur permettre, précisément, d'accéder à cette égalité ?

On touche ici à l'un des problèmes fondamentaux du contrôle de constitutionnalité, qui est l'étendue du **pouvoir d'interprétation** que se reconnaissent les Cours, et le caractère plus ou moins progressiste de leurs décisions par rapport à l'état de l'opinion publique. La Cour suprême des États-Unis, par exemple, s'est montrée plus hardie que le législateur de l'époque lorsqu'elle a jugé inconstitutionnelle la ségrégation raciale pratiquée dans les écoles des États du sud. Elle a fait preuve, au contraire, d'un conservatisme certain en censurant à ses débuts, au nom du libéralisme économique, le *New Deal* voulu par le président Roosevelt et accepté par le Congrès. Dans les deux cas, ses décisions ont été très critiquées par une partie de l'opinion publique et des juristes : on a parlé à son propos de **« gouvernement des juges »**, et certains auteurs ont déclaré qu'elle n'appliquait pas tant la Constitution que l'idée qu'elle s'en faisait.

L'interprétation que les Cours donnent d'un principe à une même époque peut en effet être différente dans des pays dont les traditions culturelles sont pourtant peu éloignées : la dépénalisation de l'interruption volontaire de grossesse, par exemple, a été jugée inconstitutionnelle par la Cour allemande alors que le Conseil constitutionnel français, la même année, n'y voyait pas d'obstacle. Il arrive aussi qu'une Cour opère en peu de temps de spectaculaires revirements, soit parce que sa composition a changé, soit parce qu'elle constate que sa position initiale se heurte à de vives oppositions. Ainsi la Cour suprême des États-Unis a-t-elle considéré, en 1972, que la peine de mort n'était pas compatible avec la Constitution, qui interdit tout *« châtiment cruel ou inhabituel »*, mais elle est revenue quatre ans plus tard sur cette interprétation à laquelle la plupart des États fédérés ne voulaient pas se conformer. A l'inverse, la Cour allemande autorise maintenant, sous certaines conditions, l'interruption volontaire de grossesse. Et la Cour italienne a jugé inconstitutionnelle en 1968 une disparité de traitement entre époux à laquelle elle n'avait pas vu d'obstacle quelques années auparavant.

Ces différences d'appréciation dans le temps et dans l'espace, ainsi que les controverses auxquelles elles donnent lieu, n'empêchent pas un **essor** remarquable du contrôle, en faveur duquel militent plusieurs considérations. La première est qu'il a permis une **meilleure protection** des droits et des libertés : ainsi la Cour suprême des États-Unis a-t-elle édifié un corps de règles de procédure et de fond s'imposant aux tribunaux, mais aussi à l'administration lorsqu'elle entend prendre une mesure défavorable à l'égard d'un particulier, à partir du principe constitutionnel du *« due process of law »,* cette expression équivalant à celle de « procédure régulière ». Et ce n'est sans doute pas un hasard si plusieurs pays, au moment où ils sortaient d'un régime niant les valeurs humanistes pour se doter d'institutions démocratiques, ont décidé de créer un contrôle de constitutionnalité[20].

La seconde raison est qu'une Constitution, pour épouser le contexte social malgré les inflexions qu'il connaît, doit **s'y adapter en permanence** : une interprétation évolutive du texte est sans doute préférable à des révisions trop fréquentes. Il faut mentionner enfin le rôle croissant dévolu aux gouvernements, qui même dans les régimes parlementaires ont la possibilité de faire adopter sans difficulté par les Assemblées les lois concrétisant leur programme : ces lois apparaissent dès lors comme étant moins l'expression de la volonté générale que celle du parti majoritaire du moment, et l'obstacle théorique traditionnel au contrôle de constitutionnalité tend par là même à s'atténuer.

19. La France a choisi un système différent : les dispositions législatives que le Conseil constitutionnel aura, à l'occasion d'un litige, déclarées contraires à la Constitution seront abrogées à compter de sa décision.

20. On peut citer à cet égard l'Italie, l'Espagne, la Grèce et le Portugal, mais aussi des pays anciennement communistes.

Chapitre 2
Les caractéristiques et l'évolution de la Constitution de 1958

La Constitution a 56 ans en 2014, ce qui est un âge fort respectable compte tenu des fréquents changements d'institutions que la France a connus : sa longévité n'est en effet dépassée que par celle des lois constitutionnelles de la IIIe République[21], adoptées en 1875 et restées en vigueur jusqu'en 1940. Elle a cependant subi quelques inflexions notables depuis son origine, les unes dues à des révisions, d'autres aux fluctuations de la vie politique.

Les cinq Républiques françaises

Première République : septembre 1792 – mai 1804 : *de la chute de la monarchie à l'avènement du Premier Empire.*

Deuxième République : février 1848 – décembre 1852 : *de la Révolution de 1848 au rétablissement de l'Empire par Napoléon III.*

Troisième République : septembre 1870 – juillet 1940 : *de la chute du Second Empire à l'instauration de l'État français (régime de Vichy).*

Quatrième République : juin 1944 – octobre 1958 : *du Gouvernement provisoire de la République française à l'avènement de la Ve République.*

Cinquième République : *instituée en octobre 1958.*

1. Les intentions des Constituants

La Constitution de 1946, on l'a vu, se caractérisait par une prééminence du Parlement conforme à l'idéologie de la Résistance. La durée de vie des gouvernements était faible et le président de la République, élu par le Parlement, ne disposait pas d'une autorité véritable dans la mesure où presque toutes les décisions importantes qu'il pouvait prendre devaient être contresignées par le chef du gouvernement (dénommé président du Conseil) et les ministres intéressés. Dans ces conditions, quelles que soient les qualités que l'on doit reconnaître par ailleurs à la IVe République, sa capacité à faire face efficacement aux crises se trouvait réduite, et la guerre d'Algérie entraîna sa chute.

Revenu au pouvoir après les émeutes du 13 mai 1958, le général de Gaulle fut investi le 3 juin par le Parlement de la mission de **réviser la Constitution**. Son intention première était de « restaurer l'autorité de l'État » par l'institution d'un pouvoir exécutif fort. Le président de la République, élu à l'origine au suffrage indirect mais par un collège dans lequel les parlementaires étaient très minoritaires (ce qui lui permettait de prendre de la distance par rapport à eux), dispose donc de pouvoirs propres, c'est-à-dire dispensés de contreseing (ce qui le rend, dans l'exercice de ces pouvoirs, indépendant du gouvernement). À ses côtés, le Premier ministre, nommé par lui sans qu'un vote d'investiture de l'Assemblée nationale soit requis, *« détermine et conduit la politique de la Nation »* (article 20 de la Constitution). Et, en temps de crise, le président peut se voir investi de pouvoirs exceptionnels, notamment celui de gouverner par ordonnances : il *« prend les mesures exigées par les circonstances »*, dit l'article 16, mais en détermine le contenu à peu près librement.

Le Parlement fait évidemment les frais de ce rééquilibrage : la durée des sessions est réduite, le domaine – illimité jusqu'alors – dans lequel la loi peut intervenir est considérablement restreint, et les prérogatives du gouvernement à l'égard des assemblées s'accroissent au contraire grâce à l'instauration d'un **parlementarisme très « rationalisé »,** notamment en qui concerne la procédure législative et la possibilité de mettre en cause la responsabilité du gouvernement. De plus, le Parlement perd même son pouvoir exclusif d'adopter les lois, puisque le président de la République, sur proposition du gouvernement ou des assemblées[22], peut soumettre au référendum *« tout projet de loi portant sur l'organisation des pouvoirs publics, sur des réformes relatives à la politique économique, sociale ou environnementale de la Nation et aux services publics qui y concourent, ou tendant à autoriser la ratification d'un traité »* (article 11). Il est symbolique de tous ces changements que l'ordre dans lequel la Constitution aborde les différents pouvoirs publics ait été modifié : alors que le Parlement était mentionné en premier dans les Constitutions de la IIIe et de la IVe République, il ne vient plus maintenant qu'après le président de la République et le gouvernement.

21. Il s'agissait en fait de trois lois constitutionnelles, respectivement relatives à l'organisation des pouvoirs publics, à celle du Sénat et aux rapports des pouvoirs publics. Si une véritable Constitution n'a pas été adoptée par l'Assemblée nationale élue après la capitulation de Napoléon III, c'est parce que les députés, partagés entre monarchistes et républicains, hésitaient sur la forme à donner au régime et préférèrent ce qu'ils estimaient être une solution d'attente.

22. Lorsque le président dispose d'une majorité au Parlement, une telle proposition ne lui est évidemment pas difficile à obtenir.

2. L'évolution du texte et de la pratique

– Tant que le général de Gaulle demeura, suivant son expression, «*aux affaires*», les prérogatives présidentielles furent très affirmées et souvent utilisées. Il instaura ainsi ce que l'on appelle le **domaine réservé** du président, qui comprend la défense et la politique étrangère (à l'époque, on y incluait aussi la «question algérienne»). Il prit également l'habitude de mettre fin aux fonctions des Premiers ministres qui ne lui convenaient plus. Il recourut assez souvent au référendum, dans lequel il voyait le moyen d'établir un lien direct entre lui et le peuple. Enfin, utilisant la procédure de l'article 11 de la Constitution et non celle de l'article 89 qui régit les révisions constitutionnelles (ce qui suscita de vives critiques dans les milieux politiques et juridiques), il fit adopter par référendum l'élection du président de la République au **suffrage universel direct**, novation qui confère évidemment au président une légitimité accrue aux yeux de l'opinion.

Jusqu'à 2007, ses successeurs manifestèrent une conception moins altière de leur rôle, et la présidentialisation s'en trouva atténuée. Surtout, par trois fois (en 1986-88, 1993-95 et 1997-2002), les électeurs envoyèrent à l'Assemblée nationale une majorité opposée à celle du chef de l'État. La **cohabitation** qui dut s'instaurer entre un président de la République et un Premier ministre appartenant à des camps différents entraîna des effets que les constituants n'avaient certainement pas prévus : un président aux moyens d'action considérablement réduits, puisqu'il ne peut plus faire appliquer son programme par le gouvernement, et se comportant parfois en chef de l'opposition. C'est pour éviter le renouvellement d'une telle situation que les dates respectives des élections présidentielle et législatives du printemps 2002 furent inversées : élu en premier lieu, le président peut peser sur les résultats du scrutin législatif en demandant aux électeurs de lui assurer une majorité parlementaire conforme à ses vues.

Depuis 2007, la tendance s'est de nouveau infléchie : le président de la République alors en fonctions inclinait en effet à étendre son domaine de compétence au détriment de celui du Premier ministre et du gouvernement, qui apparaissaient plutôt comme des exécutants. Sans doute ce rôle prééminent expliqua-t-il en partie la limitation à deux du nombre des mandats successifs susceptibles d'être exercés par un même président, décidée par la révision constitutionnelle de 2008.

– Un autre facteur d'évolution, voulu celui-ci, résulte de la réforme du **mode de saisine du Conseil constitutionnel**. En 1971, le Conseil s'était reconnu compétent pour apprécier une loi non seulement par rapport aux dispositions du texte même de la Constitution, mais aussi par rapport à son préambule, qui renvoie à la Déclaration des droits de l'homme et du citoyen proclamée en 1789. Cette extension de ses normes de références lui ouvrait un champ d'intervention très vaste, puisque s'étendant à la protection de toutes les libertés publiques, et c'est ainsi qu'il censura, dans une décision de 1971, une loi portant atteinte à la liberté d'association. On aurait pu interpréter ce changement comme un moyen supplémentaire de brider le Parlement. En fait, il s'agissait plutôt de tempérer les ardeurs parfois excessives d'un gouvernement s'appuyant sur une majorité parlementaire docile et on pouvait y voir au contraire une arme aux mains de l'opposition. C'est d'ailleurs bien pour aider à l'émergence d'un statut de l'opposition que, pendant sa campagne présidentielle, Valéry Giscard d'Estaing (élu en mai 1974) promit d'élargir les conditions de saisine du Conseil constitutionnel : initialement réservée au président de la République et aux présidents des deux assemblées, elle fut ouverte par la révision constitutionnelle du 29 octobre 1974 à soixante députés ou soixante sénateurs. Il n'est donc guère de lois importantes – y compris les lois de finances – qui ne soient pas aujourd'hui déférées au Conseil, si bien qu'on le compare parfois à une troisième Chambre et que l'exercice du pouvoir est sans doute mieux équilibré.

– Il faut enfin mentionner les incidences de la **construction européenne**, qui s'avèrent très importantes. D'une part, en effet, la loi nationale n'est plus souveraine puisqu'elle ne peut aller à l'encontre des normes communautaires, y compris les règlements et les directives. D'autre part, l'idéologie dominante de l'Union – le libéralisme économique – est en opposition avec les conceptions qui prévalaient en France lors de la rédaction du préambule de 1946, réaffirmé par la Constitution de 1958. Le préambule indique ainsi que «*toute entreprise dont l'exploitation a ou acquiert les caractères d'un service public national ou d'un monopole de fait, doit devenir la propriété de la collectivité*», mais il n'a pas empêché la privatisation d'anciennes entreprises publiques comme EDF, GDF, Air France, etc.

La commission Jospin

Dès son entrée en fonction, le président Hollande a installé une commission présidée par l'ancien Premier ministre Lionel Jospin et composée, outre l'ex-ministre Roselyne Bachelot, d'universitaires, de juristes et de hauts fonctionnaires. Chargée de définir les conditions de la rénovation et de la déontologie de la vie publique, elle a remis son rapport en novembre 2012 et proposé des réponses aux diverses questions qui lui avaient été soumises. En particulier, le changement des conditions de présentation des candidats à l'élection présidentielle, qui exigeraient un «parrainage citoyen» résultant du dépôt de 150 000 signatures d'électeurs au lieu des 500 signatures d'élus actuelles[1]. Le président de la République serait rendu pénalement responsable des actes accomplis en dehors de ses fonctions. Les anciens présidents de la République ne seraient plus membres du Conseil constitutionnel. Une dose de proportionnelle serait introduite pour l'élection des députés, et les votes des élus locaux au sein du collège électoral du Sénat seraient pondérés en fonction de la démographie. Plusieurs mesures ont été proposées, en outre, pour moraliser la vie politique en prévenant les conflits d'intérêts et en aménageant le financement des activités politiques et des campagnes électorales. Enfin, la commission Jospin évoque l'interdiction, pour tous les parlementaires, de cumuler leurs fonctions avec un mandat exécutif local.

Les propositions concernant la prévention des conflits d'intérêts et le cumul des mandats ont donné lieu au vote de deux lois en 2013, dont celle du 11 octobre sur la «transparence de la vie publique». On ne connaît pas encore l'avenir des autres, compte tenu de l'absence actuelle de majorité susceptible de voter une révision constitutionnelle.

1. Cette proposition a été jugée par le Président trop complexe pour être appliquée.

Chapitre 3
Le président de la République

Dès 1958 et plus encore après la réforme de 1962[23], on a pu dire du président de la République qu'il était la «clé de voûte» des institutions. Excepté lorsqu'il ne dispose pas d'une majorité parlementaire, il est en effet le principal inspirateur de la politique du pays; il conclut aussi les traités internationaux et a le droit de dissoudre l'Assemblée nationale, ainsi que celui de provoquer une révision constitutionnelle.

Ces pouvoirs considérables ne sont pas contrebalancés par une responsabilité politique et juridique équivalente. Le président ne peut être renversé par le Parlement et, à la différence des membres du gouvernement, il n'est responsable de ses actes qu'en cas de *«manquement à ses devoirs manifestement incompatible avec l'exercice de son mandat»*, au terme d'une procédure très difficile à mettre en œuvre. Cette immunité, héritée des précédentes Républiques dans lesquelles le président exerçait une fonction de représentation et de régulation plutôt que d'autorité, se justifie beaucoup moins dans le système actuel, et nombreux sont ceux qui la jugent excessive.

1. Le statut du président

Ce statut comprend quatre éléments essentiels : le mode de désignation du président, la durée de son mandat, les services dont il dispose et les responsabilités qu'il peut ou non encourir.

1. Le mode de désignation

Depuis 1962, le président est élu au **suffrage universel direct** et son élection constitue sans nul doute l'un des événements majeurs de la vie politique du pays. Le changement de son mode de désignation a été largement approuvé par l'opinion publique (le référendum qui l'instituait a recueilli 62 % de votes positifs) et il demeure très populaire : les citoyens tiennent en effet à se prononcer eux-mêmes, d'après les programmes qui leur sont soumis, sur des alternatives telles que la sécurité ou la flexibilité de l'emploi, la prévention ou la répression de la criminalité, le maintien ou la diminution du nombre des agents publics. Et de fait, l'élection du président est celle pour laquelle les abstentions sont les moins nombreuses[24].

a) La préparation de l'élection

- **La date de l'élection**

Elle est **imposée** par la Constitution. Qu'elle se produise dans des circonstances normales, c'est-à-dire à la fin du mandat du président en fonction, ou à la suite d'un événement exceptionnel comme son décès, sa démission ou son incapacité physique[25], l'élection doit avoir lieu vingt jours au moins et trente-cinq jours au plus avant l'expiration de ce mandat ou après l'événement qui l'a interrompu. Ce délai est relativement bref, à la fois pour préserver le plus longtemps possible l'autorité du président en fonction et pour éviter une vacance prolongée de cette fonction dans le cas où elle ne serait plus remplie (c'est alors le président du Sénat qui en assure l'intérim).

- **Les conditions d'éligibilité**

Pour être éligibles à la présidence, les candidats doivent remplir les **conditions fixées par le Code électoral** pour tous les mandats électifs nationaux : il faut être Français, avoir atteint l'âge de 18 ans et ne pas être frappé d'une incapacité résultant de la perte des droits civiques. Mais, à la différence de ce qui est prévu pour toutes les autres élections, on ne peut pas se porter soi-même candidat, même au nom d'un parti. Afin d'éviter les candidatures fantaisistes ou non représentatives d'un courant d'opinion important, la loi organique prise pour l'application de la Constitution impose la procédure dite des **parrainages** : les candidats doivent être présentés par un certain nombre d'élus nationaux ou locaux (parlementaires, conseillers généraux ou régionaux, maires).

En 1962, ce nombre avait été fixé à cent, mais il a permis la présentation d'une dizaine de candidats aux élections qui se sont succédé. La loi organique fut donc modifiée en 1976 pour porter le nombre des signatures requises à **cinq cents**. Elle exigea également que les signataires proviennent d'au moins trente départements ou territoires d'outre-mer différents, sans que plus d'un dixième de ces signataires soient élus d'un même département ou territoire. De plus, elle imposa que les signatures, qui doivent être adressées au Conseil constitutionnel, soient rendues publiques : le Conseil, après avoir vérifié qu'elles correspondent bien au nombre et aux conditions obligatoires, les fait publier au *Journal officiel*, ce qui permet d'informer les citoyens, mais aussi les partis politiques, du choix de leurs élus.

L'élection de 2002 a montré que cette réforme n'atteint pas les objectifs qu'elle s'était fixés : seize candidats ont été en

23. L'élection du président au suffrage universel direct, voir plus bas.

24. Ainsi, en mai 2012, le second tour de l'élection présidentielle a connu un taux d'abstention de 19,65 %, tandis que les élections législatives, en juin, ont enregistré une abstention de 44,16 %, également lors du second tour.

25. Les deux premiers de ces cas se sont déjà produits : Georges Pompidou est décédé en 1974, soit à peu près deux ans avant la fin de son mandat, et le général de Gaulle a démissionné en 1969, quatre ans après son élection, à la suite de l'échec d'un référendum, portant notamment sur l'organisation du Sénat, qu'il avait décidé.

effet admis à se présenter, bien que plusieurs d'entre eux aient éprouvé quelques difficultés pour obtenir le nombre requis de signatures[26]. Cette pléthore s'explique en partie par le souhait qu'ont les petites formations de se faire connaître par l'intermédiaire des articles que la presse écrite consacre aux candidats, et surtout grâce à la campagne télévisée. Bien qu'elle n'ait rien de choquant du point de vue de la démocratie, elle a cependant entraîné des effets paradoxaux : des deux candidats qui représentaient en 2002 les courants d'opinion majoritaires, l'un – le Président sortant – n'a obtenu qu'à peine 20 % des suffrages au premier tour, et l'autre – le Premier ministre – a été éliminé. C'est pourquoi des voix se sont élevées en faveur d'une modification du système, soit en accroissant à nouveau le nombre de parrainages requis, soit en confiant ce parrainage aux électeurs eux-mêmes[27]. L'élection de 2012 a cependant eu lieu selon les mêmes règles, et elle n'a vu s'affronter que dix candidats.

- **La campagne électorale**

Placée sous la surveillance d'une commission nationale de contrôle représentée dans chaque département par une commission locale, elle fait l'objet d'une **triple réglementation**. D'une part, afin d'atténuer l'inégalité entre les candidats (mais aussi de moraliser la campagne), les **dépenses** qu'ils peuvent engager sont **plafonnées** à 16,8 millions d'euros pour le premier tour et à 22,5 millions pour le second. Aucun don émanant de particuliers ne peut excéder 4 600 euros et les dons provenant de personnes morales autres que les partis sont interdits. L'État prend à sa charge une partie des dépenses (impression des bulletins de vote, affichage sur les panneaux officiels, envoi des professions de foi) et accorde aussi à chaque candidat une subvention forfaitaire. Tous les candidats doivent établir un **compte de campagne** retraçant les recettes perçues et les dépenses effectuées ; ce compte est adressé à une Commission de contrôle qui peut l'approuver, le rejeter ou le réformer. Ses décisions peuvent faire l'objet d'un recours devant le Conseil constitutionnel.

L'État rembourse à tous les candidats 4,75 % du montant du plafond autorisé. Ce chiffre est porté à 47,5 % pour les candidats ayant obtenu au moins 5 % des suffrages exprimés (ou au montant réel des dépenses engagées si celui-ci est inférieur au forfait). Le **rejet du compte d'un candidat** par la Commission de contrôle empêche ce remboursement. C'est ainsi que le Conseil constitutionnel a confirmé, en juillet 2013, l'invalidation des comptes présentés par Nicolas Sarkozy, qui ne faisaient état que de 21,4 millions d'euros de dépenses, alors qu'elles atteignaient en réalité plus de 23 millions (soit plus d'un million au-dessus du plafond autorisé). L'UMP a organisé une souscription pour couvrir la dette, à laquelle s'ajoutait le remboursement des avances perçues, et Nicolas Sarkozy a décidé de ne plus siéger au Conseil[28].

D'autre part, la radio et la télévision doivent respecter l'**égalité des candidats**[29] en leur consacrant le même temps d'émission, particulièrement durant les deux dernières semaines de la campagne. Le Conseil supérieur de l'audiovisuel est chargé de veiller au respect de cette obligation et, pour ce faire, additionne soigneusement les heures, voire les minutes ; mais s'il peut rappeler à l'ordre les sociétés nationales de programme, il ne dispose à l'égard des stations et chaînes privées que d'un pouvoir de recommandation.

Enfin, la déontologie des **sondages** est contrôlée par une commission nationale. Jusqu'en 2002, la publication de ces sondages était interdite pendant la dernière semaine de la campagne, mais la Cour européenne des droits de l'homme a jugé que cette interdiction portait atteinte à la liberté d'information, et qu'elle était au surplus relativement inefficace, puisqu'elle ne pouvait s'appliquer aux médias étrangers accessibles en France ; c'est pourquoi elle a été limitée à la veille et au jour de l'élection.

b) Le scrutin

Il comporte **deux tours** organisés à deux semaines d'intervalle. Au premier tour, l'élection ne peut être acquise qu'à la majorité absolue des suffrages, ce qui ne s'est encore jamais produit. Seuls les deux candidats placés en tête à l'issue du premier tour ont le droit de se présenter au second : cette règle a pour but d'assurer à celui qui sera élu un nombre de suffrages suffisant pour asseoir son autorité en tant que président.

Dans l'hypothèse où l'un des candidats au premier tour décéderait ou se trouverait empêché de se présenter, le Conseil constitutionnel doit prononcer le report de l'élection. Si la même hypothèse se présente au second tour, le Conseil doit déclarer qu'il faut recommencer l'ensemble des opérations électorales. Dans les deux cas, il ne peut le faire d'office, mais seulement sur demande des autorités habilitées de manière générale à le saisir.

Le Conseil est également juge de la **régularité** du scrutin : il lui appartient de statuer sur les réclamations qui peuvent lui être adressées par un candidat, un électeur ou un préfet pour contester la régularité des opérations électorales dans un ou plusieurs bureaux de vote ; s'il juge ces réclamations fondées, il annule les opérations correspondantes, mais celles-ci ont été jusqu'à présent trop peu importantes pour altérer le résultat final du scrutin. Ce résultat, après chacun des deux tours, est proclamé par le Conseil.

On relèvera que neuf élections présidentielles ont eu lieu depuis la réforme de 1962 et que le second tour a opposé sept fois un candidat de droite à un candidat de gauche

26. Certains grands partis ont donc demandé à des élus locaux appartenant à leur mouvance d'accorder leur signature à des candidats susceptibles de se rallier au leur au second tour, ou au contraire de mordre au premier tour sur l'électorat de ses rivaux.

27. Comme l'a fait le parti socialiste à l'automne 2011, pour l'élection présidentielle de 2012 : six candidats se sont présentés et les deux d'entre eux qui étaient arrivés en tête ont été départagés lors d'un second tour auquel ont participé près de trois millions d'électeurs. Cette primaire, inspirée de celles qui constituent le premier acte de l'élection présidentielle aux États-Unis, mais aussi de l'exemple italien, a connu un grand succès populaire, ce qui a incité des responsables de l'UMP (dont l'ancien Premier ministre) à envisager d'y recourir pour des élections ultérieures.

28. Les dépenses réalisées par un parti pour l'organisation de primaires n'entrent pas dans le plafond autorisé, à l'exception de celles qui ont été engagées personnellement par le candidat finalement investi pour faire connaître son programme.

29. Au premier tour, en raison du nombre élevé de candidats, il s'agit plutôt de traitement équitable.

(voir tableau ci-dessous)[30], ce qui résulte de la logique dite de « bipolarisation » et la conforte en même temps. A l'exception de celle, atypique, de 2002, deux élections seulement ont vu un candidat l'emporter avec plus de 55 % des suffrages, ce qui correspond également à cette logique.

Résultats des élections présidentielles au second tour (1965-2012)

Date et candidats (en gras, le candidat élu)	Résultats en %
19 décembre 1965	
Charles de Gaulle	55,2
François Mitterrand	44,8
15 juin 1969	
Georges Pompidou	58,21
Alain Poher	41,79
19 mai 1974	
Valéry Giscard d'Estaing	50,81
François Mitterrand	49,19
10 mai 1981	
François Mitterrand	51,76
Valéry Giscard d'Estaing	48,24
8 mai 1988	
François Mitterrand	54,02
Jacques Chirac	45,98
7 mai 1995	
Jacques Chirac	52,64
Lionel Jospin	47,36
5 mai 2002	
Jacques Chirac	82,21
Jean-Marie Le Pen	17,79
6 mai 2007	
Nicolas Sarkozy	53,06
Ségolène Royal	46,94
6 mai 2012	
François Hollande	51,62
Nicolas Sarkozy	48,38

2. La durée du mandat

La Constitution de 1958 fixait cette durée à sept ans, comme le faisaient celles des deux Républiques précédentes. Mais si un mandat aussi long, de surcroît renouvelable[31], pouvait paraître normal compte tenu du rôle assez restreint qui était auparavant celui du président, il se justifiait beaucoup moins pour un président doté de pouvoirs importants et dont la responsabilité politique ne peut pas, néanmoins, être mise en cause par le Parlement. Diverses propositions avaient été faites pour modifier cette règle, mais les avis divergeaient quant aux modalités d'une réforme : valait-il mieux conserver le septennat mais rendre le mandat non renouvelable[32] ou instaurer le quinquennat ?

La seconde thèse l'a finalement emporté et une révision de la Constitution, intervenue le 2 octobre 2000, fixa la durée du mandat à **cinq ans**. Ce choix s'explique en grande partie par le souci de faire coïncider les élections présidentielles et législatives, et de limiter ainsi les risques de cohabitation. Jusqu'ici, le mandat était indéfiniment renouvelable[33]. Mais la révision constitutionnelle de 2008 interdit désormais qu'un même président accomplisse plus de deux mandats consécutifs – ce qui ne l'empêchera pas de se représenter ultérieurement. La réforme s'explique par le caractère semi présidentiel de la pratique actuelle du régime, qui confère au président un rôle prééminent, dont il est plus sage de limiter la durée. Sur ce point, les États-Unis ont servi d'exemple, mais en partie seulement : en 1951, une révision constitutionnelle a interdit en effet à un président américain d'accomplir plus de deux mandats, qu'ils soient ou non consécutifs[34].

La Constitution prévoit aussi le cas où un président en exercice ne serait plus apte à remplir ses fonctions (par exemple, en raison de son état de santé physique ou mentale) : le gouvernement doit alors saisir le Conseil constitutionnel qui chargera le **président du Sénat** d'assurer l'**intérim**, soit à titre temporaire (c'est-à-dire jusqu'au moment où le président pourra reprendre ses activités), soit jusqu'à la nouvelle élection si son empêchement a un caractère définitif[35].

On ajoutera que les fonctions présidentielles sont incompatibles avec tout autre mandat électif national ou local, ainsi qu'avec l'exercice d'une profession : dès son entrée en fonction, le président doit donc renoncer à ceux qu'il exerçait, et ne pourra les reprendre qu'au terme de son mandat.

3. Les services de la présidence

Le président est assisté de services étoffés (ils comptent environ 900 personnes), dont l'existence n'est pas inscrite dans les textes mais retracée dans le budget de l'État au titre des « charges communes ». Ces services comprennent en premier lieu un **secrétariat général**, composé de conseillers techniques et de chargés de mission spécialisés dans des secteurs d'activité qui recoupent généralement ceux des ministères. Ce secrétariat prépare des notes et des dossiers à l'intention du président, ce qui permet à celui-ci de suivre de près la gestion des affaires. Il est souvent représenté dans les réunions interministérielles qui se tiennent

30. En 1969, la gauche se trouvant éliminée au 1er tour, les candidats étaient Georges Pompidou et Alain Poher (président du Sénat, il assurait l'intérim de la présidence depuis la démission du général de Gaulle) ; en 2002, dans une situation analogue, il s'agissait de Jacques Chirac et Jean-Marie Le Pen.

31. Sous la IVe République, ce mandat n'était toutefois renouvelable qu'une seule fois.

32. Cette solution a été notamment préconisée en 1993 par le comité consultatif pour la révision de la Constitution (dit aussi comité Vedel), que François Mitterrand avait chargé d'une réflexion sur les institutions.

33. Mais seuls deux présidents – François Mitterrand et Jacques Chirac – ont été réélus au suffrage universel et ont accompli leur second mandat.

34. Elle s'expliquait par le fait que Franklin Roosevelt, lors de son décès en 1945, commençait son quatrième mandat.

35. Il faut assimiler à cette dernière hypothèse celle d'une éventuelle destitution du président par la Haute Cour en cas de *« manquement à ses devoirs manifestement incompatible avec l'exercice de son mandat »* (voir p. 27).

sous l'égide du Premier ministre ou de ses collaborateurs, avec lesquels il entretient des contacts réguliers. Et chaque semaine, le secrétaire général de la présidence rencontre le secrétaire général du gouvernement pour préparer avec lui l'ordre du jour des réunions du conseil des ministres.

Vient ensuite le **cabinet**, qui s'occupe principalement du courrier, des audiences et des déplacements du président; il assure généralement aussi ses relations personnelles avec la presse. La **«maison militaire»** est une sorte d'état-major placé auprès du président en sa qualité de chef des armées et joue un rôle comparable à celui du secrétariat général pour les affaires civiles.

Le président est libre d'organiser ses services comme il l'entend et de recruter à son gré les personnes qui en font partie (un bon nombre de celles-ci sont mises à sa disposition – donc rémunérées – par les ministères). L'ensemble constitue un appareil qui lui permet non seulement de se tenir informé en détail de la politique suivie par le gouvernement, mais aussi de peser sur celle-ci lorsque les majorités présidentielle et parlementaire coïncident, et de la critiquer éventuellement en période de cohabitation. Cet appareil a été considérablement renforcé en 2007 et 2008, mais réduit à partir de 2010.

4. La responsabilité du président

Malgré les réformes introduites par la révision constitutionnelle du 23 février 2007, il serait sans doute plus exact de parler de quasi-irresponsabilité sur le plan juridique aussi bien que politique : si le président n'est pas à l'abri des critiques, voire des mises en cause, il échappe dans une très large mesure aux conséquences qui pourraient en être tirées.

a) Sur le plan politique

On l'a vu, le président ne peut être renversé par le Parlement, et nul n'est en mesure de le contraindre à démissionner avant la fin de son mandat. Certains auteurs ont écrit, pour justifier ce système, que le général de Gaulle considérait le référendum comme un moyen d'engager sa responsabilité devant les électeurs; mais s'il a effectivement démissionné en 1969, ce qu'il s'était engagé à faire en cas d'échec, on peut juger quelque peu écornée une responsabilité qui ne saurait être mise en jeu que par celui qui en fait l'objet, à une date et sur une question qu'il a lui-même choisies. Depuis 1969, d'ailleurs, aucun président n'a considéré le référendum comme une sorte de question de confiance posée au pays, ni n'a lié son sort à celui de la consultation.

Aucun d'eux, non plus, ne s'est estimé désavoué lorsqu'au cours de son mandat les élections législatives envoyaient à l'Assemblée nationale une majorité opposée à ses vues, quelle que soit l'importance de cette majorité – pas même Jacques Chirac, qui avait pourtant dissous l'Assemblée en 1997 pour disposer d'un soutien accru dans celle qui sortirait des urnes. En définitive, lorsqu'un président est élu, les électeurs savent (ou devraient savoir) que sauf empêchement imprévu, il restera en place jusqu'à la fin de son mandat, privilège dont ne disposent ni les députés, ni le gouvernement.

Le président bénéficie même d'une sorte de **protection renforcée** contre les contestations. D'une part, la tradition veut que les parlementaires ne l'attaquent pas personnellement au cours des débats, sous peine de se voir rappelés à l'ordre par le président de la Chambre. D'autre part, la loi du 29 juillet 1881 relative à la presse prévoit des peines allant jusqu'à l'emprisonnement contre ceux qui seraient reconnus coupables «d'offense au président de la République» : elle a été utilisée à plusieurs reprises jusqu'en 1981 mais tombait en désuétude jusqu'à sa récente reprise.

b) Sur le plan juridique

La mise en jeu de la **responsabilité pénale** du président s'avère extrêmement difficile. Aux termes de l'ancien article 68 de la Constitution, il n'était «*responsable des actes commis dans l'exercice de ses fonctions qu'en cas de haute trahison*» et il ne pouvait être «*mis en accusation que par les deux assemblées statuant par un vote identique au scrutin public et à la majorité absolue des membres les composant*». Le seul énoncé de ces dispositions suffit à montrer que l'hypothèse avait fort peu de chances de se réaliser. D'abord en raison de l'extrême gravité des manquements qui pourraient être qualifiés de «*haute trahison*»; l'histoire n'offre d'ailleurs que deux exemples de cas dans lesquels elle a été reconnue : Louis XVI en 1793 et le maréchal Pétain en 1945. Ensuite, du fait des conditions de majorité requises, qu'on imagine mal être réunies en dehors d'une crise particulièrement grave.

Cette situation, par trop exorbitante du droit commun, faisait l'objet de nombreuses critiques. Jacques Chirac, peu après sa réélection en 2002, nomma donc une commission composée de juristes et chargée de la réexaminer. A la suite de son rapport, un projet de loi constitutionnelle fut élaboré en 2003 mais ne vint en discussion devant le Parlement qu'à la fin de l'année 2006.

La **révision** constitutionnelle opérée le 23 février 2007 a modifié le système antérieur sur deux points, qui jouent en quelque sorte à l'inverse l'un de l'autre. En effet, les motifs pour lesquels la responsabilité du président peut être mise en cause sont élargis : la haute trahison fait place au «*manquement à ses devoirs manifestement incompatible avec l'exercice de son mandat*». Mais la procédure de cette éventuelle mise en cause est rendue plus difficile : le Parlement doit désormais la voter à une majorité des deux tiers dans chacune des deux Chambres et non plus seulement à la majorité absolue.

Si tel est le cas (hypothèse assez peu vraisemblable), le président n'est plus traduit devant une Haute Cour de justice, comme dans le système précédent[36], mais devant le Parlement constitué en **Haute Cour** sous la présidence du président de l'Assemblée nationale. Dans l'éventualité où elle constaterait l'existence du manquement visé par le texte, elle devrait prononcer la destitution du président dans le délai d'un mois, à bulletins secrets et à la même majorité des deux tiers.

Les nouvelles dispositions du texte consacrent l'interprétation que le Conseil constitutionnel et la Cour de cassation avaient donnée du système précédent. L'une concerne le *champ* du privilège de juridiction. La majorité des juristes s'accordaient pour estimer qu'il couvrait uniquement les

36. Cette Haute Cour de justice était composée de 24 membres, élus pour moitié en son sein par chacune des deux Chambres.

actes accomplis pendant l'exercice des fonctions et à l'occasion de celles-ci, et que le président pouvait être poursuivi devant les tribunaux ordinaires soit pour des actes antérieurs, soit pour des faits purement personnels (par exemple, une infraction au Code de la route). Mais le Conseil constitutionnel, saisi en 1999 de la question de savoir si le traité créant la Cour pénale internationale était compatible avec la Constitution, a déclaré que ces actes n'étaient justiciables que de la Haute Cour de justice pendant toute la durée du mandat du président, lequel bénéficiait ainsi d'une immunité pratiquement totale.

Le nouvel article 67 reprend et étend même cette **immunité** en précisant que le président de la République ne peut, durant son mandat, «*faire l'objet d'une action, d'un acte d'information, d'instruction ou de poursuite*» devant aucune juridiction ou autorité administrative française, et qu'il ne peut pas non plus être requis de témoigner[37]. Les conséquences de cette règle sont curieuses : elle impliquerait, par exemple, l'impossibilité pour l'épouse d'un président de demander le divorce si son mari s'y oppose; ou, pour les voisins d'une propriété privée du président, d'obtenir réparation d'un préjudice causé par l'un de ses préposés dans l'hypothèse où un accord amiable s'avère impossible.

La seconde disposition concerne la *durée* du privilège. Pour éviter que l'immunité du président entraîne des conséquences irréversibles, la Cour de cassation avait jugé, dans un arrêt rendu en 2001, que les poursuites éventuelles devant les tribunaux n'étaient pas closes mais simplement suspendues pendant la durée du mandat présidentiel. La loi de révision constitutionnelle consacre cette jurisprudence, en indiquant que, jusqu'à l'expiration de ce mandat, «*tout délai de prescription ou de forclusion est suspendu*»[38].

2. Les pouvoirs du président

Comme ceux des Républiques précédentes, le président dispose des pouvoirs traditionnellement attachés à la fonction de chef d'État. Il exerce le droit de grâce[39], préside le conseil des ministres, promulgue les lois, accrédite les ambassadeurs et ratifie les traités internationaux. Mais alors que la Constitution de 1946 exigeait que tous ses actes soient contresignés par le chef du gouvernement, lequel en endossait ainsi la responsabilité, la Constitution de 1958 dispense de ce contreseing une bonne part des actes importants que peut prendre le président. On distingue ainsi entre les pouvoirs qui lui sont dévolus à titre personnel et ceux qui font l'objet d'un partage, ou du moins d'une coopération. Et il faut ajouter à la première de ces catégories les pouvoirs exceptionnels que l'article 16 de la Constitution confère au président en cas de crise grave des institutions.

1. Les pouvoirs propres

Ils ne sont pas très nombreux mais influencent profondément la vie politique du pays.

a) Le président nomme le Premier ministre (article 8 de la Constitution)

Il le choisit naturellement, y compris en période de cohabitation, parmi les leaders du parti qui a remporté les élections législatives (ou, s'il s'agit d'une coalition, du parti qui a obtenu le plus grand nombre de suffrages). Certaines nominations intervenues jusqu'ici s'imposaient donc d'elles-mêmes, comme celles de Jacques Chirac en 1986 et de Lionel Jospin en 1997. D'autres, au contraire, ont procédé d'un choix plus personnel, qu'elles se soient produites juste après les élections ou plus tard : comme exemple du premier cas, on peut citer la désignation d'Alain Juppé en 1995 et de Jean-Marc Ayrault en 2012; le second est illustré par celles de Pierre Messmer en 1972 et d'Édith Cresson en 1991.

Le président, aux termes du même article 8, met également **fin aux fonctions du Premier ministre** «*sur la présentation par celui-ci de la démission du gouvernement*». Sous la IVe République, le chef du gouvernement présentait effectivement cette démission lorsque la majorité de l'Assemblée nationale ne lui accordait plus sa confiance; et il arrivait que le président la refuse, en demandant à l'intéressé de procéder à des consultations pour former un nouveau gouvernement qui recevrait l'approbation de l'Assemblée. Dans le système actuel, au contraire, la destitution d'un Premier ministre est indépendante du soutien que lui accorde le Parlement, sauf en période de cohabitation; et si, protocolairement, le Premier ministre rédige une lettre de démission, c'est bien parce que le président lui a fait connaître que tel était son souhait : comment pourrait-il demeurer en fonction si le président préfère collaborer à l'avenir avec une autre personnalité? Et de fait, plusieurs changements de Premier ministre ont été opérés par les présidents successifs sans qu'une modification de la majorité parlementaire les ait rendus nécessaires.

b) Il a le droit de dissoudre l'Assemblée nationale

Ce droit s'exerce après **consultation** du Premier ministre et des présidents des deux Chambres (article 12 de la Constitution). Le cas s'est produit plusieurs fois, soit qu'un président nouvellement élu veuille disposer d'une majorité parlementaire soutenant son programme (comme François Mitterrand en 1981), soit en cas de crise politique survenant à la suite d'événements non prévus (ainsi s'explique la dissolution décidée par le général de Gaulle après mai 1968) ou parce que l'Assemblée nationale a renversé le gouvernement (le général de Gaulle, également, le fit en

37. La question s'était posée lors de l'instruction judiciaire concernant la gestion de la mairie de Paris à l'époque où Jacques Chirac était maire de la ville.

38. C'est pourquoi le procès intenté à Jacques Chirac à propos des emplois fictifs de la mairie de Paris, à l'époque où il était maire, n'a pu avoir lieu qu'en 2011. Par ailleurs, en novembre 2011, la Cour d'appel de Paris a étendu l'irresponsabilité du président à ses collaborateurs immédiats, quand leur mise en cause était susceptible d'entraîner indirectement la sienne. Cette décision a été cassée par la Cour de cassation en 2012.

39. Jusqu'à la révision constitutionnelle de 2008, les grâces pouvaient être individuelles ou collectives (ce qui arrivait assez souvent, notamment à l'occasion de la Fête nationale, et permettait de désencombrer les prisons); désormais, elles ne peuvent être qu'individuelles.

1962), soit encore pour des raisons stratégiques, comme Jacques Chirac en 1997. La consultation à laquelle il doit procéder ne lie évidemment pas le président.

Lorsque la dissolution est prononcée, de nouvelles élections doivent avoir lieu dans un délai de vingt à quarante jours et la nouvelle Assemblée se réunit «*de plein droit*» (c'est-à-dire même en dehors des périodes de sessions ordinaires) le deuxième jeudi qui suit. Il ne peut être procédé à une nouvelle dissolution avant un an, ce qui oblige le président, si ces élections lui ont été défavorables, à s'accommoder d'une majorité hostile pendant cette période – voire plus longtemps, car il hésitera sans doute à renouveler l'expérience : tel fut le cas en 1997, où l'équilibre politique fut modifié aux dépens du président pendant cinq ans.

c) Il peut s'adresser aux Chambres

Lorsque la situation lui paraît l'exiger, le président peut adresser aux Chambres des **messages** qu'il fait lire[40] et qui ne donnent lieu à aucun débat (article 18). Si le Parlement n'est pas en session, il est spécialement convoqué pour les entendre. Cette procédure est rarement utilisée, excepté par les présidents nouvellement élus qui y trouvent un moyen de préciser à l'intention des parlementaires la politique qu'ils entendent suivre.

La révision constitutionnelle de 2008 offre au président une nouvelle possibilité : **prendre la parole** devant le Parlement réuni à cet effet en Congrès (article 18 de la Constitution). Sa déclaration peut faire l'objet, en dehors de sa présence, d'un débat qui n'est suivi d'aucun vote; comme pour la lecture des messages, les Chambres sont spécialement convoquées si elles ne sont pas en session. La première utilisation de cette disposition a eu lieu en juin 2009.

d) Il a le droit de recourir au référendum

Ce droit, à l'inverse, est plus fréquemment exploité. Il résulte de l'**article 11** de la Constitution et le général de Gaulle s'en servit plusieurs fois[41] (y compris, on l'a vu, pour faire adopter en 1962 la réforme constitutionnelle du mode d'élection du président de la République). Le climat dont il les entourait donnait à ses référendums des allures quelque peu plébiscitaires qui furent vivement contestées et les présidents qui lui ont succédé en usèrent donc beaucoup plus rarement : Georges Pompidou ne l'utilisa que pour faire approuver l'entrée de la Grande-Bretagne dans la Communauté européenne, Valéry Giscard d'Estaing n'y recourut jamais, François Mitterrand le fit à deux reprises sous son second septennat (pour faire approuver, la première fois, l'accord relatif à la Nouvelle-Calédonie et, la seconde, le traité de Maastricht). Jacques Chirac en élargit le champ (voir page 15) mais n'en fit cependant guère usage : si l'on excepte le référendum organisé en 2005 sur le projet de Constitution européenne, la seule consultation qui eut lieu au cours de ses deux mandats successifs concernait la réduction de la durée du mandat présidentiel et fut organisée en vertu, non pas de l'article 11, mais de l'article 89 relatif aux révisions constitutionnelles, qui impose au préalable un vote concordant des deux Chambres.

Le référendum est en effet une arme à **double tranchant** : il peut conforter la position d'un président lorsque la question posée reçoit un large assentiment, mais il peut aussi l'affaiblir si la majorité des opinions favorables est courte ou si un nombre important d'abstentions indique, soit le désintérêt du corps électoral à l'égard de la question, soit une désaffection pour le président lui-même; dans les deux cas, le recours au référendum s'avère être une erreur stratégique. On observe également que des référendums trop fréquents engendrent une certaine lassitude des électeurs qui, parfois, saisissent mal la portée de la question qu'on leur pose, surtout lorsqu'elle porte sur un texte comportant de nombreuses dispositions (ce fut le cas, en particulier, pour le traité de Maastricht et pour le projet de Constitution européenne) et semblent estimer qu'elle aurait pu être tranchée par les assemblées réunies en Congrès : pour l'introduction du quinquennat, notamment (en septembre 2000), on enregistra 70 % d'abstentions et 16 % de bulletins blancs ou nuls[42].

D'autre part, on a dit plus haut (voir page 15) que la révision de 2008 introduit une petite possibilité de référendum à l'initiative conjointe des parlementaires et des électeurs : c'est alors au président de la République qu'il appartiendrait de soumettre la proposition de loi au suffrage populaire.

e) Il dispose de pouvoirs en matière de justice

Le président dispose enfin de pouvoirs importants en ce qui concerne l'organisation et l'activité de la **justice constitutionnelle**. Il nomme en effet trois des neuf membres du Conseil constitutionnel, désigne son président et peut lui déférer les lois et les traités qu'il estime être contraires à la Constitution; s'agissant des lois, cette faculté peut lui être très utile pour contrecarrer les volontés du gouvernement et de l'Assemblée nationale en période de cohabitation.

Par ailleurs, l'article 64 de la Constitution fait du président le «*garant de l'indépendance de l'autorité judiciaire*»; il est assisté à cette fin du Conseil supérieur de la magistrature (voir le chapitre 6), auquel il peut demander des avis.

2. Les pouvoirs partagés

Ce sont ceux dans l'exercice desquels le **contreseing du Premier ministre** est requis. Mais la signification de ce contreseing a varié par rapport à celle qui était la sienne sous la IIIe et la IVe Républiques : il manifestait à l'époque que le chef du gouvernement endossait la responsabilité politique des actes pris par le président, il traduit plutôt aujourd'hui la collaboration ou l'assentiment du Premier ministre à ces actes. Dans la mesure où la Constitution énumère limitativement les actes dispensés du contreseing, ceux pour lesquels il est obligatoire sont plus nombreux

40. Conformément à une tradition ancienne, le président ne peut assister aux séances du Parlement, et c'est habituellement le président de chacune des Chambres qui donne lecture du message.

41. Par exemple, en 1962, pour faire adopter les accords d'Évian par lesquels l'Algérie devenait indépendante – mais les électeurs ne devaient donner qu'une seule réponse à deux questions inséparables : approuvaient-ils ou non les accords **et** l'octroi des pleins pouvoirs au général de Gaulle pour les faire appliquer?

42. Cette situation n'est pas propre à la France : dans les pays qui recourent régulièrement au référendum, comme la Suisse, le taux d'abstentions est presque toujours considérable.

et forment en quelque sorte le droit commun. L'influence du président sur leur élaboration et leur adoption demeure cependant très importante.

a) Les pouvoirs de nomination

On mentionnera en premier lieu la nomination des **ministres**, qui est officiellement proposée par le Premier ministre mais nécessite évidemment l'accord du président ; la révocation des ministres intervient dans les mêmes conditions. Ensuite celle des plus **hauts fonctionnaires** civils ou militaires **de l'État** (préfets, recteurs d'académie, ambassadeurs, etc.), qui relève du conseil des ministres et fait pareillement l'objet de discussions lorsque l'Élysée et Matignon ont chacun leur candidat. Ce pouvoir de nomination s'exerce très fréquemment lors des changements de majorité, car l'habitude s'est prise de remplacer assez vite les titulaires de fonctions administratives élevées par des personnalités dont l'adhésion aux nouvelles orientations qui seront prises paraît assurée[43].

Enfin, aux termes de l'article 13 de la Constitution, le président de la République « *nomme aux emplois civils et militaires de l'État* », mais il ne s'agit en fait que des emplois élevés et ne relevant pas d'une désignation en conseil des ministres. La révision de 2008 a introduit une innovation destinée à encadrer le pouvoir de choix du président : les nominations à des fonctions importantes « *pour la garantie des droits et libertés ou la vie économique et sociale de la Nation*[44] » ne pourront intervenir qu'après avis public de la commission permanente compétente de chaque assemblée. Mais cet avis ne sera réputé négatif que si l'addition des votes émis en ce sens « *représente au moins trois cinquièmes des suffrages exprimés au sein des deux commissions* » : il est clair qu'en dehors des périodes de cohabitation, une telle majorité sera difficilement concevable.

b) La signature des décrets et des ordonnances

Aux termes de l'article 13 de la Constitution, le président « *signe les ordonnances et les décrets délibérés en conseil des ministres* » (les décrets, on le verra dans la partie « Droit administratif » de l'ouvrage, sont les actes réglementaires les plus importants ; les ordonnances sont prises, en vertu d'une habilitation donnée par le Parlement au gouvernement, dans des domaines normalement réservés à la loi). On considère habituellement qu'en droit public, le mode indicatif a valeur d'impératif : si le président, en ce cas précis, a compétence pour signer, il est tenu de le faire. Mais certains présidents ont estimé, au contraire, qu'ils pouvaient s'en abstenir s'ils le jugeaient préférable ; c'est ainsi que François Mitterrand, pendant la première cohabitation (1986-1988), a déclaré publiquement qu'il ne signerait pas des ordonnances relatives à la privatisation de 65 groupes industriels ou financiers et au redécoupage des circonscriptions électorales parce qu'elles lui paraissaient contraires à l'intérêt du pays. Dans un tel cas, si le gouvernement ne veut pas renoncer à ses projets, il doit demander au Parlement de les adopter par voie législative, ce qui ne va pas toujours sans risque ni retard.

c) Les rapports avec le Parlement

Dans ses rapports avec le Parlement, le président a d'abord le pouvoir de convoquer et de clore des sessions extraordinaires, qui sont généralement motivées par la nécessité de régler un problème urgent (voir page 40). Il peut aussi, lorsqu'une loi qui lui est transmise pour promulgation lui paraît contestable, demander au Parlement une nouvelle délibération, soit sur l'ensemble de la loi, soit sur certains de ses articles, et le Parlement est tenu d'accéder à cette demande (article 10 de la Constitution). Si le Parlement ne modifie pas son texte, le président le promulgue de la même manière que les autres lois, c'est-à-dire dans les quinze jours suivant la transmission qui lui en est faite, sauf s'il décide de le soumettre pour examen au Conseil constitutionnel. Sous cette réserve, à la différence de ce qui s'est produit pour les ordonnances, aucun président n'a encore refusé de procéder à une promulgation.

d) L'initiative d'une révision constitutionnelle

Le président peut prendre l'initiative d'une révision sur proposition du Premier ministre, c'est-à-dire en l'absence d'opposition formelle (mais peu concevable, sauf s'il y a cohabitation) de celui-ci. Lorsque le projet de révision a été voté par les deux assemblées, le président a le choix entre deux voies : soumettre le projet au référendum ou le faire adopter par le Congrès ; dans ce dernier cas, la majorité des trois cinquièmes des suffrages est nécessaire. Le président prend sa décision sur ce point sans qu'une proposition du Premier ministre soit requise, mais ce dernier doit la contresigner.

e) La qualité de chef des armées

En cette qualité, enfin, il « *préside les conseils et comités supérieurs de la Défense nationale* » (article 15). C'est en Conseil de défense, où siègent le Premier ministre et les ministres de la Défense et des Affaires étrangères, que sont prises les décisions les plus importantes. La Constitution indique bien que le Premier ministre est « *responsable de la Défense nationale* » (article 21) et que le gouvernement « *dispose [...] de la force armée* » (article 20), mais l'habitude s'est prise d'inclure la défense dans le **« domaine réservé »** du président. En cas de circonstances particulièrement graves, d'ailleurs, un décret du 12 juin 1996 (dont on peut se demander s'il est conforme à la Constitution) attribue au président le droit exclusif d'engager les forces nucléaires, sans obligation pour lui de consulter un quelconque organisme, ni d'obtenir le contreseing du Premier ministre.

3. Les pouvoirs de crise

Ils résultent du fameux **article 16** de la Constitution, exigé par le général de Gaulle qui s'appuya au cours des travaux préparatoires sur une double référence : d'une part,

---

43. Ce phénomène, proche dans son principe du « *spoils system* » (système des dépouilles) pratiqué aux États-Unis mais inconnu, par exemple, en Grande-Bretagne, aboutit à une politisation de la haute administration qui a été longtemps très contestée, mais semble maintenant considérée avec un certain fatalisme.

44. La loi organique du 23 juillet 2010 a dressé la liste de ces fonctions.

l'invasion du territoire en juin 1940 et l'impossibilité où s'était trouvé le président de la République de se replier à l'étranger avec des ministres et des parlementaires afin de poursuivre la lutte[45]; d'autre part, l'institution, dans la Rome antique, du «dictateur» auquel on confiait pendant six mois des pouvoirs spéciaux pour lui permettre de sauver la République.

L'article 16 peut trouver à s'appliquer, aux termes de l'alinéa 1, «*lorsque les institutions de la République, l'indépendance de la Nation, l'intégrité de son territoire ou l'exécution de ses engagements internationaux sont menacés d'une manière grave et immédiate et que le fonctionnement régulier des pouvoirs publics constitutionnels est interrompu*». Il appartient au président de constater que ces conditions sont réunies «*après consultation officielle du Premier ministre, des présidents des assemblées ainsi que du Conseil constitutionnel*». Cette consultation ne lie pas le président, mais les avis qu'il doit solliciter ont tout de même un certain poids, en particulier celui du Conseil constitutionnel qui est publié au *Journal officiel*.

Le **général de Gaulle** estima, en avril 1961, que l'hypothèse envisagée par l'article 16 était réalisée : les organes constitutionnels (président, gouvernement, Parlement) fonctionnaient régulièrement, mais un pouvoir insurrectionnel s'étant instauré à Alger, une partie du territoire échappait à leur autorité. Il décida donc de mettre en œuvre les pouvoirs prévus par le texte, qui sont définis de manière très vague et extensive : «*Le président de la République prend les mesures exigées par ces circonstances [...]. Il en informe la Nation par un message.*» On admet généralement que ces pouvoirs lui permettent de prendre des mesures relevant en temps normal de la compétence du gouvernement, du Parlement, voire des autorités judiciaires.

Il s'agit de **pouvoirs** purement **personnels** puisque ni la décision d'y recourir ni les actes auxquels ils donnent lieu ne sont soumis à l'obligation du contreseing. Ils sont néanmoins considérables, car le président pourrait, par exemple, instaurer une censure sur la presse ou interdire les réunions publiques. L'article 16 a donc prévu **deux garanties**.

– En premier lieu, il impose un **objectif** à ces pouvoirs : les mesures prises «*doivent être inspirées par la volonté d'assurer aux pouvoirs publics constitutionnels, dans les moindres délais, les moyens d'accomplir leur mission. Le Conseil constitutionnel est consulté à leur sujet*». Mais les avis du Conseil (contrairement à celui qu'il donne avant la mise en œuvre de l'article 16) demeurent confidentiels, et l'opinion publique ne peut donc pas savoir s'ils contiennent des réserves.

– En second lieu, le président doit œuvrer sous le **regard du Parlement** : celui-ci est en effet réuni de plein droit et l'Assemblée nationale ne peut pas être dissoute pendant l'exercice des pouvoirs exceptionnels. Mais il n'est pas facile pour les parlementaires d'exercer un contrôle effectif sur la finalité réelle des mesures prises et leur adéquation au but recherché : la seule arme dont ils disposent est celle de la mise en cause du président devant la Haute Cour pour manquement à ses devoirs manifestement incompatible avec l'exercice de son mandat; et outre que cette arme est très lourde à manier, son utilisation ajouterait un surcroît de tension à la crise existante.

En fait, le général de Gaulle a maintenu en vigueur l'article 16 pendant cinq mois, alors que la rébellion des militaires d'Alger avait été jugulée en peu de jours. Il a également utilisé cet article pour suspendre l'inamovibilité des magistrats du siège (c'est-à-dire des juges) que garantit pourtant l'article 64 de la Constitution. Sa «dictature à la romaine» ne s'est certes pas transformée en dictature tout court, et aucun de ses successeurs n'a **jamais recouru** aux pouvoirs exceptionnels. Mais l'exercice d'un pouvoir aussi dépourvu d'entraves que celui qui résulte de l'article 16 a paru inacceptable aux milieux politiques et juridiques, ainsi qu'à une bonne partie de l'opinion. Le Comité consultatif pour la révision de la Constitution, créé par François Mitterrand et présidé par Georges Vedel, professeur de droit public, proposa dans son rapport déposé en 1993 que les présidents des deux assemblées puissent saisir ensemble le Conseil constitutionnel pour lui demander de constater que les conditions d'application de l'article 16 n'étaient plus réunies. François Mitterrand jugea préférable de supprimer purement et simplement cet article et inscrivit cette réforme dans le projet de révision constitutionnelle qu'il déposa la même année, mais ce projet ne put aboutir.

La **révision** intervenue en **2008** a repris, avec quelques modifications, la proposition du Comité Vedel : après trente jours d'exercice des pouvoirs exceptionnels, le président de chacune des assemblées, de même que soixante députés ou sénateurs, peut demander au Conseil constitutionnel de rechercher si les conditions énoncées au premier alinéa de l'article 16 demeurent réunies; le Conseil se prononce par un avis public, et réitère de plein droit ses investigations trente jours plus tard et «*à tout moment au-delà de cette durée*». Les pouvoirs détenus par le président de la République ne sont donc pas mis en cause pendant les trente premiers jours, mais on imagine mal qu'il puisse continuer à les exercer si le Conseil, et les parlementaires qui l'ont saisi, estiment publiquement qu'ils n'ont plus lieu d'être.

* * *

Au total, du point de vue des pouvoirs dont dispose le président, le régime a **considérablement évolué** par rapport à 1958. La Constitution instituait un système de type parlementaire : le président était élu au suffrage indirect, l'exécutif était bicéphale et le gouvernement pouvait être renversé par le Parlement. Même en tenant compte de l'instauration du parlementarisme «rationalisé», un relatif équilibre existait entre les principaux pouvoirs publics.

Avec l'élection du président au suffrage universel direct, cet équilibre se modifia en sa faveur. D'abord, parce que sa légitimité démocratique s'accrut, et lui permit de faire mettre en œuvre par le gouvernement et le Parlement le programme qu'il avait soumis aux électeurs pendant sa campagne (par exemple, les 110 propositions de François Mitterrand en 1981). Ensuite, parce que les élections présidentielle et législatives comportent deux tours, ce qui oblige les forces politiques à se regrouper pour le second et favorise la bipolarisation gauche-droite. Le président nouvellement élu dispose généralement par la suite d'une majorité

45. Albert Lebrun, alors président, a déclaré plus tard que telle était son intention (il envisageait un départ en Afrique du Nord), mais que la Constitution de la IIIe République ne lui accordait pas l'autorité nécessaire pour imposer ses vues.

à l'Assemblée nationale (l'un des slogans majeurs utilisés pendant la campagne législative étant souvent «*Donnez une majorité au président*»), le Premier ministre, ainsi que l'ensemble du gouvernement, appartiennent à la même mouvance, et le régime devient alors semi présidentiel (on parle souvent, dans les milieux juridiques, d'un «présidentialisme à la française»). De plus, lorsque, comme c'était le cas depuis les élections présidentielle et législatives de 2002, la majorité des sénateurs [46] et presque tous les membres du Conseil constitutionnel en font également partie, il ne reste plus guère de contre-pouvoirs institués qui puissent s'opposer au président.

La personnalité de celui-ci joue cependant un grand rôle : avec des soutiens politiques analogues, Jacques Chirac, pendant les deux premières années de son mandat, et Nicolas Sarkozy pendant tout son mandat n'ont pas eu la même conception de leur rôle, notamment par rapport au Premier ministre et au gouvernement.

En période de cohabitation, au contraire, le président se trouve relativement isolé et ses pouvoirs sont en quelque sorte mis en veilleuse. Cette différence montre à quel point les circonstances politiques influent sur l'application et même sur la vie d'une Constitution.

46. Lors des élections sénatoriales de septembre 2011, toutefois, la majorité sénatoriale a été inversée.

Chapitre 4
Le gouvernement

La Constitution de 1958 ne contient que peu de dispositions relatives au gouvernement dans le titre III qui lui est spécifiquement consacré : il ne compte en effet que quatre articles (alors que le titre II, qui traite du président de la République, en comprend quinze) et deux de ces articles concernent le Premier ministre. Cela ne signifie pas qu'elle accorde peu d'importance au gouvernement : d'une part, elle définit ses compétences en termes très généraux; d'autre part, une bonne partie de son rôle, notamment dans la procédure législative, ainsi que sa responsabilité devant l'Assemblée nationale figurent dans le titre V, qui traite de ses rapports avec le Parlement.

1. L'organisation du gouvernement et le statut de ses membres

La Constitution a peu innové en ce qui concerne la formation et la composition des gouvernements. Elle a en revanche, contrairement à la tradition antérieure, posé la règle de l'incompatibilité des fonctions de ministre avec l'exercice d'un mandat parlementaire. Et une révision constitutionnelle intervenue en 1993 a rendu plus astreignant le régime de la responsabilité pénale que peuvent encourir les ministres, en donnant aux particuliers le droit de saisir la Cour de justice de la République.

1. La formation du gouvernement

On a vu dans le chapitre précédent que le Premier ministre est nommé par le président de la République, que les ministres le sont également mais sur proposition du Premier ministre, et que le président peut mettre fin aux fonctions de l'un comme des autres. Le changement du Premier ministre entraîne en principe celui de l'ensemble du gouvernement, mais il arrive assez souvent que le Premier ministre soit nommé à nouveau et réunisse autour de lui une équipe ministérielle qui n'est pas fondamentalement modifiée : une **trentaine de gouvernements** se sont ainsi succédé entre janvier 1959 et juin 2012, mais moins d'une vingtaine de Premiers ministres[47].

Le **nombre des ministres** n'est fixé par aucune règle et varie en général d'une trentaine à plus de quarante. Il peut résulter soit du souci de faire place à des femmes (elles constituaient la moitié du gouvernement Ayrault en 2012) ou à des membres de formations politiques faisant partie de la majorité, qui est souvent plurielle, soit de la volonté de constituer des départements ministériels spécialement chargés d'un secteur considéré comme important ou sensible à un moment donné. Les ministères de la Reconstruction qui se sont succédé après la guerre n'existent plus mais les Anciens combattants subsistent, l'Environnement et les Affaires européennes ont fait leur apparition et le Redressement productif, ainsi que la Lutte contre l'exclusion, font partie depuis 2012 d'un portefeuille. Bien entendu, les fonctions essentielles de l'État comme les finances, la justice et les relations internationales, sont toujours représentées par un ministère important.

Il existe une **hiérarchie** entre les membres du gouvernement. Le titre de **ministre d'État** est parfois conféré à des personnalités que l'on veut honorer, en raison soit de leur prestige (comme André Malraux, ministre des Affaires culturelles de 1958 à 1969), soit de leur poids politique au sein de la majorité, mais il est purement honorifique. Viennent ensuite les ministres proprement dits, qui sont à la tête d'un département et bénéficient de la plénitude des compétences attachées à la fonction. Et tous les gouvernements comprennent des **ministres délégués** ou des **secrétaires d'État** rattachés à un ministre pour prendre en charge une partie de ses attributions. En raison de l'étendue de leur domaine, les départements chargés de l'économie ou des affaires sociales en comptent toujours un ou plusieurs : cela accroît leur importance mais pose parfois aussi des problèmes de coordination interne. Il arrive qu'un secrétariat d'État apparaisse, puis disparaisse ou devienne un ministère (par exemple, l'Enseignement supérieur), ou soit transféré d'un ministère à un autre : ainsi la Recherche a-t-elle été successivement rattachée à l'Industrie, puis à l'Éducation nationale. Mais ni les ministres délégués ni les secrétaires d'État n'assistent au conseil des ministres, excepté lorsqu'ils y sont convoqués parce qu'une affaire relevant de leur compétence est inscrite à l'ordre du jour de la séance. Et ils ne contresignent généralement pas, en dehors de ce cas, les actes réglementaires pris par le président de la République ou le Premier ministre.

2. Les incompatibilités ministérielles

La Constitution de 1958 a instauré, pour la première fois en France, un système d'incompatibilités. Aux termes de l'article 23, en effet, *« les fonctions de membre du gouvernement sont incompatibles avec l'exercice de tout mandat parlementaire, de toute fonction de représentation professionnelle à caractère national et de tout emploi public ou de toute activité professionnelle »*. L'**interdiction du cumul avec une profession** s'explique naturellement par le souhait de voir les ministres se consacrer entièrement à leurs

47. Il y a eu, par exemple, trois gouvernements Pompidou entre 1962 et 1967 (le second ayant été formé immédiatement après que l'Assemblée nationale eut renversé le premier), et trois gouvernements Mauroy entre 1981 et 1984 : le second a été constitué un mois après le premier pour introduire des ministres communistes, le troisième, nommé près de deux ans plus tard, résulte du départ de ceux-ci. Deux gouvernements ont duré pendant toute une législature, ne connaissant que des remaniements partiels : celui de Lionel Jospin entre 1997 et 2002 et celui de François Fillon, entre 2007 et 2012.

fonctions, et l'incompatibilité avec un mandat syndical de haut niveau par le fait qu'ils ne doivent pas être mus par des logiques parfois contradictoires. Mais l'**incompatibilité avec un mandat parlementaire**, qui vise à renforcer la solidarité gouvernementale, contraste avec la pratique antérieure selon laquelle les ministres étaient le plus souvent choisis parmi les membres de l'une ou l'autre Chambre et cessaient simplement d'y siéger tant qu'ils demeuraient en fonctions.

Il résultait de cette double appartenance que certains d'entre eux, lorsqu'ils se trouvaient en désaccord avec un aspect de la politique du gouvernement, démissionnaient sans risque, puisqu'ils retrouvaient *ipso facto* leur siège, mais entraînaient parfois par cette démission la chute du gouvernement. Désormais, un parlementaire nommé ministre dispose d'un mois pour choisir entre ses deux fonctions ; au terme de ce délai, s'il ne renonce pas à rester membre du gouvernement, il est automatiquement remplacé au Parlement par son suppléant, qui a été élu en même temps que lui. Mais, depuis la révision de 2008, s'il quitte ses fonctions ultérieurement, il retrouve son siège, ce qui constitue pour lui une grande commodité (avant la réforme, même si le suppléant, par loyauté politique, se démettait en sa faveur, il fallait procéder à une nouvelle élection dans la circonscription, ce qui n'allait pas toujours sans risque pour la majorité)[48].

Certains chefs de gouvernement, en particulier Lionel Jospin, ont tenté de **renforcer le régime** d'incompatibilités en interdisant à leurs ministres de cumuler leurs fonctions avec un mandat local important, comme celui de président d'un conseil régional ou général ou de maire d'une grande ville. L'opinion publique se montrait en effet défavorable au cumul des mandats, dans lequel elle voyait – non sans raison – la source d'une professionnalisation de la vie politique peu conforme aux idéaux démocratiques. Mais les ministres, sachant que leurs fonctions ne sont pas éternelles, hésitent parfois à couper leurs amarres locales : lorsque certains d'entre eux ont accepté de renoncer à leur mandat de maire, ils se sont fait nommer premier adjoint ; d'autres, plus récemment, ont conservé leur mandat de président d'un conseil général.

On relèvera que les fonctions de ministre ne sont pas, contrairement à ce qui avait été un moment envisagé[49], incompatibles avec celles de président d'un parti politique.

Enfin, une loi du 11 octobre 2013 sur la transparence de la vie publique impose aux ministres la publication des intérêts qu'eux-mêmes ou leurs conjoints détiennent, ainsi que la divulgation de leur patrimoine. Le Conseil constitutionnel a écarté l'extension de cette exigence aux membres des cabinets ministériels.

48. Pour des raisons de moralité électorale, toutefois, le suppléant ne pouvait pas se présenter contre lui, même si sa démission lui avait été plus ou moins extorquée.

49. Jacques Chirac avait déclaré, lors de la formation d'un nouveau gouvernement en 2005, que le ministre de l'Intérieur (Nicolas Sarkozy) ne pourrait pas être en même temps président de l'UMP, mais il est revenu sur cette position.

3. La responsabilité pénale des ministres

Dans le système originel de 1958, les ministres, de même que le président de la République, ne pouvaient voir leur responsabilité pénale mise en jeu pour des actes commis dans l'exercice de leurs fonctions que devant la Haute Cour de justice, selon une procédure difficile à déclencher et à laquelle les particuliers lésés par ces actes n'avaient pas accès (voir page 27). Mais, contrairement à ce qui s'est produit pour le président de la République, la mise en œuvre de leur **responsabilité** a été rendue plus aisée par une révision constitutionnelle intervenue en 1993 et créant la **Cour de justice de la République**. L'affaire du « sang contaminé » n'est pas étrangère à cette modification : l'opinion publique s'était en effet indignée de voir que les médecins ayant pratiqué les transfusions pouvaient être poursuivis, mais pas les ministres qui les avaient interdites trop tard. Les ministres sont donc nettement moins protégés que le président de la République, d'autant plus qu'ils demeurent soumis au droit commun de la responsabilité pénale pour les actes antérieurs à leur prise de fonction ou extérieurs à celle-ci : ils peuvent être mis en examen pendant ou après leur appartenance au gouvernement, et être condamnés (un ancien secrétaire d'État l'a été pour détournement de fonds).

La Cour de justice de la République

La Cour de justice de la République, aux termes de l'article 68-2 de la Constitution, est composée de quinze juges, dont douze parlementaires élus pour moitié en leur sein par chacune des deux Chambres, et trois magistrats de la Cour de cassation ; l'un de ces derniers exerce la fonction de président. Les particuliers ont le droit de saisir la Cour mais, pour éviter les saisines abusives, leurs demandes sont soumises à un double filtrage :
– elles doivent être adressées à une Commission des requêtes composée de sept magistrats extérieurs à la Cour, et qui peut décider soit de les classer, soit d'y donner suite ;
– dans le second cas, elle les transmet à une commission d'instruction formée de trois magistrats. Si cette commission estime que les actes reprochés aux ministres constituent effectivement des infractions pénales, elle en saisit la Cour de justice. Celle-ci peut prononcer soit un acquittement, soit une condamnation ; en ce cas, elle est liée par la qualification des infractions et l'échelle des peines prévues par le Code pénal[1]. Ses décisions peuvent faire l'objet d'un pourvoi devant la Cour de cassation.

Il faut relever que la Cour a compétence pour condamner, mais pas pour accorder des dommages et intérêts aux victimes : celles-ci, pour les obtenir, devront donc s'adresser par la suite aux tribunaux ordinaires, ce qui peut être considéré comme une faille du système.

1. La Cour de justice s'est déjà réunie plusieurs fois. Appelée à juger les trois anciens ministres dont l'inaction avait été contestée dans l'affaire dite « du sang contaminé », elle a prononcé l'acquittement de deux d'entre eux ; le troisième, reconnu coupable, a été dispensé de sa peine. Plus récemment, elle a statué sur le cas de Charles Pasqua, poursuivi pour trois affaires d'abus de biens sociaux : elle a décidé la relaxe pour deux de ces affaires et une condamnation pour la troisième. Saisie de deux pourvois, présentés l'un par le condamné, l'autre par l'avocat général, la Cour de cassation a confirmé les trois décisions. Enfin, début 2011, elle a ouvert une enquête sur les conditions dans lesquelles Éric Woerth a autorisé la cession de l'hippodrome de Compiègne.

2. Les attributions du gouvernement

La Constitution distingue, dans ses articles 20 et 21, les compétences qu'elle attribue à l'ensemble du gouvernement de celles qu'elle confère à titre personnel au Premier ministre. Les unes et les autres sont étendues ; le gouvernement dispose donc de collaborateurs proches et de services spéciaux pour les assumer.

1. Les compétences attribuées à titre personnel au Premier ministre

Aux termes de l'article 21, « *Le Premier ministre dirige l'action du gouvernement. Il est responsable de la Défense nationale. Sous réserve des dispositions de l'article 13, il exerce le pouvoir réglementaire et nomme aux emplois civils et militaires.* »

– La première phrase de cet article fait du Premier ministre le **chef** de l'équipe ministérielle. Cela implique, on l'a vu, un pouvoir de choix des ministres, mais aussi la possibilité de leur adresser des **instructions** pour la mise en œuvre, dans le secteur dont ils ont la charge, des orientations préalablement définies. Cela implique également un pouvoir d'**arbitrage**, au moment de la préparation du budget, entre les crédits demandés par les ministres et ceux que le ministre des Finances propose de leur accorder : la différence est souvent importante et donne lieu à des discussions serrées. Par ailleurs, une coordination doit être assurée entre l'action des différents ministres : elle est généralement opérée au moyen de réunions sectorielles ou de séminaires gouvernementaux.

Ces pouvoirs n'excluent pas une certaine **latitude d'action** des ministres. Chacun d'eux est responsable de l'action de son département, et dispose du pouvoir d'adresser aux agents qui en font partie des instructions relatives à la ligne de conduite qu'ils devront suivre et aux décisions qui les concrétiseront : le ministre de l'Éducation nationale, par exemple, imprime sa marque par les réformes qu'il apporte aux programmes ou aux horaires des classes et par les « circulaires de rentrée » qu'il élabore chaque année à l'intention des recteurs. Lorsque des difficultés graves se produisent, toutefois, le Premier ministre se saisit du dossier pour tenter, en collaboration avec le ministre, de trouver une solution : il en est ainsi, notamment, en cas de conflits sociaux.

– Certaines des **compétences** citées dans l'article 21 sont plus ou moins **partagées** avec le président de la République. On l'a vu au chapitre précédent pour ce qui concerne la défense nationale ; il en va de même pour les **nominations** qui doivent être décidées en conseil des ministres et les décrets qui y sont délibérés : les unes et les autres doivent être en effet signés par le président. Le domaine de compétence du Premier ministre n'en est pas pour autant épuisé : les emplois pourvus en conseil des ministres sont relativement peu nombreux et les décrets que ce dernier adopte ne suffisent pas, loin de là, à assurer l'exécution des lois, c'est-à-dire à préciser les règles qu'elles contiennent et à prendre les dispositions nécessaires à leur mise en œuvre effective.

Par ailleurs, à ces décrets « d'exécution » s'ajoutent ceux que le Premier ministre peut prendre dans l'exercice du **pouvoir réglementaire** autonome que lui attribue l'article 37 de la Constitution (voir page 42) : au total, les décrets qui ne sont pas pris en conseil des ministres représentent environ 90 % de l'ensemble. Le Premier ministre ne peut, toutefois, les édicter sous sa seule signature : le **contreseing** des ministres chargés d'en assurer l'application est toujours requis.

Le Premier ministre dispose également de pouvoirs qui ne sont pas mentionnés dans l'article 21, mais dans d'autres parties du texte, en particulier celle qui a trait au Parlement. Il joue ainsi un grand rôle dans la **procédure législative** (voir le chapitre 5) : c'est lui qui signe les projets de loi au nom du gouvernement et les fait déposer devant les assemblées ; et si les débats parlementaires auxquels ils donnent lieu se déroulent habituellement en présence des ministres compétents, qui peuvent accepter ou refuser les amendements proposés, le Premier ministre intervient presque toujours pour les projets importants ou qui soulèvent des oppositions. Il peut également déférer une loi adoptée au Conseil constitutionnel.

En dehors de la procédure législative, il a compétence, après délibération du conseil des ministres, pour engager la **responsabilité** du gouvernement devant l'Assemblée nationale. Il donne aussi son avis au président de la République sur l'opportunité d'une dissolution de l'Assemblée, et peut lui proposer d'entreprendre une révision constitutionnelle ou de convoquer le Parlement en session extraordinaire. En cas d'indisponibilité temporaire du président, il a le pouvoir de le suppléer au conseil des ministres, mais seulement en vertu d'une délégation expresse et sur un ordre du jour déterminé.

2. Les compétences dévolues au gouvernement

Ces compétences sont importantes même si le Premier ministre et, en dehors des périodes de cohabitation, le président de la République, ne demeurent pas étrangers à leur exercice. L'article 20 de la Constitution les définit en termes très généraux : « *Le gouvernement détermine et conduit la politique de la Nation. Il dispose de l'administration et de la force armée.* »

La collégialité se manifeste par le fait que de nombreuses décisions prises en application du programme gouvernemental sont préparées et discutées au cours de réunions **interministérielles** ou en **conseil des ministres**. Ce dernier tient une séance chaque mercredi à l'Élysée, sur un ordre du jour connu à l'avance. C'est là que sont adoptés les projets de loi et qu'il est éventuellement décidé de demander au Parlement de les examiner suivant la procédure d'urgence. C'est là aussi que sont débattues, indépendamment de l'examen de textes particuliers, les orientations qu'il paraît utile de donner à la politique générale du pays ; ces débats ont souvent lieu à la suite de communications faites par les ministres.

Le conseil des ministres dispose par ailleurs de pouvoirs **exceptionnels**, prévus pour les cas dans lesquels il semble nécessaire d'agir vite ou s'il s'avère indispensable de faire face à une crise. Par ordre de gravité croissante, on mentionnera d'abord le droit, sur habilitation du Parlement, de prendre par **ordonnance** des mesures qui sont normalement du domaine de la loi (article 38 de la Constitution). Viennent ensuite le droit de déclarer l'**état d'urgence,** qui renforce les pouvoirs de maintien de l'ordre dont disposent les forces de police (il a été utilisé en Nouvelle-Calédonie et, en 2005, à l'occasion des incidents survenus dans certaines banlieues), puis l'**état de siège**, qui transfère ces pouvoirs aux autorités militaires si la sécurité du territoire paraît être en péril par suite d'une insurrection. Toutefois, l'état de siège comme l'état d'urgence ne peuvent durer plus de douze jours sans autorisation expresse du Parlement.

C'est aussi le conseil des ministres qui décide de faire intervenir les forces armées à l'étranger (comme cela a été le cas, par exemple, en Afghanistan ou, en 2013, au Mali), mais il doit dans les trois jours préciser au Parlement les objectifs poursuivis. Cette information peut donner lieu à un débat sans vote ; le Parlement doit autoriser la prolongation de l'intervention lorsque la durée de celle-ci a dépassé quatre mois. Enfin, il appartient au conseil des ministres de décréter la **mobilisation** générale, mais le droit de déclarer la guerre n'appartient qu'au Parlement.

Il peut paraître difficile de distinguer entre les pouvoirs respectifs du conseil des ministres, du président de la République, du Premier ministre et du Parlement : ils sont, en effet, souvent partagés et parfois enchevêtrés. Une pratique déjà longue de ces pouvoirs (ils existent pour la plupart depuis plus d'un siècle, bien que leur répartition n'ait pas toujours été la même) suffit cependant à ce qu'ils s'exercent sans que se posent des problèmes majeurs de délimitation des frontières. Et lorsque les majorités présidentielle et parlementaire coïncident, les accords formels ou informels entre leurs titulaires respectifs sont aisément obtenus : dans la pratique actuelle, on constate d'ailleurs souvent que les conseillers du président de la République ont une influence sur la conduite des affaires qui dépasse nettement celle des membres du gouvernement.

3. Les collaborateurs et les services du gouvernement

a) Les cabinets ministériels

De même que le président de la République, le Premier ministre et chacun des ministres disposent d'un cabinet, composé de personnes qu'ils choisissent librement et qui appartiennent presque toujours à leur mouvance politique[50]. Ces personnes constituent leur entourage le plus proche et jouent en quelque sorte le rôle d'une courroie de transmission entre eux et leur administration ; leurs fonctions ayant ainsi une coloration à la fois personnelle et politique, elles prennent fin en même temps que celles du ministre ou du gouvernement.

Le cabinet du **Premier ministre** est toujours très étoffé : une centaine de personnes, réparties par grands secteurs d'activité, suivent l'activité des ministères en liaison avec les responsables de ceux-ci, ou bien s'occupent des relations avec le Parlement, le monde syndical et la presse. Leur influence sur la conduite des affaires est grande, notamment lorsqu'il faut effectuer des **arbitrages** entre ministères aux vues opposées ; le directeur du cabinet, qui encadre les conseillers, assiste quotidiennement le Premier ministre et le supplée parfois pour présider des réunions importantes, est l'un des tout premiers personnages de l'État[51].

Les cabinets des **membres du gouvernement** sont plus légers : un décret de 1948 limitait le nombre de leurs membres à dix pour les ministres et sept pour les secrétaires d'État, mais il n'était guère respecté ; de plus, aux côtés de ces membres dont l'arrêté de nomination est publié au *Journal officiel* existaient de nombreux membres « officieux », généralement mis à disposition par les ministères. Une circulaire du Premier ministre, en juillet 2010, puis une autre, en juin 2012, ont imposé à nouveau une limite (vingt conseillers par ministre et quatre par secrétaire d'État) mais elles n'ont pas été mieux respectées. De même que leurs homologues de Matignon, les conseillers sont respectivement chargés d'un secteur d'activité correspondant aux compétences d'une ou plusieurs des directions du ministère[52]. Leurs fonctions sont très utiles pour infléchir l'action de ces directions dans le sens souhaité par le ministre, mais elles limitent parfois à l'excès les contacts directs que celui-ci doit avoir avec les principaux responsables de l'administration dont il a la charge (impression que l'on exprime parfois en disant que le cabinet doit être une « coupole » et non pas un « écran »).

b) Les services assurant la coordination interministérielle

Deux services, qui jouent un rôle administratif plutôt que politique, assument un rôle de coordination. Le plus important est le **Secrétariat général du gouvernement**, composé de fonctionnaires permanents, qui entretient des contacts constants avec l'Élysée, Matignon et les différents ministères pour préparer les projets de lois et de décrets, parfois en organisant les réunions interministérielles nécessaires, toujours en veillant à la régularité juridique des textes (c'est pourquoi le Secrétaire général du gouvernement est choisi parmi les conseillers d'État). Il assure aussi le secrétariat du conseil des ministres, suit l'exécution des décisions qui y sont prises et s'occupe de la publication au *Journal officiel* des textes pour lesquels cette publication est requise. Il est un élément important de la continuité de l'État, et son rôle s'avère tout particulièrement précieux lors des changements de président de la République ou de Premier ministre, y compris au sein d'une même famille politique.

Le **Secrétariat général des affaires européennes** (SGAE), pour sa part, assure la coordination des positions prises par les ministres ou leurs représentants lors des négociations européennes. Il joue aussi auprès d'eux, ainsi qu'auprès du Parlement, un rôle d'information sur les textes communautaires en préparation.

50. Voir aussi la partie « Droit administratif », pages 68-69.

51. Le fait que le directeur du cabinet de Lionel Jospin ait eu des affinités personnelles avec le secrétaire général de l'Élysée a permis, semble-t-il, d'aplanir un certain nombre de difficultés nées de la cohabitation entre 1997 et 2002.

52. A l'exception de ceux qui ont des attributions « horizontales » comme les relations publiques ou la politique sociale du département.

Chapitre 5
Le Parlement

Le Parlement est divisé en deux Chambres : l'Assemblée nationale et le Sénat. Le bicaméralisme permet en effet de représenter d'une part le peuple pris dans son ensemble, d'autre part des collectivités territoriales intermédiaires entre lui et l'État[53]. Cela explique qu'il soit particulièrement usité dans les États fédéraux; mais les États unitaires y recourent également, car l'existence de deux Chambres qui ne sont pas composées de la même manière permet souvent d'enrichir la réflexion dans le processus d'élaboration des lois.

L'Assemblée nationale et le Sénat se ressemblent par leur organisation et le statut de leurs membres, mais des différences notables les séparent en ce qui concerne leur mode d'élection et les pouvoirs qui leur sont reconnus. L'Assemblée nationale, seule élue au suffrage universel direct, est aussi la seule Chambre qui peut renverser un gouvernement et elle a un rôle prépondérant dans l'adoption des lois.

1. La composition et l'organisation des Chambres

L'Assemblée nationale comprend nettement plus de membres que le Sénat[54] : les **députés** sont au nombre de 577, dont 27 représentent les départements et territoires d'outre-mer[55], mais il n'y a que 348 **sénateurs** (21 d'entre eux représentent l'outre-mer et 12 les Français résidant à l'étranger)[56]. La durée des mandats diffère également : les députés sont élus tous les cinq ans; le mandat sénatorial, qui était traditionnellement de neuf ans, a été réduit à six ans en 2003, un renouvellement par moitié ayant lieu tous les trois ans. Et si la condition des parlementaires est la même dans l'une et l'autre Chambres, qu'il s'agisse de leur situation personnelle ou de leur mode de travail, la manière dont ils sont désignés est très dissemblable.

1. Le mode d'élection

a) L'élection des députés

Ils sont élus au suffrage **universel direct** : le territoire national est divisé en **circonscriptions** électorales dans lesquelles un seul siège est à pourvoir par l'ensemble des électeurs[57]. Le **découpage** de ces circonscriptions est préparé par le ministre de l'Intérieur et adopté par une loi. Il doit obéir au principe démocratique, rappelé par le Conseil constitutionnel en 1986 puis en 2005, suivant lequel le nombre d'électeurs de chaque circonscription ne saurait être sensiblement différent : c'est pourquoi, pour tenir compte de l'évolution démographique du pays, un réexamen des circonscriptions a lieu après le deuxième recensement général de la population qui suit la dernière élection. Quelques disparités sont cependant admises, car il faut aussi éviter que les circonscriptions rurales soient trop étendues[58]. Mais le découpage sur lequel ont eu lieu les élections de 2007 excédait largement ces limites, puisqu'il datait d'une loi de 1986, fondée sur le recensement de 1982 : en 25 ans, la démographie s'était notablement modifiée, comme l'indiquaient déjà les recensements de 1990 et 1999, et il devenait impératif de modifier la loi si l'on voulait éviter que ne se reproduise la situation qui prévalait avant 1981[59] et que le Conseil constitutionnel n'annule les prochaines élections.

Le gouvernement de F. Fillon a donc entrepris d'élaborer un nouveau découpage[60]. Conformément au dispositif prévu dans la nouvelle rédaction de l'article 25 de la Constitution, il a été soumis pour avis à une commission indépendante,

53. D'autres formes de représentation sont également possibles : ainsi la Chambre des Lords britannique était-elle primitivement réservée aux nobles, et les Chambres corporatistes des régimes de type fasciste, comme l'Italie de Mussolini ou le Portugal de Salazar, représentaient les organisations professionnelles.

54. On relèvera que la révision de 2008 a inscrit pour la première fois dans la Constitution le nombre maximum de parlementaires.

55. La révision de 2008 prévoyait que les Français résidant à l'étranger seraient également représentés : le nombre de ces sièges ayant été fixés à onze par une loi organique, le territoire national ne comprend plus que 566 circonscriptions.

56. Pour remédier aux disparités de représentation au profit des zones rurales, la loi organique du 30 juillet 2003 avait créé vingt-cinq sièges supplémentaires pour les départements métropolitains sous-représentés. Mais l'application de cette loi a été progressive : les nouveaux sièges n'ont été tous pourvus qu'après le renouvellement de 2011.

57. Les bulletins de vote comportent cependant deux noms : celui du candidat et celui de son suppléant. Si l'électeur en biffe un ou modifie leur ordre, son vote sera considéré comme nul.

58. Toutefois, en janvier 2009, le Conseil constitutionnel a déclaré contraire à l'égalité devant le suffrage la règle traditionnelle fixant à deux le nombre minimum de députés par département, quelle que soit la population de celui-ci.

59. L'une des circonscriptions de la Lozère, par exemple, comptait environ 26 000 électeurs, tandis que l'une de celles de l'Essonne en regroupait 187 000.

60. On observera que la France est l'une des rares démocraties occidentales qui confient ce soin au gouvernement : pour assurer la nécessaire neutralité de l'opération, de nombreux pays (par exemple, la Grande-Bretagne, le Canada, l'Allemagne et l'Italie) en chargent une commission indépendante à la fois du gouvernement et de la majorité parlementaire.

dont une loi a fixé la composition et les règles de fonctionnement et dont l'avis est rendu public[61]. Il a ensuite été décidé par une ordonnance de 2009, validée par une loi de ratification du 23 février 2010.

Depuis la loi du 6 juin 2000, adoptée pour accroître l'**accès des femmes** aux fonctions électives, si les partis politiques présentent moins de femmes que d'hommes, l'aide publique dont ils bénéficient est réduite en proportion de l'écart constaté. A la suite de cette réforme, le nombre des femmes élues à la députation s'est accru lors des scrutins de 2002, puis de 2007 (on en dénombrait alors 107), et surtout lors du scrutin de 2012 (155 femmes élues, soit 27 % environ), mais il demeure encore faible[62] et surtout très inégal selon la formation politique (106 députées au PS et 27 à l'UMP).

Le scrutin est **majoritaire à deux tours**. Pour être élu au premier tour, un candidat doit obtenir la majorité absolue des voix, et cette majorité doit représenter au moins un quart des électeurs inscrits. Si ces conditions ne sont pas réunies, il y a « ballottage » et un second tour est organisé le dimanche suivant. Peuvent seuls s'y présenter les candidats ayant obtenu au moins 12,5 % des voix au premier tour; mais, pour que les élections correspondent véritablement à un choix, si un seul des candidats y a réussi, celui qui est arrivé immédiatement après lui a le droit de se maintenir[63]. La majorité relative suffit pour être élu, c'est-à-dire qu'on ne tient pas compte du pourcentage des suffrages obtenus : celui des candidats qui recueille le plus grand nombre de voix remporte le siège.

b) L'élection des sénateurs

Ils sont désignés de manière totalement différente. Le scrutin est **indirect**, c'est-à-dire organisé dans chaque département au sein d'un **collège** composé des députés, des conseillers régionaux et généraux, et surtout de délégués des conseils municipaux qui représentent à eux seuls plus de 90 % des membres du collège. Le nombre de ces délégués varie suivant l'importance de la commune : il va de un à quinze si celle-ci compte moins de 9000 habitants, mais comprend des délégués supplémentaires s'ajoutant aux conseillers municipaux dans les villes qui en ont au moins 30000. Le nombre des sénateurs à élire dans chaque département varie également : il s'échelonne de un à douze suivant l'importance de la population.

Les disparités de représentation sont cependant considérables, tant au sein du collège que par rapport à la démographie nationale, et elles avantagent beaucoup les zones rurales : d'une part, les communes petites ou moyennes ont environ un délégué pour 400 habitants, tandis que les grandes villes n'en ont qu'un pour 1 000; d'autre part, il y a en Corse un sénateur pour 70000 habitants, mais seulement un pour 246000 dans les Bouches-du-Rhône. Pour atténuer ces disparités, une loi du 2 août 2013 augmente la représentation des grandes villes, en accordant à celles qui ont plus de 30000 habitants un délégué supplémentaire par tranche de 800 habitants au lieu de 1 000 jusqu'ici.

Les divers modes de scrutin

– Le scrutin *uninominal* est utilisé lorsqu'un seul siège est à pourvoir dans une circonscription électorale plus ou moins étendue : c'est le cas, par exemple, pour l'élection des députés ou du président de la République.

– Le scrutin *de liste* s'applique lorsque plusieurs sièges sont à pourvoir dans une même circonscription et que les candidats sont regroupés par affinités politiques : par exemple, pour l'élection des conseils municipaux.

– Le scrutin est *majoritaire* lorsque, dans chaque circonscription, le ou les sièges à pourvoir sont attribués au candidat ou à la liste arrivés en tête, soit au premier tour comme en Grande-Bretagne, soit au second comme en France. Il a pour ambition de favoriser la constitution de majorités stables au sein des assemblées; mais il conduit à la réduction du nombre des partis représentés et ne garantit donc pas la justice électorale, dans la mesure où il favorise les grands partis au détriment des autres. Il s'applique notamment, en France, à l'élection des députés.

– Le scrutin est dit *proportionnel* lorsque les sièges sont attribués au prorata des suffrages obtenus par les listes (c'est le cas, en France, pour une partie des élections sénatoriales). Ses avantages et ses inconvénients sont inverses de ceux du scrutin majoritaire; il représente mieux les diverses tendances de l'opinion, mais favorise la multiplication des partis; et il rend plus difficile la constitution de majorités stables.

Le scrutin uninominal est toujours majoritaire, tandis que le scrutin de liste peut s'accommoder aussi bien du principe majoritaire que de la représentation proportionnelle.

Aux élections de 2011, le scrutin était majoritaire dans les départements disposant au maximum de trois sièges. La loi du 2 août 2013 ramène ce chiffre à deux. La représentation proportionnelle s'appliquera donc désormais dans 57 départements au lieu de 30 jusqu'ici. Cela devrait permettre à la gauche de gagner neuf sièges du seul fait du changement du mode de scrutin. La loi du 6 juin 2000 sur la parité s'applique également aux élections sénatoriales, mais selon des modalités variables : les départements dans lesquels le scrutin est majoritaire sont soumis aux mêmes règles que pour l'Assemblée nationale tandis que, dans les autres, les listes de candidats doivent comporter autant de femmes que d'hommes dans chaque groupe de six candidats; le nombre de femmes élues dépend donc de la place qu'elles occupent sur les listes. Fin 2012, on comptait 75 sénatrices, soit 21,6 % de l'effectif.

61. Cette commission est composée de trois membres appartenant respectivement au Conseil d'État, à la Cour de cassation et à la Cour des comptes, désignés par leurs collègues, et de trois autres membres nommés par le président de la République, le président de l'Assemblée nationale et celui du Sénat. Mais aucune garantie de pluralisme politique de la commission n'a été prévue.

62. Certains partis, en effet, ont préféré renoncer à une partie de la subvention ou ont présenté la plupart de leurs candidates dans des circonscriptions qu'elles n'avaient aucune chance de remporter. Il en résulte que la France est très mal placée sur le plan de la parité, non seulement en Europe, mais aussi dans le reste du monde.

63. Et dans l'hypothèse où aucun candidat n'aurait atteint le seuil de 12,5 %, les deux premiers pourraient se présenter.

A la différence de celle des députés, l'élection des sénateurs ne passionne guère l'opinion[64], d'abord parce que le scrutin est indirect, ensuite parce que le Sénat n'a pas un rôle majeur dans la détermination de la politique du pays. La campagne se joue essentiellement au niveau local et au sein des élus locaux. Deux traits rapprochent toutefois les deux élections : tous les candidats doivent avoir un suppléant et la régularité des opérations électorales peut être contestée devant le Conseil constitutionnel.

2. Le statut des parlementaires

Les conditions d'**éligibilité** sont peu nombreuses : il faut avoir 18 ans pour devenir député et 24 ans pour devenir sénateur, posséder dans les deux cas la nationalité française et jouir de ses droits civiques. Mais il existe des **inéligibilités relatives** : certains fonctionnaires d'autorité (préfets, commissaires de police, magistrats) ne peuvent se présenter dans les circonscriptions où ils exercent, et cette inéligibilité persiste pendant six mois à compter de la fin de leurs fonctions. Pour éviter qu'une personne inéligible soit néanmoins élue, l'enregistrement des candidatures à la préfecture est obligatoire : si le préfet constate un motif d'inéligibilité, il doit saisir le tribunal administratif qui a trois jours pour se prononcer.

Les règles relatives aux **campagnes électorales** sont analogues à celles qui régissent l'élection présidentielle en ce qui concerne le plafonnement des dépenses, les émissions de radio et de télévision, et les sondages d'opinion.

Une fois élus, les parlementaires sont soumis à un **statut** qui comporte à la fois des contraintes et des prérogatives : les premières tendent à garantir qu'ils se consacreront véritablement à leurs fonctions, les secondes à les protéger dans l'exercice de leur mandat.

a) Les contraintes

- **Les incompatibilités**

Il faut citer en premier lieu les incompatibilités **avec d'autres occupations** : à la différence des inéligibilités, elles n'empêchent pas l'élection d'un candidat mais l'obligent, après cette élection, à opter entre elles et l'exercice de son mandat. Ce mandat est ainsi incompatible avec d'autres fonctions électives : un parlementaire ne peut être en même temps membre des deux Chambres ou élu au Parlement européen. L'incompatibilité vise aussi la **fonction publique**, pour éviter que les parlementaires fassent l'objet de pressions émanant du gouvernement dont dépend en partie la carrière des fonctionnaires. Toutefois, un fonctionnaire élu au Parlement n'est pas tenu de démissionner : il est simplement placé en position de détachement, ce qui lui permettra de retrouver son emploi s'il n'est pas réélu (cette facilité explique qu'un grand nombre de députés soient issus de la fonction publique).

D'autres incompatibilités concernent des fonctions **privées**, comme celles de dirigeant ou conseil d'une entreprise relevant d'une collectivité publique, ou recevant des subventions de celle-ci, ou exécutant des travaux pour son compte : c'est le souci de prévenir les collusions d'intérêts qui est ici prédominant. L'exercice d'autres professions (agriculteur, médecin, notaire…) est autorisé, mais des restrictions sont apportées aux activités des avocats, qui ne peuvent plaider ni devant les juridictions répressives ni, de manière générale, contre les personnes publiques.

- **La limitation du cumul des mandats**

C'est la deuxième contrainte. De nombreux parlementaires exerçaient parallèlement plusieurs fonctions électives au niveau local (membre, voire président d'un conseil général ou régional, maire), ce qui absorbait une grande partie de leur temps et aboutissait à une **professionnalisation** de la vie politique souvent critiquée. Deux lois organiques, respectivement votées en 1985 et en 2000, ont donc limité la possibilité de cumul à un seul des mandats locaux importants[65]. Mais si le nombre des mandats cumulables a été réduit, celui des parlementaires qui cumulent n'a pas baissé : moins de 10 % des députés ne détiennent pas de mandat local et ce chiffre très faible explique en partie l'absentéisme, régulièrement déploré, lors des séances.

La **suppression du cumul** des mandats était une promesse de campagne du candidat Hollande. Malgré l'opposition que cette proposition soulève, y compris au sein de la majorité présidentielle, un projet de loi a été élaboré et, soumis à l'Assemblée nationale, approuvé en première lecture en juillet 2013. Il interdit, à partir de 2017, tout cumul entre un mandat parlementaire et un mandat de chef ou d'adjoint d'un exécutif local (l'application de cette mesure affecterait, dans l'état actuel de la représentation nationale, la situation de 58 % des députés et de 57 % des sénateurs). Le Sénat a assorti son adoption d'un amendement qui exonérerait ses membres de cette contrainte. En cas de persistance du désaccord, l'Assemblée nationale pourra se voir donner le dernier mot mais elle devra adopter le texte à la majorité absolue de ses membres (soit 289 voix).

Un **contrôle** des cumuls et des incompatibilités est organisé : tout parlementaire qui ne régularise pas sa situation dans le délai d'un mois en informant de son choix le bureau de la Chambre à laquelle il appartient peut être, sur demande de celui-ci, déclaré démissionnaire d'office par le Conseil constitutionnel.

- **La prévention des conflits d'intérêts**

Suite à l'affaire Woerth-Bettencourt, l'Assemblée nationale et le Sénat ont mis en place des groupes de travail sur la prévention des conflits d'intérêts chez les élus. À l'Assemblée, un dispositif fondé sur trois piliers a été institué : un **code de déontologie** énonce les principes que les députés s'engagent à respecter. Un **déontologue** est chargé de veiller au respect de ces principes et de conseiller les députés sur toute question de déontologie qu'ils se poseraient. Il est, en particulier, chargé de vérifier la déclaration d'intérêts que tous les députés doivent remplir en

64. Excepté en 2011, le Sénat ayant basculé à gauche, alors qu'il avait toujours été à droite sous la Ve République : le fait que les représentants des grandes et moyennes collectivités territoriales appartiennent désormais majoritairement aux partis de gauche explique largement cette évolution.

65. Il s'agit des mandats de conseiller régional ou général, conseiller de Paris ou à l'Assemblée de Corse, ou encore conseiller municipal d'une ville de plus de 3 500 habitants.

début de mandat et qui devra être réactualisée « en cas de changement substantiel ». Il peut formuler des conseils et des recommandations aux députés et, également, saisir le bureau de l'Assemblée en cas de persistance d'un conflit d'intérêts.

Dans le même esprit, depuis 2009, les représentants d'intérêts privés souhaitant accéder aux locaux de l'Assemblée nationale doivent se faire inscrire sur un registre public. Un rapport parlementaire, présenté en février 2013, propose d'aller plus loin dans le **contrôle du lobbying**, en renforçant la sévérité du régime d'accès aux locaux, en imposant la publicité des rencontres organisées entre députés et représentants d'intérêts et celle des auditions tenues à l'occasion de la préparation des rapports parlementaires, et en mettant en place un code de déontologie à l'intention des collaborateurs parlementaires et des fonctionnaires des assemblées.

Enfin, suite au scandale provoqué par l'affaire Cahuzac[66], deux lois, organique et ordinaire, du 11 octobre 2013 sur la transparence de la vie publique renforcent la **liste des incompatibilités**. Le projet voté par le Parlement souhaitait interdire aux parlementaires d'entreprendre une activité qui n'était pas la leur au début de leur mandat et d'exercer des activités de conseil, mais le Conseil constitutionnel a jugé ces dispositions excessives. De plus la loi impose aux parlementaires, comme aux ministres, la déclaration des intérêts qu'eux-mêmes ou leurs conjoints détiennent, ainsi que la divulgation de leur patrimoine, qui pourra être consulté par les électeurs de leur circonscription. Le Conseil constitutionnel a cependant écarté l'extension de cette exigence à leurs parents et enfants. Une Haute Autorité de la transparence de la vie publique, mise en place fin 2013, doit veiller à l'application de ces dispositions.

b) Les prérogatives

Les prérogatives liées à la fonction sont de deux sortes : d'une part, des immunités protègent les parlementaires contre des poursuites judiciaires qui pourraient porter atteinte au libre exercice du mandat qui leur a été confié ; d'autre part, des subsides leur sont accordés pour leur permettre de travailler dans de bonnes conditions.

- **L'immunité parlementaire**

Elle est ainsi définie par l'article 26 de la Constitution : *« Aucun membre du Parlement ne peut être poursuivi, recherché, arrêté, détenu ou jugé à l'occasion des opinions ou votes émis par lui dans l'exercice de ses fonctions. »* Cette règle met les parlementaires à l'**abri des pressions** ou des menaces qui les dissuaderaient de s'exprimer librement. Elle vise aussi bien les personnes publiques que les particuliers et s'applique pareillement aux poursuites pénales et civiles. Elle ne vaut pas, toutefois, pour les actes commis hors de l'enceinte parlementaire : la diffamation, par exemple, peut être réprimée si elle se produit dans une déclaration à la télévision, alors qu'elle est couverte dans les discours à la tribune.

Cette irresponsabilité est complétée par un régime dit d'**inviolabilité** : les parlementaires ne peuvent être arrêtés pour crime ou délit commis en dehors de l'exercice de leur mandat qu'avec l'autorisation du bureau de la Chambre dont ils font partie. La règle n'empêche pas les poursuites. Elle ne s'oppose pas non plus aux arrestations en cas de crime ou de délit flagrant, mais le juge doit, dans ce dernier cas, libérer le parlementaire jusqu'à la fin de la session si le bureau le lui demande. Ce système ne met pas les parlementaires à l'abri des conséquences civiles ou pénales de leurs actes, mais les protège contre les arrestations qui pourraient être inspirées par des mobiles politiques.

- **L'indemnité**

Les parlementaires perçoivent une indemnité d'un montant équivalant à celui du traitement moyen des hauts fonctionnaires ; son octroi a pour but d'éviter que seules les personnes qui ont des revenus élevés puissent accéder à la fonction, mais elle peut en principe être supprimée si le parlementaire ne participe pas suffisamment aux travaux de la Chambre. S'y ajoutent le *défraiement* d'une secrétaire et de plusieurs collaborateurs, ainsi qu'une indemnité représentative de frais de mandat et quelques *avantages* tels que la franchise postale.

3. L'organisation et le fonctionnement du Parlement

Sous les précédentes Républiques, les Chambres bénéficiaient d'une large autonomie dans l'organisation de leurs travaux : elles siégeaient aussi longtemps qu'elles le jugeaient utile, et déterminaient librement leur mode de fonctionnement dans leur règlement intérieur. Le *« parlementarisme rationalisé »* introduit par la Constitution de 1958 modifia radicalement cette situation : la durée des sessions fut limitée, et des lois organiques réglèrent – dans un sens plutôt restrictif – des questions qui relevaient auparavant des règlements intérieurs, par exemple le nombre des commissions et le déroulement des débats. Mais une révision constitutionnelle intervenue en 1995 atténua quelque peu la rigidité de cet encadrement ; celle de 2008 va dans le même sens, notamment pour ce qui concerne l'ordre du jour des séances et le pouvoir d'évaluer les politiques publiques.

a) Les sessions

- **Les sessions ordinaires**

La durée des sessions ordinaires, identique pour les deux Chambres, était initialement très brève : la session de printemps ne pouvait excéder 90 jours et la session d'automne, principalement consacrée au vote du budget, durait 80 jours. Ce laps de temps limité affranchissait le gouvernement du contrôle parlementaire pendant la moitié de l'année – ce qui était le but recherché – mais ne permettait pas l'examen et l'adoption de tous les textes inscrits à l'ordre du jour, ce qui obligeait le gouvernement à convoquer des sessions extraordinaires. La révision de 1995 institua donc une **session ordinaire unique** qui, dit le nouvel article 28 de la Constitution, *« commence le premier jour ouvrable d'octobre et prend fin le dernier jour ouvrable de juin »* et dure donc à peu près 270 jours. Mais, aux termes du même article, le nombre des jours de séance ne peut excéder

66. En avril 2013, le ministre qui était chargé du Budget a avoué détenir des comptes à l'étranger et avoir dissimulé une part de ses revenus.

120[67]; cette restriction, qui correspond au souhait des parlementaires de se rendre dans leur circonscription pendant une partie de la semaine, peut néanmoins être levée sur demande du Premier ministre ou de la majorité des membres de chaque Chambre. Les jours et les horaires de séance sont désormais déterminés par les Chambres, qui disposent ainsi d'une plus grande latitude d'action que dans le système de 1958. Les séances des assemblées sont ouvertes au **public** et un compte rendu des débats est publié au *Journal officiel*.

- **Les sessions extraordinaires**

Le Parlement peut aussi être réuni en session extraordinaire sur un ordre du jour déterminé à la demande, soit du Premier ministre, soit de la majorité des membres de l'Assemblée nationale[68]. La convocation d'une telle session est faite par décret signé du président de la République, mais certains présidents ont considéré que leur compétence n'était pas liée : le général de Gaulle a ainsi refusé, en 1960, de convoquer une session demandée par les députés et François Mitterrand a accepté, en 1993, de signer le décret proposé par le Premier ministre, mais refusé l'inscription à l'ordre du jour du projet de révision de la loi Falloux[69]. Les sessions extraordinaires, très nombreuses avant la réforme de 1995 (et toutes, sauf une, convoquées à la demande du Premier ministre), sont devenues exceptionnelles depuis l'allongement de la session ordinaire.

- **Les autres sessions**

On rappellera également que l'Assemblée nationale se réunit de **plein droit** après les élections législatives consécutives à une dissolution, et qu'il en va de même pour les deux Chambres lorsque le président de la République met en œuvre l'article 16 de la Constitution ou s'il souhaite s'adresser à elles en dehors des sessions ordinaires.

b) La structure interne des Chambres

Elle est fixée pour partie par des lois organiques et pour une autre partie par les règlements intérieurs; elle ne varie guère d'une Chambre à l'autre.

- **Le président**

Chacune des Chambres élit en son sein un président : l'Assemblée nationale le fait au début de la législature, le Sénat lors de chaque renouvellement triennal. Le président a des **attributions importantes** dans le fonctionnement de la Chambre. Il assure la direction des débats en distribuant les tours de parole et en rappelant éventuellement à l'ordre les orateurs qui dépassent le temps imparti; il peut aussi décider de clore un débat lorsque suffisamment d'orateurs d'opinion contraire se sont exprimés; il préside également les opérations de vote.

La Constitution confère par ailleurs aux présidents des Chambres d'autres compétences : ils peuvent saisir le Conseil constitutionnel des lois qui leur paraissent irrégulières, et ils sont consultés par le président de la République lorsque celui-ci envisage de dissoudre l'Assemblée nationale ou de recourir à l'article 16. Ils ont également des pouvoirs de nomination : chacun des deux présidents désigne trois membres du Conseil constitutionnel, ainsi qu'une partie des membres d'institutions telles que le Conseil supérieur de l'audiovisuel ou le Conseil supérieur de la magistrature. Cela explique que le président de la République et le Premier ministre soient attentifs aux caractéristiques des candidats à la fonction, et que le choix des Assemblées se porte presque toujours sur des personnalités éminentes.

- **Le bureau**

Le président est assisté par un bureau également élu. Il comprend des vice-présidents qui peuvent assurer par délégation la direction des séances, des questeurs qui gèrent le personnel, les locaux et le budget des assemblées, et des secrétaires qui contrôlent les procès-verbaux des débats pris en note par des sténographes. Au total, le bureau comprend une vingtaine de personnes à l'Assemblée nationale et 26 au Sénat, élues après chaque renouvellement partiel. Il est généralement composé à la proportionnelle des groupes politiques que comprend l'assemblée, par entente tacite entre ceux-ci.

C'est le bureau, on l'a vu, qui se prononce sur les incompatibilités et les arrestations éventuelles des parlementaires. Il lui incombe également d'apprécier si une proposition de loi ou d'amendement émanant d'un parlementaire implique des dépenses qui ne seraient pas compensées par des recettes équivalentes, ce qu'interdit l'article 40 de la Constitution (voir pages 43 et 166).

- **Les groupes politiques**

Ils rassemblent les parlementaires appartenant à un **même parti** ou qui s'y sont **apparentés**[70]. Ils doivent comprendre au minimum quinze personnes à l'Assemblée nationale et dix au Sénat. La possibilité de constituer un groupe est importante, car ils disposent d'une influence certaine sur le fonctionnement des assemblées : ils participent à la composition du bureau et des commissions, désignent les orateurs qui s'exprimeront en leur nom au cours des débats ou poseront des questions aux membres du gouvernement qui y assistent, et leur président a le droit de demander une suspension de séance ou la vérification d'un quorum[71].

67. Les commissions peuvent toutefois se réunir même lorsque le Parlement n'est pas en session.

68. Les sénateurs n'ont pas cette possibilité. Et, à la différence du Premier ministre, l'Assemblée nationale ne peut demander la convocation d'une nouvelle session extraordinaire moins d'un mois après la fin de la précédente; cette interdiction a pour but d'empêcher que le Parlement siège en permanence.

69. Ce texte, qui tendait à accroître les subventions d'investissement accordées aux établissements d'enseignement privés, fut voté au cours de la session ordinaire suivante, mais censuré ensuite par le Conseil constitutionnel.

70. Les membres des différents groupes siègent ensemble dans l'hémicycle. Historiquement, c'est ainsi que sont apparues les dénominations de «gauche» et «droite» : à l'époque de la Révolution française, les députés progressistes se sont en effet rangés à la gauche du président, les conservateurs s'installant à sa droite.

71. Le nouvel article 51-1 de la Constitution, adopté lors de la révision de 2008, dispose que le règlement de chaque assemblée doit reconnaître «*des droits spécifiques aux groupes d'opposition de l'assemblée intéressée, ainsi qu'aux groupes minoritaires*». Le nouvel article 48 est plus directif : il prévoit en effet qu'un jour de séance par mois est réservé dans chaque assemblée à un ordre du jour déterminé à l'initiative des groupes d'opposition ou minoritaires (rappelons qu'un groupe minoritaire peut appartenir à la majorité gouvernementale).

- **Les commissions permanentes**

Elles jouent un **rôle de premier plan** dans la procédure législative. Elles sont en effet chargées d'étudier les projets ou propositions de lois qui seront discutés par les assemblées et de faire un rapport à leur sujet[72] ; elles peuvent à ce stade proposer des amendements et se prononcer sur ceux que leur adressent les parlementaires. Elles élaborent ensuite un rapport qui sera rendu public et servira de référence lors du débat à l'assemblée : en particulier, le gouvernement pourra décider de ne retenir que les amendements proposés ou acceptés par le rapport. Elles participent aussi au **contrôle** de l'action du gouvernement : la commission chargée des finances, notamment, peut lui demander de fournir régulièrement les documents permettant de suivre l'exécution du budget.

Ces commissions, qui correspondent aux grands secteurs d'activité, sont désormais huit au maximum[73] dans l'une et l'autre assemblées (leur nombre avait été restreint en 1958 pour éviter que chaque ministère soit en permanence surveillé par une commission) et tous les parlementaires doivent faire partie de l'une d'elles. Leur composition s'opère à la proportionnelle des groupes, chaque président de groupe indiquant au bureau de l'assemblée le nom des parlementaires qu'il a choisis pour y siéger. Elles sont renouvelées tous les ans à l'Assemblée nationale, lors des renouvellements triennaux au Sénat. Elles élisent un président et un bureau, désignent des rapporteurs, disposent de locaux qui leur sont propres et peuvent se réunir en dehors des périodes de session du Parlement.

- **La conférence des présidents**

Elle a pour mission d'aider le président de la Chambre dans la **programmation** des travaux de celle-ci. Cette tâche a toutefois perdu une partie de son importance puisque, depuis 1958, l'ordre du jour des assemblées comprend en priorité (pendant deux semaines de séance sur quatre) l'examen des textes proposés par le gouvernement. Mais la conférence contribue à organiser les débats en fixant, par exemple, leur durée et la répartition du temps de parole entre les groupes. Elle détermine aussi l'ordre du jour de la séance hebdomadaire réservée, depuis la réforme de 1995, aux questions des parlementaires et aux réponses qu'y apportent les membres du gouvernement.

Elle est composée du président et des vice-présidents de l'assemblée, des présidents des commissions et des groupes, du président de la délégation pour l'Union européenne et du rapporteur général de la commission des finances. Comme ses propositions en matière d'organisation des débats doivent recueillir l'assentiment de la Chambre, il importe qu'elle puisse refléter l'opinion de celle-ci : c'est pourquoi chacun des présidents de groupe dispose au sein de la conférence d'un nombre de voix égal au nombre des parlementaires inscrits dans son groupe.

72. La révision de 2008 prévoit cependant qu'à la demande du gouvernement ou de l'assemblée qui en est saisie, les projets et les propositions de loi peuvent être examinés par une commission spécialement désignée à cette fin.

73. L'une d'elles doit obligatoirement être consacrée aux affaires européennes (nouvel article 88-4 de la Constitution).

- **Les offices ou délégations**

Enfin, parce que du fait de leur nombre restreint, les commissions ne sont pas assez spécialisées pour suivre efficacement certains problèmes importants, ont été récemment créés par voie législative des offices ou délégations à **compétence particulière**. Certains d'entre eux sont communs aux deux Chambres, comme les offices parlementaires d'évaluation de la législation et des politiques publiques ; d'autres existent dans chacune d'elles, par exemple les commissions des affaires européennes, chargées d'étudier les projets d'actes communautaires comportant des dispositions de nature législative.

2. Les pouvoirs du Parlement

Outre les attributions particulières qui ont déjà été évoquées, comme le droit de déclarer la guerre ou celui de provoquer une révision de la Constitution, le Parlement a deux compétences majeures que l'on retrouve dans tous les pays : l'adoption des lois et le contrôle du gouvernement[74]. L'exercice de l'une et l'autre compétences avait été sensiblement restreint par la Constitution de 1958, mais l'évolution ultérieure a desserré le carcan établi par le texte.

1. La fonction législative

Par rapport à ses devancières, la Constitution a opéré une véritable révolution en ce qui concerne le domaine d'intervention de la loi, qui ne dépend plus aujourd'hui de la volonté du Parlement. Elle a également accru les moyens d'action dont dispose le gouvernement au cours de la procédure législative : non seulement il a la maîtrise de l'ordre du jour des travaux parlementaires (l'article 48 prévoit désormais deux semaines de séance sur quatre réservées en priorité à l'examen des projets de loi du gouvernement), mais il a des possibilités efficaces de s'opposer aux textes ou aux amendements qui ne lui conviennent pas.

a) Le domaine de la loi

D'illimité, ce domaine est devenu sinon résiduel, du moins **circonscrit** : alors qu'auparavant le gouvernement ne pouvait exercer son pouvoir réglementaire que pour l'application des lois, il dispose maintenant d'un champ d'intervention autonome auquel le législateur ne peut accéder. La répartition est opérée par les articles 34 et 37 de la Constitution : le premier énumère les matières qui sont du ressort du Parlement, le second pose en principe que *« les matières autres que celles qui sont du domaine de la loi ont un caractère réglementaire »*.

L'**article 34** distingue entre deux catégories de matières. La première correspond à celles qui sont les plus importantes pour la garantie des **droits des citoyens** et dont la loi *« fixe les règles »* : ce sont notamment le statut des

74. La révision de 2008 ajoute à ces deux compétences celle d'évaluer les politiques publiques (nouvel article 24 de la Constitution).

personnes (nationalité, régimes matrimoniaux et successoraux), l'exercice des libertés publiques, les règles et la procédure pénales, l'assiette des impôts, le régime électoral des assemblées parlementaires et locales ainsi que, depuis la révision de 2008, « *la liberté, le pluralisme et l'indépendance des médias* ». Dans ces domaines, le pouvoir réglementaire ne peut donc intervenir que de façon résiduelle. La seconde catégorie correspond à des matières qui paraissent moins primordiales : la loi n'en détermine que les « *principes fondamentaux* », laissant ainsi un champ plus vaste au pouvoir réglementaire ; la liste comprend en particulier l'organisation générale de la **défense nationale**, l'**enseignement**, le régime de la **propriété** et le **droit du travail**.

Un dispositif serré de **contrôle** des frontières entre lois et règlements a été mis en place par la Constitution. Il s'exerce d'une part à titre *préventif*, c'est-à-dire pour empêcher le Parlement de sortir de son « pré carré » : lorsque le gouvernement ou le président de l'assemblée saisie estime, au cours de la procédure législative, qu'une proposition de loi ou un amendement empiète sur le domaine réglementaire, il peut lui opposer l'**irrecevabilité** (article 41). Si le président de l'assemblée en cause est d'avis contraire, la question est tranchée par le Conseil constitutionnel. Mais le contrôle peut aussi s'exercer *a posteriori*, c'est-à-dire sur des lois déjà votées : si elles sont antérieures à 1959 mais concernent une matière relevant aujourd'hui du pouvoir réglementaire, le gouvernement peut les modifier par décret pris sur avis conforme du Conseil d'État ; si elles ont été adoptées après cette date, le gouvernement peut demander au Conseil constitutionnel de déclarer qu'elles sont intervenues dans un domaine réglementaire et peuvent donc, elles aussi, être modifiées par décret[75].

Cette **surveillance** institutionnelle s'est quelque peu assouplie. D'abord parce que le Conseil constitutionnel a progressivement protégé la loi autant que le règlement. Il a jugé en 1982 que « *la Constitution n'a pas entendu frapper d'inconstitutionnalité une disposition de nature réglementaire contenue dans une loi* » : dès lors que le gouvernement n'oppose pas l'irrecevabilité de cette disposition au cours de la procédure législative, comme l'article 41 le lui permet, le Parlement peut intervenir au-delà du champ d'action qui lui est attribué. Le Conseil a également déclaré à plusieurs reprises que le Parlement ne devait pas se dessaisir de ses compétences en posant des principes trop peu précis pour encadrer les règlements d'application, par exemple pour ce qui concerne le statut des universités ou celui des magistrats.

Par ailleurs, si les premiers gouvernements de la Vᵉ République ont souvent utilisé l'article 41, leurs successeurs l'ont peu à peu délaissé[76] : préférant entretenir de bons rapports avec les assemblées, ils ont souvent laissé passer des dispositions empiétant sur le domaine réglementaire dès lors qu'ils n'étaient pas en désaccord avec leur contenu, si bien que la frontière auparavant infranchissable est devenue poreuse[77].

b) L'élaboration de la loi

- **L'initiative des lois**

Elle appartient à la fois au **Premier ministre** et aux **parlementaires** (dans le premier cas, il s'agit d'un projet de loi, dans le second, d'une proposition) ; les projets doivent avoir été délibérés en conseil des ministres et soumis pour avis au Conseil d'État. Le partage de ce pouvoir d'initiative est toutefois inégal. D'abord, pour des raisons de procédure : en vertu du nouvel article 48 de la Constitution – qui représente cependant un progrès par rapport au système antérieur[78] – deux semaines de séance sur quatre sont réservées en priorité à l'examen des projets déposés par le gouvernement, et une semaine sur quatre au contrôle de l'action du gouvernement et à l'évaluation des politiques publiques ; de surcroît, l'examen des lois de finances ou de financement de la Sécurité sociale (qui demande, au total, plus d'un trimestre) est également prioritaire. Il en résulte que peu de propositions ont des chances d'être discutées, excepté lorsque le gouvernement les fait siennes (ce fut le cas, par exemple, pour le pacte civil de solidarité, plus connu sous l'abréviation de PACS), et que **plus de 90 % des lois adoptées** ont jusqu'ici résulté de projets.

D'autre part, l'article 40 rend **irrecevables** les propositions ou les amendements dont l'adoption « *aurait pour conséquence soit une diminution des ressources publiques, soit la création ou l'aggravation d'une charge publique* ». Cette disposition, qui existait déjà sous la IVᵉ République, tend à prévenir le vote de lois inspirées par une éventuelle démagogie électorale. Elle a été appliquée de manière très stricte, voire caricaturale[79], au début de la Vᵉ République, mais est interprétée aujourd'hui de manière plus souple, car le Conseil constitutionnel a estimé que les propositions sont recevables lorsqu'elles n'entraînent que des conséquences financières indirectes[80].

- **L'examen des textes**

Les projets de loi peuvent être indifféremment déposés sur le bureau de l'une ou l'autre Chambre en vue d'une première lecture, à l'exception des lois de finances, en particulier le budget de l'État (voir page 164) et des lois

---

75. Il en fut ainsi notamment pour un article de loi portant que l'enseignement de l'histoire devrait mentionner le « *rôle positif* » de la colonisation française : la loi était en vigueur depuis près d'un an mais cette disposition suscitait de vives oppositions dans l'opinion publique ; son déclassement permit de l'abroger sans délai et sans heurt avec le Parlement.

76. Ils semblent n'y avoir jamais recouru depuis 1981.

77. L'enceinte protectrice de la loi, au contraire, demeure solide, mais sa surveillance est confiée aux juridictions administratives ou pénales : les premières peuvent annuler un règlement intervenu dans un domaine relevant du pouvoir législatif, les secondes refuseront de condamner une personne qui aurait contrevenu à un tel règlement.

78. Auparavant, en effet, l'ordre du jour des assemblées comportait toujours en priorité l'examen des projets de loi déposés par le gouvernement.

79. Ainsi une proposition tendant à ce que la France ratifie la convention internationale réprimant la traite des femmes a-t-elle été déclarée irrecevable parce que l'application de la convention aurait pu entraîner une augmentation des effectifs de la police.

80. De plus, la loi organique du 1ᵉʳ août 2001 relative aux lois de finances, dite LOLF, a autorisé les parlementaires, depuis 2005, à majorer les crédits de certains programmes, à condition de réduire d'un montant équivalent ceux d'autres programmes relevant de la même « mission » (voir page 161).

de financement de la Sécurité sociale, qui doivent être soumises d'abord à l'Assemblée nationale. La révision constitutionnelle adoptée en 2003 a cependant prévu une exception inverse : les projets de loi «*ayant pour principal objet l'organisation des collectivités territoriales*» doivent être soumis en premier lieu au Sénat.

L'examen des projets se fait d'abord en **commission** et se poursuit, sur le texte qu'elle a adopté[81], par une **discussion générale** dans l'hémicycle, qui ne peut avoir lieu que six semaines après leur dépôt, sauf en cas de procédure accélérée (voir page 44). Interviennent au cours de cette discussion le rapporteur de la commission, un membre du gouvernement et des parlementaires désignés par les groupes auxquels ils appartiennent. Il n'y a pas de vote à ce stade, sauf si le gouvernement ou un parlementaire soulève une motion de procédure[82]. Commence ensuite l'examen article par article : chacun des articles peut faire l'objet d'**amendements**, qui sont également discutés. Jusqu'à la révision de 2008, les amendements devaient avoir un rapport étroit avec le texte et ne pas être d'une ampleur telle qu'ils auraient pu constituer, à eux seuls, un autre texte : ces règles avaient été posées par le Conseil constitutionnel qui a estimé, par exemple, qu'un amendement portant sur le permis de démolir n'avait pas sa place dans une loi ayant pour objet la prévention de la corruption. Mais le nouvel article 45 dispose que tout amendement est recevable en première lecture dès lors qu'il présente un lien, même indirect, avec le texte.

En revanche, la loi organique du 21 avril 2009, prise pour l'application de la révision constitutionnelle, ajoute une nouvelle possibilité de limiter le droit d'amendement. Afin d'empêcher les tentatives verbales d'obstruction parlementaire[83], elle instaure une procédure inspirée de la «guillotine» pratiquée en Grande-Bretagne : le règlement d'une assemblée peut désormais impartir des délais pour l'examen d'un texte en séance. Passé ce délai, les amendements déposés par les parlementaires pourront être mis aux voix sans discussion[84].

D'autre part, en vertu de l'article 44 de la Constitution, le gouvernement peut demander un **vote bloqué** qui contraint l'assemblée à se prononcer sur tout ou partie du texte en ne retenant que les amendements qu'il a proposés ou acceptés. C'est là une restriction de taille au droit d'amendement, dont les gouvernements usent volontiers (33 fois en 1991, par exemple) mais qui irrite les parlementaires[85]. Ceux-ci pratiquent donc parfois la rétorsion en déposant des centaines d'amendements pratiquement identiques, à seule fin d'allonger les débats puisque le vote bloqué ne permet pas d'adopter les amendements refusés par le gouvernement, mais ne dispense pas de les examiner. Il ne reste alors au gouvernement que le choix entre tenter une conciliation et engager sa responsabilité sur le vote du texte, selon la procédure de l'article 49 alinéa 3 qui sera décrite plus loin.

Lorsque l'examen des articles est terminé, l'assemblée se prononce sur l'ensemble du texte. Mais comme les lois doivent être votées par les deux Chambres et que celles-ci ne sont jamais saisies simultanément, une «navette» est organisée entre elles.

- **La navette**

Elle consiste en des **allers et retours** du texte entre les deux assemblées qui doivent, dit la Constitution, l'adopter en termes identiques pour qu'il puisse devenir loi. L'assemblée saisie en second lieu l'examine tel qu'il a été voté par sa devancière[86] : elle peut soit le voter dans cette forme, soit lui apporter à son tour des amendements, auquel cas le texte revient pour une seconde lecture devant la première assemblée. Si celle-ci n'accepte pas les modifications introduites, une seconde lecture est organisée devant la deuxième Chambre. Dans l'hypothèse où le désaccord persiste, le gouvernement peut intervenir en provoquant la réunion d'une **commission mixte paritaire** : composée de sept députés et de sept sénateurs désignés par leurs collègues, elle tentera de proposer une version susceptible de recueillir l'assentiment des deux assemblées.

L'article 45 prévoit une possibilité de **«procédure accélérée»** : dans la rédaction de 2008, le Premier ministre peut, sauf si les conférences des présidents s'y opposent conjointement, provoquer la réunion d'une commission mixte paritaire après une seule lecture d'un projet de loi; la même procédure peut être appliquée à une proposition lorsque les présidents des deux assemblées, agissant conjointement, en décident ainsi (cette seconde hypothèse aura probablement moins de chances de se produire)[87].

Si la commission paritaire parvient à élaborer un texte de compromis, le gouvernement le soumet successivement aux deux assemblées; aucun amendement n'est recevable à ce stade, sauf lorsque le gouvernement y consent. Si, au contraire, la commission n'est pas parvenue à un accord, ou si cet accord est rejeté par le Sénat, le gouvernement

81. Excepté pour les projets de lois de finances ou de financement de la Sécurité sociale, qui sont discutés dans la version initialement présentée par le gouvernement.

82. Il peut s'agir de l'exception d'irrecevabilité déjà mentionnée ou de la «question préalable», qui tend à écarter un texte au motif que son adoption serait inopportune, ou encore de la demande de renvoi en commission d'un texte qui ne semble pas suffisamment au point (ces deux dernières motions sont peu souvent adoptées).

83. Elles consistent soit à multiplier le nombre d'amendements sur un texte, soit à occuper longuement la tribune. Le record du discours le plus long semble détenu par la députée Christine Boutin, qui avait parlé pendant 5 heures 25 pour s'opposer à l'institution du PACS voulue par le gouvernement de Lionel Jospin. En 2006, la gauche a déposé plus de 130 000 amendements sur le projet de loi ouvrant complètement le secteur de l'énergie à la concurrence.

84. L'Assemblée nationale a introduit cette disposition dans son règlement voté en mai 2009.

85. Rare au Sénat, la procédure y a cependant été utilisée en octobre 2010 pour accélérer l'adoption de la réforme des retraites.

86. Depuis la révision de 2008, la discussion ne peut commencer qu'après l'expiration d'un délai de quatre semaines à compter de la transmission, sauf en cas de procédure accélérée.

87. En mai 2009, le président de l'Assemblée nationale (Bernard Accoyer) avait critiqué la fréquence du recours à cette procédure : 50 % des lois votées depuis 2007 l'avaient été, en effet, à l'issue d'une lecture unique dans chaque Chambre. B. Accoyer a fait remarquer que ces lois votées dans l'urgence n'étaient généralement pas appliquées, faute de capacité pour le gouvernement d'élaborer rapidement les décrets nécessaires à leur exécution. En 2011, seules 25 des 47 lois votées en urgence ont été totalement appliquées.

peut demander à l'Assemblée nationale de statuer définitivement, en adoptant soit le texte proposé par la commission, soit celui qu'elle avait elle-même primitivement voté. Le dernier mot revient ainsi à la Chambre issue du suffrage universel, mais seulement si le gouvernement en décide ainsi : s'il n'intervient pas, la navette peut en théorie se poursuivre indéfiniment[88].

De tels désaccords entre les Chambres sont évidemment plus fréquents lorsqu'elles sont de tendances politiques opposées : entre 1981 et 1986, notamment, le gouvernement a demandé plusieurs fois à l'Assemblée nationale de statuer définitivement, parce que le Sénat s'opposait à ses projets (par exemple, en matière de nationalisation d'entreprises). Au contraire, lorsque les deux Chambres appartiennent aux mêmes courants d'idées, les différends sont de moindre importance et se règlent habituellement au cours des navettes.

Les quatre modalités du vote parlementaire

– Le **vote à mains levées** est rapide mais ne permet pas d'enregistrer le nom des votants ni le sens dans lequel ils se sont exprimés.

– Le **vote au scrutin public ordinaire** se fait aujourd'hui par l'intermédiaire de boîtiers électroniques que chaque parlementaire actionne au moyen d'une clé. La Constitution impose que les votes soient personnels : les délégations ne sont autorisées qu'à titre exceptionnel et aucun parlementaire ne peut recevoir plus d'une délégation. En pratique, cependant, de nombreux parlementaires confiaient leur clé à un membre de leur groupe qui l'actionnait à leur place, si bien que le nombre des votes émis était de beaucoup supérieur à celui des parlementaires se trouvant effectivement en séance. Assez curieusement, le Conseil constitutionnel a refusé, en 1987, de censurer pour procédure irrégulière une loi adoptée dans ces conditions, mais un ancien président de l'Assemblée nationale (Philippe Séguin) a décidé en 1993 de réduire la durée du scrutin, ce qui empêche d'actionner un grand nombre de clés et oblige les parlementaires à être davantage présents en séance – du moins au moment du vote.

– Le **scrutin public à la tribune** est exigé dans les cas importants, par exemple lorsque la Constitution impose qu'un texte soit adopté à la majorité absolue, ou s'il s'agit de censurer le gouvernement; les délégations sont alors interdites.

– Le **scrutin secret** est généralement prévu pour les désignations de personnes, par exemple le président de la Chambre ou les membres de la Cour de justice de la République.

• **La promulgation des lois**

Après leur adoption, les lois sont promulguées par le **président de la République** dans un délai de quinze jours, puis **publiées** au *Journal officiel*[89]. Deux incidents de parcours peuvent toutefois se produire pendant le délai imparti pour la promulgation. D'une part, le président de la République, avec l'accord du Premier ministre, peut demander aux Chambres une nouvelle délibération et il est arrivé qu'un texte soit abandonné de ce seul fait[90]. Mais, en avril 2006, le président Jacques Chirac a promulgué la loi instituant le « contrat de première embauche » (CPE) tout en demandant, compte tenu de l'hostilité manifestée par l'opinion publique, qu'elle ne soit pas appliquée en attendant son réexamen par le Parlement – pratique inédite jusqu'ici en droit constitutionnel. D'autre part, comme on le verra au chapitre suivant, une loi votée peut être déférée pour examen au Conseil constitutionnel, ce qui suspend la promulgation pendant un mois.

2. Le contrôle de l'action gouvernementale

Soucieux de mettre fin à l'instabilité ministérielle qui caractérisait la IVe République et, plus généralement, de renforcer l'autorité des gouvernements, les Constituants de 1958 avaient fortement limité les possibilités d'investigation et de contrôle reconnues auparavant au Parlement. Cet encadrement très strict s'est cependant atténué de manière progressive, à la fois pour des raisons de principe – il s'accordait mal avec l'affirmation selon laquelle le régime mis en place demeurait parlementaire – et en raison de considérations pratiques : la discipline majoritaire qui règne à l'Assemblée nationale suffit à assurer un soutien efficace au gouvernement. Actuellement, il est toujours aussi difficile de mettre en cause la responsabilité gouvernementale, mais les procédures moins drastiques des questions et des commissions d'enquête ont été rendues plus aisées, celle des résolutions a été introduite en 2008, et l'évaluation des politiques publiques a fait son apparition.

a) Les questions

Elles permettent aux parlementaires d'obtenir du gouvernement des informations ou des explications qui les mettent en mesure de mieux suivre son activité. On en distingue plusieurs sortes.

• **Les questions écrites**

Elles tendent généralement à recueillir des précisions sur l'application d'une réglementation à des cas particuliers : les parlementaires jouent ici un rôle d'intermédiaires entre leurs électeurs et les administrations. Celles-ci sont tenues d'y répondre, également par écrit, dans le délai d'un mois, et les réponses (qui fournissent souvent d'utiles indications aux juristes) sont publiées au *Journal officiel*. Ces questions sont très nombreuses – de 3700 questions écrites déposées en 1959, on est passé à 12000 en 1994 et 28365 en 2011 – mais elles n'ont pas de portée politique.

88. Sous la IVe République, l'intervention du gouvernement n'était pas nécessaire : l'Assemblée nationale pouvait statuer définitivement cent jours après la transmission du texte à la seconde Chambre (alors dénommée Conseil de la République).

89. Les règles concernant le mode de publication des lois ont été modifiées en 2004.

90. Par exemple, une loi votée en 1983 qui décidait d'organiser à Paris une exposition universelle pour célébrer le bicentenaire de la Révolution; des difficultés de répartition des financements étant apparues, une nouvelle délibération fut demandée aux Chambres mais n'eut jamais lieu, si bien que le projet fut enterré par accord tacite.

- **Les questions orales**

Elles sont adressées aux membres du gouvernement, qui leur apportent une réponse en séance. Leur teneur pouvant être gênante, elles étaient à l'origine strictement réglementées : on ne leur réservait qu'une après-midi par semaine, et la conférence des présidents, dans laquelle le gouvernement est représenté, opérait un filtrage serré. Depuis la réforme de 1995, un temps plus long leur est réservé, et une séance de «*questions au gouvernement*», qui dure une heure, est organisée au moins une fois par semaine en présence du Premier ministre. Les questions doivent être brèves et peuvent ne pas être communiquées à l'avance au gouvernement, ce qui donne lieu à des réponses plus spontanées. Ces séances sont diffusées à la télévision. Par ailleurs, depuis 1993, une séance par mois est réservée à des «*déclarations d'actualité*» du gouvernement sur des points particuliers de sa politique : un débat s'instaure à la suite de ces déclarations, mais ne peut être suivi d'un vote; il n'en demeure pas moins que l'information des parlementaires et leurs possibilités de se faire entendre s'en trouvent améliorées.

b) Les résolutions

Ce sont des textes qui n'ont pas de caractère législatif, mais permettent au Parlement d'exprimer des opinions ou des souhaits. Les résolutions étaient fréquentes sous les Républiques précédentes, et aboutissaient parfois à mettre en danger, voire à renverser le gouvernement. Elles furent donc drastiquement limitées en 1958 : leur champ d'application ne pouvait plus concerner que les règlements intérieurs des assemblées et la mise en jeu de la responsabilité du président de la République.

Ce système, qui singularisait la France par rapport aux autres démocraties occidentales, fut assoupli en 1992 pour ce qui concerne l'**adoption des actes communautaires** comportant des dispositions de nature législative, c'est-à-dire intervenant dans des domaines énumérés à l'article 34; puis la révision de 1999 étendit le système à toutes les catégories d'actes communautaires; les résolutions ainsi adoptées sont nombreuses, et le gouvernement les communique aux organes de l'Union européenne.

La révision de 2008 a procédé à une nouvelle extension : les résolutions sont désormais admises sans qu'un domaine spécifique leur soit apparemment assigné. Mais, d'une part, les conditions de leur adoption devront être fixées par une loi organique, d'autre part, elles sont irrecevables, aux termes de l'article 34-1, si le gouvernement «*estime que leur adoption ou leur rejet serait de nature à mettre en cause sa responsabilité ou qu'elles contiennent des injonctions à son égard*» : cette disposition en limite assez strictement la portée, voire la signification.

c) Les commissions d'enquête

Ces commissions, traditionnelles depuis la IIIe République, sont constituées par les assemblées à propos d'un problème particulier tel qu'une «affaire» ou la mauvaise gestion d'un service[91]. Elles avaient été considérablement affaiblies en 1958 (leur durée était très limitée et leur pouvoir d'investigation presque inexistant), mais une loi de 1991 leur a redonné de la vigueur en leur permettant de convoquer des témoins et de se faire communiquer tous documents utiles par les administrations. Elles sont toutefois assez **peu fréquentes** : chaque groupe parlementaire n'a le droit de proposer la création d'une commission qu'une fois par an, et cette proposition doit être acceptée par la majorité de la Chambre, si bien que l'opposition a peu de chances de voir ses demandes aboutir. De plus, en vertu du principe de séparation des pouvoirs, une commission ne peut être constituée à propos de faits donnant déjà lieu à des poursuites judiciaires et, si elle avait été créée auparavant, sa mission doit prendre fin dès lors qu'une information judiciaire est ouverte : il suffit donc au gouvernement de déclencher une telle information – qui sera inévitablement longue – pour s'opposer à la création ou à la poursuite des travaux d'une commission.

L'effectif maximum des commissions est fixé par les règlements intérieurs des assemblées : il est de trente membres à l'Assemblée nationale et de vingt et un au Sénat. Ces membres sont désignés à la proportionnelle des groupes et la durée de leurs travaux ne peut excéder six mois, ce qui est relativement peu lorsqu'il s'agit d'un problème complexe. Le rapport final est rendu public, mais il ne donne habituellement pas lieu à un débat en séance, et le gouvernement peut parfaitement ne tenir aucun compte de ses conclusions : on est loin, ici, de l'influence qu'ont les enquêtes *(«hearings»)* du Congrès des États-Unis.

L'**évaluation des politiques publiques**, qui est depuis la révision de 2008 une nouvelle mission expressément – mais pas exclusivement[92] – dévolue au Parlement, n'a pas encore fait l'objet d'une loi organique, et le nouvel article 51-2 se borne à indiquer que des commissions d'enquête pourront être créées au sein de chaque Assemblée pour recueillir des éléments d'information. On n'en traitera donc pas davantage ici, sinon pour observer que le Parlement n'est pas, pour le moment, familier de ce genre d'exercice, et qu'il lui faudra sans doute quelque temps pour s'en acquitter pleinement. Un Comité d'évaluation et de contrôle des politiques publiques a été créé, suite à la révision constitutionnelle de 2008, et pourrait jouer un rôle méthodologique utile.

d) La mise en jeu de la responsabilité du gouvernement

Le gouvernement «*est responsable devant le Parlement*», dit l'article 20 de la Constitution. Mais cette affirmation est immédiatement suivie par les mots «*dans les conditions et suivant les procédures prévues aux articles 49 et 50*»; et ces conditions et procédures sont suffisamment strictes pour mettre les gouvernements à l'abri d'une censure. Trois mécanismes sont décrits dans l'article 49, mais le dernier consiste plutôt en un moyen de pression aux mains du gouvernement.

- **Le vote de confiance**

Selon l'**alinéa 1 de l'article 49**, le gouvernement peut demander de lui-même un vote de confiance à l'Assemblée

91. On peut citer, à titre d'exemples, celles qui ont eu pour objet les sectes, la mauvaise gestion du Crédit lyonnais, ou les suites du procès pénal intervenu dans l'affaire de pédophilie dite «d'Outreau».

92. D'autres organes, extraparlementaires, en sont également chargés, soit en permanence, comme la Cour des comptes (voir pages 182 et suivantes), soit occasionnellement, comme la commission de révision des politiques publiques.

nationale, soit sur son programme, soit sur une déclaration de politique générale : si les votes négatifs l'emportent numériquement sur les votes positifs, l'article 50 impose au gouvernement de démissionner. Mais l'hypothèse demeure rare : les Premiers ministres successifs avaient pris l'habitude de ne pas poser la question de confiance lorsque leur gouvernement était formé, pour mieux marquer leur rattachement privilégié au président de la République. Et les déclarations de politique générale assorties d'une question de confiance étaient pareillement exceptionnelles[93]. En juillet 2012, cependant, Jean-Marc Ayrault, nouveau Premier ministre, a recouru à l'article 49-1 et présenté une déclaration de politique générale, assortie d'un engagement de responsabilité, peu après sa nomination. Les votes émis dans le cadre de cette procédure n'ont jamais abouti, jusqu'ici, à un vote de défiance.

Il faut relever que l'alinéa 4 du même article 49 autorise également le gouvernement à demander au Sénat d'approuver une déclaration de politique générale. Quelques Premiers ministres l'ont fait, mais comme le Sénat n'a pas le pouvoir de renverser le gouvernement, cette procédure doit plutôt être considérée comme un acte de courtoisie à l'égard de la deuxième Chambre ou, si la déclaration est largement approuvée, comme un appui face à une Assemblée nationale indocile.

- **La motion de censure**

L'**alinéa 2 de l'article 49** prévoit également, à l'inverse, une motion de censure émanant des députés**,** mais l'entoure de conditions qui rendent son adoption très difficile. La motion doit en effet être signée par un dixième au moins des députés ; elle ne peut être votée que 48 heures après son dépôt ; elle doit être adoptée par la majorité absolue des membres composant l'Assemblée (et non pas seulement par la majorité des votants) ; et seuls sont décomptés les votes en faveur de la motion, ce qui signifie que les abstentionnistes et les absents sont présumés s'être prononcés en faveur du gouvernement. De surcroît, un député ne peut signer plus de trois motions de censure au cours d'une session ordinaire, ni plus d'une pendant une session extraordinaire, ce qui protège le gouvernement d'un éventuel harcèlement par l'opposition. Ces conditions draconiennes expliquent que, depuis 1958, un seul gouvernement ait été renversé : celui de Georges Pompidou en 1962[94] ; et la conséquence en fut la dissolution immédiate de l'Assemblée nationale, suivie dès après les élections par une nouvelle nomination de Georges Pompidou à la tête du gouvernement.

- **L'engagement de la responsabilité gouvernementale**

L'**alinéa 3 de l'article 49**, arme aux mains du Premier ministre au cours de la procédure législative, l'autorise à engager la responsabilité du gouvernement **sur le vote d'un texte** lorsque les députés se montrent récalcitrants à son égard : ce texte est considéré comme adopté sans qu'il y ait lieu à vote à son propos dès lors qu'une motion de censure n'a pas été déposée dans les 24 heures et adoptée suivant les modalités qui viennent d'être décrites. Cette procédure, qui constitue une sorte d'alliage de la question de confiance et de la motion de censure, entraîne deux conséquences : la première, d'ordre juridique, est qu'une loi peut entrer en vigueur sans avoir été votée par le Parlement ; la seconde, plus politique, est que les députés réticents à l'égard du projet de loi devront se soumettre s'ils ne veulent pas risquer, comme en 1962, d'affronter une nouvelle campagne électorale.

On touche sans doute là aux limites du « *parlementarisme rationalisé* », d'autant que le recours à cette technique est loin d'être exceptionnel : la plupart des Premiers ministres l'ont utilisée au moins une fois[95], aussi souvent d'ailleurs pour faire cesser les dissensions au sein de leur majorité que pour contrer l'opposition. La révision de 2008 a toutefois limité le champ d'application de cette disposition : le Premier ministre ne peut plus y recourir que pour les lois de finances et de financement de la Sécurité sociale (qui ont toujours été son domaine privilégié) et pour un projet ou une proposition de loi par session.

* * *

Le « déclin des Parlements », souvent relevé, se rencontre dans de nombreux pays, même dans ceux dont les traditions politiques leur accordent un rôle éminent, comme en Grande-Bretagne. La nécessité d'élaborer rapidement des politiques d'ensemble cohérentes joue en faveur des gouvernements, mieux outillés pour les concevoir ; l'avènement de la réglementation européenne minore par ailleurs le rôle de la loi, qui se trouve également restreint par la dévolution de compétences aux collectivités territoriales, si bien que le domaine réservé au Parlement se trouve grignoté à la fois par en haut et par en bas.

Mais la France s'est engagée particulièrement loin dans la dépossession du Parlement au profit du gouvernement, auquel la Constitution accorde à la fois une influence prépondérante dans la procédure législative, un champ d'action autonome par la voie du règlement, et des garanties certaines de longévité en raison de la difficulté de le censurer. La réforme de 1995 et l'interprétation souple donnée par le Conseil constitutionnel de la répartition des domaines législatif et réglementaire ont certes desserré le carcan institué en 1958, et la révision de 2008 a quelque peu limité le droit pour le gouvernement de déterminer lui-même l'ordre du jour des travaux parlementaires. Il n'en demeure pas moins que la prépondérance actuelle du président de la République, l'effacement corrélatif du Premier ministre, pourtant seul responsable devant l'Assemblée nationale, et l'existence d'une majorité parlementaire soucieuse d'éviter une crise qui entraînerait de nouvelles élections, font que dans l'expression « parlementarisme rationalisé », le second terme l'emporte aujourd'hui de loin sur le premier.

---

93. Cela a été le cas, cependant, en mars 2009, lorsqu'il a été décidé par le président de la République que la France réintégrerait les instances dirigeantes de l'OTAN : il n'était pas assuré, en effet, que des députés de la majorité d'alors ne joindraient pas leur voix à celles de l'opposition pour refuser ce projet.

94. En réalité, la motion de censure visait à travers lui la procédure choisie par le général de Gaulle pour la réforme constitutionnelle instituant l'élection du président de la République au suffrage universel.

95. Le record semble être détenu par Michel Rocard, qui y a recouru seize fois en une seule année (1989). A l'inverse, Lionel Jospin n'en a jamais usé pendant les cinq années où il a été en fonction.

Chapitre 6
Les autres organes constitutionnels

La Constitution mentionne trois organes qui jouent un rôle plus ou moins important dans le fonctionnement des pouvoirs publics. Le premier contribue à garantir l'indépendance de la justice en se prononçant sur la nomination et la carrière des magistrats : c'est le Conseil supérieur de la magistrature. Les deux autres interviennent dans la procédure d'édiction des lois : le Conseil économique et social en donnant des avis, le Conseil constitutionnel en se prononçant sur la compatibilité des lois avec la Constitution.

1. Le Conseil supérieur de la magistrature

Les tribunaux, qui sont chargés de régler les différends entre particuliers ou entre ceux-ci et les pouvoirs publics, ont également pour mission de sanctionner les infractions et peuvent à ce titre infliger des peines parfois très lourdes. Il est donc primordial pour les libertés publiques que **l'indépendance des magistrats** qui les composent soit assurée à l'égard des gouvernants.

Ces magistrats se répartissent en deux catégories : ceux qui représentent les intérêts de la société au cours des procès et peuvent requérir en son nom des condamnations (ce sont les magistrats du *parquet*, en particulier les procureurs), et ceux qui prononcent les sentences (les magistrats du *siège*, c'est-à-dire les juges) qui doivent être tout particulièrement protégés contre d'éventuelles pressions du pouvoir politique. La Constitution leur assure l'inamovibilité, ce qui signifie qu'ils ne peuvent être déplacés contre leur gré, même par le biais d'un avancement. Mais il faut aussi s'assurer que leur liberté d'esprit ne soit pas compromise par des promesses d'accélération – ou, au contraire, des menaces de freinage – de leur carrière : le Conseil supérieur de la magistrature, qui existait déjà sous la IVe République, a été institué pour y veiller.

Dans le système de 1958, il n'en avait pas véritablement la possibilité : les Constituants, estimant que le président de la République échappait aux considérations politiciennes, lui avaient en effet conféré le pouvoir non seulement de présider le Conseil, mais aussi d'en nommer tous les membres ; de surcroît, les avis émis par le Conseil sur la carrière des magistrats n'avaient qu'un caractère consultatif. Ce mode d'organisation s'avéra inadapté dès lors que le président devint le véritable chef de l'exécutif. Les réformes constitutionnelles intervenues en 1993 et en 2008 ont donc renforcé la position du Conseil.

Actuellement, celui-ci comprend **deux formations**, l'une ayant compétence pour les magistrats du siège, l'autre pour ceux du parquet. La première est présidée par le premier président de la Cour de cassation, et comprend en outre cinq magistrats du siège et un du parquet, un conseiller d'État désigné par le Conseil d'État, un avocat et six personnalités qualifiées : le président de la République, le président de l'Assemblée nationale et celui du Sénat désignent chacun deux d'entre elles ; il y a donc parité entre les représentants de la profession et les personnalités extérieures. Cette formation fait des propositions pour la **nomination** des plus hauts magistrats[96], les autres étant nommés sur son avis conforme. Elle statue aussi comme **conseil de discipline** des magistrats du siège.

La formation compétente à l'égard des magistrats du parquet est présidée par le procureur général près la Cour de cassation et composée des mêmes personnes (à l'exception des magistrats du siège et du parquet, dont la proportion est inversée). Pour les nominations des membres du corps, comme dans le système antérieur à 2008, elle ne donne qu'un simple avis, de même qu'en matière disciplinaire. On justifie parfois ce rôle purement **consultatif** au nom de la nécessaire unité de la politique pénale : l'égalité des citoyens se trouverait atteinte si les procureurs appréciaient librement l'opportunité d'intenter des poursuites, et ceux-ci doivent donc être plus étroitement rattachés au ministre de la Justice[97]. Mais dans un arrêt rendu en 2010, la Cour européenne des droits de l'homme a estimé que les membres du parquet, en raison de leur insuffisante indépendance à l'égard du pouvoir exécutif, ne peuvent être considérés comme ayant la qualité de magistrats et ne sauraient donc être chargés du contrôle des gardes à vue. Cet arrêt aura certainement des répercussions sur l'organisation et le fonctionnement du Conseil.

Le Conseil se réunit en formation plénière pour répondre aux demandes d'avis qui peuvent lui être adressées par le président de la République ou le ministre de la Justice. Il peut aussi être saisi par un justiciable, sur des sujets et dans des conditions – très restrictives – qui ont été déterminées par la loi organique du 22 juillet 2010.

96. Conseillers à la Cour de cassation, premiers présidents de cour d'appel et présidents de tribunal de grande instance.

97. On constate cependant, depuis quelques années, que les promotions de magistrats du parquet décidées malgré l'avis défavorable du Conseil deviennent plus nombreuses.

2. Le Conseil économique, social et environnemental

De même que les Constituants de 1946, ceux de 1958 ont jugé utile d'organiser une représentation des **milieux socio-économiques** dans le processus d'élaboration de certains textes : leur approche, plus pragmatique, peut en effet compléter utilement celle des élus du peuple pour ce qui concerne les activités de production ou le droit du travail. Le rôle du Conseil économique, social et environnemental[98], chargé d'assurer cette représentation, n'est toutefois que **consultatif** et, le plus souvent, facultatif, ce qui ne l'apparente pas à celui d'une troisième Chambre.

Dans sa nouvelle rédaction, le titre XI de la Constitution fixe à 233 le nombre maximum des membres du Conseil et prévoit que sa composition et ses règles de fonctionnement seront fixées par une loi organique. Cette loi est intervenue en juin 2010 et élargit le cercle des milieux représentés. Comme par le passé, le Conseil comprend des représentants des salariés (69) et des entreprises (61), désignés par leurs organisations syndicales respectives, et des représentants des professions libérales (4). S'y ajoutent 60 membres désignés au titre de la « cohésion sociale et territoriale et de la vie associative », provenant principalement de l'économie mutualiste, des associations familiales ou des collectivités d'Outre-Mer, et trente-trois membres qualifiés en matière de protection de la nature et de l'environnement (des décrets ultérieurs précisent ces dispositions). Le mandat des membres du Conseil est de cinq ans, renouvelable une fois, et ils perçoivent une indemnité égale au tiers de celle des parlementaires.

C'est principalement au gouvernement qu'il appartient de saisir le Conseil. Son **avis** peut être demandé sur des projets de loi, d'ordonnance ou de décret, et doit l'être sur « *tout plan ou tout projet de loi de programmation à caractère économique, social ou environnemental* » (article 70 de la Constitution) : il faut entendre par là des textes qui définissent des objectifs à moyen ou long terme et comportent les prévisions de dépenses correspondantes. Le gouvernement et le Parlement peuvent aussi le consulter sur tout problème de caractère économique, social ou environnemental, et le Conseil a maintenant la faculté de désigner l'un de ses membres pour exposer devant les assemblées parlementaires l'avis rendu sur les projets de textes qui lui sont soumis. Enfin le Conseil peut aussi, de sa propre initiative, attirer l'attention du gouvernement sur des problèmes relevant de sa compétence.

La révision de 2008 a introduit une innovation qui se révèlera peut-être importante : le Conseil peut désormais être saisi par voie de **pétition**, présentée par au moins 500 000 personnes ; l'assemblée plénière se prononce sur les questions soulevées et les suites qu'elle propose d'y donner ; son avis est adressé au Premier ministre, ainsi qu'aux deux assemblées parlementaires, et publié au *Journal officiel*. Les délibérations du Conseil sont préparées au sein de sections spécialisées par secteur d'activité dont les rapports, souvent très intéressants, sont soumis à l'assemblée plénière en vue de l'adoption par celle-ci des avis qu'elle rendra au gouvernement ; mais ces avis reflètent la composition très hétérogène de l'assemblée et sont donc, de ce fait, souvent moins constructifs.

3. Le Conseil constitutionnel

Le Conseil constitutionnel est une innovation notable de la Ve République, et on a déjà dit que son rôle s'est considérablement accru depuis sa création. Uniquement conçu, à l'origine, comme un contrôleur du respect par le Parlement du domaine réglementaire, il s'est progressivement transformé en censeur de toutes les atteintes que la loi – et, à travers elle, le gouvernement qui l'a voulue – pourrait porter à l'ensemble des principes posés par la Constitution.

Trois étapes principales ont jalonné cette évolution. La première, due au Conseil lui-même, a consisté en l'inclusion du Préambule dans les normes auxquelles le législateur doit se conformer : une décision de **1971** a ainsi affirmé que la liberté d'association ne peut être restreinte, parce qu'elle compte « *au nombre des principes fondamentaux reconnus par les lois de la République et solennellement réaffirmés par le Préambule de la Constitution* ». La seconde étape réside dans l'élargissement des possibilités de saisine du Conseil : une réforme constitutionnelle intervenue en **1974** a accordé aux parlementaires le droit de lui déférer une loi pour examen, et les membres des oppositions successives ont largement usé de cette faculté, si bien que très peu de lois importantes sont aujourd'hui promulguées sans que le Conseil se soit prononcé à leur sujet. La troisième étape résulte de la révision de **2008**, qui a ouvert aux plaideurs, sous certaines conditions, la possibilité de demander que le Conseil déclare inconstitutionnelle une disposition législative dont dépend l'issue de leur procès (procédure dite « **question prioritaire de constitutionnalité** »).

La composition du Conseil, toutefois, n'a pas été modifiée et fait la part belle aux considérations politiques. Ses compétences et son mode de fonctionnement n'ont pas non plus varié, mais sa jurisprudence s'est beaucoup enrichie et les commentaires auxquels elle donne lieu sont assez contrastés.

1. La composition du Conseil

Le Conseil comprend **neuf membres** : trois d'entre eux sont nommés par le président de l'Assemblée nationale, trois par celui du Sénat et trois par le président de la République, qui désigne également celui des neuf membres qui présidera le Conseil. Leur mandat est de **neuf ans** et ne peut être reconduit ; un renouvellement par tiers a lieu tous les trois ans. Aucune compétence juridique n'est requise pour les nominations, ce qui donne au Conseil un caractère

98. Les mots « *et environnemental* » ont été ajoutés par la révision constitutionnelle de 2008.

politique assez marqué[99]. Les anciens présidents de la République en sont membres de droit à vie[100] et ne prêtent pas serment, mais seuls Jacques Chirac, Valéry Giscard d'Estaing et, jusqu'à une date récente, Nicolas Sarkozy ont choisi de prendre part à ses travaux.

Les fonctions de membre du Conseil constitutionnel sont **incompatibles** avec l'exercice d'un mandat électif national ou local, avec l'occupation d'un poste de responsabilité au sein d'un parti politique et, bien entendu, avec la qualité de membre du gouvernement. De plus, la loi organique du 11 octobre 2013 interdit tout cumul avec d'autres activités professionnelles ou salariées. Les fonctions sont protégées par un régime de quasi-inamovibilité : elles ne peuvent prendre fin qu'en cas de survenance d'une incompatibilité, de perte des droits civils et politiques, ou d'incapacité physique permanente; et, dans les trois cas, la démission d'office ne peut être prononcée que par le Conseil lui-même[101]. Ces règles confèrent à ses membres des garanties d'**indépendance** analogues à celles dont bénéficient les magistrats.

2. Les compétences du Conseil

Ses compétences sont variées et certaines d'entre elles ont déjà été mentionnées dans les chapitres précédents : en particulier, le contrôle de la régularité des élections présidentielles et législatives, ainsi que les avis donnés au président de la République sur la mise en œuvre de l'article 16 (voir page 30). L'appréciation de la **constitutionnalité des normes** demeure cependant la principale de ces compétences; le Conseil l'exerce tantôt à titre obligatoire, tantôt à titre facultatif.

Il est obligatoirement saisi des lois organiques (voir page 15) et des règlements intérieurs des assemblées, et peut l'être, s'agissant des lois ordinaires, dans deux hypothèses visées à l'article 61 de la Constitution. La première, qui concerne d'éventuels empiétements du Parlement sur le domaine réglementaire, a été décrite à propos de la fonction législative. La seconde, plus générale, couvre tous les autres cas de non-conformité d'une loi à une disposition constitutionnelle. Jusqu'à la révision de 2008, il s'agissait uniquement d'un contrôle *a priori* (voir ci-dessous), c'est-à-dire déclenché après le vote de la loi mais avant sa promulgation.

Aux termes de l'article 54, le Conseil peut également être saisi lorsqu'un **traité** auquel la France est partie semble comporter des clauses incompatibles avec la Constitution. Le Conseil examine alors le traité pour déterminer si tel est bien le cas et, dans l'affirmative, la ratification du traité par le Parlement ne pourra intervenir qu'après une révision constitutionnelle. Il en a été ainsi, notamment, pour les traités de Maastricht et d'Amsterdam relatifs à l'Union européenne, dont le Conseil a estimé qu'ils restreignaient la souveraineté nationale en matière d'élections et de contrôle aux frontières, et qui n'ont pu être ratifiés qu'après une telle révision.

Il convient de signaler, toutefois, le cas particulier des lois adoptées par la **voie du référendum** prévue à l'article 11 de la Constitution. De telles lois ne pouvant porter que sur des domaines limitativement énumérés, elles interviennent en fait très rarement et n'ont pas, juridiquement, une autorité supérieure à celle des lois votées par le Parlement. Celui-ci pourrait donc les modifier ou les abroger ultérieurement, car l'article 11 ne le dessaisit pas de sa compétence mais prévoit seulement une procédure d'adoption concurrente. Le Conseil se refuse cependant à apprécier la constitutionnalité des lois référendaires, au motif que ces lois « *constituent l'expression directe de la souveraineté nationale* »; il en a décidé ainsi en 1962, à propos de la loi instituant l'élection du président de la République au suffrage universel (que le général de Gaulle avait préféré soumettre au référendum plutôt qu'au Parlement), et il n'a pas, jusqu'ici, modifié sa position.

3. La procédure

Depuis la révision constitutionnelle de 2008, il faut distinguer entre deux formes de contrôle : d'une part, le contrôle *a priori*, qui ne peut être déclenché qu'avant la promulgation d'une loi et seulement par des autorités politiques, d'autre part le contrôle *a posteriori*, qui s'exerce par le biais de la **question prioritaire de constitutionnalité** ouverte à tout plaideur qui estime qu'une loi dont dépend l'issue de son procès porte atteinte aux droits ou libertés que la Constitution garantit.

a) Le contrôle *a priori*

Aux personnes habilitées dès l'origine à saisir le Conseil constitutionnel (le président de la République, le Premier ministre et les présidents des deux assemblées), s'ajoutent, depuis la réforme de 1974, soixante députés ou soixante sénateurs. Les lettres de saisine sont habituellement très fournies en ce qui concerne tant le nombre des dispositions contestées que celui des moyens de censure invoqués. Le Conseil y répond toujours, mais il lui arrive aussi de soulever des moyens d'office, c'est-à-dire de relever des irrégularités qui n'avaient pas été mentionnées dans les saisines[102]. La défense du texte, lorsqu'il est attaqué par des parlementaires, est assurée par le Secrétariat général du gouvernement, et les arguments développés par celui-ci sont communiqués aux auteurs des saisines, ce qui donne à la procédure un aspect contradictoire.

99. En 2012, le Conseil était monocolore, à une exception près. Le renouvellement intervenu en 2013 a partiellement corrigé cette situation; de plus, pour la première fois, trois femmes ont été nommées simultanément.

100. Cette disposition singularise la France parmi les nombreux pays qui ont une Cour constitutionnelle; elle paraît d'autant plus malvenue qu'avec l'introduction du contrôle *a posteriori*, un ancien président pourrait se prononcer sur la constitutionnalité d'une loi adoptée pendant son mandat, c'est-à-dire avec son assentiment.

101. L'hypothèse ne s'est encore jamais produite; toutefois, Roland Dumas, alors président du Conseil, en a démissionné en 1999, car sa mise en examen pour complicité d'abus de biens sociaux rendait son maintien en fonction très délicat.

102. L'un des cas dans lequel il l'a fait eut un grand retentissement : saisi en 1992 d'une loi comportant, entre autres dispositions, un article selon lequel les listes de candidats aux élections municipales ne pourraient comporter plus de 75 % de personnes du même sexe, le Conseil a déclaré cet article contraire à la règle constitutionnelle d'égalité des citoyens, alors que le Parlement l'avait adopté presque à l'unanimité et que la saisine n'en faisait pas mention. En raison de cette décision, le principe de l'égal accès des femmes et des hommes aux fonctions électives ne put être introduit dans notre droit que par une révision de la Constitution, qui eut lieu en 1999.

b) Le contrôle *a posteriori*

Il s'exerce à l'occasion d'un **procès** et permet au plaideur de demander au juge qui en est saisi de surseoir à statuer en attendant que la constitutionnalité d'une loi dont dépend la solution du litige soit vérifiée. Un mécanisme de filtrage assez serré a été institué à cet effet : si le tribunal estime que la requête est fondée, il ne peut le déclarer lui-même, mais doit, selon la hiérarchie à laquelle il appartient (tribunal administratif ou judiciaire[103]), en saisir la juridiction suprême (Conseil d'État ou Cour de cassation); celle-ci dispose d'un délai de trois mois pour se prononcer; elle peut soit rejeter la demande, soit, si elle l'estime justifiée, la transmettre au Conseil constitutionnel, qui doit également rendre sa décision dans un délai de trois mois. La procédure devant le Conseil est publique et contradictoire, ce qui signifie que l'avocat du plaideur peut être entendu. Si le Conseil fait droit à la demande – c'est-à-dire estime que la loi contestée porte atteinte aux droits ou libertés garantis par la Constitution – la loi *« est abrogée à compter de la publication de (sa) décision »,* et ne peut donc être appliquée au procès en cause, ni à aucune autre occasion.

La première décision du Conseil rendue en ce domaine était très attendue et a connu un retentissement important. Il s'agissait des pensions servies aux anciens combattants algériens de la Seconde Guerre mondiale, dont le montant, aux termes d'une loi de 1962, n'était pas révisable, contrairement à celui des pensions versées à leurs homologues français : le Conseil, au nom du principe d'égalité, a déclaré cette loi contraire à la Constitution[104]. Par la suite, le Conseil a également jugé inconstitutionnel le régime de la garde à vue. Mais, dans l'ensemble, il a rejeté un grand nombre des recours dont il avait été saisi : sur les 299 décisions rendues à la date du 1er octobre 2013, 72 (soit 23 %) concluaient à une non-conformité totale ou partielle de la loi contestée à la Constitution.

c) Les normes de référence ou « bloc de constitutionnalité »

Les normes de référence (c'est-à-dire par rapport auxquelles le Conseil apprécie les dispositions d'une loi et la procédure de son adoption) sont généralement désignées sous le nom de « bloc de constitutionnalité », car elles sont de nature et de portée différentes. Elles comprennent plusieurs éléments.

– Le **texte constitutionnel** proprement dit, dont les articles ont généralement un contenu précis. C'est par rapport à lui que peuvent être appréciées, par exemple, d'éventuelles incursions de la loi dans le domaine réglementaire, ou la nécessité du contreseing d'un ministre.

– Deux **proclamations solennelles** par lesquelles ont été posés les principes qui doivent guider et encadrer l'action des pouvoirs publics : la **Déclaration des droits de l'homme et du citoyen de 1789**, où sont énumérées les principales libertés individuelles, et le **Préambule** de la Constitution de 1946 qui a été « réaffirmé » en 1958 et consacre en tant que *« principes particulièrement nécessaires à notre temps »* des droits sociaux tels que le droit de grève ou le droit à la protection de la santé[105].

– Les **« principes fondamentaux reconnus par les lois de la République »** auxquels renvoie le Préambule : ils résultent de grandes lois votées sous la IIIe République et sont considérés comme inhérents à l'essence d'un régime démocratique. On peut citer, à titre d'exemples de ces principes, la liberté d'association, l'indépendance de la juridiction administrative et le respect des droits de la défense devant les juridictions répressives. Mais la liste n'est ni fixée, ni close : le Conseil les « découvre » progressivement, et peut ainsi à la fois enrichir ses normes de référence et approfondir son contrôle des lois.

– Les **« objectifs de valeur constitutionnelle »** qui, comme l'indique leur dénomination, constituent des finalités plutôt que des normes et permettent de résoudre des conflits éventuels entre les principes à respecter : ainsi la sauvegarde de l'*ordre public*, considérée comme un objectif à ne pas enfreindre, peut-elle justifier des restrictions à la libre communication des idées; et, à l'inverse, *« le pluralisme des quotidiens d'information politique et générale »*, dont dépend la possibilité pour les lecteurs de se former une opinion éclairée, est selon le Conseil un objectif qui s'oppose à une concentration excessive des entreprises de presse.

Ces trois dernières catégories de normes de référence sont à la fois plus vagues et plus évolutives que la première, et leur utilisation fournit au Conseil un arsenal de moyens de contrôle qui est parfois contesté, soit par des juristes attachés au principe de la souveraineté de la loi, soit – plus souvent – par la majorité politique du moment, qui s'irrite de voir son œuvre censurée. Ainsi un Premier ministre (Édouard Balladur) regrettait-il, devant le Congrès réuni en 1993, que le Conseil se réfère à *« des principes généraux plus philosophiques et politiques que juridiques, quelquefois contradictoires et, de surcroît, conçus à des époques bien différentes de la nôtre ».* Mais Robert Badinter, qui présidait alors le Conseil, eut beau jeu de lui rappeler que, de 1988 à 1993, il avait personnellement signé, en tant que député de l'opposition, dix saisines invoquant ces principes et que sept d'entre elles aboutirent à une censure au moins partielle[106]. Et il est indéniable qu'une bonne part des décisions protégeant les libertés individuelles ou collectives a été rendue sur le fondement de tels principes.

---

103. Sur cette distinction, voir p. 131.

104. Compte tenu du temps nécessaire pour la révision du montant de ces pensions, et surtout de la charge financière qu'elle représente, le Conseil a toutefois accordé un délai de sept mois au législateur pour prendre les dispositions nécessaires, les procès en cours étant suspendus pendant cette durée.

105. L'ancien président Nicolas Sarkozy avait plusieurs fois exprimé son souhait de voir évoluer les principes posés par le Préambule. Mais, dans son rapport rendu en décembre 2008, le comité qu'il avait nommé pour réfléchir à cette évolution, présidé par Simone Veil, s'est déclaré défavorable à la révision du Préambule.

106. *« En accueillant ainsi l'argumentation présentée par la minorité,* poursuivait Robert Badinter, *que faisait alors le Conseil constitutionnel : du droit ou de la politique ? »* (*Le Monde*, 23 novembre 1993). Le mécontentement du Premier ministre s'expliquait par la nécessité où il s'était trouvé de provoquer une révision constitutionnelle parce que le Conseil avait estimé que les dispositions relatives au droit d'asile contenues dans la convention de Schengen étaient incompatibles avec les principes énoncés dans le Préambule.

– Une place particulière doit désormais être réservée aux **directives européennes :** le nouvel article 88-1 de la Constitution posant en principe le consentement de la France à l'exercice commun de certaines compétences, une loi ne saurait être déclarée inconstitutionnelle lorsqu'elle se borne à transposer une directive, excepté dans l'hypothèse où cette directive contreviendrait à une disposition expresse de la Constitution et propre à celle-ci (ce serait le cas, par exemple, du principe de laïcité). Allant encore plus loin dans cette voie, le Conseil constitutionnel a jugé, dans une décision rendue le 30 novembre 2006, qu'une loi méconnaissant les dispositions d'une directive était de ce seul fait entachée d'inconstitutionnalité.

4. Les décisions

Qu'elles résultent du contrôle *a priori* ou *a posteriori*, elles sont analogues, par leur rédaction, à celles des tribunaux : des « considérants » exposant les moyens invoqués dans la saisine et l'opinion du Conseil à leur égard précèdent et fondent le dispositif, c'est-à-dire le jugement porté sur la régularité de la loi.

Pendant longtemps, ce jugement s'est limité à un constat sans nuance : ou bien la loi était conforme à la Constitution, auquel cas elle pouvait être promulguée, ou bien elle contrevenait sur certains points à l'une de ses dispositions et devait donc être amendée. A cette technique s'est récemment ajoutée celle de la déclaration de **conformité sous réserve** : la loi sera applicable, mais à condition d'être interprétée d'une certaine manière ou de ne pas aboutir à un certain résultat. Ainsi, la loi de 1993 relative à l'immigration, qui interdisait de délivrer une carte de résident *« à tout étranger qui vit en état de polygamie »*, doit-elle être interprétée comme n'étant applicable *« qu'aux étrangers vivant en France en état de polygamie »*. Et la décision de 1986 relative à la loi de privatisation précise que celle-ci ne doit pas aboutir à la prise de contrôle des entreprises publiques par des groupes étrangers. Cette dernière décision, comme plusieurs autres intervenues dans des domaines différents, énonce aussi un certain nombre de principes auxquels le législateur et le pouvoir réglementaire devront se conformer dans la suite des opérations, si bien qu'elle les guide autant qu'elle les encadre.

Les décisions du Conseil doivent être rendues dans un délai d'**un mois** à compter de la date de la saisine (ce délai peut être réduit à huit jours si le gouvernement invoque l'urgence). Elles sont publiées au *Journal officiel*[107] et ne sont susceptibles d'aucun recours. Aux termes de la Constitution, elles s'imposent à tous les pouvoirs publics, y compris les juridictions : ces dernières, après quelques tentatives de résistance, se sont maintenant pliées à la règle et il n'est pas rare qu'elles infléchissent une jurisprudence pour tenir compte d'une décision du Conseil, à laquelle elles se réfèrent parfois expressément.

107. Contrairement à celles d'autres cours constitutionnelles, notamment la Cour suprême des États-Unis, elles n'indiquent pas à quelle majorité la décision a été adoptée et ne sont pas assorties d'éventuelles opinions dissidentes.

5. L'influence du Conseil

Quantitativement, qualitativement et politiquement, les conséquences des interventions du Conseil sont importantes.

– D'une part, le **nombre des décisions** qu'il rend s'élève régulièrement : on en comptait en moyenne moins d'une par an avant 1974, environ sept de 1975 à 1981, et plus de quinze ces dernières années, non compris le contentieux électoral[108]. L'élargissement des conditions de saisine explique le premier accroissement, mais ce sont les alternances politiques qui sont à la source du second. L'opposition parlementaire a pris en effet l'habitude de déférer au Conseil toutes les lois de quelque importance qui ont été adoptées contre son gré. Il en résulte que le Conseil a eu à s'occuper de pratiquement tous les grands problèmes actuels : nationalisations puis privatisations, interruption volontaire de grossesse, statut de la presse écrite et audiovisuelle, construction européenne, Pacs, bioéthique, mariage pour tous, etc., et que les règles adoptées dans ces différents domaines ont souvent été marquées par ses observations.

– D'autre part, ses décisions traduisent à la fois le souci d'imposer une certaine **modération** aux majorités politiques successives et celui de **protéger** efficacement **les libertés**. Il n'a pas remis en cause les principes essentiels des réformes voulues par le législateur, par exemple à propos des nationalisations et des privatisations, mais en a gommé les aspects critiquables; la censure presque totale du projet de réforme de la loi Falloux constitue à cet égard une exception, mais ce projet était en contradiction évidente avec les principes constitutionnels et se heurtait, de plus, à une vive hostilité de l'opinion publique, y compris au sein d'une partie de la majorité.

Le souci de maintenir ce que l'on pourrait appeler l'**éthique démocratique** est également une constante. Il s'est ainsi traduit, au fil des décisions, par la protection des droits individuels contre la mise en place de techniques sécuritaires comme les fouilles de véhicules, les perquisitions et la vidéosurveillance[109]; par la censure de dispositions trop discriminatoires à l'égard des étrangers installés en France, telles la restriction du droit au regroupement familial et l'exclusion du bénéfice de certaines aides sociales; par la sauvegarde des droits de la défense au cours des procédures répressives, et celle de la dignité de la personne humaine face aux développements possibles de la bioéthique. Dans tous ces domaines, l'apport du Conseil à la préservation des **valeurs humanistes** sur lesquelles se fondent les sociétés est incontestable. Son rôle pédagogique est particulièrement utile en période d'alternance, car les décisions rendues écrêtent souvent ce que les nouvelles lois peuvent avoir d'excessif, et contribuent ainsi à éviter de trop graves ruptures d'équilibre. Du même coup, elles confortent la pérennité des principes fondateurs : appliqués de la même manière à des majorités différentes, ils acquièrent aux yeux de la collectivité une valeur plus

108. L'introduction du contrôle *a posteriori* a évidemment encore accru ce nombre.

109. Cette protection a parfois cédé du terrain dans l'appréciation des lois « sécuritaires » édictées après les attentats survenus en septembre 2001 aux États-Unis.

incontestable, en faisant apparaître ce qui doit demeurer stable par-delà les changements.

– Enfin, le Conseil est peu à peu devenu l'une des **pièces du jeu politique,** dans la mesure où il donne une nouvelle possibilité à l'opposition parlementaire de faire prendre en compte son opinion : ce qu'elle n'a pu arracher à la majorité au cours de la procédure législative – le rejet ou la modification sensible d'un projet de loi –, elle conserve une chance de l'obtenir du juge, et la saisine tend à devenir un véritable réflexe[110]. De son côté, le gouvernement compte parfois tacitement sur le Conseil pour atténuer quelques aspects excessifs d'une loi qu'il a laissé passer pour ne pas mécontenter l'aile dure de sa majorité. On ne peut certainement pas dire que le Conseil constitue une troisième Chambre; mais son intervention ajoute sans doute une sorte de mi-temps juridique à celle, politique, qui s'est déroulée au Parlement.

Cette influence modératrice ne suscite pas toujours l'enthousiasme de la majorité du moment, qui voit d'un mauvais œil les censures de son œuvre alors même qu'elle ne se privait pas de déférer au Conseil celle de ses prédécesseurs[111]. Elle n'est pas, toutefois, fondamentalement contestée; et la cote de popularité générale de la juridiction constitutionnelle dans l'opinion publique s'avère élevée, comme elle l'est d'ailleurs dans presque tous les pays qui l'ont instituée.

Appréciation du système

L'introduction de l'**exception d'inconstitutionnalité** constitue en soi un progrès important : elle empêche en effet que des dispositions législatives ayant échappé au contrôle *a priori* deviennent incontestables, en ce sens que les juges administratifs et judiciaires devront les appliquer même lorsqu'ils constatent qu'elles sont contraires à la Constitution et emportent des effets nocifs que le législateur n'avait peut-être pas voulus. La réforme avait été plusieurs fois proposée, notamment en 1993 par le comité Vedel, mais se heurta à l'opposition d'une partie des parlementaires et ne put donc aboutir.

Le mécanisme comporte toutefois quelques **imperfections**. D'abord sa lenteur, en partie due aux filtrages successifs, et les coûts qu'il implique (notamment les frais d'avocat, particulièrement élevés devant les juridictions suprêmes). Ensuite une restriction prévue par la loi organique de 2009 : une loi ayant été préalablement déclarée conforme à la Constitution par le Conseil ne peut plus faire l'objet d'une contestation, sauf en cas de « changement de circonstances » ; on entend par là une modification de l'ordonnancement juridique (par exemple, l'intervention d'un traité) ou de la situation de fait (telle la disparition d'un trouble grave à l'ordre public). Mais l'évolution de l'opinion sur un problème donné ne paraît pas entrer dans la définition, alors qu'à propos de questions telles que la peine de mort ou l'interruption volontaire de grossesse, elle a été dans plusieurs pays étrangers à la source de changements jurisprudentiels importants.

En définitive, on peut estimer que les plaideurs auraient davantage intérêt à invoquer, comme ils peuvent déjà le faire, la violation par la loi d'une convention internationale plutôt que sa contrariété avec la Constitution : la Convention européenne des droits de l'Homme, notamment, contient des dispositions tout aussi protectrices que celle-ci, et n'importe quel tribunal peut écarter l'application d'une loi qui lui serait contraire.

Une autre possibilité de réforme, plus radicale, consisterait à donner aux particuliers le **droit de saisir le Conseil** au cas où l'un de leurs droits constitutionnels se trouverait enfreint; mais un tel système, bien qu'il fonctionne en Allemagne et en Espagne, rencontrerait sans doute des résistances encore plus grandes. Enfin on propose parfois, pour limiter le caractère presque exclusivement politique de la désignation des membres du Conseil et la suspicion de partialité qui peut en résulter, de modifier leur mode de nomination, ou du moins d'imposer que les personnalités choisies aient des qualifications juridiques. Pas plus que la précédente, toutefois, cette suggestion ne semble avoir des chances d'aboutir dans un avenir prévisible, car les autorités dont dépendent les nominations ne souhaitent pas voir restreindre leur liberté de choix.

110. La presse et l'opinion publique se sont d'ailleurs tellement accoutumées à ces saisines qu'elles s'y préparent dès la fin des débats parlementaires et auraient sans doute l'impression, si elles ne se produisaient pas, d'assister à un arrêt de jeu.

111. On assiste même parfois à de spectaculaires revirements d'opinion, tels députés devenus ministres à la suite d'une alternance présentant des projets similaires à ceux qu'ils avaient combattus sous la majorité précédente : par exemple, en 2002, à propos d'une répression aggravée des excès de vitesse commis par les automobilistes.

Questions à réponse courte sur le droit constitutionnel

1. Un peu de méthode

En règle générale, il convient d'apporter une attention particulière au libellé de la question qui vous est posée, pour y adapter votre réponse. L'exemple suivant est particulièrement éclairant.

Si on vous interroge sur *« La révision constitutionnelle sous la Ve République »*, vous serez amenés à exposer le contenu de la procédure de révision, à partir du texte de la Constitution. Vous rappellerez la différence entre projet et proposition ; vous présenterez les deux voies possibles, passant par le Congrès ou par le référendum ; vous indiquerez les conditions de majorité dans chacune des Chambres puis au Congrès. Rien ne vous interdit de souligner certains aspects liés à la pratique, par exemple le fait que la voie du Congrès a été beaucoup plus fréquemment utilisée que le vote populaire. Il faudra rappeler, en conclusion, qu'on a parfois révisé la Constitution dans d'autres conditions que celles qu'elle avait prévues (révision de 1962). Mais l'analyse essentielle reposera sur l'étude des dispositions de l'article 89 de la Constitution.

Au contraire, si votre sujet s'intitule *« Les révisions constitutionnelles sous la Ve République »*, vos développements devront être en partie différents. Vous insisterez plus sur la pratique constitutionnelle que sur les textes. Certes, vous soulignerez, comme dans le sujet précédent, que toutes les procédures prévues par la Constitution, que vous ne décrirez pas en détail, ont été utilisées : référendum à propos du quinquennat en 2000 ; passage par le Congrès dans la plupart des cas. Vous rappellerez qu'on a même recouru à des procédures non prévues dans le texte constitutionnel pour ce type de réforme (référendum de l'article 11 pour l'élection du président de la République en 1962). Mais vous devrez surtout :

a) rappeler les principales hypothèses dans lesquelles les révisions ont eu lieu en essayant de les regrouper logiquement : par exemple, beaucoup de révisions récentes sont rendues nécessaires pour permettre les transferts de souveraineté nécessités par les engagements internationaux de la France, en particulier dans le cadre européen (1992, 1995, 2005) ;

b) opposer la relative stabilité de la Constitution entre 1958 et 1992 et la fréquence des révisions ultérieures ;

c) souligner l'inégale importance des révisions. En dehors de celles concernant l'Europe, ce sont surtout la révision en 1962 du mode d'élection du président de la République et la transformation en 1974 du mode de saisine du Conseil constitutionnel qui ont profondément modifié les équilibres institutionnels.

2. Questions / réponses

Qu'est-ce que la souveraineté nationale ?

La réponse à cette question vous amènera à vous situer successivement sur trois plans :

– un plan historique, pour rappeler que l'affirmation de cette notion a traduit la volonté des révolutionnaires de 1789 de substituer au pouvoir royal la souveraineté de la Nation, dont ils entendaient faire la source de toute légitimité, le roi et l'Assemblée n'étant que les représentants de la Nation ;

– un plan théorique, qui vous conduira à opposer la souveraineté nationale à la souveraineté populaire : la première fonde une démocratie représentative alors que la seconde introduit de nombreux éléments de démocratie directe, comme le référendum ;

– un plan pratique, en soulignant que l'article 3 de la Constitution de 1958 entend concilier les deux formes de la souveraineté, en affirmant que *« la souveraineté nationale appartient au peuple qui l'exerce par ses représentants et par la voie du référendum »*.

Voir page 15.

Quelles sont les fonctions du président de la République sous la Ve République ?

Pour répondre à cette question, vous serez conduits non seulement à citer et à résumer les deux catégories de pouvoirs que lui accorde la Constitution (« pouvoirs propres », dispensés de contreseing, et « pouvoirs partagés », soumis au contreseing du Premier ministre et des ministres), mais aussi à rappeler que l'interprétation et l'étendue de ses pouvoirs dépendent étroitement de la situation politique. En période de cohabitation, le président rappelle les règles du jeu et peut ralentir ou entraver l'action du gouvernement : on est plus proche de la notion traditionnelle « d'arbitrage » ; lorsque la majorité parlementaire coïncide avec la majorité présidentielle, ses pouvoirs d'impulsion et de décision sont au contraire beaucoup plus forts.

Voir pages 23 et 28-29.

La place du Sénat dans le processus législatif.

Pour traiter cette question, il vous faudra souligner que, même si la Constitution de 1958 a voulu donner au Sénat plus d'importance qu'il n'en avait sous la IVe République, elle l'a maintenu dans une position d'infériorité par rapport à l'Assemblée nationale, son mode d'élection (suffrage indirect) ne lui donnant pas la même légitimité que celle dont bénéficie l'Assemblée.

– Le renforcement du Sénat a consisté à lui donner les mêmes pouvoirs que l'Assemblée en matière d'initiative législative : la plupart des lois peuvent être présentées en premier à n'importe laquelle des deux assemblées et elles doivent être, en principe, votées en termes identiques par chacune d'elles ; des procédures visant à faciliter leur accord (navette, commission mixte paritaire…) ont été instaurées.

– Son infériorité se traduit essentiellement sur deux points : le fait que les lois de finances ou de financement de la Sécurité sociale doivent d'abord être présentées à l'Assemblée ; le fait qu'en cas de désaccord persistant, l'Assemblée nationale aura le dernier mot, si le gouvernement souhaite voir aboutir le texte discuté.

Vous pourrez souligner en conclusion, d'une part, que le gouvernement a fait voter en 2003 une révision constitutionnelle obligeant à présenter toutes les lois concernant les collectivités locales au Sénat avant de les faire discuter à l'Assemblée nationale, et que cela traduisait une volonté de revaloriser le rôle du Sénat. Vous pourrez ajouter, d'autre part, que le basculement à gauche du Sénat, en septembre 2011, est de nature à modifier de façon significative l'équilibre des institutions.

Voir page 43 et suivantes.

Quelles sont les modalités de dissolution de l'Assemblée nationale ?

Pour souligner l'intérêt de ce sujet vous pourrez indiquer, en introduction, que le droit de dissolution est généralement, dans les régimes parlementaires modernes, une contrepartie de la responsabilité gouvernementale. Dans la Constitution de 1958, il a aussi cette fonction et a été utilisé une fois, en 1962, pour « sanctionner » une assemblée qui avait renversé le gouvernement. Mais il peut également permettre d'en appeler au peuple pour résoudre une crise, comme ce fut le cas en 1968, ou de donner à un président de la République nouvellement élu une majorité parlementaire soutenant son programme, comme en 1981 ou en 1988. Cependant la coïncidence des élections du président et du Parlement rend désormais cette dernière hypothèse moins probable. L'expérience politique montre que le peuple n'apprécie pas l'utilisation totalement discrétionnaire de cette prérogative, sans raisons politiques convaincantes, comme le montre l'échec des partisans de Jacques Chirac aux élections de 1997, après la dissolution de l'Assemblée.

Vous rappellerez également que cette décision est dispensée de contreseing : une simple consultation du Premier ministre et des présidents des deux Chambres suffit et elle ne lie pas le président de la République. Vous mentionnerez enfin le délai dans lequel doit être élue la nouvelle assemblée (20 à 40 jours) et l'impossibilité pour le président de la dissoudre pendant l'année suivant cette élection.

Voir page 28.

Au vu de la Constitution de 1958 et de la jurisprudence administrative et constitutionnelle, quelle est la hiérarchie des normes aujourd'hui en France ?

Cette question vous situe à la croisée du droit constitutionnel et du droit administratif.

– La *Constitution* de 1958 est une Constitution rigide. Sa révision est soumise à une procédure particulière qui assure sa prééminence sur toutes les autres normes juridiques. On y assimile un certain nombre de principes résultant soit de la Déclaration des droits de l'homme et du citoyen de 1789, soit du préambule de la Constitution de 1946, auxquels le Conseil constitutionnel attribue la même valeur juridique qu'à la Constitution elle-même.

– L'article 55 de la Constitution reconnaît aux *traités* régulièrement ratifiés ou approuvés une valeur supérieure à celle de la loi. La Cour de cassation, depuis 1975, et le Conseil d'État, depuis 1989, écartent donc les dispositions d'une loi, même postérieure, dont les dispositions sont incompatibles avec celles d'un traité. Une place particulière est reconnue aux *règles européennes*. Le Conseil constitutionnel a jugé, en 2006, qu'une loi contraire aux directives européennes est par là même inconstitutionnelle.

– La *loi et les principes généraux du droit* sont supérieurs à tous les actes administratifs. En exerçant le contrôle de légalité de ces actes, le Conseil d'État est souvent conduit à annuler ceux qui y contreviennent, y compris les décrets.

– Il existe enfin entre les *actes administratifs* une hiérarchie qui correspond à celle qu'on rencontre entre les autorités administratives qui les émettent. Les décrets signés par le président de la République ou par le Premier ministre sont donc supérieurs aux arrêtés signés par les ministres ou par les autorités locales. De plus, un acte de portée générale l'emporte sur les actes à caractère individuel.

Voir pages 51 et 104.

Les lois référendaires ont-elles une autorité supérieure à celle des lois ordinaires ?

La possibilité de faire adopter une loi par référendum est prévue par l'article 11 de la Constitution. En principe, les lois référendaires n'ont pas une autorité supérieure à celle des lois votées par le Parlement et elles pourront donc, par la suite, être modifiées par des lois ordinaires.

Mais l'article 11 a été utilisé dans deux circonstances différentes :
– la plupart du temps, dans le cadre prévu par la Constitution. Le principe qui vient d'être affirmé s'applique alors sans difficulté ;
– exceptionnellement, pour réviser en fait la Constitution : tel a été le cas de la révision qui a modifié le mode d'élection du président de la République, prévu à l'article 7 de la Constitution. Cette loi est inconstitutionnelle. Mais le Conseil constitutionnel a affirmé, dans une décision de 1962, qu'il n'était pas compétent pour contrôler la constitutionnalité d'une loi adoptée par référendum et a donc « couvert » cette inconstitutionnalité. Il a maintenu cette position par la suite, notamment en 1992, à propos de la loi autorisant la ratification du traité sur l'Union européenne. On imagine mal que de telles lois puissent ensuite être modifiées par de « simples » lois ordinaires : elles ne pourraient l'être que par des révisions constitutionnelles. A la suite de cette jurisprudence, la loi référendaire a donc acquis, dans les faits et à l'encontre des principes juridiques, une autorité particulière.

Voir pages 18 et 50.

A quel titre le président de la République intervient-il dans le processus législatif ?

La manière la plus simple de traiter cette question est de suivre l'ordre de la procédure législative.

– Le président ne dispose pas, juridiquement, du pouvoir d'initiative, même si, politiquement, il peut utiliser l'influence dont il dispose sur le gouvernement quand celui-ci appartient au même camp politique que lui, pour lui demander de présenter un projet de loi sur telle ou telle question (hypothèse fréquente). En revanche, dans les domaines prévus à l'article 11 de la Constitution, il peut soustraire un projet de loi à l'examen du Parlement, en décidant de le soumettre au référendum.

– Le président n'intervient pas pendant le vote de la loi par le Parlement.

– Le président promulgue la loi votée. Mais il peut, avant de le faire, en demander une nouvelle délibération. Il peut aussi la déférer au Conseil constitutionnel, afin que celui-ci vérifie sa constitutionnalité.

Voir pages 43 et 45.

Partie II
Droit administratif

Introduction

1. L'apparition du droit administratif

La fin de l'Ancien Régime avait été marquée par d'incessants conflits entre le pouvoir royal et les tribunaux. En usant de leur « droit de remontrance », ceux-ci, qu'on appelait alors les « parlements », prétendaient en effet s'opposer à l'application des édits royaux. Lorsqu'ils prennent le pouvoir, les révolutionnaires de 1789 ne souhaitent pas être exposés aux mêmes difficultés. Ils votent donc une loi, celle des 16 et 24 août 1790, qui interdit aux tribunaux ordinaires de « *troubler de quelque manière que ce soit les opérations des corps administratifs ou de citer devant eux les administrateurs pour raison de leurs fonctions* », c'est-à-dire en bref de juger l'administration.

A partir de cette loi, les litiges où l'administration est en cause ont été jugés par l'administration elle-même. Puis en 1799, avec la Constitution de l'an VIII, Bonaparte créa un Conseil d'État composé de juristes qui fut chargé, comme son nom l'indique, de conseiller le gouvernement sur toutes les questions juridiques importantes qu'il rencontrait. A ce titre, il examinait tous les recours contre l'administration et proposait au chef de l'État la solution à y apporter. La décision finale restait à ce dernier, qui était libre de suivre ou de ne pas suivre l'avis présenté.

A ce système de la justice « retenue », la loi du 24 mai 1872, prise au tout début de la IIIe République, substitua celui de la justice « **déléguée** ». La décision du Conseil d'État était désormais définitive; elle n'avait plus à être approuvée par le chef de l'État. Rendue « *au nom du peuple français* », elle était exécutoire et le Conseil d'État est ainsi devenu un véritable juge.

Lorsqu'un particulier a un litige avec l'administration, il ne peut donc pas le porter devant le juge ordinaire, par exemple un tribunal de grande instance. Lorsqu'un fonctionnaire a un conflit du travail avec son administration, il n'ira pas présenter son recours au conseil des prud'hommes. Il existe des juges spécifiques, seuls compétents pour juger les litiges où une administration est partie. C'est le principe dit de la **séparation** des autorités administratives et judiciaires.

Aussi, lorsqu'en 1872 une fillette est blessée dans un accident provoqué par un wagonnet appartenant à une administration de l'État, et que son père cherche à faire reconnaître la responsabilité de celle-ci pour la réparation du dommage, le Tribunal des conflits (voir page 132) dira logiquement que c'est au Conseil d'État, et non au juge civil ordinaire, qu'il appartient de juger l'affaire. Mais il ne se contentera pas de constater cette compétence dans son arrêt *Blanco* du 8 février 1873 : il ajoutera une affirmation d'une importance extrême, en indiquant que le **droit applicable** aux litiges administratifs n'est pas le droit commun, valable dans les rapports entre particuliers, mais que c'est un droit spécial, qui a ses règles propres.

Autrement dit, l'existence d'un juge spécial pour l'administration, le juge administratif, va entraîner l'existence d'un droit spécial applicable à l'administration, le droit administratif. Ce droit, à la différence du droit civil, par exemple, n'est pas codifié de façon cohérente dans un Code unique, il est éclaté entre de nombreux textes d'importance inégale et ce sera précisément le rôle du Conseil d'État d'en dégager les principes généraux. Le droit administratif est donc largement un **droit « jurisprudentiel »**.

En quoi consiste l'originalité du droit administratif ? Essentiellement en deux points.

1) Par rapport aux particuliers, l'administration dispose de **privilèges spéciaux**. Le plus important est le privilège du préalable, que l'on appelle aussi privilège de la décision exécutoire. Lorsqu'un particulier prétend disposer d'une créance sur un autre particulier qui la conteste, il doit saisir le juge pour la faire constater avant de pouvoir engager une action pour la recouvrer. Au contraire, l'administration n'a pas à saisir le juge; elle prendra une décision ordonnant le paiement et, renversement des rôles par rapport au droit privé, c'est au débiteur de saisir éventuellement le juge s'il persiste à refuser de régler sa dette.

C'est ce qui s'est par exemple passé dans le cas suivant, jugé par le Conseil d'État le 13 janvier 1961 (arrêt *Magnier*). Pour lutter contre les insectes nuisibles aux récoltes, il avait été procédé à un épandage d'insecticide sur un territoire donné pour éliminer les hannetons. L'administration avait ensuite partagé la facture entre tous les propriétaires concernés et l'un d'entre eux arguait du fait que, n'ayant rien demandé, il ne pouvait se voir imposer une charge à laquelle il n'avait pas consenti. C'est à lui qu'il a incombé de saisir le juge pour contester la décision déjà prise et le juge a rejeté son recours, en indiquant que le pouvoir de l'administration pouvait la conduire à imposer, dans l'intérêt général, certaines charges à des administrés sans le consentement de ceux-ci.

Les **actes « unilatéraux »**, qui sont exceptionnels en droit privé (par exemple, une donation ou un testament) sont au contraire le mode d'action privilégié de l'administration (décrets pris par le gouvernement ou arrêtés pris par un ministre, un préfet ou un maire...). Et, alors qu'ils ne peuvent, en droit privé, produire des effets qu'après leur acceptation par ceux auxquels ils s'appliquent, ils sont, en droit administratif, applicables sans le consentement de leurs destinataires. Ce sont des « décisions exécutoires ».

L'arrêt *Préfet de l'Eure* du 30 mai 1913 et le privilège du préalable

Un enfant tombe subitement malade chez ses grands-parents, alors que ses parents habitent une autre commune. Il a droit à l'assistance médicale et les deux communes concernées se renvoient la balle pour en régler les frais. Le préfet, hésitant, demande au Conseil d'État de lui indiquer laquelle des deux communes doit supporter la charge de l'assistance. Celui-ci répond qu'il appartient au préfet de prendre une décision, quitte, pour la commune désignée, à la contester ensuite devant le juge. L'ordre des choses est donc clair : l'administration doit d'abord décider et c'est à celui qui subit la décision qu'il appartient de saisir le juge, postérieurement à la décision administrative.

2) L'administration est, à l'inverse, soumise à des **obligations particulières** qui vont au-delà de celles applicables aux individus ordinaires : elle est soumise à un **principe de légalité** qui ne résulte pas seulement de textes écrits, mais aussi de principes généraux qui ne s'appliquent pas en droit privé, par exemple un traitement égalitaire de toutes les personnes se trouvant dans des conditions comparables. Et, contrairement aux particuliers, elle est tenue de n'agir en toutes circonstances que dans des buts d'**intérêt général**. C'est au juge administratif qu'il appartient de vérifier en toutes circonstances le respect de ces obligations. Mais, pour les besoins de la vie ordinaire, les décisions prises par l'administration bénéficieront de la présomption de légalité.

La présomption de légalité

Les particuliers ont besoin de sécurité juridique : la vie quotidienne deviendrait vite insupportable si tout devait être en permanence mis en doute et contesté. C'est pourquoi le droit recourt à des modes de raisonnement qui visent à faciliter la vie de tous. Parmi ces procédés figure la présomption.

Celle-ci consiste à considérer comme *certain*, pour les besoins de la vie juridique, ce qui n'est que *très probable*. Si vous êtes né pendant le mariage de vos parents, on considérera comme certain que c'est bien le mari de votre mère qui est votre père et vous n'aurez à en apporter la preuve pour aucun de vos actes juridiques. C'est ce qu'on appelle, en droit civil, la *présomption de paternité*.

Si quelqu'un veut récuser la réalité de cette paternité, ce sera à lui d'apporter la preuve qu'elle est fausse et non à vous de prouver qu'elle est vraie. La présomption est donc une commodité de raisonnement, mais qui produit deux effets juridiques. En premier lieu, elle *renverse la charge de la preuve* : c'est à celui qui conteste qu'il appartient de prouver que la présomption ne correspond pas à la réalité. En second lieu, elle *renverse la charge de la saisine du juge*. C'est à celui qui conteste qu'il revient de saisir le juge pour faire constater son irréalité.

Les décisions de l'administration sont présumées légales. C'est donc à celui qui leur dénie ce caractère qu'il appartient de s'adresser au juge pour lui demander de se prononcer : l'administration, comme on l'a vu, n'a pas à le faire pour savoir si sa décision est bien la bonne, puisqu'elle dispose du privilège du préalable. Et c'est au requérant que le juge demandera d'apporter les preuves de ce qu'il avance et non à l'administration qu'il demandera de prouver la légalité de sa décision.

2. L'organisation et les missions de l'administration

Souvent qualifiée de *« troisième pouvoir »*, l'administration est subordonnée à la fois au Parlement et au gouvernement : l'un et l'autre fixent, respectivement par voie législative et réglementaire, les grandes lignes de ses structures et les domaines de son intervention. Elle est, par ailleurs, placée sous le contrôle vigilant du juge administratif, qui a progressivement dégagé les principes auxquels son action doit se conformer, même en l'absence de textes spécifiques. Trois thèmes généraux permettent de retracer ses structures, ses tâches principales et la manière dont elle doit s'en acquitter.

1. Le thème de l'organisation

Les structures administratives sont devenues, au fil des décennies, de plus en plus complexes. Aux côtés des services centraux sont apparus des organismes spécialement chargés de gérer des problèmes ou des secteurs d'activité qui dépassent les compétences d'un ministère particulier : les établissements publics administratifs tels que le Centre national de la recherche scientifique (CNRS) ; les établissements publics à caractère industriel ou commercial (ainsi dénommés parce qu'ils fonctionnent sous le régime du droit privé) comme l'Agence de l'environnement et de la maîtrise de l'énergie (ADEME) ou l'Institut national de la consommation (INC) ; et la catégorie plus récemment apparue des autorités administratives indépendantes (AAI) qui échappent à toute tutelle parce que leur champ d'intervention correspond à la protection d'une liberté publique : ainsi la CNIL (Commission nationale de l'informatique et des libertés) ou le CSA (Conseil supérieur de l'audiovisuel) que l'on étudiera dans le chapitre 1 (pages 72-73).

Une diversification analogue s'est produite au **niveau local**. La *région*, dotée de compétences non négligeables, constitue aujourd'hui une collectivité territoriale de plein exercice au même titre que la *commune* et le *département*. De ces collectivités dépendent aussi des établissements publics comme les centres communaux d'action sociale ou des services de transports en commun. Et, à l'inverse, des regroupements tels que les *syndicats de communes* exercent des compétences au nom des collectivités qui en font partie.

Ces nouvelles structures, très diverses par leurs statuts et leurs champs d'intervention, ont l'intérêt de permettre une gestion plus rationnelle des tâches incombant à l'administration, mais elles compliquent aussi l'organigramme et le rendent parfois moins lisible pour l'usager, qui ne sait pas toujours à qui s'adresser pour le règlement d'un problème.

2. Le thème de l'action

Les missions qui incombent à l'administration sont de deux sortes. Les unes relèvent de la **réglementation** : elles consistent par exemple à assurer l'ordre public et la salubrité par l'édiction d'obligations ou d'interdictions qui s'imposent aux particuliers. Les autres consistent en des **prestations**, comme les transports publics ou les aides sociales. A la différence des premières, leur étendue peut varier suivant les conceptions des majorités politiques qui se succèdent au pouvoir : les courants d'inspiration socialiste ont tendance à confier au secteur public un grand nombre d'activités d'intérêt collectif, tandis que ceux qui se réclament du libéralisme économique ne remettent pas en cause les fonctions dites *régaliennes*, comme la police, mais considèrent qu'il faut laisser au secteur privé un grand nombre de fonctions de prestation qu'il pourrait, selon eux, assumer plus efficacement (les vagues successives de nationalisations puis de privatisations, entre 1981 et 1986, illustrent bien cette différence de conceptions)[1].

La première des deux fonctions repose principalement sur l'édiction d'actes administratifs, mais la seconde en comporte aussi : pour reprendre l'exemple précédent, le fonctionnement des transports publics suppose des décisions relatives aux structures et à l'activité des organismes qui en sont chargés, aux conditions de desserte et aux prix pratiqués. Tous ces actes sont soumis à des règles précises et contraignantes, qui ont notamment pour but d'assurer la légalité des procédures et l'égalité des usagers. Les activités prestataires, toutefois, relèvent également d'un corps de règles spécifiques, souvent d'origine jurisprudentielle, qui gouvernent le fonctionnement des services publics (voir page 115).

3. Le thème du contrôle

On a dit plus haut que le droit administratif était en grande partie l'œuvre du juge administratif. En posant les grands principes de ce droit, il a largement contribué à déterminer les règles auxquelles l'administration doit se conformer, et il lui revient de vérifier qu'elle les applique. Son influence s'exerce ainsi à la fois en amont et en aval des décisions, et la portée de son contrôle s'est progressivement étendue. Il ne suffit plus, par exemple, pour qu'une opération d'urbanisme soit licite, que les règles de procédure aient été scrupuleusement respectées : il faut aussi que les inconvénients qu'elle entraîne ne soient pas excessifs par rapport aux avantages que l'on peut en attendre[2]. Ce contrôle est donc autant **créateur** que « **sanctionnateur** » et il n'y a guère de différences à cet égard entre un traité de contentieux administratif et un manuel de droit administratif, sinon que le premier expose les irrégularités qui peuvent être sanctionnées, tandis que le second inverse simplement la perspective en transformant les interdictions en obligations.

1. La seconde s'inspire en grande partie des idées développées et mises en pratique par le président Ronald Reagan aux États-Unis et par Margaret Thatcher, alors Premier ministre, en Grande-Bretagne. Elle est relayée aujourd'hui par l'Union européenne.

2. Ce principe, dit du bilan coût-avantages, a été posé par le Conseil d'État dans un arrêt du 28 mai 1971 *(Ville nouvelle Est)*, rendu conformément aux conclusions du commissaire du gouvernement Guy Braibant (voir page 144).

Titre 1
L'organisation administrative

Chapitre 1 L'organisation administrative de l'État

Chapitre 2 Les collectivités territoriales

Chapitre 3 L'administration spécialisée

Introduction
Les principes généraux de l'organisation administrative

On l'a déjà noté dans la première partie consacrée au droit constitutionnel, les conditions d'organisation d'un État sont extrêmement variables (voir page 14). Dans certains d'entre eux, la Constitution partage les compétences politiques entre plusieurs niveaux : on parlera alors de *fédéralisme*, comme aux États-Unis, en Allemagne ou en Belgique. On y constatera généralement l'existence d'organes investis de compétences législatives, exécutives, voire judiciaires, à la fois au niveau central et dans chacune des entités dont la réunion constitue l'État fédéral. Lorsque, au contraire, comme en France, les compétences politiques sont concentrées à un niveau central unique, on dira que l'État est *unitaire*.

Mais le partage possible ne concerne pas seulement le pouvoir politique. Il peut aussi être réalisé à propos des **compétences administratives**. Un État où les compétences administratives sont toutes rassemblées entre les mains des organes centraux ou d'agents locaux placés sous leur autorité sera dit **centralisé**. Au contraire, un État où le pouvoir administratif est réparti entre les organes centraux et des entités territoriales bénéficiant d'une forte autonomie à son égard sera dit **décentralisé**. Il n'y a pas de distinction tranchée entre ces différentes solutions. C'est plus une question de degré que de nature et le passage de l'une à l'autre se fait davantage insensiblement, en pente douce, que brutalement, à la manière d'un escalier.

La centralisation intégrale ne se rencontre quasiment jamais et, en tout cas, elle est impensable dans les États qui atteignent une certaine taille. Mais on distingue divers types d'organes en fonction de la nature et de l'étendue de leurs compétences. Certains les verront limitées à une ou à quelques matières clairement énumérées : on dira qu'ils ont une **compétence spéciale** et on parlera à leur propos d'administration spécialisée. D'autres les verront définies par des limites géographiques au sein desquelles ils disposeront de pouvoirs étendus : on parlera alors de **compétence générale**. L'administration spécialisée conduit à une distinction des services; l'administration générale à une distinction des circonscriptions.

Certains des services spécialisés ou certaines des circonscriptions territoriales sont dotés d'une personnalité juridique propre, d'autres non. On aboutit ainsi à la coexistence de deux modes d'organisation des rapports entre les différents niveaux d'administration : la décentralisation et la déconcentration. Toutes deux visent au même but : rapprocher le pouvoir administratif de l'administré et mettre en place des services locaux distincts des services centraux. Mais elles le font selon des principes contradictoires : la déconcentration n'est qu'une variante de la centralisation, tandis que la décentralisation en est le contraire.

1. Décentralisation et déconcentration

La déconcentration consiste à confier des pouvoirs administratifs à des autorités administratives dont la compétence se limite à une partie du territoire et qui restent étroitement soumises au pouvoir hiérarchique des autorités centrales. La décentralisation reconnaît, au contraire, des pouvoirs administratifs à des autorités locales qui disposent d'une forte autonomie à l'égard des autorités de l'État central.

Il y a **décentralisation** à partir du moment où l'on donne une personnalité juridique distincte de celle de l'État, soit à une circonscription géographique déterminée, par exemple la commune (décentralisation *territoriale*), soit à un service public particulier, par exemple un établissement d'enseignement supérieur (décentralisation *par services*). L'attribution de cette personnalité morale entraîne trois conséquences :
- l'autorité décentralisée sera administrée par des **organes propres**, indépendants du pouvoir central, cette indépendance se traduisant dans la plupart des cas par le fait qu'ils seront élus;
- elle aura un **patrimoine propre**, distinct de celui de l'État, cette indépendance patrimoniale se prolongeant par l'autonomie financière de la collectivité décentralisée;
- il existera une **distinction** entre des affaires locales et celles qui relèvent de l'État central. La collectivité décentralisée aura donc des intérêts distincts de ceux de l'État et leurs intérêts respectifs pourront le cas échéant s'opposer.

Les partisans de la centralisation pensent qu'elle renforce la cohésion de l'État et, s'ils acceptent de la corriger par la déconcentration, c'est essentiellement pour des raisons pratiques; ils craignent que la décentralisation ne favorise le développement de féodalités locales, même si ce risque est atténué par le fait que les organes décentralisés sont élus et donc en principe contrôlés par les citoyens. Les partisans de la décentralisation pensent, au contraire, qu'elle est plus favorable à la prise en compte des préoccupations des administrés et à leur participation aux affaires publiques.

2. Pouvoir hiérarchique et tutelle

Dans les deux systèmes de la décentralisation et de la déconcentration, il existe des organes locaux et on rencontre une volonté de l'État central d'exercer un certain contrôle sur eux. Mais le contrôle exercé dans la décentralisation devra respecter l'autonomie des organes locaux et il se heurtera donc à d'importantes limites alors que, cette autonomie n'existant pas dans la déconcentration, le contrôle y sera plus étendu. On constate donc d'importantes différences entre la tutelle[3] et le pouvoir hiérarchique.

– La tutelle comme le pouvoir hiérarchique peuvent s'exercer d'abord sur les **personnes**. Nous verrons que l'autonomie des organes locaux n'interdit nullement à l'État central de prononcer la révocation ou la suspension d'un maire ou la dissolution d'un conseil local. Mais, à la différence de ce qui se passe dans la déconcentration, l'exercice de ce pouvoir ne permet pas au pouvoir central de remplacer lui-même l'organe destitué.

– Lorsqu'ils s'exercent sur les **actes** des organes locaux, tutelle et pouvoir hiérarchique n'ont pas la même signification. La première est un procédé passif qui vise à *empêcher* l'autorité décentralisée d'aller dans un sens qui n'est pas désiré par le pouvoir central, tandis que le second est un principe actif qui cherche à *imposer* à l'organe local d'agir dans un sens voulu. La tutelle est un pouvoir d'exception, qui n'existe que lorsqu'un texte l'a expressément prévu *(«pas de tutelle sans texte»)*, alors que le pouvoir hiérarchique est considéré comme étant «dans la nature des choses» s'agissant des relations entre un supérieur et ses subordonnés, et peut s'exercer même sans texte. Surtout, dans le cadre de la déconcentration, l'autorité supérieure et ses subordonnés relèvent d'une même entité, l'État central; ils ont pour mission de défendre les mêmes intérêts et il ne saurait donc y avoir de conflits entre eux à leur propos. C'est pourquoi le subordonné n'a pas le droit d'attaquer en justice, au nom de l'intérêt du service, une décision de l'autorité supérieure; il ne peut le faire que s'il invoque une violation de ses droits individuels et non pour défendre les droits de son administration. Au contraire, dans la décentralisation, les intérêts du pouvoir central et de l'autorité locale sont ceux de deux personnes différentes; ils peuvent entrer en conflit et on reconnaîtra donc logiquement à la collectivité décentralisée la possibilité d'attaquer en justice une décision de l'autorité de tutelle.

3. Le mot «tutelle» a été très souvent critiqué. On lui reproche d'être le même que celui qui est utilisé en droit civil pour désigner la gestion par autrui des intérêts des mineurs et des incapables. Et on a fait remarquer qu'une différence essentielle sépare la tutelle du droit civil de celle qu'on rencontre en droit administratif. La tutelle s'exerçant sur les mineurs s'explique par l'idée qu'ils ne sont pas aptes à gérer eux-mêmes leurs affaires; elle est donc instituée dans l'intérêt de la personne sous tutelle. Au contraire, les collectivités décentralisées ne sont pas des incapables et la tutelle est ici instaurée pour protéger les intérêts de l'État, donc du tuteur. C'est pourquoi les textes parlent désormais de «contrôle» et non plus de «tutelle». Mais le mot continue à être utilisé dans le langage courant, quand on parle, par exemple, d'«autorité de tutelle».

Chapitre 1
L'organisation administrative de l'État

L'administration est chargée de la mise en œuvre des pouvoirs de l'État. Lorsqu'elle peut prendre des décisions applicables à l'ensemble du territoire, on parle d'*administration centrale*. Lorsque, au contraire, la compétence de certaines autorités ne s'applique qu'à des parties limitées de celui-ci, on les qualifiera de *services déconcentrés*. Ces services déconcentrés font à la fois partie de l'administration locale de la France et de l'administration de l'État. Celle-ci étant organisée hiérarchiquement, administrations centrales et services déconcentrés sont placés sous la direction des membres du gouvernement et soumis à l'autorité de ceux-ci. Cependant on a vu apparaître, depuis une quarantaine d'années, l'idée que certains organismes, chargés en particulier de la gestion de domaines touchant à des droits sensibles pour les particuliers, échappent à ce pouvoir hiérarchique. On les qualifie d'*autorités administratives indépendantes*.

Sous le quinquennat de Nicolas Sarkozy, une remise à plat des actions de l'État a été engagée pour réduire les dépenses, nommée révision générale des politiques publiques (RGPP), dont l'un des symboles s'affirmait dans la formule du non-remplacement d'un fonctionnaire sur deux partant à la retraite. Pour faciliter sa mise en œuvre, les changements de l'organisation de l'État pouvaient désormais être réalisés par décret simple (et non plus par décret en Conseil d'État) et plusieurs décisions de suppression de structures publiques avaient été prises. Cette politique, qui a généré 12 milliards d'euros d'économies et a entraîné une baisse des effectifs de la fonction publique de 3 % entre 2009 et 2012, a donné lieu à une critique assez vive d'un Comité d'évaluation et de contrôle des politiques publiques de l'Assemblée nationale, co-présidé par un député PS et un député UMP, qui lui a reproché en particulier de ne pas s'accompagner d'une véritable réflexion sur les missions de l'État : « *Elle a surtout visé,* écrivaient les auteurs du rapport, *à faire mieux avec moins, ce qui, à missions inchangées, a désormais sans doute atteint ses limites.* » Supprimée en 2012, la RGPP est remplacée par la modernisation de l'action publique (MAP), qui renforce le rôle de Matignon par rapport à Bercy. Elle souhaite s'appuyer davantage sur les agents publics et les usagers, repose sur un objectif de stabilité des effectifs de la fonction publique et s'efforce d'exprimer des objectifs plus qualitatifs.

1. Les autorités administratives centrales

Nous allons retrouver ici certains aspects déjà évoqués, puisqu'ils se situent à cheval sur le droit constitutionnel et le droit administratif. La direction de l'action administrative est confiée aux **ministres**, chacun d'entre eux étant le chef de son département ministériel. Leur activité est coordonnée par le Premier ministre qui assure, selon l'article 21 de la Constitution, la direction d'ensemble de l'administration. Toutefois, la détermination de certaines orientations importantes est laissée au président de la République qui dispose, en vertu de l'article 13, de pouvoirs administratifs propres. Président et gouvernement constituent les autorités administratives centrales, habilitées à prendre des décisions qui produiront des effets juridiques sur l'ensemble du territoire national.

1. Le partage des attributions administratives entre le président de la République et le Premier ministre

Sans revenir sur des développements relevant du droit constitutionnel, on rappellera une donnée importante. La **conjoncture politique** exerce une influence déterminante sur le partage des attributions politiques et administratives entre le président et le Premier ministre : en période de cohabitation entre un président et un gouvernement de tendances politiques différentes, l'interprétation juridique des pouvoirs du président sera stricte et elle s'en tiendra à la lettre du texte constitutionnel. Elle sera généralement plus large et extensive au cours des périodes où il y a coïncidence politique entre le président et le gouvernement, et elle laissera davantage de pouvoirs au président (comme l'illustre la situation qui prévaut depuis 2007).

a) Les attributions administratives du président de la République

Elles sont définies par l'article 13 de la Constitution, le président disposant d'un certain nombre de services qui l'aident à les exercer.

En dehors des périodes de circonstances exceptionnelles visées dans son article 16 (voir page 30), la Constitution confère **deux sortes** d'attributions au président de la République : un pouvoir réglementaire et un pouvoir de nomination. Tous les actes qu'il prend dans l'exercice de ces pouvoirs doivent être contresignés par le Premier ministre et les ministres intéressés.

- **Le pouvoir réglementaire**

Selon l'article 13, le président de la République signe les **ordonnances**, ce qui recouvre les hypothèses prévues par l'article 38 (ordonnances prises sur la base d'une habilitation temporaire, consentie par le Parlement et autorisant le gouvernement à intervenir exceptionnellement, pendant une période limitée, dans le domaine de la loi) et par l'article 47-1, alinéa 3 (autorisation donnée au gouvernement d'arrêter le projet de loi de finances au cas où le Parlement s'est montré incapable de le voter dans les délais prescrits par la Constitution). On a pu voir, lors des périodes de cohabitation, l'importance politique de ce pouvoir, dans la mesure où il a permis au président de s'opposer à l'utilisation de l'article 38 par le gouvernement et le Parlement (voir page 30).

Le président signe également les **décrets** délibérés en conseil des ministres.

La signature des décrets a entraîné deux difficultés

– D'une part, les présidents et les gouvernements ont souvent, d'un commun accord, fait adopter en conseil des ministres des décrets dont aucun texte n'exigeait qu'ils y passent. Une question a donc surgi à l'occasion des périodes de cohabitation. La modification de ces décrets exige-t-elle aussi le passage en conseil des ministres et la signature du président, ce qui lui permettrait, en refusant de les signer, de s'opposer à cette modification ? Le Conseil d'État a répondu par l'affirmative dans un arrêt *Meyet*, en 1992.

– D'autre part, avec l'accord des gouvernements successifs, les présidents ont souvent signé des décrets qui n'avaient pas été délibérés en conseil des ministres. La question s'est donc posée de savoir si ces décrets n'étaient pas illégaux, pour avoir été signés par une autorité incompétente. Dans un arrêt *Sicard* de 1962, le Conseil d'État a répondu que, dès lors que ces décrets avaient été contresignés par le Premier ministre, ils devaient être considérés comme émanant de celui-ci et que la signature du président constituait une formalité superflue. Il en résulte qu'ils peuvent être modifiés par décret signé du seul Premier ministre.

- **Le pouvoir de nomination**

Celui-ci concerne d'abord les emplois visés à l'article 13 al. 3 de la Constitution, qui doivent être pourvus en conseil des ministres (voir la partie « Droit constitutionnel », page 30). En application de l'alinéa 4 du même article, cette liste peut être allongée par une loi organique et elle l'a été en 1958, par exemple, aux présidents des entreprises publiques et des sociétés nationales. Le nombre d'emplois à pourvoir par décret en conseil des ministres est d'environ mille[4]. Divers textes ont en outre prévu la possibilité pour le président de pourvoir à d'autres emplois (près de 70 000) par *décret simple* (par exemple, pour les nominations des officiers des armées ou des magistrats de l'ordre judiciaire). Les nominations de ce type sont soumises à l'avis de chacune des commissions compétentes des Assemblées, mais en dehors des périodes de cohabitation et, compte tenu des conditions de majorité requises, un avis négatif est peu vraisemblable.

b) Les attributions administratives du Premier ministre

Ces attributions font de lui l'autorité administrative de droit commun, ce qui implique qu'il a compétence pour exercer toutes les attributions administratives qui n'ont pas été expressément attribuées à une autre autorité.

En vertu de l'article 21 al. 2 de la Constitution, le Premier ministre **dirige** l'action du gouvernement. Il dispose à ce titre de l'administration ; il exerce le **pouvoir réglementaire** et assure l'**exécution des lois**, ce qui lui donne la compétence de signer, sans intervention du président, tous les décrets autres que ceux délibérés en conseil des ministres. Il pourvoit à tous les **emplois civils et militaires** qui ne sont pas réservés au président dans les conditions indiquées ci-dessus. Il peut déléguer ce pouvoir de nomination, soit aux ministres, soit à des fonctionnaires d'autorité.

L'apparition de **services propres** relevant du Premier ministre date de la fin de la IIIe République et de l'installation du chef du gouvernement à l'hôtel Matignon. Aujourd'hui, ces services comptent environ 5 000 personnes. Le principal d'entre eux est le *Secrétariat général du gouvernement* (SGG, voir page 36). Le *cabinet* du Premier ministre est l'état-major politique de ce dernier (voir également page 36).

Un certain nombre de services sont *rattachés* au Premier ministre ou *placés sous son contrôle*, soit parce qu'ils assurent des tâches relevant du domaine propre du Premier ministre, soit parce qu'ils exercent des activités exigeant un traitement interministériel. Au titre de la première catégorie, on peut citer par exemple le Secrétariat général de la défense et de la sécurité nationale (SGDSN), rattaché au Premier ministre en raison des attributions importantes qui sont les siennes en matière de défense ; ou bien un service chargé de l'information et de la communication gouvernementale : Service d'information du gouvernement (SIG) ; ou ceux qui ont une mission d'information générale, comme la Direction de l'information légale et administrative (DILA), issue de la fusion de la Direction de la Documentation française et de celle des Journaux officiels ; ou des organismes de recherche et de conseil, comme le Conseil d'analyse économique (CAE). Au titre de la seconde catégorie, citons les écoles de formation des fonctionnaires (ENA, instituts régionaux d'administration ou IRA) ou la Délégation interministérielle à l'aménagement du territoire et à l'attractivité régionale (DATAR).

Enfin, à côté de ces organismes et services structurés, il existe aussi une myriade de *comités* constituant des instances très légères, par l'intermédiaire desquels le Premier ministre assure sa fonction de coordination de l'activité gouvernementale. Nombre d'entre eux interviennent dans des domaines parallèles à celui des organismes collégiaux placés auprès du président de la République (dans le secteur de la défense, par exemple, on a pris l'habitude de dénommer

4. Rappelons que, depuis la révision constitutionnelle de 2008, les nominations à certains de ces emplois, dont la liste résulte d'une loi organique, sont subordonnées à un avis public de la commission permanente compétente de chaque Assemblée *« en raison de leur importance pour la garantie des droits et libertés ou la vie économique et sociale de la Nation »* (voir p. 30).

« comités » ceux qui sont dans l'orbite du Premier ministre et « conseils » ceux se situant dans celle du président).

2. La direction de l'action administrative par les ministres

En tant que membres du gouvernement, les ministres participent à l'action collégiale de celui-ci et ils jouent à ce titre un rôle politique. Mais ils sont aussi des responsables administratifs, assurant la direction de leurs départements ministériels respectifs.

a) Les ministres en tant que chefs d'une administration

Ils exercent les prérogatives inhérentes à cette qualité et disposent donc du **pouvoir hiérarchique** à l'égard des personnels qui relèvent de leurs services. A ce titre, même lorsqu'il ne leur appartient pas en propre, le pouvoir de *nomination* à un certain nombre d'emplois leur est fréquemment délégué par le Premier ministre ; ils affectent leurs subordonnés selon les besoins du service et exercent à leur égard, dans les conditions fixées par la loi, le pouvoir *disciplinaire* ; ils peuvent leur donner des *instructions*, sous la forme de circulaires ou de notes de service, ce qui leur permet d'interpréter les lois et règlements, donc d'indiquer les principes selon lesquels les fonctionnaires de leur administration doivent prendre leurs décisions, et de contrôler ensuite si ces orientations générales ont bien été respectées.

En principe, les ministres ne disposent pas du pouvoir réglementaire et ne peuvent donc créer des obligations nouvelles à l'égard des usagers ou des agents de leur administration. Sauf dans deux cas qui leur donnent en vérité une large marge d'action : celui où une loi leur a confié expressément la compétence de prendre les mesures nécessaires à son exécution ; et l'hypothèse visée par l'arrêt *Jamart*[5], où le Conseil d'État leur reconnaît la compétence de prendre toutes les mesures nécessaires au bon fonctionnement de l'administration placée sous leur autorité. A ce titre, la jurisprudence a, par exemple, admis qu'ils puissent réglementer l'exercice du droit de grève au sein de leurs services. Ils sont aussi associés à l'exercice du pouvoir réglementaire par le président de la République ou le Premier ministre : d'une part, ils peuvent toujours leur proposer une mesure à prendre et participer à sa rédaction ; d'autre part, ils doivent contresigner les décrets et ordonnances signés par le président ainsi que les décrets pris par le Premier ministre, lorsque ceux-ci interviennent dans leur domaine d'activité.

b) Les attributions et les services des ministres

Lorsqu'un gouvernement est constitué, les attributions de chacun de ses membres sont fixées par décret ; leur répartition peut être différente de celle qu'avait retenue le gouvernement précédent. De même, la détermination des **services** dépendant de l'autorité de chaque ministre résulte de décrets délibérés en conseil des ministres. Tout en relevant principalement d'un ministre déterminé, certains d'entre eux peuvent aussi être mis, si nécessaire, à la disposition d'autres ministres, de ministres délégués ou de secrétaires d'État. L'organisation interne des ministères est fixée en partie par des lois et décrets et en partie par des arrêtés ministériels. La distinction essentielle au sein des structures ministérielles est celle qui sépare le cabinet de l'administration centrale.

Le **cabinet** est constitué de collaborateurs personnels du ministre, librement choisis par lui et qui sont appelés à quitter leurs fonctions lorsque le ministre quitte les siennes (voir page 36).

Les **directions ministérielles** sont placées sous l'autorité de directeurs qui occupent des emplois à la discrétion du gouvernement, ce qui signifie qu'ils sont nommés et révoqués discrétionnairement en conseil des ministres. Elles constituent l'élément stable au sein des services ministériels et restent donc en place après le départ du ministre[6]. Elles sont divisées en bureaux regroupés au sein de sous-directions.

3. Le développement contemporain des agences

De nouvelles structures administratives, les *agences*, se développent de plus en plus ces dernières années. Dans son rapport public de 2012, le Conseil d'État, qui y voit l'amorce d'une « *nouvelle gestion publique* », souligne la difficulté de cerner cette notion. Les agences, chargées de la mise en œuvre d'une politique publique nationale, se distinguent cependant des services traditionnels dans la mesure où elles bénéficient d'une **forte autonomie** par rapport au gouvernement et ne sont pas soumises à son pouvoir hiérarchique. Mais cette autonomie ne constitue pas une indépendance, car le gouvernement peut leur adresser des orientations générales qui guideront leur action ; en cela, elles se distinguent des autorités administratives indépendantes (AAI) dont il sera question plus loin (page 73).

Le Conseil d'État a dénombré, en 2012, 103 agences (par exemple, l'Agence nationale de sécurité du médicament et des produits de santé, ou les agences régionales de santé – ARS), gérant au total un budget de 330 milliards d'euros. Selon le Conseil, quatre critères peuvent justifier la création d'une agence : « *L'utilité de la spécialisation dans des tâches de gestion à grande échelle, afin de dégager une efficience accrue [...] ; la nécessité d'une expertise distincte de celle habituellement rencontrée dans les services de l'État [...] ; le caractère prépondérant des partenariats avec les collectivités territoriales ou avec des acteurs de la société civile pour la mise en œuvre de la politique publique [...] ; la nécessité d'éviter l'intervention du pouvoir politique dans les processus récurrents de décision – critère de la neutralité.* » Une circulaire du Premier ministre du 9 avril 2013 a repris ces quatre critères et en fait les conditions à remplir pour créer de nouvelles agences.

5. Arrêt du Conseil d'État du 7 février 1936.

6. Si le gouvernement le juge utile, il peut modifier par décret le nombre et l'organisation des directions.

2. Les services déconcentrés

1. La déconcentration : un peu d'histoire

La signification des mesures de déconcentration a quelque peu changé au cours de l'histoire. Longtemps, la déconcentration a constitué, pour des pouvoirs politiques qui mettaient l'accent sur l'autorité de l'État, un moyen timide et peu risqué de desserrer l'emprise qu'ils exerçaient sur la vie publique. Les décrets de 1852 avaient, par exemple, traduit un petit début de libéralisation au cours du Second Empire. On déconcentrait pour n'avoir pas à trop décentraliser. Et il était normal qu'on fasse confiance au préfet – fonctionnaire certes étroitement soumis au gouvernement, mais qui présentait aussi l'avantage d'avoir des relations de confiance avec les notables locaux – pour utiliser au mieux les pouvoirs ainsi délégués.

Depuis une vingtaine d'années, la déconcentration est mise en relation avec l'idée de **modernisation** de l'administration, et l'objectif est davantage d'assurer l'efficacité et la cohérence de l'action gouvernementale ou l'interministérialité. On pense aussi qu'avec le développement de la décentralisation, la tâche des collectivités locales se trouvera facilitée si elles ont en face d'elles un interlocuteur local plutôt que d'avoir à remonter jusqu'au niveau du gouvernement.

Dans ce nouveau cadre, une accélération forte de la déconcentration s'est produite au cours des années 1990. La loi du 6 février 1992 sur l'administration territoriale de la République consacre le **principe de subsidiarité** en décidant que l'essentiel de la mise en œuvre des politiques publiques doit désormais être accompli au niveau de la région. Et un décret du 15 janvier 1997 attribue aux préfets la compétence de droit commun pour prendre l'ensemble des décisions entrant dans le champ de compétences des administrations civiles de l'État. L'intervention ministérielle est ainsi devenue une exception, qui n'est possible qu'à condition d'être expressément prévue par un texte.

En général, les circonscriptions des services déconcentrés de l'État coïncident avec le périmètre des collectivités territoriales. Longtemps, les mêmes organes ont exercé à la fois des compétences relevant de l'État central et des compétences appartenant à une collectivité territoriale. C'est ainsi que, comme nous le verrons dans le chapitre suivant, le maire, organe élu de la commune et à ce titre indépendant du pouvoir central, est par ailleurs investi de certaines missions pour lesquelles il agit en tant qu'agent de l'État (par exemple, l'état civil) et se trouve donc soumis à son pouvoir hiérarchique. Longtemps, le préfet, agent de l'État qui le nomme, a exercé aussi les fonctions d'organe exécutif du département, collectivité décentralisée, ce qui en faisait en même temps un organe de celle-ci.

Un certain nombre de textes récents ont simplifié cette situation. Si on a maintenu la dualité fonctionnelle du maire au niveau de la commune, la loi du 2 mars 1982 a clairement distingué les fonctions au niveau des départements et des régions en n'attribuant plus aux **préfets** que des fonctions d'**agent déconcentré** de l'État qui s'exercent en liaison étroite avec les services déconcentrés.

2. Le préfet de département

La création de l'institution préfectorale remonte à la loi du 28 pluviôse an VIII et, depuis cette date, elle a connu des transformations.

a) Le statut du préfet

Il a évolué au cours du temps. Sa fonction était au départ essentiellement politique. Depuis la IVe République, on a cependant essayé de doter le corps préfectoral d'un statut qui puisse donner aux préfets un minimum de garanties de carrière. Mais ce statut, très **dérogatoire** par rapport à celui du fonctionnaire « ordinaire »[7], n'a pas supprimé l'idée que le préfet se trouve *« à la discrétion du gouvernement »* (article 25 de la loi du 11 janvier 1984). A ce titre, il est tenu à une obligation de **loyalisme**, ce qui non seulement le contraint à ne défendre en public et en toutes circonstances que les positions exprimées par le gouvernement en place, mais permet également à celui-ci d'inscrire au dossier du préfet ses opinions politiques ou religieuses. Il ne bénéficie ni du droit syndical, ni du droit de grève et est soumis à une obligation de résidence qui nécessite une autorisation du ministre de l'Intérieur pour toute absence ou déplacement hors du département. La dépendance étroite du préfet se traduit clairement dans ses conditions de nomination et de révocation.

- **La nomination**

Elle n'a longtemps été soumise à aucune condition spéciale d'ancienneté, de services publics ou de diplôme. L'édiction d'un statut a cependant modifié cette situation et permis l'aménagement d'une carrière préfectorale. La nomination reste discrétionnaire, mais la liberté du gouvernement est limitée par le fait qu'au moins quatre préfets sur cinq doivent être choisis parmi les sous-préfets ou les administrateurs civils hors classe, donc au sein de corps de fonctionnaires en principe issus de l'ENA[8] même si, devant la difficulté éprouvée parfois à recruter des sous-préfets, nombre d'entre eux sont nommés autrement. La liberté du gouvernement redevient totale pour le cinquième restant (le tour extérieur) et l'on a vu, par exemple, à certaines périodes, nommer d'anciens présidents de conseils généraux ou l'ancien secrétaire général d'une centrale syndicale.

- **La mutation et la révocation**

Indépendamment des sujétions particulières qui ont déjà été évoquées, le préfet peut toujours être muté discrétionnairement (principe de *mobilité*). En général, chaque changement de gouvernement entraîne d'ailleurs de vastes mouvements préfectoraux. L'avancement se fait exclusivement au choix. Le préfet peut être mis en disponibilité à tout moment, ce qui entraîne la perte des avantages de carrière et la mise à la retraite d'office au bout de cinq ans,

7. Voir titre 2, chapitre 4.

8. École nationale d'administration.

sans que cette mesure présente un caractère disciplinaire et sans que le gouvernement ait donc une quelconque procédure particulière à respecter.

En cas de faute, le préfet peut faire l'objet de *sanctions* disciplinaires allant jusqu'à la révocation ou la mise à la retraite d'office. Contrairement à ce qui se passe pour les autres fonctionnaires, les exigences procédurales sont très réduites puisque la seule obligation à laquelle le gouvernement soit tenu est celle de la communication du dossier à l'intéressé.

b) Les pouvoirs du préfet

Ils se sont beaucoup accrus depuis l'origine de l'institution. «*Dans les collectivités territoriales de la République,* nous dit l'article 72 de la Constitution, [il est] *le représentant de chacun des membres du gouvernement, a la charge des intérêts nationaux, du contrôle administratif et du respect des lois*». Ces termes sont explicités par la loi du 2 mars 1982. Le préfet est le dépositaire de l'autorité de l'État dans le département, le représentant direct du Premier ministre et de chacun des ministres, et il dirige sous leur autorité les services déconcentrés des administrations civiles de l'État.

Les attributions **administratives** du préfet étaient à l'origine très restreintes et il était avant tout un «agent politique» du gouvernement. Elles n'ont cessé d'augmenter et de se diversifier. En 1952, un auteur en avait dénombré 2253 et des textes datant des années 1953, 1964, 1982, 1992 ou 1999 les ont encore accrues. On peut les résumer en quelques idées simples.

– Le préfet est un **agent d'information** du pouvoir central. C'est l'aspect politique de sa fonction : il renseigne le gouvernement sur la situation politique de son département, l'état de l'opinion; dans l'accomplissement de cette tâche, il dispose notamment du service des Renseignements généraux. Ce rôle, essentiel autrefois, a quelque peu décliné en raison de l'évolution technologique des moyens d'information, qui a diversifié les sources utilisables par le gouvernement.

– Il surveille l'exécution des lois et l'application des décisions du gouvernement dans le département. A ce titre, il est le **représentant** du gouvernement tout entier et non pas du seul ministre de l'Intérieur, même si c'est ce ministère qui est chargé de la gestion du corps préfectoral. C'est donc le préfet qui a été le principal bénéficiaire des mesures de déconcentration, et les textes successifs ont renforcé son emprise sur l'administration déconcentrée de la plupart des ministères civils, à l'exception de ceux de la Justice, des Finances et de l'Éducation nationale. Il est devenu, par exemple, l'*ordonnateur* secondaire unique (voir page 172) des dépenses de l'État dans le département; il doit être informé des projets de nomination des chefs de services déconcentrés et il participe à leur notation; il est l'intermédiaire obligé dans toute correspondance entre un ministère et ses services déconcentrés; il a seul qualité pour recevoir des délégations de compétences d'un ministre. Ce pouvoir de représentation se manifeste dans divers domaines : présence dans les cérémonies publiques; exercice des pouvoirs d'action en justice au nom de l'État (lui seul peut, par exemple, «*élever le conflit*» devant les tribunaux judiciaires; voir page 133). C'est aussi à ce titre qu'il exerce un contrôle sur les collectivités locales. Il peut mettre en place des pôles de compétence pour la conduite des actions relevant de plusieurs ministères[9].

– Il est titulaire d'importantes attributions de **police administrative** (voir page 111). Il dispose du pouvoir de police générale pour régler toute question dès lors qu'elle dépasse le cadre d'une seule commune; de nombreux textes lui confèrent en outre des pouvoirs de police spéciale. Dans certains gros départements et lorsque le préfet est aussi préfet de région et préfet de zone de défense (voir plus loin), il est assisté par un préfet délégué à la sécurité et à la défense pour l'exercice de ces attributions.

– Enfin, et ceci tend à devenir l'un de leurs pouvoirs les plus importants, les préfets disposent de compétences étendues dans le domaine **économique et social**, par exemple en matière d'emploi.

c) Les collaborateurs du préfet de département

– Le **cabinet** l'assiste essentiellement dans son *rôle politique* et est chargé de gérer toutes les affaires sensibles, dites aussi «réservées» en raison de leur incidence politique ou de leur caractère personnel (par exemple les décorations). Le directeur de cabinet aide le préfet dans le traitement des questions relatives à la sécurité publique; ce poste, dévolu à un sous-préfet, constitue un échelon de la carrière préfectorale.

– Le **secrétaire général** de la préfecture, sous-préfet qui occupe pareillement un emploi constituant un échelon de la carrière préfectorale, a une triple fonction. Adjoint direct du préfet, il est appelé dans de nombreux cas à le suppléer : son rôle est donc particulièrement important dans les préfectures qui sont à la fois de région et de département, compte tenu de la charge de travail que le cumul représente pour le préfet. Il assure plus particulièrement la direction et la coordination de l'administration préfectorale. Il fait enfin office de sous-préfet de l'arrondissement du chef-lieu de département. Éventuellement assisté, dans les grosses préfectures, d'un secrétaire général adjoint, il est secondé dans de nombreux départements par un sous-préfet supplémentaire chargé de la politique de la ville.

– Les **directions** et les **bureaux** constituent les services de la préfecture. Depuis la loi de décentralisation de 1982, les services gérant les compétences de l'État et ceux qui traitent les affaires propres du département ont été séparés; les services préfectoraux n'ont donc plus en charge que les attributions de l'État dans le département. Leurs personnels relèvent du *ministère de l'Intérieur*.

– Enfin, les **sous-préfets territoriaux** sont les délégués du préfet au niveau de l'*arrondissement*. Soumis à un statut très proche de celui du préfet, ils l'assistent dans l'exercice de ses missions et ils animent et coordonnent l'action des services de l'État dans leurs circonscriptions, notamment pour l'aménagement du territoire et le développement local. Ils participent étroitement à l'exercice du contrôle administratif et au conseil des collectivités locales.

---

9. Un décret de décembre 2009 permet ainsi la création de directions départementales interministérielles (par exemple communes aux ministères chargés de l'Équipement et de l'Agriculture). Il appartient au préfet de département de les organiser.

3. Le préfet de région

Depuis longtemps, des services administratifs utilisaient un cadre plus vaste que celui du département. Par exemple, au ministère de l'Éducation nationale, l'académie, regroupant plusieurs départements, a toujours constitué le niveau le plus important d'administration locale. Mais les circonscriptions régionales n'étaient pas les mêmes d'un ministère à l'autre et, pour ne prendre qu'un exemple, un département comme le Cher relevait autrefois de trente-sept découpages différents. Par réformes successives on aboutit, en 1960, à une harmonisation des circonscriptions régionales quel que soit le ministère concerné, ce qui a permis, en 1964, la création du préfet de région[10].

Celui-ci est obligatoirement le préfet du département où se trouve le chef-lieu de la région. Il fut longtemps un préfet « comme les autres », soumis au même statut, tel qu'il a été décrit précédemment. Un décret du 16 février 2010 affirme désormais son « autorité » sur ses collègues placés à la tête des départements ; il est à même de leur donner des instructions et dispose du pouvoir d'*« évoquer, pour une durée limitée, tout ou partie d'une compétence à des fins de coordination régionale »*[11]. Bien entendu, on arrive à la tête d'une région, compte tenu de l'importance du poste, plus tard dans la carrière qu'à la tête d'un département.

a) Les attributions du préfet de région

Elles sont de plusieurs ordres. Il exerce d'abord celles qui lui incombent en tant que préfet de département. Au plan régional, il a un rôle important sur le **plan économique**. Le développement économique et l'aménagement du territoire ont été historiquement les premiers domaines dans lesquels des pouvoirs lui ont été conférés, notamment pour lui permettre, à partir de 1964, de participer à l'élaboration du plan national et d'en suivre l'exécution au niveau régional. A ce titre, il élabore et signe les *contrats de projet État-région* au nom de l'État. A la suite d'un premier décret pris en 1970, celui du 10 mai 1982 distingue parmi les investissements de l'État ceux qui sont d'intérêt national, régional ou départemental. Les premiers relèvent de la compétence des ministres concernés, mais le préfet de région est informé et consulté sur ceux qui concernent sa circonscription. Pour les deux autres, il reçoit une dotation globale de crédits. En subdéléguant les autorisations de programme aux préfets de département, il individualise chaque opération d'intérêt régional, mais leur laisse le soin de le faire pour les opérations d'intérêt départemental, en se contentant de leur attribuer une enveloppe globale, après avoir fixé la clé de sa répartition entre les départements de sa région. Depuis 1992, il a une mission de direction des préfets de département pour la mise en œuvre des politiques de développement économique et social et l'aménagement du territoire.

Depuis 2004, la région est devenue l'échelon majeur de l'organisation de l'État ; un décret de février 2010 en fait *« le niveau de droit commun pour piloter les politiques publiques »*. Sur le **plan administratif**, l'autorité directe du préfet de région sur l'ensemble des services civils de l'État dans la région a donc été renforcée. N'y échappent en partie que les activités relevant de rares ministères qui jouissent d'une certaine autonomie : l'Éducation nationale, la Justice et les Finances. Pour faciliter la mission d'animation et de coordination du préfet, les services de l'État ont cependant été réorganisés en huit grands pôles placés sous l'autorité du préfet et sous la responsabilité du principal chef de service du secteur concerné (par exemple, le recteur pour l'éducation ou le trésorier-payeur général pour l'économie et les finances publiques). Le préfet est tenu informé de l'activité de l'ensemble des services et a le pouvoir de notation de la plupart de leurs chefs. Il est l'*ordonnateur secondaire* unique des dépenses de l'État dans la région (voir page 172). Et il exerce le contrôle de légalité des actes du conseil régional et de ses établissements publics.

b) Les auxiliaires du préfet de région

– Le **Secrétariat général aux affaires régionales** (SGAR) est une sorte d'état-major composé de fonctionnaires de catégorie A, compétents dans les domaines administratifs et techniques. Ils sont placés sous l'autorité d'un Secrétaire général aux affaires régionales et constituent une administration de mission qui n'a pas de tâches de gestion, mais est chargée de l'étude d'un certain nombre de dossiers préparant les décisions du préfet de région. Elle est en liaison constante avec la Délégation interministérielle à l'aménagement du territoire et à l'attractivité régionale (DATAR) et joue un rôle important dans la préparation des contrats de projet État-Région.

– Le **Comité de l'administration régionale** (CAR) est une institution collégiale chargée de donner des *avis* au préfet de région avant que celui-ci n'exerce certaines de ses attributions. Il réunit, sous sa présidence, les préfets des départements composant la région, le secrétaire général du département chef-lieu et les chefs de pôles. Le préfet de région, qui le convoque, peut y inviter, à sa discrétion, toute personne qualifiée susceptible d'éclairer les travaux. Il est obligatoirement consulté sur l'individualisation des investissements d'intérêt régional et la répartition des enveloppes de crédits d'investissements d'intérêt départemental. Il l'est aussi sur la préparation des contrats de projet État-région et, de manière générale, sur l'ensemble des orientations et programmes régionaux en matière de développement économique et social et d'aménagement du territoire.

---

10. Sept préfets de région ont aussi la qualité de préfets de zone de défense ; ce sont ceux du département où se trouve le chef-lieu de la zone. Ils ont des attributions très importantes en matière de défense du territoire, qu'ils exercent en collaboration avec l'autorité militaire, et en matière d'ordre public, en cas de troubles graves.

11. A deux exceptions près : l'exercice du contrôle administratif sur les collectivités territoriales et l'exercice de la police, en particulier tout ce qui touche à l'entrée et au séjour des étrangers et au droit d'asile.

3. Les autorités administratives indépendantes

Il existe des entités administratives qui ne sont **pas soumises au pouvoir hiérarchique** et qui, n'ayant pas la personnalité morale, ne peuvent pas non plus être soumises à la tutelle. Elles constituent ainsi des autorités administratives indépendantes **(AAI)** [12].

Ce terme a été expressément utilisé pour la première fois en 1978 à propos de la Commission nationale de l'informatique et des libertés (CNIL), et le nombre des AAI ne cesse depuis d'augmenter : on en dénombrait 38 fin 2013, l'Agence française de la lutte contre le dopage et le Haut Conseil de l'évaluation de la recherche et de l'enseignement supérieur comptant parmi les plus récentes. Leur qualité d'AAI résulte parfois de la qualification que le législateur leur donne à l'occasion de leur création, mais celui-ci restant souvent muet, c'est alors le juge qui sera amené à constater ce qu'elles sont. Ce qui est sûr, c'est qu'elles doivent être **créées par la loi**, celle-ci étant seule compétente pour soustraire une autorité administrative à l'autorité du gouvernement. Et qu'elles restent bien des *autorités administratives* : leur existence ne remet donc pas en cause la trilogie classique de la séparation des pouvoirs et ne révèle pas ce qui serait la naissance d'un quatrième pouvoir, distinct du pouvoir exécutif. D'où l'idée que, lorsqu'elles sont amenées à prendre des décisions, celles-ci sont susceptibles de recours devant un juge; d'où aussi l'idée que ce juge est normalement le juge administratif [13].

1. Les missions des AAI

L'intervention de la loi est d'autant plus importante que les missions de ces organes concernent souvent des matières qui sont essentielles pour les droits des individus [14]. On les crée alors pour mettre à l'abri des influences politiques certains domaines sensibles :

– la **protection des droits** individuels, avec la Commission nationale de l'informatique et des libertés, créée en 1978 pour protéger les citoyens contre les utilisations abusives de l'informatique par la puissance publique, mais aussi par les particuliers; la Commission d'accès aux documents administratifs (CADA), créée la même année pour organiser la liberté d'accès à ces documents; le Médiateur de la République, créé en 1973 pour accroître les possibilités de recours des citoyens contre les abus de l'administration, et remplacé en 2010 par le Défenseur des droits [15]; la Commission nationale de contrôle des interceptions de sécurité, créée en 1991 pour éviter l'emploi abusif des « écoutes » par les autorités publiques;

– la **liberté d'information et de communication** avec, par exemple, le Conseil supérieur de l'audiovisuel (CSA), dernier avatar d'une longue série d'institutions, créé en 1989 pour garantir la liberté et l'indépendance de la communication audiovisuelle; ou bien la Commission des sondages, créée par une loi de 1977 pour garantir la qualité et l'objectivité des sondages d'opinion;

– la **protection des consommateurs** et la **régulation de l'économie de marché**, avec l'Autorité des marchés financiers (AMF) et l'Autorité de la concurrence. En raison de l'ouverture au secteur privé, imposée par l'Union européenne, de services qui bénéficiaient auparavant d'un monopole, sont apparues de nouvelles AAI, telles l'Autorité de régulation des communications électroniques et des postes (ARCEP) et la Commission de régulation de l'énergie (CRE); il n'est pas impossible que, lorsque la concurrence aura gagné les transports ferroviaires et postaux, d'autres AAI soient créées dans ces secteurs.

2. Leurs statuts

Ils sont très divers. La plupart des AAI ont une composition collégiale, où l'on retrouve souvent des membres du Conseil d'État, de la Cour de cassation ou de la Cour des comptes et où l'on s'efforce parfois d'assurer une représentation des professionnels des secteurs concernés; mais d'autres sont unipersonnels, comme le Défenseur des droits. Les modes de désignation sont également différents : leurs membres sont parfois choisis par les corps auxquels ils appartiennent (ainsi en est-il pour la CNIL), parfois par le président de la République ou par le Premier ministre.

3. Leurs pouvoirs

Ils sont aussi très divers [16]. Certaines AAI sont dotées d'un pouvoir de *sanction*, comme le CSA ou l'Autorité de la concurrence, ou d'un pouvoir *réglementaire*, comme la CNIL et le CSA; mais dans ce dernier cas, le Conseil constitutionnel a précisé que, pour ne pas contrevenir à l'article 21 de la Constitution, qui confère le pouvoir réglementaire général au Premier ministre, *« cette habilitation ne doit concerner que des mesures de portée limitée tant par leur champ d'application que par leur contenu »*. D'autres AAI, au contraire, ne disposent que de pouvoirs de *recommandation* ou d'avis, comme la CADA. On englobe donc ces catégories hétérogènes sous le nom d'instances de régulation. Certaines d'entre elles peuvent dépasser parfois les considérations juridiques strictes et étroites pour proposer des solutions en équité, notamment le Défenseur des droits.

12. L'intérêt de la structure d'AAI est illustré par le 6e rapport de la Commission nationale des comptes de campagne (2002), organisme chargé de vérifier, d'approuver ou de rejeter les comptes des candidats aux élections. Elle estimait en effet que sa transformation en AAI était la seule mesure lui permettant d'*« échapper aux contraintes d'une administration classique, particulièrement en ce qui concerne la gestion budgétaire et le recrutement de ses collaborateurs »*.

13. Dans certains cas, cependant, à titre exceptionnel et plus spécialement dans le domaine de la protection de l'économie de marché, le juge compétent sera judiciaire. Cette inversion des compétences ne peut être décidée que par la loi. Les recours contre les décisions de l'Autorité de la concurrence sont ainsi portés devant la cour d'appel de Paris.

14. Voir aussi p. 112.

15. La loi organique relative au Défenseur des droits le qualifie d'« autorité constitutionnelle indépendante »; mais le Conseil constitutionnel a rappelé, dans sa décision du 29 mars 2011, qu'il s'agit *« d'une autorité administrative dont l'indépendance trouve son fondement dans la Constitution »*.

16. Ceux qui sont dévolus à la CADA, à la CNIL et au Défenseur des droits seront décrits plus en détail, pages 108-109 et 150-152.

Chapitre 2
Les collectivités territoriales

Certaines de ces collectivités sont anciennes : le cadre communal actuel a été défini juridiquement au moment de la Révolution, lorsque la loi du 14 décembre 1789 décida de transformer toutes les communautés d'habitants existant sous l'Ancien Régime en communes; l'existence de la plupart de celles-ci remonte donc à des époques beaucoup plus anciennes, pratiquement au Moyen Age. Le département a été créé par la loi des 15 janvier-16 février 1790. D'autres collectivités sont plus récentes : la création de la région, sous sa forme actuelle, remonte aux lois du 5 juillet 1972 et du 2 mars 1982.

1. La décentralisation : un peu d'histoire

La création des départements et des communes, lors de la Révolution de 1789, correspondait à une volonté décentralisatrice forte, prenant le contre-pied de la centralisation qui caractérisait l'Ancien Régime. Elle se marqua en particulier par la consécration du principe de la collégialité et de l'élection pour tous les organes locaux.

Cette décentralisation a vite été remise en cause. D'une part, elle avait conduit à un grand désordre administratif et financier; d'autre part, la nécessité de faire face aux événements intérieurs et extérieurs (menaces de sécession, guerre, etc.) incita la Convention, dès 1793, à recentraliser l'administration. Cette tendance fut confirmée par la loi du *28 pluviôse an VIII* qui jeta les bases de notre organisation actuelle. Tout en maintenant les circonscriptions existantes, Bonaparte modifia largement la nature et les conditions de désignation des organes chargés de les administrer. En particulier, l'élection disparut et un organe exécutif unique, nommé par le pouvoir central, devint à tous les niveaux l'organe prépondérant. C'est avec cette loi qu'apparaît l'institution du *préfet*, représentant local du pouvoir central et organe exécutif du département.

L'évolution ultérieure consista à introduire progressivement plus de décentralisation dans cette structure centralisée. La monarchie de Juillet revint, en 1831 et 1833, au principe de l'élection des conseils municipaux et généraux, dont elle augmenta les compétences quelques années plus tard. La IIIe République, avec les deux lois fondamentales du *10 août 1871 et du 5 avril 1884*, consacra définitivement le *principe de l'élection du maire* et étendit encore les pouvoirs des conseils élus.

Cette évolution explique que l'organisation française ait longtemps comporté un mélange intime de décentralisation et de déconcentration (on parlait de «*coadministration*»). Cette situation caractérisait en particulier les organes exécutifs locaux qui cumulaient deux sortes de compétences, les unes exercées au nom de la collectivité, les autres au nom de l'État. L'un d'eux, le préfet, était même purement et simplement un agent nommé discrétionnairement par le gouvernement.

C'est à ce système que la loi du *2 mars 1982* a voulu en grande partie mettre fin. En transférant un certain nombre de compétences aux collectivités locales, elle accroît le rôle de celles-ci. Surtout, elle établit une séparation nette entre organes décentralisés et organes déconcentrés. Désormais, à tous les niveaux, les compétences exécutives sont confiées, comme les compétences délibératives, à des organes élus. La double mission du préfet disparaît : il cesse d'être un organe du département ou de la région; à l'égard des collectivités locales, il reste uniquement un agent de l'État exerçant, en vertu de sa mission constitutionnelle le chargeant «*des intérêts nationaux, du contrôle administratif et du respect des lois*», des compétences de tutelle fortement réduites et modifiées par rapport au passé.

La révision constitutionnelle du 17 mars 2003, on va le voir, est allée plus loin dans cette voie.

2. Les collectivités territoriales et la Constitution

L'article 72 de la Constitution énumère les collectivités territoriales de la République : ce sont les communes, les départements, les régions, les collectivités à statut particulier et les collectivités d'outre-mer. Cette nouvelle nomenclature, issue de la réforme du 17 mars 2003, a augmenté le nombre des collectivités territoriales dont l'existence est consacrée par la Constitution [17].

– Les communes, les départements et les régions constituent les **collectivités territoriales de droit commun** [18]. L'article 72 fixe les principes qui définissent leurs compé-

17. Au total, la France comptait, en 2013, 36767 communes, dont 129 dans les DOM et 86 dans les COM ; 101 départements, dont 5 outre-mer; 26 régions, dont 6 jouissent d'un statut particulier ou dérogatoire (l'Ile-de-France, la Corse, et les quatre régions d'outre-mer); 5 collectivités d'outre-mer; et une collectivité à statut particulier, la Nouvelle-Calédonie.

18. Paris est un cas spécial. Il a constitué durant un certain temps une catégorie particulière mais est rentré, avec la loi du 31 décembre 1975, dans les catégories «ordinaires», tout en formant une entité hybride puisqu'il est à la fois commune et département. Le statut de la Corse, actuellement déterminé par une loi de 2002, devait être revu en 2003, mais le vote négatif des électeurs de Corse au référendum organisé sur cette question a renvoyé le projet à plus tard.

tences. En vertu du principe de subsidiarité, elles exercent celles « *qui peuvent le mieux être mises en œuvre à leur échelon* ». Un droit d'expérimentation leur permet, par délégation législative, d'augmenter temporairement leurs compétences dans un domaine limité, sauf lorsque sont en cause les conditions essentielles d'exercice d'une liberté publique ou d'un droit constitutionnellement garanti.

– Certains **départements**, dont le territoire coïncide avec celui d'une région, sont **situés outre-mer**. Ce sont la Guadeloupe, la Guyane, la Martinique et la Réunion. Les lois et règlements français s'y appliquent de plein droit. En vertu de l'article 73 de la Constitution, ils bénéficient cependant d'un statut spécifique qui permet d'apporter aux lois « métropolitaines » les adaptations nécessitées par leurs caractéristiques et leurs contraintes particulières. Dans certaines matières relevant du domaine de la loi, et à l'exclusion d'un certain nombre de sujets énumérés par la Constitution (règles concernant la nationalité, les droits civiques, la garantie des libertés publiques, le droit et la procédure pénale, la défense, la police, la monnaie, le crédit, etc.), où la compétence des autorités nationales reste entière, les assemblées locales peuvent bénéficier d'une habilitation législative leur permettant de fixer elles-mêmes les règles applicables sur leur territoire. Cette possibilité n'est cependant pas ouverte à la Réunion. En Guadeloupe et à la Réunion, département et région restent des entités distinctes. En revanche, en Martinique et en Guyane, deux référendums, décidés par le président de la République conformément à l'article 72-4 de la Constitution, ont été organisés en 2010. Le 10 janvier, les électeurs ont refusé majoritairement d'accroître l'autonomie de leur territoire et d'en changer le statut constitutionnel ; la Martinique et la Guyane restent donc soumises à l'article 73 de la Constitution et n'ont pas basculé vers la catégorie des collectivités d'outre-mer décrite dans le paragraphe qui suit. Mais le 24 janvier 2010, les électeurs ont approuvé la création, à partir de 2014, d'une « collectivité » unique exerçant à la fois les compétences du département et celles de la région, dans laquelle une « assemblée » unique se substitue au conseil régional et au conseil général. Le terme de « collectivité » s'applique donc désormais à des entités régies aussi bien par l'article 73 que par l'article 74 de la Constitution.

– L'article 74 de la Constitution institue des **collectivités d'outre-mer** qui ne constituent ni des départements ni des régions. Elles sont soumises au **principe de spécialité législative** ; les lois et règlements français n'y sont pas applicables de plein droit mais doivent faire, le cas échéant, l'objet d'une adaptation. Deux d'entre elles sont d'anciens territoires d'outre-mer (TOM), catégorie qui a désormais disparu de la Constitution : ce sont la Polynésie française et Wallis-et-Futuna. Une autre formait ce qu'on avait appelé antérieurement une collectivité territoriale *sui generis*, créée par une loi de 1985, Saint-Pierre-et-Miquelon. Deux sont issues de la transformation d'anciennes communes en 2007, Saint-Martin et Saint-Barthélemy, aux Antilles. Mayotte, qui relevait auparavant de cette catégorie, est devenue un DOM en 2011 mais elle bénéficie d'un statut particulier au sein de cette catégorie.

Le statut de ces collectivités est déterminé par une loi organique ; il définit leurs compétences, les conditions d'application des lois et règlements nationaux sur leur territoire, et les règles présidant à la consultation de leurs instances sur les textes comportant des dispositions qui leur sont particulières. Elles ont le pouvoir d'intervenir dans certains domaines réservés à la loi sur le reste du territoire national ; elles peuvent, en particulier, coopérer avec l'État pour la réglementation des libertés publiques. Et leur autonomie est particulièrement protégée, puisque leurs assemblées délibérantes peuvent modifier elles-mêmes les conditions d'application sur leur territoire d'une loi nationale si le Conseil constitutionnel constate qu'elle empiète sur le champ de leurs compétences.

– Enfin, la Constitution a prévu l'existence de **collectivités à statut spécial**. Le statut de la Nouvelle-Calédonie est fixé par le titre XIII de la Constitution et par la loi organique du 27 février 2004 ; celui de ses composantes par la loi du 19 mars 1999. Il faudra attendre la loi particulière concernant les Terres australes et antarctiques françaises (TAAF) pour savoir plus précisément de quelle catégorie elles relèvent ; elles restent pour l'instant le dernier TOM existant.

Le législateur avait, en vertu de l'article 72 ancien, la possibilité de créer d'autres collectivités territoriales, « *le cas échéant en lieu et place d'une ou plusieurs autres collectivités mentionnées* » dans la Constitution. Il a utilisé cette possibilité en 1982 pour transformer la région en collectivité territoriale. Il s'est en revanche refusé à octroyer ce statut à certaines circonscriptions administratives de l'État, comme l'*arrondissement* (siège de la sous-préfecture) et le *canton* (perception et brigade de gendarmerie). Ni l'un ni l'autre ne jouissent de la personnalité morale. Ils ne constituent donc pas des collectivités territoriales.

La révision constitutionnelle de 2003 a ainsi confirmé l'abandon partiel d'un principe caractéristique de l'**idéologie jacobine** qui a longtemps inspiré la construction moderne de l'administration française : le principe de l'uniformité de statut des collectivités territoriales au sein d'une même catégorie. Bien que la diversification touche surtout l'outre-mer, l'évolution est d'importance, et ses conséquences potentielles ne peuvent encore être évaluées.

– Selon l'article 72, « *dans les conditions prévues par la loi, les* ***collectivités*** *[territoriales]* ***s'administrent librement*** *par des conseils élus [...]. Le représentant de l'État a la charge des intérêts nationaux, du contrôle administratif et du respect des lois* ». Ce texte pose ainsi les trois grands principes qui régissent le statut des collectivités territoriales : l'élection de leurs organes, leur libre administration et l'existence d'un contrôle de légalité.

3. La réforme des collectivités territoriales

La réforme de l'organisation territoriale de la France est un thème récurrent depuis de nombreuses décennies. Il a retrouvé une actualité certaine ces dernières années. Fin 2008, le président Sarkozy avait demandé à un comité d'experts présidé par Édouard Balladur de proposer «*une réforme profonde et ambitieuse du mode d'administration du territoire national*». Dans son rapport, intitulé «*Il est temps de décider*»[19], le comité a unanimement estimé nécessaire une vaste réforme de l'organisation territoriale pour renforcer la démocratie locale.

Un large débat public s'est alors engagé; parmi les thèmes évoqués, deux ont eu une importance particulière. Une première réforme, réalisée par la loi du 16 février 2010 et votée sous l'impulsion du président Sarkozy, vit nombre de ses dispositions abandonnées avant même leur mise en application, suite au changement de majorité présidentielle en 2012. Mais les questions qui s'étaient posées lors de sa discussion n'en restaient pas moins vivaces. La structure administrative territoriale se voyait en effet reprocher sa complexité et son opacité, ce qui a nourri un débat autour du «*millefeuille*» administratif. Cette préoccupation reste au premier plan de celles du président Hollande, quand il fait de la clarté et de la cohérence des structures deux des maîtres mots de ses projets de réforme. En outre, dans le contexte économique difficile que connaît le pays, a été mis en évidence le caractère onéreux du fonctionnement de cette organisation[20], ce qui a ouvert un large débat sur la question de la maîtrise de la dépense publique.

1. La question du «millefeuille» administratif

Du côté de la droite, le souci de simplifier et de moderniser l'administration locale correspondait à la dénonciation du «millefeuille administratif». Au cours de l'histoire, disaient les promoteurs de la réforme de 2010, on a empilé les structures administratives et cela s'est fait sous le signe «*de la concurrence, du saupoudrage et de la surenchère*». Il faut, ajoutaient-ils, simplifier et alléger l'architecture territoriale.

Outre les complications administratives qui découlent du «millefeuille», le coût financier qu'il implique est en effet très important. Les analyses montrent que la création de structures intercommunales n'a pas fait baisser le nombre des agents municipaux qui, au contraire, augmente régulièrement. Il atteignait, fin 2011, 1,8 million d'agents. Par ailleurs, la superposition des structures entraîne une multiplication des postes de responsables élus, coûteux en indemnités de toutes sortes.

La simplification passait notamment par une réorganisation des relations entre communes et intercommunalités; la couverture intercommunale du territoire national devait être réalisée par l'élaboration, dans chaque département, d'un schéma de coopération intercommunale. Pour mieux prendre en compte le «fait urbain» et adapter la gestion des grandes villes aux exigences de la concurrence internationale, la réforme de 2010 proposait aussi de nouvelles formules de coopération intercommunale, la **«métropole»** pour les agglomérations de plus de 500 000 habitants et le **«pôle métropolitain»** pour des agglomérations plus petites. Ces aspects de la décentralisation ne sont guère remis en cause dans le projet du gouvernement Ayrault.

En revanche, une différence essentielle sépare la vision que les deux présidents successifs ont du **département**. Il était la victime principale de la loi de 2010 : elle lui supprimait, en effet, le bénéfice de la **clause de compétence générale** qui lui était traditionnellement reconnue ; il n'avait plus le pouvoir de régler à sa convenance toute affaire touchant à l'intérêt de son territoire, mais conservait seulement des compétences d'attribution «*dans les domaines que la loi lui attribue*». En outre, la loi créait une fonction de **conseiller territorial**, siégeant à la fois au conseil général et au conseil régional, qui préfigurait vraisemblablement une fusion progressive de ces assemblées. En soulignant l'importance de la vitalité de tous les échelons administratifs, et en indiquant expressément que l'important n'était pas leur nombre, mais la cohérence de leurs relations, le président Hollande a fait abroger ces dispositions, restituer aux départements le bénéfice de la clause de compétence générale et supprimer l'institution du conseiller territorial (voir plus bas).

2. La nécessité d'encadrer la dépense publique

Cette préoccupation n'apparaissait pas expressément dans les textes votés, mais elle correspondait à la dénonciation, maintes fois exprimée par la droite, de la gestion des collectivités territoriales, en majorité dirigées par la gauche. De nombreuses déclarations du président Sarkozy insistaient sur l'idée d'économies[21]. Cet argument s'inscrivait sur un fond de polémiques. De leur côté, en effet, les départements dénonçaient la politique de l'État qui met à leur charge de plus de plus de dépenses, en particulier sociales, sans leur transférer, comme la loi lui en fait l'obligation, les ressources

---

19. E. Balladur, Comité pour la réforme des collectivités locales, *Il est temps de décider, Rapport au président de la République*, La Documentation française / Fayard, 2009.

20. Ce thème a été repris en partie en octobre 2013 dans le premier rapport que la Cour des comptes consacre aux finances locales : Cour des comptes, *Les finances publiques locales*, La Documentation française, 2013.

21. Il disait par exemple, en 2009, lors d'un discours à Saint-Dizier : «*Entre 2003 et 2007, en dehors de tout transfert de compétences, les dépenses locales ont augmenté de 40 milliards d'euros... C'est six fois le budget de la Justice, c'est cinq fois le budget de la recherche française... Quant à la fonction publique territoriale : 36 000 nouveaux emplois publics en 2008, sans nouveaux transferts de compétences et, dans le même temps, l'État en supprime 35 000. Comment voulez-vous que notre pays puisse s'en sortir si l'on continue comme cela ?*»

correspondantes[22]. Dans un rapport d'octobre 2009, la Cour des comptes soulignait la complexité de la question, en faisant ressortir le manque de transparence des critères d'évaluation, et en indiquant que le poids de certains financements sociaux, dépenses obligatoires mises par la loi à la charge des départements, devenait insupportable pour certains d'entre eux ; elle constatait aussi la disparition du sentiment de confiance dans les rapports entre État et départements. Cela explique que les 58 présidents socialistes de conseils généraux aient pris, au début de l'année 2011, l'initiative de déposer, devant des tribunaux administratifs, une *question prioritaire de constitutionnalité* (voir page 51), pour contester, au nom du principe de libre administration et d'autonomie des collectivités territoriales, le déséquilibre régnant sur le financement des dépenses de l'allocation personnalisée d'autonomie et du revenu de solidarité active (RSA)[23].

3. Les projets de réforme de 2013

Le président Hollande a opté pour une méthode très différente de celle de son prédécesseur, fondée sur une concertation beaucoup plus ouverte. À l'initiative du Sénat, des états généraux de la démocratie locale, précédés d'une large consultation des élus locaux, se sont tenus en octobre 2012[24]. Malgré ces précautions, le projet de loi élaboré à la suite de ce processus se heurta à de nombreuses difficultés politiques, ce qui amena en définitive le gouvernement à présenter une réforme par morceaux successifs. Après avoir fait voter, dans les lois du 17 mai 2013 (voir page 78), la suppression du conseiller territorial et la réforme des modes d'élection des conseillers municipaux, territoriaux et communautaires, il a adopté trois projets de lois.

– Le premier, « *de modernisation de l'action publique territoriale et d'affirmation des métropoles* » est (à l'automne 2013) en discussion au Parlement. Il restitue le bénéfice de la clause de compétence générale aux départements et aux régions et cherche à clarifier la répartition des compétences entre État et collectivités territoriales, en identifiant des collectivités **chefs de file** en cas de partage des compétences. La *région* se voit attribuer l'essentiel des responsabilités dans le *domaine économique* et le *département* conserve ses compétences dans le champ de l'*action sociale*. Le projet consacre le fait urbain en créant un nouveau statut pour les *métropoles* ; il confie aux agglomérations de plus de 400 000 habitants le soin de veiller, en leur sein, au développement économique, à la transition énergétique et à la politique de la ville. Enfin, il fixe des règles particulières concernant les métropoles de Paris, d'Aix-Marseille-Provence et de Lyon. Ce sont, en particulier, les dispositions sur l'organisation du Grand Paris qui bloquent la recherche d'un accord entre le Sénat, qui leur est hostile, et l'Assemblée nationale.

– Le « *projet de loi de mobilisation des régions pour la croissance et l'emploi et de promotion de l'égalité des territoires* » précise, lui, les compétences des régions en matière de développement économique. Il leur confie la coordination des aides aux entreprises et souligne l'importance de leur mission dans le domaine de l'emploi, confortée par des compétences nouvelles en matière de formation professionnelle, d'apprentissage et d'orientation.

– Le « *projet de loi de développement des solidarités territoriales et de la démocratie locale* » entend favoriser l'intégration communautaire et renforcer la démocratie locale en favorisant la participation des citoyens à la vie de leur cité. Il prévoit d'instituer un Haut Conseil des territoires, présidé par le Premier ministre, lieu de dialogue entre les collectivités locales et l'État.

22. En décembre 2010, un sénateur UMP estimait que les départements versaient 6,5 milliards d'euros d'allocations au titre du RSA, mais qu'ils ne percevaient que 5,8 milliards de l'État ; s'agissant de l'allocation personnalisée d'autonomie (APA), destinée aux personnes âgées dépendantes et mise en place par la loi du 20 juillet 2001 qui prévoit qu'elle est financée aux deux tiers par les départements, ils dépensent 5 milliards d'euros et ne s'en voient rembourser qu'un et demi par la Caisse nationale de solidarité active. De même, la prestation de compensation du handicap leur coûte 850 millions d'euros pour 500 millions de contrepartie. Le projet de loi de finances 2014 transfère le produit de certains impôts d'État vers les départements pour les aider à supporter ces charges. Mais, dans le même temps, il réduit d'1,5 milliard le montant des dotations aux collectivités territoriales.

23. Dans sa décision du 30 juin 2011, le Conseil constitutionnel a rejeté les prétentions des collectivités requérantes. Tout transfert de compétences, rappelle-t-il, exige une compensation intégrale des charges transférées à la date où il s'opère. En cas de création ou d'extension de compétences obligatoires assignées à des collectivités territoriales, il appartient au législateur d'apprécier le niveau des ressources destinées à accompagner ces décisions. Mais l'État n'est pas tenu de compenser intégralement les charges résultant du développement de ces missions, sauf si, à la suite de circonstances extérieures, leur évolution était d'une ampleur telle qu'elle dénaturerait le principe de libre administration ou entraverait sa mise en œuvre. L'apparition de la question prioritaire de constitutionnalité (QPC) a cependant encouragé la multiplication des recours de la part des collectivités territoriales et, dans plusieurs des décisions qu'il a rendues, le Conseil a rappelé les limites à apporter au pouvoir dont le législateur dispose d'encadrer la libre administration de ces collectivités ; si elles peuvent être assujetties à des obligations ou soumises à des interdictions, c'est à la condition que celles-ci répondent à des fins d'intérêt général. Par exemple, le département des Landes voulait inciter ses communes à gérer en régie directe (voir page 116) leurs réseaux de distribution d'eau et d'assainissement, plutôt que d'en confier la gestion à des opérateurs privés. Il avait donc décidé de leur accorder des subventions plus importantes si elles choisissaient la première solution. Une loi avait été votée qui interdisait cette modulation des subventions en fonction du mode de gestion choisi. Dans une décision du 8 juillet 2011, le Conseil a jugé cette interdiction inconstitutionnelle, car dénaturant le principe de libre administration.

24. Dans le discours qui les introduisait, le 5 octobre 2012, le président Hollande résumait l'esprit de la réforme à entreprendre autour de quatre idées : confiance aux collectivités territoriales, clarté de l'organisation administrative, cohérence des relations entre les collectivités et entre elles et l'État, et promotion de la démocratie locale.

4. Les organes locaux décentralisés

1. L'élection et le mandat des assemblées locales

Aux termes de l'article 72 al. 2 de la Constitution, on l'a vu, l'administration des collectivités locales est assurée par des conseils élus. Toutes les assemblées locales sont élues au **suffrage universel direct** : sont électeurs et éligibles les citoyens français remplissant les conditions prévues par le Code électoral et, depuis le traité de Maastricht (1992), s'agissant du conseil municipal, les ressortissants des États membres de l'Union européenne domiciliés en France. L'âge de l'éligibilité est fixé à 18 ans. Mais, dans le cadre de ce principe général, en matière de mode de scrutin, la situation française recourt à presque tous les systèmes possibles.

Deux lois du 17 mai 2013, l'une organique, l'autre ordinaire, modifient de manière importante les règles des élections locales. Elles suppriment le conseiller territorial créé par une loi de 2010, qui cumulait les fonctions de conseiller général et régional. Et elles modifient les appellations traditionnellement utilisées au niveau départemental, en substituant les mots « conseil départemental » et « conseiller départemental » aux expressions antérieures de « conseil général » et de « conseiller général ».

Ces lois instaurent la représentation proportionnelle dans toutes les communes de plus de 1 000 habitants (contre 3 500 auparavant) : cela étend le **scrutin de liste** à 6 500 communes supplémentaires. Elles introduisent aussi le **suffrage universel direct** pour l'élection des conseillers siégeant dans les EPCI à fiscalité propre (communautés de communes, communautés d'agglomération, communautés urbaines et métropoles, voir page 88 et suivantes). Enfin, elles confirment la durée du mandat des conseils départementaux, mais prévoient leur renouvellement intégral tous les six ans (aux lieu et place du renouvellement par moitié tous les trois ans qui s'appliquait aux conseils généraux). Elles modifient néanmoins les conditions de leur élection, en substituant au traditionnel scrutin uninominal l'élection d'un **binôme mixte**.

a) La parité

La révision constitutionnelle de 1999 a prévu que « *la loi favorise l'égal accès des femmes et des hommes aux mandats électoraux et aux fonctions électives* ». Le principe de parité doit, en conséquence, être appliqué à toutes les élections locales reposant sur un scrutin de liste à représentation proportionnelle ; en particulier, il vaut, dès 2014, dans toutes les communes de plus de 1 000 habitants. Les listes doivent être composées alternativement d'un candidat de chaque sexe. En outre, le nouveau mode d'élection des conseillers départementaux renforce évidemment l'importance du principe, en l'introduisant dans le cadre d'un scrutin binominal majoritaire.

Le scrutin de liste

L'application du scrutin de liste limite les élections partielles dans les communes de plus de 1 000 habitants. Lorsqu'un siège devient vacant par décès, démission ou empêchement de son titulaire, il est immédiatement pourvu par le premier membre non élu de la liste correspondante. La loi a néanmoins prévu divers cas où de nouvelles élections s'avèrent nécessaires. Les deux hypothèses principales sont celle où il y a lieu à réélection du maire et celle où le nombre des sièges vacants excède le tiers de l'effectif du conseil.

b) L'élection du conseil municipal

Il est élu au **suffrage universel direct** pour une durée de **six ans**. La commune forme en principe une circonscription unique, sauf si elle comporte plusieurs centres ou résulte d'une fusion. Sont en principe éligibles les électeurs inscrits dans la commune (résidents, citoyens inscrits au rôle des contributions directes, ressortissants des autres États de l'UE).

Le nombre de **conseillers** municipaux varie de sept pour les communes de moins de 100 habitants à soixante-neuf pour celles de plus de 300 000. Le mode de scrutin a beaucoup varié dans le temps ; il est désormais fixé par les articles L. 252 et suivants du Code électoral et il varie selon la taille de la commune.

– Dans les communes de **moins de 1 000 habitants** (74 % des communes françaises), le conseil municipal est élu au scrutin majoritaire à deux tours. Les candidats peuvent se présenter groupés en listes, complètes ou incomplètes, ou isolés. La déclaration de candidature est obligatoire et seuls peuvent se présenter au second tour les candidats ayant obtenu un nombre de voix au moins égal à 10 % des suffrages exprimés au premier tour, sauf si leur nombre était inférieur à celui des sièges à pourvoir. Le panachage[25] est autorisé, mais l'adjonction de noms de personnes non candidates est interdite. Sont élus les candidats ou les listes qui obtiennent au premier tour un nombre de voix représentant à la fois la majorité absolue des suffrages exprimés et le quart des électeurs inscrits ou, à défaut, la majorité relative au second tour.

– Dans les communes de **plus de 1 000 habitants**, le principe est aussi celui du scrutin de liste majoritaire à deux tours. Mais les listes doivent être complètes et elles sont bloquées, ce qui interdit le panachage. Avant 1982, le principe majoritaire était absolu et la liste qui obtenait soit la majorité absolue des suffrages exprimés au premier tour, soit la majorité relative au second tour emportait la totalité des sièges. Ce système a été jugé peu démocratique, dans la mesure où il privait de toute représentation des minorités parfois très importantes. La loi de 1982 a donc cherché la conciliation entre deux principes opposés : garantir, grâce au principe majoritaire, l'existence de majorités municipales solides ; assurer cependant la représentation

25. Système qui permet aux électeurs de choisir des candidats figurant sur des listes différentes, à condition de ne pas dépasser le nombre total de sièges à pourvoir.

des minorités en introduisant une dose limitée de *représentation proportionnelle*.

Depuis cette loi, si une liste obtient la majorité des suffrages exprimés au premier tour, on lui attribue, au titre d'une première répartition, 50 % des sièges à pourvoir. Les 50 % restants sont ensuite répartis proportionnellement entre toutes les listes ayant obtenu au moins 5 % des voix, y compris la liste gagnante.

Si aucune liste n'obtient la majorité absolue au premier tour, un second tour est organisé. Ne peuvent s'y présenter que les listes ayant obtenu au moins 10 % des suffrages exprimés au premier tour. Celles-ci peuvent cependant être modifiées pour laisser place à des membres d'une autre liste qui s'était présentée au premier tour, à condition qu'elle y ait elle-même obtenu au moins 5 % des suffrages. La liste qui obtient la majorité relative au second tour remporte dans un premier temps la moitié des sièges à pourvoir. Les 50 % restants sont ensuite répartis entre toutes les listes ayant obtenu des voix, y compris la liste gagnante, à la représentation proportionnelle.

– Paris (163 conseillers municipaux), Marseille (101 conseillers) et Lyon (63 conseillers) sont soumis à des **règles particulières** : les élections y sont organisées dans le cadre des arrondissements ou des secteurs qui découpent la ville. Au nom du principe de l'égalité devant le suffrage (voir page 37), le Conseil constitutionnel a censuré, dans une décision du 26 mai 2013, le tableau fixant la répartition des sièges entre les arrondissements de Paris. En garantissant un minimum de 3 conseillers à chacun d'eux, la loi créait en effet des déséquilibres démographiques trop importants. Abandonnant l'idée de représentation minimale, une loi du 5 août 2013 établit un nouveau tableau et redistribue les sièges sur des bases plus égalitaires (de 1 à 18 sièges à pourvoir selon la taille de l'arrondissement).

c) L'élection des conseillers départementaux

La loi de 2013 modifie profondément le mode d'élection des conseillers départementaux. Les départements sont, en effet, très mal placés au palmarès de la parité, avec seulement 13,8 % de femmes au sein des conseils et quatre présidentes pour un total de 101 départements. Afin d'y remédier, la loi dispose qu'à partir de 2014, deux conseillers sont élus par canton, au scrutin majoritaire à deux tours, les candidats se présentant en binômes composés obligatoirement d'une femme et d'un homme. Leur mandat dure 6 ans et le renouvellement des conseils se fait intégralement. L'application de la réforme exige une réduction du nombre des cantons, qui sera désormais égal, pour chaque département, à la moitié du nombre de cantons existant au 1er janvier 2013. Est élu au premier tour le binôme ayant obtenu la majorité absolue des suffrages et un nombre de voix au moins égal au quart des électeurs inscrits. Ne peuvent en principe se présenter au second tour que les binômes ayant obtenu un nombre de voix égal à 12,5 % des inscrits.

d) L'élection des conseillers régionaux

Les conseillers régionaux sont élus pour 6 ans au scrutin de liste. Les conseils sont renouvelés intégralement et les élections régionales sont couplées avec les élections départementales. Les listes, établies au niveau régional, sont bloquées et elles sont divisées en autant de sections qu'il y a de départements dans la région. La déclaration de candidature est obligatoire. Est déclarée élue au premier tour la liste qui obtient la majorité absolue des suffrages. Si aucune liste ne se trouve dans cette situation, on procède à un second tour de scrutin.

La liste arrivée en tête au second tour se voit attribuer le quart des sièges à pourvoir. Les sièges restants sont répartis entre toutes les listes ayant obtenu au moins 5 % des suffrages à la proportionnelle. Ils font en définitive l'objet d'une répartition entre les sections départementales au prorata des voix obtenues dans chaque département.

e) Le conseil économique, social et environnemental régional

L'organisation régionale comporte une originalité par rapport aux autres niveaux de l'administration locale. Elle se caractérise en effet par une sorte de *bicaméralisme*, puisque le conseil régional est flanqué d'une seconde assemblée : le **conseil économique, social et environnemental régional (CESER)**. Ce bicaméralisme est cependant très inégalitaire, dans la mesure où seul le conseil régional dispose de pouvoirs de décision, les compétences du CESER étant exclusivement consultatives. Cette consultation est parfois obligatoire : il *doit* être saisi pour avis, avant leur examen par le conseil régional, de toutes les orientations relatives au budget de la région, de tous les documents relatifs à la préparation ou au compte rendu d'exécution de la planification nationale ou régionale et de tous ceux relatifs aux schémas et programmes établis dans les domaines de la compétence régionale. Par ailleurs, il *peut* être saisi, par le président du conseil régional, d'une demande d'avis ou d'études sur tout projet à caractère économique, social ou culturel. Il peut enfin émettre un avis de sa propre initiative sur toute question entrant dans les compétences de la région.

Le nombre des membres du CESER, qui sont désignés pour une période de **six ans**, varie selon les régions entre 40 et 110. Ceux qui représentent les entreprises et activités non salariées ou les syndicats de salariés (chacune de ces deux catégories devant constituer au moins 35 % du conseil), ou bien les organismes participant à la vie collective de la région (25 % au moins) sont désignés par les organisations qu'ils représentent ; les personnalités qualifiées concourant au développement régional (5 % au plus) le sont par le préfet de région.

Le **président** du CESER est élu pour trois ans par le conseil ; il est rééligible. Le règlement intérieur du conseil fixe les conditions d'élection du bureau, avec pour seule obligation de veiller à la parité en son sein du nombre de représentants des entreprises et des organisations de salariés.

f) La dissolution des conseils

Le mandat des assemblées locales peut être abrégé par leur dissolution. En vertu du principe « *pas de tutelle sans texte* », celle-ci ne peut être prononcée que dans les conditions et pour les motifs expressément prévus par la loi.

– En cas d'urgence, un **conseil municipal** peut être **suspendu**, pour une durée pouvant aller jusqu'à un mois, par arrêté préfectoral motivé. Le ministre de l'Intérieur en est immédiatement informé. Le conseil municipal peut être également **dissous**, mais par décret motivé pris en conseil des ministres. La loi n'ayant pas précisé les motifs de la dissolution, c'est la jurisprudence qui a dû combler cette lacune. Le Conseil d'État a donc indiqué que seule l'existence de dissensions graves empêchant le bon fonctionnement du conseil pouvait justifier une telle décision.

La dissolution s'accompagne de la mise en place d'une délégation spéciale, composée de trois à sept membres, qui ne pourra décider que des actes ordinaires et quotidiens ou des actes urgents. Les *élections doivent être organisées dans les deux mois*, sauf si le renouvellement général de l'ensemble des conseils municipaux doit intervenir dans les trois mois.

– Le **conseil général** et le **conseil régional** peuvent être **dissous** par décret motivé pris en conseil des ministres lorsque leur fonctionnement se révèle impossible. Le Parlement doit en être informé dans les plus brefs délais. C'est le président du conseil général ou régional qui est alors chargé de l'expédition des affaires courantes jusqu'à l'élection du nouveau conseil, celle-ci devant en principe intervenir dans les deux mois. Les décisions du président ne sont exécutoires qu'avec l'accord de l'autorité préfectorale (préfet de département pour le conseil général, de région pour le conseil régional). Ces dispositions sont en grande partie théoriques : on ne connaît en effet que deux exemples de dissolution d'un conseil général depuis 1871 et un seul exemple pour un conseil régional depuis 1982.

2. La désignation et le mandat des exécutifs locaux

Là aussi, les principes généraux sont les mêmes pour les trois niveaux d'administration locale : les exécutifs sont élus par les assemblées. Ils se caractérisent par l'importance de leur chef, qui dispose de nombreux pouvoirs propres. Enfin, les exécutifs sont largement protégés contre la contestation politique des assemblées élues.

a) Le maire et ses adjoints

Depuis les débuts de la IIIe République, exception faite de la période de Vichy, le maire est **élu en son sein par le conseil municipal**. Le maire et les adjoints, qui sont obligatoirement de nationalité française, forment la municipalité. Le maire est élu lors de la première séance suivant l'élection du conseil, au scrutin uninominal, secret, à la majorité absolue aux deux premiers tours et à la majorité relative au troisième. Les **adjoints**, dont le nombre est fixé librement entre un et vingt par le conseil municipal, sans pouvoir excéder 30 % de son effectif, sont élus au scrutin de liste, la composition de celles-ci respectant le principe de parité. L'élection d'un nouveau maire entraîne nécessairement une nouvelle élection des adjoints. Les adjoints n'ont aucune attribution propre ; ils ne tiennent leur compétence que de la volonté du maire, exprimée par une *délégation* établie selon une formulation précise, concernant soit un territoire géographique, soit un secteur d'activité déterminé. Cette délégation peut être retirée à tout moment à un, à quelques-uns ou à tous les adjoints, de façon totalement discrétionnaire. En cas d'indisponibilité du maire, les adjoints peuvent le suppléer dans l'ordre du tableau.

Le mandat du maire et des adjoints est de **six ans**. Il peut être interrompu dans deux cas : *démission*, adressée au préfet du département et qui ne devient définitive qu'une fois acceptée, ou *décès*. En cas de faute, le maire ou les adjoints peuvent être suspendus par arrêté ministériel motivé pour une durée au plus égale à un mois ; ils peuvent aussi être révoqués par décret pris en conseil des ministres et seront en ce cas inéligibles pendant l'année qui suit, sauf en cas d'élections municipales générales.

Le maire n'est pas responsable devant le conseil municipal. Lorsqu'un conflit entre eux entraîne l'impossibilité de fonctionner (par exemple, parce que le conseil municipal refuse de façon systématique le vote du budget), la seule solution est la dissolution du conseil dans les conditions déjà évoquées.

b) Les exécutifs départemental et régional

Le président du conseil général est **élu en son sein par le conseil**, à la première séance suivant le renouvellement partiel, pour une durée de trois ans. Le quorum des présences à l'occasion de cette séance est fixé aux deux tiers des membres de l'assemblée. Les modalités de l'élection sont identiques à celle du maire (majorité absolue aux deux premiers tours, relative au troisième). En même temps que le président, on élit la **commission permanente** du conseil général, qui peut se voir déléguer certaines attributions par le conseil, à l'exception des compétences budgétaires.

Un temps supprimée, rétablie par la loi du 6 février 1992, la commission est composée du président, de quatre à quinze vice-présidents susceptibles d'assurer sa suppléance éventuelle en cas d'empêchement, sous réserve que leur nombre ne dépasse pas 30 % de l'effectif du conseil, et éventuellement d'un ou plusieurs membres. Lorsqu'il existe un consensus pour la désignation des membres de la commission, ce qui implique qu'une seule candidature soit déposée pour chacun des postes à pourvoir, les désignations sont entérinées sans élection. Dans le cas contraire, les membres sont élus au scrutin de liste, à la représentation proportionnelle, sans panachage ni vote préférentiel. Ceci, pour assurer la représentation des groupes minoritaires au sein de l'exécutif.

Le président du conseil général a le libre choix de ceux des vice-présidents à qui il donnera *délégation* pour l'exercice de certaines attributions. Il choisira bien entendu ceux qui font partie de la majorité départementale. La réunion du président et des vice-présidents ayant reçu délégation constitue le *bureau* du conseil général.

Les dispositions concernant la **région** ont été calquées sur celles qui sont applicables au département. L'élection du président se fait donc dans des conditions identiques, et les règles concernant la commission permanente et le bureau sont les mêmes. Le nombre des vice-présidents varie entre quatre et quinze sans pouvoir excéder 30 % de l'effectif du conseil. Il n'existe aucune disposition prévoyant la révocation éventuelle du président du conseil régional, pas plus d'ailleurs que celle du président du conseil général.

3. Le statut des élus locaux

Des **inéligibilités** ou des **incompatibilités** peuvent frapper les élus locaux. Certaines sont générales et s'appliquent à n'importe quelle élection (voir page 39). D'autres sont spécifiques à telle ou telle élection locale : ce sont toutes celles qui visent à garantir l'indépendance tant de l'élu que des électeurs. Cela explique, par exemple, l'interdiction de se présenter aux élections municipales opposée à tous les fonctionnaires exerçant ou ayant récemment exercé une fonction d'autorité dans une circonscription englobant la commune. Si l'inéligibilité ou l'incompatibilité surviennent en cours de mandat, elles entraînent la démission d'office du conseiller, prononcée par le préfet. Mais les questions les plus importantes concernent les deux aspects suivants.

a) Le cumul des mandats

C'est une particularité française. En dehors des grands bouleversements politiques marqués par l'avènement de majorités différentes ou renforcées et où apparaissent de nombreux députés nouveaux (en 1962, 1981, 2002), la conquête préalable de mandats politiques locaux apparaissait souvent comme la condition d'une carrière politique nationale, et le fait de les garder comme une garantie de la longévité de celle-ci. Cette situation a souvent été critiquée : on lui reproche le « mélange des genres » et l'imbrication fréquente des intérêts et des responsabilités qu'elle entraîne. La complexification croissante des problèmes à traiter, les exigences de compétence et de technicité que requiert de plus en plus l'exercice des mandats politiques à tous les niveaux exigent en outre une disponibilité que l'accumulation des charges ne permet pas toujours[26]. C'est pourquoi des lois successives et en particulier celle, modifiée, du 5 avril 2000, ont réduit, malgré les réticences manifestées par les parlementaires, le nombre des cumuls autorisés : **interdiction** de cumuler plus de deux des mandats électoraux qu'elles énumèrent (mandat parlementaire européen ou national, mandat dans une assemblée régionale, départementale ou dans un conseil municipal d'une commune de plus de 3 500 habitants). La loi interdit en outre le cumul entre deux fonctions exécutives locales[27]. Un projet de loi, qui fait l'objet fin 2013 d'âpres disputes entre l'Assemblée nationale et le Sénat, propose l'interdiction du cumul entre une fonction locale et l'exercice d'un mandat parlementaire national ou européen (voir p. 39).

b) Les moyens des élus locaux

Cette question va de pair avec une autre : si l'on attend des responsables davantage de disponibilité pour leur mandat local, il faut leur en donner les moyens. Divers articles du Code général des collectivités territoriales (CGCT) prévoient donc des possibilités d'aménagement de leur vie professionnelle (autorisations d'absence...) pour faciliter l'exercice du mandat local. Ils accordent aussi des possibilités de formation aux élus locaux.

En principe, le mandat local n'est pas rémunéré. Mais, pour tenir compte de la réalité de la charge qu'il représente, la loi a établi un système d'**indemnités de fonction** fixées par les collectivités locales elles-mêmes, en référence à l'échelle indiciaire de la fonction publique, et dont le montant s'est considérablement accru depuis le début des années 2000. Le cumul des indemnités est d'ailleurs sans doute une des raisons des réticences fortes des élus nationaux et locaux à la réglementation du cumul des mandats. Il existe également une protection sociale et un régime de retraite.

5. Le principe de libre administration des collectivités territoriales

Les collectivités territoriales s'administrent librement par des conseils élus, dit la Constitution. La loi en tire deux conséquences : le principe représentatif et la notion d'affaires locales. Par ailleurs, comme on l'a dit, les articles 37-1 et 72 de la Constitution leur accordent des pouvoirs d'expérimentation.

1. Le principe représentatif

L'idée que l'administration est confiée à des conseils a rendu le Conseil d'État très longtemps hostile à la pratique du référendum au niveau local. Il considérait, par exemple, qu'en faisant précéder leur décision d'un référendum par le verdict duquel ils se sentaient engagés, un maire ou un conseil municipal transféraient illégalement leur pouvoir de décision à d'autres et que cela était constitutif d'une incompétence. Le développement de la décentralisation a mis fin à cette jurisprudence en autorisant, avec l'article LO 112-1 et suivants du CGCT, l'organisation de référendums locaux. L'assemblée délibérante d'une collectivité territoriale ou son exécutif peuvent soumettre à référendum local tout projet tendant à régler une affaire de leur compétence.

La loi avait cependant restreint la portée du référendum local, puisqu'elle subordonnait son utilisation à la condition que *« la délibération décidant la consultation indique expressément que cette consultation n'est qu'une demande d'avis »*, qui ne liait pas l'autorité compétente. Le seul cas où le référendum avait une portée décisionnelle concernait l'hypothèse des votes organisés sur les projets de fusion de communes.

En 2003, l'article 72-1 de la Constitution a apporté deux novations : d'une part, le référendum a été étendu à tous les niveaux de collectivités territoriales ; d'autre part, et surtout, ces référendums ont maintenant une portée décisionnelle. La loi organique du 1er août 2003 (articles LO 1112-1 et suivants du CGCT) a déterminé les conditions dans

---

26. Lors de l'affaire dite « du sang contaminé », on avait reproché à certains ministres, parce qu'ils étaient élus locaux, de ne pas être en permanence dans leur ministère et de laisser de ce fait trop d'influence à leurs conseillers.

27. A la fin des années 1970, par exemple, le cumul par Jacques Chirac des fonctions de président du conseil général de la Corrèze et de maire de Paris a soulevé bien des polémiques.

lesquelles un référendum peut être organisé. L'adoption du projet suppose une participation au vote au moins égale à la moitié des électeurs inscrits et une majorité des suffrages exprimés. Mais cette possibilité est très rarement utilisée : depuis l'entrée en vigueur de la loi, aucun référendum n'a été organisé au niveau régional ou départemental et une petite dizaine seulement au niveau communal.

a) Le référendum local décisionnel

Le référendum est décidé par l'organe délibérant. Mais seul l'exécutif peut en proposer l'organisation, s'agissant des attributions qu'il exerce. La question posée, dont le juge peut contrôler le libellé pour vérifier par exemple si elle est claire, peut porter sur tout sujet relevant des compétences de la collectivité. Le projet présenté est approuvé si la moitié des électeurs inscrits ont pris part au vote et s'il a obtenu la majorité des voix.

Les controverses juridiques se sont désormais déplacées sur deux autres plans : d'une part, lorsque certaines majorités locales ont été tentées d'organiser des référendums locaux portant sur des objets relevant de la compétence de l'État (par exemple, un projet d'autoroute ou de construction d'un aérodrome), ces référendums ont été déclarés illégaux par le juge administratif. D'autre part, certaines communes ont récemment souhaité faire participer aux référendums qu'elles ont organisés des habitants qui, n'étant ni français, ni originaires d'un État membre de l'Union européenne, n'ont pas le droit de vote aux élections locales ; là encore, cela s'est conclu par des décisions d'annulation de la part des tribunaux saisis.

b) Le référendum consultatif d'initiative populaire

La loi du 4 février 1995 avait reconnu la possibilité d'une initiative populaire dans le cadre communal : cette possibilité a été étendue, de façon générale, aux autres collectivités territoriales et aux EPCI (voir page 89) par la loi du 3 août 2004. Elle permet au cinquième des électeurs inscrits dans une commune (au dixième dans un département ou une région) d'exercer un droit de pétition pour demander à l'assemblée délibérante d'une collectivité l'organisation d'un référendum sur une question relevant de sa compétence. Un même électeur ne peut pas signer plus d'une demande de référendum par an. Ce référendum d'initiative populaire n'a pas de caractère décisionnel : la loi prévoit que les électeurs sont seulement *« consultés »* pour *« une demande d'avis »* et que l'autorité compétente arrête sa décision *« après avoir pris connaissance du résultat de la consultation »*.

2. Les attributions des collectivités territoriales

On l'a dit plus haut, la construction de l'organisation administrative française a longtemps reposé sur le principe de la **co-administration**. Si les organes délibérants étaient spécialisés dans la gestion des affaires locales, la situation des organes exécutifs était plus complexe. Une autorité décentralisée, le *maire*, s'était vu attribuer, par la loi de 1884, des pouvoirs dans des matières relevant de la compétence de l'État ; et un fonctionnaire déconcentré, le *préfet*, des compétences exécutives qui en faisaient un organe départemental. La loi de décentralisation de 1982 a partiellement mis fin à ce mélange des genres. Si elle a maintenu la situation du maire, elle a cantonné le préfet dans un rôle exclusif d'agent de l'État et a logiquement confié, au nom du principe « chacun chez soi », les fonctions d'exécutif départemental et régional aux présidents des assemblées délibérantes locales.

a) Le maire, agent de l'État

– En définissant les **pouvoirs du maire**, les articles L. 2122-21, L. 2122-24 et 2122-27 du CGCT distinguent **trois catégories** : ceux qu'il exerce *« sous le contrôle du conseil municipal et sous le contrôle administratif du représentant de l'État dans le département »*, ceux qu'il exerce uniquement *« sous le contrôle administratif »* de celui-ci et ceux qu'il exerce *« sous son autorité »*. Dans le premier cas, il agit en tant qu'organe de la commune et il exécute des décisions prises par le conseil municipal ; dans le deuxième, il a des pouvoirs « propres » et est indépendant du conseil. Dans ces deux hypothèses, il est soumis à la tutelle du préfet ; au contraire, dans l'exercice du troisième type de pouvoir, il est agent de l'État et le préfet dispose à son égard d'un pouvoir hiérarchique.

– La **commune** est donc aussi une circonscription de l'**administration d'État**, au niveau de laquelle sont réglés nombre de problèmes relevant de la compétence de celui-ci.

• Le maire est ainsi chargé de la *publication et de l'exécution des lois*. La mairie est un lieu où le *Journal officiel* peut être consulté par les administrés et un bureau de renseignements sur des points touchant à l'application et à l'exécution de diverses lois particulières (par exemple, dans les domaines de l'assistance, de l'octroi de certaines allocations, etc.). Également chargé de l'exécution des mesures de sûreté générale, le maire s'est vu confier par les textes des missions spéciales, comme l'organisation des élections ou la délivrance des permis de construire.

• Il est *officier de police judiciaire*, en vertu de l'article 16 du Code de procédure pénale, mais les pouvoirs qui en résultent (possibilité de procéder à des arrestations, de recueillir des témoignages, de faire des constatations sur le lieu d'infractions, etc.) ne sont plus utilisés pour des raisons tenant autant à un manque de compétence technique et de moyens qu'à la large implantation des services de police et de gendarmerie.

• Il est *officier d'état civil*, placé sous le contrôle du procureur de la République. Même si l'établissement des actes de naissance, de mariage ou de décès ou l'inscription des mentions marginales sur les registres d'état civil sont désormais des fonctions accomplies par des employés communaux, au moins dans les communes ayant une certaine importance, c'est en son nom qu'ils les exercent. C'est lui ou les adjoints délégués qui célèbrent les mariages.

Les **fautes** commises dans l'exercice de ces missions au nom de l'État engagent la responsabilité de celui-ci et non celle de la commune.

b) La gestion des affaires locales : les attributions des organes locaux délibérants

Selon l'ancien texte de l'article 1111-2 du CGCT, « *les communes, les départements et les régions règlent par leurs délibérations les affaires de leur compétence* ». Cette formule instituait ce que l'on appelle « une clause générale de compétence ». Les lois de décentralisation avaient pour objectif de définir des blocs de compétence clairs, qui auraient dû interdire tout chevauchement d'attributions entre l'État et une collectivité territoriale ou entre les diverses collectivités territoriales. Ce principe avait d'autant plus d'importance que l'article L. 111-3 du même Code interdit toute tutelle, « *sous quelque forme que ce soit* », d'une collectivité locale sur une autre.

La réalité était cependant toute différente : d'une part, parce que certaines lois affirmaient l'existence de compétences multiples dans un même domaine; d'autre part, parce que le développement de la pratique des financements croisés, souvent décidés à la demande de l'État lui-même, amenait régulièrement l'intervention de collectivités locales dans des domaines ne relevant pas en principe de leurs compétences[28]. La loi de 2010 limite les domaines partagés et les possibilités de financements croisés, qui ne subsisteront que lorsque l'État y trouvera son intérêt. Par ailleurs, l'existence du schéma d'organisation des compétences et de mutualisation des services donnera une certaine souplesse à la répartition des compétences des départements et des régions.

- **Les attributions du conseil municipal**

Pour les définir, l'article L. 2121-29 du CGCT, qui reprend les termes de la loi de 1884, utilise une formule très synthétique : « *Le conseil municipal règle par ses délibérations les affaires de la commune.* » Cela recouvre trois grandes catégories de tâches, que le conseil municipal exerce en se réunissant au moins une fois par trimestre.

– Le conseil municipal assure des **missions de gestion** importantes : en particulier, il gère et entretient le domaine public communal, et crée et gère les services publics municipaux. Il ne dispose cependant pas d'une liberté pleine et entière dans ce dernier domaine. La création de certains services publics lui est en effet imposée par la loi, comme le service de l'état civil ou du cadastre; celle d'autres services qui par exemple excéderaient la notion d'affaires communales, lui est interdite.

Mais la question la plus importante concerne la compétence du conseil municipal pour créer des services publics industriels et commerciaux risquant de faire concurrence à l'initiative privée. Le Conseil d'État avait longtemps été hostile à ce que l'on appelait le *socialisme municipal*. Les textes avaient cependant évolué, en particulier avec des décrets de 1926, puis de 1955, reconnaissant une certaine compétence aux communes pour intervenir dans le secteur économique et social. Le Conseil d'État a donc modifié sa position. Il a commencé à admettre la création de tels services lorsque, en raison d'une carence de l'initiative privée, les besoins de la population locale n'étaient pas du tout ou très insuffisamment couverts[29]. Par la suite, il a interprété cette notion d'insuffisance en termes qualitatifs et non plus seulement quantitatifs[30].

– Le conseil municipal **vote le budget** : les *recettes* des communes sont d'abord constituées par les impôts. La fiscalité locale pose cependant problème pour deux raisons. D'abord, surtout pour ce qui concerne les impôts directs, sa structure est ancienne et rigide, peu adaptée à la vie économique moderne et à l'évolution des activités communales. D'autre part, ces recettes sont très disparates d'une commune à l'autre et conduisent à des inégalités flagrantes. Les écarts entre les budgets des communes sont considérables. Selon un rapport de l'ancien Commissariat général du Plan publié en janvier 2002, le rapport entre la commune la plus pauvre et celle qui dispose des ressources fiscales les plus importantes varie de 1 à 12000. Les recettes issues des entreprises varient de 1 à 908. Et le système de péréquation que l'État s'efforce de mettre en place à travers ses **dotations** aux communes, dont un peu plus du tiers se consacre à cet objectif, est loin de corriger la situation puisqu'il ne réduit les disparités que de 30 %.

Le second poste important est constitué par des *subventions de l'État*. Depuis les lois de décentralisation, ces subventions sont de plus en plus globales, pour faciliter l'autonomie locale : dotation générale de décentralisation, pour compenser les charges résultant des transferts de compétences en provenance de l'État, dotation globale de fonctionnement, dotation globale d'équipement[31].

– Les communes voient désormais leurs tâches s'étendre bien au-delà de la gestion courante. A partir des années soixante, puis avec les lois de décentralisation et les transferts de compétences en provenance de l'État, leur rôle s'est **considérablement accru** dans les secteurs de l'urbanisme, du logement, de l'emploi et de l'aménagement des zones d'activités économiques, dans les domaines sanitaire, social et culturel (équipements éducatifs, culturels, sportifs...). Nous en verrons plus loin les conséquences sur la coopération intercommunale, où nous constaterons

28. Un exemple caractéristique : c'est en principe l'État qui est le seul responsable de l'enseignement supérieur; on a pourtant vu, y compris à sa demande, de nombreux exemples d'interventions financières de collectivités locales en matière d'équipement universitaire. Il est vrai qu'en ne prévoyant un financement par chaque collectivité des projets relevant des domaines de compétences qui lui ont été dévolus par la loi que « par priorité », l'article L. 1111-4 du CGCT n'exclut pas que chacune intervienne aussi dans le domaine de l'autre. En cas de coopération de plusieurs collectivités pour l'exercice d'une compétence, la loi peut autoriser l'une d'entre elles à organiser les modalités de leur action commune.

29. Il avait ainsi refusé d'admettre la légalité d'une décision créant une épicerie municipale faute d'une telle carence (30 mai 1930, *Chambre syndicale du commerce en détail de Nevers*). Il a, en revanche, régulièrement admis l'ouverture de bains-douches.

30. Il a, par exemple, admis la création d'un cabinet dentaire par une municipalité, compte tenu non seulement de « *la carence de l'équipement hospitalier et du nombre insuffisant de praticiens privés* », mais aussi du fait que « *ceux-ci pratiquaient en fait, pour la plupart du moins, des tarifs supérieurs aux tarifs de responsabilité de la Sécurité sociale* », alors que la population locale était « *constituée en grande majorité de salariés modestes* » (arrêt du 20 novembre 1964, *Ville de Nanterre*; voir également page 114).

31. Les collectivités locales estiment toutefois que le montant de ces subventions n'évolue pas en proportion des nouvelles charges qui leur incombent réellement.

une diversification croissante des situations selon la densité du peuplement.

- **Les attributions du conseil général (futur conseil départemental)**

La gestion des intérêts propres du département appartient au conseil général et à son président. Créé en l'an VIII, le conseil général a reçu son organisation actuelle de la loi du 10 août 1871 qui, même modifiée à de nombreuses reprises, en a posé les bases essentielles et a définitivement établi le principe de l'élection du conseil au suffrage universel. Les lois de décentralisation lui ont donné une assez large latitude d'organisation : il est tenu de se réunir au moins une fois par trimestre, mais peut accroître le nombre de ses réunions à la demande de son bureau ou du tiers de ses conseillers. Les procès-verbaux de ses séances doivent être tenus à la disposition de tout électeur ou contribuable du département.

Les attributions du conseil général ont été **fortement augmentées** par les lois de décentralisation successives. Le département constituant avant tout un échelon de gestion, elles sont essentiellement d'ordre administratif, même si les vœux politiques ne sont plus interdits, comme c'était le cas dans le passé. La loi de 2010 lui retirait cependant le bénéfice de la clause de compétence générale, disposition annulée par le gouvernement Ayrault. Par ailleurs, dans les départements où existeront des métropoles, leurs compétences seront rognées par la création de celles-ci (voir page 92).

– Le conseil général **vote le budget** départemental : celui-ci est bien entendu fortement affecté par l'extension des compétences départementales réalisée dans le cadre de la décentralisation. En principe, en vertu du nouvel article 72-2 de la Constitution, tout transfert de compétences entre l'État et les collectivités territoriales s'accompagne de l'attribution de ressources équivalentes à celles qui étaient consacrées à leur exercice. Les conseils généraux dénoncent cependant souvent un transfert excessif de charges et une certaine hypocrisie de l'État qui, selon eux, ne compense pas toujours les augmentations de dépenses que ce transfert génère, en particulier parce qu'il ne tient pas compte de leur évolution. Un rapport parlementaire, présenté en décembre 2006, remarquait certes que les transferts de recettes font globalement plus que compenser les augmentations de charges. Mais il soulignait aussi qu'il n'y a pas coïncidence entre ceux qui bénéficient des premiers et ceux qui subissent les secondes, et que les inégalités entre départements se creusent. Ceci explique, par exemple, les débats qui ont eu lieu sur le revenu de solidarité active (RSA), ou sur l'aide personnalisée à l'autonomie (voir plus haut). On a fait remarquer que les dépenses des départements en la matière ont presque doublé entre 2002 et 2004 et que le taux de couverture de l'État n'a pas suivi, puisqu'il est au contraire, dans le même temps, passé de 43 à 37 % : les collectivités territoriales dénoncent donc le poids excessif que cela représente pour leurs budgets sociaux et réclament une révision de la loi.

– Il crée et **gère les services départementaux** dans le cadre des lois qui les réglementent : ses principales activités se situent à ce titre dans les domaines de l'**action sociale**, de l'**hygiène** et de la **santé**.

– Il **gère les biens** du département : il est chargé de la construction et de l'entretien de la **voirie** départementale. La loi de 2004 a, là aussi, transformé massivement des routes nationales en routes départementales (18 000 km) et donc accru les charges pesant sur les départements. Il a la charge des **ports maritimes** de commerce ou de pêche. Les lois de décentralisation l'ont investi de missions importantes dans le domaine de l'enseignement (construction, entretien et fonctionnement des **collèges**) et de la **culture** (bibliothèques ou établissements d'enseignement artistique).

- **Les attributions du conseil régional**

La région a d'abord été imaginée dans une perspective de déconcentration et ce n'est que depuis les années soixante qu'on essaie timidement d'en faire un échelon décentralisé. Dès le départ, cependant, s'était posée une question – celle de la pertinence de l'existence de trois niveaux d'administration locale – qui ouvrait une querelle entre les partisans du département et ceux de la région. Pour donner une certaine spécificité à celle-ci, on avait d'abord insisté sur son rôle économique et on lui avait assigné des missions de type stratégique (planification, aménagement du territoire), par opposition à l'image plus gestionnaire du département. Même si cette opposition reste globalement vraie, la loi de décentralisation de 2004 l'a cependant atténuée en transférant des compétences de gestion à la région, par exemple la responsabilité des personnels techniques, ouvriers et de service des lycées.

– Le conseil régional a pour mission de **promouvoir le développement économique, social, sanitaire, culturel et scientifique** de la région et l'aménagement de son territoire. Il peut donc accorder des aides ou des garanties d'emprunt à des entreprises, décider de participer au capital de sociétés, réaliser des équipements collectifs présentant un intérêt régional ou participer à leur financement.

– Il a des attributions en matière d'**enseignement** et de **recherche** : équipement, entretien et fonctionnement des *lycées*, diffusion et développement de la recherche dans la région. La gestion du secteur de l'apprentissage et de la formation professionnelle lui a été également transférée par les lois de décentralisation.

– D'autres **compétences spécialisées** lui ont été transférées en matière d'environnement, d'urbanisme, de pêche, etc.

– Il a d'importantes attributions en matière de **planification** : en particulier, il délibère sur le projet de **contrat de plan** conclu avec l'État ; ce contrat définit les actions que l'État et la région s'engagent à mener conjointement pendant la durée du plan.

c) Les attributions des organes exécutifs

- **Le maire**

En tant qu'organe de la commune, il dispose à la fois de *pouvoirs propres*, sur l'exercice desquels le conseil municipal ne peut pas intervenir, et d'autres pouvoirs qu'il n'exerce que sous le *contrôle de ce dernier*.

– Le principal pouvoir propre du maire est celui qu'il détient en tant qu'**autorité de police administrative**. Prévu par l'article L. 2212-1 du CGCT, il lui permet de réglementer l'exercice des libertés publiques en prenant toutes mesures propres à prévenir les troubles à l'ordre public (voir pages 111-112) dans des domaines clairement précisés par cet article : **la sécurité, la salubrité et la tranquillité publiques**[32].

Les deux premières notions sont essentiellement techniques et n'ont guère d'implications politiques : la sécurité vise entre autres la police de la circulation et du stationnement des véhicules, la salubrité recouvre la protection de l'hygiène et de la santé publiques. En revanche, la protection de la tranquillité publique touche à des domaines politiquement très sensibles (par exemple, la liberté de réunion ou l'organisation de manifestations). C'est pourquoi une loi du gouvernement de Vichy de 1941, qui ne fut abrogée qu'en 1995, en avait en grande partie retiré l'exercice aux maires dans les villes de plus de 10 000 habitants pour la confier aux préfets (régime de la police d'État). Depuis 1995, la police est étatisée dans toutes les communes chefs-lieux de département; pour implanter la police d'État dans les autres, on appréciera l'importance de leur population, permanente et saisonnière, leur situation dans un ensemble urbain et les caractéristiques de la délinquance. Lorsque l'étatisation est instaurée, le maire perd la gestion des personnels de police dans sa ville et certains de ses pouvoirs en matière de tranquillité publique.

– Pour accomplir ses tâches, le maire dispose d'un **personnel municipal** dont il est le chef hiérarchique. Il est investi du pouvoir de nomination, d'affectation et de révocation, il organise leur activité et signe toutes les mesures individuelles concernant leur carrière. La gestion de ce personnel constitue également une compétence propre, qui avait souvent, dans les années suivant la loi de 1884, été utilisée dans des conditions critiquables (forte politisation). C'est pour apporter à cette gestion équité et cohérence qu'une loi de 1952, modifiée à plusieurs reprises, a établi un **statut des fonctionnaires communaux**. Celui-ci a été totalement rénové, en particulier par la loi du 26 janvier 1984 portant dispositions statutaires relatives à la fonction publique territoriale. S'il appartient aux organes délibérants de créer et de supprimer les emplois, c'est aux organes exécutifs qu'il revient d'y nommer et d'y titulariser les personnes. La loi a créé des **centres de gestion** (établissements publics locaux à caractère administratif), compétents par département pour tous les fonctionnaires territoriaux, et un **Centre national de la fonction publique territoriale** (CNFPT). Ces centres doivent être informés de toute vacance ou création d'emploi et organisent la publicité sur l'existence de postes à pourvoir. Cette procédure a pour but à la fois de permettre la mobilité des fonctionnaires locaux d'une collectivité à l'autre et d'apporter une plus grande homogénéité dans la gestion des carrières, en évitant les disparités entre collectivités.

Par rapport aux autres collectivités territoriales, la multiplicité des communes posait cependant un problème spécifique : nombre d'entre elles n'ont jamais eu d'emploi à temps complet. La loi a donc dû prévoir des dispositions particulières pour ce type de situation (par exemple, en autorisant le recrutement de contractuels).

– La collaboration **entre le maire et le conseil municipal** est celle qui s'établit ordinairement entre un exécutif et un organe délibérant. Le maire est chargé de préparer les décisions avant que le conseil municipal ne les adopte et de les exécuter une fois qu'il l'a fait. C'est en particulier à ce titre qu'il prépare et propose le budget et qu'il ordonnance les dépenses.

– Le maire est devenu un **personnage de plus en plus important** dans sa commune; il a de longue date cessé d'être un simple exécutant des décisions de son conseil municipal. Depuis 1970, la loi l'autorise à bénéficier de délégations de pouvoirs du conseil municipal pour exercer en ses lieu et place de nombreuses et importantes attributions. On assiste donc, au niveau municipal, au phénomène général de personnalisation du pouvoir et au décalage progressif entre la nécessité d'une forte permanence et d'une technicité des fonctions exécutives et le caractère épisodique et moins « professionnel » des fonctions délibérantes. Les transformations du mode de scrutin, garantissant une majorité à l'équipe municipale, ont encore renforcé cette évolution.

En contrepartie, la **responsabilité civile et pénale** du maire s'est accrue, à la fois pour des actes relevant de l'exercice normal des fonctions (en particulier, certains délits non intentionnels) et pour des détournements de celles-ci (phénomènes de corruption, délits d'ingérence ou prises illégales d'intérêts). Certaines affaires retentissantes ont montré l'inquiétude que cette évolution soulevait chez nombre de responsables politiques locaux et provoqué une révision du Code pénal par la loi du 10 juillet 2000, avec pour effet de limiter les hypothèses de responsabilité pour délits non intentionnels.

Le maire **n'est pas politiquement responsable** devant son conseil municipal. En cas de conflit entre les deux, le conseil municipal ne peut pas renverser le maire et sa seule arme réside dans le refus éventuel de voter le budget. Si cela aboutit à un blocage de l'administration de la commune, la seule solution sera une éventuelle *dissolution du conseil*, dans les conditions qui ont été évoquées plus haut.

- **Le président du conseil général**

Il a pour mission essentielle de préparer les **réunions du conseil** : il établit le projet de budget ainsi que les rapports préalables à toute soumission d'affaires au conseil, qu'il a le pouvoir de convoquer et dont il préside les séances. Il exécute les décisions adoptées en faisant percevoir les recettes et en ordonnançant les dépenses prévues au budget, en signant les contrats approuvés par le conseil, en représentant le département en justice et il dispose pour cela des **services du département**. Indépendamment de ceux créés par le conseil général de sa propre initiative, les lois de décentralisation ont procédé à un partage des anciens services de l'État dans le département : certains ont été en grande partie transférés à celui-ci, tels ceux qui gèrent les affaires sanitaires et sociales; d'autres ont été partagés entre l'État et le département, comme ceux qui s'occupent de l'équipement; d'autres enfin sont restés à l'État, mais des conventions passées entre le préfet et le

32. L'exercice de ces pouvoirs est bien entendu soumis au contrôle du juge, qui a par exemple annulé ou atténué les arrêtés municipaux limitant la circulation des jeunes.

président du conseil général permettent à celui-ci de les utiliser en tant que de besoin. Les personnels des services départementaux relèvent de la *fonction publique territoriale*.

Depuis 1982, le président du conseil général dispose de pouvoirs de **police administrative** sur les biens (en particulier les routes) relevant du domaine du département. Il exerce ces pouvoirs en toute indépendance à l'égard du conseil général.

- **Le président du conseil régional**

Il a des attributions calquées sur celles du président du conseil général, à une exception près puisqu'il ne dispose pas de pouvoirs de police administrative.

d) Les pouvoirs d'expérimentation

Depuis sa révision en 2003, la Constitution autorise les collectivités territoriales à mener, à titre expérimental et pour une durée limitée, des politiques publiques dans des domaines ne relevant pas de leurs compétences (art. 37-1) ou à déroger, dans les mêmes conditions, à certaines dispositions législatives ou réglementaires en vigueur (art. 72 al. 4). La loi organique du 1er août 2003 limite à cinq ans la durée maximale de l'expérimentation.

L'article 37-1 autorise les organes de l'État à introduire dans la loi ou le règlement des dispositions à caractère expérimental. C'est sur ce fondement que les attributions des collectivités territoriales peuvent être provisoirement étendues à l'exercice de certaines compétences de l'État. La loi du 13 août 2004 a ainsi défini huit domaines susceptibles de connaître une telle extension. On y trouve, par exemple, la gestion des fonds structurels européens ou l'entretien du patrimoine. C'est aussi sur cette base que pourraient être créés les premiers établissements publics d'enseignement primaire, ce qui représenterait une modification importante du statut des actuelles écoles communales. De même, la loi dite DALO autorise le recours à l'expérimentation pour la mise en place du droit au logement opposable en faveur des personnes défavorisées.

En application de l'article 72, des collectivités peuvent déroger provisoirement, avec l'autorisation de l'État, aux dispositions législatives ou réglementaires en vigueur, sauf dans les domaines où les conditions essentielles de l'exercice d'une liberté publique ou d'un droit constitutionnellement garanti sont en cause ; ce pouvoir permet exceptionnellement aux collectivités bénéficiaires d'élaborer, en lieu et place des autorités nationales, des normes applicables sur leur territoire dans un domaine précis. Cette possibilité a été utilisée à partir de 2007 dans les politiques de lutte contre les exclusions et dans la mise en place du revenu de solidarité active (RSA).

L'expérimentation, dont on connaît déjà divers exemples, n'est possible qu'à la demande de la collectivité concernée, exprimée par une délibération motivée de l'assemblée locale ; elle est autorisée, selon la nature des questions concernées, soit par le Parlement, soit par le gouvernement. Elle doit faire l'objet, à son terme, d'une évaluation par le Parlement et peut ensuite être soit prolongée pour trois ans, avec ou sans modifications, soit généralisée, soit abandonnée.

6. Le contrôle sur les collectivités locales

Il vise à assurer le respect de la **légalité** par ces collectivités.

1. Le contrôle sur les personnes

Les lois de décentralisation ont largement maintenu les règles traditionnelles de la tutelle sur les personnes.

– Le **maire et les adjoints** occupent une position particulière parmi l'ensemble des élus locaux : ils sont en effet les seuls à pouvoir être **suspendus** pendant une durée maximum d'un mois par arrêté ministériel motivé et **révoqués** par décret en conseil des ministres, c'est-à-dire, dans les deux cas, par une autorité de l'État. L'existence de ce pouvoir disciplinaire s'explique par leur *dualité fonctionnelle* : organe de la commune et agent de l'État. En revanche, aucune procédure du même type n'est prévue pour les autres conseillers municipaux, ni pour les élus départementaux ou régionaux. Les mesures de suspension et de révocation, qui ne peuvent être prises qu'après que les intéressés ont été informés des griefs formulés à leur encontre et appelés à fournir des explications, écrites ou orales, s'appliquent à l'ensemble de leurs fonctions. Elles sanctionnent des **fautes graves** commises dans l'exercice de celles-ci (falsification de documents, irrégularités financières), des refus d'obéir aux instructions données [33] ou des comportements contraires à l'intérêt général dont l'élu peut se rendre coupable, soit dans l'exercice de ses fonctions [34], soit en dehors de celles-ci [35].

– Les **conseillers municipaux ou généraux** peuvent être **démissionnés d'office** par décision du tribunal administratif lorsqu'ils ont refusé de remplir une mission qui leur est imposée par la loi (par exemple, la présidence d'un bureau de vote) ; il en va de même pour les **conseillers régionaux**, mais la décision est alors prononcée par le Conseil d'État. Ils peuvent aussi l'être s'ils deviennent inéligibles en cours de mandat : la démission d'office des élus municipaux ou régionaux est en ce cas prononcée par le préfet [36], celle des élus départementaux ne pouvant au contraire émaner que du conseil général [37].

33. CE 1er février 1967, *Cuny* : un maire est suspendu pour avoir refusé de pavoiser les bâtiments publics lors de la commémoration de l'appel du 18 juin.

34. CE 27 février 1981, *Wahnapo* : un maire est suspendu pour avoir tenu des propos outranciers au cours des cérémonies du 11 novembre.

35. CE 12 juin 1987, *Chalvet* : un maire est révoqué après avoir été condamné pour attentat à la pudeur sur des mineurs.

36. De département dans le premier cas, de région dans le second.

37. C'est en principe une obligation, mais elle peut parfois soulever des difficultés. En 1997, par exemple, le conseil général des Bouches-du-Rhône a refusé de prononcer la démission d'office de son président, devenu inéligible à la suite d'arrêts de la Cour des comptes le condamnant pour gestion de fait (sur cette notion, voir page 179 et suivantes).

2. Le contrôle sur les actes

Les lois de décentralisation ont, en revanche, très profondément modifié les règles anciennes de la **tutelle sur les actes des organes locaux**. L'un des principaux changements qu'elles lui ont apporté est constitué par la place beaucoup plus importante que l'exercice du contrôle laisse désormais à des organes juridictionnels.

a) L'annulation des actes illégaux

Les actes illégaux des organes locaux peuvent être annulés. Mais, alors qu'avant 1982 cette annulation était, dans la majeure partie des cas, prononcée par l'autorité préfectorale et que celle-ci pouvait, dans certaines hypothèses, se fonder sur de simples motifs d'opportunité, elle ne peut plus l'être depuis cette date que par le **juge administratif**, et uniquement pour des motifs de légalité.

- **Deux types d'actes des organes locaux**

Les actes les plus importants des organes locaux, dont la liste est donnée par la loi (ce sont principalement les délibérations des conseils, les actes de police administrative, les arrêtés réglementaires des organes exécutifs, divers contrats, à condition qu'ils aient un caractère administratif...), ne deviennent exécutoires qu'après avoir été transmis au préfet. La transmission est donc **obligatoire** pour que l'acte s'applique. La collectivité territoriale est libre de choisir le moment de la transmission, sauf pour les marchés et les actes budgétaires qui doivent être transmis dans les quinze jours. Les autres actes, ceux qui ne figurent pas sur la liste législative et qui sont les plus nombreux, n'ont pas besoin d'être transmis au préfet; ils deviennent exécutoires dès leur publication ou leur notification aux intéressés.

Le préfet a donc nécessairement connaissance des premiers. S'il découvre qu'ils sont illégaux, il peut, dans un délai de deux mois suivant leur réception, les déférer de sa propre initiative au tribunal administratif. C'est ce qu'on appelle le **déféré préfectoral**. En revanche, il n'a pas toujours connaissance des seconds; mais toute personne lésée par un tel acte pourra, dans les deux mois suivant sa publication ou sa notification, soit en demander l'annulation au tribunal administratif, soit dénoncer son éventuelle illégalité auprès du préfet. Ou bien ce dernier partagera cet avis et il déférera l'acte au tribunal administratif dans les deux mois suivant la réclamation; ou il refusera de le faire et la personne concernée pourra alors elle-même intenter un **recours pour excès de pouvoir** contre l'acte litigieux[38] (voir page 142).

- **L'information par le préfet**

Le préfet peut informer l'autorité décentralisée de son intention de déférer l'acte au juge et lui demander de modifier, de retirer ou d'abroger cet acte. Cette demande a pour effet de proroger le délai du déféré qui recommencera à courir, si elle est refusée, à compter de la date du refus, explicite ou implicite. Le préfet peut aussi, pour abréger l'incertitude régnant sur l'exécution de l'acte, indiquer rapidement à l'autorité décentralisée, à la demande de celle-ci, son intention de ne pas déférer l'acte au juge; cela ne l'empêche cependant pas de changer d'avis, à condition qu'il le fasse avant l'expiration d'un délai de deux mois.

b) La suspension de l'exécution de l'acte

Le préfet peut assortir son déféré d'une demande de suspension de l'exécution de l'acte **(référé-suspension)**, que le juge accordera s'il estime qu'au moins un des moyens invoqués crée un **« doute sérieux »** sur la légalité de l'acte. La loi distingue cependant trois cas : dans le cas « normal », le juge dispose d'un mois pour statuer et, tant qu'il ne l'a pas fait, l'acte litigieux s'applique; en revanche, son application sera automatiquement suspendue pendant un mois s'il concerne une question d'urbanisme, de marché ou de délégation de service public et si le déféré est intenté dans un délai de dix jours; enfin, si l'acte litigieux est de nature à compromettre l'exercice d'une liberté publique ou individuelle, la loi organise une procédure d'extrême urgence : la demande de suspension sera examinée par un juge unique (le président du tribunal administratif) qui devra statuer dans un délai de 48 heures (**référé-liberté**, voir page 141).

Si le Conseil d'État est saisi d'un appel, à présenter dans les quinze jours, c'est aussi un juge unique (le président de la section du contentieux ou un conseiller d'État délégué) qui disposera du même délai pour se prononcer.

c) La substitution d'office

Les lois de décentralisation ont également maintenu des pouvoirs de substitution d'office.

– C'est le cas dans diverses hypothèses de **carence** des autorités locales, par exemple lorsque le maire ou le président du conseil général n'exercent pas leur pouvoir de police et qu'existe un danger pour l'ordre public; le préfet peut alors **se substituer à eux** pour prendre les mesures nécessaires, à condition de leur avoir préalablement adressé une mise en demeure restée sans résultat. Il en va de même lorsque les autorités locales n'élaborent pas ou ne modifient pas certains documents d'urbanisme pour les mettre en accord avec la loi dans un certain délai suivant une mise en demeure du préfet.

– C'est aussi le cas en **matière financière**, secteur dans lequel les lois de décentralisation ont cependant introduit un nouvel acteur important, la **chambre régionale des comptes** (voir page 184).

Une collectivité locale a l'obligation de **voter son budget en équilibre réel**. Cela implique d'abord que les recettes et les dépenses aient été évaluées de façon sincère, sans surestimation ni sous-estimation; qu'il n'y ait pas de déficit; et que l'on n'ait pas conclu de nouveaux emprunts pour assurer le remboursement de ceux qui sont en cours. Le budget doit avoir été adopté avant le 31 mars de l'année où il s'applique. Si ces conditions ne sont pas remplies (budget non voté à temps ou voté en déséquilibre), le préfet doit saisir la chambre régionale des comptes en lui fournissant toutes les informations nécessaires à l'établissement du budget, dont la liste est fournie par la loi.

38. Le Conseil d'État estime donc que la présentation d'une requête au préfet conserve le délai du recours pour excès de pouvoir : 25 janvier 1991, *Brasseur*. Mais cela ne concerne que les actes non soumis à transmission obligatoire. Pour les autres, la prorogation du délai est expressément interdite par la loi.

La chambre doit, après avoir entendu les explications de la collectivité, faire, dans le délai d'un mois, toutes propositions pour rectifier la situation. Le préfet règle alors le budget, soit en suivant purement et simplement les propositions de la chambre, soit en s'en écartant; il doit, dans ce dernier cas, s'en expliquer par une décision motivée.

Lorsqu'une autorité décentralisée n'a pas inscrit à son budget une **dépense** que la loi rend pour elle **obligatoire**[39], le préfet saisira la chambre régionale des comptes[40]; celle-ci, après mise en demeure de la collectivité restée sans effet, demandera au préfet d'inscrire la dépense, en proposant la compensation de ce surcroît de charges. Le préfet suivra la chambre ou, s'il préfère une autre solution, devra la justifier par décision motivée. Au cas où, après le vote du budget, la collectivité ne prend pas les dispositions nécessaires au mandatement de dépenses obligatoires, le préfet peut y procéder d'office, après lui avoir adressé une mise en demeure.

Normalement, le principe de la décentralisation **exclut** toute idée d'instruction du contrôleur au contrôlé. Pourtant, en observant la pratique administrative, on pouvait souvent constater que ce pouvoir d'instruction arrivait à se développer par deux procédés bien connus : celui de la « *carotte* » (respectez un modèle type et on vous facilitera la réalisation de l'opération souhaitée, par exemple par l'octroi de subventions) et celui du « *bâton* » (si vous ne respectez pas le modèle type, ne comptez sur aucune facilité). On voyait ainsi se développer, sans base légale, les procédés dits de « *tutelle réglementaire* » ou de « *tutelle technique* » à l'égard des collectivités territoriales. Sans les faire totalement disparaître, les lois de décentralisation se sont efforcées de les alléger, en réduisant le nombre des normes techniques, en exigeant qu'elles ne puissent désormais résulter que de la loi et en leur enlevant fréquemment tout caractère obligatoire.

7. La réorganisation de l'administration communale

Le cadre local actuel a été maintes fois jugé **inadapté**. La France est le pays d'Europe qui compte le plus grand nombre de communes (36 767 en 2013[41], dont plus de 90 % ont une population inférieure à 2 000 habitants). Cet émiettement constituait souvent une gêne à la fois pour la mise en place d'équipements collectifs performants, ceux-ci ayant un coût qui dépasse les ressources d'une petite commune, et pour la résolution des problèmes d'agglomérations urbaines qui débordent le cadre d'une seule commune.

Dans le même temps, on constatait l'émergence de questions pour le traitement desquelles le cadre communal apparaissait parfois trop étendu. On a vu ainsi se développer des **structures infracommunales**. Afin de développer la participation des habitants à la vie locale, diverses dispositions de la loi du 27 février 2002 relative à la démocratie de proximité (intégrée au CGCT) prévoient la création, obligatoire dans les communes de plus de 80 000 habitants, facultative entre 20 000 et 80 000, de *conseils de quartier*, susceptibles d'être consultés et associés à toutes actions concernant le quartier; les communes peuvent aussi créer des *mairies annexes* où sont installés des services municipaux de proximité.

Comme la plupart des pays développés, la France s'est donc trouvée dans l'obligation de réorganiser son administration communale mais, à la différence de ses grands voisins européens, devant la résistance des communes en place et leur refus de disparaître, elle a préféré organiser des structures de **coopération entre communes** existantes plutôt que de recourir à des solutions plus contraignantes en réduisant autoritairement leur nombre. Elles sont fondées sur le volontariat, et leur diversité, même si elle a été réduite, donne à notre organisation locale l'allure de ce qu'on a parfois appelé un « manteau d'Arlequin ».

1. La coopération intercommunale

La coopération entre communes a été prévue dès avant la loi de 1884, puisque celle du 18 juillet 1837 les autorisait déjà à conclure des contrats pour la mise en place *d'ententes ou de conférences intercommunales*, chargées de la construction ou de la gestion d'installations communes.

Un tournant sera pris avec la loi du 22 mars 1890 qui, pour la première fois, permettra à un ensemble de communes de s'associer pour donner naissance à une nouvelle entité, dotée d'une personnalité morale distincte de celle des communes fondatrices, le **syndicat de communes**. En reprenant la même formule juridique, celle de l'établissement public, deux ordonnances du 5 janvier 1959 vont à la fois diversifier et développer la formule du syndicat de communes et ouvrir la voie à des structures d'agglomération : à l'institution des **districts**, créés par ces textes et qui seront supprimés en 1999, s'ajoutera celle des **communautés urbaines**, prévue par la loi du 31 décembre 1966. La loi d'orientation du 6 février 1992 relative à l'administration territoriale de la République, puis celle du 12 juillet 1999 sur le renforcement et la simplification de la coopération intercommunale, rénoveront enfin la question en instituant deux formules nouvelles censées résoudre l'ensemble des questions, puisque celle des **communautés de communes** tend à répondre aux problèmes de l'espace rural, alors que celle des **communautés d'agglomération** s'attache à ceux de l'espace urbain. La loi installe ainsi une distinction essentielle entre deux catégories d'**établissements publics de coopération intercommunale (EPCI)** : ceux qui bénéficient d'une « fiscalité propre », dans la mesure où ils peuvent lever leurs propres impôts (communautés urbaines, d'agglomération ou de communes) et les autres (syndicats) dont le financement des activités dépend des contributions des communes membres.

39. Quelques exemples, parmi bien d'autres : les dépenses relatives à l'aide sanitaire et sociale pour un département, ou celles relatives à la rémunération des agents communaux pour une commune, ou celles relatives aux actions de formation professionnelle pour une région.

40. La chambre peut aussi être saisie par le comptable public (voir page 175) ou par un tiers intéressé.

41. Alors qu'il n'en existait que 90 000 dans l'ensemble des 25 pays qui composaient l'Union européenne en 2006.

Les structures intercommunales au 1er janvier 2013	
Communautés urbaines	
Nombre de groupements	**15**
Nombre de communes concernées	434
Population totale regroupée	7 237 920
Communautés d'agglomération	
Nombre de groupements	**213**
Nombre de communes concernées	4 118
Population regroupée	25 681 987
Communautés de communes	
Nombre de groupements	**2 223**
Nombre de communes concernées	31 428
Population regroupée	27 300 000

Source : ministère de l'Intérieur, de l'Outre-Mer et des Collectivités territoriales, DGCL.

La loi du 16 décembre 2010 a fait cependant à nouveau évoluer la situation de l'intercommunalité qu'elle entendait, selon les termes d'un de ses titres, *« développer et simplifier »*.

a) La réforme de 2010 et « l'achèvement de l'intercommunalité »

Dans le cadre de la volonté de rationalisation et de simplification du paysage administratif français, déjà évoquée (voir page 76), la loi de 2010 a modifié les conditions de la coopération intercommunale. Ses promoteurs affirmaient, dans un premier temps, leur volonté d'**« achever l'intercommunalité »**. Il s'agissait essentiellement d'imposer aux quelque 2 500 communes qui échappaient encore à l'intercommunalité de rentrer dans le rang[42]. Pour cela, la loi a imposé, dans chaque département, l'élaboration, *« au vu d'une évaluation de la cohérence des périmètres et de l'exercice des compétences des groupements existants [...], d'un schéma départemental de coopération intercommunale prévoyant une couverture* ***intégrale*** *du territoire par des EPCI à fiscalité propre[43] »*.

Le projet de schéma, préparé par le préfet de département, est présenté à la commission départementale de coopération intercommunale, constituée dans chaque département par une réunion d'élus locaux siégeant sous la présidence du préfet, puis soumis à divers avis. La commission dispose de quatre mois pour se prononcer ; ne seront pris en compte que ses amendements adoptés à la majorité des deux tiers. Le schéma, qui peut proposer des créations de nouveaux EPCI, des transformations, des fusions ou des modifications de périmètres d'EPCI ou de syndicats mixtes existants, est ensuite arrêté par le préfet.

La loi a fixé à l'élaboration des schémas plusieurs objectifs de **rationalisation** : il s'agit d'une façon générale de parvenir à la constitution d'EPCI à fiscalité propre regroupant au moins 5 000 habitants[44] ; une autre idée force est la réduction du nombre de syndicats ou de syndicats mixtes et le transfert de leurs compétences à des EPCI à fiscalité propre. On a donc privilégié clairement les structures marquées par une forte intégration et cette orientation est encore renforcée par le fait que les délégués des communes aux organes délibérants des métropoles, communautés urbaines, communautés de communes et communautés d'agglomération seront désormais élus au suffrage universel direct au lieu de l'être par les conseils municipaux.

Enfin, la loi a réanimé le processus de fusion des communes par la création de « communes nouvelles » (voir page 94). Elle étend d'ailleurs largement cette possibilité à d'autres collectivités territoriales, en autorisant les possibilités de fusion entre départements, entre régions, voire entre régions et départements.

b) Les règles communes aux établissements publics de coopération intercommunale

Le Code général des collectivités territoriales fixe désormais un certain nombre de règles communes à tous les *établissements publics de coopération intercommunale* (EPCI).

- **Leur création**

La demande de création doit émaner d'un ou plusieurs **conseils municipaux** intéressés ; elle peut aussi résulter d'une initiative du ou des **préfets** des départements concernés après avis de leur(s) commission(s) départementale(s) de coopération intercommunale. Ces commissions sont composées pour 60 % d'élus municipaux – au sein desquels on recherche une représentation équilibrée entre les communes les moins peuplées et les communes les plus peuplées – et, pour le reste, de représentants d'établissements de coopération intercommunale et de conseillers généraux et régionaux. Chargées d'établir et de tenir un état de la coopération intercommunale dans leur département, compétentes pour formuler toute proposition tendant à renforcer cette coopération, ces commissions sont consultées sur tout projet de création d'un EPCI.

A la suite de cette initiative, le ou les préfets concernés dresseront la liste des communes intéressées. Ils peuvent y inclure toutes celles qui sont susceptibles d'être regroupées, même si certaines d'entre elles ont d'ores et déjà manifesté leur opposition au projet.

Les conseils municipaux des communes inscrites disposent alors d'un délai de trois mois pour faire connaître leur position, faute de quoi elle sera réputée favorable. La création exige l'accord des deux tiers au moins des conseils municipaux intéressés représentant plus de la moitié de

42. S'il constate qu'une commune n'appartient à aucun EPCI ou qu'elle crée une enclave ou une discontinuité territoriale au sein d'un EPCI existant, le préfet peut décider le rattachement de cette commune à un EPCI avec l'accord de l'organe délibérant de celui-ci. En cas de désaccord, le préfet peut passer outre, sauf si la commission départementale de coopération intercommunale a proposé un autre rattachement à la majorité des deux tiers de ses membres. Dans ce cas, c'est le projet de la commission qui sera mis en œuvre.

43. Une exception est prévue pour l'agglomération parisienne (les trois départements limitrophes de Paris).

44. A l'heure actuelle, de très nombreux syndicats n'atteignent pas ce seuil. La loi prévoit par ailleurs la possibilité d'exceptions, essentiellement pour les zones de montagne.

la population totale, ou de la moitié au moins des conseils municipaux représentant les deux tiers de la population totale. Cette majorité doit obligatoirement comprendre les conseils municipaux des communes les plus importantes (celles dont la population est supérieure au quart de la population totale pour les syndicats ou les communautés de communes, celles dont la population est supérieure à la moitié de la population totale ou, à défaut, dont la population est la plus importante pour les communautés d'agglomération ou les communautés urbaines).

- **Leur administration**

Elle est assurée par un **organe délibérant** appelé conseil. La loi du 17 mai 2013 modifie profondément le mode d'élection des **conseillers communautaires**, en organisant un scrutin « fléché » commun avec l'élection des conseillers municipaux. Dans les communes de moins de 1 000 habitants, ils seront désignés parmi les membres du conseil municipal dans l'ordre du tableau (maire, puis adjoints dans l'ordre de leur élection, puis conseillers municipaux classés en fonction du nombre de voix obtenues). Dans les autres communes, deux listes se présenteront aux électeurs sur le même bulletin de vote. Les candidats à l'EPCI devront figurer dans les trois premiers cinquièmes de la liste municipale et la parité hommes-femmes sera obligatoire.

Un *président*, élu par ce conseil dans les mêmes conditions que le maire l'est par le conseil municipal, constitue l'organe exécutif ; il peut déléguer ses pouvoirs, sous sa surveillance et sa responsabilité, à des vice-présidents qui constituent avec lui le *bureau* du comité, ou à certains fonctionnaires responsables de services. Depuis 2011, il s'est vu transférer, sauf opposition du maire concerné, des pouvoirs de police administrative dans certaines matières relevant de la compétence de l'EPCI (par exemple, l'assainissement). Le bureau peut recevoir délégation de l'organe délibérant, à l'exception des compétences financières ou des pouvoirs de modification statutaire. Les règles concernant la tutelle sont analogues à celles applicables aux communes.

- **Leurs évolutions statutaires**

La création de l'EPCI entraîne de plein droit le **transfert** à son profit des compétences dont la loi prévoit le transfert obligatoire et de celles qui sont énumérées dans la décision constitutive. La commune de base ne peut plus intervenir dans les domaines délégués. Après la création de l'EPCI, des **modifications** de son objet peuvent être décidées et accompagnées, le cas échéant, du transfert des biens, équipements ou services nécessaires à l'exercice de ses nouvelles compétences. Ces modifications doivent être décidées par des délibérations concordantes de l'organe délibérant du groupement et de la majorité des conseils municipaux des communes membres. Ceux-ci doivent se prononcer dans les mêmes conditions que celles qui sont requises pour la création de l'établissement.

Le **périmètre** de l'établissement public peut être étendu, par arrêté préfectoral, en adjoignant des communes nouvelles. Cette extension est décidée soit à la demande des conseils municipaux des communes candidates, soit à l'initiative de l'organe délibérant de l'établissement public, soit à celle du préfet. Dans tous les cas, l'extension exige des votes concordants des conseils municipaux des communes candidates et de l'organe délibérant de l'établissement public. Les conseils municipaux des communes membres doivent être consultés dans les trois mois suivant la notification de la décision de l'organe délibérant à leur maire : l'opposition de plus du tiers d'entre eux équivaudra à un *veto*.

Le périmètre peut également être modifié par diminution du nombre des communes membres, sauf dans les communautés urbaines (voir page 92) et dans les métropoles. Une commune peut en effet se retirer de l'établissement public avec le consentement de l'organe délibérant de celui-ci, sauf opposition de plus du tiers des conseils municipaux des communes membres. Le préfet consacrera le retrait par arrêté. Au moment du retrait, un accord amiable est recherché entre l'organe délibérant de l'établissement et la ou les communes concernées sur ses conditions, notamment financières et patrimoniales. Faute de cet accord, c'est un arrêté préfectoral qui les fixera.

Les autres modifications statutaires (par exemple, celle de la répartition des sièges au conseil de communauté) exigent un accord entre l'organe délibérant de l'établissement et les conseils municipaux des communes membres statuant aux mêmes conditions de majorité que celles exigées pour la création de l'établissement. La loi de 2010 détermine les conditions de passage d'une catégorie d'EPCI à une autre ; elle autorise aussi les fusions d'EPCI et détermine, dans ces cas, les conditions de définition du nouveau périmètre par le préfet.

c) La coopération de service : le syndicat de communes

Le syndicat de communes est la forme **la plus élémentaire** de coopération intercommunale. C'est un établissement public doté de la personnalité juridique et de l'autonomie financière, associant des communes pour permettre ou faciliter la création et la gestion d'un service ou d'un équipement communs à l'ensemble des communes membres.

- **La création du syndicat de communes**

Elle est réalisée **à l'initiative des communes** qui y appartiendront. Ou bien leur accord est unanime : le préfet constate alors cet accord par arrêté. Ou bien, après établissement par le préfet de la liste des communes intéressées, certaines communes du périmètre concerné manifestent leur désaccord : la création du syndicat exigera alors la majorité qualifiée dont il a été question plus haut. L'avis du ou des conseils généraux intéressés est demandé.

De nouvelles communes peuvent adhérer au syndicat après sa création, dans les conditions précédemment décrites. A l'inverse, une commune adhérente peut souhaiter se retirer du syndicat. La procédure à suivre est en principe la même : elle exige donc l'accord du comité du syndicat et celui des deux tiers au moins des conseils municipaux des communes adhérentes.

Cependant, depuis la loi du 5 janvier 1988, une commune **peut se retirer** unilatéralement dans deux cas : d'une part lorsque son adhésion est devenue sans objet à la suite de la modification d'une réglementation, d'autre part lorsqu'elle estime que les dispositions statutaires du syndicat relatives à l'organisation, aux compétences ou aux ressources de celui-ci sont de nature à compromettre de manière essentielle son intérêt à participer à l'objet syndical. Ce peut être en particulier le cas lorsque ces dispositions statutaires font l'objet d'une modification. Elle adressera alors au syndicat une demande tendant à modifier les dispositions litigieuses. Si elle n'obtient pas de décision favorable ou si elle n'obtient qu'une décision insuffisante, elle pourra demander au préfet l'autorisation de se retirer du syndicat. L'avis de la *commission départementale de la coopération intercommunale* est sollicité. Dans ce cas, celle-ci siège dans une composition restreinte, réunissant uniquement des maires (pour les trois quarts de la commission) et des représentants d'EPCI (pour le quart restant).

Enfin, depuis 1999 et dans les mêmes conditions, une commune est autorisée à se retirer d'un syndicat pour adhérer à une communauté de communes, ou à lui retirer certaines compétences pour les transférer à une telle communauté.

Historique du syndicat de communes

Il a été prévu par la loi précitée de 1890 et ne pouvait avoir pour but que la création d'un seul service (par exemple, un réseau de distribution électrique ou d'adduction d'eau). C'est d'ailleurs pour cette raison qu'avait été retenue la formule de l'établissement public, correspondant à l'idée du service public personnalisé.

A l'époque, le syndicat repose sur l'idée de *l'égalité absolue entre communes membres*, quelle que soit leur population, et son fonctionnement est fondé sur le principe de l'unanimité. L'ordonnance de 1959 autorisera la création de SIVOM (syndicats intercommunaux à vocation multiple) pouvant créer et gérer plusieurs services. Enfin, la loi du 5 janvier 1988 autorisera les communes membres d'un syndicat à n'y adhérer que pour une partie des compétences de celui-ci, instituant le principe du syndicalisme à la carte.

Il existe par ailleurs, depuis 1935, des *syndicats mixtes* qui associent des collectivités territoriales de niveau différent (communes, EPCI, départements...) ou d'autres partenaires pour la gestion d'un service public. Ils sont dits «fermés» quand leurs membres sont exclusivement des collectivités territoriales. Lorsque des établissements publics (essentiellement consulaires : chambres de commerce et d'industrie, de métiers, d'agriculture...) figurent parmi les partenaires du syndicat mixte, on dira au contraire qu'il est «ouvert».

En fonction de la décision de création du syndicat, celui-ci aura une durée indéterminée ou un terme précis. Il est **dissous** de plein droit à l'expiration du terme fixé ou à l'achèvement de l'opération projetée, ou si ses attributions sont reprises par un autre établissement public de coopération intercommunale. Il peut aussi être dissous avec le consentement de tous les conseils municipaux intéressés. La loi de 1982 a ajouté deux nouvelles hypothèses : la dissolution par arrêté préfectoral à la demande motivée de la majorité des conseils municipaux intéressés, après avis de la commission permanente du conseil général ; ou la dissolution par décret pris sur avis conforme du conseil général concerné et du Conseil d'État. Enfin, la loi de 1988 en ajoute une dernière : la *dissolution d'office,* par le préfet, du syndicat qui n'aurait eu aucune activité depuis deux ans (par exemple, celui dont les instances ne se sont plus réunies). Dans tous les cas, l'acte de dissolution détermine les conditions de la liquidation des actifs et des biens, sous réserve des droits des tiers, créanciers du syndicat. La loi de 2010 autorise les fusions de syndicats et de syndicats mixtes.

- **L'administration du syndicat**

Le principe initial était celui de la **confédération** : le syndicat était donc administré par un comité composé de deux représentants par commune, désignés par leur conseil municipal en son sein ou non. On a cependant admis après 1959, puis davantage encore à partir de 1988, que cette égalité soit contredite par les statuts adoptés lors de la décision institutive et que ceux-ci tiennent compte de l'importance, notamment démographique ou financière, de chaque commune. La loi de 1988 a même admis que, dès lors qu'une commune n'adhère au syndicat que pour une partie des compétences de celui-ci (syndicalisme «à la carte»), ses délégués puissent ne pas participer aux discussions et aux votes portant sur des affaires qui ne les concernent pas.

- **Les compétences du syndicat**

Elles sont déterminées par la décision institutive ou incluses dans ses modifications ultérieures. Les communes jouissent d'une très grande liberté dans la détermination des compétences confiées au syndicat. Le juge administratif exerce un contrôle sur le caractère suffisant de la précision dans la définition de l'objet du syndicat. Celle-ci a en effet deux conséquences juridiques importantes : elle prive les communes adhérentes de toute possibilité d'intervenir dans les domaines délégués au syndicat ; et elle interdit au syndicat de déborder les compétences définies dans ses statuts.

Pour exercer ses compétences, le syndicat bénéficiera de **ressources propres**. Il n'a, en principe et sauf exception, pas de ressources fiscales. Le principe général est que son budget est d'abord alimenté par les **contributions** des communes membres, le pourcentage à acquitter par chacune d'entre elles résultant des statuts. Ces contributions constituent pour chacune des communes concernées des dépenses obligatoires qui pourront être inscrites d'office à son budget. Le syndicat peut cependant, le cas échéant, percevoir les **taxes** ou **redevances** correspondant aux services ou ouvrages dont il assure la gestion (par exemple, la taxe sur l'enlèvement des ordures ménagères, s'il est chargé de la gestion de ce service).

Le nombre des syndicats de communes diminue régulièrement au profit des autres formes de coopération intercommunale. En 2013, il existait 14305 syndicats et la très grande majorité d'entre eux (9720) étaient des SIVU (syndicats à vocation unique).

d) La coopération de projet

Le principe du syndicat de communes était «*l'union fait la force*» : on se met à plusieurs pour mieux résoudre les problèmes de tous et y trouver une réponse qui serait beaucoup plus difficile à donner si chacun restait isolé. Lorsque, pour faciliter la gestion globale de l'espace urbain dans les grosses agglomérations, la loi du 31 décembre 1966 a créé une nouvelle sorte d'établissement public territorial, la **communauté urbaine**, l'idée est différente : on s'unit parce que c'est le *seul moyen* de résoudre les problèmes collectifs de l'ensemble des partenaires de l'agglomération qu'ils constituent. On franchit ainsi un pas important vers l'intégration forte des structures communales de base au sein d'ensembles plus larges. D'ailleurs la loi crée d'autorité les quatre premières communautés urbaines pour la gestion des agglomérations de Bordeaux, Lille, Lyon et Strasbourg. Douze autres communautés urbaines s'y sont ajoutées ultérieurement par association volontaire de la majorité des communes concernées.

Districts, communautés et problèmes d'agglomération

L'une des questions lancinantes, dans les années 1950, était le décalage existant entre besoins et ressources, illustré par la situation de ce que l'on appelait les « communes-dortoirs ». Souvent une grande partie des activités économiques d'une agglomération se concentrait dans les villes centres, cependant qu'avaient été rejetés à la périphérie les grands ensembles de logements, en particulier sociaux. Ceux-ci généraient des besoins importants d'investissements liés au cadre de vie (équipements scolaires, culturels, sportifs et sociaux, par exemple), auxquels les ressources des communes concernées avaient du mal à faire face, cependant que, plus riche, la commune centre connaissait moins ce type de besoins. Et cela impliquait aussi une gestion de problèmes qui ne pouvaient être traités que dans le cadre global de l'agglomération (aménagement de son territoire, transports et circulation, etc.). D'où la nécessité d'imaginer des structures d'ensemble, comme les districts ou les communautés urbaines.

Une ordonnance du 5 janvier 1959 avait prévu la création de districts urbains, destinés à résoudre les problèmes des agglomérations urbaines. Avec l'évolution des structures de coopération, cette formule du district devint superflue et la loi du 12 juillet 1999 imposa finalement la transformation de tous les districts existants en *communautés de communes*, ou, le cas échéant en *communautés urbaines* ou *d'agglomération*, au plus tard le 1er janvier 2002.

Par la suite, un mouvement dont les dernières étapes sont constituées par la loi du 12 juillet 1999 relative au renforcement et à la simplification de la coopération intercommunale et la loi du 16 décembre 2010 étendra les mêmes principes à d'autres contextes. Pour renforcer l'intercommunalité, la première réduit le nombre des formes d'EPCI et les ramène à **quatre catégories** : les deux dont il vient d'être question (syndicats et communautés urbaines) et deux nouvelles, apparues au cours de la décennie quatre-vingt-dix : les communautés de communes et les communautés d'agglomération. Les trois dernières s'appliquent à trois situations distinctes – celle des très grosses agglomérations organisées autour d'une ville centre, celle du tissu urbain plus diffus et celle du secteur rural – en y faisant correspondre trois types différents de communautés. Pour simplifier la coopération, la loi unifie les règles de création, d'organisation et de fonctionnement de l'ensemble des EPCI. La loi de 2010 y ajoute la catégorie des métropoles.

La construction de cet ensemble marque une volonté de développer ce qu'on appelle **l'intercommunalité de projet**. L'objectif n'est plus simplement de faciliter la résolution commune du problème de chacun, il est d'associer des communes en vue de la réalisation d'un projet commun de développement et d'aménagement, qui soit autre chose que la juxtaposition et l'addition des intérêts de chaque commune membre. A ce titre, les EPCI créés au nom de l'intercommunalité de projet peuvent être dotés d'une fiscalité propre, ce qui leur permet non seulement de percevoir certains impôts aux lieu et place des communes membres, mais aussi de bénéficier de dotations directes de l'État.

- **Les communautés urbaines**

On touche avec elles aux limites de l'utilisation de la formule de l'établissement public pour l'organisation de la coopération intercommunale. En premier lieu, ce qui les caractérise essentiellement, c'est la définition d'un **territoire** et non la détermination d'un service à gérer. Ensuite, la liste des services dont la gestion est confiée aux communautés est d'une telle importance et d'une telle longueur qu'on peut davantage parler de **compétence générale** que d'application du principe de spécialité.

– La **création** et la dissolution de la communauté urbaine : constituée sans limitation de durée, elle doit regrouper plusieurs communes formant un territoire d'un seul tenant et sans enclave, qui s'associent au sein d'un espace de solidarité *« pour élaborer et conduire ensemble un projet commun de développement urbain et d'aménagement de leur territoire »* (article L. 5215-1 du CGCT). Depuis la loi du 16 décembre 2010, cet ensemble doit regrouper au moins **450 000 habitants**. Ces conditions ne sont cependant pas applicables aux communautés existant à la date de la loi.

La création de la communauté urbaine résulte d'un arrêté préfectoral pris après accord des communes intéressées. Les avis favorables doivent obligatoirement comprendre celui du conseil municipal de la commune dont la population serait supérieure à la moitié de la population totale ou, à défaut, de celle dont la population est la plus importante. La dissolution de la communauté urbaine, qui doit être prononcée par décret en conseil des ministres, exige les mêmes conditions.

– Les **compétences** de la communauté urbaine : la loi du 12 juillet 1999 distingue les communautés créées avant la date de sa promulgation de celles qui l'ont été après. Dans les deux cas, la liste des compétences qui leur sont transférées de plein droit est très importante et elle traduit une intégration extrêmement poussée des communes membres. Pour les communautés anciennes, certaines compétences supplémentaires ont pu être transférées par simple décision du conseil de communauté, sans accord des conseils municipaux de base. Pour les communautés futures, certains des transferts prévus seront subordonnés à la reconnaissance de leur intérêt communautaire : cette reconnaissance résulte d'une décision prise par le conseil de la communauté à la majorité des deux tiers.

• **Les communautés de communes et les communautés d'agglomération**

Avec ces formes plus récentes, la loi généralise deux idées force qui caractérisaient la structure des communautés urbaines : elle impose à ces EPCI d'exercer certaines compétences aux lieu et place des communes membres et elle les dote pour cela de moyens spécifiques.

– Leurs **compétences :** la communauté de communes a été instituée en 1992. Elle est destinée à faire coopérer sur une base volontaire des communes *« d'un seul tenant et sans enclave »* (article L. 5214-1 du CGCT). La constitution de la communauté entraîne de plein droit le transfert des compétences relatives à l'aménagement de l'espace et au développement économique. La loi lui impose, en outre, d'exercer des compétences aux lieu et place des communes membres dans au moins un des six groupes suivants : politique de l'environnement, du logement, de la voirie, de l'enseignement et de la culture, action sociale et assainissement.

La communauté d'agglomération a été créée en 1999 pour faire coopérer des communes limitrophes formant un ensemble d'un seul tenant et sans enclave de plus de 50 000 habitants, regroupées autour d'une commune centre de plus de 15 000 habitants. Outre les transferts déjà évoqués pour les communautés de communes, elle bénéficie de plein droit des compétences concernant la politique du logement et la politique de la ville. Elle doit, en outre, se voir transférer au moins trois compétences à choisir parmi les six suivantes : voirie et stationnement ; assainissement ; politique de l'eau ; environnement et élimination des déchets ; équipements sportifs et culturels ; action sociale.

– Leurs **moyens :** la caractéristique essentielle de ces formes de regroupement réside dans le fait qu'elles bénéficient d'une **fiscalité propre**. Celle-ci peut revêtir soit la forme d'une superposition (une colonne supplémentaire dans la feuille d'impôts locaux envoyée à chaque contribuable), soit celle d'une substitution, la communauté prélevant alors un impôt à la place des communes membres.

• **Les métropoles**

La loi du 16 décembre 2010 crée une nouvelle forme d'EPCI, dénommée « métropole ». Elle regroupe *« plusieurs communes d'un seul tenant et sans enclave, qui s'associent au sein d'un espace de solidarité pour élaborer et conduire ensemble un projet d'aménagement et de développement économique, écologique, éducatif, culturel et social de leur territoire afin d'en améliorer la compétitivité et la cohésion ».* Peuvent obtenir le statut de métropole les EPCI situés hors Ile-de-France formant un ensemble de plus de 500 000 habitants et les quatre communautés urbaines « historiques » créées par la loi, en 1966, à Bordeaux, Lille, Lyon et Strasbourg.

Le principe de la « métropolisation », fortement soutenu par certains maires socialistes de grandes villes[45], reprend une des recommandations de la commission Balladur, qui y voyait *« un moyen de doter notre pays d'agglomérations d'une force suffisante »*, indispensable pour faire face aux exigences de la compétition internationale. Elle proposait la création de onze métropoles avant 2014[46].

La création est décidée par décret, pris après avis des conseils des régions et des départements dont les communes intéressées font partie, selon deux modalités : soit à l'initiative d'une ou plusieurs d'entre elles, par accord des conseils municipaux statuant à la majorité qualifiée (deux tiers des conseils représentant plus de la moitié des communes ou l'inverse) ; soit, sur proposition du préfet du département de la commune siège, par transformation d'une communauté existante, décidée par délibérations concordantes du conseil communautaire et des conseils municipaux statuant à la majorité qualifiée.

La métropole reçoit de plein droit les compétences que les communes membres exerçaient en matière de développement économique, de gestion de l'espace, de politique de l'habitat, de politique de la ville, de gestion des services d'intérêt collectif et de politique d'environnement. Certains transferts de compétences exercées par le département (transports scolaires et voirie départementale) ou par la région (promotion du territoire à l'étranger) sont obligatoires. D'autres sont facultatifs : par exemple, en provenance du département, compétences sociales ou gestion des collèges, tourisme, culture ou construction des équipements sportifs[47] ; en provenance de la région, gestion des lycées ou politique de développement économique. La métropole peut enfin recevoir des compétences exercées par l'État (transfert, à titre gratuit, de la propriété et de la gestion des grands équipements collectifs).

Pour financer l'exercice de ses missions, la métropole bénéficie d'une fiscalité propre et de dotations accordées par l'État. Un mécanisme complexe de compensation est prévu entre la métropole et les collectivités touchées par les transferts de compétences.

À la date du 1er janvier 2013, une seule métropole avait été créée, Nice-Côte d'Azur. Le projet de loi sur la modernisation de l'action publique et sur l'affirmation des métropoles propose donc une réforme de la loi de 2010, portant en particulier sur trois points : Marseille et Lyon feraient, comme Paris, l'objet de dispositions spécifiques ; la création des métropoles serait décidée par décret dès lors que les conditions légales seraient remplies ; enfin, la loi accroîtrait le nombre des compétences transférées.

• **Les pôles métropolitains**

Ils constituent un groupement de collectivités territoriales[48], une forme de coopération entre EPCI à fiscalité propre. Le projet de pôle est élaboré par le préfet du département siège du pôle. La création est décidée par arrêté préfectoral après avis des conseils des régions et des départements dont les communes intéressées font partie. Elle vise à favoriser, sur la base du volontariat, la coopération

45. En particulier le maire de Lyon, Gérard Collomb.

46. En fait, huit agglomérations françaises remplissent les conditions prévues par la loi : Bordeaux, Lille, Lyon, Strasbourg, Marseille, Nantes, Nice, Toulouse.

47. Ces transferts priveraient largement, s'ils étaient consentis, le département de ses compétences.

48. Comme l'est par exemple le syndicat mixte. Même s'ils ont le statut d'établissement public, ces groupements ne constituent pas des EPCI et ils ne disposent pas de fiscalité propre.

entre territoires urbains dans les agglomérations de taille plus petite que celles accédant au statut de métropole. Le pôle métropolitain est un établissement public constitué par accord entre des EPCI à fiscalité propre, en vue d'entreprendre des actions d'intérêt métropolitain en matière de développement économique, écologique, éducatif, de promotion de l'innovation, d'aménagement de l'espace et de développement des infrastructures et des services de transport. Il peut être créé, sur le modèle des syndicats mixtes, dans les agglomérations hors Ile-de-France formant un ensemble de plus de 300 000 habitants, et où l'un des EPCI membres compte plus de 150 000 habitants[49].

La représentation des EPCI est proportionnelle à leur poids démographique ; cependant chacun d'entre eux doit disposer d'au moins un siège et aucun ne peut occuper plus de la moitié de ceux-ci. L'intérêt métropolitain des compétences transférées doit être constaté par délibérations concordantes des organes délibérants de chacun des EPCI membres.

Il existait 8 pôles métropolitains au 1er janvier 2013. Le premier créé a été celui du Sillon lorrain, unissant les agglomérations de Nancy, Metz, Thionville et Épinal. La réforme de la décentralisation en cours ne remet pas en cause cette forme de coopération.

2. Les fusions de communes : la réforme de 2010 et la commune nouvelle

Dans la plupart des pays européens, les changements économiques et sociaux (urbanisation, transformations de l'agriculture, politique de développement des équipements collectifs et des transports, etc.) ont entraîné une évolution en deux temps. A partir des années 1950 on a assisté, comme en France, au développement des structures de coopération entre les circonscriptions de base. Mais très vite, cette solution est apparue insuffisante pour répondre aux enjeux en cause et on est donc passé, dans la décennie suivante, à une réorganisation complète de la carte administrative par une **réduction** drastique du **nombre des communes**.

La France a fait complètement exception à cette tendance générale. Certes, le principe de la fusion de communes était prévu depuis la loi municipale de 1884 ; avec l'évolution de la société rurale traditionnelle vers une société plus urbanisée et axée sur la production et la consommation de services, des mesures incitatrices ont été mises en place, en particulier sur le plan financier, pour favoriser les fusions. Mais le mouvement, qui se heurtait à la répugnance des communes existantes, était resté extrêmement lent et le législateur, préoccupé par cette situation, a essayé de l'accélérer en votant la loi du 16 juillet 1971. Cette loi reposait sur deux idées force. La première s'inspirait des exemples étrangers : la recherche d'une certaine cohérence dans le mouvement de fusion par l'élaboration, département par département, d'un plan global pour sa réalisation. La seconde s'en écartait, en refusant le recours à des procédés autoritaires de fusion et en privilégiant l'incitation pour la réalisation du plan. Les projets globaux n'ont donc donné que des résultats mitigés (943 fusions entre 1972 et 2009 mais, dans le même temps, 180 « défusions », la diminution nette du nombre des communes s'élevant à 1 100 sur les 36 682 que comptait alors notre pays[50]) et la France garde sa spécificité en Europe, en restant un des rares pays où les formules de regroupement sont privilégiées par rapport aux fusions.

Les dispositions de la loi de 1971 intégrées dans le CGCT relevaient uniquement de la seconde idée. Elles réaffirmaient clairement que la fusion ne pouvait être que volontaire. Et elles visaient à rendre l'opération de fusion la moins douloureuse possible en l'entourant de multiples garanties et d'incitations fortes. Jugeant ce processus « peu efficace », les promoteurs de la réforme de 2010 ont sensiblement infléchi les dispositions sur les fusions de communes et prévu un nouveau dispositif présenté comme « *plus simple, plus souple et plus incitatif* » pour faciliter la création de « *communes nouvelles* » soumises, dans le cadre général des règles applicables aux communes, à certaines dispositions particulières.

a) L'atténuation du principe du volontariat

La fusion supposait jusqu'ici une initiative des conseils municipaux de communes limitrophes. La loi de 2010 conserve cette hypothèse de souhait unanime des conseils intéressés. Mais elle y ajoute trois possibilités nouvelles destinées à faciliter la transformation d'EPCI existants en communes nouvelles[51] : la fusion peut être demandée soit par une partie des conseils des communes membres d'un EPCI à fiscalité propre, soit par l'organe délibérant d'un EPCI sollicitant la création d'une commune nouvelle en lieu et place de toutes ses communes, soit par le préfet. Dans ces trois cas, la fusion suppose l'accord des deux tiers au moins des conseils municipaux représentant plus des deux tiers de la population.

La loi de 1971 avait introduit une grande nouveauté en prévoyant, d'une part, la possibilité de recourir à un **référendum communal** pour décider la fusion, d'autre part, et surtout, le principe selon lequel ce référendum aurait une **portée décisionnelle**[52]. La loi de 2010 réserve le référendum aux seules hypothèses où la demande ou l'accord des conseils municipaux n'a pas été unanime. La création de la commune nouvelle, qui résulte d'un arrêté préfectoral, n'est possible que si la participation au scrutin est

49. Seuil ramené à 50 000 si l'EPCI atteignant cette dimension est limitrophe d'un État étranger.

50. En 2010, pour près de 63 millions d'habitants. A titre de comparaison, pour une population proche (58,8 millions d'habitants), l'Italie compte un peu plus de 8 000 communes, le même chiffre que l'Espagne (pour 43,8 millions d'habitants). L'Allemagne a un peu plus de 13 100 communes pour 82,4 millions d'habitants.

51. Ce qu'un rapporteur parlementaire a qualifié de « *transformation de l'intérêt communautaire en intérêt communal* ».

52. Le référendum pouvait être demandé soit par la moitié des conseils municipaux représentant les deux tiers de la population totale ou les deux tiers des conseils municipaux représentant la moitié de la population, soit par le préfet. L'accord pour la fusion exigeait la réunion de la majorité absolue des suffrages exprimés correspondant à un nombre de voix au moins égal au quart des électeurs inscrits dans l'ensemble des communes concernées. Si ces chiffres étaient atteints, la fusion était prononcée par arrêté préfectoral.

supérieure à la moitié des électeurs inscrits et si le projet recueille, dans chaque commune, l'accord d'une majorité des suffrages exprimés correspondant au moins au quart des électeurs inscrits.

La création d'une commune nouvelle regroupant des membres d'un même EPCI entraîne automatiquement la dissolution de celui-ci. La loi comporte des dispositions détaillées pour régler les cas où les communes relevaient d'EPCI distincts.

b) Les garanties et les incitations

Dans la loi de 1971, la première des garanties résidait dans le droit, pour les conseils municipaux intéressés, de **choisir entre deux formes de fusion** : la fusion simple et la fusion-association. La seconde formule laissait subsister certaines institutions au sein des communes associées : un maire délégué, une mairie annexe – garantissant la proximité de certains services aux usagers – et, dans les grandes communes, un conseil consultatif élu à la même date que le conseil municipal. Avec la loi de 2010, le choix ne relève plus des anciennes communes. La loi pose le principe de la création de communes déléguées, mais elle autorise le conseil de la commune nouvelle à la refuser; il peut aussi, à tout moment, décider la suppression des communes déléguées existantes. Enfin, c'est à lui qu'il revient de décider, à la majorité des deux tiers, la création de conseils des communes déléguées; c'est aussi lui qui en nomme les membres, qu'il choisit en son sein.

La seconde garantie résidait dans la possibilité pour les communes fusionnées de retrouver leur **indépendance**. Celle-ci, qui n'avait pas été prévue par la loi de 1971, a cependant été admise par le Conseil d'État : elle peut se réaliser en recourant aux procédures de modification des limites territoriales des communes, prévues par le Code général des collectivités territoriales. Elle a été utilisée dans 180 cas entre 1972 et 2009. La loi de 2010 ne prévoit expressément une procédure de «retour à l'autonomie» que pour les communes fusionnées avant sa publication, en l'enserrant dans des limites de temps très étroites.

Contrairement à la loi de 1971, celle de 2010 ne crée pas d'**incitations financières** particulières en faveur des fusions de communes : la disposition du projet gouvernemental prévoyant une «dotation particulière» prise sur la masse globale de la DGF a été supprimée lors de la discussion parlementaire. La loi maintient simplement les mesures facilitant l'intégration fiscale des communes fusionnées, pour calmer les inquiétudes des contribuables et compenser le coût de cette intégration.

c) Les regroupements de départements et de régions

La loi de 2010 prévoit enfin des procédures de fusion de départements ou de régions. A la demande de 10 % de leurs membres, les conseils généraux de plusieurs départements d'une même région, y formant un territoire d'un seul tenant, peuvent demander à être regroupés en un seul département. La fusion sera prononcée par décret en Conseil d'État si le projet recueille, dans chacun des départements concernés, la majorité absolue des suffrages exprimés correspondant à un nombre de voix au moins égal au quart des électeurs inscrits.

La procédure de fusion des régions est rigoureusement parallèle. S'y ajoute simplement l'obligation de consulter pour avis les conseils généraux des départements membres des régions concernées[53]. Enfin, une région et les départements qui la composent peuvent, par délibérations concordantes de leurs assemblées respectives, demander à être fusionnées en une collectivité unique. La fusion est décidée par une loi, qui détermine l'organisation et les conditions d'administration de la nouvelle collectivité. Elle exige, dans chacun des départements concernés, un vote des électeurs à la majorité absolue des suffrages exprimés correspondant à un nombre de voix au moins égal au quart des électeurs inscrits[54].

53. Elle pourrait permettre, par exemple, la fusion des deux régions normandes.

54. Un référendum sur cette question a été organisé en Alsace, le 7 avril 2013. Il a refusé la fusion de la région et de ses deux départements.

Chapitre 3
L'administration spécialisée

Le procédé de la décentralisation par services consiste à octroyer la personnalité morale à un certain nombre de services publics en vue de les individualiser. Il peut s'agir indifféremment de services nationaux ou locaux, à qui l'on souhaite donner une large autonomie tant sur le plan financier que sur celui de la gestion administrative. Ils seront ainsi rattachés à une collectivité publique mais bénéficieront à son égard d'une certaine indépendance. Ce procédé est utilisé depuis longtemps pour la création des établissements publics, qui constituent l'un des modes classiques de gestion du service public. Dans sa conception traditionnelle, l'établissement public correspondait à une définition rigoureuse qui entraînait l'application d'un régime juridique précis. Cette cohérence s'est cependant affaiblie.

1. La définition de l'établissement public

L'établissement public est une **personne morale**. Ceci implique la possession d'un patrimoine propre ainsi que l'existence d'un budget et d'une comptabilité individualisés, donc de l'**autonomie financière**. Cette personnalité est de droit public. Il en résulte que seule une personne publique peut constituer un établissement public. Les personnes privées qui poursuivent un but d'intérêt général (par exemple, certains organismes de bienfaisance) ne peuvent constituer que des établissements d'utilité publique.

La distinction entre les deux catégories avait déjà été faite en 1856 par la Cour de cassation à propos des caisses d'épargne. Mais, même ancienne, elle n'est pas toujours facile à opérer. Le critère déterminant de la distinction est constitué par l'intention du texte qui a créé l'établissement. Lorsqu'il l'a exprimée nettement, ce qui est heureusement le cas le plus fréquent, la réponse est évidente. Parfois, cependant, cette intention n'apparaît pas clairement. Le juge a alors recours à ce qu'il appelle la théorie du faisceau d'indices, en combinant divers critères (initiative de la création, but poursuivi, existence ou non de prérogatives de puissance publique, conditions d'organisation, statut du personnel, origine des ressources, règles de comptabilité, contrôle exercé par l'État…) pour rechercher, selon le mot d'un commissaire du gouvernement, la « densité respective » des règles de droit public et de droit privé appliquées à l'établissement. Aucun de ces critères n'est suffisant : c'est leur réunion qui emporte la décision. Cette technique a bien sûr deux inconvénients : d'une part, l'incertitude qui règne sur le statut de l'établissement tant que le juge ne s'est pas prononcé et, d'autre part, le risque que les tribunaux administratifs et judiciaires aient des interprétations divergentes à propos du même type d'organisme (voir page 133).

L'exemple des fédérations de sociétés de chasse : l'arrêt du Conseil d'État du 4 avril 1962, *Chevassier*

Cet exemple illustre parfaitement le caractère ténu de la distinction entre établissement public (EP) ou d'utilité publique (EUP), ainsi que les préoccupations d'opportunité qui peuvent prévaloir dans la position du juge. Les fédérations, créées par une loi, sont chargées de réprimer le braconnage et de constituer des réserves de chasse pour faciliter la protection et la reproduction du gibier. Dans ses conclusions, le commissaire du gouvernement Braibant soulignait le caractère « impressionnant » des indices en faveur du caractère public de ces fédérations : l'existence de missions de service public ; la nature des prérogatives dont elles disposent (monopole, exercice de pouvoirs de police, etc.) et l'importance des sujétions auxquelles elles sont soumises (statuts types, nomination et révocation de leurs présidents par le ministre, contrôle étroit du ministère sur leur activité et leurs finances…) ; l'alimentation de leur budget par des ressources fiscales. Et pourtant, il concluait, comme le fera le Conseil d'État dans son arrêt, au caractère privé des fédérations de chasse : pour éviter d'alourdir leur gestion, d'appliquer à leurs agents le statut de fonctionnaire, de les soumettre aux règles de la comptabilité publique et du Code des marchés publics ; et, surtout, pour ne pas séparer le statut des fédérations de chasse de celui des fédérations de sociétés de pêche qui, elles, ont expressément été qualifiées d'EUP par la loi qui les a créées.

On disait autrefois que l'établissement public était un service public personnalisé, que c'était une personne publique gérant un service public. Ce n'est plus tout à fait vrai, et on notera la dissociation croissante entre la notion d'établissement public et celle de service public. Chacune des deux notions déborde l'autre. Il y a en effet des établissements publics qui ne gèrent pas de service public : par exemple, les associations syndicales de propriétaires qui n'agissent que dans l'intérêt, certes collectif mais privé, de leurs membres ; ou certaines entreprises publiques dont l'activité est celle d'un commerçant ou d'un industriel ordinaire. Et des services publics dont la gestion est confiée à des personnes morales privées ne se sont pas vu reconnaître la qualité d'établissement public, comme les ordres professionnels. Enfin, on a vu apparaître depuis vingt ans de nouvelles catégories de personnes publiques gérant des services publics. C'est le cas du groupement d'intérêt public (GIP), association de personnes publiques et éventuellement privées, chargée d'exercer une activité de service public.

2. Le régime juridique de l'établissement public

La complexité de la notion d'établissement public retentit sur le régime juridique applicable à ces établissements : les règles gouvernant leur création et leur mode de fonctionnement sont placées sous le signe de la diversité.

1. Les règles de création

Elles résultent de l'article 34 de la Constitution qui réserve à la **loi** la création des catégories d'établissements publics. Lorsqu'un établissement public constitue à lui seul une catégorie particulière, il doit donc être créé par la loi ; lorsqu'il entre dans une catégorie déjà existante, un **décret** suffira. Le Conseil constitutionnel a dû, pour fixer la frontière, définir la notion de catégorie d'établissements publics et il le fait à partir de deux éléments.

1) Il prend d'abord en compte le **rattachement territorial** de l'établissement public. La plupart d'entre eux sont rattachés à une collectivité territoriale, et l'on distingue entre établissements publics nationaux et locaux, ces derniers pouvant être régionaux, départementaux ou communaux. Cette notion de rattachement est en partie obscure. En principe, elle devrait signifier que l'activité de l'établissement public entre dans les attributions de la collectivité de rattachement ; mais il existe des établissements publics locaux, comme les collèges (départementaux) ou les lycées (régionaux) qui assurent un service dépendant de l'État (l'enseignement). Elle pourrait signifier que l'établissement a été créé par la collectivité de rattachement. Or, pour reprendre le même exemple, lycées et collèges sont créés par une autorité de l'État (le préfet). Elle pourrait enfin impliquer que le contrôle exercé sur l'établissement le soit par la collectivité de rattachement ; mais les lycées et collèges sont en grande partie soumis à un contrôle administratif et financier de services de l'État, les rectorats. En l'espèce, le rattachement aux collectivités territoriales implique simplement l'obligation pour celles-ci de pourvoir aux dépenses d'investissement et de fonctionnement des établissements concernés.

2) Il s'attache ensuite à l'**objet** de l'établissement public en rangeant dans la même catégorie tous les établissements qui ont une spécialité analogue.

– Les établissements publics sont ainsi soumis au **principe de spécialité**. Même si celui-ci est applicable à toutes les personnes publiques autres que l'État, il est interprété de façon plus stricte pour les établissements publics. Ceux-ci ne disposent en effet que de **compétences d'attribution**, c'est-à-dire qu'ils ne peuvent faire que ce qui leur est expressément autorisé, alors que les collectivités territoriales ont des compétences de droit commun : elles peuvent faire tout ce qui ne leur est pas expressément interdit. L'objet d'une caisse des écoles [55] est ainsi de faciliter la fréquentation des écoles publiques ; elle ne peut l'étendre à l'enseignement privé. A l'inverse, le principe de spécialité constitue aussi une protection pour l'établissement public : le Conseil d'État a rappelé, par exemple, qu'après avoir créé un bureau de bienfaisance (ces bureaux sont devenus depuis les centres communaux d'action sociale), une commune ne peut le concurrencer en distribuant elle-même des secours.

– La spécialité est cependant définie de façon **de plus en plus large** : on a vu, par exemple, que les établissements publics de regroupement communal, telles les communautés urbaines, disposaient d'un nombre très important d'attributions. Et les établissements industriels et commerciaux ne peuvent certes avoir d'activités sans rapport avec leur objet. Mais ils peuvent développer des *activités annexes* dès lors que celles-ci améliorent et facilitent la gestion de leur objet principal (par exemple, la gestion d'hôtels pour une entreprise de transports).

– Complétant la Constitution, le Conseil constitutionnel a précisé quelques points supplémentaires concernant le partage entre compétence législative et compétence réglementaire en matière d'établissements publics. La **loi** est seule compétente pour **fixer les règles constitutives** régissant chaque catégorie. C'est elle qui doit définir le cadre de la mission impartie à la catégorie concernée, les règles gouvernant ses relations avec la collectivité de rattachement, les dispositions dérogatoires qui distinguent la catégorie par rapport aux autres, les groupes de personnes à représenter dans les conseils d'administration et les proportions à respecter entre eux. Tout le reste relève du règlement : le nombre et le mode de désignation des membres du conseil, etc.

La définition des catégories d'établissements publics : des exemples opposés

L'ANPE (établissement public aujourd'hui disparu) ne constituait pas à elle seule une catégorie d'établissement public, puisqu'elle avait la même spécialité (les questions d'emploi) que d'autres établissements, tel l'Office national d'immigration. En revanche, en 1964, la Radiodiffusion-Télévision française, établissement public industriel et commercial (elle a aujourd'hui éclaté en plusieurs entités aux statuts très divers), ne pouvait être créée que par une loi dans la mesure où n'existait aucun autre établissement public de l'État ayant pour objet l'information et la diffusion de la pensée. Elle constituait donc une catégorie à elle seule.

2. Les règles d'organisation et de fonctionnement

La diversité des établissements publics a fait éclater la cohérence de leur régime : d'un établissement à l'autre, on peut relever des **différences considérables** de situation. Certains ont gardé un statut pur de droit public ; d'autres sont soumis à des règles qui s'en écartent de façon très variable et qui vont de l'application majoritaire du droit public, corrigé par quelques dérogations empruntées au droit privé, à la situation inverse : un régime très proche du droit privé, simplement atténué par le rappel de quelques règles administratives.

55. CE 22 mai 1906, *Caisse des écoles du 6e arrondissement de Paris*.

La distinction essentielle sépare les établissements publics à caractère administratif **(EPA)** et les établissements publics à caractère industriel et commercial **(EPIC)**. Pour les distinguer, la jurisprudence utilise trois critères qu'elle combine :
– *l'objet* du service : l'activité pourrait-elle être assurée par une personne privée ou est-elle de nature à relever uniquement de la puissance publique ?
– *l'origine* des ressources : selon qu'elles proviennent de redevances payées par les usagers en rémunération de services rendus ou de sources publiques (subventions ou taxes revêtant un caractère obligatoire) ;
– *les modalités d'organisation* et de fonctionnement : selon qu'elles sont semblables à celles d'une entreprise privée ordinaire ou qu'elles traduisent le recours à des procédés que seule la puissance publique peut utiliser.

Le principe est que lorsqu'ils sont à caractère administratif, les établissements publics se voient appliquer un régime de droit public, alors que c'est un régime majoritairement de droit privé qui régit l'établissement public à caractère industriel et commercial.

La difficulté vient cependant de ce que la dénomination officielle ne correspond pas toujours à l'activité réelle. Des décrets ont parfois qualifié d'EPIC un établissement dont l'activité a exclusivement un caractère administratif. En pareil cas, le juge rétablit la réalité en appliquant le droit public (voir encadré ci-dessous). Par ailleurs, il existe des établissements publics « à double visage » : ils sont pour partie chargés d'une mission de type administratif et, pour partie, de fonctions à caractère industriel et commercial. Le juge les soumet donc, selon l'activité concernée, tantôt au droit public, tantôt au droit privé.

Un exemple de dissociation entre la dénomination de l'établissement et la nature de l'activité : le Fonds d'orientation et de régularisation des marchés agricoles et l'arrêt du Tribunal des conflits du 24 juin 1968, *Société d'approvisionnements alimentaires*

Aujourd'hui disparu, le FORMA était un EP qualifié par le décret qui l'avait créé d'industriel et commercial. Une société qui n'avait pas respecté les prix fixés à l'occasion d'une opération d'exportation se vit infliger une amende et présenta un recours contre cette décision. Le Tribunal des conflits constata que le FORMA ne poursuivait aucune action propre : il se contentait de mettre en œuvre des objectifs qui lui avaient été assignés par l'État, et pour lesquels il n'utilisait aucun autre moyen que ceux que l'État mettait à sa disposition. Malgré sa qualification, le FORMA exerçait donc une action purement administrative et le contentieux généré par son activité relevait de la compétence du juge administratif.

Un exemple d'établissement public à double visage : l'Office national des forêts et l'arrêt du Tribunal des conflits du 9 juin 1986, *Commune de Kientzheim*

Un vol de bois ayant eu lieu dans une forêt communale, la société victime du vol intente une action en responsabilité contre l'Office national des forêts en accusant de négligence l'un de ses agents chargé de la surveillance. Le Tribunal des conflits constate que cet office exerce deux sortes d'attributions : des activités de gestion et d'équipement de la forêt, qui présentent un caractère industriel et commercial ; et des activités de protection, de conservation et de surveillance qui ont un caractère administratif. La négligence ayant été commise à l'occasion de cette seconde catégorie d'activités, c'est au *juge administratif* qu'il reviendra de juger l'action en responsabilité.

Restent quand même des **règles communes** s'appliquant à tous les établissements publics. Ils ont tous la personnalité morale ; ils visent tous un objet d'intérêt général ; en tant que personnes publiques, ils sont tous soumis au moins à un minimum de règles de droit public s'agissant de leur organisation (création, dissolution, élaboration et modification de leurs statuts, interdiction de recourir à leur égard aux procédures d'exécution forcée, etc.). C'est surtout à propos de leur fonctionnement que des différences apparaissent. Enfin, ils sont tous soumis à la tutelle d'une autorité publique, même si les modalités de cette tutelle sont très variables selon les établissements.

Titre 2
L'action administrative

L'administration réglemente, autorise, interdit, gère, achète, subventionne, construit… Son action est multiforme par les domaines dans lesquels elle intervient et les mesures auxquelles elle donne lieu. Deux de ces domaines méritent toutefois une attention particulière, car ils incarnent l'essentiel des missions qui lui incombent : ce sont les activités de police administrative et le fonctionnement des services publics. Mais comme ils impliquent l'édiction d'un grand nombre d'actes juridiques - de même, d'ailleurs, que les autres secteurs d'intervention - on décrira au préalable le régime auquel ces actes sont soumis.

Chapitre 1
Les actes administratifs

L'administration prend différentes catégories d'actes qui sont soumis à un régime juridique particulier, dominé par le principe de légalité. Mais certains d'entre eux peuvent être particulièrement lourds de conséquences pour leurs destinataires et obéissent donc à des règles protectrices renforcées.

1. Les principales catégories d'actes administratifs

Le pouvoir de l'administration s'exprime par le droit de prendre **unilatéralement** des décisions modifiant l'ordonnancement juridique et s'imposant à la collectivité. Ces actes sont de nature et de contenu très divers : ils peuvent être pris pour l'exécution de lois ou en vertu d'un pouvoir réglementaire autonome, accorder des autorisations ou infliger des sanctions, s'appliquer à toute une catégorie de personnes ou seulement à un individu déterminé. Mais l'administration peut aussi, pour l'accomplissement des missions qui lui incombent, conclure des **contrats**. Certains de ces contrats ne se différencient guère de ceux que passent entre eux les particuliers (par exemple, un contrat d'acquisition de fournitures de bureau) et sont donc généralement placés sous le régime du *droit privé*. D'autres, en revanche, interviennent dans des domaines qui constituent l'essence même de l'activité administrative (par exemple, la concession de la gestion d'un service public) : ils relèvent en conséquence du *droit public*, et leur régime comporte pour l'administration des prérogatives qui n'appartiennent jamais aux particuliers.

1. Les actes unilatéraux

Ils se divisent en deux catégories : la première regroupe ceux qui ont une portée générale, c'est-à-dire les règlements ; la seconde est celle des décisions individuelles, qui ne concernent qu'une personne physique ou morale déterminée même si elles peuvent parfois avoir des conséquences sur la situation d'autres personnes (par exemple, l'interdiction de vente d'un périodique).

a) Les règlements

De même que les lois, les règlements sont applicables à l'ensemble de la collectivité, comme l'interdiction des stupéfiants, ou à une catégorie entière de personnes, comme le Code de la route. Les autorités ayant compétence pour édicter des règlements sont soit énumérées par la Constitution ou par des lois spéciales, soit investies d'au moins une partie de cette compétence par les règles générales qui gouvernent l'organisation administrative.

- **Le pouvoir réglementaire du Premier ministre**

La Constitution, on l'a dit (voir la partie « Droit constitutionnel », chapitres 3 et 4), attribue dans son article 21 le **pouvoir réglementaire général** au Premier ministre, mais *« sous réserve des dispositions de l'article 13 »* : cet article vise les décrets et ordonnances délibérés en conseil des ministres qui doivent être signés par le président de la République. Il en résulte que le pouvoir réglementaire, en ce cas, est partagé et qu'un décret ainsi édicté ne peut être abrogé ou modifié sous la seule signature du Premier ministre. En revanche, si le président de la République décidait d'apposer sa signature sur un décret du Premier ministre pris en application de l'article 21, cette signature apparaîtrait comme superfétatoire et ne serait donc pas requise pour l'abrogation ou la modification du texte. On rappellera également que tous les **décrets**, qu'ils soient pris sur le fondement de l'article 21 ou de l'article 13, doivent être **contresignés** par les ministres chargés de leur exécution.

- **Le pouvoir réglementaire des maires, des préfets et des autorités administratives indépendantes (AAI)**

Le **maire** a compétence pour prendre par arrêtés, sur le territoire de sa commune, les mesures générales nécessaires au maintien de l'ordre public et de la salubrité. Les **préfets** de département disposent également d'un pouvoir de police ; ils ont par ailleurs, en vertu de l'article 72 de la Constitution, *« la charge des intérêts nationaux, du contrôle administratif et du respect des lois »*, ce qui leur confère des attributions importantes, notamment pour la mise en œuvre de la planification économique et de l'aménagement du territoire. Et plusieurs **AAI** ont été investies par leurs textes constitutifs d'un pouvoir réglementaire pour le secteur dont elles s'occupent : ainsi la CNIL (Commission nationale de l'informatique et des libertés) régit-elle la constitution des fichiers informatisés et les conditions dans lesquelles les particuliers peuvent y avoir accès, tandis que le CSA (Conseil supérieur de l'audiovisuel) régule l'activité des stations publiques et privées de radiotélévision [1].

- **Le pouvoir réglementaire des ministres**

Les ministres bénéficient d'un pouvoir réglementaire étendu, qu'ils peuvent exercer en vertu de deux sources d'habilitation différentes. La première est la **délégation** de compétence qui leur est souvent accordée par des lois ou des décrets pour la mise en œuvre des dispositions qu'ils

1. La révision constitutionnelle du 17 mars 2003 a ajouté à cette liste les collectivités territoriales, en prévoyant qu'elles disposeront *« d'un pouvoir réglementaire pour l'exercice de leurs compétences »*, mais *« dans les conditions prévues par la loi »*.

édictent : ainsi, la loi du 26 janvier 1984 sur l'enseignement supérieur (dite « loi Savary ») donne-t-elle au ministre de l'Éducation nationale le pouvoir de réglementer les études conduisant à des diplômes nationaux, ainsi que les conditions d'obtention de ceux-ci.

La seconde habilitation résulte de leur qualité de **chef d'une administration** et n'a donc pas besoin d'être prévue par un texte particulier. Elle comprend la faculté d'organiser, généralement par arrêtés, les structures et le mode de fonctionnement de cette administration, mais aussi celle d'indiquer aux agents qui la composent de quelle manière ils devront comprendre et appliquer les textes dont il leur revient d'assurer la mise en œuvre. Ces textes sont fréquemment, en effet, rédigés de manière abstraite et doivent donc être transposés en directives opératoires : lorsqu'il est prévu, par exemple, qu'une aide ou une autorisation peuvent être accordées dans certains cas, les agents qui auront à traiter les demandes doivent être au clair sur les pièces justificatives à fournir et les délais à respecter.

Ces indications leur sont habituellement données par **circulaires**, catégorie de textes hybride : elles demeurent en principe **internes** aux administrations, mais ont des répercussions sur la situation des usagers ; elles doivent, également en principe, se borner à préciser le sens et les modalités pratiques d'application d'une règle de rang supérieur, mais certaines posent des conditions que celle-ci ne prévoyait pas. Dans ce dernier cas, le juge les qualifie de « réglementaires » et les annule lorsqu'il en est saisi, alors qu'il ne censure pas celles qu'il considère comme purement interprétatives ; mais il adopte une conception plutôt large des circulaires interprétatives, si bien que le pouvoir d'organisation des opérations qui appartient aux ministres n'a pas une portée exclusivement interne car il entraîne des effets au-delà de leur administration.

- **L'administration est tenue d'édicter des textes réglementaires**

Le pouvoir réglementaire, comme tous les pouvoirs dont dispose l'administration, est finalisé, en ce sens qu'il n'existe que dans l'**intérêt général** : autant qu'une prérogative, il constitue donc une mission dont l'administration ne peut se dispenser, et dans certaines hypothèses un devoir. Ainsi en est-il pour l'édiction des textes réglementaires nécessaires à la *mise en œuvre d'une loi ou d'un décret*. L'administration est tenue de les prendre dans un délai raisonnable afin que les dispositions prévues ne restent pas lettre morte, et sa responsabilité peut être engagée en cas d'inaction prolongée. Ce fut notamment le cas dans l'affaire *Dame veuve Renard*, jugée par le Conseil d'État le 27 novembre 1964 : les mesures d'application d'un décret prévoyant l'octroi de pensions n'avaient pas été prises, si bien que depuis des années les intéressés ne percevaient pas les sommes dont ils auraient dû bénéficier ; l'administration fut donc condamnée à leur verser des indemnités compensatrices.

Toutefois, le nombre de lois votées par le Parlement qui restent sans effet faute de textes d'application ne cesse actuellement de croître. Un rapport sénatorial soulignait ainsi, en janvier 2011, que sur les trente-cinq lois adoptées en 2009-2010 qui exigeaient des textes d'application, seules trois en avaient reçu la totalité ; 19 n'en avaient eu qu'une partie et 13 n'ont été suivies d'aucun règlement. Cela s'explique par le changement de sens de la loi, qui devient souvent une forme de communication avec l'opinion, notamment dans le domaine sécuritaire (phénomène qu'on a dénommé « loi spectacle »).

L'exercice du pouvoir réglementaire est pareillement obligatoire en matière de **police administrative** lorsque la sécurité ou la salubrité publiques l'exigent, par exemple s'il faut mettre en place des dispositifs de surveillance des baignades ou faire supprimer des dépôts d'ordures « sauvages ». Pendant longtemps, le juge a estimé que la responsabilité de l'administration ne pouvait être engagée que si son inaction avait constitué une faute lourde, mais il est revenu sur cette position en admettant qu'une faute simple est suffisante[2].

b) Les décisions individuelles

Ce sont celles qui concrétisent les règles générales par leur application à des **cas particuliers**. Le mot « *individuelles* », toutefois, ne doit pas être pris à la lettre, car il englobe aussi des décisions qui concernent plusieurs personnes, comme un tableau d'avancement ou la liste des candidats reçus à un concours : elles ont un caractère collectif, mais sont néanmoins rangées dans la catégorie des décisions individuelles car les personnes en cause sont nommément désignées. A l'inverse, d'ailleurs, un arrêté ministériel déterminant les compétences du chef d'une division est considéré comme réglementaire, car il vise non seulement le titulaire du poste mais aussi ses successeurs. Et il existe des décisions que le juge considère comme n'étant ni réglementaires, ni individuelles, par exemple un décret prononçant la dissolution d'un conseil municipal, ou bien la décision de classement d'un site. Ces incertitudes nuisent à la clarté du droit, et peuvent avoir des conséquences concrètes dommageables, notamment lorsqu'il s'agit de déterminer le juge compétent pour connaître d'un recours[3].

2. Les contrats

Parallèlement aux actes unilatéraux, l'administration passe des contrats, et avec le développement des missions qui lui incombent, ces contrats se font de plus en plus nombreux : les services publics nationaux et les collectivités locales constituent aujourd'hui une grande part de la clientèle des entreprises privées. Il existe des domaines dans lesquels le recours au contrat est impossible, par exemple le recrutement de fonctionnaires, mais ils peuvent cependant intervenir dans des secteurs et pour des objets très divers. On en distingue deux catégories : les *contrats administratifs*, soumis au droit public, et les *contrats de droit privé* ; mais, de même que pour les actes réglementaires ou individuels, les frontières sont parfois imprécises alors que les régimes juridiques sont très différents.

2. Sur cette distinction, voir p. 146.

3. On verra par exemple, dans le chapitre consacré au contrôle contentieux, que les actes individuels des ministres relèvent des tribunaux administratifs, mais que le Conseil d'État est compétent en premier ressort pour ce qui concerne leurs actes réglementaires.

a) Les critères du contrat administratif

Il n'y a pas de difficulté pour qualifier un contrat lorsque cette qualification résulte de la **loi** : ainsi les marchés de travaux publics et les conventions comportant une occupation du domaine public sont-ils toujours des contrats administratifs. Dans les autres cas, la nature du contrat est déterminée par le **juge** ; les grandes lignes de la classification sont les suivantes : ont en principe le caractère administratif les contrats qui sont *conclus entre deux personnes publiques* ; il en va pareillement de ceux qui ont pour objet *l'exécution même d'un service public* ou qui comportent des *clauses exorbitantes* du droit commun.

- **Le premier critère résulte de la qualité des cocontractants**

C'est sans doute le moins ferme, car il comporte deux exceptions relativement importantes. La règle dégagée par le Tribunal des conflits[4] est en effet qu'un contrat conclu **entre deux personnes publiques** «*revêt en principe un caractère administratif*», mais pas lorsqu'il «*ne fait naître entre les parties que des rapports de droit privé*» : c'est le cas, par exemple, lorsqu'un ministre ou un maire conclut avec EDF un contrat de fourniture d'électricité. A l'inverse, si deux personnes privées ne peuvent passer ensemble que des contrats de droit privé, il en va différemment lorsque l'une d'entre elles peut être considérée comme agissant, même indirectement, «pour le compte» d'une personne publique.

Un exemple de contrat administratif passé entre deux personnes privées : l'arrêt *Société entreprise Peyrot* (Tribunal des conflits, 8 juillet 1963)

L'État avait concédé la construction et l'exploitation d'une autoroute à une société d'économie mixte, personne privée. Celle-ci passa un marché pour une partie des travaux avec une entreprise également privée, mais des difficultés d'exécution surgirent et l'entreprise demanda une réparation à la société. Les juridictions civile et administrative s'étant successivement déclarées incompétentes, le Tribunal des conflits fut saisi de l'affaire. Il trancha en faveur de la compétence administrative, au motif que la construction des routes nationales, donc des autoroutes, «*appartient par nature à l'État*» et qu'il n'y a pas lieu de distinguer selon que cette construction est assurée par lui ou par un concessionnaire, même privé, agissant pour son compte. Le contrat passé entre la société et l'entreprise avait donc un caractère administratif.

- **Le deuxième critère s'attache à l'objet du contrat**

Il repose sur la notion de **service public** : un contrat passé entre une personne publique et un particulier est administratif s'il vise l'exécution du service. C'est ainsi que les époux Bertin, qui avaient accepté verbalement en 1944 d'assurer le ravitaillement de réfugiés russes hébergés dans un camp de regroupement, ont conclu sans le savoir un contrat administratif parce qu'on leur avait confié «*l'exécution même du service public alors chargé d'assurer le rapatriement des réfugiés de nationalité étrangère se trouvant sur le territoire français*»[5]. La même solution s'applique aux agents non titulaires travaillant pour le compte d'un service public à caractère administratif : leur contrat de recrutement est administratif et ils relèvent ensuite du droit public, quel que soit leur emploi.

- **Le troisième critère tient aux clauses du contrat**

Si l'administration l'a conclu comme l'aurait fait un particulier, par exemple pour la fourniture de marchandises, le contrat sera réputé de droit privé ; si, au contraire, elle y a inséré des **clauses exorbitantes** du droit commun (c'est-à-dire des prérogatives qu'elle se réserve et qu'on ne trouverait pas dans une convention passée entre des particuliers), le contrat est administratif.

Un exemple de contrat réputé de droit privé : l'arrêt *Société des granits porphyroïdes des Vosges* (Conseil d'État, 31 juillet 1912)

La ville de Lille avait conclu avec cette société un marché de fourniture de pavés et lui imposa une pénalité en raison de retards constatés dans la livraison. La société intenta un recours pour obtenir le remboursement de cette pénalité, mais le Conseil d'État se déclara incompétent, car «*le marché [...] avait pour objectif unique des fournitures à livrer selon les règles et conditions des contrats intervenus entre particuliers*». Cette solution, en raison de la liaison qui existe entre la compétence du juge administratif et l'application du droit public, équivalait à admettre que le marché constituait un contrat de *droit privé*.

Un exemple de contrat réputé administratif : l'arrêt *Société du vélodrome du Parc des Princes* (Tribunal des conflits, 16 janvier 1967)

La Ville de Paris avait loué l'édifice à la société pour y organiser des spectacles, mais s'était réservé le droit de s'opposer à des représentations non expressément prévues dans la convention, de contrôler les résultats financiers de l'exploitation, et de résilier unilatéralement le contrat après une simple mise en demeure. Eu égard à l'existence de ces prérogatives, le Tribunal des conflits considéra qu'il s'agissait d'un contrat *administratif* et que les litiges le concernant relevaient donc de la juridiction administrative.

b) Le régime juridique des contrats

Il comporte pour l'administration des prérogatives, mais aussi des sujétions.

- **Les sujétions**

Il existe d'abord des règles de **compétence** d'application stricte : les autorités habilitées à engager l'État ou les

4. Dans l'arrêt *UAP* rendu le 21 mars 1983.

5. Conseil d'État, 20 avril 1956, *Époux Bertin*. Ces derniers avaient saisi le juge parce que l'administration leur imposait de servir un supplément de nourriture, mais sans contrepartie financière.

collectivités locales sont limitativement énumérées par les textes (ce sont le ministre ou le préfet dans le premier cas[6], le maire pour la commune, le président de l'assemblée délibérante pour le département ou la région), et une autorisation préalable est parfois requise (par exemple celle du conseil municipal, s'agissant de la commune). Par ailleurs, des règles de **procédure** pareillement strictes encadrent le choix du cocontractant, dans le double but de prévenir le favoritisme et de ménager les deniers publics : pour les contrats dépassant un certain montant, la mise en concurrence, la publicité des opérations et l'octroi de la priorité au « mieux-disant » sont obligatoires.

Le Code des marchés publics prévoit deux modes de passation des contrats. Le premier est le **marché négocié**, qui implique une certaine publicité préalable mais laisse l'administration libre de s'adresser au cocontractant de son choix : il n'est autorisé que dans certains cas prévus par le Code, en particulier les contrats d'études ou d'expérimentations, et ceux qui mettent en cause des secrets protégés. Le deuxième mode est l'**appel d'offres**, qui peut être ouvert à tous les candidats éventuels ou restreint à une liste établie par l'administration; celle-ci est tenue, après examen des dossiers déposés, de choisir l'offre qui lui semble présenter le meilleur rapport qualité/prix. Il existait un troisième mode de passation des contrats, l'adjudication, qui ne se distinguait de l'appel d'offres que par l'obligation faite à l'administration de donner la préférence au candidat qui proposait le prix le plus bas, mais il a été supprimé.

- **Les prérogatives de l'administration à l'égard de son cocontractant**

Elles ne sont pas moins importantes que les sujétions auxquelles l'administration est soumise et s'expliquent pareillement par le fait qu'elle est en charge de l'intérêt général. Elle peut ainsi exercer un **contrôle** sur l'activité du cocontractant, notamment s'il s'agit d'un marché de travaux publics, et lui donner des « ordres de service » assortis éventuellement de sanctions pécuniaires en cas d'inexécution[7]. Elle bénéficie également du pouvoir de **résilier unilatéralement** le contrat, soit pour faute commise dans son exécution, soit lorsqu'elle estime qu'il ne correspond plus aux besoins du service (le cocontractant, dans cette hypothèse, a le droit d'être indemnisé). Enfin, elle peut **imposer une modification** des clauses du contrat si les circonstances ont changé depuis la date de sa conclusion : le juge lui a notamment reconnu le droit d'obliger le concessionnaire d'un service d'éclairage public à substituer l'électricité au gaz[8], et de contraindre la compagnie de tramways chargée d'un service de transports collectifs à mettre en service un plus grand nombre de rames[9]. Dans ces hypothèses, l'administration doit indemniser le cocontractant pour le surcroît de charges qu'elle lui impose; mais s'il refuse de continuer à exécuter le contrat dans les nouvelles conditions, elle pourra le résilier et le confier à une autre entreprise.

L'équilibre entre les deux parties n'est toutefois pas entièrement rompu. En vertu de la jurisprudence dite de *l'imprévision*, s'il advient que des faits que l'on ne pouvait pressentir lors de la conclusion du contrat bouleversent l'économie générale de ses clauses au détriment du cocontractant, celui-ci est en droit d'obtenir de l'administration qu'elle couvre le déficit. Le Conseil d'État appliqua notamment ce principe en 1916 à une entreprise qui assurait l'éclairage public : le prix du charbon avait en effet triplé en un an par suite de la guerre[10].

2. Les règles applicables aux actes administratifs

Quelle que soit la nature des actes que l'administration est amenée à prendre, le régime juridique auquel ils sont soumis comporte d'importantes caractéristiques communes : chacun de ces actes doit respecter les normes de niveau supérieur mais aussi des règles de procédure et de fond qui tendent à protéger l'intérêt public ou, plus souvent, les droits des citoyens.

1. La hiérarchie des normes

La notion même de droit implique qu'une règle ne puisse être contredite par un acte de rang moins élevé : s'il en allait autrement, la Constitution, par exemple, pourrait être enfreinte par une loi – d'où l'institution du contrôle de constitutionnalité – et une règle générale pourrait n'être pas appliquée à certains cas particuliers, ce qui porterait atteinte à l'égalité des citoyens. Pendant longtemps, le respect obligatoire de la hiérarchie des normes a été dénommé **principe de légalité**, car c'est à la loi seule que l'administration devait conformer son action. Mais cette appellation n'est plus tout à fait exacte, car d'autres normes de référence sont progressivement apparues : la Constitution, en particulier son Préambule; un corps de règles que l'on pourrait qualifier de déontologiques, dégagées par le Conseil d'État et dénommées principes généraux du droit; enfin, plus récemment, les conventions internationales que la France a ratifiées. Les sources de la « légalité » se sont donc multipliées; mais la signification du principe et la manière dont le juge en fait assurer le respect demeurent inchangées.

Les principales normes qui s'imposent à l'administration sont au nombre de quatre.

a) La Constitution

Les actes administratifs doivent respecter les règles contenues dans les différents articles du texte constitutionnel : est

6. Des délégations de signature au profit des personnels de leurs services sont cependant possibles.

7. Le bien-fondé de ces sanctions est toutefois contrôlé, sur recours, par le juge administratif qui peut condamner l'administration à des dommages-intérêts s'il estime qu'elle n'était pas en droit de les prononcer.

8. Conseil d'État, 10 janvier 1902, *Compagnie nouvelle du gaz de Deville-lès-Rouen*.

9. Conseil d'État, 21 mars 1910, *Compagnie générale française des tramways*. Les dates auxquelles ont été rendus ces deux arrêts montrent que la solution est acquise depuis très longtemps.

10. Arrêt *Compagnie générale d'éclairage de Bordeaux*, rendu le 30 mars 1916.

ainsi irrégulier un décret empiétant sur le domaine réservé à la loi, ou auquel manque le contreseing de l'un des ministres chargés de son exécution. Mais ils doivent également se conformer aux principes posés dans le **Préambule**, qui lui-même renvoie à ceux qu'avait proclamés la Déclaration de 1789. Certains de ces principes énoncent des objectifs plutôt que des règles précises, tel celui qui dispose que *«chacun a le droit d'obtenir un emploi»*, dont on ne saurait inférer, par exemple, qu'il oblige l'administration à déclarer admis tous les candidats qui se présentent à un concours. Mais l'article 6 de la Déclaration de 1789 pose, dans un domaine voisin, un autre principe qui a une portée plus concrète : *« Tous les citoyens [...] sont également admissibles à toutes dignités, places et emplois publics, selon leurs capacités et sans autre distinction que celle de leurs vertus et de leurs talents. »* Le Conseil d'État en a déduit deux conséquences : d'une part, l'administration ne peut refuser aux femmes d'accéder à un emploi de la fonction publique que dans les cas où les «exigences spéciales du service» paraissent l'imposer ; d'autre part, elle ne peut pas non plus interdire à des candidats de se présenter au concours d'entrée à l'ENA sur le seul fondement de leurs opinions : cette dernière règle, posée en 1954 dans le célèbre arrêt *Barel*, est d'autant plus remarquable qu'elle a été formulée à propos de candidats communistes au temps de la guerre froide.

Une autre application du Préambule doit être mentionnée, car elle marque la césure entre la jurisprudence antérieure à 1946 et celle qui a suivi l'entrée en vigueur de la Constitution de la IVe République : elle concerne le **droit de grève** dans la fonction publique. Avant 1946, les fonctionnaires ne bénéficiaient pas de ce droit, car la législation en vigueur n'en faisait pas mention[11] ; mais l'arrêt *Dehaene*, rendu en 1950 alors qu'aucune loi n'était intervenue à ce sujet, se réfère expressément au Préambule pour décider que la grève doit être considérée comme licite sous les seules réserves qu'implique la nécessité d'assurer la continuité du service public.

b) Les principes généraux du droit

Ces principes, dégagés par le Conseil d'État, se confondent parfois avec ceux qu'énonce le Préambule, car les arrêts se réfèrent régulièrement aux *«principes généraux du droit résultant notamment du Préambule de la Constitution»*. Leur liste est toutefois plus longue, car «notamment» ne signifie pas «exclusivement» et plusieurs principes généraux ont plutôt pour source la tradition démocratique et républicaine. On peut citer à cet égard les droits de la défense, qui doivent être respectés dans les procédures administratives, et le droit à une vie familiale normale, que l'administration ne peut refuser aux étrangers (voir encadré ci-contre).

11. Sauf pour déclarer punissable *«tout concert de mesures contraires aux lois pratiqué par la réunion d'individus ou de corps dépositaires de quelque partie de l'autorité publique»* ; mais cette règle, inscrite dans le Code pénal, n'avait été appliquée qu'une seule fois.

Deux applications des principes généraux du droit

– Le principe des **droits de la défense** : l'arrêt *Dame veuve Trompier-Gravier*, du 5 mai 1944

Cette dame, qui vendait des journaux dans un kiosque du boulevard Saint-Denis à Paris, se vit retirer par le préfet l'autorisation de le faire parce qu'elle était suspectée d'avoir extorqué des fonds à son gérant. La décision fut annulée, car l'intéressée n'avait pas été informée de ses raisons et se trouvait donc dans l'impossibilité de se défendre : *«Eu égard [...] à la gravité de cette sanction, une telle mesure ne pouvait légalement intervenir sans que la dame veuve Trompier-Gravier eût été mise en mesure de discuter les griefs formulés contre elle.»*

– Le droit des étrangers à mener une **vie familiale normale** : l'arrêt *GISTI*, du 8 décembre 1978

Alors que le droit au séjour en France était reconnu de façon libérale aux familles des immigrés régulièrement installés, un décret de 1977 restreignit ce droit à celles qui ne demandaient pas d'accéder au marché de l'emploi. Le décret fut annulé en vertu du principe général du droit selon lequel *«les étrangers résidant régulièrement en France ont, comme les nationaux, le droit de mener une vie familiale normale ; ce droit comporte, en particulier, la faculté pour ces étrangers de faire venir auprès d'eux leur conjoint et leurs enfants mineurs»*. Le gouvernement ne pouvait donc interdire par voie générale aux membres de ces familles d'occuper un emploi.

c) Les conventions internationales

La Constitution de 1958, comme l'avait fait celle de 1946, dispose dans son article 55 que les traités ou accords régulièrement ratifiés *«ont une autorité supérieure à celle des lois»*, et cet article prend une importance accrue avec le développement de l'internationalisation. La France est désormais partie à de **multiples traités**, intervenus dans des domaines aussi divers que l'extradition, le commerce, la protection des consommateurs ou celle des droits individuels, et on a déjà mentionné le rôle grandissant des traités et normes résultant de la **construction européenne**.

Il a été admis sans difficulté que les actes administratifs autonomes (c'est-à-dire non édictés pour l'application d'une loi) ne devaient pas contrevenir à des engagements internationaux : appelé par le gouvernement à donner un avis sur la possibilité d'interdire à des jeunes filles musulmanes le port d'un foulard dans les établissements d'enseignement, le Conseil d'État a visé, dans cet avis, pas moins de quatre engagements internationaux, dont la convention de l'ONU sur les droits de l'enfant (voir encadré page 135). Un problème se pose en revanche pour les actes pris en exécution d'une loi elle-même contraire à un traité : annuler de tels actes revient en effet, pour le juge, à contester la loi.

Jusqu'à une date assez récente, il ne s'en est pas reconnu le pouvoir, et laissait donc prédominer sur les traités des lois postérieures à ceux-ci mais comportant des dispositions incompatibles avec les leurs. Il a abandonné cette position dans l'arrêt *Nicolo*, rendu le 20 octobre 1989 à propos du traité de Rome qui fondait la Communauté européenne : désormais, une loi **contraire à un traité** est considérée comme **irrégulière** et les règlements ou actes individuels pris pour son application seront donc annulés. Ce contrôle, dit « de conventionnalité », s'est ultérieurement étendu au droit dérivé du traité, c'est-à-dire aux règlements et directives (voir page 209). Il a été complété par le pouvoir que le Conseil d'État s'est reconnu à peu près au même moment d'interpréter lui-même les dispositions d'un traité : auparavant, lorsqu'elles ne lui paraissaient pas suffisamment claires, il demandait au ministre des Affaires étrangères d'en préciser le sens et la portée; aujourd'hui, il se livre lui-même à cette analyse, comme il le fait pour toutes les autres normes constituant les sources de la légalité, et les engagements internationaux en font donc incontestablement partie.

Il convient de mentionner, parmi les engagements internationaux les plus importants, la **Convention européenne des droits de l'homme** et ses pactes additionnels : signée le 4 novembre 1950, elle lie quarante-sept États appartenant au Conseil de l'Europe[12] (à ne pas confondre avec le Conseil de l'Union européenne) et son respect est placé sous la surveillance d'une Cour comportant des représentants de chacun de ces États. Telle qu'elle est interprétée et appliquée par la Cour, la Convention exerce une *influence incontestable* sur les législations, réglementations et jurisprudences nationales : c'est ainsi que l'encadrement des écoutes téléphoniques a été renforcé, que le principe de liberté de réunion est désormais considéré comme impliquant pour les autorités administratives l'obligation de prendre toutes les mesures nécessaires pour assurer le déroulement pacifique des manifestations, et que le principe du droit à l'instruction les contraint à organiser *« sous une forme ou une autre, la reconnaissance officielle des études accomplies »*.

d) Les lois

Les lois votées par le Parlement **s'imposent** évidemment à l'administration, de même que les **ordonnances** prises par le gouvernement en vertu de l'article 38 de la Constitution et qui ont acquis valeur législative[13]. Mais si le juge administratif peut censurer un acte administratif qui leur serait contraire, il n'a pas le pouvoir de considérer comme inapplicable une loi qui contreviendrait à la Constitution, et donc d'annuler pour ce motif les règlements pris pour son exécution (on dit habituellement que la loi « fait écran » entre la Constitution et les décisions administratives). Cette règle peut avoir des conséquences fâcheuses parce que les lois ne sont pas toutes soumises à l'examen du Conseil constitutionnel et que certaines d'entre elles contiennent des dispositions que le Conseil aurait écartées, s'il en avait été saisi. Le juge administratif s'efforce donc, en ce cas, d'interpréter l'intention du législateur de telle manière que les conséquences les plus nocives du texte puissent être évitées.

Cette méthode a été notamment employée dans l'arrêt *dame Lamotte*, rendu le 17 février 1950 : alors qu'une loi de 1943 avait expressément déclaré insusceptible de « tout recours administratif ou judiciaire » les décisions par lesquelles les préfets pouvaient concéder les parcelles de terrain abandonnées ou incultes depuis plus de deux ans (y compris, donc, lorsque leurs propriétaires avaient été déportés), le Conseil d'État estima que la loi *« n'a pas exclu le recours pour excès de pouvoir [...], ouvert même sans texte contre tout acte administratif, et qui a pour effet d'assurer, conformément aux principes généraux du droit, le respect de la légalité »*. Cette interprétation audacieuse, qui fait de la loi ce qu'elle devrait constitutionnellement être plutôt que ce qu'elle est, a été également appliquée à propos du recours en cassation. Elle aboutit à mettre en échec la volonté du législateur, mais constitue un instrument efficace de contrôle des pouvoirs publics comme de protection des citoyens.

Il faut tenir compte, également, de la révision constitutionnelle de 2008 : on sait que le Conseil d'État ou la Cour de cassation peuvent saisir le Conseil constitutionnel d'une loi dont dépend la solution d'un litige, lorsqu'elle porte atteinte aux droits ou aux libertés garantis par la Constitution (voir page 51).

e) Les autres sources

On ne doit pas oublier **deux séries** de normes auxquels les actes administratifs doivent se conformer. La première résulte du fait que la hiérarchie des normes suit celle des autorités habilitées à les édicter : le *décret* l'emportera donc sur *l'arrêté ministériel*, qui lui-même s'imposera aux *règlements* pris par des autorités déconcentrées comme les préfets ou les inspecteurs d'académie. Par ailleurs, les actes de portée générale ne peuvent être méconnus par des décisions individuelles, sans qu'il y ait lieu de distinguer suivant qu'elles ont un contenu plus favorable ou plus restrictif. L'administration ne pourra ainsi délivrer un permis de construire à un édifice dépassant la hauteur maximale imposée par les règlements d'urbanisme. Elle ne peut pas, à l'inverse, exclure du bénéfice d'une prestation une personne qui remplit les conditions requises pour l'obtenir ni, bien entendu, infliger à un fonctionnaire une sanction non prévue par les règles statutaires. Dans toutes ces hypothèses s'applique l'adage qui remonte au droit romain : *« Tu patere legem quam fecisti »* (« Respecte la règle que tu as toi-même édictée »).

La seconde source est constituée par la **jurisprudence**. Les décisions juridictionnelles s'imposent évidemment à l'administration, qui est tenue d'abroger ou de modifier les règlements déclarés illégaux, de ne pas reprendre une décision individuelle analogue à celle que le juge a annulée, et de réparer éventuellement les dommages que celle-ci a pu causer. Il lui faut également se conformer, dans l'ensemble de son action, à l'interprétation donnée par le juge d'un texte de portée générale, ainsi qu'aux principes généraux par lesquels il encadre les décisions qu'elle peut être amenée à prendre.

---

12. Créé en 1949 pour instaurer un lieu de concertation entre les pays européens de l'Ouest et de l'Est, le Conseil de l'Europe n'a pas de pouvoir exécutif, ce qui le cantonne dans un rôle d'études et de propositions. Son influence juridique, notamment au travers de la Convention, est néanmoins importante.

13. Ces ordonnances, qui interviennent dans des domaines relevant de la loi, sont prises sur le fondement d'une habilitation du Parlement. Elles entrent en vigueur dès leur publication, mais deviennent caduques si le gouvernement ne dépose pas un projet de loi de ratification avant une date limite fixée par la loi d'habilitation. Avant la révision de 2008, il n'était pas nécessaire que le Parlement ratifie expressément ces ordonnances : le simple dépôt du projet suffisait à leur donner valeur législative; désormais, la ratification doit être expresse. Le nombre des ordonnances a longtemps tendu à s'accroître : sur les 323 ordonnances prises entre 1984 et 2007, plus des trois quarts l'ont été à partir de 2000. Le pic avait été atteint en 2005 (83). Les années suivantes ont marqué un certain recul (24 en 2006, 15 en 2007, 28 en 2008, 23 en 2009 et 25 en 2010). Le chiffre remonte en 2011 : 38 ordonnances.

2. L'encadrement juridique des actes

Les règles applicables à l'édiction des actes administratifs, qu'elles émanent du législateur ou du juge, sont beaucoup plus nombreuses et détaillées aujourd'hui qu'elles ne l'étaient autrefois. Depuis les années 1970 s'est fait jour un double mouvement. D'une part le souci de protéger les particuliers, au-delà des traditionnels droits de la défense, s'est traduit par un renforcement des exigences imposées aux procédures administratives. D'autre part le souhait d'instaurer une plus grande transparence des processus de décision a entraîné l'obligation pour l'administration d'y associer dans maints domaines des représentants des personnes intéressées, et d'autoriser l'accès aux documents qu'elle détient. L'attention ainsi portée à la manière dont l'administration prend ses décisions et non plus seulement au contenu de celles-ci se retrouve aussi bien dans les règles de procédure qui s'appliquent à la généralité des actes que dans celles qui ont un objet plus spécifique, par exemple les opérations d'aménagement du territoire.

a) Les principes généraux de la procédure administrative

- **Les autorités compétentes**

Quelles que soient les décisions, il est d'abord évident qu'elles ne peuvent être prises que par les autorités habilitées à cet effet : tout empiétement de l'une d'elles sur un domaine échappant à ses attributions constitue une **incompétence**. Cette incompétence s'apprécie de trois manières différentes : par rapport à *l'objet* de l'acte (un directeur départemental de l'agriculture ne peut accorder à la place de l'inspecteur d'académie une dispense d'âge à un enfant pour son entrée à l'école) ; par rapport au *lieu* où il produira ses effets (le préfet des Hauts-de-Seine ne peut édicter un règlement de circulation applicable à Paris) ; et par rapport à la *date* à laquelle il est pris (lorsqu'un décret prévoit que des autorisations pourront être accordées pendant deux mois, il n'est plus possible d'en délivrer ultérieurement)[14].

- **Le processus d'élaboration des décisions**

Il obéit à de nombreuses **règles**, les unes destinées à assurer la qualité de ces décisions par l'obtention d'avis émanant d'organismes techniquement compétents ou de représentants des milieux concernés, les autres à rendre le processus plus contradictoire qu'unilatéral.

La première de ces préoccupations s'exprime par l'obligation fréquemment imposée à l'administration de solliciter un **avis préalable**. Cet avis peut être d'ordre *juridique*, comme celui que donne le Conseil d'État sur certains projets de décret ou sur les ordonnances prévues à l'article 38 de la Constitution. Il peut aussi avoir un caractère plus *technique*, par exemple lorsque l'Académie de médecine est consultée sur la délivrance d'un visa d'exploitation à des produits pharmaceutiques renfermant des substances vénéneuses. Ou bien il peut tendre à une *gestion concertée* avec les organisations représentatives, comme en matière de fonction publique, où de nombreuses décisions ne peuvent être prises qu'après avis des commissions administratives paritaires (CAP, voir page 126).

La nature et les conséquences de ces avis sont variables. Lorsqu'une loi exige un avis conforme – hypothèse assez peu fréquente – l'administration est tenue soit de le suivre, soit de renoncer à prendre la décision ; lorsqu'il est obligatoire, l'administration doit le demander, mais n'est pas contrainte de le faire sien ; s'il est simplement facultatif, elle peut s'en dispenser. Dans l'ensemble, cependant, les avis exercent une *influence certaine*, car l'administration a tout intérêt à ce que ses décisions paraissent à la fois mûrement réfléchies et dépourvues d'autocratisme. Et, en toute hypothèse, des obligations sont imposées pour que la consultation réponde effectivement au but recherché : particulièrement en ce qui concerne la composition de l'organisme qui sera saisi, le délai dans lequel le dossier doit lui être transmis, et le quorum requis pour l'obtention de l'avis[15].

- **Le caractère contradictoire de la procédure**

Il a été récemment renforcé, y compris en palliant les désagréments que les particuliers pourraient subir du fait de la complexité des circuits et mécanismes administratifs. Les principaux textes intervenus en ce domaine sont le décret du 28 novembre 1983 et la loi du 12 avril 2000 relative aux droits des citoyens dans leurs relations avec les administrations, qui en a étendu les dispositions aux collectivités territoriales[16]. Des avancées incontestables en ont résulté.

L'une d'elles est l'obligation désormais faite aux services de **réorienter** vers celui d'entre eux qui est compétent les dossiers qui leur ont été adressés par erreur, au lieu, comme auparavant, de les classer sans suite ou de les retourner sans indication précise (et parfois longtemps après) à leur expéditeur. Cette obligation est complétée par celle qui est faite au service compétent d'**accuser réception** des demandes en indiquant à leur auteur le délai dans lequel il lui sera ou non donné suite, ainsi que le nom de l'agent chargé d'instruire le dossier. En l'absence de cet accusé de réception, les délais de recours contentieux sont suspendus (voir page 141).

Par ailleurs, les **décisions défavorables** aux intéressés telles que les mesures de police, les retraits d'autorisation ou les sanctions administratives, ne peuvent légalement intervenir sans que les intéressés aient été au préalable mis à même de présenter leurs *observations*. Un délai suffisant doit leur être imparti à cette fin, et il est précisé qu'ils peuvent demander à être reçus par l'agent chargé du dossier en se faisant éventuellement assister par une personne

14. Ces trois formes d'incompétence sont connues sous leur dénomination latine (*ratione materiae*, *ratione loci* et *ratione temporis*). Il est clair, par ailleurs, qu'aucune autorité administrative ne peut prendre un acte, même dans son domaine d'attributions, si la compétence pour l'édicter relève d'une autorité de rang supérieur, excepté lorsque celle-ci lui a accordé une délégation expresse de compétence.

15. Une partie de ces règles résulte du décret du 28 novembre 1983 dont les dispositions ont été reprises par la loi du 12 avril 2000, une autre partie résulte de la jurisprudence.

16. L'article 72 de la Constitution disposant que ces collectivités « *s'administrent librement par des conseils élus et dans les conditions prévues par la loi* », il avait paru impossible en 1983 de les soumettre aux règles édictées par le décret.

de leur choix. Il y a dans cette dernière disposition un progrès notable pour ceux qui sont peu habitués au langage administratif ou éprouvent des difficultés à s'exprimer par écrit. Et, de manière générale, l'approfondissement du caractère contradictoire de la procédure sert en même temps les intérêts des particuliers et la qualité des actes pris par l'administration : les premiers ne sont plus pris au dépourvu par une décision qui les dessert, la seconde gagne en information utile à la pertinence d'une telle décision et limite ainsi les risques d'annulation contentieuse.

• Les décisions doivent être écrites, datées et signées de leur auteur

On admet cependant aujourd'hui qu'un fax répond à ces conditions. Mais il arrive que l'administration saisie d'une demande garde le silence à son sujet : pour éviter l'incertitude qui résulte de ce silence, la loi du 17 juillet 1900 a décidé qu'après l'expiration d'un délai de quatre mois, il serait transformé en *décision implicite de rejet* attaquable au contentieux, et la loi du 12 avril 2000 a réduit ce délai à deux mois. Dans certaines hypothèses, toutefois, des textes ont institué un régime inverse, le silence valant acceptation de la demande : il existe, par exemple, des permis tacites de construire ou de démolir et des autorisations tacites de création d'établissements sanitaires.

• Les décisions individuelles défavorables doivent être motivées

Cette règle importante a été posée par la loi du 11 juillet 1979 : les décisions doivent indiquer les **raisons de droit et de fait** qui ont conduit leur auteur à les prendre. Elle facilite le contrôle du juge, qui peut plus aisément déceler les erreurs éventuellement commises ; elle contraint aussi l'administration à prendre des décisions véritablement adaptées aux circonstances ; et elle constitue une garantie précieuse pour les destinataires de ces décisions : substitut de la procédure contradictoire au temps où celle-ci n'avait pas encore été systématisée, elle en est aujourd'hui le complément, dans la mesure où elle leur permet de savoir si leurs observations en défense ont été prises en compte.

Initialement réservée aux cas dans lesquels les décisions sont prises à l'initiative de l'administration, l'obligation de motiver a été étendue par la loi du 17 juillet 1986 aux **refus** d'autorisation, c'est-à-dire à des demandes présentées par les particuliers. Dans les deux cas, le juge administratif a précisé divers points : les décisions qui entrent dans les catégories définies par la loi ; les indications que doit comporter la motivation (les formules stéréotypées sont considérées comme insuffisantes : par exemple, l'extradition d'un étranger au motif qu'il constitue *« une menace pour l'ordre public »*, sans que soit précisé en quoi consiste cette menace) ; enfin, le délai dans lequel il lui faut intervenir : si elle n'est pas incluse dans la décision, mais indiquée après coup dans le seul but de régulariser *a posteriori* la procédure, le juge la considèrera comme irrégulière.

Des **exceptions** sont cependant prévues à l'obligation de motiver. Les unes résultent de la volonté expresse du législateur, qui en a exclu les cas d'urgence et ceux dans lesquels l'indication des motifs porterait atteinte à un secret juridiquement protégé. Une autre tient à la nature des choses : les décisions implicites de rejet d'une demande, par définition, ne peuvent comporter d'indication des motifs. Les intéressés ont néanmoins le droit d'en solliciter la communication et, si celle-ci ne leur est pas accordée dans un délai d'un mois, ils peuvent demander au juge d'annuler la décision.

• Les actes administratifs doivent être portés à la connaissance des intéressés

Les actes réglementaires ayant une portée très générale sont, comme les lois, **publiés** au *Journal officiel.* Depuis la IIIe République, ils devenaient exécutoires un jour franc après cette publication, mais une ordonnance du 20 février 2004 a admis qu'ils pourraient fixer eux-mêmes la date de leur entrée en vigueur ; à défaut, ils acquerront force exécutoire au lendemain de leur publication. Par ailleurs, le *Journal officiel* (*JO*) électronique a la même valeur que le *JO* papier. Le *JO* est publié le même jour sur support papier et sous forme numérique. Les actes réglementaires dont le champ d'application est plus limité en raison de leur auteur ou de leur objet sont publiés dans des bulletins administratifs : c'est le cas des arrêtés ministériels ou municipaux[17].

Les décisions individuelles sont **notifiées personnellement** à leurs destinataires. Depuis le décret du 28 novembre 1983, la notification doit comporter, si la décision est défavorable, l'indication des voies de recours possibles et des délais dans lesquels ces recours doivent être formés ; en l'absence de ces indications, les délais sont suspendus.

b) L'obligation de transparence

L'administration a très longtemps vécu sous le signe – et la protection – du secret. En tant que dépositaire de l'intérêt collectif, on considérait qu'elle devait être à l'abri des pressions individuelles, et qu'elle n'avait pas de comptes à rendre aux citoyens sur la manière dont elle se déterminait. Excepté lorsqu'un texte exprès le prévoyait (par exemple, la loi du 22 avril 1905 sur la communication de leur dossier aux fonctionnaires avant la prise d'une sanction), personne d'autre que les organes de contrôle ne pouvait donc accéder aux documents qu'elle produisait ou détenait. La situation changea à la fin des années soixante-dix, sous l'influence de deux courants d'idées convergents : d'une part la prise de conscience des risques que le développement de l'informatique et l'interconnexion des fichiers pouvaient entraîner pour les libertés individuelles ; d'autre part le souci plus général de démocratiser la gestion publique en lui donnant un caractère plus transparent. Deux lois adoptées en 1978 répondirent à ces préoccupations.

• La loi du 6 janvier 1978 « relative à l'informatique, aux fichiers et aux libertés »

Cette loi a posé une série de règles applicables à la constitution et au contenu des *fichiers automatisés*, ainsi qu'au droit d'obtenir la *communication des données* qui y figurent. Elle a également créé un organe de surveillance : la Commission nationale de l'informatique et des libertés **(CNIL)**, première en date des autorités administratives indépendantes (voir page 72). Désormais, tous les traitements automatisés d'informations nominatives par des collectivités publiques ou une personne privée agissant pour leur compte doivent

17. Certaines décisions réglementaires, comme celle d'ouvrir une enquête publique, peuvent être publiées dans la presse ou par voie d'affichage.

être décidés par la voie d'un acte réglementaire précisant les informations qui seront enregistrées et pris après avis de la CNIL.

Dans le système originel, si cet avis était défavorable, le gouvernement ne pouvait passer outre que par décret pris sur avis conforme du Conseil d'État. Mais la loi du 6 août 2004, modifiant celle de 1978, a apporté un changement notable pour ce qui concerne les traitements mis en œuvre pour le compte de l'État et concernant la sûreté nationale, la sécurité publique, ou la recherche et la constatation des infractions pénales : ces traitements peuvent désormais être autorisés par un simple arrêté ministériel, auquel est seulement joint l'avis défavorable de la CNIL.

Les fichiers ne doivent contenir aucune **donnée nominative** faisant apparaître, directement ou indirectement, les origines raciales d'une personne, ses opinions, ses mœurs ou ses appartenances syndicales. Et la nouvelle loi précise, dans son article 10, qu'aucune décision administrative «*produisant des effets juridiques à l'égard d'une personne ne peut être prise sur le seul fondement d'un traitement automatisé de données destiné à définir le profil de l'intéressé ou à évaluer certains aspects de sa personnalité*» [18].

En vue, notamment, de s'assurer que cette obligation est respectée, toute personne qui en fait la demande a le droit d'accéder aux informations la concernant, ainsi que celui d'obtenir la suppression ou la rectification des informations inexactes. Si ce droit lui est refusé par le service détenteur du fichier, elle peut saisir la CNIL qui procèdera à une enquête et enjoindra au service de se conformer à ses obligations (en 2011, elle a enregistré 5738 plaintes, soit une hausse de 19 % par rapport à l'année précédente; en 2012, ce chiffre s'est élevé à 6017, soit près de 5 % de plus). La CNIL peut également, de sa propre initiative, entreprendre les vérifications qu'elle juge utiles, adresser des avertissements aux services, et dénoncer les infractions qu'elle constate au Parquet. Elle établit un rapport annuel qui est rendu public.

Depuis son rapport pour 2006, la CNIL attire toutefois l'attention sur la faiblesse de ses moyens, qui l'empêche de contrôler suffisamment le contenu des fichiers existants [19] et de satisfaire en temps voulu les demandes d'accès. Elle relève aussi le gigantisme et les erreurs de certains fichiers de police : le STIC (Système de traitement des infractions constatées) recense ainsi 4750000 personnes mises en cause et 28 millions de victimes, mais mélange parfois les deux catégories, ne tient souvent pas compte des décisions de non-lieu ou de classement sans suite et contiendrait au total plus de 20 % d'informations erronées. Dans son rapport pour 2008, le Médiateur s'inquiétait également de cette situation.

18. La loi de 1978 avait une portée moins générale, puisqu'elle visait tous les traitements «donnant une définition du profil ou de la personnalité» de l'intéressé.

19. Elle n'a pu en examiner que 120 en un an alors que son homologue espagnol en contrôlait 600 dans le même temps. Un «plan de rattrapage» progressif, décidé en 2006, devait la rapprocher en quatre ans de la moyenne européenne, mais le but est encore loin d'être atteint.

• La loi du 17 juillet 1978 sur la liberté d'accès aux documents administratifs

Cette loi organise l'accès aux documents administratifs de caractère **non nominatif**, ainsi qu'aux informations nominatives **non informatisées**. La première catégorie est minutieusement détaillée par le texte, qui vise entre autres les dossiers, rapports, notes, comptes rendus et statistiques, y compris lorsqu'ils «*revêtent la forme d'enregistrements sonores*» ou sont contenus dans des fichiers automatisés. Des exceptions sont cependant prévues dans deux cas : d'une part lorsque la communication porterait atteinte à des secrets juridiquement protégés, qu'il s'agisse des délibérations du gouvernement, de la sécurité publique, de la vie privée ou du secret industriel ou commercial; d'autre part lorsque le document n'a pas un caractère «achevé», c'est-à-dire s'il est encore à l'état de projet [20].

De même que la loi du 6 janvier, cette loi s'applique à toutes les **collectivités publiques** et aux **personnes privées** agissant pour leur compte. Elle accorde également le droit d'accès à toutes les personnes qui en font la demande; mais celles-ci n'ont pas la possibilité, s'agissant d'informations nominatives, de demander des suppressions ou des rectifications de données : elles peuvent seulement faire annexer des observations au document, qui ne pourra pas être utilisé ultérieurement en les omettant.

La loi du 17 juillet crée, elle aussi, une autorité administrative indépendante chargée de veiller au respect de la liberté d'accès : la **CADA** (Commission d'accès aux documents administratifs). Cette commission peut être saisie par les personnes auxquelles une communication a été refusée, et son activité est importante : ses rapports révèlent en effet qu'elle reçoit plus de 3000 demandes chaque année et qu'elle donne une interprétation libérale du droit d'accès puisqu'elle n'estime infondées que 10 % de ces demandes. Ses avis favorables à la communication ne lient pas en droit l'administration, mais sont en fait presque toujours suivis; si tel n'est pas le cas, les intéressés peuvent intenter un recours devant le juge administratif.

La coexistence de ces deux lois, intervenues en ordre dispersé, posait quelques problèmes aux personnes souhaitant obtenir la communication d'un document nominatif, car elles ne savaient pas toujours si ce document était ou non informatisé et s'il leur fallait donc saisir la CADA ou la CNIL en cas de difficulté. La loi du 12 avril 2000 a amélioré la cohérence du dispositif en donnant compétence à la CADA pour connaître de ces demandes; mais elle ne lui a pas accordé le pouvoir d'ordonner, comme la CNIL peut le faire, la suppression des informations erronées ou dont la collecte est interdite; sur ce point subsiste donc une différence qui peut jouer au profit de la saisine de la CNIL.

20. Cette seconde exception, qui résultait de la jurisprudence, a été reprise par la loi du 12 avril 2000.

Chapitre 2
La police administrative

Simple dans son principe, la notion de police administrative s'avère néanmoins complexe dans certaines de ses implications. Il n'est pas toujours aisé en effet de distinguer entre police administrative et judiciaire, ni entre les pouvoirs respectifs des diverses autorités compétentes en la matière. Ces pouvoirs sont étendus, car ils conditionnent dans une large mesure les possibilités d'existence collective (*« La garantie des droits de l'homme et du citoyen nécessite une force publique »*, reconnaissait déjà la Déclaration de 1789). Mais ils portent en germe des risques d'atteintes aux libertés : c'est pourquoi leur exercice est encadré par maintes *règles protectrices*.

Une extension de la notion d'ordre public : l'arrêt *Commune de Morsang-sur-Orge*, du 27 octobre 1995

Une discothèque offrait comme attraction des « lancers de nains » : ces derniers, utilisés comme projectiles précisément par suite de leur handicap, se prêtaient à cette pratique contre rémunération, et des mesures de protection avaient été prises pour assurer leur sécurité. Le maire de la commune interdit cependant l'attraction et le Conseil d'État lui donna raison au motif que *« le respect de la dignité de la personne humaine est une des composantes de l'ordre public »*, et que *« par son objet même, une telle attraction porte atteinte à [cette] dignité »*.

1. Le domaine de la police administrative

Ce domaine couvre les activités destinées à assurer le maintien de l'**ordre public**. Celui-ci, d'après les lois déjà anciennes qui ont déterminé les titulaires du pouvoir général de police (voir plus loin), comprend trois composantes : la **sécurité**, la **salubrité** et la **tranquillité publiques**. Il s'agit donc de prévenir à la fois les risques d'accidents, par exemple en matière de circulation routière, les désordres portant atteinte à la quiétude des habitants, comme les tapages nocturnes, et les dommages à la santé qui peuvent résulter d'installations ou de produits dangereux, tels les immeubles malsains ou les denrées alimentaires contaminées. Mais, comme toujours, sont apparues par la suite des activités n'entrant pas véritablement dans ces cadres et cependant susceptibles d'engendrer des troubles, si bien que le Conseil d'État a élargi la trilogie traditionnelle à des éléments relevant de ce qu'il dénomme la **moralité publique**. Sans faire sienne la conception rétrograde et dangereuse pour les libertés de « l'ordre moral » tel que le concevait notamment le régime de Vichy, il a néanmoins considéré comme licites l'interdiction de certains combats de boxe qui avaient *« un caractère brutal et parfois sauvage »*, ou d'affichages publicitaires en faveur de *« messageries roses »* ; et, plus récemment, il a inclus dans la notion d'ordre public celle du respect obligatoire de la personne humaine (voir encadré ci-contre).

Les activités de maintien de l'ordre public ont des natures très différentes. Certaines sont *juridiques*, comme les interdictions qui viennent d'être mentionnées ou les obligations imposées aux restaurants en vue d'y assurer l'hygiène. D'autres sont *matérielles*, comme celles des policiers qui règlent la circulation aux carrefours. Mais, pour ce second type d'activités, il est important de distinguer entre police administrative et police judiciaire.

La différence est théoriquement claire : la **police administrative** tend à prévenir les atteintes à l'ordre public, tandis que la **police judiciaire** a pour but de les réprimer[21]. Et la conséquence de cette distinction est logique : par suite du principe constitutionnel de séparation des pouvoirs, la police judiciaire relève de l'autorité et des tribunaux judiciaires. Mais en pratique, la distinction des deux activités est souvent délicate (voir aussi encadré page 134). D'abord parce qu'elles sont menées par les mêmes personnes : les policiers et les gendarmes, mais aussi les maires, sont à la fois des autorités administratives et des officiers ou agents de police judiciaire. Ensuite parce qu'il n'est pas toujours facile d'étiqueter ces activités : la police administrative peut parfois non seulement prévenir, mais aussi réprimer une atteinte à l'ordre public, par exemple en dispersant une manifestation ou en faisant expulser du territoire un étranger en situation irrégulière ; à l'inverse, il arrive à la police judiciaire de prévenir des infractions, comme lorsqu'elle organise la surveillance d'individus dont elle présume qu'ils ont l'intention de commettre un délit. Enfin parce qu'il existe des opérations dites polyvalentes, en ce sens qu'un même agent, au cours d'une telle opération, peut agir successivement au nom des deux polices : ainsi lorsqu'un agent assurant la fluidité de la circulation (police administrative) relève l'identité d'un contrevenant ou demande l'enlèvement d'un véhicule en stationnement gênant (police judiciaire).

De ces enchevêtrements naissaient des problèmes inextricables pour les particuliers lorsqu'il leur fallait déterminer la **juridiction compétente** pour obtenir la réparation d'un dommage survenu par suite d'une opération de police. Aussi quelques simplifications ont-elles été introduites :

21. Suivant la définition qu'en donne le Code de procédure pénale, elle a pour mission de *« constater les infractions à la loi pénale, en rassembler les preuves et en rechercher les auteurs tant qu'une information n'est pas ouverte »*.

le Conseil d'État a décidé qu'une activité relevait de la police administrative chaque fois qu'elle ne se rapportait pas à une infraction pénale déterminée – mais une personne autre que l'auteur de cette infraction est-elle toujours en mesure de le savoir[22] ? –; et une loi du 10 juin 1983, insérée ensuite dans le Code pénal, a soumis tous les contrôles d'identité à la surveillance des magistrats du parquet, donc à la compétence des tribunaux judiciaires. Il n'en demeure pas moins que, dans l'ensemble, un domaine aussi sensible que celui de la police ne devrait pas donner lieu à tant de subtilités.

2. Les titulaires du pouvoir de police administrative

Il en existe presque autant que de niveaux territoriaux d'administration. Les **préfets** ont été investis de ce pouvoir dans leur département pendant la Révolution et les **maires** l'exercent dans leur commune depuis la loi de 1884, reprise dans le Code général des collectivités territoriales[23]. Par ailleurs, le Conseil d'État a admis en 1919 que le président de la République dispose du même pouvoir au niveau national (depuis la Constitution de 1946, ses compétences en la matière ont été transférées au **chef du gouvernement**).

Le pouvoir de police au niveau national : l'arrêt *Labonne*, du 8 août 1919

Un décret de 1899, ancêtre de notre Code de la route, avait rendu obligatoire pour tous les conducteurs d'automobiles un « certificat de capacité », qui pouvait leur être retiré par le préfet en cas d'infraction grave aux règles de circulation. Saisi par un contrevenant auquel cette mésaventure était arrivée, le Conseil d'État déclara le décret légal au motif *« qu'il appartient au chef de l'État, en dehors de toute délégation législative et en vertu de ses pouvoirs propres, de déterminer celles des mesures de police qui doivent en tout état de cause être appliquées dans l'ensemble du territoire »*.

L'exercice de ces différentes compétences ne va pas sans quelques complexités. En premier lieu, si la police est municipale dans les petites et moyennes communes, elle est étatisée dans les villes : les personnels font alors partie de la police nationale et une partie des pouvoirs dévolus au maire pour assurer la tranquillité publique est transférée au préfet. En second lieu, certains domaines sont partagés entre plusieurs autorités : ainsi la sécurité de la circulation sur les routes nationales relève-t-elle des préfets, mais les présidents des conseils généraux sont compétents pour les routes départementales, et les maires pour les portions des deux catégories de routes qui traversent leur commune[24]. Enfin, le pouvoir de police est, logiquement, attribué au préfet pour les mesures qui dépassent le cadre d'une commune, comme le déclenchement du plan Orsec ou les décisions restreignant la consommation d'eau en période de sécheresse.

Par ailleurs, il y parfois **coexistence**, ou au contraire **cumul**, des pouvoirs de police. D'une part, en effet, ont été instituées des polices *dites spéciales* : celle des gares et des aérodromes, par exemple, appartient au préfet et non au maire, de même que celle des établissements « classés », c'est-à-dire dangereux ou insalubres ; la police des associations ayant le caractère de « groupes de combat » relève du gouvernement, et celle des publications présentant un danger pour la jeunesse est confiée au ministre de l'Intérieur. Une police spéciale prend normalement le pas sur la police générale, mais si des mesures qui relèvent de la première ne sont pas prises alors qu'elles s'avèrent nécessaires, la seconde reprend ses droits : ainsi le maire peut-il, en cas de péril, prendre à la place du préfet des mesures concernant un établissement classé.

D'autre part, il peut y avoir cumul des pouvoirs de **police générale**. Le principe est qu'une autorité locale n'a pas le droit de prendre des mesures plus libérales que celles qui ont été décidées au niveau national (par exemple, en autorisant un débit de boissons à s'installer plus près d'une école que la réglementation ne le prévoit), mais qu'elle a la possibilité, si les circonstances locales, précisément, le justifient, d'édicter des dispositions plus rigoureuses. Deux exemples classiques illustrent cette possibilité. Le premier, toujours actuel, est l'abaissement de la vitesse maximale imposée aux véhicules pour la traversée des agglomérations. Le second, moins fréquent aujourd'hui, concerne le cinéma : à plusieurs reprises, des maires ont interdit la projection de films qui avaient pourtant reçu le visa ministériel d'exploitation, parce qu'ils craignaient que leur caractère soit jugé intolérable par une partie de la population et qu'il en résulte des manifestations ; les tribunaux administratifs, dès lors que ce risque leur paraissait réel, ont validé les interdictions. Celles-ci deviennent très rares, mais le débat relatif aux « circonstances locales » a rebondi avec l'interdiction faite aux enfants, dans certaines communes, de circuler seuls la nuit.

3. Les conditions d'exercice de la police administrative

Cette police, en raison de son objet, obéit à un régime ambivalent : parce qu'elle est indispensable à la vie sociale, les autorités qui l'exercent disposent de larges pouvoirs ;

22. Ainsi une personne blessée par balle au cours d'une opération devra s'adresser pour obtenir réparation aux tribunaux judiciaires si les policiers poursuivaient un malfaiteur, mais aux tribunaux administratifs s'ils effectuaient une visite domiciliaire en période de troubles…

23. A Paris, il est partagé entre le maire et le préfet de police.

24. Mais ils peuvent être dessaisis de cette compétence au profit des préfets pour les routes dites à grande circulation. Ils demeurent, en revanche, toujours compétents pour la voirie communale.

mais parce que les actes par lesquels elle se concrétise sont, plus que d'autres, susceptibles de porter atteinte aux libertés, le législateur et le juge les ont encadrés par des conditions strictes de régularité.

1. Les prérogatives attachées à la police

Elles sont particulièrement importantes. L'administration peut prononcer des fermetures d'établissements, des interdictions de vendre ou de circuler, voire des réquisitions de locaux, par exemple pour héberger des personnes évacuées à la suite d'un sinistre. Elle est également en droit d'ordonner l'exécution forcée des mesures qu'elle décide, par exemple en faisant procéder à l'enlèvement de véhicules ou à la saisie de journaux. Et comme ces mesures ne sont pas considérées comme des sanctions, leur régularité sera appréciée au regard des textes applicables le jour où elles ont été prises et non celui où se sont produits les faits qui leur ont donné lieu, même si ces textes sont devenus entre-temps moins sévères : elles échappent donc au principe de rétroactivité des textes supprimant ou allégeant des sanctions qui est applicable dans les procédures pénales ou disciplinaires.

2. La protection des droits des personnes concernées par ces mesures

Ces mesures doivent naturellement être conformes aux règles générales de fond et de procédure gouvernant les actes administratifs (voir pages 104 et 107), bien que l'urgence puisse être plus souvent invoquée par l'administration pour s'en dispenser. Mais elles doivent également obéir à des principes spécifiques, et ceux qui ont été dégagés par le juge administratif pour l'ensemble des actes sont appliqués ici avec une particulière vigilance.

Il est, d'une part, des décisions que l'administration **n'a pas le droit de prendre** : par exemple, soumettre une activité à autorisation ou déclaration préalable en dehors des cas où une loi le prévoit expressément (il en est ainsi, notamment, pour les manifestations, dont les organisateurs doivent informer les autorités de police du trajet et de l'horaire envisagés) ; ou bien prescrire autoritairement les moyens par lesquels une personne doit faire cesser un trouble à l'ordre public[25].

D'autre part, plus que dans d'autres domaines de l'activité administrative, le juge exige que les mesures prises soient à la fois **nécessaires et proportionnées** à la situation : on verra dans le chapitre consacré au contrôle que de nombreux arrêts ont déclaré illégales des interdictions de réunions publiques ou des fermetures d'établissements de loisirs lorsque la tranquillité du voisinage ne l'exigeait pas absolument ; de même, si l'autorité de police peut interdire aux photographes-filmeurs d'exercer leur profession dans une zone particulièrement encombrée (en l'espèce, les abords du Mont-Saint-Michel), elle n'a pas le droit d'étendre cette interdiction à tout le territoire communal. Le contrôle contentieux s'exerce ainsi de façon particulièrement approfondie : l'appréciation de la légalité des décisions contestées inclut des éléments d'opportunité et l'existence d'une voie de fait est assez souvent reconnue, notamment à propos de l'exécution forcée des mesures décidées[26].

Par ailleurs, la police administrative s'analyse non seulement comme un pouvoir, mais aussi comme un **devoir**. Les préfets comme les maires sont tenus de veiller à l'application des réglementations qu'eux-mêmes ou les autorités supérieures ont édictées, par exemple pour les terrains de camping ou la sortie des poubelles. Mais ils ont également l'obligation de prévenir ou faire cesser les incidents en l'absence d'une telle réglementation : ainsi en est-il pour la sécurité d'un chemin piétonnier, d'une piste de ski ou d'une fête. S'ils ne s'acquittent pas de cette obligation et qu'un préjudice en résulte, la responsabilité de l'administration sera engagée (voir page 145 et suivantes).

---

25. Par exemple en ordonnant de supprimer les nuisances résultant d'un chenil par la limitation du nombre des animaux, alors que d'autres moyens auraient pu être tout aussi efficaces.

26. Ainsi pour les saisies de journaux (Tribunal des conflits, 8 avril 1935, *Action française*). L'exécution forcée est en effet irrégulière lorsque des textes spéciaux prévoient une procédure juridictionnelle. Sur l'ensemble de la notion de voie de fait, voir page 138.

Chapitre 3
Les services publics

La notion de service public est l'une des plus importantes du droit administratif français, mais aussi l'une des plus complexes. Son histoire est en effet émaillée de périodes d'ascension rapide et de recul relatif, tant sur le plan des idées et des faits que sur celui de la théorie juridique.

Limité à l'origine aux fonctions régaliennes de l'État, le service public s'est progressivement étendu à des activités que l'on estimait jusqu'alors réservées à l'initiative privée, et il a longtemps constitué la « pierre angulaire » du droit administratif, dont il déterminait à la fois le domaine et la finalité. Plus tard, la notion s'est distendue par l'apparition de formes de gestion très diversifiées ; par ailleurs, son champ d'application a été contesté par des majorités politiques proches du libéralisme économique et surtout, aujourd'hui, par les conceptions sur lesquelles s'appuie la construction européenne. Il n'en demeure pas moins qu'elle est au cœur des missions dévolues à la puissance publique, dont elle fonde en grande partie la légitimité, et que par-delà les subtilités qui affectent parfois la détermination de la nature et du régime des différentes formes du service, la logique qui la sous-tend est à la fois perceptible et explicable.

1. L'évolution de la notion

On peut dater de l'**arrêt Blanco**, rendu le 8 février 1873 par le Tribunal des conflits, sinon les premières apparitions du service public, du moins sa consécration en tant que notion clé du droit administratif et de la compétence de la juridiction administrative : à propos de l'accident causé à une enfant par le wagonnet d'une manufacture exploitée par l'État, l'arrêt déclare que « *la responsabilité qui peut incomber à l'État n'est ni générale, ni absolue [...]; elle a ses règles spéciales qui varient suivant les besoins du service* », et le juge administratif est seul compétent pour en connaître.

Plus tard, les interventions de l'État, mais aussi des collectivités locales, se sont multipliées dans des domaines très divers, y compris le secteur économique, et presque à chaque fois le juge a considéré que même lorsque ces interventions n'étaient pas prévues par une loi et même lorsque leurs auteurs n'avaient pas eu conscience de créer un service public, c'était bien d'un tel service qu'il s'agissait. Il en a été jugé ainsi pour un département qui octroyait des primes aux chasseurs de vipères[27], ou à propos des époux Bertin, déjà rencontrés, auxquels il avait été demandé d'assurer le ravitaillement de réfugiés (voir page 103). Et l'affirmation la plus nette des critères d'existence d'un service public est donnée par l'**arrêt Thérond** : en chargeant l'intéressé par contrat de capturer les chiens errants et d'enlever les bêtes mortes, « *la ville de Montpellier a agi en vue de l'hygiène et de la sécurité de la population et a eu, dès lors, pour but d'assurer un service public* »[28].

Cette construction fut presque unanimement considérée par les juristes de l'époque comme la **clef de voûte** du droit administratif, et comme la justification même de la puissance publique et des prérogatives dont elle dispose : Duguit, en particulier, ne voyait dans l'État qu'une « *coopération de services publics* » et Hauriou, bien que plus réservé quant à l'extension du domaine de ces services, y voyait le moyen d'inciter l'État « *à n'obéir qu'à l'utilité publique* » par une « *autolimitation objective* » de son pouvoir. A la fois simple, socialement utile et facteur de démocratie, le critère du service public paraissait ainsi s'imposer en tant que **délimitation** et **légitimation** de l'action administrative.

Plus tard, les deux dernières de ces caractéristiques, qui correspondaient à l'idéologie née de la Résistance, inspirèrent les rédacteurs du Préambule de la Constitution de 1946 dans lequel figure cette affirmation : « *Tout bien, toute entreprise dont l'exploitation a ou acquiert les caractères d'un service public national ou d'un monopole de fait doit devenir la propriété de la collectivité.* » En revanche, la première caractéristique – celle de la simplicité – s'atténua considérablement. Le service public était, originellement, défini comme une **activité d'intérêt général** exercée par une **personne publique** sous le régime du **droit administratif**. Mais on vit apparaître des services assurés par des collectivités publiques et relevant cependant du droit privé (les services publics industriels et commerciaux ; voir page 115), ainsi que des services confiés à des particuliers et néanmoins soumis à certaines règles du droit public : la délimitation des frontières devint alors délicate. De surcroît, l'expression est *polysémique*, en ce sens qu'elle désigne aussi bien une activité que l'organisme qui en a la charge (la fourniture d'électricité *et* EDF, la protection de la santé *et* les hôpitaux), et que ces organismes peuvent être de nature juridique très diverse (établissements publics, entreprises nationales, sociétés privées ou d'économie mixte, offices, etc.), ce qui ne contribue pas à la clarté du dispositif.

Par ailleurs, on a déjà relevé que le champ des services publics (et du secteur public au sens large) dépend en grande partie des conceptions politiques et connaît donc des coups d'accordéon[29] : il a connu une extension notable

27. Conseil d'État, 6 février 1903, *Terrier*.

28. Conseil d'État, 4 mars 1910.

29. Ceux-ci se reflètent même dans la dénomination des membres des équipes gouvernementales successives : en 1981 avait été désigné un secrétaire d'État à l'Extension du secteur public, en 1986 un ministre de l'Économie, des Finances et de la Privatisation.

après 1946, puis en 1981, mais la majorité parlementaire issue des élections de 2002 l'a plutôt réduit. Les incidences de la construction européenne doivent être également rappelées : fondée sur le principe de libre concurrence, elle n'est pas compatible avec le service public dit « à la française », financé au moins pour partie par l'impôt et bénéficiant d'un monopole de droit ou de fait. D'où le mouvement de dérégulation et de **privatisation** qui, conformément aux directives de Bruxelles, s'est amorcé dans divers secteurs (transports aériens, télécommunications, énergie) et en affectera prochainement d'autres. La Cour de justice de l'Union européenne a certes reconnu que la Poste belge constituait un *« service d'intérêt économique général »* dont le traité de Rome prévoit qu'il peut, dans certaines conditions, bénéficier d'un monopole[30], et cette notion a été reprise par le Traité sur le fonctionnement de l'Union européenne. De son côté, la Commission a admis qu'était compatible avec le traité l'existence d'un *« service universel »*, défini comme un *« service de base, offert à tous, dans l'ensemble de la Communauté, à des conditions tarifaires abordables et avec un niveau de qualité standard »*. Mais cette définition n'autorise que des prestations minimales, contrairement à la tradition du service public « à la française », et interdit de surcroît l'offre de prestations annexes qui contribuent à l'équilibre financier des services[31] : elle pourrait, par là même, susciter leur dépérissement.

2. Les différentes catégories de services publics

Les services publics sont aussi divers par les domaines dans lesquels ils interviennent que par les formes qu'ils revêtent.

1. Les domaines d'intervention

a) Les fonctions régaliennes

Elles sont apparues les premières et n'ont jamais été contestées, car elles apparaissent comme inhérentes à la notion même de souveraineté. Le service s'y confond parfois avec les réglementations, voire les actes d'autorité, mais il n'en est pas absent dans la mesure où la poursuite d'une fin d'intérêt collectif peut se concrétiser par des prestations en quelque sorte immatérielles. Il en est ainsi au premier chef pour la **justice** et le maintien de la **tranquillité publique**, mais également pour la **défense nationale** et même le recouvrement des **impôts** : de ce recouvrement dépend en effet le fonctionnement de l'État et de l'ensemble des services publics.

Les services relevant de ce secteur se sont multipliés : à ceux qui tendaient à assurer la salubrité et ont donné lieu aux arrêts *Terrier* et *Thérond*, se sont par exemple ajoutés les comités d'organisation qui, pendant la Seconde Guerre mondiale, devaient s'efforcer de limiter les effets de la pénurie[32], puis les ordres chargés de contrôler l'exercice de certaines professions (médecins, experts-comptables) et, dans un domaine voisin, les fédérations sportives ou de chasse.

b) Le secteur sanitaire et social

Il a connu un développement analogue avec les hôpitaux, les services d'aide sociale relevant de l'État ou des collectivités locales, les offices d'HLM, la Sécurité sociale et des organismes plus récemment apparus comme l'ANPE (fondue aujourd'hui au sein de Pôle emploi) ou l'Agence française du sang. C'est dans ce secteur qu'a pris naissance, au cours des premières décennies du XXe siècle, ce qui fut dénommé le *« socialisme municipal »* : certaines communes ayant mis en place des équipements principalement destinés à des habitants peu fortunés (bains-douches, lavoirs, colonies de vacances), le Conseil d'État jugea leur action licite parce qu'elle permettait de satisfaire des **besoins sociaux** auxquels l'initiative privée ne répondait pas.

c) Le domaine économique

Les interventions dans ce domaine suscitèrent d'abord des réticences, car elles se heurtaient au principe de la liberté du commerce et de l'industrie. Au début du XXe siècle, le Conseil d'État ne les estimait justifiées qu'en cas de circonstances exceptionnelles ; trente ans plus tard, il considéra que *« des circonstances particulières de temps et de lieu »* suffisaient à les légitimer ; il admet aujourd'hui de façon très large que la création de services publics ne constitue pas une concurrence illégale au secteur privé dès lors qu'elle correspond à un **intérêt général** : depuis l'éclairage public jusqu'aux consultations juridiques gratuites, les services mis en place par les collectivités locales ont pu ainsi se multiplier. Quant aux services publics nationaux, dont la création relève en principe du législateur, le problème n'est pas de savoir s'ils sont licites, mais s'ils ont ou non un caractère obligatoire en vertu de la Constitution : comment le pays aurait-il pu se développer si l'État n'avait pas pris en charge les infrastructures, l'énergie, les transports, les télécommunications ?

d) Le secteur éducatif et culturel

Il a connu une évolution pour partie analogue. La création par la loi du service public de l'**enseignement** n'a jamais été fondamentalement contestée et le Préambule de la Constitution l'a rendu obligatoire (*« L'organisation de l'enseignement public gratuit et laïque à tous les degrés est un devoir de l'État »*) : il scolarise aujourd'hui plus de dix millions d'élèves et d'étudiants et emploie plus d'un million de personnes. Il est prolongé par la **recherche,** qui s'effectue soit dans les universités, soit dans des centres qui lui sont dédiés, comme le CNRS (Centre national de

30. Arrêt *Corbeau*, du 11 mai 1993. La même solution a été adoptée un an plus tard pour la fourniture d'électricité (arrêt *Commune d'Almelo*, rendu le 27 avril 1994).

31. La Poste, par exemple, s'est vu contester à Bruxelles ses activités bancaires.

32. Selon l'arrêt *Monpeurt* (Conseil d'État, 31 juillet 1942), ces comités, *« bien que le législateur n'en ait pas fait des établissements publics, sont chargés de participer à l'exécution d'un service public, et les décisions qu'ils sont amenés à prendre dans la sphère de ces attributions [...] constituent des actes administratifs »*.

la recherche scientifique) et l'INSERM (Institut national de la santé et de la recherche médicale).

Les services **culturels** et de **loisirs**, en revanche, ont été considérés à l'origine comme empiétant sur le domaine réservé à l'initiative privée : ainsi, en 1916, le Conseil d'État avait-il jugé illicite l'ouverture d'un théâtre par une commune; mais il revint sur cette position en 1944, admettant qu'un théâtre municipal constituait un service public dès lors qu'il offrait des représentations de qualité et faisait ainsi *«prédominer les intérêts artistiques sur les intérêts commerciaux de l'exploitation»*. Ce critère a été appliqué par la suite de façon très large puisqu'il couvre aujourd'hui les fêtes, les manifestations sportives, le cinéma et les concerts; parfois même il inclut des éléments relatifs au développement touristique et économique de la région : ainsi le festival de Cannes, comme celui de la bande dessinée et même un casino municipal ont-ils successivement bénéficié du label de service public.

2. La classification juridique

Elle repose sur une distinction binaire entre les services publics administratifs **(SPA)** et ceux qui ont un caractère industriel ou commercial **(SPIC)**. Cette distinction a un fondement historique, les SPA étant apparus les premiers; mais elle ne répond plus aujourd'hui à une logique très claire, car certains services combinent des éléments des deux catégories, et il arrive même que la qualification donnée à un service par le texte qui l'institue soit ultérieurement contestée par le juge.

a) Les services publics administratifs (SPA)

Ils constituent la catégorie théoriquement la plus «naturelle», ce qui leur vaut d'être parfois appelés *«services publics proprement dits»*. Ils sont créés par une personne publique dans le but de satisfaire un intérêt collectif et relèvent du droit administratif. La qualification de certains d'entre eux ne fait pas de doute : c'est le cas, par exemple, de la **police**, mais aussi de l'**enseignement** et d'organismes tels que les **hôpitaux**. D'autres sont reconnaissables en vertu d'un faisceau d'indices : gestion directement assurée par une personne publique, financement en tout ou en partie par l'impôt (ce qui les décharge de tout objectif de rentabilité, et entraîne le plus souvent la gratuité des prestations qu'ils dispensent), octroi de prérogatives de puissance publique. Toutefois, ces critères ne sont pas absolus car il existe des SPA gérés par des organismes privés (par exemple, la Sécurité sociale) et d'autres – ou les mêmes – passent des actes qui sont soumis au droit privé. Il en résulte, si insatisfaisant que cela puisse paraître du point de vue de la logique juridique, qu'on a parfois tendance à les définir, de manière négative, comme des services *qui ne sont pas* industriels ou commerciaux.

b) Les services publics à caractère industriel et commercial (SPIC)

Ils sont d'origine plus récente, et leur développement date de celui de l'interventionnisme des pouvoirs publics. Ils ont pareillement pour but de satisfaire un intérêt collectif, mais interviennent dans les mêmes domaines que les **entreprises privées** et dans des conditions analogues. La première consécration jurisprudentielle de tels services date de 1921 : elle est intervenue à propos du bac d'Eloka, installé et exploité par la colonie de Côte-d'Ivoire pour la traversée d'une lagune[33]. Depuis lors, les SPIC ont fleuri dans de multiples secteurs. Pour leur accorder cette qualification, et donc les distinguer à la fois des SPA et des entreprises privées, le juge s'attache à **trois critères** cumulatifs.

– D'abord celui de leur **objet** : il doit s'agir de production ou de vente de biens, ou encore de prestations de services, mais présentant un **intérêt collectif**. Sont ainsi des SPIC les services de transports comme la SNCF, de fourniture d'énergie (EDF) ou de chauffage urbain. Les parcs de stationnement des aéroports le sont également, alors que le guidage du trafic aérien est, par son objet, un SPA. Inversement, toujours en raison de leur objet, le loto et le PMU ne sont pas des SPIC.

– Le second critère est celui du mode de **financement** du service : si ses ressources proviennent essentiellement non pas d'un budget public, mais des *redevances* payées par les usagers en contrepartie de la prestation dont ils bénéficient, il s'agira en principe d'un SPIC et non d'un SPA. Mais ce critère n'est pas d'une sûreté absolue, car il existe des SPA dont l'utilisation est subordonnée au paiement d'un prix, comme les cantines scolaires, les ponts à péage et de nombreux équipements communaux (crèches, garderies); le juge se prononce alors au cas par cas sur la qualification, en s'attachant à la fois aux parts respectives du financement public et de la redevance, et à la nature de la prestation offerte.

– Le dernier critère est relatif aux modalités d'**organisation** et de **fonctionnement** du service : si elles se rapprochent de celles des entreprises privées, le juge considèrera que le service n'est pas administratif. Son appréciation se fondera notamment sur la recherche d'un équilibre financier de l'exploitation, sur la nature des relations établies avec les usagers (les abonnements tels que ceux d'EDF ou de France Télécom ne diffèrent guère de ceux des compagnies d'assurances privées), et aussi sur la volonté manifestée par la collectivité qui a créé le service : lorsqu'elle a prévu que le personnel sera placé sous un statut de droit privé, que la comptabilité relèvera des *«règles applicables aux entreprises du commerce»* et que l'activité du service sera régie par le droit commun, la qualification de SPIC ne fera guère de doute.

3. Le régime juridique des services publics

Quelle que soit leur nature, les services publics peuvent être gérés par des organismes très dissemblables. Leurs modalités de fonctionnement diffèrent également, la variable essentielle étant leur soumission au droit public ou au droit privé. On retrouve cependant un élément d'unité dans les principes qui gouvernent leur activité, et qui s'expliquent par l'obligation où ils se trouvent de servir au mieux l'**intérêt général**.

33. Arrêt *Société commerciale de l'Ouest africain*, rendu par le Tribunal des conflits le 22 janvier 1921.

1. L'organe de gestion

Il peut s'agir d'une collectivité publique, d'un organisme public qui en émane ou d'une personne privée.

a) La gestion directe par une collectivité publique

Si cette collectivité (État ou collectivité locale) gère elle-même un service, on dit que celui-ci fonctionne en **régie** [34]. Il est inclus dans les structures de cette collectivité et ne possède donc pas la personnalité morale ; des biens meubles et immeubles lui sont affectés pour l'accomplissement de sa mission, mais il ne bénéficie pas de l'autonomie financière en ce sens que ses dépenses et ses recettes figurent dans le budget de la collectivité, excepté lorsque celle-ci choisit de les retracer dans un **budget annexe**.

La formule de la régie est utilisée aussi bien pour des SPA (justice, impôts, enseignement primaire) que pour des SPIC (Mobilier national). Elle présente l'avantage d'assurer une *maîtrise totale* du service par la collectivité dont il dépend, mais aussi l'inconvénient d'une certaine *lourdeur*, due pour l'essentiel au fait que le service ne dispose d'aucune autonomie de gestion. C'est pourquoi le choix des collectivités se porte assez souvent sur la formule plus souple de l'établissement public.

b) L'établissement public

C'est une **personne morale de droit public** rattachée à l'État ou à une collectivité locale et faisant fonctionner à leur place un service public. Il en existe des milliers, la catégorie se subdivisant en établissements publics administratifs (EPA) ou industriels et commerciaux (EPIC). Comme exemples des premiers, on peut citer d'une part les chambres de commerce et d'industrie, qui sont rattachées à l'État, d'autre part les établissements d'enseignement du second degré et les centres d'action sociale, qui relèvent des collectivités locales. Parmi les EPIC se trouvent notamment, pour l'État, EDF et la SNCF, et pour les collectivités locales de multiples organismes chargés de gérer les transports publics ou la distribution d'eau. Il faut observer à ce propos que la dénomination des organismes est indépendante de leur qualification d'établissement public : il existe des agences, offices, sociétés, voire entreprises, qui font incontestablement partie de la catégorie.

Par rapport à la régie, l'établissement public offre plusieurs avantages. D'abord une plus grande souplesse : doté de la personnalité morale et d'un **budget** propre, il peut plus aisément s'adapter à la spécificité du service dont il a la charge ainsi qu'à l'évolution de ses besoins – c'est pourquoi la formule est parfois dénommée « décentralisation par services ». Ensuite une relative **autonomie** par rapport au pouvoir en place (particulièrement précieuse pour les établissements d'enseignement et de recherche), et la possibilité de faire participer aux décisions des représentants des usagers et des personnels, qui siègent généralement dans les conseils d'administration. La collectivité de rattachement n'en perd pas pour autant son pouvoir de direction, qui s'exprime à la fois en amont, par des directives (par exemple, selon les cas, pour les programmes et horaires scolaires ou pour les politiques tarifaires), et en aval par un *contrôle de légalité* ; mais il s'agit d'un pouvoir de tutelle et non d'une subordination hiérarchique, et il est donc moins pesant.

c) La gestion déléguée à un organisme privé

Ce cas n'est pas rare : on le rencontre dans la plupart des domaines d'intervention des services publics, excepté lorsqu'en raison de leur nature ces services sont considérés comme devant relever exclusivement d'une collectivité publique (le maintien de l'ordre public et le recouvrement des impôts, bien entendu, mais aussi la surveillance des élèves dans les établissements scolaires et l'hébergement des malades dans les hôpitaux). La délégation peut résulter de la loi, comme pour les caisses de Sécurité sociale, ou d'un contrat. Dans ce dernier cas, elle consiste parfois en une **concession** du service, formule qui confie à l'organisme privé l'exploitation de ce service mais également, au préalable, la construction des ouvrages nécessaires (par exemple, pour les autoroutes) ; ou bien il s'agira d'un **affermage**, qui se réduit à la seule exploitation.

On a vu au chapitre 1 que les contrats de délégation d'un service public sont toujours des **contrats administratifs**, et que la collectivité qui les conclut est tenue de respecter une procédure tendant à assurer la publicité de son offre et la mise en concurrence des candidats. Il faut ajouter ici qu'elle dispose, dans l'intérêt du service qu'elle a délégué, de plusieurs **prérogatives** à l'égard du concessionnaire : celle de fixer avec lui les tarifs applicables aux usagers, celle de lui imposer des avenants au contrat, voire une résiliation anticipée si le service perd son utilité, celle d'obtenir régulièrement des rapports retraçant les activités et les comptes financiers du service. Le concessionnaire est par ailleurs tenu de se conformer aux principes généraux gouvernant le fonctionnement des services publics, qui seront étudiés plus loin.

La gestion par un organisme privé peut sembler paradoxale, voire anormale, par rapport à la notion même de service public : si la nature d'une prestation est telle qu'elle paraît devoir être assurée par une collectivité publique, comment celle-ci peut-elle s'en décharger au profit du secteur privé que l'on souhaitait précisément évincer ? Le phénomène s'explique parfois par des raisons d'ordre **éthique** : le souhait de pérenniser des structures nées d'une initiative privée tendant à servir un intérêt général, comme la Sécurité sociale et d'autres organismes mutualistes, ou bien celui de confier une responsabilité aux milieux intéressés, comme pour les ordres professionnels. Mais il a généralement des motivations plus prosaïques, en particulier la volonté de soustraire une activité aux règles de la comptabilité publique ; il en résulte en certains cas des abus que la Cour des comptes a plusieurs fois dénoncés : inefficacité du contrôle exercé par la collectivité de tutelle, démembrement de l'administration, voire constitution de sociétés fantômes qui servent simplement de paravent à une collectivité qui continue à gérer, mais en s'affranchissant des contraintes légales.

---

34. Ce terme est parfois utilisé à tort par les pouvoirs publics eux-mêmes : ainsi la Régie Renault ne fonctionnait-elle pas en régie et n'était d'ailleurs même pas un service public, mais une entreprise nationalisée après la Libération à titre de sanction contre sa direction plutôt qu'à raison de son objet.

Il faut relever pour conclure que les collectivités publiques sont **libres**, sauf texte contraire, **de choisir la forme** de gestion qui leur paraît préférable à un moment donné : les services de transports ou de distribution d'eau, par exemple, sont exploités aussi bien en régie communale que par des établissements publics ou des entreprises privées. La distinction entre les différents types d'organismes ou de gestion n'est pas toujours aisée[35], et le juge doit parfois se livrer à des analyses minutieuses : il se fonde bien entendu sur des critères juridiques, mais parfois aussi sur des considérations d'opportunité, en ce sens qu'il fera prévaloir le droit public lorsque l'intérêt du service et de ses usagers lui paraît l'imposer.

2. Le droit applicable

En fonction de leur nature et de l'organe qui les gère, les services sont régis soit par le droit public, soit par le droit privé, avec éventuellement une combinaison de ces deux droits. Il faut principalement distinguer ici entre d'une part les services publics administratifs et les services publics industriels ou commerciaux gérés par une collectivité publique, d'autre part les services dont le fonctionnement est assuré par un organisme privé.

a) Les SPA

Ils sont presque totalement soumis au **droit administratif**. Ce sont des règles de droit administratif qui déterminent leur organisation, le régime des actes qu'ils prennent et celui des biens qui leur sont affectés. Les personnels qu'ils emploient sont soit des fonctionnaires, soit des agents qui ne sont pas titulaires mais ont néanmoins la qualité d'agents publics. Les relations qu'ils entretiennent avec leurs usagers – les élèves d'un collège aussi bien que les automobilistes en stationnement irrégulier – sont régies par le droit administratif, et c'est également selon ce droit qu'est appréciée la responsabilité qu'ils encourent lorsque leur activité cause un dommage.

Il existe toutefois des **exceptions** à ce rattachement. Les unes résultent de textes législatifs, qui ont prévu par exemple que les relations des offices publics d'HLM avec leurs locataires seraient soumises au droit privé, et qu'il en irait de même pour la réparation des préjudices causés par les accidents de la circulation imputables à des véhicules administratifs. D'autres exceptions ont été apportées par la jurisprudence : on sait, depuis l'arrêt *Société des granits porphyroïdes des Vosges* (voir page 103), que les contrats passés par un SPA dans les mêmes conditions que le ferait un particulier sont pareillement soumis au droit privé.

b) Les SPIC

Pour eux, le régime est **mixte**. Comme il s'agit de services publics, leur statut et leurs biens relèvent du droit administratif, de même que leurs dirigeants et comptables. Mais comme leur activité est de type industriel ou commercial, c'est le droit privé qui régit leurs autres personnels, leurs relations avec les usagers et la responsabilité qu'ils encourent s'ils provoquent un dommage. Les contrats qu'ils passent sont également de **droit privé**, mais le juge a apporté à cette règle une exception inverse de la précédente : si le contrat a pour objet l'exécution de travaux publics, ou contient des clauses exorbitantes du droit commun, il sera considéré comme administratif.

c) Les services gérés par des organismes privés

Très logiquement, ils échappent en principe au droit administratif. Y sont seuls soumis les rapports qu'ils entretiennent avec leur collectivité de tutelle, les actes unilatéraux que leur statut les habilite parfois à prendre (par exemple, les autorisations d'exercer la profession de médecin accordées par l'Ordre ou les sanctions qu'il prononce), et les travaux immobiliers qu'ils effectuent pour le compte du service lorsqu'ils en sont concessionnaires. Là encore, le juge a ajouté à cette liste les contrats par lesquels ils chargent d'autres personnes privées d'exécuter une partie de ces travaux[36].

3. Les « lois » du service public

Excepté dans les cas où l'existence des services publics est rendue obligatoire par la Constitution (enseignement, justice, police), ou par le Parlement en ce qui concerne plus particulièrement les collectivités territoriales (aide sociale, lutte contre l'incendie), la création de ces services est laissée à l'initiative des pouvoirs publics. Ceux-ci ont également le pouvoir de les supprimer, soit lorsque les circonstances qui les justifiaient n'existent plus[37], soit lorsqu'ils impliquent une charge financière qui paraît trop lourde par rapport à leur utilité : c'est ainsi que disparaissent, dans les zones rurales, des hôpitaux, des écoles ou des antennes locales de services qui n'ont plus que très peu d'usagers. Mais tant que les services sont en activité, et quel que soit leur mode de gestion, ils sont soumis à des principes de fonctionnement qu'on appelle *« lois de Rolland »,* du nom de l'enseignant de droit public qui les a systématisés à partir des années 1930. Ces principes sont au nombre de trois : la continuité, l'adaptation et l'égalité de traitement des usagers.

a) Le principe de continuité

Il est inhérent à la vocation même des services : dès lors que la puissance publique les a reconnus comme indispensables à la satisfaction d'un besoin collectif, ils doivent **fonctionner sans à-coups**. Cette obligation est d'une intensité variable suivant les services : particulièrement forte, par exemple, pour ceux qui assurent la sécurité, elle s'atténue à l'égard des musées nationaux; elle peut même varier à l'intérieur d'un même service : dans les hôpitaux,

35. Il n'est pas facile non plus de faire la différence entre une délégation de service public et une simple autorisation d'occuper le domaine public pour y exercer une activité qui ne constitue pas un service.

36. Arrêt *Société entreprise Peyrot*, cité page 103.

37. Par exemple, le service de rapatriement des réfugiés auquel participaient les époux Bertin (voir page 103) n'a pas survécu longtemps à la fin des hostilités.

l'accueil des urgences implique davantage de permanence que les opérations esthétiques.

Les contraintes qui en résultent s'appliquent aux collectivités publiques qui gèrent directement le service, mais aussi à celles qui l'ont délégué, car elles sont tenues de faire respecter le principe par le concessionnaire et leur responsabilité peut être engagée en cas de carence : cette règle a été posée par le Conseil d'État à propos d'un préfet qui n'avait pas usé de son pouvoir de tutelle pour assurer le fonctionnement régulier d'un service de tramways[38].

L'**obligation** de continuité est à l'origine de plusieurs dispositions du droit public. Elle explique par exemple qu'un gouvernement appelé à cesser ses fonctions demeure chargé des affaires courantes jusqu'à la constitution du gouvernement suivant. Elle fonde aussi la théorie du « fonctionnaire de fait » et du « collaborateur occasionnel » du service : en cas de circonstances exceptionnelles, les actes juridiques pris pour faire face à la situation par un agent public agissant en dehors de sa sphère de compétence, ou même par un particulier, seront validés ; et lorsqu'un particulier apporte de sa propre initiative une aide bénévole au service, par exemple pour lutter contre une calamité naturelle, les dommages qu'il peut causer ou subir seront réparés par application des règles plus favorables de la responsabilité sans faute (voir pages 146-147).

L'aménagement du **droit de grève** des fonctionnaires est une concrétisation particulièrement nette du principe de continuité. Ce droit est reconnu par la Constitution « *dans le cadre des lois qui le réglementent* ». La loi est effectivement intervenue pour interdire la grève à certaines catégories d'agents comme les policiers et les CRS, ainsi que les agents chargés de surveiller les installations nucléaires. Elle a par ailleurs rendu obligatoire en certains cas un « service minimum », par exemple pour le contrôle du trafic aérien ou pour la radiotélévision. Mais c'est le juge qui a précisé le contenu de ce service minimum et qui a, pour les services à propos desquels le législateur n'est pas intervenu, déterminé si les interdictions de faire grève (voire les réquisitions de personnels) décidées par le gouvernement correspondaient à la fois au principe de la licéité de la grève et à celui de la continuité du service.

A la suite de l'arrêt *Dehaene*, qui validait une interdiction visant les chefs de bureau des préfectures[39], ont été ainsi jugées licites des mesures similaires concernant les responsables de services douaniers ou les personnels des PTT assurant les liaisons indispensables à l'action gouvernementale. Mais ont été, à l'inverse, annulées des interdictions visant tous les agents employés dans un service sans tenir compte de la nature de leurs fonctions, ainsi que l'obligation faite aux personnels de l'ORTF[40], dans le cadre du service minimum, de diffuser un film après le bulletin d'informations du soir. C'est donc au cas par cas, en vertu du principe de continuité mais aussi de ses limites, que sont appréciées les décisions du gouvernement relatives à la grève.

b) Le principe d'adaptation

Il peut être défini comme l'obligation faite au service d'être toujours en état de **satisfaire au mieux** l'intérêt collectif auquel il correspond. Cette obligation implique que ses modalités évoluent en fonction et au rythme des changements de circonstances. Il peut s'agir de *circonstances de fait*, comme un accroissement de la population desservie qui justifie une augmentation parallèle des moyens du service (par exemple, l'ouverture de nouvelles classes dans les écoles ou la mise en service d'un plus grand nombre d'autobus), ou bien de l'*apparition de nouvelles techniques* procurant plus de sécurité ou de célérité : c'est ce qui a provoqué notamment la substitution de l'électricité au gaz pour l'éclairage public, ou la mise en place de distributeurs automatiques de billets.

De même que le principe de continuité, le principe d'adaptation s'applique à toutes les formes de gestion des services. Il permet aux usagers d'attaquer les refus de prendre les mesures à défaut desquelles le service ne fonctionnerait plus de manière satisfaisante : par exemple, la modification des horaires d'ouverture d'un bureau de poste, ou l'octroi à une université d'un nombre d'enseignants proportionnel à l'extension de ses effectifs. S'il s'agit d'un service public concédé, la collectivité publique de tutelle peut et doit exiger du concessionnaire qu'il prenne de telles mesures, éventuellement en modifiant unilatéralement son contrat s'il refuse de le renégocier ; dans l'hypothèse où elle s'abstiendrait de le faire, les usagers pourraient contester son inaction au contentieux.

Il arrive toutefois que la mise en œuvre du principe tourne au *désavantage* de certains usagers, parce que les moyens dont disposent les services ne sont pas indéfiniment extensibles : c'est ainsi que la SNCF ferme des petites gares pour mieux desservir les banlieues très peuplées ; ou que les émissions télévisées sur la définition de 441 lignes ont été supprimées avant le terme fixé parce que la réception sur le standard de 819 lignes s'était généralisée[41]. Mais dans l'ensemble, la notion de service public et les avantages qu'elle emporte pour la collectivité s'en trouvent utilement complétés.

c) Le principe d'égalité des usagers devant le service public

Qu'il s'agisse de prestations ou au contraire de contraintes, ce principe se rattache directement à celui d'égalité des citoyens devant la loi proclamé en 1789 et réaffirmé par le

38. Arrêt *Syndicat des propriétaires et contribuables du quartier Croix de Seguey-Tivoli*, rendu le 21 décembre 1906. En l'espèce, la responsabilité du préfet n'a pas été retenue, mais seulement parce que le tronçon de ligne que la compagnie concessionnaire avait supprimé n'était pas inclus dans le réseau concédé. Par ailleurs, on a vu plus haut qu'en vertu du principe de continuité, la collectivité publique peut imposer au concessionnaire le maintien d'un contrat devenu pour lui déficitaire, à condition de l'aider à combler ce déficit.

39. Conseil d'État, 7 juillet 1950. Dans ses conclusions demeurées célèbres, le commissaire du gouvernement Gazier avait déclaré : « *Admettre sans restriction la grève des fonctionnaires, ce serait [...] consacrer effectivement la notion d'un État à éclipses.* »

40. Office de la radiotélévision française.

41. La légalité de cette suppression a été admise dans l'arrêt *Vannier*, rendu le 27 janvier 1961, parce que l'émetteur à moyenne définition, qui devait encore fonctionner pendant deux ans, s'était trouvé gravement endommagé par un incendie : compte tenu du faible nombre d'usagers qui en bénéficiaient encore, le Conseil d'État estima que sa remise en état ne se justifiait pas.

Préambule de la Constitution. Sa position dans la hiérarchie des normes est éminente, puisque le Conseil d'État y voit un **principe général du droit** et le Conseil constitutionnel un principe de **valeur constitutionnelle**.

Ce principe constitue une **garantie** contre l'arbitraire, dans la mesure où il interdit les traitements discriminatoires : le bénéfice des prestations du service doit être reconnu à tous, sans que puissent être introduites des différences injustifiées. C'est ainsi qu'ont été annulées des mesures inspirées de la *«préférence nationale»*, comme le refus par quelques communes d'accorder certaines aides sociales aux travailleurs immigrés; également un refus de dérogation à la carte scolaire alors que de telles dérogations étaient accordées, dans le même temps et pour des raisons analogues, à d'autres familles; et même la procédure d'inscription en université par voie télématique, car lorsque les capacités d'accueil étaient limitées, elle ne permettait pas aux candidats ne disposant pas d'un modem d'acheminer leur appel en temps utile[42].

Toutefois, lorsque les usagers ne se trouvent pas dans des situations analogues, il est licite de leur appliquer des traitements différenciés : une commune est ainsi en droit d'imposer des tarifs plus élevés pour les cantines scolaires aux enfants qui ne résident pas sur son territoire, puisque les cantines sont subventionnées par les impôts locaux; et l'utilisation du pont qui dessert l'île d'Oléron est facturée moins cher aux habitants de l'île qu'aux «continentaux».

Dans ces hypothèses prévalent des considérations économiques ou d'aménagement du territoire. Mais il en est d'autres, aussi nombreuses, qui sont fondées sur la vocation *sociale* du service et tendent à le rendre accessible aux personnes qui n'en auraient pas autrement les moyens : on peut citer, à cet égard, les tarifs dégressifs des crèches en fonction des ressources familiales, les cartes de transport à prix réduit pour les chômeurs, les contrats de ville qui mettent à la portée de tous les équipements culturels ou sportifs. Le rôle de péréquation sociale que joue alors le service est conforme à sa philosophie originelle. Les «libéraux» le contestent parfois, mais des institutions telles que les zones d'éducation prioritaires (ZEP), créées dans les quartiers défavorisés et bénéficiant de moyens spécifiques, ne rencontrent plus guère d'opposition; et il est symptomatique que la loi de 1998 relative à la lutte contre les exclusions, de même que la loi de 1999 sur l'aménagement du territoire, se réfèrent expressément aux services publics comme à un facteur d'égalisation des chances.

Un exemple d'application du principe d'égalité par le Conseil d'État : l'arrêt *Société des concerts du Conservatoire*, 9 mars 1951

Deux musiciens de l'orchestre du Conservatoire avaient été sanctionnés par la société gestionnaire pour avoir, au lieu d'assurer leur service, participé à un concert organisé par la Radiodiffusion française. Celle-ci décida alors de fermer pendant un certain temps son antenne à la société. Le Conseil d'État annula cette décision au motif qu'elle *«[avait] méconnu le principe d'égalité qui régit le fonctionnement des services publics et qui donnait à la société requérante, traitée jusqu'alors comme les autres grandes sociétés philharmoniques, vocation à être appelée, le cas échéant, à prêter son concours aux émissions de la radiodiffusion»*.

Un exemple d'application du principe d'égalité par le Conseil constitutionnel : la décision relative à la modification de la loi Falloux, rendue le 13 janvier 1994

La loi votée par le Parlement autorisait les collectivités territoriales à accorder désormais aux établissements d'enseignement privés sous contrat des aides aux investissements. Le Conseil constitutionnel déclara cette disposition contraire à la Constitution, car elle enfreignait doublement le principe d'égalité : d'une part, les aides auraient pu différer par leur montant selon les collectivités, donc *«n'être pas les mêmes sur l'ensemble du territoire»*; d'autre part, les établissements d'enseignement public se trouvaient désavantagés par la réforme, car ils sont soumis à des contraintes (obligation d'accueillir les élèves, gratuité) qui ne s'imposent pas aux établissements privés : le législateur aurait donc dû *«prévoir les garanties nécessaires pour prémunir les établissements d'enseignement publics contre les ruptures d'égalité à leur détriment au regard des obligations particulières que ces établissements assument»*.

42. On a vu, en étudiant les règles générales applicables aux actes administratifs (voir page 107), que le principe d'égalité joue également en faveur des agents du service : l'administration ne peut pas, par exemple, écarter des candidats à un concours en raison de leurs opinions politiques. De plus, le juge veille à ce que tous les fonctionnaires appartenant à un même corps soient soumis à un traitement analogue, par exemple pour les conditions de rémunération et d'avancement.

Chapitre 4
La fonction publique

L'existence de la fonction publique et celle du régime particulier auquel elle est soumise sont indissociables de la notion de service public : parce que ces services, en raison de leur importance sociale, sont rattachés à une collectivité publique et échappent au droit commun des activités privées, il a paru logique que les agents qui les font fonctionner soient également soumis à des règles dérogatoires au droit du travail. Tous les pays n'admettent pas au même degré cette différenciation : en Grande-Bretagne et en Allemagne, par exemple, relèvent seuls d'un droit spécifique les « fonctionnaires d'autorité », c'est-à-dire les personnels affectés à des postes importants qui les investissent de prérogatives de puissance publique. Et la France, malgré la prégnance du principe, lui apporte également quelques exceptions : de même que la gestion de certains services publics relève du droit privé, il est des agents qui sont employés par des collectivités publiques sans avoir la qualité de fonctionnaires.

Coexistent ainsi plusieurs catégories de personnels, depuis le « noyau dur » de ceux qui sont soumis au statut général de la fonction publique jusqu'aux agents non titulaires, dont certains travaillent sous le régime du droit privé. Il existe également plusieurs sous-ensembles de fonctionnaires, des distinctions étant parfois établies entre eux suivant la collectivité qui les emploie ou les fonctions qu'ils exercent. Mais on constate de nombreuses similitudes, à la fois dans le déroulement de leur carrière et dans les droits et obligations qui sont les leurs.

1. Les différentes catégories de personnels

La règle est claire : sauf dérogation prévue par une disposition législative, les emplois civils **permanents** de l'État, des collectivités locales et des établissements publics doivent être occupés par des **fonctionnaires**. Mais l'application stricte de cette règle pose parfois des problèmes : ainsi lorsqu'il faut faire face à des besoins nouveaux qui nécessitent le recrutement massif et rapide d'agents (par exemple dans l'enseignement, pour suivre un accroissement inopiné de la population scolaire), ou lorsqu'il s'avère difficile de pourvoir des emplois parce que les diplômes requis sont de niveau élevé et les rémunérations, au contraire, plutôt basses ; dans les deux cas, en dépit de la règle, l'administration est conduite à recruter des **agents non titulaires**[43]. Elle le fait également pour des tâches temporaires ou à temps partiel et, parfois, lorsqu'elle estime que le nombre d'emplois que lui accorde la loi de finances ne suffit pas à couvrir ses besoins (le nombre des recrutements excède alors ce que prévoient les autorisations, ce qui est tout à fait irrégulier). Périodiquement, le gouvernement et le Parlement s'émeuvent de cette situation et adoptent des plans de titularisation pour résorber les emplois précaires, mais le nombre de ceux-ci augmente à nouveau quelques années plus tard.

Les différences de conditions, sur le plan juridique et matériel, entre les fonctionnaires et les non-titulaires sont importantes.

1. Les agents non titulaires

Ils sont recrutés par **contrat**, parfois *intuitu personae*, plus souvent à la suite d'une appréciation de leurs compétences faite par des personnes ou des commissions relevant du service dans lequel ils seront employés. Suivant la nature de ce service, mais aussi celle de leurs fonctions, ils seront soumis au droit public ou au droit privé.

Pendant longtemps, ont été considérés comme relevant du **droit public** les non-titulaires qui, selon la formule utilisée par les arrêts, participaient à l'exécution même du service public. Cette solution, logique au regard des principes, aboutissait cependant à des distinctions frisant la préciosité, certains agents aux fonctions composites pouvant être déclarés soumis, selon les cas, à l'un ou l'autre régime[44]. L'arrêt *Berkani*, rendu par le Tribunal des conflits le 25 mars 1996, apporta une heureuse simplification en décidant que « *les personnels non statutaires travaillant pour le compte d'un service public administratif sont des agents contractuels de droit public quel que soit leur emploi* ». Le législateur, toutefois, peut déroger à cette règle : il l'a fait, par exemple, en 1997 à propos des « *emplois jeunes* » qui répondaient pour la plupart à ce critère, mais étaient néanmoins régis par le droit privé.

A l'inverse, les agents travaillant dans des services publics industriels ou commerciaux (à l'exception des dirigeants

---

43. Une hypothèse analogue a été légitimée par la loi en 1987 : s'il n'existe pas de corps de fonctionnaires aptes à remplir des tâches nouvelles et supposant des compétences techniques (ce fut le cas, par exemple, pour les informaticiens), l'administration est autorisée à recruter des contractuels.

44. Ainsi une dame employée dans une école maternelle avait-elle été jugée soumise au droit public lorsqu'elle s'occupait des enfants, mais au droit privé lorsqu'elle rechargeait la chaudière, et la réparation de l'accident qu'elle avait subi dépendait donc du moment où il s'était produit (Tribunal des conflits, 25 novembre 1963, *Dame veuve Mazerand*).

et comptables), de même que les personnels employés par la Sécurité sociale, sont soumis au **droit privé**. Il subsiste cependant des fonctionnaires dans certains services qui ont changé de nature par suite de la réglementation européenne sur la suppression de monopoles publics : à La Poste, par exemple, les fonctionnaires en service à la date du changement ont pu, si tel était leur souhait, conserver leur statut.

La situation des agents non titulaires est globalement **moins favorable** que celle des fonctionnaires : si l'on excepte les contractuels dits de haut niveau, qui occupent des fonctions importantes, leur rémunération, à conditions d'emploi équivalentes, est généralement moindre et, surtout, ils ne bénéficient ni de possibilités de carrière, ni même de la garantie de conserver leur emploi. Leur *protection sociale* a été longtemps lacunaire car, par définition, le statut de la fonction publique ne leur est pas applicable, mais le Code du travail ne l'est pas non plus aux contractuels de droit public. Le Conseil d'État a pallié quelques déficiences particulièrement graves en considérant comme des principes généraux du droit l'interdiction de licencier une femme enceinte et l'obligation d'accorder à tous les non-titulaires une rémunération au moins égale au SMIC. Plus tard, des décrets ont posé à leur intention un ensemble de **règles** que l'on peut considérer comme un rudiment de statut, mais elles sont loin d'être aussi avantageuses que celles dont bénéficient les fonctionnaires.

2. Les fonctionnaires

a) La définition du fonctionnaire

Elle comprend **deux éléments** fondamentaux : c'est un agent qui est nommé dans un **emploi** permanent et titularisé dans un **grade**. La distinction entre les deux éléments est importante : l'emploi est un poste de travail permanent reconnu comme nécessaire à l'accomplissement des missions dévolues à un service, et donc inscrit au budget; le grade est un titre juridique, lié à la possession de diplômes, qui donne vocation à occuper certains emplois : par exemple, les titulaires du grade d'administrateur civil, obtenu à la sortie de l'ENA, peuvent devenir directeurs d'administration centrale. Tous les fonctionnaires sont intégrés dans des **corps** qui comportent plusieurs grades, et il existe une correspondance entre chacun de ces grades et les emplois auxquels il donne accès. Le plus souvent, les grades sont eux-mêmes subdivisés en *échelons*, chacun de ceux-ci correspondant à une rémunération déterminée.

En gros, les corps et les emplois sont répartis en *trois catégories,* définies suivant le niveau de recrutement des agents et la nature des fonctions exercées : A (diplômes de l'enseignement supérieur), B (baccalauréat) et C (brevet des collèges)[45]. Un fonctionnaire est *propriétaire* de son grade, en ce sens qu'il ne peut en être privé qu'en cas de faute grave reconnue à la suite d'une procédure disciplinaire (hypothèse peu fréquente), mais pas de son emploi : non seulement il peut demander une mutation, mais l'administration est en droit de la lui imposer si l'intérêt du service le justifie[46]; toutefois, lorsqu'un emploi est supprimé, son titulaire doit être reclassé dans un emploi de rang équivalent.

b) Le statut des fonctionnaires

A l'inverse de celle des agents non titulaires, la situation des fonctionnaires n'est jamais de nature contractuelle : ils se trouvent en **« situation statutaire et réglementaire »**, ce qui signifie que leurs droits et obligations de toutes sortes sont déterminés par des lois et des règlements. Le texte essentiel est un **statut général** dont l'origine n'est pas très ancienne, mais qui a connu plusieurs avatars. Un premier statut avait été élaboré en 1941, mais il était marqué par les conceptions autoritaristes du régime de Vichy[47] et fut déclaré nul à la Libération. Lui succéda le statut de 1946, qui reconnaissait le droit syndical et organisait la participation des fonctionnaires à la gestion des personnels et des services par l'intermédiaire d'organismes paritaires qui seront décrits plus loin. En 1959, fut élaboré un nouveau texte : conformément aux articles 34 et 37 de la Constitution, il ne conservait que les dispositions de nature législative, mais limitait aussi la participation en rendant dans certains cas facultative et non plus obligatoire la consultation des organismes paritaires. L'alternance politique de 1981 entraîna l'adoption des textes actuellement en vigueur, qui forment un ensemble de *quatre lois constituant autant de titres du statut général* : le premier est relatif aux droits et obligations de tous les fonctionnaires, les trois autres concernent respectivement les fonctions publiques d'État, territoriale et hospitalière.

c) Les personnels exclus du statut et les dérogations au statut

Ce statut ne couvre cependant pas toutes les catégories de fonctionnaires : en sont exclus les **personnels militaires**, ceux des **assemblées parlementaires** et les **magistrats de l'ordre judiciaire** (les premiers parce qu'ils sont soumis à une discipline plus rigoureuse, les autres, au contraire, étant considérés comme devant échapper à l'autorité hiérarchique du gouvernement au nom du principe de séparation des pouvoirs). Par ailleurs, les différents corps ont très souvent des *statuts particuliers* qui précisent, en ce qui les concerne, les règles du statut général ou leur apportent des dérogations : c'est par exemple le cas des enseignants, en raison de leurs horaires de travail, ou des corps de la haute fonction publique, à laquelle on a voulu en certains cas donner des garanties d'indépendance (membres du Conseil d'État) ou à l'inverse imposer un devoir d'obéissance plus strict (préfets). Au total, près de la moitié des fonctionnaires sont ainsi régis, en tout ou en partie, par des règles qui ne sont pas contenues dans le statut général.

45. Il existait initialement une catégorie D, de rang inférieur, mais dans le cadre d'une politique de revalorisation des fonctions, les agents qui en faisaient partie ont été progressivement reclassés dans la catégorie C.

46. Certains corps, notamment les magistrats du siège, bénéficient cependant de l'inamovibilité, car leurs fonctions justifient une indépendance renforcée (article 64 de la Constitution).

47. La grève, en particulier, était sévèrement sanctionnée et, conformément aux conceptions allemandes, n'étaient fonctionnaires que les agents occupant des emplois d'autorité. De surcroît, en vertu de lois adoptées en 1940 et en 1941, l'accès à la fonction publique était interdit aux israélites.

Évolution des salariés de la fonction publique par statut (*) entre fin 2000 et fin 2011

		2000 (1)	2010 (1)	2011	Évolution annuelle moyenne sur 2000/2011 (en %)
Fonction publique d'État, y compris établissements publics administratifs (EPA)	Titulaires	1 749 261	1 581 958	1 551 763	-1,1
	Non-titulaires	301 322	369 202	347 920	1,3
	Militaires (2)	316 228	322 276	318 292	0,1
	Autres catégories et statuts (3)	205 527	184 634	180 698	-1,2
	Total	**2 572 338**	**2 458 070**	**2 398 672**	**-0,6**
	Part de non-titulaires (en %)	**11,7**	**15,0**	**14,5**	
Fonction publique territoriale, y compris EPA	Titulaires (4)	999 257	1 412 335	1 410 016	3,2
	Non-titulaires	267 541	340 303	359 836	2,7
	Autres catégories et statuts (3)	61 872	58 387	60 811	-0,2
	Total	**1 328 670**	**1 811 025**	**1 830 663**	**3,0**
	Part de non-titulaires (en %)	**20,1**	**18,8**	**19,7**	
Fonction publique hospitalière	Titulaires	717 902	821 427	824 797	1,3
	Non-titulaires	121 483	180 142	193 793	4,3
	Autres catégories et statuts (3)	91 337	108 985	110 848	1,8
	Total	**930 721**	**1 110 554**	**1 129 438**	**1,8**
	Part de non-titulaires (en %)	**13,1**	**16,2**	**17,2**	
FPE+FPT+FPH	Titulaires (4)	3 466 420	3 815 720	3 786 576	0,8
	Non-titulaires	690 346	889 647	901 549	2,5
	Militaires (2)	316 228	322 276	318 292	0,1
	Autres catégories et statuts (3)	469 437	489 648	489 951	0,4
	Total	**4 831 729**	**5 379 649**	**5 358 773**	**0,9**
	Part de non-titulaires (en %)	**14,3**	**16,5**	**16,8**	

Sources : FGE, Colter, DADS, SIASP, Insee; enquêtes SAE, Drees. Traitement DGAFP, département des études et des statistiques.

Champ : emplois principaux, tous statuts. Hors bénéficiaires de contrats aidés. France entière = Métropole et DOM (hors COM et étranger).

(*) Les définitions des statuts ont été harmonisées dans les trois versants de la fonction publique (voir note 3).

(1) Révision par rapport à l'année précédente avec l'intégration dans la FPE des enseignants et documentalistes des établissements privés sous contrat (142 400) et d'un Épa de 8 000 agents.

(2) Les militaires volontaires sont comptabilisés dans les effectifs de l'État à partir de 2004.

(3) La catégorie «autres catégories et statuts» recouvre principalement des enseignants et documentalistes des établissements privés sous contrat et des ouvriers d'État dans la FPE, des assistants maternels et familiaux dans la FPT, des médecins dans la FPH et des apprentis dans les trois versants.

(4) Pour respecter le secret statistique, dans la FPT les militaires (2 300 sapeurs pompiers de Marseille) sont regroupés avec les titulaires.

Toutes catégories confondues, les agents employés dans le secteur public ou parapublic sont **très nombreux** : on comptait en effet, fin 2011, près de 5,4 millions d'agents publics dans les trois fonctions publiques, dont un million de non-titulaires, soit, au total, 20,4 % de l'emploi total. Ces pourcentages sont parmi les plus élevés d'Europe (la France n'y est dépassée que par les pays scandinaves). Les statistiques, toutefois, doivent être utilisées avec prudence, d'abord parce que le nombre des non-titulaires est instable et plutôt mal connu, ensuite parce qu'il n'est pas assuré que les enquêtes successives, nationales ou internationales, prennent en compte des données identiques[48]. Un débat récurrent n'en existe pas moins à ce sujet, les partisans du libéralisme économique estimant que le nombre des fonctionnaires constitue une charge trop lourde pour les finances publiques, et devrait donc être réduit, en ne remplaçant, par exemple, que la moitié – voire parfois moins – des fonctionnaires partant en retraite. C'est le choix qu'avait opéré le gouvernement Fillon depuis 2007 ; il a entraîné des conséquences dommageables, en particulier dans les hôpitaux et dans les établissements d'enseignement, et le gouvernement Ayrault y procède, en 2013 et 2014, à de nouveaux recrutements.

2. Les règles applicables aux fonctionnaires

Les conditions d'emploi dans la fonction publique sont bien plus encadrées que celles du secteur privé, particulièrement en ce qui concerne les modes de recrutement et le déroulement des carrières : l'expression « situation statutaire et réglementaire » prend ici tout son sens.

1. Le recrutement

Il se fait par **concours**, excepté dans des cas limitativement prévus par la loi. Ces cas visent surtout la haute fonction publique : certains emplois auxquels il est pourvu en conseil des ministres (ambassadeurs, recteurs, préfets) sont dits « à la discrétion du gouvernement » et leurs titulaires peuvent être révoqués de la même manière ; d'autre part, il existe un **tour extérieur** dans certains grands corps de contrôle (Conseil d'État, Cour des comptes, inspections générales) : le gouvernement peut y nommer une certaine proportion de personnes de son choix, à condition toutefois qu'elles possèdent les capacités requises par la fonction[49].

Il existe également, dans la catégorie C, des emplois dits **réservés**, auxquels peuvent être nommées des personnes considérées comme méritant une attention particulière (pensionnés ou veuves de guerre, travailleurs handicapés). Mais ces deux séries d'exceptions ne concernent qu'un très petit nombre de personnes.

L'admission à concourir est soumise à certaines **conditions** : les unes sont particulières à chaque concours (âge, diplôme requis), d'autres, énumérées par le statut, sont d'application générale. Il faut être de nationalité française, réserve faite des emplois *« ne comportant aucune participation directe ou indirecte à l'exercice de prérogatives de puissance publique »* qui sont ouverts, conformément au traité de Rome, aux ressortissants des autres pays de l'Union européenne. Il faut également avoir la jouissance de ses droits civiques et remplir les conditions d'aptitude physique exigées pour l'exercice de la fonction. Et, malgré le principe constitutionnel d'égal accès de tous les citoyens aux emplois publics, il n'existe pas de véritable droit à concourir, car l'administration peut lui imposer certaines restrictions dans l'intérêt du service : si celles qui visaient les femmes ont pratiquement disparu, subsiste la possibilité d'écarter un candidat dont le comportement actuel ou passé peut faire craindre qu'il ne présente pas les garanties de neutralité requises (cette appréciation, qui ne saurait se fonder uniquement sur des opinions politiques ou philosophiques, est naturellement soumise au contrôle du juge).

Le **principe d'égalité** reprend ses droits avec la réglementation des concours, qui est particulièrement minutieuse. L'impartialité du jury doit être totale : s'il comprend, par exemple, une personne apparentée à l'un des candidats ou ayant déclaré antérieurement que l'emploi à pourvoir ne devrait pas être occupé par une femme, le concours peut être annulé au contentieux. Le jury doit également être, dans la mesure du possible, *unique* ; s'il lui faut se subdiviser en groupes d'examinateurs par suite du grand nombre des candidats, une péréquation doit être opérée lorsque les séries de notes sont trop disparates. Et le classement final des candidats lie l'administration : elle n'est pas tenue de nommer tous les candidats reçus, mais doit impérativement suivre l'ordre de mérite décidé par le jury[50].

Il existait traditionnellement deux sortes de **concours** : l'un, dit *externe* (ou concours étudiant), ouvert aux candidats satisfaisant aux conditions de diplômes ; l'autre, dit *interne* (ou concours fonctionnaire), réservé aux agents (qu'ils soient fonctionnaires ou non titulaires) ayant une certaine ancienneté de services, mais dispensés de la possession de ces diplômes ; souvent, une préparation à ce concours leur est proposée par l'administration. Un *3e concours* est désormais ouvert à des personnes ayant travaillé dans les milieux associatifs, syndicaux, etc. Les concours internes et externes coexistent fréquemment, y compris pour l'agrégation et l'entrée à l'ENA. Enfin, un nouveau type de concours, dit *spécial*, est récemment

48. En France, par exemple, certaines de ces enquêtes comptabilisent les enseignants des établissements scolaires privés sous contrat ou les personnels de La Poste, alors que d'autres ne le font pas. Et tous les pays, on l'a vu, n'adoptent pas une conception identique de la fonction publique : ainsi la Grande-Bretagne n'y inclut-elle pas les enseignants.

49. Cette condition a été posée par la décision du Conseil constitutionnel relative à une loi de 1984 qui étendait les possibilités de recrutement au tour extérieur. Elle a été reprise par le Conseil d'État dans un arrêt annulant une nomination qui apparaissait comme dictée par le favoritisme plutôt que par les compétences de l'intéressé (16 décembre 1988, *Association générale des administrateurs civils c. Dupavillon*).

50. De son côté, le jury n'est pas obligé de déclarer admis autant de candidats qu'il y a de postes à pourvoir si les prestations de certains candidats lui paraissent insuffisantes. A l'inverse, l'habitude s'est prise, lorsque tous les postes peuvent être pourvus, d'établir une liste complémentaire : celle-ci permet de pallier d'éventuels désistements de candidats reçus, et de recruter des fonctionnaires plutôt que des non-titulaires si des vacances de postes apparaissent dans l'année qui suit le concours.

apparu : il est destiné à faciliter l'intégration d'agents non titulaires (maîtres-auxiliaires, emplois jeunes) dans la catégorie des fonctionnaires.

Les candidats reçus à un concours feront certainement de bons fonctionnaires, mais ils ne sont pas encore opérationnels : c'est pourquoi une période de **formation** à l'emploi est généralement prévue, pendant laquelle ils auront la qualité de **stagiaires**. La titularisation intervient à l'issue de cette période pour la presque totalité d'entre eux, mais peut être refusée s'il apparaît qu'un stagiaire, malgré son succès au concours, n'a pas les qualités requises pour occuper la fonction.

2. Le déroulement de la carrière

Il est également réglementé, en ce qui concerne aussi bien les positions dans lesquelles peuvent se trouver les fonctionnaires que leur avancement et leur cessation de fonctions.

a) Les positions des fonctionnaires

Déterminées par le statut général, elles sont au nombre de cinq[51]. La première est la position d'**activité** : le fonctionnaire exerce effectivement l'un des emplois correspondant à son grade, habituellement à temps complet, mais *parfois à temps partiel* (par exemple, s'il – ou plus souvent elle – demande à ne pas travailler le mercredi pour s'occuper de ses enfants). Il arrive aussi que des fonctionnaires soient « prêtés » à une autre administration qui ne dispose pas d'emplois budgétaires correspondant à des fonctions qu'elle doit cependant accomplir : lorsqu'une telle procédure, dénommée *mise à disposition*, est utilisée, l'agent demeure juridiquement rattaché à son administration d'origine et rémunéré par elle.

La deuxième position est le **détachement** : l'agent est pareillement prêté pour un temps à une autre administration[52] mais il est rémunéré par celle-ci, intégré dans un autre corps et soumis aux règles de la fonction qu'il exerce ; il conserve toutefois ses droits à avancement dans son administration d'origine. La position **hors cadre**, troisième de la liste, amplifie en quelque sorte le détachement, car le fonctionnaire peut demander à bénéficier des droits à avancement et à la retraite de son nouveau corps s'ils lui paraissent plus avantageux ; mais il peut aussi demander à être réintégré dans son ancien corps.

La quatrième position est la **disponibilité**, qui place le fonctionnaire hors de son administration d'origine en lui faisant perdre ses droits à l'avancement et à la retraite (réserve faite des points qu'il a déjà acquis). Elle peut être prononcée soit d'office, lorsque l'intéressé, à l'expiration de congés de maladie successifs, n'est pas en état de reprendre son activité, soit sur sa demande, c'est-à-dire *pour convenances personnelles*. La cinquième position est le **congé parental**, qui peut être accordé à l'un ou l'autre des parents pour élever son enfant ; sa durée maximum est de trois ans.

b) La notation et l'entretien annuel individuel

La notation était faite annuellement par le responsable hiérarchique et comprenait une note chiffrée allant de 0 à 20 ainsi qu'une appréciation générale sur la manière de servir. Après plusieurs expérimentations, deux décrets de juin et juillet 2010 ont supprimé ce mode traditionnel et l'ont remplacé par un **entretien individuel annuel**. Ce système a été généralisé dans les services de l'État depuis 2012, avant de l'être dans la fonction publique territoriale et dans les services hospitaliers. Inspiré des méthodes utilisées dans le secteur privé, cet entretien, mené par le supérieur hiérarchique direct de l'agent et qui comporte des modalités spécifiques pour les enseignants, les magistrats et les policiers, doit prendre en compte, entre autres, « *les résultats professionnels obtenus par le fonctionnaire et leurs perspectives d'amélioration, la manière de servir, les acquis de l'expérience professionnelle, l'éventuelle capacité d'encadrement, les besoins de formation et les perspectives d'évolution professionnelle en termes de carrière et de mobilité* ». Il doit aussi préciser les objectifs assignés à l'activité de l'agent pour l'année à venir.

c) L'avancement

Il se fait d'échelon en échelon et de grade en grade. L'un et l'autre interviennent de façon continue, c'est-à-dire par franchissements successifs de chacun des degrés, et dépendent à la fois de l'*ancienneté* et de la *valeur professionnelle*. Mais l'avancement d'échelon implique seulement une augmentation de traitement, les attributions de l'agent demeurant identiques, tandis que l'avancement de grade a également une signification fonctionnelle, son bénéficiaire se voyant en principe confier des attributions plus importantes. C'est pourquoi tous les fonctionnaires bénéficient d'avancements d'échelon, alors que les avancements de grade sont contingentés et généralement soumis soit à la procédure de l'inscription au tableau d'avancement, établi après avis de la CAP, soit à la réussite à un examen professionnel.

Dans certains corps, ou pour l'occupation de certains emplois, la **mobilité** est une condition préalable à l'avancement de grade : qu'elle ait lieu d'une fonction publique à une autre ou, au sein d'une même fonction publique, dans un corps différent, elle diversifie en effet l'expérience professionnelle et, à ce titre, le statut la considère comme recommandable pour les titulaires d'emplois d'encadrement. Par ailleurs, lorsqu'un avancement de grade s'accompagne de la nomination dans un emploi impliquant une mobilité, l'intéressé est tenu d'accepter cet emploi sous peine d'être radié du tableau d'avancement.

d) La cessation de fonctions

Elle intervient normalement lorsque le fonctionnaire atteint la **limite d'âge**, qui varie sensiblement selon les emplois exercés (elle allait par exemple, jusqu'ici, de 50 ans pour quelques catégories dites « actives », comme la police, à 68 ans pour certains membres des grands corps de contrôle ou les professeurs d'université, la moyenne se situant à

51. Il existait à l'origine une sixième position qui correspondait à l'accomplissement du service national, mais elle n'a plus aujourd'hui qu'un intérêt historique.

52. Ce peut être aussi une entreprise publique, voire une organisation internationale. Un fonctionnaire élu au Parlement ou devenant membre du gouvernement est également placé en position de détachement.

60 ans). La réforme générale des retraites intervenue en 2010 a entraîné des modifications de ce régime : comme dans le secteur privé, les limites d'âge inférieures ou égales à 60 ans sont retardées de deux années ; de plus, le dispositif de départ anticipé en faveur des fonctionnaires parents de trois enfants a été progressivement fermé[53].

Il existe trois autres causes de cessation de fonctions : la *démission* ; le *licenciement*, qui peut intervenir soit lorsqu'un emploi est supprimé et que son titulaire refuse successivement trois propositions de reclassement, soit lorsque l'agent ne remplit plus les conditions nécessaires pour entrer dans la fonction publique (par exemple, s'il est déchu de ses droits civiques) ; enfin la *révocation,* qui est la plus grave des sanctions disciplinaires (voir plus loin).

3. Les droits et les obligations

La spécificité de la fonction publique se marque également dans les droits reconnus aux fonctionnaires et les obligations auxquelles ils sont astreints : plus avantageuse sur certains points que celle des travailleurs du secteur privé, moins favorable sur certains autres, leur situation est en tous cas différente, car indissociable des principes du service public auquel ils appartiennent.

a) Les droits

- **Les droits liés à l'occupation d'un emploi**

C'est naturellement le cas de la **rémunération**, qui est déterminée de manière rigide par la grille indiciaire : valable pour tous les fonctionnaires, cette grille fait correspondre des indices équivalant à une certaine rémunération avec des emplois, des corps, des grades et des échelons. Au sein d'un même corps, tous les agents se trouvant à un stade identique de leur carrière professionnelle perçoivent le même traitement, et il est presque impossible d'augmenter la rémunération de l'un des corps car l'opération aurait des répercussions sur l'ensemble de la grille.

A la rémunération s'ajoutent **diverses primes et indemnités**. Les unes sont *fixes*, comme le supplément familial de traitement, l'indemnité de résidence, ou celle qui compense les sujétions propres à un emploi[54]. D'autres sont *modulables*, telles les primes de rendement et la prime de fonctions et de résultats, qui se généralise progressivement[55], ainsi que la nouvelle bonification indiciaire (NBI), attribuée depuis 1991 aux fonctionnaires qui occupent des emplois impliquant une responsabilité spécifique, par exemple la direction d'un établissement d'enseignement, ou qui impliquent une technicité particulière. Quelques-unes, enfin, sont plus ou moins *officieuses*, car instituées non pas par une loi ou un décret, comme l'impose le statut, mais par une décision interne à un ministère. On a dénombré au total près de mille primes différentes, certaines étant très substantielles, d'autres minimes : l'administration y voit souvent le moyen d'étoffer des rémunérations sans toucher à la grille, et parfois la possibilité d'éviter le « pantouflage[56] », voire d'attirer dans la fonction publique des personnes dont les qualifications lui sont utiles, mais auxquelles le secteur privé offre des rétributions supérieures. Si justifiées que puissent paraître ces raisons, il n'en demeure pas moins que le système est à la fois compliqué, opaque, et d'une régularité quelquefois douteuse.

Appartiennent également à cette catégorie le droit à des **avantages sociaux**, tel le régime des congés de maladie, qui est plutôt plus favorable que dans le secteur privé, ainsi que le droit à la **formation continue** (accru par la loi de modernisation de la fonction publique adoptée en 2007), y compris pour préparer un concours donnant accès à un grade supérieur, et des prestations sociales comme les restaurants administratifs à prix réduit et les aides au logement : sur ces deux derniers points, les régimes public et privé se sont nettement rapprochés.

Il faut mentionner enfin la **protection fonctionnelle** des agents, qui est spécifique à la fonction publique. D'une part, lorsqu'un agent fait l'objet de menaces par suite d'un fait survenu dans l'exercice de ses fonctions, l'administration doit lui venir en aide, éventuellement par la voie d'une action pénale, afin que ces attaques cessent et que le préjudice qu'elles ont causé soit réparé ; cette protection doit être accordée même si l'agent a commis une erreur ou une maladresse. D'autre part, le régime de la *responsabilité civile des fonctionnaires* est particulièrement favorable, puisque s'ils commettent une faute qui peut être qualifiée (hypothèse très fréquente) de faute de service et non pas de faute personnelle, c'est l'administration qui réparera les dommages résultant de cette faute (voir page 145).

- **Les droits qui se rattachent aux libertés publiques**

Ces droits sont parfois contrebalancés par les principes généraux qui gouvernent le fonctionnement des services publics. Ainsi la **liberté d'opinion** et **d'expression** est-elle reconnue aux fonctionnaires, ce qui interdit notamment de faire figurer dans leur dossier des indications relatives à leurs appartenances politiques, religieuses ou syndicales. Mais cette liberté doit être conciliée avec les *principes de neutralité et de réserve*. Un fonctionnaire doit bien entendu traiter de manière égale les usagers du service, mais il lui faut aussi s'abstenir de manifestations extérieures révélant ses convictions (le port du voile islamique dans les établissements scolaires, par exemple, est depuis longtemps interdit aux enseignantes[57]). Et il ne peut, surtout en dehors du service, critiquer de façon trop acerbe ses supérieurs hiérarchiques, ni la politique du gouvernement :

53. Par ailleurs, une loi en vigueur depuis le 1er janvier 2004 avait allongé la durée de fonction nécessaire pour l'obtention d'une pension complète (de 150 trimestres nécessaires avant 2004 à 160 trimestres nécessaires en 2008). Et la réforme de 2010 a progressivement aligné le taux de cotisation des fonctionnaires sur celui du secteur privé : il sera porté de 7,85 % à 10,55 % en dix ans.

54. Ces primes comprennent aussi bien l'indemnité de chaussures accordée aux cantonniers que les frais de représentation alloués aux diplomates.

55. Cette généralisation est cependant plus lente que prévu et, en octobre 2013, seuls 70 000 fonctionnaires bénéficient de la prime ; le gouvernement Ayrault prévoit de la remplacer par une **indemnité de fonctions, de sujétion et d'expertise** qui devrait, à terme, regrouper l'ensemble des primes et indemnités des fonctionnaires.

56. On appelle ainsi le départ de fonctionnaires occupant souvent des postes élevés vers le secteur privé, qui leur offre des conditions plus attractives.

57. Il était autorisé, sous certaines conditions, aux élèves, mais la loi du 15 mars 2004 leur a étendu cette interdiction.

cette règle s'applique de manière particulièrement stricte aux fonctionnaires de responsabilité, mais elle s'atténue lorsque les intéressés sont élus au Parlement en qualité de membres de l'opposition (selon l'une des dispositions du statut, les critiques qu'ils formulent à l'égard des dirigeants, à la tribune de l'assemblée ou au cours des campagnes électorales, ne peuvent porter préjudice à leur carrière).

Le droit de **grève** est également reconnu, depuis 1946, mais on sait que son exercice peut être soumis à certaines limites en raison du principe de continuité du service public (voir page 117). Le droit **syndical**, en revanche, est admis sans restriction et constitue un vecteur de participation des agents à la gestion – au sens large – des services. D'une part, les organisations syndicales les plus représentatives (c'est-à-dire celles qui ont obtenu le plus de voix aux élections professionnelles) sont les partenaires du gouvernement dans les négociations salariales instituées en 1968. D'autre part, leurs délégués siègent dans les organismes paritaires de concertation, auxquels le statut accorde des compétences d'avis ou de décision importantes. Ces organismes sont les suivants :
– les *commissions administratives paritaires* (CAP), constituées dans chacun des corps de la fonction publique[58] : elles sont obligatoirement consultées sur «*les décisions individuelles intéressant les membres du corps*», en particulier les avancements, les mutations et les sanctions disciplinaires; pour les agents non titulaires ont été instituées, dans le même esprit, des *commissions consultatives paritaires* (CCP);
– les *comités techniques*, qui sont beaucoup moins nombreux (il en existe un par ministère ou par grand service) : ils traitent de questions générales relatives à l'organisation ou au fonctionnement du service;
– les *comités d'hygiène, de sécurité et des conditions de travail* (CHSCT), qui sont en nombre sensiblement égal à celui des *comités techniques*;
– enfin, les trois *Conseils supérieurs de la fonction publique* (un pour chaque fonction publique), présidés par le Premier ministre ou son représentant (généralement le ministre en charge de la Fonction publique) : ils sont obligatoirement consultés sur les projets de statuts particuliers ou de classement indiciaire des grades et des emplois, et ils peuvent être saisis à titre facultatif de toutes les questions à propos desquelles un tiers de leurs membres ou le Premier ministre jugent utile qu'ils se prononcent; ils jouent également le rôle d'instances de recours contre les sanctions ou les avancements décidés par l'administration après avis d'une CAP (ils n'ont pas le pouvoir de les annuler, mais peuvent émettre des recommandations à leur sujet).

Les **avis** formulés par ces différentes instances influent généralement de manière assez forte sur les décisions qui seront prises, à la fois parce que le principe de participation est bien ancré, et parce que l'administration sait qu'une décision qui a reçu l'aval – ou du moins n'a pas suscité d'opposition – des organismes paritaires a toutes chances de ne pas provoquer de contestations ultérieures.

58. Si les corps sont très importants, comme celui des enseignants des écoles, il existe une CAP nationale et des CAP locales, généralement compétentes pour un département.

b) Les obligations

• Les trois obligations fondamentales imposées par le statut

Elles s'ajoutent aux contraintes résultant des principes de fonctionnement des services publics.

Il s'agit d'abord de l'obligation de **se consacrer à sa fonction**. Les agents ne peuvent exercer une autre activité professionnelle lucrative, à l'exception des enseignements et des activités littéraires ou artistiques. Dans la même logique, ils sont soumis à un **«devoir de probité»** qui leur interdit d'avoir, directement ou par personne interposée, des intérêts dans une entreprise soumise au contrôle de l'administration à laquelle ils appartiennent ou ayant des relations avec celle-ci : ils ne sauraient, par exemple, négocier ou passer un contrat avec une entreprise dont ils sont actionnaires. Et ce devoir de probité subsiste après la cessation des fonctions : pendant cinq ans, un fonctionnaire qui était chargé du contrôle d'une entreprise ne peut prendre une participation dans celle-ci.

Vient ensuite l'obligation de **discrétion professionnelle** et de **secret**. Un fonctionnaire ne doit pas dévoiler les informations qu'il détient en raison de son activité et qui sont couvertes par le secret professionnel, par exemple dans le domaine médical ou fiscal. De manière générale, il ne doit pas non plus divulguer les faits ou documents dont il a connaissance, sauf si sa hiérarchie l'y autorise. Mais cette règle est battue en brèche par le *droit d'obtenir communication des documents administratifs* reconnu au public par la loi du 17 juillet 1978 (voir page 109), et la CADA comme le juge doivent parfois opérer de subtiles conciliations entre les deux textes.

Enfin, est imposée l'obligation d'**obéissance hiérarchique**. Tout fonctionnaire, conformément au principe de la hiérarchie administrative, est tenu de se conformer aux instructions qu'il reçoit de ses supérieurs sous peine d'être taxé d'insubordination. Une exception a été toutefois apportée à cette obligation, d'abord par la jurisprudence, ensuite par le statut : le fonctionnaire n'est pas tenu – et doit même refuser – d'obéir à un ordre «*manifestement illégal et de nature à compromettre gravement l'intérêt public*», par exemple en inscrivant irrégulièrement une personne sur les listes électorales.

• Les manquements aux obligations des fonctionnaires

Ils peuvent donner lieu à des **sanctions disciplinaires**. En certains cas, tels que les violences ou les malhonnêtetés, ces manquements constituent aussi des *infractions pénales* susceptibles de faire l'objet de poursuites judiciaires, mais les deux procédures sont indépendantes l'une de l'autre. D'une part, contrairement à l'adage «*non bis in idem*», une même faute peut être sanctionnée à la fois par l'une et l'autre voies. D'autre part, l'administration n'est pas liée par la décision juridictionnelle (excepté pour ce qui concerne la constatation de l'existence matérielle d'un fait) : elle peut prononcer une sanction en dépit d'un acquittement[59]

59. On peut citer à cet égard l'exemple d'une enseignante qui avait giflé deux de ses élèves : acquittée au pénal, elle a néanmoins subi une sanction disciplinaire.

et, à l'inverse, ne pas engager de procédure disciplinaire alors qu'il y a eu condamnation; elle doit toutefois tirer les conséquences d'une condamnation entraînant la perte des droits civiques, c'est-à-dire révoquer l'intéressé.

- **La procédure disciplinaire**

Elle est aménagée de manière à proscrire l'arbitraire et les injustices. En premier lieu, la liste des **sanctions possibles** est fixée par le statut et divisée en quatre groupes de gravité croissante :
– le premier groupe comprend l'avertissement, qui ne fait pas l'objet d'une inscription au dossier du fonctionnaire, et le blâme;
– le deuxième inclut la radiation du tableau d'avancement, l'abaissement d'échelon, une exclusion temporaire de fonctions qui ne peut excéder quinze jours et le déplacement d'office;
– le troisième comprend la rétrogradation et une exclusion temporaire allant de trois mois à deux ans;
– le quatrième prévoit la mise à la retraite d'office et la révocation.

L'administration dispose par ailleurs du droit de prendre une mesure conservatoire qui ne constitue pas une sanction : lorsqu'un fonctionnaire semble avoir commis une faute grave et que son maintien en fonction jusqu'au terme de la procédure disciplinaire s'avère préjudiciable à la bonne marche du service, il peut être *suspendu* pendant une durée maximum de quatre mois; la suspension peut cependant être prolongée, si des poursuites pénales sont parallèlement engagées, jusqu'au prononcé du jugement.

Le processus disciplinaire, de son côté, est très **protecteur des droits** de l'intéressé. Celui-ci doit être avisé de l'éventualité d'une sanction et mis à même de prendre connaissance de l'intégralité de son dossier. Puis, excepté pour les sanctions du premier groupe, la CAP est saisie de l'affaire : l'intéressé a le droit d'assister à la séance et de se faire accompagner d'une ou plusieurs personnes de son choix (collègues de travail, syndicalistes ou, de plus en plus souvent, avocats). La CAP rend ensuite un avis motivé qui est transmis à l'autorité hiérarchique compétente pour prononcer la sanction : celle-ci n'est pas liée par l'avis, mais si elle s'en écarte, elle doit informer la CAP de ses raisons.

- **Les voies de recours ouvertes aux agents**

L'agent dispose à son choix – ou cumulativement – de trois voies de recours contre la sanction : devant le supérieur hiérarchique de l'auteur de celle-ci, devant le Conseil supérieur de la fonction publique concerné et devant le juge administratif. Ce dernier exerce sur l'ensemble de la procédure disciplinaire un contrôle qui va en s'approfondissant : il accepte désormais de connaître des sanctions de faible importance, qu'il considérait auparavant comme des mesures d'ordre intérieur non susceptibles de recours, et vérifie la proportionnalité des sanctions prononcées à la nature des fautes commises. L'agent est ainsi protégé contre les mesures pouvant nuire à sa carrière à la fois par l'intervention de ses pairs et par l'action du juge.

* * *

Depuis un siècle, la fonction publique s'est considérablement étoffée et diversifiée, en raison de l'extension des missions dévolues aux pouvoirs publics, mais aussi du progrès social : l'accroissement – jusqu'à la période récente marquée par un processus inverse – du nombre des enseignants, qui forment les gros bataillons de fonctionnaires, de même que celui des personnels hospitaliers, s'expliquent par le fait que l'accès à l'enseignement secondaire et aux établissements de soins est aujourd'hui sans commune mesure avec ce qu'il était auparavant.

Dans le même temps, les caractéristiques du système ont évolué. D'une part, sous l'influence des idéaux démocratiques qui prévalaient à la Libération, les sujétions considérées comme inhérentes au service de l'État se sont atténuées : le droit de grève et le droit syndical ont été reconnus aux fonctionnaires, et le rôle des syndicats a pris dans maints domaines une importance notable. D'autre part, du point de vue de la condition professionnelle, un certain rapprochement s'est opéré avec les salariés du secteur privé, par exemple pour le droit à la formation continue ou à des avantages sociaux. Deux différences importantes et en quelque sorte symétriques subsistent toutefois : les fonctionnaires bénéficient de la sécurité de l'emploi, tandis que les salariés du secteur privé, surtout dans les emplois élevés, perçoivent généralement des rémunérations supérieures.

Par ailleurs, le système n'est pas exempt de toute imperfection. La *gestion prévisionnelle des effectifs* y est encore lacunaire, ce qui explique en grande partie les coups d'accordéon du recrutement, puis du licenciement (ou de l'intégration) des agents non titulaires. Les rigidités induites par la *grille indiciaire* sont également critiquables, dans la mesure où l'administration est obligée de recourir à la voie détournée des primes pour conserver ou attirer les personnels dont elle a besoin. Enfin, est apparu au milieu des années soixante-dix le phénomène de la *politisation de la haute fonction publique* : lorsque la majorité issue des élections change, elle remplace à plus ou moins brève échéance les titulaires des emplois dits à la discrétion du gouvernement. S'il est normal que les membres des cabinets, collaborateurs personnels des ministres, quittent leurs fonctions en même temps qu'eux, on peut juger excessif qu'un gouvernement tienne à choisir parmi ses partisans l'ensemble des directeurs d'administration centrale, recteurs, préfets, dirigeants d'entreprises publiques et procureurs. Dans d'autres pays, notamment en Grande-Bretagne, les hauts fonctionnaires traversent les alternances sans heurt et sans dommage pour l'intérêt général; on peut penser qu'il n'en irait sans doute pas différemment en France, et que l'image d'impartialité de l'administration serait renforcée si l'on ne pouvait plus dire que « l'État PS » succède à « l'État UMP » – et vice-versa.

Titre 3
Le contrôle de l'administration

Tout pouvoir doit être contrôlé : c'est une loi fondamentale de la démocratie, et l'administration ne saurait y échapper. D'abord parce que son action – ou son inaction – peut avoir des conséquences considérables pour le devenir de la collectivité comme pour les droits et intérêts des citoyens. Ensuite parce que les règles auxquelles elle a été progressivement soumise demeureraient lettre morte si des instances indépendantes ne veillaient pas à ce qu'elle les respecte. Pour toutes ces raisons, les formes de contrôle qui s'exercent sur elle se sont multipliées et diversifiées au fil du temps : il existe des contrôles principalement axés sur la régularité et d'autres qui s'attachent surtout à l'efficacité, des contrôles internes (par exemple, celui des inspections générales) et externes; ils peuvent être spécifiques à un secteur, comme celui qui revient aux autorités administratives indépendantes, ou très généraux, notamment le contrôle contentieux. C'est ce dernier type de contrôle qui a la plus grande importance.

Chapitre 1
L'organisation de la justice administrative

La compétence des tribunaux et le droit qu'ils appliquent sont en principe indissociables. Comme l'administration est généralement soumise au droit public, mais que certains de ses actes – on l'a vu dans un chapitre précédent – relèvent du droit privé, elle peut être jugée par l'un ou l'autre des deux ordres de juridictions. Il convient donc de décrire les grandes lignes de l'organisation juridictionnelle avant d'aborder le fonctionnement de la justice administrative, dont le rôle l'emporte sur celui des tribunaux judiciaires en ce qui concerne l'activité de l'administration.

1. L'organisation juridictionnelle

Il existe en France deux ordres de juridictions : les juridictions **judiciaires**, coiffées au sommet par la Cour de cassation, et les juridictions **administratives**, placées sous le contrôle du Conseil d'État. Les premières sont chargées de régler les litiges entre particuliers, auxquels elles appliquent en principe les règles du droit privé. Les secondes jugent les litiges auxquels l'administration est partie et elles leur appliquent en principe les règles du droit administratif.

1. La distinction des contentieux

La séparation des autorités administratives et judiciaires est une illustration du principe de séparation des pouvoirs. Le Conseil constitutionnel a jugé à plusieurs reprises qu'il constituait un principe fondamental reconnu par les lois de la République : si le législateur peut, en le mettant en œuvre, déplacer la limite qui sépare les domaines de compétence des deux ordres de juridiction, il ne pourrait pas décider purement et simplement la suppression de la juridiction administrative. Ce serait inconstitutionnel. Et le Conseil a aussi jugé que tous les recours visant à faire annuler les décisions prises par les autorités publiques ou les organismes publics placés sous leur autorité ne pouvaient relever, en vertu d'un principe constitutionnel, que de la justice administrative (voir encadrés page 132).

Un exemple de transfert autorisé d'un « bloc de compétences » d'un ordre juridictionnel à l'autre : les accidents de véhicule

En analysant les décisions de justice rendues, on avait constaté que la réparation des accidents de voiture créait des iniquités évidentes. Les tribunaux judiciaires, compétents pour juger de l'indemnisation des dommages créés par les accidents entre particuliers, se montraient dans l'ensemble plus généreux, à la fois pour la définition des préjudices reconnus et pour la fixation du montant des indemnités, que les tribunaux administratifs, compétents pour réparer les dommages créés par des véhicules administratifs. Si vous aviez la malchance d'être renversé par une voiture, mieux valait donc que ce soit par celle de votre voisin que par un véhicule des Ponts et Chaussées.

Pour éviter ces disparités choquantes, le législateur a décidé, par la loi du 31 décembre 1957, que désormais le juge judiciaire serait compétent pour juger toutes les actions en responsabilité liées à un accident de véhicule, que celui-ci appartienne à une administration ou à un particulier.

Simple dans son principe, la distinction entre les domaines du juge administratif et du juge judiciaire s'avère cependant **source de complications** dans la réalité. Pour des raisons multiples. Certaines sont d'origine historique : pendant très longtemps, le Conseil d'État est apparu comme très lié à l'administration et on le suspectait d'être plus sensible à son point de vue qu'aux droits des particuliers. On hésitait donc à lui confier la compétence de juger les affaires où étaient en cause la liberté individuelle ou le droit de propriété, et il reste des traces de cette méfiance ancienne, même si elle n'était plus justifiée au XXe siècle : par exemple, la fixation des indemnités d'expropriation, déterminées au terme d'une procédure complexe où le juge administratif est compétent pour juger les recours susceptibles d'être intentés à l'occasion de toutes les phases antérieures, reste, actuellement encore, de la compétence du juge *judiciaire*. De même, on l'a vu, c'est à l'autorité judiciaire que l'article 66 de la Constitution actuelle confie la garantie de la liberté individuelle, y compris lorsque l'atteinte à cette liberté est portée par des autorités administratives. Il a donc fallu interpréter le sens de cette disposition pour fixer la ligne exacte de partage entre les compétences des deux ordres de juridiction, et cela a donné lieu à une jurisprudence très subtile et souvent compliquée.

Un exemple de transfert interdit : la décision du Conseil constitutionnel du 28 juillet 1989

Lorsqu'un étranger est entré en France de façon irrégulière et qu'il est arrêté par la police, il peut faire l'objet d'une décision de reconduite à la frontière, prise par le préfet et qui autorise l'administration à le renvoyer *manu militari* à l'étranger. Celle-ci peut aussi le « retenir » dans un local clos et donc le priver de sa liberté, pendant le temps nécessaire à l'exécution de la mesure. La décision de reconduite est une décision *administrative*, dont le contentieux relève normalement du juge administratif. En revanche, en vertu de l'article 66 de la Constitution, qui réserve à l'autorité judiciaire la garantie de la liberté individuelle, le contrôle de la « rétention » a été confié par la loi au juge *judiciaire*. Si l'étranger veut contester les deux, ce qui est fréquent, il devra saisir deux juges différents. Le législateur avait donc pensé simplifier les choses, en 1989, en décidant de confier l'ensemble du contentieux (décision de reconduite et mise en rétention) au juge judiciaire.

Le Conseil constitutionnel a déclaré la loi inconstitutionnelle sur ce point : la décision de reconduite est une décision prise par une autorité publique dans le cadre de prérogatives de puissance publique. Son contentieux ne peut donc appartenir qu'au juge administratif. Et il a fallu continuer à saisir *deux juges* différents.

Par ailleurs, le développement de l'interventionnisme économique a entraîné une **extension** considérable des **pouvoirs de l'administration** et celle-ci a parfois choisi de ne pas les exercer elle-même, mais d'en confier l'exercice à des personnes privées. Par exemple, les fédérations sportives (football, basket, etc.) sont des associations de statut *privé*. Elles peuvent cependant, par délégation de l'État, prendre des décisions unilatérales très graves pour ceux qui en sont l'objet (radiation ou suspension pour dopage, qui sont des sortes d'interdiction professionnelle, temporaire ou définitive; rétrogradation de clubs dans les divisions inférieures, qui entraîne des conséquences financières très importantes pour les clubs concernés). Le juge administratif a donc considéré que ces décisions ne pouvaient pas constituer une forme ordinaire de relations entre particuliers et que, analogues aux décisions exécutoires dont on a parlé plus haut, elles constituaient une forme d'*exercice de la puissance publique* ; cela l'a conduit à affirmer sa compétence pour juger les recours intentés contre ces décisions, alors même qu'ils ne mettent en présence que des personnes privées (une fédération et un sportif professionnel, par exemple).

Les **limites** entre les compétences des deux ordres de juridiction sont donc souvent floues et il n'est pas toujours évident de les préciser de façon claire. On a parfois essayé de les simplifier, comme on l'a vu plus haut avec l'exemple des accidents de véhicule. Mais la simplification a fait naître de nouvelles complications. Depuis le début du XIXe siècle, les accidents liés aux opérations de travaux publics sont de la compétence du juge administratif. Supposons donc un bulldozer (c'est un véhicule) occupé à des travaux de réparation d'une route (qui sont des travaux publics) et qui, à cette occasion, percute une voiture circulant sur la route. Devra-t-on dire qu'il s'agit d'un accident de véhicules, entraînant la compétence judiciaire, ou un accident de travaux publics, ce qui justifierait la compétence administrative ?

Un exemple de délégation de prérogatives de puissance publique à une personne privée : l'arrêt *Magnier* du 13 janvier 1961

Dans cet exemple (déjà cité), c'est à une association, personne privée, que l'administration avait délégué l'organisation de la lutte contre les insectes ennemis des cultures. Mais cette association disposait de prérogatives inhabituelles : l'adhésion de tous les propriétaires agricoles dont les exploitations se situaient dans le département était obligatoire, alors que d'ordinaire, au nom de la liberté d'association, personne ne peut être tenu d'adhérer à une association. Et elle avait le pouvoir de délivrer des états exécutoires, c'est-à-dire des *commandements de payer*, ce qui est d'habitude réservé au pouvoir fiscal. Saisi par un des propriétaires adhérents, M. Magnier, qui contestait qu'on puisse lui imposer le paiement d'une partie d'une dépense à laquelle il n'avait jamais consenti personnellement, le juge administratif a estimé que cette association disposait de prérogatives de puissance publique, et que cela entraînait deux conséquences : bien que le litige ne mette en présence que deux personnes privées (l'association et l'agriculteur), le recours présenté relevait de sa compétence ; et le règlement du litige exigeait l'application du *droit administratif*.

On voit donc qu'il est nécessaire de trouver un **arbitre** qui puisse régler ces « conflits » éventuels de compétence entre ordres juridictionnels. Cet arbitre existe depuis la loi du 24 mai 1872. Il s'agit du Tribunal des conflits.

2. Le Tribunal des conflits

C'est un tribunal **paritaire** composé de **huit membres** titulaires, élus pour moitié parmi les conseillers à la Cour de cassation et pour moitié parmi les conseillers d'État.

Le risque d'un nombre pair, c'est évidemment l'impossibilité éventuelle de dégager une majorité au sein du Tribunal. Il est effectivement parfois arrivé qu'on s'y retrouve quatre contre quatre et qu'il faille aller chercher une neuvième personne pour départager les deux camps. Cette personne, c'est le **président** en titre du Tribunal des conflits, le **garde des Sceaux**, ministre de la Justice[1]. Celui-ci ne siège presque jamais, sauf pour les séances purement protocolaires (installation du Tribunal après une nouvelle élection de ses membres, par exemple) et dans les cas où il faut *« vider le partage »*. Ces cas où le ministre de la Justice est associé à la prise d'une décision juridictionnelle sont très rares (une dizaine au total en 130 ans) et ils n'ont jamais posé problème, sauf dans la dernière hypothèse en date.

En 1997, en effet, il a fallu décider quel ordre était compétent pour juger des recours contre les décisions par lesquelles l'administration interdisait à des étrangers, passagers clandestins de navires, d'entrer sur le territoire français, et les

1. Un rapport rendu au Premier ministre en octobre 2013 propose de retirer la présidence au garde des Sceaux et de la confier alternativement à un conseiller d'État puis à un magistrat de la Cour de cassation, tous deux élus par les membres du Tribunal. En cas de partage des voix, on augmenterait le nombre des membres du Tribunal au sein d'une formation élargie, mais qui resterait paritaire.

« consignait » à bord du navire pour les obliger à repartir avec celui-ci. Fallait-il admettre la compétence administrative, au motif que la décision était prise par une autorité administrative, ou la compétence judiciaire, au nom de l'idée que la décision constituait une atteinte à la liberté individuelle et qu'elle justifiait l'application de l'article 66 de la Constitution ? Le Tribunal s'étant partagé en deux, le garde des Sceaux est venu trancher en faveur de la compétence administrative : cela a déclenché une polémique publique et provoqué, pour la première fois, la démission d'un membre du Tribunal qui souhaitait protester contre ce qu'il considérait comme une intrusion du pouvoir politique dans le fonctionnement de la justice[2].

En principe, le Tribunal des conflits est un tribunal particulier, dans la mesure où il ne juge presque jamais les affaires qui lui arrivent. Il doit simplement trancher les *conflits d'attribution*, c'est-à-dire décider quel ordre de juridiction doit juger l'affaire qui lui est soumise. Ce n'est donc que très exceptionnellement qu'en réglant les *conflits de décisions*, il est amené à juger une affaire au fond[3] (voir l'affaire *Rosay*, encadré ci-contre).

L'affaire *Rosay*

En 1925, le passager d'une voiture privée est blessé dans une collision avec un véhicule militaire. Il saisit un juge civil qui rejette son action en estimant que la responsabilité de l'accident incombe au conducteur militaire. Il se tourne alors vers le juge administratif qui rejette à son tour sa demande en déclarant que le responsable de l'accident est le conducteur civil. Or, au moins un des deux conducteurs était nécessairement responsable et au moins un des deux juges s'est trompé. Les deux jugements contradictoires ont donc privé la victime de toute possibilité d'obtenir réparation.

L'affaire, qui souleva une forte émotion publique, fut à l'origine du vote de la loi. Elle revint ensuite devant le Tribunal des conflits qui jugea que les deux conducteurs étaient coresponsables de l'accident et condamna l'État et le conducteur privé à payer chacun la moitié du dommage.

a) Les conflits d'attribution de compétence

Ils sont de deux sortes.

- **Le conflit positif d'attribution**

C'est un conflit **entre l'administration et un juge judiciaire** à propos de la compétence de ce dernier. Il surgit lorsqu'un tribunal judiciaire a été saisi d'un recours et que l'autorité administrative estime que l'affaire ne relève pas de la compétence judiciaire. C'était le cas dans l'arrêt *Blanco*, en 1872 : le père de la petite Agnès avait intenté un recours devant un tribunal civil à la suite de l'accident, et le préfet a saisi le Tribunal des conflits pour lui demander de constater que, le wagon responsable de l'accident appartenant à l'administration, il revenait à un tribunal de l'ordre administratif de juger.

C'est donc normalement l'administration qui initie la procédure de conflit. Le *préfet* du département où siège le tribunal judiciaire saisi intervient en adressant au ministère public un « déclinatoire de compétence » demandant au tribunal de se déclarer incompétent. Si le tribunal rejette le déclinatoire, ce qui signifie qu'il se considère comme compétent, il doit surseoir à statuer pendant quinze jours, pour laisser au préfet le temps de prendre, s'il continue à penser que le tribunal a tort, un « arrêté de conflit » motivé. Le garde des Sceaux saisit alors le Tribunal des conflits qui, statuant dans un délai d'un mois, **« annule »** l'arrêté de conflit (ce qui permet à la juridiction judiciaire de reprendre l'examen de l'affaire) ou le **« confirme »** (ce qui oblige le requérant à saisir la juridiction administrative dans les deux mois suivant l'arrêt du Tribunal des conflits).

- **Le conflit négatif d'attribution**

Il **oppose les deux ordres de juridiction** entre eux. Il n'est donc pas le contraire du conflit positif qui, on l'a dit, oppose un juge judiciaire à l'administration.

Un plaideur a saisi successivement de la même question un tribunal administratif et un tribunal judiciaire. Chacun d'entre eux s'est déclaré incompétent, en indiquant qu'à son sens, l'affaire relevait de la compétence de l'autre ordre de juridiction. Le plaideur saisit alors le Tribunal des conflits pour lui demander de constater qu'une des deux déclarations d'incompétence est erronée. Le Tribunal **annule** l'une des deux et renvoie le plaideur devant la juridiction qui l'avait rendue.

Pour accélérer les choses et faciliter la tâche du plaideur, le décret du 25 juillet 1960 a institué ce qu'on appelle deux « procédures de renvoi ». La première est obligatoire : lorsqu'un tribunal d'un premier ordre, par exemple judiciaire, a déjà rendu un jugement d'incompétence et qu'à la suite de ce jugement, un tribunal de l'autre ordre (dans notre exemple, un tribunal administratif) a été saisi de la même affaire, il ne peut plus rendre un deuxième jugement d'incompétence : il doit saisir lui-même le Tribunal des conflits pour lui demander de désigner l'ordre juridictionnel compétent. Cette obligation pèse sur toutes les juridictions, quel que soit le degré où elles se situent (première instance, appel ou cassation). Elle fait donc disparaître les hypothèses de conflit négatif qu'on ne rencontre plus désormais que dans des cas très exceptionnels (un ou deux par an, tout au plus).

La seconde procédure de renvoi est facultative et elle n'est applicable que par la Cour de cassation ou le Conseil d'État : lorsqu'une question soulève une difficulté sérieuse de compétence, l'une de ces juridictions peut saisir le Tribunal des conflits pour lui demander de trancher cette question (voir l'affaire *Société Le Profil*, encadré page 134).

b) Le conflit de décisions

A deux ou trois reprises, après 1872, on a pu constater une faille dans la procédure juridictionnelle. Un plaideur saisit un premier tribunal, par exemple judiciaire. Ce tribunal ne rend pas un jugement d'incompétence mais, jugeant l'affaire au fond, déboute le plaideur. Celui-ci s'adresse alors à un second tribunal, appartenant à l'autre ordre, donc à l'ordre administratif. Ce second tribunal, s'étant à son tour considéré comme compétent, juge le litige et rejette à son tour le recours. On a ainsi une succession de jugements rendus par au moins deux tribunaux appartenant aux deux ordres juridictionnels : ces jugements privent le plaideur de la possibilité d'obtenir réparation. Cela constitue un **déni de justice**.

2. Arrêt *Préfet de police de Paris contre TGI de Paris* du 12 mai 1997.

3. Au total, il rend chaque année une cinquantaine de décisions.

Pour remédier à cette situation, illustrée par l'affaire *Rosay* (voir encadré page 133), le législateur a voté la loi du 20 avril 1932. Cette loi autorise, en pareil cas, le plaideur à demander au Tribunal des conflits de juger l'affaire **au fond** et, pour sortir de la contradiction, de rendre lui-même la décision qui tranchera définitivement son cas. Le Tribunal a jugé quatre conflits de décisions dans les vingt dernières années.

Un exemple de procédure de renvoi facultatif : l'affaire *Société Le Profil*

On l'a vu, les autorités et les agents de police cumulent souvent deux sortes d'attributions : une mission de protection, de prévention, destinée à empêcher les accidents et les troubles à l'ordre public avant qu'ils ne se produisent (par exemple, l'agent de police qui règle et organise la circulation au carrefour) ; et une mission de *répression,* où ils constatent que des individus ont commis des infractions pour les poursuivre éventuellement devant les tribunaux pénaux (par exemple, le même agent qui siffle un automobiliste ayant grillé un feu rouge et lui dresse un procès-verbal).

La première mission, de prévention, constitue *la police administrative* et les litiges la concernant sont de la compétence de la justice administrative. La seconde, de répression, constitue *la police judiciaire* et, comme elle est inséparable de l'activité des tribunaux pénaux, qui appartiennent à l'ordre judiciaire, les litiges la concernant relèvent des tribunaux de cet ordre (voir page 137).

En décembre 1972, les agents de la société « Le Profil » se rendent à la banque pour y retirer des sommes d'argent très importantes destinées à la paye du personnel. A leur demande, une voiture de police surveille l'opération. Au sortir de la banque, la personne qui porte la valise contenant les fonds est « braquée » par des gangsters qui réussissent à disparaître avec l'argent et qu'on ne retrouvera pas.

La société demande à l'État le remboursement des fonds perdus en invoquant sa responsabilité du fait de l'inefficacité de la police. Un tribunal administratif rejette son recours en mars 1976 et la société fait appel devant le Conseil d'État. La question qui se pose est alors la suivante : le manque d'efficacité de la police résulte-t-il de la mauvaise organisation de la prévention du risque avant et pendant le retrait des fonds (une seule voiture, des policiers qui ne sont pas intervenus, etc.) ou de son action postérieure aux faits (l'incapacité de pister, puis de retrouver les malfaiteurs) ? Dans le premier cas, il y aurait compétence administrative, dans le second, compétence judiciaire.

Le Conseil d'État estima en mars 1978 qu'il y avait un doute sérieux sur la compétence et saisit donc le Tribunal des conflits qui trancha pour la compétence administrative dans un arrêt du 12 juin 1978. Par la suite, le Conseil d'État jugea l'affaire au fond, le 27 avril 1979, et rejeta le recours. En ne faisant pas usage de leurs armes sur une place noire de monde un jour de marché, les policiers n'avaient pas commis de faute lourde.

Cette affaire est **révélatrice** sur deux points :
1) pour se prononcer sur la compétence, le Tribunal des conflits est souvent amené à s'intéresser à des questions de fond (ici, quel est le fait qui a engendré le dommage ?) ;
2) dès qu'il y a des problèmes de compétence, cela rallonge évidemment le délai de jugement des affaires (ici, sept ans).

2. La structure de la juridiction administrative

Comme on l'a dit, le Conseil d'État a été créé par la Constitution de l'an VIII, qui tirait les conséquences du coup d'État bonapartiste du 18 brumaire. Il était conçu comme un corps d'experts, chargé de conseiller le gouvernement sur toutes les questions juridiques. Il a survécu à cette Constitution et est resté, depuis cette époque, l'une des institutions françaises les plus importantes.

Il a **deux fonctions** essentielles, longtemps très liées entre elles [4] et dont on retrouve la traduction dans son organisation : une fonction **consultative,** qui conduit le gouvernement à le consulter sur tous les problèmes juridiques importants qu'il rencontre, et qui amène le Conseil d'État à donner des **avis** ; et une fonction **juridictionnelle**, dans laquelle il rend des **arrêts**. Pendant très longtemps, il a été saisi du plus grand nombre des litiges mettant en cause l'administration. A la suite de deux réformes importantes, en 1953 puis en 1987, qui ont créé d'abord les tribunaux administratifs puis les cours administratives d'appel, son rôle a fortement changé. L'organisation et le fonctionnement de la justice administrative sont maintenant fixés par le Code de justice administrative, édicté par une ordonnance et des décrets du 4 mai 2000.

1. L'organisation du Conseil d'État

Plusieurs fois remaniée, cette organisation l'a été en dernier lieu par un décret du 6 mars 2008, qui y a apporté des changements non négligeables.

a) Les membres du Conseil

Le Conseil d'État comprend, en 2013, 300 membres [5]. Certains d'entre eux y font toute leur carrière. Recrutés à la sortie de l'ENA comme auditeurs, ils deviennent ensuite maîtres des requêtes. Le quart des emplois vacants de maîtres des requêtes peut cependant donner lieu à un recrutement au *tour extérieur* en faisant appel, comme le nom l'indique, à des personnes extérieures au Conseil, âgées de trente ans au moins et ayant au moins dix ans de service public, ce qui permet de diversifier le recrutement.

4. Selon une jurisprudence constante de la Cour européenne des droits de l'homme, il ne suffit pas qu'un tribunal soit impartial ; il faut aussi qu'il apparaisse comme tel et que son impartialité ne puisse pas donner lieu à soupçon. C'est pour respecter cette exigence que le décret du 6 mars 2008 a séparé complètement les activités administratives et contentieuses du Conseil, alors qu'elles étaient antérieurement très liées. Lorsque des conseillers ont participé aux délibérations ayant conduit à un avis sur un texte, ils ne peuvent plus participer au jugement des recours dirigés contre ce texte ; de même, le président de la section administrative concernée ne peut pas participer à l'Assemblée du contentieux, lorsque celle-ci est saisie du recours.

5. 200 conseillers, maîtres des requêtes et auditeurs sont en service au Conseil et 100 en service à l'extérieur. On constate, au sein de la seconde catégorie, des allers et retours en fonction des alternances politiques.

Les maîtres des requêtes deviennent conseillers d'État en service ordinaire au fur et à mesure que des postes se libèrent. Au Conseil d'État, tout l'avancement se fait à l'ancienneté, dans l'ordre du tableau, et cette situation est considérée comme une garantie d'indépendance à l'égard du pouvoir politique. Un tiers des postes vacants de conseillers peut être pourvu au tour extérieur, par des personnes ayant atteint au moins l'âge de 45 ans. S'ajoutent à ces membres ordinaires douze conseillers d'État en *service extraordinaire*, nommés en raison de leur compétence, pour quatre ans et par décret en conseil des ministres.

b) Les formations du Conseil

Présidé en théorie par le Premier ministre (qui ne vient que pour les séances protocolaires), en fait par le vice-président, nommé par décret en conseil des ministres et choisi parmi les conseillers d'État en service ordinaire, le Conseil d'État se compose de **six formations administratives** (sections) qui sont chargées d'exercer la fonction *consultative* : intérieur, finances, travaux publics, sociale, section de l'administration et section du rapport et des études. S'y ajoute une formation contentieuse : la **section du contentieux**, qui exerce la fonction *juridictionnelle*. Tous les membres ordinaires du Conseil d'État sont répartis entre les six sections. Cependant, les conseillers en service extraordinaire ne peuvent pas participer à la fonction juridictionnelle. Lorsqu'une question présente une importance particulière, elle est soumise soit à l'Assemblée générale du Conseil[6] soit, en cas d'urgence, à une formation plus restreinte, la commission permanente.

- **Les formations administratives**

Leurs attributions sont **consultatives**. La consultation est **obligatoire** pour tous les projets de lois ou d'ordonnances préparés par le gouvernement (articles 38 et 39 de la Constitution). L'avis rendu n'est pas public, mais les progrès de la transparence administrative font qu'on en connaît de plus en plus souvent les conclusions; il n'engage pas le gouvernement, qui reste libre de le suivre ou de ne pas le suivre, mais ne peut faire adopter un texte qui n'aurait pas été intégralement soumis à l'avis du Conseil[7].

La consultation est également **obligatoire** pour les projets de décret, soit lorsque la Constitution l'impose[8], soit lorsque la loi l'exige. Les décrets pris à la suite d'une consultation obligatoire du Conseil sont des *décrets en Conseil d'État;* le gouvernement ne peut plus modifier profondément son texte après la consultation et il ne peut retenir, sur chaque disposition, que son texte initial ou celui proposé par le Conseil d'État[9]. L'absence de consultation est considérée comme une irrégularité très grave (elle constitue une *incompétence* ; voir plus loin).

Par ailleurs, le gouvernement est toujours libre, même en l'absence d'obligation constitutionnelle ou législative, de consulter **facultativement** le Conseil sur n'importe lequel de ses projets de décret. Il peut enfin le consulter sur toute question juridique au sujet de laquelle il souhaite avoir un avis expert (voir encadré ci-dessous). Là encore, l'avis n'est, en principe, pas public, mais le gouvernement en autorise de plus en plus la publication, surtout lorsqu'il veut faire savoir qu'il entend bien agir selon la loi.

Un exemple d'avis donné à la demande du gouvernement : l'affaire du foulard islamique

Depuis plusieurs années, les établissements scolaires avaient parfois constaté le port d'un voile par certaines de leurs élèves de confession musulmane. En 1989, un chef d'établissement décida de faire éclater cette situation au grand jour en donnant une grande publicité à sa décision d'interdire le port du foulard. Le ministre de l'Éducation nationale, très ennuyé du retentissement médiatique de cet incident (qui était en grande partie le but recherché), résolut de consulter le Conseil d'État et lui posa trois questions : 1) Le port du foulard (comme des autres signes d'appartenance religieuse) par des élèves au sein d'un établissement scolaire constitue-t-il une violation du principe constitutionnel de la laïcité ? 2) L'administration a-t-elle le droit de l'interdire ? Dans quels cas ? 3) Au cas où elle peut l'interdire et où il est quand même porté, de quels pouvoirs de sanction dispose-t-elle ?

L'Assemblée générale du Conseil d'État rendit un long avis où, au terme d'une analyse minutieuse des textes constitutionnels, internationaux et législatifs applicables, elle conclut qu'au nom de la liberté d'expression des convictions religieuses, le port du foulard par les élèves était, en principe, licite et qu'il ne pouvait être interdit que lorsqu'il revêtait un caractère ostentatoire, manifestant une volonté de propagande ou de prosélytisme, ou lorsqu'il s'accompagnait d'actes de pression portant atteinte à la liberté des autres membres de la communauté éducative, ou lorsqu'il mettait en danger le bon fonctionnement du système éducatif.

Le ministre rendit *l'avis* public et prit une circulaire s'en inspirant largement. Ces règles s'appliquèrent pendant une quinzaine d'années. Mais en 2004, une loi, votée à l'instigation du président de la République et du gouvernement de l'époque, renversa le principe en interdisant le port de tout signe ostensible d'appartenance religieuse dans les établissements d'enseignement.

La révision constitutionnelle de 2008 apporte une nouveauté importante : elle prévoit pour la première fois, dans l'article 39, que le Conseil d'Etat puisse être **consulté pour avis sur une proposition de loi.** Mais, contrairement à ce qui se passe pour l'examen des projets de loi, le Conseil ne peut pas amender la proposition et présenter un projet

6. Elle est présidée par le vice-président du Conseil d'État. Quand elle siège dans sa formation plénière, elle se compose de tous les conseillers d'État ; dans sa formation ordinaire, elle comprend environ 25 membres, dont une moitié est issue de la section du contentieux et l'autre des sections administratives.

7. C'est pourquoi le Conseil constitutionnel a déclaré, dans sa décision du 3 avril 2003, que l'un des articles du projet de loi concernant l'élection des conseillers régionaux n'était pas conforme à la Constitution.

8. Il en est ainsi dans le cas où le gouvernement souhaite modifier par décret une loi portant sur des questions qui relèvent du domaine réglementaire (voir page 42).

9. En 2012, le Conseil a ainsi examiné 138 projets de loi ou d'ordonnances et 940 projets de décrets.

alternatif. Après audition du parlementaire auteur de la proposition, qu'il associe largement à ses travaux, le Conseil rédigera une note, transmise au président de l'Assemblée concernée, et dans laquelle il soulignera les difficultés juridiques éventuelles liées à la rédaction du texte soumis. Cette procédure a été appliquée pour la première fois en 2009, concernant une proposition de loi de simplification et d'amélioration de la qualité du droit[10].

- **Les formations contentieuses**

La section du contentieux est quantitativement la formation la plus importante du Conseil. Elle est divisée en dix *sous-sections* qui sont chargées de l'instruction des affaires, sous la responsabilité d'un rapporteur. Une fois l'instruction terminée, les affaires sont jugées par une formation dont la détermination dépend de leur importance et de leur complexité : la sous-section d'instruction pour les affaires les plus simples (environ 3000 affaires par an), puis, dans l'ordre croissant, deux sous-sections réunies (environ 1500 affaires), la section du contentieux (on parle alors d'*arrêt de section*), ou l'assemblée du contentieux (on parle d'*arrêt d'assemblée*), qui juge une trentaine d'affaires chaque année[11].

2. La répartition des compétences

a) Les réformes du contentieux

La justice administrative a été victime de son succès. Longtemps, le Conseil d'État a été le juge *de droit commun* en matière administrative et la plupart des affaires allaient directement devant lui[12]. Le résultat a été un engorgement considérable de la justice : les plaideurs attendaient souvent cinq ans pour voir juger leur affaire et, dans un exemple caricatural, le Conseil d'État avait rendu, en 1948, un arrêt à propos de faits remontant à 1914... pour se déclarer incompétent et obliger le plaideur à recommencer la procédure devant un autre tribunal. Le décret-loi du 30 septembre 1953 a donc institué un premier degré de juridiction, en faisant des **tribunaux administratifs** (actuellement au nombre de 42 et couvrant toute la France métropolitaine et la quasi-totalité de l'outre-mer) les juges de droit commun de premier ressort en matière administrative. Le Conseil d'État devenait principalement un juge d'appel.

La réforme avait apporté une amélioration sensible, mais les mêmes causes produisant les mêmes effets, l'engorgement a recommencé d'autant que, dans la société actuelle, les particuliers ont une propension croissante à saisir le juge. Une loi du 31 décembre 1987 a donc procédé à une nouvelle réforme du contentieux administratif en créant un degré intermédiaire de juridiction, les **cours administratives d'appel** (actuellement au nombre de huit) et en faisant du Conseil d'État principalement un juge de cassation.

Un exemple de lenteur de la justice administrative

Une justice lente est une justice inefficace. En voici un exemple, heureusement extrême. Un étudiant a été recalé au DESS en 1988. Il conteste cette décision en invoquant une erreur commise à son détriment dans le report de trois de ses notes. Le tribunal administratif rejette son recours en 1990, mais après appel, le Conseil d'État lui donne raison en 1996. La longueur de la procédure a donc privé l'étudiant de son diplôme pendant huit ans. Rien ne peut réellement réparer un tel préjudice.

Nous verrons plus loin que, pour accroître l'efficacité de la justice administrative, les réformes récentes ont développé des *procédures d'urgence* devant le juge administratif (voir page 141).

En 2012, les tribunaux administratifs (TA) ont rendu 190360 décisions (+ 70 % en dix ans), les cours d'appel 29169 (+ 120 % en dix ans) et le Conseil d'État 9131. Le stock des affaires pendantes représentait encore, en 2012, environ un an de jugement au Conseil d'État, dans les cours d'appel et les tribunaux administratifs, ce qui explique en grande partie les lenteurs signalées plus haut[13]. Six décrets parus entre 2008 et 2013 ont apporté des réformes plus ou moins importantes de l'organisation et du fonctionnement de la procédure devant les juridictions administratives.

L'organisation de la justice administrative ressemble donc désormais fortement à celle de la justice judiciaire. En règle générale, les tribunaux administratifs jugent en première instance, les cours administratives d'appel sont juge d'appel, et le Conseil d'État est juge de cassation. Toutefois, alors que la Cour de cassation est exclusivement un juge de cassation, le Conseil d'État a gardé, par exception, un certain nombre de pouvoirs de **juge de premier ressort** ou de **juge d'appel**.

b) Les attributions du Conseil d'État, juge administratif

– Le Conseil d'État a toujours été juge des **recours en cassation** contre les décisions des juridictions administratives de dernier ressort. C'était par exemple le cas de la Cour des comptes ou des conseils supérieurs de l'éducation nationale siégeant en matière disciplinaire, ou encore des conseils supérieurs de discipline des ordres professionnels. La loi du 31 décembre 1987 a ajouté à la liste de ces juridictions les cours administratives d'appel et a donc fortement accru ce rôle du Conseil d'État.

En tant que juge de cassation, sa fonction essentielle consiste à vérifier la **conformité au droit** des décisions

10. Au total, à la fin de 2011, l'avis du Conseil avait été sollicité huit fois sur une proposition de loi.

11. De plus en plus souvent, cependant, depuis 1995, notamment dans les affaires de référé, la loi a prévu l'intervention d'un juge unique, statuant par « ordonnance » dans des délais raccourcis et au terme d'une procédure simplifiée. Près de la moitié des 10000 affaires dont le Conseil d'État est amené à connaître chaque année sont jugées de cette manière.

12. Les autres étaient portées devant des juridictions dont la compétence était limitée ou spécialisée, comme la Cour des comptes.

13. De nets progrès ont cependant été constatés depuis 10 ans. Le délai de règlement moyen d'une affaire est d'un peu plus d'un an à chaque niveau et le nombre des affaires anciennes ne représentait plus que 13 % du stock devant les TA (contre 40 % en 2002), 4,8 % devant les cours d'appel et 5,7 % devant le Conseil d'État.

rendues par ces juridictions. Il n'est donc en principe pas juge des questions de fait. Mais alors que la Cour de cassation ne peut que casser les arrêts des juridictions inférieures et doit, en cas de cassation, leur renvoyer l'affaire pour qu'elles la rejugent, le Conseil d'État peut, s'il estime que cela est justifié par « *une bonne administration de la justice* », ne pas renvoyer l'affaire et décider de la juger lui-même, après avoir cassé l'arrêt déféré. Cette pratique est destinée à faire gagner du temps.

– Normalement, on l'a vu, les juges administratifs de premier ressort sont les tribunaux administratifs. Mais le législateur a laissé au Conseil d'État, par exception, certains pouvoirs de juge en **premier ressort**. Ceci s'explique par des raisons pratiques évidentes. Par exemple, c'est directement devant lui que seront portés les recours en annulation contre les ordonnances du président de la République, les décrets ou les actes réglementaires des ministres. Toutes ces décisions sont en effet importantes et il est normal d'en attribuer le contentieux à la juridiction suprême. En outre, elles sont d'application nationale et mieux vaut confier l'examen des recours dirigés contre elles à la seule juridiction dont le ressort territorial couvre l'ensemble du territoire national. Ou bien encore, c'est le Conseil d'État qui est compétent pour connaître des litiges nés à l'étranger. Dans tous ces cas, il rend des **décisions définitives** qui ne sont susceptibles d'aucun recours.

– De même, l'appel contre les décisions des tribunaux administratifs est porté en principe devant les cours administratives d'appel. Mais le Conseil d'État a gardé une compétence de juge d'**appel** contre certaines décisions des tribunaux administratifs, essentiellement pour les recours contre les **élections municipales ou cantonales**. En réduisant le nombre des degrés de juridiction à deux pour les recours contre ces élections, le législateur a surtout voulu éviter que les litiges en la matière ne s'éternisent. L'intervalle entre deux élections étant de six ans, mieux vaut qu'ils soient définitivement jugés bien avant la fin du mandat litigieux.

Le juge d'appel réexamine l'ensemble des arguments invoqués en premier ressort (questions de droit et de fait) et s'il estime que le juge de premier ressort a mal jugé l'affaire, il a le pouvoir de substituer sa propre décision à celle de ce dernier.

Le premier rôle du juge administratif est donc de faire respecter le **principe de légalité**, c'est-à-dire l'idée que l'administration ne peut agir que conformément à la loi et, de façon plus générale, aux règles qui s'imposent à elle.

3. La compétence du juge judiciaire à l'égard de l'administration

En principe, seul le juge administratif est compétent pour juger l'administration. Nous avons cependant déjà rencontré plusieurs hypothèses où cette règle connaît des exceptions. En dehors des cas où ces exceptions résultent de la loi, notamment en matière de responsabilité de la puissance publique (voir page 144), il en est d'autres qui s'expliquent par diverses raisons.

1. Des raisons d'ordre constitutionnel

Le principe de **séparation des pouvoirs** s'oppose ainsi à ce que le juge administratif ait compétence pour juger du fonctionnement du service public judiciaire[14]. Il est, à ce titre, incompétent pour apprécier non seulement la validité des jugements rendus par les juridictions judiciaires (actes juridictionnels proprement dits), mais aussi celle de tous les actes qui les préparent et de ceux qui les exécutent. Lorsque ces actes ont été accomplis dans des conditions irrégulières, constitutives d'une faute éventuelle des services, la responsabilité de l'administration ne pourra être engagée que devant les juridictions judiciaires.

– A ce titre, le juge administratif se déclare **incompétent** pour connaître d'une action en responsabilité intentée à l'occasion d'une opération de police judiciaire, engagée pour rechercher les coupables d'une infraction et les déférer à la justice pénale. Ainsi, lorsque pendant une descente de police dans un café signalé comme susceptible d'être fréquenté par les auteurs d'un hold-up commis quelques jours auparavant, un individu prend la fuite à la vue des policiers et est abattu par ceux-ci, l'action en responsabilité ne relève pas du juge administratif[15].

– Constitue par exemple un **acte préparatoire** ne relevant pas du juge administratif celui par lequel un accusé est déféré devant une juridiction appelée à juger ses crimes[16]. Parmi les **actes d'exécution** relevant de la compétence du seul juge judiciaire, on citera une décision de grâce prise par le chef de l'État, qui permettra à un condamné de ne pas effectuer tout ou partie de sa peine ; ou la décision d'un juge d'application des peines de révoquer une mesure de libération conditionnelle accordée à un détenu.

– La compétence judiciaire ne vaut cependant que pour les mesures résultant directement des actes juridictionnels. Lorsqu'il n'y a pas de lien ou que le lien est indirect, on dira que les décisions que prend l'administration constituent des **actes détachables** de la procédure judiciaire et le contentieux redeviendra administratif. Ainsi lorsque, au cours de l'accomplissement de sa peine, un détenu s'expose par sa conduite à des mesures disciplinaires, tel que le placement en « cellule de punition », c'est à la juridiction administrative que reviendra la compétence d'apprécier la légalité de la sanction.

---

14. Lorsque la question posée concerne au contraire leur *organisation,* le juge administratif redevient compétent. Voir par exemple l'arrêt du 27 novembre 1952, *Préfet de la Guyane* : l'administration n'avait pas pourvu de nombreux postes de magistrats et cela avait provoqué l'arrêt de l'activité des tribunaux en Guyane, causant un préjudice à plusieurs professions judiciaires, ainsi qu'aux justiciables. La mise en jeu de la responsabilité de l'administration devait dans ce cas être engagée devant le juge administratif.

15. CE, 11 mai 1951, *Baud.*

16. En l'espèce, une juridiction spéciale appelée à juger les coupables des crimes commis par l'OAS pendant la guerre d'Algérie : CE, 11 mai 1962, *Salan.*

Les conditions dans lesquelles le juge judiciaire engage la responsabilité de l'administration à l'occasion d'une opération de police judiciaire : l'arrêt de la Cour de cassation du 23 novembre 1956, *Trésor public c/ Dr Giry*

Les problèmes de compétence juridictionnelle entraînent parfois des troubles dans l'application des règles de fond. Les patrons d'un hôtel ayant été découverts morts par asphyxie, un médecin est appelé par la police pour élucider les causes du décès. Au moment où il entre dans l'immeuble, une explosion de gaz se produit et il est gravement blessé. L'accident étant survenu alors qu'il participait à une enquête réalisée dans le cadre d'une opération de police judiciaire, seuls les tribunaux judiciaires étaient compétents pour juger l'affaire. Pour faciliter l'indemnisation du médecin, la Cour de cassation indiqua qu'en pareil cas et exceptionnellement, ceux-ci pouvaient appliquer les règles du droit public.

2. Les exceptions résultant de la jurisprudence

Nous avons déjà dit que la jurisprudence écarte de la compétence du juge administratif et de l'application du droit administratif le contentieux né de l'activité des **services publics industriels et commerciaux** (voir page 115), au motif que l'administration les gère dans les mêmes conditions que n'importe quel entrepreneur privé. Elle a également posé les principes de répartition dans d'autres domaines, relatifs aux droits essentiels des individus.

Toutes les questions relatives à l'**état des personnes** relèvent du juge judiciaire. Celui-ci est donc compétent pour trancher les questions d'état civil (nom, filiation, situation matrimoniale...), de nationalité et, de façon générale, celles qui concernent la qualité d'électeur. Lorsqu'elles sont soulevées devant le juge administratif, elles sont toujours **préjudicielles** (voir page 139). Cela signifie que le juge administratif, incompétent dans ces matières, doit renvoyer l'examen de la question devant le juge judiciaire.

Le juge judiciaire est également compétent pour assurer la protection du **droit de propriété**. Pour appliquer ce principe, le Tribunal des conflits a construit la théorie de l'**emprise**. Il y a emprise quand un particulier est dépossédé par l'administration d'un bien immobilier (par exemple, l'administration s'est emparée d'un terrain lui appartenant et elle a construit dessus) [17].

L'emprise peut être *régulière* quand elle est autorisée par la loi (par exemple l'expropriation) ; elle est *irrégulière* dans le cas contraire. Dans le premier cas, son contentieux sera administratif, à moins que la loi n'en ait décidé autrement ; ce n'est que dans le second cas que le juge judiciaire sera compétent. Mais d'une part, il n'a pas lui-même le pouvoir de constater le caractère irrégulier de l'emprise : cette question constitue pour lui une *question préjudicielle*. D'autre part, il ne pourra pas faire cesser l'emprise, en invitant par exemple l'administration à évacuer les lieux et à remettre le terrain dans son état initial ; ses pouvoirs se résumeront à fixer le montant de l'indemnité qui doit être versée au propriétaire irrégulièrement dépossédé.

Enfin, le juge judiciaire bénéficie d'un important domaine de compétence dans le domaine de la **protection des libertés** fondamentales. Ceci se fonde en partie sur l'application de certains textes (l'article 66 de la Constitution qui fait de l'autorité judiciaire *« la gardienne de la liberté individuelle »* ; ou l'article 136 du Code de procédure pénale affirmant la compétence judiciaire dans les actions en responsabilité liées à des atteintes à la liberté individuelle ; ou certaines lois spécifiques, comme celle relative à l'hospitalisation d'office des personnes aliénées [18]) . Mais cela se fonde aussi sur la théorie jurisprudentielle de la **voie de fait.**

La théorie jurisprudentielle de la voie de fait

Pour qu'il y ait voie de fait, *deux conditions* doivent être réunies. Il faut d'une part qu'il y ait soit une atteinte à la propriété privée [19], tellement grave qu'elle aboutit en fait à l'extinction de ce droit, soit une atteinte à une liberté individuelle. Il faut d'autre part que cette atteinte résulte d'une irrégularité grave de l'administration, qui implique souvent une certaine violence. Celle-ci peut prendre deux formes. Dans la première, l'administration a agi alors qu'aucun texte ne lui permettait de le faire (le « manque de droit ») : par exemple, elle a posé des scellés sur la porte de l'appartement qu'un militaire occupait dans une caserne, l'empêchant ainsi de rentrer chez lui [20].

Pour préciser la deuxième forme, il faut souligner que l'administration n'a pas toujours le droit d'exécuter elle-même ses décisions. Ce n'est pas parce que celles-ci sont exécutoires qu'elles sont « exécutables ». Pour qu'elles le soient, il faut en principe qu'un texte l'autorise. Lorsque tel n'est pas le cas, l'administration doit faire constater que sa décision n'est pas exécutée et faire condamner le récalcitrant par un juge pour, seulement ensuite, faire procéder à l'exécution par la force publique. Or il arrive que l'administration, qui avait bien le droit de prendre une décision mais n'était autorisée par aucun texte à la faire exécuter, passe quand même à l'acte (« le manque de procédure ») : par exemple, si elle a le pouvoir de demander à quelqu'un de quitter son

---

17. La théorie de l'emprise est strictement limitée à la dépossession de la propriété immobilière et ne s'applique donc pas aux biens meubles (par exemple, une voiture).

18. L'application de ce texte montre les subtilités des règles de compétence. Si le juge judiciaire est compétent pour apprécier le bien-fondé d'une mesure d'hospitalisation d'office d'un aliéné et en réparer les conséquences, le juge administratif peut seul en apprécier la régularité. Cela oblige parfois les internés ou leurs familles à multiplier les actions en justice.

19. Une dame avait clôturé sa propriété, mais, ce faisant, elle avait empiété sur le chemin communal. Le maire fait intervenir un agent municipal pour replacer la clôture au bon endroit. Il n'y a pas voie de fait, car il n'y a pas atteinte à la propriété privée : CE, 8 avril 1961, *Dame Klein.*

20. CE, 13 juillet 1966, *Guigon.* Il y avait là une atteinte à l'inviolabilité du domicile privé.

logement de fonction, cela ne signifie pas nécessairement qu'elle ait celui de procéder elle-même à l'expulsion[21].

Les *deux ordres de juridiction* ont compétence pour constater la voie de fait. En revanche, les tribunaux judiciaires sont seuls compétents pour la réparer et, donc, accorder les dommages et intérêts réclamés par la personne qui l'a subie. Leurs pouvoirs sont très étendus, puisqu'ils peuvent en outre prendre toutes les mesures propres à faire cesser la voie de fait, par exemple ordonner sous peine d'astreinte à l'administration de mettre fin à ses errements.

Les rapports entre emprise et voie de fait

Les deux notions constituent des ensembles en intersection. Il y a en effet des cas où elles coïncident : par exemple, si l'administration porte atteinte à la propriété immobilière par un acte non susceptible de se rattacher à un texte. Mais une voie de fait peut exister sans qu'il y ait emprise (dans les cas d'atteinte à une liberté fondamentale ou au droit de propriété mobilière). Et il y a des situations, enfin, où il y a emprise sans voie de fait (l'administration porte atteinte au droit de propriété immobilière, mais son acte est susceptible de se rattacher à un texte).

3. Les cas où la solution d'un litige dépend d'une autre question

Lorsqu'une question est posée à un juge, il arrive souvent que sa solution dépende de celle d'une autre, incidente, mais qui doit être réglée d'abord pour permettre de résoudre la question principale. Si par exemple, un droit est réservé aux nationaux, celui qui se plaint d'en être privé devra peut-être faire d'abord trancher la question de sa nationalité pour prouver qu'il peut en bénéficier. Si quelqu'un est poursuivi devant le juge pénal pour une infraction à la réglementation sur le stationnement, il pourra chercher à faire d'abord constater que ce règlement a été pris dans des conditions illégales pour échapper à sa condamnation.

Il existe **deux sortes de questions** de ce type : lorsqu'elles peuvent être réglées par le juge saisi de la question principale, on dira que ce sont des questions **préalables**. Lorsque, au contraire, elles ne peuvent être réglées que par un autre juge, on dira qu'elles sont **préjudicielles.** Dans le premier cas, le juge saisi tranche en même temps la question principale et la question préalable. Dans le second cas, il devra au contraire *surseoir à statuer*, renvoyer la question préjudicielle devant le juge compétent, et attendre sa réponse pour trancher le problème qui lui est posé.

La jurisprudence fait une distinction entre **deux sortes de tribunaux** judiciaires. Le **juge civil** peut interpréter les actes réglementaires, mais il n'a compétence ni pour interpréter les actes individuels, ni pour juger de la légalité des actes administratifs, qu'ils soient réglementaires ou individuels. Le **juge pénal** peut au contraire toujours apprécier la légalité des actes administratifs dont dépend la solution des questions posées devant lui, qu'ils soient individuels ou réglementaires. Il peut donc, par exemple, écarter l'application d'une réglementation qu'il estime illégale (c'est ce qu'on appelle l'*exception d'illégalité*) et relaxer celui qui est poursuivi sur son fondement.

Il faut également tenir compte de l'**exception d'inconstitutionnalité** introduite par la révision de 2008 : lorsqu'un plaideur invoque, devant une juridiction administrative ou judiciaire, l'inconstitutionnalité d'une loi dont dépend la solution de son litige, le juge ne peut trancher lui-même la question, mais doit la soumettre, selon l'ordre auquel il appartient, au Conseil d'État ou à la Cour de cassation, qui décidera s'il y a lieu de saisir le Conseil constitutionnel (voir page 51).

21. Le plus souvent, les deux formes se rencontreront en même temps : mécontente de la manière dont un architecte avait commenté la reconstruction de la cathédrale de Chartres, l'administration des Beaux-Arts lui interdit un jour d'y entrer et saisit son appareil photographique pour en voiler les plaques. Il y a tout ensemble manque de droit et de procédure : CE, 18 novembre 1949, *Carlier.*

Chapitre 2
Le fonctionnement de la justice administrative

Le juge administratif peut être saisi de divers recours : par exemple contre le déroulement d'une élection municipale, qui appartient au contentieux électoral, ou contre le calcul d'un impôt direct, qui relève du contentieux fiscal. Les deux plus importants sont toutefois le recours en annulation d'un acte, habituellement dénommé recours pour excès de pouvoir, et le recours tendant à l'octroi d'une indemnité lorsque la responsabilité de l'administration peut être mise en cause.

1. Les règles générales de la procédure contentieuse

La procédure devant le juge administratif est très **peu formaliste** en ce qui concerne le **dépôt des requêtes** : elles peuvent consister en une simple lettre et le recours à un avocat n'est que rarement obligatoire[22]. L'intérêt pour agir est apprécié de façon très large, et la procédure est inquisitoriale, en ce sens que le juge mène une instruction approfondie de l'affaire et vient souvent, ce faisant, à l'aide des requérants. Il existe cependant des conditions, notamment de délai et de formulation des demandes, auxquelles ceux-ci doivent se conformer.

1. L'introduction de l'instance

a) Les requêtes doivent comporter des moyens et des conclusions

Cela veut dire qu'elles doivent indiquer d'une part en quoi l'administration a agi de manière irrégulière ou fautive, d'autre part ce qui est précisément demandé au juge. Lorsqu'un requérant n'invoque pas un motif d'illégalité déterminé, le juge ne le fera pas à sa place, excepté s'il s'agit d'un moyen dit **d'ordre public**, c'est-à-dire considéré comme suffisamment grave pour être relevé d'office : par exemple, l'incompétence de l'auteur de l'acte, le caractère rétroactif de la règle qu'il a appliquée, ou le fait que cette règle avait été auparavant annulée au contentieux.

Mais le juge n'exige pas que le requérant produise des preuves irréfutables à l'appui de sa demande, car ces preuves sont parfois difficiles à réunir, notamment lorsqu'elles sont détenues par l'administration. C'est principalement dans cette hypothèse que joue la *procédure inquisitoriale* : le juge s'adresse à l'administration pour en obtenir des explications et, si elles ne lui sont pas données ou lui paraissent insuffisantes, il considère la requête comme fondée. L'affaire *Barel*, déjà citée, offre un bon exemple de cette procédure : pour savoir si les requérants avaient été effectivement empêchés de se présenter au concours d'entrée à l'ENA en raison de leurs convictions politiques, le Conseil d'État, « *usant du pouvoir qui (lui) appartient d'exiger de l'administration compétente la production de tous documents susceptibles d'établir la conviction du juge et de permettre la vérification des allégations des requérants* », demanda que lui soient communiqués les dossiers des candidats ; ces dossiers étant pratiquement vides, il admit que « *le motif allégué par les auteurs du pourvoi [devait] être considéré comme établi* »[23].

b) Les recours doivent être dirigés contre une décision

Suivant la formule consacrée, le contentieux ne peut être « lié » que par une **décision préalable**. Il n'y a pas de difficulté à cet égard lorsque l'administration a pris elle-même l'initiative de cette décision, comme dans le cas d'un texte réglementaire publié au *Journal officiel* ou du retrait, notifié à l'intéressé, d'une autorisation individuelle. Dans les autres hypothèses, notamment lorsque le litige provient d'un acte matériel ou d'une abstention d'agir, le requérant devra *provoquer une décision* en saisissant l'administration d'une demande à cette fin, c'est-à-dire d'une réclamation. Deux cas peuvent alors se présenter : ou bien l'administration rejette cette réclamation par une décision expresse, qui pourra donc être attaquée, ou bien elle n'y répond pas pendant deux mois et son silence sera assimilé à une décision de rejet, contre laquelle le recours contentieux est possible. Une loi, votée en novembre 2013 et autorisant le gouvernement à simplifier par ordonnance les rapports entre l'administration et les citoyens, propose de renverser le principe : le silence de l'administration vaudrait acceptation, sauf exception expresse.

---

22. Il ne l'est pas pour les recours en annulation (bien que l'assistance d'un avocat puisse parfois être fort utile), ni, de manière générale, pour les affaires portées devant les juridictions de première instance. Il l'est, en revanche, pour une partie des appels et pour tous les recours en cassation.

23. Conseil d'État, 28 mai 1954. La même procédure fut appliquée à propos d'une assignation à résidence qui, selon l'intéressé, était fondée sur des faits matériellement inexacts, et du procès-verbal de la délibération d'un jury dont un candidat contestait la véracité.

2. Les conditions de recevabilité des recours

a) L'intérêt pour agir

Il est très **libéralement apprécié** : il peut être matériel ou moral, immédiat ou prévisible, individuel ou collectif. Toute personne physique ou morale est évidemment en droit de contester une mesure qui lui est défavorable, même si elle n'en est pas la destinataire directe, et le cercle des « intéressés » a été constamment élargi par le juge : en font partie, par exemple, les contribuables d'une commune lorsque la municipalité prend une mesure pouvant accroître les charges locales, un fonctionnaire lorsqu'une nomination dans son corps lui paraît contestable, un hôtelier d'une station thermale lorsque la date des vacances scolaires réduit le nombre des semaines de cure.

De plus, les syndicats peuvent attaquer les décisions susceptibles de porter atteinte aux intérêts collectifs de leurs membres, et les associations sont admises à contester les mesures qu'elles jugent défavorables à la cause qu'elles défendent, qu'il s'agisse de la protection de l'environnement ou de la lutte contre l'alcoolisme. En définitive, ce cercle est devenu si large qu'il ne comporte pratiquement plus qu'une seule exclusion : être assujetti à l'impôt sur le revenu ne donne pas qualité pour contester une dépense pouvant grever le budget de l'État.

b) Le délai de recours

Il est en règle générale de **deux mois** à compter de la notification de la décision individuelle – ou de la publication de l'acte réglementaire – que conteste le requérant. Cette durée est relativement brève ; aussi le juge admet-il que puisse être déposée avant son expiration une requête sommaire, qui sera développée par la suite. Mais il existe deux hypothèses, résultant du décret du 28 novembre 1983 et reprises par la loi du 12 avril 2000, dans lesquelles le délai ne court pas : d'une part, lorsque la notification d'un acte individuel n'indique pas les voies de recours ouvertes contre cet acte et les délais impartis pour le contester ; d'autre part, si l'administration n'accuse pas réception de la demande de décision préalable et garde ensuite pendant deux mois le silence à son sujet, le recours sera ouvert contre sa décision implicite de rejet sans condition de délai.

3. La procédure d'examen des recours

Cette procédure est **écrite et contradictoire** : elle comporte, pendant la phase d'instruction et sous l'égide du juge, un échange de mémoires entre le requérant et l'administration, chacune des deux parties connaissant ainsi les arguments invoqués par l'autre. A l'issue de cette phase, un membre de la juridiction rédige à l'intention de la formation de jugement un *mémoire* qui analyse les données de fait et de droit de l'affaire. Celui-ci est alors examiné en séance publique, au cours de laquelle les parties et leurs avocats peuvent intervenir oralement, mais seulement pour développer ou préciser les arguments qu'ils avaient déjà présentés au cours de l'instruction.

Est ensuite entendu le *rapporteur public,* nouvelle dénomination du commissaire du gouvernement (au demeurant mal nommé parce qu'il ne représentait en aucune manière le gouvernement) : il s'agit d'un membre de la juridiction autre que le rapporteur, qui présente en toute indépendance des conclusions, c'est-à-dire une analyse juridique et factuelle du dossier, assortie d'une proposition de solution. L'affaire est alors mise en *délibéré* (cette phase est secrète), puis la **décision** est rédigée et rendue publique.

Traditionnellement, le commissaire du gouvernement assistait au délibéré, sa connaissance très complète du dossier lui permettant d'éclairer, le cas échéant, les membres de la juridiction ; il ne prenait toutefois pas part au vote. Mais la Cour européenne des droits de l'Homme a estimé, dans un arrêt *Kress c/ France* rendu le 7 juin 2001, que sa seule présence pouvait *« exercer une certaine influence sur le contenu du délibéré »* et que la procédure suivie jusqu'ici devant les juridictions administratives n'était pas conforme à l'esprit de la Convention européenne : en particulier, son caractère contradictoire n'était pas assez affirmé. Un décret de 2009 prescrit donc que le sens général des conclusions doit être communiqué aux parties avant l'audience et que les parties et leurs avocats puissent y répondre brièvement. Le rapporteur public n'assiste pas au délibéré dans les TA et les cours administratives d'appel. Il peut y assister au Conseil d'État, sauf si les parties s'y opposent. Par ailleurs, un décret de 2011 permet au président de la juridiction ou au juge unique de dispenser le rapporteur public de présenter ses conclusions dans les litiges portant sur diverses matières, dont le permis de conduire ou l'aide personnalisée au logement, ce qui ne représente sans doute pas un progrès.

4. L'effet des recours

Les requêtes n'ont **pas d'effet suspensif**, c'est-à-dire qu'elles n'empêchent pas l'exécution de la décision contestée, même si elle est lourde d'effets comme dans le cas de l'expulsion d'un étranger. Jusqu'à une date récente, il était possible de demander au juge d'ordonner un *sursis à exécution*, mais celui-ci était rarement accordé car des conditions très strictes devaient être réunies (il fallait en particulier démontrer que surviendrait à peu près certainement un préjudice irréparable). La loi du 30 juin 2000 a donc remplacé le système du sursis par celui du **référé** : si la demande lui en est faite, le président de la juridiction saisie[24] peut ordonner que l'exécution de la décision soit suspendue jusqu'au prononcé du jugement, soit en cas d'urgence, soit pour la *« sauvegarde d'une liberté fondamentale »* (dans la première hypothèse, il s'agit d'un *référé-suspension* ; dans la seconde, d'un *référé-liberté*). Le risque que les délais de jugement ne rendent une décision administrative pratiquement irréversible est ainsi opportunément réduit.

Les effets des décisions juridictionnelles, en revanche, sont importants et immédiats : elles ont ce que l'on appelle l'**autorité de la chose jugée**, à laquelle l'administration doit se plier. Les décisions annulées, qu'elles soient individuelles ou réglementaires, seront privées d'effets ; les indemnités accordées devront être versées ; et, pour éviter que

24. Pour le Conseil d'État, il s'agit du président de la section du contentieux.

l'administration ne tarde à s'exécuter, le juge dispose de divers moyens de pression. En premier lieu il peut, dans son arrêt, lui enjoindre d'en tirer les conséquences à une date déterminée et la soumettre à des *astreintes*, c'est-à-dire à des pénalités pour chaque jour de retard[25]. En second lieu, lorsque le requérant se heurte pendant trois mois à une inertie manifeste de l'administration, voire à sa mauvaise volonté, il peut s'adresser à la juridiction qui a rendu la décision pour lui demander une *aide à exécution* : celle-ci se concrétise soit par une *injonction*, éventuellement assortie d'une astreinte, soit, s'il s'agit du versement d'une somme d'argent, par une procédure de paiement forcé[26].

2. Le recours pour excès de pouvoir

Ce recours est un instrument de contrôle dont peu de pays possèdent l'équivalent : ouvert à tous ceux qui y ont intérêt – et on a vu à quel point cet intérêt est largement apprécié –, il peut être intenté contre pratiquement tous les actes administratifs et pour des motifs très divers. C'est souvent à l'occasion des affaires dont ils ont eu à connaître par cette voie que le Conseil d'État dans ses arrêts et les commissaires du gouvernement dans leurs conclusions ont posé les principes qui gouvernent l'action de l'administration, et contribué par là même à créer le droit administratif.

1. Le champ du recours

Il est particulièrement **vaste**, puisqu'il couvre les actes unilatéraux des plus hautes autorités de l'État comme ceux des petites collectivités, les règlements aussi bien que les décisions individuelles, les affaires qui présentent un intérêt financier considérable comme celles qui n'ont qu'un intérêt symbolique. Deux catégories de décisions en sont cependant exclues.

D'abord les **actes dits « de gouvernement »** : cette exclusion est logique puisqu'il ne s'agit pas de décisions pouvant être rattachées à l'action administrative. Entrent dans ce groupe d'une part les actes pris dans le domaine des relations internationales, comme la conclusion et la signature des traités ou la conduite des relations diplomatiques, d'autre part les rapports du président de la République et du gouvernement avec le Parlement (dépôt ou retrait d'un projet de loi, dissolution de l'Assemblée nationale, etc.)[27].

Ensuite les **« mesures d'ordre intérieur »**, qui concernent en général les usagers d'une institution et n'ont pas pour eux de conséquences graves (l'exemple classique en est l'interdiction de porter le pantalon faite en 1954 à ses élèves par la directrice d'un lycée de jeunes filles). Certaines de ces mesures pouvaient néanmoins être très désagréables, notamment les sanctions, même légères, infligées à des détenus ou à des appelés du contingent. C'est pourquoi le juge en a notablement réduit la liste : sont désormais considérés comme « faisant grief », donc susceptibles de recours pour excès de pouvoir, un blâme dans l'armée, les règlements intérieurs des établissements scolaires, et la décision – bien qu'assortie du sursis – de placer un détenu dans une cellule de punition pendant une semaine.

Il faut enfin réserver le cas des **contrats**, qui sont des actes bilatéraux et relèvent pour ce qui concerne leur contenu d'un contentieux particulier. Toutefois, le juge admet la recevabilité des recours pour excès de pouvoir dirigés contre les *actes détachables* de ces contrats, par exemple la décision par laquelle l'administration refuse de passer ou d'approuver un contrat, ou une procédure de passation qui paraît irrégulière, ou encore le refus de contraindre le concessionnaire d'un service public à assurer la pleine exécution des obligations qui lui incombent[28].

2. Les moyens d'annulation

On distingue traditionnellement, parmi les irrégularités qui peuvent être invoquées dans les recours, celles qui concernent la régularité externe de l'acte et celles qui ont trait à sa régularité interne.

a) Les irrégularités externes

Celles-ci – l'**incompétence** de l'auteur de l'acte et le **vice de forme** ou **de procédure** – résultent de la méconnaissance d'obligations qui ont été décrites dans les développements consacrés à l'encadrement juridique des actes administratifs (voir pages 107-109). Il faut simplement préciser ici que les vices de procédure n'entachent une décision d'illégalité que s'il s'agit de *formalités substantielles*. Ce sont, d'après la jurisprudence la plus récente du Conseil d'État, celles dont l'omission a été, selon ce qui ressort des pièces du dossier, susceptible d'exercer une influence sur le sens de la décision prise ou de priver les intéressés d'une garantie : c'est le cas, par exemple, quand l'administration ne respecte pas l'obligation de recueillir au préalable un avis ou un rapport motivé ou de conduire une procédure contradictoire avant la prise d'une décision défavorable. A l'inverse, l'omission d'une formalité qui s'avère en l'espèce inutile (comme une tentative d'accord amiable, lorsque la personne en cause a déclaré auparavant qu'elle ne l'accepterait en aucun cas), ou impossible (comme dans le cas d'un organisme consultatif dont les membres ont délibérément refusé de siéger) n'entraîne pas l'annulation de l'acte.

b) Les irrégularités internes

Elles tiennent soit à l'absence de fondement juridique d'un acte, soit à une erreur de fait commise par son auteur, soit à la poursuite par celui-ci d'une fin qui n'est pas conforme à l'intérêt général, ce qui constitue un détournement de pouvoir.

25. Le pouvoir de prononcer des astreintes a été conféré au Conseil d'État en 1980 puis, en 1995, aux autres juridictions administratives. Le pouvoir d'injonction, qui n'existait pas auparavant, a été introduit à cette même date.

26. Pour l'État, ce paiement sera effectué au vu du jugement par le comptable public compétent ; pour les collectivités locales, l'autorité de tutelle (généralement le préfet) procèdera d'office au mandatement.

27. Les rapports entre les trois pouvoirs ont été décrits dans la partie de l'ouvrage consacrée au droit constitutionnel.

28. Arrêt *Croix de Seguey-Tivoli*, précité.

– L'**absence de fondement juridique**, dite aussi « manque de base légale », se rencontre lorsque l'administration s'appuie sur un texte qui n'existe pas encore (par exemple, un plan d'urbanisme communal non encore publié, donc non opposable), ou qui n'existe plus parce qu'il a été soit abrogé, soit annulé par décision juridictionnelle, ou qui est lui-même irrégulier. En certains cas, cependant, le juge fait prévaloir une logique analogue à celle qu'il applique pour les formalités non substantielles : si l'auteur d'un acte par ailleurs régulier s'est par erreur fondé sur une règle inapplicable en l'espèce, l'arrêt opèrera une substitution de base légale et rejettera le recours[29].

– L'**erreur de fait** comporte deux aspects différents, mais complémentaires. D'une part, l'administration ne doit pas fonder une décision sur des faits matériellement inexacts : un agissement qui ne s'est pas produit, une inaptitude physique qui n'existe pas, une demande qui n'a pas été formulée. D'autre part, elle ne doit pas donner aux faits qu'elle retient une qualification inexacte, par exemple en considérant à tort qu'un site est une *« perspective monumentale »*[30], qu'une publication présente un caractère licencieux, ou qu'une réunion constitue une telle menace pour l'ordre public qu'elle est en droit de l'interdire. Il existe cependant deux domaines dans lesquels le juge se refuse à mettre en cause la qualification retenue par l'administration : les appréciations de nature technique, comme la toxicité d'un produit, et celles qui sont portées sur les prestations des candidats par les jurys d'examens ou de concours.

– Le **détournement de pouvoir** vise, autant que l'objet de l'acte, l'intention réelle de son auteur. Les pouvoirs sont finalisés, c'est-à-dire conférés aux agents publics dans un but déterminé : ceux-ci ne peuvent donc les utiliser ni à des fins personnelles (par exemple, pour favoriser un membre de leur famille ou au contraire pour assouvir une vengeance), ni même dans un but d'intérêt général autre que celui pour lequel ils ont été institués ; un préfet ne peut ainsi prendre une mesure de police à l'égard d'établissements dangereux ou insalubres à seule fin de ménager les finances de l'État, pas plus qu'un ministre ne peut modifier le statut d'une institution pour n'avoir pas à réintégrer son responsable, dont la révocation avait été annulée par le Conseil d'État[31].

Les cas d'annulation d'un acte pour détournement de pouvoir sont relativement rares : habituellement, plutôt que de rechercher les intentions véritables de son auteur, le juge préfère prononcer une censure pour défaut de base légale ou pour erreur manifeste d'appréciation, ce qui aboutira au même résultat ; mais il n'hésite pas à qualifier de détournement de pouvoir des errements volontaires particulièrement graves.

29. Par exemple, dans le cas d'un maire qui avait ordonné l'exécution de travaux dans un immeuble insalubre en vertu d'une loi accordant cette compétence au préfet, alors que le Code des communes lui donnait un pouvoir analogue (Conseil d'État, 10 mars 1954, *Dame veuve Picard*).

30. Il s'agissait en l'occurrence de la place Beauvau, où est installé le ministère de l'Intérieur (Conseil d'État, 4 avril 1914, *Gomel*).

31. L'institution en question était la Comédie-Française (Conseil d'État, 27 octobre 1961, *Bréart de Boisanger*). Quant à la décision du préfet, elle a donné lieu au premier arrêt dans lequel le Conseil d'État a reconnu l'existence d'un détournement de pouvoir (26 novembre 1875, *Pariset*).

3. L'intensité du contrôle

Tous les actes administratifs ne sont pas contrôlés au même degré. Dans certains cas, la compétence de l'administration est liée par la loi et le contrôle du juge le sera dans la même mesure : il en va ainsi lorsqu'en présence d'une situation donnée, l'administration est obligée de prendre une décision d'une certaine nature (l'hypothèse classique est celle de la délivrance du permis de chasse, qui ne peut être refusée lorsque l'intéressé remplit les conditions légales pour l'obtenir). Le juge vérifiera alors que les faits retenus par l'administration sont exacts, mais ne recherchera pas s'il existe un autre motif d'annulation, par exemple un vice de forme[32], puisque de toute manière, la teneur de la décision ne pouvait légalement être différente.

Lorsque la compétence de l'administration n'est pas liée par la loi, le contrôle du juge variera en fonction des pouvoirs dont l'administration dispose. Le juge vérifiera dans tous les cas que l'administration a respecté les exigences de la légalité externe ; que les faits qu'elle invoque sont matériellement exacts (contrôle de l'exactitude matérielle des faits) ; qu'elle n'a pas commis d'erreur de droit ; et qu'elle ne s'est pas rendue coupable d'un détournement de pouvoir.

C'est à propos des relations entre les faits invoqués et la décision prise que le contrôle va varier. Dans certains cas, le juge se refuse purement et simplement à apprécier ou à qualifier les faits : c'est le **contrôle minimum.** On a vu que les décisions ayant un caractère technique et celles qui sont prises par les jurys d'examen font ainsi l'objet d'un contrôle très réduit.

Dans d'autres cas, le juge se contentera de vérifier qu'il n'y a pas de disproportion évidente entre la gravité de la décision prise et l'importance des faits qui la motivent : c'est le contrôle de l'**erreur manifeste d'appréciation**, auquel le juge se livre quand l'administration dispose d'une compétence discrétionnaire qui lui permet de choisir en opportunité entre plusieurs solutions possibles, toutes légales, celle qui lui paraît être la mieux adaptée à la situation visée. Le juge respecte cette liberté d'appréciation de l'administration. Son contrôle restreint ne permet donc pas de censurer tous les « à-peu-près », mais seulement les erreurs qui lui paraissent à la fois graves et évidentes[33].

La notion d'erreur manifeste d'appréciation est de plus en plus utilisée. Le juge a ainsi annulé plusieurs opérations de remembrement rural, la modification des taux de remboursement de certains médicaments, un transfert massif d'emplois d'une université à une autre sans rapport avec leur nombre respectif d'étudiants, l'expulsion d'un étranger prétendument *« dangereux pour l'ordre public »*, et des interdictions de vente frappant des publications présumées être de provenance étrangère.

32. Si le requérant (il s'agit le plus souvent d'un tiers) a invoqué un tel motif, son recours sera rejeté parce que fondé *« sur un moyen inopérant »*.

33. Par exemple, en matière disciplinaire, l'administration a la possibilité de choisir entre plusieurs sanctions bénignes (l'avertissement ou le blâme) pour sanctionner une faute légère ; ou entre plusieurs sanctions sévères pour sanctionner une faute grave ; prononcer une sanction sévère pour réprimer une faute bénigne serait une erreur manifeste d'appréciation.

Ces deux derniers arrêts sont d'autant plus remarquables qu'ils concernent la « haute police », domaine dans lequel le Conseil d'État hésitait auparavant à s'immiscer. La multiplication des annulations pour erreur manifeste a cependant progressivement dénaturé cette notion, le juge en faisant usage dans des cas où le caractère « manifeste » de l'erreur n'est plus très évident. Le contrôle restreint se rapproche ainsi du **contrôle normal** dans lequel, on l'a vu, le juge vérifie que l'administration ne donne pas aux faits qu'elle retient une qualification inexacte.

L'audace du juge fragilise – ou dilue – l'opposition traditionnelle entre la légalité d'une décision, que le juge peut et doit contrôler, et son opportunité, qui échappe en principe à l'appréciation contentieuse : si une décision apparaît totalement illogique, voire aberrante, c'est à la suite d'un examen qui porte autant sur son adéquation à une situation, donc son opportunité, que sur le respect de son encadrement juridique. Cette perméabilité des frontières est encore plus marquée dans des hypothèses où le contrôle est particulièrement approfondi (certains auteurs le qualifient de maximal), car il porte aussi sur la **proportionnalité** des mesures adoptées. L'une des applications les plus notables de ce type de contrôle concerne les opérations d'urbanisme, à propos desquelles a été dégagé le principe dit du bilan coûts-avantages.

L'application par le Conseil d'État du bilan coûts-avantages : l'arrêt *Ville nouvelle Est* du 28 mai 1971

Le gouvernement avait décidé, en 1966, de créer à l'est de Lille une ville nouvelle de 20 000 habitants, ainsi qu'un ensemble universitaire. Mais ce projet impliquait de démolir une centaine d'habitations, dont certaines avaient été récemment construites, et se heurta donc à de vives oppositions. Le Conseil d'État prononça l'annulation de la décision, sur le fondement d'un principe ainsi formulé : *« Une opération ne peut être légalement déclarée d'utilité publique que si les atteintes à la propriété privée, le coût financier et éventuellement les inconvénients d'ordre social qu'elle comporte ne sont pas excessifs eu égard à l'intérêt qu'elle présente. »*

Ce **principe de proportionnalité** fut ultérieurement repris dans d'autres domaines, en particulier la fonction publique : les sanctions sont maintenant appréciées sous cet angle (par exemple la révocation, jugée disproportionnée, d'un agent qui avait distribué un tract critiquant son supérieur hiérarchique). Il s'applique aussi, conformément à la Convention européenne des droits de l'homme, aux décisions de reconduite d'un étranger à la frontière, dont le juge vérifie si elles ne constituent pas *« une atteinte disproportionnée aux buts »* qu'elles poursuivent, eu égard notamment à la situation familiale des intéressés.

4. Les conséquences des recours

Un arrêt de **rejet** du recours bénéficie de l'**autorité relative** de la chose jugée : le demandeur ne pourra pas intenter un nouveau recours fondé sur les mêmes motifs[34]. En revanche, pour un arrêt d'**annulation**, cette autorité est dite **absolue** : en principe, la décision disparaît de l'ordonnancement juridique et cette conséquence est rétroactive, puisque la décision se trouvait entachée d'illégalité dès l'origine. Toutefois, l'administration éprouve parfois des difficultés pour rétablir la situation antérieure : comment faire, par exemple, lorsqu'un concours est annulé plusieurs années après la proclamation des résultats et que les candidats reçus occupent depuis cette date un emploi dans la fonction publique ? Si une décision est annulée pour vice de forme ou de procédure, l'administration pourra la reprendre en se conformant, cette fois, aux règles prescrites ; mais s'il s'agit d'un vice de fond, une telle mise en conformité *a posteriori* est impossible. D'où la pratique, souvent usitée dans le passé, de la validation législative : le gouvernement demande au Parlement d'adopter une loi validant les conséquences de l'acte annulé (par exemple, les nominations de fonctionnaires qui viennent d'être évoquées). Mais le Conseil constitutionnel a affirmé en 1980 *« qu'il n'appartient ni au législateur ni au gouvernement de censurer les décisions des juridictions »*, autrement dit de les priver d'effet pratique, et il a précisé en 1999 qu'une loi de validation n'est licite que si elle est justifiée par un « intérêt général suffisant », un intérêt simplement financier n'étant pas considéré comme tel.

Le Conseil d'État, qui était à l'origine de la règle de l'effet rétroactif des annulations, en a atténué la portée : il a admis en 2004 que, dans le cas où cet effet serait *« de nature à emporter des conséquences manifestement excessives »*, les juridictions administratives pourront décider que les conséquences de l'acte annulé devront être considérées, en tout ou en partie, comme définitives[35]. Le juge peut aussi préciser que l'annulation ne prendra effet qu'à l'expiration d'un délai qu'il fixe, pour laisser à l'administration le temps de se préparer ; en 2013, le Conseil d'État a même admis la possibilité de découpler la décision d'annulation et celle qui fixe le délai ; le juge sursoit à statuer sur ce second point et renvoie la question à une décision ultérieure.

3. Le contentieux de la responsabilité

Pendant longtemps, conformément à l'adage suivant lequel le roi – puis le peuple souverain – ne peut mal faire, l'administration n'a pas été tenue pour responsable des conséquences dommageables de ses actes, excepté lorsqu'une loi le prévoyait expressément. A la fin du XIXe siècle, cette

34. Il pourrait théoriquement introduire un nouveau recours fondé sur des motifs différents, mais se heurterait en pratique à l'expiration du délai de deux mois. Il n'est pas impossible toutefois qu'une autre personne ait, en même temps que lui, formé un recours en invoquant des motifs que le juge a retenus (quelquefois en joignant les deux requêtes) : il bénéficiera alors également de l'annulation prononcée.

35. Arrêt *Association AC!* du 11 mai 2004. En l'occurrence, l'annulation rétroactive d'un arrêté ministériel, pris selon une procédure irrégulière, aurait pu, constate l'arrêt, *« affecter profondément le régime d'assurance chômage »*.

immunité parut à la fois anormale et injuste, et l'arrêt *Blanco* proclama le principe inverse, en affirmant toutefois que la responsabilité de l'État et de ses services publics « *n'est ni générale, ni absolue* », et qu'elle a « *ses règles spéciales* » qui la différencient de celle qui peut incomber aux particuliers. Aujourd'hui, la seconde partie de la phrase demeure exacte, mais la première ne l'est plus : la responsabilité de l'administration a été en effet reconnue dans un nombre croissant d'hypothèses et selon des modalités de plus en plus extensives, si bien qu'il n'est guère de préjudices qui ne puissent être réparés.

En dehors des cas dans lesquels l'action administrative est soumise au droit privé, soit en raison de sa nature (services publics industriels et commerciaux, ou gérés par des organismes privés), soit du fait d'une loi (responsabilité des instituteurs), les contestations relèvent du **droit administratif** et de la **juridiction administrative**. Deux questions principales se posent à leur égard : d'une part le fondement de la responsabilité, c'est-à-dire les cas dans lesquels elle peut être invoquée ; d'autre part les conditions de sa mise en œuvre, qui ont trait à la nature du dommage subi et aux modalités de sa réparation.

1. Les fondements de la responsabilité

Comme en droit civil, l'existence d'une faute ayant provoqué un préjudice entraîne une obligation de dédommagement. Mais beaucoup plus largement que ne le fait le droit civil, le droit administratif admet aussi qu'un préjudice puisse être réparé en l'absence de toute faute.

a) La responsabilité pour faute

La faute est entendue ici en un sens tout différent de celui qu'elle a en droit pénal, mais peu éloigné des conceptions du droit civil : elle ne dépend pas nécessairement, ni fréquemment, d'une intention délictueuse, et peut consister en un acte ou une abstention, même involontaires, en un défaut d'organisation ou de fonctionnement d'un service, voire en une simple maladresse. Mais le problème est de savoir à qui cette faute doit être imputée : à l'agent qui l'a commise ou à la collectivité au nom de laquelle il agit ? Les complications postopératoires qu'a subies un malade résultent-elles de la négligence d'une infirmière ou des insuffisances du service de réanimation de l'hôpital ? L'arrêt *Blanco* indiquait que la responsabilité devait être appréciée en tenant compte « *de la nécessité de concilier les droits de l'État avec les droits privés* » : l'évolution ultérieure a été favorable aux usagers, dans la mesure où l'administration, par définition solvable, voit le plus souvent sa responsabilité engagée, soit à la place de ses agents, soit concurremment avec eux.

• Les fautes qui peuvent être retenues à l'encontre des agents

Elles sont de deux ordres différents : on distingue en effet la faute personnelle et la faute de service. Suivant la définition, demeurée classique, qu'en a donnée le commissaire du gouvernement Laferrière, la **faute personnelle** est celle qui révèle « *l'homme avec ses passions, ses faiblesses, ses imprudences* » et peut donc être laissée à la charge de son auteur. Il y a **faute de service**, au contraire, « *si l'acte dommageable est impersonnel, s'il révèle un administrateur plus ou moins sujet à erreur* », autrement dit s'il est imputable à la fonction plutôt qu'au titulaire de celle-ci ; l'équité veut alors que l'agent n'en supporte pas les conséquences.

En pratique, la **faute personnelle** est d'une part celle qui est commise en dehors du service et sans lien avec lui : ainsi, lorsqu'un policier blesse une personne avec son arme à feu en dehors de toute mission, ou lorsqu'un chauffeur cause un accident en se servant pour une visite privée de la voiture qui lui est affectée. La faute peut d'autre part être commise à l'occasion du service, mais soit révéler une **intention de nuire** (comme chez ce maire qui faisait régulièrement déposer des ordures sur un terrain appartenant à un habitant de la commune, en prétendant faussement que le terrain faisait partie de la décharge publique), soit être d'une **gravité inadmissible**, comme les violences physiques, les propos injurieux ou diffamatoires, voire les rackets. Dans les cas de ce genre, il est normal que les agents supportent les conséquences dommageables de leurs actes, et même que des sanctions disciplinaires leur soient par ailleurs infligées.

La **faute de service** est celle qui est commise par un agent individualisé, mais dans le cadre de ses fonctions et n'engageant pas sa responsabilité personnelle. Elle est plus facilement invoquée et retenue que la faute personnelle, parce qu'elle permet à la fois de mieux assurer l'indemnisation des victimes et de protéger les agents contre des attaques injustifiées. Suivant les cas, ce type de faute peut consister en un acte juridique, tel le retrait illégal d'une autorisation, ou en un agissement matériel, comme l'utilisation de denrées avariées pour la préparation des repas dans une cantine scolaire, ou encore en une simple méprise, comme la délivrance d'un certificat d'urbanisme comportant des indications erronées. C'est alors le service ou la collectivité où l'agent est employé qui devra réparer les dommages causés par cette faute.

Pour protéger plus complètement les personnes lésées, le juge a admis qu'il pouvait y avoir **cumul de fautes**, le dommage résultant à la fois d'une faute personnelle et d'une faute de service. Puis il a considéré qu'un fait commis par un agent peut entraîner un **cumul de responsabilités** : celle de l'agent, mais aussi celle de l'administration si les conditions de son fonctionnement ont rendu possible que ce fait soit commis.

Un exemple de cumul de fautes : l'arrêt *Anguet*, du 3 février 1911

La porte d'accès du public à un bureau de poste ayant été prématurément fermée, un usager fut prié de sortir par un local dans lequel travaillaient des agents. Ceux-ci, non prévenus et croyant peut-être qu'il s'agissait d'un malfaiteur, l'expulsèrent si violemment qu'il tomba et se brisa une jambe. Le Conseil d'État jugea que les agents avaient commis une faute personnelle, mais que la responsabilité de l'administration était également engagée parce que le bureau avait été fermé avant l'heure légale.

Un exemple de cumul de responsabilités : l'arrêt *Époux Lemonnier*, du 26 juillet 1918

L'une des attractions de la fête organisée par une commune était un tir sur des cibles flottantes. Le maire avait été averti que certains tirs étaient imprécis, donc dangereux, mais n'avait pas pris les mesures de sécurité appropriées, et une promeneuse fut blessée par une balle. Le Conseil d'État jugea *« que la circonstance que l'accident éprouvé serait la conséquence d'une faute d'un agent administratif préposé à l'exécution d'un service public »* (en l'occurrence le maire) *« ne saurait avoir pour conséquence de priver la victime de l'accident du droit de poursuivre directement, contre la personne publique qui a la gestion du service incriminé, la réparation du préjudice souffert »*. La responsabilité de la commune fut donc parallèlement retenue.

Dans ses conclusions – dont la teneur est toujours valable – sur l'arrêt *Lemonnier*, le commissaire du gouvernement Léon Blum avait déclaré : *« La faute se détache peut-être du service, mais le service ne se détache pas de la faute. »*

Le cumul de responsabilités existe ainsi dès lors que le service a fourni à un agent les moyens, ou simplement l'occasion, de commettre la faute : un véhicule qui a pu être utilisé parce qu'il n'était pas suffisamment surveillé, une escroquerie à l'égard d'un contribuable qui a été rendue possible par l'autorisation donnée à l'employée d'une perception de se rendre à son domicile, engagent la responsabilité de l'État car la faute n'est pas, suivant la formule consacrée, dépourvue de tout lien avec le service. Dans ces hypothèses, toutefois, l'administration dispose d'une *action récursoire* qui lui permet de demander à l'agent le remboursement des sommes correspondant à sa quote-part de responsabilité et qu'elle a versées à sa place.

La réciproque est également vraie : un agent condamné à verser des dommages et intérêts peut se retourner contre l'administration, pour lui en demander le remboursement total ou partiel. C'est ce qu'a fait Maurice Papon (préfet sous l'Occupation) en 2002. Le Conseil d'État l'a jugé coupable d'une faute personnelle inexcusable, parce qu'il avait à plusieurs reprises organisé, *« avec le maximum d'efficacité et de rapidité »*, la déportation de nombreuses familles israélites, parfois même en *« devançant les instructions reçues de ses supérieurs hiérarchiques »*. Mais l'administration, constate l'arrêt, avait également commis des fautes manifestes, en ouvrant des camps d'internement et en prêtant son concours aux arrestations, puis à l'organisation des convois. Le montant des condamnations a donc été partagé par moitié.

- **Les fautes exclusivement imputables à l'administration**

Elles sont dénommées **fautes du service**. Le service n'agissant que par l'intermédiaire d'agents, c'est évidemment parmi eux que se trouve l'origine du dommage, mais les responsabilités précises sont parfois difficiles à déterminer : quel membre d'un service a égaré un dossier ou provoqué un retard de paiement, et ne s'agit-il pas plutôt d'une responsabilité collective ou d'un défaut d'organisation ?

L'affaire du sang contaminé a montré que les torts pouvaient être partagés entre ceux qui ont procédé à des transfusions dangereuses et ceux qui ne les ont pas interdites suffisamment tôt. En de telles circonstances, l'intérêt des victimes demandant réparation impose que le service soit leur **interlocuteur unique**, les agents s'effaçant en quelque sorte derrière lui.

Ce caractère **anonyme** de la faute est reconnu dans des hypothèses aussi diverses que le mauvais fonctionnement d'un service de secours, un retard excessif dans l'exécution d'une décision juridictionnelle ou dans l'édiction des textes d'application d'une loi, et toutes sortes d'omissions ou négligences : il a été jugé, par exemple, qu'une commune qui n'avait pas créé de service de lutte contre l'incendie et devait donc faire appel à celui d'une commune voisine était, du fait de sa carence, responsable de l'accident causé par l'un des pompiers.

Que la responsabilité de l'administration soit entière ou partagée, se pose le problème de la **gravité de la faute** qui peut lui donner lieu. Pendant longtemps, le juge a estimé que pour certaines activités une faute lourde, voire *« d'une particulière gravité »*, était nécessaire[36] : c'était notamment le cas pour la police, y compris les services de secours, et pour les établissements hospitaliers. Mais peu à peu, cette exigence s'atténua en intensité comme en étendue. Disparut d'abord la nécessité de la faute d'une particulière gravité ; puis la faute lourde elle-même ne fut plus requise que lorsque l'action administrative s'exerce dans des conditions difficiles ; et, récemment, les cas dans lesquels une *faute simple est suffisante* se sont multipliés. En ce qui concerne la police, par exemple, le juge continue à estimer que pour certaines opérations de maintien de l'ordre comme la dispersion des manifestations, doit être prouvée l'existence d'une faute lourde, mais il se contente désormais d'une faute simple pour les dispositifs de sécurité mis en place sur les plages ou en montagne. La faute simple suffit également, aujourd'hui, pour les services de lutte contre l'incendie, pour le fonctionnement des hôpitaux, et même pour les actes médicaux ou chirurgicaux (une succession d'erreurs étant, dans ce dernier cas, assimilée à une faute). On pourrait caractériser cette évolution en disant que le juge s'attache moins, maintenant, à la gravité d'une faute qu'à celle de ses conséquences.

b) La responsabilité sans faute

Cette notion est sans doute l'une des plus originales et des plus progressistes du droit administratif. Elle consiste à admettre qu'une personne ayant subi un dommage puisse être en certains cas indemnisée sans avoir à démontrer l'existence d'une faute, et même si l'administration prouve au contraire qu'elle n'en a pas commis : un simple *lien de causalité entre le dommage et le fait qui s'est produit* suffit pour obtenir réparation. La responsabilité sans faute est reconnue dans deux hypothèses : le risque que font encourir certaines situations ou activités et la rupture de l'égalité devant les charges publiques.

36. Sans doute parce qu'ayant posé de sa propre initiative le principe de la responsabilité de l'État, il souhaitait faire preuve de prudence dans son application. Peut-être aussi pouvait-on redouter que si leur responsabilité était facilement engagée, les services n'hésitent à prendre des initiatives.

• **La responsabilité pour risque**

Elle existe lorsque l'administration entrepose ou utilise des engins dangereux : par exemple, dans le cas de la déflagration d'un stock d'explosifs, ou lorsqu'un passant est blessé par une arme à feu au cours d'une opération de police[37]. Elle est également admise dans des situations présumées dangereuses qui résultent d'une politique menée par des institutions relevant de l'administration, telles la rééducation d'enfants délinquants en milieu ouvert et les permissions de sortie accordées à des personnes internées pour troubles mentaux. Et elle a été récemment étendue, s'agissant des hôpitaux, aux traitements ou procédés thérapeutiques nouveaux lorsqu'ils ont entraîné des conséquences dommageables pour les malades auxquels ils ont été appliqués.

Le législateur a ajouté à ces cas celui des attroupements et rassemblements, car ils font courir un « risque social » aux personnes qui passent ou demeurent à proximité : si un préjudice leur est causé, elles-mêmes ou la compagnie d'assurances qui les a indemnisées pourront en demander réparation à l'État. Il sera ultérieurement loisible à ce dernier de se retourner contre la commune, dans l'hypothèse où le maire n'aurait pas prévenu les incidents en prenant les mesures de police appropriées.

• **La responsabilité pour rupture de l'égalité devant les charges publiques**

Elle s'applique lorsqu'une personne subit, par suite d'une décision cependant régulière et en l'absence de tout accident, un préjudice spécifique : il y a là, pour le Conseil constitutionnel comme pour le Conseil d'État, une règle qui se rattache directement au *principe d'égalité des citoyens* posé par la Déclaration des droits de 1789. On en trouve un exemple dans le refus d'un préfet d'ordonner l'exécution forcée d'une décision de justice parce qu'elle provoquerait un trouble grave à l'ordre public[38] ou, pour la même raison, de faire rompre un barrage routier. A été également indemnisé un industriel auquel des autorisations de licenciement (qui étaient à l'époque obligatoires) avaient été refusées en raison de « *la perturbation grave dans la vie économique locale* » que ces licenciements auraient entraînée.

Cette responsabilité peut être pareillement engagée lorsqu'un acte réglementaire impose à un particulier un préjudice grave : ainsi lorsque le détournement d'une route nationale tarit la clientèle d'un restaurant fréquenté par les camionneurs. Et, de manière plus étonnante, la même solution est admise s'agissant d'une loi.

Un exemple de la responsabilité du fait des lois : l'arrêt *Société anonyme des produits laitiers « La Fleurette »*, du 14 janvier 1938

Une loi ayant interdit la commercialisation de crème ne provenant pas exclusivement du lait, la société requérante, dont l'activité essentielle se trouvait être la production d'une telle crème, dut fermer ses portes. Le Conseil d'État, après avoir relevé que cette crème ne présentait aucun danger pour la santé publique, estima « *que rien ne permet de penser que le législateur a entendu faire supporter à l'intéressée une charge qui ne lui incombe pas normalement; que cette charge, créée dans un intérêt général, doit être supportée par la collectivité* », et que l'État devait donc indemniser la société.

2. Les conditions de mise en œuvre de la responsabilité

a) Les conditions de fond

Elles tiennent principalement à la **nature du préjudice** subi. Il doit être **direct**, c'est-à-dire suffisamment lié au fait attaqué pour que celui-ci puisse être considéré comme sa cause déterminante : ainsi l'administration est-elle tenue pour responsable des dommages causés par un jeune délinquant pendant ses périodes de semi-liberté, mais ne le sera plus s'il s'évade et commet une infraction quelques années plus tard.

Le juge exige également que le préjudice soit **certain** ; cela signifie qu'il doit être réel, mais pas nécessairement réalisé : il peut n'être que *futur* (par exemple, des séquelles prévisibles d'un accident), ou même consister en la *perte d'une chance sérieuse* (ainsi un candidat à un concours, empêché de s'y présenter par suite d'un accident de la circulation imputable à un véhicule administratif, subit-il un préjudice certain si son succès à ce concours était probable, mais seulement un préjudice éventuel, donc non indemnisable, dans le cas contraire).

Le préjudice doit enfin être **évaluable** en argent. Pendant longtemps, le juge a considéré que seul le préjudice matériel répondait à cette condition (il faisait sien l'adage selon lequel « les larmes ne se monnayent pas »), mais il a admis en 1961, c'est-à-dire bien après les tribunaux judiciaires, que le **préjudice moral** pouvait également être réparé : il accorde désormais une indemnisation plus ou moins forfaitaire en cas de préjudice esthétique, d'atteinte à la réputation, et même de perte d'un proche parent.

b) Les conditions de procédure

Elles concernent en premier lieu la **détermination du créancier**. Si le requérant se trompe sur l'identité de la collectivité responsable du dommage, il sera débouté de sa demande même si « l'administration » au sens large a bien commis une faute. Or, il est souvent difficile de distinguer entre police d'État et police municipale, comme entre service public concédé ou en régie, et un non-juriste différencie mal les cas dans lesquels un maire agit au nom de la commune ou en tant que représentant de l'État. L'assistance

37. On peut assimiler à ces cas celui des ouvrages publics dangereux (comme une conduite de gaz) et, plus généralement, celui des travaux publics : les personnes qui subissent un préjudice de leur fait, par exemple celles qui habitent à proximité d'un barrage qui s'est rompu, seront indemnisées sur le fondement du risque.

38. Arrêt *Couitéas*, du 30 novembre 1923 : il s'agissait, en Tunisie, d'expulser « *de nombreux indigènes de terres dont ils [s'estimaient] légitimes occupants depuis un temps immémorial* », mais dont l'État français, puis le tribunal de Sousse, avaient reconnu la propriété au sieur Couitéas. La même solution a été ultérieurement appliquée, en France, à l'expulsion de locataires ou d'ouvriers grévistes occupant une usine.

d'un avocat étant obligatoire pour les recours en responsabilité, on peut penser que les requérants seront utilement conseillés ; mais les honoraires d'avocat ne sont pas remboursés, si bien que lorsque le dommage est de relativement faible importance, les victimes hésitent souvent à saisir la justice. Il est regrettable que les solutions libérales qui prévalent quant à l'étendue de la responsabilité administrative soient ainsi contrecarrées par des difficultés pratiques de mise en œuvre.

Les autres règles de procédure sont les mêmes que pour le reste du contentieux, à l'exception de celle qui a trait au **délai de recours** : il est ici de quatre ans, par application de la règle de déchéance quadriennale des créances sur l'État. Cette disposition fait du recours en responsabilité un complément utile du recours en annulation : lorsque celui-ci perd de son intérêt parce que la mesure contestée est déjà exécutée, l'intéressé pourra, au lieu d'en demander l'annulation, réclamer une indemnité fondée sur son caractère illégal.

c) L'indemnisation accordée par le juge

Elle couvre en principe l'**intégralité** du préjudice subi, mais elle ne peut dépasser l'évaluation qu'en a faite le requérant (les tribunaux ne doivent pas statuer *ultra petita*, c'est-à-dire au-delà de la demande). Cependant, s'il apparaît après la décision de première instance que le préjudice était en réalité plus important, notamment dans le cas où l'état d'une personne accidentée se détériore, il est possible de demander en appel une réévaluation de l'indemnité accordée.

Mais **aucune** indemnité n'est due lorsque le dommage est imputable à une **force majeure**, c'est-à-dire un événement imprévisible et irrésistible (par exemple, une inondation ou un cyclone[39]). Et la responsabilité de l'administration peut être écartée ou atténuée lorsqu'il apparaît que le dommage résulte, au moins pour partie, de la faute du requérant ou d'une tierce personne.

39. Toutefois, dans de tels cas, des indemnités sont généralement versées aux victimes par d'autres voies que celle du contentieux.

Chapitre 3
Les autres formes de contrôle

Elles ne sont pas aussi spectaculaires que le contrôle juridictionnel, ni pareillement efficaces en pratique, mais ne sont pas pour autant dépourvues d'intérêt. Certaines d'entre elles s'exercent à l'intérieur de l'administration, d'autres ont été confiées à des organes extérieurs.

1. Les contrôles internes

Ce sont les plus anciens. Les détenteurs du pouvoir ont toujours souhaité vérifier que l'action de leurs subordonnés était conforme aux directives qu'ils avaient données ou à la ligne générale qu'ils entendaient suivre. Ils se sont donc très tôt réservé un droit de regard sur les actes pris aux échelons inférieurs, et ils ont consenti parallèlement à ce que les particuliers les saisissent de réclamations contre ces actes : satisfaire les doléances qu'ils estimaient fondées leur permettait à la fois d'être informés d'éventuels errements et de les redresser. Ce pouvoir de dire le dernier mot trouve son origine dans le pouvoir hiérarchique : il est en effet la sanction – ou le substitut – du pouvoir d'instruction. Son exercice est facilité par l'existence des inspections générales, qui sont des corps spécialement chargés d'évaluer l'activité des services et d'en rendre compte aux ministres.

1. Les recours administratifs

Les personnes qui souhaitent contester une décision peuvent à leur gré intenter un recours administratif ou juridictionnel, voire les deux à la fois : les deux procédures sont indépendantes l'une de l'autre (excepté dans les cas, relativement rares, où le recours administratif est un préalable obligatoire du recours contentieux[40]) ; leur seul point de rencontre est que le dépôt d'un recours administratif prolonge les délais du recours contentieux. Les caractéristiques du recours administratif sont toutefois quelque peu paradoxales : il est très largement ouvert et fort peu formaliste, mais ses effets s'avèrent souvent décevants pour l'intéressé.

a) Les conditions d'ouverture du recours

Elles sont particulièrement extensives. Le recours peut en effet être formé contre n'importe quelle décision individuelle ou réglementaire, et pour des raisons très diverses : le requérant est en droit de se fonder aussi bien sur des motifs d'opportunité, voire d'équité, que de légalité; il demandera par exemple le réexamen d'une décision à la lumière d'un élément qui ne lui semble pas avoir été suffisamment pris en compte, ou l'échelonnement d'un paiement qui lui est imposé; parfois même, il sollicitera simplement la bienveillance de l'administration dans une circonstance pour lui difficile.

Le recours peut être adressé soit à l'auteur de la décision, et est alors dit *gracieux*, soit à l'autorité supérieure (recours *hiérarchique*). Dans l'un et l'autre cas, il doit être accueilli ; s'agissant du recours hiérarchique, le Conseil d'État a même jugé que le ministre du Travail, qui s'était déclaré sans pouvoir pour réexaminer un refus de licenciement prononcé par l'inspection du travail, *« a méconnu sa compétence et a privé l'employeur d'une garantie légale »*[41].

Aucune condition de forme n'est requise : il est possible d'intenter un recours par simple lettre, voire verbalement – encore qu'en conserver une trace écrite soit utile. Il n'y a pas non plus de condition de délai, mais si le requérant souhaite préserver le délai du recours contentieux, il doit déposer sa demande dans ce délai. Par ailleurs, l'administration ne peut retirer les actes individuels ayant créé des droits que pour illégalité, et seulement dans un délai de quatre mois : si la décision que l'on entend contester auprès d'elle a conféré un droit à une tierce personne (par exemple, une autorisation), il faut donc agir vite.

La solution est différente pour les règlements, qui ne sont pas considérés comme des actes créateurs de droits : l'administration est tenue d'abroger, sans condition de délai, les règlements illégaux, qu'ils l'aient été dès leur édiction ou le soient devenus par la suite en raison d'un changement des circonstances de fait ou de droit (par exemple, l'entrée en vigueur d'une loi ou d'une règle communautaire contraire).

b) Les effets pratiques des recours

Ceux-ci, à l'inverse, s'avèrent plutôt réduits. L'autorité qui en est saisie dispose de pouvoirs plus importants que ceux d'un juge : non seulement elle peut – et même doit – retirer les décisions illégales, mais elle a aussi la faculté de modifier des décisions légales, y compris pour inopportunité; c'est ainsi que le ministre de la Construction a pu retirer un permis de construire accordé par un préfet, tandis que plusieurs de ses collègues revenaient sur des sanctions ou des interdictions. Mais ces pouvoirs ne sont que peu souvent utilisés, car il n'est guère agréable pour l'auteur d'une décision de reconnaître qu'il s'est trompé, ni pour les supérieurs hiérarchiques de désavouer leurs

40. Ainsi en est-il en matière fiscale, où les réclamations doivent d'abord être soumises au directeur des services fiscaux et ensuite seulement, s'il n'y a pas été satisfait, portées devant les tribunaux. Cette règle a notablement contribué à diminuer le nombre des recours contentieux.

41. Arrêt *Queralt*, du 30 juin 1950.

services : les décisions donnant satisfaction aux recours ne représentent donc que 5 à 10 % de ceux-ci. De plus, comme aucune règle ne fait obligation aux autorités saisies de se prononcer sur les recours, ainsi qu'y sont tenus les tribunaux, une bonne part des demandes n'est même pas examinée et a pour épilogue, après deux mois, une décision implicite de rejet. La situation faite aux requérants est donc paradoxale : ils ont en théorie la faculté de faire réexaminer entièrement leur situation, ce qui représente pour eux un atout important, mais beaucoup de recours n'aboutissent concrètement qu'à retarder le moment où ils s'adresseront au juge.

2. Les inspections générales

L'institution est ancienne. Très tôt, en effet, il a paru utile de doter les ministres d'un **corps de contrôle** qui puisse en permanence apprécier la gestion des services, leurs conditions de fonctionnement et la qualité de leurs prestations. Dès 1781, Necker créa ainsi les inspecteurs généraux des hôpitaux civils, et on compte aujourd'hui une vingtaine d'institutions de ce type. Certaines d'entre elles ont une **vocation interministérielle**, comme l'Inspection générale des finances qui contrôle la bonne utilisation des deniers publics. Les autres couvrent habituellement le champ d'activité d'un département ministériel, mais parfois davantage (Inspection générale des affaires sociales), parfois moins (Inspection générale des bibliothèques universitaires).

Les inspections sont directement **rattachées au ministre**, qui peut seul leur demander de procéder à des enquêtes ; mais elles se fixent aussi un programme annuel d'investigations, établi en fonction des problèmes dont elles ont connaissance. Les inspecteurs ont le droit de visiter tous les locaux de l'administration ou dépendant d'elle, et de se faire communiquer par les agents tous les documents nécessaires à leur mission. A l'issue de celle-ci, ils rédigent à l'intention du ministre un rapport relatant leurs constats et proposant des mesures correctrices : suivant les cas, le déplacement d'un agent, la réorganisation d'un service, l'octroi de moyens plus importants, ou la modification d'une procédure. Le ministre n'est évidemment pas lié par ces propositions, mais comme elles lui sont présentées en toute indépendance, leur influence n'est pas négligeable.

A l'origine, les inspections générales exerçaient exclusivement une fonction de **contrôle**, et aujourd'hui encore de nombreuses missions s'y rattachent, qu'elles portent sur des personnes, des institutions tout entières ou des activités. Mais **l'évaluation** occupe une place croissante car, de plus en plus, la tâche de l'administration consiste à définir et mettre en œuvre des politiques, et l'efficacité de son action doit être appréciée au même titre que sa régularité. C'est sous cet angle que sont évalués des établissements scolaires ou hospitaliers et des politiques générales, comme la déconcentration, ou particulières à un département ministériel, comme la réforme de l'enseignement supérieur ou l'accueil des étrangers dans les préfectures. Certaines de ces évaluations, qui s'apparentent à de véritables audits, sont menées conjointement par deux inspections générales[42].

42. Par exemple, une inspection générale ministérielle (Éducation nationale ou Agriculture) et l'Inspection générale des Finances.

2. Contrôles externes et médiation

A l'exception de celui du juge, il n'existe pas de contrôle externe qui ait un caractère général[43]. Certaines institutions exercent un contrôle sectoriel, en particulier les *autorités administratives indépendantes* : on a dit plus haut les compétences dévolues à la CADA et à la CNIL (voir pages 108-109); il faut y ajouter celles du Conseil supérieur de l'audiovisuel et celles de la Commission nationale de contrôle des interceptions de sécurité, qui veille au respect de la réglementation des écoutes téléphoniques.

D'autres organes jouent un rôle d'**évaluation**, soit de services publics, comme le Haut Conseil de l'évaluation de la recherche et de l'enseignement supérieur, soit de politiques publiques, comme le Comité national d'évaluation du revenu de solidarité active. Et, bien que le contrôle du Parlement sur l'activité administrative n'ait jamais été très intense, on rappellera l'existence des commissions d'enquête constituées à propos d'un problème spécifique, et celle des offices parlementaires d'évaluation de la législation et des politiques publiques (voir page 46).

La médiation occupe une place à part, dans la mesure où elle est à mi-chemin entre l'intercession et le contrôle. La création en 1973 du Médiateur de la République s'inspirait de l'exemple suédois de l'*Ombudsman*, mais pour partie seulement, car l'existence en France d'une juridiction administrative efficace conduisit à n'accorder au Médiateur que des compétences très limitées en matière de contrôle : il devait surtout intervenir pour faire prendre en compte des considérations d'équité, qui n'entrent pas dans le champ d'intervention du juge, et n'avait aucun pouvoir d'annulation ou d'injonction. Son rôle s'est néanmoins révélé utile et des réformes successives ont accru ses possibilités d'action.

Il a été transformé par la révision constitutionnelle de 2008 en **Défenseur des droits,** et l'institution est inscrite dans le titre XI *bis* du nouveau texte, qui lui est exclusivement consacré. Mais si sa dénomination a changé[44], les pouvoirs qui lui sont conférés n'ont pas été fondamentalement modifiés : le changement consiste surtout dans le fait que des institutions analogues dans leur finalité, comme le Défenseur des enfants, la Haute Autorité de lutte contre les discriminations et pour l'égalité (HALDE) et la Commission nationale de déontologie de la sécurité, lui sont désormais rattachées. Nommé pour un mandat de six ans non renouvelable en conseil des ministres, après avis public de la commission compétente de chacune des deux assemblées parlementaires, le Défenseur des droits est, aux termes de la loi organique du 29 mars 2011 qui lui est consacrée, *« une autorité constitutionnelle indépendante »* (voir page 73), en ce sens qu'il ne reçoit, dans l'exercice de ses fonctions, *« aucune instruction »,* et ne

43. Sauf dans le domaine financier, où un contrôle est exercé par la Cour des comptes sur tous les comptes publics.

44. Elle a été en partie inspirée du système espagnol, bien que l'institution soit assez largement différente (ainsi le « Défenseur du peuple » espagnol est élu par le Parlement, comme le sont aussi l'*Ombudsman* suédois et le médiateur européen, voir page 231).

peut faire l'objet de poursuites à l'occasion des opinions qu'il émet ou des actes qu'il accomplit. Le Défenseur est assisté de trois adjoints, nommés en même temps que lui et sur sa proposition par le Premier ministre, et placés sous son autorité : l'un est chargé des fonctions de la défense et de la protection des enfants, le deuxième de la déontologie dans le domaine de la sécurité et le dernier de la lutte contre les discriminations et de la promotion de l'égalité. Il peut leur déléguer plusieurs de ses fonctions dans leur domaine de compétence. Le Défenseur est aussi assisté de collèges *ad hoc*, composés de personnalités qualifiées nommées par les présidents des Assemblées et, selon le cas, les chefs de cour à la Cour de cassation, le vice-président du Conseil d'État ou le Premier président de la Cour des comptes. La compétence de chacun de ces collèges coïncide avec celle de chacun des adjoints. Le Défenseur des droits est, depuis 2011, Dominique Baudis.

Il peut être saisi des agissements de personnes publiques ou privées. Dans sa mission de contrôle de l'administration, qui est de loin la plus importante quantitativement, il reçoit les plaintes des usagers (ou se saisit d'office), soit en cas de dysfonctionnement d'un service, soit lorsqu'une décision administrative aboutit à des résultats inéquitables parce qu'une situation individuelle a été appréciée sans l'attention qui aurait été nécessaire, ou que la procédure appliquée était mal conçue, soit encore en cas de discrimination injustifiée ou de *« manquement aux règles déontologiques dans le domaine de la sécurité »*. Il intervient alors auprès de l'administration en cause pour lui faire des recommandations et doit être informé des suites données à sa démarche. A cette occasion, il peut aussi proposer la modification des principes de fonctionnement d'un service, ou celle d'une réglementation qui lui paraît contestable[45], ou encore recommander de régler en équité la situation de la personne qui l'a saisi.

Les requêtes peuvent lui être adressées aussi bien par des personnes morales (sociétés, mais aussi associations et syndicats) que par des personnes physiques, à l'exclusion toutefois des agents en conflit avec le service ou la collectivité qui les emploie. Elles ne sont soumises à aucune condition de forme, mais doivent être précédées des *« démarches nécessaires auprès des personnes publiques ou des organismes mis en cause »*, pour faciliter la recherche de solutions amiables ; elles peuvent aussi être transmises par l'intermédiaire d'un parlementaire. Ces réclamations ne sont pas soumises à des conditions de délai, mais elles ne suspendent pas le délai de recours contentieux (voir page 141) : les intéressés doivent y prendre garde lorsque les faits dont ils se plaignent justifient qu'ils forment un tel recours. Si le Défenseur décide de ne pas donner suite à une plainte, il doit indiquer les motifs de sa décision.

Le Défenseur dispose, pour l'exercice de sa mission, de **pouvoirs d'investigation et d'action étendus** : les services sont tenus de répondre à ses questions et de lui fournir tous les documents qu'ils détiennent sur l'affaire en cause. Il peut faire procéder à des vérifications sur place dans les locaux administratifs ou privés des personnes mises en cause et dans tous lieux et moyens de transport accessibles au public. Il a également le droit de demander aux ministres de faire procéder à des enquêtes par leurs services d'inspection et de l'informer des résultats de celles-ci.

À l'issue de ses investigations, le Défenseur des droits a la faculté de proposer à l'auteur de la réclamation et à la personne ou à l'institution mise en cause de conclure une transaction dont il peut recommander les termes (il s'agira généralement d'une indemnisation), et qui devra être homologuée par le procureur de la République ; il peut également saisir l'autorité compétente d'une demande de sanction et informer le procureur de la République des agissements portés à sa connaissance qui sont consécutifs d'un crime ou d'un délit. Il ne peut pas remettre en cause une décision juridictionnelle.

Le Défenseur des droits a repris l'organisation en réseau qu'avait mise en place le Médiateur ; il s'appuie donc sur quelque 450 **délégués départementaux** installés, comme leur nom l'indique, dans les différents départements et tenant des permanences gratuites dans les préfectures, les sous-préfectures ou les structures de proximité des quartiers difficiles. Il en nomme aussi un ou plusieurs pour chaque établissement pénitentiaire. Les délégués peuvent recevoir toutes les plaintes relevant de la compétence du Défenseur. Ils peuvent régler eux-mêmes beaucoup d'entre elles, par exemple si l'affaire concerne une décision prise par un organisme local et ne pose pas de problème de principe. Si l'affaire ne peut se régler localement, le délégué aide l'administré à constituer un dossier pour saisir les services nationaux du Défenseur.

Le Défenseur présente chaque année le compte rendu de son activité dans un rapport adressé au président de la République et aux présidents des Assemblées. Le nombre des requêtes reçues en 2012 s'est élevé à 82 416, auxquelles il faut ajouter 31 116 appels téléphoniques demandant un conseil ou une intervention. 83 % de ces réclamations ont été traitées par les délégués locaux. Une majorité d'entre elles concernait le domaine de la protection sociale, celui des droits de l'enfant ou de la santé. 57,8 % des plaintes ont été classées sans suite ; parmi celles qui font l'objet d'une enquête approfondie, le taux de succès des interventions auprès des services est important (82 %).

On peut donc juger l'institution utile, surtout dans la mesure où elle permet de réparer des injustices auxquelles le juge ne peut remédier. C'est pourquoi elle a essaimé dans des secteurs particuliers : il existe ainsi des médiateurs dans plusieurs grandes villes, dont Paris, un médiateur pour l'Éducation nationale, d'autres pour le cinéma et l'édition publique. Ajoutons qu'un Médiateur européen, désigné par le Parlement européen, a été créé par le traité de Maastricht (voir page 231).

On relèvera également qu'aux termes de l'article 9 de la loi organique, le Défenseur des droits est associé, s'il en fait la demande, aux travaux de la CADA et de la CNIL.

---

45. Afin que ces propositions soient aussi judicieuses que possible, il peut demander au Conseil d'État ou à la Cour des comptes de faire procéder à toutes études et de lui fournir les éléments d'information nécessaires.

Plusieurs interventions du Défenseur des droits s'avèrent importantes et novatrices : il a ainsi recommandé, en 2011, qu'un policier, auteur d'un tir mortel de flash-ball, fasse l'objet d'une procédure disciplinaire, *« pour avoir fait un usage disproportionné de la force »* ; et il a dénoncé les conditions de vie des détenus à la prison des Baumettes, à la suite de quoi le tribunal administratif de Marseille a enjoint à l'administration pénitentiaire, en décembre 2012, de prendre d'urgence diverses mesures propres à y remédier. Plus récemment, il s'est aussi penché sur d'importantes questions de justice et de société, par exemple les contrôles d'identité, le fonctionnement des cantines scolaires ou encore la situation des Roms.

Questions à réponse courte sur le droit administratif

Citez une autorité qualifiée d'autorité administrative indépendante.

Puisqu'on vous demande de n'en citer qu'une, il est inutile d'étaler vos connaissances. Plus vous écrirez de choses, plus il risque d'y avoir des erreurs. Choisissez donc, parmi les AAI qui sont habituellement évoquées, celle qui vous est la plus familière. Mais ne vous contentez pas de citer le sigle qui sert éventuellement à la désigner de façon usuelle. Explicitez-le : Commission nationale de l'informatique et des libertés pour la CNIL, Commission d'accès aux documents administratifs pour la CADA, Conseil supérieur de l'audiovisuel pour le CSA, etc. ; et ne vous trompez pas dans cette explicitation (évitez le terme de « comité » là où il y a une commission, de « commission » là où il y a un conseil, etc.). Si vous connaissez l'année du texte qui l'a créée, citez-la. Et résumez en quelques phrases les compétences qui lui sont attribuées, pour montrer que vous n'en connaissez pas que le nom.

Voir page 72.

En quoi consiste la décentralisation ? En quoi diffère-t-elle de la déconcentration ?

Rappelez avant tout, en introduction, que la décentralisation constitue un mode d'organisation des compétences administratives et que c'est un point commun qu'elle a avec la déconcentration. N'oubliez pas de mentionner qu'il existe deux sortes de décentralisation – territoriale et par services – même si vous ajoutez que vous voulez surtout traiter de l'administration locale ; rappelez qu'en 2003, le mouvement de décentralisation a connu une nouvelle étape.

Décentralisation et déconcentration visent toutes deux à augmenter les compétences des organes locaux. Mais la déconcentration n'est qu'une atténuation de la centralisation, car elle laisse ces organes sous la dépendance du pouvoir central, alors que la décentralisation est son contraire, puisqu'elle veut donner une forte autonomie aux entités locales. Vous rappellerez les différences essentielles entre les deux notions (indépendance ou non des organes à l'égard du pouvoir central, autonomie financière ou non) et en soulignerez les conséquences au niveau de l'aménagement des rapports entre organes centraux et locaux (si les deux formules nécessitent un contrôle des premiers sur les seconds, la première implique un pouvoir hiérarchique, tandis que la seconde ne comporte qu'un pouvoir de tutelle. Vous définirez ces deux termes en les différenciant).

Voir page 65.

Comment sont élus les conseillers municipaux et le maire dans une commune de 150 habitants et dans une commune de 150 000 habitants ?

Pour montrer que vous voulez comprendre, et pas seulement réciter, votre introduction soulignera que s'il y a des différences importantes dans les modes d'élection des organes communaux selon l'importance des communes concernées, c'est simplement pour des raisons pratiques et parce que le « vivier » des candidats potentiels n'y est pas le même. Les principes ne changent pas ; ce ne sont que les modalités qui varient.

Les principes communs sont : le scrutin de liste majoritaire à deux tours pour l'élection des conseillers municipaux ; un mode identique d'élection du maire dans toutes les communes (par le conseil municipal, au scrutin secret et à la majorité absolue aux deux premiers tours, relative au troisième).

Les différences existent sur deux points :
– d'abord la constitution des listes : obligation de faire acte de candidature ou non ; caractère complet ou non des listes présentées pour l'élection du conseil ; blocage des listes ou, au contraire, possibilité de panachage. Ces différences s'expliquent par le souci de faciliter, dans les petites communes, l'élection de conseils complets ;
– ensuite les modalités d'attribution des sièges, avec l'introduction, pour les grandes villes, d'une dose de représentation proportionnelle dans l'application du principe majoritaire.

Voir pages 78 et 80.

Quels sont les pouvoirs dont dispose le représentant de l'État pour faire respecter la légalité par les collectivités territoriales ?

Pour traiter ce sujet, vous pouvez vous fonder sur deux idées essentielles : les collectivités locales doivent respecter la loi ; mais rien que la loi.

Le fait qu'elles doivent respecter la loi entraîne l'existence d'un contrôle de légalité exercé au nom du pouvoir central par l'autorité préfectorale. Le préfet est donc chargé d'examiner la légalité des actes des organes locaux : il le fait systématiquement pour les actes soumis à transmission, sur recours des particuliers pour les autres. Il peut déférer les actes illégaux au tribunal administratif et suspendre leur exécution en attendant la décision de celui-ci. Et comme respecter la loi, ce n'est pas seulement ne pas faire ce qu'elle interdit, mais aussi faire ce à quoi elle vous oblige, le préfet dispose également de pouvoirs de substitution d'office.

En vertu du principe d'autonomie des collectivités locales, seuls des motifs de légalité permettent au représentant de l'État d'intervenir à l'encontre de leurs actes. Il n'y a donc plus en principe, depuis 1982, de tutelle en opportunité. Et, pour que ce principe soit effectivement respecté, le juge administratif est seul compétent pour annuler un acte, et le juge financier peut seul donner au préfet l'autorisation d'exercer ses pouvoirs de substitution d'office en matière budgétaire.

Voir pages 86-87.

Le pouvoir réglementaire

Vous rappellerez en introduction que le pouvoir réglementaire, qui ne pouvait auparavant s'exercer qu'en application de la loi, s'est vu reconnaître par l'article 37 de la Constitution de 1958 un domaine autonome. C'est le pouvoir de prendre des décisions générales, qui ont un caractère obligatoire.

Ses principaux titulaires sont :
– au niveau national, le Premier ministre qui l'exerce en prenant des décrets contresignés par les ministres chargés de leur exécution ;
– au niveau local, le préfet dans le cadre du département et le maire dans la commune ; ils l'exercent en prenant des arrêtés.

Le pouvoir réglementaire constitue une prérogative, mais aussi une obligation : par exemple, pour émettre les mesures d'application d'une loi ou bien lorsque la sécurité ou la salubrité publiques l'exigent. Bien qu'il puisse avoir une portée très générale, ce pouvoir demeure administratif et il est, comme tel, soumis au contrôle de légalité exercé par le juge.

Voir pages 101 et 102.

Qu'est-ce que le pouvoir de police administrative ?

La difficulté principale de ce sujet réside dans son ampleur. Il recouvre un chapitre entier des manuels, à résumer en quelques lignes. Il vous faut donc prendre garde à dire l'essentiel, mais à ne dire que l'essentiel. Vous êtes interrogé sur une notion : la première nécessité, c'est de la définir.

Le pouvoir de police administrative est le pouvoir de réglementer les libertés publiques dont l'administration dispose dans le but d'assurer l'ordre public.

Comme vous venez d'introduire une notion nouvelle, il faut à son tour l'expliciter.

Les principales composantes de cet ordre public sont la sécurité, la salubrité et la tranquillité publiques. La police administrative se définit donc essentiellement par son *but* : la prévention des troubles ; c'est en cela qu'elle se distingue de la police judiciaire, qui tend au contraire à constater et à réprimer les atteintes à l'ordre public.

Un mot sur son organisation.

Les titulaires du pouvoir de police administrative sont le Premier ministre au niveau national, le préfet dans le département (ainsi que le président du conseil général, dans certains cas précis) et le maire au niveau communal.

Et, pour finir, il faut essayer de résumer en une phrase ce qui constitue la question essentielle sur le sujet.

En raison des incidences qu'il peut avoir sur les libertés publiques, ce pouvoir est étroitement contrôlé par le juge, qui exige que la gravité de l'atteinte aux libertés soit proportionnelle à l'importance des risques encourus.

Voir pages 110 à 112.

Quel est le rôle du Tribunal des conflits ?

Vous rappellerez, en introduction, que l'existence du Tribunal des conflits s'explique par le principe de la dualité de juridictions et la nécessité de trancher les cas où la compétence juridictionnelle est incertaine.

Vous poursuivrez en rappelant que le rôle essentiel du Tribunal des conflits est donc de trancher les « conflits d'attributions », négatifs ou positifs. Attention, en décrivant ceux-ci, de ne pas tomber dans l'erreur classique, et souvent commise, qui conduit à définir le conflit positif comme un conflit entre deux juridictions. C'est en effet un conflit entre une juridiction judiciaire et l'administration, où la procédure est menée à l'initiative de celle-ci, qui demande à être jugée par « son juge à elle ».

Puis viendra le rappel des raisons qui ont amené, à partir de 1932, à étendre la compétence du Tribunal aux « conflits de décisions ».

Voir page 133.

Partie III
Finances publiques

Les finances sont l'un des moyens essentiels de l'action de l'État. De tout temps, le pouvoir a dû recourir à l'impôt, ne serait-ce que pour se donner la possibilité de lever une armée ou d'assurer le fonctionnement de ce qu'on appelle les services régaliens (justice, police, etc.).

Logiquement, la lutte pour le pouvoir qui a opposé à partir du XVIIIe siècle, dans nos pays occidentaux, la monarchie traditionnelle et le pouvoir parlementaire émergent a entraîné la fixation d'un certain nombre de règles qui ont constitué l'amorce d'une « législation financière » ; celle-ci, petit à petit, a encadré les conditions dans lesquelles le pouvoir politique pouvait se procurer des recettes et décider de leur utilisation. C'est à ce titre que s'est progressivement dégagée, en Angleterre, aux États-Unis ou en France, la règle du consentement à l'impôt, selon laquelle les gouvernants ne pouvaient recourir à de nouvelles recettes fiscales sans un accord de représentants élus de la population. Et il faut se souvenir que c'est l'existence d'une grave crise financière qui a obligé le roi Louis XVI à réunir, en 1789, des États généraux qui ne l'avaient pas été depuis 1614, pour autoriser la perception d'impôts nouveaux. Ce fut là l'origine directe de la Révolution de 1789 et du vote de la Déclaration des droits de l'homme et du citoyen, dont l'article 14 rappelle précisément ce principe *(« Les citoyens ont le droit de constater, par eux-mêmes ou par leurs représentants, la nécessité de la contribution publique, de la consentir librement, d'en suivre l'emploi, et d'en déterminer la quotité, l'assiette, le recouvrement et la durée »)*.

Il y a donc un lien direct entre évolution des régimes politiques et règles des finances publiques. Les progrès de la démocratie se sont historiquement traduits par un renforcement des pouvoirs des assemblées parlementaires, qui ont conquis à la fois le droit de décision sur le montant et le contenu du budget et des pouvoirs de contrôle sur son exécution. En régime démocratique, le vote du budget est la principale prérogative des représentants élus du peuple et c'est ce qui explique, par exemple, qu'en France, l'examen des lois de finances doive traditionnellement être soumis à la Chambre la plus représentative parce qu'élue au suffrage universel direct, l'Assemblée nationale, avant de l'être à celle qui l'est moins du fait de son élection au suffrage indirect, le Sénat.

Introduction

Lorsque, après la IIIe et la IVe République, les abus de l'omnipotence parlementaire ont entraîné une réaffirmation forte des prérogatives de l'exécutif qui s'est traduite dans les principes développés par la Constitution de 1958, la matière financière a constitué l'un des domaines d'élection de cette volonté de réaction (avec, par exemple, la limitation du droit d'amendement parlementaire).

1. Le développement des règles de droit budgétaire

Se sont développées, à partir du XIXe siècle, en relation étroite avec l'évolution des principes constitutionnels, des règles de droit budgétaire déterminant les conditions d'élaboration et de vote du budget de l'État et qui mettent largement en jeu les relations entre le gouvernement et le Parlement ; après avoir été prévues par l'ordonnance organique du 2 janvier 1959 relative aux lois de finances, véritable « Constitution financière » de la France, elles ont été modifiées par l'adoption de la **loi organique du 1er août 2001 relative aux lois de finances (LOLF)**, qui est aujourd'hui le texte fondamental en la matière. Parallèlement, se sont aussi développées des règles concernant l'exécution et le contrôle des opérations financières des organismes publics : celles de la **comptabilité publique**, qui concernent le plus souvent des rapports internes à l'administration. Enfin, il ne faut pas oublier les dispositions du **droit fiscal** qui réglementent en particulier les conditions d'établissement et de perception de l'impôt (voir chapitre 5).

Traditionnellement, le **budget** de l'État constitue un acte de prévision des recettes qu'il pourra percevoir et des dépenses qu'il sera autorisé à réaliser durant la période couverte par le budget. A ce titre, il concrétise une volonté politique par laquelle le gouvernement et sa majorité parlementaire expriment des choix : décider une hausse de l'impôt sur le revenu des personnes physiques, limiter les recrutements, voire réduire le nombre des fonctionnaires, choisir tel secteur, l'éducation ou la défense pour y privilégier la dépense publique au détriment de tel autre. Cette volonté politique crée des effets juridiques, en ce sens que le vote du budget constitue un acte d'autorisation indispensable pour que le gouvernement puisse percevoir les recettes et engager les dépenses qu'il prévoit.

Ce n'est cependant qu'une prévision, et l'exécution réelle du budget peut conduire, sur un certain nombre de points, à des résultats différents de ceux qui avaient été prévus : la conjoncture économique peut s'améliorer et faire que le rendement des impôts assis sur l'activité économique soit supérieur au chiffre escompté (on avait ainsi parlé, il y a quelques années, d'une « cagnotte » constituée en fin d'année budgétaire) ; ou à l'inverse, elle peut se dégrader et entraîner une augmentation du déficit budgétaire prévu.

Le « budget » ne constitue donc qu'une espèce particulière au sein des **lois de finances**, dont l'article 1er de la loi du 1er août 2001 distingue plusieurs catégories.

– La *loi de finances de l'année*, qui correspond à la notion traditionnelle de budget : elle *« décrit, pour une année, l'ensemble des recettes et des dépenses budgétaires de l'État »* (art. 6 de la LOLF). Elle doit être déposée le premier mardi d'octobre de l'année qui précède celle de l'exécution du budget.

– Les *lois de finances rectificatives*, appelées *collectifs budgétaires*, corrigent en cours d'année les prévisions de la loi de finances initiale. Elles peuvent le faire pour différentes raisons : soit pour tenir compte des erreurs de prévision et tirer les conséquences de la réalité de la conjoncture économique ; soit, par exemple en cas de changement de majorité politique en cours d'année, pour substituer les orientations nouvelles à celles du gouvernement précédent ; soit, plus simplement, pour permettre au gouvernement, avec l'accord de sa majorité, d'engager des dépenses supplémentaires dont l'effet sur le déficit budgétaire passera davantage inaperçu que si elles avaient été votées en début d'année.

– La *loi de règlement « constate les résultats financiers »* de l'année budgétaire. Elle mesure les écarts entre ce qui a été prévu et ce qui a été réalisé. Le projet de loi de règlement doit être déposé et distribué avant le 1er juin de l'année suivant celle de l'exécution du budget auquel il se rapporte.

– Les *lois de finances spéciales* prévues à l'art. 45 de la LOLF[1].

En bref, un budget, cela s'élabore, s'exécute et s'évalue ; le tout, dans le respect de principes fondamentaux posés depuis près de deux siècles, mais qui ont, au fil des temps, été largement aménagés.

2. Les grands principes budgétaires

En démocratie, l'autorité budgétaire principale est normalement le Parlement. C'est lui qui détient la clé des possibilités de percevoir les recettes et d'engager les dépenses. Et c'est pour l'affirmation de ce pouvoir qu'ont été définis dès le XIXe siècle un certain nombre de principes budgétaires fondamentaux.

1. Ce sont celles qui interviennent lorsque, pour telle ou telle raison, le Parlement n'est pas en mesure de voter la loi de finances dans les délais constitutionnels. Elles peuvent résulter soit d'un retard imputable au gouvernement, lorsque celui-ci ne dépose pas le projet de loi de finances initiale en temps utile ; soit d'un retard imputable au Conseil constitutionnel lorsque, comme en 1979, celui-ci déclare le projet voté contraire à la Constitution et empêche ainsi sa promulgation dans les délais requis (voir page 165).

Ces principes traditionnels sont au nombre de quatre (annualité, unité, universalité et spécialité budgétaires, voir ci-dessous) et leur affirmation a eu pour objet d'éviter toute possibilité pour le gouvernement d'échapper au contrôle parlementaire. Ils s'inscrivent étroitement dans le cadre des relations établies entre le gouvernement et le Parlement, et ils ont donc été fortement affectés, au cours de leur histoire, par l'esprit et l'interprétation des dispositions constitutionnelles. Par exemple, la volonté de réduire l'omnipotence parlementaire, qui caractérisait la Constitution de la Ve République à ses origines, avait entraîné la mise en œuvre des techniques du parlementarisme rationalisé dans le domaine budgétaire et conduit à donner au gouvernement des prérogatives importantes, tant dans la phase de préparation du budget que dans son vote. Sans revenir sur cette orientation générale, la LOLF, loi d'origine parlementaire, s'est inscrite dans un cadre un peu différent et elle redonne des pouvoirs au Parlement au plan de l'initiative et du contrôle. L'état actuel des grands principes budgétaires est la résultante de ces évolutions successives.

1. Les quatre principes traditionnels

Les trois premiers sont réaffirmés par l'article 6 de la LOLF ; le quatrième est rappelé dans son article 7.

– Le principe de l'**annualité budgétaire** est fondé sur le souci d'un contrôle périodique et à intervalles rapprochés du Parlement sur le budget. Les autorisations contenues dans celui-ci sont en principe limitées à la durée de l'année budgétaire. Le budget ne doit donc pas contenir d'autorisations ni de prévisions dépassant cette durée ; toutes les autorisations données tombent au-delà d'un an. L'objectif visé par ce principe est aussi d'obliger le gouvernement à faire renouveler à intervalles périodiques l'autorisation de percevoir les impôts.

– Le principe de l'**unité budgétaire** signifie deux choses : toutes les recettes et toutes les dépenses doivent figurer dans un document unique soumis à l'approbation du Parlement, intitulé budget de l'État ; et il ne peut y avoir qu'une seule loi de finances initiale qui les retrace toutes. Ce principe tend à garantir la sincérité du budget et en particulier à vérifier s'il est réellement en équilibre.

– Le principe de l'**universalité budgétaire** vise à l'information complète du Parlement. Il a deux significations : interdire la contraction de certaines recettes ou de certaines dépenses, ou bien leur compensation, pour permettre au Parlement de connaître en détail toutes les opérations financières prévues par le budget ; interdire l'affectation de certaines recettes à la couverture de certaines dépenses. L'État est un tout ; aucun service, aucune administration particulière n'est propriétaire de ses recettes. Le fonctionnaire qui violerait ce principe, celui qui revendrait par exemple certains biens usagés de l'administration sans passer par l'administration des Domaines et utiliserait les sommes ainsi recueillies pour les remplacer directement serait considéré, même s'il n'en tire aucun profit personnel, comme détenteur irrégulier de fonds publics et se rendrait coupable d'une gestion de fait (voir page 179).

– Le principe de la **spécialité budgétaire** ne s'applique qu'aux dépenses et il est, des quatre principes, celui dont le sens a été le plus fortement modifié par la LOLF, au point qu'on peut s'interroger sur sa persistance effective. Certes, la LOLF maintient la notion de « spécialité », puisqu'elle dispose, dans son article 7, que *« les crédits sont spécialisés par programme ou par dotation »*. Mais cette spécialité est désormais beaucoup plus lâche qu'autrefois. La LOLF a fait disparaître la notion ancienne de chapitre budgétaire, qui interdisait d'utiliser un crédit budgétaire pour un autre objet que celui pour lequel il était prévu, sauf s'il avait préalablement fait l'objet d'un virement de chapitre à chapitre, dans les conditions prévues strictement par l'ordonnance de 1959. Depuis la LOLF, l'ordonnateur dispose d'une marge de manœuvre qui lui permet d'utiliser des crédits pour un autre objet que celui pour lequel ils ont été votés. Son enveloppe est « globale » et les crédits sont dits *« fongibles »,* sous réserve des limitations qu'on décrira ci-dessous.

– A ces quatre principes traditionnels s'en ajoute un cinquième, celui de **sincérité** ; dégagé à partir de 1993 par le Conseil constitutionnel, repris par la LOLF et désormais consacré par le nouvel article 47-2 de la Constitution, il recouvre deux aspects : la fiabilité des prévisions inscrites dans la loi de finances (les recettes ne doivent pas avoir été artificiellement gonflées ni les dépenses minorées) ; l'exactitude dans la tenue des comptes à l'occasion de son exécution.

2. L'atténuation de ces principes

a) Le principe d'annualité

Il a été souvent critiqué : on lui reproche de négliger le fait qu'une politique publique a souvent besoin de persévérance et de continuité sur plusieurs années pour être efficace. L'annualité peut donc être gênante et interdire les perspectives économiques à long terme, alors que les décisions prises une année donnée peuvent avoir des conséquences bien au-delà de son terme (c'est le cas, par exemple, pour le recrutement de nouveaux fonctionnaires ou pour une augmentation de la dette) ; elle contredit alors l'idée de gestion prévisionnelle ou de planification de l'action financière. L'annualité peut aussi être irréaliste, lorsque certaines opérations, par exemple de construction, durent plusieurs années. Cela explique que le principe ait été grignoté de plusieurs manières. En le réaffirmant dans son article 15, la LOLF a cherché à encadrer plus strictement les exceptions qui lui étaient traditionnellement apportées. Mais elle a, en même temps, introduit dans les textes officiels des exigences de prévision pluriannuelle qui ne résultaient, avant elle, que de simples pratiques apparues à la fin des années 1990.

• Un meilleur encadrement des dérogations antérieures

L'ordonnance de 1959 distinguait les « services votés » et les « mesures nouvelles ». Les premiers correspondaient aux crédits finançant les dépenses reconductibles d'une année à l'autre (par exemple, la rémunération des fonctionnaires) ; puisqu'on les considérait comme contraints, ils faisaient l'objet d'un vote unique, en bloc ; seules les mesures nouvelles, pour lesquelles des possibilités de choix étaient reconnues au gouvernement et au Parlement, étaient discutées et votées en détail. On a reproché à cette distinction d'être, par nature, inflationniste : on ajoute sans se demander si on peut retrancher. La LOLF l'a donc supprimée et elle exige désormais que tous les crédits sans exception soient justifiés au premier euro. En présentant ses prévisions, le gouvernement doit donc désormais analyser et expliquer l'intégralité des crédits, et le Parlement peut les discuter intégralement en fonction des finalités et de l'efficacité de la dépense.

- **Les autorisations d'engagement (article 8 de la LOLF)**

L'ordonnance de 1959 avait développé, en matière d'investissement public, la notion d'*autorisation de programme* (AP). Une opération importante de travaux publics, par exemple la construction d'un bâtiment universitaire, s'étale généralement sur plusieurs années. Il faut trouver le terrain, établir le projet architectural, préparer le dossier de permis de construire, choisir les entreprises, etc. Le Parlement votait donc des autorisations de dépenses qui permettaient au ministre ou à son administration d'engager le début des opérations.

Cela donnait à l'administration la possibilité de planifier le déroulement de l'opération et de programmer des dépenses en prévoyant une première année, par exemple, les crédits nécessaires à la mise au point du programme architectural puis, l'année suivante, la viabilisation du terrain, enfin la construction proprement dite, tout en ayant l'assurance qu'elle pouvait aller jusqu'au bout de son projet. Cependant, pour la réalisation effective de chacune des phases, elle devait disposer de crédits de paiement qui, eux, restaient soumis, pour leur vote par le Parlement ou leur utilisation par l'administration, au principe de l'annualité budgétaire.

L'article 8 de la nouvelle loi substitue les *autorisations d'engagement* aux anciennes autorisations de programme et il apporte deux nouveautés importantes : les autorisations d'engagement peuvent concerner des dépenses de fonctionnement, alors que les autorisations de programme se limitaient aux dépenses d'investissement. D'autre part, dans le système de 1959, les autorisations de programme restaient valables, sans limitation de durée, jusqu'à leur éventuelle annulation ; avec la LOLF, elles doivent faire l'objet d'une décision expresse de report sur l'exercice suivant et majorer les crédits de cet exercice, à l'exception des crédits de personnels (article 15 de la loi).

- **Les reports de crédits**

Le gouvernement peut aussi s'affranchir en partie de l'annualité budgétaire par la technique des reports de crédits. Les crédits non consommés pendant l'année budgétaire seront ajoutés au budget de l'année suivante. Par rapport à l'ordonnance de 1959, la LOLF (article 4) élargit le champ des crédits reportables ; elle soumet cependant les reports à des contraintes plus fortes. Si les autorisations d'engagement peuvent être reportées sans limite sur le même programme ou sur un programme équivalent, la majoration des reports de crédits de paiement est en principe limitée à 3 % des crédits initiaux d'un programme ; et le report, prononcé par arrêté conjoint du ministre des Finances et du ministre intéressé, doit se faire avant le 31 mars.

- **Les lois de programme**

Enfin, à une époque où l'idée de planification revêtait une forte importance, la Constitution de 1958 avait développé la notion de loi de programme. Une loi de programme définit à la fois des objectifs d'action dans un domaine précis, sur une durée pluriannuelle (généralement cinq ans) et des moyens financiers à mettre en œuvre, sur la même durée, pour réaliser ces objectifs. En 1986 (décision du 26 juin), le Conseil constitutionnel a exigé que ces deux éléments (objectifs et moyens financiers) soient réunis pour qu'une loi puisse s'appeler « loi de programme » au sens de l'article 34 de la Constitution.

La loi de programme n'est pas une loi de finances, dans la mesure où les engagements financiers qu'elle comporte, et qui revêtent souvent la forme d'autorisations de programme, ne se suffisent pas à eux seuls et doivent, pour donner lieu à dépense effective, être repris dans les lois de finances ultérieures. Elle constitue donc, d'abord et avant tout, un *engagement politique*. Son domaine privilégié a été et reste le secteur des investissements militaires, mais on a utilisé le procédé dans de nombreux autres secteurs (par exemple, la recherche). La notion de loi de programme n'est pas reprise dans la LOLF, mais elle figure toujours dans la Constitution : rien n'empêcherait donc un gouvernement d'y recourir.

- **L'obligation d'une prévision pluriannuelle**

La France a adhéré à l'euro ; même si cette exigence n'a pas été respectée de façon très stricte ces dix dernières années, cela lui impose une certaine discipline économique pour éviter de mettre en danger la stabilité de cette monnaie commune. C'est pour répondre à cet impératif que les autorités européennes exigent de plus en plus, dans le cadre de la politique monétaire imposée par l'existence d'une monnaie unique, des engagements de stabilité allant au-delà de l'année en cours. Dans son article 50, la LOLF impose donc que le rapport sur la situation et les perspectives économiques, sociales et financières de la nation présente et explicite les perspectives d'évolution des recettes et des dépenses de l'État pour au moins les quatre années à venir, ainsi qu'une prévision de l'évolution de la dette de l'ensemble des administrations publiques. Les articles 48 et 52 prévoient aussi l'obligation de décrire l'évolution prévisible de l'économie nationale et des prélèvements obligatoires.

Au début de l'été 2011, le président Sarkozy avait essayé de faire introduire dans la Constitution une « règle d'or » ; ce texte créait une nouvelle catégorie de lois dites *« d'équilibre des finances publiques »*, s'appliquant au budget de l'État et à celui de la Sécurité sociale et instituant des planchers de recettes et des plafonds de dépenses pour permettre le retour à l'équilibre budgétaire en trois ans.

Faute de majorité parlementaire suffisante, la révision constitutionnelle a échoué. Le projet de règle d'or a cependant ressurgi avec la signature, le 2 mars 2012, du traité européen sur la stabilité, la coordination et la gouvernance (TSCG) (voir page 201), qui interdit aux États de la zone euro de dépasser un certain niveau de « déficit structurel » et met en place une automaticité des sanctions contre ceux d'entre eux qui ne respectent pas les règles qu'il pose.

Le Conseil constitutionnel ayant déclaré, dans sa décision du 9 août 2012, que le traité ne comportait aucune disposition contraire à la Constitution et qu'il ne portait pas atteinte aux conditions essentielles d'exercice de la souveraineté nationale, le président François Hollande a estimé que la transposition des procédures de surveillance instaurées par le TSCG pouvait se faire dans le cadre d'une loi organique, celle du 17 décembre 2012.

b) Le principe de l'unité budgétaire

Il connaît lui aussi des exceptions.

- **Les budgets annexes**

La LOLF autorise le gouvernement à regrouper dans des comptes particuliers, individualisés à l'intérieur de la loi de finances et appelés budgets annexes, toutes les opérations financières de certains services de l'État non dotés de la personnalité morale et ayant, en principe, une activité industrielle ou commerciale. Le principal budget annexe a longtemps été celui des PTT mais, depuis 1991, La Poste et France Télécom ont été dotées de la personnalité morale et leurs opérations financières n'ont donc plus à figurer, même sous forme de budget annexe, au budget de l'État. Restent donc **deux budgets annexes** (Publications officielles et information administrative, Contrôle et exploitation aériens) dont le régime est fixé par l'article 18 de la LOLF. Un des intérêts essentiels de la notion de budget annexe est à la fois de permettre une affectation des recettes et, par la constitution de réserves, d'échapper en partie à la règle de l'annualité budgétaire.

- **Les comptes spéciaux**

L'exception la plus importante concerne cependant l'existence des comptes spéciaux. A l'origine, leur création s'explique par le fait qu'ils retracent des opérations qui ne constituent ni des recettes, ni des dépenses définitives. Ainsi, lorsqu'un comptable public entre en fonction, il verse un cautionnement pour couvrir son éventuelle responsabilité, qui doit normalement lui être remboursé quelques années plus tard, quand il cessera ses fonctions. Cette entrée de fonds n'est donc pas une véritable recette et l'inscrire au budget de l'État risquerait de le gonfler artificiellement et de donner une fausse idée de sa situation. Mieux vaut tenir une comptabilité séparée, qui sera du coup plus exacte.

A partir de cette idée simple, la technique des comptes spéciaux du Trésor a été utilisée dans de nombreuses circonstances qui s'éloignaient de l'hypothèse initiale. On y a recouru, par exemple, pour regrouper des recettes financières définitives qu'on souhaitait, à l'encontre des principes traditionnels, affecter à un service donné. Afin d'éviter les abus, les comptes spéciaux doivent être ouverts par la loi de finances, pour une durée limitée et soumise à renouvellement annuel. En principe, le Parlement exerce sur les comptes spéciaux le même contrôle que sur le budget général. La LOLF reprend, dans ses articles 19 et suivants, la notion de compte spécial, dont elle prévoit **quatre catégories** (comptes de commerce[2], d'opérations monétaires[3], de concours financiers[4] et d'affectation spéciale[5]).

Budgets annexes et comptes spéciaux ne constituent que des modes de présentation particuliers de certaines opérations financières, qui ne remettent pas en cause le principe du contrôle parlementaire. Mais il existe des façons plus pernicieuses de contourner le principe de l'unité budgétaire.

- **La débudgétisation**

C'est le cas de la débudgétisation, opération qui consiste à transférer certaines dépenses du budget de l'État à celui d'organismes qui, bien que dépendant étroitement de l'État, ont une personnalité propre distincte de la sienne. Certaines de ces opérations représentent de simples modifications de présentation qui visent, par l'individualisation du budget correspondant à une activité donnée, à faciliter la comparaison entre les ressources que rapporte cette activité et les dépenses qu'elle génère. D'autres permettent de sortir du budget de l'État des sommes importantes et peuvent présenter l'inconvénient de rendre plus difficile l'appréciation exacte de l'état des finances publiques. On en a des exemples périodiques, et encore récents, avec les querelles sur la réalité des baisses de prélèvements obligatoires. Quand on sait que le budget de la Sécurité sociale, essentiellement financé par ce type de prélèvements, est supérieur à celui de l'État, on peut comprendre que celui-ci soit fréquemment accusé de reprendre d'une main ce qu'il donne de l'autre, en baissant quelques impôts de façon ostentatoire, mais en « laissant filer » les prélèvements sociaux. Pour répondre en partie à cette question, la révision constitutionnelle de 1996, complétée en 2005, a imposé la discussion par le Parlement des lois de financement de la Sécurité sociale, lui permettant ainsi de contrôler ce financement.

c) La règle de l'universalité budgétaire

Elle est, elle aussi, remise en cause par des atteintes aux principes de non-compensation ou de non-affectation. Certaines de ces atteintes sont autorisées : on admet ainsi, pour laisser une plus grande autonomie de gestion à l'administration, que ne figure au budget qu'un solde net, en recette ou en dépense, s'agissant de certains comptes spéciaux. C'est d'ailleurs souvent pour faciliter les affectations de recettes que l'on crée des budgets annexes ou des comptes spéciaux. Mais il existe d'autres atténuations du principe : les fonds de concours et le prélèvement sur recettes.

---

2. Ils retracent les opérations à caractère industriel et commercial effectuées à titre accessoire et sont dix au PLF 2014 (exemple : « Cantine et travail des détenus dans le cadre pénitentiaire » qui regroupe recettes réalisées et dépenses engagées à l'occasion du travail des détenus).

3. On en compte trois au budget de 2013 (exemple : « Pertes et bénéfices de change »).

4. Ils regroupent les prêts et avances consentis par l'État et sont 4 au PLF 2014 (exemple : les avances aux collectivités territoriales).

5. Ils sont financés par des ressources spécifiques et sont au nombre de 11 au PLF 2014 (par exemple, le compte « Pensions », alimenté par les retenues et contributions pour pensions civiles et militaires).

- **La procédure des fonds de concours**

Elle donne la possibilité au gouvernement de « budgéter » en recettes des contributions de personnes publiques ou privées et de prévoir un montant de dépenses équivalent[6]. Cette opération, réalisée par décret, permet de compléter les dotations budgétaires mais, ne figurant pas dans une loi de finances, elle échappe au contrôle du Parlement. Lorsque la somme est effectivement gagée sur des ressources en provenance d'une autre collectivité, la technique des fonds de concours n'est pas critiquable. Il en va autrement lorsque l'État s'en sert pour des « virements internes » lui donnant la possibilité, par exemple, de faire passer des crédits d'un budget annexe ou d'un compte spécial du Trésor vers le budget général. L'article 17 de la LOLF interdit désormais cette pratique.

- **Le prélèvement sur recettes**

L'article 6 de la LOLF autorise aussi une entorse au principe d'universalité par ce qu'on appelle les prélèvements sur recettes. A plusieurs reprises l'État a, par exemple, supprimé des impôts locaux ; il doit donc – du moins en principe – compenser le manque à gagner des collectivités territoriales par l'attribution d'une somme globale. Il doit aussi, chaque année, assurer la contribution de la France au budget des communautés européennes. Les gouvernements ont pris l'habitude de déduire l'ensemble de ces sommes, qui représentaient 20 % des recettes budgétaires en 2009, du montant brut des recettes, pour les affecter directement aux dépenses correspondantes. Le Conseil constitutionnel a validé cette pratique dans une décision du 29 décembre 1982, et la LOLF l'autorise désormais dans son article 6. Il y a donc à la fois contraction et affectation directe.

d) Le principe de spécialité

Il est sans doute le plus concerné par l'évolution résultant du vote de la LOLF.

- **Les dispositions de la loi du 1er août 2001**

On a abandonné, à partir du budget de 2006, le découpage en chapitres (il y en avait près de 850) au profit de la spécialisation des crédits en **programmes**, ce qui traduit la volonté de substituer à une logique de moyens une logique de définition d'objectifs et de contrôle des résultats. Les 150 programmes du projet de loi de finances pour 2014 sont regroupés au sein de **30 missions**, qui concernent chacune une grande politique de l'État et qui ne peuvent être créées que par une disposition de la loi de finances votée sur proposition gouvernementale. Ces missions correspondent soit à un service ministériel ou à plusieurs services relevant d'un ou de plusieurs ministères, soit à un budget annexe ou à un compte spécial. Les missions peuvent être interministérielles, mais les programmes restent ministériels. Les crédits sont votés par missions et c'est au niveau du programme que s'applique désormais le principe de spécialité.

Dans l'exécution du budget, le gestionnaire a donc la liberté de redéployer les crédits entre les titres au sein d'un même programme. Cela lui permet, par exemple, de faire glisser des crédits de fonctionnement vers ceux de dépenses d'intervention ou d'investissement, et inversement. La seule limite est l'interdiction d'abonder les dépenses de personnel inscrites dans le programme par des crédits provenant d'un autre titre. C'est ce qu'on appelle une **fongibilité asymétrique** : on peut utiliser des crédits de personnels pour abonder, par exemple, les crédits de fonctionnement, mais pas l'inverse.

Le gestionnaire sera surtout contrôlé sur sa capacité à respecter les engagements pris dans le cadre du projet annuel de performance (PAP, voir plus loin), qui fixe les objectifs à atteindre et détermine des indicateurs permettant de mesurer leur réalisation. On est ici au cœur de la nouvelle logique de la LOLF et de l'importance qu'elle accorde à la notion d'efficacité.

Pourquoi une loi organique nouvelle ?

L'ordonnance de 1959 a souvent été critiquée, du côté du Parlement et en particulier de la gauche, pour la rigidité avec laquelle elle encadrait les pouvoirs du Parlement en matière budgétaire. Elle n'avait pourtant jamais été modifiée, sauf sur des points mineurs, même après l'alternance politique de 1981. Un groupe de travail avait été mis en place, après l'alternance de 1997, pour étudier l'efficacité de la dépense publique et le contrôle parlementaire. Ses travaux ont conduit au dépôt d'une proposition de loi, présentée le 11 juillet 2000 par la commission des finances de l'Assemblée nationale. Adopté en termes identiques par les deux Chambres, conformément à l'article 46 de la Constitution, et à une très forte majorité, soumis au Conseil constitutionnel en vertu du même article, ce texte, qui vise à renforcer les pouvoirs du Parlement, est devenu la loi organique du 1er août 2001.

La LOLF renouvelle complètement l'approche budgétaire traditionnelle ; elle a pour objectifs essentiels de passer d'une culture de moyens à une culture de **performance**, de substituer à un contrôle de conformité un **contrôle d'efficacité**, et de remplacer le raisonnement en termes de fonctions à remplir par un accent mis sur des **objectifs** à atteindre (cette évolution devait aussi s'appliquer à l'ensemble de la gestion administrative mais, sur ce point, les objectifs de la loi semblent loin d'être atteints).

Les dispositions de cette loi ne sont entrées en vigueur que progressivement et par étapes, entre 2002 et 2005. Le projet de loi de finances pour 2006 a été le premier à être préparé et exécuté selon la totalité du nouveau dispositif. En principe, deux règles traditionnelles sont affectées par les dispositions nouvelles : les principes d'annualité et de spécialité. L'effet de ces évolutions est double : il accroît les pouvoirs du Parlement au niveau du vote du budget et de son contrôle et il renforce la responsabilité des gestionnaires de crédits au niveau de son exécution.

6. Il en est ainsi lorsqu'une région ou un département octroie une aide finançant partiellement la construction d'un équipement public (universitaire, par exemple) dans un secteur relevant de la compétence de l'État.

Missions et programmes : l'exemple de l'enseignement scolaire et celui de la recherche dans le budget 2014

Deux missions interministérielles :

1) Enseignement scolaire, sept programmes :

Enseignement scolaire public du premier degré (ministère de l'Éducation nationale) ;

Enseignement scolaire public du second degré (ministère de l'Éducation nationale) ;

Vie de l'élève (ministère de l'Éducation nationale) ;

Enseignement privé du premier et du second degrés (ministère de l'Éducation nationale) ;

Soutien de la politique de l'Éducation nationale (ministère de l'Éducation nationale) ;

Internats de la réussite ;

Enseignement technique agricole (ministère de l'Agriculture) ;

2) Recherche et enseignement supérieur, douze programmes :

Formations supérieures et recherche universitaire (ministère de la Recherche et de l'Enseignement supérieur) ;

Vie étudiante (ministère de la Recherche et de l'Enseignement supérieur) ;

Recherches scientifiques et technologiques pluridisciplinaires (ministère de la Recherche et de l'Enseignement supérieur) ;

Recherche dans le domaine de la gestion des milieux et des ressources (ministère de la Recherche et de l'Enseignement supérieur) ;

Recherche spatiale (ministère de la Recherche et de l'Enseignement supérieur) ;

Écosystèmes d'excellence ;

Recherche dans les domaines de l'énergie, du développement et de la mobilité durables (ministère de l'Écologie, de l'Énergie, du Développement durable et de l'Aménagement du territoire) ;

Recherche dans le domaine de l'aéronautique ;

Recherche et enseignement supérieur en matière économique et industrielle (ministère de l'Économie, de l'Industrie et de l'Emploi) ;

Recherche duale (civile et militaire, ministère de la Défense) ;

Recherche culturelle et culture scientifique (ministère de la Culture et de la Communication) ;

Enseignement supérieur et recherche agricoles (ministère de l'Agriculture).

Chapitre 1
L'élaboration du budget de l'État

La répartition des pouvoirs en matière budgétaire est très claire : c'est au gouvernement qu'il revient d'élaborer les projets de lois de finances et c'est au Parlement qu'il appartient de les voter. Mais la Constitution s'est aussi montrée très soucieuse d'éviter qu'à l'occasion du vote du budget, le Parlement puisse gravement dénaturer les grandes lignes de la politique économique et financière ayant animé le contenu du projet. Elle a donc laissé au gouvernement d'importants moyens d'influence sur le vote parlementaire. Sans remettre en cause le principe général, la LOLF restitue cependant au Parlement certains pouvoirs dans la discussion budgétaire.

La mise en place d'une monnaie unique dans le cadre européen entraîne cependant une surveillance accrue des instances de l'UE sur les budgets des États membres de la zone euro. En mai 2013, le Conseil de l'Union européenne a adopté deux règlements visant à améliorer la gouvernance économique dans cette zone (le *«two-pack»*). En vertu de ces règlements, chaque État membre devra soumettre tous les ans à la Commission, le 15 octobre au plus tard, son projet de budget pour l'exercice suivant. Si l'examen de ce projet met en évidence un non-respect grave des obligations budgétaires fixées dans le Pacte de stabilité et de croissance (voir page 201), la Commission demandera qu'un projet de budget révisé soit établi. Certes, elle ne peut rien imposer et le Parlement national aura le dernier mot; mais il sera averti des risques de sanctions financières encourues si le pays ne respecte pas ses engagements.

Pourquoi les choix budgétaires sont-ils limités ?

La conjoncture économique a une influence très forte sur les recettes de l'État, et on entend régulièrement des discussions autour du caractère réaliste ou non du taux de croissance retenu comme hypothèse par le gouvernement. La mise en place de l'unification européenne revêt aussi une importance croissante, et on voit bien la référence constante aux engagements pris par les États membres (pacte de stabilité) pour garantir la solidité de la monnaie européenne. Cela ne signifie pas que toute marge de manœuvre ait disparu (par exemple, pour la préparation du budget 2003, le journal *Le Monde* pouvait titrer, le 11 septembre 2002 : *«Jean-Pierre Raffarin préfère la baisse des impôts à celle du déficit»*). Elle est cependant loin d'être totale. Dès avant la crise économique et financière de 2009, certains gouvernements nationaux s'étaient octroyé des pouvoirs plus importants. Le gouvernement français s'est ainsi largement affranchi des critères de Maastricht, régulièrement rappelés par les instances européennes, et a laissé filer les déficits bien au-delà des limites imparties lors de l'introduction de l'euro. Dans son rapport sur l'exécution du budget national de 2008, la Cour des comptes souligne que, du fait de la difficulté que l'État éprouve à maîtriser ses dépenses et des allègements fiscaux qu'il a généreusement octroyés, le déficit de l'année budgétaire représentait un cinquième des dépenses de l'État et le quart de ses recettes[1].

L'accumulation des déficits annuels a alourdi considérablement la dette française, qui représentait 64,2 % du PIB en 2007 et 79 % en 2009. Elle a atteint 90 % du PIB fin 2012. Cet accroissement obère de plus en plus les capacités d'emprunt du pays et enclenche de ce fait un processus d'accélération du poids de la dette, par l'augmentation des taux d'intérêt qu'elle génère. D'où l'importance que les gouvernants attachent à l'évaluation, par les agences internationales de cotation financière, de leur risque d'insolvabilité (le fameux «triple A» que plusieurs pays, dont la France, ont perdu).

C'est en matière de **dépenses** que la liberté de l'État est la moins importante : la plus grosse partie de celles-ci est en effet conditionnée par des décisions antérieures. Comme on l'a déjà constaté, le recrutement d'un fonctionnaire titulaire entraînera l'obligation de lui verser pendant plusieurs dizaines d'années un traitement qui ira constamment en s'accroissant (passages d'échelon, promotions, etc.). Pour un budget comme celui de l'enseignement scolaire, où près de 95 % des dépenses sont des dépenses de personnel, on voit donc combien la marge de manœuvre est limitée.

L'article 32 de la LOLF interdit explicitement au gouvernement de «tricher» dans l'élaboration du budget. Il exige en effet qu'y soit présenté *«de façon sincère l'ensemble des ressources et des charges de l'État»*[2].

1. En 2010, le déficit était estimé à 145,5 milliards d'euros, soit 7,7 % du PIB.

2. Le Conseil constitutionnel a précisé le sens du principe de sincérité à propos du budget 2003. L'opposition, estimant que l'hypothèse de croissance économique retenue par le gouvernement était trop élevée et que cela faussait les grandes lignes de l'équilibre budgétaire, demandait l'interdiction de la promulgation de la loi de finances. Le Conseil constitutionnel s'y est refusé *«compte tenu des aléas inhérents à l'évaluation des recettes et des incertitudes relatives à l'évolution de l'économie»*. Mais il a rappelé au gouvernement que l'article 14 de la LOLF lui imposait d'informer le Parlement de toute mesure d'annulation de crédits et qu'au cas où, en cours d'exécution, les grandes lignes de l'équilibre budgétaire s'écarteraient sensiblement des prévisions, le gouvernement aurait l'obligation de déposer un projet de loi de finances rectificative.

1. La préparation de la loi de finances de l'année

La confection d'un budget exige une compétence financière. Il est par conséquent normal que le rôle essentiel en la matière soit dévolu au ministre des Finances par l'article 38 de la LOLF. Mais, même si les choix possibles ne sont pas toujours aussi ouverts qu'on le souhaiterait, dans la mesure où ils restent très dépendants de la conjoncture économique et où une grande partie des dépenses est largement conditionnée par celles des budgets précédents, le budget constitue d'abord l'affirmation de choix politiques qu'il traduit en termes financiers. Le même article réaffirme donc l'autorité du Premier ministre dans l'élaboration des projets de lois de finances et, en rappelant que ceux-ci sont arrêtés en conseil des ministres, il souligne le poids de la solidarité gouvernementale en la matière.

La préparation du budget s'étale tout au long de l'année. Dès le début de l'année civile, à la suite d'un séminaire gouvernemental consacré à la stratégie budgétaire, le Premier ministre adresse aux ministres des **lettres de cadrage** par lesquelles, tout en rappelant les grands axes de la politique budgétaire (niveau du déficit retenu, détermination du niveau global des dépenses, etc.), il détermine les contraintes qui s'imposent au ministère concerné. Au cours du premier trimestre, au sein de chaque ministère, un **arbitrage** se fait, sous l'autorité du cabinet du ministre, entre les demandes de crédits présentées par les différentes directions. Dans le même temps, au ministère des Finances, la direction du Budget prépare une esquisse du projet : elle fait une évaluation du taux de croissance[7], une appréciation des recettes prévisibles, une estimation des dépenses probables…

Une première série de **conférences budgétaires**, organisées entre janvier et mars, confronte les points de vue entre le ministère du Budget et les ministres « dépensiers » : en particulier les réunions de budgétisation, qui rassemblent pour chaque ministère la direction du Budget et la direction ministérielle chargée des questions financières, et déterminent les points d'accord et de désaccord ; et les conférences de performance, qui définissent les objectifs et les indicateurs de performance des politiques publiques. Les désaccords sont arbitrés, selon leur importance, entre les deux cabinets ou les deux ministres, voire, en cas de désaccord persistant, par le Premier ministre. La direction du Budget établit la synthèse des discussions et la communique au Premier ministre : celui-ci adresse, sur cette base, une **lettre plafond** qui fixe, pour chaque mission, le montant des crédits et, pour chaque ministère, les plafonds d'effectifs.

La révision constitutionnelle de 2008 a apporté une modification importante : elle a en effet introduit dans l'article 34 un alinéa nouveau qui prévoit la définition d'**orientations pluriannuelles** des finances publiques, s'inscrivant dans l'objectif d'équilibre des comptes des administrations publiques. La loi du 9 février 2009 a fait pour la première fois usage de cette possibilité ; elle a programmé par mission les dépenses de l'État ainsi que celles des collectivités territoriales jusqu'en 2011 et a limité leur progression à l'inflation. Elle a limité par ailleurs la croissance des dépenses d'assurance-maladie à 3,3 % par an. Cette programmation pluriannuelle restreint donc les capacités de négociation des ministères pendant la période couverte.

La loi organique du 17 décembre 2012, déjà citée, qui transpose le traité sur la stabilité, la coordination et la gouvernance (voir page 201) élève au rang de norme cette pratique. Elle impose l'existence de lois de programmation des finances publiques fixant pour au moins trois ans l'objectif à moyen terme de la France et déterminant la trajectoire permettant de le respecter. Ces lois imposeront un plafond aux crédits du budget général de l'État et aux dotations aux collectivités territoriales (la « règle d'or »). Elles encadreront en même temps les dépenses sociales en fixant des objectifs de progression des dépenses des régimes de sécurité sociale et de leur branche maladie. Un Haut conseil des finances publiques de neuf membres, indépendant, placé auprès de la Cour des comptes, présidé par son premier président et composé de quatre membres de la Cour et de quatre personnes désignées respectivement par les présidents des deux Assemblées et les présidents de leurs commissions des finances, se prononce sur les prévisions de croissance du gouvernement et sur le respect de la trajectoire des finances publiques. En cas de dérapage, il peut alerter publiquement le gouvernement et le Parlement sur la nécessité de déclencher un mécanisme de correction.

La LOLF a consacré l'existence d'une pratique qui s'est développée depuis quelques années : son article 48 impose la présentation par le gouvernement, au cours du dernier trimestre de la session parlementaire (donc entre avril et juin), d'un **rapport d'orientation** budgétaire qui peut donner lieu à un débat au Parlement. Ce rapport, élaboré en prévision de l'examen et du vote du budget suivant, doit rendre compte de l'évolution de l'économie nationale et des finances publiques ; il est accompagné d'un rapport de la Cour des comptes sur l'exécution des lois de finances de l'année précédente.

Une deuxième série de conférences budgétaires, dites « de deuxième phase », entre la direction du Budget et, pour chaque ministère, la direction chargée des finances et les principales directions « dépensières », permet ensuite d'identifier de manière précise les points d'accord et de désaccord qui subsistent sur le contenu précis des crédits dont chaque ministre disposera. Les différences persistantes peuvent être soumises à l'arbitrage du cabinet du Premier ministre ou du Premier ministre lui-même.

7. L'évaluation de ce taux de croissance prévisible donne lieu, chaque année, à polémiques. Pour la première fois, en novembre 2011, le gouvernement Fillon a dû reconnaître que ses prévisions pour l'année 2012 avaient été trop optimistes, ce qui l'a obligé à faire voter d'importantes mesures rectificatives au projet de recettes qu'il venait de faire adopter à l'Assemblée nationale.

2. Le vote de la loi de finances

La loi de finances n'est pas une loi comme les autres et cela se traduit dans les particularités de son adoption. Les dispositions de la Constitution de 1958 reprennent sur un certain nombre de points des principes issus de la tradition républicaine; ainsi, alors que la discussion d'une loi ordinaire peut commencer aussi bien au Sénat qu'à l'Assemblée nationale, les lois de finances doivent obligatoirement être adoptées par l'Assemblée avant tout examen par le Sénat[8] (article 39 de la Constitution). Ceci constitue une application du principe démocratique essentiel du **consentement à l'impôt** par des représentants directs du peuple.

Sur d'autres points, ces dispositions illustrent la volonté de renforcer le pouvoir de l'exécutif; inspiré par les principes du parlementarisme rationalisé, l'article 47 de la Constitution donne davantage de pouvoirs au gouvernement pour enserrer ceux du Parlement dans des limites étroites que ne le faisaient les régimes républicains précédents. Sans remettre en cause le principe général, la LOLF a cependant atténué certains de ces aspects et restitué au Parlement certains pouvoirs, en particulier d'amendement.

Le projet de loi de finances pour 2014 évalue les dépenses de l'État à 370 milliards d'euros.

1. Un calendrier budgétaire contraignant

Pour que la notion d'autorisation budgétaire ait un sens, un budget doit être voté avant la date à laquelle est censée commencer son exécution. Au cours des Républiques antérieures, le vote était rarement acquis avant le 31 décembre et cela obligeait à recourir à des expédients (arrêter les pendules ou voter des « douzièmes provisoires »[9]). Pour éviter cette situation, l'article 47 de la Constitution de 1958 et les articles 39 et 40 de la LOLF enferment le vote du budget dans des délais très serrés.

a) Des limites très strictes

Le **projet de loi de finances** de l'année doit être déposé sur le bureau de l'Assemblée nationale au plus tard le premier mardi d'octobre, et le Parlement dispose de soixante-dix jours pour l'adopter[10]. Si l'Assemblée ne l'a pas voté au bout de 40 jours, le gouvernement transmet au Sénat son projet initial, éventuellement corrigé par les amendements votés par l'Assemblée et acceptés par lui. Le Sénat dispose à son tour de 15 jours pour adopter le budget et, s'il ne respecte pas ce délai, le gouvernement ressaisira l'Assemblée du projet soumis au Sénat, éventuellement corrigé par les amendements votés par le Sénat et approuvés par lui[11].

Ainsi, le gouvernement dispose de pouvoirs importants qui lui permettent de passer outre à tout blocage parlementaire. Lorsqu'en revanche, le retard lui est imputable parce que, par exemple, le projet n'a pas été déposé à temps, la Constitution, précisée désormais par l'article 45 de la LOLF, lui permet de se sortir de ce mauvais pas en demandant au Parlement, soit grâce au vote de la seule première partie de la loi de finances (qui contient en particulier les recettes), soit par le vote d'une loi spéciale, l'autorisation de percevoir les impôts et d'ouvrir par décret les crédits minimaux nécessaires au fonctionnement de l'État[12]. C'est ce qui s'était passé en 1962 : à la suite du renversement du gouvernement Pompidou, l'Assemblée avait été dissoute début octobre et la nouvelle Assemblée, élue fin novembre, n'avait pu se réunir et discuter du budget qu'en décembre, trop tard pour permettre le respect du calendrier budgétaire. Le gouvernement avait donc dû recourir à cette possibilité.

b) Une procédure législative raccourcie

Comme toutes les lois, la loi de finances doit en principe faire l'objet d'un vote concordant des deux assemblées. Mais la **procédure accélérée** prévue par l'article 45 de la Constitution s'applique de droit aux lois de finances de l'année : le gouvernement peut donc demander, dès la fin des premières lectures, la réunion de la commission mixte paritaire (voir page 44) pour essayer de parvenir à un accord[13]. En cas de désaccord après les secondes lectures, le gouvernement demande à l'Assemblée nationale de trancher définitivement.

Si le Parlement ne s'est pas prononcé dans le délai de 70 jours, le gouvernement peut, par ordonnance, mettre en vigueur les dispositions du projet de loi de finances. Cette disposition de l'article 47 ne permettrait certes pas au gouvernement de passer outre à un vote négatif de l'Assemblée, mais elle lui donne la possibilité de résister à toute tentative de blocage de la part de celle-ci. Cette procédure n'a encore jamais été utilisée.

---

8. Dans une décision de 1976, le Conseil constitutionnel a déduit de cette disposition l'interdiction faite au gouvernement de présenter, pour la première fois devant le Sénat, sous forme d'amendement, « une mesure financière entièrement nouvelle ».

9. On reconduisait le douzième des crédits de l'année précédente pour permettre le fonctionnement de l'État pendant un mois.

10. En ce qui concerne les projets de lois de financement de la Sécurité sociale, le délai au terme duquel l'adoption doit avoir lieu est de 50 jours.

11. Pour prendre l'exemple de la loi de finances pour 2009, le dépôt a eu lieu le 26 septembre 2008 et s'est accompagné de l'audition en commission des finances des ministres de l'Économie et du Budget; les travaux en commission se sont déroulés entre le 7 et le 16 octobre, la discussion publique à l'Assemblée entre le 20 octobre et le 19 novembre (44 jours). Le Sénat a examiné le projet voté par l'Assemblée du 20 novembre au 9 décembre (20 jours); et après réunion d'une commission mixte paritaire, les deux assemblées ont procédé à l'adoption finale le 17 décembre 2008. L'examen parlementaire a donc duré 72 jours.

12. C'est-à-dire, précise le dernier alinéa de l'art 45 de la LOLF, « le minimum de crédits que le gouvernement juge indispensable pour poursuivre l'exécution des services publics dans les conditions qui ont été approuvées, l'année précédente par le Parlement. [Ces crédits] ne peuvent excéder le montant des crédits ouverts par la dernière loi de finances de l'année ». L'ordonnance de 1959 parlait des « services votés » : cette notion ayant été supprimée par la LOLF, il a été nécessaire de recourir à une formulation moins claire.

13. C'est ce qui s'est produit pour les votes des budgets de 2007 à 2010.

Le vote difficile du budget 2013

Le vote de la loi de finances de 2013 a été entaché de plusieurs incidents témoignant de la rigueur des délais impartis : on y a vu le groupe socialiste proposer au Sénat, afin de pallier l'obstruction de l'opposition, le rejet du budget présenté par le gouvernement qu'il soutenait. En première lecture, le Sénat a rejeté la première partie du budget ; cela a interrompu la discussion en son sein. L'Assemblée nationale a donc repris la discussion en seconde lecture sur le texte qu'elle avait adopté. A l'occasion de la seconde lecture au Sénat, les députés de droite ont décidé de s'abstenir sur le vote des recettes, pour pouvoir discuter en détail de la partie dépenses et retarder d'autant l'adoption définitive de la loi, la repoussant ainsi au-delà des 70 jours prévus par la Constitution, ce qui aurait nécessité son adoption par ordonnance. Pour éviter cette situation, le président du groupe socialiste au Sénat a fait adopter la question préalable (voir page 43) afin de mettre fin à la discussion au Sénat et de permettre une troisième lecture à l'Assemblée.

2. Des prérogatives parlementaires limitées

D'une part, les assemblées ne sont pas libres d'organiser leurs votes comme elles l'entendent. D'autre part, leur droit d'initiative est limité. En outre, et cela est aussi un moyen d'éviter une éventuelle « guérilla » parlementaire, le nombre de votes à émettre sur le budget est réduit.

a) Les assemblées ne sont pas libres d'organiser leurs votes

L'article 42 de la LOLF interdit de mettre en discussion, devant une assemblée, la seconde partie de la loi de finances avant le vote de la première partie. Comme on l'a vu dans le chapitre précédent, cette première partie fixe les données générales de l'équilibre financier du budget, en déterminant notamment, au regard de l'autorisation de percevoir les recettes, un plafond de dépenses.

Concrètement, cela veut dire que le vote du budget doit débuter par une **approbation** de la politique financière générale définie par le gouvernement. C'est en effet dans la première partie que le gouvernement propose les grands choix politiques sur l'existence éventuelle et l'importance d'un déficit budgétaire, sur l'augmentation ou la réduction des recettes (notamment des impôts) ou des dépenses. Cela veut aussi dire que le budget doit être adopté par deux votes distincts portant sur chacune des deux parties.

L'importance du vote préalable de la première partie du budget : l'exemple du budget de 1980

A la fin de 1979, la majorité parlementaire avait rejeté le dernier article de la première partie fixant les conditions générales de l'équilibre du budget pour 1980. Le président de l'Assemblée nationale avait cependant décidé la poursuite de la discussion parlementaire, en indiquant qu'elle reviendrait sur cet article après l'examen de tous les autres.

Les difficultés entre le gouvernement et sa majorité parlementaire se poursuivant, le budget fut finalement voté grâce à l'utilisation de l'article 49 alinéa 3 de la Constitution. Saisi, en particulier par l'opposition, le Conseil constitutionnel conclut, dans sa décision du 24 décembre 1979, que la loi de finances avait été votée de manière inconstitutionnelle et en interdit la promulgation. Privé de budget, le gouvernement dut recourir au vote de la loi spéciale évoquée plus haut et faire revoter en douze jours le budget selon une procédure régulière. Pour accélérer les débats, il eut par trois fois recours à l'article 49-3.

Le Conseil constitutionnel considère donc que l'adoption préalable du principe d'équilibre économique et financier du budget est essentielle, parce qu'elle garantit que le Parlement ne remettra pas en cause cet équilibre dans la suite de la discussion budgétaire. Il ajouta, en 1982, que cela n'interdit pas au Parlement de modifier des dispositions adoptées dans la première partie, mais à la condition expresse que ces modifications ne remettent pas en cause l'équilibre général accepté par le vote de cette partie.

b) Les assemblées ne sont pas entièrement libres du contenu de leurs votes

En matière de loi de finances, les assemblées sont soumises à toutes les limites qui s'imposent aux lois ordinaires. Reprenant une disposition introduite dans un décret-loi de la IVe République qui voulait lutter contre les tentations de « démagogie » parlementaire, l'article 40 de la Constitution déclare irrecevables les propositions ou les amendements parlementaires qui pourraient entraîner une diminution des ressources ou une dépense supplémentaire. Le Conseil constitutionnel n'a cependant pas donné la même portée à cette règle pour les recettes et les dépenses.

S'agissant des **recettes**, ce qui est interdit, c'est une proposition qui viserait à les diminuer globalement. En revanche, le Parlement peut proposer la diminution d'une ressource, par exemple d'un impôt déterminé, s'il propose en même temps, et pour un montant équivalent, l'augmentation d'un autre impôt. S'agissant des **dépenses**, la contrainte est plus stricte : même accompagné d'une proposition d'augmentation de recettes, un amendement qui conduirait à une dépense nouvelle est irrecevable.

Les dispositions de la LOLF assouplissent cependant la rigueur des principes de 1959. S'agissant des **recettes**, la suppression des services votés et la discussion « au premier euro » de la totalité des crédits facilitent l'exercice du droit d'amendement des parlementaires. L'article 47 de la LOLF va dans le même sens, s'agissant des **dépenses**, en autorisant les amendements parlementaires modifiant la répartition des crédits entre programmes au sein d'une même mission. Ainsi, à l'occasion du débat sur le budget de 2006, 28 missions (sur 34) ont fait l'objet d'amendements plus ou moins importants. Par exemple, la majorité parlementaire a transféré des crédits prévus pour l'Éducation nationale vers l'enseignement agricole. De même, à l'occasion de la discussion du budget pour 2005, elle avait basculé des crédits prévus pour l'enseignement public vers l'enseignement privé.

L'**irrecevabilité** peut être soulevée à tout moment de la procédure parlementaire, soit par le gouvernement, soit par un parlementaire, et ce sont les présidents des assemblées qui tranchent, sur avis des présidents des commissions des finances. Le Conseil constitutionnel sera amené à censurer éventuellement les décisions des autorités parlementaires si la loi de finances lui est déférée avant sa promulgation, ce qui est pratiquement toujours le cas depuis la révision constitutionnelle de 1974.

Bien entendu, ces dispositions ne jouent tout leur rôle que dans les cas où le gouvernement entend le leur faire jouer. L'exemple du débat intervenu en 2002 sur l'augmentation des traitements des ministres, dépense nouvelle proposée sur amendement parlementaire, est révélateur de situations où il pourrait « laisser faire », sans proposer ni s'opposer.

Elles fixent ce qui **doit** et ce qui **peut** figurer dans une loi de finances. Leur effet pratique essentiel est l'interdiction, confirmée, d'y introduire ce qu'on appelle des « cavaliers budgétaires », c'est-à-dire des dispositions n'ayant aucun contenu financier (ou un contenu financier purement symbolique) [14]. L'irrecevabilité peut être opposée, dans des conditions identiques à celles évoquées ci-dessus, à toute proposition ou amendement parlementaire constituant un tel cavalier. Mais, lorsqu'il est saisi d'un recours contre le projet de loi de finances voté par le Parlement, le Conseil constitutionnel peut aussi, d'office, censurer les cavaliers budgétaires introduits dans la loi sur proposition du gouvernement.

c) Les assemblées ne sont pas libres du nombre de leurs votes

D'une part, sont applicables aux lois de finances toutes les possibilités dont le gouvernement dispose pour « forcer la main » à l'Assemblée nationale à l'occasion de la procédure législative ordinaire (voir page 44). Il peut donc utiliser la procédure du **vote bloqué** et demander à l'Assemblée nationale de se prononcer par un seul vote sur tout ou partie de la loi de finances, en ne retenant que les amendements qu'il aura acceptés ou proposés. Il peut aussi, comme on l'a vu à propos du budget de 1980, utiliser l'**article 49 alinéa 3** de la Constitution et engager sa responsabilité sur le vote d'une loi de finances. En pareil cas, ou bien une motion de censure n'est pas déposée dans les 24 heures et la loi de finances sera considérée comme adoptée sans vote. Ou bien elle est déposée et son rejet entraînera l'adoption de la loi ; comme on ne compte que les voix « pour » la motion, les députés tentés par l'abstention sont considérés comme ayant approuvé tacitement la loi, ce qui se révèle important lorsque la majorité parlementaire est faible ou fragile.

Mais certaines **limitations** sont propres aux lois de finances. On a vu que la LOLF supprime le vote global des services votés, qui ne garde d'intérêt que dans l'hypothèse du recours à une loi spéciale liée à l'impossibilité du vote du budget dans les délais requis. Les articles de la première partie font l'objet d'un vote article par article, mais les évaluations de recettes donnent lieu à un vote d'ensemble pour le budget général, les budgets annexes et les comptes spéciaux ; les évaluations de ressources et de charges de trésorerie sont soumises à un vote unique ; il y a ensuite un vote des dépenses par mission (rappelons que cela inclut un vote pour chaque compte spécial et pour chaque budget annexe) et un vote global fixant le plafond des emplois rémunérés par l'État.

* * *

L'esprit des dispositions actuellement en vigueur va dans le sens général de l'esprit de la Ve République : permettre à l'exécutif de résister aux attaques parlementaires. Elles avaient été conçues pour des hypothèses qu'on avait bien connues dans les Républiques antérieures : des majorités parlementaires composites et instables. Même si l'apparition du fait majoritaire, après 1962, leur a fait perdre une partie de leur importance politique, l'exemple du budget pour 1980, déjà évoqué, montre qu'elles restent à tout moment susceptibles d'être mises en œuvre. Elles demeurent symboliques, même si l'entrée en vigueur de la LOLF, en 2005, a réduit le poids particulier dont dispose l'exécutif sur un des aspects politiques essentiels de la vie d'un État moderne : la détermination de la politique financière.

---

14. De la même manière, les lois de financement de la sécurité sociale ne peuvent pas contenir de dispositions étrangères à cet objet. Ainsi le Conseil constitutionnel a censuré en 2005 une disposition d'une de ces lois définissant les missions des conciliateurs au sein des caisses de sécurité sociale.

Chapitre 2
L'exécution de la loi de finances

Une fois votée, la loi de finances doit être exécutée. Ce sera au gouvernement et à l'administration qu'il appartiendra de le faire, et ils bénéficieront dans cette tâche de larges pouvoirs d'appréciation.

Comme on l'a déjà dit, un budget est un acte prévisionnel : l'exécution de certaines de ses dispositions est donc en partie indépendante de la volonté des autorités politiques. C'est en particulier le cas des opérations de recettes, dont on a vu qu'elles varient en fonction de paramètres économiques sur lesquels les pouvoirs publics n'ont qu'une prise limitée. Il est donc logique que de larges possibilités d'adaptation soient laissées à ceux-ci au cours de l'année budgétaire pour tenir compte des aléas. Ces adaptations pourront conduire à une nouvelle intervention du Parlement, par exemple lorsqu'il vote ce qu'on appelle les lois de finances rectificatives, qui corrigent et modifient en cours d'année les prévisions initiales qu'il avait retenues.

Mais même lorsqu'il intervient dans ce cadre, le Parlement se contente souvent de ratifier des décisions qui lui ont largement échappé, comme le montre le fait que certaines de ces lois sont votées alors que l'année budgétaire est déjà largement avancée. C'est donc en réalité le gouvernement qui dispose des pouvoirs principaux d'appréciation et d'adaptation dans l'exécution des lois de finances, à commencer par la répartition des crédits entre les ministères. En revanche, sa marge d'appréciation est moindre en ce qui concerne la perception des recettes.

1. La mise à disposition des crédits

La loi de finances prévoit les dépenses par mission, budget annexe et compte spécial. Il faut donc, après son vote, les répartir par programme pour les affecter aux différents services qui seront chargés de les exécuter. C'est l'objet des **décrets de répartition** pris par le gouvernement. En outre, certaines dépenses ne peuvent être déterminées à l'avance avec une précision totale. C'est pourquoi la loi de finances distingue différentes catégories de crédits : certains sont limitatifs et ne pourront être dépassés, d'autres sont évaluatifs et fixent simplement un ordre de grandeur approximatif. Mais, même pour les crédits limitatifs, le gouvernement dispose de certaines possibilités d'adaptation.

Le développement des décrets de répartition a été concomitant du renforcement progressif des prérogatives de l'exécutif. Auparavant, le rôle du Parlement était plus important sur ce point. C'est à la fin de la IVe République que ces décrets apparaissent, mais c'est l'ordonnance du 2 janvier 1959 qui a donné au gouvernement une large autonomie dans la répartition des crédits entre services.

Dès la promulgation de la loi de finances (de l'année ou rectificative), le gouvernement prend des décrets de répartition par programme des crédits ouverts par mission, en distinguant les dépenses de personnel qui font l'objet de décrets à part[15]. Cela ne signifie pas, comme on l'a parfois dit, que le pouvoir d'autorisation préalable du Parlement ait été amputé : même s'il ne vote pas expressément les mesures de répartition, il a en effet connaissance des annexes du projet de loi de finances (les *bleus budgétaires*), qui annoncent le contenu futur des décrets puisqu'elles décrivent en détail la répartition des crédits. Le contenu de ces annexes lie le gouvernement, qui doit en outre tenir compte des modifications que le Parlement apporte au montant et à l'affectation des crédits. Les décrets de répartition sont publiés en même temps que la loi de finances.

La LOLF s'est en effet efforcée de tirer les enseignements de quarante ans d'application de l'ordonnance de 1959. Elle souhaite en premier lieu renforcer l'information et le **contrôle du Parlement** sur l'exécution du budget. C'est pourquoi l'autorisation parlementaire est donnée pour un montant précis : comme l'indique l'article 9 de la LOLF, les crédits ouverts sont en principe limitatifs. Les dépenses ne peuvent être engagées et ordonnancées que dans la limite des crédits ouverts ; ceux-ci définissent un plafond de dépenses et d'emplois et, sauf exception, seule une loi de finances rectificative permet de les modifier. Les marges de liberté modifiant la répartition des crédits entre les programmes sont donc extrêmement restreintes. Mais la LOLF se préoccupe aussi de la nécessaire souplesse de la gestion budgétaire et de l'efficacité de l'action administrative. C'est pourquoi elle donne en revanche une importante **liberté d'action** au gestionnaire de crédits pour modifier les crédits à l'intérieur d'un programme.

1. Les faibles marges de liberté entre les programmes

Le principe est que les crédits votés ont un caractère limitatif. La LOLF apporte cependant certaines nuances à ce principe. Elle admet ainsi qu'à titre exceptionnel, et sous condition d'une information du Parlement, les crédits d'un programme donné soient dépassés. Ou bien parce qu'ils ne présentent qu'un caractère simplement évaluatif. Ou bien, lorsque l'urgence ou la nécessité l'exigent, interviennent des décrets de virement et de transfert ou des décrets d'avances. Enfin, les crédits d'un programme ne

15. Dans la mesure où le plafond d'emplois de chaque ministère est voté par le Parlement.

constituant qu'un plafond, le gouvernement n'a aucune obligation juridique de les dépenser tous. Il a donc des possibilités de modifier en moins, par décret, la dotation d'un programme donné.

a) La possibilité de crédits évaluatifs

La LOLF maintient l'idée que certains crédits ont un caractère évaluatif. Ces crédits doivent être ouverts sur des programmes spécifiques, distincts des programmes dotés de crédits limitatifs, et leur prévision n'a pas le caractère d'un plafond, mais d'une simple évaluation dont le montant peut être dépassé en cours d'exécution sans autorisation préalable du Parlement. La LOLF restreint très fortement le champ de ces crédits par rapport à l'ordonnance de 1959. La catégorie principale recouvre les **charges de la dette**. Tout dépassement de crédits évaluatifs doit donner lieu à information des commissions des finances du Parlement et faire l'objet de propositions d'ouverture de crédits dans le plus prochain projet de loi de finances. La réduction du champ des crédits évaluatifs est compensée par la procédure des décrets d'avances.

b) Les décrets de virement et de transfert (article 12 de la LOLF)

Des **décrets de virement** peuvent modifier la répartition des crédits entre les programmes d'un même ministère. Mais, comme ces décrets modifient l'objectif de la dépense, leur ampleur est étroitement limitée : leur montant total ne peut pas dépasser 2 % des crédits de chacun des programmes concernés. Des **décrets de transfert** peuvent modifier la répartition des crédits entre ministères. Mais ils ne peuvent pas changer la nature de la dépense et doivent garder le même objet.

Ces décrets sont pris sur le rapport du ministre des Finances. Ils sont publiés au *Journal officiel* avec un rapport de motivation. Les opérations doivent donner lieu à une information des commissions parlementaires concernées, et le gouvernement doit rendre compte de l'utilisation des crédits virés ou transférés dans le rapport annuel de performance annexé au projet de loi de règlement.

c) Les décrets d'avance (article 13 de la LOLF)

Si l'argent manque sur une mission pour une raison ne pouvant être prévue à l'avance, le gouvernement peut prendre des décrets d'avance ouvrant des **crédits supplémentaires**[16]. Mais il ne peut le faire **qu'au titre de l'urgence**. Ces décrets exigent l'avis du Conseil d'État et celui des commissions des Finances des deux assemblées[17]. Ces dernières ont sept jours pour rendre leur avis, à défaut de quoi il sera réputé positif. Le montant cumulé des crédits ainsi ouverts ne peut excéder 1 % des crédits totaux ouverts par la loi de finances. L'équilibre budgétaire défini par celle-ci ne peut en effet être modifié (si tel devait être le cas, une loi de finances rectificative serait nécessaire) ; cela signifie que le gouvernement doit compenser – gager – l'ouverture de crédits par des annulations d'autres dépenses ou la définition de ressources nouvelles. Les modifications résultant du décret d'avance doivent faire l'objet d'une ratification dans la loi de finances qui le suit immédiatement. Le décret d'avance est publié au *Journal officiel* avec son rapport de motivation.

d) Les annulations de crédits et les mises en réserve (article 14 de la LOLF)

L'autorisation budgétaire constitue un plafond : les ministres ne sont donc pas obligés de dépenser tous les crédits votés. La loi de finances ne fait en effet que les autoriser à engager jusqu'à un certain montant de dépenses, mais elle ne les contraint jamais à le faire. Certaines dépenses pourront ainsi ne jamais être exécutées, et des crédits peuvent dès lors être annulés par décret pris sur le rapport du ministre des Finances. Deux sortes de raisons peuvent motiver ces annulations. Ou bien le gouvernement constate que l'exécution du budget ne se passe pas dans les conditions prévues : les impôts, par exemple, rentrent mal ; il faut donc prévenir une dégradation de l'équilibre budgétaire en réduisant les dépenses ; c'est ce qu'on appelle les mesures de **régulation budgétaire**[18]. Ou bien, des crédits sont devenus sans objet. Les annulations se font au niveau de chaque programme. Là encore, le gouvernement doit informer la commission des finances des deux assemblées ; puis le décret d'annulation est publié au *Journal officiel* avec son rapport de motivation ; les crédits annulés sont mentionnés dans le rapport annuel de performance, au moment de la loi de règlement. Le montant total des annulations par décret est limité (pas plus de 1,5 % des crédits ouverts par les lois de finances initiale et rectificative).

e) La souplesse de la gestion et les limites des grands principes budgétaires dans l'exécution du budget

Avec la pratique des reports budgétaires, sous l'empire de l'ordonnance de 1959, des crédits importants pouvaient être consommés après l'expiration de l'année budgétaire au titre de laquelle ils avaient été consentis, sans que soient reportées les recettes correspondantes. Devant les risques de déséquilibre que cette situation pouvait comporter, la LOLF a supprimé le caractère automatique du

16. Cette procédure a, par exemple, été utilisée en mars 2006 pour financer la lutte contre l'épidémie de chikungunya à La Réunion.

17. Lorsque l'urgence revêt un caractère de nécessité impérieuse d'intérêt national, le gouvernement peut se contenter d'une simple information de ces commissions ; le décret d'avance est alors pris en conseil des ministres.

18. Cette pratique existait avant la LOLF, même si elle n'était pas expressément prévue par l'ordonnance de 1959. La LOLF a souhaité l'encadrer. L'annulation des crédits est souvent précédée par leur « gel » – la LOLF parle de mise en réserve – qui rend provisoirement indisponibles certains crédits votés. Ainsi, en 2002, des crédits ont été gelés avant l'élection présidentielle, pour laisser une marge de manœuvre au futur gouvernement. Ces mesures de régulation sont devenues dans les dernières années quasi systématiques, d'autant que le Conseil constitutionnel a validé en 2002 la pratique consistant à procéder régulièrement au gel d'une partie des crédits en début d'exercice pour prévenir toute détérioration de l'équilibre. Lorsque les annulations interviennent très tôt dans l'année budgétaire, elles ôtent cependant une partie de son sens au vote du budget et amènent à douter du respect réel du principe de sincérité.

report des autorisations d'engagement (voir page 159) et elle limite à 3 % des crédits de chaque programme les crédits reportables [19].

2. Les fortes marges de liberté à l'intérieur d'un programme

A l'intérieur d'un programme, le principe est au contraire la souplesse. En effet, sauf pour les dépenses de personnel, la répartition des crédits au sein du programme n'est qu'indicative. L'exécution du programme est confiée, dans chaque ministère, à un « responsable de programme » désigné par le ministre et placé sous son autorité [20]. Il fait le lien entre la responsabilité politique et la responsabilité de gestion, définit un **projet annuel de performance** (PAP) qui précise en particulier ses objectifs stratégiques (un peu plus de 600) et les indicateurs chargés d'en mesurer la réalisation (1 008 en 2011) [21]. Il devra, lors de la présentation de la loi de règlement, rendre compte de la réalisation de ses objectifs, par la présentation d'un **rapport annuel de performance** (RAP) présenté selon la même structure que le PAP.

Le responsable de programme dispose d'une enveloppe de crédits et d'une large autonomie dans son affectation. Tout en gardant généralement une réserve pour faire face aux imprévus en cours d'année, il peut déléguer la gestion de son programme et répartir son enveloppe entre des responsables de **budgets opérationnels de programme** (les BOP) nationaux ou locaux [22]. Dans ce dernier cas, les responsables de BOP sont le plus souvent des chefs de service déconcentrés. Les BOP peuvent ensuite être décomposés en **unités opérationnelles** de gestion (UO), au profit des gestionnaires locaux.

Le responsable de programme et le responsable de BOP peuvent toujours modifier la répartition des crédits au sein du programme ou du BOP. C'est ce qu'on appelle la **fongibilité.** Celle-ci n'est cependant pas totale, car il leur est interdit d'augmenter les crédits de personnel. C'est pourquoi elle est dite asymétrique : on peut transformer des crédits de personnel en crédits de fonctionnement, par exemple, mais pas l'inverse. En revanche, les responsables d'UO ne peuvent pas modifier la destination des crédits qui leur sont délégués.

19. Le montant des crédits reportés ne s'élève plus désormais qu'au quart de ce qu'il était avant 2005.

20. On en comptait environ 80 en 2011, la plupart étant des directeurs d'administration centrale ou des chefs de grands services nationaux.

21. Par exemple, le ministère de l'Emploi s'est donné pour objectif de favoriser l'égalité hommes-femmes. Il cherchera ainsi à développer la mixité dans les secteurs professionnels très masculinisés, en déterminant des objectifs chiffrés dont la réalisation sera mesurée en fin d'année. On a reproché à certains objectifs d'être trop vagues ou trop généraux, et à certains indicateurs de mesurer davantage un niveau d'activité qu'un niveau de performance.

22. On comptait 1 900 BOP en 2010.

Dans l'ancienne nomenclature budgétaire, on distinguait entre deux types de chapitres : ceux qui prévoyaient des crédits directement gérés par les services de l'État et ceux qui attribuaient des crédits gérés par des acteurs disposant d'une certaine autonomie. Il y avait, par exemple, des crédits gérés directement par la direction des Enseignements supérieurs, et d'autres attribués aux universités et transitant par leur budget. On retrouve des traces de cette distinction dans la LOLF lorsqu'elle autorise des opérateurs d'État (terme désignant les responsables des organismes dotés de la personnalité morale, contrôlés par l'État et exerçant une activité majoritairement non marchande, par exemple le CNRS) à exécuter tout ou partie d'un programme. Le nombre de ces opérateurs s'élevait à 556 en 2013.

2. L'obligation de percevoir les recettes publiques

C'est dans ce domaine que la liberté du gouvernement est la moindre. Encore faut-il distinguer recettes fiscales et recettes non fiscales.

En matière de **recettes fiscales** (impôts et taxes), la compétence parlementaire reste primordiale. Ce n'est d'ailleurs que l'application de la règle du consentement à l'impôt. Seul le Parlement peut autoriser la perception des impôts. Il en modifie éventuellement l'assiette, le taux ou les modalités de recouvrement, et il peut le faire soit dans la loi de finances, soit dans une autre loi. Mais en toute hypothèse, son autorisation doit être préalable à la perception [23].

Le principe n'est cependant pas toujours aussi rigide. Là encore, il arrive que le Parlement se contente de ratifier des décisions déjà prises par le gouvernement. Certes, ce dernier ne pourrait pas décider l'augmentation d'un impôt sans vote préalable du Parlement : les contribuables touchés obtiendraient en pareil cas facilement l'annulation de leur imposition. Mais il est arrivé que certaines baisses soient décidées par de simples décisions administratives et appliquées immédiatement, comme l'ont montré les diverses modifications des taux de la TVA ces dernières années. Indispensable, l'accord parlementaire n'est intervenu qu'après.

En matière de **recettes non fiscales**, par exemple les redevances correspondant à l'utilisation d'un service public, la marge de manœuvre du gouvernement est beaucoup plus importante : il peut notamment, pour toutes sortes de raisons politiques, en modifier le taux en cours d'exercice.

23. La perception des impôts est donc indépendante des « rendements » prévus par la loi de finances.

3. Les relations entre annualité budgétaire et exécution du budget

Il peut arriver que des crédits prévus au budget d'une année *n* correspondent à des dépenses qui, engagées par exemple en décembre, ne seront effectivement payées qu'au cours de l'année *n+ 1*. Ou qu'un fournisseur, qui a livré une marchandise au cours de l'année *n*, tarde à envoyer sa facture; ou encore que l'administration n'entreprenne pas les travaux qu'elle a envisagés, parce que des difficultés imprévues ont surgi, ou ne règle pas encore ceux qu'elle a fait faire, parce qu'un contentieux a surgi à propos de leur qualité. Ou qu'un contribuable récalcitrant ne paye ses impôts qu'avec quelques années de retard. A travers ces exemples, on voit que certaines prévisions budgétaires autorisées pour une année donnée risquent de n'être exécutées qu'une ou plusieurs années après leur autorisation.

Si on fait prévaloir la notion d'**autorisation**, on rattachera toutes les recettes et toutes les dépenses à l'année pour laquelle elles ont été autorisées, quelle que soit celle où elles ont été encaissées ou décaissées : c'est le système de l'**exercice**. Il a évidemment comme inconvénient de retarder considérablement la possibilité de faire les comptes définitifs. On préférera alors s'attacher à l'idée d'**exécution** et rattacher toutes les opérations budgétaires à l'année de leur réalisation effective : c'est le système de la **gestion**.

La France a finalement opté, de manière nuancée, pour le second (art. 28 de la LOLF). On rattache donc toutes les recettes à l'année où elles sont effectivement encaissées. En ce qui concerne les dépenses, la situation est un peu plus subtile : c'est l'année au cours de laquelle le comptable met son visa qui détermine l'imputation. Cela amène généralement le comptable à fixer une date limite aux opérations d'ordonnancement (voir page 173), faute de quoi il ne peut assurer le paiement de la dépense dans les temps.

Chapitre 3
Les règles de la comptabilité publique

Selon l'article 49 du décret du 29 décembre 1962 portant règlement général sur la comptabilité publique, celle-ci fixe les règles juridiques et techniques applicables à la description, à l'exécution et au contrôle des opérations financières des organismes publics. Dans les activités privées, le mot « comptabilité » désigne l'ensemble des techniques relatives à la tenue des comptes. La comptabilité publique a donc un sens et une importance qui vont au-delà de l'acception ordinaire du terme : elle ne couvre pas seulement un ensemble de procédés techniques ; elle inclut tout un corps de règles juridiques applicables aux opérations de gestion des fonds et des valeurs appartenant à l'État, aux collectivités locales et aux établissements publics nationaux et locaux, ainsi que de ceux qui leur sont confiés par des particuliers et dont ils sont détenteurs, comme les dépôts ou les consignations.

Le droit de la comptabilité publique est pour l'essentiel dominé par un principe fondamental : celui de la séparation des ordonnateurs et des comptables. Pour éviter toute fraude ou tout abus dans le maniement des fonds publics, l'exécution des opérations financières des organismes publics exige en effet, depuis le début du XIXe siècle, l'intervention de deux catégories d'agents distincts et séparés. Les ordonnateurs sont chargés de prendre les actes juridiques qui vont permettre l'exécution de la dépense, cependant que les comptables seront chargés des opérations matérielles de paiement. La séparation est consacrée par l'article 20 du décret du 29 décembre 1962, qui est le texte fondamental en la matière et qui déclare « incompatibles » les deux fonctions.

1. Le principe de séparation des ordonnateurs et des comptables

La séparation correspond à une règle de sécurité dans la gestion publique, en imposant l'intervention de deux acteurs distincts pour accomplir toute obligation de recette et surtout de dépense. L'un décide et il jouit d'un assez large pouvoir discrétionnaire d'appréciation. L'autre contrôle à la fois la disponibilité des fonds et la régularité de la décision prise par le premier.

1. Les ordonnateurs

a) Les catégories d'ordonnateurs

Les ordonnateurs sont les autorités placées à la tête des différents services. Leur fonction d'ordonnateur est donc attachée à une fonction administrative principale, dont elle n'est que le complément. Pour l'État, les ordonnateurs **principaux** sont les ministres ; pour les collectivités territoriales, ce sont les chefs de leurs exécutifs ; pour les établissements publics ou les services dotés de budgets annexes, leurs directeurs. C'est à ces ordonnateurs principaux que les autorisations budgétaires sont directement ouvertes. Mais, pour éviter l'engorgement des circuits ou pour se conformer aux mesures de déconcentration, les textes ont également prévu l'existence d'ordonnateurs dits **secondaires** (préfets ou certains chefs de services extérieurs). Ils bénéficient d'une délégation de pouvoirs qui leur transfère la compétence sur les crédits délégués et prive l'autorité supérieure de la possibilité d'intervenir sur ceux-ci. Ordonnateurs principaux et secondaires peuvent désigner des ordonnateurs **délégués** (membres du cabinet ou directeurs d'administration centrale, par exemple) ; mais ceux-ci ne disposent que d'une délégation de signature qui n'empêche pas l'autorité délégante de continuer à gérer les crédits concurremment avec eux.

b) Les fonctions des ordonnateurs

Il faut distinguer les procédures applicables aux recettes et celles applicables aux dépenses.

- **En matière de dépenses**

L'ordonnateur est chargé de l'engagement, de la liquidation et du mandatement.

- **L'engagement**

La dépense a un fait générateur. Ce peut être un acte volontaire de l'administration : soit juridique (par exemple, la conclusion d'un marché de travaux, une commande de fournitures, une décision de subvention, la nomination d'un fonctionnaire) ; soit matériel (quand un fonctionnaire passe un appel téléphonique à partir du poste de son bureau, il engage une dépense publique). Mais le fait générateur de la dette peut aussi être indépendant de la volonté de l'administration (par exemple, la conséquence automatique d'une décision juridictionnelle quand, à la suite d'un accident, la responsabilité de l'administration est engagée et crée une dette pour celle-ci). On voit, à partir des exemples donnés, que l'ordonnateur n'est pas le seul à créer ces faits générateurs de dépenses : le fonctionnaire qui téléphone peut être n'importe quel agent du bureau, le conducteur de la voiture responsable d'un accident n'importe quel agent du service, etc.

On distingue, dans l'engagement, **deux opérations** distinctes : un engagement **juridique**, acte d'origine de la dépense, et un engagement **comptable**, opération qui consiste à réserver les crédits nécessaires à l'opération concernée (l'individualisation de la dépense). Lorsque l'engagement juridique est volontaire, il doit être précédé de l'engagement comptable; lorsqu'il est involontaire, il précède celui-ci, qui n'en est alors qu'une conséquence.

S'ils n'ont pas le **monopole** des engagements juridiques, les ordonnateurs ont celui des engagements comptables : ils sont les seuls à pouvoir en décider. Pour qu'ils y procèdent, il faut que les crédits qu'ils utiliseront leur aient bien été délégués, c'est-à-dire aient été mis à leur disposition auparavant. Cela ne soulève aucune difficulté pour les dépenses de fonctionnement. C'est, en revanche, un peu plus compliqué pour les dépenses d'investissement. C'est pour elles, compte tenu de la longueur de ces opérations qui peuvent s'étaler sur plusieurs années, qu'on a imaginé (voir page 159) la distinction entre les autorisations de programme (aujourd'hui, autorisations d'engagement) et les crédits de paiement. Seules les premières doivent être prévues avant l'engagement de l'opération d'investissement; il sera, en revanche, nécessaire de disposer des seconds pour la suite de la procédure de dépense.

Les fournisseurs de l'administration n'ont pas les moyens de vérifier si celle-ci dispose bien des crédits nécessaires quand elle leur passe commande. Pour les protéger, on avait posé le principe que même les dépenses engagées irrégulièrement devaient être payées, dès lors que les fournisseurs n'ont eux-mêmes aucune responsabilité dans l'irrégularité. Pour éviter au maximum cette situation, on a mis en place, dans chaque administration, sous l'autorité du ministère des Finances, un **contrôle financier** des engagements comptables (voir page 180); celui-ci a été profondément remanié à l'occasion de la mise en place de la LOLF, par un décret du 27 janvier 2005. Ce texte prévoit notamment une réduction des contrôles *a priori*.

- La liquidation

En principe, et sous réserve de la possibilité pour l'administration de payer des avances ou des acomptes, prévue par le Code des marchés publics, un paiement administratif ne peut intervenir qu'après constatation du service fait. L'opération qui, après vérification de cet accomplissement du service, arrête le **montant définitif de la dépense** est celle de la liquidation. L'administration vérifie par exemple, dans un marché de fournitures, qu'elle a bien reçu les produits commandés, en bon état et dans les quantités souhaitées et, après vérification de la facture, arrête le montant des sommes dont elle est débitrice.

En principe, aux termes de l'article 5 du décret du 29 décembre 1962, c'est l'ordonnateur qui procède à cette liquidation. Mais, très souvent, les opérations matérielles de vérification sont réalisées par les fonctionnaires placés sous ses ordres et l'ordonnateur se contente d'approuver le résultat de ces opérations. Nous verrons cependant, dans le point suivant, que certaines dépenses sont payables sans ordonnancement. C'est alors, par exception, le comptable qui procède à la liquidation. Enfin, il peut arriver que les demandes de certaines personnes soient contestées par l'administration, qui refuse de payer tout ou partie de la somme réclamée. Les intéressés peuvent alors recourir aux tribunaux et, si ceux-ci reconnaissent le bien-fondé de leur prétention, ils liquideront eux-mêmes la dette concernée.

- L'ordonnancement

C'est l'acte administratif qui donne au comptable l'**ordre de payer** (article 31 du décret de 1962). Il a donc force exécutoire et il constitue une prérogative exclusive de l'ordonnateur. Toutefois, certaines dépenses peuvent être payées avant ordonnancement; c'est le cas, par exemple, des frais de déplacement : afin d'éviter aux fonctionnaires qui se déplacent beaucoup pour raison de service d'attendre longuement des remboursements de sommes qui peuvent revêtir une certaine importance pour leur budget personnel, on a admis que l'administration achète les billets avant les déplacements et dispense ainsi le fonctionnaire de faire l'avance des fonds; cette dépense publique urgente est alors payée par le comptable sans ordonnancement préalable. Ce dernier intervient ensuite et il transforme en dépense définitive ce qui n'était jusque-là qu'un décaissement.

D'autres dépenses sont également payables sans ordonnancement, notamment dans les cas où des dépenses de même nature se reproduisent en grand nombre à intervalles réguliers. Cette uniformité permet un traitement informatisé de leur liquidation et de leur paiement. Il a donc paru plus efficace de confier au comptable qui procédera au paiement le soin de procéder au contrôle des éléments de liquidation de la dépense, ce qui ne présente aucun danger compte tenu du caractère automatique et répétitif de la dépense. Cette procédure est largement utilisée pour le paiement des pensions ou des traitements et salaires des fonctionnaires et des agents civils de l'État. Enfin, pour lutter contre la mauvaise volonté que l'on constatait parfois dans les services de l'État pour l'exécution des décisions de justice, une loi du 16 juillet 1980 autorise le paiement sans ordonnancement des dépenses de l'État résultant de jugements devenus définitifs.

Les ordonnateurs principaux de l'État émettent des **ordonnances** de paiement; certaines, les plus importantes, restent soumises au **visa** du contrôleur financier[24], comme le sont les ordonnances de délégation par lesquelles ils délèguent les crédits aux ordonnateurs secondaires, faute de quoi les ordonnances de paiement ou de délégation seraient sans valeur pour le comptable. Sur la base des crédits délégués, les ordonnateurs secondaires émettront des mandats de paiement. Les ordonnateurs doivent, dès leur entrée en fonctions, **s'accréditer** auprès de comptables dits assignataires, en leur faisant part de leur nomination et en leur fournissant un exemplaire de leur signature. C'est à ces comptables que seront obligatoirement adressés les ordonnances ou les mandats de paiement émis par l'ordonnateur, et ils seront chargés d'en assurer le paiement.

L'exécution de la dépense publique s'étale parfois sur plusieurs années. Pour éviter de traîner éternellement des arriérés, les droits des créanciers de l'État vont s'effacer au bout de quatre ans. C'est ce qu'on appelle la **déchéance**

24. On verra plus loin que les contrôleurs financiers dépendent du ministère des Finances et non de celui auprès duquel ils sont placés.

(ou prescription) **quadriennale**. Réglementée par la loi du 31 décembre 1968, elle part du 1er janvier de l'exercice qui suit celui où les éléments de la créance se sont réalisés; elle est interrompue par toute réclamation écrite, faite au cours des quatre ans et ayant demandé le paiement de sa dette à l'administration, et par tout recours juridictionnel relatif à la créance : ces démarches ouvrent un nouveau délai de quatre ans. Elle ne joue ni quand le retard de paiement ne peut être imputé à une négligence du créancier, ni quand la dette résulte d'une décision de justice passée en force de chose jugée. La déchéance n'est pas automatique : elle devra être expressément invoquée par l'ordonnateur qui a toujours la possibilité d'y renoncer, en particulier quand la situation du créancier lui paraît digne d'intérêt.

- **En matière de recettes**

L'ordonnateur est chargé de constater la créance de l'organisme public, d'en arrêter le montant et d'en ordonner le recouvrement.

Pour la **constatation et la liquidation** de la recette, la compétence des ordonnateurs n'est pas exclusive; ces opérations peuvent être réalisées par des fonctionnaires n'ayant pas cette qualité (par exemple, l'inspecteur des contributions qui calcule le montant de l'impôt dû par un particulier). Dans certains cas, comme en matière d'impôts indirects (par exemple, la TVA), c'est le particulier lui-même qui établit le montant de son impôt, l'administration se contentant de contrôler la véracité de ces déclarations et l'exactitude de ces calculs, puis d'établir des redressements dans les cas où elle est en désaccord.

La **mise en recouvrement** des recettes résulte d'ordres de recettes émis par l'administration. C'est un des exemples typiques de l'exercice du **privilège du préalable**, que nous avons rencontré en droit administratif (voir page 59) : il revient au particulier de contester l'existence ou le montant de sa dette et non à l'administration de prouver sa créance. En vertu du même principe, c'est l'administration qui a le pouvoir de rendre exécutoires les ordres de recettes qu'elle délivre. Parfois, cette force exécutoire résulte de l'ordre de recette lui-même : c'est ainsi le cas des rôles d'impôts directs. Parfois, elle exige l'émission d'un second acte dénommé *état exécutoire* qui est délivré en cas de mauvaise volonté ou de refus du débiteur.

L'émission des ordres de recettes est de la compétence exclusive des ordonnateurs. La seule exception à cette règle concerne le recouvrement des amendes et des autres condamnations pécuniaires, qui est ordonné par les juridictions amenées à les prononcer.

c) La responsabilité des ordonnateurs

- **La responsabilité de droit commun**

Rappelée par l'article 9 du décret de 1962, elle est d'abord celle qui s'attache à leur fonction principale : responsabilité **politique** devant l'Assemblée nationale ou devant le président de la République pour les ministres[25], devant les électeurs pour les exécutifs des assemblées locales; responsabilité **disciplinaire** prévue par le statut général de la fonction publique pour les fonctionnaires lorsqu'ils ont commis des irrégularités dans leur intérêt personnel; responsabilité **pénale** s'ils se sont rendus coupables de crimes ou délits financiers; responsabilité **civile**, par le biais d'une action récursoire, si leur faute personnelle a causé un dommage à l'administration du fait de la mise en jeu de la responsabilité de celle-ci dans le cadre d'un cumul de responsabilités (voir page 146). Pour être rares, ces hypothèses ne s'en rencontrent pas moins, comme l'ont montré certains cas d'élus locaux ces dernières années.

- **La responsabilité spécifique au droit de la comptabilité publique**

Les ordonnateurs encourent surtout le risque d'une responsabilité disciplinaire, spécifique au droit de la comptabilité publique, mise en jeu devant la **Cour de discipline budgétaire et financière**. Créée par une loi du 25 septembre 1948 (modifiée en 1963 et en 1971), cette Cour est divisée en deux sections composées à parité de trois membres de la Cour des comptes et de trois membres du Conseil d'État; présidée par le premier président de la Cour des comptes, elle a pour vice-président le président de la section des finances du Conseil d'État. Le procureur général auprès de la Cour des comptes, assisté d'un avocat général et éventuellement de « représentants du ministère public[26] », tous choisis au sein des juridictions administratives ou financières, constituent le ministère public chargé de soutenir l'accusation.

- **La compétence de la Cour de discipline budgétaire**

– Concernant les **personnes justiciables :** relèvent de la juridiction de la Cour tous les fonctionnaires de l'État, d'une collectivité territoriale ou d'un établissement public, les membres des cabinets ministériels, les représentants, administrateurs ou agents des organismes soumis au contrôle de la Cour des comptes et ceux qui exercent, en fait, leurs fonctions. Ces catégories dépassent d'ailleurs celle des ordonnateurs. N'échappe à la compétence de la Cour que le personnel politique : ministres, maires, adjoints, présidents élus des groupements de collectivités territoriales, présidents de conseil général ou régional. On considère, en effet, que leur seule responsabilité est de nature politique. Mais cette immunité connaît deux limites : d'une part, elle s'arrête aux actes accomplis dans l'exercice de leur mandat politique. Si un élu local occupe une autre fonction, par exemple la présidence d'une société d'économie mixte, et même si c'est en raison de sa qualité d'élu qu'il y a été désigné, il retombe sous la juridiction de la Cour pour les actes accomplis dans l'exercice de cette fonction. D'autre part, depuis la loi du 25 janvier 1993, les élus locaux sont assujettis au contrôle de la Cour dans deux cas : lorsqu'ils ont réquisitionné un comptable pour procurer un avantage injustifié à quelqu'un, et lorsqu'ils refusent ou retardent l'exécution d'une décision de justice.

– Concernant les **faits justiciables :** la Cour connaît de toutes les infractions aux règles du droit budgétaire ou de la comptabilité publique. C'est le cas, par exemple, des engagements de dépenses sans habilitation, ou sans visa

25. On a vu que la mise en œuvre de la responsabilité civile ou pénale des ministres est soumise à des règles particulières (voir page 34).

26. Cette expression a remplacé en 2008 l'ancien terme de « commissaire du gouvernement » (voir page 141).

préalable du contrôleur financier, des refus ou des retards abusifs dans l'exécution des décisions de justice rendues contre un organisme public et comportant une astreinte, des décisions visant à accorder à autrui un avantage injustifié au préjudice des finances publiques. Certains de ces faits peuvent aussi entraîner des poursuites pénales, mais la notion d'infraction financière déborde largement le cadre du droit pénal et englobe les fautes de gestion (négligences, par exemple).

- **La procédure devant la Cour de discipline budgétaire**

Peuvent saisir la Cour, par l'intermédiaire du ministère public, les présidents des deux assemblées, pour dénoncer le non-respect des autorisations budgétaires données par le Parlement, ou bien le Premier ministre ou le ministre des Finances, en tant que responsables de la bonne utilisation des deniers publics. Les autres ministres ne peuvent la saisir qu'à l'encontre des agents placés sous leur autorité. Le plus souvent, ce sont la **Cour des comptes** et les **chambres régionales des comptes** qui saisissent la Cour de discipline budgétaire, lorsqu'elles découvrent des irrégularités à l'occasion de leurs contrôles. Le procureur général, placé à la fois auprès de la Cour des comptes et de la Cour de discipline budgétaire, peut aussi saisir la Cour de sa propre initiative. Enfin, depuis la loi du 16 juillet 1980, un particulier peut saisir la Cour par l'intermédiaire du procureur général lorsqu'il ne parvient pas à obtenir l'exécution d'une décision de justice ayant condamné l'administration au paiement d'une somme d'argent. La Cour doit obligatoirement être saisie avant l'expiration d'un délai de cinq ans à partir du fait répréhensible.

Un **rapporteur** est chargé de l'instruction. Doté de larges pouvoirs d'enquête, écrite et orale, il présente au procureur général les résultats auxquels il est parvenu. A tous les stades de l'enquête, le procureur peut décider de classer l'affaire. A la fin de l'instruction, il peut prononcer le renvoi en jugement.

La Cour examine l'affaire selon les règles de la **procédure contradictoire** et dans le respect des droits de la défense. Le rapporteur présente oralement son rapport ; les témoins éventuels déposent sous serment ; l'inculpé, qui peut être assisté par un avocat, aura la parole en dernier, après les réquisitions du procureur général. Les droits de la défense ont été renforcés, d'abord par une loi du 21 décembre 2001 qui affirmait la règle de la publicité de l'audience et interdisait au rapporteur et au procureur général d'assister au délibéré, et surtout par une loi de 2008 qui a profondément transformé les principes applicables à la procédure devant les juridictions financières (voir le chapitre suivant).

- **Les sanctions prononcées par la Cour de discipline budgétaire**

La Cour, qui dispose d'un large pouvoir d'appréciation des faits reprochés, ne peut prononcer que des **amendes**. Celles-ci peuvent aller jusqu'au montant du traitement annuel du condamné, sauf en cas d'attribution d'un avantage injustifié à autrui, où elles peuvent atteindre le double de ce traitement. L'ordre écrit préalable d'un ministre, d'un élu local ou du supérieur hiérarchique constitue une cause d'exonération de la responsabilité du fonctionnaire coupable. La Cour peut décider la publication totale ou partielle de l'arrêt au *Journal officiel*.

Ses décisions sont **sans appel**. Elles ne peuvent être attaquées que par la voie du pourvoi en cassation devant le Conseil d'État, présenté soit par le condamné, soit par le procureur général ; ou par celle du pourvoi en révision, présenté devant la Cour par le condamné, en cas de découverte de documents ou de faits nouveaux, postérieurs à la décision et permettant d'apporter la preuve qu'il n'était pas responsable des faits reprochés.

La Cour a rendu sept arrêts en 2012 ; elle a, en particulier, engagé la responsabilité des directeurs de cabinet de deux ministres à raison de faits commis dans l'exercice de leurs fonctions.

2. Les comptables

a) Les catégories de comptables et leur statut

Ce sont des **fonctionnaires** de l'État, dont la plus grande partie relève de l'administration des Finances. Leur fonction de comptable est exclusive de toute autre. Le réseau de comptables le plus important est celui des **comptables du Trésor**, dont les plus connus sont les trésoriers-payeurs généraux, installés au niveau des régions et des départements et, le plus souvent au niveau du canton, les trésoriers, autrefois appelés percepteurs.

Les comptables publics sont nommés ou agréés par le ministre des Finances. Certaines **incompatibilités** existent : le conjoint d'un ordonnateur ne peut être comptable dans le même organisme ; un comptable du Trésor ne peut être maire ou adjoint dans la circonscription où il exerce ses fonctions. Le comptable public doit « constituer des sûretés » avant son entrée en fonctions pour garantir sa responsabilité personnelle : un **cautionnement**, qui ne lui sera rendu qu'après sa sortie de fonctions et à condition qu'il en ait obtenu quitus ; ses biens meubles sont frappés d'un privilège prioritaire du Trésor qui bénéficie en outre, comme de façon générale tous les organismes et collectivités publics, d'une hypothèque légale sur les immeubles dont il est propriétaire et sur ceux de son conjoint acquis après sa nomination. Son entrée en fonctions doit être précédée de la prestation d'un **serment**. Elle résulte d'une installation à l'occasion de laquelle, en présence des deux comptables, l'entrant et le sortant, un examen de la situation des comptes est réalisé. Le comptable entrant a alors six mois pour poser des réserves sur la gestion de son prédécesseur, s'il découvre des irrégularités qui avaient échappé à cet examen commun. Dès son installation, le comptable entrant doit s'accréditer auprès des ordonnateurs avec lesquels il sera en relation.

Il existe des comptables publics **principaux**, qui rendent directement leurs comptes au juge des comptes[27], et des comptables **secondaires,** qui ne les rendent que par l'intermédiaire des comptables principaux dont ils relèvent.

27. C'est-à-dire la Cour des comptes ou la chambre régionale des comptes (voir chapitre 4).

b) Les fonctions des comptables

Les comptables ne sont pas les subordonnés des ordonnateurs, dont ils n'exécutent les ordres qu'après en avoir vérifié la régularité. Outre leurs fonctions liées aux opérations de comptabilité, ils exercent donc un rôle de **contrôle** sur l'ordonnateur.

Définies par l'article 11 du décret de 1962, leurs fonctions concernent la prise en charge des ordres de recettes émis par les ordonnateurs et, de façon générale, le recouvrement et l'encaissement de toutes les recettes des organismes publics ; le paiement de leurs dépenses ; la garde et la conservation des fonds et des valeurs dont ils sont propriétaires ou dépositaires ; le maniement des fonds publics ; et, avec la tenue de la comptabilité décrivant toutes ces opérations, la conservation des pièces et documents qui les justifient.

Ils doivent exercer un contrôle *a priori* de la régularité des ordres de recettes et de dépenses émis par les ordonnateurs, dont les modalités sont définies par les articles 12 et 13 du décret de 1962 : l'impôt à percevoir est-il bien autorisé par la loi de finances ? L'ordonnateur est-il bien compétent pour engager la dépense ? Les crédits nécessaires sont-ils disponibles et sont-ce bien ceux qui doivent servir à ce type de dépenses ? Les visas nécessaires ont-ils été donnés ? Y a-t-il justification du service fait ? Ce contrôle ne constitue pas un contrôle sur le fond ; il vérifie simplement la **régularité** formelle des ordres émis.

S'il découvre une irrégularité, le comptable est tenu de refuser l'exécution de l'ordre, faute de quoi il engage sa responsabilité. L'ordonnateur peut cependant le contraindre dans certains cas en prenant un ordre de réquisition de paiement. Cela n'est pas possible lorsque l'irrégularité est substantielle (par exemple, le manque de crédits ou l'absence de visa du contrôleur financier). Dans les autres hypothèses, le comptable est tenu de procéder au paiement ; sa responsabilité est alors dégagée, mais il doit communiquer l'ordre de réquisition au ministre des Finances qui le transmet, selon les cas, au procureur général près la Cour des comptes ou à la chambre régionale des comptes.

c) La responsabilité du comptable public

Un comptable public est, comme tout individu, pénalement responsable lorsqu'il commet des infractions. Comme tout fonctionnaire, il est soumis à une responsabilité disciplinaire. Mais, lorsqu'il a failli à ses obligations spécifiques, il encourt aussi une **responsabilité personnelle** sur le plan pécuniaire. Contrairement aux autres fonctionnaires, le comptable public est en effet responsable, sur ses deniers personnels, envers la collectivité publique qui a subi un dommage du fait de son activité. Il doit répondre non seulement des conséquences des **fautes personnelles** détachables de ses fonctions (par exemple, un détournement de fonds à des fins personnelles), mais aussi de celles de ses **fautes de service** (par exemple, la perte involontaire de documents comptables ou une erreur dans le paiement d'une dépense). Il n'y a donc pas besoin d'apprécier le comportement personnel de l'intéressé, la constatation objective de certains faits entraînant une présomption de responsabilité. Dès lors qu'un comptable effectue une opération irrégulière, il devra en principe rembourser la somme que la collectivité publique a perdue, que cette irrégularité ait résulté de sa propre initiative ou qu'elle lui ait été ordonnée par une autre personne. La sévérité de ce régime vise bien sûr à protéger les finances publiques, mais aussi à pousser le comptable au maximum de rigueur à l'égard de l'ordonnateur.

- **Les faits engendrant la responsabilité**

Ils sont d'autant plus **divers** que les comptables sont non seulement responsables des faits qu'ils ont pu commettre eux-mêmes, mais aussi de ceux qu'ils ont laissé commettre. Parmi les premiers, on citera comme exemple le non-recouvrement ou le recouvrement insuffisant d'une recette, sauf si le comptable peut prouver qu'il n'avait pas eu connaissance de la créance ou que c'est l'ordonnateur qui, malgré les demandes qui lui ont été présentées, n'a pas voulu émettre le titre de recouvrement ; le paiement d'une dépense au-delà de ce qui était dû ou à une personne autre que le créancier ; l'existence d'un « trou » résultant du fait que des fonds manquent en caisse ou des valeurs en portefeuille, ce qui laisse présumer que des opérations n'ont pas été faites ou l'ont été de manière irrégulière.

Parmi les seconds faits, on citera toutes les hypothèses de **défaillances** dans le contrôle à exercer sur l'ordonnateur : si celui-ci a réduit ou annulé une créance de l'administration, il appartient au comptable, sous sa propre responsabilité, de vérifier la régularité des conditions dans lesquelles cela a été réalisé ; de la même façon, en cas de dépense, le comptable doit vérifier, sous sa propre responsabilité, la compétence de l'ordonnateur, les pièces justificatives présentées et, en particulier, la justification du service fait, le caractère disponible des crédits, etc. Enfin, les comptables sont aussi responsables des actes des agents placés sous leur autorité ou leur surveillance (comptables subordonnés, fondés de pouvoirs, régisseurs de recettes ou d'avances rattachés à leur contrôle).

- **Les exonérations de responsabilité**

Les comptables peuvent en bénéficier dans **trois cas**. D'abord s'ils prouvent que l'irrégularité reprochée est indépendante de leur volonté. Il en va ainsi, par exemple, si le « trou » dans leur caisse résulte d'un vol ou d'une agression, alors qu'ils avaient pris toutes les précautions nécessaires pour s'en prémunir ; ou si les fonds ou les pièces justificatives ont été détruits par un incendie ou une inondation. Ils demanderont alors au ministre des Finances de leur accorder une décharge de responsabilité pour circonstances de force majeure. Celui-ci, qui statue seul, sans contrôle du juge des comptes, dégagera rétroactivement la responsabilité du comptable. Cette décharge constitue un droit pour le comptable qui peut, en cas de refus, intenter un recours en excès de pouvoir devant le Conseil d'État pour demander l'annulation de ce refus.

Un exemple de décharge pour force majeure : l'arrêt Nicolle du 12 juillet 1907

Une prime à la sériciculture[1] ayant été instaurée, des fraudes, commises avec de nombreuses complicités, avaient permis à des éleveurs corses de vers à soie de se la faire verser indûment. Les éleveurs avaient en particulier présenté des paniers remplis de cailloux, en prétendant qu'il s'agissait de cocons. La chose ayant fini par se savoir, la Cour des comptes, appelée à examiner les comptes du trésorier-payeur général, constata le caractère irrégulier des paiements, non étayés par des pièces valables, et mit le comptable en débet (voir ci-contre).

Invoquant l'impossibilité dans laquelle il avait été de déceler la fraude, le comptable déféra l'arrêt de débet en cassation et le Conseil d'État posa trois principes à cette occasion.

1. La Cour des comptes est obligée de s'en tenir à des constatations objectives et de rejeter de l'apurement des comptes toute dépense irrégulière, quel qu'en soit le motif : si cela conduit à leur déséquilibre, elle est tenue de déclarer le comptable en débet. C'est le principe selon lequel ***« la Cour juge les comptes et non pas les comptables »***.

2. Le comptable a alors le droit de présenter une demande de décharge pour force majeure. Mais cette demande relève du ministre et non de la Cour des comptes. Celle-ci a tenté par la suite de conquérir la compétence d'apprécier, lors du jugement des comptes, les circonstances dans lesquelles ceux-ci s'étaient trouvés en déséquilibre et de trancher elle-même sur la décharge de responsabilité. Le Conseil d'État s'y est toujours opposé et a constamment réaffirmé la compétence du ministre.

3. S'il y a bien force majeure, le ministre doit accorder la décharge et le Conseil d'État, saisi en excès de pouvoir, annule son refus s'il ne le fait pas. Dans le cas contraire, le ministre doit la refuser. Il reste cependant libre d'accorder une remise gracieuse, si le comptable est de bonne foi.

1. Élevage des vers à soie.

Le second cas vise les hypothèses où la gestion du comptable a été régulière. Comme on l'a vu, un ordonnateur peut réquisitionner un comptable pour l'obliger à payer une dépense ; si la réquisition est régulière, elle dégage le comptable de sa responsabilité. De même, certaines recettes ne peuvent pas toujours être recouvrées : c'est le cas si le débiteur n'existe plus ou ne peut être retrouvé[28]. Le comptable ne peut bien entendu pas être rendu responsable de cette situation[29]. Il demande alors à l'autorité administrative compétente l'admission en non-valeur de cette recette, c'est-à-dire son annulation. Que ce soit en matière de réquisition ou en matière d'admission en non-valeur, le juge des comptes exerce un contrôle attentif sur le fondement des décisions prises par l'autorité administrative.

Enfin, un comptable de bonne foi a toujours la possibilité de demander au ministre du Budget une **remise gracieuse** de tout ou partie du montant de la dette dont il a été déclaré responsable, en particulier lorsque la somme dont il est redevable excède largement ses revenus. Le ministre statue en opportunité après avis des ministres intéressés.

- **Les conditions de la mise en jeu de la responsabilité**

La mise en jeu de la responsabilité d'un comptable peut être engagée par deux catégories d'acteurs : soit les autorités ministérielles (ministre du Budget ou ministre concerné), soit le juge des comptes (Cour des comptes ou chambre régionale des comptes, voir chapitre 4). Chacun d'entre eux peut se saisir concomitamment et statuer indépendamment. La loi fixe un **délai de prescription** de cinq ans au-delà duquel la responsabilité du comptable ne peut plus être mise en jeu.

L'article 60 de la loi du 23 février 1963 règle les conditions de l'intervention des autorités ministérielles : si le ministre constate l'existence d'une irrégularité dans les comptes, le comptable doit verser immédiatement sur ses deniers personnels une somme égale au montant de la perte subie ou de la dépense irrégulièrement effectuée. Faute de quoi le ministre prendra à son encontre un **arrêté de débet** ayant valeur exécutoire.

Les conditions de la mise en jeu par le juge des comptes ont été fortement modifiées par une loi du 29 octobre 2008 (voir aussi chapitre 4). La loi sépare clairement les fonctions d'instruction, de poursuite et de jugement : une procédure contentieuse ne peut désormais être ouverte que par un **réquisitoire du ministère public**. Elle débute par la transmission au parquet d'un rapport d'examen des comptes « suspects ». Si le ministère public ne relève aucune charge à l'égard du comptable, il transmet ses conclusions au président de la formation de jugement qui rend alors une ordonnance *« déchargeant le comptable de sa gestion »* : cela signifie qu'on le libère de toute responsabilité au titre de l'exercice concerné[30]. Si, au contraire, le ministère public relève un élément susceptible de conduire à la mise en jeu de la responsabilité du comptable, il en saisit la formation de jugement.

La loi de 2008 a abrogé la règle de la double décision. Auparavant, en effet, la mise en jeu de la responsabilité du comptable se déroulait en deux temps, de façon à lui permettre de présenter ses explications avant toute décision définitive : après une décision provisoire, le comptable pouvait régulariser sa situation, en comblant le déficit constaté. Si l'administration ou le juge des comptes n'étaient pas convaincus ou si le comptable n'avait pas acquitté les sommes requises, s'ouvrait alors la seconde phase, celle de la décision définitive.

Désormais, le juge statue par une décision unique, qui doit être rendue en formation collégiale au terme d'une audience publique. Il peut rendre un arrêt ou un jugement de décharge ou de quitus. En cas d'irrégularité, lorsqu'une chambre régionale des comptes est compétente, elle rend un jugement de débet ou de gestion de fait ; lorsque c'est la

28. Ainsi une association qui s'est dissoute ; ou un étudiant étranger reparti dans son pays sans laisser d'adresse.

29. Sauf s'il est lui-même à l'origine de cette difficulté, par exemple parce qu'il n'a pas fait le nécessaire pour recouvrer la recette quand cela était encore possible.

30. Lorsque le comptable quitte définitivement ses fonctions, l'ordonnance de décharge devient une ordonnance de quitus.

Cour des comptes, il s'agit d'arrêts[31]. Les jugements sont susceptibles d'appel devant la Cour; que celle-ci statue en appel ou en première instance, ses arrêts peuvent faire l'objet de recours en cassation devant le Conseil d'État.

Il arrive parfois que l'autorité ministérielle et le juge des comptes soient saisis en même temps du même problème. S'ils vont tous les deux jusqu'au bout de la procédure, il se peut, puisqu'ils interviennent indépendamment l'un de l'autre, qu'il y ait divergence. Dans ce cas, c'est l'opinion du juge des comptes qui l'emporte en principe : si le juge a déjà prononcé une décharge de responsabilité, l'autorité ministérielle ne peut plus prendre un arrêté de débet. En revanche, lorsque celle-ci a statué la première et engagé la responsabilité du comptable, le juge peut en prendre le contre-pied et décharger le comptable de sa responsabilité.

Le ministre du Budget gardait un pouvoir important qui lui permettait de ne pas tirer les conséquences des arrêts rendus par le juge des comptes. Ce pouvoir a été limité par la loi de 2008 : le ministre ne peut plus accorder de remise gracieuse en matière d'amende. C'est à la juridiction elle-même qu'il incombe, en vertu du principe de personnalisation de la peine, de prendre éventuellement en compte, pour la fixation du montant d'une amende, des éléments subjectifs liés à la personne du comptable. En revanche, la possibilité antérieure a subsisté à propos des arrêts de débet, puisque ceux-ci ne peuvent se fonder que sur des éléments objectifs tenant à la situation des comptes. Le ministre peut donc toujours, dans ce cas, accorder une décharge de responsabilité pour circonstances de force majeure ou une remise gracieuse qui autorisent le comptable à ne pas payer tout ou partie des sommes que la décision du juge des comptes mettait à sa charge. Depuis une loi du 28 décembre 2011, en cas de préjudice financier de la collectivité publique, le ministre ne peut plus accorder qu'une remise partielle de la dette du comptable.

- **Le remboursement sur diverses garanties**

Lorsque la responsabilité du comptable est mise en jeu, le Trésor public pourra se rembourser sur les diverses garanties constituées : cautionnement, puis retenue sur salaire ou pension, puis saisie des biens meubles et, enfin, des biens immobiliers.

31. En 2011, la Cour des comptes a rendu 61 arrêts de débet et 54 ordonnances de décharge directe. Les chambres régionales et territoriales des comptes ont prononcé 401 jugements de débet et 14 jugements de gestion de fait; elles ont aussi infligé 50 amendes pour retard. Le montant global des débets s'est élevé en 2011, pour l'ensemble des juridictions, à 27,9 millions d'euros.

2. Les conséquences du principe de séparation des ordonnateurs et des comptables

La conséquence normale du principe de séparation, c'est bien sûr la règle de l'**incompatibilité** des fonctions d'ordonnateur et de comptable. Affirmée depuis 1822, elle interdit le cumul des deux qualités pour une même opération et conduit généralement à la **séparation des services**. Les ordonnateurs de l'État appartiennent aux différents ministères, alors que les comptables relèvent uniquement du ministère des Finances. Les ordonnateurs des collectivités locales sont des élus; les comptables, des fonctionnaires du ministère des Finances. Il arrive cependant que, dans certains établissements publics comme les universités, les agents comptables dirigent aussi les services financiers : dans leurs fonctions de comptables, ils sont indépendants de l'ordonnateur qu'est le président, sur lequel ils exercent des pouvoirs de contrôle; comme chefs de services financiers, ils sont soumis à son autorité hiérarchique. Cette dualité peut rendre les rapports difficiles.

Lorsqu'un ordonnateur usurpe des fonctions de comptable, il est considéré comme comptable de fait et sa responsabilité peut alors être engagée dans les mêmes conditions que celle d'un comptable ordinaire. Le régime de la **gestion de fait** est prévu par la loi de finances du 23 février 1963 modifiée : toute personne qui s'ingère, sans avoir la qualité de comptable public, dans le recouvrement de recettes affectées ou destinées à un organisme public, ou qui reçoit ou manie des fonds ou valeurs ne devant être gérés que par des comptables publics, doit rendre compte au juge financier de l'emploi des sommes irrégulièrement détenues ou maniées.

1. Les atténuations au principe de séparation

La première constitue clairement une exception au principe : il arrive en effet qu'à titre exceptionnel, et pour faciliter la gestion, un comptable puisse être autorisé à exercer certaines fonctions de l'ordonnateur. La seconde est plutôt une exception au principe du monopole des comptables qu'au principe de séparation : un fonctionnaire « ordinaire » peut être investi de fonctions réservées au comptable, à condition toutefois qu'il n'ait pas la qualité d'ordonnateur.

– Les cas où des comptables peuvent exercer **certaines fonctions réservées aux ordonnateurs** concernent à la fois les opérations de recettes et de dépenses. Certaines recettes peuvent être perçues au comptant par le comptable, sans intervention de l'ordonnateur, au seul vu d'une déclaration faite par le débiteur : c'est le cas du produit des impôts indirects ou des droits de douane, pour laquelle l'intervention éventuelle de l'ordonnateur a lieu après la perception, sous la forme d'une vérification de l'exactitude de la déclaration du contribuable. De même, certaines dépenses peuvent être effectuées sans ordonnancement préalable. Soit, le plus souvent pour des dépenses mineures, celui-ci intervient *a posteriori* : on verse, par exemple, une avance sur frais de mission à des fonctionnaires avant le déplacement et on régularise au retour, quand on peut calculer la somme exacte à rembourser au bénéficiaire. Soit l'ordonnancement n'a pas d'intérêt : lorsqu'une série de dépenses peut être calculée automatiquement à partir des dispositions juridiques qui la conditionnent, un programme informatique permet de gagner beaucoup de temps. L'ordonnateur se contente alors de fournir les éléments nécessaires à la liquidation : l'ordinateur du comptable fait les calculs et prépare sans formalités supplémentaires les ordres de paiement. C'est le cas, par exemple, pour les rémunérations et les pensions des agents de l'État.

– Les cas où des administrateurs peuvent être investis de fonctions réservées aux comptables visent surtout les **régies de recettes et d'avances**, organisées aujourd'hui par un décret du 29 décembre 1962. Par exception, quelqu'un qui n'est pas un comptable sera autorisé à encaisser une recette ou à payer une dépense. Il s'agit en général de sommes d'importance relativement faible, correspondant à des dépenses courantes; la technique est utilisée pour accélérer et simplifier la gestion (ne pas mettre en branle une mécanique lourde pour acheter un taille-crayon).

C'est un arrêté conjoint du ministre des Finances et du ministre intéressé qui crée la régie d'avances, consentie à un agent désigné par l'ordonnateur et agréé par le comptable[32]. Soumis à la même responsabilité que le comptable et placé sous le contrôle de celui-ci, il reçoit une somme globale destinée au paiement de certaines dépenses de son service. Il les paie directement au vu des justifications présentées par les créanciers. A intervalles réguliers, il transmet ces justifications au comptable qui, après les avoir contrôlées, demande à l'ordonnateur un titre global de régularisation; celui-ci permet l'imputation des sommes décaissées sur les crédits correspondants et déclenche le réapprovisionnement de la régie. La mécanique est la même pour la régie de recettes.

2. Les sanctions de la violation du principe de séparation : la gestion de fait

a) Définition de la gestion de fait

C'est l'hypothèse d'une immixtion irrégulière dans le maniement de fonds publics ou de fonds privés réglementés par des personnes n'ayant pas la qualité de comptable public. Elle suppose la réunion de trois éléments : le maniement de fonds, le caractère public de ces fonds et l'absence d'autorisation de ce maniement.

Il y a **maniement de fonds** dans deux hypothèses.

– Celle qu'on appelle l'**ingérence dans des opérations** de recettes ou de dépenses, tout d'abord : tel est le cas, par exemple, quand une association perçoit les revenus de la location de locaux appartenant à un établissement public, ou se fait verser le produit de contrats de recherche réalisés avec les moyens (locaux, personnel et matériel) d'une université. Les recettes en question devraient en effet revenir à l'organisme public, et leur perception par l'association qui en bénéficie en fait constitue une sorte de détournement.

– Celle qu'on appelle l'**extraction irrégulière de fonds** ou de valeurs publics, ensuite : c'est l'hypothèse de l'ordre de dépense fictif, parce que ne correspondant à aucun service fait, émis dans des conditions qui ne pouvaient attirer l'attention de l'agent comptable (fausse facture). Ou celle où on a déclaré de fausses heures supplémentaires et versé ainsi à un enseignant des compléments de rémunération pour des activités que les textes ne permettaient pas de payer. Dans d'autres cas, des personnes privées gèrent des fonds qui devraient l'être par une personne publique : c'est l'exemple classique où l'administration cherche à tourner les contraintes de la comptabilité publique en versant à l'avance des subventions à une association pour que celle-ci assure à sa place certaines activités (caisse noire). A l'inverse, il peut s'agir d'un emploi fictif : une collectivité publique rémunère un agent qui exerce en fait son activité dans un organisme privé, cette mise à disposition constituant une subvention occulte.

Il ressort des exemples donnés que ce type de maniement irrégulier peut parfois constituer une infraction pénale. Il est alors susceptible de donner lieu à la fois à des poursuites pénales et à une responsabilité financière. Ceux qui ont mis irrégulièrement les fonds à disposition sont comptables de fait au même titre que ceux qui les ont gérés.

Pour qu'il y ait gestion de fait, il faut que les fonds maniés aient un caractère **public**; c'est le cas de tous les fonds appartenant ou confiés à des organismes publics.

Il faut enfin que le manieur des fonds ait agi « irrégulièrement et sciemment », sans autorisation valable. C'est le cas d'un fonctionnaire non habilité au maniement de fonds publics, par exemple un ordonnateur ou une personne privée.

b) Les conséquences de la gestion de fait

La personne comptable de fait encourt les mêmes responsabilités qu'un comptable public. Elle est donc tenue de rendre compte de sa gestion, selon les cas à la Cour des comptes ou à la chambre régionale des comptes[33], qui peuvent lui imposer le reversement des sommes manquantes en cas de débet. Elles prononcent en outre à son encontre une condamnation à une **amende** calculée selon l'importance et la durée de la détention irrégulière et « *prononcée en fonction du comportement et de la situation matérielle du comptable de fait* »[34]. Cette amende ne peut cependant pas excéder le total des sommes irrégulièrement maniées.

32. Mais, comme on l'a dit plus haut, ce ne peut être l'ordonnateur lui-même.

33. Dans ce cas, un appel est possible devant la Cour des comptes.

34. Ce membre de phrase a été ajouté par la loi de 2008 et consacre le principe de la personnalisation de la peine.

Chapitre 4
Le contrôle de l'exécution du budget

Trois types de contrôle sont mis en œuvre sur l'exécution du budget : un contrôle administratif exercé par l'administration elle-même, un contrôle juridictionnel, celui des chambres régionales ou de la Cour des comptes, et un contrôle politique réalisé par le Parlement.

1. Les contrôles des comptes exercés par l'administration

On y retrouve des contrôles analogues à ceux qui sont habituellement réalisés au sein de l'administration publique. Tel est, par exemple, le cas du contrôle hiérarchique. Les ministres ou les ordonnateurs principaux demandent régulièrement des comptes rendus de l'utilisation des crédits qu'ils ont délégués à leurs subordonnés, cependant que les comptables supérieurs, dont on rappelle qu'ils sont personnellement responsables des actes de leurs subordonnés, vérifient périodiquement les opérations réalisées par ceux-ci. Le supérieur hiérarchique peut donner des instructions à ses subordonnés, en contrôler l'application, se substituer à eux dans certaines conditions et, en cas de faute, déclencher la procédure disciplinaire.

Certains contrôles sont cependant **spécifiques** à la matière financière. On ne mentionnera que pour mémoire celui exercé par les comptables sur les opérations des ordonnateurs, qui a été largement évoqué plus haut. Mais une attention particulière doit être apportée à ceux qui sont exercés sous l'autorité du ministre des Finances : l'un *a priori*, le contrôle financier préalable; l'autre *a posteriori*, celui de l'Inspection générale des finances.

1. Un contrôle *a priori* : le contrôle financier

Prenons l'hypothèse d'une commande passée par un ordonnateur et qui ferait l'objet d'une livraison. Si on s'aperçoit au moment du paiement que les crédits dont l'ordonnateur disposait sont insuffisants, il est évident que le fournisseur n'y est pour rien, qu'il ne pouvait pas connaître une situation interne à l'administration et qu'il a droit au règlement de sa facture. Lorsqu'un acte a produit des effets à l'égard d'un tiers de bonne foi, et même s'il est irrégulier, l'administration devra de toute façon honorer ses engagements.

C'est pour éviter ce genre de situation que s'est progressivement installé, lors du tournant du XIXe au XXe siècle, un contrôle des dépenses préalable à leur engagement. Et c'est pour le rendre efficace que la décision a été prise de rendre ceux qui l'exercent indépendants des administrations « dépensières » et de les placer sous l'autorité directe du ministre des Finances.

Créé par une loi du 26 décembre 1890, le contrôle des dépenses engagées, devenu en 1956 contrôle financier, avait été organisé par la loi du 10 août 1922. Initialement institué auprès des ministres, il a vu ses compétences étendues au niveau des ordonnateurs secondaires locaux en 1970, cette extension s'expliquant évidemment par le développement des mesures de déconcentration qui augmentaient le nombre et le poids financier des mesures prises par les administrateurs locaux. En revanche, les collectivités locales et leurs établissements publics sont exempts de ce contrôle. Pour tenir compte de l'intervention de la LOLF, un décret du 27 janvier 2005 en a changé l'esprit.

a) L'organisation du contrôle financier

Les modifications apportées en 2005 ont eu pour but de favoriser la responsabilisation des gestionnaires voulue par la LOLF. Le fonctionnement traditionnel du contrôle financier était en effet incompatible avec le principe de fongibilité.

L'organisation du contrôle financier est différente au niveau central et au niveau local. Au niveau central, les contrôleurs financiers ont été remplacés par les **contrôleurs budgétaires et comptables ministériels** (CBCM). Ceux-ci dépendent du ministère des Finances mais leurs services, chargés à la fois du contrôle budgétaire et de la centralisation comptable, sont intégrés à ceux de chaque ministère. Au niveau local, en revanche, la responsabilité du contrôle revient à un comptable ordinaire : le trésorier-payeur général de région, depuis 1996, ou par délégation le trésorier-payeur général de département. Tous deux sont assistés d'un adjoint spécialisé qui a le statut de comptable public.

b) Les modalités du contrôle financier

Traditionnellement exercé par un **visa** *a priori*, le contrôle financier portait autrefois sur la régularité de tous les actes d'engagement de la dépense et sur son ordonnancement. Il frôlait parfois l'opportunité, puisque le contrôleur financier avait le pouvoir d'assortir un visa d'observations relatives au caractère onéreux d'une dépense même régulière. Le décret du 27 janvier 2005 a supprimé le contrôle juridique sur les engagements et les décisions de dépenses et leur substitue d'autres formes de contrôle exercées le plus souvent *a posteriori*, sauf pour les étapes les plus importantes du processus d'engagement budgétaire.

Le visa de la **programmation** budgétaire initiale, exercé au niveau de chaque programme, permet de vérifier la sincérité des prévisions en matière de dépenses ou d'emplois, et leur compatibilité, dans la durée, avec les orientations de la politique budgétaire (« la *soutenabilité* budgétaire »).

Au niveau local, les budgets opérationnels de programme sont, après approbation par le responsable de programme, soumis à l'avis du contrôleur budgétaire local.

Le contrôle de *l'exécution* budgétaire a été notablement allégé. Le visa *a priori* de certaines ordonnances de paiement et de délégation de crédits n'est maintenu que pour les actes susceptibles d'avoir un impact budgétaire important. Le contrôle, qui ne porte plus sur la régularité des actes d'engagement, peut d'ailleurs être modulé en fonction de la situation du ministère ou des résultats des contrôles antérieurs. Les contrôleurs doivent se prononcer dans un délai de quinze jours, sauf interruption ou suspension notifiée dans le délai.

Ces dispositions ont pour objet de maintenir une cohérence d'ensemble de l'exécution du budget et de sauvegarder l'existence d'une « réserve de précaution », tout en laissant de plus grandes marges de manœuvre aux gestionnaires. Un effort de simplification, annoncé en 2007 (possibilité d'engagements trimestriels groupés, réduction du nombre de comptes rendus d'exécution...), reste toutefois nécessaire pour y parvenir.

2. Un contrôle *a posteriori* : le contrôle de l'Inspection générale des finances

Comme la plupart des ministères, celui des Finances dispose d'une inspection générale, placée directement auprès du ministre (voir page 150). L'Inspection générale des finances (IGF), qui constitue l'un des corps les plus prestigieux de l'administration française, présente cependant deux particularités importantes. D'une part, on y entre très jeune, généralement à la sortie de l'ENA, même si l'instauration d'un tour extérieur a diversifié les conditions de recrutement du corps. D'autre part, l'IGF n'exerce pas seulement sa compétence à l'égard des fonctionnaires dépendant hiérarchiquement du ministre des Finances puisque, outre sa compétence de **contrôle** sur tous les comptables publics, quelle que soit l'administration dont ils dépendent, elle exerce aussi une mission de **surveillance** sur la gestion des ordonnateurs secondaires relevant des autres ministères, des collectivités locales et de tous les organismes publics. Elle peut même étendre son contrôle à l'activité de personnes privées, lorsque celles-ci bénéficient de concours financiers de la part de l'État.

L'IGF procède à deux sortes de contrôle, qu'elle exerce sans préavis. D'une part, elle peut vérifier à tout moment la **gestion et la comptabilité** des comptables publics en contrôlant la régularité, la sincérité et la matérialité des opérations enregistrées dans leurs comptes. D'autre part, elle peut procéder à toutes **enquêtes**, évaluations ou audits sur le fonctionnement des services ou la mise en œuvre de politiques particulières. Mais, comme toute inspection, elle ne peut pas tirer elle-même les conséquences de ses constatations : seul le ministre des Finances est habilité à en décider, soit en prenant des sanctions personnelles à l'encontre des agents répréhensibles, soit en réformant le fonctionnement des services.

D'autres inspections, spécialisées par ministères, peuvent aussi exercer, parmi l'ensemble des missions dont elles sont investies, des fonctions de surveillance de la gestion financière des administrations et des services qu'elles contrôlent. C'est le cas de l'Inspection générale de l'administration, au ministère de l'Intérieur ; du Contrôle général des armées, au ministère de la Défense ; de l'Inspection générale de l'administration de l'Éducation nationale et de la Recherche ; ou de l'Inspection générale des Affaires sociales.

2. Les contrôles des comptes exercés par des organismes juridictionnels

C'est en raison du principe de responsabilité des comptables qu'a été institué un « juge des comptes », pour permettre un examen compétent, impartial et contradictoire de ceux-ci. Remontant à l'Ancien Régime, supprimée un temps à la Révolution, la Cour des comptes fut recréée par la loi du 16 septembre 1807. Mais ses attributions ont été notablement élargies, en particulier par la loi du 22 juin 1967, et elle ajoute de plus en plus à sa fonction juridictionnelle un rôle de contrôle administratif sur la gestion, non seulement des organismes publics, mais aussi des organismes privés bénéficiant de fonds publics. La mise en place de la décentralisation amena la création des chambres régionales des comptes par la loi du 2 mars 1982, et imposa de ce fait un partage de compétences entre elles et la Cour.

Les **règles de procédure** suivies devant les juridictions financières ont été profondément modifiées par la loi du 28 octobre 2008. Elles présentaient traditionnellement les caractéristiques qui singularisent les juridictions administratives (voir page 140) : la procédure était *inquisitoire*, c'est-à-dire dirigée par le juge ; *secrète*, donc hors d'atteinte du public ; *écrite ; dispensée du ministère d'avocat ;* et *marquée par la règle du double arrêt.*

À plusieurs reprises, ces caractères ont été contestés, tant devant le Conseil d'État que devant la Cour européenne des Droits de l'homme ; des requérants les estimaient contraires à l'article 6 al. 1 de la Déclaration européenne des droits de l'homme, qui garantit à tout justiciable le droit d'être jugé dans un délai raisonnable par un tribunal impartial et indépendant. Des réformes avaient déjà essayé de tenir compte de ces exigences, notamment en 2001, en affirmant le principe de publicité des audiences et en excluant le rapporteur du délibéré. Cela s'est avéré insuffisant et, dans un arrêt du 12 avril 2006, *Martinie c/ France,* la Cour européenne des Droits de l'homme a condamné la France pour violation de l'article 6-1 de la Convention. Il a donc fallu réformer les règles de fonctionnement des juridictions financières françaises. La loi de 2008 distingue ainsi clairement les fonctions d'instruction, de poursuite et de jugement. Elle supprime le pouvoir d'auto-saisine de la juridiction et exige que toute procédure contentieuse soit ouverte par un réquisitoire du ministère public ; de même, les décisions de décharge ne peuvent être prononcées que par une formation de jugement (même si elles le sont par ordonnances). Les audiences publiques sont généralisées et le caractère contradictoire des débats est renforcé : les conclusions du ministère public sont transmises aux parties, qui sont les dernières à intervenir à l'audience[35]. Enfin, la règle du double arrêt (voir page 181), qui pouvait compromettre l'exigence du délai raisonnable, est supprimée.

L'arrêt *Martinie c/ France*

M. Martinie était l'agent comptable d'un lycée de Bayonne, dans lequel existait une sorte de section sport-études créée par convention avec une fédération sportive, le Centre national d'entraînement à la pelote basque (CNEA). Le proviseur du lycée était le directeur du Centre, M. Martinie en étant le secrétaire général, et ils percevaient tous deux des indemnités pour ces fonctions, dont la création avait été décidée par le seul proviseur. Constatant l'inexistence de toute délibération du conseil d'administration du lycée, seul compétent pour instituer des indemnités, la chambre régionale des comptes condamna M. Martinie au remboursement des sommes versées. La Cour des comptes confirma la condamnation en appel, en réduisant simplement son montant et le recours en cassation devant le Conseil d'État contre la décision de la Cour fut rejeté.

Devant la Cour européenne des droits de l'homme, l'intéressé invoqua quatre moyens : le non-respect du principe du contradictoire : le rapport du conseiller rapporteur ne lui avait pas été communiqué, alors qu'il l'avait été au ministère public ; la non-publicité et la partialité de la procédure : il n'avait pas été informé de sa date, n'y avait pas été convoqué et n'avait pu présenter d'observations. En outre, le conseiller rapporteur avait participé au délibéré de la Cour. Enfin, lors de l'instance devant le Conseil d'État, le commissaire du gouvernement avait participé au délibéré.

La Cour européenne a conclu à la violation de l'article 6-1 de la Convention sur les quatre points.

1. La Cour des comptes

a) Les membres de la Cour

La « vieille dame de la rue Cambon »[36] est l'une des institutions les plus anciennes de l'administration française. Présidée par un Premier président choisi librement par le gouvernement[37], elle constitue une **juridiction**. Elle regroupe environ 200 conseillers qui bénéficient d'un statut de **magistrat**, donc de l'inamovibilité. Ils sont répartis en trois grades. Les auditeurs sont recrutés à la sortie de l'ENA. La carrière se poursuit ensuite par l'accession aux grades de conseiller référendaire, puis de conseiller maître, le gouvernement ayant la possibilité de recourir à un tour extérieur. Les membres des deux grades inférieurs sont nommés par décret du président de la République. Le Premier président, le procureur général, les présidents de chambre et les conseillers maîtres le sont par décret en conseil des ministres.

Des conseillers maîtres en service extraordinaire, dont le nombre est limité à douze, peuvent être nommés pour une période de cinq ans non renouvelable. Enfin, des fonctionnaires appartenant à un corps recruté par la voie de l'ENA ou provenant des fonctions publiques territoriale ou hospitalière peuvent exercer, par détachement, les fonctions de rapporteur, mais aucune fonction juridictionnelle.

b) L'organisation de la Cour

Elle est divisée en **sept chambres** entre lesquelles le Premier président répartit les affaires. Chaque magistrat est affecté à l'une d'entre elles. Ce sont ces chambres, présidées par des conseillers maîtres ayant au moins trois ans d'ancienneté dans le grade, qui exercent l'activité juridictionnelle de la Cour ; en fait, chacune d'entre elles est spécialisée dans les activités de certains secteurs déterminés. C'est, par exemple, la troisième chambre qui est compétente pour les affaires relatives à l'éducation et à la culture. Auditeurs et conseillers référendaires effectuent les enquêtes et rédigent les rapports. Seuls les conseillers maîtres délibèrent sur les rapports[38].

Les fonctions de ministère public sont exercées par un **procureur général**, librement choisi par le gouvernement, au sein de la Cour ou non. Le procureur général ne bénéficie pas du privilège d'inamovibilité. Son rôle est de veiller à l'application exacte de la loi. Il est chargé des poursuites, suit l'exécution des décisions de la Cour et assure la liaison avec les autorités administratives. Il est assisté de quatre avocats généraux choisis parmi les conseillers référendaires, qui retrouvent leur place à la Cour après leur passage au Parquet.

La réunion en chambre constitue la formation normale de jugement. Mais la Cour peut aussi se réunir en **chambre du conseil**, composée du Premier président, des présidents de chambre et de tous les conseillers maîtres ; le procureur général assiste aux séances et participe aux débats. C'est cette formation qui, en particulier, délibère sur le rapport public et sur le rapport concernant l'exécution des lois de finances, et qui arrête la déclaration générale de **conformité**. Les **chambres réunies** (Premier président, présidents de chambre et un conseiller maître par chambre) sont convoquées pour réexaminer les affaires après cassation ou dès lors qu'une question de droit importante est à trancher. A ce titre, cette formation assure l'unité de la jurisprudence.

35. Cette réforme est parallèle à celle qui a affecté les juridictions administratives.

36. C'est l'adresse de la Cour, à Paris. Les dispositions relatives à la Cour figurent désormais dans les articles L. 111-1 et suivants du Code des juridictions financières.

37. Fin 2013, le Premier président est Didier Migaud.

38. Cependant, l'auditeur ou le conseiller référendaire qui a présenté un rapport participe avec voix délibérative à la séance au cours de laquelle son rapport est examiné.

Le projet de réforme des juridictions financières

L'une des préoccupations essentielles exprimées par Philippe Séguin, ancien Premier président de la Cour des comptes, était l'insuffisance de la responsabilité financière des élus. La solution à cette question passait, selon lui, par une réforme profonde du système de responsabilité et, de ce fait, des juridictions qui en traitent. C'est sous son influence, relayée après son décès par son successeur, Didier Migaud, qu'un projet de loi portant réforme des juridictions financières a été déposé en octobre 2009 devant l'Assemblée nationale. Selon les termes du conseil des ministres, ce projet *« donne aux juridictions financières les moyens de contribuer aux trois exigences de la réforme de la gestion publique : transparence, performance et responsabilité »*, en unifiant la responsabilité des comptables et des ordonnateurs, en rénovant l'évaluation des politiques publiques, en expérimentant la certification des comptes des collectivités territoriales et en créant un échelon supplémentaire de juridiction.

Le projet tendait à faire de la Cour des comptes la juridiction financière unique, compétente à l'égard des comptables mais aussi des ordonnateurs et des gestionnaires. Seraient donc désormais justiciables de la Cour les membres des cabinets ministériels, les fonctionnaires et les agents de l'État, des collectivités territoriales, des établissements publics locaux et territoriaux, les élus investis d'une fonction exécutive dans les régions, les départements, les communes et les EPCI et, de façon plus générale, tous les représentants, administrateurs ou agents d'organismes assujettis au contrôle d'une juridiction financière.

Les attributions de la Cour de discipline budgétaire et financière seraient donc intégrées à celles de la Cour des comptes ; les chambres régionales des comptes deviendraient des chambres territoriales de la Cour des comptes, mises en place dans un cadre interrégional, et une Cour d'appel des juridictions financières serait instituée pour connaître des appels interjetés contre les décisions de la Cour des comptes et des chambres territoriales.

Prévu à l'automne 2010, l'examen du projet de loi a été repoussé *sine die*.

c) La compétence de la Cour

Elle n'a cessé de se **diversifier**. Essentiellement juridictionnelle à l'origine, elle a évolué vers une compétence générale d'évaluation de la gestion publique, exercée au profit des différents pouvoirs constitutionnels.

- **Le jugement des comptes des comptables publics**

C'était là le rôle initial de la Cour. Juge unique dans ce domaine à l'origine, elle a vu sa compétence modifiée avec l'apparition des chambres régionales et territoriales des comptes. Cette compétence est désormais définie de manière négative puisque relèvent de la juridiction de la Cour, en vertu du Code des juridictions financières, tous les comptables qui ne relèvent pas de celle des chambres régionales. Cela couvre de façon générale les comptables principaux de l'État et des établissements publics ou des sociétés nationales. Lorsqu'elle ne statue pas en première et dernière instance, la Cour est juge d'appel contre les jugements des chambres.

Le contrôle de la Cour s'appuie sur l'**examen des comptes** des comptables relevant d'elle, qui doivent lui être adressés chaque année. Elle a aussi le pouvoir de juger les comptes de ceux qu'elle a déclarés comptables de fait. Le comptable ou le gestionnaire de fait qui ne produit pas ses comptes dans les délais prescrits par les textes est passible d'une amende[39]. Toute condamnation définitive à une amende doit être précédée d'une audition contradictoire et publique du comptable incriminé.

Le contrôle se fait **sur place** et **sur pièces**. L'instruction est menée par des rapporteurs pris parmi les auditeurs, les conseillers référendaires ou les fonctionnaires détachés. Ils ont le pouvoir d'exiger des ordonnateurs et des comptables toutes les pièces qu'ils estiment nécessaires à l'instruction des comptes. Ils peuvent se déplacer dans les services pour y procéder à toute vérification ou à toute audition jugée utile. A la fin de l'instruction, ils rédigent un projet de rapport, incluant des propositions de mesures, qui sera revu par un conseiller maître et communiqué au procureur général avant sa transmission à une formation de jugement.

Les arrêts de la Cour sont susceptibles d'un recours en **révision** devant elle, si des éléments postérieurs et nouveaux sont susceptibles de remettre en cause la décision rendue. Ils peuvent aussi faire l'objet d'un recours en **cassation** devant le Conseil d'État, intenté soit par le comptable, soit par le représentant de l'administration victime de l'irrégularité. C'est le cas lorsque, par exemple, la Cour a jugé une affaire qui ne relevait pas de sa compétence, ou que la procédure suivie n'a pas été régulière (par exemple, si la motivation de l'arrêt est insuffisante), ou que la Cour a fait une mauvaise application ou donné une interprétation inexacte des textes en vigueur.

Si le Conseil d'État casse l'arrêt de la Cour, cela renvoie le comptable devant elle. Elle statue alors en **chambres réunies**[40], mais elle doit se conformer à l'interprétation des textes donnée par le Conseil[41].

- **Le contrôle administratif sur l'exécution du budget**

Le Code des juridictions financières rappelle que la Cour *« n'a pas juridiction sur les ordonnateurs, sauf sur ceux qu'elle a déclarés comptables de fait »*. Mais elle a progressivement conquis le pouvoir d'exercer un contrôle administratif sur l'exécution du budget par les administrateurs. Ce contrôle a été facilité par un changement de présentation des pièces justificatives des opérations financières de l'État. Adressées selon un rythme trimestriel, classées par ministère, elles permettent un contrôle rapide de l'ensemble de la gestion d'un ordonnateur. Reprenant les dispositions de la loi du 22 juin 1967, l'article L. 111-3 du Code des juridictions financières investit donc la Cour du pouvoir de *« s'assurer du bon emploi des crédits, fonds et valeurs gérés par les services de l'État et [...] par les autres personnes morales de droit public »*.

39. Depuis la loi du 29 octobre 2008, cette amende n'est plus transmissible aux héritiers d'un comptable décédé.

40. Sauf bien sûr dans le cas – rare – où l'arrêt a été cassé parce que la Cour était incompétente.

41. C'est ce qu'a indiqué le Conseil d'État dans l'arrêt *Botta* du 8 juillet 1904.

A l'occasion du contrôle des comptes, la Cour peut constater toutes les **irrégularités** dont les ordonnateurs se rendent coupables et les dénoncer; elle dispose dans cette activité des mêmes pouvoirs d'investigation que dans son activité juridictionnelle (se faire communiquer toutes pièces ou documents jugés nécessaires à l'enquête, procéder à des auditions, etc.).

Elle peut plus globalement donner son **avis** sur la gestion des utilisateurs de fonds publics : les ordonnateurs de l'État et des services publics nationaux, mais aussi les organismes privés bénéficiant de crédits publics ou faisant appel à la générosité publique[42], les entreprises publiques, les organismes de Sécurité sociale et ceux qui bénéficient du concours financier de l'Union européenne.

L'exercice de ce contrôle peut donner lieu à **diverses interventions** de la part de la Cour.

– Les *lettres des présidents de chambre* sont adressées aux responsables administratifs (directeurs d'administration centrale, chefs de service, préfets...) pour leur signaler des irrégularités ou des erreurs de gestion.

– Les *notes du Parquet* sont adressées par le procureur général aux mêmes autorités administratives sur saisine d'un président de Chambre; elles ne signalent pas une simple erreur, mais une infraction, et l'administration est tenue d'y répondre, en indiquant quelle mesure elle a prise ou pourquoi elle n'en a pas pris.

– Le *référé*, adressé à un ministre par le Premier président à la demande d'un président de chambre ou d'une chambre régionale, lui dénonce des irrégularités ou des erreurs de gestion qui, soit par leur gravité, soit par leur répétition, appellent une réforme des services ou un changement des textes. Le ministre est libre de décider des suites ou de l'absence de suites qu'il y donnera, sauf si un dépassement de crédits a entraîné un préjudice pour l'organisme public concerné, mais il doit dans tous les cas faire une réponse à la Cour dans les trois mois.

– Enfin, la Cour peut présenter divers *rapports publics*. Le plus important est celui qu'elle adresse chaque année au président de la République. Florilège de cas exemplaires de mauvaise gestion ou d'irrégularités, ce rapport, rédigé par la chambre du conseil, est d'abord communiqué aux administrations concernées pour leur permettre de présenter leurs réponses aux observations, souvent sévères, de la Cour. Il est ensuite rendu public et fait l'objet de comptes rendus et de commentaires de la grande presse.

- **L'assistance aux pouvoirs constitutionnels**

La Cour a enfin une compétence importante d'assistance aux pouvoirs constitutionnels. D'une part, elle peut toujours se voir demander par le président d'une Assemblée l'évaluation d'une politique publique, ou par une commission parlementaire une enquête sur un domaine précis. D'autre part, «*elle assiste le Parlement dans le contrôle de l'action du gouvernement. Elle assiste le Parlement et le gouvernement dans le contrôle de l'exécution des lois de finances et de l'application des lois de financement de la Sécurité sociale, ainsi que dans l'évaluation des politiques publiques*» (nouvel article 47-2 de la Constitution). A ce titre, elle présente chaque année «*un rapport sur la situation et les perspectives des finances publiques*», qui ouvre le débat d'orientation budgétaire, et «*un rapport sur les résultats et la gestion budgétaire de l'État au cours de l'exercice antérieur*», analysés sous l'angle de la régularité et sous celui de la performance, qui accompagne la loi de règlement. L'article 58-5 de la LOLF lui confie une mission nouvelle : la certification de la régularité, de la sincérité et de la fidélité des comptes de l'État, comme le font les commissaires aux comptes pour les sociétés commerciales. La première certification des comptes exécutés «en mode LOLF» est intervenue en 2007[43].

Enfin, chaque année, la Cour établit un rapport sur l'application des lois de financement de la Sécurité sociale, présentant une synthèse des comptes et des rapports des organismes de Sécurité sociale[44].

2. Les chambres régionales des comptes

Leur création a résulté des lois de décentralisation et, plus spécialement, de la loi du 2 mars 1982. L'affirmation du principe de l'autonomie locale conduisait à renforcer le souhait que le contrôle sur les collectivités territoriales ne porte que sur des questions de légalité, à l'exclusion de toute préoccupation d'opportunité, et le meilleur moyen pour le garantir était de faire assurer le contrôle par des instances juridictionnelles. Nous en avons déjà vu les conséquences, en matière de contrôle administratif, avec l'instauration du *déféré préfectoral* (voir page 87). En matière financière, la loi transfère les attributions de contrôle des trésoriers-payeurs généraux, qui les exerçaient depuis 1935, à une juridiction locale des comptes.

a) Composition et fonctionnement

Selon un décret de février 2012, le siège et le ressort des chambres régionales des comptes sont fixés par décret en Conseil d'État. Leur nombre est désormais de quinze, sept d'entre elles étant interrégionales[45]. Chaque chambre se compose au minimum d'un président, pris parmi les conseillers à la Cour des comptes, et de deux assesseurs. Les plus importantes sont divisées en plusieurs sections de trois membres.

---

42. Les exemples les plus retentissants ont concerné la Croix-Rouge ou l'Association de recherche sur le cancer (ARC).

43. En mai 2009, la Cour a assorti la certification des comptes 2008 de l'État de douze réserves, dont neuf «substantielles», dénonçant par exemple la faiblesse des dispositifs de contrôle interne des ministères ou «*les incertitudes sur l'exhaustivité, la réalité et la valorisation du patrimoine immobilier de l'État*».

44. Cette question est d'une grande importance. Le montant des impôts prélevés en France n'est pas excessif par rapport à ce qu'il est dans les pays voisins, mais la création de la cotisation sociale généralisée (CSG) par le gouvernement de Michel Rocard, en 1990, l'a sensiblement augmenté. Ce qui provoque l'alourdissement des prélèvements obligatoires, c'est l'importance des cotisations sociales. Mais c'est de celles-ci que dépend la sauvegarde du modèle français et le maintien de la qualité du secteur de santé publique.

45. Il faut aussi mentionner l'existence de cinq chambres territoriales des comptes, à statut spécial, dans les collectivités d'outre-mer.

Les membres des chambres constituent un corps particulier de **magistrats**, nommés par décret du président de la République, et bénéficient du privilège d'**inamovibilité**. Le recrutement se fait principalement par la voie de l'ENA, mais aussi au moyen de détachements. La loi a prévu diverses **incompatibilités**, dont l'exercice de certains mandats électifs, qui peuvent perdurer jusqu'à cinq ans après la fin des fonctions[46].

Chaque chambre comporte un ou plusieurs représentants du *ministère public*[47] choisis au sein du corps, et qui sont les correspondants du procureur général près la Cour des comptes. Le fonctionnement des chambres, en particulier les règles de procédure applicables devant elles, est largement calqué sur ceux qu'on a déjà décrits pour la Cour des comptes.

b) Champ de compétence

Il est fixé par la loi. Les chambres contrôlent les comptes et la gestion financière de toutes les **collectivités territoriales** et de tous les **établissements publics locaux** de leur ressort[48]. Toutefois, les comptes des petites communes et de leurs établissements publics (moins de 3500 habitants et moins de 750000 euros de recettes ordinaires) et ceux des établissements publics de coopération intercommunale regroupant moins de 3500 habitants sont apurés par les trésoriers-payeurs généraux. Ceux-ci sont compétents pour accorder décharge au comptable. En revanche, seules les chambres pourront engager la responsabilité du comptable s'il y a lieu. Les chambres peuvent contrôler les comptes et la gestion des entreprises locales et de leurs filiales, ainsi que des organismes bénéficiant de concours financiers de celles-ci. Enfin, un arrêté du Premier président de la Cour des comptes peut toujours leur attribuer le jugement des comptes de certains établissements publics nationaux dont le siège se situe dans leur ressort. Ce fut le cas pour plusieurs universités.

Les décisions des chambres peuvent faire l'objet d'un **appel** devant la Cour des comptes et d'un **recours** en révision devant les chambres elles-mêmes.

c) Attributions

Elles sont de deux ordres. Les unes sont parallèles à celles de la Cour des comptes, les autres, spécifiques, s'exercent dans le cadre du contrôle de tutelle sur les collectivités territoriales.

Les chambres **jugent les comptes** des comptables placés sous leur juridiction, dans les mêmes formes et avec les mêmes pouvoirs que la Cour. Elles jugent aussi de la même façon les gestions de fait.

Elles exercent un **contrôle de gestion** sur l'exécution des budgets des collectivités territoriales : leurs observations sont communiquées aux ordonnateurs qui peuvent y répondre mais devront, si elles sont maintenues, être portées à la connaissance des organes délibérants.

Les chambres disposent aussi de **pouvoirs spécifiques** sur les actes budgétaires des collectivités territoriales, dans la mesure où elles participent de manière active au contrôle exercé sur celles-ci (voir page 87). Elles ont compétence pour formuler, à destination du préfet et sur saisine de celui-ci, des propositions lui permettant d'arrêter le budget d'une collectivité locale qui ne l'aurait pas adopté avant le 31 mars. Elles lui adressent, dans les mêmes conditions, toutes propositions permettant la rectification d'un budget local qui n'aurait pas été voté en équilibre réel ou dont l'exécution ferait apparaître un déficit supérieur à 10 % des recettes de la section de fonctionnement. Elles contrôlent enfin l'inscription des dépenses obligatoires dans les budgets locaux et, lorsque celle-ci n'a pas eu lieu, elles ont le pouvoir d'adresser des mises en demeure aux collectivités concernées. Elles peuvent ensuite demander au préfet d'inscrire d'office la dépense au budget, en proposant, s'il y a lieu, la création de ressources supplémentaires.

Dans tous les cas, le préfet qui s'écarterait des propositions d'une chambre doit assortir sa décision d'une motivation explicite.

3. Le contrôle des comptes exercé par le Parlement

Le contrôle parlementaire devrait présenter des caractéristiques particulières qui le différencient de ceux qu'on a évoqués jusqu'ici. Nombre d'entre eux portent en effet sur la régularité des opérations financières. Or le contrôle des finances publiques doit aussi s'attacher à l'opportunité et à l'efficacité (*« Contrôler réellement pour dépenser mieux et prélever moins »*, pour reprendre l'expression utilisée dans un rapport parlementaire de 1998). C'est le Parlement qui est sans doute le mieux placé pour prendre en compte ces préoccupations, qui sont avant tout d'ordre politique.

Force est cependant de constater que le contrôle du Parlement n'a pas toujours rempli ces exigences. On comprend donc que celui-ci se préoccupe de plus en plus de cette question et qu'il cherche à renforcer ses moyens afin d'y apporter des solutions. Il y travaille dans deux directions : le développement des procédures d'information et l'amélioration des conditions du vote de la loi de règlement.

1. Les procédures d'information

En matière financière, le Parlement peut bien sûr utiliser tous les moyens de contrôle et d'information qui sont ordinairement les siens, en particulier les questions adressées

46. Un Conseil supérieur des chambres régionales des comptes a été mis en place en 1994 et doit donner son avis sur tous les actes importants concernant à la fois leur statut et le déroulement de la carrière de leurs magistrats.

47. Termes substitués à ceux de « commissaires du gouvernement » par la loi du 28 octobre 2008.

48. La seule exception concerne certains crédits de la mairie de Paris, ceux mis à sa disposition pour son fonctionnement, qui sont contrôlés par une commission de vérification désignée en son sein par le Conseil de Paris et composée de représentants de tous les groupes politiques.

au gouvernement (voir page 45). Mais il dispose aussi de moyens et de procédures spécifiques. La LOLF renforce l'information parlementaire, en multipliant les annexes budgétaires et les rapports financiers, par exemple sur l'évolution de l'économie, les orientations des finances publiques ou les comptes de la Nation.

D'autres documents servent spécifiquement à l'information des commissions des finances, investies d'une mission générale d'évaluation de toute question relative aux finances publiques : elles reçoivent chaque mois, par l'intermédiaire du ministre des Finances, une situation des dépenses, des crédits et de leur consommation, et chaque trimestre une situation des dépenses engagées. Le Parlement est ainsi régulièrement informé, tout au long de l'année budgétaire, de l'exécution des opérations financières. L'article 57 de la LOLF donne aux présidents des commissions des finances des assemblées et aux rapporteurs des différents budgets des pouvoirs élargis, en particulier la possibilité de suivre sur pièces et sur place l'emploi des crédits du ministère dont ils ont présenté le rapport[49], voire d'agir devant la juridiction compétente pour obtenir, sous astreinte, les renseignements demandés.

Jaunes et bleus : les documents comptables de la loi de finances

Nous avons déjà rencontré ces documents; ils sont de deux ordres. Les « bleus » sont prévus par la LOLF : présentés lors du dépôt de la loi de finances, ils annoncent la répartition des crédits à laquelle procéderont les décrets de répartition. Par la suite, le gouvernement est lié par cette annonce. Les « jaunes » sont des rapports gouvernementaux dont la loi impose la présentation au Parlement pour la discussion de la loi de finances, même s'il arrive fréquemment qu'ils lui parviennent tardivement.

Surtout, le Parlement a des rapports privilégiés avec la Cour des comptes. Les référés de la Cour, même ceux qui ont un caractère confidentiel, sont systématiquement envoyés aux commissions des finances. Le Premier président peut communiquer sans intermédiaire avec les commissions des finances des deux assemblées et celles-ci peuvent poser des questions à la Cour ou la charger d'enquêtes spécifiques sur les administrations ou les services qu'elles souhaitent contrôler.

Enfin, les deux chambres du Parlement peuvent créer des **commissions d'enquête** ou **de contrôle** de la gestion de certains services, établissements publics ou entreprises nationales. Elles l'ont fait, par exemple, en 1994 à propos de la situation du Crédit lyonnais, ou en 1998 à propos de l'utilisation des fonds publics et de la gestion des services publics en Corse.

Les dernières années ont ainsi été marquées par deux préoccupations essentielles : la prise de conscience par les parlementaires de la nécessité d'élargir le champ du contrôle, et leur volonté forte d'en moderniser l'exercice en le tirant de plus en plus vers les préoccupations contemporaines de l'évaluation des politiques publiques. Le Parlement ne peut se désintéresser de l'impact que la construction européenne a sur le budget national, ni de ce que les prélèvements obligatoires ne sont plus le fait majoritaire de l'État central, mais qu'y contribuent fortement le poids des finances locales et, surtout, les prélèvements sociaux. La Constitution le lui rappelle en instaurant une nouvelle catégorie de lois, largement calquées sur les lois de finances, celles qui concernent le financement de la Sécurité sociale. Le contrôle évolue ainsi vers des évaluations globales de politiques publiques, appréhendées dans tous leurs aspects. En témoigne en particulier la création par l'Assemblée nationale, en février 1999, de la Mission d'évaluation et de contrôle.

La Mission d'évaluation et de contrôle

Chargée d'auditionner chaque année des responsables politiques et administratifs sur la gestion de leurs crédits et de mener des investigations approfondies sur un petit nombre de politiques publiques, elle présente de fortes particularités par rapport aux commissions parlementaires traditionnelles. D'une part, elle est coprésidée par un parlementaire de la majorité et un parlementaire de l'opposition. D'autre part, les différents groupes y sont représentés sur un strict pied d'égalité (deux membres par groupe). En s'appuyant sur une collaboration étroite avec la Cour des comptes, représentée à chacune de ses séances, elle a ainsi analysé divers secteurs administratifs, par exemple la politique autoroutière, la gestion des universités ou le financement et la gestion de l'eau, et présenté, avec un succès inégal, trois ou quatre rapports chaque année.

2. Le vote de la loi de règlement

Le régime de la loi de règlement, instituée dès le début du XIXe siècle, est actuellement fixé par la LOLF. Elle constitue l'une des catégories de lois de finances et elle a deux fonctions. D'une part, elle constate le montant définitif des opérations de recettes et de dépenses intervenues pour l'exécution du budget[50] et en arrête les résultats comptables. D'autre part, elle ratifie tous les ajustements de crédits constatés par rapport à la loi de finances initiale, telle qu'elle a été modifiée par les lois de finances rectificatives (en plus – dépassements – ou en moins – annulations), et elle autorise le transfert du solde des résultats de l'année à un compte tenu par le Trésor.

Compte tenu du changement d'esprit qu'elle apporte et de la plus grande liberté qu'elle laisse aux gestionnaires des crédits, la LOLF souhaite renforcer la place de la loi de règlement dans les opérations budgétaires. Elle institue donc, dans son article 46, ce qu'on a appelé *« un chaînage vertueux »* entre la loi de règlement de l'année *n*, dont la liste des annexes est augmentée, et la loi de finances initiale de l'année *n+ 1*. La date limite de dépôt du projet de loi de

49. Dans quelques cas, cela peut donner lieu à des rapports spéciaux connaissant un certain retentissement politique : ainsi, en 1996, sur la situation de l'audiovisuel public ou, en 2000, à propos de la « cagnotte » que se serait constituée le gouvernement.

50. Et, plus largement, de toutes les opérations de trésorerie.

règlement[51] est donc remontée au 1er juin de l'année suivant celle de l'exécution du budget auquel il se rapporte et, en vertu de l'article 41, le projet de loi de finances ne peut être mis en discussion devant une assemblée tant qu'elle n'a pas voté, en première lecture, le projet de loi de règlement de l'année précédente. La loi de règlement devient ainsi un élément du débat budgétaire à venir.

L'article 56 de la LOLF détaille minutieusement les pièces qui doivent être annexées au projet de loi. On y trouve en particulier des documents d'exécution correspondant à chacun des documents présentés lors du dépôt de la loi de finances initiale. Le projet doit être accompagné d'un rapport très détaillé de la Cour des comptes sur l'exécution des lois de finances, portant à la fois sur les comptes et sur les résultats. Ce rapport constitue pour les parlementaires une source précieuse d'informations. Même si la discussion de la loi de règlement ne suscite généralement pas des débats politiques enflammés *(« c'est un règlement des comptes et pas un règlement de comptes »*, disait un ministre), elle n'en constitue pas moins un élément important de l'information parlementaire.

51. Établi, comme son nom l'indique, par le gouvernement.

Chapitre 5
L'impôt

Le produit des impôts représente l'essentiel des ressources de l'État. Il lui permet de remplir ses missions régaliennes (justice, police) et ses activités de service (infrastructures, enseignement). Mais, pour diverses raisons (dont les allègements fiscaux et les subventions accordés à certaines catégories de personnes ou d'entreprises), l'impôt suffit de moins en moins à couvrir la totalité des dépenses. D'où le recours à l'emprunt, qui tend à devenir régulier et atteint aujourd'hui des proportions inquiétantes : la dette publique atteignait en effet 1 912 milliards d'euros à la mi-2013, soit 93,4 % du PIB, et le seul remboursement des intérêts annuels représente au moins 47 milliards d'euros en 2013. Avec les cotisations sociales, les impôts constituent les prélèvements obligatoires – souvent jugés trop élevés par les intéressés[52] – sur les revenus des particuliers et des entreprises, et leur montant comme leur répartition sont des éléments de la politique économique que les pouvoirs publics entendent suivre. En raison à la fois de leur importance pour la vie du pays et de leur caractère contraignant pour les citoyens, il est admis depuis la Révolution de 1789 qu'ils doivent être déterminés par la représentation nationale et respecter le principe d'égalité devant les charges publiques. Mais si les grandes lignes du droit fiscal ont une portée générale, les impôts sont très divers, et le régime juridique auquel ils sont soumis fait intervenir de nombreuses autorités.

1. Les principes généraux de la fiscalité

La Déclaration des droits de l'homme et du citoyen adoptée en 1789 reconnaissait dans son article 13 le **caractère indispensable** de l'impôt *« pour l'entretien de la force publique et pour les dépenses d'administration »*, mais précisait dans ce même article qu'il devait *« être **également réparti** entre tous les citoyens en raison de leurs facultés »* (contributives) ; et, dans l'article suivant, elle réservait à ces mêmes citoyens ou à leurs représentants le droit *« d'en suivre l'emploi et d'en déterminer la quotité, l'assiette, le recouvrement et la durée »*. La plupart de ces principes demeurent en vigueur. La nécessité de l'impôt fait que l'État peut le recouvrer en utilisant la contrainte et que le refus de s'en acquitter, de même que la fraude, sont passibles de sanctions parfois très lourdes. La compétence du Parlement est réaffirmée par l'article 34 de la Constitution de 1958, qui réserve à la loi le droit de déterminer *« l'assiette, le taux et les modalités de recouvrement des impositions de toutes natures »*[53] (voir plus loin la définition de ces termes) et le Conseil constitutionnel, de même que les juridictions administratives, veille au respect du principe d'égalité qui a valeur constitutionnelle.

Un exemple d'application du principe d'égalité par le Conseil constitutionnel : la décision du 27 décembre 1973

La taxation d'office permet au fisc de lutter contre la fraude lorsque les *« dépenses personnelles, ostensibles ou notoires »* de certains contribuables excèdent notablement les revenus qu'ils ont déclarés. La possibilité de démontrer leur bonne foi, sous le contrôle du juge, fut cependant reconnue aux intéressés par la loi de finances pour 1974, mais seulement si leurs dépenses annuelles ne dépassaient pas, à l'époque, 276 000 francs (cette condition s'expliquait par le souci d'éviter que le nouveau dispositif puisse bénéficier aux gros fraudeurs). Saisi de cette loi, le Conseil constitutionnel estima que l'article en cause instituait *« une discrimination entre les citoyens au regard de la possibilité d'apporter une preuve contraire à une décision de taxation d'office »* et contrevenait par là même au principe d'égalité. Il le déclara donc non conforme à la Constitution.

Mais certains éléments de cette construction d'ensemble se sont trouvés infléchis. D'une part, la compétence exclusive du Parlement a été grignotée sous l'influence de trois facteurs différents : le développement du *droit européen*, qui tend à l'harmonisation fiscale dans les pays membres de l'Union et surtout à la baisse des déficits budgétaires ; *l'article 40 de la Constitution*, qui interdit aux parlementaires de diminuer une ressource publique sans la compenser par une ressource équivalente ; et la possibilité reconnue au Parlement par le Conseil constitutionnel de déléguer au gouvernement le pouvoir de fixer la date d'entrée en

52. C'est pourquoi avait été institué le « bouclier fiscal », qui garantissait aux contribuables que le total des impôts nationaux et locaux (y compris l'ISF) qu'ils devraient acquitter ne pourrait dépasser 60 % de leur revenu annuel. Malgré ce dispositif, les évasions fiscales (délocalisation d'activités, domiciliations à l'étranger, etc.) demeuraient nombreuses. C'est l'une des raisons pour lesquelles le « bouclier » a été abaissé à 50 % (y compris la CSG) en 2007. La loi de finances rectificative du 29 juillet 2011 a supprimé le bouclier fiscal à compter du 1er janvier 2013. En contrepartie, elle a allégé l'ISF qui compte, en 2013, 6 tranches et 6 taux, et elle a relevé le seuil d'entrée dans l'ISF de 800 000 à 1,3 million d'euros de patrimoine (depuis le 1er janvier 2011).

53. Les principaux textes intervenant en ce domaine sont les lois annuelles de finances, mais aussi des lois spéciales, dont les dispositions diverses d'ordre financier (DDOF), souvent adoptées en fin d'année.

vigueur d'une loi instituant un impôt ou de déterminer lui-même, à l'intérieur d'une fourchette déterminée, le taux de cet impôt.

D'autre part, le principe de proportionnalité du montant de l'impôt aux facultés contributives des redevables n'est plus entendu de manière littérale, c'est-à-dire arithmétique (une personne ayant des revenus deux fois supérieurs à ceux d'une autre paiera un impôt d'un montant double). Les régimes fiscaux peuvent être différents selon qu'ils s'inspirent du souci de lutter contre la fraude (ainsi s'explique l'abattement de 20 % sur les revenus des salariés qui ne peuvent pas en dissimuler une partie, contrairement, par exemple, aux commerçants), ou qu'ils visent à atténuer les disparités de ressources : le montant de l'impôt sera, en ce cas, progressif et non plus seulement proportionnel, les « tranches » supérieures des revenus étant taxées plus lourdement que les autres.

Enfin, alors que l'impôt avait initialement un objectif purement financier (couvrir les dépenses publiques), il tend à devenir aussi un instrument de **politique économique ou sociale**. Son montant peut ainsi s'alourdir lorsque les pouvoirs publics souhaitent lutter contre l'inflation en réduisant le pouvoir d'achat des ménages, ou au contraire s'alléger s'ils veulent relancer l'économie par l'accroissement de la demande. Des modulations peuvent également tendre, par exemple, à favoriser la natalité par l'institution de quotients familiaux avantageux, ou bien à freiner des comportements jugés nocifs, comme l'alcoolisme ou le tabagisme, par l'alourdissement de la taxe sur la valeur ajoutée (TVA) frappant les produits en cause.

2. La classification des impôts

Il existe un très grand nombre d'impôts, aussi divers par leur assiette que par leur rendement. Ils peuvent s'appliquer aux revenus du travail comme au capital, à une transaction notariale comme à l'achat d'une tablette de chocolat ou à l'obtention d'une carte grise ; certains concernent les particuliers, d'autres les entreprises ; ils peuvent alimenter le budget de l'État comme ceux des collectivités territoriales ; et leur produit est parfois très important, parfois si faible que le coût de leur recouvrement paraît disproportionné. Il ne saurait être question d'en dresser ici un tableau exhaustif mais il convient d'en déterminer les principales catégories, en indiquant, à l'intérieur de chacune d'elles, ceux qui sont les plus importants.

1. Les divers types d'impôts

On distingue d'abord entre impôts **directs et indirects**. Les premiers sont assis sur une *matière imposable* (par exemple les salaires, les revenus du capital ou la propriété immobilière), et les contribuables s'en acquittent directement auprès du Trésor public ; leur montant peut être personnalisé, c'est-à-dire rendu proportionnel ou progressif, selon la situation des intéressés. Les impôts indirects, au contraire, sont perçus à l'occasion d'une *opération concernant la matière imposable*, par exemple sa production, sa circulation ou sa consommation, et se répercutent sur le prix payé par « l'acquéreur » final : ainsi la TVA s'applique-t-elle aux achats de divers types comme aux travaux de réfection d'un appartement ; et des droits de timbre ou d'enregistrement sont imposés à l'occasion de plusieurs démarches (dépôt d'un recours pour excès de pouvoir, demande d'un permis de chasse…). Cette catégorie d'impôt est moins équitable que la précédente, car elle pèse de la même manière sur tous les redevables, quelle que soit leur situation de fortune. Elle a cependant l'avantage, du point de vue des pouvoirs publics, d'être « indolore » car les intéressés ne la distinguent guère du prix qu'ils versent au vendeur ou au prestataire de services : c'est l'une des raisons pour lesquelles elle est très usitée.

On distingue ensuite entre impôts **nationaux et locaux**, les uns et les autres pouvant être directs ou indirects. Leur montant total est très différent, la fiscalité de l'État l'emportant de beaucoup sur celle des collectivités territoriales. C'est cette distinction qui sera retenue pour la présentation des principaux impôts.

2. Les impôts d'État

Selon les prévisions du ministère des Finances, ils devaient rapporter au total 298,6 milliards d'euros, en 2013, pour un budget d'environ 371 milliards (au total, le taux des prélèvements obligatoires devait s'élever à 46,1 % du PIB). Les principaux impôts d'État sont assis sur les revenus, la dépense et le patrimoine ; le rendement de la deuxième catégorie, constituée par les impôts indirects, l'emporte de beaucoup sur celui des deux autres.

a) Les impôts sur le revenu

Les particuliers sont assujettis à l'**impôt sur le revenu des personnes physiques** (IRPP), dont l'origine ne remonte qu'à la Première Guerre mondiale et qui fut systématisé en 1970. Il s'applique aux salaires et aux traitements, déduction faite des frais professionnels, aux pensions de retraite, aux revenus des capitaux mobiliers (à l'exception de l'épargne dite « populaire », comme les livrets A et les plans d'épargne logement), aux revenus fonciers tels que les loyers, et aux plus-values des cessions de biens mobiliers ou immobiliers. Ces divers éléments sont additionnés chaque année pour constituer le **revenu net global**. Mais plusieurs *dégrèvements et abattements* sont admis, dont le quotient familial et, malgré son caractère progressif, l'IRPP a un rendement faible (18 % seulement de l'ensemble des impôts d'État) d'autant qu'un peu plus de 50 % des foyers fiscaux en étaient exonérés. A cet égard, la France s'écartait de la situation des autres pays développés. Mais 787 000 foyers supplémentaires y sont assujettis en 2013 et 44,4 % des foyers ont vu leur impôt s'accroître.

Pour des raisons d'égalité fiscale, le gouvernement Ayrault avait décidé d'augmenter la taxation des plus hauts revenus : d'une part en créant une tranche supplémentaire de l'IRPP, fixée à 45 % du revenu ; d'autre part en instaurant une « *contribution exceptionnelle de solidarité sur les très hauts revenus d'activité* » s'élevant à 75 %[54]. La seconde de ces dispositions a été censurée par le Conseil constitutionnel, au motif qu'elle s'appliquait à des personnes et non à des foyers fiscaux.

La fiscalité des entreprises est complexe. Les PME constituant des sociétés de personnes paient également un impôt sur le revenu, qui couvre les bénéfices industriels, commerciaux, agricoles et non commerciaux, ces derniers correspondant aux professions libérales. Les autres doivent acquitter l'**impôt sur les sociétés** (IS) si elles prennent la forme de sociétés anonymes ou à responsabilité limitée. L'IS n'est que faiblement progressif : le taux moyen d'imposition des bénéfices est d'environ 33 %, mais les sociétés dont le chiffre d'affaires est faible bénéficient d'un taux réduit. Le rendement de cet impôt représente cependant 15,2 % du produit des impôts d'État.

b) Les impôts sur la dépense

Il s'agit d'impôts **indirects**, dont le plus important est la **TVA**. Créée en 1954, elle porte, selon le Code général des impôts, sur « *les livraisons de biens et les prestations de services effectuées à titre onéreux par les assujettis* », ce dernier terme couvrant toutes les personnes et entreprises exerçant une activité industrielle ou commerciale, y compris les membres de certaines professions libérales. Son taux normal est jusqu'en 2014 de 19,6 %, mais des taux réduits sont applicables aux produits ou aux services nécessaires à la vie courante, tels que l'alimentation, les transports et les abonnements à l'électricité[55]. Les assujettis déduisent de la TVA applicable à leurs ventes ou prestations celle qui a pesé sur leurs achats, et répercutent le reste sur les consommateurs en l'incluant dans le prix qu'ils leur demanderont d'acquitter[56]. Compte tenu de la masse des transactions effectuées, le produit de la TVA est très important : il représente 51,7 % du total des impôts d'État.

La loi de finances rectificative pour 2012 modifie les taux de TVA à partir du 1er janvier 2014 : le taux normal passera de 19,6 à 20 %, le taux intermédiaire de 7 à 10 % et le taux réduit restera à 5,5 %.

D'autres impôts indirects viennent s'y ajouter, en particulier les **droits d'accise**, qui frappent par exemple la consommation de tabac ou d'alcool et dont le plus lourd est la taxe intérieure sur les produits pétroliers, qui constitue la majeure partie du prix payé par l'acheteur de carburant et contribue pour près de 9,5 % au total des impôts d'État.

c) Les impôts sur le patrimoine

Outre les droits **de mutation**, qui s'appliquent principalement aux ventes d'immeubles et aux successions, il faut citer l'**impôt de solidarité sur la fortune** (ISF) qui illustre l'influence des changements de majorité sur la politique fiscale. Créé en 1982[57], il fut en effet supprimé en 1986 puis rétabli en 1989, son taux connaissant par la suite, au gré des alternances politiques, des accroissements et des plafonnements. Il visait, depuis 2011, les personnes physiques possédant un patrimoine d'une valeur supérieure à 1,3 million d'euros[58], non compris les biens professionnels – dont la définition est large – et les œuvres d'art (voir note 52). Ces exclusions restreignent beaucoup le nombre des assujettis (on en comptait 280 000 en 2012) et le rendement de l'ISF est donc relativement faible. Il n'en conserve pas moins une valeur symbolique. Une réforme de l'imposition sur le patrimoine est envisagée pour les prochaines années.

3. Les impôts locaux

La fiscalité locale, qu'il s'agisse des régions, des départements ou des communes, est très nettement inférieure à celle de l'État, à la fois en valeur absolue et en proportion de leurs budgets respectifs, bien que les lois de décentralisation aient considérablement accru les compétences – donc les charges financières – des collectivités territoriales[59]. Celles-ci ne sont pas non plus entièrement libres de déterminer les taux d'imposition (qu'elles ne pouvaient d'ailleurs pas voter elles-mêmes avant les années 1980) : la loi leur enjoint de maintenir une certaine proportion entre les différents impôts qu'elles lèvent, et de ne pas dépasser trop largement, pour chacun d'eux, le taux moyen constaté au niveau national.

Ces impôts étaient pour l'essentiel, jusqu'à 2010, constitués de **quatre taxes** directes, dont l'origine remonte à la Révolution. Mais la plus importante d'entre elles, la taxe professionnelle, a été supprimée. Les collectivités des différents niveaux déterminent individuellement le taux qu'elles entendent appliquer, et la part de chacune d'elles est indiquée sur l'avis d'imposition adressé aux contribuables. Le montant global du produit de ces impôts s'élevait, en 2008, à 65 milliards d'euros, soit près de 40 % des recettes de fonctionnement des collectivités. Les communes et les EPCI en prélèvent 63 %, les départements 30 % et les régions 7 %.

– Les **taxes foncières sur les propriétés bâties** (maisons, usines) et **non bâties** (terrains agricoles, carrières) sont dues par les *propriétaires*, sous réserve de quelques

---

54. Dans une situation économique analogue, le président Franklin Roosevelt avait porté le taux d'imposition marginal de 25 % à 63 %, afin de renflouer le budget de l'État fédéral et de diminuer les inégalités.

55. Il existe aussi, pour la presse et les médicaments remboursés, un taux minimal de 2,1 % ; pour les restaurateurs, le taux a été abaissé à 5,5 % au printemps 2009 (ce qui représente un manque à gagner de 3 milliards pour l'État), en contrepartie de la promesse d'une baisse des prix pratiqués ou d'un accroissement de l'embauche, mais sans qu'un dispositif de contrôle ait été mis en place, ce qui explique que ces objectifs n'ont été atteints que dans une faible mesure. De plus, des taux réduits particuliers s'appliquent en Corse et dans les départements d'outre-mer. Le taux de 5,5 % a été porté à 7 %, fin 2011, pour la restauration, les livres, l'hôtellerie et le bâtiment.

56. D'où la pratique du « travail au noir », c'est-à-dire effectué sans facturation et payé en espèces, producteur et consommateur se partageant la part du prix correspondant à la TVA.

57. Il s'appelait alors « impôt sur les grandes fortunes » (IGF).

58. En 2007 avait été ajouté un abattement de 30 % sur la valeur de la résidence principale.

59. C'est pourquoi l'État a institué à leur profit un mécanisme de subvention sous la forme de dotations globales de fonctionnement et de décentralisation (voir la partie « Droit administratif »).

exonérations, temporaires ou non, prévues par la loi. Elles représentent ensemble environ 32 % du produit total.

– La **taxe d'habitation** (23 %) est à la charge des *occupants*, qu'ils soient propriétaires ou locataires du logement, et assise sur la valeur locative cadastrale de celui-ci. La loi en a exonéré les personnes de condition très modeste, à charge pour l'État de compenser la perte de recettes qui en résulte pour les collectivités territoriales. Cette taxe n'est pas très équitable, car la valeur cadastrale des logements n'est que rarement actualisée et, par conséquent, s'écarte parfois beaucoup de la valeur de marché; cette distorsion aboutit à surévaluer l'imposition des logements vieillissants, en particulier dans les HLM.

– La **taxe professionnelle** représentait, à elle seule, 44 % de l'ensemble. Elle était due par les personnes physiques ou morales exerçant une activité non salariée, excepté les exploitants agricoles et les artisans, et était calculée essentiellement sur la valeur de leurs équipements. En vue de favoriser les investissements des entreprises, elle a été remplacée par deux autres taxes à partir du budget 2010 : l'une est calculée sur une base foncière, c'est-à-dire sur la propriété de terrains ou d'immeubles; l'autre, dénommée «contribution économique territoriale» (CET) est assise sur la valeur ajoutée produite par chaque entreprise implantée sur le territoire de la collectivité. Les élus locaux ont manifesté à cet égard deux inquiétudes : d'une part, le nouveau dispositif se révèlera peut-être d'un rendement plus faible que la taxe professionnelle[60], d'autre part, son rendement dépendra de décisions plus nationales que locales, ce qui pourrait contraindre des communes soit à augmenter le montant des autres impôts locaux, soit à réduire leurs investissements.

Quelques impôts directs ou indirects, de rendement beaucoup plus faible, complètent le dispositif : par exemple, les droits perçus par les départements sur les ventes d'immeubles[61], la taxe régionale sur les permis de construire et la taxe communale sur l'enlèvement des ordures ménagères. Pour atténuer les charges résultant pour elles de la décentralisation, l'État a également, en 1984, transféré aux régions les taxes sur les cartes grises et les permis de conduire, qui ont un produit non négligeable (près de deux milliards d'euros en 2010).

3. La procédure fiscale

Deux acteurs jouent en ce domaine un rôle important. D'abord – et surtout – les services du ministère des Finances, qui sont chargés de calculer le montant des impôts dus par chaque contribuable et de procéder à leur recouvrement. Ensuite les tribunaux, qui veillent au respect des prescriptions légales et à la sauvegarde des droits individuels.

1. La détermination du montant des impôts

Il appartient à la direction chargée de la fiscalité au sein de la nouvelle **direction générale des finances publiques** (DGFIP), créée en avril 2008 par la fusion de la direction générale des Impôts (DGI) et de la direction générale de la Comptabilité publique (DGCP), d'élaborer les textes de base ainsi que les instructions générales qui guident ses services régionaux et départementaux dans l'application de ceux-ci. C'est elle aussi qui établit l'*assiette de l'impôt* (c'est-à-dire la détermination de la matière imposable) et procède à sa *liquidation*, qui correspond au calcul des montants dus; elle le fait entièrement pour la plupart des impôts d'État (IRPP, IS, TVA)[62], mais participe aussi aux opérations pour ce qui concerne les impôts locaux.

La liquidation est opérée sur la base des déclarations annuelles faites par les contribuables; mais, pour éviter les sous-évaluations et les fraudes, les déclarations doivent souvent être doublées par des tiers : l'employeur indique ainsi le montant des salaires qu'il a versés, le locataire celui des loyers qu'il a payés, les établissements bancaires celui des plus-values réalisées lors des ventes de titres. Il arrive également que les services complètent les montants déclarés par des évaluations forfaitaires, fondées par exemple sur le chiffre d'affaires pour la détermination des bénéfices industriels ou commerciaux. Ils peuvent par ailleurs procéder à des contrôles (voir ci-dessous). Mais, en toute hypothèse, l'administration dispose du **privilège du préalable**, en ce sens que le contribuable doit payer d'abord et ne pourra contester qu'ensuite.

2. Le recouvrement

Il est principalement opéré par les agents du **Trésor public**, rattachés à la filière «gestion publique» de la direction générale des Finances publiques (DGFIP) du ministère des Finances et répartis dans toutes les circonscriptions de l'État et des collectivités territoriales : on compte au total près de 58 000 trésoriers-payeurs, inspecteurs, receveurs et percepteurs, dont les grades et les appellations varient suivant l'importance de la circonscription dans laquelle ils exercent. Entre autres tâches[63], ces agents recouvrent presque tous les impôts directs de l'État et tous ceux des collectivités territoriales. Le recouvrement de certains impôts indirects, telles la taxe intérieure sur les produits pétroliers ou la taxe sur les tabacs, est effectué par la direction générale des Douanes.

3. Les contrôles fiscaux

Dans la mesure où le paiement de l'impôt est une obligation à laquelle les assujettis ne peuvent se soustraire, mais où son montant dépend en grande partie des déclarations

60. A Paris, par exemple, son produit représentait plus de 13 % du budget de la ville.

61. La diminution de ces ventes, liée à la crise immobilière, confronte certains départements, comme Paris, à de sérieuses difficultés financières.

62. Il existe une exception pour l'ISF, dont le montant est calculé par les assujettis eux-mêmes, sous réserve d'une simple vérification par les services.

63. On a vu plus haut (voir p. 175) qu'ils assurent aussi la gestion financière et comptable des services de l'État, des collectivités territoriales et de leurs établissements publics.

qu'ils effectuent, l'institution d'un contrôle sur la sincérité de ces déclarations s'est imposée d'elle-même. Ce sont les agents de la filière fiscalité de la DGFIP qui en sont chargés et ils disposent pour y procéder de moyens variés.

Le **contrôle sur pièces**, effectué au sein des services, est habituel : il consiste à rapprocher les déclarations annuelles du dossier fiscal des contribuables. S'ils constatent une discordance, les agents peuvent demander tous les renseignements qu'ils jugent utiles aux intéressés, mais aussi à des tiers (employeur, banques), et ces renseignements ne peuvent leur être refusés.

Des **investigations** sur place auront lieu si le contrôle sur pièces laisse présumer l'existence d'une fraude. Les agents peuvent vérifier la comptabilité des particuliers et des entreprises qui sont astreints à en tenir une, voire procéder à l'examen contradictoire d'ensemble de la situation financière personnelle (ESFP) de tout contribuable soumis à l'impôt sur le revenu, en vue d'apprécier la compatibilité de son train de vie avec les revenus qu'il a déclarés. En cas de fraude caractérisée (par exemple, la découverte de fausses factures), les agents auront la possibilité de procéder à des perquisitions et des saisies de pièces, mais sous le contrôle du juge judiciaire, gardien traditionnel des libertés individuelles et de la propriété (voir page 138).

Ces différentes investigations sont entourées de garanties. En particulier, les intéressés doivent en être avertis au préalable, reçoivent un exemplaire de la Charte du contribuable vérifié qui indique les limites des pouvoirs reconnus à l'administration, et ont le droit de se faire assister par un conseil de leur choix.

Des **redressements** sont opérés lorsque les revenus réels dépassent le montant indiqué dans la déclaration. Ils doivent être motivés, ce qui donne aux intéressés la possibilité de les discuter, mais sont toujours assortis d'intérêts de retard au taux de 0,75 % par mois, et parfois de pénalités qui atteignent un montant très élevé en cas d'escroquerie avérée ou d'opposition à un contrôle[64]. Enfin, après avis d'une commission des infractions fiscales, des **poursuites judiciaires** peuvent être engagées contre les fraudeurs, qui encourent des amendes et parfois des peines d'emprisonnement.

L'efficacité des contrôles se heurte cependant à des limites en raison de l'existence de « paradis fiscaux » étrangers garantissant l'anonymat des dépôts et des transferts de fonds. La coopération entre administrations fiscales et juges d'instruction de différents pays se développe pour lutter contre ces pratiques, mais la rapidité des opérations effectuées par voie informatique et le traditionnel secret bancaire contrecarrent leurs efforts[65].

4. Le rôle des tribunaux

La jurisprudence fiscale est abondante, car les recours intentés par les contribuables sont nombreux. Elle émane de deux sources différentes : depuis le partage du contentieux opéré en 1790, en effet, le contentieux des impôts directs relève de la juridiction administrative, tandis que celui des impôts indirects appartient aux tribunaux judiciaires.

Le **contentieux de l'imposition**, qui vise la détermination de l'assiette ou la liquidation, doit être obligatoirement précédé d'une réclamation adressée au service des impôts. Si celui-ci refuse d'y faire droit, ou garde le silence pendant six mois, ce qui fait naître une décision implicite de rejet, l'intéressé dispose d'un nouveau délai de deux mois pour saisir le juge (selon le cas, le tribunal administratif ou d'instance). Les règles relatives à la procédure contentieuse et aux possibilités d'appel et de cassation sont celles du droit commun.

Le **contentieux du recouvrement** est de deux sortes. La première vise le cas où la réclamation préalable, adressée à l'administration par un contribuable, contient une demande de sursis au paiement de l'impôt contesté, et où cette demande est rejetée : si l'intéressé présente des garanties de solvabilité, le juge des référés pourra ordonner le sursis.

La seconde hypothèse concerne les modalités des contrôles fiscaux et le recouvrement forcé : les tribunaux interdisent, par exemple, à l'administration de s'immiscer dans le fonctionnement courant d'une entreprise à l'occasion d'un contrôle ; ils vérifient aussi l'exactitude de la distinction qu'elle a opérée entre patrimoine personnel et professionnel, et sanctionnent les erreurs qu'elle commet en déclenchant des procédures d'exécution forcée telles que les saisies et les ventes. Le Conseil d'État a jugé en 1990 (comme il l'a fait pour les mesures de police, voir page 146) que la responsabilité de l'administration pouvait être engagée par de telles opérations, même en l'absence d'une faute lourde. Et le Conseil constitutionnel a soumis les sanctions fiscales au régime des sanctions pénales, ce qui oblige l'administration à respecter les droits de la défense et le principe de la proportionnalité de la peine prononcée au délit commis.

64. Il existe toutefois des possibilités de transaction ou de remise gracieuse.

65. En 2012, le Conseil des prélèvements obligatoires évaluait la fraude fiscale et sociale à 30 à 50 milliards d'euros. La Commission européenne la chiffrait entre 40 et 50 milliards. A titre de comparaison, l'impôt sur le revenu et l'impôt sur les sociétés n'ont rapporté qu'environ 100 milliards en 2008.

Questions à réponse courte sur les finances publiques

Quels sont les principes budgétaires et leurs atténuations ?

Comme toutes les questions très générales et qui vous obligent à passer en revue de nombreux aspects du cours, il importera de ne pas perdre trop de temps en développements inutiles, mais aussi de ne pas oublier des aspects essentiels. Le sujet étant long à traiter, il ne faut ni être trop schématique ni, compte tenu du temps imparti, trop détailler les réponses.

Vous indiquerez en introduction que les principes budgétaires ont été établis pour affirmer le pouvoir du Parlement dans la discussion budgétaire. La définition des principes et de leur contenu est assez simple à résumer. Attention à bien rappeler les évolutions introduites par la LOLF. Il faudra donc, après avoir mentionné les quatre principes traditionnels et leur contenu, souligner sommairement les évolutions des principes d'annualité et de spécialité, en évoquant les deux raisons des changements : accroissement du pouvoir du Parlement et volonté de responsabiliser les gestionnaires. Il faudra enfin souligner le souci de transparence qu'implique l'apparition du principe de sincérité.

Voir page 157 et suivantes.

Le partage des pouvoirs entre l'ordonnateur et le comptable.

Pour répondre à cette question, vous serez amenés à rapprocher deux subdivisions différentes d'un chapitre de cet ouvrage. Vous distinguerez entre les phases administratives et comptables des procédures d'exécution des dépenses et de perception des recettes publiques. L'ordonnateur est chargé des premières, le comptable des secondes.

En matière de dépenses, l'ordonnateur a donc le monopole de l'acte d'engagement comptable qui, malgré son nom, relève bien de la phase administrative et qui consiste à individualiser la dépense et à réserver les crédits nécessaires ; il liquide ensuite la dépense par constatation du service fait, ce qui consiste à arrêter son montant définitif ; il l'ordonnance enfin, en donnant au comptable l'ordre de payer. Le comptable est alors chargé du paiement, après avoir constaté la régularité de l'ordre donné.

En matière de recettes, l'ordonnateur est en principe chargé de la constatation et de la liquidation de la recette mais il n'a pas le monopole de ces opérations, qui peuvent être effectuées par des fonctionnaires n'ayant pas la qualité d'ordonnateur. Il est en revanche le seul à pouvoir mettre la recette en recouvrement par l'émission d'un ordre de recette. Le comptable est chargé de la perception, après avoir constaté la régularité de l'ordre donné.

Voir page 172 et suivantes.

Quelles sont les principales missions d'une chambre régionale des comptes ?

L'essentiel des réponses se trouve dans la partie « Finances publiques », qui rappelle les deux types d'attributions des chambres : juge des comptes et contrôle de gestion d'une part ; participation au contrôle sur les collectivités territoriales de l'autre. Mais vous pourrez aussi vous servir du passage correspondant dans la partie « Droit administratif » pour rappeler, en introduction, la nouveauté qu'a représentée la « juridictionnalisation » des pouvoirs de tutelle et sa part dans la décision prise par les lois de décentralisation de créer les chambres.

Voir pages 87 et 184.

L'évolution des règles de procédure devant les juridictions financières.

Pour montrer que vous réfléchissez et que vous ne vous contentez pas de réciter, vous commencerez votre réponse en replaçant le sujet dans un contexte plus large. Vous rappellerez donc que, de manière générale, les règles de la procédure administrative contentieuse ont été, à plusieurs reprises, condamnées par la Cour européenne des droits de l'homme, qui a estimé qu'elles ne respectaient pas les exigences de l'article 6-1 de la Convention européenne. Vous indiquerez que cet article impose que toute affaire portée devant une juridiction soit jugée dans un délai raisonnable par un tribunal impartial et indépendant ; vous citerez l'arrêt *Kress* (voir p. 141).

Les juridictions financières sont des juridictions administratives ; la procédure suivie devant elles donnait donc des pouvoirs importants au juge ; elle était secrète et non publique. En outre, le fait qu'on y jugeait les comptes et non les comptables entraînait souvent une mise à l'écart des personnes au profit d'une analyse « objective » des comptes.

Après plusieurs alertes, cette situation a été condamnée par la Cour européenne des droits de l'homme dans l'arrêt *Martinie c/ France*. Il a donc fallu voter la loi d'octobre 2008 pour respecter les exigences conventionnelles. Essayez d'ordonner les changements opérés autour d'idées générales et n'en donnez pas une liste « en vrac ». Vous pouvez présenter les choses ainsi :

On a renforcé le principe *d'impartialité*, en supprimant la possibilité d'auto-saisine de la juridiction, en rendant l'instruction et la poursuite indépendantes du jugement et en changeant l'appellation des anciens « commissaires du gouvernement » qui deviennent des représentants d'un ministère public désormais exclu du délibéré.

On a affirmé de façon très générale que le principe de *publicité* s'appliquait à la procédure devant les juridictions ; on a renforcé le principe du *contradictoire* par le développement des droits de la défense, qui acquiert en particulier le droit au dernier mot lors de l'audience. Enfin, pour éviter de compromettre l'exigence du *délai raisonnable*, la règle traditionnelle du double arrêt a été supprimée.

Voir page 182.

Partie IV
Institutions européennes

Chapitre 1
Historique de l'intégration européenne

Les origines de cette intégration sont anciennes. En Europe, la fin de la Seconde Guerre mondiale voit apparaître deux phénomènes complémentaires. Une division du continent en deux zones, placées respectivement sous les influences américaine et soviétique (à partir de 1949, la séparation a conduit à la mise en place de lignes de démarcation hermétiques – «rideau de fer», puis construction du mur de Berlin – qui ont largement figé jusqu'au début des années 1990 les frontières redéfinies par les accords de Yalta, conclus en février 1945 entre les trois grandes puissances victorieuses de l'Allemagne). Et la mise en place d'organisations de coopération au sein de chacun des deux blocs. Elles se sont essentiellement développées dans les domaines militaire – Organisation du traité de l'Atlantique nord ou OTAN, mise en place en 1948 à l'Ouest; pacte de Varsovie, conclu parallèlement en 1955, à l'Est – et économique (Organisation de coopération et de développement économiques – OCDE – dont les origines remontent à avril 1949); par ailleurs fut créé à l'Est, en 1949, le Comecon, Conseil d'aide économique mutuelle, pour couper court à toute tentation de répondre favorablement aux propositions d'aide américaine.

1. Les débuts de la Communauté européenne

Très vite, certains ont manifesté à l'Ouest le souci d'un renforcement de la coopération : une initiative française, à laquelle il faut associer les noms de Jean Monnet et de Robert Schuman, conduisit à la création, par le traité de Paris du 18 avril 1951, du premier marché commun : la **Communauté européenne du charbon et de l'acier** (CECA)[1]. Les six pays signataires (Allemagne, Belgique, France, Italie, Luxembourg et Pays-Bas) poursuivirent dans cette voie en adoptant, le 25 mars 1957, les **traités de Rome** qui créaient un marché commun de l'énergie atomique (Euratom) et, surtout, prévoyaient la mise en place progressive d'un marché commun généralisé; ils instituaient en effet, sans limitation de durée, la **Communauté économique européenne,** s'accompagnant de la mise en place d'institutions communes (assemblée parlementaire et Cour de justice des communautés européennes). Le 8 avril 1965, un nouveau traité signé entre les six pays à Bruxelles procédait à l'unification des exécutifs en instituant un conseil des ministres unique et une Commission unique pour les trois communautés.

Tout au long de la période gaulliste, la position française avait été marquée par une forte opposition au principe de la *supranationalité.* L'élection du président Pompidou (en 1969) marque un infléchissement de la politique de la France, qui se rallie à l'idée d'un triptyque achèvement-approfondissement-élargissement et fait accomplir à la construction européenne de nouveaux pas décisifs dans le sens de l'unification. En avril 1970, une décision modifie les conditions de financement des activités européennes. Au lieu de dépendre de contributions financières des États membres, elles sont désormais financées par des ressources propres; dans le même temps, un nouveau traité confère de véritables pouvoirs budgétaires au Parlement européen. En 1972, une coordination des politiques monétaires se met en place avec la création du **serpent monétaire***,* visant à limiter les marges de fluctuation entre les monnaies des États membres.

2. L'élargissement progressif de la Communauté

En 1957, le traité de Rome avait créé une union douanière. Celle-ci se caractérise par deux éléments. Le premier est la disparition progressive de toute barrière douanière à l'intérieur de l'Union; en résultent donc les principes qui sont à la base de la construction européenne (liberté de circulation, sans entraves, des personnes, des marchandises et des services). C'est l'idée du **marché commun***.* En revanche, la mise en place de l'Union impliquait le maintien d'une barrière douanière entre elle et les pays extérieurs. Ce second élément gênait fortement certains pays européens non membres de la communauté initiale, mais qui souhaitaient y entrer.

Tel était le cas de la Grande-Bretagne. D'une part, elle refusait toute entrave aux échanges économiques avec ses anciennes colonies membres du Commonwealth (Canada, Australie, Nouvelle-Zélande, etc.). D'autre part, elle était sans doute le pays européen le plus sensible aux points de vue des États-Unis qui souhaitaient supprimer toute

1. Domaine vital à l'époque : «*La solidarité de production qui sera ainsi nouée manifestera que toute guerre entre la France et l'Allemagne devient non seulement impensable mais matériellement impossible*» (Robert Schuman, extrait de la déclaration du 9 mars 1950).

barrière douanière entre les pays occidentaux. L'adhésion de la Grande-Bretagne à la Communauté comportait donc un grand risque de remise en cause des principes initiaux et cela explique que, par deux fois, sous l'impulsion du général de Gaulle, la France ait opposé son veto à la candidature britannique.

Là encore, le changement de président en France allait amener une évolution. Le 22 janvier 1972, un traité permettait l'adhésion de trois nouveaux États : la Grande-Bretagne, l'Irlande et le Danemark. Ils étaient suivis en 1981 par la Grèce, en 1986 par l'Espagne et le Portugal, en 1994 par l'Autriche, la Finlande et la Suède. La Norvège, candidate par deux fois, a par deux fois refusé d'entrer dans la Communauté à la suite de référendums négatifs.

La **fin de la guerre froide** et la volonté des pays de l'Europe centrale et orientale d'être intégrés dans l'Union ont conduit à un processus d'élargissement supplémentaire. Après des négociations parfois difficiles, un traité signé à Athènes le 16 avril 2003 permit, à compter du 1er mai 2004, l'intégration de dix nouveaux pays, dont on a estimé qu'ils étaient capables d'assumer les obligations qui en découlent : Chypre, l'Estonie, la Hongrie, la Lettonie, la Lituanie, Malte, la Pologne, la République tchèque, la Slovaquie et la Slovénie. Trois candidatures nouvelles ont ensuite été acceptées, celles de la Roumanie et de la Bulgarie, qui ont adhéré à l'Union au 1er janvier 2007, et celle de la Croatie, entrée le 1er juillet 2013. L'entrée de l'Islande est en cours de négociation. La question de l'adhésion éventuelle de la Turquie reste très controversée, et elle n'a pour l'instant donné lieu à aucune décision.

Ces élargissements successifs ont des effets importants sur l'organisation institutionnelle et, en février 2001, le traité de Nice introduit un rééquilibrage des pondérations des voix et des sièges au sein des organes européens. Par ailleurs, sur le plan qualitatif, ils provoquent une hétérogénéisation croissante, qui rend plus délicate la définition de certaines politiques communautaires. En particulier, l'idée initiale d'union douanière, qui se matérialise par l'existence d'un tarif douanier commun protégeant les États membres vis-à-vis de l'extérieur, est soumise à de fortes pressions sous l'effet de la *mondialisation*. Et, sur le plan quantitatif, plus on est nombreux, plus la définition de points de vue communs à tous les États membres devient difficile ; ceci explique l'apparition récente de manifestations d'une construction européenne à plusieurs vitesses (comme l'a montré, par exemple, la mise en place de la monnaie commune, l'euro).

3. De la Communauté à l'Union européenne

Les progrès de la construction européenne se sont manifestés dans plusieurs domaines.

1. Une amélioration de l'organisation institutionnelle

Elle s'est traduite par trois évolutions essentielles.

a) Un renforcement de la coopération politique

Le contexte politique français, marqué par l'élection du président Pompidou en 1969 et, plus encore, par celle de Valéry Giscard d'Estaing en 1974, a favorisé de nouveaux développements de la coopération européenne, scandés par plusieurs mesures importantes. A la fin de 1974, à la suite du sommet de Paris, fut créé le **Conseil européen**, qui réunit régulièrement les chefs d'État ou de gouvernement de la Communauté et le président de la Commission, et peut évoquer toutes les questions d'intérêt commun. Il représente un échelon essentiel de concertation périodique entre États qui, parce qu'il rassemble les plus hauts responsables politiques, est capable d'arbitrer toutes les questions importantes et, comme le dira le traité de Maastricht, de *« donner à l'Union les impulsions nécessaires à son développement et d'en définir les orientations politiques générales »*. La création de ce Conseil a marqué une nouvelle étape de la construction européenne, où le développement de la coopération politique entre États membres prend largement le pas sur la recherche d'une unification et d'une intégration plus étroites.

Au terme de longues et difficiles négociations, un nouveau traité, baptisé **Acte unique européen**, a été signé en février 1986 par les États membres et est entré en vigueur le 1er juillet 1987[2]. Ce texte a d'abord consacré l'existence juridique du Conseil européen. Il a également renforcé de façon significative les pouvoirs de la plupart des autorités communautaires. Il a surtout ouvert une nouvelle phase qui insiste sur l'importance de la coopération politique pour accompagner l'unification économique, avec pour objectif la *« transformation des relations des États membres en une Union européenne »*. Il a développé parallèlement le domaine de la coopération européenne, en particulier pour certaines questions touchant à la sécurité, ne laissant que la défense en dehors du champ couvert. Et, pour renforcer la coopération politique entre États membres, il a instauré toute une panoplie de concertations préalables sur les questions importantes de politique étrangère.

2. L'Acte unique avait pour objectif l'achèvement, au 1er janvier 1993, du marché intérieur par la mise en place d'un grand marché unique reposant sur quatre libertés : libre circulation des biens, des services, des capitaux et des personnes.

Le traité de **Maastricht** (7 février 1992) et celui d'**Amsterdam** (2 octobre 1997) ont donné une impulsion décisive à l'évolution. Leur action a été prolongée par le traité de **Nice** (26 février 2001), entré en vigueur le 1er février 2003. Tout cet ensemble était regroupé en deux traités jusqu'à l'entrée en vigueur du traité de Lisbonne, le 1er décembre 2009 : le traité instituant la Communauté européenne[3] (dit « TCE ») et le traité sur l'Union européenne (dit « TUE »). Les trois anciennes communautés ont été fondues en une Communauté unique, intégrée dans une Union européenne instaurée par le traité de Maastricht et fondée sur trois « piliers ». Le premier était réglé par le TCE, les autres figuraient dans le traité UE. A la différence du premier pilier, les deux autres laissaient une place essentielle au principe de l'unanimité et ne donnaient qu'un rôle très restreint à la Commission ou au Parlement européen.

Le pilier communautaire correspondait aux activités traditionnelles de la Communauté européenne, élargies par les traités successifs ; la politique étrangère et de sécurité communes visait à assurer une certaine cohérence de l'action extérieure de l'Union ; le troisième pilier était constitué par une coopération policière et judiciaire en matière pénale. C'est à ce dernier titre que s'est développée une politique commune en matière d'immigration, avec la création, dans le cadre de l'Union, de **l'espace Schengen** (du nom d'un accord signé en 1985 par la France, l'Allemagne et les pays du Benelux[4]) : les contrôles s'appliquant aux étrangers ne sont réalisés qu'au moment de leur entrée dans l'espace commun aux pays signataires et n'ont pas à être renouvelés à chaque franchissement de frontières intérieures.

Cette structure en piliers est apparue trop compliquée : en particulier, les compétences inscrites dans chacun d'entre eux se juxtaposaient et se chevauchaient souvent. Aussi, le traité de Lisbonne a **fusionné les trois piliers**. Il leur a substitué une nouvelle classification, en répartissant désormais les compétences en trois grandes catégories : les compétences **exclusives** relevant de la seule Union et où les États membres ne gardent qu'un rôle d'exécution ; les compétences **partagées**, où les États exercent leur pouvoir tant que l'Union n'intervient pas ; et les compétences **de coordination**, où l'Union se contente de coordonner ou de compléter l'action des États membres[5].

Les traités instaurent donc désormais un **cadre institutionnel unique** qui comprend le Conseil européen et six organes qui portent, en vertu de l'article 13 TUE, le nom d'**institutions de l'Union** : le Parlement européen, le Conseil de l'Union européenne (ou Conseil), la Commission européenne, la Cour de justice de l'UE, la Banque centrale européenne et la Cour des comptes. Il existe d'autres instances au sein de cet ensemble, mais on leur refuse ce qualificatif d'« institution » : on les appelle des « organes » de l'Union.

b) Un renforcement de l'autorité et des pouvoirs du Parlement

En septembre 1976, le Conseil avait adopté l'Acte relatif à l'élection du Parlement européen au suffrage universel direct, qui a conduit aux premières élections directes en juin 1979. Puis les pouvoirs du Parlement ont été progressivement renforcés. En particulier, avec l'**Acte unique** de 1986, ses prérogatives budgétaires se sont accrues, cependant que se sont multipliées les hypothèses dans lesquelles une décision exige, pour prendre effet, l'accord du Conseil de l'Union européenne et du Parlement (la *codécision*).

c) L'extension du champ d'application de la majorité qualifiée

Plusieurs accords successifs ont limité le nombre des cas dans lesquels les décisions exigent l'accord de tous les États membres : en particulier, à partir de l'Acte unique de 1986, le vote du conseil des ministres à la majorité qualifiée est devenu la règle pour toutes les mesures conduisant à la mise en place du marché unique. La ratification du traité de Lisbonne autorise ce mode de décision pour une quarantaine de domaines nouveaux concernant, par exemple, la politique économique et monétaire ou les actions en matière de liberté, de sécurité et de justice, l'énergie ou la recherche.

2. Une meilleure intégration des politiques financière et monétaire

Deux traités, signés en avril 1970 et en juillet 1975, avaient renforcé les pouvoirs budgétaires du Parlement et créé la **Cour des comptes européenne**. Par ailleurs, très vite s'est imposée l'idée que la stabilité monétaire entre les différents États membres était une condition importante de l'équilibre du marché unique. Le principe de la coordination des politiques économique, budgétaire et monétaire était déjà présent dans les traités fondateurs : il a été rappelé en permanence par la Commission et par le conseil des ministres et est réapparu dans tous les traités importants ultérieurs (Acte unique, Maastricht, etc.). Avec l'adoption, en 1978 par le Conseil européen, des textes conduisant à la création du **Système monétaire européen** (SME), les États membres ont renforcé la solidarité entre leurs monnaies, dont ils ont cherché à limiter les fluctuations, d'abord les unes par rapport aux autres, puis chacune d'entre elles par rapport à une unité de compte commune, l'ECU[6], imposant ainsi à chaque pays membre une discipline monétaire et financière.

A partir de 1990, les ambitions ont été encore plus fortes. Une harmonisation fiscale a unifié autour de principes communs le régime de la TVA, et la liberté de circulation des capitaux est devenue totale. En 1992, le traité de Maastricht a décidé la mise en place d'une véritable union monétaire avec la création, en 1999, d'une monnaie unique, l'**euro**. Dans douze des quinze États membres, la substitution de cette monnaie unique aux anciennes monnaies nationales a

3. Depuis le 1er décembre 2009, le TCE est devenu le « traité sur le fonctionnement de l'Union européenne » (TFUE). Les deux traités (TUE et TFUE) ont désormais la même valeur juridique.

4. L'espace Schengen s'étend en 2013 à 26 États : 22 États de l'Union et 4 pays dits « associés » - l'Islande, la Norvège, la Suisse et le Liechtenstein.

5. Le traité de Lisbonne supprime de ce fait les termes de « Communauté » ou « communautaire » de la terminologie officielle : seule existe désormais une « Union » européenne. La PESC et la politique de défense gardent cependant une certaine spécificité : en particulier, les décisions en la matière exigent toujours un accord unanime des États.

6. Précurseur de l'euro.

été réalisée le 1er janvier 2002 ; cinq autres États ont adhéré depuis cette date à l'euro[7]. Ces États ont renoncé, de ce fait, à toute politique monétaire propre au profit d'une politique commune désormais placée sous la responsabilité d'une **Banque centrale européenne** (devenue institution de l'UE avec le traité de Lisbonne). Le bon fonctionnement de cette Union économique et monétaire va de pair avec une obligation de discipline financière qui impose aux États membres une limitation de leurs déficits publics à laquelle tous ne sont pas encore parvenus, y compris la France.

3. L'apparition d'une citoyenneté européenne

Elle a été affirmée par le traité de Maastricht. Le traité d'Amsterdam prévoyait qu'elle complète la citoyenneté nationale, sans la remplacer. Elle implique en particulier le droit à la liberté de circulation et de séjour sur le territoire des États membres, le droit de vote et d'éligibilité aux élections municipales et européennes dans l'État de résidence, le droit de pétition devant le Parlement européen, le droit de saisir le Médiateur européen et celui d'obtenir une réponse des institutions communautaires lorsqu'on s'adresse à elles.

4. La crise de l'Europe et les perspectives d'évolution

Indépendamment de celles qui tiennent à l'élargissement en direction d'un certain nombre de pays de l'Est de l'Europe, la discussion essentielle a tourné autour de la renégociation d'un traité « fondamental » qui doterait l'Europe d'une véritable Constitution. En juin 1999, au Conseil européen de Cologne, les quinze États membres avaient décidé la constitution d'une commission, dénommée Convention, chargée d'élaborer une sorte de Déclaration des droits du citoyen européen : la **Charte des droits fondamentaux**, applicable au niveau de l'Union, a été approuvée en même temps que le traité de Nice en février 2001. Le traité de Lisbonne lui donne la même valeur juridique qu'aux traités ; il la rend ainsi opposable et permet donc aux citoyens européens de l'invoquer en justice pour faire annuler les actes qui ne la respectent pas.

Le Conseil européen de **Laeken**, le 15 décembre 2001, avait voulu aller encore plus loin dans la voie de l'intégration, en décidant la création d'une Convention pour l'avenir de l'Europe chargée d'élaborer un **projet de Constitution** européenne. Composée de 105 membres (représentants des parlements nationaux, anciens ministres, personnalités du monde juridique et politique), dotée d'un présidium de douze membres et présidée par Valéry Giscard d'Estaing, elle a élaboré un projet de Constitution, signé à Rome le 29 octobre 2004.

La ratification du traité comportant ce projet de Constitution s'est heurtée au résultat négatif des référendums français et néerlandais organisés en 2005. Pour relancer la construction européenne, le Conseil européen de Bruxelles a abouti, en juin 2007, à un accord sur les grandes lignes d'un **« traité simplifié**[8] **»** destiné à remplacer le traité constitutionnel. Les chefs d'État et de gouvernement ont donc convoqué une conférence intergouvernementale, organisme *ad hoc* composé de représentants des vingt-sept États membres et de la Commission, et chargé de rédiger le texte de ce traité. Les ambitions ont été réduites par rapport au traité constitutionnel. Le **traité de Lisbonne**, adopté selon la même procédure que ceux d'Amsterdam et de Nice et signé en décembre 2007, a seulement modifié les traités existants au lieu de se substituer à eux. Non sans difficultés, il a été ratifié par les vingt-sept États membres[9] et est entré en vigueur le 1er décembre 2009. Il procède à une fusion des piliers, **modifie les deux traités fondamentaux** et rebaptise le TCE « traité sur le fonctionnement de l'Union européenne » (TFUE). *« TUE et TFUE ont la même valeur juridique »*, dit l'article 1er du TUE qui ajoute : *« L'Union se substitue et succède à la Communauté européenne. »*

* * *

L'Europe est aujourd'hui en crise. On dit traditionnellement que son évolution s'est structurée autour de deux pôles essentiels : l'approfondissement de la construction politique de l'Europe et l'élargissement de l'Union. Ce dernier point soulève de fréquentes inquiétudes sur la capacité de l'UE à maîtriser tant les extensions qu'elle a connues récemment que celles qui sont prévues dans un avenir plus ou moins proche[10]. Les opinions publiques des États déjà membres acceptent difficilement d'accueillir de nouveaux partenaires qu'elles considèrent comme de plus en plus éloignés des standards initiaux caractérisant les membres de l'Union. Et les difficultés que rencontre actuellement la construction européenne risquent de rendre l'adhésion moins attractive, comme le montrent les distances que semble prendre un État comme l'Ukraine.

L'approfondissement s'est fait, à partir du traité de Maastricht, au prix d'une cécité volontaire sur l'existence de nombreux problèmes non résolus. On constate, d'une part, un déficit évident de démocratie. Le vote du traité de

7. Parmi les pays récalcitrants, on continue de trouver, en 2013, le Danemark, la Grande-Bretagne et la Suède. Quatre nouveaux États ont adhéré à l'euro entre 2007 et 2009 : la Slovénie, Chypre, Malte et la Slovaquie ; l'Estonie l'a fait le 1er janvier 2011.

8. Il modifie en fait plusieurs dizaines de dispositions des traités existants et est accompagné de volumineuses annexes.

9. Échaudés par l'expérience, tous les gouvernements européens, et en particulier la France, ont refusé d'utiliser la voie référendaire et préféré la procédure parlementaire pour procéder à la ratification du traité de Lisbonne. L'Irlande était le seul pays obligé de recourir au référendum, en raison de sa Constitution. Ses électeurs avaient refusé la ratification du traité en 2008 ; sous la pression des autres États, un nouveau référendum a été organisé en octobre 2009. Son résultat ayant été positif, le dernier État récalcitrant, la République tchèque, a fini par céder en novembre 2009.

10. La Croatie a rejoint l'UE le 1er juillet 2013. Les pays reconnus officiellement comme candidats sont l'ancienne République yougoslave de Macédoine, l'Islande, le Monténégro et la Turquie. Tous les pays des Balkans occidentaux sont considérés comme candidats « potentiels ».

Lisbonne n'a été possible que grâce au mépris des votes populaires émis en France et aux Pays-Bas à l'encontre du traité constitutionnel. En Irlande, il a fallu qu'un second référendum annule le résultat du premier. Plus récemment, l'Europe a dû faire pression sur le Parlement slovaque pour qu'il révise un vote défavorable au plan de sauvetage de l'euro et au renforcement du Fonds européen de stabilité financière [11].

En ouvrant la voie à la mise en place d'une monnaie unique [12], le traité de Maastricht a conduit de fait à un éclatement de l'espace européen entre les pays de la zone euro (qui compte actuellement 17 membres) et les autres. Après avoir été longtemps hostile aux sommets restreints, l'Allemagne a fini, face à la gravité de la crise économique, par accepter la mise en place d'un noyau dur européen réduit à ces 17 États. Pour souligner clairement cette évolution, en octobre 2011, le président du Conseil européen est devenu aussi président des sommets de la zone euro. Mais à l'avenir le président du sommet de la zone euro sera élu par les chefs d'État et de gouvernement des États membres en même temps que le président du Conseil européen et pour un mandat de même durée. Cependant, les autres membres supportent mal que des réunions de plus en plus nombreuses et importantes se tiennent sans eux, et ils réclament d'être consultés sur diverses mesures économiques ou fiscales qui y sont adoptées. Au sein de la zone, plusieurs membres n'acceptent pas la forte prédominance du couple franco-allemand et expriment clairement leurs craintes devant la perspective d'une Europe à plusieurs vitesses.

Dans ce contexte, les organes européens perdent de leur pouvoir, du fait du renforcement du poids des États. Institution sans légitimité démocratique, composée de personnalités qui n'occupaient pas de poste de premier plan dans leur pays, la Commission Barroso ne joue plus le rôle important que les traités lui assignent : son rôle dans la recherche de solutions à la crise économique qui secoue l'UE depuis 2008 a été négligeable face aux initiatives des États.

Le débat sur la Banque centrale européenne est d'autant plus aigu que deux conceptions divergentes s'affrontent sur son rôle. Si les Allemands restent fidèles au principe de son indépendance et entendent maintenir son rôle de lutte contre l'inflation, les Français souhaiteraient lui confier des pouvoirs accrus d'intervention sur les marchés et voudraient en faire un instrument plus accordé aux visées des États menant une politique monétaire active.

Face à cette situation tendue, la France entend rester fidèle à une logique de relations intergouvernementales, alors que l'Allemagne penche pour une évolution plus franche vers une fédéralisation accrue : substitution généralisée du principe de la majorité à celui de l'unanimité, intégration dans les constitutions nationales de contraintes budgétaires et contrôle accru d'instances européennes sur l'adoption des budgets nationaux…

Certains États (Grèce, Italie, Espagne) sont déjà placés sous l'emprise de mesures de surveillance qui s'apparentent à une forme de tutelle. Mais plusieurs de ces mesures supposeraient une révision des traités de plus en plus difficile à obtenir et devraient induire une importante transformation des modes de fonctionnement des organes européens, en exigeant de leur part une écoute plus attentive des préoccupations des citoyens.

Face à l'accélération de la crise, 25 pays de l'Union (à l'exception du Royaume-Uni et de la République tchèque) ont décidé, en décembre 2011, de conclure un nouveau traité intergouvernemental (et non européen, puisqu'il ne concerne pas tous les États membres [13]) : ce « traité sur la stabilité, la coordination et la gouvernance » (TSCG) signé le 9 mars 2012, est entré en vigueur le 1er janvier 2013. Il prévoit une convergence accrue des politiques économiques des États signataires et doit instaurer une discipline budgétaire stricte, en imposant une « règle d'or » (voir page 164) interdisant aux États de dépasser un « déficit structurel » de plus de 0,5 % du PIB (cette notion reste cependant imprécise). Il met aussi en place une automaticité des sanctions contre les États de la zone euro en cas de non-respect des règles qu'il pose. Il maintient l'interdiction du dépassement du déficit public au-delà de 3 % du PIB et d'une dette publique excédant 60 % de celui-ci.

En échange de la non-renégociation de ce pacte budgétaire, François Hollande a obtenu l'adoption d'un « pacte de croissance » mobilisant 120 milliards d'euros sur trois ans en faveur des pays connaissant des difficultés financières. Par ailleurs, Nicolas Sarkozy avait prévu l'inscription de la règle d'or dans la Constitution. Le Conseil constitutionnel ayant déclaré, dans sa décision du 9 août 2012, que le TSCG ne comportait aucune disposition contraire à la Constitution, et qu'il ne portait pas atteinte aux conditions essentielles d'exercice de la souveraineté nationale, François Hollande a estimé que la transposition des procédures de surveillance instaurées par le TSCG pouvait se faire dans le cadre d'une loi organique. Votée par le Parlement, validée par le Conseil constitutionnel, cette loi du 17 décembre 2012 crée un Haut Conseil des finances publiques, placé auprès de la Cour des comptes et présidé par son Premier président ; il est, en particulier, appelé à se prononcer sur les prévisions de croissance et sur le respect de la trajectoire des finances publiques. Il peut attirer l'attention du gouvernement et du Parlement sur la nécessité de prendre des mesures de correction.

---

11. Fonds créé lors d'un sommet exceptionnel des chefs d'État et de gouvernement de la zone euro, en mai 2010, et permettant de contracter des emprunts à la place des pays présentant des difficultés de solvabilité, avec la garantie des États de la zone.

12. Réalisée dans des conditions très contestables car au moins un pays candidat avait truqué ses comptes pour permettre l'acceptation de sa candidature et, surtout, car de nombreux pays de la zone, à commencer par l'Allemagne et la France, ont refusé de se plier aux règles de discipline budgétaire posées comme conditions de l'adhésion (pas de déficit supérieur à 3 % du PIB et une dette inférieure à 60 % du PIB).

13. Cette caractéristique permettra de ne pas avoir recours au référendum dans les pays où il est imposé par la Constitution pour toute modification apportée aux traités européens, et d'adopter le traité par la voie parlementaire.

La crise a mis en évidence les divergences de conception de l'Union qui existent entre les États, illustrées, par exemple, par les déclarations début 2013 du Premier ministre britannique, David Cameron, quand, dénonçant la vision d'une Europe « fin en soi », il veut n'y voir qu'un moyen pour atteindre la prospérité. Ses multiples demandes de renégocier les accords européens pour introduire plus de flexibilité dans le degré d'adhésion, obtenir le rapatriement de certaines compétences et affirmer la prééminence des parlements nationaux sur Bruxelles ont pris un tournant plus aigu, avec l'annonce de l'organisation en 2017, s'il était réélu, d'un référendum sur le maintien du Royaume-Uni au sein de l'Union européenne. Les menaces sur l'unité existent donc et elles ne sont pas négligeables.

Malgré toutes ces difficultés, l'Union européenne se voit reconnaître un mérite essentiel : avoir évité à ses pays membres les situations de guerre qui les avaient maintes fois opposés dans le passé. C'est pourquoi elle s'est vu décerner, en 2012, le prix Nobel de la paix.

Chapitre 2
Les principes généraux de l'organisation des institutions de l'Union européenne

La construction de l'Europe tend à l'unification du continent dans un ensemble intégré, et on l'a parfois comparée au processus qui avait conduit à la création des États-Unis d'Amérique à la fin du XVIIIe siècle.

L'Union européenne ne constitue pas une organisation internationale classique. Sa mise en place correspond à un souci – très souvent difficile à réaliser – de passer d'une forme internationale d'organisation à une structure s'orientant vers une forme de fédération. La reconnaissance d'une « citoyenneté européenne » va dans ce sens. Il est d'ailleurs caractéristique qu'on se soit efforcé, en ce début du XXIe siècle, de faire adopter, sans succès, un texte qui porte le nom symbolique de Constitution européenne. Les dispositions du traité de Lisbonne créant un président de l'Union à plein temps traduisent la volonté de personnaliser l'image de l'Europe, celles créant un « Haut Représentant de l'Union pour les affaires étrangères et la politique de sécurité », le souci d'accroître l'unité de sa représentation à l'extérieur. Les unes et les autres manifestent un souhait d'intégration accrue.

La construction européenne résulte cependant d'un accord de volontés de la part d'États souverains, qui acceptent d'abandonner une partie de leurs compétences au profit d'un ensemble supranational[14]. Cette origine reste fortement présente dans son fonctionnement. Par exemple, le Parlement européen demeure encore largement la représentation des habitants de chaque État membre, plus que celle des citoyens d'une Europe complètement unie. Les principes généraux qui régissent l'organisation européenne ne peuvent donc pas encore être totalement assimilés à ceux qu'on rencontre dans un État national, et la logique des négociations intergouvernementales continue souvent de l'emporter sur celle de l'intégration au sein de diverses instances de l'Union.

14. C'est pour réagir contre ces abandons que se manifestent des tendances politiques « souverainistes » qui défendent l'idée du « maintien de la souveraineté nationale ». Cette expression a, dans ce cas, un sens beaucoup plus large et moins précis que celle que nous avons rencontrée au début de la partie consacrée au droit constitutionnel (voir page 15). Elle signifie simplement la volonté de maintenir l'essentiel des compétences de l'État membre, sans s'interroger sur la manière dont celles-ci sont exercées en son sein. C'est sans doute pour tenir compte de ces résistances que le traité de Lisbonne a renoncé à consacrer juridiquement certains symboles comme le drapeau, la devise ou l'hymne européens.

1. La répartition des compétences entre l'Union et les États membres

1. Le principe d'attribution

La délimitation des compétences au sein de l'Union européenne est régie par le **principe d'attribution**. L'Union ne dispose donc que des compétences qui lui ont été conférées dans les traités par les États membres pour atteindre les objectifs fixés. Comme le rappelle l'article 5 du traité UE, *« toute compétence non attribuée à l'Union dans les traités appartient aux États membres »*. Les articles 1 à 6 du TFUE résument clairement les relations entre l'Union et les États membres en distinguant trois catégories de compétences :
– les compétences **exclusives** de l'Union, où elle est seule à pouvoir légiférer, telles l'union douanière ou la politique monétaire pour les pays ayant adopté l'euro ;
– les compétences **partagées** pour lesquelles les États peuvent légiférer dans la mesure où l'Union n'a pas exercé sa compétence ou bien a cessé de l'exercer ; c'est le cas de l'agriculture ou de la pêche, de l'environnement ou de la protection des consommateurs ;
– celles où l'Union n'exerce qu'une compétence de **coordination**, de complément ou d'appui. L'Union doit y respecter la compétence des États membres ; les mesures qu'elle prend ne peuvent jamais aller jusqu'à une harmonisation de celles qu'ont décidées les États ; c'est le cas de l'enseignement, du sport ou de la protection de la santé.

L'exercice des compétences de l'Union est régi par les principes de subsidiarité et de proportionnalité. La violation de ces principes peut être invoquée devant la Cour de justice des Communautés à l'appui du recours d'un État membre.

2. Les principes de subsidiarité et de proportionnalité

Le principe de **subsidiarité**, introduit par le traité de Maastricht, règle la frontière séparant les domaines d'action de l'Union et des États membres au sein des compétences partagées. Il repose sur l'idée que, pour être exercées efficacement et démocratiquement, les compétences doivent l'être au niveau le plus proche possible des citoyens. Le traité de Lisbonne a, en outre, prévu un mécanisme de contrôle préventif de l'application de ce principe. Les projets d'actes législatifs adressés au Parlement et au Conseil doivent être transmis aux parlements nationaux. Ceux-ci disposent alors d'un délai de huit semaines pour envoyer, à l'organe dont le projet émane, un avis motivé dénonçant une éventuelle atteinte à la subsidiarité. L'envoi de ce « carton jaune », signé par au moins un tiers des parlements nationaux, déclenchera un réexamen du projet. Au cas où 55 % des membres du Conseil ou la majorité du Parlement estimeraient le projet non compatible avec le principe de subsidiarité, l'examen de la proposition de la Commission sera arrêté. Avec ces dispositions, le traité institue une forme de **contrôle** des parlements nationaux sur l'activité législative européenne.

Douze parlements nationaux (dont le Sénat français) ont utilisé cette possibilité, en mai 2012, pour empêcher la Commission de réglementer le droit de grève : ils ont rappelé que cette question relevait du seul ressort des autorités nationales. La Commission a finalement abandonné son projet.

Quant au principe de **proportionnalité**, il implique que l'action de l'Union n'excède pas ce qui est nécessaire pour atteindre les objectifs des traités.

2. La vie démocratique de l'Union

Les traités reconnaissent des droits aux citoyens de l'Union : droit de libre circulation et de libre séjour, droit de vote et éligibilité pour les élections au Parlement européen et les élections municipales, droit de pétition, droit à la protection diplomatique et consulaire par l'Union. Dans sa rédaction issue du traité de Lisbonne, l'article 6 du traité UE prévoit que « *L'Union reconnaît les droits, les libertés et les principes énoncés dans la* ***Charte des droits fondamentaux de l'UE*** *[...], laquelle a la même valeur juridique que les traités* » (voir page 200). Le traité UE comporte, en outre, un titre II consacré aux « principes démocratiques », qui affirme celui de l'égalité des citoyens, fonde le fonctionnement de l'Union sur le principe de la démocratie représentative et exige des institutions qu'elles « *donnent, par les voies appropriées, aux citoyens et aux associations représentatives la possibilité de faire connaître et d'échanger publiquement leurs opinions dans tous les domaines d'action de l'Union* » (article 11 TUE).

Dans ce cadre, l'article 11 alinéa 4 du traité UE institue un droit d'**initiative citoyenne** : celui-ci – jamais utilisé jusqu'ici – ouvre la possibilité, pour au moins un million de ressortissants d'un nombre significatif d'États membres, d'inviter la Commission, dans le cadre de ses attributions, à soumettre au Conseil et au Parlement une proposition appropriée sur un sujet donné. Cela n'aura néanmoins aucune valeur contraignante pour la Commission. Le Conseil et le Parlement ont déterminé les procédures et les conditions d'exercice de ce droit dans le cadre de la procédure législative ordinaire. Pour éviter tout abus de la part des États les plus peuplés, les signataires devront relever d'au moins un quart des pays membres.

3. L'absence d'une séparation claire des pouvoirs

A première vue, on a l'impression de retrouver, dans le cadre de l'Europe, une division traditionnelle des pouvoirs entre un exécutif, un législatif et un pouvoir judiciaire : les institutions portent des noms analogues à ceux que l'on rencontre dans les systèmes nationaux avec un conseil des ministres, devenu par la suite Conseil de l'Union européenne, une assemblée qui a pris le nom de Parlement et une Cour de justice. Il faut cependant se méfier des apparences. L'organisation européenne garde une forte originalité par rapport aux systèmes nationaux, liée à son origine internationale et aux réticences qui ont souvent accompagné les abandons de souveraineté.

Certes, le pouvoir judiciaire est clairement individualisé et il est confié exclusivement à la Cour de justice de l'UE, aujourd'hui assistée par un Tribunal. Mais, par exemple, dans les systèmes nationaux des États membres, les institutions parlementaires exercent deux sortes de pouvoirs : le vote de la loi et le contrôle politique de l'exécutif. Dans les institutions européennes, ces deux fonctions ont longtemps été dissociées et ce n'est que récemment que le développement progressif des compétences du Parlement lui a donné, à côté du Conseil de l'UE, une part croissante mais encore limitée de l'exercice du pouvoir législatif. Par ailleurs, la Commission a seule l'initiative législative. On voit donc, d'une part, que certains organes peuvent cumuler des fonctions différentes, puisque le Conseil exerce à la fois des pouvoirs exécutifs et législatifs ; et d'autre part que certaines fonctions, par exemple le pouvoir législatif, sont partagées entre plusieurs organes. On est loin d'une séparation tranchée entre les pouvoirs.

4. Négociation entre gouvernements et intégration européenne

Deux organes portent le nom de « Conseil » au sein de l'Union européenne et il ne faut pas les confondre.

– Le plus ancien, créé dès l'origine, est le conseil des ministres, devenu en 1993 **Conseil de l'Union européenne**.

– Dans la pratique, on a cependant pris l'habitude de réunir, lorsqu'un problème important se posait, des « sommets » européens réunissant les chefs de gouvernement mais dans lesquels, compte tenu de l'équilibre institutionnel propre à la France, la représentation française était assurée par le président de la République[15]. Cette

15. Sauf en période de cohabitation, où la représentation est assurée conjointement par le président de la République et le Premier ministre, ce qui n'a pas toujours été sans difficultés.

pratique, qui traduisait le passage progressif, dans la construction européenne, des préoccupations d'intégration économique à un souci de construction politique, fut institutionnalisée en 1974, avec la décision des chefs d'État et de gouvernement, prise au sommet de Paris, de se réunir désormais régulièrement «*en Conseil des Communautés et au titre de la coopération politique*». Le développement de son rôle a traduit un retour en force de la logique de négociation intergouvernementale par rapport à la démarche d'intégration qui caractérisait les principes initiaux de la construction européenne.

Les fonctions de ce qu'on appelle aujourd'hui le **Conseil européen** ont donc été, dès l'origine, tournées à la fois vers l'intérieur de la Communauté (diriger l'activité communautaire et développer l'intégration) et vers l'extérieur (organiser la coopération politique entre gouvernements en matière de politique étrangère). En 1986, l'Acte unique en consacrait l'existence juridique sans toutefois lui donner le statut d'institution communautaire.

Aujourd'hui prévu par l'article 15 du traité UE, le Conseil européen réunit le président de l'Union, qui préside le Conseil, les chefs d'État ou de gouvernement des États membres, le président de la Commission et le Haut Représentant de l'Union pour les affaires étrangères [16]. Ils sont assistés chacun par un ministre et, en ce qui concerne le président de la Commission, par un membre de la Commission. Ils doivent se réunir au moins deux fois par an [17]. Tout en conservant la présidence tournante pour le conseil des ministres, le Traité de Lisbonne a instauré pour le Conseil européen l'élection d'un président stable, qui ne peut exercer de mandat national, dans le but d'assurer une visibilité et une permanence à l'organe rassemblant les chefs d'État ou de gouvernement. Le président du Conseil européen dispose d'un mandat de deux ans et demi, renouvelable une fois. Le Belge Herman Van Rompuy, entré en fonction le 1er janvier 2010, a été le premier à accéder au poste.

16. A la différence des réunions de chefs d'État et de gouvernement appelées traditionnellement G8 et G20, ces réunions ne rassemblent bien entendu que les responsables des pays de l'UE.

17. La pratique est celle de deux réunions par semestre : le Conseil européen de Séville, en 2002, l'a consacrée et prévu que le Conseil puisse en outre se réunir, le cas échéant, en session extraordinaire.

Le Conseil européen donne à l'Union, nous dit l'article 15, «*les impulsions nécessaires à son développement et en définit les orientations politiques générales*». Ce rôle est rappelé et largement développé par l'article 22 en ce qui concerne la politique étrangère et de sécurité commune. Dans ce domaine, le traité de Lisbonne instaure également un Haut Représentant de l'Union pour les affaires étrangères et la politique de sécurité [18] (la Britannique Catherine Ashton occupe actuellement le poste), qui remplit les fonctions qu'exerçaient le Haut Représentant pour la politique étrangère et de sécurité commune et le commissaire européen pour les relations extérieures. Le Conseil européen constitue donc une **instance politique** essentielle de l'Union. Mais il est concurrencé par la tenue, ces dernières années, de réunions de plus en plus fréquentes des chefs d'État et de gouvernement de la zone euro.

Il a aussi des attributions importantes en matière économique, puisqu'il «*débat* (article 121 TFUE) *d'une conclusion sur les grandes orientations des politiques économiques des États membres et de l'Union*», ou en matière d'emploi, puisqu'il «*adopte des conclusions à ce sujet*» (article 148 TFUE), après avoir examiné, chaque année, la situation de l'emploi dans l'Union. Ce pouvoir a trouvé en 2008-2009 une occasion de s'exercer dans la définition de mesures communes pour faire face à la crise économique et financière, en adoptant par exemple, en décembre 2008, un plan de relance sans précédent.

Au terme de chacune de ses réunions, le Conseil européen établit un rapport qu'il adresse au Parlement. Il lui incombe aussi de présenter chaque année un rapport écrit concernant les progrès réalisés par l'Union. Le Conseil européen n'a pas le pouvoir de prendre des décisions créant un effet juridique pour l'Union, et ses décisions ne relèvent pas de la compétence de la Cour de justice de l'UE. Pour devenir applicable, l'accord dégagé au Conseil européen par consensus doit généralement être consacré par une décision formelle, prise conformément aux dispositions du traité, par le Conseil de l'Union européenne qui est le seul à pouvoir édicter des actes juridiques.

18. Ce titre a été préféré à celui de ministre des Affaires étrangères pour ménager les susceptibilités nationales.

Chapitre 3
Le Conseil de l'Union européenne

Le Conseil européen concurrence désormais celui de l'Union européenne dans la fonction de représentation des États membres qui avait été confiée à ce dernier aux origines des Communautés. Initialement, le pouvoir législatif était attribué pour l'essentiel au Conseil de l'UE (on l'appelait alors le conseil des ministres). Mais avec l'évolution de l'Union, le Parlement, qui n'était au départ qu'un simple forum de discussion, a vu son rôle se développer, au point d'obtenir, avec le traité de Nice, un statut analogue à celui du conseil des ministres. Ce dernier reste cependant l'un des organes les plus importants de la construction européenne puisqu'il cumule plusieurs pouvoirs. Il ajoute en effet, aux fonctions législatives et budgétaires qu'il exerce seul ou en coopération avec le Parlement, une part du pouvoir exécutif.

1. La composition du Conseil

Selon l'article 16 TUE, le Conseil « *est composé d'un représentant de chaque État membre au niveau ministériel, habilité à engager le gouvernement de l'État membre qu'il représente* ». Dans sa formation normale, il est constitué par la réunion des ministres des Affaires étrangères ; c'est ce qu'on appelle le « Conseil des affaires générales ». Mais il ne s'agit pas d'une réunion de membres permanents, puisque les États membres peuvent y envoyer d'autres ministres, par exemple ceux de l'Agriculture, en fonction de l'ordre du jour fixé. La composition du Conseil pose ainsi un certain nombre de questions.

1. Les formations du Conseil

– D'une part, comme on vient de le dire, le Conseil peut siéger dans des **formations diverses**. Cette diversité résulte des différences dans les membres qui le composent, mais aussi dans la périodicité des réunions : certaines formations, comme celles qui rassemblent les ministres des Affaires étrangères [19] ou ceux des Finances, ou encore les ministres de l'Agriculture, se réunissent très régulièrement et à intervalles rapprochés (généralement un mois) ; d'autres n'ont que des réunions irrégulières et épisodiques. Exceptionnellement, certaines réunions du Conseil, consacrées à des questions particulièrement importantes [20], se tiennent au niveau des chefs d'État ou de gouvernement [21]. Par ailleurs, des réunions « informelles » (séminaires, colloques…), qui ne peuvent se tenir qu'à condition de ne pas déboucher sur des décisions, doivent souvent être organisées à côté des réunions formelles.

Pour éviter que cela « ne parte dans tous les sens » [22], on s'est efforcé d'organiser cette diversité et de limiter le nombre des formations possibles : selon l'article 236 TFUE, c'est au Conseil européen que reviendra le pouvoir d'établir la liste des formations du Conseil autres que celles expressément prévues par les traités (Affaires générales et Affaires étrangères).

Mais cela ne règle pas toutes les difficultés, car certaines questions recouvrent plusieurs champs sectoriels. Pour y remédier en partie, le Conseil des affaires générales s'est vu conférer un rôle important de coordination.

Cette diversité des formations, considérée comme purement technique, ne remet cependant pas en cause l'idée qu'il n'existe qu'un seul Conseil, disposant des mêmes pouvoirs quelle que soit la formation dans laquelle il siège. On admet, en particulier, que toute mesure relevant d'une formation déterminée puisse être adoptée par n'importe quelle autre formation [23].

– D'autre part, **tous les États membres peuvent ne pas siéger** à toutes les réunions du Conseil. Le traité UE a en effet élargi de façon importante les compétences du Conseil, en particulier dans les domaines de la politique étrangère et de sécurité commune (PESC) et de la coopération policière et judiciaire en matière pénale, où il exerce seul les pouvoirs les plus importants. Or quelques États n'ont pas accepté de souscrire à certaines dispositions de ce traité : c'est, par exemple, le cas du Danemark, qui a toujours refusé de s'engager sur les questions de défense ou de participer à la mise en place de la monnaie unique. Ils ne peuvent donc pas voter lorsque les questions sur lesquelles ils ont refusé de s'engager sont traitées.

19. Que le traité de Lisbonne mentionne à égalité avec le Conseil des affaires générales et à qui il attribue une place particulière en lui confiant la compétence d'élaborer l'action extérieure de l'Union selon les lignes stratégiques fixées par le Conseil européen.

20. Cela a été le cas, en particulier, pour la décision de passage à la monnaie unique.

21. Elles ne se confondent cependant pas avec les réunions du Conseil européen, dans la mesure où le président de la Commission n'y est qu'invité, alors qu'il participe aux réunions du Conseil européen.

22. On a, par exemple, constaté des contradictions entre la formation traitant de la politique agricole et celle traitant des questions budgétaires.

23. Il faut cependant pour cela que la question soit inscrite dans la partie A de l'ordre du jour. Celle-ci comporte les points pour lesquels l'approbation du Conseil sera donnée sans débat, par exemple parce qu'ils ont déjà reçu l'accord du Comité des représentants permanents (voir page 207).

– Enfin, en certains cas, ce ne sont **pas des membres des gouvernements centraux** qui siègent. Dans les États fédéraux, par exemple, certaines compétences sont dévolues aux entités fédérées, comme les *Länder* en Allemagne ou les régions en Belgique. C'est pour permettre à des représentants des gouvernements de ces entités fédérées de siéger éventuellement au Conseil, lorsque les affaires traitées relèvent de leur compétence, que le traité d'Amsterdam a supprimé l'exigence d'appartenance à un gouvernement central, en y substituant l'obligation pour chaque membre du Conseil d'être bien habilité à engager l'État qu'il représente. Mais en tout état de cause, ne peuvent siéger au Conseil avec droit de vote que des **représentants politiques**.

2. La présidence du Conseil

Traditionnellement, cette présidence était tournante. Chaque État membre l'assurait à tour de rôle, pour une durée de six mois [24] et occupait en même temps celle de l'Union. Le traité de Lisbonne dissocie désormais les deux présidences. Il instaure, au niveau du Conseil européen, une **présidence** de l'Union pour deux ans et demi. Mais il maintient le principe de la présidence tournante, avec des aménagements, en ce qui concerne le conseil des ministres, particulièrement pour les formations sectorielles ; sauf pour le comité des Affaires étrangères, qui est présidé par le **Haut Représentant** de l'Union pour les affaires étrangères et la politique de sécurité [25].

La présidence a la **responsabilité politique** générale de la gestion des activités du Conseil. C'est elle qui le convoque, à son initiative, ou à celle d'un de ses membres ou de la Commission, et qui établit, sur la base d'une programmation pluriannuelle décidée par le Conseil, le projet d'ordre du jour de sa session, adressé à ses membres et à la Commission quatorze jours au moins à l'avance. L'ordre du jour définitif est arrêté par le Conseil lui-même en début de session. Toute adjonction au projet de la présidence exige un vote à l'unanimité. Le président organise les travaux du Conseil et en dirige les débats. Il n'est tenu de faire procéder à un vote que dans le cas où celui-ci est décidé par la majorité du Conseil à la suite d'une demande d'un de ses membres ou de la Commission ; dans tous les autres cas, c'est à lui qu'il revient d'en décider. Il signe les actes arrêtés par le Conseil et représente ce dernier devant le Parlement européen.

Le rôle de la présidence a été renforcé, en particulier, après l'adoption du traité UE et la mise en place de la politique étrangère et de sécurité commune. C'est le président du Conseil européen qui assure la **représentation** de l'Union à l'extérieur et y exprime le point de vue de l'Union.

24. Début 2014, la présidence est assurée par la Grèce. Suivront, dans l'ordre, l'Italie et la Lettonie.

25. Le traité de Lisbonne instaure cependant la nécessité d'une coopération entre les trois États appelés à se suivre sur une période de 18 mois, pour faciliter la continuité.

3. Les organes auxiliaires

a) Le Comité des représentants permanents

Le plus important des comités placés auprès du Conseil est le **Comité des représentants permanents** (COREPER), prévu par les articles 16 al. 7 TUE et 240 TFUE. Il est composé des représentants permanents des États membres auprès de l'Union. Il est d'abord chargé de préparer les travaux du Conseil : tous les points inscrits à l'ordre du jour d'une réunion du Conseil y font donc l'objet d'un premier examen à l'issue duquel il s'efforce de trouver un accord et, le cas échéant, de dégager des orientations, des options ou des propositions de solution. Ce rôle reste cependant purement préparatoire, car les décisions ne peuvent être prises que par le Conseil.

Il est aussi chargé d'exécuter les mandats qui lui sont confiés par le Conseil ; et, à l'occasion du traité de Maastricht, les instances européennes ont été encouragées par les États membres à réfléchir à l'articulation de ses travaux avec ceux du **Comité politique**, chargé de suivre la situation internationale et de contribuer à la définition des politiques dans le domaine de la PESC.

b) Le secrétariat général

L'organisation du secrétariat général, prévue par l'article 240 du TFUE, est décidée par le Conseil. Il est placé sous l'autorité d'un secrétaire général et d'un secrétaire général adjoint, tous deux nommés pour cinq ans par le Conseil, à la majorité qualifiée depuis l'entrée en vigueur du traité de Nice.

Le premier rôle du secrétariat général est d'organiser les réunions du Conseil et d'en établir les comptes rendus. Mais les fonctions du secrétaire général vont bien au-delà. D'abord, parce qu'aux côtés de présidents qui changent périodiquement, le secrétaire général bénéficie jusqu'ici de tous les avantages de la permanence. Collaborateur du Conseil, étroitement associé à tous ses travaux, il joue fréquemment un rôle discret, mais décisif, dans les négociations qui s'y déroulent et dans la recherche des propositions de solution qui les concluent. Le secrétaire général est, depuis juin 2011, l'Allemand Uwe Corsepius.

2. Le fonctionnement du Conseil

Le traité de Lisbonne (article 16 TUE) a prévu la division des sessions du Conseil en deux parties distinctes, l'une consacrée aux délibérations sur les actes législatifs (le Conseil siègera alors en public) et l'autre, non publique, consacrée aux activités non législatives du Conseil.

Selon l'article 16 du TUE, « *le Conseil statue à la majorité qualifiée, sauf dans les cas où les traités en disposent autrement* ». La majorité qualifiée devient donc le principe et les cas de vote à la majorité simple sont très rares : ils portent essentiellement sur les questions de procédure et l'adoption du règlement intérieur. Certaines décisions du Conseil doivent cependant être acquises à l'unanimité.

1. Les votes à l'unanimité

Les traités successifs ont restreint le champ d'application du vote à l'unanimité, mais il reste nécessaire dans **deux domaines** importants.

D'abord, sur les questions relatives à l'**organisation** et au **fonctionnement des institutions** européennes, qu'on appelle souvent le « domaine constitutionnel » : cela a concerné, par exemple, la définition de la procédure uniforme d'élection des membres du Parlement européen (voir page 211), ou certaines dispositions relatives à l'organisation de la Cour de justice ou au régime linguistique des institutions de la Communauté ou encore, après la ratification du traité de Lisbonne, la modification du nombre de membres de la Commission.

Dans certains cas, compte tenu de l'importance politique de certaines questions, les États membres ont souhaité pouvoir garder un **droit de veto,** par exemple pour des dispositions relatives à la politique étrangère, à la sécurité sociale, à l'harmonisation de la fiscalité indirecte, à l'environnement ou aux ressources de l'Union. La liste de ces matières est donnée à l'article 192 TFUE.

2. Les votes à la majorité qualifiée

Dans la plupart des cas, l'adoption des décisions du Conseil se fait à la majorité qualifiée et les traités successifs ont constamment élargi le champ des décisions pour lesquelles l'unanimité n'est pas nécessaire[26]. Mais, même dans ce cas, les États membres recherchent toujours le **compromis** politique; ils s'efforcent de parvenir à l'unanimité, en vertu de ce qu'on a appelé le « compromis de Luxembourg » qui avait mis fin, en 1966, à une grave crise entre la France et les autres pays membres (la « politique de la chaise vide » avait conduit la France à ne plus participer aux travaux des institutions communautaires pendant près de huit mois).

Pour le vote des délibérations à la majorité qualifiée, les voix des États membres sont **pondérées** en fonction de critères politiques et démographiques : la répartition des voix a bien entendu évolué à l'occasion de chacun des élargissements successifs et l'équilibre a toujours été soigneusement dosé, de manière à éviter à la fois l'hégémonie des grands pays et la possibilité pour les petits pays d'imposer une décision contre la volonté de l'ensemble des grands. Le système n'a donc cessé de se complexifier au fur et à mesure de l'élargissement de l'Union.

Chaque État s'est ainsi vu attribuer un nombre de voix **proportionnel à son importance démographique**. Depuis l'entrée en 2007 dans l'UE de la Bulgarie et de la Roumanie, le nombre total de ces voix s'élève à 345. Les quatre plus grands pays (Allemagne, France, Italie, Royaume-Uni) disposent chacun de 29 voix, l'Espagne et la Pologne de 27, la Roumanie de 14, les Pays-Bas de 13, la Belgique, la République tchèque, la Grèce, la Hongrie et le Portugal de 12, l'Autriche, la Suède et la Bulgarie de 10, le Danemark, l'Irlande, la Lituanie, la Slovaquie et la Finlande de 7 et les petits pays de 3 (Malte) ou 4 (Chypre, Estonie, Lettonie, Luxembourg, Slovénie).

L'adoption d'une décision à la majorité qualifiée exige d'abord la réunion de 255 de ces 345 voix. Si le Conseil statue sur proposition de la Commission, il faudra, en outre, qu'il y ait un accord de la majorité des États membres (soit 14 sur 27, représentant au moins 62 % de la population de l'Union). Mais dans quelques hypothèses, qui concernent surtout la politique étrangère et de sécurité commune et la coopération en matière judiciaire et policière, le Conseil décide directement, sans proposition préalable : l'exigence sera, dans ce cas, portée aux deux tiers des États (18 sur 27).

Le traité de Lisbonne modifie ces règles à l'horizon 2014, puis 2017, en exigeant en règle générale, pour obtenir la majorité qualifiée, le vote de 55 % des États membres représentant au moins quinze États et 65 % de la population. Diverses dispositions complexes protègent cependant les droits de la minorité. Et, lorsque le Conseil ne statue pas sur proposition de la Commission, la majorité requise passe à 72 %.

3. Les attributions du Conseil

Selon l'article 16 TUE, le Conseil « *exerce, conjointement avec le Parlement européen, les fonctions législative et budgétaire. Il exerce des fonctions de définition des politiques et de coordination* ». Il dispose à cet égard de pouvoirs importants qui l'amènent à cumuler des fonctions législatives, exécutives et budgétaires.

1. En matière législative

Le Conseil exerce ses compétences avec la participation de la Commission et du Parlement. La procédure législative ordinaire consiste en un acte conjoint du Conseil et du Parlement pris sur proposition de la Commission (voir page 215). Lorsque la proposition de la Commission n'est pas nécessaire, dans certains cas spécifiques prévus par les traités, on est en face d'une procédure législative spéciale. Ordinaire ou spéciale, cette procédure conduit à l'adoption « d'actes législatifs », qui concernent des questions importantes pour l'application des traités (par exemple, les dispositions visant à faciliter la liberté de circulation et d'établissement des citoyens de l'Union, la détermination des modalités du droit de vote et de l'éligibilité des citoyens de l'Union aux élections municipales dans les États membres où ils résident, ou le contenu de la procédure uniforme pour l'élection du Parlement européen) et se répartissent en trois catégories : les règlements, les directives et les décisions[27].

26. Le traité de Lisbonne poursuit dans la voie de l'élargissement et étend le principe de la majorité qualifiée dans des domaines tels que la coopération judiciaire et policière, l'éducation ou la politique économique.

27. L'article 288 du TFUE mentionne en outre deux catégories d'actes non contraignants : les recommandations et les avis.

Les effets juridiques des directives européennes en droit français

Traditionnellement, le Conseil d'État admettait, depuis un arrêt *Cohn-Bendit* de 1978, qu'une directive ne produisait pas d'effet juridique tant qu'elle n'avait pas été transposée et qu'un particulier ne pouvait pas invoquer les dispositions d'une directive pour contester la légalité d'une décision individuelle. Il considérait en effet que les directives ne posaient des obligations qu'à l'égard des États membres. Cette jurisprudence a été abandonnée dans un arrêt *Dame Perreux* en 2009[1].

Désormais, les dispositions des directives sont invocables par les justiciables à l'appui d'un recours dirigé contre un acte administratif, même non réglementaire, lorsqu'elles produisent un effet direct. Tel est le cas quand une ou plusieurs dispositions d'une directive créent des droits ou des obligations au profit ou à la charge des États signataires et des sujets de droit interne, et qu'elles sont suffisamment précises et inconditionnelles pour être appliquées telles quelles, sans que des mesures nationales d'application soient nécessaires. Un acte administratif contraire à des dispositions précises et inconditionnelles d'une directive est donc illégal.

Cette évolution résulte du fait que la transposition des directives européennes constitue une obligation constitutionnelle. On ne peut donc pas accepter que l'État, en ne transposant pas la directive, se dispense à la fois de cette obligation constitutionnelle et de l'accomplissement de ses obligations européennes. C'est pourquoi la Cour de justice des Communautés européennes (aujourd'hui Cour de justice de l'UE) a autorisé un particulier à invoquer devant elle les dispositions d'une directive, à deux conditions : qu'elle soit claire et précise et que l'État membre ne l'ait pas ou l'ait mal transposée alors que le délai de transposition a expiré.

De son côté, dans un arrêt *Cie Alitalia* de 1989, le Conseil d'État a admis qu'après l'expiration de ce délai, un particulier peut faire constater l'illégalité des dispositions d'un décret qui serait incompatible avec les objectifs d'une directive et obtenir l'annulation de ces dispositions, même si elles s'appuient sur celles d'une loi française et même si ce décret est antérieur à la date limite de transposition. L'application qui aurait été faite de ce décret est de nature à engager la responsabilité de l'État (arrêt *Rothmans et Philip Morris* de 1992).

Enfin, comme c'est le cas pour tous les traités, les dispositions de droit européen (traités originaires, règlements ou directives) ont une valeur supérieure à celle de la loi. Doit donc être écartée l'application de toute disposition législative, même postérieure, qui serait contraire au droit de l'Union (arrêt *Nicolo* de 1989) [2].

1. Une magistrate, candidate à un poste de formateur à l'École nationale de la magistrature, avait vu sa candidature refusée. Elle attaqua ce refus en déclarant qu'il était dû à son activité syndicale et constituait une discrimination illégale : elle s'appuyait sur une directive non transposée qui exigeait des États membres qu'ils prévoient un dispositif adapté de charge de la preuve quand une discrimination était invoquée. Le Conseil d'État a jugé le recours recevable, mais il l'a rejeté parce que, la directive admettant une possibilité de dérogation, elle ne présentait pas un caractère inconditionnel et ne pouvait donc pas être invoquée par un particulier.

2. Voir p. 105.

a) Les règlements

Ils ont une **portée générale** ; ils constituent en quelque sorte l'équivalent de la loi ordinaire en droit interne. Ils sont obligatoires dans tous leurs éléments et directement applicables dans tous les États membres (ils ne nécessitent des mesures nationales que pour leur mise en œuvre). Ils peuvent être invoqués par les particuliers devant les tribunaux, non seulement contre les autorités européennes, mais aussi contre chacun des États membres.

b) Les directives

Elles constituent une sorte de **loi d'orientation**, dans la mesure où elles se contentent de fixer un objectif, un résultat à atteindre, mais laissent aux États membres la liberté de décider sous quelle forme et de quelle manière ce résultat devra être atteint. Ceux-ci ont donc l'obligation de les **transposer** dans un délai fixé par chacune d'elles pour leur permettre de s'appliquer sur leur territoire. Ils devront en quelque sorte « traduire » la directive dans un acte national (loi ou règlement), en la précisant et en indiquant de quelle manière elle sera appliquée chez eux.

La différence entre directive et règlement, très forte dans l'esprit des traités, est de plus en plus gommée dans la pratique. Le législateur européen a en effet tendance à prendre des directives très détaillées pour éviter que les États membres ne défigurent ses intentions, et à leur laisser de moins en moins de liberté, tant en ce qui concerne le délai de transposition que le contenu des mesures à prendre.

c) Les décisions

Il faut enfin mentionner l'existence de décisions qui constituent, en quelque sorte, ce qu'on appellerait en droit interne des **actes collectifs** ou **individuels**. Elles ont un caractère obligatoire, mais ne sont applicables qu'aux destinataires (États membres, entreprises ou particuliers) qu'elles désignent nommément.

2. En matière exécutive

Le Conseil peut, soit à titre exceptionnel exécuter lui-même les actes qu'il a pris, soit, comme c'est le cas général, en confier l'exécution à la Commission. Dans ce second cas, il peut soumettre l'action de la Commission à certaines modalités, par exemple l'obligation pour elle de demander l'avis de comités constitués de représentants d'États membres. Ces comités, dits « de gestion » ou « de réglementation », sont de plus en plus nombreux (plus de 200) ; plusieurs tentatives de réforme de la procédure de « comitologie » ont donc été faites afin de limiter leur rôle dans le processus de décision.

3. En matière budgétaire

Le Conseil exerce des pouvoirs très importants même si, dans ce domaine également, ceux du Parlement ont été largement renforcés. C'est lui qui, sur proposition de la Commission et après consultation du Parlement, arrête les dispositions relatives aux ressources propres de l'Union dont il recommande l'adoption par les États membres ; il statue dans ce cas à l'unanimité. Il joue donc un rôle essentiel dans le dispositif de fixation des recettes. Il détermine aussi, dans les mêmes conditions, le cadre financier pluriannuel qui établit pour cinq ans les perspectives de l'évolution des dépenses de l'Union dans la limite de ses ressources propres.

Par ailleurs, il établit le projet de budget à la majorité qualifiée, sur proposition de la Commission, avant de le transmettre au Parlement. En cas de désaccord entre le Parlement et le Conseil, une navette s'instaure entre les deux institutions ; ses conditions sont fixées par l'article 314 du TFUE (voir page 215) : elles donnent au Conseil des moyens importants pour résister aux initiatives parlementaires et exigent du Parlement, s'il veut avoir le dernier mot, des conditions de majorité particulièrement renforcées.

Chapitre 4
Le Parlement européen

C'est progressivement que l'assemblée européenne – devenue officiellement Parlement européen en 1986, avec l'Acte unique – a trouvé sa place dans les institutions contemporaines. L'une des étapes décisives de son évolution a été le changement de son mode de désignation avec l'adoption du principe du suffrage universel direct en 1976. Ce changement a facilité l'extension progressive de ses compétences et aidé à doter l'assemblée, qui était au départ exclusivement consultative, de pouvoirs de décision. D'autre part, le développement de la procédure de codécision, à partir du traité de Maastricht, l'a placée, sur toute une série de questions importantes (examen des accords d'adhésion ou de coopération, harmonisation des législations nationales...) en position plus favorable qu'auparavant par rapport aux autres organes de l'Union; mais son rôle demeure inférieur à celui des parlements nationaux.

1. L'élection du Parlement

L'Acte du 20 septembre 1976 portant élection des représentants à l'assemblée au suffrage universel se contente de fixer des règles minimales et laisse donc à chaque État le soin de déterminer les dispositions applicables à l'élection. Tout en réaffirmant le souhait de voir défini un système électoral uniforme, le traité d'Amsterdam, en raison des réticences manifestées par les États membres, n'exige que la définition de *«principes communs»*. En vertu de ce traité, la mise en place d'un système uniforme supposerait une décision identique du Parlement et du conseil des ministres et un vote favorable des parlements nationaux.

Dans l'état actuel, les règles, applicables sur l'ensemble de l'Union, fixent le nombre de députés à élire[28], leur répartition entre les différents pays, ainsi que la durée de leur mandat (cinq ans). Elles imposent à chaque État membre le **suffrage universel direct**, libre et secret et l'obligation de reconnaître, pour ces élections, le droit de vote et l'éligibilité à tout ressortissant d'un autre État membre de l'Union établi sur son territoire. Elles exigent que l'élection se tienne au cours de la même fin de semaine dans tous les pays membres. Elles fixent enfin, au niveau européen, le statut des partis politiques et les conditions de leur financement. Pour le reste, il appartient à chaque État membre de déterminer les conditions à remplir pour être électeur ou éligible, et de déterminer le mode de scrutin applicable sur son territoire. La question de l'uniformisation de la procédure électorale dans tous les États membres a donné lieu à bien des discussions et le traité de Lisbonne en réaffirme le principe, en prévoyant à terme «**une procédure uniforme**» ou «**des principes communs**» dans tous les États membres (article 223 TFUE).

Dans cinq États (Allemagne, Belgique, France, Irlande et Royaume-Uni), le territoire est découpé en plusieurs circonscriptions. La totalité des États membres[29] s'est ralliée au **scrutin de liste** (ces listes étant soit nationales, soit régionales) et à la représentation proportionnelle. Une douzaine d'États ont admis le vote préférentiel et la possibilité de panachage, cependant que les autres, dont la France, ont opté pour les listes bloquées. Certains États fixent une barre minimale à atteindre pour se voir attribuer des sièges (par exemple, 5 % des suffrages exprimés en Allemagne ou en France). Malgré l'utilisation du scrutin de liste, la répartition par sexe des élus au Parlement reste assez inégalitaire : en 2009, la proportion de femmes élues était de 35 % (de 0 à Malte à 62 % en Finlande, la France se situant à 44 %).

Chaque État membre dispose d'un **nombre de sièges** à peu près proportionnel à sa population (allant, aux élections de 2009, de 5 sièges pour Malte à 72 pour la France, l'Italie et le Royaume-Uni et 99 pour l'Allemagne), l'objectif étant à la fois d'assurer une juste représentation de chaque pays et de maintenir l'effectif global du Parlement dans des limites raisonnables, pour lui permettre de travailler efficacement[30].

On reproche souvent à la construction européenne son déficit démocratique et on dénonce le caractère technocratique du fonctionnement de ses institutions. Ce reproche était largement lié au mode de désignation des organes politiques, où l'élection directe avait peu de part. Il y a été en partie remédié par l'élection au suffrage universel direct du Parlement. Mais, dans un contexte général de désaffection de l'opinion à l'égard de la vie politique, les élections

---

28. Le Parlement européen compte, en 2013, 754 députés. Selon un protocole adopté en juin 2010 et soumis à la ratification des États, ce nombre doit être de 751 députés en 2014. La représentation des États variera de 5 députés (Malte) à 92 (Allemagne).

29. En France, c'est la loi du 11 avril 2003 qui fixe les conditions de l'élection. Le territoire national est découpé en huit grandes circonscriptions, dont l'une correspond aux collectivités d'outre-mer, entre lesquelles les sièges à pourvoir sont répartis proportionnellement à leur population. Le vote a lieu au scrutin de liste, avec représentation proportionnelle, sans panachage ni vote préférentiel. Seules les listes ayant obtenu au moins 5 % des suffrages exprimés ont droit à des représentants.

30. Le traité de Nice avait réduit le nombre global de députés à partir des élections de 2009 (736 au lieu de 795). S'il a maintenu la représentation de l'Allemagne, il a diminué de six unités celles de la France, de l'Italie et du Royaume-Uni. Le traité de Lisbonne a prévu pour 2014 une nouvelle répartition des sièges, en se fondant sur le principe de «proportionnalité dégressive» (pour assurer une meilleure représentation aux petits États, les plus peuplés acceptent d'avoir moins de sièges que ceux qu'ils obtiendraient en proportion de leur population – article 14 TUE).

européennes souffrent de handicaps encore plus importants que les autres. Les pouvoirs politiques du Parlement, malgré leur accroissement progressif, restent en effet limités ; son élection n'entraîne guère de conséquences sur la désignation des organes exécutifs, celle-ci restant, comme nous le verrons, très dépendante des autorités nationales. Dans ces conditions, le sens de l'élection n'apparaît pas clairement aux électeurs et l'élection du Parlement européen reste plutôt, dans chaque pays, un affrontement supplémentaire entre forces politiques nationales, fortement marqué par les enjeux politiques nationaux. On ne s'étonnera donc pas de l'importance du taux d'abstention qui les caractérise (56,7 % pour l'ensemble de l'Europe et 59,4 % en France lors des élections de juin 2009).

2. L'organisation et le fonctionnement du Parlement

Le Parlement européen est élu pour cinq ans. Sa première élection au suffrage universel remonte au mois de juin 1979 et celle du Parlement actuellement en fonction à juin 2009. Aucune disposition des traités ne prévoyant une possibilité de dissolution du Parlement, celle-ci est donc interdite.

1. Le statut des parlementaires

Il est fixé en partie par des dispositions résultant de l'Acte du 20 septembre 1976 portant élection des représentants à l'Assemblée au suffrage universel direct. Dans le prolongement de cet Acte, le traité d'Amsterdam a consacré la compétence générale du Parlement européen pour fixer le statut et les conditions d'exercice des fonctions de ses membres. Il avait cependant enfermé cette compétence dans des contraintes importantes puisque, selon le principe de la codécision, son exercice suppose non seulement la consultation de la Commission, mais aussi l'accord du conseil des ministres statuant à l'unanimité ; la substitution à cette règle de celle de la majorité qualifiée, posée par le traité de Nice[31], n'a jusqu'ici pas facilité la solution du problème. Les États ayant eu du mal à s'entendre sur des règles communes, les dispositions de l'Acte doivent toujours être complétées par celles des droits nationaux, et le statut des députés européens résulte donc fréquemment d'un **régime mixte**.

Les dispositions de l'Union accordent aux députés européens un certain nombre d'avantages en matière de **rémunération** et d'**indemnisation**. Elles leur reconnaissent des privilèges et des immunités, définis par un protocole annexé aux traités : facilités en matière douanière ou reconnaissance de la liberté de déplacement. C'est ainsi que, par un arrêt du 27 avril 1995 (affaire *Piermont*), la Cour européenne des droits de l'homme a condamné le gouvernement français pour avoir expulsé une parlementaire européenne de nationalité allemande qui avait participé, en Polynésie, à une manifestation indépendantiste et antinucléaire.

Les parlementaires européens bénéficient d'une **irresponsabilité** pour toutes les opinions et tous les votes qu'ils sont appelés à émettre à l'occasion des travaux du Parlement, ainsi que d'une **immunité parlementaire** largement calquée sur celle qu'on rencontre dans les systèmes nationaux, mais applicable sur l'ensemble du territoire de l'Union. Le Parlement étant considéré comme siégeant toute l'année, cette immunité est permanente. Elle cède cependant en cas de flagrant délit, et peut être levée par le Parlement suite à la demande d'un État membre. En principe, la levée de l'immunité ne vise que les infractions de droit commun, à l'exclusion des infractions à connotation politique. Elle a cependant été accordée à l'encontre de Jean-Marie Le Pen (alors président du Front national, voir encadré p. 213), poursuivi par la France pour des propos tombant sous le coup de la loi et considérés comme n'ayant aucun lien direct avec son mandat. Normalement, la demande doit émaner des autorités gouvernementales de l'État membre et non d'une instance judiciaire, comme l'a montré en 2000 le cas de Silvio Berlusconi, que l'Espagne souhaitait poursuivre du chef de certaines infractions économiques.

Le régime des **incompatibilités** est fixé en partie par des dispositions de l'Union. Celles-ci interdisent, par exemple, le cumul entre le mandat européen et la participation aux autres institutions européennes (Commission, Cour de justice, Cour des comptes...) ou l'exercice de fonctions publiques au sein de l'administration de l'UE. Dans la même logique, le cumul avec l'appartenance à un gouvernement national est impossible, puisque celle-ci donne vocation à participer aux réunions du Conseil de l'Union européenne. Depuis 2002, le cumul avec un mandat parlementaire national est en principe interdit. Ce régime peut être complété par des dispositions nationales : un projet de loi, déposé en 2013 au Parlement français, vise ainsi à interdire tout cumul du mandat européen avec des fonctions exécutives locales.

C'est au Parlement qu'il revient de vérifier les pouvoirs des députés élus. Mais le régime des **inéligibilités** résulte essentiellement de dispositions nationales. Cela a parfois soulevé des difficultés juridiques, bien mises en évidence il y a quelques années dans les affaires Tapie et Le Pen (voir encadré ci-dessous).

Depuis 2002, la déchéance d'un mandat européen en vertu de la loi nationale prend effet automatiquement et le Parlement européen est simplement informé de cette déchéance.

Pour l'instant, le traitement des députés européens est aligné sur celui des parlementaires nationaux du pays où ils ont été élus. Ce système est jugé peu satisfaisant. Des dispositions adoptées en 2005 s'efforcent de parvenir à une relative égalisation.

31. Sauf en ce qui concerne le régime fiscal des députés et des anciens députés, qui exige toujours l'unanimité.

Les affaires Tapie et Le Pen

– En juillet 1996, Bernard Tapie est déclaré en liquidation judiciaire personnelle. Ceci entraîne *ipso facto*, selon la loi française, son inéligibilité et donc la déchéance de son mandat de député européen. Celle-ci est cependant contestée par l'intéressé en vertu de deux arguments : l'atteinte à l'indépendance du Parlement européen, et le fait que cette inéligibilité est critiquable, du fait qu'elle constitue une conséquence automatique d'une condamnation antérieure et ne résulte pas d'une décision judiciaire spécifique. Bernard Tapie dépose donc un recours devant le Conseil d'État contre le décret du 30 octobre 1996 portant déchéance de son mandat européen. Le Conseil d'État rappelle, dans son arrêt du 10 janvier 1997, que tant qu'une procédure électorale uniforme ne sera pas mise en vigueur, il appartient bien aux États membres de définir les modalités d'élection de leurs représentants au Parlement européen. Tout ce qui n'est pas fixé par l'Acte de 1976 reste de la compétence nationale ; c'est donc aux États membres de constater que l'un de leurs représentants au Parlement européen est atteint par une cause d'inéligibilité mettant fin à son mandat. La loi française de 1985 disposant qu'un failli ne peut exercer une fonction publique élective est bien applicable au mandat de député européen et le recours doit être rejeté. Le 22 janvier 1997, le Parlement européen a mis fin au mandat de Bernard Tapie, mais a demandé à la Commission de proposer des mesures pour remédier aux lacunes et ambiguïtés de l'Acte de 1976.

– En 2000, Jean-Marie Le Pen est poursuivi devant la justice française en raison de sa participation à des incidents violents survenus dans une commune de la banlieue parisienne. A la suite de sa condamnation par un tribunal correctionnel, sa déchéance a été prononcée par décret conformément aux dispositions de la loi française du 7 juillet 1977 sur l'organisation de l'élection des députés au Parlement européen. Saisi d'un recours contre ce décret, le Conseil d'État l'a rejeté le 6 octobre 2000. Il a estimé que c'est au gouvernement national de signifier au Parlement européen la vacance d'un siège, celle-ci ne pouvant résulter, en l'absence de dispositions communautaires uniformes, que de dispositions nationales.

2. Les sessions du Parlement

L'article 229 TFUE confère au Parlement une totale maîtrise sur l'organisation et la durée de ses sessions. Il se réunit de plein droit le deuxième mardi de mars et il fixe sans contrainte la fréquence et la durée de ses sessions normales (en général, dix jours chaque mois). Celles-ci se tiennent à **Strasbourg**, ce qui n'a pas été sans soulever des débats par le passé, compte tenu de la distance que cela crée entre le lieu des activités de l'exécutif (Bruxelles) et celui des travaux du Parlement. Les sessions *normales* peuvent, le cas échéant, être entrecoupées de réunions plus brèves, se tenant généralement à Bruxelles. Enfin, des sessions *extraordinaires* peuvent être réunies à la demande de la majorité des députés, du conseil des ministres ou de la Commission.

3. Les organes et les formations du Parlement

Le Parlement a toute latitude pour déterminer son organisation interne, qui obéit à un schéma classique : un président assisté de vice-présidents, une conférence des présidents, des commissions et des groupes politiques.

a) La présidence

Le **président**, chargé de diriger les travaux du Parlement, est élu pour deux ans et demi[32] par le Parlement siégeant en séance plénière, mais l'élection résulte souvent d'un accord préalable entre les grands groupes parlementaires. Depuis janvier 2012, le président du Parlement est le social-démocrate allemand Martin Schulz. Son élection exige la majorité absolue des suffrages exprimés aux trois premiers tours de scrutin ; seuls les deux candidats ayant obtenu le plus grand nombre de voix au troisième tour peuvent se présenter au quatrième. Les quatorze **vice-présidents** sont élus au scrutin uninominal, pour la même durée, à la majorité absolue des suffrages exprimés lors des deux premiers tours de scrutin, la majorité relative suffisant au troisième. La réunion du président et des vice-présidents constitue le **bureau**, dont la fonction principale est d'organiser les séances et de veiller à la bonne organisation administrative et financière du Parlement. L'élection de ce bureau s'efforce de respecter un équilibre entre tendances politiques et États membres.

La réunion du président du Parlement et des présidents de groupes politiques constitue la **Conférence des présidents**. Elle établit l'ordre du jour des sessions, détermine l'organisation des commissions et des délégations (voir ci-dessous) et peut, pour l'exercice de ces fonctions, recevoir des recommandations de la part soit de la conférence des présidents de commission (réunion des présidents des commissions permanentes ou temporaires), soit de la commission des présidents de délégations. Elle est, en outre, de façon générale, en charge des relations avec les autres organes de l'Union et les Parlements nationaux.

b) Les groupes politiques

Les groupes politiques réunissent les députés par **affinités**. En 1999, le Parlement a empêché la constitution d'un groupe commun entre parlementaires d'extrême droite et radicaux italiens, précisément en raison de l'absence d'affinités politiques entre ces deux tendances. Les groupes doivent présenter un caractère multinational et comporter au moins 25 membres, élus dans au moins un quart des États membres.

Constitue un **parti**, au niveau européen, un parti ou une alliance de partis qui, dans au moins un quart des États, sont représentés (par des élus au Parlement européen ou dans les parlements nationaux ou régionaux) ou ont obtenu au moins 3 % des suffrages exprimés dans au moins un quart des États membres lors des dernières élections européennes. Sur la base du traité de Nice, le Parlement européen et le Conseil de l'Union ont adopté en 2003, par codécision, un règlement qui fixe les premiers éléments

32. Donc la moitié du mandat du Parlement.

d'un **statut** des partis politiques de niveau européen, en particulier les conditions dans lesquelles ils peuvent bénéficier d'un financement de l'Union.

Les groupes disposent de prérogatives importantes dans le déroulement de la procédure parlementaire, dont ne bénéficient pas les députés non inscrits : par exemple, pour la répartition des temps de parole, la possibilité d'organiser des débats d'actualité ou la gestion des incidents de procédure (renvoi en commission, suspension ou levée des séances...).

c) Les commissions

Les commissions peuvent être **permanentes** ou **temporaires**. Les premières sont prévues par le règlement intérieur du Parlement ; au nombre de vingt, elles sont dirigées par un bureau et composées de membres élus pour une durée de deux ans et demi ; leur compétence est définie par le Parlement et elle commande la répartition des travaux entre elles. Les secondes sont constituées librement par le Parlement, qui fixe leur composition et leurs attributions, ainsi que la durée de leur mandat, celle-ci ne pouvant excéder douze mois. Ces commissions doivent refléter au maximum la composition du Parlement, et leurs séances sont en principe publiques. En outre, des **délégations** permanentes assurent la liaison avec les parlements des États tiers et les organisations internationales.

Le Parlement peut aussi constituer des commissions **d'enquête**. Le traité de Maastricht, par lequel elles ont été officialisées, les a prévues en cas d'accusations de mauvaise administration ou d'infraction au droit de l'Union (voir page 217).

3. Les pouvoirs du Parlement

Ils se développent progressivement dans les trois directions qui caractérisent classiquement les attributions des assemblées en régime parlementaire : en matière législative, budgétaire et de contrôle de l'exécutif.

1. Les attributions législatives

Elles n'étaient pas prévues dans l'organisation initiale, qui ne reconnaissait à l'assemblée européenne qu'un pouvoir consultatif. Il ne faut en effet jamais oublier que la construction européenne résulte d'abandons progressifs de souveraineté de la part des États membres : on comprend donc les raisons pour lesquelles ceux-ci avaient d'abord réservé au conseil des ministres l'exercice de la fonction législative, puisque c'est dans cet organe qu'ils sont représentés en tant que tels, et que c'était lui qui, jusqu'à l'apparition du Conseil européen, constituait le lieu essentiel de leurs négociations. Les attributions législatives du Parlement ne se sont développées que progressivement, par son association croissante au processus de décision législative, et elles restent en deçà des prérogatives d'une assemblée nationale en régime parlementaire « ordinaire ». Dans les dix dernières années, la part des décisions non contraignantes n'a cessé de décliner et celle des règlements et des directives a crû de quinze points, représentant 20 % des actes adoptés entre 2004 et 2009.

Par exemple, le Parlement européen ne dispose pas du pouvoir d'initiative en matière législative, celui-ci étant, de façon générale, réservé à la Commission et, à titre exceptionnel, au Conseil sur proposition des États membres. La Commission s'est, de façon constante, déclarée hostile à toute évolution des pouvoirs du Parlement en ce sens. L'article 225 TFUE confère au Parlement un **pouvoir d'initiative indirect** en lui permettant, *« à la majorité des membres qui le composent, de demander à la Commission de soumettre toute proposition appropriée sur les questions qui lui paraissent nécessiter l'élaboration d'un acte de l'Union pour la mise en œuvre des traités »*. Mais cette proposition ne lie en rien la Commission.

De la même manière, le Parlement européen ne dispose guère de pouvoirs autonomes en matière législative. Les traités successifs, notamment ceux de Maastricht, d'Amsterdam et de Nice, ont développé des principes de collaboration entre lui et le Conseil, en renforçant progressivement son influence. Il en résulte des procédures qui sont souvent compliquées, dans la mesure où elles imbriquent étroitement les compétences des différents organes de l'Union. L'évolution va pourtant dans un sens unique : de la consultation à la codécision, le rôle du Parlement s'est constamment accru[33] et le traité de Lisbonne poursuit encore cette évolution.

a) La consultation

La procédure de consultation **impose l'avis** du Parlement sur les propositions de la Commission avant que le Conseil ne tranche. Elle a été fortement élargie, tant par l'évolution des traités que par la pratique.

A l'origine, les traités de Rome ont rendue obligatoire dans certaines hypothèses devenues, au fil du temps, de plus en plus nombreuses, la consultation du Parlement avant toute décision du Conseil. Il ne s'agissait cependant que d'un simple avis : le Conseil était donc libre d'en tenir ou de ne pas en tenir compte, en tout ou partie. Par la suite, dans la pratique, la Commission comme le Conseil ont accepté que la procédure de consultation soit utilisée à propos de toute question importante.

A partir de mars 1975, en application d'une déclaration commune des trois institutions communautaires, la procédure de consultation a connu un prolongement important avec la mise en place de possibilités de concertation entre le Conseil et le Parlement. Très liée à l'augmentation des pouvoirs **budgétaires** du Parlement, décidée à la même période, elle est soumise à un certain nombre de conditions tenant à la nature des décisions en cause, puisqu'elle n'est susceptible de s'appliquer qu'*« aux actes communautaires importants qui ont des incidences financières notables et dont l'adoption n'est pas imposée par des actes préexistants »*.

33. C'est ainsi que le Parlement a préconisé, le 25 octobre 2011, à une écrasante majorité, la création d'une commission « antimafia » et d'un procureur chargé de coordonner la lutte contre les activités de celle-ci ; il a également proposé une série de mesures telles que la confiscation du patrimoine des intéressés ainsi que de leurs prête-noms.

La mise en œuvre de la consultation, décidée sur demande du Parlement, a pour effet de suspendre la procédure normale pendant trois mois, au cours desquels un accord est recherché entre le Conseil et le Parlement. En cas de désaccord persistant, le Conseil a le dernier mot. La procédure institue donc une sorte de veto suspensif au bénéfice du Parlement.

L'importance croissante de la consultation

En octobre 1980, dans une affaire *Roquette*, la Cour de justice (voir page 222) a estimé que la simple consultation n'était pas suffisante et qu'il était indispensable pour le Conseil d'attendre l'avis du Parlement avant de prendre sa décision, sauf si, en retardant exagérément l'émission de son avis, le Parlement cherchait abusivement à bloquer le processus et manquait donc à son devoir de coopération avec le Conseil. Elle a aussi, à plusieurs reprises, imposé une nouvelle consultation du Parlement chaque fois que la décision du Conseil différait de façon substantielle, sur des points à propos desquels le Parlement ne s'était pas prononcé, du projet qui lui avait été initialement soumis.

b) La codécision

Prévue par l'article 294 TFUE, cette procédure a été fortement développée par les traités successifs, et celui de Nice, puis celui de Lisbonne en font désormais la **procédure législative ordinaire**, applicable chaque fois qu'une procédure différente n'est pas expressément prévue. Elle renforce considérablement les pouvoirs du Parlement en le mettant sur un pied d'égalité avec le Conseil, au point que certains auteurs ont pu parler d'une structure se rapprochant du bicaméralisme, Parlement et Conseil constituant les deux organes législatifs. En 2009-2010, le Parlement a modifié 71 % des directives adoptées par le Conseil[34].

Là encore, la procédure de codécision commence par une proposition de la Commission. Cette proposition est adressée simultanément au Conseil, qui se prononce dans les conditions habituelles, et au Parlement, qui arrête sa position. Si le Parlement amende la proposition de la Commission, trois cas peuvent se présenter.

– Ou bien, à l'issue de la première lecture, le Conseil reprend tous les amendements apportés par le Parlement à la proposition de la Commission, sans en ajouter d'autres : l'acte est alors considéré comme adopté.

– Ou bien le Conseil est en désaccord avec les amendements parlementaires et/ou il estime que ceux-ci ne sont pas suffisants : il adopte alors une position qui est transmise au Parlement en vue d'une seconde lecture. Le Parlement a trois mois pour se prononcer. Il peut rejeter la position commune, à la majorité des membres qui le composent, ce qui équivaut à un rejet du texte. Il peut aussi, dans ce délai, approuver la position du Conseil ou ne pas se prononcer sur elle. Dans ces deux cas, le texte est réputé adopté conformément à la position du Conseil.

– Ou bien le Parlement adopte, sur proposition d'une commission parlementaire, d'un groupe politique ou de 32 parlementaires, à la majorité absolue de ses membres, des amendements à la position du Conseil. Ces amendements, en vertu du règlement du Parlement, ne peuvent pas revenir sur des points ayant fait l'objet d'un accord avec le Conseil au cours de la procédure antérieure. Le texte amendé est transmis au Conseil et à la Commission et celle-ci donne son avis.

Le Conseil peut, dans un délai de trois mois, approuver ces amendements à la majorité qualifiée s'ils ont reçu un avis favorable de la Commission : le texte est alors adopté (c'est ce qui se passe dans environ la moitié des cas). Mais s'il les rejette en tout ou partie, le président du Conseil convoque, dans les six semaines, en accord avec le président du Parlement, un Comité de conciliation paritaire (autant de parlementaires que de membres du Conseil) qui recherche un accord sur les points en litige. Si un accord est trouvé au plus tard dans les six semaines suivant la première réunion du Comité, le texte est soumis au Conseil qui doit l'approuver à la majorité qualifiée, et au Parlement qui doit le voter à la majorité des suffrages exprimés. Les deux institutions disposent d'un nouveau délai de six semaines pour ce faire. Si un accord n'est pas trouvé ou si, après accord, celui-ci est rejeté par une des deux instances, le texte est définitivement rejeté.

Cette procédure suppose une négociation permanente entre le Conseil et le Parlement, chacun d'eux ayant le pouvoir de faire obstacle à l'adoption du texte. Elle exige aussi leur coopération étroite avec la Commission. Malgré sa lourdeur, elle est efficace, puisque depuis le traité d'Amsterdam, une seule procédure de codécision a connu un échec.

La procédure d'**avis conforme** (qui est devenue avec le traité de Lisbonne procédure d'**approbation**) est très proche de la codécision. Elle a été introduite par le traité de Maastricht et développée par les traités ultérieurs. Dans ce cas, le Parlement et le Conseil doivent adopter, dès la première lecture, un texte identique et aucun des deux n'a le pouvoir d'amender le texte de l'autre. Il faut ainsi un avis conforme du Parlement pour que le Conseil, réuni au niveau des chefs d'État ou de gouvernement, constate l'existence d'une violation grave et persistante des principes de l'Union par un État membre, ou se prononce sur l'adhésion d'un nouvel État, ou conclut un accord d'association. En cas de désaccord persistant entre le Conseil et le Parlement, la procédure est bloquée.

2. Les compétences budgétaires

Comme tous les parlements en régime démocratique, le Parlement européen dispose de pouvoirs budgétaires. Selon les principes classiques, un budget prévoit des recettes et des dépenses. En 1970, il a été décidé, puis inscrit dans l'article 269 du TCE, que les premières proviendraient de **ressources propres** (par exemple, des droits de douane ou des prélèvements sur la TVA) et non plus de contributions financières des États membres.

34. L'exemple le plus célèbre a été celui de la directive sur la libre circulation des services dans le marché intérieur, dite « directive Bolkestein », réglementant les conditions dans lesquelles un prestataire de services d'un État membre peut opérer dans un autre État membre (l'exemple du « plombier polonais »). Le texte du Parlement soumet l'activité de ce prestataire à la législation du pays d'accueil, contrairement au projet initial qui la soumettait au droit du pays d'origine.

Le projet de budget adopté en février 2013 par les chefs d'État et de gouvernement pour la **période 2014-2020** s'élève à 960 milliards d'euros de crédits d'engagement : il est donc en **baisse** de plus de 30 milliards d'euros par rapport à celui de la période 2007-2013. La chute est particulièrement spectaculaire pour les crédits d'aide aux organisations humanitaires prenant soin des personnes les plus démunies (- 30 %).

En matière de **vote du budget**, les pouvoirs du Parlement ont été élargis à partir du traité de Bruxelles conclu en 1975 pour en faire le codétenteur du pouvoir budgétaire, concurremment avec le Conseil. L'examen se déroule selon une procédure législative spéciale, que le traité de Lisbonne a simplifiée et raccourcie dans l'article 314 TFUE. Cette nouvelle procédure renforce les pouvoirs du Parlement, qui peut désormais imposer son point de vue au Conseil.

C'est la Commission qui établit le projet de budget, qu'elle propose au Conseil et au Parlement. Le Conseil, saisi du projet, adopte une position et la transmet au Parlement, au plus tard le 1er octobre, en indiquant les raisons qui la fondent. **Deux hypothèses** peuvent se présenter :

– le Parlement approuve le projet sans l'amender, ou bien il ne se prononce pas dans les quarante-deux jours suivant son dépôt : le budget est alors définitivement adopté ;

– le Parlement adopte, dans le même délai, des amendements au projet, à la majorité des membres le composant, ou bien il propose des modifications concernant le montant des dépenses obligatoires découlant du traité. En renvoyant le projet amendé ou assorti de propositions de modifications au Conseil et à la Commission, le président du Parlement, en accord avec celui du Conseil, convoque un comité paritaire de conciliation ; celui-ci se réunira en présence de la Commission sauf si, dans un délai de dix jours, le Conseil accepte les propositions d'amendements parlementaires sans les modifier. Dans ce cas, le budget est définitivement arrêté par le président du Parlement.

Si le désaccord persiste, le comité de conciliation doit parvenir à un accord sur un projet commun dans un délai de vingt et un jours. Sinon, un nouveau projet devra être proposé par la Commission. Si l'accord se fait sur ce projet, il est présenté au Parlement et au Conseil qui disposent d'un délai de quatorze jours pour l'approuver.

Si le projet commun est approuvé par les deux institutions[35], le budget est réputé définitivement adopté. Si les deux institutions le refusent, un nouveau projet doit être proposé par la Commission. Si le Parlement le rejette, elle devra proposer un troisième projet, même si le projet commun a été approuvé par le Conseil. Enfin, si le Parlement approuve le projet commun tandis que le Conseil le rejette, c'est le Parlement qui se voit donner le dernier mot : il peut décider, à la majorité des membres qui le composent et des trois cinquièmes des suffrages exprimés, de confirmer la totalité des amendements qu'il a apportés au projet du Conseil en première lecture. S'il n'en confirme pas certains, ils seront remplacés par ceux qui ont été adoptés au comité de conciliation. Le président du Parlement constatera alors l'adoption définitive du budget.

35. Ou si les deux, ou l'une d'entre elles, ne parviennent pas à statuer.

L'année 2013 devait être cruciale pour les relations entre les divers organes européens. En effet, dès l'annonce de l'accord péniblement obtenu à l'occasion de la réunion des chefs d'État et de gouvernement sur le budget de l'UE, en février 2013, les présidents des quatre principaux groupes politiques du Parlement ont annoncé leur intention de ne pas voter ce projet en l'état. Des négociations budgétaires assez longues, révélatrices de la montée en puissance du Parlement, ont finalement permis l'adoption de deux budgets rectificatifs au cours de l'année 2013, pour assurer la régularisation des impayés des années précédentes. Mais le projet de budget pour la période 2014-2020 n'était toujours pas adopté fin octobre 2013 : la Commission a, en outre, forcé la main du Parlement en lui faisant voter un budget rectificatif de 3 milliards d'euros pour éviter à l'Union de connaître une situation de paralysie et de blocage de tous les services européens, à l'instar de ce que les États-Unis ont connu en 1998 ou en octobre 2013 *(shutdown)*.

3. Les compétences de contrôle de l'exécutif

Là encore, l'évolution est constamment allée dans le sens d'un renforcement des prérogatives parlementaires. Les traités initiaux imposaient à la Commission de répondre oralement ou par écrit aux questions posées par le Parlement ou par ses membres. Elle devait, en outre, lui soumettre chaque année un rapport général d'activité ; enfin, le Parlement disposait d'un pouvoir de censure de la Commission. Les modifications des traités ont accru et développé les pouvoirs du Parlement en la matière.

a) Les moyens d'information du Parlement

Le Parlement peut poser des questions, recevoir des rapports ainsi que des pétitions, et constituer des commissions d'enquête.

- **Les questions**

Prévues par l'article 230 TFUE, elles sont **écrites** ou **orales**. Les questions orales, adressées à la Commission ou au Conseil, peuvent être posées par une commission du Parlement, un groupe politique ou 32 députés, et porter sur les domaines des trois anciens piliers de l'intégration européenne. Saisie par le président du Parlement qui en est le premier destinataire, la Conférence des présidents décide de celles qui viendront en séance et de l'ordre dans lequel elles seront discutées. Un représentant des auteurs de la question pourra s'exprimer pendant cinq minutes. Les questions et les réponses seront publiées dans le compte rendu des débats.

Le Parlement peut aussi décider, sur proposition de la Conférence des présidents, de réserver un laps de temps à certaines questions adressées au Conseil ou à la Commission. Cette *heure des questions*, instituée en 1973, présente certaines particularités : les questions peuvent être posées peu de temps avant la séance ; c'est au président de décider quelles questions seront examinées et dans quel ordre ; chaque parlementaire ne peut poser qu'une seule question par session.

Enfin, certaines questions orales peuvent donner lieu à des **débats d'actualité**. Demandé par une commission, un groupe politique ou 32 députés, accepté par la Conférence des présidents, le débat se termine par le vote d'une résolution.

Les questions écrites peuvent être posées au Conseil ou à la Commission par tout député. Transmises par le président, elles doivent en principe recevoir une réponse dans un délai variant de trois à six semaines. Elles sont publiées, avec les réponses apportées, au *Journal officiel de l'Union européenne*.

- **Les rapports et les pétitions**

Les **rapports** sont présentés au Parlement par les institutions de l'Union. Au rapport général annuel imposé à la Commission par les traités initiaux, les traités ultérieurs ont ajouté de nombreux rapports spécifiques, soit comme comptes rendus de toutes les étapes importantes de la construction européenne (rapport de chaque présidence du Conseil en fin d'exercice ou rapport à l'occasion de chaque conseil européen, par exemple), soit pour rendre compte de l'état d'avancement de dossiers sectoriels.

Les **pétitions**, instituées au départ par le seul règlement du Parlement, sont désormais réglementées par l'article 227 TFUE. Elles peuvent être présentées par tout citoyen de l'Union ou par toute personne physique ou morale résidant ou ayant son siège dans un des États membres, à condition qu'ils soient directement concernés par la pétition ; les pétitions ne peuvent pas être anonymes et doivent concerner « *un sujet relevant des domaines d'activité de l'Union* ». Transmises par le Président, après examen de leur recevabilité formelle, à la commission compétente, elles sont examinées par celle-ci qui peut en tirer un projet de résolution soumis au Parlement.

Lorsqu'elles dénoncent un cas de « maladministration », les pétitions peuvent être transmises pour examen au **Médiateur européen** (voir page 231). L'activité du Médiateur donne lieu chaque année à un rapport global au Parlement, qui constitue pour ce dernier une source importante d'information.

Le Parlement peut organiser des débats sur les points soulevés dans les rapports et pétitions. Il peut aussi en tirer des projets de résolutions par lesquelles il exprime son souhait de peser sur les orientations politiques de l'Union.

- **Les commissions temporaires d'enquête**

Créées au départ par le règlement du Parlement, elles sont désormais prévues par l'article 226 TFUE. Elles peuvent être constituées à la demande du quart des membres du Parlement pour examiner les allégations d'infraction ou de mauvaise interprétation dans l'application du droit européen, ce qui exclut la politique étrangère et de sécurité commune ou la coopération policière et judiciaire en matière pénale. Pour éviter tout débordement, les traités prévoient que les modalités d'exercice de ce droit d'enquête sont déterminées d'un commun accord par le Parlement, le Conseil et la Commission. Il s'exerce dans le cadre de l'accomplissement de ses missions par le Parlement et ne peut porter sur des faits faisant l'objet d'une procédure juridictionnelle. Ces commissions d'enquête sont temporaires : leur mandat, en principe de douze mois, ne peut en excéder dix-huit.

La création de commissions d'enquête s'accompagne donc de nombreuses précautions, ce qui explique que le Parlement en ait très peu créé : il n'en existe en effet que deux exemples, dont l'un concerne le problème de la « vache folle ». La plupart du temps, il recourt à des solutions plus souples, comme dans l'affaire de la commission Santer (voir encadré ci-contre), où il a préféré mettre en place, avec la coopération des autres instances de l'Union, un comité d'experts indépendants.

b) Les effets du contrôle

Ce sont des moyens classiques d'influence d'un Parlement sur l'exécutif. Il peut, par exemple, s'agir du refus d'un projet de budget, qui prive *a priori* l'exécutif de ses moyens d'action. Mais l'article 319 TFUE confère aussi au Parlement la compétence *a posteriori* de donner décharge des décisions de gestion au niveau de l'exécution du budget : le Parlement peut donc s'en servir pour faire pression sur la Commission en retardant cette décharge, ou en menaçant de la refuser, voire, comme cela est arrivé en 1984 pour l'exercice 1982, puis en 1998 pour l'exercice 1996, en la refusant. Il ne s'agit que d'une sanction morale, le refus de décharge n'entraînant pas la « chute » de la Commission ; mais elle peut être indirectement efficace et amener la Commission à infléchir son action.

Plus radicale est, en revanche, la possibilité pour le Parlement de **censurer la Commission**. Prévue dès l'origine, elle est désormais inscrite dans l'article 234 TFUE. Selon le règlement intérieur du Parlement, la motion de censure doit être déposée par au moins un dixième de ses membres. Le Parlement ne peut se prononcer, par un scrutin public, que trois jours au moins après ce dépôt, et le vote de la censure exige une majorité qualifiée (deux tiers des suffrages exprimés et à la majorité des membres du Parlement). Obtenu dans ces conditions, le vote de la censure entraîne la **démission** collective de la Commission qui ne peut plus qu'expédier les affaires courantes en attendant son remplacement.

Cette situation ne s'est jamais rencontrée depuis le traité de Rome, même si une dizaine de motions de censure ont été déposées. Cependant, en 1999, la Commission Santer a démissionné volontairement, quelques mois après que le Parlement eut rejeté les motions de censure déposées contre elle. Convaincue que le dépôt d'une nouvelle motion conduirait à son adoption, elle montrait, par cette attitude, que la menace de la censure pouvait être aussi efficace que son vote lui-même.

La démission de la Commission Santer

En octobre 1998, un certain nombre d'accusations sont lancées contre divers membres de la Commission, en particulier par la presse belge : népotisme, malversations, détournements de fonds, rémunération d'emplois fictifs... Le Parlement refuse, en décembre 1998, le vote de décharge sur la gestion financière de l'année 1996 ; il rejette, par 293 voix contre 232, une motion de censure déposée en janvier 1999 et repousse deux motions de mise en cause individuelle de membres de la Commission, mais décide la mise en place d'un comité d'experts indépendants pour faire le point sur le fonctionnement de celle-ci. Parmi eux figurent deux anciens présidents de la Cour des comptes européenne. Malgré la proposition par la Commission d'un « *code de bonne conduite* », par lequel elle s'engagerait à améliorer ses conditions de fonctionnement, le comité présente, en mars 1999, un rapport très critique sur la gestion financière européenne. Devant le risque d'une nouvelle motion de censure qui a, cette fois, toutes chances d'être adoptée, et après avoir vainement essayé d'obtenir que ses membres les plus compromis démissionnent individuellement, la Commission démissionne en bloc, le 16 mars 1999.

Chapitre 5
La Commission

La Commission, à laquelle l'article 17 TUE assigne la tâche *«de promouvoir l'intérêt général de l'Union [...] et de veiller à l'application des traités»*, est sans doute, avec le Parlement, l'organe qui a connu la plus grande évolution depuis les débuts de la construction européenne. C'est aussi celui dont le caractère «communautaire» est le plus accentué et cela se traduit, en premier lieu, par les conditions de nomination de ses membres. Cependant, dans la crise que connaît actuellement l'Europe et face au développement d'une Europe des États, la Commission semble éprouver beaucoup de peine à faire entendre sa voix. Privée de véritable légitimité démocratique, elle a de plus en plus, ces dernières années, laissé la place à l'initiative des responsables politiques de certains États membres.

1. La composition et le mandat de la Commission

1. La composition

Le traité de Bruxelles, en 1965, a unifié les exécutifs des trois Communautés en créant un Conseil et une Commission uniques. Jusqu'en 2004, la Commission comprenait *«vingt membres choisis en raison de leur compétence générale et offrant toutes garanties d'indépendance»*. Les traités initiaux ne prévoyaient aucune proportion nationale mais, en 1965, on posa le principe que la Commission devait comprendre au moins un national de chaque État membre, et que le nombre de membres ayant la nationalité d'un même État ne devrait jamais être supérieur à deux. Cela conduisit à adopter le système suivant : deux nationaux pour chacun des cinq grands États, un pour chacun des dix autres.

Les règles relatives à la composition de la Commission ont été modifiées en 2004, conformément à l'article 4 du protocole sur l'élargissement de la Communauté annexé au traité de Nice. Dans une étape transitoire, que le traité de Lisbonne prolonge jusqu'en octobre 2014, la Commission comporte **un national par État membre;** en revanche, par la suite, c'est au Conseil statuant à l'unanimité qu'il reviendra de fixer le nombre définitif des commissaires[36].

2. Le mode de désignation

Il a été modifié à plusieurs reprises, en particulier par les traités de Maastricht, d'Amsterdam et de Nice.

L'évolution a d'abord renforcé les prérogatives du Parlement dans la désignation des membres de la Commission. En principe, ceux-ci sont désignés *«d'un commun accord»* par les gouvernements des États membres. Mais le pouvoir de ces derniers est devenu de plus en plus un simple pouvoir de proposition. Dès 1983, on a exigé, dans la pratique, que le bureau du Parlement soit consulté avant la nomination du président de la Commission[37]. Par ailleurs, celle-ci devait, une fois désignée, présenter son programme au Parlement européen et cela donnait lieu, de la part de ce dernier, à un débat suivi d'un vote.

Le traité d'Amsterdam a officialisé ce «débat» et ce **«vote d'investiture».** Le traité de Lisbonne maintient la situation antérieure, en prévoyant que la désignation du président sera faite par le Conseil statuant à la majorité qualifiée, et son élection par le Parlement à la majorité des membres qui le composent. Si cette majorité n'est pas atteinte, le Conseil doit proposer, dans le délai d'un mois, un nouveau candidat qui devra être élu par le Parlement dans les mêmes conditions.

L'évolution a aussi renforcé le rôle du **président de la Commission** dans la constitution de celle-ci. Depuis le traité d'Amsterdam, le Parlement doit approuver la composition et le programme de la Commission «en tant que collège». Et le choix des noms proposés par le Conseil à la majorité qualifiée doit désormais se faire en accord avec le président, ce qui accentue la présidentialisation de l'institution.

---

36. Le traité a modifié, dans des conditions déjà évoquées (voir page 208), la pondération des voix au sein du Conseil. Le traité de Lisbonne fixait le nombre des membres de la Commission à celui des deux tiers des États membres (18 dans la composition actuelle). Mais, après le rejet par les Irlandais du traité de Lisbonne en juin 2008 – ils ont voté «oui» lors d'un second référendum en octobre 2009 –, le Conseil européen de décembre 2008 s'est engagé, pour répondre à l'inquiétude de l'Irlande quant à la perte de son commissaire, à maintenir un commissaire par État membre jusqu'au 31 octobre 2014.

37. Selon le traité de Lisbonne, le Conseil européen doit tenir compte des résultats des élections européennes lorsqu'il présente au Parlement le nom du candidat à la présidence de la Commission. Mais le rôle des États dans la désignation reste fort. Lors de la campagne électorale de 2009, l'un des reproches majeurs adressés au système a précisément concerné l'absence de lien direct entre le vote des électeurs et la nomination du président : il a souvent été dénoncé comme l'un des éléments du «déficit démocratique» de l'Europe.

C'est en effet au président que le traité de Nice confie la structuration de la Commission et la répartition des responsabilités entre ses membres. C'est lui qui détermine le contenu de leur « portefeuille » ; c'est sous son autorité et dans le respect des orientations politiques qu'il fixe que les commissaires exercent leurs attributions et il a le pouvoir d'en modifier la distribution en cours de mandat. Avec l'approbation de l'ensemble de la Commission, il peut nommer des vice-présidents, dont il décide le nombre, et demander à tout moment la démission d'un commissaire. Le président de la Commission est, jusqu'en 2014, le Portugais Manuel Barroso.

Le traité de Nice a modifié la donne sur un autre point important : tirant les conséquences du fait que l'élargissement rendra de plus en plus difficile l'obtention de l'unanimité, il a substitué un **principe de majorité** à la règle du « commun accord » pour la désignation des commissaires. Jusqu'ici, les propositions initiales étaient présentées par les gouvernements des États membres : chacun d'entre eux proposait le ou les commissaires relevant de sa nationalité et la liste globale était établie d'un commun accord, généralement à l'occasion d'une réunion du Conseil européen. C'est aussi le Conseil européen, statuant à la majorité qualifiée, qui fait la proposition de nomination du président. Le Conseil de l'Union, réuni dans sa formation ordinaire et statuant à la majorité qualifiée, adopte la liste des commissaires dont il envisage la nomination après discussion avec les gouvernements des États membres, et procède à leur nomination définitive après le vote positif du Parlement.

Les débuts de la Commission Barroso, en 2004, ont montré l'influence que le Parlement peut exercer sur la composition de la Commission. L'opposition de la majorité parlementaire à la nomination d'un commissaire italien pressenti et sa menace de ne pas investir la Commission ont, par exemple, amené Manuel Barroso à négocier avec le gouvernement italien une modification de sa proposition initiale. L'évolution institutionnelle a ainsi conduit à un certain **rééquilibrage des pouvoirs** entre le Parlement et la Commission et traduit un certain affaiblissement de celle-ci.

3. Le mandat de la Commission

Ce mandat, comme celui de chacun des commissaires, est de **cinq ans** renouvelables. Celui d'un commissaire peut être interrompu par deux événements : le décès ou la démission.

Le traité de Lisbonne prévoit trois sortes de **démission** : volontaire, forcée ou d'office. La *démission forcée* peut être soit individuelle, soit collective. En principe, les membres de la Commission ne sont pas individuellement responsables devant le Parlement. Mais si l'un d'eux pose problème, le président de la Commission pourra toujours lui demander de présenter sa démission (article 17 TUE).

En revanche, les traités ont mis en place un principe de **responsabilité collective** de la Commission devant le Parlement. En vertu de l'article 234 TFUE, le vote d'une motion de censure, à la majorité des deux tiers des suffrages exprimés et à celle des membres qui composent le Parlement européen, oblige en effet les membres de la Commission à « *démissionner collectivement de leurs fonctions* ». Une démission en apparence volontaire peut ainsi être présentée pour éviter une motion de censure et échapper à une humiliation : tel a été le cas de celle de la Commission Santer en 1999 (voir page 217).

Un commissaire qui ne remplirait plus les conditions nécessaires à l'exercice de ses fonctions ou qui commettrait une faute grave peut être déclaré *démissionnaire d'office* par la Cour de justice de l'Union. Cette sanction est prononcée à la demande du Conseil ou de la Commission. Contrairement à ce qui se passe dans les cas précédents, elle entraîne l'interdiction immédiate de rester en fonctions, même pour expédier les affaires courantes.

Le **remplacement** nécessaire pour pourvoir au(x) siège(s) vacant(s) est effectué dans les mêmes conditions que la nomination, mais seulement pour la durée du mandat restant à courir jusqu'à la fin des cinq ans[38], de telle sorte que le terme de celui-ci reste toujours fixe. Le Conseil statuant à l'unanimité peut décider qu'il n'y a pas lieu de remplacer individuellement un membre démissionnaire ou décédé.

2. Le statut de la Commission et de ses membres

Il est tout entier dominé par des préoccupations d'indépendance et de cohérence qui s'expriment à plusieurs égards.

1. Le principe d'indépendance

Ce principe est affirmé à plusieurs reprises dans l'article 17 TUE : les membres de la Commission doivent offrir « *toutes garanties d'indépendance* » ; et, ajoute l'article 17, la Commission « *exerce ses responsabilités en pleine indépendance* ».

Même s'ils ont été proposés par lui, les commissaires ne sont donc **pas les représentants de leur État** et ils ne peuvent solliciter ni accepter d'instructions d'aucun gouvernement ou organisme. Les États membres s'engagent d'ailleurs à respecter leur indépendance et à ne pas chercher à les influencer dans l'exécution de leur tâche. Par ailleurs, pour éviter toute influence indue d'intérêts privés, les membres de la Commission ne peuvent exercer **aucune activité professionnelle**, rémunérée ou non : « *Ils prennent, lors de leur installation, l'engagement solennel de respecter, pendant la durée de leurs fonctions et après la cessation de celles-ci, les obligations découlant de leur charge, notamment les devoirs d'honnêteté et de délicatesse quant à l'acceptation, après cette cessation, de certaines fonctions ou de certains avantages* » (article 245 TFUE). En cas de non-respect de ces obligations, la Cour de justice, saisie par le Conseil ou la Commission, peut soit prononcer la démission d'office du commissaire, s'il est encore

38. C'est ce qui s'est passé quand la Commission Prodi a remplacé la Commission Santer.

en fonction, soit, dans le cas contraire, le sanctionner par des restrictions de son droit à pension[39].

A ces dispositions du traité s'ajoutent des règles de bonne conduite. Les Commissions Prodi et Barroso ont ainsi instauré l'obligation, pour les commissaires entrant en fonctions, d'établir une déclaration de leur patrimoine, de leurs intérêts financiers et de ceux de leur conjoint.

2. Le principe de collégialité

Chaque commissaire a des compétences spécialisées dans un secteur d'activité et il dirige les services administratifs en charge de ce secteur. Néanmoins, les décisions importantes exigent une **décision collégiale** de la Commission. Celle-ci est convoquée par son président; elle tient une réunion, non publique, par semaine mais peut en tenir d'autres chaque fois que c'est nécessaire.

Le principe de collégialité vise à assurer deux objectifs. Il est, d'une part, une *garantie de l'indépendance* des commissaires, puisqu'il fait de toute décision un acte collectif : en principe, toutes les décisions doivent être prises après une délibération commune et à la majorité. Dans la pratique, cette exigence n'est appliquée de façon stricte que pour les dossiers posant problème et la procédure est plus souple : les échanges peuvent avoir lieu par écrit, et les mesures de gestion et d'administration courante peuvent être décidées par un seul commissaire après habilitation de la Commission. Mais cet allègement est soumis au contrôle de la Cour de justice, qui peut toujours censurer un acte pris après une procédure n'ayant pas respecté le principe de collégialité.

Ce principe est également important à un autre égard : il constitue un moyen important de garantir la *cohérence politique* de l'action menée.

39. Ces dispositions ont pris une certaine actualité depuis les accusations de corruption qui ont pesé sur la Commission Santer. En 1999, la Cour a été saisie du cas d'un commissaire allemand, qui avait démissionné pour prendre immédiatement des fonctions dans une entreprise dont le champ d'activité correspondait à la spécialité de son portefeuille. La Cour a conclu son intervention en proposant un compromis : l'intéressé a dû s'engager à attendre un an avant de prendre ses nouvelles fonctions, à éviter tout contact avec les institutions communautaires pendant plusieurs années et à ne communiquer aucune information confidentielle à son nouvel employeur. En 2003, la Commission s'est saisie du cas d'une commissaire française à qui l'on reprochait, entre autres, d'avoir lors de ses fonctions, entre 1995 et 1999, sous couvert d'engager quelqu'un à son cabinet, fait attribuer un emploi présumé fictif. Le collège des commissaires a saisi la Cour de justice d'une action visant à la déchoir de tout ou partie de ses droits à pension. La Cour a effectivement constaté, en juillet 2006, qu'il y avait manquement aux obligations, mais n'a pas prononcé de sanction.

3. Les pouvoirs de la Commission

Compte tenu de la création du président de l'Union et du Haut Représentant pour les affaires étrangères, le pouvoir de **représentation** de l'Union, attribué à la Commission par les traités antérieurs, a été limité : il ne s'applique plus à la politique étrangère ni à la politique de sécurité. Sur le plan interne, ses pouvoirs, définis d'une manière très générale par l'article 17 TUE, se situent au début et à la fin de tous les grands processus de décision.

1. Le pouvoir d'initiative

La plupart des décisions importantes prises par le Conseil exigent au préalable une proposition de la Commission (article 17 TUE). L'importance de ce pouvoir de **proposition** est soulignée par les deux alinéas de l'article 293 TFUE : le premier oblige, sauf exceptions, le Conseil à statuer à l'unanimité s'il veut amender une proposition de la Commission; le second permet au contraire à celle-ci de modifier comme elle l'entend ses propositions tant que le Conseil n'a pas statué, et lui donne ainsi des pouvoirs supérieurs à ce dernier pour s'adapter à l'évolution des négociations tout au long de la procédure d'élaboration des décisions et pour débloquer ou non une situation de conflit. Nous avons vu cependant (page 215) que, lorsque l'adoption d'un acte suppose une codécision du Conseil et du Parlement, ceux-ci pourront, en définitive, s'accorder sur un projet s'écartant des propositions initiales de la Commission (à la majorité absolue des suffrages exprimés au Parlement, à la majorité qualifiée pour le Conseil). Il y a donc là un début de brèche dans le pouvoir d'initiative de celle-ci.

Le Parlement ou le Conseil peuvent suggérer à la Commission de faire des propositions sur un sujet déterminé. Le premier le décidera à la majorité de ses membres à propos de toute question relative à la mise en œuvre du traité de l'Union; le second peut lui demander de procéder à toute étude qu'il juge opportune et de lui soumettre toutes propositions appropriées. La Commission est libre de donner suite ou non à ces demandes.

2. Les pouvoirs d'exécution

Selon l'article 17 TUE, « *la Commission veille à l'application [...] des mesures adoptées par les institutions* » en vertu des traités. L'article 290 TFUE autorise un acte législatif à conférer à la Commission le pouvoir d'adopter des **actes « délégués »**, « *actes non législatifs de portée générale qui complètent ou modifient certains éléments non essentiels de l'acte législatif* ». Autrement dit, la Commission peut prendre des règlements d'application. Les « éléments essentiels » d'un domaine sont réservés à l'acte législatif et l'acte accordant la délégation doit explicitement préciser les objectifs, le contenu et la portée de celle-ci.

3. La mission de gardienne des traités

En tant que garante de l'intérêt de l'Union, la Commission est chargée de veiller au respect des traités. Elle s'est donc vu investir d'une mission générale de **surveillance** et de **contrôle** de leur bonne application, qu'elle peut exercer à l'égard des États membres, de leurs ressortissants et des autres institutions communautaires. C'est elle, à ce titre, qui sera chargée de mettre en œuvre l'**action en manquement d'État** devant la Cour de justice de l'UE (voir page 226) : si elle estime qu'un État membre a manqué à l'une des obligations imposées par le traité, elle émet un avis motivé à ce sujet, après avoir mis cet État en mesure de présenter ses observations. Si l'État ne se conforme pas à cet avis dans le délai imparti par la Commission, celle-ci peut saisir la Cour de justice d'office, sur la base des informations qu'elle aura recueillies ou des vérifications qu'elle aura pu faire, ou sur plainte. C'est elle aussi qui a le pouvoir d'intervenir si elle estime qu'après l'arrêt de la Cour, l'État membre ne prend pas les mesures que comporte l'exécution de cet arrêt.

La Commission contrôle également l'usage des dérogations admises par le droit européen, par exemple lorsqu'au titre d'une « clause de sauvegarde », un État membre demande à suspendre ses obligations communautaires pendant une certaine période[40]. Enfin, elle veille à l'application des principes fixés par le TFUE en ce qui concerne la politique de concurrence, et contrôle les concentrations d'entreprises. Elle peut prononcer des astreintes et infliger des sanctions pécuniaires à des entreprises qui commettraient des infractions à ces règles.

La Commission doit, en outre, publier chaque année un **rapport** général sur l'activité de l'Union européenne, présenté au Parlement et pouvant donner lieu à un débat.

---

40. En janvier 2008, la France a, par exemple, activé la clause de sauvegarde à propos de la culture et de la vente d'un maïs transgénique, qu'elle a pu ainsi interdire provisoirement sur son territoire. Elle avait été précédée dans cette voie par six pays de l'UE. En septembre 2011, la Cour de justice a estimé que cette activation était illégale, car entachée d'un vice de procédure. La ministre de l'Écologie a alors annoncé que la France prendrait une nouvelle clause de sauvegarde, si nécessaire.

Chapitre 6
Les institutions judiciaires

A l'origine, la Cour de justice des Communautés européennes (ou Cour de justice) était le seul juge au niveau communautaire, mais face à la multiplication des affaires, l'Acte unique européen autorisa la création d'un Tribunal de première instance (TPI) et, pour un certain nombre de recours, la Cour devint un second degré de juridiction ne pouvant être saisi que par la voie d'un pourvoi à l'encontre des décisions du Tribunal. L'expression « Cour de justice » a donc désormais deux sens : elle peut désigner l'ensemble formé par la Cour au sens strict et le Tribunal ou ne concerner que la première de ces institutions. Le traité de Lisbonne reprend l'organisation existante et prévoit que la Cour de justice, désormais nommée Cour de justice de l'Union européenne (CJUE), comprend la Cour, le Tribunal et des tribunaux spécialisés.

1. Les juges au niveau de l'Union

1. La Cour de justice de l'Union européenne

Instituée par le traité CECA du 18 avril 1951, sa compétence a ensuite été étendue aux deux autres communautés (CEE et Euratom) par les traités de Rome, en 1957. En principe, elle n'est compétente que pour les questions relevant de l'application du TFUE. Cela exclut donc certaines matières relevant de l'application du traité UE : en totalité la politique étrangère et de sécurité commune, et partiellement la justice et les affaires intérieures. En revanche, la compétence de la Cour a été étendue aux matières touchant à la coopération renforcée et à la protection des droits fondamentaux.

En vertu du traité de Nice, qui consacre la pratique antérieure, la Cour de justice est composée d'**un juge par État** membre, auxquels s'ajoutent **huit avocats généraux** (chacun de nationalité différente, la pratique étant que chacun des quatre grands États soit toujours représenté parmi eux). Mais ces juges et avocats généraux ne sont pas les représentants de leur État, puisqu'ils doivent présenter toutes garanties d'indépendance. Ils sont d'ailleurs nommés d'un commun accord entre les gouvernements des États membres ; leur mandat, renouvelable, est de **six ans** et ils sont renouvelés par moitié tous les trois ans. C'est aussi la durée pour laquelle les juges de la Cour élisent le **président**, dont le mandat est également renouvelable. Le président de la Cour est, en 2013, le Grec Vassilios Skouris. Les membres de la Cour doivent réunir les conditions requises pour exercer dans leur pays les plus hautes fonctions juridictionnelles. Ils sont soumis à certaines **incompatibilités** (exercice d'une activité politique ou cumul avec une activité professionnelle, publique ou privée) et bénéficient d'une **immunité** qui ne peut être levée que par la Cour, statuant à l'unanimité de ses membres. Avec le traité de Lisbonne, le nom de la Cour a changé : elle est devenue la Cour de justice de l'Union européenne. Par ailleurs, un comité composé de sept magistrats ou juristes éminents donne un avis sur l'adéquation des candidats proposés, avant leur nomination par les gouvernements des États membres.

L'**organisation** de la Cour, qui siège à Luxembourg, est déterminée à la fois par le TFUE, par le protocole sur le statut de la Cour annexé à celui-ci, et par le règlement de procédure établi par la Cour et approuvé par le Conseil[41]. Le traité de Nice a modifié les conditions des sessions. Désormais le principe, qui soulève quelques inquiétudes sur la cohérence jurisprudentielle, est que la Cour siège **en chambres** (de trois ou cinq membres), dans les conditions prévues par son statut. Elle élit en son sein les présidents des chambres qui la composent, pour trois ans renouvelables une fois. Une « grande chambre » de quinze membres, présidée par le président de la Cour et à laquelle participent tous les présidents des chambres à cinq membres, est réunie chaque fois que cela est demandé par un État membre ou par une institution européenne partie à l'instance. La réunion de la formation plénière devient donc extrêmement rare. Mais elle peut avoir lieu sur décision de la Cour, lorsqu'une affaire revêt *« une importance exceptionnelle »* ou pour statuer sur la démission du Médiateur (article 16 du statut de la Cour). Quelle que soit sa formation, la Cour ne peut statuer que si les juges sont en nombre impair.

La procédure est organisée en deux phases. La **phase écrite** (requête introductive, mémoires des parties et rapport préalable du juge rapporteur) correspond à l'instruction de l'affaire ; la **phase orale** comporte l'audition du rapporteur, celle des parties, des témoins ou experts et de l'avocat général, et elle est tenue dans tous les cas, sauf si l'affaire ne soulève aucune question de droit nouvelle. Les **avocats généraux**, dont le nombre pourrait être augmenté par décision unanime du Conseil statuant sur proposition de la Cour, ressemblent beaucoup aux rapporteurs publics devant les juridictions administratives françaises, puisque leur rôle est de *« présenter publiquement, en toute impartialité et en toute indépendance, des conclusions motivées sur les affaires »* requérant l'intervention de la Cour (article 252 TFUE). La procédure devant la Cour est d'ailleurs proche de la procédure administrative française ; elle présente les mêmes caractéristiques : largement écrite, contradictoire, inquisitoire et gratuite.

41. Pour cette approbation, le traité de Nice substitue l'exigence de la majorité qualifiée à celle de l'unanimité.

Les recours présentés devant les juridictions communautaires n'ont pas d'effet suspensif. La Cour a cependant le pouvoir de *décider le sursis à exécution* d'un acte attaqué si elle estime que les circonstances de l'affaire l'exigent. Les arrêts de la Cour ne peuvent faire l'objet de recours devant aucune autre juridiction.

2. Le Tribunal

Créé par une décision du Conseil, en 1988, sur le fondement de l'Acte unique, pour désengorger la Cour, le TPI, devenu « Tribunal » tout court avec le traité de Lisbonne, est composé, en 2013, de **vingt-sept juges** nommés dans les mêmes conditions et au sein du même « vivier » que celle-ci. En laissant à la Cour le soin de fixer le nombre de juges à « *au moins un par État membre* », le traité de Nice autorise l'augmentation de ce nombre sans imposer le respect du principe de l'égale représentation de tous les États. Le Tribunal élit son **président** (en 2013, le Luxembourgeois Marc Jaeger) pour trois ans. En l'état actuel des choses, les fonctions d'**avocat général** ne sont pas spécialisées et peuvent être remplies par tout membre du Tribunal : dans ce cas, il ne peut pas prendre part au jugement de l'affaire. Le statut de la Cour pourrait cependant en décider autrement. Les règles de procédure et de fonctionnement du Tribunal sont largement calquées sur celles applicables à la Cour. Une différence importante réside cependant dans la possibilité laissée au Tribunal de faire juger par un juge unique certaines affaires ne présentant pas de difficultés de droit ou de fait.

Des chambres juridictionnelles peuvent être créées par le Conseil, statuant à l'unanimité, et adjointes au Tribunal pour exercer certaines compétences juridictionnelles particulières. C'est le cas du **Tribunal de la fonction publique de l'Union européenne** (TFPUE), créé en novembre 2004 pour juger le contentieux de la fonction publique européenne. Il est composé de sept juges nommés par le Conseil pour une durée de 6 ans, et présidé par le Belge Sean van Raepenbusch. Les décisions de ces chambres peuvent faire l'objet d'un pourvoi devant le Tribunal, qui devient donc juge d'appel en la matière. Le traité de Lisbonne élargit la possibilité de créer des tribunaux spécialisés adjoints au Tribunal pour connaître en première instance des recours présentés dans certaines matières spécifiques.

En vertu du traité de Nice, qui a fortement élargi les catégories de **recours** pouvant être soumis en première instance au Tribunal, c'est désormais le statut de la Cour (voir page 222) qui pourra étendre la liste de ceux-ci. Ils se limitaient à l'origine aux affaires relatives au contentieux de la fonction publique européenne et à la concurrence. On y a adjoint par la suite les recours concernant les mesures de défense commerciale, les affaires de propriété intellectuelle, et les recours formés par les personnes physiques ou morales (mais pas par les États). La Cour n'est pas compétente en principe pour connaître des décisions en matière de politique étrangère et de sécurité commune. Elle ne peut pas non plus connaître des mesures de police ou de protection de la sécurité intérieure prises par les États membres.

Étaient expressément **exclus** de la compétence du Tribunal les recours en manquement et les renvois préjudiciels provenant des juridictions nationales (voir page 226). Le traité de Nice autorise le statut de la Cour à étendre la compétence du Tribunal. La Cour ne serait donc plus seule à connaître des questions d'interprétation et d'appréciation de validité du droit de l'Union. Cependant, le Tribunal pourrait toujours saisir la Cour d'une affaire concernant un renvoi préjudiciel s'il estime qu'elle « *appelle une décision de principe susceptible d'affecter l'unité ou la cohérence du droit de l'Union* » (article 256 TFUE).

En principe, tous les arrêts du Tribunal sont passibles de **pourvoi** devant la Cour. Cependant, en matière de *renvoi préjudiciel*, à seule fin de ne pas prolonger inutilement la procédure, le pourvoi sera exclu, sauf si le premier avocat général estime, contrairement à ce qu'avait fait le Tribunal, qu'il y a effectivement « *risque sérieux d'atteinte à l'unité ou à la cohérence du droit de l'Union* ». Il dispose dans ce cas d'un mois pour saisir la Cour qui doit à son tour, dans un délai équivalent, décider si elle réexamine l'affaire au fond. Le pourvoi est à déposer dans les deux mois suivant l'arrêt du Tribunal, soit par une partie au procès de première instance, soit par un État membre ou par une institution, même si ces derniers ne sont pas intervenus en première instance. Il n'a pas d'effet suspensif, mais le requérant peut demander le sursis à exécution.

Lorsqu'elle statue sur les pourvois, la Cour est une juridiction de **cassation**, en ce sens qu'elle ne peut apprécier que les questions de droit, et non les faits. Le pourvoi n'a pas d'effet suspensif. La Cour peut rejuger l'affaire elle-même, ce qu'elle fait dans la plupart des cas, ou la renvoyer devant le Tribunal pour que celui-ci la réexamine à la lumière des points de droit réglés par son arrêt.

2. Les recours

Les traités attribuent à la Cour de justice des attributions **juridictionnelles** et **consultatives**. Au titre des secondes, elle peut être consultée à la demande du Parlement, du Conseil, de la Commission ou d'un État membre sur la compatibilité avec le droit de l'Union d'un accord international conclu par l'Union, et elle rend de véritables décisions obligatoires[42].

Au titre de leurs attributions contentieuses, les juridictions de l'Union peuvent soit annuler les actes illégaux pris par les institutions de l'Union, soit engager la responsabilité de l'Union, soit constater les manquements des États membres à leurs obligations européennes.

1. Le contentieux de la légalité

Il peut être initié soit par un État membre, soit par une institution communautaire, soit par une personne physique ou morale directement concernée par l'acte attaqué. Il peut aussi l'être indirectement par un *renvoi préjudiciel* d'un tribunal d'un État membre.

42. Malgré le nom d'attributions « consultatives ».

a) Le recours direct en annulation

Il est fortement inspiré du droit administratif français, à la fois en ce qui concerne les conditions de recevabilité et les moyens d'annulation. 81 recours de ce type ont été introduits en 2011.

- **Les conditions de recevabilité**

Certaines tiennent à la **nature** de l'acte attaqué. Selon l'article 263 TFUE, cet acte doit émaner d'une institution européenne (acte conjoint du Parlement et du Conseil, ou du Conseil, de la Commission, etc.). Cela signifie qu'échappent au recours devant les juridictions de l'Union les actes des autorités nationales. Y échappent aussi ceux qui sont pris par les représentants des *« États membres réunis au sein du Conseil »* : la Cour a par exemple décidé, en 1993, qu'une décision des ministres accordant une aide au Bangladesh n'était pas imputable au Conseil, parce qu'elle était prise dans *« un domaine ne faisant pas l'objet d'une compétence exclusive de la Communauté »*.

Il faut ensuite que cet acte soit destiné à produire des **effets de droit.** Cela exclut les actes préparatoires ou confirmatifs et les simples avis ou recommandations. Lorsque le requérant est une personne privée, l'acte attaqué doit réellement modifier sa situation juridique.

D'autres conditions concernent la **qualité pour agir**. L'article 263 TFUE établit en effet une distinction entre deux grandes catégories de requérants.

– Depuis les origines, le Conseil, la Commission et les États membres peuvent présenter un recours en annulation devant la Cour contre tout acte communautaire sans avoir à justifier d'un intérêt. S'agissant du Parlement, sa situation à l'égard de la Cour a suivi l'évolution générale de ses pouvoirs. Alors qu'il n'avait aucun droit à agir en annulation au début de la Communauté, on lui a reconnu ce droit pour assurer la défense de ses prérogatives, d'abord avec l'arrêt *Tchernobyl,* rendu par la Cour en 1990, puis dans le traité de Maastricht. Avec le traité de Nice, il a acquis le même droit que le Conseil et la Commission et n'a plus à justifier d'un intérêt pour que son action soit recevable. Toutes ces institutions constituent des **requérants privilégiés**. La Banque centrale européenne et la Cour des comptes ne sont, en revanche, recevables à présenter un recours en légalité que pour la défense de leurs prérogatives.

– Quant aux *personnes physiques et morales*, elles n'ont qualité pour agir que si elles justifient d'un intérêt « froissé ». Elles sont donc recevables à attaquer les décisions individuelles qui leur sont directement adressées, mais aussi des mesures réglementaires ou individuelles qui, bien qu'adressées à d'autres, les touchent directement et individuellement : par exemple, lorsqu'une décision de l'Union concernant une aide d'État est adressée à l'État intéressé ou à l'entreprise bénéficiaire, une entreprise concurrente dont la situation est directement affectée par cette décision est recevable à l'attaquer. En revanche, les particuliers n'ont aucun droit à attaquer devant les juridictions de l'Union les actes de portée générale, c'est-à-dire ceux dont les destinataires ne peuvent pas être identifiés à l'avance. En matière d'environnement, un arrêt du Tribunal, actuellement frappé d'appel devant la Cour, a cependant admis, en juin 2012, le droit d'une ONG à contester en justice un règlement concernant la présence de pesticides dans les aliments (affaire *Stichting Natuur en Milieu*). Si cette solution est confirmée, cela représentera une évolution importante des textes et de la jurisprudence.

D'autres conditions, enfin, concernent les **délais** de recours. Ils sont de deux mois à compter de la publication de l'acte au *Journal officiel de l'Union européenne* ou de sa notification à l'intéressé ou, à défaut, du jour où celui-ci en a eu connaissance. Cependant, la validité des actes réglementaires peut être contestée à tout moment par le biais de l'exception d'illégalité. L'article 277 TFUE autorise en effet toute partie, *« à l'occasion d'un litige mettant en cause un acte de portée générale […], à se prévaloir des moyens prévus »* dans le cadre du recours en annulation *« pour invoquer devant la Cour de justice l'inapplicabilité de cet acte »*.

- **Les moyens d'annulation**

Largement inspirés des catégories du droit administratif français (voir pages 142-143), ils sont au nombre de quatre : l'incompétence, moyen d'ordre public qui peut être soulevé d'office par le juge ; la violation des formes substantielles, par exemple le non-respect des droits de la défense, ou l'absence de consultation du Parlement ou de motivation de l'acte attaqué lorsque celles-ci sont obligatoires ; la violation du traité ou de ses règles d'application, qui intègre aussi celle d'un certain nombre de principes généraux du droit ; et le détournement de pouvoir.

- **Les effets de l'arrêt des juridictions de l'Union**

L'**acte** déclaré illégal est **annulé** en tout ou partie. La décision d'annulation a l'autorité absolue de la chose jugée et fait disparaître rétroactivement l'acte et ses conséquences à l'égard de tous. Mais, s'agissant d'un règlement, la juridiction de l'Union peut, si elle l'estime nécessaire, indiquer que tout ou partie des effets produits par celui-ci doivent être considérés comme définitifs et rester en vigueur. Le traité impose aux institutions de l'UE dont un acte a été annulé de prendre les mesures que comporte l'exécution de l'arrêt de la juridiction de l'Union, mais celle-ci ne se reconnaît pas le droit de leur adresser des injonctions.

b) Le renvoi préjudiciel

Le droit de l'UE n'a de sens que s'il est appliqué et interprété de façon **uniforme** sur l'ensemble du territoire européen. Le rôle des juridictions de l'Union est d'autant plus important que, comme l'a indiqué la Cour de justice dans l'arrêt *Costa c/ENEL,* rendu en 1964, le traité CE, *« à la différence des traités internationaux ordinaires, a créé un ordre juridique propre, intégré au système juridique des États membres […] et qui s'impose à leurs juridictions »*. Or chaque juge national est aussi un juge de l'Union, dans la mesure où la solution des problèmes qui lui sont soumis exige souvent l'interprétation ou l'application de normes de l'UE. Il faut donc éviter au maximum qu'à cette occasion, les juges des différents pays procèdent à une interprétation ou à une application divergente de ces normes, sinon il n'y aurait plus de droit « de l'Union ». Dans ce but, l'article 267 du TFUE organise la procédure du *renvoi préjudiciel* qui permet aux juges nationaux de demander aux juridictions de l'UE d'interpréter un acte communautaire ou de juger de sa validité, lorsque la solution de ces questions est nécessaire à celle du problème qui est soulevé devant eux. Ils doivent surseoir à statuer et ne peuvent reprendre l'examen de l'affaire qu'une fois cette question réglée. On garantit ainsi l'**unité** du droit de l'Union [43].

Un exemple de renvoi préjudiciel par le juge national : le jugement du Tribunal administratif (TA) de Paris du 16 décembre 1974 dans l'affaire Rutili

Un ressortissant italien avait des activités syndicales qui gênaient les pouvoirs publics français et, en lui délivrant sa carte de séjour, ceux-ci lui interdisent l'accès aux quatre départements lorrains, ceux où il exerçait ses activités. Dans le recours qu'il intente contre cette décision devant le TA de Paris, il invoque une violation d'une directive européenne garantissant la liberté de circulation aux ressortissants des pays de la Communauté *« sous réserve des limitations justifiées par des raisons d'ordre public »*. Le TA se trouve donc confronté à la question de savoir si cette directive a été correctement appliquée et si les mesures prises par les autorités françaises en respectent bien les termes. Mais, estimant que cette directive pose un problème d'interprétation, il saisit la Cour de justice, d'une part pour lui demander le sens du mot *« justifiées »* et d'autre part pour savoir si les limites éventuelles à la liberté de circulation ne peuvent résulter que de mesures générales et réglementaires ou si elles peuvent être décidées par des mesures individuelles.

La juridiction de l'Union ne peut être saisie que **par un tribunal**. S'il s'agit d'une juridiction inférieure, dont les décisions pourront faire l'objet d'un recours devant un juge supérieur, le renvoi n'est que facultatif. S'il s'agit d'une juridiction suprême, dont les décisions ne peuvent pas faire l'objet d'un recours au niveau national (en France, le Conseil d'État et la Cour de cassation), le renvoi est obligatoire. La question posée par le juge national peut porter soit sur l'interprétation d'un texte de l'Union, soit sur l'appréciation de sa validité.

– En ce qui concerne l'**interprétation**, le juge national doit demander à la juridiction de l'Union de se prononcer, s'il estime qu'il y a nécessité d'éclaircir un point obscur ou douteux. Il peut certes ne pas la saisir s'il estime qu'il est en face d'un « acte clair ». Mais on voit bien la différence entre le droit international « ordinaire » et le droit européen. S'agissant d'un traité « ordinaire », le juge français peut l'interpréter : par exemple, dans le cas d'un traité franco-algérien qui définissait les membres de la famille des ressortissants algériens susceptibles de bénéficier d'un regroupement familial, le Conseil d'État a pu décider lui-même qu'il fallait comprendre la notion *« d'enfants mineurs »* au sens français (moins de 18 ans pour tous) et non au sens algérien (moins de 19 ans pour les garçons et de 21 ans pour les filles) [44]. S'agissant d'une norme de droit de l'Union, il ne le pourrait pas aussi simplement, en raison de la nécessaire unité de l'interprétation de ce droit sur l'ensemble du territoire de l'Union.

43. 423 renvois préjudiciels ont été adressés à la Cour pendant l'année 2011.

44. Conseil d'État, 29 juin 1990, *Groupe d'information et de soutien des travailleurs immigrés (GISTI).*

Le cas particulier des dispositions du titre III, chapitre V, du TFUE

Il vise les questions relatives aux visas, à l'asile, à l'immigration et aux autres politiques liées à la libre circulation des personnes. Pour toutes ces questions, le juge national suprême n'est jamais tenu de saisir la Cour : il peut le faire, s'il l'estime nécessaire pour prendre sa décision, mais ce n'est qu'une simple faculté. D'autre part, une demande d'interprétation peut aussi émaner du Conseil, de la Commission ou d'un État membre. Enfin, la Cour n'est pas compétente pour statuer sur les questions portant sur les mesures relatives au maintien de l'ordre public ou à la sauvegarde de la sécurité intérieure (article 276 TFUE).

– En ce qui concerne l'**appréciation de validité,** la Cour a interdit de fait aux juridictions nationales, par un arrêt de 1987 [45], de déclarer *invalides* des actes des institutions de l'UE. Elles ne peuvent donc apprécier leur validité que si c'est pour conclure que l'acte contesté est valide. Cette solution a été vivement critiquée par ceux qui font remarquer que, si d'aventure, un autre juge national estimait que cet acte est non valide, et qu'il lui faut donc saisir une juridiction de l'Union, il y aurait incohérence de la jurisprudence sur le territoire européen.

Les **effets** des renvois préjudiciels dépendent de la nature de la réponse donnée. L'interprétation donnée par la juridiction de l'Union s'impose aux juges nationaux. Mais elle n'interdit pas que d'autres questions d'interprétation soient posées par la suite sur d'autres points concernant la même disposition. Quant à l'autorité des décisions de la juridiction de l'Union en matière de validité, elle est proche de celle qui caractérise les effets des arrêts du Conseil d'État français. La décision déclarant invalide une disposition de l'Union s'impose à tous (autorité absolue de chose jugée) ; en revanche, lorsque le recours est rejeté et que la juridiction de l'Union refuse de déclarer invalide la disposition contestée, sa décision n'a de portée que pour le procès en cours, puisque la validité de la disposition peut toujours être contestée pour d'autres motifs (autorité relative de chose jugée).

2. Le contentieux de la responsabilité

Deux catégories de recours juridictionnels confèrent des pouvoirs étendus au juge de l'Union. Il s'agit des recours présentés par les agents de l'Union contre celle-ci pour la défense des droits que leur confère leur statut, et surtout des **recours en responsabilité**. Selon l'article 340 TFUE, en effet, *« en matière de responsabilité non contractuelle, l'Union européenne doit réparer, conformément aux principes généraux communs aux droits des États membres, les dommages causés par ses institutions ou par ses agents dans l'exercice de leurs fonctions »*.

45. CJCE, 22 octobre 1987, *Foto-Frost*.

a) Les conditions de recevabilité

Elles sont plus larges que celles du recours en annulation. Le recours peut être intenté par tout particulier ou par tout État membre[46] prétendant avoir subi un **dommage** du fait d'un acte ou d'une action de l'Union, dans les cinq ans à compter de la survenance du fait qui y donne lieu. Lorsqu'ils émanent de particuliers (ce qui représente, en pratique, la totalité des cas), les recours doivent être présentés devant le Tribunal. Ils visent l'institution qui est à l'origine du dommage et qui peut être soit une institution de l'Union au sens propre (Parlement, Commission, Conseil, Banque centrale européenne, Cour des comptes...), soit l'un des autres organes institués par le traité (Banque européenne d'investissement, etc.). Mais aucun recours en responsabilité ne peut se fonder sur un dommage résultant de l'application directe d'un traité.

b) Le dommage

Il doit être **imputable** à l'Union. Tel est le cas lorsqu'il a été causé par l'action d'une de ses institutions ou d'un de ses agents, à condition que l'acte de celui-ci constitue le prolongement nécessaire des missions confiées aux institutions[47]. Une difficulté particulière peut cependant naître du fait que l'exécution des décisions de l'Union est souvent confiée aux autorités des États membres. La Cour n'admet alors la responsabilité de l'Union que si le dommage peut être imputé à des décisions de l'Union que les autorités nationales ont appliquées régulièrement. En cas d'application incorrecte, seule la responsabilité de l'État membre peut être recherchée devant ses juridictions nationales. Lorsque le dommage résulte à la fois d'une faute de l'Union et de l'État membre, le particulier victime doit intenter deux actions distinctes, devant les juridictions de l'Union et devant les juridictions nationales : cela ne devra pas conduire à une indemnisation supérieure au dommage subi.

c) L'engagement de la responsabilité de l'Union

Pour engager la responsabilité de l'Union, la Cour exige la réunion de **trois éléments.**

1. L'existence d'une **faute** d'une instance ou d'un agent de l'Union. Cette faute peut résulter d'un mauvais fonctionnement de l'institution (par exemple, un défaut de protection de données confidentielles), ou d'une illégalité constituée par la violation d'une règle de droit supérieure, c'est-à-dire d'une règle d'importance fondamentale découlant du traité ou des principes généraux du droit (par exemple, le principe de non-discrimination). La Cour vérifie qu'il s'agit bien d'une violation caractérisée, traduisant une méconnaissance manifeste et grave des limites qui s'imposent à l'institution mise en cause dans l'exercice de ses pouvoirs : ce sera notamment le cas lorsque celle-ci ne peut pas justifier son acte par l'existence d'un intérêt public supérieur. Enfin, la règle supérieure violée doit avoir pour but de protéger les particuliers : ainsi, le non-respect de règles relatives à l'aménagement des compétences au sein des institutions européennes ne sera pas de nature à permettre la mise en jeu de la responsabilité de l'Union.

2. Il faut ensuite un **préjudice** qui présente certains caractères. Il doit être en principe **réel, né et actuel** (la Cour a cependant accepté de réparer des préjudices futurs, à condition qu'ils soient certains). Il doit être évaluable en argent, la Cour ne pouvant réparer le dommage qu'en accordant une indemnité, mais cela n'interdit pas la prise en compte de dommages moraux. Enfin, lorsque la responsabilité est recherchée pour des actes réglementant l'activité économique, la Cour exigera que le dommage présente un caractère anormal et spécial, c'est-à-dire qu'il *« dépasse les limites des risques économiques normaux inhérents aux activités dans le secteur concerné »*.

3. Il faut enfin qu'il y ait un **lien direct de causalité** entre la faute et le dommage. C'est à la victime qu'incombe la preuve de ce lien. La faute de la victime peut être un motif d'exonération totale ou partielle de responsabilité.

3. Le recours en manquement d'État

Ce recours est tout à fait particulier au droit de l'Union. En adhérant à l'Union européenne, un État souscrit à un certain nombre d'obligations. Il est donc logique qu'il puisse être contraint à les respecter et qu'il s'expose à des sanctions s'il ne le fait pas. Le recours en manquement vise à faire constater l'**inexécution,** par un ou des États membres, **des obligations** leur incombant en vertu des traités. C'est ce à quoi visent les articles 258 et 260 TFUE, qui permettent soit à la Commission, soit à un État membre de saisir la Cour, sans avoir à justifier d'un intérêt à agir. Mais comme le recours étatique doit toujours être précédé d'une saisine de la Commission, dans les faits, cette seconde hypothèse est extrêmement rare : il n'y en a eu que deux exemples, une plainte du Royaume-Uni contre la France, et une autre de l'Espagne contre le Royaume-Uni, à propos de la participation des habitants de Gibraltar aux élections européennes. La quasi-totalité des recours (au nombre de 3622, entre 1952 et 2011) est donc venue de la Commission. Mais avant d'aller devant la Cour, celle-ci devra, dans une phase dite précontentieuse, permettre à l'État ou aux États concernés de présenter leurs observations et elle s'efforcera d'en obtenir un changement d'attitude.

La **phase précontentieuse** est déclenchée soit par une constatation de la Commission elle-même, soit par une plainte adressée par un État ou une personne privée. La Commission s'informe auprès de l'État concerné, à la suite de quoi elle peut soit classer l'affaire, soit décider de poursuivre l'enquête. Dans ce second cas, elle adressera à l'État concerné une lettre de mise en demeure. Lorsque la Commission est à l'origine de l'affaire, seul l'État accusé se verra demander ses observations. Lorsque la plainte émane d'un État membre, les observations des deux États concernés, le plaignant et l'accusé, seront confrontées contradictoirement.

---

46. Il n'y a eu, jusqu'ici, aucun recours présenté par un État membre.

47. La Cour a ainsi considéré, en 1969, que l'accident causé par un fonctionnaire communautaire conduisant sa voiture personnelle n'était pas imputable à la Communauté, alors même que son ordre de mission l'autorisait à utiliser ce véhicule dans l'exercice de ses fonctions. Elle a estimé que cette utilisation n'était pas intervenue pour les besoins du service. Cette solution est donc plus restrictive que celle du droit français (voir page 145).

La mise en demeure doit énumérer les griefs de façon complète, car il ne pourra pas en être ajouté par la suite. Elle fixe, en outre, le délai dans lequel l'État mis en cause doit répondre. A l'expiration de ce délai, si les réponses ne sont pas jugées satisfaisantes et si l'État n'a pas changé d'attitude, la Commission émettra un **avis motivé** qui ne peut que reprendre, en les détaillant, tout ou partie des griefs exposés dans la mise en demeure. La Commission y justifie les raisons qui l'amènent à penser que l'État a failli à ses obligations. L'avis motivé ouvre un délai pendant lequel l'État concerné peut faire cesser le manquement. Si tel n'est pas le cas, la Commission peut saisir la Cour, mais elle en apprécie discrétionnairement l'opportunité et n'est soumise à aucun délai pour le faire. Cette possibilité est aussi ouverte à un État plaignant, lorsqu'il est à l'origine de la plainte[48].

La saisine de la Cour ouvre la **phase contentieuse.** La Commission doit s'en tenir aux griefs figurant dans l'avis motivé, sauf si de nouveaux manquements sont apparus entre temps. Il lui appartient d'apporter la preuve du manquement et du fait qu'il peut effectivement être imputé à l'État membre ou à un de ses organes internes. L'État peut, pour sa défense, évoquer des faits justificatifs. Mais la Cour se montre extrêmement rigoureuse dans l'appréciation de ceux-ci : elle a ainsi estimé que ni la violation du droit de l'Union par un autre État, ni la prétendue illégalité du règlement contesté ne constituaient des faits justificatifs. Elle a également refusé l'argumentation présentée par la France, selon laquelle des troubles sociaux liés à une tentative d'application d'une disposition de l'Union (barrages routiers, destructions de cargaisons de camions en provenance d'autres pays, suivies d'une indemnisation rapide des victimes de ces dommages...) constituaient une excuse valable.

Si la Cour estime que l'État a manqué à une de ses obligations, elle rend un arrêt où elle **constate le manquement**. Dans la plupart des cas, les faits reprochés tiennent à l'absence de transposition d'une directive. L'arrêt constitue une simple déclaration et la Cour n'a aucun pouvoir d'annulation des mesures nationales contraires aux obligations de l'Union, ni d'injonction à l'égard de l'État membre. Mais, depuis le traité de Maastricht, de nouveaux pouvoirs de sanction sont prévus : l'État membre est tenu *« de **prendre les mesures** que comporte l'exécution de l'arrêt de la Cour »*. La Commission peut émettre, après avoir donné à l'État la possibilité de présenter ses observations, un avis motivé où elle précise en quoi l'État ne s'est pas conformé à l'arrêt de la Cour. Elle y fixe aussi le délai imparti à l'État pour se mettre en règle et elle peut, dès l'expiration de ce délai, saisir à nouveau la Cour afin qu'elle prononce une sanction financière sous forme d'amende forfaitaire ou d'astreinte. Cette possibilité a été utilisée à plusieurs reprises, en particulier contre la France en 2005.

48. Il peut le faire seul, si la Commission n'a pas rendu d'avis dans un délai de trois mois à partir de la demande, ou en parallèle avec la saisine de la Cour par la Commission, lorsque celle-ci décide d'engager une procédure contentieuse. Mais, comme on l'a dit, cette hypothèse est extrêmement rare, les États préférant utiliser la voie diplomatique plutôt que la voie juridictionnelle.

Chapitre 7
La Cour des comptes européenne

Elle a été instituée par le traité de Bruxelles du 22 juillet 1975 et sa création est concomitante du renforcement des pouvoirs budgétaires du Parlement. Désormais régie par les articles 285 à 287 TFUE, elle a son siège à Luxembourg. Selon l'article 285, elle «*assure le contrôle des comptes de l'Union*» : son champ de compétences couvre donc la totalité du domaine financier.

1. La composition de la Cour des comptes

Dans la formulation du traité de Nice, la Cour des comptes européenne comprend **un national de chaque État membre**. De ce fait, ce traité instaure la règle selon laquelle les nominations se feront sur proposition de chacun des États. Mais il prévoit aussi qu'une fois nommés, les membres de la Cour exercent leur mandat en toute indépendance, dans l'intérêt général de l'Union, et qu'ils ne sollicitent ni n'acceptent d'instructions d'aucun gouvernement ni d'aucun organisme. Ils ne peuvent exercer aucune autre activité professionnelle, rémunérée ou non.

Les membres de la Cour des comptes sont nommés pour une durée de **six ans** renouvelable, par le Conseil statuant, après consultation du Parlement, à la majorité qualifiée. Ils sont choisis parmi les personnalités qui appartiennent ou ont appartenu, dans leurs pays respectifs, aux institutions de **contrôle des comptes**, ou qui ont une qualification particulière pour cette fonction. Ils désignent, parmi eux et pour trois ans, le **président** de la Cour, dont le mandat est renouvelable. Ce dernier convoque et préside les séances, dont il fixe l'ordre du jour; il dirige les services de la Cour et veille à l'exécution de ses décisions. Le président de la Cour des comptes européenne est, depuis 2008, le Portugais Victor Manuel da Silva Caldeira.

Les conditions d'emploi et de rémunération des membres de la Cour sont fixées par le Conseil statuant à la majorité qualifiée. Leur mandat ne peut être interrompu que dans trois hypothèses : décès, démission volontaire ou démission d'office. Celle-ci doit être prononcée par la Cour de justice, sur demande de la Cour des comptes, et uniquement dans le cas où ils auraient cessé de répondre aux conditions requises ou de satisfaire aux obligations découlant de leur charge. Cette situation ne s'est jamais rencontrée jusqu'ici.

La Cour est organisée en collège et elle adopte ses rapports et ses avis à la majorité de ses membres, ce qui implique qu'elle siège toujours en **formation plénière**. Le traité de Nice a cependant prévu qu'elle puisse créer en son sein des chambres qui seront compétentes pour adopter certaines catégories de rapports ou d'avis.

2. Les attributions de la Cour des comptes

Depuis le traité de Maastricht, le contrôle de la Cour des comptes porte sur la totalité des dépenses et des recettes de l'Union et de tout organisme créé par elle. Elle peut aussi vérifier l'utilisation faite par les organismes extérieurs des fonds de l'Union qu'ils reçoivent à titre de subventions. Dans ce cadre, l'article 287 TFUE lui confère **deux compétences** essentielles.

– Vérifier la régularité de toutes les opérations financières : il s'agit donc d'un contrôle de légalité, qui amène la Cour à apprécier la conformité des opérations financières aux dispositions de l'Union applicables et aux grands principes budgétaires. A la différence de la Cour des comptes française, la Cour européenne n'est cependant pas un organisme juridictionnel. Elle n'a donc pas le pouvoir de sanctionner directement les irrégularités constatées et doit compter soit sur les États membres, soit sur le Conseil pour prendre les sanctions qu'exigent ces irrégularités. Elle ne peut déposer de recours en annulation que pour la défense de ses prérogatives. Elle n'a pas non plus de pouvoir d'initiative en matière de recours en manquement (voir page 226), mais elle peut former un recours en carence devant les juridictions de l'Union.

– S'assurer de la bonne gestion financière : il s'agit d'un contrôle d'efficacité qui amène la Cour à apprécier, non pas seulement si les moyens utilisés sont réguliers, mais s'ils sont les mieux adaptés et les plus efficaces pour parvenir au résultat recherché.

Ces attributions conduisent la Cour à mener des **investigations** à la fois au sein des institutions européennes et des États membres. Cela l'amène à collaborer tant avec les autres instances de l'Union qu'avec les organismes des États membres chargés du contrôle des comptes. Les uns et les autres communiquent à la Cour, sur sa demande, tout document ou information nécessaires à l'exercice de sa mission. Son contrôle se fait sur pièces et peut avoir lieu sur place.

La Cour des comptes fournit au Parlement et au Conseil une déclaration d'assurance de la fiabilité des comptes et de la régularité des opérations financières. Elle leur adresse également un rapport, publié au *Journal officiel de l'Union européenne*, après la clôture de chaque exercice. Elle peut, par ailleurs, établir des rapports spéciaux sur toute question particulière ou donner des avis à la demande d'une autre institution de l'UE. Comme le souligne l'article 287 TFUE, la déclaration d'assurance de la fiabilité des comptes, le rapport annuel de la Cour et ses rapports spéciaux éventuels constituent des éléments essentiels d'information du Parlement pour la mise en œuvre de la procédure de décharge de l'exécution du budget qu'il doit voter chaque année à destination de la Commission.

Ainsi, bien que la Cour des comptes ne dispose pas de pouvoirs directs de sanction, ses travaux peuvent apporter une contribution importante à l'activité de contrôle que le Parlement exerce sur l'exécutif de l'Union européenne.

Chapitre 8
Les organes de l'Union européenne

A côté des institutions de l'Union, les traités ont créé un certain nombre d'organes chargés de missions spécifiques. On dénombre, parmi eux, les organes consultatifs, les institutions financières et le Médiateur européen.

1. Les organes consultatifs

Ce sont, pour l'essentiel, le Comité économique et social européen (CESE) et le Comité des régions (CdR). Leur consultation par le Conseil ou par la Commission est obligatoire dans les cas prévus par les traités (article 304 TFUE pour le CESE; article 307 du même traité pour le CdR). Elle peut également avoir lieu à l'initiative de l'une de ces deux institutions ou, depuis le traité d'Amsterdam, du Parlement. Les deux comités ont le pouvoir d'émettre, de leur propre initiative, des **avis** sur une question relevant de leur champ de compétences.

1. Le Comité économique et social européen (CESE)

Le traité de Rome a mis en place, à côté des institutions législatives et exécutives, un Comité économique et social composé de représentants de différentes catégories **socio-professionnelles** (producteurs, agriculteurs, travailleurs, transporteurs, consommateurs...). Les membres du Comité, qui siège à Bruxelles, sont désignés par le Conseil de l'Union européenne, à la majorité qualifiée, pour un mandat de cinq ans renouvelable, sur proposition des gouvernements des États membres; mais ils exercent leur mandat en toute indépendance. Leur répartition entre États membres dépend de l'importance de la population de l'État concerné. En vertu du traité de Nice, le nombre total des conseillers ne peut pas dépasser 350. Il est, en 2013, de 344 membres, parmi lesquels 24 représentants français. Son président est, depuis 2013, le Français Henri Malosse.

La qualité de membre du CESE est incompatible avec un mandat parlementaire européen. Les membres sont répartis en trois catégories : employeurs, salariés, autres représentants. Le président du Comité est élu par ses membres, en assurant une rotation entre chacune de ces catégories. Le Comité s'efforce ainsi d'assurer l'émergence de compromis entre les trois groupes d'agents économiques et sociaux, et il joue un rôle utile d'**intermédiaire** entre les institutions de l'UE et les forces économiques et sociales.

2. Le Comité des régions (CdR)

Il a été institué par le traité sur l'Union européenne de 1992, à la demande des collectivités territoriales des États membres, dans le souhait de rapprocher la construction européenne des citoyens. Il compte le même nombre de membres que le CESE (344) et ceux-ci sont désignés dans les mêmes conditions. Depuis le traité de Nice, ne peuvent être membres du CdR que des représentants des **collectivités régionales** et **locales**, titulaires d'un mandat électoral au sein d'une de ces collectivités ou politiquement responsables devant une assemblée élue. Le Comité siège à Bruxelles; son président est, depuis 2012, l'Espagnol Ramon Luis Valcárcel Siso.

Les conditions de sa consultation sont les mêmes que celles du CESE. Mais il est **obligatoirement** consulté sur toute question susceptible d'avoir des répercussions au niveau local ou régional. Le traité d'Amsterdam a élargi les domaines de cette consultation obligatoire : elle couvre désormais dix grands domaines, parmi lesquels les questions de santé, d'éducation et de culture, d'emploi, de politique sociale, d'environnement, de formation professionnelle ou de transports. Le traité de Lisbonne donne au Comité des régions le droit de saisir la Cour de justice, soit en cas de violation du principe de subsidiarité, soit pour défendre ses prérogatives.

2. Les institutions financières

Ce sont le Système européen de banques centrales (SEBC) et la Banque européenne d'investissement (BEI).

1. Le Système européen de banques centrales

Avec l'établissement d'une monnaie unique dans plusieurs pays de l'Union – l'euro – il a fallu imaginer un système européen pour gérer l'union monétaire. Ce système se compose des banques centrales de tous les États membres et de la **Banque centrale européenne** (BCE), mise en place en 1998 et qui siège à Francfort.

Tous les pays de l'UE n'ont cependant pas adopté l'euro. Il est donc impossible de laisser les banques centrales des pays qui ne l'ont pas adopté décider la politique monétaire de la zone euro. Cela a conduit à créer, au sein du SEBC, un **Eurosystème** plus réduit ne regroupant, à côté de la BCE, que les seules banques centrales des dix-sept pays ayant adopté la monnaie unique.

Le conseil des gouverneurs de la Banque centrale européenne comprend les membres du directoire de la BCE et les gouverneurs des banques centrales nationales des pays participant à l'euro. Les six membres du directoire (un président, un vice-président et quatre autres membres) sont nommés d'un commun accord par les chefs d'État ou de gouvernement des États membres (pour l'instant, uniquement ceux des États qui ont adhéré à l'euro), sur recommandation du Conseil et après consultation du Parlement et du conseil des gouverneurs de la BCE. Ils doivent être choisis parmi des personnes à l'autorité et à l'expérience professionnelle reconnues dans le domaine monétaire ou bancaire. Leur mandat est de huit ans, non renouvelable. Le président est, depuis novembre 2011, l'Italien Mario Draghi.

Leur **indépendance** est fortement garantie : ni la BCE ni les banques centrales nationales ne peuvent solliciter, ou accepter d'instructions des institutions de l'UE ou des gouvernements nationaux. Les gouverneurs ne peuvent être relevés de leurs fonctions, par la Cour de justice et à la requête exclusive du conseil des gouverneurs ou du directoire, que lorsqu'ils ne remplissent plus les conditions nécessaires à leur exercice ou s'ils ont commis une faute grave. Les orientations de la politique monétaire sont définies par le conseil des gouverneurs et mises en œuvre par le directoire.

C'est à la **BCE** que revient le pouvoir d'autoriser l'émission de billets de banque dans la zone euro. Elle prête aux banques mais, à la demande de l'Allemagne, son rôle essentiel était auparavant limité à la lutte contre l'inflation, qui constitue l'un des objectifs assignés à l'Union[49]. Son rôle a été renforcé ces dernières années ; d'une part, à partir de 2014, c'est elle qui assurera une supervision des banques sur l'ensemble de la zone euro. En outre, des responsabilités nouvelles lui ont été accordées pour la gestion des dispositifs de stabilité mis en place dans la zone euro à la fin des années 2000, afin d'éviter que la crise d'un pays ne mette en danger l'ensemble de ceux qui en font partie. En 2013, ces fonds doivent être remplacés par un **mécanisme européen de stabilité**, mis en place le 27 septembre 2012. Pérenne, celui-ci disposera d'un fonds de plusieurs centaines de milliards d'euros, alimenté par les États, pour aider, en particulier par des prêts ou des rachats de dettes, les États connaissant des difficultés financières, à condition qu'ils aient ratifié le traité sur la stabilité, la coordination et la gouvernance (TSCG) et qu'ils se soumettent à certaines contraintes dans la gestion de leur politique économique et financière.

2. La Banque européenne d'investissement

Elle a été créée par le traité de Rome de 1957. Son siège est à Luxembourg. Dotée de la personnalité juridique et de l'autonomie financière, elle a pour actionnaires les 27 États membres. Elle comprend un conseil des gouverneurs, composé des ministres des Finances des États membres, qui détermine la politique générale de la Banque, un conseil d'administration, composé de 27 fonctionnaires (un par État membre) et d'un représentant de la Commission, et un comité de direction, nommé pour six ans par le conseil des gouverneurs, qui administre les affaires courantes de la Banque. Son président, nommé dans les mêmes conditions, est depuis 2012 l'Allemand Werner Hoyer. Un comité de vérification s'assure de la régularité des opérations de la Banque.

La BEI finance essentiellement, par des prêts à la demande des institutions de l'Union, les investissements nécessaires à la réalisation des projets de mise en valeur des régions les moins développées, et des opérations présentant un intérêt commun à plusieurs États membres dans le domaine des transports, des télécommunications et de l'énergie.

3. Le Médiateur européen

Le Médiateur européen a été créé par le traité sur l'Union européenne de 1992, à l'imitation des *Ombudsman* existant dans divers pays, et son existence est désormais prévue par l'article 228 du TFUE. Il est **élu**, à la majorité des suffrages exprimés, par le **Parlement** européen, pour la durée de la législature (donc cinq ans). Il est choisi parmi les ressortissants des États membres et doit présenter des garanties de capacité et d'indépendance. Son mandat est renouvelable. C'est le Parlement qui fixe son statut et les conditions d'exercice de ses fonctions. Celles-ci sont incompatibles avec tout mandat électif et toute autre activité professionnelle. Il peut y être mis fin soit en cas de démission volontaire, soit d'office, lorsqu'il ne remplit plus les conditions nécessaires à leur exercice ou s'il a commis une faute grave. Dans ce cas, la fin des fonctions est décidée par la Cour de justice, à la demande du Parlement. Le Médiateur actuel est, jusqu'en 2015, le Grec Nikiforos Diamandouros.

Les **plaintes** (au nombre de 2 440 en 2012) présentées au Médiateur peuvent soit émaner directement de personnes appartenant aux mêmes catégories que celles qui disposent du droit de pétition (voir page 216), soit lui être transmises par l'intermédiaire d'un membre du Parlement européen. Elles doivent concerner des cas de **mauvaise administration** imputables à des institutions ou organismes de l'Union, autres que les organes juridictionnels. Mais le Médiateur peut aussi intervenir de sa propre initiative s'il a connaissance, hors de toute plainte, d'un cas de ce type (par exemple, par la presse) ; il l'a fait dans quinze cas en 2012. Si, après enquête, il conclut à la mauvaise administration (16 % des cas en 2012), il saisit l'institution concernée qui a trois mois pour lui faire connaître ses observations. Dans le rapport qu'il adresse ensuite à celle-ci et au Parlement, il exprime son opinion définitive sur l'affaire : il peut soit retenir tout ou partie des observations de l'autorité mise en cause, soit émettre un point de vue critique sur son action. Le résultat de l'enquête est communiqué à l'auteur de la plainte. Par ailleurs, le Médiateur adresse chaque année au Parlement un rapport général d'activité.

49. La question de l'indépendance de la BCE a suscité des polémiques à l'occasion de la campagne présidentielle française de 2007. Et l'ex-président Sarkozy avait maintes fois manifesté, au début de son mandat, ses réticences à l'égard d'une banque qu'il accusait de rigidité dans sa politique de lutte contre l'inflation.

Questions à réponse courte sur les institutions européennes

Quelles sont les institutions de l'Union européenne et quel est leur rôle ?

La difficulté de cette question tient à son caractère très vaste, puisqu'elle recouvre la quasi-totalité du programme des concours sur la matière. Il faut donc veiller à être complet, tout en restant très synthétique, compte tenu du temps imparti. Tenez-vous en à l'essentiel et contentez-vous de décrire en quelques phrases la constitution et les fonctions des « grandes » institutions européennes.

Après avoir donné la liste des institutions, vous pourrez indiquer d'une phrase que vous vous limiterez aux quatre principales, correspondant aux trois pouvoirs traditionnels : exécutif, législatif et judiciaire. Vous marquerez un point si vous ajoutez que la séparation de ces pouvoirs n'est pas nette, certains organes pouvant être investis à la fois de pouvoirs exécutifs *et* de pouvoirs législatifs.

Le Conseil de l'Union européenne (qu'il faut distinguer du **Conseil européen**, réunion périodique des plus hauts responsables politiques de chaque pays) est composé des représentants des États membres et présidé à tour de rôle par chacun d'eux. Il cumule des fonctions législatives et budgétaires qu'il exerce en coopération avec les autres organes. C'est lui qui, en particulier, édicte les règlements et les directives. Les élargissements successifs de l'Union ont substitué de plus en plus souvent la majorité qualifiée à l'unanimité pour la prise de décision.

Le Parlement est élu au suffrage universel direct dans tous les pays de l'Union. Il a vu ses compétences législatives s'accroître et « codécide » désormais dans de nombreux cas avec le Conseil de l'UE. Ses pouvoirs budgétaires sont de plus en plus importants et il dispose de compétences de contrôle de l'exécutif : il peut poser des questions, demander des rapports, constituer des commissions d'enquête, et censurer la Commission.

Jusqu'ici, **la Commission** était composée de membres désignés par chacun des États, mais qui n'en sont pas les représentants. Elle a le pouvoir d'initiative pour toutes les décisions importantes et exécute les décisions par délégation du Conseil.

Enfin **la Cour de justice de l'Union européenne**, composée d'autant de juges qu'il y a d'États, constitue le pouvoir judiciaire. Assistée d'un Tribunal, elle peut annuler les actes de l'Union non conformes aux traités, engager la responsabilité de l'Union, et ordonner des sanctions contre un État membre qui ne satisfait pas à ses obligations européennes.

Quelle est la place du Conseil européen dans les institutions européennes ?

Le petit piège de cette question réside dans la nécessité de ne pas confondre les deux organes qui portent le nom de « Conseil » au sein des instances européennes et de bien distinguer le Conseil européen du conseil des ministres de l'UE.

On commencera par rappeler succinctement les étapes de son apparition : le Conseil européen a été créé en 1974. On poursuivra par le rappel très rapide de sa composition et de ses attributions : il réunit, au moins deux fois par an, les chefs d'État ou de gouvernement des États membres et le président de la Commission, assistés respectivement par les ministres des Affaires étrangères et un membre de la Commission. Il est désormais doté d'un président à plein temps, élu à la majorité qualifiée par le Conseil pour deux ans et demi renouvelables une fois. Son rôle politique est essentiel : il définit les orientations générales de l'Union, ainsi que celles de la politique économique, et les principes de la politique étrangère et de sécurité commune.

Le Traité de Lisbonne en fait une **institution européenne** (article 13 TUE) ; à ce titre, les décisions qu'il prend sont désormais susceptibles de recours devant la Cour de justice de l'Union. Face aux questions spécifiques que soulève le fonctionnement de la zone euro, le rôle du Conseil a tendance à reculer et à céder la place à des réunions plus restreintes, composées des seuls chefs d'État et de gouvernement des États de la zone. Le traité de Lisbonne a encouragé cette tendance en donnant à ces États une capacité autonome de décision qui leur permet de prendre seuls les mesures qui les intéressent individuellement.

Voir page 204.

Qu'est-ce qu'une directive européenne ? Les directives sont-elles directement applicables en droit français ?

C'est sans doute une des questions les plus difficiles sur lesquelles vous puissiez tomber car elle comporte des aspects parfois subtils. Restez-en donc aux principes simples et n'essayez pas de développer outre mesure !

Une directive est un acte émanant du Conseil de l'Union européenne qui se contente, en principe, de ne fixer qu'un objectif à atteindre. Elle équivaut à ce qu'on appellerait en droit national une loi d'orientation. Elle laisse donc aux États membres une assez large marge d'appréciation pour les « transposer » en droit national, en décidant de la forme à utiliser (loi ou disposition réglementaire) et de la manière dont le résultat attendu sera atteint.

En principe, elle n'est donc pas directement applicable en droit français tant qu'elle n'a pas été transposée. Mais cette transposition est **obligatoire**. Le Conseil constitutionnel comme le Conseil d'État estiment qu'une loi nationale contraire à une directive transposée est, par là même, inconstitutionnelle. Depuis 2009, le Conseil d'État admet en outre que les justiciables peuvent se prévaloir devant le juge administratif des dispositions précises et inconditionnelles des directives, même quand le recours est dirigé contre une décision individuelle, si l'État n'a pas pris, dans les délais impartis, les mesures de transposition nécessaires.

Quels sont les recours dont peut être saisie la Cour de justice de l'Union européenne ?

Vous les énumérerez rapidement, en soulignant qu'ils ont essentiellement pour objet de faire constater et sanctionner le non-respect des traités européens. Vous indiquerez, pour chacun d'entre eux : qui peut les intenter, contre quels actes ils sont ouverts et quel est l'effet de la décision de la Cour.

– Recours en **annulation** : intenté soit par un État membre, soit par une institution de l'Union, soit par un particulier contre tout acte émanant d'une institution de l'Union ; il conduit, en cas de succès, à l'annulation de l'acte attaqué.

– Renvoi **préjudiciel** : la Cour ne peut être saisie que par un tribunal national qui demande son avis sur l'interprétation ou la validité d'un acte de l'Union. Sa décision s'impose aux juges nationaux.

– Recours en **responsabilité** : intenté par un État membre ou un particulier, il conduit à la mise en jeu de la responsabilité de l'Union, au cas où une faute a été commise par une de ses institutions.

– Recours en **manquement d'État** : intenté soit par un État membre, soit par la Commission pour dénoncer une violation du droit de l'Union par un État membre, il peut ultérieurement conduire à une condamnation de l'État défaillant.

Voir page 223 et suivantes.

Le traité de Maastricht a été signé par les membres de l'Union européenne le 7 février 1992. Afin qu'il entre en vigueur en France, quelle procédure a été suivie ?

Cette question peut vous donner l'occasion de prouver que vous êtes capable de faire le lien entre les différentes parties de l'ouvrage, en particulier entre le droit constitutionnel et les institutions européennes.

Vous rappellerez donc que l'article 54 de la Constitution prévoit que, « *si le Conseil constitutionnel [...] a déclaré qu'un engagement international comporte une clause contraire à la Constitution, l'autorisation de ratifier ou d'approuver l'engagement international en cause ne peut intervenir qu'après la révision de la Constitution* », et que l'article 11 de la Constitution permet au président de la République de soumettre au référendum un projet de loi « *tendant à autoriser la ratification d'un traité qui, sans être contraire à la Constitution, aurait des incidences sur le fonctionnement des institutions* ».

Conformément à l'article 54, le président François Mitterrand a donc saisi, en mars 1992, le Conseil constitutionnel pour lui demander si l'approbation du traité de Maastricht supposait une révision préalable de la Constitution. Celui-ci ayant apporté une réponse positive (décision du 9 avril 1992), la Constitution a été révisée en juin, selon la procédure prévue à l'article 89 du texte. Le président de la République a ensuite décidé, conformément à l'article 11, de soumettre au référendum l'adoption du projet de loi portant approbation du traité de Maastricht. Ce projet fut adopté par 51,04 % de « oui ».

Voir pages 30 et 54.

Le traité de Lisbonne

C'est le genre de question à traiter de manière dépassionnée, pour éviter de heurter le correcteur, quelles que soient vos convictions. Pour y répondre correctement, vous devez aussi, bien sûr, vous tenir au courant de l'actualité.

Commencez par rappeler la genèse : le projet de traité constitutionnel et son rejet par référendum en France et aux Pays-Bas ; la nécessité de sortir du blocage et l'adoption en décembre 2007, à Lisbonne, par les chefs d'État et de gouvernement, d'un nouveau traité dit « simplifié », moins ambitieux, qui reprenait de nombreuses dispositions du traité précédent. Se contentant de modifier les traités existants, il essaie de gommer les points qui avaient fait difficulté en 2005. Vous rappellerez d'une phrase les conditions de sa ratification : choix de la voie parlementaire dans tous les pays sauf l'Irlande, et nécessité de deux référendums successifs dans ce pays.

Pour le reste, il s'agit de regrouper en deux ou trois points forts les dispositions d'un texte touffu. Vous pouvez, par exemple, synthétiser les apports du traité en trois points.

– Il tend d'abord à donner à l'Union européenne une visibilité accrue : il lui reconnaît la personnalité juridique, institue un président du Conseil européen élu pour deux ans et demi renouvelables une fois et un Haut Représentant pour les affaires étrangères.

– Il réforme les institutions en renforçant le rôle des parlements européens et nationaux. Il accorde en particulier à ces derniers un rôle de contrôle de l'action de l'Union. Il prévoit l'élection du président de la Commission par le Parlement.

– Il vise aussi à donner un rôle et une protection accrus aux citoyens de l'Europe : renforcement des droits et des libertés par l'attribution, à la Charte des droits fondamentaux, d'une valeur juridique égale à celle des traités, ce qui la rend opposable ; reconnaissance d'un droit d'initiative citoyen.

Voir page 200.

Index

A

B

C

D

E

F

G

H

I

Imprimerie de la Direction de l'information légale et administrative
N° 603130160-001213 – Dépôt légal : décembre 2013
PEFC 10-31-2190 IMPRIM'VERT®

Floride

UN SUNSHINE STATE MULTI-FACETTES

La Floride est peut-être l'un des États américains les plus surprenants, justement parce que l'on croit bien le connaître... Lorsque l'on ferme les yeux, on imagine aisément Miami Beach et sa large plage de sable blanc, le château de Cendrillon à Walt Disney World, la NASA au Kennedy Space Center, quelques alligators paressant dans le Parc national des Everglades, et bien sûr des palmiers à perte de vue. Avec une tem érature de l'eau agréable toute l'année, la Floride nne comme la destination idéale pour d nt détente et découverte. Dans également souhaité mett confidentielle et hors sur les inconto explorer de exempl se trouve la Augustine ? Que etersburg, à l'ouest de l'E oleillée ? Qu'outre ses plages de ie plus de 700 sources d'eau fraîche, si en été ? Que Key Largo, première étape des F a Keys, est la capitale mondiale de la plongée ? Ou encore que la ville de Tallahassee, pourtant inconnue au bataillon, est la capitale de la Floride ? La liste est encore longue, c'est pourquoi nous avons rempli ces pages de nos meilleurs conseils et astuces pour un séjour vraiment authentique.

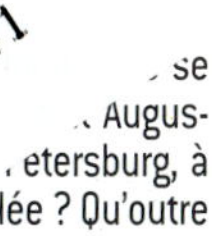

Retrouvez cette offre en page 98

SOMMAIRE

Ocean Drive, Miami. © SEAN PAVONE - SHUTTERSTOCK.COM

Kayak dans la mangrove des Everglades. © MARIAKRAYNOVA - SHUTTERSTOCK

6 INSPIRER

Un premier aperçu de la Floride pour poser les fondements de votre futur séjour : à quelle période y aller, comment prévoir votre itinéraire, quelles sont ses spécificités... Et vous convaincre, si ce n'est pas déjà fait !

43 DÉCOUVRIR

Comment est née l'actuelle Floride ? Qui sont ses habitants ? Quelles faune et flore allez-vous rencontrer ? Quels sont les enjeux de l'État aujourd'hui ? Une multitude d'informations pour faire connaissance avec le Sunshine State.

101 MIAMI ET SES ENVIRONS

Tout séjour en Floride passe inévitablement par Miami, ville ensoleillée et animée qui plaira autant aux fans d'architecture Art-déco, à ceux qui ont envie de repos sur la plage ou aux aficionados de nourriture du monde. A moins d'une heure, Hollywood et Biscayne National Park valent aussi le détour !

203 EVERGLADES

Dépaysement garanti dans cette immense zone marécageuse unique au monde. Parmi les expériences qui vous attendent : partir à la rencontre des alligators, s'immerger dans la culture Seminole, déguster des fruits de mer locaux, randonner en pleine nature...

Key West Highway. © KUTEICH - STOCK.ADOBE.COM

© DRAZEN_ - ISTOCKPHOTO.COM

ALABAMA
Crestview
Marianna
Bainbridge
PENSACOLA ★★
SEASIDE ★★
PANAMA CITY BEACH ★★
Panama City
TALLAHASSEE ★★
Perry
Apalachicola
Golfe du Mexique
Floride
100 KM

RGIE
Kingsland
JACKSONVILLE ★★
Océan Atlantique Nord
Lake City
SAINT AUGUSTINE ★★★
Alachua
GAINESVILLE ★★
DAYTONA BEACH ★★
Cedar Key
The Villages
Homosassa Springs
ORLANDO ★★
UNIVERSAL ORLANDO RESORT ★★★
Spring Hill
SEAWORLD ORLANDO ★★
WALT DISNEY WORLD ★★★★
CAPE CANAVERAL ★★
TARPON SPRINGS ★★
Melbourne
CLEARWATER ★★
Winter Haven
TAMPA ★★
SAINT PETERSBURG ★★
ANNA MARIA ISLAND ★★
Fort Pierce
SARASOTA ★★
VENICE ★★
Lac Okeechobee
West Palm Beach
PALM BEACH ★★★
FORT MYERS ★★
MATLACHA ★★★
DELRAY BEACH ★★
NAPLES ★★
FORT LAUDERDALE ★★
HOLLYWOOD ★★
MIAMI ★★★★
RÉSERVE NATIONALE BIG CYPRESS ★★
BISCAYNE NATIONAL PARK ★★
FLORIDA CITY ★
EVERGLADES NATIONAL PARK ★★★
KEY LARGO ★★★
ISLAMORADA ★★
RY TORTUGAS TIONAL PARK – RT JEFFERSON ★★★
KNIGHTS KEY ★★
MARATHON KEY ★★
BAHIA HONDA KEY ★★
KEY WEST ★★

QUAND Y ALLER

JANVIER

14° / 24°

THE ART DECO WEEK-END
(MIAMI)
Trois jours où l'Art déco est à l'honneur, une belle occasion de s'imprégner de l'ambiance de South Beach et ses célèbres hôtels.

$$$

FÉVRIER

15° / 25°

MARDI GRAS
(UNIVERSAL ORLANDO RESORT)
Imaginez le meilleur des festivités de la Nouvelle-Orléans au coeur du parc Universal Studio à Orlando. Un carnaval inoubliable !

EVERGLADES SEAFOOD FESTIVAL
(EVERGLADES CITY)
Amateurs de fruits de mer, venez vous régaler dans ce festival authentique et gourmand à quelques pas du parc des Everglades.

$$$

MARS

16° / 27°

CALLE OCHO FESTIVAL
(MIAMI)
Au cœur du quartier cubain de Little Havana à Miami, ce festival de musique latine est le plus important du genre au monde !

EPCOT INTERNATIONAL FLOWER AND GARDEN FESTIVAL
(WALT DISNEY WORLD)
Le parc EPCOT à Disney World se métamorphose pour offrir un spectacle végétal et fleuri aux couleurs de vos personnages préférés.

$$$

JUILLET

24° / 32°

EPCOT INTERNATIONAL FOOD & WINE FESTIVAL
(WALT DISNEY WORLD)
La gastronomie du monde à l'honneur dans le parc EPCOT à Disney World. Une expérience délicieuse qui fera voyager vos papilles.

$$

AOÛT

24° / 32°

KEY WEST LOBSTERFEST
(KEY WEST)
Le homard est la vedette de cet événement culinaire, le plus important rendez-vous estival des Keys. Vous allez vous régaler !

MIAMI SPICE RESTAURANT MONTHS
(MIAMI)
Le coup d'envoi de 2 mois durant lesquels 150 restaurants proposent des menus à petits prix pour faire découvrir leur cuisine.

$$

SEPTEMBRE

24° / 31°

KEY WEST BREWFEST
(KEY WEST)
Durant trois jours, la bière coule à flot dans la ville la plus relax de Floride ! De belles découvertes gustatives au programme.

$

La Floride, grâce à ses 240 jours de soleil par an, peut se visiter en tout temps, à condition de connaître les spécificités de sa météo. L'été est très chaud et humide, ponctué d'averses tropicales, et dans de plus rares cas d'ouragans. L'hiver et le printemps sont particulièrement agréables en termes de climat, mais ce sont aussi les saisons les plus prisées par les touristes, et donc les plus onéreuses. Mais on vous rassure : les activités ne manquent pas, qu'importe la météo.

AVRIL

19° / 28°

SUNFEST
(PALM BEACH)
Au nord de Miami, voici un joyeux festival en bord de mer, savant mélange de concerts éclectiques et de performances artistiques.

$ $

MAI

21° / 30°

ORLANDO INTERNATIONAL FRINGE FESTIVAL
(ORLANDO)
Un festival qui met tous les arts du spectacle à l'honneur durant quatorze jours de festivités. Incontournable depuis 30 ans.

JACKSONVILLE JAZZ FESTIVAL
(JACKSONVILLE)
L'un des plus grands festivals de Jacksonville qui fait vibrer toute la ville. Une référence pointue en matière de jazz.

$

JUIN

23° / 31°

KISSIMMEE SILVER SPURS RODEO
(ORLANDO)
La pure expérience américaine, le véritable rodéo qui donne l'impression d'être transporté au milieu du Far West. *Yee-ha* !

KEY WEST PRIDE
(KEY WEST)
La *gay pride* version Keys avec moult animations et une parade où est fièrement porté un drapeau arc en ciel de 2 km de long !

$

OCTOBRE

22° / 29°

WINTER PARK AUTUMN ART FESTIVAL
(ORLANDO)
Un festival artistique dans la jolie ville de Winter Park, au nord d'Orlando. Un rendez-vous qui change des parcs d'attraction !

ORLANDO FILM FESTIVAL
(ORLANDO)
Un festival annuel de haut vol qui met en avant durant 8 jours les films indépendants de cinéastes venus de plus de 30 pays.

$

NOVEMBRE

18° / 27°

MAGIC OF LIGHTS - HOMESTEAD-MIAMI SPEEDWAY
(HOMESTEAD)
Dans votre voiture, roulez sur les traces des pilotes de la NASCAR sur une piste illuminée pour les fêtes de fin d'année.

$ $

DÉCEMBRE

15° / 25°

ART BASEL
(MIAMI)
L'un des plus grands festivals d'art contemporain du monde, des galeries internationales exposent des œuvres de tous les styles.

MICCOSUKEE INDIAN ARTS & CRAFTS FESTIVAL
(EVERGLADES NP)
Une immersion immédiate dans la culture amérindienne ! S'y rassemblent des tribus autochtones de toute l'Amérique du Nord.

$ $ $

LES BONNES RAISONS D'Y ALLER

LE CHARME DES CARAÏBES

Eau cristalline, palmiers et sable chaud, vous vous sentirez comme sous les Tropiques !

LES PARCS D'ATTRACTIONS

Orlando est la capitale mondiale des parcs d'attractions, un paradis pour la famille.

LES FESTIVITÉS TOUTE L'ANNÉE

Musique, art, danse, cinéma, gastronomie... Il y aura toujours un événement à découvrir !

LE SOLEIL TOUTE L'ANNÉE

Avec ses 270 jours de soleil par an, la Floride mérite bien son surnom de Sunshine State !

© MARIDAV - SHUTTERSTOCK.COM

LA FAUNE ET LA FLORE

Alligator, héron, récif corallien ou bien mangrove… La Floride vous dépaysera à coup sûr !

© SUNFLOWERMOMMA - SHUTTERSTOCK.COM

© MARIDAV - SHUTTERSTOCK.COM

LA RICHESSE GASTRONOMIQUE

Les influences sont variées : cubaine, caribéenne, mexicaine… Un voyage dans l'assiette.

© JORGE SALCEDO - SHUTTERSTOCK.COM

POUR LES PÉPITES HISTORIQUES

Comme le quartier Art déco de Miami et Saint-Augustine, la plus ancienne ville des USA !

LES BONNES RAISONS D'Y ALLER

DES ACTIVITÉS POUR TOUS LES ÂGES

Manèges, musées, croisière en bateau, baignade… La Floride est une destination familiale !

© BROCREATIVE - SHUTTERSTOCK.COM

© FELIX MIZIOZNIKOV - SHUTTERSTOCK.COM

UN MELTING-POT CULTUREL

Comme à Miami où vous aurez l'impression de visiter plusieurs pays en un !

© PEATONPHOTOS - SHUTTERSTOCK.COM

LE PARADIS DU SHOPPING

Les boutiques ne manquent pas, l'occasion de rapporter vêtements et gourmandises !

LES 12 MOTS-CLÉS

#ALLIGATOR

L'animal emblématique de la Floride ! Direction les Everglades pour avoir le plus de chance d'en croiser. Préférez les chemins aménagés comme l'*Anhiga Trail* : ils vous permettent de voir des alligators dans leur environnement naturel, à quelques mètres de vous ! L'expérience est impressionnante. Prudence toutefois si vous êtes avec des enfants.

#CAPE CANAVERAL

Un lieu mythique dans l'histoire de la conquête spatiale américaine ! C'est en effet ici que fut lancée - entre autres - la mission Apollo 11 qui permit à Neil Armstrong de faire ses premiers pas sur la lune. Le Kennedy Space Center est un incontournable, savant mélange de parc à thème et de musée dédié à l'espace. Simplement passionnant.

#DAYTONA BEACH

Cette ville située sur la côte Est de la Floride est mondialement connue pour ses courses sur sa plage de sable fin. Depuis 1959, elles se déroulent au Daytona International Speedway. Ce circuit ovale accueille des événements comme la NASCAR ou l'Automobile Racing Club of America. S'y trouve aussi un musée : le Motorsports Hall of Fame of America.

#ERNEST HEMINGWAY

L'écrivain américain est une personnalité emblématique en Floride, en particulier dans les Keys. Il vécut en effet à Key West, au 907 Whitehead Street, où il écrivit notamment *Les Neiges du Kilimandjaro*, *Pour qui sonne le glas* ou *En avoir ou pas* qui décrit Key West lors de la Grande Dépression. La maison de l'auteur est ouverte à la visite.

#EVERGLADES

Alligators par centaines, flopée d'oiseaux et marécages composent le paysage unique des Everglades, une région unique au monde. Un fleuve d'eau douce, profond de quelques centimètres seulement par endroit, serpente la partie sud de la Floride sur 600 000 hectares de forêts de pins, d'acajou et de mangroves. À découvrir à pied, à vélo ou en *airboat*.

#FLORIDA'S TURNPIKE

Avec ses 720 kilomètres, c'est la plus grande autoroute payante de Floride. Elle circule du nord au sud à travers 11 comtés, et est signalée par des panneaux verts. Le plus pratique pour ne pas vous soucier des péages est de vous procurer un Sunpass à coller sur votre pare-brise (environ 5 US$). Il se recharge en ligne et est débité à chaque péage.

#LAMANTIN

Ce grand mammifère (*manatee* en anglais), surnommé « vache de mer » est présent sur les côtes floridiennes. Il fut jusqu'en 2017 sur la liste des espèces menacées, sa population ayant beaucoup diminué à cause de l'homme qui le chassait pour sa chair et sa graisse. Aujourd'hui, ils sont environ 2 000 à peupler les eaux chaudes de la Floride.

LES 12 MOTS-CLÉS

#MICKEY

Si la plus célèbre souris est née en Californie, son royaume le plus vaste est en Floride ! Walt Disney World, à Orlando, est en effet la plus grande attraction touristique au monde. Une véritable ville dans la ville avec 4 parcs à thèmes, 2 parcs aquatiques, plus de 25 hôtels et un réseau de transports en commun avec monorail et téléphérique !

#OCEAN DRIVE

Avenue mythique de Miami Beach avec ses hôtels Art déco et néons multicolores, Ocean Drive est un passage obligé. Une animation permanente entre bars, restaurants, boutiques branchées et voitures de luxe. La nuit, les allées de palmiers s'illuminent. Pour notre plus grand bonheur, une partie de l'avenue est piétonne depuis la pandémie de Covid-19.

© LEOPATRIZI - ISTOCKPHOTO.COM

#ORLANDO

Ville du divertissement par excellence, Orlando est LA ville des parcs d'attraction ! Disney World (quatre parcs), Universal (deux parcs dont une extension thématisée Harry Potter), et SeaWorld font partie des plus connus, mais vous pourrez aussi visiter LegoLand ou Fun Spot America. Pour vraiment profiter, prévoyez au minimum un jour par parc.

#SUNSHINE STATE

C'est le surnom largement mérité de la Floride. Avec ses 240 jours de soleil par an, on peut dire qu'il y fait beau - presque - toute l'année ! Tampa porte même le surnom de *Sunshite City* avec 360 jours d'ensoleillement. Le soleil est la première ressource et attraction de la Floride. La crème solaire a d'ailleurs été inventée à Miami en 1944 !

#TALLAHASSEE

Moins connue que ses consœurs Orlando et Miami, Tallahassee est pourtant la capitale de la Floride depuis 1824. Son nom d'origine amérindienne signifie « vieux champ ». Située à l'extrémité nord de la région, cette ville de 130 000 habitants est notamment réputée pour ses équipes universitaires de football américain et de baseball. À découvrir !

VOUS ÊTES D'ICI, SI...

- **Vous cuisinez peu** et préférez vous faire livrer vos repas ou les acheter tout fait au coin traiteur du supermarché.
- **Vous n'allez jamais à la plage** sans votre parasol et votre chaise pliable.
- **Vous demandez toujours aux gens** comment ils vont au moment de les saluer : « *Hi ! How are you ?* »
- **Pour vous,** les lits *king size* (180cm) sont la norme.
- **Vous connaissez la différence** entre crocodile et alligator.
- **Vous avez investi dans un *pass* annuel** pour visiter Disney World, Universal Studio ou Sea World quand bon vous semble.
- **Vous faites votre shopping** dans les *outlets.*
- **Vous ne dérogez pas** au traditionnel brunch du week-end.
- **Les *happy hours*** n'ont plus aucun secret pour vous.
- **Célébrer Noël en tee-shirt** ne vous étonne plus.
- **En été, les averses tropicales** ne vous font pas peur car vous savez que le soleil reviendra 10 minutes plus tard.
- **Vous avez pris l'habitude de dîner tôt,** entre 17h30 et 19h.

MA FLORIDE

par Ceyliane Ratto, auteure du guide

© CEYLIANE RATTO

Interview

Rencontrez Ceyliane Ratto, l'auteure de ce guide. Séduite par la richesse et la diversité de la Floride, c'est avec beaucoup de curiosité et de plaisir qu'elle a déniché incontournables et adresses plus confidentielles. Elle vous dévoile ses découvertes et coups de cœur pour découvrir le Sunshine State hors des sentiers battus, loin des clichés de la destination. Suivez le guide !

DISTANCES

TEMPS DE TRAJET

	DAYTONA BEACH	FORT LAUDERDALE	JACKSONVILLE	KEY WEST	MIAMI
DAYTONA BEACH		389 KM 🚗 3h30 🚌 7h	144 KM 🚗 1h30 🚌 1h30	676 KM 🚗 7h30 🚌 21h	430 KM 🚗 4h 🚌 7h1
FORT LAUDERDALE	389 KM 🚗 3h30 🚌 7h		524 KM 🚗 5h 🚌 8h	302 KM 🚗 3h30 🚌 7h30	47 KM 🚗 30m 🚌 1h1
JACKSONVILLE	144 KM 🚗 1h30 🚌 1h30	524 KM 🚗 5h 🚌 8h		811 KM 🚗 9h 🚌 15h	556 K 🚗 5h4 🚌 8h3
KEY WEST	676 KM 🚗 7h30 🚌 21h	302 KM 🚗 3h30 🚌 7h30	811 KM 🚗 9h 🚌 15h		264 K 🚗 3h3 🚌 6h3
MIAMI	430 KM 🚗 4h 🚌 7h15	47 KM 🚗 30mn 🚌 1h15	556 KM 🚗 5h45 🚌 8h30	264 KM 🚗 3h30 🚌 6h30	
NAPLES	471 KM 🚗 4h30 🚌 12h	175 KM 🚗 2h 🚌 2h30	539 KM 🚗 6h 🚌 21h	381 KM 🚗 5h 🚌 10h	202 K 🚗 2h 🚌 3h
ORLANDO	92 KM 🚗 1h 🚌 1h30	342 KM 🚗 3h 🚌 5h	227 KM 🚗 2h 🚌 3h	632 KM 🚗 6h45 🚌 12h	378 K 🚗 3h3 🚌 5h3
ST. AUGUSTINE	93 KM 🚗 1h 🚌 4h	471 KM 🚗 4h15	64 KM 🚗 1h 🚌 2h	756 KM 🚗 8h 🚌 15h	508 K 🚗 4h3
ST. PETERSBURG	261 KM 🚗 2h30 🚌 8h	400 KM 🚗 3h30 🚌 8h30	359 KM 🚗 3h30 🚌 8h30	661 KM 🚗 6h45 🚌 14h	428 K 🚗 4h 🚌 8h
SARASOTA	301 KM 🚗 3h 🚌 14h	343 KM 🚗 3h15 🚌 5h	405 KM 🚗 4h15	605 KM 🚗 6h30 🚌 15h	371 K 🚗 3h 🚌 5h
TALLAHASSEE	404 KM 🚗 4h 🚌 8h	738 KM 🚗 6h30 🚌 12h	264 KM 🚗 2h30 🚌 4h	1028 KM 🚗 10h30 🚌 18h	774 K 🚗 7 🚌 13
TAMPA	225 KM 🚗 2h 🚌 6h30	400 KM 🚗 4h30 🚌 6h30	322 KM 🚗 3h15 🚌 5h30	684 KM 🚗 7h 🚌 11h30	452 K 🚗 4h 🚌 6h

2e Etat américain en termes de superficie, la Floride se démarque par des villes aux personnalité affirmées majoritairement situées au sud et sur les côtesest et ouest, exception faite pour Orlando. Les distances pour se déplacer de l'une à l'autre sont ainsi plutôt raisonnables. Conséquence : la plupart des visiteurs ont tendance à bouder le nord-ouest de l'Etat, où se trouve notamment la capitale Tallahassee. Si vous êtes en quête de calme et de paysages préservés, ne manquez pas d'y faire un saut !

NAPLES	ORLANDO	ST. AUGUSTINE	ST. PETERSBURG	SARASOTA	TALLAHASSEE	TAMPA
471 KM 4h30 12h	92 KM 1h 1h30	93 KM 1h 4h	261 KM 2h30 8h	301 KM 3h 14h	404 KM 4h 8h	225 KM 2h 6h30
75 KM 2h 2h30	342 KM 3h 5h	471 KM 4h15	400 KM 3h30 8h30	343 KM 3h15 5h	738 KM 6h30 12h	400 KM 4h30 6h30
39 KM 6h 21h	227 KM 2h 3h	64 KM 1h 2h	359 KM 3h30 8h30	405 KM 4h15	264 KM 2h30 4h	322 KM 3h15 5h30
81 KM 5h 10h	632 KM 6h45 12h	756 KM 8h 15h	661 KM 6h45 14h	605 KM 6h30 15h	1028 KM 10h30 18h	684 KM 7h 11h30
02 KM 2h 3h	378 KM 3h30 5h30	508 KM 4h30	428 KM 4h 8h30	371 KM 3h30 5h30	774 KM 7h 13h	452 KM 4h15 6h30
	312 KM 4h 9h15	482 KM 5h30 13h	244 KM 2h15 7h30	188 KM 2h 5h30	698 KM 6h15 10h	268 KM 2h30 5h30
12 KM 4h 9h15		172 KM 1h45 2h30	172 KM 1h30 3h	210 KM 2h 4h	413 KM 4h 6h	135 KM 1h30 2h
82 KM 5h30 13h	172 KM 1h45 2h30		339 KM 3h30 11h	378 KM 4h15 9h	326 KM 3h15 5h	302 KM 3h 7h30
44 KM 2h15 7h30	172 KM 1h30 3h	339 KM 3h30 11h		59 KM 1h 2h30	415 KM 4h30 9h	37 KM 30mn 2h
38 KM 2h 5h30	210 KM 2h 4h	378 KM 4h15 9h	59 KM 1h 2h30		528 KM 5h 9h	98 KM 1h 2h30
98 KM 6h15 10h	413 KM 4h 6h	326 KM 3h15 5h	415 KM 4h30 9h	528 KM 5h 9h		444 KM 4h30 7h
68 KM 2h30 5h30	135 KM 1h30 2h	302 KM 3h 7h30	37 KM 30mn 2h	98 KM 1h 2h30	444 KM 4h30 7h	

IDÉES DE SÉJOUR

L'éloignement de la Floride et la durée du vol incitent généralement à opter pour un séjour d'une semaine minimum. En sept jours, vous pourrez visiter Miami et partir pour un ou deux jours aux Everglades ou dans les Keys. Si vous envisagez un circuit incluant d'autres immanquables de la Floride (le Kennedy Space Center, les parcs d'attractions d'Orlando, la cossue ville de Naples ou l'ensoleillée Saint Petersburg), mieux vaut prévoir au minimum deux semaines sur place. Enfin, si vous désirez également explorer l'extrémité du nord-est de la Floride et la capitale Tallahassee, ou le nord-ouest et l'historique Saint Augustine, trois semaines ne seront pas de trop. Car il ne faut pas oublier qu'où que vous soyez ou presque, vous rencontrerez de superbes plages ou de nombreuses piscines qui vous donneront envie de paresser au soleil et de prendre le temps... C'est aussi cela, un voyage en Floride !

SOUS LE SOLEIL DE FLORIDE, UN MOIS SUR LES ROUTES

Voilà un voyage qui devrait vous dépayser entièrement. En un mois, vous aurez le temps de vous détendre tout en profitant des multiples attractions que le Sunshine State a à vous offrir. Pétillante Miami, délirants Studios Universal, fascinantes Everglades, paradisiaques Keys, les qualificatifs ne manquent pas !

› Jour 1 - Arrivée à Miami

Vous arrivez en fin de journée à Miami ★★★★ (p.105). Posez vos valises dans Miami Beach et profitez de l'ambiance festive de SoBe ★★★ pour la soirée.

› Jour 2 - Miami Beach

Vous avez toute la journée pour découvrir ce quartier de Miami ★★★★ (p.105), avec ses hôtels Art déco et ses longues plages de sable.

› Jour 3 - Alligator Alley et les Everglades

Départ sur l'Alligator Alley en direction de la côte ouest avec un arrêt au milieu des Everglades ★★★ (p.203) pour faire un *swamp tour*. Passage par San Marco Island ★ (p.352) qui est un véritable paradis tropical et la plus vaste des Ten Thousand Islands ★ (p.352). Soirée à Naples ★★ (p.354), une petite localité qui séduit par son élégance. L'architecture et le charme de la rue principale (Main Street) semblent emprunter à son homologue italienne.

› Jour 4 - Fort Myers et Venice

En continuant votre route vers le nord, vous pourrez faire une halte à Fort Myers ★★ (p.362) qui conserve les nombreux palmiers royaux qu'Edison avait fait planter et les demeures devenues des musées.

IDÉES DE SÉJOUR

Ocean Drive.

MAÎTRE CHRISTIAN F. SCHOEPP

AVOCAT FRANÇAIS MEMBRE DU BARREAU DE FLORIDE

Il accompagne les francophones victimes de dommages corporels ou impliqués dans une affaire pénale.

Quel est votre parcours ?

J'ai d'abord été diplomate. J'étais au consulat à Miami, où j'aidais les Français en situation d'urgence. J'ai ensuite suivi des études de droit aux Etats-Unis et j'ai continué à exercer comme avocat dans la lignée des problèmes dont je m'occupais au consulat, c'est-à-dire les accidents et les crimes commis sur le territoire américain.

Pourquoi faut-il entamer une procédure en cas d'accident ?

Vous pouvez obtenir une indemnisation pour les dommages corporels que vous avez subis : pour vos frais médicaux et pour tout traitement dont vous pourriez avoir besoin dans le futur, pour votre perte de salaire et pour votre souffrance.

Quel est l'intérêt de faire appel à un avocat en cas d'arrestation ?

On m'appelle surtout pour des affaires de vol à l'étalage, d'ébriété au volant, de fraude fiscale ou de violence conjugale, qui peuvent vite faire perdre son visa. En matière pénale, c'est très important d'être assisté par un avocat qui connaît vos droits, car chaque mot que vous prononcez peut-être retenu contre vous. De plus, un avocat sait négocier avec le parquet.

Combien cela coûte-t-il de consulter un avocat ?

Pour les francophones victimes d'un dommage corporel ou d'un crime, la première consultation est gratuite. Et par la suite, le montant que l'avocat reçoit dépend du résultat obtenu par l'avocat et souvent de la phase du litige au cours de laquelle le différent se règle. Pour le droit pénal, cela dépend de la gravité de l'acte commis. Mieux vaut parler des honoraires dès le premier contact avec votre avocat.

© CHRISTIAN SCHOEPP

MAÎTRE CHRISTIAN SCHOEPP

1221 Brickell Avenue - **MIAMI**

✆ +1 305 215 9355 - www.schoepplaw.com/fr

Vous pouvez également faire un arrêt sur Sanibel et Captiva qui sont deux îles reliées à Fort Myers ★★ (p.362) par une seule voie, le Sanibel Causeway. Ces très beaux sites vous invitent à vous prélasser sur les plages d'un sable blanc étincelant ou à admirer une abondante faune et flore. Les amateurs de coquillages pourront observer des spécimens très rares. Arrivée tardive à Venice ★★ (p.370) qui est longtemps restée un petit port de pêche. Les amateurs de fossiles s'intéresseront aux traces modelées de dents de requins sur les rochers.

› Jour 5 - Sarasota

Découverte de Sarasota ★★ (p.371) qui est trop souvent oubliée par les touristes... Et pourtant ! Le sable des plages est d'une blancheur éclatante, les plantes tropicales sont luxuriantes et l'eau du golfe du Mexique est d'un bleu intense. La ville est également une capitale culturelle de première importance qui s'emploie à mettre en valeur ses atouts... Longboat Key est plutôt axée sur le luxe et les loisirs ; Lido et Saint Armands Keys accueillent des boutiques exotiques ; Siesta Key est une immense plage (p.285) de sable blanc...

› Jour 6 - Saint Petersburg

Découverte de Saint Petersburg ★★ (p.380), qui est considérée comme la capitale du soleil avec une température moyenne de 23 °C et un soleil brillant environ 361 jours par an. Le Livre Guiness des records a cité Saint Petersburg ★★ (p.380) comme la ville ayant le plus de jours de soleil consécutifs, avec une performance de 768 jours, du 9 février 1967 au 17 mars 1969.

› Jour 7 - Saint Petersburg et Tampa

De Saint Petersburg ★★ (p.380), en remontant la côte ouest vers le nord, vous arrivez à Clearwater ★★ (p.384), une charmante station balnéaire. Il est facile de s'y perdre, car les quartiers sont vallonnés et la baie présente de part et d'autre. La ville est également connue pour être le siège des redoutables et puissants scientologues. Continuez votre route et passez la nuit à Tampa ★★ (p.386) qui tire son nom d'un mot indien qui signifie : brindille pour allumer le feu. Très différente de ses voisines, la brindille est d'abord une ville plus grande que ses voisines et à la population plus nombreuse. Elle fait partie des plus grandes villes de l'État. Dîner dans le quartier d'Ybor City, le charmant centre historique de Tampa ★★ (p.386), jadis occupé par les réfugiés cubains, et qui a des allures d'une petite ville des Antilles.

› Jour 8 - Ocala

Continuez votre remontée vers le nord avec une halte à Tarpon Springs ★ (p.392) qui vous transporte dans un petit village de pêcheurs typiquement grec dont l'héritage s'est conservé à travers la religion, la musique et la nourriture. En remontant vers le nord, et à égale distance d'Orlando ★★ (p.305) ou de Tampa ★★ (p.386), Ocala ★ (p.396) est une petite ville sur l'I75. Le centre historique est constitué de maisons de style victorien. Le comté de Marion, dont fait partie Ocala ★ (p.396), est réputé pour ses chevaux de course dont sept furent les vainqueurs du fameux Derby du Kentucky. Plus de mille chevaux sont élevés dans les fermes du comté, dont certaines sont ouvertes aux visites. Mais c'est à Gainesville ★★ (p.397) que vous passerez la nuit, un petit havre de paix, regorgeant de richesses et boudé pourtant par les touristes. Dans la partie nord-est de la ville, des bâtiments datant de 1880 à 1930 sont classés par les Monuments historiques.

› Jour 9 - Gainesville et Tallahassee

Dans Gainesville ★★ (p.397), le Florida Museum of Natural History (p.398) vaut à lui seul une halte dans la ville. Les promenades balisées sont nombreuses et permettent de profiter pleinement de la faune et de la flore de la région. Tallahassee ★★ (p.400) est l'étape suivante. La végétation luxuriante, les cascades et les collines du Nord-Ouest ★★ (p.393) de la Floride ★★★ font vite oublier les étendues marécageuses du Sud. Dans cette paisible région du Panhandle. Tallahassee ★★ (p.400) est également la capitale de la Floride ★★★.

› Jour 10 - Panama City Beach

Le lendemain, vous serez tellement épuisé qu'une pause plage (p.285) s'imposera. Panama City Beach ★★ (p.404), avec des eaux aux reflets émeraude et ses plages de fin sable blanc bordant le golfe du Mexique sur une trentaine de miles, est souvent classée parmi les plus belles plages des États-Unis. C'est la halte idéale.

› Jour 11 - Pensacola

Vous pouvez aller jusqu'à l'extrémité ouest de l'État de Floride ★★★, à Pensacola ★★ (p.407) qui ne reçoit pas souvent de visiteurs francophones... que leurs périples ne mènent pas jusque-là ! Et pourtant, la ville vaut le détour pour ses plages au sable blanc éclatant, ses quartiers historiques, sa base aéronavale et ses pilotes d'élite, les Blue Angels.

› Jour 12 - Fernandina Beach

Il vous faudra bien une journée pour basculer sur la côte est... et arriver à Fernandina Beach ★ (p.299), une charmante cité balnéaire, capitale de la crevette, qui reste marquée par son passé victorien et qui respire le calme. Vous pouvez faire une escapade vers la Géorgie voisine.

› Jour 13 - Jacksonville

Découverte de Jacksonville ★★ (p.295), la quinzième ville américaine du point de vue de la population et la première en termes de superficie. Son stade de 70 000 places, le Gator Bowl, est connu au niveau national. Mais, surtout, Jacksonville ★★ (p.295) possède un héritage historique extrêmement dense. Vous choisirez un Saint Augustine ★★ (p.288) pour passer la nuit où tout est orienté vers l'accueil des visiteurs américains à la recherche de leurs racines. Artistes et artisans aux talents divers sont légion et les quartiers historiques sont devenus piétonniers.

› Jour 14 - Daytona Beach

Passage obligatoire par Daytona Beach ★★ (p.284), réputée pour son circuit mondial de Formule 1 et berceau de NASCAR. Outre ses longues plages de sable fin, de nombreux autres points d'intérêt attireront les amoureux de la Floride ★★★ : Ocean Center, Boardwalk, Brandshell, Clocktower Plaza et Main Street, ses boutiques et restaurants.

› Jour 15 - Découverte de Cape Canaveral

Autant les Soviétiques gardaient secrètes leurs bases spatiales, autant les Américains ont rendu célèbre la leur. C'est ici qu'ont été entreprises les actions qui ont stupéfié le monde, comme les premiers pas de l'homme sur la lune dont les images ont été diffusées jusque dans les profondeurs du Sahara, faisant de Cape Canaveral ★ (p.280) un lieu presque plus connu que New York ou Washington. Les passionnés qui rêvent de visiter le Kennedy Space Center (p.281), le lieu saint de l'aventure spatiale, voudront au minimum passer une nuit dans la zone de Cape Canaveral ★ (p.280).

› Jour 16 - Orlando, Magic Kingdom

Découverte de l'univers Disney et du tout premier parc : le Magic Kingdom. Si vous connaissez celui de Paris, il vous faudra une petite journée pour découvrir les attractions qui manquent à votre palmarès et profiter de l'ambiance générale. Ne manquez pas la Parade, qui est complètement différente de celle de Paris.

› Jour 17 - Orlando, Universal Studios

Découverte d'Universal Studios et de son premier parc. Passage obligatoire par la gare de King's Cross et le Chemin de Traverse. Soirée dans l'Universal City Walk avec un petit ciné ou un concert dans l'arène géante du Hard Rock Café.

› Jour 18 - Island of Adventure

Vous finissez en beauté en faisant les attractions les plus sensationnelles de tout Orlando ★★ (p.305) dans Island of Adventure (Universal). Ne manquez pas bien sûr l'attraction la plus sensationnelle du Parc en raison de ses incroyables effets spéciaux, à savoir *The Wizarding World of Harry Potter.*

Si vous survivez à l'*Incroyable Hulk* ou *Hagrid's Magical Creatures Motorbike Adventure*, vous pourrez reprendre votre avion encore tout sonné par autant de sensations…

› Jour 19 - Lac Okeechobee

Passage par le lac Okeechobee ★ qui est le troisième lac d'eau douce des États-Unis avec une superficie de 1 810 km². Il s'étend sur une largeur de 50 km et une longueur de 55 km. Si des voies de circulation l'entourent, il n'en demeure pas moins une zone très peu habitée. Vous arrivez en soirée à Palm Beach ★★ (p.275) réputée pour ses somptueuses demeures et pour ses nombreuses Rolls Royce, Ferrari ou Aston Martin visibles à tous les coins des rues.

› Jour 20 - Fort Lauderdale

Après une découverte rapide, vous vous dirigez vers Fort Lauderdale ★★ (p.268), surtout fréquenté par des couples qui souhaitent passer des vacances paisibles loin du tumulte. La ville vous intéressera plus pour ses activités aquatiques que pour ses musées, en dehors du Bonnet House Museum (p.268) qui mérite qu'on aille le visiter entre deux brasses.

Tout ici gravite effectivement autour du sport et de la nature. Le long de la plage (p.285), les inconditionnels trouveront une multitude de complexes sportifs où ils pourront faire de la voile, du Jet-Ski, de la plongée…

› Jour 21 - Retour à Miami, Little Havana

Une journée supplémentaire à Miami ★★★★ (p.105) s'impose, pour découvrir Little Havana ★★★ et la Calle Ocho (p.142). Nuit à South Beach ★★★.

› Jour 22 - Découverte des Everglades

Vous pouvez profiter des Everglades ★★★ (p.203) et descendre jusqu'à Flamingo (p.214) pour y passer la nuit… Vous bénéficierez de la rencontre avec l'écosystème le lendemain au lever du soleil.

› Jour 23 - Cap sur les Keys

Arrivé à Key Largo ★★★ (p.226), vous êtes à la tête des Keys et dans la capitale mondiale de la plongée. Après le premier pont, le lac « surprise » vous tend les bras et un panneau inquiétant vous annonce le *crocodile crossing*. Comme il s'agit de l'une des plus grandes Keys, vous n'aurez pas vraiment la sensation d'être sur une île. Le bord de mer ou d'océan n'est pas toujours à proximité, mais déjà les loueurs de matériel de plongée ou les prestataires de *watersport* vous attendent : Key Largo ★★★ (p.226) abrite deux des plus importantes réserves naturelles pour la plongée.

› Jour 24 - Islamorada et Marathon Key

Le lendemain, vous arrivez à Islamorada ★★★ (p.233), capitale mondiale de la pêche sportive. L'activité principale des 8 300 habitants de cette Key est la pêche. Où que vous vous tourniez, vous voyez des bateaux petits ou grands, des pêcheurs et des poissons. Mais vous passerez la nuit à Marathon Key ★ (p.238), l'île qui est au cœur des Keys. Elle doit son nom à un employé à la construction du Seven Mile Bridge (p.242) qui s'était exclamé : « Mais c'est un marathon ! »

› Jour 25 - Big Pine Key et Key West

Découverte de Big Pine Key ★ (p.244) et du parc naturel, le Key Deer Refuge (p.244), qui sert de sanctuaire à une espèce de daim miniature natif des Keys. Vous y verrez également le Blue Hole, où les alligators ne font pas de cauchemars de sacs à main, et qui abrite également des tortues d'eau douce. Au-delà du refuge se dresse la forêt de Watson's Hammock plantée d'arbres de bois-de-fer et de plantes tropicales. Arrivée enfin à Key West ★★★ (p.247) pour y passer la soirée et y faire la fête, car c'est la plus festive des Keys.

› Jour 26 - Visite de Key West

Louez un vélo ou un scooter pour profiter des rues de l'île, de sa végétation luxuriante et des maisons des Caraïbes. Vous pouvez également joindre un groupe de Jet-Ski partant faire le tour complet de l'île ou vous exercer dans la baie. Les visites à faire ne manquent pas non plus sur la terre ferme ! Quoi qu'il en soit, vous devez assister au coucher du soleil sur Mallory Square (p.252), puis aller faire un tour au Sloppy Joes ou au 801 Bourbon bar (*shows de drag-queens*).

› Jour 27 - Fort Jefferson et Dry Tortugas

Nous vous suggérons de partir en hydravion à la découverte du fort Jefferson (p.264) et de faire un peu de plongée, ou bien de rejoindre le parc national des Dry Tortugas ★★★ (p.263) pour découvrir la faune et la flore de Floride ★★★. En fin de journée, remontez vers Miami ★★★★ (p.105) en profitant des attractions du sud de Miami ★★★★ (p.105). Le soir, promenade sur Ocean Drive et dernières sorties.

› Jour 28 - Dernier tour dans SoBe

Après une ultime balade dans les quartiers Art déco de SoBe ★★★, vous prenez votre avion pour l'Europe et n'arriverez que le lendemain matin. Vous auriez peut-être dû supprimer quelques étapes… mais la Floride ★★★ a tant à vous offrir !

MIAMI, EVERGLADES ET KEYS, UN CONCENTRÉ DE FLORIDE

Ce voyage devrait permettre de profiter pleinement de tout le Sud de la Floride ★★★. Il peut être également décliné en deux semaines, car l'éventail des possibilités de chaque étape est vraiment large et vous aurez peut-être aussi envie de vous prélasser.

› Jour 1 - Arrivée à Miami

Si vous partez le matin de France, grâce au décalage horaire, vous arrivez en fin de journée à Miami ★★★★ (p.105). Essayez de dormir dans l'avion afin de profiter un peu de la première soirée sur place. L'ambiance de fête de SoBe ★★★ devrait vous saisir…

Alligator des Everglades.

Bahia Honda Bridge.

› Jour 2 - Miami Beach

Balade dans Miami ★★★★ (p.105) Beach et son quartier Art déco, farniente à la plage (p.285) entre deux postes de garde-côtes en maillot rouge, visite des musées et des parcs, shopping dans un mall ou dans une boutique de créateur... La nuit tombée et les néons colorés mis en marche, crawl sur Ocean Drive, Collins Avenue et Washington Avenue en quête d'une ambiance qui vous plaira, puis re-crawl et nouveau stop jusqu'à épuisement.

› Jour 3 - Découverte des Everglades

Départ aux aurores pour profiter de la nature qui s'éveille dans le parc national des Everglades ★★★ (p.211). Découverte de l'écosystème, seul ou avec un guide, balade à vélo ou en canoë. Le soir, une balade de nuit dans le parc, avec un guide et une bonne lampe de poche, vous permettra de voir le parc et ses habitants d'une tout autre façon. Frissons et sensations garantis.

› Jour 4 - Cap sur les Keys

Départ en direction des Keys pour profiter pleinement de la succession de ponts qui vous conduiront au bout des Keys. Arrêt en route pour manger un morceau au bord de l'eau sur l'une des keys qui se trouvent sur la route et pourquoi pas un stop à Marathon Key ★ (p.238) pour visiter l'hôpital de tortues marines, le Turtle Hospital (p.239).

Arrivé à Key West ★★★ (p.247), vous vous précipitez pour assister au coucher du soleil sur Mallory Square (p.252), puis allez faire un tour au Sloppy Joe's ou au Captain Tony's Saloon.

› Jour 5 - Key West

Profitez des activités nautiques et sportives proposées sur Key West ★★★ (p.247), ou bien prélassez-vous simplement sur la plage (p.285). Le charme de votre guesthouse vous aura peut-être incité au farniente au bord de la piscine avec un bon jus de fruits frais. Nous vous suggérons aussi de partir en hydravion à la découverte du fort Jefferson (p.264) et de faire un peu de plongée.

› Jour 6 - Excursion dans les Dry Tortugas

Au départ de Key West ★★★ (p.247), prenez le ferry pour vous rendre dans le parc national des Dry Tortugas ★★★ (p.263). Journée balade et découverte de la faune et la flore de Floride ★★★. Les amateurs de plongée commenceront leur remontée vers Miami ★★★★ (p.105), pour s'arrêter dans un *spot* de plongée à Marathon Key ★ (p.238) ou Key Largo ★★★ (p.226).

› Jour 7 - Retour à Miami

Retour à Miami ★★★★ (p.105) pour une dernière visite ou instant farniente selon vos envies.

ACTIVITÉS NAUTIQUES ET FARNIENTE DANS LES KEYS

Si vous êtes en quête de paysages paradisiaques et de soleil éternel, ce séjour balnéaire dans les Keys devrait vous convenir. Préparez-vous à découvrir ce chapelet d'îles, situé au bout de la baie de Miami, qui réserve de nombreuses activités nautiques, aussi bien que des sites entièrement dédiés au farniente!

› Jour 1 - Key Biscayne

Départ pour les Keys, arrêt en cours de route à Vizcaya pour admirer la beauté de cette maison aux influences espagnoles et ses jardins à la française, ainsi que la magnifique vue sur l'océan depuis le ponton aux allures vénitiennes. Arrivée à Key Biscayne en fin de journée.

› Jour 2 - Key Largo

Découverte de Key Biscayne, snorkeling ou farniente sur la plage en profitant de la beauté de ses plages et de ses fonds marins. Arrivée à **Key Largo** ★★★ (p.226) en fin d'après-midi, juste à temps pour admirer le coucher de soleil.

› Jour 3 - Everglades et Key Largo

Excursion en Zodiac autour des mangroves du Parc national des Everglades et découverte de la faune et de la flore locales qui s'étendent jusqu'aux frontières avec les Keys. En fin de journée, nouveau moment magique en tête à tête avec le coucher du soleil en s'étonnant que les couleurs soient différentes de celles de la veille. Pour les amateurs, **Key Largo** ★★★ (p.226) est également un spot magnifique pour le snorkeling ou la plongée, le Christ des Abysses est l'un des spots les plus visités dans le monde.

› Jour 4 - Islamorada

Arrivée à **Islamorada** ★★★ (p.233), possibilité de nourrir les tarpons chez Ronnie's et ensuite de manger un morceau dans le restaurant attenant, tenu par un chef français très sympathique. Pour les aficionados, la ville est la capitale mondiale de la pêche sportive et l'on peut s'adonner à ce sport très facilement. Pour les autres, continuation jusqu'à **Marathon** ★ (p.238), où l'on peut s'arrêter au **Centre de protection des tortues** (p.239) ou au **Centre de recherche sur les dauphins** (p.238). Possibilité de nager avec ces magnifiques mammifères marins dans plusieurs centres des Keys, mais il vous faudra avoir réservé à l'avance cette activité magique.

› Jour 5 - Big Pine Key et Key Deer Refuge

Découverte de **Big Pine Key** ★ (p.244) et du parc naturel, le **Key Deer Refuge** (p.244), qui sert de sanctuaire à une espèce de chevreuil miniature natif des Keys. Au-delà du refuge se dresse la forêt de Watson's Hammock, plantée d'arbres de bois de fer et de plantes tropicales. Repas le midi au No Name Pub, ou simplement petit détour en voiture juste pour admirer le cadre original et l'ambiance décalée du lieu. Arrivée enfin à **Key West** ★★★ (p.247) pour y passer la soirée.

› Jour 6 - Key West

Profitez de toute l'animation et des activités de **Key West** ★★★ (p.247), avec, dans le désordre et en vrac : visiter la **maison d'Hemingway** (p.251), flâner dans Duval Street, se faire prendre en photo devant le point le plus au sud des États-Unis, s'amuser à chercher les bons mots sur les pierres tombales de quelques habitants au sens de l'humour plutôt caustique, s'émerveiller devant le coucher de soleil à **Mallory Square** (p.252) et profiter de l'ambiance festive des lieux.

› Jour 7 - Key West

D'autres activités sportives sont possibles sur **Key West** ★★★ (p.247) : faire du parasailing pour considérer avec hauteur votre séjour, louer un jet-ski pour s'éloigner un peu de la côte, faire une excursion en bateau jusqu'aux **Dry Tortugas** ★★★ (p.263) pour ceux qui possèdent un peu plus de temps...

› Jour 8 - Retour à Miami

Retour à Miami et, en chemin, arrêt à Tavernier (**Key Largo** ★★★ (p.226)) au **Bird Center** (p.228) qui s'occupe des animaux blessés.

TOUR ARCHITECTURAL DE MIAMI

La ville est particulièrement connue pour son riche patrimoine architectural, des superbes bâtiments Art déco de South Beach aux immeubles dit MiMo (Miami Modern Architecture), témoignages de l'architecture des années 1960. On découvrira également les buildings étonnants du Design District et ceux, entièrement graffés, de Wynwood.

› Jour 1 - Art déco

Découverte des **bâtiments colorés Art déco** (p.134) de SoBe, aux formes arrondies, géométriques et symétriques. Construits dans les années 1920-1930, ces immeubles classés patrimoine historique sont un symbole fort de Miami Beach.

› Jour 2 - Gratte-ciels de Brickell

Balade dans le quartier de Downtown, à Brickell, le quartier d'affaires de **Miami** ★★★★ (p.105), pour se donner le tournis en regardant le haut des hauts buildings et se sentir tout petit devant ces tours-miroir.

› Jour 3 - MiMo

Le quartier appelé Miami Modern Architecture, ou MiMo, s'étale le long de Biscayne Boulevard de la 50th Street à la 77th Street, entre une partie de Little Haïti ★★★ à l'ouest et la mer sur son versant est. Il se caractérise par une architecture des années 1950 et 1960, exubérante et glamour, un style en réaction à l'architecture d'après-guerre austère et minimaliste. Le style d'architecture MiMo est actuellement très tendance à Miami et particulièrement prisé.

Virée nocturne dans le quartier de South Beach.

› Jour 4 - Street art

Visite de Wynwood ★★★, un quartier d'usines qui a été totalement transformé dans les années 2000. Désormais, c'est le royaume des galeries d'art contemporain et du street art. Des murs entiers sont recouverts de graffitis superbes ! Déjeuner à Oasis Wynwood, un nouveau *food court* à l'ambiance végétale et fleurie.

› Jour 5 - Design

Le quartier de Design District, qui s'étend de la 41th Street à la 38th Street de Miami ★★★★ (p.105), compte de nombreux buildings design qui abritent aussi bien des boutiques de luxe que des showrooms ou des galeries d'art.

PARCS D'ATTRACTIONS D'ORLANDO ET KENNEDY SPACE CENTER

Cette semaine met en lumière le talent américain pour le divertissement. Au départ d'Orlando ★★ (p.305), on découvrira les plus grands parcs d'attractions du monde, notamment Universal Studios, Disney's Hollywood Studios, Sea World et Island of Adventure. Ne ratez pas le détour par Cap Canaveral pour découvrir le Kennedy Space Center.

› Jour 1 - Arrivée à Orlando

Cette journée est consacrée au voyage mais avec une arrivée à Orlando ★★ (p.305) depuis Paris (pas de vol direct mais possible avec une correspondance aux États-Unis). Vous pourrez profiter de l'ambiance des complexes nocturnes de Disney ou Universal.

Sinon, vous pouvez toujours faire un petit aller-retour sur International Drive pour vous imprégner de l'ambiance locale et pourquoi pas prendre un verre ou deux.

› Jour 2 - Magic Kingdom

Découverte de l'univers Disney et du tout premier parc : le Magic Kingdom. Si vous connaissez celui de Paris, il vous faudra une petite journée pour découvrir les attractions qui manquent à votre palmarès et profiter de l'ambiance générale. Ne manquez pas la Parade, qui est complètement différente de celle de Paris.

› Jour 3 - MGM Studios

Attaquez-vous au Disney's Hollywood Studios (WDW), rafraîchissez-vous l'après-midi dans l'un des parcs aquatiques avant d'y retourner pour voir le spectacle, puis finir votre soirée dans Pleasure Island.

› Jour 4 - Animal Kingdom

De bon matin, c'est le tour d'Animal Kingdom (WDW encore) d'être arpenté. Il y a beaucoup à faire, mais vous pourriez passer l'après-midi à Epcot qui ne manque pas d'attrait et prendre le temps de dîner dans l'un des pavillons représentant les différents pays du monde en attendant Illumination, le spectacle nocturne.

› Jour 5 - Sea World ou Kennedy Space Center

Aujourd'hui vous changez de style et partez nager avec des dauphins dans Discovery Cove ★ ou allez assister à des spectacles de mammifères marins époustouflants à Seaworld. Si vous avez le cœur à quitter ce petit paradis, allez en début d'après-midi à Gatorland (p.311) ou partez faire un swamp tour sur les marais voisins. En soirée, allez dans Disney Spring pour la représentation du Cirque du Soleil. Vous ne le regretterez pas !

Une autre option consiste à partir très tôt le matin, pour profiter du Kennedy Space Center à Cape Canaveral, puis de rentrer à Orlando ★★ (p.305) pour passer la soirée à Disney Spring, boire un verre et dîner au Planet Hollywood.

› Jour 6 - Universal Studios

Découverte d'Universal Studios et de son premier parc. Passage obligatoire par la gare de King's Cross et le Chemin de Traverse. Soirée dans l'Universal City Walk avec un petit ciné ou un concert dans l'arène géante du Hard Rock Café.

› Jour 7 - Island of Adventure

Vous finissez en beauté en faisant les attractions les plus sensationnelles de tout Orlando ★★ (p.305) dans Island of Adventure (Universal). Ne manquez pas bien sûr l'attraction la plus sensationnelle du parc en raison de ses incroyables effets spéciaux, à savoir *The Wizarding World of Harry Potter*. Si vous survivez à l'*Incroyable Hulk* ou Hagrid's Magical Creatures Motorbike Adventure, vous pourrez reprendre votre avion encore tout sonné par autant de sensations…

› Jour 8 - Un dernier tour sur International Drive

Vous avez raté votre avion et vous vous êtes accordé une journée supplémentaire ?

Un petit tour sur International Drive vous permettra de faire votre dernier shopping, pourquoi pas à Bargain World, puis cette fois-ci de rentrer chez vous : *Hasta la vista, Baby !*

PLAGES DE RÊVE DE LA CÔTE OUEST FLORIDIENNE

La Floride est LA destination balnéaire par excellence. Avec son ciel bleu et son soleil omniprésent, le *Sunshine State* n'usurpe pas sa réputation.

Le long de la plage de Fort Myers.

Les amateurs de plage et d'activités nautiques seront comblés. La semaine se déroulera de Miami à St Petersburg ★★ (p.380), en passant par Naples ★★ (p.354), Fort Myers ★ (p.361), Sarasota ★★ (p.371) et Anna Maria Island ★★ (p.378).

› Jour 1 - Naples

Départ de Miami le matin, prenez la route pour Naples ★★ (p.354). Arrivée 2 heures plus tard et direction la plage de Barefoot Beach (p.355) pour un pique-nique sur place puis un après-midi baignade. Le soir, cap sur le Naples Pier (p.356) pour aller admirer le coucher de soleil sur le ponton à la longueur légendaire. Pour finir, vous vous rafraîchissez dans les eaux cristallines de la plage de sable blanc, juste en dessous, histoire de vous remettre de vos émotions.

› Jour 2 - Fort Myers Beach

Départ de Naples ★★ (p.354) pour Fort Myers Beach ★ (p.361). Promenade sur la longue et immense plage de sable fin puis déjeuner dans un bar de plage. Baignade et activités nautiques l'après-midi. Pourquoi pas du parachute ascensionnel ?

› Jour 3 - Sanibel Island

Depuis Fort Myers Beach ★ (p.361), partez passer la journée à Sanibel Island ★ (p.364). Faites une balade sur les plages préservées et désertes. Nagez, bronzez, ramassez des coquillages puis partez visiter le musée du coquillage (p.364) pour voir si vous avez trouvé les mêmes. Finissez par une visite du phare (p.365) au moment du coucher de soleil, pour la vue, puis allez piquer une tête dans l'eau transparente de la plage à proximité. Retour à Fort Myers Beach ★ (p.361).

› Jour 4 - Sarasota

Allez sur l'île de Siesta Key et baignez-vous à Siesta Beach sur l'une des plus belles plages des États-Unis. Déjeunez au Skob Oyster bar pour manger de bonnes huîtres pas chères. Retournez faire bronzette puis allez déguster une bonne glace au yaourt chez Sunnibunni au village de Siesta Key. Retour sur Sarasota ★★ (p.371) ou nuit à Siesta Key au choix.

› Jour 5 - Anna Maria Island

Découverte d'Anna Maria City Pier (p.378) puis baignade à Holmes Beach.

Déjeuner à Island Crêperie puis bronzette à Bradenton Beach. Direction le bar le Sand pour finir la journée en terrasse sur la plage, face au soleil couchant, un cocktail à la main.

› Jour 6 - St Petersburg

Cap sur St Pete Beach. Séance de baignade puis balade dans le village de pêcheurs de John's Pass à Clearwater.

› Jour 7 - Retour à Miami

Reprenez la route tôt vers Miami en faisant un arrêt au bout de 2 heures à Punta Gorda avec une balade à la marina et un autre sur l'une de ses plages sublimes. À partir de là, comptez encore 2 heures pour arriver à Miami.

DES ESCAPADES
pour toutes les envies
NOUVEAU
LES SEYCHELLES
Les plus belles plages
LE MANS
Un patrimoine riche et multi-facettes
RETRAITE HEALTHY
Préparer les beaux jours
ESCAPADE
Magazine
CITY BREAK / DESTINATIONS MYTHIQUES / NATURE / HEALTHY / TOURISME DURABLE / STAYCATION
MIAMI
DÉCOUVREZ LA VILLE MYTHIQUE DE FLORIDE
MIAMI BEACH
> LES QUARTIERS INCONTOURNABLES
> LES PLUS BEAUX HÔTELS
> NOS ADRESSES COUP DE CŒUR
> INTERVIEWS DE PERSONNALITÉS LOCALES
Simple et sécurisé
L 12659 - 4 - F: 6,90 € - RD
N°4 - Mars - Avril - Mai 2022
SAINT-JACQUES-DE-COMPOSTELLE
Une cité millénaire gourmande et authentique
DUBAI
Top 5 des expériences les plus vertigineuses
ACTUELLEMENT CHEZ VOTRE MARCHAND DE JOURNAUX
WWW.BOUTIQUECPPRESSE.FR

PRATIQUE

SE REPÉRER / SE DÉPLACER

DE L'AÉROPORT AU CENTRE-VILLE

La Floride est dotée de quatre aéroports internationaux : Miami (MIA), Orlando (MCO), Fort Lauderdale (FLL) et Tampa (TPA). Depuis la France, il est conseillé d'atterrir à Miami (vols directs depuis Paris CDG en 9h45). Si vous venez en Floride pour visiter les parcs d'attractions, il est judicieux (et moins cher) d'atterrir directement à Orlando, mais il vous faudra nécessairement transiter par un aéroport américain car il n'existe pas de vol direct depuis la France.

Depuis l'aéroport d'Orlando, de nombreux services de navettes vous mèneront directement aux hôtels des principaux parcs Disney World et Universal, à partir de 16 US$ l'aller simple par personne. Vous retrouverez également des taxis et VTC. Il est bien sûr possible de louer une voiture directement depuis l'aéroport, mais cela coûte plus cher qu'une prise en charge à l'extérieur de celui-ci, en raison des taxes aéroport.

Pour rejoindre le centre-ville de Miami depuis l'aéroport, plusieurs options s'offrent à vous :

- **En taxi :** comptez 35 US$ pour rejoindre South Beach, 25 US$ pour rejoindre Coconut Grove ou Downtown.
- **En Lyft ou Uber :** il vous en coûtera 20 US$ pour aller de l'aéroport à South Beach. Pensez à installer l'application sur votre smartphone avant de prendre l'avion pour Miami.
- **En shuttle privé :** compromis entre le taxi et le bus, le shuttle vous amène jusqu'à votre hôtel moyennant un prix intermédiaire de 20 à 25 US$ selon votre destination. Les vans de 9 personnes en général (vous partagez le véhicule avec d'autres passagers) sont confortables avec la climatisation et les départs sont très fréquents.
- **Avec le Tri-rail :** la station se trouve à l'est de l'aéroport entre LeJeune Road et NW 21st Street. Une navette gratuite rejoint la station depuis le terminus de l'aéroport pour ceux qui possèdent un billet Tri-rail valide.
- **En Metrorail :** si vous logez à Downtown, vous pourrez emprunter la ligne Orange du Metrorail (2,25 US$ le trajet)
- **En bus :** c'est le moyen le plus long et le moins cher pour rejoindre le centre-ville (2,25 US$). Le terminal de bus se trouve à quelques mètres de l'aéroport. A noter qu'un bus express rejoint Miami Beach, le 150, qui fonctionne de 6h à 23h tous les jours. Ce bus possède un compartiment spécial pour les bagages, il s'arrête au niveau de la 16th Street et de là vous pouvez prendre une correspondance selon où vous devez aller dans South Beach (S, M, L par exemple). Attention, les chauffeurs ne s'arrêtent pas à tous les arrêts, mais vous pouvez indiquer votre destination en montant dans le bus pour être prévenu au moment de votre arrêt.
- **En voiture de location :** mieux avoir réservé sa voiture à l'avance. Des navettes gratuites sur rail vous emmènent jusqu'au Car Rental Center où se trouvent tous les loueurs de voiture. Comptez 20 minutes pour y accéder, car il faut passer par plusieurs tapis roulants pour rejoindre le bon terminal et ensuite attendre la navette quelques minutes (le trajet dure 5 minutes). Il est important d'avoir en tête ces 20 minutes pour le jour où vous rendrez votre véhicule, histoire de ne pas arriver trop tard à l'enregistrement de votre vol...

ARRIVÉE EN TRAIN

La Floride est desservie par la compagnie américaine Amtrak (francais.amtrak.com). Parmi les gares principales, on trouve Miami, Daytona Beach, Jacksonville, Orlando ou encore Tampa. Au second semestre 2023, la compagnie de train à grande vitesse Brightline (gobrightline.com) permettra de relier Miami à Orlando en 3 heures, contre environ 4h30 en voiture.

ARRIVÉE EN BATEAU

Des ferrys proposent des liaisons Marco Island - Key West (3h30 de traversée) ou Fort Myers - Key West (4h). Il n'existe pas de traversée depuis le port de Miami.

2428 kgCO_2e / personne
Aller-retour Paris-Miami

© THEROMB - SHUTTERSTOCK.COM

→ Le calcul de cette consommation CO_2 est fait à partir de Paris. L'idée est ici de montrer concrètement l'empreinte carbone de ce trajet, même s'il n'existe pas d'autre alternative que l'avion pour se rendre dans cette destination de manière directe.

Toutefois, il existe de nombreuses possibilités si vous souhaitez réaliser une croisière depuis Miami jusqu'aux Bahamas (à partir de 2 nuits).

TRANSPORTS EN COMMUN

La Floride bénéficie d'un réseau de bus dense mais pas toujours pratique. Les gares sont souvent situées en dehors des centre-villes et les retards fréquents. Toutefois, le bus peut être une option à étudier si vous souhaitez par exemple vous rendre à Key West depuis Miami. Vous pourrez alors emprunter la compagnie GreyHound (greyhound.com).

À Miami, les bus urbains accusent souvent des retards importants et les arrêts sont très (trop !) nombreux. Préférez, lorsque vous êtes dans le quartier de Downtown, le Metrorail (2,25 US$ le ticket) ou le Metromover (gratuit). Vous pouvez acheter des tickets à l'unité directement dans les bus (espèces uniquement, prévoir l'appoint) ou dans les stations de Metrorail (carte bancaire acceptée). Il existe également des *pass* 1 jour (5,65 US$) ou 7 jours (29,25 US$) valables sur les réseaux de bus et métro, à charger sur une carte Easy Card (coût d'achat 2 US$). Cette carte peut être achetée en ligne ou dans une station de Metrorail.

Dans le cas d'un séjour à Orlando, la plupart des hôtels proposent des navettes vers les parcs et le réseau de bus de la ville est bien conçu.

VÉLO, TROTTINETTE & CO

Certaines grandes villes disposent de location de vélos en libre-service. C'est notamment le cas de Miami (avec Citi Bike), Saint-Petersburg (avec Coast) ou Fort-Lauderdale (avec Broward B-Cycle). Les locations sont possibles à l'heure et à la journée.

AVEC UN CHAUFFEUR

Vous trouverez des taxis n'importe où en Floride. Les VTC comme Uber et Lyft sont également omniprésents, et les tarifs moins chers qu'en France. Il peut toutefois exister des différences de prix entre les deux compagnies pour un même trajet, nous vous conseillons donc de télécharger les deux applications pour faire la comparaison. Si vous êtes seul ou à deux, sachez que les trajets partagés sont encore moins chers. Petit conseil : il est facile de trouver un code promo à utiliser sur vos premières courses.

© GOODLUZ-SHUTTERSTOCK.COM

Si vous restez dans une grande ville comme Miami, mieux vaut laisser tomber la location de voiture et circuler à pied et en Uber.
Il est d'usage de laisser 10 % à 15 % du montant de la course en guise de pourboire. En général, les chauffeurs de taxi vous les prennent automatiquement ou vous pouvez les ajouter via l'application Uber ou Lyft.

EN VOITURE

Location de voiture. Aux Etats-Unis, l'idéal pour se déplacer c'est d'avoir une voiture. L'âge minimal pour louer un véhicule est 21 ans, et des frais jeune conducteur peuvent s'appliquer jusqu'à 25 ans (cela dépend des compagnies). Pour conduire dans l'État de Floride, officiellement le permis de conduire français suffit, mais le consulat de France à Miami conseille de faire la demande d'un permis international (permisdeconduire.ants.gouv.fr) à présenter avec votre permis français. Si vous souhaitez continuer plus au nord le long de la côte atlantique, le permis international est obligatoire en Géorgie et Caroline du Sud.
De nombreuses compagnies de location de voiture opèrent dans les villes et aux aéroports. Il est préférable de réserver votre voiture à l'avance car les prix ont drastiquement augmenté ces dernières années. Certaines compagnies offrent des remises aux détenteurs de carte bancaire *Gold*.

Autre possibilité : la location de voiture entre particuliers via la plateforme Turo (équivalent de Ouicar en France). Les tarifs sont généralement bien moins élevés.

Les vitesses sont indiquées en mph (*miles per hour*). Au niveau de la réglementation, la limitation de vitesse est de 65 mph (105 km/h) à 70 mph (115 km/h) sur les autoroutes. Le taux d'alcoolémie ne peut pas être supérieur à 0,08 g/l.

Le code de la route et la signalisation sont majoritairement les mêmes qu'en Europe, mais il existe quelques exceptions. Il est par exemple possible de tourner à droite à un feu rouge si la voie est dégagée, c'est la règle du « premier arrivé, premier servi ». Il faut toutefois marquer un arrêt de la même manière qu'un stop. Aussi, lorsque vous roulez sur l'autoroute, soyez bien attentifs aux panneaux de sortie : ils peuvent être aussi bien à droite qu'à gauche. Sachez enfin que la circulation peut être très dense, surtout aux abords des grandes villes. Il n'est pas rare de rouler sur des routes à cinq ou six voies, c'est impressionnant au début, mais on s'habitue vite !

Les autoroutes sont payantes, mais il est relativement facile de les éviter et de circuler sans frais, bien que cela rallonge le temps de trajet. Pour cela, vous pouvez cocher l'option « éviter les péages » sur votre GPS. Si toutefois vous préférez gagner du temps, nous vous conseillons d'opter pour le Sun Pass, équivalent du télé-péage en France. Il est disponible sous forme de boîtier (souvent en option dans la location de voiture) ou sous forme de vignette à coller sur le pare-brise. Cette option est la plus économique car elle ne coûte que 4,95 US$ à l'achat (contre plusieurs dizaines de dollars avec la compagnie de location de voiture). Il suffit ensuite de charger le SunPass sur Internet (explications fournies lors de l'achat). Outre le côté économique, il existe des voies dédiées aux utilisateurs de SunPass, ce qui permet de gagner du temps. Autrement, vous pouvez payer par carte ou en espèces à chaque péage.

Quant aux parkings, ils sont très souvent payants et onéreux, surtout à Miami. Plusieurs applications vous aideront à débusquer les parkings les moins chers autour de votre position.

LES PHRASES CLÉS

Bonjour, comment puis-je me rendre à…
Excuse me, how can I get to…

Est-ce loin à pied ? Y a-t-il le métro ou un bus... pour y aller ?
Is it far to walk? Is there a subway or a bus that goes there?

Pouvez-vous me montrer cet endroit sur la carte s'il vous plait ?
Can you please show me this place on the map?

Où puis-je acheter les tickets de transport ? Est-ce que je peux payer en carte de crédit ?
Where can I buy transit tickets? Can I pay with a credit card?

Où est la sortie ? A gauche, à droite ou tout droit ?
Where is the exit? Is it on the left, the right, or straight ahead?

Je suis perdu et je suis en retard, s'il vous plait, aidez-moi ! Merci beaucoup !
I'm lost and running late. Could you please help me? Thank you very much!

PRATIQUE

A VOIR / A FAIRE

HORAIRES

Dans la plupart des villes, surtout les plus touristiques, la plupart des points d'intérêts sont ouverts tous les jours. Dans certaines zones moins fréquentées, les plages horaires sont plus restreintes et il peut y avoir un ou deux jours de fermeture en semaine. Il est préférable de se renseigner en avance.

A RÉSERVER

Depuis la pandémie, de plus en plus de points d'intérêt comme certains musées exigent une réservation préalable en ligne. Cela permet aussi de réduire le temps d'attente aux guichets. Autre avantage : la plupart des établissements touristiques et culturels proposent des tarifs avantageux sur leurs sites internet. Autrement, il est préférable de réserver les visites guidées, excursions à la journée et entrées pour les parcs d'attraction.

BUDGET / BONS PLANS

Il faut généraient compter entre 5 US$ et 25 US$ pour une entrée au tarif adulte. La quasi-totalité des sites proposent des tarifs réduits aux séniors, aux étudiants et aux enfants, ainsi que la gratuité en dessous de 2 ou 3 ans. Il existe une particularité pour les *state parks* comme les Everglades, pour lesquels le prix s'étend par véhicule et non par personne. Vous trouverez également des lieux qui sont gratuits mais où une contribution est appréciée.

LES ÉVÉNEMENTS

Des centaines d'événement ponctuent l'année à travers toute la Floride. Il s'agit souvent de festivals de musique, de cinéma, de gastronomie ou d'art. La plupart proposent des animations gratuites. C'est une excellente façon de s'immerger dans la culture locale.

VISITES GUIDÉES

De nombreuses visites guidées sont proposées, particulièrement dans les zones naturelles pour observer la faune et la flore locales, dont les célèbres alligators. Un bon niveau d'anglais est appréciable pour pleinement comprendre les informations apportées par les guides. Si vous n'êtes pas très à l'aise dans la langue de Shakespeare, sachez que deux compagnies proposent des visites guidées de Miami en français.

C'EST TRÈS LOCAL

Les balades en *airboat* (hydroglisseur) pour observer les Alligators sont très répandues dans les Everglades, même si elles peuvent malheureusement déranger la faune locale. Vous trouverez de nombreuses compagnies sur les routes menant aux différentes entrées. Toutefois, sachez que la majorité proposent des balades à l'extérieur du Parc National des Everglades. Seules trois compagnies sont autorisées au sein-même du parc : Coopertown, Everglades Safari Park et Gator Park.

LES PHRASES CLÉS

Bonjour, puis-je avoir deux entrées adultes et un enfant s'il vous plait ?
Hello. Could I please have tickets for two adults and one child?

Le tarif enfant est jusqu'à quel âge ? Et pour les seniors, est-ce qu'il y a une réduction ?
What is the age limit for the children's rate? Is there a senior discount?

Est-ce qu'il y a des visites guidées en français ou un audioguide ?
Do you offer guided tours or an audio guide?

Combien de temps faut-il pour faire la visite ?
How long does the tour take?

J'ai du mal à monter les escaliers, avez-vous un ascenseur ?
I have difficulty climbing stairs. Do you have an elevator?

Excusez-moi, pouvez-vous me dire où sont les toilettes ? Merci beaucoup.
Excuse me, could you please tell me where are the toilets? Thank you very much.

SE RÉGALER

HORAIRES

La plupart des restaurants sont ouverts toute la journée en continu, bien que ce soit moins le cas depuis la pandémie. Les restaurants ont des horaires un peu décalés par rapport à la France, car les Américains dînent tôt par rapport à nous. Donc, vous pourrez facilement obtenir une table à 17h et le restaurant fermera vers 22h, plus tard s'il possède un bar. Mieux vaut donc vérifier les horaires à l'avance pour éviter toute déception. Certains *fast-foods* et *diners* peuvent fonctionner 24h/24.

BUDGET / BONS PLANS

Vous pourrez manger sur le pouce pour moins de 10 US$ mais il s'agira généralement de tacos ou de sandwichs. Dans un restaurant traditionnel, vous trouverez des plats à partir de 15 US$, jusqu'à 60 US$ ou plus selon la gamme. L'addition peut vite grimper si vous ajoutez une boisson et un dessert. Il est très courant de demander un *doggy bag* si vous ne terminez pas votre assiette.

Pour manger sainement à prix raisonnable, sachez que les grands supermarchés comme Publix ou Wholefood Market disposent d'immenses rayons traiteur. On y trouve des salades à composer, des plats chauds comme des soupes, des viandes marinées ou encore des légumes cuisinés. Le principe : on choisit une barquette (différentes tailles au choix) que l'on remplit avec tout ce que l'on souhaite. Le prix au kilo est indiqué à côté de chaque plat, et on paye la totalité à la caisse. Sont aussi proposées les traditionnelles parts de pizza et des sushis. Il est également possible de customiser son sandwich sur place. Vous croiserez énormément de locaux dans ces rayons, particulièrement le soir. En effet, les habitants de Floride comme les Américains en général cuisinent globalement moins que les Européens.

EN SUPPLÉMENT

Les prix affichés sur les menus sont hors taxes. Il faut donc ajouter une taxe de 6 % ainsi que des pourboires. Il est en effet très mal vu de ne laisser aucun pourboire. En général, le minimum est de 15 % du prix hors taxes. Gardez donc en tête que le coût final de votre repas sera forcément plus élevé. Vous pouvez laisser des pourboires en espèces, ou les ajouter manuellement via le TPE lorsque vous payez par carte bancaire. Les pourboires ne sont pas obligatoires dans les établissements de type *fast food*.

Sachez que dans certaines zones très touristiques comme South Beach, les pourboires sont automatiquement inclus dans la note. Vérifiez bien ce point avant de régler, ou vous risqueriez de les payer deux fois !

C'EST TRÈS LOCAL

La plupart des bars et restaurants de Floride proposent des *happy hours* les soirs de semaine, généralement entre 16h et 19h. C'est l'occasion de profiter de boissons et plats à prix réduits.
Le week-end, le brunch est à l'honneur dans la grande majorité des restaurants, surtout en ville : à vous les pancakes, gaufres et œufs Bénédicte !
Il n'est également pas rare de voir des restaurants proposer des petits-déjeuners à toute heure de la journée (c'est le fameux *all day breakfast*).
Voyager en Floride est aussi l'occasion de découvrir des cuisines du monde, et tout particulièrement la cuisine cubaine. À vous le *cuban sandwich* (sandwich chaud à base de jambon, porc rôti et fromage) ou l'*arroz con pollo* (riz au poulet) à accompagner de pâtisseries à la goyave et d'un café cubain (sucré lors de l'extraction). C'est dans le quartier de Little Havana à Miami que vous aurez le plus de choix.

Enfin, ne soyez pas surpris lorsque vous lirez les menus : l'entrée se dit *appetizer*, et le plat principal se dit *entree*.

ENFANTS

Les enfants sont les bienvenus dans la majorité des restaurants en Floride. Des menus enfants sont généralement proposés. Certains lieux sont particulièrement *kids friendly*, notamment aux abord des parcs d'attraction.

FUMEURS

Il est interdit de fumer dans les restaurants, mais certains autorisent de fumer sur la terrasse. Autrement, il existe des zones fumeurs à proximité.

LES ATTRAPE-TOURISTES

Dans certains quartiers très touristiques - Ocean Drive à Miami, Duval Street à Key West, 5th Avenue à Naples... -, il est intéressant de comparer les prix des restaurants et les avis sur les plateformes. En effet, certains restaurants n'hésitent pas à gonfler leurs prix.

LES PHRASES CLÉS

Bonjour, je voudrais réserver une table pour deux personnes pour ce midi ou ce soir.
Hello, I'd like to reserve a table for two for lunch or dinner today.

Avez-vous un menu en français ou en anglais ?
Do you have a menu in French or in English?

Je suis végétarien, y a t-il des plats sans viande ?
I'm a vegetarian. Do you offer any meatless dishes?

Je n'ai vraiment plus faim mais avez-vous une carte des desserts ?
I'm not really hungry anymore, but do you have a dessert menu?

Puis-je avoir l'addition s'il vous plait ? Je peux payer par carte ou en espèces ?
Could I get the check, please? Can I pay by card or cash?

C'était très bon, nous reviendrons. Merci et à bientôt.
It was excellent. We'll be back. Thank you and see you soon.

PRATIQUE

FAIRE UNE PAUSE

HORAIRES

Les commerces de bouche et cafés sont généralement ouverts du matin à la fin d'après-midi. La plupart proposent une petite carte de restauration pour le midi. Les bars ouvrent généralement leurs portes dès 10h ou 11h et ferment à 2h du matin.

BUDGET / BONS PLANS

Nous vous conseillons de privilégier les *happy hours* dans les bars, il est ainsi possible des trouver des cocktails à moins de 10 US$, à accompagner d'assiettes à partager à prix réduits. Souvent, les *happy hours* ont lieu en semaine uniquement. Comme pour les restaurants, il faut ajouter taxes et pourboires à la note finale. Tous les types de paiement sont généralement acceptés.

A PARTIR DE QUEL ÂGE

En Floride comme partout aux États-Unis, la consommation d'alcool est légalement autorisée à partir de 21 ans. Cette loi est très scrupuleusement respectée.

C'EST TRÈS LOCAL

Terminez votre repas par une part de *Key lime pie*, le dessert le plus populaire de Floride. Cette tarte au citron est élaborée avec du *Key lime*, petit citron vert des Keys. Tous les restaurants de Floride ou presque l'ont à la carte !
À Miami, particulièrement sur Ocean Drive, vous pourrez déguster d'énormes cocktails servis avec deux pailles. À partager, ou pas !

ENFANTS

Les enfants sont autorisés à pénétrer avec leurs parents dans un bar si celui ci fait également restaurant. Au delà de 21h, l'entrée peut être refusée.

FUMEURS

Il est interdit de fumer dans la grande majorité des bars de Floride. Une exception assez précise concerne les bars dans lesquels on consomme debout et qui font moins de 10 % de leur recette en servant de la nourriture.

LES PHRASES CLÉS

Bonjour, quelle est la spécialité de la maison ? Nous voulons découvrir.
Hello, what is the specialty here? We'd like to try it.

Avez-vous de la place en terrasse ?
Do you have a table available outside?

Quel est votre nom ? Je m'appelle… Ravi de vous rencontrer !
What is your name? My name is ... Pleased to meet you!

A votre santé ! Zut, j'ai renversé mon verre… pouvez-vous m'aider ?
Cheers! Oh, no, I've spilled my drink. Can you help me?

C'était très bon. Nous allons reprendre la même chose s'il vous plait.
It was very good. We'll have the same again, please

(SE) FAIRE PLAISIR

HORAIRES

La plupart des commerces sont ouverts tous les jours, à partir de 10h le matin jusqu'à parfois 22h selon la ville. Ils sont rarement fermés entre midi et deux, et presque toujours ouverts le dimanche. C'est également le cas pour les supermarchés.
Parmi les jours fériés aux États-Unis, les magasins gardent porte close pour le Nouvel An (1er janvier), *President's Day* (3e lundi de février), *Memorial Day* (dernier lundi de mai), *Independance Day* (4 juillet), *Labor Day* (1er lundi de septembre) ou encore *Veteran's Day* (11 novembre).

BUDGET / BONS PLANS

Le coût de la vie est majoritairement élevé en Floride, particulièrement à Miami. Côté shopping, il existe des centres commerciaux entièrement dédiés aux grandes marques à prix cassés : les *outlets*. Souvent à ciel ouvert, ces magasins d'usine regroupent les plus grandes marques de mode (Levi's, Converse, Adidas, Nike, Tommy Hilfiger...) qui vendent à prix réduits les produits de collections précédentes. Les réductions peuvent aller jusqu'à 75 % ! Il n'est ainsi pas rare de dégoter un jean Levi's à 30 € après conversion. Les principaux *outlets* se trouvent autour d'Orlando, de Miami, de Fort Lauderdale et de Fort Myers. Là aussi, il faut rajouter une taxe de 7,25 %.

SOLDES

Comme en France, il existe des périodes de soldes en Floride. Ainsi, la *Back-to-school Sale* a lieu à la fin juillet, juste avant la rentrée scolaire début août. À l'automne, le *After Thanksgiving Weekend Sale featuring Midnight Madness* démarre le lendemain de Thanksgiving (vers la fin novembre) pour 3 jours, soit du vendredi au dimanche. Dès le 26 décembre, c'est au tour des *After Holiday Sales* de débuter, jusqu'au 1er janvier. Ce sont parmi les principales, mais il y en d'autres durant l'année. Certaines soldes se déroulent durant une journée particulière : *Valentine's Day Sale* (le 14 février), *Mother's Day Sale* (jour de la fête des mères), *Father's Day Sale* (jour de la fête des pères), *Black Friday* (fin novembre)... Vous l'aurez compris, les occasions de faire des bonnes affaires ne manquent pas !

© MARIDAV-SHUTTESTOCK.COM

C'EST TRÈS LOCAL

Parmi les souvenirs classiques à rapporter de Floride, on peut citer des produits gourmands au *Key lime* (le fameux petit citron vert des Keys), des éponges naturelles de Tarpon's Spring, des savons artisanaux fabriqués à Naples ou à Saint Augustine, ou encore des produits à l'effigie de Mickey et ses amis.
Le marchandage n'est pas une pratique courante en Floride.

LES ATTRAPE-TOURISTES

Vous trouverez dans les grandes villes d'innombrables boutiques de souvenirs, généralement *made in China*. C'est encore plus vrai dans la région d'Orlando qui pullule littéralement de ce genre de commerces qui vendent principalement des souvenirs Disney et Universal. Ils ne sont pas toujours authentiques et officiels, mieux vaut regarder l'étiquette deux fois. Mieux vaut privilégier les produits et artisans locaux lorsque cela est possible.

LES PHRASES CLÉS

Bonjour, c'est superbe, mais combien ça coûte ?
Hello. This is really nice. How much does it cost?

Vous auriez ma taille ? Où se trouvent les cabines d'essayage ?
Do you have my size? Where are the fitting rooms?

Est ce que je pourrai vous le rapporter et l'échanger si ça ne va pas ?
Will I be able to return it for an exchange if it doesn't fit?

J'ai trop dépensé aujourd'hui, pouvez-vous me faire une réduction sympa ?
I've spent too much today. Could you give me a nice discount?

Je prendrai celui-ci. Pouvez-vous me faire un paquet cadeau ?
I'll take this one. Could you gift wrap it for me?

Vous prenez la carte de crédit ? Où puis-je trouver un distributeur de billets ?
Do you take credit cards? Where can I find an ATM?

BUDGET / BONS PLANS

La Floride se prête à de nombreuses activités extérieures à petit prix. La moins chère est bien évidemment la baignade en mer ! Pour quelques dollars, vous pourrez également accéder aux *state parks* qui fourmillent de chemins de randonnées. D'autres activités nautiques sont possibles un peu partout en Floride (kayak, snorkeling, voile...) mais il faudra payer une somme plus conséquente.

C'EST TRÈS LOCAL

Si vous avez un peu de place dans votre valise, vous pouvez emporter des palmes, un masque et un tuba ainsi que des chaussons aquatiques. Vous serez ainsi paré pour une sortie *snorkeling* improvisée dans les eaux claires de la Floride. Pour compléter le kit du parfait Floridien, il vous faudra également une chaise de plage pliable et un parasol (certains hôtels en bord de mer peuvent les prêter).

VOS PAPIERS SVP

Si vous pouvez pratiquer librement la plupart des activités, certaines nécessitent une autorisation particulière. C'est notamment le cas de la plongée sous-marine pour laquelle il vous faudra présenter une certification (ou la passer sur place) et de la pêche qui requiert un permis de pêche d'eau douce ou d'eau de mer (il peut être acheté en ligne sur le site myfwc.com/license).

A RÉSERVER

Il est recommandé de réserver pour la plupart des activités payantes (locations de kayak ou canoë, plongée sous marine, visite guidée en bateau, *airboat*...), surtout en haute période touristique. C'est aussi le cas pour les événements sportifs.

LES ÉVÉNEMENTS

Des matchs de basket de la NBA ont régulièrement lieu à Miami (Hard Rock Stadium ou FTX Arena) et à Orlando (Amway Center). C'est une expérience à part entière dans une pure ambiance américaine ! Miami et Tampa Bay sont aussi bien dotées d'équipes de premier plan en hockey sur glace, football américain et baseball. Daytona Beach, sur la côte Est, est quant à elle réputée pour son circuit ovale, le Daytona International Speedway. Il accueille entre autres la Daytona 500, la plus prestigieuse course de la NASCAR. Des événements sportifs sont ouverts au grand public, comme le *Florida Marathon* à Melbourne (en février), le *Seven Mile Bridge Run* dans les Keys (en avril) ou la *Pride Run* à Saint Petersburg (en juin). Il est toutefois nécessaire de s'inscrire au plus tôt car ces courses affichent vite complet.

LES PHRASES CLÉS

Bonjour, comment puis-je me rendre à... ? Est-ce loin ?
Excuse me, how can I get to... ? Is it far?

J'aimerais aller courir. Il y a un coin sympa pour cela dans la ville ?
I'd like to go running. Is there a nice place to run in the city?

J'adore cuisiner. Savez-vous où je peux trouver des cours de cuisine ?
I love cooking. Do you know where I can take a cooking class?

Vous pourriez m'indiquer une salle de sport pas très loin ?
Could you tell me where there is a gym nearby?

Quel est le sport national ?
What is the national sport?

Pensez-vous que nous pourrions voir cela ou même participer ?
Do you think we could watch it, or maybe even try it?

HORAIRES

Les boîtes de nuit sont principalement situées dans les grandes villes. De manière générale, elles vous accueillent dès 21h jusqu'à 4h ou 5h du matin. Il n'est pas rare que ce type de lieu soit fermé du dimanche au mercredi. Concernant les activités plus familiales comme le bowling, le cinéma ou le karting, les horaires varient énormément selon le lieu. La Floride compte également une poignée de casinos à Miami, Fort Myers, Saint Petersburg et Orlando.

BUDGET / BONS PLANS

Comme en Europe, l'entrée en boite de nuit peut être gratuite ou payante. Certains lieux organisent des *ladies nights*, l'entrée est alors gratuite pour les dames. Un certain nombre de cinémas et théâtres proposent des réductions pour les séances et spectacles du matin.

A RÉSERVER

Il est préférable de réserver à l'avance vos billets si vous prévoyez d'assister à de grands spectacles, concerts et matchs.

TRANSPORTS NOCTURNES

Certaines lignes de bus de Miami circulent toute la nuit, mais il ne s'agit pas d'une majorité. De manière générale pour vos trajets nocturnes, nous vous conseillons d'opter pour Uber ou Lyft, plus rapides et fiables au niveau des horaires.

A PARTIR DE QUEL ÂGE

En Floride comme partout aux États-Unis, il est interdit de consommer de l'alcool en dessous de 21 ans. La même limite d'âge s'applique pour entrer en boite de nuit. Certains clubs autorisent toutefois l'entrée aux personnes de plus de 18 ans.

C'EST TRÈS LOCAL

Miami est particulièrement réputée pour être un haut lieu de fête. Les visiteurs viennent de loin pour se déhancher et savourer des cocktails branchés dans les lieux les plus *hype* de la ville. Certaines boîtes de nuit appliquent ainsi un *dress code* assez strict, mieux vaut donc se renseigner avant de sortir !
À Orlando, capitale du divertissement oblige, vous pourrez assister à un grand nombre de dîners spectacles.

FUMEURS

S'il est généralement interdit de fumer à l'intérieur des lieux publics en Floride, certaines boîtes de nuit peuvent le tolérer.

LES PHRASES CLÉS

Bonsoir, comment puis-je me rendre à…
Good evening, how can I get to…

Est ce que cet endroit est tranquille ? Il n'y a pas de problème de sécurité ?
Is this a quiet area? Are there any safety issues?

J'aimerais voir un spectacle typique ! Qu'est-ce qu'il y a en ce moment ?
I would love to see a traditional show! What is available at the moment?

Je ne comprends pas… pouvez-vous répéter s'il vous plait ? Merci.
I don't understand... Could you please repeat that? Thank you.

Est-ce que je peux vous offrir un verre ? Quel est le meilleur cocktail de la maison ?
Can I buy you a drink? What is your best signature cocktail?

J'ai la gueule de bois, auriez-vous quelque chose pour que j'aille mieux ?
I have a hangover. Do you have anything to help me feel better?

PRATIQUE

SE LOGER

BUDGET / BONS PLANS

On trouvera de très nombreux hôtels en Floride, dans des gammes de prix variées pour convenir à tous les budgets. Plusieurs chaines d'hôtellerie de type *motels* sont présentes aux abords de chaque ville ou presque (à partir de 70 US$ la nuit). Ce ne sont bien sûr pas les logements les plus authentiques ; si votre bourse le permet, nous vous conseillons les hôtels indépendants et les *Bed and Breakfast* pleins de charme qui vous permettront d'échanger avec vos hôtes. La plupart des *state parks* sont dotés de camping où vous pourrez planter votre tente pour une trentaine de dollars la nuit.
Les prix indiqués ne comprennent pas les taxes, dont le montant varie selon la location : il faut donc ajouter 11 à 14 % par nuitée. Certains hôtels de grande envergure de type *resorts* facturent en plus un *resort fee* qui incluent l'accès à la piscine, le wifi, les serviettes de plage et autres services.

A RÉSERVER

Depuis quelques années, les prix des hébergements ont grimpé en Floride et peuvent doubler en haute saison (Spring Break, week-end de Pâque, Noël...). Il est donc préférable de réserver vos hébergements depuis la France. Dans certaines parties de la Floride, comme les Keys ou les State parks, c'est même obligatoire tant les destinations sont populaires.
Conseil concernant Miami : il est avisé de vérifier qu'aucun grand évènement ne se déroule durant votre séjour (Miami Boat Show, Art Basel...), à moins que vous ne teniez absolument à y assister. En effet, rien de tel pour faire flamber les prix (et en plus, cela rend la circulation en ville bien plus compliquée).
Il est généralement plus avantageux de réserver directement sur les sites des hôtels plutôt que les grandes plateformes de réservation qui prélèvent des commissions aux hôteliers. Si toutefois vous avez envie de laisser place à l'imprévu en réservant au fur et à mesure, sachez qu'il existe des applications proposant des nuitées d'hôtel à prix cassé pour le soir même. La plus connue est Hotel Tonight.

C'EST TRÈS LOCAL

Deux configurations de chambres sont légion en Floride, et aux États-Unis en général : deux lits *queen-size* (160 cm) ou un lit *king size* (180 cm). La grande majorité des chambres (peu importe le type d'hôtel) sont dotées *à minima* d'un petit réfrigérateur, d'un micro-onde et d'une cafetière, ce qui très pratique pour garder eau et aliments au frais ou se restaurer sur le pouce. Les chambres de motels ont la particularité d'avoir une place de parking devant la porte.

Enfin, la grande majorité des hôtels toute catégorie confondue dispose d'une piscine extérieure souvent chauffée. Le cadre n'est pas toujours idyllique - dans les hôtels de chaîne, elle est souvent située à proximité du parking - mais il est toujours appréciable de se rafraichir après une chaude journée sous le soleil de Floride.
Bon à savoir : aux USA, le *first floor* correspond au rez-de-chaussée, et non au premier étage.

POUR LES GOURMANDS

Le petit déjeuner est systématiquement inclus dans les *Bed and Breakfast*, qui proposent souvent des produits locaux et cuisinés maison. Le petit-déjeuner est aussi généralement inclus dans les hôtels de chaine. Il s'agit alors de fruits, de céréales et de pancakes à cuire soi-même. Il ne s'agit pas de grande gastronomie, mais cela a le mérite de remplir le ventre en début de journée, sans surcoût. Dans les hôtels plus hauts de gamme, il faut souvent compter un supplément.

FUMEURS

Il est interdit de fumer dans les hébergements en Floride (et dans les lieux publics en général). Certains autorisent toutefois de fumer sur le balcon, mais mieux vaut se renseigner à votre arrivée.

LES PHRASES CLÉS

Bonjour, avez-vous de la disponibilité pour une chambre double pour ce soir ou demain soir ?
Hello, do you have any vacancies for a double room for tonight or tomorrow night?

Avez-vous un code wifi… les enfants ne tiendront pas sans !
Do you have Wi-Fi available? The kids can't live without it!

C'est bruyant, est ce que je peux changer de chambre ?
It's noisy. Could I change rooms?

Jusqu'à quelle heure est-ce que nous pouvons aller à la salle de sport et à la piscine ?
What time do the gym and the swimming pool close?

Est-ce que je peux laisser mon bagage et revenir plus tard le récupérer ?
Can I leave my luggage and come back for it later?

Est-ce que vous pouvez nous appeler un taxi ? Merci beaucoup.
Could you call us a taxi? Thank you very much.

ALLO ?

Les numéros sont à 7 chiffres précédés d'un indicatif régional de 3 chiffres qui n'est pas utilisé pour les communications locales. Pour appeler une autre région, composez le 1 suivi de l'indicatif régional et du numéro. Depuis la Floride, vous pouvez joindre la France en composant le +33 suivi du numéro sans le zéro. Sachez que les indicatifs 800 ou 888 correspondent à des numéros gratuits qui fonctionnent depuis les Etats-Unis uniquement.

Pour communiquer durant votre séjour, trois options s'offrent à vous. Vous pouvez conserver votre numéro français si votre forfait vous permet de téléphoner et envoyer des SMS à l'étranger (bien consulter les conditions de vente). Si ce n'est pas le cas, certains opérateurs français proposent des forfaits d'un mois (durée qui conviendra pour la plupart des séjours), incluant les communications à l'étranger, vous aurez donc un nouveau numéro et une nouvelle carte SIM durant votre voyage. Enfin, la plupart des opérateurs américains proposent désormais des forfaits d'un mois rechargeables (pas d'abonnement à souscrire) avec appels illimités vers les téléphones américains, portables et fixes, des SMS et mmS illimités vers les portables américains et une consommation Internet en 4G/5G. il est donc possible donc d'acheter des cartes prépayées américaines, soit en boutique à votre arrivée, soit en ligne avant votre départ (comptez environ 60 US$). Nous vous conseillons cette dernière option pour gagner en sérénité.

Méfiance à votre arrivée, car votre smartphone se connectera automatiquement sur le réseau téléphonique local dès que vous aurez désactivé le mode avion. Pensez ainsi à désactiver les données à l'étranger dans vos réglages pour éviter les surcoûts (la facture de hors forfait est vite salée !).

ACCESSIBILITÉ

Les personnes à capacité physique restreinte jouissent de droits réels en Floride. Partout, les places de parking les plus accessibles leur sont réservées. De nombreux hôtels (et tous les lieux publics) sont munis de rampes d'accès. Les trains, les aéroports, le bus Greyhound, les parcs nationaux sont équipés pour faciliter la vie des voyageurs à mobilité réduite (accès, accompagnement...).

SANTÉ

Les consultations et les soins médicaux étant très chers aux Etats-Unis, n'hésitez pas à prendre une assurance santé vous couvrant pendant votre séjour, sachant qu'une partie des frais médicaux est généralement remboursée au retour par l'assurance de votre carte Visa, MasterCard ou American Express. Mais il vous faudra au préalable envoyer vos factures et ordonnances à la CPAM et à votre mutuelle. Ce n'est qu'après que vos autres assurances, notamment celle de votre carte bancaire, entreront en ligne de compte et pourront vous rembourser les frais qui restent à votre charge (généralement une bonne partie de la somme). En cas d'hospitalisation, il faut cependant immédiatement avertir son assurance voyage ou l'assurance via la carte de paiement internationale (carte Visa, Mastercard, American Express) dont le numéro se trouve au dos, pour avoir les conseils d'un spécialiste au téléphone et demander une prise en charge ce qui vous évitera de devoir débourser des sommes astronomiques, à condition que cette prise en charge soit justifiée bien sûr. Dans certains cas, l'assurance propose d'organiser directement un rapatriement.
Certains commerces de type CVS disposent d'un comptoir pharmacie.

URGENCES SUR PLACE

En cas d'urgence, un seul numéro à retenir : le 911. Il permet en effet de joindre la police, le Samu et les pompiers. Le numéro est gratuit, qu'il soit composé depuis un fixe ou un portable.

SÉCURITÉ

La Floride est un Etat assez sûr. Miami n'est plus la ville la plus dangereuse des USA, depuis longtemps. La municipalité a beaucoup investi pour la sécurité des touristes et des retraités qui viennent y chercher tranquillité et sécurité. Les piétons, en dehors des centres-villes, doivent être très prudents, car les infrastructures ne sont pas toujours bien équipées pour leur laisser de la place en toute sécurité (absence de trottoirs, de passages piétons).

La Floride est souvent sujette aux ouragans de mai à novembre et plus particulièrement de septembre à novembre. En cas d'alerte, branchez-vous sur la chaîne météo de la télévision ou écoutez la radio. Le personnel de votre hôtel vous relaiera également les consignes de sécurité.

LGBTQ

La Floride est globalement un Etat *gay friendly*. Miami et Key West organisent notamment des festivals Pride assez incroyables. A Key West, la communauté *gay* est très présente et propose des hôtels et des *resorts* entièrement *gay*. C'est aussi le cas à Fort Lauderdale, une des villes de Floride où la communauté gay est très importante avec là aussi des hôtels et des restaurants qui lui sont réservés. A Miami, des portions entières de plage sont destinées aux gays et de nombreux établissements sont *gay friendly*.

AMBASSADE ET CONSULATS

Le consulat de France est situé à Miami dans le quartier de Brickell (miami.consulfrance.org). Avant de partir, il est conseillé de noter les coordonnées du consulat. La Belgique et la Suisse ont également un consulat à Miami. En cas de souci médical, c'est le consulat qui se chargera de vous accompagner et vous fournira la liste des médecins francophones. En cas de problème grave, c'est aussi lui qui prévient la famille et décide du rapatriement.

POSTE

Les bureaux de poste sont en général ouverts de 9h à 17h du lundi au vendredi. Certains ouvrent le samedi matin ou 24h/24 pour la poste centrale. Vous trouverez peu de bureaux de poste, mais de nombreuses boîtes aux lettres, et les hôtels se chargent souvent d'expédier votre courrier. Les boîtes aux lettres sont bleues. Vous pouvez acheter des timbres (1,20 US$ pour un timbre international) chez les marchands de journaux et dans les boutiques de souvenirs. Une lettre à destination de l'Europe met environ cinq jours.

MÉDIAS LOCAUX

- **De nombreux journaux** permettent de suivre l'actualité des différents coins de Floride. Les plus connus sont le *Miami Herald* (miamiherald.com), le *Tampa Bay Times* (tampabay.com), le *Florida Weekly* (floridaweekly.com), le *Sun Sentinel* (sun-sentinel.com) et le *Orlando Sentinel* (orlandosentinel.com).
- **Côté radio,** la station News Radio 610 WIOD diffuse les actualités du Sud de la Floride.

LES PHRASES CLÉS

Bonjour, mon téléphone ne fonctionne pas, pouvez-vous m'aider s'il vous plait ?
Excuse me, my phone isn't working. Could you please help me?

Je ne me sens pas bien, pouvez-vous m'amener à l'hôpital le plus proche ?
I'm not feeling well. Could you take me to the nearest hospital?

Est-ce que vous avez un médecin qui parle français ?
Do you have a French-speaking doctor?

Je viens de me faire voler mes papiers, où est le poste de Police le plus proche ?
My documents have been stolen. Where is the nearest police station?

Est-ce un quartier dangereux ou je peux y aller sans crainte ?
Is it a dangerous neighborhood, or can I feel safe going there?

Avez-vous des timbres pour une carte postale à envoyer en France ? C'est combien ?
Do you have stamps to mail a postcard to France? How much is it?

DÉCOUVRIR

La Floride fait partie des États les plus visités des États-Unis. On la connaît festive, ensoleillée, bordée de palmiers et de superbes plages. Mais serait-ce juste d'uniquement la résumer ainsi ? Sans doute pas ! Vous allez le découvrir entre ces pages, la Floride est un État complexe, tout en nuances, relativement méconnu. Partons donc ensemble pour un tour d'horizon de celui qu'on surnomme le Sunshine State : son histoire – riche et mouvementée – ; les figures qui l'on façonné ; ses paysages incroyablement variés peuplés d'une faune et d'une flore remarquables ; les enjeux sociaux et économiques qu'on lui connaît aujourd'hui ; son climat aussi clément qu'il peut être dévastateur... En somme, nous allons mettre en lumière les multiples facettes de la Floride, votre prochaine destination de voyage, pour vous aider à la comprendre et surtout, vous donner encore plus envie de partir l'explorer !

ESPÈCES MENACÉES

Maintenir une harmonie entre le monde du XXIe siècle et la vie sauvage menacée demande des législations, des recherches et une prise de conscience de la part du public. Les deux principaux mammifères que vous pourrez rencontrer dans le parc national des Everglades sont en voie de disparition. Il s'agit de la panthère noire de Floride, sorte de gros chat marron clair qui peut mesurer jusqu'à 1,80 m de long, et le lamantin, animal massif à la peau épaisse de couleur gris marron, pouvant mesurer de 2 à 4m de long et peser jusqu'à 550 kg. Cet animal brouteur au large mufle est surnommé « vache de mer ». Mais vous pourrez également croiser des espèces protégées durant votre périple dans les Keys (Daim des Keys). Parmi les mesures mises en place par la Floride, on peut mentionner les aires protégées créées pour protéger ces espèces menacées. Elles permettent d'observer les animaux évoluer paisiblement dans leur habitat naturel.

DÉCOUVRIR

L'aigle américain

De son nom pygargue à tête blanche, c'est l'oiseau national des USA, véritable symbole patriotique. Cette espèce a bien failli s'éteindre dans les années 1960 à cause des pesticides utilisés pour la production alimentaire. L'aigle américain avait été déclaré « espèce menacée » aux Etats-Unis en 1967, puis « espèce en danger » en 1985. Il fut retiré de cette liste en 2007 et sa population a quadruplé depuis 2009 dans le pays. Un grand nombre d'aigles américains vivent en Floride. Ce rapace est facilement reconnaissable avec sa tête blanche et son plumage brun. Les femelles sont 25 % plus grandes que les mâles et peuvent mesurer jusqu'à 243 cm d'envergure, contre 179 cm pour les mâles. Il se nourrit principalement de poissons, et parfois d'oiseaux.

© CHUCK WAGNER - SHUTTERSTOCK.COM

Cerf des Keys.

Le crocodile américain

C'est l'une des plus grandes espèces de crocodiles (à ne pas confondre avec l'alligator, très présent dans les Everglades) : ils peuvent mesurer jusqu'à 7 mètres de long et peser plus de 1 000 kilos ! Les crocodiles américains vivent en moyenne entre 70 et 100 ans et se nourrissent principalement de tortues, de poissons, de crustacés et d'oiseaux qui se posent près d'eux sur l'eau. La Floride, et plus particulièrement le parc des Everglades, est un paradis pour cette espèce qui aime évoluer dans des zones marécageuses. Si vous les croisez, il est conseillé de garder une distance de sécurité d'au moins trois mètres : il ne faudrait pas qu'il vous considère comme une proie potentielle ! L'animal est en effet plutôt rapide sur de courtes distances. Aujourd'hui, les crocodiles américains ne sont plus vraiment menacés par la chasse qui reste ponctuelle. Les principales inquiétudes concernent la destruction et la fragilisation de leurs habitats naturels, notamment à cause des embarcations de type *airboats* utilisées pour les promenades touristiques. Des efforts sont toutefois faits pour la survie de l'espèce, notamment avec la création en 1980 du Crocodile Lake National Wildlife Refuge, complètement au nord de Key Largo.

Le cerf des Keys

Les premiers cerfs de Floride, ou *Key deers*, ont d'abord été trouvés sur Big Pine Key et sur No Name Key. C'est dans cette zone qu'ils résident principalement et vous êtes invité à y réduire votre vitesse à 30 miles à l'heure. Il ne serait pas étonnant que vous en aperceviez quelques-uns sur le bord de la route, à la lisière de la forêt. Il s'agit de daims de petite taille et particulièrement gentils. Ne les nourrissez pas et ne cherchez pas à les approcher, vous risqueriez de les paniquer et de les inciter à

© ICULIZARD - ISTOCKPHOTO.COM

Panthère de Floride.

traverser imprudemment la route. Un peu de patience, un bon zoom... et vous obtiendrez de jolis clichés.

Le lamantin

C'est un animal massif à la peau épaisse de couleur gris marron, pouvant mesurer de 2 à 4 m de long et pesant entre 360 kg et 540 kg. Il était auparavant chassé pour sa graisse. Le lamantin vit dans les rivières à faible courant, les estuaires peu profonds et les baies d'eau salée, où il se nourrit de végétation aquatique. Aujourd'hui, on compte environ 6 000 lamantins dans les eaux de Floride, il y en avait presque le double dans les années 1930. Cet animal a été utilisé comme un agent de contrôle de la flore aquatique. La survie des lamantins est menacée par les hélices des bateaux, les collisions avec ceux-ci, la destruction de leur habitat. La faim est également l'une des causes de leurs décès, les algues marines dont ils se nourrissent se faisant plus rares en raison de la pollution. Les lamantins sont protégés par l'Acte des espèces en voie de disparition de 1973 (The Endangered Species Act) et par l'Acte de protection des mammifères marins de 1972, bien qu'aucune loi ne les protège des hélices des bateaux ou des actes de vandalisme.

Le pélican brun

Cet imposant oiseau possède des ailes pouvant mesurer plus de 2 mètres d'envergure ! Vous aurez le plus de chance de voir des pélicans sur la côte, puisque c'est là qu'il évolue. Il passe plus de la moitié de sa vie dans l'eau ! Le voir plonger pour attraper ses proies dans son grand bec est un spectacle impressionnant. Les pélicans ont longtemps été décimés par l'utilisation des pesticides comme le DDT, qui endommageaient sérieusement leurs œufs. Ce pesticide a été interdit en Floride en 1972. Les fils de pêche et les hameçons sont aujourd'hui les principales causes de leur mort prématurée. Si leur population est à ce jour redevenue stable, une protection est toujours nécessaire.

La panthère de Floride

A l'origine, on trouvait des panthères dans tout le Sud-Est des Etats-Unis. Mais avec le développement urbain, elles ont été éliminées. Quelques-unes ont encore été vues dans les Etats du Sud-Ouest, mais elles n'existent plus dans les Etats du Sud-Est, excepté en Floride. La panthère de Floride est un gros chat marron clair, avec une longue queue qui peut mesurer jusqu'à 1,80 m de long. Les familles de panthères se composent généralement de deux ou trois jeunes, et les panthères procréent seulement tous les deux ou trois ans. Ces animaux nomades, qui peuvent faire jusqu'à 32 km par jour, chassent en général le cerf et le cochon sauvage mais certains, et plus particulièrement les jeunes, se nourrissent de petits animaux.

Le Florida Panther Inter-agency Committee (FPIC) veille également à leur protection. En 1986, des scientifiques ont commencé à suivre des panthères avec des équipements électroniques, afin d'étudier leur mode de vie. On pense qu'en 1990, il restait moins de cinquante panthères en Floride. Les scientifiques prouvèrent que la destruction de leur habitat avait été partiellement responsable de leur déclin, attribué également à des causes génétiques, mais aussi au fait qu'elles ont été empoisonnées au mercure par des braconniers, ou encore tuées sur les autoroutes par des automobilistes trop pressés.

© JOSH UNS - SHUTTERSTOCK.COM

Grand Héron blanc.

La Queen conch

En 1400, ce grand coquillage servait d'ornement et son commerce, de faible importance, se faisait avec les régions du Nord. En 1600, les fameuses conques entraient comme élément décoratif dans la construction des maisons. Il faudra attendre 1965 pour que la conque fasse à nouveau l'objet d'un commerce et qu'elle commence à être mangée. Sa pêche s'est faite alors de manière excessive (chaque famille devait pouvoir manger sa conque au pot le dimanche) et a conduit à un début d'interdiction en 1975 pour préserver la survie de l'espèce. A partir de cette date, seul le ramassage pour une consommation familiale a été autorisé. Son interdiction complète a été décrétée en 1980 et un programme de protection et de développement mis en place.

Les aires protégées

Quatre aires protégées sont à visiter dans l'archipel des Keys : le *National Key Deer Refuge*, le *Key West National Wildlife Refuge*, le *Great White Heron National Wildlife Refuge* et le *Crocodile Lake National Wildlife Refuge.*

National Key Deer Refuge : il est situé dans les Lower Keys, plus précisément sur Big Pine Key et No Name Key. D'une superficie de près de 35 km², il a été créé en 1957 pour protéger le cerf des Keys (*Key Deer*), une sous-espèce du cerf de Virginie, endémique des deux îles. Le meilleur moment pour les observer est tôt le matin ou en fin de journée. Vous rencontrerez également des alligators qui peuplent le Blue Hole, plan d'eau du refuge. Les circuits aménagés, comme le Watson and Mannillo Nature Trail, le No Name Key Trail ou l'Upper Sugarloaf Key Trail, se prêtent parfaitement à l'observation de la faune et la flore.

Key West National Wildlife Refuge : cette aire protégée créée par le Roosevelt en 1908 se trouve au sud de l'archipel des Keys. Ses 843 km² étendus sur 26 *keys* sont composés à 90 % de surface marine (notamment de mangroves), ce qui permet de protéger des espèces telles que le lamantin de Floride, le dauphin ou encore différentes tortues de mer. Le Key West National Wildlife Refuge est notamment l'unique lieu de ponte aux USA des tortues imbriquées (aussi appelées tortues à écailles). Côté oiseaux, on recense 250 espèces (grand héron blanc, pigeon couronné, sterne, balbuzard, échassiers...). Le Visitor Center situé sur Big Pine Key vous offrira de nombreuses informations sur la faune et la flore que vous rencontrerez.

Great White Heron National Wildlife Refuge : cette réserve également située dans les Lower Keys est le lieu de prédilection pour croiser la route du grand héron blanc, imposant et majestueux oiseau aux longues et fines pattes. Vous pourrez observer également de nombreux oiseaux migrateurs depuis les plateformes prévues à cet effet.

Crocodile Lake National Wildlife Refuge : à Key Largo, donc à l'entrée de l'archipel des Keys, ce refuge national de 27 km² a pour vocation de protéger le crocodile américain. C'est ici, dans la mangrove d'eau salée, que l'animal nidifie. Ce refuge abrite également sept autres espèces : le *Key Largo woodrat* (rat des bois), *Key Largo cotton mouse* (souris de coton), le *Stock Island tree snail* (escargot), le *Schaus' swallowtail butterfly* (papillon de couleur noire et jaune), l'*Eastern indigo snake* (le plus grand serpent d'Amérique du Nord), le *Keys tree cactus*, et le *Florida semaphore cactus* (espèce endémique aussi appelée figue de Barbarie sémaphore). On y trouve également un *hammock* de feuillus tropicaux (boisements naturels développés dans des zones marécageuses) et des marais salants.

GÉOGRAPHIE

La Floride est une péninsule de 700 km de long située à l'extrême sud-est des États-Unis, bordée par l'océan Atlantique à l'est et le golfe du Mexique à l'ouest. Elle partage ses frontières nord avec l'Alabama et la Georgie. Avant l'arrivée d'Hawaï au sein de l'Union, c'était l'État le plus au sud des États-Unis ; c'était aussi, avant que l'Alaska n'entre dans le giron américain, celui qui avait les plus longues côtes avec 478 miles, soit 760 km sur la façade atlantique et 674 miles, soit 1 010 km autour du golfe du Mexique, dont quelque 1 600 km de plages ! La surface de la Floride est calcaire et poreuse, et sépare les eaux de l'Atlantique de celles du golfe du Mexique. Seule la Louisiane a une altitude plus basse encore. Quelqu'un a dit de la Floride qu'elle est « aussi basse que peut l'être un endroit qui pourtant peut être encore appelé terre. » Le point le plus élevé de la Floride (180 m) se situe dans l'angle nord-ouest de l'État.

Entre hier et aujourd'hui

Autrefois, la quasi-totalité du territoire était constitué de marécages infestés de moustiques, où les alligators et autres animaux vivaient en paix. Aujourd'hui, à force de travaux de remblayage pour lutter contre l'ensablement et de constructions d'hôtels ou de maisons souvent luxueuses, elle est devenue une petite privilégiée. Résultat : l'afflux de nouveaux habitants, la culture intensive des arbres fruitiers (citrons, pamplemousses essentiellement) et l'élevage du bétail ont parfois épuisé les nappes d'eau souterraines au point que des villages entiers ont disparu, entraînés par des effondrements de terrain. La plupart des lacs et des surfaces aquatiques, qui couvrent 10 % du territoire de l'État, sont le résultat d'effondrements dus à l'action des rivières souterraines.

Un seul Etat mais des régions bien différentes

Lorsque l'on pense à la Floride, ce sont généralement toujours les mêmes images qui nous viennent en tête : la longue plage de sable blanc de Miami, les marécages des Everglades, et parfois la multiplicité des îles qui composent les Florida Keys. Ainsi souvent résumée à son côté sud, la Floride possède des paysages bien plus variés qu'on ne l'imagine.

▶ **Le Nord-Ouest,** de Pensacola à Apalachicola, est appelé aussi *Panhandle* (littéralement, le manche de la poêle). Cette région au nord du golfe du Mexique possède une nature dense et des plages d'un blanc étincelant. C'est la Floride hors des sentiers battus. Elle regroupe celles que l'on nomme l'*Emerald Coast* (de Pensacola à Panama City), nommée d'après la couleur de l'eau du golfe du Mexique, et la *Forgotten Coast* (de Mexico Beach à l'est d'Apalachicola) où l'on découvre la Floride authentique, calme et tranquille.

▶ **Le Centre Nord,** de Tallahassee à Gainesville, est à tort la région la moins connue des touristes, pourtant très intéressante et originale. Cela est certainement dû à ses denses forêts de résineux, son relief de collines (notamment dans la capitale) et ses innombrables rivières d'eau douce, où l'eau reste à 20 °C tout au long de l'année. Tallahassee, la capitale de la Floride, est également entourée de nombreux *springs*, ces sublimes sources d'eau turquoise dans lesquelles il est possible de se baigner ou faire de la plongée.

▶ **Le Nord-Est,** de Jacksonville à Saint Augustine, offre un climat de bord de mer plus frais qu'au sud de Daytona, avec un petit vent l'hiver et des paysages plus sauvages de hautes herbes. C'est la *First Coast* (aussi nommée Historic Coast), en référence à Saint-Augustine qui serait la plus ancienne ville des États-Unis.

▶ **Le Centre,** d'Orlando à Ocala, est chaud et humide en été, mais peut également être plutôt frais en hiver, surtout en début de journée. On y trouve des paysages verdoyants, avec nombre de forêts et de parcs naturels. Les environs d'Orlando se distinguent par la présence de multiples lacs : on en dénombre près d'une centaine !

▶ **Le Centre Ouest et le Sud-Ouest**, des Everglades à Tampa, marque la sortie des paysages marécageux de mangroves et de hautes herbes, se poursuivant par une région peuplée d'îles, où les plantes tropicales et les dauphins sont rois, et les plages ne s'arrêtent jamais.

▶ **Le Centre Est et le Sud-Est,** de Daytona à Key West, a ses eaux réchauffées par le Gulf Stream, courant d'eau qui permet aux visiteurs de se baigner toute l'année. La majorité de sa côte est constituée par un récif corallien où abondent les poissons tropicaux et les plages de sable blanc.

Du nord au sud, cette partie de la Floride se compose de la *Space Coast* (de Daytona à Vero Beach), ainsi nommée en raison de la présence de la NASA au Kennedy Space Center, au sud du Merritt Island National Wildlife Refuge ; la *Treasure Coast* (de Fort Pierce à Boca Raton) aux abords de laquelle furent retrouvés les trésors de galions espagnols ayant fait naufrage ; et la *Gold Coast* (de Fort Lauderdale à Key Largo), qui doit son nom à la valeur immobilière des villes qui la composent.

À la découverte de ces trésors naturels

Si la Floride peut être largement décrite comme étant une destination de carte postale, c'est notamment grâce à ses immenses plages, ses palmiers par milliers et ses eaux turquoise. Moins parcourus et tout aussi fabuleux sont ses rivières, ses *springs* et ses parcs naturels verdoyants et sauvages. L'eau est omniprésente, ou presque, et quoi de mieux pour explorer les paysages naturels de la Floride que de se jeter à l'eau à son tour ? Les Florida Keys et leurs récifs coralliens sont ainsi le paradis des amateurs de snorkelling et des plongeurs qui s'enfoncent toujours plus profondément à la recherche d'épaves oubliées. Vous trouverez toujours à proximité un kayak ou un canoë à louer pour voguer sur l'intimidante mangrove ou les rivières animées. Enfin, les baigneurs apprécieront pouvoir se relaxer dans l'eau turquoise toute l'année, ou presque (tout dépend de votre degré de frilosité, car reconnaissons que l'eau peut être fraîche entre décembre et février). Si vous préférez ne pas vous mouiller, vous trouverez facilement des compagnies offrant des croisières en bateau, certains à fond transparent pour observer la vie sous-marine. Les croisières au coucher du soleil sont les plus populaires. Les randonneurs ne seront pas en reste, notamment dans les *state parks* floridiens qui disposent tous de chemins de randonnée aménagés (ou *trails*), accessibles aux petits comme aux grands, parfaitement adaptés pour découvrir la faune et la flore en toute sécurité.

L'omniprésence de l'eau

Après l'Alaska, la Floride peut se targuer d'être l'État américain avec le plus long littoral (13 600 kilomètres au total en comptant les baies et les caps !). Le *Sunshine State* compte également 4 500 îles, dont les plus connues sont les Florida Keys, à l'extrémité sud de l'État (1 700 îles et îlots). C'est un territoire éminemment aquatique, puisque 18 % de sa superficie est située sous les eaux. Certains chiffrent insoupçonnés donnent d'ailleurs le tournis : la Floride, ce sont ainsi 44 500 km^2 de marécages (dont la majeure partie se concentre dans les Everglades), 700 sources ou *springs* principalement situés au nord et à l'ouest de l'État - soit la plus grande concentration au monde ! -, 1 700 cours d'eau et 7 800 lacs d'eau douce. On comprend pourquoi milieux marins, mangroves et zones humides font partie des principaux milieux naturels de la Floride ! Vous l'aurez compris : s'il y a bien une chose à ne pas oublier dans votre valise, c'est un maillot de bain !

DÉCOUVRIR

© BENEDEK - ISTOCKPHOTO.COM

Mangrove sur Key Largo.

NATURE

La faune floridienne est très riche. Lacs et marécages fourmillent de poissons d'eau douce (carpes, poissons-chats, truites) et de crustacés (écrevisses, crevettes, huîtres). La Floride compte aussi un grand nombre de mammifères (ratons laveurs, ragondins, tatous, biches, renards, ours, loups) mais aussi de reptiles (tortues, serpents), sans oublier l'incontournable alligator, attraction phare des Everglades. La flore n'est pas en reste et la diversité des paysages vous promet de multiples dépaysements. Marécages, plages de sable blanc, récifs coralliens et îlots paradisiaques s'offrent à vous, et avec eux une végétation contrastée. Les parcs nationaux floridiens veillent à la préservation de ces écosystèmes souvent fragiles. L'avantage : ces paysages se prêtent aussi bien au farniente qu'aux activités sportives et à l'exploration sous-marine ! Tout le monde y trouvera donc son compte.

Une faune préservée : les oiseaux

Le nom des Everglades a toujours été associé aux oiseaux. La vaste et chaude rivière des Everglades les attire depuis des centaines d'années. Dans le parc, vous pourrez voir et entendre près de 400 espèces différentes, dont 16 espèces d'échassiers, 200 oiseaux migrateurs et des oiseaux de proie tels que l'aigle, le faucon, le milan et le hibou. Dans les Keys, vous pourrez croiser le grand héron blanc. Mesurant 1,50 m, cette star locale est habillée de blanc et parée d'un cou jaune et de pattes jaune gris. Ils sont plus de 2 000 dans la zone. Ils se nourrissent de poissons mais peuvent également se contenter de petits oiseaux. Les aigrettes sont également nombreuses dans les Keys. Vous identifierez facilement l'aigrette américaine, d'environ 1 m de haut, à ses pattes noires et à son bec jaune. Au début du siècle, un grand nombre de ces oiseaux furent abattus pour les plumes qui leur poussent pendant la période de reproduction.

Dans les Everglades : reptiles et amphibiens

Les reptiles et amphibiens sont des animaux dont la température du corps change avec leur environnement. Le parc des Everglades, avec son climat subtropical, est un lieu idéal pour ces créatures. On pourra donc y voir près de 60 espèces de reptiles et amphibiens, dont 26 de serpents, 16 de tortues et plusieurs de lézards. Souvent, on les entend plus qu'on ne les voit, parce qu'ils sortent surtout la nuit ou sont très bien camouflés.

- **Un grand nombre des tortues** que l'on peut voir dans le parc vivent dans les marais d'eau douce et les étangs. Celles que l'on rencontre le plus aisément sont la Striped Mud Turtle, le long de l'Anhinga Trail, la Peninsula Cooter, à Shark Valley, et la Florida Red-Belly, dans les marais d'eau douce, étangs et trous d'eau. Si vous vous promenez sur une piste à travers les Pinelands ou un hammock, et que vous voyez une tortue nageant le long de la berge, il s'agira sûrement d'une *Florida Box Turtle*.
- **Beaucoup de serpents** habitant le parc des Everglades sont capables de survivre dans l'eau. Le serpent écrevisse rayé est considéré comme le meilleur serpent nageur de Floride. Mais vous n'aurez pas de grandes chances de le voir, à moins de le chercher entre les plantes des marais dans la partie nord du parc. Beaucoup plus commun est le serpent d'eau marron, le plus fréquemment aperçu le long de l'Anhinga Trail. Il est souvent confondu, à tort, avec le cottonsmouth de Floride, qui est venimeux, contrairement au serpent d'eau.

Alligator ou crocodile : comment les différencier ?

On met souvent crocodiles et alligators dans le même sac. Grossière erreur : l'alligator appartient à la famille des alligatoridés. Il en existe deux espèces : le *mississippiensis*, qui vit dans le Sud-Est des Etats-Unis, et le *sinensis*, qui hante la vallée du Yangzi Jiang, en Chine.

Le crocodile (de la famille des crocodilidés) est un animal des tropiques, on le trouve donc en Afrique, en Asie, en Australie et en Amérique. Les plus connus sont le crocodile du Nil et le crocodile d'estuaire. S'ils sont si réputés, c'est qu'ils aiment bien dévorer les nageurs imprudents.

Outre l'habitat qui n'est pas le même, ces deux reptiles ont quelques petites différences physiques. L'alligator a une gueule plus plate et plus large que celle du crocodile. Chacun cependant aime montrer son impressionnante denture : même la gueule fermée, quatre impressionnantes dents restent visibles. Les deux espèces s'en servent de la même manière, pour saisir et déchirer et non pour mâcher. Lorsqu'ils attrapent une proie, ces reptiles attendent qu'elle se décompose avant de l'avaler tout rond. Autre différence, l'alligator hiberne alors que le crocodile reste actif toute l'année !

© TRAVELLINGFATMAN - SHUTTERSTOCK.COM

Alligator dans les Everglades.

Les Keys : une variété d'écosystèmes

La mangrove est constituée d'arbres tropicaux qui se sont adaptés à un environnement d'eau de mer. L'enchevêtrement des racines et la pureté de l'eau n'offrent qu'un calme apparent car la mangrove est l'habitat d'une faune abondante et la zone d'éducation de centaines d'espèces de poissons ou autres animaux marins. Mais la mangrove ne permet pas seulement le développement des espèces, elle favorise aussi la stabilisation du littoral et assure, grâce aux débris et au limon accumulés, une fonction de filtre des pollutions terriennes.

La seule barrière de corail nord-américaine est à environ 10 km des côtes de Miami, aux Dry Tortugas, dans des eaux dont la profondeur ne dépasse pas 3 m. Sur toute l'étendue du récif, on trouve plus de cinquante espèces de coraux, représentant 80 % de l'ensemble des espèces de coraux des côtes tropicales de l'Atlantique Ouest, et plus de 150 espèces de poissons. Les récifs coralliens sont les zones les plus animées de l'environnement marin ; ils réunissent une grande variété de poissons et de mammifères marins.

Les géologues ont recensé plus de 300 sources en Floride. Leurs eaux riches en calcium sont significatives d'un très long cheminement au contact de roches calcaires et chargées en sels. Les plantes aquatiques sont un composant fondamental de cet écosystème car elles sont la base du réseau nutritif des animaux qui vivent dans et autour de la rivière. Elles permettent aussi d'offrir des sites aux oiseaux pour la construction de leur nid ou des zones de sûreté pour le développement des petits poissons.

Les parcs nationaux

La Floride abrite trois parcs nationaux côtiers.

Le plus célèbre d'entre eux est bien sûr les Everglades, à l'est de Miami et à l'ouest de Tampa, au sud de l'Etat. Ce parc accueille plus d'un million de visiteurs par an. Créé en 1947 et classé au patrimoine mondial de l'Unesco, ces marécages éternels occupent près de 607 000 ha. C'est un gigantesque marais envahi par la mangrove, sous un climat subtropical, avec une biodiversité unique au monde : de nombreuses espèces animales et végétales y sont protégées, notamment d'importantes populations d'oiseaux. Les Everglades sont aussi le seul endroit au monde où les lamantins vivent en harmonie avec les alligators, les crocodiles et les requins. Pour prendre de la hauteur sur ce milieu exceptionnel, vous pouvez vous rendre au sommet de la Shark Valley Observatory Tower. Cette structure en béton est le plus haut point du parc avec ses 14 mètres de haut. Son architecture 60's vaut le détour, bien que son principal atout soit la vue plongeante offerte sur les environs.

Au sud-ouest de Miami jusqu'aux Keys, vous pourrez explorer le Biscayne National Park qui s'étend sur environ 70 hectares et accueille plus de 500 000 visiteurs par an. Bordé par les eaux turquoise de l'Atlantique, il abrite une multitude d'îlots qui sont des refuges pour les oiseaux des régions subtropicales. Dauphins, tortues de mer et poissons tropicaux sont autant de prétexte à la plongée ou aux balades en vélo. Six épaves de bateaux vous attendent, prêts à être explorées.

Le moins connu mais certainement le plus exotique : les Dry Tortugas, qui sont une grappe de onze îlots de sables, situés à 112 km à l'ouest de Key West. Parc national depuis 1992, il couvre en tout une surface de 261 km^2 et accueille plus de 75 000 visiteurs par an. Connu pour sa faune marine exceptionnelle, l'endroit est aussi réputé pour ses légendes de galions remplis d'or, qui ont été coulés dans les environs. La snorkelling est la meilleure façon de profiter des eaux cristallines et des nombreux récifs coralliens. Au milieu de l'océan trône un superbe fort construit durant la guerre civile, l'un des plus grands des USA. L'entrée coute 17 dollars (valable 7 jours). Deux façons d'y aller : en ferry depuis Key West ou en hydravion.

CLIMAT

Avec ses 300 jours de soleil par an, la Floride porte bien son surnom de Sunshine State ! Sa réputation n'est plus à faire, et Miami et Orlando font partie du top 10 des villes les plus visitées. Avec son climat subtropical, on pourrait presque dire qu'il n'y a que deux saisons : l'hiver, doux et sec, et l'été, chaud et humide. En réalité, printemps et automne viennent apporter quelques nuances bienvenues. Côté climat, les mois les plus cléments vont de décembre à mai. Les températures sont agréables mais pas suffocantes, la baignade très agréable, surtout dans le sud de l'Etat. Une chose est sûre : vous pourrez profiter de la Floride toute l'année ! Et quel plaisir de remplir ses valises de maillots de bain, serviettes de plage et tee-shirt ! La bonne idée : s'envoler en Floride en février lorsque l'hiver français se fait le plus long, et revenir chez soi aux prémices du printemps, bronzé et reposé !

L'été en Floride

Durant l'été, le degré d'humidité de l'air atteint son climax (jusqu'à 100 %). Couplée à des températures dépassant souvent les 32 °C, la sensation peut être étouffante. Pour pallier les fortes chaleurs, rien de tel qu'une session shopping : tous les magasins sont climatisés, et pas qu'un peu ! Prenez donc garde à ne pas grelotter et risquer d'attraper froid. Les fins d'après-midi estivaux sont souvent accompagnées de fortes pluies et d'orages, généralement de courte durée.

Qui dit saison humide dit moustiques. Heureusement, leur présence est localisée. Ils se concentrent dans les marécages comme aux Everglades ou dans les parcs nationaux, très rarement sur les plages et dans les villes. Prévoyez donc un répulsif si vous comptez rendre visite aux alligators !

L'été en Floride n'est donc pas forcément une saison idéale, mais cela ne signifie pas qu'il ne faut pas partir en été ! Il suffit d'avoir en tête ces possibles inconvénients et de prévoir tenues et activités adaptées. L'été s'avère même être la saison la moins chère. Cela peut être également l'occasion de célébrer en grande pompe la fête nationale, le 4 juillet. Elle célèbre l'indépendance américaine datant de 1776.

L'hiver en Floride

En hiver, la température est chaude au sud avec une moyenne de 25 °C. Il peut toutefois faire 10 °C dans certains coins comme le nord et le centre de la Floride (notamment autour d'Orlando). Dans ce cas, prévoyez un pull pour le matin et le soir, les rayons du soleil s'occuperont de vous réchauffer durant la journée. Dans de très rares circonstances, la neige peut s'inviter à l'extrême nord de l'Etat, comme dans la capitale floridienne Tallahassee.

L'automne en Floride

Arrivé en automne, la saison des ouragans est globalement passée, l'humidité et les précipitations peuvent encore être présentes mais se raréfient de jour en jour. Les températures sont agréables et la végétation se pare de jolies couleurs. C'est la saison de Thanksgiving, une tradition à ne pas manquer si vous êtes dans les parages le 24 novembre.

Le printemps en Floride

Le printemps est sans doute la meilleure saison pour visiter la Floride, particulièrement en avril et en mai. Le soleil brille, la chaleur est présente sans humidité (entre 19 °C et 24 °C en moyenne), la végétation est en pleine floraison, la mer est bonne, les risques de pluie sont très faibles… Tous ces avantages ont un prix : le printemps est la saison la plus chère.

© LISA5201 - ISTOCKPHOTO.COM

Le printemps est la période idéale pour visiter la Floride.

© PHAELNOGUEIRA - ISTOCKPHOTO.COM

Miami Beach.

La baignade

C'est sans doute l'une des premières questions que vous vous posez en prévoyant votre voyage en Floride : vais-je pouvoir me baigner et profiter des plages de sable blanc ? La réponse est oui, toute l'année ou presque ! Tout dépend de votre degré de frilosité, et de l'endroit où vous vous trouvez. La mer est en effet plus chaude au sud et à l'est de la Floride, plus fraîche à l'ouest et au nord. A Miami, la température de l'eau oscille en moyenne entre 21 °C (janvier/février) et 31 °C (juillet/août).

Sachez que la majorité des hôtels floridiens disposent de piscines intérieures ou extérieures, même les motels les plus abordables. Si elles ne sont pas systématiquement chauffées, elles restent une agréable façon de se prélasser en fin de journée sans quitter son logement.

Entre snowbirds et springbreakers

Entre novembre et mars, la Floride voit arriver un flot de *snowbirds*, des Canadiens et Québécois fuyant l'hiver intense pour profiter du soleil de Floride. Ils sont environ 900 000 chaque année (en majorité retraités) à s'établir durant quelques mois dans le *Sunshine State*, particulièrement à Miami, Fort Lauderdale, Palm Beach et Tampa.

La Floride au printemps devient la destination préférée d'un autre type de visiteurs, plus fêtards : les *springbreakers*, des étudiants venus de tout le pays. Chaque université américaine offre en effet une semaine de relâche qui s'étalonne entre fin février et mi-avril : le *Spring Break*. Durant cette période, les bars, en particulier ceux de Miami, ne désemplissent pas et la fête bat son plein tout au long de la journée. C'est un élément à prendre en compte si vous comptez loger aux abords d'Ocean Drive. Vous pourrez retrouver les dates de *Spring Break* des principales universités américaines sur le site ststravel.com

Les ouragans

Si la saison des ouragans en Floride court de juin à novembre, ils sont plus probables entre août et octobre. On se souvient notamment de l'ouragan Katrina en 2005 et de l'ouragan Irma en 2017, particulièrement destructeur dans les Keys. Plus récemment, en septembre 2022, l'ouragan Ian a frappé la côte Ouest de la Floride. Plus de 100 personnes ont perdu la vie et les villes de Naples et Fort Myers ont particulièrement souffert.

De tels phénomènes sont heureusement rares, et il existe un système d'alerte au niveau national pour prévenir en cas de danger.

Les inondations sont également fréquentes et ne doivent pas être prises à la légère.

Les impacts du changement climatique en Floride

L'une des principales préoccupations en Floride concernant l'augmentation du niveau de l'eau dû au réchauffement climatique. De nombreux hôtels et immeubles sont en effet construits au bord des plages, particulièrement à Miami. La ville est particulièrement menacée par ce phénomène, puisqu'elle est construite sur un ancien marais, proche du niveau de l'eau. On estime qu'en 40 ans, le niveau de la mer a augmenté de 20 centimètres en Floride du Sud. Cette augmentation pourrait se poursuivre dans les années à venir et atteindre 60 centimètres d'ici le milieu du siècle. Outre les dommages et dangers qui menacent les constructions côtières et leurs habitants, ce phénomène aurait pour conséquence d'aggraver les effets des tempêtes et d'augmenter par dix les risques d'inondations.

ENVIRONNEMENT

La Floride est un territoire marqué par la présence de l'eau : sources, marais, lacs, rivières, et façade océanique. Elle se caractérise également par une faible altitude, un fort ensoleillement et la présence de plages, qui ont conduit à une importante urbanisation côtière, réalisée au prix de grands travaux de drainage. Les activités humaines exercent de fortes pressions sur ces milieux fragiles. La pollution contribue notamment à l'intensification du phénomène de « marées rouges », ces algues toxiques que l'on retrouve épisodiquement sur le littoral. Les consommations excessives d'eau induisent des situations de stress hydrique. L'un des plus grands défis du territoire demeure lié au changement climatique, qui en accélérant la montée des eaux, pourrait conduire à la submersion de toute une partie de la Floride d'ici la fin du siècle. Face à l'alerte des scientifiques, les réponses oscillent entre un solide déni climatique mais aussi un fourmillement d'initiatives.

Parcs nationaux

La Floride compte plusieurs types d'aires protégées sur son territoire, dont 3 parcs nationaux.

- **Le parc national de Biscayne (Biscayne National Park)** : situé à l'extrémité de la péninsule de Floride, il protège les zones humides de l'estuaire de la baie de Biscayne, principalement constituées de mangroves, ainsi que les îles et récifs coralliens (Keys), très prisés des plongeurs. Le parc abrite une exceptionnelle biodiversité et des vestiges historiques.
- **Parc national des Dry Tortugas (Dry Tortugas National Park ★★★ (p.263))** : situé à l'extrémité sud-ouest de la péninsule de Floride, dans l'archipel des Keys, il protège les 11 îles de Dry Tortugas et leurs récifs coralliens, qui abritent une exceptionnelle biodiversité marine et une importante avifaune.
- **Parc national des Everglades (Everglades National Park ★★★ (p.211))** : situé dans le sud-ouest de la Floride et classé au patrimoine mondial de l'UNESCO, il protège une partie des Everglades, savanes et prairies inondées qui constituent la plus vaste zone humide subtropicale du pays. Le parc constitue un habitat pour de nombreux oiseaux résidents et migrateurs et abrite une remarquable diversité faunistique et floristique. Il est cependant fragilisé par les impacts des activités humaines (prélèvements d'eau, pollutions, urbanisation proche).

Un territoire soumis à de fortes pressions anthropiques

L'artificialisation des sols et la fragmentation des milieux naturels, induite en partie par l'urbanisation, contribuent à l'aggravation de l'érosion côtière mais aussi au déclin de la biodiversité.

La Floride souffre aussi de son passif industriel, qui engendre des pollutions parfois chroniques. En avril 2021, la région de Tampa a défrayé la chronique, passant près d'une catastrophe écologique, contraignant le gouverneur de l'État à déclarer l'état d'urgence. La situation était liée à la rupture d'un réservoir contenant plus d'un million de m3 d'eaux industrielles usées, dans un ancien site de production de phosphate (engrais), réservoir qui avait déjà fait l'objet de réparation et de pollutions auparavant. Le territoire subit également une situation de stress hydrique, liée à une consommation d'eau importante, pour des utilisations « non critiques », comme les piscines, le lavage des voitures, ou l'arrosage des pelouses, cette dernière activité représentant près de 40 % des consommations d'eau potable en Floride. L'augmentation des hospitalisations liées à la pandémie de COVID-19 a conduit à une consommation importante d'oxygène pour les réanimations. Or l'oxygène liquide est aussi nécessaire à la potabilisation de l'eau, ce qui a généré une pénurie d'eau pendant plusieurs semaines en 2021 dans la région d'Orlando où des efforts de limitation d'eau ont été demandés aux habitants.

Les Everglades.

© RUDY UMANS - SHUTTERSTOCK.COM

Parc national de Biscayne.

Face au changement climatique

La Floride est un État particulièrement vulnérable au changement climatique. Celui-ci, déjà palpable, se traduit par la plus grande fréquence et intensité des phénomènes extrêmes, dont les tempêtes et les ouragans, à l'image du cyclone tropical Irma survenu en 2017, occasionnant de multiples destructions matérielles, des évacuations de populations mais aussi des morts. La montée du niveau de la mer pourrait, selon des études scientifiques, atteindre plus de 2 mètres d'ici la fin du siècle, et entraîner la submersion marine d'une partie du territoire. Le déni climatique est cependant bien établi. Il faut dire que l'État de Floride s'illustre par ses positions climato-sceptiques, avec la promulgation en 2015 d'une loi interdisant aux fonctionnaires de mentionner le réchauffement climatique dans leur communication. L'urbanisation se poursuit donc, entraînant la destruction des milieux naturels dont les mangroves, réservoirs de biodiversité et barrières naturelles contre l'érosion côtière. Le phénomène pourrait également entraîner la migration d'espèces halieutiques, l'émergence de maladies vectorielles, et intensifier les « marées rouges ». La « gentrification climatique », apparaît en Floride, des promoteurs rachètent des terrains où vivent les populations les plus pauvres - loin de la mer et plus en hauteur- moins exposées à la montée des eaux.

Des alternatives et des initiatives écologiques

Le président Biden a fait revenir les États-Unis dans les Accords de Paris sur le climat en 2021, année de la publication d'un nouveau rapport du GIEC, attestant de la responsabilité totale des humains dans le changement climatique. La Floride est un territoire d'excès à l'image de ces humains à l'impact carbone démesuré qui se sont offert depuis Cap Canaveral un voyage dans l'espace à l'été 2021. Mais elle est aussi riche de celles et ceux qui agissent pour un monde plus respectueux du vivant. Un ancien footballer américain est par exemple à l'origine de Babcock Ranch, une ville autonome en eau et en énergie (production solaire), avec des constructions résistantes aux ouragans et peu émissives. La Floride fourmille également d'initiatives portées par des associations ou simples citoyens. Des associations se mobilisent également pour promouvoir l'agriculture biologique, comme *Florida Organic Growers*. La pollution plastique des océans est un enjeu environnemental mondial. Résorber ces pollutions nécessite à la fois une démarche de prévention mais aussi des actions curatives. L'association *Coalition of Miami and the Beaches* et l'antenne floridienne *Surfrider foundation* agissent en ce sens. On citera également *4Ocean*, entreprise à mission fondée en Floride par deux anciens étudiants et surfeurs à leurs heures. *4Ocean* a déjà nettoyé plus de 7 800 tonnes de déchets depuis 2017 dans le monde et réalise également des actions de sensibilisation. A noter qu'en Floride a eu lieu en 2019 la plus importante opération de nettoyage sous-marin du monde. Avec plus de 600 plongeurs mobilisées, 737 kg de déchets et 27 kg de filets de pêche ont été collectés. La jeunesse n'est pas en reste, à l'image de l'association *back2earth,* fondée par des jeunes, qui a mis en place un service gratuit de collecte de compost, en porte à porte, et à vélo. *Kids Ecology Corps* et *Sustainable Florida* agissent quant à ells auprès et avec les enfants des écoles.

HISTOIRE

Si l'explorateur Juan Ponce de León est le premier Européen à avoir mis les pieds dans l'actuelle Floride, le territoire était habité depuis des milliers d'années par des tribus amérindiennes. La Floride a ainsi connu une histoire complexe qui a façonné durablement sa personnalité. La Floride est en effet un Etat multiculturel aux influences espagnoles, françaises, anglaises, amérindiennes ou encore caribéennes. S'y déroulèrent des événements décisifs pour la période contemporaine, comme le lancement de la mission Apollo 11 mais aussi des périodes plus sombres, notamment lors des conflits avec Cuba. La Floride est aujourd'hui la première destination touristique des États-Unis avec environ 100 millions de visiteurs par an. De nombreux musées et expériences témoignent de son patrimoine vivant : le Sunshine State a bien plus à offrir que ses plages de sable blanc ! Laissez-vous conter son histoire avant d'aller la vivre à votre tour.

Au XVIe siècle, la Floride comptait entre 100 000 et 350 000 habitants répartis dans de nombreuses tribus amérindiennes. On peut notamment citer les Appalaches (environ 50 000 personnes), les Tequestas ou encore les Jaegas. La population amérindienne de Floride a drastiquement chutée dès le début du XVIe siècle suite à l'arrivée des colons espagnols, notamment en raison des maladies importées d'Europe.

Au XVIIe, les Séminoles se développèrent comme tribu distincte.

DÉCOUVRIR

1513-1521

La Floride est mentionnée pour la première fois sur une carte espagnole en 1502. Il semble que des vaisseaux l'abordèrent dès 1510 mais le premier débarquement officiellement reconnu est attribué à Juan Ponce de León (1460-1521), ancien gouverneur de Porto Rico qui fit partie du second voyage de Christophe Colomb. De León était à la recherche de la fontaine de Jouvence quand il débarqua en 1513 à l'embouchure de la rivière Saint Johns, siège de l'actuelle Jacksonville. Quant au nom du futur Etat, il proviendrait soit de fleurs qu'il y avait en abondance, soit du jour du débarquement Pascua Florida. De León reçut la permission de coloniser la Floride mais l'entreprise échoua en 1521 quand les Indiens attaquèrent la petite colonie. De León décéda de la suite de ses blessures à Cuba.

Il est considéré comme le premier Européen à fouler le sol floridien.

1460-1521

Juan Ponce de León

Nommé en 1509 gouverneur de Puerto Rico, Ponce de León est un conquistador qui entreprit d'explorer les moindres recoins d'un empire colonial espagnol en pleine expansion, à la recherche d'un pied-à-terre pour son usage personnel. Il fut ainsi le premier à poser un pied en Floride, sans doute nommée ainsi car elle fut découverte pendant la Pascua Florida (la fête espagnole des fleurs). Il y revint huit années plus tard, avec un mandat du roi, pour en faire officiellement une colonie espagnole. Les indigènes ne l'entendirent évidemment pas de cette oreille et, entre Tampa Bay et Fort Myers, où ils avaient débarqué, Ponce de León et ses hommes furent reçus par les flèches des Indiens Calusa. L'une d'elles blessa mortellement Ponce, et la Floride fut momentanément sauvée. Momentanément seulement car des rumeurs sur l'existence de filons d'or dans les Appalaches motivèrent de nombreuses autres expéditions espagnoles. Celle de Hernando de Soto notamment, qui installa un camp à Tampa Bay en 1539, avant de partir à la conquête de la Géorgie, de l'Alabama et du Mississippi.

1527

La seconde tentative de colonisation fut celle de Panfilo de Narvaez qui, en 1527, débarqua avec 600 hommes près de la baie de Pensacola. Les effectifs furent vite réduits à 400 hommes. Six mois plus tard, la flotte ayant été détruite, les survivants tentèrent de regagner Cuba à bord de radeaux. Un ouragan réduisit l'expédition à une poignée de fuyards qui, après avoir été entraînés sur la côte du Texas, furent capturés par les Indiens.

1535

Nunez Cabeza de Vaca – l'un des survivants de l'expédition de Narvaez – et trois autres capitaines fondent enfin une garnison espagnole à Guaymas, sur la côte pacifique du Mexique.

1539-1561

Hernando de Soto, qui laissa le souvenir d'une incroyable brutalité (qui consistait à couper le nez des Indiens qu'il capturait, et des centaines tombèrent entre ses mains…), explora la Floride entre 1539 et 1540.

En 1559, Tristan de Luna tenta d'établir une nouvelle colonie dans la baie de Pensacola ; elle dut être abandonnée en 1561.

© BENOITB - ISTOCKPHOTO.COM

1562

Le Français Jean Ribaut (1520-1565) aborde la côte orientale de Floride avec une troupe de huguenots. Il débarque d'abord à Saint Augustine puis sur la rivière Saint Johns et prend possession du territoire avant de finalement s'installer sur une île près de Beaufort, en Caroline du Sud.

30 JUIN 1564

René de Laudonnière fonde la colonie de Fort Caroline (d'après le nom du roi de France Charles IX) à l'embouchure de la rivière Saint Johns, près de l'actuelle Jacksonville.

20 SEPTEMBRE 1565

Pedro Menendez de Aviles (1523-1574) massacre la garnison de Fort Caroline (non pas parce qu'ils étaient français, mais parce qu'ils étaient luthériens). La flotte française étant détruite, Ribaut et ses hommes se rendirent à Menendez mais furent passés par les armes. Après sa victoire, l'Espagnol établit une garnison qu'il baptisa Sainte Augustine (la plus vieille ville de l'Amérique du Nord) puis, en 1567, regagna son pays natal.

La nouvelle du massacre atteignit la France, mais bien que la cour en fît peu de cas, un ami de Ribaut, Dominique de Gourgues, jura vengeance. Ayant affrété un navire, un an plus tard, en 1568, il arriva en vue de la rivière Saint Johns. Avec l'aide des Indiens, il s'empara du fort San Mateo, sur le site de Fort Caroline, et pendit tous ses occupants en déclarant qu'il les punissait, non pas parce qu'ils étaient Espagnols mais des traîtres, des voleurs et des assassins. Après cette vengeance, sans essayer d'attaquer Saint Augustine, il rentra en France.

1580 Le roi d'Espagne proclame la création de deux Florides, l'occidentale (actuel Alabama) et l'orientale (Floride contemporaine).

1700-1750 Grands désaccords entre puissances coloniales : Espagnols établis en Floride, Britanniques en Géorgie et Français en Louisiane. En 1702, les Anglais incendient Saint Augustine. En 1706, Français et Espagnols attaquent Charleston, en Caroline du Sud. En 1706, puis à nouveau en 1722, les Caroliniens attaquent la Floride.

En 1740, un Géorgien, Oglethorpe, attaque Saint Augustine. Deux ans plus tard, en représailles, les Espagnols s'en prennent à la ville de Savannah. En 1745, le belliqueux Oglethorpe s'apprête à récidiver, mais le traité d'Aix-la-Chapelle met fin à la guerre. Tous les combats sont alors suspendus. Les Français ont occupé Pensacola de 1719 à 1742.

1763 En 1763, par le traité de Paris, les Espagnols cèdent la Floride aux Anglais en échange de Cuba. Ces derniers divisent le territoire entre la Floride de l'Est, bordée par le Mississippi, et la Floride de l'Ouest. Durant la Révolution américaine, les Anglais essayent d'utiliser la Floride comme base contre la Géorgie et la Caroline du Sud, mais les Espagnols, basés à La Nouvelle-Orléans, s'emparent de la Floride de l'Ouest. En 1783, le nouveau traité de Paris permet à la couronne d'Espagne de récupérer la totalité de la Floride.

L'entrée dans l'Union

1803-1816 En 1803, quand les Etats-Unis, tout récemment créés, rachètent la Louisiane à Bonaparte, les résidents de la Floride de l'Ouest, inquiets à l'idée d'une annexion bonapartiste, font des pétitions en faveur de leur rattachement à l'Amérique. Le gouverneur espagnol s'oppose à cette demande. Les Etats-Unis, s'appuyant sur la théorie selon laquelle la Floride de l'Ouest avait été cédée par l'Espagne à la France en 1800 et faisait en conséquence partie du territoire de la Louisiane à l'époque de son rachat, occupent tout bonnement ce territoire en 1812 : la partie la plus occidentale est ainsi rendue à la Louisiane, le reste revenant au Mississippi.

Bientôt, les Etats-Unis et les Anglais entrent en guerre. Le gouvernement américain demandait alors aux Espagnols, concentrés en Floride de l'Est, l'autorisation d'occuper cette partie du territoire afin d'en chasser les Anglais. Devant le refus des Espagnols, les Américains envahissent la Floride espagnole – c'est l'un des épisodes les plus noirs de l'histoire américaine. En 1814, les troupes britanniques tentent de débarquer à Pensacola et sont battues par les Américains commandés par Andrew Jackson. Andrew Jackson continue la guerre même après la défaite des Anglais sous prétexte que ces derniers entretiennent des foyers d'agitation chez les Indiens et abritent les esclaves en fuite. En 1816, Jackson détruit un fort sur la rivière Apolicchicola où s'étaient réfugiés 270 esclaves fugitifs. Or, le territoire où sévit le futur gouverneur de la Floride, faisant des raids incessants contre les chefs indiens et pendant haut et court les commerçants anglais, ne fait pas encore partie des Etats-Unis.

1818 En 1818, les Espagnols sont contraints de céder la Floride, dont les Etats-Unis prennent possession en 1821. Andrew Jackson est nommé le premier gouverneur du nouvel Etat. Le gouvernement des Etats-Unis cède une large portion du territoire de la Floride au marquis de Lafayette qui souhaite y créer une communauté utopique. Mais Lafayette, après avoir imaginé planter des vignes, renonce à son projet et s'installe à Tallahassee, où ses anciens quartiers, Frenchtown, existent toujours. C'est au tour d'un autre Français, le prince Achille Murat, de débarquer ; s'il épouse une nièce de George Washington, le prince Murat ne fera cependant pas grand-chose d'autre à part manger, chasser et manger.

1824 Tallahassee est choisie pour être la capitale de la Floride.

1835-1842 La seconde guerre Séminole oppose les Amérdiens, qui résistent à la déportation, et les Etats-Unis. Elle fait suite à la première guerre Séminole (1817-1818). Le chef Seminole Oscaola, figure de proue du combat, finit par être capturé par les troupes américaines, ce qui signe le ralentissement des conflits. Cette guerre fut la plus coûteuse des guerres indiennes et l'une des plus longues menées par les Etats-Unis. Au terme de la guerre, la quasi-totalité des Indiens Seminole sont chassés.

Une troisième et dernière guerre Séminole aura lieu de 1855 à 1858.

1845

1845

La Floride est proclamée 27e Etat des Etats-Unis.

1849-1898

Julia Tuttle

Le saviez-vous ? Miami est la seule ville des Etats-Unis à avoir été fondée par une femme. En 1890, Julia Tuttle achète les terres sur lesquelles s'élèvera plus tard la Miami moderne. Convaincue du potentiel de la ville et des atouts de son climat tropical, elle tente de convaincre l'homme d'affaires Henry Flagler d'étendre son réseau de chemin de fer jusqu'à Miami, mais essuya plusieurs refus. En 1894, alors qu'un grand froid décime une large partie des plantations de Floride, la plantation d'agrumes de Julia Tuttle est épargnée. Pour démontrer la douceur du climat de la région de Miami, elle envoie alors un bouquet de ses oranges à Henry Flagler, qui accepte finalement d'étendre son réseau ferroviaire. En contrepartie, la femme d'affaires et son voisin William Brickell cèdent des terres à la Florida East Coast Railway. Le succès de Miami ne cessera ensuite de grandir.

1861 En 1861, la Floride fait sécession et, rejoignant les Etats de la Confédération, s'engage dans la guerre civile. Mais elle perd la plupart de ses ports et villes côtières au cours du conflit. Après la guerre, la Floride rejette le 14e Amendement qui rend les esclaves libres et leur accorde les droits civils : elle reste sous régime militaire. Cette attitude intransigeante est d'autant plus incompréhensible qu'à la différence des autres Etats confédérés, la Floride ne pratique pas un système d'agriculture à grande échelle qui nécessite, comme les plantations, une importante force de travail.

1868 Réadmission de la Floride au sein des Etats-Unis : elle a dû accorder le droit de vote aux Noirs. Mais sitôt la réintégration confirmée, l'Etat met en place une série de lois discriminatoires.

1898 Attaqués sur leurs positions navales cubaines, les Américains déclarent la guerre à l'Espagne et envahissent Cuba. La Floride, territoire situé à seulement quelques kilomètres de l'île, est privilégiée par les militaires américains et connaît un *boom* économique, notamment touristique.

1912 Après 7 ans de travaux, inauguration de l'Overseas Railroad, ligne de chemin de fer fondée par le milliardaire Henry Morrison Flagler. Elle vient prolonger la Florida East Coast Railway - dont Flager est aussi à l'origine - jusqu'à Key West. Les travaux sont colossaux : 23 ponts suspendus et viaducs sont construits au-dessus de la mer, nécessitant pas moins de 17 millions de mètres cubes de matériaux pour un coût de plus de 50 millions de dollars.

L'Overseas Railroad sera exploitée durant 23 ans. Aujourd'hui, il reste encore des témoins de son passé, à l'image du Old Seven Mile Bridge.

LES ANNÉES 1920

Années 1920

Les Etats-Unis entrent dans la Première Guerre mondiale en 1917 et l'effort de guerre, notamment une forte présence navale dans l'Etat, entraîne un nouveau *boom*. Des milliers de kilomètres de côtes échappent à toute surveillance, et sa proximité avec Cuba et Porto Rico la transforme en paradis de la contrebande pendant la Prohibition.

Au début des années 1920, la population de Miami Beach n'est que de 644 habitants. C'est Carl Fisher, l'associé de Collins dans la construction du pont qui relie Miami à Miami Beach, qui utilise la publicité pour faire venir les gens à Miami Beach. En 1925, la population est déjà de 2 342 habitants et la valeur des propriétés a été multipliée par dix.

1941-1950

La Floride sort de la Grande Dépression en devenant un maillon essentiel de l'effort militaire américain durant la Seconde Guerre mondiale.

FIN DES ANNÉES 1950

Aménagement de la « Space Coast » (Côte de l'Espace). La NASA pose son centre de lancement et ses fusées à Cape Canaveral, le Kennedy Space Center.

1961

La débandade de la baie des Cochons, attaque menée par des contre-révolutionnaires cubains, rassemblés en Floride depuis la révolution cubaine de 1959, continue de faire grimper la pression. L'URSS installe des missiles sur Cuba en 1962, pointés vers les Etats-Unis. Pour sortir de la crise, ces derniers s'engagent alors à ne pas attaquer le pays de Fidel Castro, et retirent leurs missiles de Turquie en contrepartie du retrait des missiles soviétiques de Cuba.

16 JUILLET 1969

Le monde a les yeux tournés vers Cape Canaveral d'où décolle la mission Apollo 11 qui emmène les trois astronautes Neil Armstrong, Buzz Aldrin et Michael Collins vers la Lune. L'alunissage a lieu quatre jours plus tard, le 20 juillet 1969.

1ER OCTOBRE 1971

Disney World ouvre les portes de son château à Orlando : l'industrie du tourisme connaît alors une impulsion sans précédent. L'arrivée de Disney amènera rapidement d'autres acteurs du divertissement à s'y installer, comme SeaWorld (1973) et Universal (1990), faisant au fil des années d'Orlando la capitale des parcs d'attractions. Avec quatre parcs à thème et trois parcs aquatiques, Walt Disney World est aujourd'hui le plus grand parc d'attractions au monde avec 110 km², l'équivalent de la ville de Paris !

1992

Suite au coup d'Etat militaire de 1991, des milliers de Haïtiens se réfugient en Floride. La plupart sont stoppés net dans leur course par les gardes-côtes, et refoulés vers Cuba.

1993-1994

La Floride est devenue très dangereuse pour les touristes étrangers, qui ne cessent d'être agressés ou tués. L'Etat renforce la sécurité de manière drastique.

1995

Renforcement des sanctions américaines contre Cuba. Il n'y aura désormais plus de correspondances aériennes entre Miami et La Havane.

1999

L'affaire du petit Elian Gonzalez exacerbe les tensions entre les deux pays : Cubain âgé de 6 ans et retrouvé au large de la Floride à la dérive, il fuyait son pays avec sa mère qui a trouvé la mort pendant la traversée. Pendant un an, chacun va se disputer la garde de l'enfant, les USA pressés par la communauté cubaine très influente de Miami, et le père de l'enfant par Fidel Castro. Finalement, Elian repart chez son père le 10 juillet 2000.

DÉCOUVRIR

2000	Tous les yeux sont rivés sur la Floride, où un problème de décompte des votes oblige la Cour suprême à trancher : majoritairement républicaine, elle consacre George W. Bush comme président des Etats-Unis d'Amérique, vainqueur par 300 voix d'avance.
2001	La paranoïa règne après les attentats du World Trade Center. Sept jours plus tard, le 18 septembre 2001, les premiers cas de maladie du charbon sont diagnostiqués en Floride suite à l'envoi de courriers piégés contenant du bacille du charbon. Le pays craint alors une tentative de bio-terrorisme, hypothèse réfutée en 2008.
2005	L'ouragan Katrina, après avoir dévasté La Nouvelle-Orléans, frappe la Floride le 26 août et cause la mort de 14 personnes. C'est l'un des plus puissants ouragans que connurent les Etats-Unis, mais aussi le plus meurtrier.
2008	Les Floridiens votent à 51 % pour Barack Obama aux élections présidentielles.
AVRIL 2010	Marée noire dans le Golfe du Mexique à cause de l'explosion de la plateforme pétrolière de BP. C'est la plus grande marée noire de l'histoire des Etats-Unis. Les côtes de Floride sont touchées mais aussi celles de Louisiane et du Texas.
31 JANVIER 2012	La Floride vote en masse pour le candidat Mitt Romney lors des élections primaires républicaines. Il prend ainsi une sérieuse option sur l'investiture et peut prétendre affronter Obama lors des présidentielles de novembre 2012.
6 NOVEMBRE 2012	Barack Obama est réélu président des Etats-Unis. Il a notamment remporté 29 grands électeurs de Floride.
2015	Rétablissement officiel des relations diplomatiques entre Cuba et les Etats-Unis.
2016	Visite officielle du président Barack Obama à Cuba, une première pour un président américain depuis 88 ans.
ETÉ 2016	Le virus Zika se répand en Floride. En 2021, près de 150 000 œufs de moustiques génétiquement modifiés ont été lâchés dans les Keys afin de lutter contre la propagation de virus comme Zika ou la dengue.
MARS 2016	Hillary Clinton et Donald Trump remportent les primaires de leurs partis. Ils arrivent notamment tous les deux en tête en Floride. Ce sont les deux candidats officiels à la présidence américaine.
12 JUIN 2016	Attentat à Orlando dans la boîte de nuit LGBT le Pulse. Cinquante victimes sont à déplorer, dont l'auteur de la fusillade qui s'était réclamé de l'organisation terroriste Daesh.
NOVEMBRE 2016	Donald Trump est élu Président des Etats-Unis. La Floride a voté à 49% pour Trump.

AUTOMNE 2017	L'ouragan Irma frappe la côte Est de la Floride et les Keys.
OCTOBRE 2018	L'ouragan Michael frappe durement le nord-ouest de la Floride causant la mort de 17 personnes et de gros dégâts.
HIVER 2018 ET JANVIER 2019	Les plages de Floride et de Miami sont touchées par une marée rouge causée par la prolifération d'une algue toxique « Karenia brevis » qui dégage des toxines nocives pouvant tuer des animaux marins et provoquer des problèmes respiratoires chez l'homme.
3 NOVEMBRE 2020	Joe Biden est élu président des États-Unis. La Floride a voté à 52 % pour Trump contre 48 % pour Biden.
2021	Les impacts de l'épidémie de la Covid-19 sont durables. De nombreux Californiens et New-Yorkais viennent s'installer à Miami, où les restrictions ont été quasi inexistantes. Le coût de l'immobilier et de la vie quotidienne augmente.
AVRIL 2022	Les parlementaires de Floride adoptent un projet de loi donnant au gouverneur de Floride Ron de Santis un droit de regard sur la gouvernance de Disney sur le *special district* (quartier entourant les parcs à thèmes), qui permettait à la firme aux grandes oreilles de contrôler la a plupart des futures constructions dans une zone de plus de 10 000 hectares autour des parcs. Cette mesure, qui met fin à la quasi-autonomie qu'avait Disney jusqu'alors, est vue comme une rétorsion politique après que l'entreprise a publiquement dénoncé le projet de loi de Floride, surnommée « Don't Say Gay ».
28 SEPTEMBRE 2022	**Ian** Après avoir touché Cuba, l'ouragan Ian de catégorie 4 touche la côte Ouest de la Floride avec des vents soutenus à 250 km/h. Plus de 100 personnes ont perdu la vie en Floride et 2,4 millions d'habitants ont été privés d'électricité. Les villes de Naples et Fort Myers ainsi que l'île de Sanibel ont été les durement plus touchées, les dégâts matériels sont considérables et la reconstruction s'annonce longue.
8 NOVEMBRE 2022	Le républicain Ron DeSantis est réélu gouverneur de Floride lors des *mid-terms* avec près de 60% des voix. Très conservateur, il a notamment signé la loi controversée visant à interdire l'évocation de l'orientation sexuelle à l'école primaire. Elle a été surnommée « Don't say gay » par ses opposants. Ron DeSantis se place comme un potentiel candidat aux élections présidentielles de 2024. Il est perçu comme le plus grand rival de Donald Trump.
FÉVRIER 2023	Disney riposte en voulant empêcher le conseil d'administration de DeSantis d'utiliser le nom de Disney, les symboles associés à la société et au parc à thème, ainsi que l'image des personnages de Disney sans l'autorisation de la société.
2023	La compagnie ferroviaire Brightline met en service une liaison entre Miami et l'aéroport d'Orlando. Les 250 kilomètres doivent désormais s'effectuer en 2h45. Pratique pour visiter les deux villes sans louer de voiture !

TOP 10

PERSONNAGES HISTORIQUES

Voici 10 hommes et femmes, qui, sans toujours être des enfants du pays, ont marqué durablement la Floride. Des premières explorations à la préservation de l'héritage Seminole en passant par le lancement du tourisme, on leur doit en partie le Sunshine State que l'on connait aujourd'hui.

JUAN PONCE DE LEÓN

Conquistador espagnol considéré comme le premier Européen à explorer l'actuelle Floride à partir de 1513.

© THEPALMER - ISTOCKPHOTO.COM

WALT DISNEY

Le père du cinéma d'animation, celui sans qui Walt Disney World n'aurait jamais vu le jour à Orlando.

© BOY SCOUTS OF AMERICA, PUBLIC DOMAIN, VIA WIKIMEDIA COMMONS

TONY GOLDMAN

Ce promoteur immobilier érigea la zone industrielle de Wynwood en temple du *street-art* au milieu des années 2000.

JULIA TUTTLE

Miami est la seule ville des États-Unis à avoir été fondée par une femme, Julia Tuttle.

ERNEST F. COE

Le « Père des Everglades » grâce à qui cette région marécageuse fut classée Parc National en 1947.

OSCEOLA

L'un des symboles de la résistance Seminole qui lutta jusqu'à sa mort en 1838 pour l'indépendance de la tribu.

© STEVEN FRAME - SHUTTERSTOCK.COM

BARBARA CAPITMAN

Dans les années 1970, elle sauva de la destruction le quartier art-déco de South Beach.

© FELIX MIZIOZNIKOV - SHUTTERSTOCK.COM

HENRY FLAGLER

Magnat du chemin de fer en Floride, il fit construire 23 ponts à partir de 1885 pour relier Miami aux Keys.

WILLIAM BRICKELL

Il est le co-fondateur de Miami. Un quartier de Downtown porte aujourd'hui son nom.

HENRY B. PLANT

Homologue de Flagler, il créa en 1891 le *Tampa Bay Hotel*, le premier *resort* de Floride.

ENJEUX ACTUELS

La Floride est un Etat multi-facette, et cette diversité se ressent aujourd'hui dans le dynamisme économique du *Sunshine State*. Ainsi, si on le savait moteur dans le domaine du tourisme, on ignore parfois qu'il est aussi un important producteur agricole, un fer de lance dans le secteur de l'aérospatial et un berceau de la *tech*. Sa popularité ne fait qu'accroitre aussi bien au niveau national qu'international. La Floride est ainsi la 3e destination américaine la plus plébiscitée par les Français après New York et la Californie. Mais ce que les visiteurs n'ont que peu le temps de percevoir, ce sont les tensions politiques et sociales qui animent cet état dirigé par un gouverneur conservateur, tensions qui se cristallisent notamment autour des droits des personnes LGBTQ+. La Floride est également de plus en plus concernée par des soucis environnementaux, que l'on peut entre autres imputer au réchauffement climatique.

Le tourisme, un fer de lance

Le tourisme est la principale industrie de la Floride. En 2016, elle a ainsi rapporté 111,7 milliards de dollars à l'économie de l'État. Parmi les moteurs de cette industrie, on retrouve bien-sûr les parcs d'attraction de la région d'Orlando, et surtout Walt Disney World qui accueille 16 millions de visiteurs par an et emploie 70 000 personnes. Le plus ancien de ses quatre parcs - le Magic Kingdom, ouvert en 1971, est le parc Disney le plus visité au monde. Autre importante manne touristique, les Everglades. Cette zone marécageuse unique au monde est visitée par environ 1 million de visiteurs par an. Menacés par le changement climatique, les Everglades vont se voir injecter 1,1 millard de dollars par l'administration Biden. Les croisières profitent aussi beaucoup au tourisme floridien, Miami est ainsi le premier port du monde en terme de trafic de passager avec 4 millions de croisiéristes.

La Floride, terre agricole

On ne l'imagine pas toujours, mais la Floride est une terre agricole fertile et l'agriculture occupe une forte place dans l'économie de l'Etat, avec le tourisme. La production fruitière est extrêmement dynamique, particulièrement au sud et au centre de l'Etat. La Floride assure ainsi 75 % de la production américaine d'oranges. Elle se classe également au premier rang national pour la production de raisins et au second rang pour la canne à sucre et l'horticulture. La Floride a également développé l'élevage bovin et héberge 9 des 25 principaux producteurs de bœuf des États-Unis. La viande est d'ailleurs le produit agricole numéro 1 exporté par la Floride au niveau international. Elle occupe également le troisième rang national pour l'élevage de chevaux. Parmi les autres productions, on peut citer les fruits (mangue, papaye, ananas, avocat), les légumes, le poisson, le soja ou encore le maïs.

DÉCOUVRIR

© MARIDAV - SHUTTERSTOCK.COM

Touristes dans la mangrove des Keys.

© NAUGHTYNUT - SHUTTERSTOCK.COM

Kennedy Space Center.

Un Etat

Autre anecdote que peu de personnes connaissent : c'est à Boca Raton, au nord de Miami, que l'entreprise IBM créa le tout premier PC (*Personal Computer*) en 1981. Cet héritage technologique perdure aujourd'hui et la Floride accueille plus de 27 000 entreprises dans le secteur, employant 220 000 personnes. Elle se classe ainsi au quatrième rang des Etats-Unis. Depuis la pandémie, l'essor de la *tech* s'est renforcé avec l'arrivée de Californiens issus de la Silicon Valley. De plus en plus d'entreprises choisissent ainsi de combiner douceur de vivre et écosystème technologique favorable. Le co-fondateur de PayPal, Bill Harris, a ainsi annoncé vouloir créer une *start-up* à Miami, Nirvana Technology. D'autres géants du secteur tels que Spotify et Microsoft y ont également ouvert des bureaux. Autre avantage non négligeable : l'Etat n'a pas d'impôt sur le revenu. Le sud de la Floride serait-il en passe de devenir une nouvelle Silicon Valley ?

La tête dans les étoiles

En 1959, la NASA installe le John F. Kennedy Space Center à Meritt Island, sur la côte Est de la Floride, aujourd'hui surnommée *Space Coast*. En 1961, le président Kennedy annonce la volonté d'envoyer des astronautes américains sur la Lune avant la fin des années 1960. Ce sera chose faite au départ du centre spatial Kennedy le 21 juillet 1969. Le site est toujours actif aujourd'hui et fait office de base de lancement pour toutes les fusées et satellites de la NASA. En septembre 2021 fut notamment lancé la fusée Falcon 9 de la compagnie Space X - une compagnie privée partenaire de la NASA - qui emmena pour la première fois quatre touristes dans l'espace. Le Kennedy Space Center est ouvert au public depuis 1966. Plus largement, la Floride est le leader mondial dans le domaine de l'aérospatial et des dernières technologies et recherches qui lui sont associées. Elle accueille plus de 2000 entreprises.

Un Etat de plus en plus conservateur

Tout n'est pas que chaleur et soleil en Floride. Elle est dirigée par le gouverneur Ronald DeSantis, membre du parti Républicain, qui multiplie les actes conservateurs. Ainsi, en juillet 2022 entre en vigueur la House Bill 1557, surnommée *Don't say Gay*. Cette loi interdit notamment d'aborder les questions relatives aux genres et aux identités sexuelles dans les classes, a minima jusqu'au *third grade* (équivalent du CE2). Dans la même veine, la Floride a ouvert la possibilité de réduire les libertés des personnes transgenres (fin de la possibilité de changer de prénom, arrêt des traitements hormonaux et bloqueurs de pubertés pour les moins de 18 ans...). Autre sujet d'inquiétude : un droit à l'avortement de plus en plus restreint. La Floride a en effet voté la réduction du délais légal, passant de 24 semaines à 15 semaines, alors même que la Cour Suprême menace d'abroger le droit à l'avortement.

L'épineuse question environnementale

Depuis 2018, les problèmes en série liés à l'environnement font la une de l'actualité en Floride. Il y avait d'abord eu Irma qui avait touché les Keys en 2017, mais dont les dégâts matériels (aucune victime n'était à déplorer) avaient finalement été relativement limités. L'ouragan Michael qui a frappé le nord-ouest de la Floride en octobre 2018 a été beaucoup plus destructeur : il est le plus violent depuis 1851. La fréquence de ces ouragans dans le Sunshine State serait due au réchauffement climatique car les eaux de l'Atlantique, de plus en plus chaudes, favoriseraient la transformation de tempêtes tropicales en ouragans. Autre problème majeur : les marées rouges. En raison d'un micro organisme toxique, les eaux de l'Etat ont été très polluées en 2018 et 2021, créant un environnement toxique pour les riverains. La Floride est également concernée par la montée des eaux, qui menace les côtes mais aussi les îles des Keys et les Everglades.

ARCHITECTURE

Osez voir par-delà les clichés clinquants qui lui collent trop souvent à la peau, car la Floride recèle des trésors insoupçonnés ! Sites préhistoriques indiens et forts espagnols racontent une histoire bien plus ancienne qu'il n'y paraît. Des maisons rudimentaires en bois aux exubérants hôtels « néo » nés le long du chemin de fer, en passant par les somptueuses maisons de maître des grandes plantations… les visages de la Floride du XIXe siècle sont multiples. Dans la première partie du XXe siècle, la Floride a connu un boom architectural sans précédent oscillant entre style méditerranéen et révolution Art déco. Depuis, l'Etat a vu naître les projets les plus fous, à commencer par ceux de Walt Disney. Aujourd'hui, les plus grands architectes du monde y rivalisent d'audace et d'ingéniosité dans des créations peut-être moins extravagantes… mais toujours aussi innovantes !

Trésors du passé

L'histoire de la Floride est millénaire et pour le découvrir, rendez-vous au site archéologique de Crystal River State qui aurait été habité de 200 av. J.-C au XVIe siècle ! Des stèles ou pierres cérémonielles flanquent plusieurs tumuli funéraires indiens, que les archéologues pensent avoir été surmontés de temples, dans la tradition des grandes civilisations méso-américaines. Les Indiens Seminoles sont les directs descendants de ces grands peuples de fait, les premiers véritables Floridiens. Pourtant, des siècles durant, ils furent attaqués et chassés, contraints de se réfugier au cœur des terrains marécageux des Everglades. Vivant aujourd'hui dans de petites réserves, tel le Miccosukee Indian Village, ils perpétuent leurs traditions, notamment en matière d'habitat, comme le montrent les chickees, huttes de feuilles de palmier et de cyprès, au plancher en bois imputrescible surélevé d'un mètre environ, pour limiter les dommages de l'humidité. Au XVIIe siècle, la Floride se fit aussi espagnole. Les premières constructions des colons étaient souvent de rudimentaires cabanes de bois aux toits de chaume. Ce sont les congrégations religieuses qui construisirent beaucoup à travers la Floride, mais des centaines de missions en bois de l'époque, il ne reste que peu de vestiges. En revanche, impossible de manquer celui qui peut s'enorgueillir d'être le plus grand fort espagnol des USA : le Castillo San Marcos de Saint-Augustine ! Son système de fortifications est impressionnant : douves, allées couvertes et glacis, pont-levis et herses en poutre de pin recouvertes de fer, murs d'enceinte pouvant aller jusqu'à 6 m de large et plateformes de tirs protègent cette petite ville dans la ville organisée autour de sa Plaza de Armas. Un ensemble construit dans un étonnant matériau : la lumachelle, roche sédimentaire et calcaire formée de millions de coraux et coquillages compressés qui peut résister à l'impact d'un boulet de canon sans se briser !

Etonnant XIXe siècle

Le matériau phare de ce XIXe siècle est le bois, que la Floride peut exploiter à loisir dans ses grandes forêts. Des villes entièrement dédiées à la coupe du bois seront même construites, à l'image de Cedar Key. Les toutes premières constructions des Crackers de Floride étaient assez sommaires mais témoignaient d'une grande ingéniosité, notamment dans la recherche d'aération et d'isolation. Les maisons étaient ainsi généralement posées sur des bases mêlant pierres calcaires et bois imputrescibles. Leurs planches de cyprès et cèdre rouge étaient assemblées avec des picots de bois et des clous en fonte. Qu'elles se composent d'une pièce (single-pen house), de deux pièces avec un foyer central (saddlebag house) ou de deux pièces séparées par un passage central couvert (dogtrot house), ces maisons possédaient toujours un toit à deux pans et une galerie en façade. Avec l'apparition de la charpente à claire-voie, ces maisons modestes ont pu ensuite s'agrandir. A voir : la maison McMullen au village traditionnel de Pinellas County avec son toit incliné couvert de tuiles de cyprès. Les four-square houses, elles, se reconnaissent à leurs toits à 4 versants surmontés d'un lanternon destiné à favoriser l'aération de la maison. Ce souci constant d'adaptation au climat se retrouve également dans les maisons de Key West, très largement inspirées de l'habitat créole des Bahamas. Bâties sur des fondations en piliers permettant à l'air frais de circuler et reconnaissables à leurs volets et pignons orientés vers la rue, ces maisons conservent la sobriété de volumes et de plans des « shotgun houses », maisons consistant en une simple enfilade de pièces. Puis progressivement, dans les Keys, comme dans le reste de la Floride, ces maisons vont se laisser gagner par les styles à la mode, du néoclassique au style victorien, en passant par l'extravagant style Gingerbread avec ses étonnantes balustrades sculptées.

A Key West, les « maisons à sourcils » sont des incontournables. Ces sourcils sont, en fait, les avancées de toits élégamment travaillées pour cacher les fenêtres du premier étage. Autre style très populaire : le « steamboat » dont les superbes décorations de bois rappellent les bateaux à vapeur de l'époque. Pensacola, Fernandina Beach, Mount Dora et Tallahassee sont riches de superbes demeures en bois aux décorations toutes plus élégantes et travaillées. Autres chefs-d'œuvres de bois : les maisons de maître des grandes plantations, telles Goodwood House et Gamble House. Ces maisons sont toujours au centre de la plantation et possèdent souvent un parapet sur le toit permettant de surveiller les travaux des champs. Leurs façades sont ornées de grandes vérandas soutenues par d'imposantes colonnades, mais aussi de loggias, tourelles décoratives et dentelles de bois. Mais cette richesse de décor ne doit pas faire oublier la réalité de ce système esclavagiste… une visite à la Kingsley plantation où subsistent 23 cases d'esclaves construites en tabby, béton artisanal composé de coquillages brûlés et de coraux, au confort plus que rudimentaire se chargera de vous le rappeler. La fin du siècle est marquée par la concurrence que se livrent les deux grands magnats du chemin de fer : Henry Flagler et Henry Plant. Les deux hommes vont rivaliser d'audace et imaginer les hôtels les plus somptueux pour attirer les visiteurs dans les grands terminus de leurs lignes ferroviaires respectives. Parmi les plus beaux édifices de cette course à l'extravagance, notons : le Flagler College (anciennement Ponce de Leon Hotel) avec sa rotonde au foyer de marbre et sa coupole dorée et décorée de stucs ; le Zorayda Castle, réplique au 1/10e de l'Alhambra de Grenade ou bien encore le Henry B. Plant Museum (ancien Tampa Bay Hotel), dont les minarets sont visibles des kilomètres à la ronde… vous l'aurez compris l'influence hispano-mauresque était de mise !

Foisonnement éclectique

La première moitié du XXe siècle est marqué par un boom architectural sans précédent. Le style alors en vogue est le style méditerranéen, qui se place dans la continuité du style hispano-mauresque très prisé au siècle passé. Murs aux couleurs pastel, toits en tuile d'argile rouge, galeries, tours décoratives, jeux d'arcatures et de baies voûtées et élégantes décorations de ferronnerie caractérisent ce style qui sied à merveille au climat floridien. L'un des grands amateurs de ce style est Addison Mizner, architecte et promoteur à qui l'on doit la naissance de Palm Beach. Il y crée des voies piétonnes inspirées des rues des villages espagnols et multiplient les demeures avec cours et jardins. Sa fantaisie ? Couvrir les murs de lait condensé frotté à la laine de verre afin de leur donner un style patiné ! Autre grand promoteur immobilier et amateur de styles éclectiques : George Merrick, créateur de Coral Gables, ensemble paradisiaque abritant quelques édifices insolites : le Biltmore Hotel avec sa réplique de 96 m de la Giralda de Séville, son immense hall bordé de piliers et surtout sa piscine, plus grand bassin hôtelier des USA ; la Venetian Pool, piscine publique faite de loggias, grottes et tours à la vénitienne ; et surtout les 7 villages internationaux donnant tour à tour à la station des airs de petit France ou de cité interdite chinoise. Etonnant !

Maison Mc Mullen.

© TRAVELVIEW - SHUTTERSTOCK.COM

Vizcaya.

Espanola Way à South Beach et Fort Lauderdale sont deux autres fascinants projets urbains nés durant ce boom, qui voit également apparaître les demeures privées les plus folles. Les deux plus célèbres sont Vizcaya et Ca'd'ZaBiltmore Hoteln. La première est tout simplement la plus grande résidence privée de Floride ! Difficile de décrire ce mastodonte d'extravagance, ceint de somptueux jardins mêlant influences italiennes et françaises, et qui abrite un salon de musique rococo, une chambre chinoise et des salles de bain couvertes de marbre et de plaques d'argent ! Rien d'étonnant à ce que la villa abrite aujourd'hui un musée des Arts décoratifs européens ! La seconde, propriété de la riche famille Ringling, surplombe Sarasota Bay du haut de sa terrasse de 60 m de long. Cours pavées de marbre, sols en onyx, marqueterie d'acajou… rien n'est trop beau pour les magnats de l'époque. C'est aussi à cette époque que Downtown Miami se dote de ses premiers gratte-ciel : la Freedom Tower qui, elle aussi, s'inspire de la Giralda de Séville, et la Ingraham Tower mêlant motifs néoclassiques et Renaissance et célèbre pour ses plafonds recouverts de feuille d'or.

Puissance Art déco

Vous ne le saviez peut-être pas, mais Miami Beach abrite la plus grande concentration de bâtiment Art déco au monde ! Alors qu'en Europe, l'Art déco cherche à rompre avec les exubérances historicisantes, prônant des lignes sobres et épurées, en Floride, ce dernier va se teinter d'une certaine dose de fantaisie. Ce style fut d'ailleurs appelé Tropical Déco. Il n'est ainsi pas rare de voir apparaître sur les façades des motifs à frises, palmettes, chevrons ou ziggourats d'inspirations maya, aztèque ou égyptienne et même des flamants roses typiquement floridiens ! Puis cette richesse décorative va faire place à un style plus épuré dont les lignes se font les témoins d'une nouvelle forme de modernité. C'est l'avènement du Streamline Moderne, parfois connu sous le nom de style nautique, qui met en avant les nouveaux matériaux de construction : acier, chrome, brique de verre et bien sûr, encore et toujours, le béton. La fenêtre-hublot devient alors très populaire. Fascinant témoin de ces riches années 30-40, ce patrimoine Art déco a pourtant été longtemps délaissé. Mais dans les années 70, Barbara Capitman lança une grande campagne de préservation qui permit de protéger près de 800 édifices. Dans les années 80, l'Art déco revient sur le devant de la scène sous l'impulsion de l'artiste Leonard Horowitz. Originellement, les bâtiments étaient blancs ou de couleurs très clairs, les tons plus prononcés étant réservés aux ornements. Un parti pris esthétique autant qu'une contrainte économique. Passionné de ce courant artistique, Horowitz décida de le mettre en avant en repeignant les façades de 150 bâtiments des couleurs les plus vives et brillantes. Le Déco Dazzle, comme le baptisa son créateur, transforma la physionomie de South Beach. Pour admirer les différentes évolutions de ce style, rendez-vous sur Ocean Drive où s'égrènent des chefs-d'œuvres tels que les édifices Park Central, Avalon et Beacon ; les hôtels Carlyle, Cardozo et Cavalier, sans oublier, non loin, la Beach Patrol Station.

Mais que ce tourbillon Art déco ne vous fasse pas manquer les autres visages de la modernité ! Le Florida Southern College est ainsi l'œuvre du célèbre architecte Frank Lloyd Wright. Ayant eu carte blanche pour aménager le campus, le maître a pu laisser libre cours à son architecture organique. A ne pas manquer la Chapelle Annie Pfeiffer et sa tour spectaculaire mais qui s'intègre harmonieusement à l'environnement.

Frénésie contemporaine

Destination touristique phare, la Floride est soumise à une spéculation immobilière sans précédent qui fait naître, dès les années 50, des stations balnéaires et resorts tapageurs aux qualités architecturales parfois discutables. A Miami Beach, l'Hôtel Fontainebleau, réinterprétation libre et surtout clinquante d'un château à la française par Morris Lapidus, en est l'exemple le plus frappant. Toujours plus haut, toujours plus clinquant, tel pourrait être le crédo de l'architecture autoroutière qui se développe également. Bordées de néons éblouissants et d'édifices rivalisant d'incongruité stylistique et formelle, les highways se transforment en un show architectural quelque peu déroutant. Dérouté, le visiteur ne peut que l'être à Orlando, ville de toutes les folies, multipliant les parcs à thèmes en tout genre. C'est là que Walt Disney imagina Disney World, plus grand parc d'attraction au monde. Chose étonnante, c'est le célèbre architecte Arata Isozaki, qui y réalisa le Team Disney Building tout en formes géométriques et illusions d'optiques ! En parallèle, Walt Disney imagina Epcot (Experimental Prototype Community of Tomorrow). Pour réaliser cette cité expérimentale, il fallut assécher 11 000 ha de marécages, pelleter 54 millions de tonnes de terre et faire venir 16 000 tonnes d'acier pour les superstructures. A l'époque, avec ses 80 000 photopiles sur son toit, Epcot était le plus grand parc solaire privé du monde. Les années 80-90 sont également une période de transformation pour Miami dont le Downtown District est redessiné par les plus grands architectes. Ieoh Mig Pei y réalise la Miami Tower, tandis que la grande agence Skidmore, Owings & Merrill imagine le First Union Financial Center. Mais c'est une agence locale, la désormais célèbre agence Arquitectonica, qui va faire beaucoup parler d'elle avec ses réalisations audacieuses et colorées comme le Miracle Center Mall de Coral Gables et surtout ses trois luxueuses tours d'appartements baptisés Palace, Imperial et Atlantis, cette dernière étant célèbre pour son ouverture en façade qui cache palmiers et jacuzzis ! Dans les années 90, alors que partout ne cessent de pousser tours et immeubles uniformisés, le promoteur Craig Robbins décide de transformer Miami. C'est à lui que l'on doit le Design District et c'est à lui aussi que l'on doit d'avoir fait venir à Miami la célèbre foire d'art contemporain Art Basel, qui attire toujours dans son sillage les plus grands noms de l'architecture. Après Elastika, œuvre d'art tout en fluidité imaginée pour relier les anciens et nouveaux espaces du Moore Building, Zaha Hadid a dessiné le One Thousand Museum à la façade en verre posée sur un exosquelette incurvé composé de 5 000 morceaux de béton armé et de fibre de verre. Le célèbre duo d'architectes suisses Herzog & de Meuron a révolutionné l'architecture des parkings avec son garage du 1111 Lincoln Road, structure de 7 étages formée de dalles fines de béton posées sur des piliers triangulaires d'épaisseurs différentes et placés irrégulièrement, créant dynamisme et légèreté. On leur doit aussi The New Perez Art Museum Miami (PAMM) dont les pilotis se prolongent en colonnes supportant une superbe canopée. Frank Gehry a abandonné ses courbes exubérantes pour réaliser le très sobre New World Center, grand volume rectangulaire mêlant verre et revêtement blanc, s'intégrant à merveille au patrimoine Art déco de Miami Beach. Rem Koolhaas a également laissé son empreinte à Miami avec le Faena Forum et des tours élégantes dans le complexe Park Grove à Coconut Grove. Quant à Renzo Piano, c'est à North Beach qu'il a imaginé sa tour Eighty Seven Park avec ses superbes jardins privatifs. Une liste fascinante à laquelle s'ajouteront bientôt les noms de Bjarke Ingels et Norman Foster. Miami n'a pas fini de se transformer !

Façade Art Deco.

BEAUX-ARTS

La Floride fourmille de lieux et d'événements consacrés à la création. Attirés par le climat, les paysages grandioses ou la lumière éblouissante, les artistes unissent un peu partout leurs talents. S'il est vrai que l'État ensoleillé a vu naître peu de grands noms ou de courants picturaux, elle déborde d'initiatives remarquables. Depuis les décennies Rauschenberg, dont la carrière fulgurante est intrinsèquement liée à Captiva, les communautés et les galeries d'art fleurissent. Comme par tradition, les artistes de tous horizons manifestent ici une volonté de transmettre leur savoir aux jeunes générations. Car l'art contemporain est à l'honneur d'un bout à l'autre de l'État. A Miami, sur les îles ou dans les terres, des musées inoubliables et une flopée de galeries sont au programme. Suivez notre Top 10 pour ajouter une touche *arty* à vos balades. Lumière sur une terre de contrastes, des façades pastel aux festivals en plein air !

Histoire

De même que dans le reste des États-Unis, la peinture émerge en Floride à l'arrivée des colons. Les missionnaires espagnols, établis dans le Sud-Ouest des États-Unis et en Floride, ont recours aux arts visuels pour évangéliser les Amérindiens. Dans ce but, les lieux de culte sont décorés de peintures et de sculptures religieuses, imprégnées de baroque. Les œuvres sont importées ou réalisées par les moine. Le style de Rubens influence fortement les « exécutants » qu'on ne peut pas encore qualifier d'artistes.

Il faut attendre le XVIIe siècle pour que des professionnels venus d'Europe exécutent les premiers tableaux sur le sol américain. Ils restent marqués par les canons européens et la religion. Cependant, avant cela, la luxuriance de la Floride stimule la créativité des peintres embarqués sur les navires. Chargés de documenter les missions d'exploration, ils représentent la Floride dès le XVIe siècle. Ainsi, le cartographe et illustrateur français Jacques Le Moyne exécute dessins et aquarelles de ces nouvelles terres. Les oiseaux de Floride inspirent l'ornithologue John James Audubon. Considéré comme le plus grand paysagiste de son temps, le peintre George Inness (1825-1894) choisit la Floride comme thème de sa série Florida.

Né en Italie en 1856, le peintre anglo-américain John Singer Sargent conserve la trace de ses innombrables voyages en réalisant près de mille toiles et deux mille aquarelles. Ses paysages et ses marines font découvrir Venise, Corfou, la France, le Moyen-Orient ou encore la Floride.

Fondé par un couple d'industriels, le **Norton Museum** (p.277) à West Palm Beach est la référence en matière d'art américain des années 1850. Sculptures et peintures représentent tous les courants picturaux du XIXe siècle. Modernistes et impressionnistes partagent l'espace avec une étonnante collection de sculptures chinoises couvrant 12 millénaires de création. Le département d'art contemporain et ses salles de photographie confirment le flair indéniable des Norton (Joseph Beuys, Richard Long, Andy Warhol ...)

Rauschenberg

Robert Rauschenberg, né au Texas en 1925, quitte New York en 1960 pour s'installer en Floride, dans le petit village de Captiva où il décède en 2008. L'artiste révolutionnaire exprime fréquemment l'influence que son lieu de résidence exerce sur son travail. En Floride, il se ressource et entre deux parties de pêche, il puise l'inspiration qui alimente ses recherches pendant plus de quatre décennies. Rauschenberg était un explorateur. Recourant à toutes sortes de matériaux et de techniques, il mêle les disciplines pour repousser les limites de l'imaginaire comme dans ses Combine Paintings. On le considère comme un précurseur dans presque tous les mouvements de l'art moderne, de l'abstraction à l'expressionnisme, aussi bien en peinture, en photo, en gravure qu'en sculpture. La photographie, la source essentielle de son œuvre, est pour lui un moyen d'étudier la lumière et ses variations. Dès la fin des années 1940, il immortalise ses amis, John Cage, Andy Warhol ou Jasper Johns et documente ses voyages à Tanger ou à travers l'Europe.

Dans son atelier, sur la plage du village de pêcheurs, il termine sa série d'illustrations de l'Enfer de Dante entre 1958 et 1960.

Par la suite, les personnalités les plus fantasques trouvent leur place en Floride.

Associations d'artistes

Dans les années 1970, les premières communautés d'artistes se constituent dans les petites villes de Floride. Tout en gardant chacun leur atelier, les créatifs s'appuient sur la solidarité pour promouvoir leurs créations. Les ateliers sont généralement ouverts au public, au moins le week-end. S'entourer d'esprits créatifs permet de bénéficier d'une émulsion et d'échapper à un système commercial trop formaté.

Parmi les associations pionnières, l'Atlantic Center for the Arts de New Smyrna Beach est depuis 1977 un lieu d'exposition multidisciplinaire qui propose des résidences, un atelier et des formations. A son origine, Doris Leeper, sculptrice et peintre engagée dans la protection de l'environnement. Désormais, l'ACA organise un festival, des stages pour enfants, des séminaires, le tout en mettant l'accent sur le bien-être.

Doris « Doc » Leeper (1929-2000) se met à la peinture dans les années 1950, puis s'oriente vers l'abstraction en jouant avec les textures et les formes géométriques. Son style s'adoucit dans les années 1980, et des éléments empruntés à la nature font leur apparition. Ses actions en faveur de l'environnement et au sein de l'ACA complètent sa carrière couronnée de succès.

A Miami Beach, l'ArtCenter-South Florida défend depuis 1984 la pratique des arts visuels ainsi que la culture du Sud de la Floride. A Tallahassee, le vaste espace du Railroad Square Art Park est loué à une cinquantaine d'artistes, tous genres confondus. Tous les 1ers vendredi du mois, le « First Friday GAllery Hop »l'ArtCenter-South Florida propose un parcours de découverte à travers les univers les plus fous.

Pas moins de 35 artistes sont réunis au Village of the Arts de Bradenton depuis 1999. Les maisonnettes reconverties en galeries sont généralement ouvertes au public, mais le mieux est de profiter d'une ArtWalk, le premier week-end du mois.

Typique d'une certaine définition de l'art à l'américaine, le Towles Court Artist Colony de Sarasota propose un autre point de vue sur la créativité : massages, art thérapie et arts culinaires enrichissent le programme d'exposition. Les sculptures partagent les jardins tropicaux avec les artistes qui aiment exercer leur talent au grand air.

Art contemporain

Surprise : la scène artistique d'Orlando est en plein boum ! Les galeries d'art éclosent dans des lieux inattendus. Les mordus de photo visiteront les deux galeries Snap ! Des artistes internationaux exposent à *Snap ! Espace et Snap ! Centre-ville*, dirigés d'une main de maître par Patrick Kahn. L'art indépendant investit un vaste espace industriel sur Edgewater Drive: l'Henao Contemporary Center. En plus de l'**Orlando Museum of Art** (p.313), pour se familiariser avec l'art local, le Musée d'art américain de Mennello est axé sur l'art contemporain, autour de la collection permanente d'Earl Cunningham (1893-1977). Né dans le Maine, Cunningham pose ses valises à Sainte-Augustine, où il ouvre une boutique de curiosités qui lui sert également d'atelier. Cet autodidacte compose des paysages vibrants, à la croisée du fauvisme et d'un joyeux art naïf. A Orlando comme dans de nombreuses villes de Floride, l'art profite du climat pour animer les rues. Les festivals attirent les foules, à Fort Myers, Naples, Sarasota, Tampa … partout, y compris à Miami. La ville Art déco est prisée pour son Art Basel Miami Beach. Rendez-vous incontournable des collectionneurs et amateurs du monde entier, la foire de Miami a lieu tous les ans depuis 2002. Plus de 250 galeries se réunissent au Miami Beach Convention Center. La manifestation est complétée par une vingtaine de foires off, à travers la ville.

Restons à Miami pour conseiller son musée d'art contemporain, le **Pérez Art Museum Miami** (p.144), ou **PAMM** (p.144), situé dans un superbe édifice ultra-design face à la baie. On y découvre des œuvres contemporaines d'artistes de Floride, d'Amérique latine et des Caraïbes. Un détour par le Sculpture Garden s'impose.

La côte Ouest de la Floride est aussi très riche sur le plan artistique, comme en témoignent les nombreuses galeries d'art de Pine Island. Sur cette île du comté de Lee, une communauté d'artistes et d'écrivains propose un autre regard sur l'Amérique. Ne manquez pas **Lovegrove** (p.368), et son jardin foisonnant de sculptures inspirées des impressionnistes et des Beatles. Toujours sur la côte Ouest, ne loupez sous aucun prétexte le musée Dalí à St Petersburg, qui rassemble une très belle collection de l'artiste à la divine moustache.

Wynwood et le street art

Ce n'est pas par hasard si le premier musée au monde consacré à l'histoire du graffiti a récemment ouvert à Wynwood. Ce quartier autrefois désaffecté est devenu la grande originalité de Miami. Transformé en épicentre artistique par le mécène Tony Goldman, à l'origine du développement de SoHo à New York, il attire les street artistes depuis les années 2 000. Dans le parc de **Wynwood Walls** (p.151), les murs sont mis à disposition des créatifs du monde entier, notamment à l'occasion de l'Art Basel. Muralistes acclamés et graffeurs émergents se retrouvent pendant plusieurs jours dont Shepard Fairey ou le peintre illustrateur et muraliste basé à Miami, Ernesto Maranje.

Les fresques ne sont pas toutes concentrées à Wynwood Walls. Tout autour, on peut traquer les œuvres sur 50 blocks. En chemin, une centaine de galeries d'art, de restaurants et de boutiques vintage vous accueilleront. A voir : la collection d'art contemporain de la galerie Margulies qui regroupe tous les médiums, photographie, vidéo, sculpture et installation ; à **Bakehouse Complex** (p.149), on peut même rencontrer les artistes dans leur atelier.

Depuis 1994, le Street Painting Festival à Downtown Lake Worth Beach invite chacun à devenir un artiste. Son principe s'inscrit dans la lignée d'une tradition séculaire, à l'époque où les artistes peignaient les pavés pour se faire connaître. Devenu le premier et le plus couru des événements en extérieur, il rassemble désormais près de 100 000 visiteurs. Tous les mois de février, ce sont plus de 600 artistes qui viennent des quatre coins du monde pour pratiquer leur talent dans la rue. A la craie ou à la peinture, laissez votre empreinte en Floride !

TOP 10

MONUMENTS

En Floride, la fantaisie frappe à tous les coins de rue. Qu'on ne s'y trompe pas, les musées présentent des maîtres de l'art mondial. Pas d'humeur à visiter un musée ? Vous préférez ajouter une note culturelle à vos balades ? *No problem !* Notre sélection de 10 lieux vous aidera à voir l'art autrement.

KEY WEST VIBE

Duval Street la noctambule est aussi la rue des galeries. Paysages pop art à Wet Paint Gallery.

© IRINA WILHAUK - SHUTTERSTOCK.COM

LAS OLAS BVD

À Fort Lauderdale, shopping et galeries sélects. Le meilleur de l'art israélien à The Blue Gallery.

© FOTOLUMINATE LLC - SHUTTERSTOCK.COM

WYNWOOD FOREVER

Galeries éclectiques, festivals et expos au grand air (Walls). Le hot spot où l'on revient toujours.

© PIO3 - SHUTTERSTOCK.COM

RDV À MATLACHA

Une communauté entre réalisme et fantaisie. Des galeries démentes, un festival d'art en février.

© FELIX MIZIOZNIKOV - SHUTTERSTOCK.COM

TOUR D'AGOSA

The Art Galleries of St Augustine, ou 13 galeries dispersées dans la plus ancienne ville d'Amérique.

ART PARADISE

Railroad Square à Tallahassee : ateliers, galeries, jardin de sculptures, First Friday Gallery Hop.

© FELIX MIZIOZNIKOV - SHUTTERSTOCK.COM

ST PETERSBURG

Grand Central District. La communauté d'artistes de Central Avenue. The Art Walk autour des galeries.

SARASOTA

Une autre vision de l'art à Towles Court Artist Colony: expos, ateliers, cuisine et médecines douces.

OLDE NAPLES

Le Gallery Row le long de l'historique Third St. L'art amérindien se rencontre à la Four Wind Gallery.

DELRAY BEACH

Les petites galeries de Pineapple Grove Arts District, Ford Fine Art pour l'art latinoaméricain.

MUSIQUES ET SCÈNES

La Floride, c'est un morceau authentique d'Etats-Unis mais avec ce je ne sais quoi de moite et piquant que les autres états n'ont pas. Une personnalité qui se ressent évidemment dans la musique des vedettes locales de la pop, telles que Pitbull ou Camila Cabello, appelant leur héritage culturel d'Amérique latine pour enrichir leur musique. L'essence de la Floride est là mais sa musique ratisse beaucoup plus large. Car la Floride, c'est aussi une scène hip hop hyper productive. C'est d'ici que vient le *booty bass*, genre à part dans le rap, très licencieux et moite, qui donnera plusieurs sous-genres par la suite comme la *ghettotech*. La Floride, c'est aussi une scène rock qui montre que le genre pousse très bien sous le soleil. Ici sont nés des légendes comme Jim Morrison et des groupes incontournables tels que Lynyrd Skynyrd - paradoxalement connu pour avoir chanté la douceur d'un autre Etat : l'Alabama. Une Amérique des extrêmes à découvrir aussi en musique.

La musique des natifs indiens

Quand les Espagnols sont arrivés en Floride au XVIe siècle, ils ont rencontré deux nations indiennes. Celle des Tequestas, dont il ne reste maintenant que les vestiges de souvenirs archéologiques, ainsi que la nation des Séminoles. Farouches et solides guerriers, ils ont su résister à l'extermination, protégés par la nature inhospitalière des Everglades. À l'instar des autres nations amérindiennes, la musique des Séminoles avait une fonction rituelle : certaines servaient à entrer en communication avec les ancêtres ou en transe, d'autres à apaiser les esprits de la nature. La musique officiait aussi lors d'assemblées, connues sous le nom de *pow-wow*. Parmi les instruments fréquemment utilisés par les Séminoles, on trouve le *mouthbow*, sorte de guimbarde formé d'un arc d'une vingtaine de centimètres, sur lequel est attachée une corde ; la flûte, souvent percée de six à sept trous ; le tambour, fait d'un tronc d'arbre creux sur lequel des peaux de bêtes sont fixées l'une à l'autre ; et enfin les maracas ou hochets, souvent utilisés par le chaman lors de danses d'incantations. Le Miccosukee Everglades Music And Crafts Festival se tenant dans les Everglades entre fin décembre et début janvier est un bon moyen de découvrir la culture des peuples premiers de la région, notamment leur artisanat et leur musique....

La musique classique

Si la Floride n'a pas produit de compositeurs notables, l'Etat comporte néanmoins quelques ensembles et scènes intéressantes. Avant de disparaitre suite à des problèmes financiers en 2003, le Florida Philharmonic Orchestra était sans doute l'orchestre le plus important de l'Etat. Dirigé, une grande partie de son existence, par le chef d'orchestre britannique James Judd, l'ensemble était, avec l'Opéra, la grande institution musicale de la région de Miami. Depuis, ce sont l'Orlando Philharmonic Orchestra, très bien financé, ou la Jacksonville Symphony, l'ensemble doyen de Floride (fondé en 1949) qui sont les entités philharmoniques floridiennes les plus importantes. Cette dernière s'est faite remarquée par le passé en multipliant les invités de prestige : Leonard Bernstein, Luciano Pavarotti, Mstislav Rostropovich, André Previn ou encore Ravi Shankar et Duke Ellington.

À Miami, outre le Miami Opera, on trouve la New World Symphony.

Fondée en 1987 par Michael Tilson Thomas et pensé comme un tremplin pour les jeunes talents, le New World Symphony offre une saison complète de concerts dans la salle du New World Center (p.200). Cette salle à l'architecture futuriste était un ancien cinéma Art déco qui a été magnifiquement restauré par Franck Gehry dans un style moderne et ultra design. Une salle magnifique, comme l'Olympia Theater, elle aussi ancienne salle de cinéma reconvertie, elle accueille également des concerts du New World Symphony Orchestra en plus d'opéras, ballets et autres spectacles.

La pop

La communauté latine étant évidemment importante et particulièrement dynamique dans la région, on y trouve en conséquence de nombreux grands succès pop teintés de diverses esthétiques d'Amérique latine. Un des exemples les plus fameux est sans aucun doute le rappeur et chanteur Pitbull, d'origine cubaine et très friand de reggaeton. C'est aussi le cas de Camila Cabello, née à Cuba mais résidant à Miami depuis l'enfance, et qui invite régulièrement les couleurs de son île de naissance dans sa musique.

La Floride est une incontestable terre de pop. La région est un terreau fertile pour cultiver les tubes et depuis les années 1970, avec le carton disco KC and the Sunshine Band, les groupes

© RANDY MIRAMONTEZ - SHUTTERSTOCK.COM

Lynyrd Skynyrd.

de Floride multiplient les succès nationaux, voire internationaux. Dans les années 1980, c'est Gloria Estefan & The Miami Sound Machine qui enchaine les tubes puis peu après dans les années 1990, la Floride contribue à la vague des boys band avec deux de ses principales entités : les Backstreet Boys et N Sync, tous deux formés à Orlando. Plus récemment, ce sont T-Pain de Tallahassee, Flo Rida de Carol City ou Ariana Grande de Boca Raton, qui sont associés à des succès importants. Citons aussi Steve Aoki, DJ superstar adoré autant que critiqué, originaire de Miami.

Le style de ce dernier est plutôt symbolique des évènements dantesques de la région comme l'Ultra Music Festival Miami. Se tenant chaque année en mars à Miami à l'occasion de la Winter Music Conference - un grand rassemblement de professionnels de la musique électronique - il convie les DJs les plus connus du globe. Une affiche aux milles têtes d'affiches où David Guetta, par exemple, est un invité régulier. Aux antipodes en terme de programmation, on trouve à Orlando, le Florida Music Festival. Avec l'ambition affichée de promouvoir de jeunes artistes avant leur explosion, le festival a, depuis 2002, découvert quelques grands noms comme Taylor Swift (rien que ça). Dans la région, les gros concerts sont organisés dans des lieux comme la FTX Arena de Miami, l'iTHINK Financial Amphitheatre à Fort Lauderdale, l'Amway Center d'Orlando, le Yuengling Center de Tampa ou encore le Daily's Place Amphitheater ainsi que le The St. Augustine Amphitheatre de Jacksonville.

Le rock

Si l'on a encore besoin de prouver que la Floride est une terre de rock, il suffit simplement de se rappeler que le grand Jim Morrison, chanteur mythique des Doors, y est né. Passée cette icône, la région a également été un berceau du *Southern Rock* (« rock sudiste ») en portant quelques-uns de ses groupes iconiques tels que Lynyrd Skynyrd. S'ils ont été connus avec des morceaux comme *Sweet Home Alabama*, le groupe est bien floridien puisqu'originaire de Jacksonville. Dans la même veine, The Allman Brothers Band est originaire de Daytona et Jacksonville, Molly Hatchet de Jacksonville et les Outlaws de Tampa.

Dans un autre genre, quelques autres illustres floridiens ont profondément marqué le rock : le guitariste Tom Petty qui a grandi à Gainesville ainsi que le groupe Limp Bizkit, que les ex-fans de néo-metal se remémoreront avec émotion et Marilyn Manson, respectivement de Jacksonville et Fort Lauderdale.

Comme le rock ne s'apprécie jamais aussi bien qu'en live, il est toujours bon de jeter un œil aux programmations, souvent très bonnes, de The Social à Orlando et Jack Rabbits à Jacksonville.

Le hip hop

C'est peut-être dans le hip hop que l'on trouve un des produits les plus typiques de Floride : la *booty bass*. Née à Miami (elle s'appelle d'ailleurs aussi *Miami Bass*), cette cousine floridienne du rap apparaît dans les années 1980 entre les mains de plusieurs jeunes producteurs avant d'être largement popularisée par le groupe 2 Live Crew, dès 1986 avec la sortie de son premier album *2 Live Crew Is What We Are*. Caractérisé par une ligne de basse très lourde et agile, les rythmes emblématiques de la Roland TR-808 et des paroles particulièrement licencieuses, la *booty bass* est un rap moite et particulièrement enclin à la controverse.

Depuis cette époque, le rap de Floride a maintenu une ébullition constante. La région a largement contribué à l'esthétique *dirty south*, hip hop typique du sud étatsunien, et a porté de très nombreux artistes qui ont fait et font date : Rick Ross, Kodak Black, Denzel Curry, Smokepurpp ou encore Ace Hood et Plies.

LITTÉRATURE

Évoquer la Floride ou Miami revient bien souvent à se laisser submerger par des images de séries américaines devenues des classiques ou à se mettre à fantasmer à de longues étendues de sable blond. Mémoire malencontreuse qui nous ferait oublier les Amérindiens, dont les Calusas qui les premiers virent débarquer les conquistadores en 1513, puis les Anglais qui remplacèrent les Espagnols, et enfin les Américains aux mille origines qui prirent possession de la péninsule dès le début du XIXe siècle. Heureusement, la Floride a l'art de cultiver son passé, même le plus sombre, et n'oublie ni les écrivains qui s'y sont installés - ils sont rares à y être nés, ni ceux qui l'ont choisie comme décor de leurs fictions… et de leurs non-fictions ! Car le territoire attire aussi bien les journalistes que les romanciers, les dramaturges que les poètes, chacun trouvant là de quoi nourrir son imaginaire. Aux lecteurs, désormais, de se laisser surprendre.

Des Amérindiens aux Américains

L'arrivée de Juan Ponce de León et de son équipage sur la péninsule a fait l'objet de nombreuses chroniques, à l'instar de celles de Gonzalo Fernández de Oviedo y Valdés (*Historia General y Natural de las Indias*, 1535) ou de Francisco López de Gómara (*Historia General de las Indias*, 1551). L'histoire se montre exacte quand elle précise que le nom donné à cette terre nouvelle faisait référence à Pâques (*Pascal Florida* en espagnol) fêtée en ce 2 avril 1513, hoquette un peu sur le lieu exact du débarquement, St. Augustine ou peut-être Melbourne Beach, et se fait facétieuse quand elle suggère que Ponce de León était à la recherche de la Fontaine de Jouvence. Cette légende fut cependant reprise dans les *Mémoires* d'un homme qui vécut une aventure extraordinaire : Hernando de Escalante Fontaneda, qui n'avait que 13 ans en cette année 1549, lorsque le bateau sur lequel il naviguait vers l'Espagne s'échoua au large de la Floride. Secouru in extremis par des Indiens Calusas avec certains de ses camarades, il fut le seul à être épargné, car peut-être le seul à se plier aux traditions de ses hôtes. Dans son autobiographie, rédigée en 1575, il raconta non seulement les 17 ans passés à leurs côtés, mais fournit d'inestimables renseignements sur le mode de vie d'un peuple qui ne disposait pas d'un système d'écriture permettant de laisser traces de sa culture, et qui était voué à s'éteindre dans les deux siècles à venir… Le cartographe Jacques Le Moyne de Morgues, originaire de Dieppe où il avait vu le jour en 1533, livra à son tour un précieux témoignage de sa rencontre avec les Amérindiens, et décrivit également des paysages qu'il avait pu observer en participant à la catastrophique tentative de colonisation qu'orchestrèrent Jean Ribault et René de Goulaine de Laudonnière en 1562. Si son récit (*Brevis narratio eorum quae in Florida Americae provincia Gallis acciderunt* publié post-mortem en 1591) s'avère difficile à trouver en français, qu'il est dit que ses illustrations furent détruites et que les gravures qui nous sont parvenues sont l'œuvre de Théodore de Bry, il reste à découvrir son destin en bande-dessinée grâce au talent de Jean Dytar (*Florida*, éditions Delcourt, 2018).

Bien loin de la violence de la colonisation, les amoureux de nature pourront se réjouir que l'œuvre de William Bartram (1739-1823), premier naturaliste à être né sur le continent américain, disponible dans une belle édition illustrée en couleurs chez José Corti. Ces *Voyages* (1791), élégants tant dans la forme que dans le fond, ont inspiré les écrivains qui décelèrent dans ces descriptions - ici d'une immense étendue vierge, là d'une tortue molle à épines - un romantisme prégnant. Il est même dit que Chateaubriand, dans son roman *Atala* (1801), reprit de longs passages en les transposant de Floride en Louisiane, sans nullement s'encombrer de mentionner sa source. Plus subtils, les deux poètes anglais Samuel Taylor Coleridge et William Wordsworth rendirent hommage à celui qui ne cessa de recenser, dessiner, louer la faune et la flore, celui qui avait en commun avec un autre visiteur - Jean-Jacques Audubon - une grande passion pour les oiseaux. Le célèbre ornithologue, né à Haïti en 1785, élevé à Nantes et mort à New-York en 1851, a en effet également parcouru la Floride. Cette excursion, en 1832, ainsi que celles qu'il fera dans d'autres états américains, lui donnèrent matière à réaliser les fameuses aquarelles dont la beauté nous est familière. Une association de protection de la nature porte son nom depuis 1905. Impossible aussi de ne pas citer, dans ce courant précurseur de l'écologie moderne, John Muir (1838-1914) auquel est dédié une plaque à Cedar Key. Cette inscription rappelle que le fondateur du

Maison d'Ernest Hemingway.

Sierra Club, l'une des plus vieilles organisations américaines dédiées à l'environnement, passa en ce lieu lors du fabuleux périple qu'il débuta en 1867.

À nouveau, ce sont les éditions Corti qui donnent à lire *Quinze cents kilomètres à travers l'Amérique profonde*, un classique incontournable. Dans un autre style, assez proche, Harriet Beecher Stowe (1811-1896) fait paraître en 1873 *Palmetto Leaves*. L'auteure de *La Case de l'oncle Tom* dont le retentissement avait été fracassant à sa sortie vingt ans auparavant, avait effectivement décidé d'acheter une maison à son fils près de Jacksonville afin qu'il puisse se remettre de la guerre de Sécession. Succombant aux attraits de la région, elle décida à son tour d'y vivre une partie de l'année, et d'en vanter le charme dans cet ouvrage qui aura autant d'impact sur le tourisme que son roman en avait eu sur le combat abolitionniste. Le romancier et journaliste Stephen Crane, qui lui aussi s'était à sa manière impliqué dans la lutte contre la ségrégation en publiant *La Conquête du courage* en 1895, passa quelques semaines sur la péninsule l'année suivante. Il devait y embarquer pour Cuba mais le navire The Commodore où il avait pris place fit naufrage. Si le jeune homme, alors âgé de 24 ans, s'en sortit miraculeusement et raconta cette histoire dans *Le Bateau ouvert*, il succomba quatre ans plus tard à la tuberculose qu'il avait contractée durant ce tragique épisode. Ces deux livres se découvrent aux éditions Sillage.

Folklore et engagement

La fin du siècle, sans doute l'année 1891, assiste à la naissance de Zora Neale Hurston. Contrairement à ce qu'elle mentionne dans son autobiographie, elle ne vit pas le jour à Eatonville mais plutôt à Notasulga (Alabama), pourtant la ville floridienne continue de lui rendre hommage chaque année lors d'un festival, car c'est de toute façon cette cité qui la vit grandir et lui souffla sa première nouvelle (*Drenched in light*) publiée, dans la revue *Opportunity*. Diplômée en anthropologie, elle étudia le vaudou à Haïti, mais ce sont surtout ses portraits qui la firent connaître, notamment celui qu'elle dressa de Cudjo Lewis, 86 ans, le dernier témoin des horreurs du commerce triangulaire qu'il avait subies après son enlèvement au Dahomey en 1859 (*Barracoon*, éditions Le Livre de Poche). Bien que Zora Neale Hurston participât au numéro unique du magazine *Fire !* précurseur du mouvement Harlem Renaissance auquel elle est intimement associée, son œuvre littéraire mit un peu plus de temps à être reconnue à sa juste valeur.

Aujourd'hui, nul ne saurait douter que *Their Eyes Were Watching God* appartienne au patrimoine culturel américain, tant ce roman est d'une richesse étonnante, admirablement servie dans sa traduction française par Sika Fakambi qui en donna une nouvelle version pour les éditions Zulma en 2018 (*Mais leurs yeux dardaient sur Dieu*). En effet, outre ce grandiose portrait d'une femme Noire qui se révèle libre dans une société qui ne l'est pas, l'auteure s'appuie sur les spécificités d'une communauté par le biais d'un dialecte qu'elle essaye de reproduire au plus juste, usant de termes phonétiquement retranscrits et de néologismes. Une plongée en plein cœur des Everglades, exigeante mais inoubliable. Il faudrait lui associer la lecture de *Palmetto Country*, œuvre de Stetson Kennedy.

Entre 1937 et 1942, ce militant des droits de l'homme, né à Jacksonville en 1916, dirige l'unité du Florida Writers Project qui, sur la demande de la Works Progress Administration (WPA), étudie le folklore et la tradition orale. Équipé d'un enregistreur, il récolte chansons traditionnelles, contes populaires et secrets du *Hoodoo*, l'ensemble de ces trésors devint une étude sociologique passionnante qui sera publiée dans l'American Folkways édité par Erskine Caldwell. Un document rare à retrouver en langue originale sur internet.

Key West et ses écrivains

Au début des années 1920, un homme s'amourache de l'extrémité de la Floride, là où la péninsule se réinvente en archipel. À ces lieux qu'il fréquentera longtemps et assidument, il dédiera en 1934 le poème *The Idea of Order at Key West* qui, en 1955, figurera dans le recueil *The Collected Poems of Wallace Stevens* récompensé par le Prix Pulitzer de la poésie. Mais le poète moderniste est bien loin d'être le seul à visiter régulièrement le comté de Monroe qui, tout au long du XXe siècle, verra défiler les écrivains. Le plus prestigieux d'entre eux est certainement l'inénarrable Ernest Hemingway dont la maison du 907 Whitehead Street - cadeau de mariage offert par l'oncle de son épouse Pauline Pfeiffer qu'il habita de 1931 à 1939 - est devenue depuis 1964 un musée qui lui est consacré. Le Prix Nobel de Littérature 1954 trouva à Key West l'inspiration pour nombre de ses romans - *Pour qui sonne le glas*, *Les Neiges du Kilimandjaro*, *Les Vertes collines d'Afrique*, etc. - mais reçut également ses amis, dont un autre écrivain de la Génération perdue, John Dos Passos (1896-1970, à qui l'on doit le monument qu'est la *Trilogie U.S.A.* (*Le 42e Parallèle*, *1919* et *La Grosse galette*).
Au nombre des autres habitués de cette « île du bout de la route », il faudrait également citer Marjorie Kinnan Rawlings (1896-1953) qui finalement lui préféra le centre de la Floride : son orangeraie située à Cross Creek est ouverte au public depuis les années 70. La lauréate 1939 du Prix Pultizer pour *The Yearling* (*Jody et le faon*), livre jeunesse adapté au cinéma en 1946, se laissa influencer par la ruralité qui l'avait tant séduite, au point d'ailleurs qu'elle fut accusée d'atteinte à la vie privée par l'une de ses voisines qui avait cru se reconnaître dans *Jacob's Ladder*. Tout aussi important dans le paysage littéraire américain, Tenessee Williams posséda une maison à Key West. Elle abrita ses amours avec l'acteur Franck Merlo jusqu'à ce que celui-ci soit emporté par un cancer du poumon en 1963. Le dramaturge lui survécut 20 ans, il a marqué le théâtre par ses pièces toujours abondamment jouées aujourd'hui : *Un tramway nommé désir*, *La Chatte sur un toit brûlant*, *Doux oiseaux de jeunesse*, etc. Enfin, le domaine poétique fut dignement représenté par Elizabeth Bishop (1911-1979), et le journalisme par John Hersey (*Hiroshima : lundi 6 août 1945, 8h15*, éditions Tallandier) dont le corps repose à Key West depuis 1993.
Plus près de nous, le romancier Michel Tremblay fuit depuis 1991 la rigueur des hivers de son Québec natal pour jouir du soleil et de l'ambiance si particulière de l'archipel. Récompensé par de nombreux prix, il fut en 2018 couronné par celui de la Francophonie, un hommage plus que mérité au vu de son œuvre foisonnante et truculente.
Si la Floride sait se montrer riante et accueillante, elle n'en demeure pas moins inspirante et attirante pour des écrivains qui nourrissent un goût certain pour le roman noir. Après s'être fait les dents sur New York dans *Le Bûcher des vanités*, best-seller mondial de l'année 1987, Tom Wolfe récidive en effet avec *Bloody Miami*, son dernier roman paru en 2013. L'année précédente disparaissait à Gainesville Harry Crews - l'auteur inclassable de *Car* (Gallimard), *Nu dans le jardin d'Éden* (Points) ou de *Péquenots* (Finitude) - qui partageait un faible pour les marginaux et les « rednecks » (littéralement « nuques rouges », bouseux) avec James Carlos Blake. Ce dernier, descendant de pirate reconverti en professeur d'université, excelle dans le polar historique : *Red Grass River* entraine ses lecteurs dans les marécages des Everglades au début du XXe siècle. Incisif et mordant, Carl Hiaasen l'est tout autant (*Mauvais coucheur* et *Presse-people* en 10-18) mais il sait également croquer sa Floride avec ferveur pour les adolescents (*Dans la gueule de l'alligator*, éditions Thierry Magnier). Enfin, Colson Whitehead remporta son second Prix Pulitzer en 2020 pour le remarquable *Nickel Boy* inspiré de la tragique histoire vraie de la Arthur G. Dozier School for Boys située à Marianna.

Un avant-goût de la Floride

Prenez le pouls de Miami avec le très beau livre *Miami* d'Horacio Silva aux Éditions Assouline. Un ouvrage *pepsy* et coloré à l'image de la Magic City qui foisonne de photos, pleine page, pour s'évader en un coup d'œil (en anglais). Les cinéphiles et amateurs de pop culture se rueront sur l'ouvrage *Miami : la carte des 100 lieux cultes* qui débusque les lieux de tournages de films, séries ou clips musicaux mythiques. Pour une mise en bouche (littéralement !), vous pouvez vous procurer *Beach Party à Miami* de Laure Sirieix dans la collection Des villes et des recettes, dans lequel vous trouverez 40 recettes de cocktails et bouchées sucrées et salées *so Miami* : Daïquiry, Key lime pie, flans cubains… *Poster Art of the Disney Parks* de Danny Handke et Vanessa Hunt ravira quant à lui les fans de Disney : il révèle et analyse les plus belles affiches des parcs dans le monde, notamment celles de DisneyWorld en Floride.

TOP 10

LECTURE

La Floride souffre de bien des clichés, à moins que justement ces paradoxes soient sa force. Qu'on la rêve telle une plage infinie où l'on n'aspire qu'à se prélasser avec un bon polar, ou que l'on veuille retourner la carte postale pour découvrir son histoire, cette sélection répond à toutes les attentes.

LES NOUVEAUX HÉRITIERS

1914, Floride. Isaac et Kemper tombent amoureux, mais l'entrée en guerre des États-Unis va chambouler leur idylle.
Kent Wascom, *éditions Gallmeister.*

ROAD TRIP DANS LES PARCS AMÉRICAINS

Un bel ouvrage richement illustré pour découvrir de l'intérieur un pays aux multiples facettes.
Renée et Matthew Hahnel, *éditions Gallimard.*

RIVIÈRE MAUDITE

Des pieds mutilés s'échouent une plage paradisiaque, l'inspecteur Pendergast va devoir faire preuve de doigté.
Douglas Preston et Lincoln Child, *éditions J'ai Lu.*

SURF SISTERS

À Pearl Beach, Izzy s'adonne à sa passion pour le surf, mais quand Ben lui demande des cours, de nouvelles perspectives s'ouvrent à elle. Dès 13 ans.
Michelle Dalton, *éditions Le Livre de Poche Jeunesse.*

PERPENDICULAIRE AU SOLEIL

L'autrice s'est intéressée à ceux qui essayent de survivre à l'ombre du mythique soleil de Floride et consacre son ouvrage à Renaldo McGirth, prisonnier avec qui elle a entretenu une longue correspondance.
Valentine Cuny-Le Callet, *éditions Delcourt.*

CONTINENTS À LA DÉRIVE

Bien décidé à vivre le rêve américain, un réparateur de chaudières quitte tout pour la Floride. Le destin l'amènera à croiser la route d'une Haïtienne qui fuit la violence.
Russel Banks, *éditions Babel.*

FLORIDE

Bien loin des idées reçues, un recueil de textes courts qui explorent l'envers de la carte postale.
Lauren Groff, *éditions Points.*

TAKE MY LIFE, PLEASE

Des chroniques initialement parues dans la revue Maximum Rocknroll qui offrent un autre regard sur la Floride.
George Tabb, *éditions Demain les flammes.*

LA FLORIDE : CŒUR RÉVÉLATEUR DES ETATS-UNIS

Bâtie sur des marécages, dépeuplée suite à des massacres, emblème de l'attractivité du pays, la région a une drôle d'histoire.
Timothy D. Allman, *éditions Classiques Garnier.*

FLORIDA

Fin XVIe, Jacques Le Moyne, cartographe, participe à une expédition dont il refuse de parler. Mais les puissants se rêvent en colons et sont prêts à tout pour parvenir à leurs fins.
Jean Dytar, *éditions Delcourt.*

A L'ÉCRAN

Lieu de naissance d'illustres acteurs et terre de nombreux tournages de films, la Floride, sans rivaliser avec Hollywood, reste une des places fortes du cinéma mondial. Depuis sa construction à Orlando en 1990, Universal Studios attire des millions de visiteurs chaque année pour ses attractions, mais dans ses studios sont également tournés films et émissions télévisées. Le parc Walt Disney Studios, à Orlando, est le siège d'une équipe qui réalise les films d'animation. De nombreux films à gros budget ont été tournés à partir de la fin des années 1970 mais l'explosion des productions a lieu au courant des décennies 1990-2000. On retiendra *Le Parrain 2, Ali,* des classiques de l'espace *Apollo 13*, *Contact*, *Armageddon*, ou de films d'action *2 fast 2 furious*, *Jurassic Park III*, *Ocean Eleven,* les trois volets de *Bad Boys*, ainsi que plusieurs James Bond : *Goldfinger, Permis de tuer, Demain ne meurt jamais* et *Casino Royale*.

Des classiques en Floride

Key Largo de John Huston (1948) est de loin le film le plus célèbre tourné dans les Keys ★★★ (p.221). Emmené par le couple mythique Humphrey Bogart et Lauren Bacall dans les rôles principaux, le film se déroule en grande partie à Key Largo. Frank, ancien officier, se rend à Key Largo pour rencontrer le père de son ami tué dans les combats en Italie, et Nora Temple, sa veuve. Temple est propriétaire d'un hôtel occupé par des gangsters. Lors d'un ouragan qui isole la maison, ceux-ci tentent de s'enfuir sur un bateau et obligent Frank à le piloter... A l'origine, la première des Upper Keys ne s'appelait pas Key Largo mais Rock Harbor. C'est à la magie hollywoodienne que l'île doit son changement de nom ! Soucieux d'apporter un peu plus de renommée à leur île, les locaux firent pétition sur pétition pour obtenir le changement de nom ; Key West avait Hemingway, il fallait que Rock Harbor ait Bogie. Ils eurent gain de cause en 1952 et l'île s'appelle depuis Key Largo.

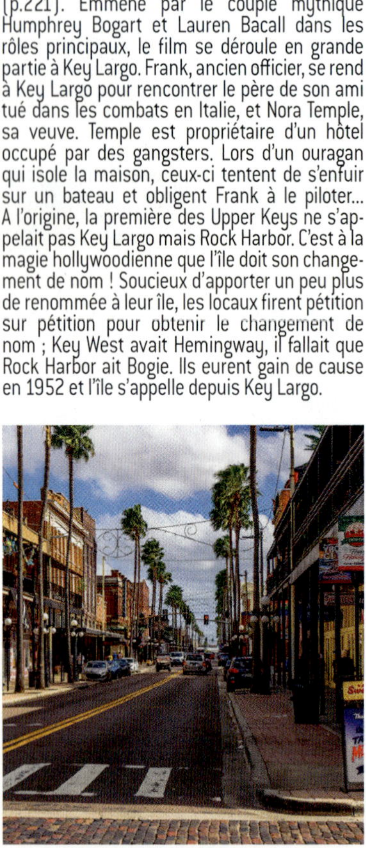

© VIAVAL TOURS - SHUTTERSRTOCK.COM

Ybor City a servi de décor pour le film Live By Night.

Dans *Certains l'aiment chaud* (1959) de Billy Wilder, deux musiciens de jazz au chômage se transforment en musiciennes pour échapper à des gangsters et partent en Floride avec un orchestre féminin. Ils tombent alors amoureux d'une superbe blonde qui veut épouser un milliardaire.

Un des films les plus cultes tournés à Miami est *Scarface* (1984) de Brian de Palma. Il suit le parcours de Tony « Scarface » Montana, immigré cubain à Miami. Ambitieux, il élabore un plan pour éliminer un caïd de la mafia dans le milieu de la drogue. Le film traite de la violence sociale et des conditions de vie des immigrés cubains en Floride, parqués dans des camps. On suit l'odyssée d'un homme qui veut désespérément s'arracher à sa condition et se venger de l'injustice sociale qu'il a subie, jusqu'à en perdre la raison. Évoluant dans un réseau mafieux dont il cherche à prendre le contrôle, il se retrouve face aux mêmes problèmes que ceux qui régissent la société civile : des hommes plus riches à la tête d'entreprises plus puissantes, contre qui il ne peut rien. Une tragédie sombre du XXe siècle.

Dans un registre plus léger, la célèbre comédie policière *Bad Boys* (1995) de Michael Bay se déroule à Miami. Le film raconte les aventures de deux policiers interprétés par Will Smith et Martin Lawrence. Mike est un coureur de jupons alors que Marcus Burnett est un père de famille rangé, et leurs méthodes sont complètement opposées. *Bad Boys 2* sort en 2003 et un troisième volet de la saga en 2018.

Succès d'aujourd'hui

En 2008, le film *Marley et moi* a été tourné en Floride. Basé sur une autobiographie, il raconte l'histoire d'un couple (Jenifer Aniston et Owen Wilson) qui adopte un chien dans un refuge, qui leur fera vivre de nombreuses aventures. Ce film très touchant a battu tous les records d'entrées au box-office américain pendant la période de Noël.

Quartier de Bal Harbour à Miami que l'on retrouve dans la série Dexter.

Live By Night réalisé par Ben Affleck en 2017, a été tourné dans le quartier d'Ybor City à Tampa ★★ (p.386). Il raconte l'histoire de Joe Coughlin qui, au temps de la prohibition, se rebelle contre son père policier et devient un redoutable criminel.

The Florida Project (2014) réalisé par Sean Baker, raconte l'épopée d'une jeune mère de famille, en situation précaire, qui part s'installer quelque temps dans un motel de la banlieue d'Orlando, non loin de Disney World, avec ses trois enfants qui n'en font qu'à leur tête tandis qu'elle essaie de résoudre les problèmes financiers de la famille. Le directeur du motel, interprété par Willem Dafoe, se prend d'affection pour la mère et ses enfants et tente de leur venir en aide. Pour son rôle dans ce film, l'acteur a été nominé dans la catégorie Meilleur second rôle aux Oscars 2018.

Miami Vice

La série policière *Miami Vice* est l'une des plus emblématiques des années 1980-90. Elle est une référence tant pour son image que pour son créateur et showrunner, Michael Mann, que pour sa musique synthpop signée Jan Hammer, son générique, son atmosphère, ses voitures de luxe et ses bateaux rapides, sans oublier ses costumes. La série influence même la mode aux États-Unis, t-shirts, veste Armani et couleurs pastel. On y sent déjà le travail formel du réalisateur qui s'illustrera plus tard avec des chefs-d'œuvre du grand écran comme *Thief* (qui a inspiré le cultissime *Drive*) ou *Heat* (1994). Beaucoup de plans contemplatifs et de musique d'ambiance, de paysages urbains et maritimes. Son style est rare pour des films et séries d'actions. Avec *Miami Vice*, Mann élabore une atmosphère déclinée sur cinq saisons. De nombreux plans d'ensemble sont tournés dans le quartier Art Déco de Miami Beach.

En 2005, il réalise l'adaptation cinématographique de la série, avec Jamie Fox et Collin Farrell dans le rôle de Ricardo et Sonny, accompagnés par la star chinoise Gong Li. Les deux comparses doivent s'infiltrer pour une mission périlleuse au sein d'un des plus violents cartels d'Amérique latine.

Deux séries contemporaines

C'est à Miami que se déroule l'intrigue de la série *Dexter*. Dexter Morgan, un expert en médecine légale et travaillant avec la police de Miami le jour, se retrouve tueur en série la nuit. Un Jekyll & Hyde contemporain. Menant une double vie, Dexter est contraint de cacher sa véritable personnalité à ses collègues et à sa famille, œuvrant dans l'ombre pour tuer Des meurtriers sur le point de passer entre les mailles du système judiciaire. Cette série au thème original a vite compté un grand nombre de fans pour son côté sombre et décalé où l'on se prend d'affection pour ce tueur pas comme les autres. Pour les amoureux de la série, il est possible de reconnaître quelques lieux mythiques où l'action se déroule : baladez-vous du côté du port de Miami où Dexter a l'habitude de sortir avec son bateau ou encore à North Beach près de Bal Harbour où se trouve son appartement.

Bloodline (2015-2017), produite par Netflix, met sous les feux de la rampe les Keys ★★★ (p.221) où la série est intégralement tournée, permettant de découvrir des paysages paradisiaques tout en étant captivé par une intrigue palpitante : la famille Rayburn mène une vie paisible à Islamorada, où les parents s'occupent d'un bel hôtel de charme. Mais quand Danny revient après de longues années d'absence, tout va doucement basculer. Les deux premières saisons sont d'un suspense haletant. La troisième, sortie en 2017, l'est beaucoup moins…

POPULATION

Avec plus de 21 millions d'habitants, la Floride est le 3e état le plus peuplé des États-Unis après la Californie et le Texas. C'est également le 8e état le plus densément peuplé. Sa croissance démographique est fulgurante, puisqu'elle ne comptait que 5 millions d'habitants en 1960 ! Comme nous l'expliquons plus bas, ce phénomène est dû à une migration très importante. Miami est l'agglomération la plus peuplée avec plus de 6 millions d'habitants, bien que la ville en elle-même ne compte « que » 461 000 habitants. La première langue la plus parlée en Floride est l'anglais, mais l'espagnol arrive en seconde place avec près de 27 %. Le quart de la population floridienne est en effet latino-américaine et hispanique. Autre spécifié de l'Etat : sa population qui est l'une des plus âgées du pays avec 20 % des habitants qui ont plus de 65 ans. La Floride se distingue par la présence de peuples autochtones, les tribus Seminole et Miccosukee.

Un melting-pot historique

Le *melting-pot* américain n'est pas une légende et la Floride n'échappe pas à la règle. Les tribus d'Indiens Séminoles furent les premières à s'installer dans la région mais leur implantation fut battue en brèche par les conquêtes successives, - notamment par la première menée par les Espagnols - et par les maladies que les colons rapportent avec eux. Puis les Américains entreprirent vainement de les déplacer et c'est environ 3 000 descendants qui résident à l'heure actuelle dans la région. Vous pourrez partir à leur rencontre, notamment dans la réserve de Big Cypress. Les conquêtes successives des Espagnols, des Anglais, des Irlandais et même des Français ont laissé de nombreuses descendances et un véritable patrimoine culturel. Dans la plupart des grandes villes, il existe ainsi de petites communautés européennes très bien intégrées, comme une communauté Grecque à Tarpon Springs, sur la côte Ouest.

Des migrations permanentes

Les flux migratoires sont sans aucun doute les plus marquants dans la constitution de la population floridienne et sont à l'origine d'un *boom* démographique. La proximité de Cuba a transformé Miami en capitale de l'Amérique latine où plus de la moitié de ses habitants sont hispaniques, une tendance renforcée par les flux migratoires récents en provenance de Colombie, du Pérou ou du Venezuela. De nouveaux migrants trouvent toutefois leur place et proviennent de toute la Caraïbe. La communauté blanche reste cependant majoritaire dans presque toutes les villes. La composition ethnique de Miami est composée à 70 % d'hispaniques dont la moitié est cubaine, à 18 % de Noirs américains (*African Americans*) et à 10 % d'Américains blancs non hispaniques. La domination de la ville par des Cubains est le résultat d'un processus dû à la prise du pouvoir de Castro à Cuba en 1959 et aux vagues d'immigration successives qui s'en sont suivies.

Histoire de langues

Si l'anglais reste la langue officielle en Floride, l'espagnol est la langue parlée par 27 % de la population à la maison. C'est donc la deuxième langue la plus parlée de l'Etat. Ce sont bien entendu des immigrés venus d'Amérique latine, installés récemment ou depuis plusieurs générations, qui continuent à parler leur langue. Si vous êtes brun ou brune, et que vous avez la peau mate, on vous parlera très spontanément directement en espagnol dans les rues et boutiques de Miami car la population hispanique y est particulièrement importante ; on pensera donc, en toute logique, que vous êtes latino-américain(e). Mais cela ne vous arrivera pas dans le centre ou au nord de la Floride, où les habitants de Floride sont généralement des Blancs non hispaniques et plutôt de descendance européenne.

Ce qu'il est advenu des Indiens

Les Indiens originaires de Floride avaient atteint un degré de civilisation comparable à celui des Aztèques. Vers le début du XVIe siècle, leurs rituels funéraires sur des tumulus ont été remplacés par le culte du soleil. Mais ces Indiens n'ont pas laissé de traces. Qu'ils aient été rayés de la terre de leurs ancêtres par les maladies ou qu'ils aient fait une retraite avec les Espagnols à Cuba, au milieu du XVIIe siècle, ils ont disparu, probablement absorbés par les Indiens Creeks. Les Creeks étaient arrivés d'Alabama et de Géorgie à la même époque. On les connaissait en Floride sous le nom de Séminoles, qui signifiait renégat ou vagabond. Leur présence en Floride

© BIRUTE VIJEIKIENE - SHUTTERSTOCK.COM

Art Miccosukee.

devint l'objet d'un débat capital. Ils furent forcés de s'exiler vers des réserves en Oklahoma. La majorité ayant refusé de se rendre, il s'ensuivit 2 guerres contre les USA (1816-1845). Les Séminoles qui n'acceptèrent pas la défaite se retirèrent dans les Everglades.

Les tribus amérindiennes aujourd'hui : les Seminole et les Miccosukee

Ils étaient présents sur les terres plus de 10 000 ans avant que Juan Pónce de Leon ne « découvre » la Floride. Aujourd'hui encore, la Floride compte une population autochtone d'environ 4000 habitants de deux tribus amérindiennes : les Seminole et les Miccosukee. Auparavant, il y avait une seule nation Seminole, dont la tribu Miccosukee s'est détachée au milieu du XXe siècle. Toutes deux parlent la langue Mikasuki. Ces peuples autochtones vivent dans des réserves. Elles sont au nombre de six pour les Seminole, dont la *Big Cypress Indian Reservation* (212 km^2) et la *Brighton Seminole Indian Reservation* (146 km^2) ; les Miccosukee occupent plusieurs réserves rassemblées sous la dénomination *Miccosukee Indian Reservation,* dont une partie est adjacente à la réserve Big Cypress. Les Seminole ont notamment racheté la chaine de restaurants, casinos et hôtels *Hard Rock* en 2006. Les Miccosukee vivent de manière plus traditionnelle.

Une attractivité en hausse

L'un des effets les moins prévisibles de la pandémie fut l'augmentation de la population de la Floride. Entre octobre 2019 et septembre 2020, elle a ainsi augmenté de 387 479 habitants, soit 15% de plus que les prévisions. C'est le comté de Miami Dade qui enregistre le plus grand nombre d'arrivées. Cette tendance peut notamment s'expliquer par l'action du gouverneur de Floride qui décida plus rapidement qu'ailleurs (dès mai 2020) de rouvrir les commerces, restaurants et hôtels de l'état en appliquant le protocole sanitaire de la Maison Blanche. Le confinement strict n'aura ainsi duré qu'une soixantaine de jours ! Ces mesures ont permis à la Floride de ne pas sombrer dans le sommeil, comme la plupart des états voisins. Ainsi, de nombreux américains, particulièrement des New Yorkais et Californiens ont quitté leur ville d'origine pour s'y installer, attiré par le cadre de vie et le dynamisme économique.

La population... touristique

Outre sa population locale éclectique, la Floride attire toute l'année des visiteurs de tous les âges et de tous les profils. Ainsi, en 2021, le *Sunshine State* a reçu près de 118 visiteurs nationaux, et donc bien plus si on ajoute les visiteurs internationaux. De par la diversité des activités et paysages qu'elle offre, la Floride séduit donc aussi bien les retraités québécois - surnommés *Snow Birds* - qui s'y installent parfois durant plusieurs mois pour fuir le rude hiver canadien, que les jeunes étudiants qui viennent faire la fête à Miami et à Key West durant le *Spring Break* (période de relâche pour les universités américaines) et les familles avec enfants qui se ruent dans les parcs d'attractions d'Orlando, dont les deux locomotives que sont Disney World (environ 16 millions de visiteurs par an) et Universal Studio (environ 10 millions de visiteur par an), sans oublier les couples en quête de vacances relaxantes.

SOCIÉTÉ

Cantonnée à son image d'*eldorado* ensoleillé, la Floride est, si l'on s'y penche de plus près, un Etat empli de contradictions. Le sud de la Floride et les Keys entretiennent une réputation de fêtards et attirent chaque année des milliers d'étudiants qui consomment à gogo durant les *Spring Breaks*, période de relâche des universités américaines. Toutefois, depuis quelques années, ce phénomène connaît des débordements qui ont conduit à des sanctions, comme l'instauration d'un couvre-feu à Miami en mars 2022. Le *Sunshine State* est perçu comme un lieu de villégiature privilégié pour les seniors en quête de douceur de vivre, mais l'on parle peu des personnes âgées contraintes de travailler jusqu'à parfois 85 ans pour vivre décemment. Autre sujet contrastée : la tolérance envers la communauté LGBTQ+. Si la Floride et la majorité de ses habitants restent très ouverts, les récentes décisions de son gouvernement républicain sont controversées.

Politique

Les États-Unis étant un pays fédéral, chaque État a son propre système judiciaire et fiscal et bénéficie d'une certaine autonomie. Deux sénateurs et 28 représentants à la Chambre siègent à Washington pour représenter la Floride, découpée en 67 comtés. Le pouvoir exécutif appartient aux élus officiels : gouverneur, lieutenant-gouverneur, secrétaire d'État, procureur général en étant les principaux membres. Le pouvoir législatif est détenu par le Sénat et la Chambre des représentants. Le gouverneur républicain actuel est Ron DeSantis, en poste depuis janvier 2018, réélu largement en novembre 2022, et candidat face à Trump pour l'investiture républicaine pour les élections présidentielles de 2024. Le pouvoir judiciaire repose sur la Constitution de 1921 et se compose essentiellement d'une Cour suprême de l'État. Deux partis sont représentés en Floride : républicain et démocrate. L'Etat fait partie des « Swing State » pour qui il est difficile de prévoir le vote tant les deux partis sont au coude à coude. Globalement, on peut dire que les villes du Sud (Miami, Palm Beach), du centre (Orlando, Tampa) et Tallahassee sont démocrates ; et les villes du Nord-Ouest et du Sud-Est sont républicaines.

Scolarité et éducation

L'Université de Floride, l'UF, basée à Gainesville, est arrivée à la 25e place au classement des 50 meilleures universités américaines. C'est aussi la quatrième plus grande université du pays. Elle est réputée pour ses équipes sportives, les Florida Gators. L'alligator est la mascotte de l'Université depuis 1911. La plus ancienne université de Floride, fondée en 1851, se trouve dans la capitale Tallahassee. La Florida State University (FSU) est l'un des principaux pôles universitaires de l'État et elle est à la pointe dans le secteur de la recherche. Aux États-Unis, l'université est extrêmement chère. Il faut en effet compter 15 000 US$ minimum par an, sachant qu'un cursus se déroule en général en 4 années. Ce coût s'explique en partie par les dépenses massives effectuées par les universités pour rester compétitives au niveau international mais aussi fournir à leurs étudiants les meilleurs équipements et infrastructures possibles. Conséquence : de nombreux jeunes américains sont contraints de faire un prêt universitaire, même s'il existe des aides de l'État.

Protection sociale

L'infrastructure médicale est excellente en Floride mais le prix des soins est très élevé comme partout aux États-Unis (jusqu'à cinq fois supérieur à celui constaté en France). Une consultation chez un généraliste varie entre 80 et 100 US$. Chez un spécialiste, elle coûte un minimum de 150 US$. Le passage au service des urgences d'un hôpital est lui aussi très cher et varie selon les soins. Le coût de certaines opérations chirurgicales peut atteindre plusieurs centaines de milliers de dollars ! En 2010, le président Obama a instauré le *Patient Protection And Affordable Care Act*, surnommé *Obamacare*. Cette mesure entrée en vigueur en 2014 impose à tous les Américains payant des impôts à souscrire une assurance santé avec des garanties minimales. Le but : réduire les inégalités en matière de soins. Trump tenta d'abroger l'*Obamacare* sans succès. L'actuel président Biden s'attache quant à lui à le rendre accessible au plus grand nombre. Pour les voyageurs : la plupart des assurances voyages prennent en charge ces frais médicaux importants mais vérifiez bien les conditions d'application avant de partir.

Miami Beach Pride.

La Floride, paradis du 3e âge

Vous le remarquerez vite : le nombre de personnes âgées en Floride est plus important qu'ailleurs. Concentrées sur la côte ouest de la Floride, la plupart de ces personnes du 3e âge ne sont pas originaires de l'État, mais viennent aussi bien du Canada, de New York ou de Chicago, et vivent en général la moitié de l'année en Floride. Les locaux les surnomment les *snowbirds*, car ils immigrent aux premières neiges. Ils ont souvent économisé toute leur vie pour réaliser le rêve de s'acheter une petite maison ou un appartement en Floride. D'autres, plus riches ont toujours eu une résidence secondaire qu'ils ont transformée en résidence principale pour leurs vieux jours. Il existe également des quartiers entiers réservés aux seniors. Mais l'Eldorado floridien n'est pas le même pour tous : de nombreux retraités, parfois de 80 ans et plus, travaillent aux caisses des supermarchés ou des *fast-foods*. Il faut savoir que ces personnes âgées manquent tout simplement de moyens et que les seuls emplois qu'on leur offre à cet âge sont souvent les moins qualifiés. C'est le revers tragique du *papy-boom* floridien.

Un État gay-friendly mais...

La Floride est l'un des États américains les plus ouverts vis-à-vis de la communauté LBGTQ+. Suite à la fusillade dans une boîte de nuit gay d'Orlando qui causa la mort de 49 personnes en juin 2016, on a pu voir de nombreux *rainbow flags* (drapeaux arc-en-ciel) dans tout l'État, dans de nombreux lieux publics et centres commerciaux, en solidarité avec la communauté LGBTQ+. Key West est un paradis en soi, mais encore plus pour la communauté homosexuelle qui représente le secteur économique le plus important de l'île, qu'il s'agisse des commerçants, des hôteliers ou des touristes. Aussi de nombreuses *guesthouses* sont-elles réservées aux *gays* ou aux lesbiennes et de très nombreux boutiques ou restaurants laissent flotter, en signe de fraternité, *le rainbow flag*.
Toutefois, des tensions se cristallisent aujourd'hui autour des droits des personnes LGBTQ+, notamment via la loi *House Bill 1557*, surnommée *Don't say Gay et* signée par le gouverneur républicain Ron DeSantis en 2022. Elle interdit aux écoles d'aborder les questions d'identité sexuelle et d'orientation de genre devant les élèves de moins de 9 ans.

Un État pour la peine de mort

Le Sunshine State a donc une face plus sombre... Après la Californie, la Floride est l'État américain qui compte le plus de condamnés à mort, et on en dénombrait 341 en 2020. La peine de mort y est encourue pour meurtre aggravé, vente de drogue létale et viol d'enfant suivi de blessure. En 2016, la Cour Suprême a déclaré que la peine de mort était inconstitutionnelle. Mais cela n'a guère amélioré le sort des condamnés car les autorités locales se sont braquées suite à cette décision et n'ont autorisé la révision de la peine de mort que dans des cas très limités. Les décisions restent très arbitraires et l'acharnement sur certains cas règne selon un rapport d'Amnesty International sur le sujet en 2018. La Floride ne semble donc toujours pas prête à rallier les 23 États américains qui ont décidé d'abolir la peine de mort. Depuis 1976, la Floride est le 4e État à avoir exécuté le plus grand nombre de personnes dans le cadre de condamnations à mort. Il est toutefois à noter que le nombre d'exécutions est en baisse régulière aux États-Unis. En 2021, il était au plus bas depuis 30 ans.

RELIGIONS

Le christianisme est la religion majoritaire en Floride, pays colonisé par les Espagnols et les Français, cultures dans lesquelles cette religion prédomine. La Floride appartient aujourd'hui aux Etats de la Bible Belt, ces Etats du Sud des Etats-Unis qui ont basculé dans un protestantisme fondamentaliste. D'autres religions nous rappellent toutefois la pluralité et la diversité des communautés qui composent le *Sunshine State*. La Floride compte ainsi l'une des plus grandes communautés juives des USA. Elle est aussi le 7e Etat américain en termes de population musulmane. On y rencontre également des religions minoritaires comme la Santería. Depuis 1947 et l'arrêt *Everson*, toutes les religions sont considérées comme égales : « Ni l'Etat ni le gouvernement fédéral ne peuvent instituer une Eglise ; ni l'un ni l'autre ne peuvent adopter de loi qui aiderait une religion, ou toutes les religions, ou qui préférerait l'une par rapport à l'autre. »

Christianisme

La Floride ayant été colonisée par les Espagnols et les Français, la grande majorité des habitants sont chrétiens. D'ailleurs, du temps de l'esclavage, les Noirs pouvaient être affranchis s'ils acceptaient de se convertir au christianisme. Puis, les différentes immigrations, notamment cubaines, ont fini de renforcer l'influence de cette religion sur la société et ses structures étatiques. Les protestants sont les plus nombreux (près de 50 %) mais, du fait qu'ils sont séparés en plusieurs Eglises, ce sont les catholiques qui représentent l'église unie la plus importante (environ 25 %). De nos jours, une large branche de ces chrétiens floridiens se rapproche des mouvements conservateurs ou fondamentalistes. Même si certains modérés lisent toujours la Bible de manière éclairée, d'autres, de plus en plus nombreux, l'interprètent avec une vision simpliste du monde : le Bien contre le Mal. Par ailleurs, l'Eglise de Floride n'a pas échappé aux prêtres pédophiles, avec un scandale retentissant dans le comté de Palm Beach. Toutefois, la Floride restera la Floride, même si l'excentricité n'est pas encore un vœu pieux. Pour preuve, un camp de nudistes chrétiens, le Lake Como Nudist Resort, s'est établi au sud de Tampa, avec une église à côté du parc aquatique : les fidèles ont le choix entre deux tenues pour l'office du dimanche... Car selon le fondateur Bill Martin, la Bible est très claire : avant qu'Adam et Eve ne soient chassés du jardin d'Eden, ils étaient nus.

Judaïsme réformiste et judaïsme orthodoxe

Avec environ 500 000 électeurs juifs, la Floride compte l'une des plus grandes communautés hébraïques des Etats-Unis. Cette importante communauté est venue du nord-ouest des Etats-Unis, de Russie et de Cuba, au fil des migrations. La majorité est réformiste mais certains s'apparentent à la branche orthodoxe.

Islam

Il n'est pas toujours aisé de pratiquer la religion musulmane en Floride, même si la situation tend à s'améliorer. Pour autant, bien que la communauté ne soit pas majoritaire, elle représente une part non négligeable de la population. Les musulmans floridiens sont en grande partie originaires des pays d'Asie du Sud-Est ou d'Afrique du Nord. Depuis les années 2000, de plus en plus d'Américains d'origine hispanique se convertissent à l'Islam. Mais en raison de la paranoïa qui suivit les attaques du 11 septembre 2001 et le massacre d'Orlando en 2016, les musulmans ont appris à se faire discrets, y compris dans leur culte. Des campagnes de sensibilisation ont lieu pour changer les regards et lutter contre l'islamophobie.

Santería

La Santería est originaire de Cuba. Cette religion est un dérivé de la religion Yoruba, qui tire son origine du Nigeria et a été importée par les esclaves africains. La Santería s'appuie sur le culte d'un panthéon de dieux africains, créés à l'image de l'homme. Ces hommes-dieux ont accumulé l'expérience et le savoir réunis par les ancêtres au cours des siècles. Leur culte est en partie basé sur la sorcellerie et le sacrifice animal. En Floride, cette religion est pratiquée par une minorité de Cubains, généralement des descendants d'esclaves. Les pratiquants de cette religion lui préfèrent le nom de *lukumi*.

QUE RAPPORTER ?

Héritée de la tradition des Grands Tours, les tout premiers voyages touristiques initiés en Europe au XVIIIe siècle, la quête de souvenirs est bien souvent une expérience à part entière ! Qui n'a jamais ressenti le plaisir de dénicher l'objet qui à lui seul cristallise tout un séjour, la pépite locale introuvable chez soi, le petit cadeau kitsch qui finira sur le frigo... En Floride, vous aurez l'embarras du choix ! Les *foodlovers* craqueront pour les nombreux produits à base d'agrumes locaux, les *fashionistas* jetteront leur dévolu sur les *outlets* et leurs prix imbattables, tandis que les férus d'artisanat seront dépaysés grâce aux créations des tribus amérindiennes et aux produits cubains fabriqués à Miami. Pour mener à bien votre mission et rapporter indemnes tous vos trésors, gardez en tête la réglementation douanière en vigueur et vérifiez de temps à autre le poids de vos valises. Vous voilà fin prêt !

Artisanat

La culture amérindienne fait partie de l'ADN de la Floride, les Amérindiens ayant été les premiers à peupler la région. Deux tribus y sont encore présentes : les Miccosukee et les Seminoles. Pour en apprendre davantage sur leur histoire et découvrir leurs coutumes et leur artisanat, vous pouvez visiter le village Miccosukee (p.215) et la réserve Seminole de Big Cypress et son musée (p.220), tous deux situés dans les Everglades. Ces deux lieux ont la particularité de proposer aux visiteurs un musée, des activités traditionnelles ainsi qu'une boutique où vous trouverez des produits d'artisanat amérindiens (bijoux, vêtements, objets en bois ou encore poupées fabriquées à la main).

À Miami, dans le quartier cubain de Little Havana, on trouve de nombreux ateliers de fabrication de cigares, roulés à la main.

Au nord de Tampa, Tarpon Spring est considéré comme la capitale mondiale de l'éponge. Les éponges naturelles de Tarpon Spring sont pêchées dans le port de la ville et 100 % biodégradables.

Shopping

À Miami, craquez pour des tee-shirts de la marque Bichōn (p.191), créée par une Française, Marilou. Intemporels et en coton bio, ils sont ornés d'un néon brodé, clin d'œil à la fameuse avenue Ocean Drive. En prime : ils sont phosphorescents ! La boutique Art Deco Gift Shop, située dans le Art Deco Museum de South Beach, regorge d'affiches et cartes postales de style Art déco, mais aussi d'objets vintage que vous ne trouverez nulle part ailleurs.

De nombreux *malls* et *outlets* (magasins d'usine), certes moins typiques, sont disséminés dans toute la Floride : ils vous attendent pour un shopping griffé à prix très doux ! Sans oublier les maillots de bain que vous trouverez un peu partout à Miami Beach ou dans les villes côtières de Floride !

DÉCOUVRIR

© IV NIKOLNY - SHUTTERSTOCK.COM

Fabrication de cigares à Little Havanna.

Vous prévoyez de visiter Orlando, LA ville des parcs d'attractions ? Si vous vous rendez à Universal Studio, laissez-vous tenter la baguette magique de votre personnage préféré à dénicher au Wizarding World of Harry Potter. À Disneyworld, optez pour une peluche, un tee-shirt à l'effigie de la plus célèbre des souris ou encore les célèbres Minnie Ears, ces serre-tête en forme d'oreilles de Minnie. Autour de ces parcs, de nombreuses boutiques proposent des souvenirs à prix cassés, particulièrement dans la ville de Kissimmee. Jetez un œil aux étiquettes, car ils ne sont pas toujours officiels. Enfin, sachez que l'iconique Kennedy Space Center, d'où fut notamment lancée la mission Apollo 11, abrite la plus grande boutique au monde sur le thème de l'espace, **The Space Shop** (p.283).

Panier gourmand

Pour emporter chez vous un petit condensé gourmand de la Floride, vous aurez l'embarras du choix ! Des Keys, nous vous conseillons les bières et spiritueux de **Islamorada Brewery and Distillery** (p.237). Parmi les saveurs les plus originales : gin à l'hibiscus, bières Keylime pour retrouver la saveur de la célèbre tarte au citron vert ou Coconut Keylime Ale. C'est un fait : la Key Lime Pie est LA spécialité des Keys ! S'il semble périlleux de rapporter une part de tarte dans votre valise, vous trouverez de nombreux produits dérivés à base de citron vert chez **Kermit's Key West Key Lime Shoppe** (p.261) : bonbons, biscuits, sauces, jus ou encore marinades.

Un grand nombre de produits locaux et gourmands peuvent aussi être achetés directement aux producteurs sur les marchés de producteurs de la région. À Miami, dans le charmant quartier de Coconut Grove, vous devriez trouver votre bonheur à l'Organic Farmers Market (le samedi de 10h à 17h) ou au Lincoln Road Farmers Market (le dimanche de 9h à 18h30).

Pour donner une saveur d'ailleurs à votre café du matin, vous pourrez rapporter du café cubain de Little Havana, à Miami. Vous en trouverez facilement dans les supermarchés et épiceries du quartier. Au sud de Miami, plus précisément aux portes des Everglades, **Robert is Here** (p.208) est une autre institution prisée des locaux : si le commerce est spécialisé dans les fruits et légumes frais, il regorge également de savoureux produits comme du miel d'avocatier ou de la marmelade d'oranges, la Floride étant le premier producteur d'oranges des États-Unis ! Enfin, on ne le sait pas forcément, mais la Floride se revendique premier vignoble des États-Unis ! Le soleil qui brille presque toute l'année y est sans doute pour quelque chose. Il existe même une route des vins de Floride, qui serpente de Saint Augustine jusqu'au centre de la Floride en passant par Orlando, Clearwater et Saint-Petersburg. Un arrêt dans l'un des nombreux domaines est donc une bonne idée pour les amateurs de bon vin. Bon à savoir : la majorité des vins floridiens sont fabriqués à partir de raisins de muscat.

Souvenirs touristiques

Bien qu'ils soient bien *souvent made in China*, reconnaissons que ce type de souvenirs a la cote pour qui recherche des produits à petits prix à rapporter à son entourage. Porte-clefs à l'effigie de plaques d'immatriculation floridiennes, magnets en forme d'alligators, tee-shirts estampillés Miami ou Orlando ou encore casquettes de baseball… ont aussi l'avantage de ne pas peser bien lourd. À Miami, les boutiques de souvenirs bien achalandées ne manquent pas, notamment autour d'Ocean Drive. Celles situées dans d'anciens hôtels Art déco valent le coup d'œil, même si vous n'achetez rien ! Vous trouverez aussi un large choix de produits au **Bayside Market,** (p.168) à Downtown Miami.

Bayside Market.

SPORTS ET LOISIRS

En Floride, comme partout aux Etats-Unis, les grands sports collectifs américains sont évidemment les plus populaires. Avec des équipes engagées dans les très prestigieuses ligues MLB (base-ball), NFL (foot US), NHL (hockey) et NBA (basket-ball), les Floridiens ont de quoi se rendre au stade et vibrer régulièrement. Et la Floride est également le siège de l'un des plus prestigieux circuits automobiles au monde à Daytona Beach. Côtés activités, les options ne manquent pas dans le « Sunshine State ». La mer offre un cadre de choix aux plongeurs, aux kite-surfeurs et aux amateurs de sports nautiques en général. Mais c'est surtout un spot emblématique pour les pêcheurs qui viennent du monde entier pour traquer l'espadon. Sur terre, on pourra partir à la découverte de l'Etat en vélo ou à cheval, se dépenser sur un court de tennis ou se faire plaisir sur l'un des splendides (et nombreux) *greens* de golf, une véritable institution ici.

Les grands sports US

Base-ball. Comme dans les autres États, la Floride a érigé le base-ball au rang de sport national, avec son équipe fétiche les Marlins. Le Marlins Park, rebaptisé LoanDepot Park depuis mars 2021 est le stade de l'équipe. Un stade d'une capacité de 37 000 personnes situé en plein cœur du quartier de Little Havana. Le centre-ouest de la Floride offre aussi la possibilité d'assister à un match au stade Tropicana Field de Saint Petersburg (un stade couvert de 42 000 places entièrement climatisé !), où évolue la franchise des Rays de Tampa Bay, une ville voisine. La saison de Ligue Majeure de Baseball (MLB) commence début avril et se termine début octobre.

Football américain. En Floride, comme dans le reste du pays, le foot US sport fait partie des traditions de la culture américaine. Sport (très) physique et tactique par excellence, il est très populaire parmi toutes les couches de la société. De manière générale, très rares sont les enfants qui n'ont jamais été mis en contact avec le football américain et rares sont les américains à ne pas vibrer pour une franchise en particulier. La Floride compte deux équipes au sein de la prestigieuse NFL, le championnat nord-américain : les Dolphins de Miami et les Buccaneers de Tampa Bay.

Basket-ball. En Floride, c'est d'abord l'équipe NBA des Orlando Magic qui est entrée dans la légende et s'est fait connaître pour avoir fait débuter en NBA la star Shaquille O'Neal au début des années 1990. Si l'équipe floridienne a chuté en finale en 1995 (comme en 2009), l'autre grande équipe de l'Etat, le Heat de Miami, a décroché le titre suprême en 2006, emmenée par ses superstars Dwyane Wade et… Shaquille O'Neal ! Deux nouveaux titres suivront en 2012 et 2013 grâce au « Big Three » composé de LeBron James, Dwayne Wade et Chris Bosh. Les deux derniers titres floridiens à ce jour.

Hockey. Bien qu'on ait plutôt tendance à l'associer aux rigueurs de l'hiver du Canada et du Nord des Etats-Unis, ce sport de glace se pratique bien sous le climat tropical de la Floride, avec les Panthers (qui jouent à Sunrise, près de Miami) et le Lightning de Tampa Bay.

Un circuit légendaire

Où ça ? A Daytona Beach, bien sûr. L'une des plus anciennes stations balnéaires de Floride est également très réputée pour ses courses de voitures et de motos et son mythique circuit Daytona International Speedway (p.284) qui peut accueillir… 168 000 spectateurs ! Un circuit sur lequel se dispute la légendaire course de *stock-car* Daytona 500 tous les ans au mois de février. Et de nombreuses autres tout au long de l'année.

Une passion pour… la pelote basque !

Incroyable, mai vrai ! Une variante de la pelote basque appelée « jaï alaï » est très pratiquée en Floride. Historiquement, ce sport a été importé par les Basques dans des pays d'Amérique latine, comme Cuba par exemple, et ce sont ensuite ces immigrants qui l'ont importé en Floride, notamment à Miami. La différence avec la pelote basque classique c'est que le mur latéral est plus long (54 m), ce qui permet à la balle d'aller jusqu'à 300 km/h. C'est donc un des sports de balle les plus rapides du monde. Il est très populaire et fait l'objet de paris dans différentes villes et régions de Floride à savoir Miami, Dania Beach, Ocala, Fort Pierce, Orlando et le comté de Hamilton.

© J LOVELAND - SHUTTERSTOCK.COM

Sunset cruise à Key West.

Sur l'eau, de nombreuses options

▶ **Voile.** Le *must* en Floride c'est la « sunset cruise » sur un voilier, à savoir la croisière au soleil couchant, un verre à la main. Toutes les villes touristiques la proposent dans leur marina mais c'est dans les Keys, et en particulier à Key West, que l'offre est la plus importante. Il faut dire qu'à Key West, observer le soleil couchant est une véritable religion et toujours un sublime spectacle... Pour louer un bateau ou amarrer son embarcation, des possibilités également à Key Biscayne et Fort Lauderdale.

▶ **Paddle.** On peut faire du paddle partout ou presque en Floride. Vous trouverez des loueurs de paddles, des cours avec moniteur, et des balades guidées sur paddle quasiment dans toutes les grandes villes balnéaires touristiques : Miami, Daytona Beach, Saint Petersburg, Key West, Key Largo, Islamorada, etc.

▶ **Kitesurf.** Ce sport de glisse, qui consiste à être tracté sur une planche en dirigeant un cerf-volant, est une activité qu'on peut facilement pratiquer en Floride. A Key Biscayne, Crandon Park Beach, une grande plage tranquille, est le meilleur spot de kitesurf de Miami, notamment en raison de son immense plage quasi déserte et de son exposition aux vents. Ce n'est pas par hasard, qu'un des inventeurs de kitesurf Christophe Ribot, qui est français, a établi son école de kitesurf là-bas. On peut aussi bien y prendre des cours que louer son matériel de kite.

▶ **Surf.** Même si les eaux de Floride sont plutôt calmes et que la Caraïbe n'a rien à voir avec l'océan Pacifique et Hawaï, vous pourrez aussi surfer en Floride. Mais, en raison des vagues peu impressionnantes, ce seront surtout les débutants qui s'éclateront... A Miami, vous pourrez pratiquer sans problème cette activité et prendre des cours d'initiation.

Un haut-lieu international de la pêche

Avec ses quelque 1 600 km de plages, son accès à l'océan Atlantique ainsi qu'au golfe du Mexique, sa kyrielle de ruisseaux, rivières, marécages et lacs, sans oublier les quais, les jetées et les rives, vous ne pourrez pas échapper à la pêche sportive ou de loisir sur les côtes de Floride. De nombreux touristes viennent d'ailleurs en Floride, sur les traces de Hemingway, uniquement pour taquiner l'espadon. Le permis de pêche est obligatoire. Vous pouvez l'acheter dans la plupart des magasins d'attirail de pêche. D'immenses bateaux de location prennent une centaine de pêcheurs tous les matins, vers 8h, dans la plupart des grands ports. Les expéditions durent une demi-journée ou une journée. L'équipe stocke les prises dans de la glace et vous les prépare sur le port. Il existe aussi des petites embarcations pour six personnes. Dans les Keys, Islamorada est considérée comme la capitale mondiale de la pêche sportive, c'est donc une escapade à ne surtout pas manquer pour les fans de ce sport !

De belles découvertes sous-marines

Il serait dommage de partir en Floride sans faire un peu de plongée, même pour les novices. La côte du comté de Palm Beach est un domaine idéal pour faire de la plongée sous-marine. Les amateurs seront séduits par la faune et la flore aquatiques de cette région, l'une des plus belles de la côte Est. Mais c'est avant tout dans les Keys qu'il faut aller si on est amateur de plongée ! Cette région corallienne est dotée d'une eau transparente, de courants peu violents et de fonds marins superbes. C'est au John Pennekamp Coral Reef State Park à Key Largo et dans les eaux du Dry Tortugas National Park, peuplées de tortues évidemment, que vous trouverez les plus beaux fonds sous-marins de l'Etat et les plus importants bancs de poissons. Toujours dans les Keys, direction aussi le **Bahia Honda State Park** (p.244) pour pratiquer le snorkeling ou plonger à la découverte du récif corallien de l'île Looe dans le Florida Keys National Marine Sanctuary. Enfin, on pourra aussi aller promener ses palmes au Biscayne National Park pour partir à la rencontre de tortues, de raies pastenagues et de petits requins et découvrir une épave. A noter, le nord de l'Etat de Floride est un haut lieu de la plongée-spéléo, la plongée souterraine.

Une destination golf et tennis

Golf. C'est l'un des sports répandus en Floride (et une véritable institution aux Etats-Unis). Les hivers doux et le nombre de retraités encore actifs et totalement libres de leur temps ont fait de la Floride le paradis du golf. Des communautés entières ont été planifiées et se sont organisées autour de *greens* dont les parcours servent d'ailleurs souvent de points de repère pour donner une adresse. Les golfs sont ici présents par centaines, et certaines villes sont tapissées d'un nombre époustouflant de kilomètres carrés de *green*, les villes de Palm Beach et Naples en tête. Cette dernière se hisse d'ailleurs en deuxième position des villes des Etats-Unis regroupant la plus forte concentration de trous de golf par foyer !

Tennis. La Floride se révèle aussi être un vrai paradis pour les amateurs de tennis : avec près de 8 000 centres, il est aisé d'entretenir son revers. Par ailleurs, le Masters 1000 de Miami, une étape importante du circuit ATP, a lieu tous les ans fin mars au Hard Rock Stadium. Enfin, le célèbre entraîneur de champions Nick Bollettieri, qui a formé des joueurs comme Agassi ou les sœurs Williams, possède son centre d'entraînement à Bradenton, à côté de Tampa.

De beaux circuits vélo et VTT

La Floride peut éventuellement se visiter à vélo, les pistes cyclables asphaltées sont bonnes et s'étendent sur des centaines de kilomètres. Mais surtout, pour chaque halte, une bicyclette est toujours un plus : pas de casse-tête pour trouver un parking, un climat toujours cordial (sauf en été quand la chaleur humide peut être étouffante) et des distances suffisamment courtes pour être praticables par tout le monde. A Miami, dans le quartier de South Beach, le *boardwalk*, la longue promenade qui longe le bord de mer, est idéale pour les balades à vélo. Il existe d'ailleurs à Miami Beach, un système de location de vélos, identique à celui des Vélib' parisiens et accessible aux touristes. Pour explorer des paysages plus sauvages, il faut sortir de Miami même et partir faire du VTT sur les pistes cyclables de l'**Historic Virginia Key Beach** (p.147) Park et partir explorer sa petite mangrove. Les Everglades sont aussi un immense terrain de jeu pour les amateurs de VTT qui pourront parcourir les sentiers du parc au plus près de la nature ; la piste en boucle de **Shark Valley** (p.216) (environ 24 km) est un *must* pour les cyclistes. Dans le reste de l'Etat, on pourra aussi aller pédaler dans le comté de Hamilton dans le Big Shoals State Park et dans les quelque 85 km² de savane du **Paynes Prairie State Preserve** (p.399) au sud de Gainesville. Les forêts de l'Apalachicola, la plus grande de l'Etat, ou l'**Ocala National Forest** (p.396) sont aussi indiquées, comme le Lake Trail de Palm Beach. Bref, échauffez-vous !

Boardwalk à Miami Beach.

GASTRONOMIE

Territoire espagnol pendant presque 300 ans, la Floride a connu de nombreuses influences qui ont façonné sa gastronomie. Bœuf, porc, poulet, poissons, fruits de mer, féculents, légumes, maïs, agrumes et une pointe d'épices sont les symboles de la cuisine locale. Bien que l'abondance de touristes, de retraités et de travailleurs des quatre coins des USA, ainsi que les innombrables vagues migratoires venues d'Amérique latine, aient profondément modifié les traditions culinaires de la Floride, cet état accolé à la Géorgie et à l'Alabama, présente toujours des aspects qui rappellent la cuisine du Deep South américain. Les Caraïbes et tout particulièrement Cuba sont à l'honneur à Miami, à Tampa et dans les Keys. De nombreux restaurants dédiés à la cuisine en provenance d'Amérique latine ou du reste du monde vous permettront de découvrir le meilleur de ces saveurs, dans cet état multiculturel et très touristique.

DÉCOUVRIR

Produits locaux et habitudes alimentaires

Avec un territoire principalement plat, généreusement arrosé et un climat très doux voire carrément tropical sur une bonne partie de sa superficie, la Floride est largement cultivée et l'agriculture comme l'élevage sont une part importante de son économie.

On pense bien sûr d'abord à l'orange, la culture phare de la Floride, ce fruit ornant même les plaques d'immatriculation. On produit ici en effet plus de la moitié des agrumes du pays et près de 70% des oranges des USA. Cet état est également connu pour un autre agrume appelé Key lime ou limettier mexicain, un croisement entre un cédrat et un combawa, deux espèces natives d'Asie du Sud-Est. Le limettier fut rapporté par les colons portugais et espagnols jusque dans les Antilles et en Amérique centrale, d'où son nom. Il est plus petit et acide que le citron vert, qui est d'ailleurs un hybride lui-même issu du limettier.

© MOJOSTUDIO - ISTOCKPHOTO.COM

Orangers.

Mais l'agriculture en Floride fournit d'autres denrées, dont un nombre incalculable de fruits et légumes souvent cultivés très tard dans la saison voire carrément en plein hiver lorsqu'il fait trop froid dans le reste du pays. C'est le cas des fraises par exemple. Un climat tropical qui fait de la Floride le plus grand producteur de canne à sucre des États-Unis, sans oublier les mangues, litchis, bananes, papayes, etc. Produit dans la région de St. Augustine depuis le XIXe siècle le datil est un piment très fort, vert, orange ou rouge, d'à peine 3-4 cm.

Côté habitudes alimentaires on notera que le petit-déjeuner (breakfast) n'est pas automatique dans les hôtels. Vous pourrez donc déguster un petit-déjeuner américain typique au restaurant : œufs (au plat/fried ou brouillés/scrambled), bacon, saucisses, hashbrown (croquettes de pomme de terre), pancakes et gaufres, le tout souvent noyé sous le sirop d'érable.

Quant aux horaires, surtout pour le dîner, gardez à l'esprit que les Américains mangent plus tôt que nous Français. Ici on dîne généralement entre 18h et 19h et à part dans les quartiers orientés vers la vie nocturne ou hors des fast-foods et restaurants ouverts 24h/24, la plupart des cuisines de restaurants classiques ferment tôt, souvent dès 22h. Les buffets à volonté sont communs également.

La cuisine américaine de Floride

Bien que la cuisine locale fut influencée par les saveurs typiques du Deep South et par les nombreuses vagues de migrants venus d'Amérique latine et des Caraïbes, on retrouve les grandes classiques de la cuisine des États-Unis au sens large. Ainsi il existe d'excellents steak houses et restaurants de fruits de mer délicieux.

Au même titre qu'au Texas, le barbecue est une affaire sérieuse en Floride et sans surprise on retrouve encore une fois des influences cubaines et caribéennes. Les arômes d'orange et de citron, utilisés pour mariner les viandes, embaument tandis que l'on fait boucaner (fumer à

© NAVINTAR - SHUTTERSTOCK.COM

Florida Stone Crab.

chaud) le cochon entier – comme à Cuba – en le faisant cuire pendant 12 heures dans un four souterrain, donnant une viande fondante à souhait. Le *jerk chicken* est une recette jamaïcaine de poulet très pimentée, commune sur les barbecues de Floride. Le mulet fumé est un plat populaire dans la région nord de la côte du Golfe. Si le sud et le centre de la Floride possèdent une cuisine plus influencée par la présence latino-américaine, au nord les saveurs se rapprochent de la cuisine Deep South avec comme plats emblématiques le poulet frit, le *cornbread* (pain brioché au maïs), les *grits* (porridge de maïs souvent servi avec des crevettes), le *country ham* (jambon rôti), les *hushpuppies* (croquettes de semoule de maïs), les *collard greens* (chou vert mijoté), les beignets de tomates vertes, le poisson-chat frit et diverses recettes à base de riz et de black *eyed peas* (haricots cornille). Impossible de passer à côté des *alligator bites* (littéralement « morsures d'alligator »), des petits cubes de viande d'alligator frits, servis avec un quartier de citron. Le goût et la texture se rapprochent du poulet.

Avec quelque 2170 km de littoral, la Floride est le 2e état américain pour la longueur de ses côtes juste après l'Alaska. Autant dire les amateurs de poissons et de fruits de mer en tous genres auront de quoi se régaler ici. On en trouve absolument partout mais les meilleures spécialités de la mer se dégustent dans les Keys et sur le Golfe du Mexique, où la pêche est une activité très répandue. Barracuda, daurade coryphène, thon, espadon, mérou et rascasses ne sont qu'un aperçu des nombreuses espèces pêchées dans le coin sans oublier les poissons d'eau douce.

On appréciera aussi les fruits de mer comme les huîtres – très populaires – venant notamment de la région d'Apalachicola au nord-ouest de la Floride. Malheureusement la surpêche et le réchauffement climatique a drastiquement réduit les stocks et leur récolte est désormais interdite dans cette partie de l'état. On sert généralement les huîtres avec une sauce cocktail à l'américaine à base de ketchup, raifort, jus de citron et Tabasco. Sinon vous pourrez goûter au *Florida stone crab*, similaire à un tourteau, dont les pinces sont très prisées avec de la mayonnaise, ou les *conch fritters*, des beignets de conque (un gros coquillage), d'originaire caribéenne. *La rock shrimp* est une grosse crevette avec une carapace très dure, comme une langouste.

Enfin, le *Minorcan clam chowder* est une soupe de palourdes à la tomate et au bacon, créée par des migrants venus de Minorque, en Espagne, à la fin du XVIIIe siècle. On retrouve également d'excellents plats de poissons et de fruits de mer dans la ville de Tarpon Springs, près de Tampa, connue pour sa très importante communauté grecque, arrivée au début du XXe siècle, et qui apporta avec elle de savoureuses recettes méditerranéennes.

La cuisine floribbean

Tout au long du XIXe et du XXe siècle la Floride de par sa localisation, à moins de 150 km de Cuba et des Bahamas, a connu plusieurs vagues d'immigrants hispano-caribéennes, qui ont joué un rôle important dans le développement de la cuisine floribean (Florida-Caribbean).

Parmi les caractéristiques principales de cette cuisine fusion, on retrouvera l'abondance de poissons, de fruits de mer et de poulet, cuisinés avec de nombreuses épices et autres condiments comme le curry rouge, la citronnelle, le gingembre et les oignons vert. Les influences asiatiques sont nombreuses à l'image de la forte présence de travailleurs chinois et indiens qui sont venus dans les Antilles pour récolter la canne à sucre au XIXe siècle.

Ainsi les fruits et légumes exotiques venant d'Asie sont produits localement dans le sud de la Floride au climat chaud contrairement au reste des USA aux hivers plus rigoureux. La cuisine floribean utilise souvent moins de piment que les plats caribéens traditionnels. Ce piquant, cependant, est presque toujours modéré par l'utilisation de fruits tropicaux, d'amande, de lait de coco, de citron vert ou de miel.

Le meilleur exemple s'observe avec le Cuban sandwich, une variante d'un sandwich jambon-fromage, probablement apparu dans les cafés destinés aux travailleurs cubains de Tampa ou de Key West. Plus tard il se popularisa également à Miami. En effet la Floride possède la plus grosse communauté cubaine des USA, avec pas moins de 1,5 million de personnes, ayant pour beaucoup fuit la Révolution cubaine dans les années 1950. Le sandwich est composé de jambon, de porc rôti, de fromage, de cornichons, de moutarde et parfois de salami sur du pain cubain (sorte de baguette). Cet en-cas est même devenu le « sandwich signature de la ville de Tampa » en 2012.

On retrouve également d'autres recettes comme le *deviled crabs* (croqueta de jaiba en espagnol), des croquettes de crabe, originaires de Tampa, développées par les immigrants espagnols, cubains et italiens d'Ybor City. Citons également le ceviche, une spécialité péruvienne de poisson cru mariné au jus de citron vert ou l'*arroz con pollo* (riz jaune au poulet) d'inspiration espagnole, très répandu en Amérique latine.

Desserts et boissons

Côté desserts, on trouvera toutes les pâtisseries américaines dont on peut rêver: cheesecakes, muffins, cupcakes, *cinnamon rolls* (brioches à la cannelle), carrot cake, etc. Toutefois s'il y a un bien un dessert incontournable en Floride, c'est la Key lime pie, une succulente tarte au citron vert nappée de crème fouettée. Dans l'état qui a fait de l'orange son emblème, vous testerez aussi l'*orange meringue pie*. Le Key lime bundt cake est un gâteau en forme de couronne nappé d'un glaçage au citron vert alors que le *strawberry shortcake* est un simple sablé au beurre généreusement nappé de crème fouetté et de fraises. Les fraises d'hiver sont très populaires en Floride, rare état capable de les produire en cette saison.

Si on est habitué au café américain tellement allongé qu'il est souvent décrit comme du « jus de chaussette », plus de 60 ans de migration cubaine en Floride ont contribué à créer un goût pour le café différent de la plupart des autres états américains. On retrouve donc communément le café cubano ou cafecito, un expresso très serré avec beaucoup de cassonade. Sinon testez le cortadito, moitie expresso-moitié lait alors que le classique café con leche est allongé d'un trait de lait concentré. Ces boissons ne sont pas forcément communes en dehors de quartiers cubains mais les Américains apprécient le plus en plus de bons cafés corsés.

En plus de la bière et du vin, facilement disponibles, la Floride est avant tout le paradis des cocktails notamment à base de rhum et de tequila, sans surprise. Ainsi le Rum Runner – nom donné aux personnes qui acheminaient le rhum durant la Prohibition – a été inventé dans les années 1950 mêlant rhum blanc, liqueur de mûres, crème de banane, jus d'oranges, jus d'ananas et grenadines. Sinon le Miami Vice est le croisement entre une piña colada (lait de coco, jus d'ananas, rhum blanc), un daïquiri (rhum blanc, purée de fraises, sucre, citron vert). D'autres cocktails comme la margarita, le mojito et la caïpirinha sont également très populaires.

Key lime pie.

AGENDA

Avec sa météo ensoleillée toute l'année, la Floride n'est pas bridée et peut accueillir à loisir des événements de janvier à décembre. La majorité d'entre eux ont d'ailleurs lieu à l'extérieur pour notre plus grand bonheur. Côté thématiques, le choix est pléthorique et chaque festivité est l'occasion de s'immerger dans la culture floridienne. Les festivals gastronomiques mettent ainsi en avant des spécialités locales comme le Key Lime ou les fruits de mer, tandis que les festivals de musique et de cinéma nous font découvrir des talents du cru. La programmation est aussi le reflet de la pluri-culturalité du Sunshine State : on célèbre ainsi Mardi Gras, la culture amérindienne ou encore les traditions cubaines. Si Miami, de par son rayonnement international, concentre la majorité des événements, les autres villes de Floride cultivent une forte hospitalité et l'art d'organiser des événements qui vous charmeront par leur authenticité.

THE ART DECO WEEK-END

1001 Ocean Drive
MIAMI
✆ +1 305 672 2014
www.artdecoweekend.com
Mi-janvier.

Cet évènement créé en 1976 par la Miami Design Preservation League célèbre le temps de la construction des immeubles qui font aujourd'hui son succès. Durant trois jours, l'Art déco et les années 1930 sont mis à l'honneur à travers des concerts, des défilés de voitures anciennes, des brocantes et visites guidées... Le tout dans le plus bel écrin qu'il soit : South Beach, où l'on trouve la plus grande concentration de bâtiments Art déco au monde. Un bel évènement pour appréhender ce mouvement artistique qui fit la réputation de Miami.

GASPARILLA FESTIVAL

TAMPA
gasparillapiratefest.com
Fin janvier/début février.

Si vous êtes de passage à Tampa fin janvier/début février, ne manquez pas le Gasparilla Festival qui se déroule dans le centre-ville depuis... 1904 ! Il met à l'honneur le légendaire pirate José Gaspar, surnommé Gasparilla, (1756-1821 environ). Ce jour-là, la ville entière se déguise en pirates, des centaines de chars défilent sur un circuit de 7 kilomètres et des personnes en costume envoient des colliers aux perles multicolores dans la foule. Dans la baie de Tampa, des navires défilent aussi sur les flots. C'est la troisième plus grande parade des États-Unis.

MARDI GRAS

Universal Studio
UNIVERSAL ORLANDO RESORT
De début février à fin avril.

Chaque année durant plus de 2 mois, un air de Louisiane souffle sur le parc Universal Studio avec la célébration de Mardi Gras, une fête qui se déroule traditionnellement 47 jours avant Pâques. Les festivités font écho au carnaval de la Nouvelle-Orléans (aussi nommé Mardi Gras). Ce furent les colons français qui apportèrent cette fête païenne en Louisiane à la fin du XVIIe siècle. Vous pourrez ainsi profiter de parades ponctuées de danseurs en costumes extravagants et de lancers de colliers de perles, de spécialités culinaires cajuns et autres animations.

ART WYNWOOD

14 NE 14TH Street
MIAMI
www.artwynwood.com
Mi-février.

Dans le monde de l'art, c'est l'évènement hivernal du sud de la Floride, le pendant d'Art Basel, version *street art* et *art underground*. Pour la première fois, Art Wynwood se déroule face à la magnifique baie de Biscayne. Ce festival d'art contemporain est fréquenté par plus de 30 000 visiteurs ; plus de 70 galeries du monde entier y exposent les œuvres de leurs artistes. Les collectionneurs affluent pour acquérir de nouvelles pièces d'artistes surréalistes, postmodernes ou émergents. Un vrai succès pour ce jeune évènement qui a soufflé sa dixième bougie en 2022.

EVERGLADES SEAFOOD FESTIVAL

102 Copeland Avenue North
EVERGLADES CITY
Tous les ans vers la mi-février.

Ce festival de fruits de mer anime la tranquille ville d'Everglades City depuis plus de 50 ans. C'est l'occasion parfaite pour déguster ces produits de la mer si typiques de cette région des Everglades, et particulièrement le fameux *stone crab* (crabe de roche). Les dégustations sont ponctuées de concerts de musique, de stands de souvenirs et objets artisanaux ou encore d'attractions pour les plus jeunes. Cet événement réputé attire des visiteurs venus de toute la Floride.

CELTIC MUSIC & HERITAGE FESTIVAL

29 W. Castillo Drive
SAINT AUGUSTINE
https://www.celticstaugustine.com
Tous les ans vers la mi-mars.

Au cœur de l'historique Saint-Augustine, ce festival met la musique et la culture celtique à l'honneur trois jours durant. Il démarre le samedi après la traditionnelle parade de la Saint-Patrick. C'est en effet ici qu'eut lieu en 1600 la toute première parade américaine officielle de la Saint-Patrick ! Au programme du week-end : des concerts de groupes nationaux et internationaux, une parade au son des cornemuses, des ateliers de dégustation de Whisky, de la nourriture celte...

CALLE OCHO FESTIVAL

Calle Ocho
MIAMI
https://carnavalmiami.com
Mi-mars. Gratuit.

Cet événement se déroule à Little Havana, le quartier cubain de Miami, dans la fameuse Calle Ocho (SW 8th Street). C'est tout simplement le plus grand festival de musique latine au monde ! Au programme : plus de dix scènes accueillant des concerts de musique latine, un concours de danse, des dégustations de spécialités latino et un marché de produits artisanaux. Vous pourrez aussi assister à un traditionnel tournoi de dominos. Une festival iconique depuis 1978 qui célèbre l'héritage hispanique et la diversité culturelle de Miami. À ne pas manquer !

7 MILE BRIDGE RUN

7 Mile bridge
KNIGHT'S KEY
7mbrun.com
Début avril. Inscription en ligne.

Cette course est unique en son genre car c'est la seule au monde avec une piste entourée d'eau du début à la fin de la course. Elle se court en effet sur le fameux Seven Mile Bidge, entre Little Duck Key et Knight's Key, du début à la fin du pont. Elle a été lancée en 1982 pour célébrer l'inauguration du pont et elle a désormais lieu chaque année. Tout le monde peut participer mais les inscriptions sont limitées à 1 500 coureurs. Les places partent extrêmement rapidement, il vous faudra donc être réactifs si vous souhaitez vous lancer dans la course.

EPCOT INTERNATIONAL FLOWER AND GARDEN FESTIVAL

EPCOT
WALT DISNEY WORLD
De début mars à début juillet.

Du début du printemps au début de l'été, le parc Epcot de Disney World bourgeonne et revêt son habit de verdure. D'extraordinaires topiaires fleuries représentant les plus célèbres personnages Disney sont disposées dans l'ensemble du parc. Des petits chalets vendent des produits exclusifs à l'évènement ainsi que des gourmandises estivales inédites. C'est un vrai enchantement et une manière de redécouvrir les plantes et les fleurs du parc.

CONCH REPUBLIC INDEPENDENCE CELEBRATION

KEY WEST
https://conchrepublic.com
De mi-avril à fin avril environ.

A l'origine de cette fête insolite, le blocage des routes menant aux Keys, en 1982, par des patrouilles fédérales en guerre contre la drogue. Vexées de l'intervention, les autorités locales déclarent la sécession et se donnent un nouveau drapeau. Appartenir à la Conch Republic, c'est affirmer sa différence tout en restant au sein des USA. Cette fictive république est régie par un gouvernement non moins fictif, qui organise la fête. Au programme : animations, ripailles et boissons.

SUNFEST

PALM BEACH

www.sunfest.com

Début mai.

Le Sunfest est le plus important festival de musique et d'art en bord de mer de Floride. Il se déroule au nord de Miami, à West Palm Beach, depuis 1982. Il propose durant cinq jours une cinquantaine de concerts et sets DJ. L'Art District offre quant à lui l'opportunité de voir de célèbres graffeurs créer en live, ou de participer à des créations artistiques. Pour boire un verre, rendez-vous aux bars flottants ! Le festival se clôture traditionnellement avec un feu d'artifice. Un rendez-vous très populaire qui attire près de 100 000 visiteurs.

KISSIMMEE SILVER SPURS RODEO

1875 Silver Spur Lane

ORLANDO

https://www.silverspursrodeo.com

Début juin.

À Kissimmee, près d'Orlando et des parcs d'attractions, le Silver Spurs Rodeo est le plus important rodéo de l'Est du Mississippi. Durant deux jours, les différentes épreuves de rodéos s'enchaînent dans la vaste arène intérieure. Un vrai show à l'Américaine qui donne l'impression d'être au coeur du Far West, et non quelque part en Floride. Le week-end est ponctué par l'élection de Miss Silver Spurs, une tradition depuis 1956. Préparez votre plus beau chapeau de *cow boy* !

ORLANDO INTERNATIONAL FRINGE FESTIVAL

398 West Amelia Street

ORLANDO

orlandofringe.org

De mi-mai à fin mai.

Le Fringe, c'est quatorze jours de festivités pour promouvoir les arts du spectacle : théâtre, danse, musique, marionnettes, improvisation... La majorité des événements ont lieu à Loch Haven Park, au nord de Downtown, mais également dans divers quartiers de la ville. De nombreux spectacles sont gratuits, et les plus jeunes ont même droit leur propre version du festival, le Kids Fringe. Cet événement culturel qui se veut accessible à tous a fêté ses 30 ans en 2021.

SARASOTA MUSIC FESTIVAL

SARASOTA

Début juin durant trois semaines.

Depuis sa création en 1965, c'est le rendez-vous incontournable de la côte Est pour les amateurs de musique de chambre. Le Sarasota Music Festival accueille durant trois semaines des musiciens triés sur le volet, aussi bien des artistes de haut vol que des étudiants très doués, pour vous proposer une salve de concerts. Musique classique, musique baroque, orchestres... Les concerts se déroulent à la Sarasota Opera House et au Holley Hall. Des concerts à thème ont lieu les vendredis et samedis soir. Difficile de rester insensible face à ces talents !

JACKSONVILLE JAZZ FESTIVAL

JACKSONVILLE

https://jacksonvillejazzfest.com

Fin du mois de mai.

Depuis plus de 40 ans, Jacksonville vibre au son du jazz pendant trois jours. Deux scènes sont montées au cœur de la ville, en bordure de la Saint Johns River, pour accueillir concerts et prestations d'artistes locaux et internationaux. Et c'est gratuit ! Le Jazz Market Place rassemble des stands d'artisans locaux venus vendre leurs créations. Un festival à ne pas manquer si vous êtes dans le secteur. Nul doute que vous allez avoir envie de vous déhancher !

KEY WEST PRIDE

KEY WEST

https://gaykeywestfl.com

Début juin, pendant 5 jours.

C'est la *gay pride* de Key West, ambiance tropicale en bonus ! Pendant cinq jours, des fêtes et défilés ont lieu partout en ville, avec également des *beach parties*, des dégustations et brunchs ou encore des *shows* de *drag queens*. En 2003, la Key West Pride est même entrée dans le livre *Guinness des Records* grâce à son immense drapeau arc-en-ciel de près de 2 kilomètres de long ! Celui-ci défile sur l'avenue principale de Key West, Duval Street. Un événement haut en couleur qui respire la diversité. A ne pas manquer si vous êtes dans les Keys à cette période !

KEY LIME FESTIVAL

KEY WEST

https://keylimefestival.com

Début juillet.

Le petit citron vert le plus célèbre des Keys est la star de ce festival vitaminé qui prend place dans les rues de Key West autour du week-end du 4 juillet. Parmi les événements, vous pourrez participer à un atelier pour réaliser la fameuse Key Lime Pie, vous essayer à une dégustation de rhum au Key Lime ou encore assister au concours de plus grand mangeur de Key Lime Pie. Vous deviendrez incollable sur ce petit agrume au goût si particulier. Sachez qu'il est possible d'acheter du jus de Key Lime pour réaliser vos tartes chez vous !

KEY WEST LOBSTERFEST

KEY WEST

https://keywestlobsterfest.com

Mi-août.

Depuis 25 ans à Key West, le LobsterFest célèbre l'ouverture de la saison de la pêche aux homards. Ce crustacé local est en effet réputé pour sa chair tendre et savoureuse. Au programme : dégustation de homards sur Duval Street, *pool parties*, marché artisanal, concerts dans les rues... C'est l'opportunité de goûter au homard sous toutes ses formes, que ce soit simplement cuit à la vapeur avec du beurre, en *lobster-roll*, et même en pizza ! Le tout accompagné d'une bière bien fraîche. La plus grande fête de l'été de tous les Keys !

EPCOT INTERNATIONAL FOOD & WINE FESTIVAL

EPCOT - Walt Disney World

WALT DISNEY WORLD

De mi-juillet à mi-novembre.

Le parc EPCOT met la gastronomie du monde à l'honneur. Outre les spécialités que vous pourrez déguster à l'année dans les pavillons du parc, une multitude de petits chalets vous offrent une incroyable sélection de savoureuses bouchées qui feront voyager vos papilles. Un vrai périple où chaque destination déploie sa spécialité : raclette pour les Alpes Suisses, spanakopita pour la Grèce, samoussa pour l'Inde... Avec une boisson propre à chaque pays. Un échantillon gustatif du monde.

KEY WEST BREWFEST

KEY WEST

✆ +1 800 354 4455

https://keywestbrewfest.com

Début septembre.

Le Key West Brewfest est un festival de bières qui a lieu chaque année durant le week-end du Labor Day. Y participe un grand nombre de pubs et de brasseries de l'île et d'ailleurs. Parmi les festivités : *pools parties*, dégustations de plus de 150 bières les pieds dans le sable, brunch et dîners... Un événement à ne pas manquer si vous êtes amateur de cette boisson houblonnée. En plus, tous les bénéfices sont reversés au Rotary Club de Key West et servent à financer des bourses d'étude et des dons à des organismes caritatifs.

MIAMI SPICE RESTAURANT MONTHS

MIAMI

De début août à fin septembre.

Cet évènement culinaire rassemble plus de 150 restaurants de Miami. Le principe : durant deux mois, ils vous proposent de déguster des menus à prix fixes et attractifs [entrée, plat et dessert, au déjeuner et au dîner]. L'occasion de se faire plaisir tout en découvrant la cuisine des meilleures tables locales. Rendez-vous à Brickell, Little Havana, Coral Gables, Wynwood... N'hésitez pas à varier les saveurs et les quartiers pour profiter de la richesse de la cuisine de Miami !

WINTER PARK AUTUMN ART FESTIVAL

ORLANDO

Début octobre.

Chaque année, Winter Park célèbre les arts et met en scène des artistes de Floride en devenir : céramistes, peintres, photographes, sculpteurs, bijoutiers... De nombreuses animations sont prévues pour l'occasion. Ce festival est une idée de sortie intéressante pour varier des traditionnels parcs d'attractions d'Orlando. C'est aussi l'occasion de découvrir la charmante ville de Winter Park. Ce rendez-vous très apprécié par les locaux fête ses 50 ans en 2023.

VERSION NUMÉRIQUE
OFFERTE
Obtenez votre guide numérique en scannant ce QR code
ou rendez-vous sur le site
www.ebookfute.com
avec le code avantage
XHSBTC
petit futé
2023-2024
Floride
VERSION NUMÉRIQUE OFFERTE
COUNTRY GUIDE
OFFRE VALABLE JUSQU'À L'ARRÊT DE COMMERCIALISATION DU TITRE EN FRANCE MÉTROPOLITAINE

BIKETOBERFEST

DAYTONA BEACH

www.biketoberfest.org

Mi-octobre.

La Biketoberfest est un rassemblement annuel de milliers de motards venus du monde entier pour se retrouver à Daytona Beach. Parmi les nombreuses animations, on retrouve un défilé de motos customisées, des courses de motos sur le circuit Daytona International Speedway, des concerts de musique live, des boutiques éphémères... L'événement, qui a fêté ses 30 ans en 2022, attire chaque année plus de 100 000 passionnés de deux-roues. Durant quatre jours, c'est ainsi tout le centre-ville de Daytona Beach qui pétarade joyeusement. Un festival qui ne passe pas inaperçu.

MAGIC OF LIGHTS - HOMESTEAD-MIAMI SPEEDWAY

HOMESTEAD

Tous les soirs de fin novembre à début janvier. À partir de 17 US$/voiture si achat en ligne.

Une manière insolite et magique de découvrir ce célèbre circuit automobile. Dans le confort de votre voiture, vous circulerez sur 3 kilomètres pour admirer des milliers de décorations lumineuses sur le thème des fêtes de fin d'année. Le spectacle est superbe et le cadre insolite ! Nous vous conseillons de vous laisser tenter si vous séjournez à Homestead sur la route des Everglades. Le même événement a également lieu sur le circuit de Daytona Beach, sur la côte Est.

ORLANDO FILM FESTIVAL

ORLANDO

https://www.offvirtual.com

De fin octobre à début novembre. Pass d'un jour et de 7 jours.

Au programme de ce festival d'une semaine, près de 350 films en compétition dans une dizaine de cinémas d'Orlando. Le but est surtout de mettre en lumière des cinéastes et films indépendants du monde entier. Ces derniers sont classés d'après plusieurs catégories : documentaires, courts-métrages, narration, animation... et ont été soigneusement sélectionnés. C'est ainsi l'occasion de faire de belles découvertes cinématographiques. Outre les projections, des ateliers et rencontres sont aussi organisés. Le festival se clôture par une remise de prix.

ART BASEL

MIAMI

www.artbasel.com/miami-beach

Début décembre.

Art Basel est un des plus grands festivals d'art contemporain de la planète. Il a lieu chaque année en décembre à Miami, en mars à Hong Kong et en juin à Bâle (Basel), en Suisse, où il a été créé. Chaque année, près de 300 galeries venues des 4 coins de la planète exposent des œuvres modernes et contemporaines de haute qualité : peintures, sculptures, installations, photographies, vidéos et multimédia... Mais au-delà de la qualité des œuvres, ce qui amuse beaucoup les visiteurs à Art Basel, c'est le côté décalé de ces œuvres et l'interactivité avec les visiteurs.

JACKSONVILLE LIGHT BOAT PARADE

JACKSONVILLE

Fin novembre. Gratuit.

C'est un rendez-vous magique annonciateur des fêtes de fin d'année. Ce soir là, à la nuit tombée, des dizaines de bateaux décorés de guirlandes lumineuses voguent sur la John River pour le plus grand bonheur des visiteurs émerveillés. Les embarcations (qui sont celles de locaux) sont de toutes les tailles et des tous les styles. Un jury les départage ensuite pour élire les gagnants. Cette parade sur l'eau est un spectacle unique, qui se conclut par un feu d'artifice.

MICCOSUKEE INDIAN ARTS & CRAFTS FESTIVAL

EVERGLADES NATIONAL PARK

https://miccosukee.com/events

Fin décembre-début janvier.

Ce festival qui se déroule au village indien Miccosukee, au cœur des Everglades, a pour but de faire découvrir la culture des Indiens d'Amérique : musiques, danse, activités traditionnelles, cuisine... On peut aussi se procurer de l'artisanat et des bijoux. Il réunit des tribus autochtones venues de toute l'Amérique du Nord. Ce festival qui dure une semaine a plus de 45 ans d'existence ; c'est le plus grand événement du genre de tout le sud de la Floride.

MIAMI ET SES ENVIRONS

Vous prévoyez de vous échapper quelques jours de la ferveur de Miami ? Excellente idée ! En moins de deux heures de route, vous pouvez longer la côte vers le nord, un itinéraire qui vous conduira de Hollywood à Palm Beach en passant par Fort Lauderdale. Hollywood et Fort Lauderdale sont d'agréables villes balnéaires avec un grand choix de loisirs nautiques et surtout des plages parfaites pour la baignade. Elles ont aussi pour avantage d'avoir des tarifs plus accessibles que Miami en matière d'hébergement, de restauration ou de sorties. À Palm Beach, c'est l'inverse, les tarifs sont au mieux identiques à ceux de Miami et souvent beaucoup plus chers côté hébergement et shopping car Palm Beach compte un grand nombre de boutiques et d'hôtels de luxe. Au sud de Miami, l'ambiance est tout autre : vous plongerez plutôt dans l'atmosphère nature et préservée du Biscayne National Park.

Miami
et ses environs
Lauderdale-by-the-Sea
SUNRISE
Andytown
Fort Lauderdale
WESTON
27
Southwest Ranches
HOLLYWOOD ★★
PEMBROKE PINES
Pembroke Park
Country Club
WATER CONSERVATION
AREA 3B
Surfside
Miami Shores
HIALEAH
Virginia Gardens
MIAMI ★★★★
West Miami
Glenvar Heights
Key Biscayne
KENDALL
The Crossings
Lindgren
Princeton
Redland
The Keyhole
Leisure City
BISCAYNE
NATIONAL PARK ★★
Homestead
FLORIDA CITY ★
Sponge Rocks
10 KM
102

PAGES

Changer d'ambiance à moins d'une heure de route de Miami, c'est possible ! Au sud vous attend le Biscayne National Park, zone préservée qui mêle mangroves, récifs coralliens et eau turquoise. C'est un spot de plongée particulièrement apprécié et pour cause : 95 % de la surface du parc est couverte d'eau ! Au nord de Miami, Hollywood est une ville balnéaire tranquille dont la longue plage de sable blanc ponctuée de cabanes de sauveteurs colorées n'a rien à envier à Miami Beach.

MIAMI ET SES ENVIRONS

Poste de sauvetage à Miami.
© SULI NI - SHUTTERSTOCK.COM

MIAMI

Avant même d'y mettre les pieds, nous avons tous en tête des images de Miami. Généralement, elles s'accompagnent de néons multicolores, de palmiers et de longues plages de sable blanc. On pense alors au quartier de South Beach, dans la ville Miami Beach. Mais de l'autre côté du pont, il y a Miami, avec ses buildings, ses motels vintage, ses quartiers exotiques et artistiques. Bien que leur histoire soit récente sur l'échelle européenne, ces deux villes n'en demeurent pas moins fascinantes et riches. Comment une petite île où l'on cultivait encore l'avocat il y a 120 ans est-elle devenue Miami Beach, haut lieu du tourisme et du *farniente* ? Quelle est la genèse de cette architecture Art déco si particulière et pourquoi a-t-elle failli disparaitre ? Il y a aussi la culture cubaine, omniprésente notamment à travers la langue et la cuisine. Vous découvrirez que Miami et Miami Beach sont pleines de surprises !

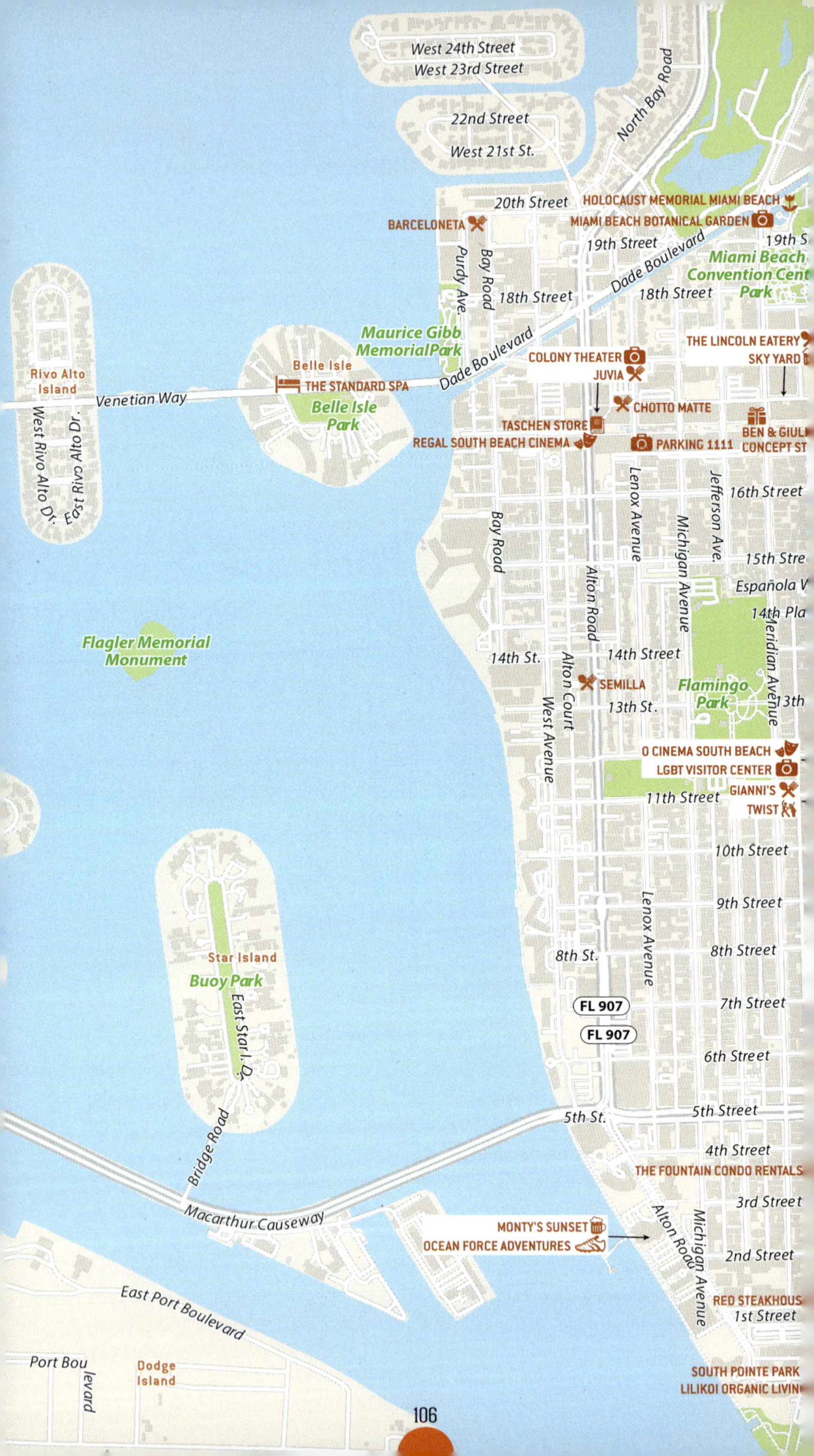
West 24th Street
West 23rd Street
22nd Street
West 21st St.
North Bay Road
20th Street
HOLOCAUST MEMORIAL MIAMI BEACH
BARCELONETA
MIAMI BEACH BOTANICAL GARDEN
19th Street
19th S
Dade Boulevard
Miami Beach Convention Cent Park
Purdy Ave.
Bay Road
18th Street
18th Street
Maurice Gibb Memorial Park
THE LINCOLN EATERY
SKY YARD
Dade Boulevard
COLONY THEATER
JUVIA
Rivo Alto Island
Belle Isle
THE STANDARD SPA
Venetian Way
Belle Isle Park
CHOTTO MATTE
TASCHEN STORE
REGAL SOUTH BEACH CINEMA
PARKING 1111
BEN & GIULI CONCEPT ST
West Rivo Alto Dr.
East Rivo Alto Dr.
16th Street
Bay Road
Lenox Avenue
Michigan Avenue
Jefferson Ave.
15th Stre
Española W
14th Pla
Alton Road
Flagler Memorial Monument
14th St.
14th Street
Alton Court
SEMILLA
Flamingo Park
Meridian Avenue
13th St.
13th
West Avenue
O CINEMA SOUTH BEACH
LGBT VISITOR CENTER
GIANNI'S
11th Street
TWIST
10th Street
9th Street
Lenox Avenue
8th St.
8th Street
Star Island
Buoy Park
East Star I. D.
FL 907
7th Street
FL 907
6th Street
5th St.
5th Street
Bridge Road
4th Street
THE FOUNTAIN CONDO RENTALS
3rd Street
Macarthur Causeway
MONTY'S SUNSET
OCEAN FORCE ADVENTURES
Alton Road
Michigan Avenue
2nd Street
East Port Boulevard
RED STEAKHOUS
1st Street
Port Boulevard
Dodge Island
SOUTH POINTE PARK
LILIKOI ORGANIC LIVIN

South Beach
THE GATES HOTEL SOUTH BEACH
23rd Street
22nd Street
Collins Park
Park Avenue
THE BASS MUSEUM OF ART
SWEET LIBERTY DRINKS & SUPPLY COMPANY
BÂOLI MIAMI
NAUTILUS BY ARLO
MYNT LOUNGE
NAUTILUS CABANA
MORENO'S CUBA
LENNOX MIAMI BEACH
AMALIA
ART DECO DISTRICT
SLS SOUTH BEACH
THE NATIONAL HOTEL
SAGAMORE
BAGATELLE MIAMI
SOUTH BEACH ROOM ESCAPE BAR & ROOFTOP
D'VINE
HOOKHA LOUNGE
TIME OUT MARKET
SCOOTERS SOUTH BEACH
RIVIERE SOUTH BEACH HOTEL
EL PASEO
HOTEL
ALMA
MEXICANA
LT STEAK & SEAFOOD
ESMÉ MIAMI BEACH
FL
CAFÉ
WINTERHAVEN HOTEL
LA FOLIE
THE SHEPLEY HOTEL
BEACH PATROL HEADQUARTERS
LESLIE HOTEL
THE WOLFSONIAN
MUSEUM
THE CARLYLE
THE WEBSTER
SWIZZLE RUM BAR
& DRINKERY
THE VILLA CASA CASUARINA
11TH STREET DINER
BETTANT BAKERY
& CAFÉ
Lummus
Park
THE WESBSTER
WORLD EROTIC ART
MUSEUM (WEAM)
ART DECO WELCOME CENTER
MANGO'S TROPICAL CAFE SOUTH BEACH
COLONY HOTEL
BEACON HOTEL
PUERTO SAGUA RESTAURANT
AVALON HOTEL
THE GOOD TIME HOTEL
FRATELLI LA BUFALA
THE LOCAL HOUSE
Ocean Court
Ocean Drive
Marjory Stoneman
Douglas Ocean Beach
Park
LOLO'S SURF CANTINA
NIKKI BEACH
SOUTH POINTE TAVERN MIAMI
500 M

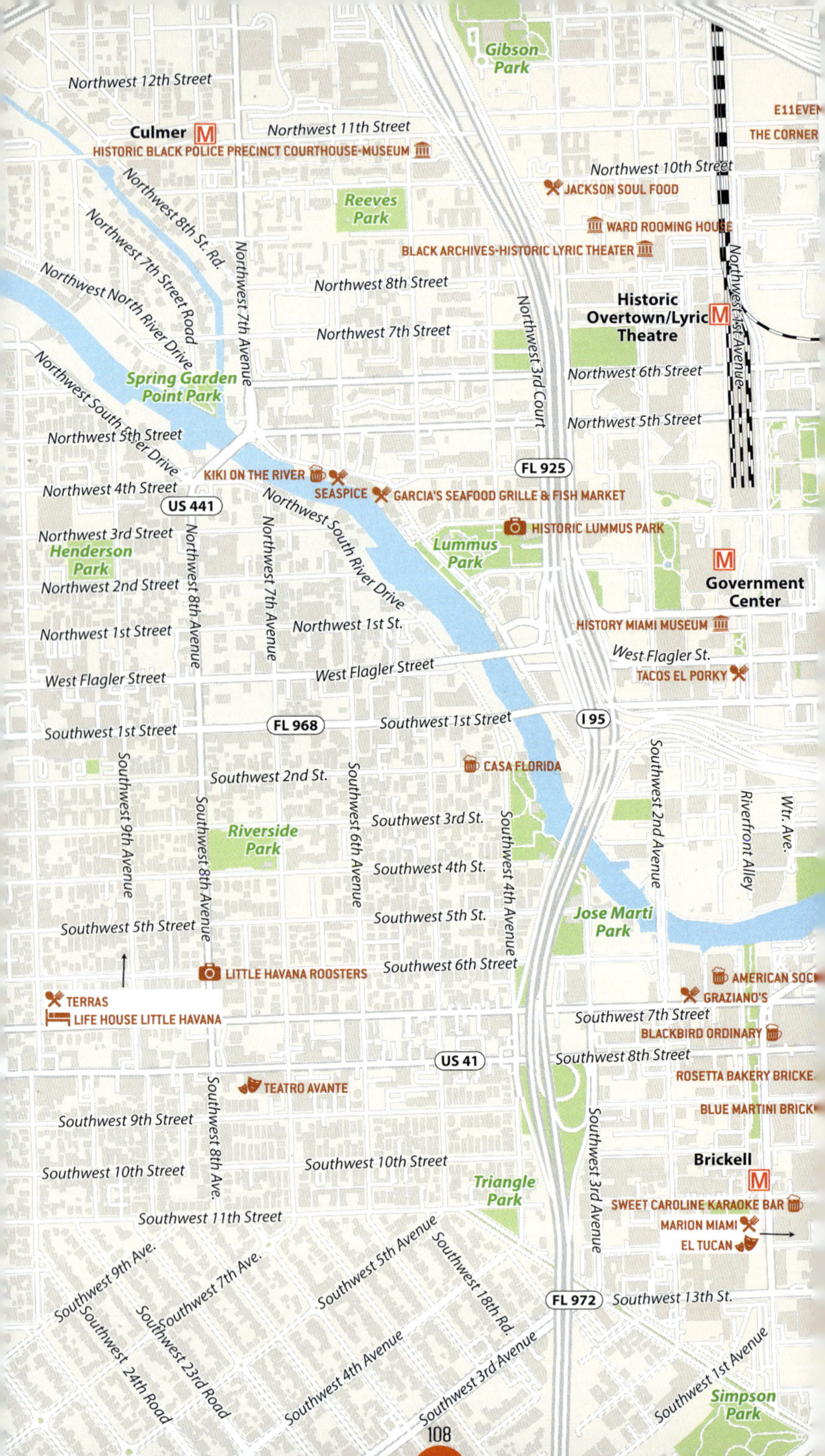
Gibson Park
Northwest 12th Street
Culmer
Northwest 11th Street
HISTORIC BLACK POLICE PRECINCT COURTHOUSE-MUSEUM
E11EVEN
THE CORNER
Northwest 10th Street
JACKSON SOUL FOOD
Reeves Park
WARD ROOMING HOUSE
BLACK ARCHIVES-HISTORIC LYRIC THEATER
Northwest 8th St. Rd.
Northwest 7th Street Road
Northwest North River Drive
Northwest 7th Avenue
Northwest 8th Street
Northwest 7th Street
Northwest 3rd Court
Historic Overtown/Lyric Theatre
Northwest 1st Avenue
Spring Garden Point Park
Northwest 6th Street
Northwest South River Drive
Northwest 5th Street
Northwest 5th Street
FL 925
KIKI ON THE RIVER
SEASPICE
GARCIA'S SEAFOOD GRILLE & FISH MARKET
Northwest 4th Street
US 441
Northwest South River Drive
HISTORIC LUMMUS PARK
Northwest 3rd Street
Henderson Park
Lummus Park
Government Center
Northwest 2nd Street
Northwest 8th Avenue
Northwest 7th Avenue
Northwest 1st Street
Northwest 1st St.
HISTORY MIAMI MUSEUM
West Flagler St.
West Flagler Street
West Flagler Street
TACOS EL PORKY
Southwest 1st Street
FL 968
Southwest 1st Street
I 95
CASA FLORIDA
Southwest 2nd St.
Southwest 9th Avenue
Southwest 8th Avenue
Southwest 6th Avenue
Southwest 2nd Avenue
Riverfront Alley
Wtr. Ave.
Riverside Park
Southwest 3rd St.
Southwest 4th Avenue
Southwest 4th St.
Southwest 5th St.
Jose Marti Park
Southwest 5th Street
Southwest 6th Street
LITTLE HAVANA ROOSTERS
AMERICAN SOC
GRAZIANO'S
TERRAS
LIFE HOUSE LITTLE HAVANA
Southwest 7th Street
BLACKBIRD ORDINARY
US 41
Southwest 8th Street
ROSETTA BAKERY BRICKE
TEATRO AVANTE
BLUE MARTINI BRICK
Southwest 9th Street
Southwest 8th Ave.
Southwest 3rd Avenue
Southwest 10th Street
Southwest 10th Street
Brickell
Triangle Park
Southwest 11th Street
SWEET CAROLINE KARAOKE BAR
MARION MIAMI
EL TUCAN
Southwest 9th Ave.
Southwest 7th Ave.
Southwest 5th Avenue
Southwest 18th Rd.
FL 972
Southwest 13th St.
Southwest 24th Road
Southwest 23rd Road
Southwest 4th Avenue
Southwest 3rd Avenue
Southwest 1st Avenue
Simpson Park

Downtown et Brickell
ADRIENNE ARSHT CENTER FOR THE PERFORMING ARTS
PÉREZ ART MUSEUM MIAMI
FROST MUSEUM OF SCIENCE
Watson Island
MIAMI CHILDREN'S MUSEUM
Watson Park
FLOYD MIAMI
CLUB SPACE
Maurice A. Ferré Park
MAURICE A. FERRÉ PARK
Biscayne Boulevard
Northeast 8th St.
FTX ARENA
TIZENM MIAMI
ORLD CENTER
Dan Paul Park
FREEDOM TOWER
ortheast 6th Street
Northeast 5th Street
North Cruise Boulevard
South America Way
Port Boulevard
Northeast 1st Avenue
Northeast 2nd Avenue
BAYSIDE MARKET PLACE
HARD ROCK CAFE MIAMI
THRILLER MIAMI
AREA 31
Seamans Park
Carribean Way
Bay Front Park
Dodge Island
DOWNTOWN MIAMI WELCOME CENTER
CVI.CHE 105 DOWNTOWN
TORCH OF FRIENDSHIP
East Flagler Street
OSTARS
GFORD
CAFÉ BASTILLE
UNION CAFE &
DOWNTOWN RESTAURANT
US 1
Chopin Plaza
MIAMI TOWER
Southeast 3rd St.
Détroit de Floride
Southeast 4th St.
ZUMA
Miami Circle at Brickell Point
Brickell Park
CANTINA LA VEINTE
BABY JANE COCKTAIL HOUSE & NOODLE BAR
THE MIAMI CIRCLE AT BRICKELL POINT SITE
PUBELLY SUSHIS
BRICKELL CITY CENTRE
QUINTO LA HUELLA
SUGAR
TEA ROOM
EAST MIAMI BRICKELL
MAR BY GASTON ACURIO
MANDARIN ORIENTAL
ary Brickell
llage Park
Brickell Avenue
SLS BRICKELL
FI'LIA
Jade's Park
Southeast 14th St.
EDGE STEAK & BAR
500 M

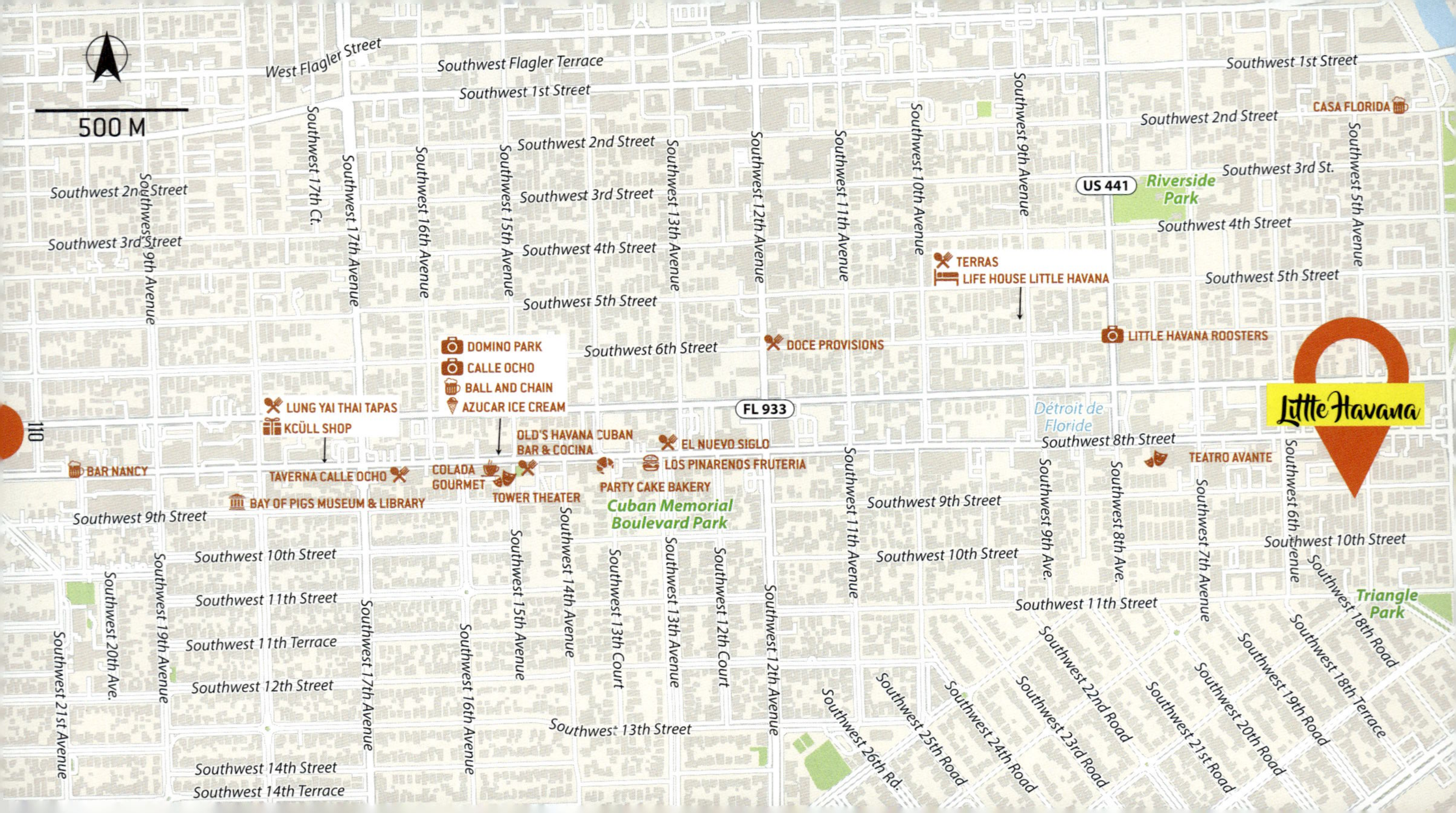
Little Havana
500 M
CASA FLORIDA
LITTLE HAVANA ROOSTERS
TERRAS
LIFE HOUSE LITTLE HAVANA
DOCE PROVISIONS
DOMINO PARK
CALLE OCHO
BALL AND CHAIN
AZUCAR ICE CREAM
LUNG YAI THAI TAPAS
KCÜLL SHOP
OLD'S HAVANA CUBAN BAR & COCINA
EL NUEVO SIGLO
LOS PINARENOS FRUTERIA
PARTY CAKE BAKERY
COLADA GOURMET
TOWER THEATER
TAVERNA CALLE OCHO
BAY OF PIGS MUSEUM & LIBRARY
BAR NANCY
TEATRO AVANTE
Riverside Park
Cuban Memorial Boulevard Park
Triangle Park
Détroit de Floride
US 441
FL 933
West Flagler Street
Southwest Flagler Terrace
Southwest 1st Street
Southwest 2nd Street
Southwest 3rd Street
Southwest 3rd St.
Southwest 4th Street
Southwest 5th Street
Southwest 6th Street
Southwest 8th Street
Southwest 9th Street
Southwest 10th Street
Southwest 11th Street
Southwest 11th Terrace
Southwest 12th Street
Southwest 13th Street
Southwest 14th Street
Southwest 14th Terrace
Southwest 5th Avenue
Southwest 6th Avenue
Southwest 7th Avenue
Southwest 8th Ave.
Southwest 9th Ave.
Southwest 9th Avenue
Southwest 10th Avenue
Southwest 11th Avenue
Southwest 12th Avenue
Southwest 12th Court
Southwest 13th Avenue
Southwest 13th Court
Southwest 14th Avenue
Southwest 15th Avenue
Southwest 16th Avenue
Southwest 17th Avenue
Southwest 17th Ct.
Southwest 19th Avenue
Southwest 20th Ave.
Southwest 21st Avenue
Southwest 18th Road
Southwest 18th Terrace
Southwest 19th Road
Southwest 20th Road
Southwest 21st Road
Southwest 22nd Road
Southwest 23rd Road
Southwest 24th Road
Southwest 25th Road
Southwest 26th Rd.

Mid et North Beach et North Miami
CRUISE EN VOGUE
SUNNY ISLES BEACH
IL MULINO NEW YORK
NEVERLAND COFFEE BAR
GREYNOLDS PARK
RICE ASIAN HOUSE & SUSHI BAR
LILY AND ROSE TEAROOM
KITCHEN 305
PARADIS BOOKS & BREAD
THE ANCIENT SPANISH MONASTERY
Gardens Drive
FL 860
I 95
Miami
Northeast 167th St.
Northeast
FL 826
163rd
Street
FL 915
Oleta River State Park
OLETA RIVER STATE PARK
FL 909
US 1
HAULOVER BEACH PARK
West Dixie Highway
FL 916
CAFÉ CRÈME
MUSEUM OF CONTEMPORARY ART (MOCA)
MIMMO'S MOZZARELLA
Broad Cswy.
MAKOTO
CARPACCIO
NEYA RESTAURANT
GRAND BEACH HOTEL SURFSIDE
Harding Avenue
Détroit de Floride
Northeast
FL 932
2nd
Ave.
NORTH BEACH OCEANSIDE PARK
BURGERS & SHAKES
GELATO-GO BAKERY
CAFÉ PRIMA PASTA
Indian Creek Dr.
HAPPY MONKEY SHOP
Northeast 79th St.
K&K BILLIARDS
FL 934
BEST WESTERN ON THE BAY
Avenue
North Miami
CACHITO COFFEE AND BAKERY
Bird Key
US 1
La Gorce Drive
Northeast 2nd
FL 944
Avenue
FL 907
Pine Tree Drive
FONTAINEBLEAU
41st Street
CIRCA 39 HOTEL
I 195
CASA FAENA MIAMI BEACH
BASEMENT MIAMI
LOS FUEGOS BY FRANCIS MALLMANN
THE MIAMI BEACH EDITION
2 KM

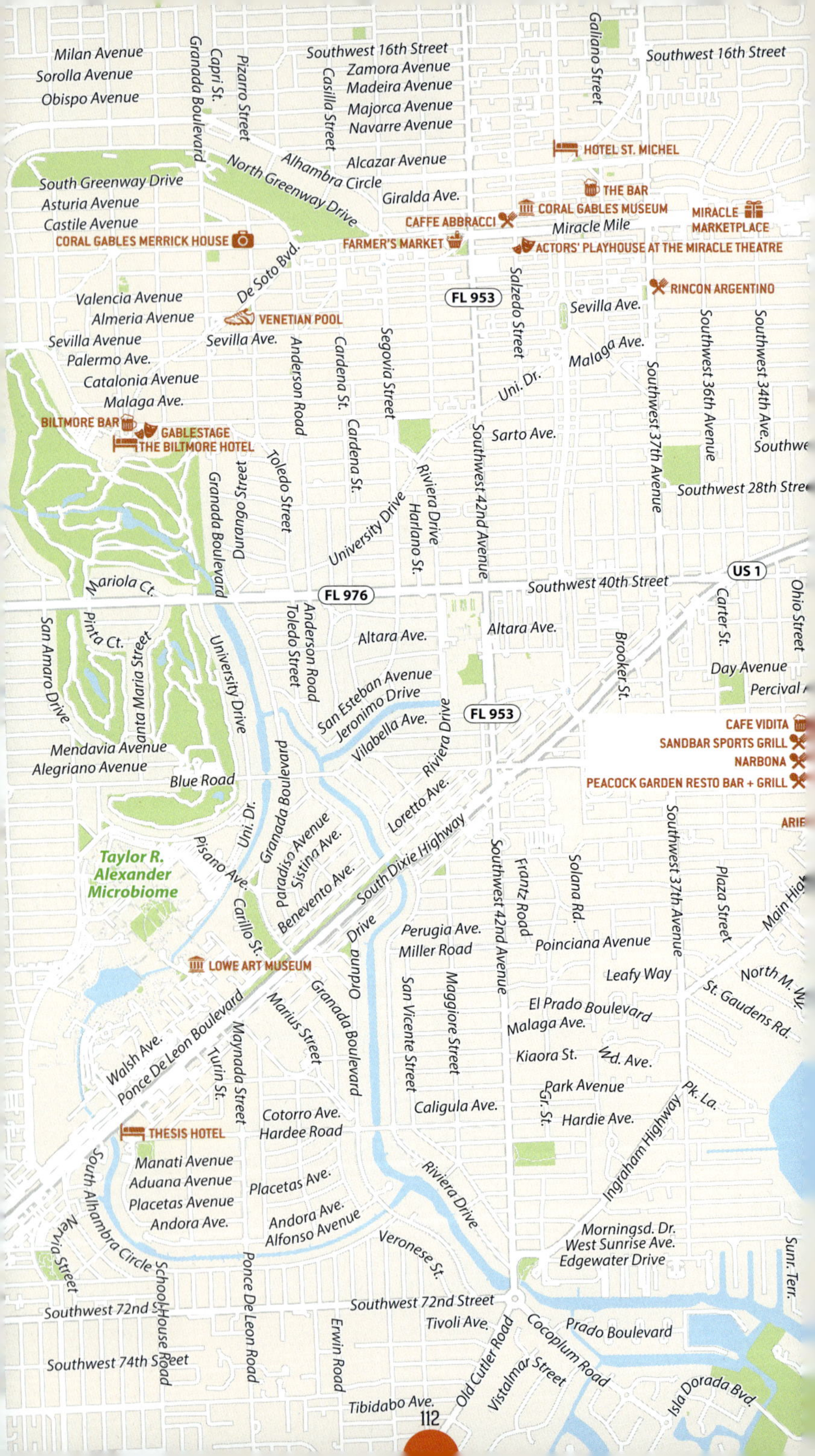

Milan Avenue
Sorolla Avenue
Obispo Avenue
Granada Boulevard
Capri St.
Pizarro Street
Southwest 16th Street
Zamora Avenue
Madeira Avenue
Majorca Avenue
Navarre Avenue
Casilla Street
Galiano Street
Southwest 16th Street
HOTEL ST. MICHEL
Alcazar Avenue
Alhambra Circle
North Greenway Drive
South Greenway Drive
Asturia Avenue
Castile Avenue
CORAL GABLES MERRICK HOUSE
Giralda Ave.
THE BAR
CORAL GABLES MUSEUM
CAFFE ABBRACCI
Miracle Mile
MIRACLE MARKETPLACE
FARMER'S MARKET
ACTORS' PLAYHOUSE AT THE MIRACLE THEATRE
De Soto Blvd.
FL 953
RINCON ARGENTINO
Valencia Avenue
Almeria Avenue
VENETIAN POOL
Salzedo Street
Sevilla Ave.
Sevilla Avenue
Sevilla Ave.
Anderson Road
Cardena St.
Segovia Street
Malaga Ave.
Southwest 36th Avenue
Southwest 34th Ave.
Palermo Ave.
Catalonia Avenue
Malaga Ave.
Uni. Dr.
Southwest 37th Avenue
BILTMORE BAR
GABLESTAGE
THE BILTMORE HOTEL
Toledo Street
Cardena St.
Sarto Ave.
Southwe
Duragno Street
Riviera Drive
Southwest 42nd Avenue
Southwest 28th Stre
Granada Boulevard
University Drive
Harlano St.
Mariola Ct.
FL 976
Southwest 40th Street
US 1
San Amaro Drive
Pinta Ct.
Santa Maria Street
University Drive
Toledo Street
Anderson Road
Altara Ave.
Altara Ave.
Brooker St.
Carter St.
Ohio Street
Day Avenue
Percival A
San Esteban Avenue
Jeronimo Drive
FL 953
Vilabella Ave.
Riviera Drive
CAFE VIDITA
SANDBAR SPORTS GRILL
NARBONA
PEACOCK GARDEN RESTO BAR + GRILL
Mendavia Avenue
Alegriano Avenue
Blue Road
Granada Boulevard
Loretto Ave.
Uni. Dr.
Paradiso Avenue
Sistina Ave.
South Dixie Highway
Southwest 37th Avenue
ARIE
Pisano Ave.
Taylor R. Alexander Microbiome
Benevento Ave.
Southwest 42nd Avenue
Frantz Road
Solana Rd.
Plaza Street
Main High
Carillo St.
Drive
Perugia Ave.
Miller Road
Poinciana Avenue
Oriunda
LOWE ART MUSEUM
Leafy Way
North M. W.
St. Gaudens Rd.
Granada Boulevard
Marius Street
San Vicente Street
Maggiore Street
El Prado Boulevard
Malaga Ave.
Walsh Ave.
Ponce De Leon Boulevard
Turin St.
Maynada Street
Kiaora St.
Wd. Ave.
Park Avenue
Pk. La.
Cotorro Ave.
Hardee Road
Caligula Ave.
Gr. St.
Hardie Ave.
THESIS HOTEL
Ingraham Highway
Manati Avenue
Aduana Avenue
Placetas Avenue
Andora Ave.
Placetas Ave.
Riviera Drive
South Alhambra Circle
Andora Ave.
Alfonso Avenue
Morningsd. Dr.
West Sunrise Ave.
Edgewater Drive
Nervia Street
Veronese St.
Sunr. Terr.
School House Road
Ponce De Leon Road
Southwest 72nd S
Southwest 72nd Street
Tivoli Ave.
Prado Boulevard
Erwin Road
Southwest 74th Street
Old Cutler Road
Vistalmar Street
Cocoplum Road
Isla Dorada Bvd.
Tibidabo Ave.

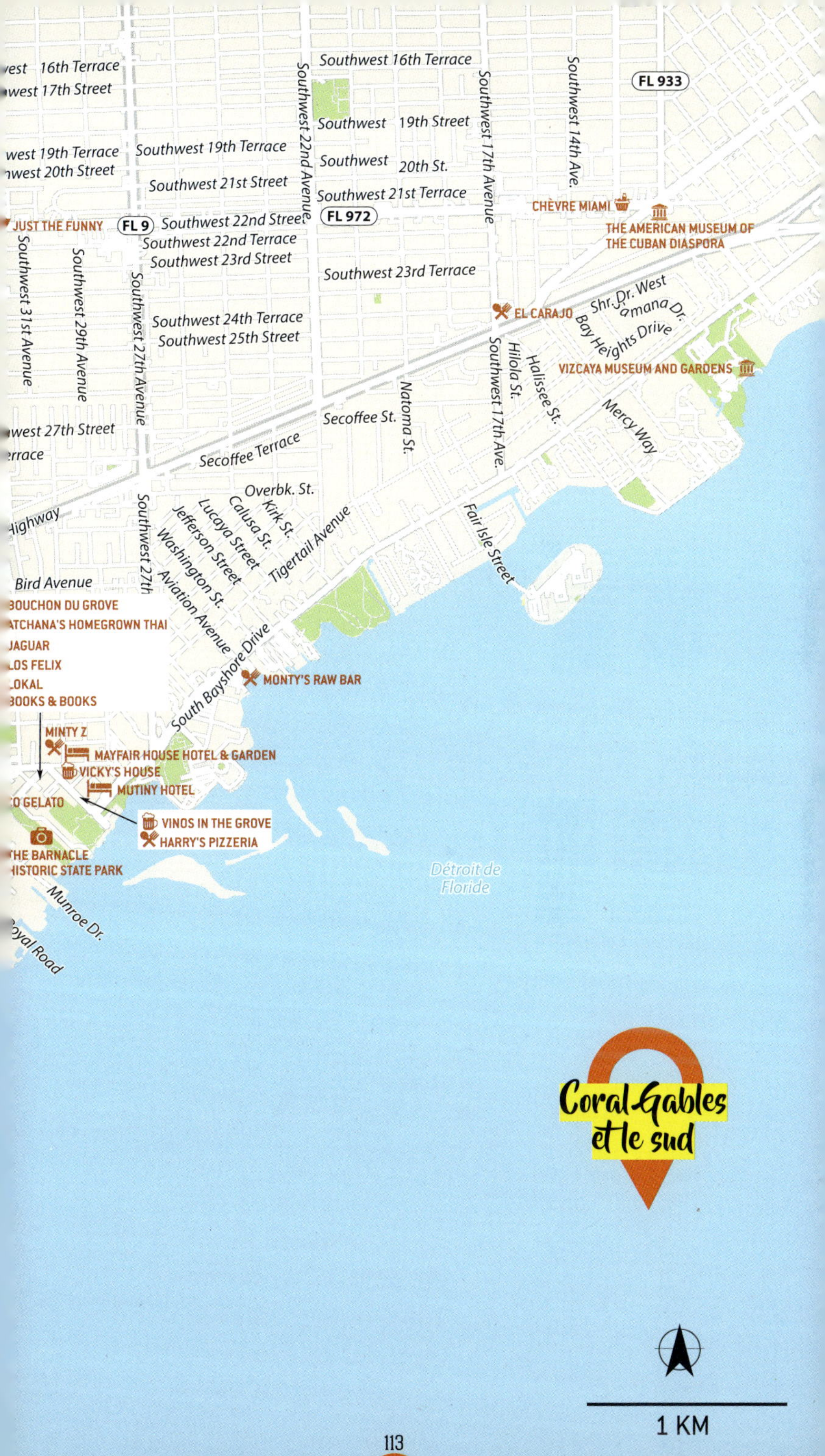
Coral Gables et le sud
JUST THE FUNNY
CHÈVRE MIAMI
THE AMERICAN MUSEUM OF THE CUBAN DIASPORA
EL CARAJO
VIZCAYA MUSEUM AND GARDENS
BOUCHON DU GROVE
ATCHANA'S HOMEGROWN THAI
JAGUAR
LOS FELIX
LOKAL
BOOKS & BOOKS
MINTY Z
MAYFAIR HOUSE HOTEL & GARDEN
VICKY'S HOUSE
MUTINY HOTEL
GELATO
VINOS IN THE GROVE
HARRY'S PIZZERIA
THE BARNACLE HISTORIC STATE PARK
MONTY'S RAW BAR
Détroit de Floride
FL 933
FL 9
FL 972
Southwest 16th Terrace
Southwest 17th Street
Southwest 19th Street
Southwest 19th Terrace
Southwest 20th Street
Southwest 20th St.
Southwest 21st Street
Southwest 21st Terrace
Southwest 22nd Street
Southwest 22nd Terrace
Southwest 23rd Street
Southwest 23rd Terrace
Southwest 24th Terrace
Southwest 25th Street
Southwest 27th Street
Southwest 22nd Avenue
Southwest 17th Avenue
Southwest 14th Ave.
Southwest 31st Avenue
Southwest 29th Avenue
Southwest 27th Avenue
Southwest 17th Ave.
Shr. Dr. West
Samana Dr.
Bay Heights Drive
Hilola St.
Halissee St.
Mercy Way
Natoma St.
Secoffee St.
Secoffee Terrace
Highway
Overbk. St.
Kirk St.
Calusa St.
Lucaya Street
Jefferson Street
Washington St.
Aviation Avenue
Tigertail Avenue
Fair Isle Street
Bird Avenue
South Bayshore Drive
Munroe Dr.
Royal Road
1 KM

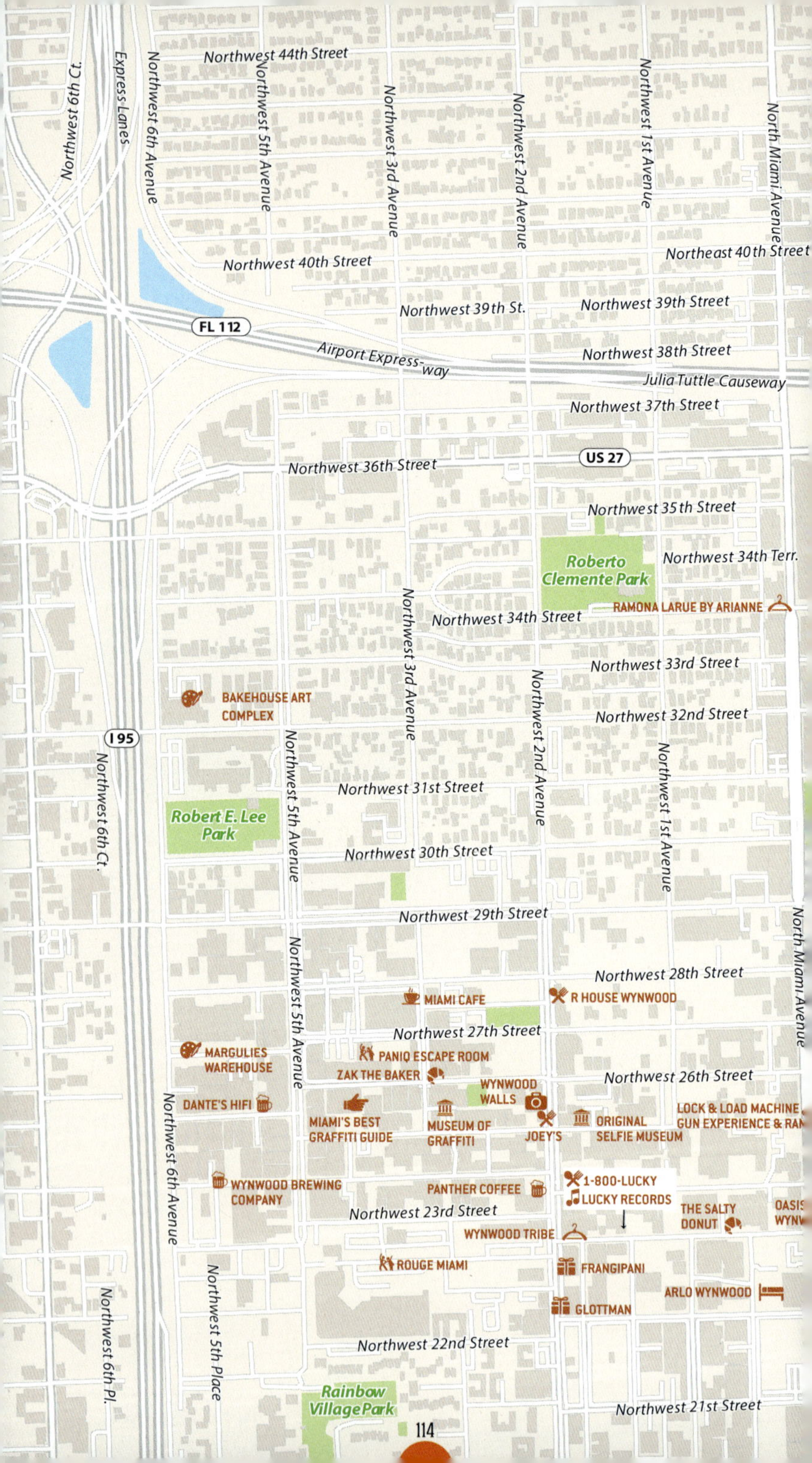
Northwest 44th Street
Northwest 6th Ct.
Express Lanes
Northwest 6th Avenue
Northwest 5th Avenue
Northwest 3rd Avenue
Northwest 2nd Avenue
Northwest 1st Avenue
North Miami Avenue
Northwest 40th Street
Northeast 40th Street
Northwest 39th St.
Northwest 39th Street
FL 112
Airport Express-way
Northwest 38th Street
Julia Tuttle Causeway
Northwest 37th Street
US 27
Northwest 36th Street
Northwest 35th Street
Roberto Clemente Park
Northwest 34th Terr.
RAMONA LARUE BY ARIANNE
Northwest 34th Street
Northwest 33rd Street
BAKEHOUSE ART COMPLEX
Northwest 32nd Street
I 95
Northwest 31st Street
Robert E. Lee Park
Northwest 30th Street
Northwest 29th Street
Northwest 28th Street
MIAMI CAFE
R HOUSE WYNWOOD
Northwest 27th Street
MARGULIES WAREHOUSE
PANIQ ESCAPE ROOM
ZAK THE BAKER
Northwest 26th Street
WYNWOOD WALLS
DANTE'S HIFI
MIAMI'S BEST GRAFFITI GUIDE
MUSEUM OF GRAFFITI
JOEY'S
ORIGINAL SELFIE MUSEUM
LOCK & LOAD MACHINE GUN EXPERIENCE & RAN
WYNWOOD BREWING COMPANY
PANTHER COFFEE
1-800-LUCKY
LUCKY RECORDS
Northwest 23rd Street
THE SALTY DONUT
OASIS WYNW
WYNWOOD TRIBE
ROUGE MIAMI
FRANGIPANI
ARLO WYNWOOD
GLOTTMAN
Northwest 22nd Street
Northwest 5th Place
Northwest 6th Pl.
Rainbow Village Park
Northwest 21st Street

Wynwood et Design District
Mandolin
Atelier de Joël Robuchon
Haitian Heritage Museum
Galeries Bartoux
ICA Miami
Michael's Genuine Food & Drink
Swan Upstairs
Swan
Mia Market
Palm Court
Design District Public Art Tour
Lagniappe
The Shops at Midtown Miami
100 Montaditos
Enriqueta's
Mercato Miami
Cerveceria La Tropical
Mad Club Wynwood
Pallot Park
Stearns Park
Martell Park
Détroit de Floride
Federal Highway
Bay Point Road
Sabal Palm Road
Biscayne Boulevard
Buena Vista Bvd.
Northeast 1st Avenue
Northeast 2nd Avenue
Northeast 4th Avenue
East Coast Avenue
I 195
US 1
Northeast 43rd Street
Northeast 39th Street
Northeast 38th Street
Northeast 37th St.
Northeast 36th Street
Northeast 35th Street
Northeast 34th Street
Northeast 33rd St.
Northeast 32nd Street
Northeast 31st St.
Northeast 30th Terrace
Northeast 30th Street
Northeast 29th Terr.
Northeast 29th Street
Northeast 28th St.
Northeast 27th Street
Northeast 26th Terrace
Northeast 26th Street
Northeast 25th Street
Northeast 24th Street
Northeast 23rd Terrace
Northeast 23rd Street
Northeast 22nd Terrace
Northeast 22nd Street
Northeast 21st Street
300 M

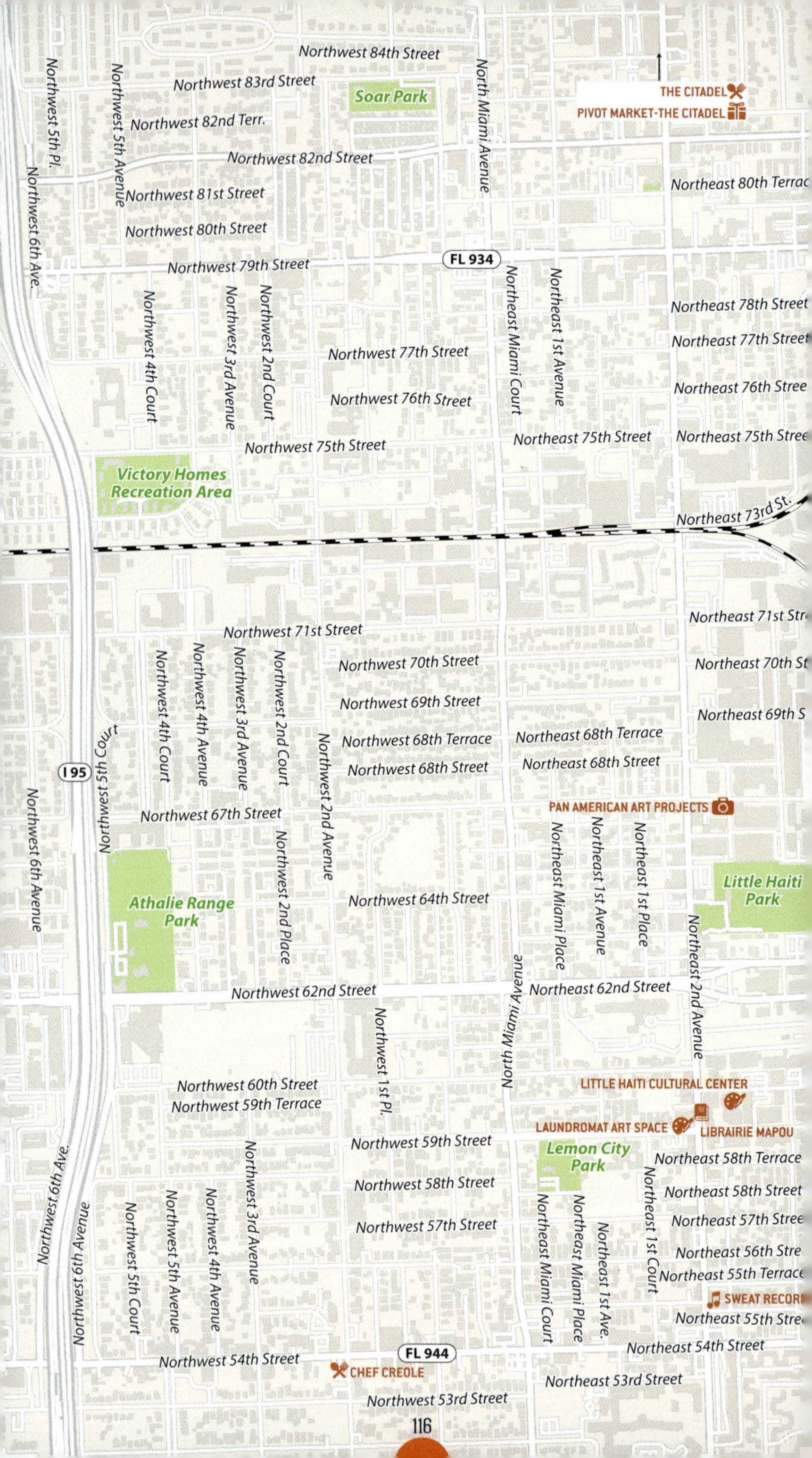
Northwest 84th Street
Northwest 83rd Street
Soar Park
THE CITADEL
PIVOT MARKET-THE CITADEL
Northwest 82nd Terr.
Northwest 82nd Street
Northwest 81st Street
Northwest 80th Street
Northwest 79th Street
FL 934
Northeast 80th Terrac
Northwest 5th Pl.
Northwest 5th Avenue
Northwest 6th Ave.
North Miami Avenue
Northeast Miami Court
Northeast 1st Avenue
Northeast 78th Street
Northeast 77th Street
Northeast 76th Stree
Northeast 75th Stree
Northwest 77th Street
Northwest 76th Street
Northwest 75th Street
Northeast 75th Street
Northwest 4th Court
Northwest 3rd Avenue
Northwest 2nd Court
Victory Homes
Recreation Area
Northeast 73rd St.
Northwest 71st Street
Northeast 71st Str
Northwest 70th Street
Northeast 70th St
Northwest 69th Street
Northeast 69th S
Northwest 68th Terrace
Northeast 68th Terrace
Northwest 68th Street
Northeast 68th Street
PAN AMERICAN ART PROJECTS
I 95
Northwest 5th Court
Northwest 4th Court
Northwest 4th Avenue
Northwest 3rd Avenue
Northwest 2nd Court
Northwest 2nd Avenue
Northwest 67th Street
Northwest 6th Avenue
Athalie Range
Park
Northwest 2nd Place
Northwest 64th Street
Northeast Miami Place
Northeast 1st Avenue
Northeast 1st Place
Little Haiti
Park
Northeast 2nd Avenue
Northwest 62nd Street
Northeast 62nd Street
North Miami Avenue
Northwest 1st Pl.
Northwest 60th Street
Northwest 59th Terrace
LITTLE HAITI CULTURAL CENTER
LAUNDROMAT ART SPACE
LIBRAIRIE MAPOU
Northwest 59th Street
Lemon City
Park
Northeast 58th Terrace
Northeast 58th Street
Northwest 58th Street
Northwest 57th Street
Northeast 57th Stree
Northeast 56th Stre
Northeast 55th Terrace
SWEAT RECOR
Northeast 55th Stre
Northwest 6th Ave.
Northwest 6th Avenue
Northwest 5th Court
Northwest 5th Avenue
Northwest 4th Avenue
Northwest 3rd Avenue
Northeast Miami Court
Northeast Miami Place
Northeast 1st Ave.
Northeast 1st Court
Northwest 54th Street
FL 944
Northeast 54th Street
CHEF CREOLE
Northeast 53rd Street
Northwest 53rd Street

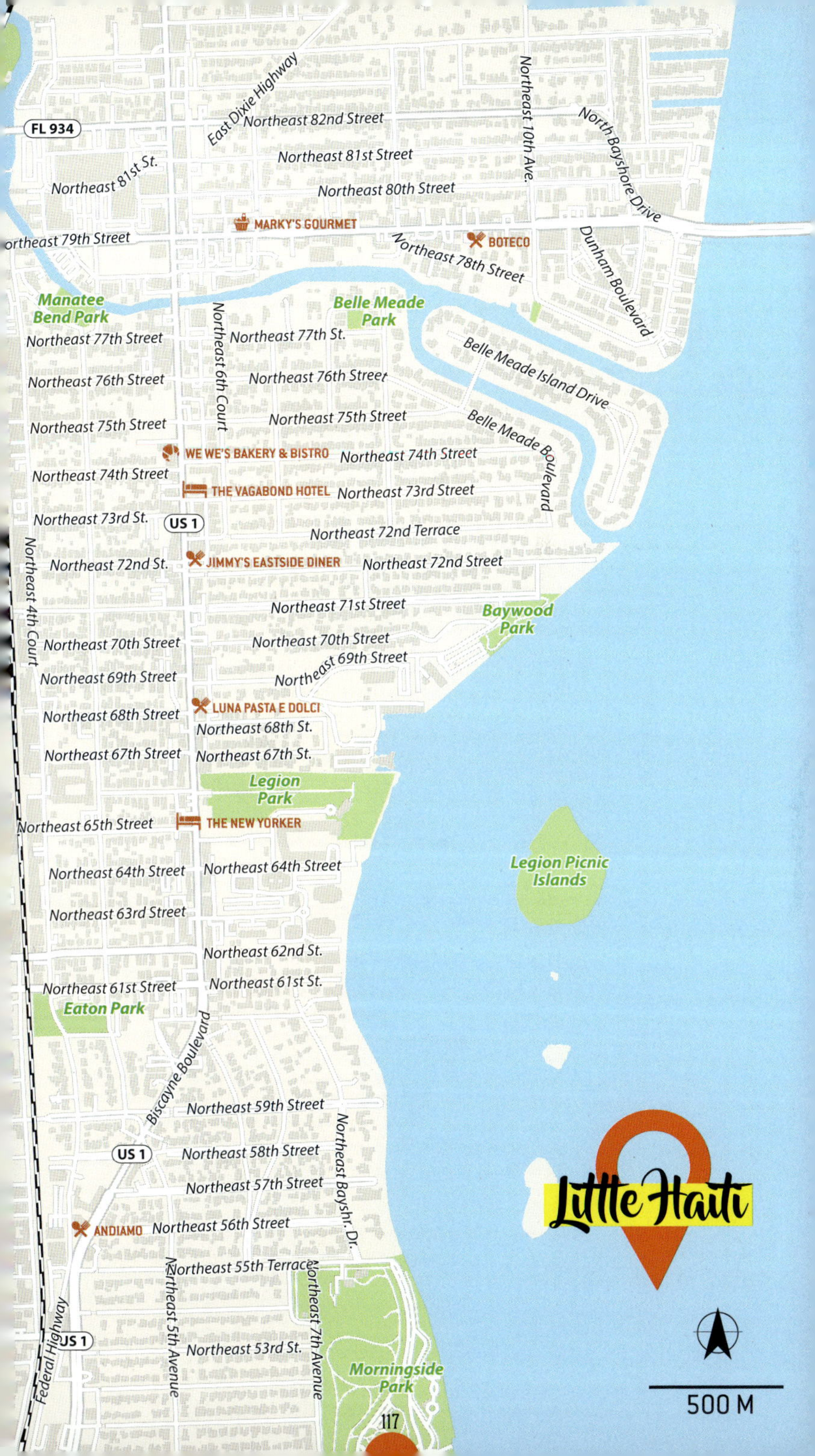

FL 934
East Dixie Highway
Northeast 82nd Street
Northeast 81st Street
Northeast 81st St.
Northeast 80th Street
Northeast 10th Ave.
North Bayshore Drive
MARKY'S GOURMET
ortheast 79th Street
BOTECO
Northeast 78th Street
Dunham Boulevard
Manatee Bend Park
Belle Meade Park
Northeast 77th Street
Northeast 77th St.
Northeast 6th Court
Belle Meade Island Drive
Northeast 76th Street
Northeast 76th Street
Northeast 75th Street
Northeast 75th Street
Belle Meade Boulevard
WE WE'S BAKERY & BISTRO
Northeast 74th Street
Northeast 74th Street
THE VAGABOND HOTEL
Northeast 73rd Street
Northeast 73rd St.
US 1
Northeast 72nd Terrace
Northeast 4th Court
Northeast 72nd St.
JIMMY'S EASTSIDE DINER
Northeast 72nd Street
Northeast 71st Street
Baywood Park
Northeast 70th Street
Northeast 70th Street
Northeast 69th Street
Northeast 69th Street
LUNA PASTA E DOLCI
Northeast 68th Street
Northeast 68th St.
Northeast 67th Street
Northeast 67th St.
Legion Park
Northeast 65th Street
THE NEW YORKER
Northeast 64th Street
Northeast 64th Street
Legion Picnic Islands
Northeast 63rd Street
Northeast 62nd St.
Northeast 61st Street
Northeast 61st St.
Eaton Park
Biscayne Boulevard
Northeast 59th Street
Northeast Bayshr. Dr.
US 1
Northeast 58th Street
Northeast 57th Street
Little Haiti
ANDIAMO
Northeast 56th Street
Northeast 55th Terrace
Northeast 5th Avenue
Northeast 7th Avenue
Federal Highway
US 1
Northeast 53rd St.
Morningside Park
500 M

Key Biscayne
Bill Sadowski Critical Wildlife Area
RUSTY PELICAN
HISTORIC VIRGINIA KEY BEACH PARK
MIAMI SEAQUARIUM
Rickenbacker Causeway
MARJORY STONEMAN DOUGLAS BISCAYNE NATURE CENTER
Crandon Park
Détroit de Floride
MIAMI KITEBOARDING
DONUT GALLERY DINER
FLOUR & WEIRDOUGHS
Key Biscayne
Harbor Drive
COMMENOZ GALLERY
AYESHA INDIAN FINE DINING
BOULANGERIE BOUL'MICH
THE RITZ CARLTON KEY BISCAYNE
KEY BISCAYNE VISITORS CENTER
EL GRAN INKA
NEO NAIL BAR - KEY BISCAYNE
Bill Baggs Cape Florida State Park
1 KM

SE REPÉRER SE DÉPLACER

Loin d'être la plus grande ville des États-Unis, Miami se visite plutôt aisément à pied, à condition d'être un minimum organisé. En effet, il est tout à fait possible d'explorer ses différents quartiers à pied, mais la ville est étendue et ces derniers sont parfois relativement éloignés les uns des autres. Le plus simple est alors de consacrer une demi-journée ou une journée à chacun, afin d'éviter les allers-retours fatigants. Pour vous déplacer, nous vous recommandons de louer un vélo ou d'opter pour un Uber ou un Lyft. Le réseau de bus est développé mais peu fiable niveau horaires. Quant aux navettes aériennes Metromover et Metrorail, elles desservent principalement Downtown, Brickell et le Sud. Si vous n'êtes pas trop pressé, vous pouvez opter pour les Trolley, des bus au look rétro qui parcourent gratuitement Miami et Miami Beach (bien vérifier les horaires !). Enfin, privilégiez la marche pour découvrir South Beach.

MIAMI INTERNATIONAL AIRPORT

2100 Northwest 42nd Avenue
✆ +1 305 876 7000
www.miami-airport.com

L'aéroport de Miami est le troisième aéroport américain. Il est donc immense mais bien organisé, et il est relativement facile de se repérer à l'intérieur. Une fois la douane passée (cela peut parfois prendre plus d'une heure selon l'affluence), il y a plusieurs façons de quitter l'aéroport : le taxi, le bus, la navette privée, Uber ou Lyft, le Tri Rail ou encore le Metro Rail. Comptez une vingtaine de minutes pour rejoindre Downtown ou Ocean Drive en voiture, sans les bouchons.

TRI RAIL

800 NW 33rd street
www.tri-rail.com

En zone 1 : 2,5 US$ l'aller ; 5 US$ l'aller-retour. Ticket de 12 voyages : 30 US$. Les tarifs augmentent avec les zones.

Le Tri Rail, abréviation de Tri County Rail System, a été construit sur des voies déjà existantes pour relier trois comtés : Dade, Broward et Palm. Bien que destiné aux banlieusards, il fonctionne 7j/7 (sauf pour Thanksgiving et Noël) et permet aux touristes de visiter Palm Beach en l'espace d'une journée pour un prix bon marché. Les arrêts sont les suivants : Miami Airport, Hollywood, Metrorail, Ft. Lauderdale-Hollywood International Airport, Ft. Lauderdale, Pompano Beach, Boca Raton, Delray Beach, Boynton Beach, Lake Worth, Palm Beach Airport et West Palm Beach.

AMTRAK STATION

8303 North West 37th Avenue
✆ +1 305 693 7598
www.amtrak.com

En Floride, l'Amtrak dessert notamment Miami, Fort-Lauderdale, Daytona Beach, Jacksonville, Orlando, St Petersburg,.

L'Amtrak est une compagnie ferroviaire américaine qui dessert l'ensemble du pays avec plus de 500 destinations. En Floride, si vous n'avez pas de voiture, le train peut être une bonne alternative car Amtrak couvre les principales villes de l'État. Il faut toutefois avoir en tête que les gares ne se situent pas toujours en plein centre-ville et qu'il vous faudra peut-être prendre le bus ou le taxi pour arriver à votre destination. Les tarifs peuvent être compétitifs et les trains sont confortables avec de nombreuses options (sièges couchés, repas à bord...).

GREYHOUND STATION

4111 Northwest 27th Street
✆ +1 305 871 1810
www.greyhound.com

Ouvert 24h/24. Principales villes desservies par le réseau : Orlando, Miami, Tampa, Key West, Fort Lauderdale...

La compagnie américaine de bus Greyhound relie Orlando à la plupart des grandes villes américaines (Miami en 5h, Tampa en 1h30, Tallahassee en 5h15, Saint Augustine en 2h15...). La gare routière d'Orlando est située à Downtown mais il est aussi possible de prendre un bus directement depuis l'aéroport. Si vous souhaitez profiter des parcs d'attraction d'Orlando, nous vous conseillons de vous arrêter à la station de Kissimmee, à 15 miles de Disney World et 18 miles d'Universal Studio. Une option économique si vous avez du temps devant vous.

CARNIVAL CRUISE LINES

3655 NW 87th avenue
✆ +1 800 764 7419
www.carnival.com
Il n'y a pas de bureau en France, le plus proche est à Munich.

Fondée par l'homme d'affaires israélo-américain Ted Arison, cette compagnie américaine a ouvert sa première ligne en 1972. Elle fut pionnière dans le développement de la croisière de masse, et est aujourd'hui leader mondial de la croisière, avec plus de 20 navires à son actif, et 20 ports de départ dans le monde. Son point fort : des coûts très bas. Depuis Miami, vous pourrez voguer en direction des Bahamas, des Caraïbes et du Canal de Panama pour 2 à 16 jours. Les bateaux sont gigantesques avec quantité d'occupations possibles, piscine à bord, casino...

PORT MIAMI

1015 North America Way
✆ +1 305 371 7678
www.miamidade.gov/portmiami
Depuis Miami, croisières vers les Bahamas, les Caraïbes, le Mexique...

Construit il y a plus de 40 ans, le port de Miami est considéré comme le port le plus important du monde en raison de sa fréquentation. Il est d'ailleurs surnommé « Capitale mondiale des croisières ». En effet, plus de 4 millions de passagers y transitent chaque année pour voguer à bord de l'un des nombreux géants des mers qui quittent quotidiennement le port de Miami. De nombreux visiteurs choisissent de compléter leur séjour par une petite croisière de trois à cinq jours aux Bahamas. Les tarifs sont souvent très intéressants et le dépaysement est garanti !

POSEIDON FERRY

400 SE 2nd Avenue ✆ +1 833 443 3779
https://poseidonferry.com
Traversée Downtown (River Bay Walk) / Miami Beach (Bentley Bay Marina) : 13 US$ aller. Gratuit -10 ans. 4 A/R par jour.

Vous souhaitez vous rendre de Downtown à Miami Beach ou inversement ? Le Poseidon Ferry propose quatre traversées par jour entre River Bay Walk (à moins de 10 min de Bayside Market, côté Downtown) et Bentley Bay Marina (à 15 min de la plage, côté Miami Beach). C'est une alternative plus économique que le VTC, plus rapide que le bus, et beaucoup plus agréable ! La traversée dure 30 minutes et vous permet de profiter d'une superbe vue sur la *skyline* de Downtown et le port de Miami. Une nouvelle liaison vers Coconut Grove devrait voir le jour prochainement.

HERTZ

18190 Collins Avenue
✆ +1 305 466 1596
www.hertz.com
Ouvert du lundi au vendredi de 8h à 17h. Le samedi de 9h à 12h.

Située au nord de Miami dans la ville de Sunny Isle, voilà une agence à taille humaine au service sympathique. Vous pourrez y louer tous types de véhicules et les tarifs sont moins chers qu'à South Beach. Les voitures sont propres et bien entretenues. Un conseil si vous n'êtes pas très à l'aise avec la langue de Shakespeare : à votre arrivée, vous pouvez demander à parler à Edward, qui est francophone. Reconnaissons que cela peut être plus pratique, surtout quand il est question de paiement et de termes techniques ! En route vers les grandes routes floridiennes !

YOU RENT USA

✆ +1 561 289 8878
Tarifs sur demande. A contacter par email.

Si vous cherchez un plan intéressant pour louer un véhicule au meilleur prix, c'est du côté d'Oscar que ça se passe. Il travaille comme intermédiaire avec plusieurs agences et bénéficie donc des meilleurs tarifs sur des voitures classiques, mais aussi des SUV, des électriques, des minibus... Et comme il est francophone, ça facilite grandement la discussion. Le plus simple est encore de le joindre par mail et, en cas de souci, il sera ensuite joignable du matin au soir par téléphone. On est passé par ses services et on recommande !

CITIBIKE

www.citibikemiami.com
4,95 US$/30m, 6,95 US$/1h, 10,95 US$/2h, 18 US$/4h, 24 US$/jour. Un mois : 35 US$. Si dépassement : 4,60 US$/30min.

Le Citibike est le système de location de vélos en libre-service de Miami, identique aux Vélib' parisiens. Vous trouverez plus de 165 stations entre Miami Beach et Downtown. Pour louer un vélo, c'est très simple : il suffit de choisir une durée et de payer par carte bancaire via la borne. Vous pourrez ensuite déposer votre vélo à n'importe quelle station. Astuce : en optant pour l'abonnement mensuel, vous bénéficierez d'une heure gratuite par jour. Pour que ce soit rentable, il faut tout de même faire beaucoup de vélo pendant votre séjour. Un calcul s'impose !

METROBUS

✆ +1 305 637 3800

www.miamidade.gov/transit/metrobus.asp

Ticket : 2,25 US$. Prévoir l'appoint pour le chauffeur si vous n'avez pas de ticket avant de monter.

Miami possède un immense réseau de bus qui desservent toute la ville du nord au sud et d'est en ouest. Les 95 lignes sont ouvertes tous les jours et certaines fonctionnent 24h/24. Sachez toutefois que les trajets peuvent être très longs en raison des distances et des nombreux arrêts. Mieux vaut donc anticiper votre trajet et ne pas être trop pressé. Les retards sont aussi fréquents. L'application GO Miami-Dade Transit permet de connaître les horaires en temps réel. Pratique et économique si vous logez sur Downtown : la ligne *120 Beach Max* jusqu'à Miami Beach.

METROMOVER

www.miamidade.gov

Fonctionne tous les jours de 5h à minuit.Gratuit.

Le Metromover est le métro aérien gratuit de Miami. Totalement informatisé, il circule entre les quartiers de Brickell et Downtown. Trois boucles (Inner Loop, Brickell Loop et Omni Loop) desservent 21 stations. Comptez environ 5 min entre chaque train. Le Metromover est très pratique car il vous mène au pied des principaux points d'intérêt tels que le Frost Science Museum et Pérez Art Museum (arrêt Museum Park), Bayside Market (arrêt Bayfront Park) ou encore Brickell Village (arrêt Tenth Street/Promenade). Installez-vous à l'avant pour apprécier le paysage.

METRORAIL

www.miamidade.gov

Tous les jours de 5h à minuit. Ticket : 2,25 US$. Carte Easy : 2 US$, pass 1 jour : 5,65 US$, pass 7 jours : 29,25 US$.

Ce métro aérien construit sur des piliers de ciment est assez futuriste. Il ne pouvait pas être souterrain à cause de la texture géologique du terrain calcaire, trop mince au-dessus de l'eau. Il y a deux lignes : la verte et la orange. Durant votre séjour, le Metrorail peut être pratique si vous devez vous rendre à l'aéroport, à Coral Gables ou à Brickell. Autrement, il circule de Palmetto (au nord) jusqu'à Dadeland (au sud). Il traverse la Miami River sur un pont spectaculaire illuminé la nuit, et d'où la vue est magnifique. Comptez un train toutes les 15 min.

MIAMI BEACH TROLLEY

✆ +1 305 673 7117

Gratuit. Les trolleys circulent tous les jours de 8h à 23h. Fréquence de passage : toutes les 30 min environ.

Similaire en tous points au Miami Trolley, le Miami Beach Trolley offre un transport gratuit à travers la ville de Miami Beach. Quatre lignes relient le nord au sud et l'est à l'ouest : la South Beach Loop, la Middle Beach Loop, la North Beach Loop et la Collins Express. Des arrêts permettent de passer d'une ligne à l'autre, et l'application « City of Mimi Beach e-Gov » offre un suivi en temps réel. Les trolleys sont une alternative que l'on oublie souvent au détriment des VTC, mais ils se révèlent être une véritable aubaine si vous n'êtes pas trop pressés.

MIAMI TROLLEY

✆ +1 305 416 1132

Gratuit. 14 lignes circulent dès 6h30 tous les jours (sauf certaines lignes) à travers Miami. Horaires sur le site.

Miami Trolley est un service de transport gratuit de Miami. Les trolleys, qui ressemblent à des tramways rétro sur roues, vous mèneront dans les principaux quartiers de la ville : Downtown, Little Havana, Wynwood, Coconut Grove, Biscayne... C'est une excellent façon de découvrir Miami en alliant l'utile à l'agréable. Les Trolleys circulent toutes les 15 à 45 minutes, et certains arrêts permettent des correspondances avec le Metromover, le métro aérien gratuit. Attention, Miami Trolley ne dessert pas la ville de Miami Beach. Se référer à Miami Beach Trolley.

SCOOTERS SOUTH BEACH

1520 Collins Avenue

✆ +1 305 672 4346

https://scooterssouthbeach.com

Ouvert tous les jours de 10h à 18h30.

L'agence Scooters South Beach propose la location de Vespa, scooters, mini Hummer et Segway. Un emplacement idéal à South Beach, juste à côté de... tout ! L'agence peut aussi livrer et récupérer les véhicules sur votre lieu d'hébergement. SI vous louez un deux-roues ou un Segway, casques et cadenas sont fournis. Les Vespas sont très belles et bien entretenues, une maintenance régulière permet de louer en toute sérénité. Vous serez reçu en toute sympathie. Une option intéressante et moins onéreuse qu'une voiture pour se déplacer facilement dans Miami.

QUARTIERS DE MIAMI

Miami, comme la plupart des villes des États-Unis, est organisée selon un schéma nord-sud et est-ouest. Sur l'axe nord-sud, la I-95 est une voie rapide qui permet de rejoindre Fort Lauderdale et Palm Beach. Elle rejoint la US 1 ou Dixie Highway au sud jusqu'à Key West. Le Florida's Turnpike est une autre voie rapide qui part au sud de Florida City et traverse Miami plus à l'ouest que la US1 pour remonter vers Fort Lauderdale. Tout lieu dans Miami est désigné selon l'appellation Northwest (NW), Southwest (SW, sud-ouest), Northeast (NE, nord-est) ou Southeast (SE, sud-est). Une adresse inclut les intersections des rues et avenues. Ainsi 3504 SW 8th Street est situé près de l'angle de SW 8th Street et 35th Avenue. Les adresses sont uniformes dans Coral Gables, North Miami Beach et d'autres petites communes mitoyennes à Miami. Il faut s'entraîner un peu avant que ça devienne un réflexe car ce n'est pas simple au premier abord !

South Beach

South Beach, dont le petit nom SoBe a été donné en comparaison avec le quartier de SoHo à New York, est une sorte d'île ultra-urbanisée incontournable pour les touristes, où les buildings n'en finissent toujours pas de pousser. Très touristique, ce quartier, situé entre la baie de Biscayne et l'océan, est la partie de Miami qui s'est développée en premier dans les années 1910.

C'est ici que règne le plus d'animation. South Beach est le cœur vibrant de Miami et souvent la seule destination que les touristes se contentent d'explorer... Pourtant, Miami, ce n'est pas que South Beach, cette partie sud de l'île de Miami Beach, mais il est vrai que les amateurs de plage préfèrent y rester. C'est en effet à South Beach que l'on vient parfaire son bronzage, sur la vaste bande de sable blanc qui donne sur l'océan, et où l'on retrouve les fameux cabanons colorés des sauveteurs, tous de formes différentes. Et l'avantage c'est qu'on peut sillonner ce quartier très facilement à pied, il suffit donc de laisser sa voiture garée à l'hôtel et de marcher ou de prendre un Uber ou un Lyft en cas de fatigue.

South Beach est également le berceau des bâtiments Art déco, construits dans les années 1920 et 1930, magnifiquement restaurés et préservés. Ils donnent un charme fou à ce quartier qui est ainsi devenu l'image carte postale de Miami à lui tout seul.

▶ **Orientation.** Le quartier s'articule du nord au sud autour d'Ocean Drive qui longe l'océan, partant de la 1st Street jusqu'à la 15th sans discontinuer. C'est d'ailleurs dans les 15 premières rues que se concentre l'activité de la ville et que l'on trouve la plupart des points d'intérêt. Parallèlement à Ocean Drive se succèdent Collins Avenue, Washington Avenue et enfin le plus à l'ouest, Alton Road. Sur l'axe est-ouest, seule Lincoln Road et Española Way se distinguent des différentes rues qui composent le quartier. Tout au sud de l'île, la pointe de South Beach est un endroit piéton agréable.

▶ **Transports en commun.** South Beach est desservie par les bus mais ils sont souvent lents et en retard. Les Trolleys, petits bus au look rétro, sillonnent également South Beach gratuitement mais leurs passages sont un peu moins fréquents.

▶ **Voiture.** Les parkings et les parcmètres sont la hantise des conducteurs car les prix sont prohibitifs à partir du moment où l'on souhaite rester quelques heures sur place.

▶ **Uber et Lyft.** Pour vous déplacer rapidement à South Beach, le moyen de transport le plus rentable et le plus rapide, c'est Uber ou Lyft ! Mais on vous recommande avant tout de prendre l'option qui vous permet de partager votre course avec des passagers qui vont dans la même direction que vous. Imbattable et tellement pratique ! A condition d'avoir téléchargé l'application Uber ou Lyft au préalable bien sûr...

Miami Beach et ses plages

Elles sont la véritable raison d'être de Miami Beach et qui s'en étonnera ? L'île de Miami Beach était à l'origine une simple barrière de sable qui protégeait l'embouchure de la Miami River. C'est dans les années 1910, grâce à John Collins, qu'elle est exploitée et transformée. C'est lui qui, avec l'aide de Carl Fisher, commence à en faire une destination touristique en la transformant progressivement en zone résidentielle et en faisant construire un pont entre Miami et Miami Beach. Ce nouveau moyen d'accès facilite considérablement l'accès à l'île depuis le continent, et elle devient dès lors un endroit de villégiature pour beaucoup d'Américains avides de soleil et de températures clémentes.

© CRISTIANL - ISTOCKPHOTO.COM

Bâtiments Art Deco à South Beach.

MIAMI

Collins et Fisher ne s'imaginaient peut-être pas qu'un siècle plus tard Miami Beach serait toujours, et plus que jamais, tournée vers le tourisme. La principale raison à cela c'est, bien sûr, ses magnifiques plages. Toute l'économie de Miami Beach est d'ailleurs centrée sur les plaisirs balnéaires. C'est pourquoi elle est toujours là, et toujours gratuite. Ce sont donc 10 miles (16 km) de sable libre qui s'offrent à vous de South Pointe Park (et 1st Street) jusqu'à 192nd Street (Sunny Isles).

A noter cependant que par endroit, la plage n'est pas directement accessible depuis la rue. En effet, les établissements privés restreignent souvent l'accès, ce qui ne veut pas dire que vous ne pouvez pas accéder à la plage mais que depuis la route, il ne sera pas toujours possible de la rejoindre !

Certaines plages sont surveillées par des vigiles (*lifeguards*) dont la présence peut s'avérer nécessaire en raison de forts courants sous-marins dans les parages. Leurs postes de sauvetage, si photogéniques, sont bariolés de couleurs pastel, pour répondre aux belles façades Art déco !

Mid, North Beach et North Miami

Mid Beach et North Beach. Miami Beach se poursuit bien au-delà de South Beach, à travers la très longue Collins Avenue qui finit par changer de nom pour devenir Ocean Boulevard. On considère qu'on est à Mid Beach, soit mot à mot, au milieu de l'île de Miami Beach, après avoir passé le Dade Boulevard, et ce, jusqu'à North Bay Village. A partir de North Bay Village commence ce qu'on appelle North Beach, soit la partie nord de Miami Beach. Cette zone inclut stricto sensu toute la partie autour de l'Indian Creek Drive avec l'Indian Creek Village. Au nord, dans le prolongement de North Beach, on trouve les quartiers de Surfside, Bal Harbour et Sunny Isles Beach.

Les quartiers de North Beach et Mid Beach sont les plus touristiques avec des hôtels et des motels modestes qui ont recueilli tous ceux qui ont été chassés par le développement sauvage de South Beach. Les plages sont encore peu bondées, mais la croissance continue du tourisme à South Beach commence à transformer et embourgeoiser cette zone. Plusieurs grands complexes hôteliers assez chics ont ainsi été construits sur cette partie de Miami Beach ces dernières années, notamment sur Sunny Isles. La clientèle est également beaucoup plus familiale qu'à South Beach. Côté points d'intérêt, il faut bien reconnaître que le coin est assez pauvre. Pour l'instant, vous devrez vous contenter de la plage côté loisirs, mais c'est plutôt très agréable comme cadeau de consolation, non ? Et puis, si vraiment vous recherchez plus d'animation, vous arriverez en 30 minutes sur South Beach en voiture, en partant de Sunny Isles. En réalité, cette partie de Miami Beach est très agréable pour vivre plutôt au rythme de ses habitants, loin des foules de touristes de South Beach. Vous y trouverez pas mal de restaurants et bistrots de quartier, destinés à une clientèle vraiment américaine, et cela change quand même grandement des établissements plus *show off* de SoBe où l'on veut avant tout attirer une clientèle touristique. Enfin, le centre commercial de Bal Harbour, dans le quartier de Bal Harbour, cible une clientèle plus riche avec essentiellement des boutiques de luxe, mais il est aussi très agréable pour une simple balade car il est à ciel ouvert et il offre un cadre tropica-lo-caribéen appréciable pour une pause-café ou un repas dans l'un de ses restaurants.

North Miami Beach. North Miami Beach est situé au nord de l'île de Miami Beach mais sur la partie continent, délimité par Aventura Mall au nord, North Miami au sud et Norland à l'ouest. C'est un quartier très résidentiel sans grand intérêt touristique, en dehors de l'ancien et remarquable monastère espagnol qu'on peut rejoindre par le pont Sunny Isles Causeway. L'Aventura Mall, dans le quartier d'Aventura, est vraiment le plus grand mall de la ville avec des centaines et des centaines de magasins. Difficile de ne pas y trouver ce que l'on cherche, car absolument toutes les marques américaines susceptibles de vous intéresser y sont et on y trouve aussi la plupart les grandes enseignes européennes.

North Miami. Le quartier de North Miami est immédiatement au sud de North Miami Beach et s'étend jusqu'à Biscayne Park, bordé par Opa Locka et Westview Florida à l'ouest. Très populaire, et à la population avant tout latine et haïtienne, il n'a que peu d'intérêt touristique en dehors du Musée MOCA (Museum of Contempory Art).

Downtown, Brickell, Little Havana et Overtown

Downtown Miami. Downtown Miami est le centre-ville de Miami et le cœur historique de Miami avec ses origines qui remontent à la fin du XIXe siècle. Le quartier abrite plusieurs musées, théâtres et commerces.

La partie connue sous le nom de Downtown s'étend de NE 6th Street au nord, Biscayne Bay à l'est et de la rivière Miami à l'est et au sud. Au sud de Downtown se trouve Brickell, connu pour abriter le quartier financier constitué d'immenses buildings de verre et d'immeubles résidentiels de standing ou d'hôtels huppés. Cette zone est vraiment en plein développement aujourd'hui et les constructions en cours, entre deux gratte-ciel, sont nombreuses. Un important centre commercial ultra-design, le Brickell City Centre, a vu le jour en 2016 et beaucoup de nouveaux hôtels continuent d'ouvrir dans le coin.

Brickell est désormais un quartier de plus en plus résidentiel, et pas seulement d'affaires. Il est même très animé le soir grâce au complexe de Mary Brickell Village qui compte de nombreux restaurants et bars ouverts tard le soir.

En dehors de Brickell et de Bayside Market Place – un immense complexe sur la marina doté de restaurants et de bars –, Downtown Miami possède un autre pôle d'animation nocturne qui se concentre sur la NE 11th Street, non loin du Perez Art Museum et du stade FTX Arena : le E11even (ouvert 24h/24), le Space, le Heart sont trois très grands clubs qui attirent beaucoup de monde, surtout en fin de semaine.

En plus des nombreux bus qui sillonnent le quartier et rejoignent les quartiers périphériques, Downtown est desservi par le Metrorail et surtout le Metromover, véritable attraction à lui tout seul, qui permet de découvrir gratuitement le quartier à travers de petites navettes surélevées.

Little Havana. Little Havana touche le quartier de Downtown à l'ouest. Connu à l'origine pour être le cœur de la communauté cubaine exilée, c'est avant tout aujourd'hui un quartier touristique qui concentre tout ce qu'il y a de typiquement cubain à Miami. Il occupe dix pâtés de maisons, traversés par la célèbre Calle Ocho (8th Street) et abrite de nombreux restaurants, cafés, des bars avec animation nocturne, quelques galeries d'art, des fabriques de cigares, plusieurs lieux historiques tels qu'un mémorial, des églises, un cimetière. Enfin, au sol, on n'oubliera pas d'admirer l'allée des stars avec, comme à Hollywood, des étoiles qui sont dédiées aux principales célébrités latines. Les

Vigile sur Miami Beach.

© FOTOLUMINATE LLC - SHUTTERSTOCK.COM

Calle Ocho.

anciens se retrouvent tous les jours pour disputer d'interminables parties de dominos, dans l'ambiance conviviale du parc Maximo Gomez.

Au niveau résidentiel, si beaucoup de Cubains habitent encore là, des Latino-Américains originaires d'autres pays comme le Nicaragua ou le Pérou se sont aussi installés dans cette zone au fil des ans. Certains s'amusent même à dire qu'il n'y a plus vraiment de Cubains à Little Havana mais c'est exagéré bien sûr... La communauté cubaine est la première communauté latine de Miami depuis bien longtemps et finalement les habitants de Miami d'origine cubaine vivent partout à Miami et pas seulement à Little Havana.

Recommandations. Si vous vous rendez dans ce quartier, gardez en tête, qu'en dehors de l'artère principale, les lieux ne sont pas totalement sûrs après la nuit tombée. Restez plutôt sur Calle Ocho et évitez les rues désertes.

Overtown : ce quartier s'est développé en parallèle de la construction du chemin de fer à Miami. De nombreux ouvriers afro-américains y ont élu résidence, ce qui lui a valu le surnom de « Colored Town ». Très peu visité par les touristes, c'est pourtant le deuxième quartier le plus ancien de la ville. Durant la Ségrégation, des artistes mondialement connus s'y sont produits, tels que Louis Armstrong, Josephine Baker ou Ella Fitzgerald. Longtemps laissé de côté, Overtown - qui est encore aujourd'hui l'un des quartiers les plus pauvres de la ville - tend à se redynamiser et nous ne pouvons que vous conseiller d'aller y faire un tour en journée. Vous pourrez goûter à la *soul food*, cette cuisine typique du sud des États-Unis et découvrir trois musées passionnants : l'Historic Black Police Precinct Courthouse and Museum, l'Historic Ward Rooming House (galerie d'art) et le Black Archives - Historic Lyric Theater.

Overtown est desservi par les lignes orange et verte du Metromover, arrêt « Historic Overtown / Lyric Theatre ».

Coral Gables, Key Biscayne et le sud

Coral Gables. Ce quartier a été construit dans les années 1920 par George Merrick, qui, passionné par la culture européenne, a voulu donner une touche très méditerranéenne aux bâtiments. « The Gables », comme l'appellent les locaux, c'est à présent un quartier résidentiel très chic avec des restaurants et des boutiques luxueuses. Le Biltmore Hotel vaut le détour : mélange d'architectures espagnole, italienne et maure, il se visite gratuitement chaque dimanche. Al Capone y aurait eu un bar clandestin. A proximité, la Venetian Pool, une ancienne carrière transformée en piscine aux accents vénitiens, comme son nom l'indique. Non loin de là, le jardin tropical est une bonne adresse pour profiter du calme.

Coral Gables est desservi par le Metrorail au niveau de 3 stations : Douglas Road, University, et South Miami. Douglas Road permet de rejoindre notamment le centre commercial Village at Merrick Park et Miracle Mile en prenant le tram, gratuit de là. University rejoint logiquement l'université et South Miami l'autre pôle commercial, Shops at Sunset Place.

Coconut Grove. Au départ, les Bahaméens ont commencé à s'installer et à développer ces terres fertiles et éloignées du centre-ville, en y plantant des cocotiers. Puis l'endroit a été investi par des artistes et des intellectuels, qui ont vite été supplantés par de riches investisseurs. Coconut Grove était une commune indépendante avant d'être annexée à la ville de Miami en 1925. D'un esprit bohémien, le quartier est devenu chic et touristique.

Selon de nombreux Miamiens, c'est le coin le plus agréable. C'est un quartier très vert, assez tranquille, avec toutefois d'agréables bars et restaurants dont plein de bonnes adresses. Loin de l'agitation et de l'aspect surfait de Miami Beach, « The Grove » (comme le surnomment aussi les locaux) est l'endroit idéal pour d'agréables balades le long de la marina ou autour de Coco Walk, un petit centre commercial.

En dehors des bus, le Metrorail dessert le quartier grâce à 3 stations : Vizcaya, Coconut Grove et Douglas Road. Vizcaya Station permet notamment de rejoindre le musée Vizcaya, le musée des Sciences alors que les deux autres arrêts rejoignent le centre de Coconut Grove.

Virginia Key. Cette petite île d'un peu moins de 4 km² est surtout réputée pour ses très belles plages. Elle est située au sud de Miami entre Fisher Island et Key Biscayne. Vous y trouverez le Miami Seaquarium, un parc à thème marin doté d'un grand aquarium mais où vivent aussi beaucoup de mammifères marins, notamment des dauphins avec lesquels il est possible de nager (sur réservation).

Key Biscayne. Les plages de Key Biscayne sont parmi les plus belles de la côte. Key Biscayne est une sorte de long banc de sable à la végétation luxuriante, où les résidences ultra protégées succèdent aux immeubles pour retraités en villégiature. C'est l'île la plus au sud de Miami Beach, bordant le Parc national de Biscayne. La route qui y mène est absolument magnifique. Réputée pour ses tournois internationaux de tennis, Key Biscayne est aussi appréciée pour ses activités nautiques, dont la planche à voile, le kitesurf et le jet-ski. C'est le lieu de rendez-vous des locaux qui viennent poser leurs serviettes sur les plages le week-end.

Depuis Miami, prendre la US 1 en direction du sud jusqu'au croisement avec la Rickenbacker Causeway. Cette autoroute est payante et il vous faudra vous acquitter de 1,75 US$ pour rejoindre l'île mais vous ne pourrez pas payer en cash, vous paierez soit via votre Sunpass (transpondeur automatiquement scanné au péage, il est rechargeable en CB sur le Net), soit via votre plaque d'immatriculation qui est alors flashée (le tout est ensuite envoyé à l'enseigne de location de votre voiture et vous payez à la fin, avec un prélèvement environ un mois après avoir rendu votre voiture).

Little Haiti, Wynwood et Design District

Little Haiti. Bastion de la communauté créole, c'est, malgré ses boutiques colorées et peintes à la main dont certaines portent des noms français, l'un des quartiers les plus pauvres de Miami avec Overtown. Il doit son nom à l'importante communauté haïtienne, venue s'installer ici dans les années 1960 pour fuir le régime dictatorial de son pays. Au début du XXe siècle, il porte le nom de Lemon City, en raison des champs de citronniers qui poussaient là à cette époque, jusqu'à ce que les lieux soient absorbés par Miami au moment de l'expansion de la ville. Aujourd'hui, le quartier n'est pas réputé pour être le plus calme et les agressions sont possibles le soir, dans des rues isolées, en raison de la présence de gangs et de problèmes de drogue, même si les lieux connaissent également un renouveau culturel prometteur grâce à de nombreuses initiatives locales dont le centre culturel haïtien est un bel exemple. Le Caribbean Marketplace, entre la NE 2nd Avenue et la 60th Street, propose des boutiques d'artisanat colorées et des petites échoppes pour manger des produits typiques comme des bananes plantain ainsi qu'un bar.

Le quartier s'étend de la 85th Street à la 41th Street, laissant place ensuite au nouveau quartier de Design District très huppé et regroupant plusieurs galeries d'art et autres showrooms.

Si vous visitez Little Haiti, il est recommandé de rester sur les artères principales, de ne pas s'aventurer dans les ruelles et d'éviter de s'attarder sur place une fois la nuit venue. Pour plus de sécurité, venez en voiture plutôt qu'en transports en commun. Et, dans ce cas, ne laissez aucun objet de valeur dans votre voiture. Le plus simple c'est encore de venir en Uber ou en Lyft.

Le MiMo. Le quartier appelé Miami Modern Architecture, ou MiMo, s'étale le long de Biscayne Boulevard, de la 50th Street à la 77th Street, entre une partie de Little Haiti à l'ouest et la mer sur son versant est. Ce quartier se caractérise par une architecture des années 1950 et 1960, exubérante et glamour, un style en réaction à l'architecture d'après-guerre austère et minimaliste. Le style d'architecture MiMo est actuellement très tendance à Miami, et particulièrement prisé. Le quartier est donc en pleine réhabilitation, et de nombreux investisseurs rachètent des hôtels ou des immeubles qu'ils restaurent, en gardant le style MiMo d'origine. Cette zone de Miami assez pauvre, où les hôtels pullulaient jusqu'à il y a encore peu de temps, est donc en pleine mutation. Elle est de plus en plus peuplée par des bobos et des artistes avides de style underground, au top de la tendance et loin de la fureur de Miami Beach.

Design District. En plein cœur de Miami, ce quartier qui s'étend de plus en plus est le centre névralgique du design. C'est le promoteur immobilier Craig Robins qui est à l'origine de la création de ce quartier, au début des années 2000. C'était autrefois un vieux quartier résidentiel assez pauvre du centre de Miami. Et si le quartier pauvre de Little Haiti jouxte Design District, ce n'est pas par hasard... Design District s'étend de la 41th Street à la 38th Street et abrite près de 130 boutiques de luxe et showrooms pour une clientèle riche et fortunée. Dans ce repaire de l'art contemporain en matière de

© FOTOLUMINATE LLC - SHUTTERSTOCK.COM

Biltmore Hotel dans le quartier de Coral Gables.

déco, on trouve de très nombreuses boutiques de luxe ; Louis Vuitton, Céline, Dior et Louboutin s'y sont installés. De quoi faire de Miami le temple du luxe et du design ! Il vous faudra une heure maximum pour parcourir Design District à pied. Ce quartier de showrooms et de boutiques très chères, qui n'était pas très animé à l'origine, tend à changer avec l'ouverture de restaurants de plus en plus nombreux et un food market ethnique et branché. On peut aussi simplement y flâner pour admirer les nombreux œuvres d'art contemporain disséminées autour de Palm Court, l'épicentre du quartier. Durant le festival Art Basel, au début du mois de décembre, Design District devient l'épicentre de Miami car les plus somptueuses fêtes ont lieu sur place.

Wynwood. Il jouxte Design District. En plein essor, ce quartier se concentre, comme Design District, sur quelques rues. Encadré par la NE 2nd Avenue et la NW 6th Avenue, il commence à la 20th Street et va jusqu'à la 37th Street (Design District débute à la 38th Street). Wynwood a été développé par le promoteur immobilier Tony Goldman, décédé en septembre 2012. C'est lui qui a littéralement transformé ce quartier industriel désaffecté de Miami pour en faire le nouvel épicentre artistique de la ville. C'est dans ce quartier que les amoureux de street art trouveront de quoi satisfaire leur passion pour le graffiti et le pochoir. En effet, la majorité des murs du quartier sont recouverts de ces œuvres éphémères faites par des artistes du monde entier, étrange et sublime contraste avec le reste de la ville. Préparez vos smartphones pour les selfies décalés avec des œuvres géantes et colorées – de véritables œuvres d'art – dont la durée de vie est souvent si courte.

Mais Wynwood ne se résume pas à ses superbes graffitis, c'est avant tout un quartier artistique très dynamique où les galeries d'art sont nombreuses, même si leur nombre tend à baisser ces dernières années. Elles sont généralement ouvertes au public et on peut y découvrir de superbes œuvres d'artistes contemporains célèbres. En soirée, ce quartier est désormais un des plus animés avec celui de South Beach et Brickell car de nombreux restaurants et bars alternatifs ont ouvert ces dernières années. Vous y croiserez surtout des locaux et des artistes en goguette loin du style superficiel de South Beach, car tout le monde est habillé très simplement à Wynwood. Et les gens sont peut-être beaucoup plus délurés qu'ailleurs à Miami. Ne traînez pas dans les rues désertes et n'attendez pas votre taxi/Uber/Lyft seul sur le trottoir la nuit... Mais ne vous privez pas de découvrir le Wynwood *by night* à cause de cela. Ce serait vraiment dommage car c'est tout de même un quartier très sympa et safe dans 99 % des cas.

Côté stationnement, il y a très peu de parcmètres à Wynwood. Pour payer son stationnement dans la rue, il faut télécharger une application (indiquée sur les panneaux) sur son smartphone et payer en ligne. Vous devrez rentrer votre plaque d'immatriculation et le numéro de la place de stationnement indiquée sur le panneau près de votre voiture. Pas d'inquiétude, c'est un jeu d'enfant ! Vous pourrez même prolonger la durée de stationnement à distance depuis votre smartphone. Autre possibilité : les parkings extérieurs à la journée.

Midtown. Ce quartier moderne, qui jouxte Wynwood, est né dans les années 2000 et il est en pleine expansion. Il est très moderne et essentiellement constitué de buildings construits dans les années 2010. Il s'étend de North 20th Street au sud de la rue, avec l' I-95 au nord et à l'ouest et Biscayne Bay sur son flanc est. Il est composé de nombreux nouveaux restaurants, bars, boutiques et aussi de bureaux.

À VOIR / À FAIRE

Visiter Miami, c'est un peu comme voyager à chaque coin de rue. À travers vos balades dans South Beach vous pourrez apprécier l'un des plus beaux quartiers Art déco du monde et plus de 16 km de plages. Le quartier *arty* de Wynwood est un véritable musée à ciel ouvert avec ses superbes et immenses fresques de *street art* et graffitis d'artistes réputés. Quant à Design District, à proximité de Wynwood, il plaira surtout aux amateurs de boutiques de luxe et aux amateurs d'architecture design et audacieuse. Pour le côté américain et pour admirer les gratte-ciel, direction Downtown et Brickell, qui correspondent au centre d'affaire de Miami, et pour une ambiance caribéenne, Little Havana et Little Haïti raviront les visiteurs en quête d'exotisme. Les quartiers de Coral Gables et Coconut Grove ont quant à eux le charme de villages à l'européenne. Les palmiers omniprésents, le sable chaud et l'eau turquoise finiront de vous séduire.

DOWNTOWN MIAMI WELCOME CENTER

103 NE 1st Avenue ✆ +1 305 303 2333
https://miamicad.org/welcome-center
Ouvert du lundi au vendredi de 10h à 15h. Certains samedis, visite guidée à pied : 20 US$ (réservation en ligne).

Le Downtown Miami Welcome Center vous accueille pour vous faire découvrir toutes les pépites du quartier. Restaurants, spectacles, évènements, histoire, musées et activités...Cela vaut vraiment le coup d'explorer cette partie moins connue de Miami. Certains samedis matin, une visite de 2h part du Miami Center for Architecture & Design. Votre guide, un architecte local, vous mènera au cœur de ce quartier historique de Miami à la découverte des immeubles les plus emblématiques.

GREATER MIAMI CONVENTION AND VISITORS BUREAU

701 Brickell Avenue ✆ +1 305 539 3000
www.miamiandbeaches.com
Ouvert du lundi au vendredi de 8h30 à 17h.

C'est l'Office de tourisme de Miami Beach et Miami. Vous y trouverez tout ce qu'il faut pour optimiser votre séjour, vous déplacement sereine dans la ville et choisir vos activités : brochures touristiques, cartes, plans de transports en commun, magazines... Le personnel multilingue est là pour vous renseigner de manière personnalisée. N'hésitez pas à poser toutes les questions que vous souhaitez. Vous pourrez également repartir avec des coupons de réduction.

KEY BISCAYNE VISITORS CENTER

88 West McIntyre Street
✆ +1 305 361 5207
www.keybiscaynechamber.org
Ouvert du lundi au vendredi de 9h à 17h. Brochures et documentations disponibles 24h/24 et 7jours/7 dans le hall.

Situé dans le Key Biscayne Village Hall, ce *visitor center* est une mine d'informations. C'est notamment l'endroit idéal pour en savoir plus sur les nombreux événements organisés sur l'île, en particulier durant les week-ends, les activités et les plages. Pratique : des brochures et documentations touristiques sont en libre-service dans le hall en dehors des horaires d'ouverture. Vous y trouverez également des ressources pour des visites dans tout le sud de la Floride.

LGBT VISITOR CENTER

1130 Washington Avenue
✆ +1 305 397 8914
gogaymiami.com
Ouvert de 9h à 16h du lundi au vendredi, de 11h à 16h samedi et dimanche. Wifi gratuit et ordinateur à disposition.

Situé au cœur de South Beach dans le sublime bâtiment Old City Hall, le LGBT Visitor Center est le bureau de l'office de tourisme de Miami réservé à la communauté LGBT. On y trouve de nombreuses brochures et renseignements sur place concernant les adresses, les festivals et les évènements LGBT à Miami et dans les environs, notamment le *Pink Palm*, un guide touristique LGBTQ+ ultra complet. La page Facebook du Visitor Center est particulièrement active et diffuse de nombreuses informations. Le lieu organise également ses propres événements.

CRUISE EN VOGUE

19201 Collins Avenue
✆ +1 954 691 0580
www.cruiseenvogue.com

Nathalie Woog, créatrice de voyages sur-mesure est une parisienne et une grande passionnée du globe ! Installée tout proche de Miami, elle est la fondatrice de Cruise en Vogue et se fera un plaisir de découvrir vos aspirations et créer avec vous un voyage qui vous correspond. Les croisières sont organisées sur des compagnies de bateaux mondialement reconnues et Nathalie vous prodiguera les meilleurs conseils et tarifs pour profiter pleinement de ce concept clés-en-main. Consultez le site Internet pour plus d'informations sur les séjours, ports de départ et dates.

CARO THE TOUR GUIDE

https://carothetourguide.com
Réservation de visite via le site Internet.

Caroline est guide professionnelle depuis plus de 5 ans. Née en Colombie, elle grandit à Miami, ville qu'elle connaît aujourd'hui comme sa poche. Elle propose des visites guidées privées truffées d'anecdotes culturelles, historiques ou gourmandes. Qu'il s'agisse de votre première ou cinquième visite, vous apprendrez forcément quelque chose de nouveau ! Vous pouvez aussi découvrir l'histoire de Miami via son compte Instagram @carothetourguide sur lequel elle partage de nombreuse vidéos. Pour profiter de la visite, mieux vaut avoir une bonne maîtrise de l'anglais.

AMERICAN DREAM TOUR MIAMI ★★

1677 Collins Avenue
✆ +1 305 409 9901
https://www.americandreamtourmiami.com
349 US$ € la visite guidée de 2h (prix par voiture - 1 à 5 personnes) ; 459 US$ les 3h ; 569 US$ la demi-journée.

Cette agence vous propose de vous faire découvrir Miami à bord d'une voiture de collection du milieu des années 1950. Les propriétaires ont toute une série de véhicules aussi beaux et uniques les uns que les autres... Dans une rutilante décapotable, le chauffeur, parfaitement francophone, vous embarque pour une visite guidée riche en anecdotes et en informations historiques. Les visites de 2h vous mèneront à South Beach et Wynwood et celles de 3h vont jusqu'à Little Havana.

ART DECO WELCOME CENTER ★★

1001 Ocean drive
✆ +1 305 672 2014
www.mdpl.org
Ouvert tous les jours de 9h à 17h.
Visite guidée : 30 US$ par personne.
Réservation possible sur internet.

La Miami Design Preservation League organise des visites guidées à pied d'une durée d'1h à 1h30 autour des 800 immeubles Art déco du quartier de South Beach. Par ailleurs, une visite audio autonome est possible tous les jours en téléchargeant l'application officielle MDPL. Le Welcome Center héberge aussi l'Art Deco Museum. La Miami Design Preservation League propose sur demande d'autres thématiques de visites guidées : le Miami Beach juif, les légendes de Lincoln Road, l'architecture méditerranéenne, MiMo (Miami Modern) et l'histoire gay et lesbienne de la ville.

OPEN MIAMI

✆ +1 786 585 6139
www.open-miami.com
Visite de 3h en bus à partir de 44 US$. Visite des Everglades de 4h dès 139 US$. 39 US$ la visite de à pied.

© OPEN MIAMI

Amis francophones, envie de vous laisser guider ? Vous êtes à la bonne adresse ! L'agence Open Miami, qui se décline aussi sous le nom de The French Company, vous accueille à l'aéroport et vous emmène jusqu'à l'hôtel. Mais surtout elle vous fait découvrir les villas Art déco, le *street art* et la *skyline* de Miami en bus décapotable, à pied, à vélo ou même en bateau. A moins que vous ne préfériez partir en excursion dans les Everglades, à Cape Canaveral ou à Key West ? Autant de visites commentées par Charles, Laurence et l'équipe francophone. On recommande !

MIAMI

DESIGN DISTRICT PUBLIC ART TOUR

140 NE 39th Street
✆ +1 305 722 7100
www.miamidesigndistrict.net
Gratuit. Le samedi de 11h à 12h, dates à consulter sur le site Internet. Réservation obligatoire en ligne.

Le Design District, avec ses sculptures géantes, ses façades design et ses fresques colorées, est une galerie d'art à ciel ouvert en constante évolution. Le meilleur moyen de prendre le pouls du quartier est de participer à un *Public Art Tour* qui vous mènera à la découverte des œuvres durant une heure. Nous vous conseillons de réserver à l'avance pour obtenir un précieux sésame. Dans le cas contraire, vous trouverez sur le site une carte localisant les œuvres du Design District.

DUCK TOURS SOUTH BEACH ★

1661 James avenue ✆ +1 305 673 2217
www.ducktourssouthbeach.com
Départ à 11h, 13h, 15h et 17h. 45 US$ pour les adultes, 28 US$ pour les enfants, pour 90 min de visite guidée.

Avec le Duck Tours, vous ne passerez pas inaperçu : ce bateau-bus un brin criard vous fera découvrir South Beach sur terre et sur mer ! Le guide vous montrera les petites îles où les *people* ont résidé (ou résident) : de Puff Daddy à Andy Garcia en passant par Julio Iglesias. Et la visite se termine par toutes les places *to be* dans South Beach, quartier Art déco inclus. Le tour de la ville se suffit à lui-même, mais des connaissances en anglais sont un plus pour comprendre toutes les anecdotes et blagues du guide. Une option fun et familiale pour découvrir Miami.

ISLAND QUEEN CRUISES ★

401 Biscayne boulevard
✆ +1 305 379 5119
www.islandqueencruises.com
Départ pour la Millionnaire's Row toutes les heures de 11h à 18h, 19h le week-end. Adulte : 30 US$, enfant : 20 US$.

Island Queen Cruises vous propose des visites d'une heure et demie dans la baie de Miami à bord de l'un de leurs trois yachts : l'*Island Queen*, l'*Island Lady et la Miami Lady*. Ils vous emportent à la découverte des plus beaux points de vue de la ville : la *skyline* de Miami, la baie de Biscayne, Fisher Island, le Port de Miami... et la fameuse Millionaire's Row, où célébrités et milliardaires vivent à l'abri des regards. Vous pourrez profiter de la croisière confortablement assis dans le salon ou monter sur le pont, les cheveux au vent.

LITTLE HAVANA TOURS

1637 SW 8th Street
✆ +1 305 338 2300
https://littlehavanawalkingtour.com
Visite guidée à partir de 35 US$/adulte.

Little Havana Tours vous propose deux types de visites guidées pour découvrir le quartier cubain de Miami. Le *Little Havana Walking Tour* se concentre sur les incontournables, agrémenté de douceurs locales. Les plus gourmands opteront pour le *Little Havana Food Tour*, une balade de 3h à la découverte des spécialités culinaires cubaines. La compagnie décline également deux visites guidées à Miami Beach sur le thème de l'Art déco. La première est idéale pour apprendre l'essentiel, la seconde vous invite à la découverte des plus célèbres hôtels, cocktail chic en prime.

MIAMI CULINARY TOURS ★★

1000 5th Street, Suite 200 ✆ +1 786 942 8856
www.miamiculinarytours.com
Adulte : 69 à 79 US$, enfant : 59 à 69 US$ la visite, dégustations incluses. 1 à 5 départs par jour selon les visites.

En petit groupe, partez à la découverte des meilleurs restaurants des quartiers de South Beach, Wynwood, Little Havana ou Design District avec des guides locaux qui connaissent Miami comme leur poche. Inutile de manger avant, car vous dégusterez différentes spécialités, délicieuses et consistantes, tout au long des 2,5 heures de tour dans les différents restaurants du parcours. Les visites sont également ponctuées d'anecdotes liées à la personnalité des quartiers : Art Déco pour South Beach, art pour Wynwood et Design District et culture pour Little Havana.

MIAMI EN FRANÇAIS ★★

✆ 05 56 52 96 36
www.miami-en-francais.fr
Adulte : 49 à 69 € la visite guidée, enfant : 35 €. Visite privative à partir de 299 €.

Miami en Français est une agence spécialisée dans les visites guidées et les activités francophones à Miami. Elle appartient à un Français, Alexandre Vendé, qui a créé le blog *Bons plans voyage New York* et a ensuite développé des visites guidées en français à New York, San Francisco, Miami, Chicago Las Vegas et Los Angeles. Vous découvrirez les incontournables de Miami : South Beach à vélo, Little Havana/Brickell/Downtown, Little Haiti/Design District et Wynwood. Mais aussi shootings photo, croisières, vols pour découvrir Miami vu du ciel, et activités sur mesure.

MIAMI OFF ROAD ★★

✆ +1 786 860 2767
www.miamioffroad.com
45 US$ par adulte, 25 US$ par enfant, gratuit - de 6 ans. Groupe de 2 à 10 personnes. Visite privative possible.

Après avoir lancé des visites guidées en français avec New York Off Road, la *Frenchy* Elise Goujon a créé Miami Off Road en 2017. Le concept est le même : des guides locaux vous emmènent en petit groupe à la découverte des incontournables de Miami… en français ! Art déco à South Beach, street-art à Wynwood, croisière dans la baie… mais aussi spots hors des sentiers battus, comme avec la visite goûter entre le quartier cubain de Little Havana et le bohème Coconut Grove, qui mixe anecdotes historiques et dégustation de glace, jus de canne à sucre et Key Lime Pie.

TAP TAP TOURS ★★

✆ +1 205 649 0787
https://www.taptaptours.com
Visite guidée de 1h30 le vendredi, samedi et dimanche. 40 US$/personne.

Jean Cidelca est un jeune Américain d'origine haïtienne qui a eu l'idée géniale de monter Tap Tap Tours. Il invite les visiteurs à découvrir différents quartiers de Miami à bord d'un bus *tap tap* coloré (reproduction d'un bus de transport haïtien typique). Vous aurez le choix entre une visite de Little Havana, de Coconut Grove, de Lincoln Road ou encore de South Pointe Park. Nous vous recommandons particulièrement la visite de Little Haïti qui permet de mieux comprendre l'authentique histoire du peuple haïtien et de ce quartier encore peu visité par les touristes.

MIAMI'S BEST GRAFFITI GUIDE ★★

400 NW 26th St
✆ +1 305 799 3166
miamisbestgraffitiguide.com
De 18 à 39 US$/personne la visite guidée d'une heure, selon le nombre de personnes.

Cette agence de visites guidées spécialiste du *street art* à Wynwood est la seule à être dirigée par des street artistes. L'un deux, Pedro Amos, est le directeur artistique du festival de *street art* Basel House Mural, qui se tient chaque année en décembre pendant Art Basel, le plus gros festival de *street art* des USA ! Les visites sont passionnante car les guides connaissent le *street art* sur le bout des doigts et sont souvent amis avec des artistes qui ont réalisé les fresques.

THRILLER MIAMI

401 Biscayne Boulevard
✆ +1 305 371 3278
www.thrillermiami.com
Tous les jours. Premier départ à 10h. Adulte : 40 US$, enfant (3-11 ans) : 30 US$. Se présenter 30 min avant le départ.

Depuis 2006, Thriller Miami vous invite à embarquer à bord de ses bateaux à la forme élancée pour une croisière de 45 minutes… décoiffante ! À bord d'un catamaran ou d'un jet, à vive allure, vous explorerez les environs de la baie de Miami et la baie de Biscayne, Fisher Island ou encore l'île des Millionnaires. Les points de vue sur les gratte-ciel de Downtown sont superbes, et la balade est ponctuée par les anecdotes du capitaine. Prévoyez une petite serviette ou laissez la chaleur de Miami vous séchez, car vous risquez d'être mouillé !

SOBE RIDES

1500 Ocean Drive
✆ +1 754 307 7630
Tous les jours. Adulte : 49,99 US$, 6-18 ans : 15,99 US$, gratuit pour les moins de 5 ans.

Une visite guidée du quartier de Miami Beach un peu particulière puisqu'elle se déroule… en *pedicab*, c'est-à-dire en triporteur électrique ! Votre chauffeur vous mènera à travers les sites les plus emblématiques de South Beach avec un focus sur l'architecture Art déco : Ocean Drive, Española Way, Lincoln Road ou bien encore South Pointe Pier Park, tout en prodiguant anecdotes et informations sur la ville. Les véhicules peuvent transporter jusqu'à trois personnes. Une façon originale et *éco-friendly* de découvrir la ville, à condition d'être à l'aise en anglais.

WYNWOOD WALLS OFFICIAL TOURS ★★

266 NW 26th Street
✆ +1 305 576 3334
Visite guidée des Wynwood Walls : 17 US$/adulte, gratuit -12 ans. 50 min env. Comprend l'entrée pour les Wynwood Walls.

Cette visite guidée concerne *stricto sensu* les Wynwood Walls à savoir la galerie de *street art* à ciel ouvert officielle de Wynwood. Ces visites sont organisées par des ambassadeurs de *Goldman Properties*, Tony Goldman étant l'homme à l'origine du développement de Wynwood. Ils vous conteront l'histoire qui se cache derrière chaque fresque et artiste. Comptez 50 minutes de visite. Vous pourrez ensuite découvrir librement les deux galeries d'art situées sur place.

HISTOIRE DE MIAMI BEACH

D'UN BANC DE SABLE À SOUTH BEACH

La fondation de la ville

Avant la venue des Espagnols dans le Nouveau Monde, la région de Miami est habitée par des Amérindiens Tequesta, dont les traces remontent à 12 000 ans. Ils vivent sur les berges de la rivière Miami, dont le nom lui-même signifierait « eau douce ». L'arrivée des premiers étrangers sur le sol floridien conduit à la disparition des Indiens qui meurent de maladies nouvelles pour eux, dont la variole. Les Tequesta s'éteignent totalement en moins de 300 ans.

En 1845, la Floride est proclamée 27e État des États-Unis. A la même époque, Julia Tuttle, une riche entrepreneuse, s'installe dans la région et achète une plantation de citronniers. Elle croit au potentiel de la ville et dès lors, s'investit entièrement à son développement. Pour beaucoup, elle est considérée comme la « Mère de Miami ». Aidée dans son entreprise par un autre pionnier de la région, William Brickell, dont un quartier porte toujours le nom, ils interviennent notamment dans le projet de relier Miami au reste des Etats-Unis, par le train, en faisant venir jusqu'ici le chemin de fer. C'est chose faite en 1896 grâce aux travaux d'Henry Morrison Flagler. La Florida East Coast Railway est créée.

Avant de devenir une île Miami Beach était une bande de sable face à la mer. John S. Collins décèle le potentiel de cette zone et décide d'y cultiver l'avocat. Dès 1912, l'ingénieux homme d'affaires décide de transformer une partie de son domaine en zone résidentielle. Sous l'impulsion de John S. Collins et de son associé Carl Fisher, l'île de Miami Beach, jusqu'à alors accessible uniquement par bateau, est relié au continent par un pont en 1913. Le Collins Bridge est alors le plus long pont en bois du monde ! Toutefois, Fisher avait une vision plus ambitieuse du potentiel de l'île et c'est ainsi qu'il commença à draguer Biscayne Bay pour apporter de la terre. L'étang de palétuviers ayant été comblé, on en fit un sol ferme. Des engrais de première qualité furent importés des Everglades pour fertiliser les prairies et les buissons d'arbustes, des rues furent tracées et les raccordements des arrivées d'eau et d'électricité mis en place. En 1915, la ville d'Ocean City était incorporée à Miami ; deux ans plus tard, elle était baptisée Miami Beach.

Le maillot de bain une pièce

En 1920, la population de Miami Beach était de 644 habitants et la valeur totale de la propriété estimée à juste un peu moins de 40 000 000 US$. Fisher décida d'utiliser la publicité pour faire venir les gens à Miami Beach. On lui reconnaît à ce propos l'invention du maillot de bain une pièce pour des photos à usage promotionnel. Le fait est qu'en 1925, la population était de 2 342 habitants et que la valeur des propriétés avait été multipliée par dix. Le grand ouragan de 1926 anéantit le *boom* foncier et immobilier, mais affecta moins Miami Beach dans la mesure où Fisher avait moins d'hypothèques que la plupart des autres spéculateurs. Les juifs américains, en particulier ceux de la *middle-class*, qui avaient prospéré sans pour autant se voir ouvrir l'accès aux grands hôtels des villégiatures américaines, commencèrent à venir à Miami Beach dans les années 1920. Ils bâtirent leurs premiers hôtels le long de Washington Avenue. Avec la fin de la Dépression, le petit retour à la prospérité qu'elle entraîna fut consacré aux vacances. C'est ainsi que le plus grand nombre de permis de construire dans l'histoire de Miami Beach ont été accordés entre 1936 et 1939.

Too much !

Avec l'entrée en guerre des Etats-Unis, Miami Beach fut transformée en une vaste base militaire. Les hôtels réquisitionnés devinrent des dortoirs et des lieux d'entraînement. De nombreux Américains qui avaient connu les avantages du climat et de la mer émigrèrent sur l'île à la fin de la guerre. La prospérité revenue, d'autres, plus nombreux encore, vinrent y passer leurs vacances. Le *boom* immobilier et l'explosion touristique n'allaient pas manquer d'entraîner une attitude libérale de la part des autorités locales. Miami Beach devint le centre des jeux clandestins. Al Capone et Meyer Lansky s'installèrent dans la zone. Mais cette attitude très libérale allait rendre Miami Beach trop fameux, et quand le comité Keakaufer eut révélé devant le Congrès l'existence de la Mafia (le crime organisé), Miami Beach fut priée de laver son linge sale et les joueurs d'aller jouir et jouer ailleurs. Cela allait indirectement entraîner la révolution cubaine dans la mesure où, pour disposer à Cuba d'un théâtre d'opérations aussi dégagé que possible, la Mafia y installa le brutal Fulgencio Batista. La chute de Batista et le triomphe de Castro, le 1er janvier 1959, entraînèrent un afflux de réfugiés cubains qui transforma à jamais la nature même de la Floride. Cette situation n'affecta pas Miami Beach pendant quelques décennies et les années 1950-1960 furent vraiment son âge d'or, l'aviation commerciale permettant des vacances brèves et bon marché, les autoroutes ouvrant des voies d'accès rapides, simples et sûres vers le Sud à tous les Etats du Nord. Cependant, Miami Beach fut pratiquement abandonnée tandis que les constructions se multipliaient plus au nord. Des digues plus larges et plus modernes furent construites sur le continent, des hôtels de luxe géants grimpèrent en étages sur Collins et des quartiers résidentiels se développèrent. Chaque année, à mesure que les villégiatures montaient un peu plus vers le nord, South Beach sombrait dans la crise. Bien des vacanciers juifs décidèrent de prendre leur retraite à Miami Beach et les moins fortunés s'installèrent dans les vieux hôtels et les immeubles depuis longtemps abandonnés. Pour illustrer la situation, le comique américain Lenny Bruce faisait un numéro dans lequel South Beach était décrit comme un quartier en pleine dépression où de vieilles juives attaquaient de jeunes Cubains.

La renaissance

Le malaise de South Beach allait d'autant plus vite se faire sentir que ceux qui avaient découvert Miami Beach étaient désormais à la retraite, tandis que les nouvelles générations, trop sophistiquées pour passer leur temps dans des fauteuils de plage, cherchaient des lieux plus exotiques. Bientôt, les plus célèbres hôtels allaient connaître le déclin, auquel ils avaient pourtant échappé durant la Grande Dépression.

Miami Beach n'était plus la destination privilégiée des vacanciers américains. Puis elle fut totalement désertée quand des milliers de réfugiés cubains, parmi lesquels des criminels professionnels, des malades mentaux et autres catégories de déviants mêlés à de simples Cubains tout simplement désireux de fuir leur île, arrivèrent à bord de bateaux surchargés dans le sud de la Floride.Un grand nombre d'entre eux fut parqué à South Beach, ce qui balaya ce qu'il subsistait des activités touristiques.

Quelque chose de tout à fait étrange eut alors lieu. À cause du ralentissement des affaires et de la chute de la valeur immobilière, la réalisation du projet aussi évident, aussi attendu que la remise en chantier de South Beach n'arriva jamais. Par conséquent, les vieux hôtels promis à la démolition restèrent sur pied. Ils avaient tous été bâtis sur une courte période de temps et tous uniformément dans le style Art déco. Les passionnés d'architecture savaient quels trésors ils représentaient, et quand les démolisseurs et les promoteurs en eurent réduit en gravats quelques spécimens, un mouvement enthousiaste de solidarité réussit à valoir à South Beach le statut de zone historique préservée. Les hôtels Art déco étaient sauvés, mais c'est le feuilleton télévisé Miami Vice qui réussit à les remplir. A Miami, tous les habitants l'affirment : il y a vraiment eu un avant et un après Sonny Crokett. A son arrivée, l'équipe ne trouva que des bâtiments ensevelis sous d'épaisses couches brunes. Rien d'excitant à filmer. On repeignit de couleurs pastel ces superbes façades et on les orna de néons. Bien sûr, ce n'était qu'un décor, mais suffisamment beau et intrigant pour attirer les spéculateurs quand la nouvelle se répandit comme une traînée de poudre que des gens débarquaient à Miami Beach à la recherche des fameux hôtels.

Le temps de la résurrection de Miami Beach était venu. Après ce nouvel essor dû en partie aux petits et moyens portefeuilles, la rénovation s'est poursuivie grâce aux très grands comme Ian Shrager de New York qui, par exemple, a totalement refait le Delano, avec l'aide de Philippe Starck et de Madonna. La chaîne MTV est aussi montée au créneau avec son MTV Latino qui a connu un très grand succès.

Back to the eighties

Miami avait retrouvé sa réputation. Il fallait maintenant la garder. Ils vinrent donc d'eux-mêmes, ou attirés par de gros contrats, tous ceux que les années 1980 comptaient parmi les gens chics et talentueux de la restauration, la mode, la musique, la publicité. Il s'en trouva même qui baptisèrent South Beach de l'abréviation SoBe pour faire écho à SoHo, le centre des arts et de la mode new-yorkais.

D'une certaine manière, le rendez-vous tombait à point. La génération de l'après-guerre avait eu son compte de voyages à l'étranger devenus de plus en plus chers, voire dangereux. Les héritiers du baby-boom voulaient s'offrir du temps pour se reposer, et pas pour refaire inlassablement un tour du monde de plus. Ils cherchaient un lieu où ils pouvaient lire en paix les journaux, regarder la télévision et les émissions sportives, avoir accès à leur compte en banque, utiliser leur permis de conduire, savoir qu'ils n'étaient pas à la merci d'un système légal inconnu, chausser dignement leurs lunettes pour lire un menu et savoir que des toilettes propres étaient à deux pas.

Et puis, il y avait le soleil, et ces images frivoles de beautés en Bikini, et tout cet hédonisme matérialiste à portée de main. Quant aux plus jeunes touristes, s'ils ne savaient pas où situer l'Europe, ils pouvaient du moins relier Miami aux mots sexe, drogue et rock'n'roll.

A la même période, les Européens étaient soudain en mesure d'avoir un bon taux de change, et, en plus, les prix en Amérique et ceux des transports aériens devenaient sacrément abordables ! Ainsi cette bouffée de soleil, loin des villes plombées de la vieille Europe, était des plus attirantes. Miami Beach venait de renaître sous la forme d'une nouvelle villégiature, South Beach.

ART DECO DISTRICT ★★★★

1236-1662 Collins Avenue

Visites guidées possibles via le Art Deco Welcome Center (1001 Ocean Drive – www.mdpl.org) : 30 US$ par adulte.

Vaste projet de restauration entrepris dans les années 1980 à South Beach, le quartier Art déco de Miami, contruit entre les années 1920 et 1930, est un symbole de ce style architectural d'après-guerre et aussi une étape incontournable pour tout séjour à Miami. Il s'étend sur Ocean Drive et Collins Avenue – les deux grandes avenues parallèles du quartier – quadrillées par les 6th et 15th Streets. Ces édifices Art déco ont été entièrement réhabilités grâce notamment à la volonté de Barbara Capitman (1920-1990) qui œuvra, presque seule, à la préservation de ces bâtiments. Le quartier Art-Déco concentre en tout près de 800 bâtiments classés patrimoine historique et protégés des investisseurs. Les immeubles sont souvent peu élevés, aux formes arrondies et symétriques, aux façades ornées de motifs géométriques, de néons et de bas-reliefs sculptés. Plusieurs styles Art-Déco cohabitent, comme le Tropical Art-Déco avec ses motifs floraux et le Streamline Moderne inspiré de l'univers aéronautique.

Parmi les édifices Art déco les plus notables sur Ocean Drive, on peut citer les hôtels Avalon, Beacon, Carlyle, Breakwater, Cavalier, Colony, et bien d'autres encore. N'hésitez pas à pénétrer dans les halls des hôtels, certains gardent en mémoire un sol en terrazzo ou d'anciennes fresques.

S'il est possible de suivre un tracé tout établi ou d'assister à une visite guidée du quartier, le plus facile est encore de se perdre dans les petites rues alentour qui recèlent aussi d'édifices Art déco, parfois insoupçonnés.

BREAKWATER

AVALON HOTEL ★

700 Ocean Drive
✆ +1 305 538 0133
www.avalonhotel.com

Ouvert en 1941, cet établissement Art déco situé sur Ocean Drive fait partie des grands classiques de SoBe. Toujours flanqué de sa voiture rutilante d'un jaune tapageur, clin d'oeil nostalgique aux années 1950, il est même l'un des icônes de Miami. Remarquez la symétrie de sa façade au sommet de laquelle flotte un drapeau américain qui s'anime sous la brise. Cet hôtel fut l'un des tout premiers établissements Art déco d'Ocean Drive à être rénové. Ses 58 chambres accueillent toujours des voyageurs venus prendre le pouls de quartier incontournable.

BEACON HOTEL ★

720 Ocean Drive
✆ +1 305 674 8200
www.beaconsouthbeach.com

Ce bel hôtel de quatre étages qui s'illumine de néons bleus à la nuit tombée date de 1936. Sa façade symétrique est un exemple typique d'une architecture Art déco plus abstraite composée de motifs étranges aux fenêtres alliés à des références plus locales, comme le flamant rose gravé sur la porte vitrée du hall. Le lobby a d'ailleurs conservé son sol d'origine orné d'un grand soleil central. C'est aujourd'hui un charmant boutique-hôtel. Pour ne pas le manquer, vous pouvez chercher des yeux son voisin, l'Avalon Hotel, avec sa voiture vintage jaune.

BEACH PATROL HEADQUARTERS

1001 Ocean Drive

Entouré par Ocean Drive et la plage, le bâtiment de la Beach Patrol est le siège des secouristes de Miami Beach. Il a été construit par Robert Taylor en 1934 et est doté d'une façade immaculée Art déco aux accents nautiques, flanquée de hublots. Au sommet flottent les drapeaux des États-Unis et de la ville. Vous pourrez pénétrer à l'intérieur puisque les lieux sont aujourd'hui des sanitaires publics. C'est le premier arrêt de la visite guidée proposée par l'Art Deco Welcome Center.

COLONY HOTEL ★★

736 Ocean Drive

Designé en 1935 par l'un spécialistes du style « Tropical Art Deco », l'architecte Henry Hohauser, cet hôtel est l'un des premiers nés d'Ocean Drive. Avec ses néons lumineux de couleur bleue et sa façade flanquée de son enseigne caractéristique apposée sur une marquise verticale, le Colony Hotel est devenu l'un des symboles de Miami Beach et surtout de son animation nocturne. En effet, si l'hôtel est superbe de jour, c'est bien de nuit que sa beauté resplendit, comme tous les autres hôtels Art déco d'Ocean Drive, par ailleurs.

Colony Hotel.

© KAMIRA - SHUTTERSTOCK.COM

Lincoln Theater.

COLONY THEATER ★

1040 Lincoln Road
✆ +1 305 674 1040
https://miaminewdrama.org
Du mardi au dimanche de 11h à 17h.
Programmation à consulter sur le site Internet.

Construit en 1935 sur l'iconique Lincoln Road, le Colony Theater était d'abord un cinéma avant de devenir un centre d'arts vivants. Après des travaux d'un montant de 6,5 millions de dollars, il a retrouvé son style d'antan de façon assez bluffante et sa belle devanture aux lignes épurées, très représentative de l'Art déco. Depuis 2016, le Colony Theater accueille les spectacles de théâtre et de musique de la compagnie Miami New Drama mettant en scène des artistes américains, latino-américains ou originaires des quatre coins du monde.

LINCOLN THEATER ★★

541 Lincoln Road

Le Lincoln Theater n'a rien perdu de son charme d'antan. Construit en 1936 par Thomas W. Lamb, on retrouve clairement le style symétrique Art déco sur sa façade blanche travaillée, rehaussée d'une bordure argentée, sans oublier le joli bas-relief. Cette salle de cinéma est restée en fonctionnement jusque dans les années 1980 avant de devenir une salle de concert. Aujourd'hui, les lieux abritent une boutique de vêtements. En 2012, le Lincoln Theater a été inscrit dans la liste *Florida Architecture : 100 Years. 100 Places* par l'American Institute of Architects.

THE CARLYLE ★★

1250 Ocean Drive

Situé au croisement de la 13e rue et d'Ocean Drive, cet hôtel ouvert en 1941 a un style très Art déco comme en attestent les 3 parties verticales symétriques de sa façade qui respectent la règle des 3 tiers. Sa façade blanche immaculée est rehaussée par une enseigne Art déco dans les traditionnels tons pastel (rose et vert). On voit à plusieurs reprises cet hôtel dans les films *Scarface* ou *Random Hearts.* Aujourd'hui, le Carlyle n'est plus un hôtel : ses 50 chambres ont été transformées en 19 appartements disponibles à la location.

THE WESBSTER ★★

1220 Collins Avenue ✆ +1 305 674 7899

Créé par l'architecte Henry Hauser en 1939, un des plus célèbres architectes de South Beach qui *designa* notamment l'hôtel Delano, cet ancien hôtel a été transformé en *concept-store* de luxe, le Webster. Sur sa façade ornée de motifs finement travaillés, des plaques parfaitement symétriques ornées de néons sont typiques du style Art déco. N'hésitez pas à faire un tour à l'intérieur du bâtiment pour observer des éléments architecturaux typiques du style Art déco et le carrelage d'origine parfaitement conservé dans les tons de jaune, rose et noir.

ARTECHOUSE ★★

736 Collins Avenue
www.artechouse.com/location/miami
Ouvert tous les jours de 14h à 21h.
Adulte : 24 US$, enfant (4-15 ans) : 17 US$.
Gratuit pour les moins de 4 ans.

Un musée à ne pas rater à Miami Beach. Il présente sur deux étages des œuvres d'art digital immersif, projetées en mouvement du sol au plafond. La visite est une véritable expérience très ludique puisque vous serez invités à interagir avec les œuvres. Les thématiques évoluent plusieurs fois par an. Un musée dans la droite lignée de l'Atelier des Lumières à Paris qui fait des expositions d'art digital immersif (Klimt, Van Gogh...), déjà présent à New York et Washington. Une bonne manière de s'immerger (littéralement !) dans l'art.

ESPAÑOLA WAY ★★

Española Way
https://visitespanolaway.com

© WAGNER SANTOS DE ALMEIDA - SHUTTERSTOCK.COM

Española Way est une charmante rue pavée de style espagnol bordée de palmiers, construite en 1925 au milieu de South Beach. On y trouve une vingtaine de restaurants, deux hôtels et de nombreuses boutiques. Comme le nom le laisse supposer, l'ambiance et l'architecture évoquent les contrées méditerranéennes. L'atmosphère est particulièrement agréable le soir venu, avec beaucoup d'animation dans la rue, et parfois des concerts dans certains bars. C'est une adresse touristique, mais pas seulement : les locaux sont nombreux à venir y passer du bon temps.

HOLOCAUST MEMORIAL MIAMI BEACH ★

1933-1945 Meridian avenue
✆ +1 305 538 1663
Ouvert toute l'année de 10h jusqu'au coucher du soleil. Gratuit. Visite libre avec brochure, donation suggérée de 2 US$.

L'architecte et sculpteur Kenneth Treister fut chargé du projet en 1984 à la demande du comité impliqué dans la création d'un mémorial à la mémoire des 6 millions de juifs victimes de l'Holocauste. Si on voit cette gigantesque main tendue vers le ciel, à laquelle s'agrippent des dizaines d'individus, il vous faudra faire tout un parcours pour découvrir le reste de la composition. Des œuvres bouleversantes de vérité et de simplicité, mettant les sentiments humains en première ligne.

LUMMUS PARK

entre la 5th et la 14th street
Terrains de beach-volley, musculation en libre accès (7th-8th Street), location de vélo en libre service.

C'est la partie la plus fréquentée et la plus connue de South Beach. Lummus Park est un agréable parc urbain qui longe la mythique Ocean Drive, composé de pistes circulant entre deux allées de palmiers qui s'illuminent à la nuit tombée. On y trouve des accès directs à la plage, des jeux pour enfants, de nombreux bancs pour se poser, des bornes de location de City Bike (vélos en libre service) mais aussi les célèbres terrains de Beach-volley. Pour le côté pratique, des douches et sanitaires sont disposés à certains points. C'est une balade incontournable !

MIAMI BEACH BOTANICAL GARDEN ★

2000 Convention Center drive
✆ +1 305 673 7256
www.mbgarden.org
Ouvert du mardi au dimanche de 9h à 17h.
Entrée gratuite. Dons bienvenus : 2 US$ par personne.

Un petit coin de forêt tropicale de 12 hectares, où l'on peut déambuler au milieu de plantes et arbres exotiques (plus de 100 espèces de palmiers) et de fleurs tropicales dont de nombreuses orchidées. Vous trouverez également un jardin japonais, un jardin aux papillons et un étang où nagent des carpes koï. Pour en savoir plus, un audio-tour est disponible par téléphone. Une balade reposante pour couper une journée visite, shopping ou plage à South Beach.

MUSEUM OF ILLUSION

536 Lincoln Road
✆ +1 305 604 5000
https://miaillusions.com
Ouvert du dimanche au jeudi de 11h à 21h. Vendredi et samedi de 11h à 22h. Adulte : 30 US$; enfant (4-11 ans) : 20 US$.

Soyez prêts à perdre vos repères et à vivre des expériences incroyables… Ou du moins, en avoir l'impression ! Ce musée vitaminé situé sur Lincoln Road vous plonge au cœur de plus de 40 illusions en 3D inspirées de la pop culture, du cinéma ou de l'art. Faites-vous prendre en photo puis découvrez le résultat : vous voilà en train de marcher au sommet d'un gratte ciel, voler sur un tapis magique, terrasser des zombies… On est loin du musée *old-school*, vous serez bel et bien acteur de votre visite ! De quoi vous créer des souvenirs en famille ou entre amis.

PARKING 1111 ★★

1111 Lincoln Road
✆ +1 305 705 6611
www.1111lincolnroad.com
Parking : 20 US$ / 5 heures.

Loin d'être un simple parking, le 1111 (car il est au n° 1111 de Lincoln Road) est une œuvre d'art architecturale élaborée par Herzog & De Meuron. Garez-vous au 5e étage, et vous aurez l'impression d'être suspendu au-dessus de Miami. C'est d'ailleurs un excellent point de vue panoramique sur Miami Beach et ses environs ! Parfait pour faire de superbes photos ! Non seulement ce parking est ultra design, mais il accueille aussi des boutiques de luxe et un restaurant très chic comme Juvia, situé sur le *roof top*. A voir absolument : c'est unique !

SOUTH POINTE PARK ★★

1 Washington Ave.

À l'extrémité sud de Miami Beach, South Pointe Park est un lieu de rendez-vous pour les amateurs de surf (tandis que Haulover, tout au nord, est la plage du surf sérieux). Plus loin, une allée piétonne mène de la 21 Street jusqu'au Fontainebleau Hotel où, à quelques centaines de mètres du rivage, une carcasse de Boeing 727 a été immergée pour jouer le rôle de récif artificiel. Le South Pointe Pier offre quant à lui une vue panoramique sur Miami Beach d'un côté et le port de croisière et Downtown de l'autre. Les allées et venues des paquebots sont impressionnantes.

THE BASS MUSEUM OF ART ★

2100 Collins Avenue ✆ +1 305 673 7530
www.bassmuseum.org
Du mercredi au dimanche de 12h à 17h. Adulte : 15 US$, enfant/étudiant/senior : 8 US$. Gratuit pour les moins de 6 ans.

Situé dans un bâtiment de style Art déco des années 30 agrandi en 2017, le musée Bass consacre une large partie de sa collection à l'art contemporain international. Par exemple, l'exposition *The Willfulness of Objects* rassemble des œuvres qui ont en commun l'utilisation d'objets recyclés ou transformés. Les thématiques des expositions temporaires changent quant à elles tous les 4 à 6 mois. Une partie des œuvres peuvent être vues hors les murs, comme la sculpture *Miami Mountain* de 12 mètres de haut, réalisée par Ugo Rondinone et installée dans Collins Park.

THE WOLFSONIAN MUSEUM ★

1001 Washington Avenue ✆ +1 305 531 1001
www.wolfsonian.org
Mercredi au dimanche de 10h à 18h, jusqu'à 21h le ven. Adulte : 12 US$, 6-18 ans : 8 US$. Gratuit le vendredi après 18h.

Ce musée présente une collection d'œuvres d'art moderne européennes et américaines entre 1885 et 1945 orientée sur les contextes socio-politico-culturels et la propagande des idées de ces époques. Les expositions varient régulièrement et offrent de captivants parallèles entre époques anciennes et contemporaines. De nombreuses affiches anciennes célébrant les Expositions universelles, comme celle de Chicago (1893) côtoient une porte d'ascenseur période Art nouveau ou des objets 3D. Le tout abrité dans un ancien dépôt construit en 1927, transformé en musée en 1995.

WORLD EROTIC ART MUSEUM (WEAM) ★★

1205 Washington avenue
✆ +1 305 532 9336
https://www.weammuseum.com
Ouvert tous les jours de 11h à 18h. Adulte : 25 US$.

Un musée unique en son genre qui présente l'érotisme au fil du temps, à travers peintures, sculptures et objets des plus hétéroclites. Les plus grands noms sont présentés, comme Picasso, Dali et Miro. Parmi les œuvres les plus étonnantes, les dessins érotiques de personnages Disney de F. Follmer, qui travaillait pour les studios. Autant vous prévenir, vous n'aurez plus la même image de *Blanche-Neige et les 7 nains* après avoir vu ces dessins… Interdit aux moins de 18 ans tout de même.

BAL HARBOUR BEACH ★

Entre Surfside et Haulover

Cette plage du nord de Miami Beach est une longue bande de sable fin aux eaux cristallines qui a pour avantage d'être vraiment au calme et loin de la foule de South Beach. Cette partie de Miami Beach ne compte en effet que 3 000 habitants et des hôtels ou appartements de luxe moins prisés par les touristes que ceux de South Beach. Bon plan donc pour une baignade tranquille. Vous pouvez vous y rendre avec la ligne de bus 120. A noter que le centre commercial de luxe Bal Harbour Shops n'est pas loin, pas mal pour une séance de lèche-vitrine avant ou après la plage !

GREYNOLDS PARK

Un vaste parc urbain à North Miami Beach créé sur l'emplacement d'une ancienne carrière de pierres. Très agréable, il est ponctué de nombreux points d'eau – creusés lorsque le site était en exploitation –, de pontons bucoliques, de pavillons de pique-nique et de recoins où s'installer pour se détendre. Un chemin de randonnée, le *Lakeside Nature Trail Trailhead,* permet de découvrir les environs du lac Ouest. Insolite : vous pourrez grimper au sommet d'une tour en pierres de 14 mètres au-dessus du niveau de la mer. Un parcours de golf de 9 trous complète les lieux.

HAULOVER BEACH PARK ★

10800 Collins Avenue

La plage préférée des gens du coin, parfaite pour le surf et le pique-nique avec barbecue à disposition. On trouve également des douches, trois terrains de golf et un quai pour bateaux de croisière de l'autre côté de la route. Pas de grands immeubles pour gâcher l'illusion. L'eau est claire et il est parfois possible d'y apercevoir des lamantins, ou *manatee*. A noter que le demi-kilomètre le plus au nord de cette plage de 2,5 km est la plus grande plage naturiste du pays. Elle attire près de 1,3 million de visiteurs chaque année.

MUSEUM OF CONTEMPORARY ART (MOCA) ★

770 Northeast 125th street

✆ +1 305 893 6211 – www.mocanomi.org

Le mercredi de 12h à 19h et du jeudi au dimanche de 10h à 17h. Adulte : 10 US$, étudiant : 3 US$. Gratuit -12 ans.

Le MOCA a la réputation de faire émerger les nouveaux talents mais aussi de présenter des expositions plus alternatives, souvent en rapport avec la population de North Miami qui est un vrai *melting-pot* avec beaucoup de Haïtiens et de latinos. À travers des expositions temporaires, il présente un astucieux mélange d'artistes de renommée internationale et de jeunes talents. Le lobby présente quelques œuvres permanentes tandis que les autres salles accueillent des expositions temporaires.

NORTH BEACH OCEANSIDE PARK ★

Collins Ave

Du lundi au jeudi de 8h à 19h30, jusqu'à 20h30 du vendredi au dimanche.

Un agréable parc situé en bordure d'une jolie plage pour ceux qui détestent la foule et le spectacle permanent de South Beach. Vous y trouverez des coins pour barbecue avec grill à charbon à disposition ainsi que des tables de pique-nique sous de grands pavillons, idéal pour déjeuner à l'ombre. Pratique : un grand parking public est situé de l'autre côté de la rue. C'est donc un très bon spot, bien qu'il faille s'attendre à une foule plus importante durant le week-end.

OLETA RIVER STATE PARK

3400 NE 163rd Street

✆ +1 305 919 1846

www.floridastateparks.org

Ouvert du 8h du matin au coucher du soleil. 6 US$ par voiture, 2 US$ par piéton ou cycliste.

Un parc national de 4 km² à deux pas de la ville, que demander de plus ? Vous profiterez d'une multitude d'activités de plein air : location de canoë, kayak, paddle pour naviguer au choix sur la rivière Oleta, dans la mangrove ou dans la baie de Biscayne, randonnées à pied ou à vélo sur les dizaines de kilomètres de *trails* aménagés... Mais aussi nager et faire du snorkeling dans un lagon d'eau salée ou tout simplement s'adonner à l'observation de la faune alentour (hérons, lamantins, dauphins...). Camping et restaurant vous attendent également sur place.

SUNNY ISLES BEACH ★★

17875 Collins Avenue

Une longue plage préservée et calme. Un véritable havre de paix loin de la foule de touristes qui fréquentent les plages de South Beach. Ici, on quitte Miami pour entrer dans la ville de Sunny Isles Beach. C'est principalement une zone résidentielle, même si les hôtels se développent. On y croise surtout des familles et des couples, peu de gens viennent ici pour se montrer contrairement à South Beach. Bon plan location de voiture : les tarifs à Sunny Isles Beach sont moins élevés qu'à Miami, vous pouvez vous y rendre en Uber et démarrer votre *road-trip* de là.

SURFSIDE BEACH ★

93rd Street

Des immeubles au pied de la plage et des maîtres-nageurs au niveau de 93rd Street. Comme la plage de Sunny Isles, celle de Surfside est loin de la folie des plages de SoBe, elle est au calme et bien tranquille. Elle s'étend de la 87th Terrace à la 96th Street. Ici, point de *show off*, la part belle est donnée au repos et à la bronzette. Profitez-en pour déambuler dans les charmantes rues de la ville de Surfside, ponctuée de villas art-déco. L'animée avenue Harding concentre quant à elle la majorité des commerces et restaurants.

THE ANCIENT SPANISH MONASTERY ★★

16711 W Dixie Highway

✆ +1 305 945 1461

www.spanishmonastery.com

Mercredi-jeudi : 10h-16h.

Vendredi-samedi : 10h-14h. Dim : 14h-17h.

Adulte : 10 US$, 5-18 ans : 5 US$. Gratuit -5 ans.

Cet ensemble monacal, composé d'un magnifique cloître, de jardins, et de l'église Saint-Bernard de Clairvaux, est largement mis en valeur comme le plus vieux bâtiment d'Amérique du Nord. Il se voit souvent attribuer une date de naissance qui remonte abusivement au IXe siècle. Il s'agit en fait d'un monastère de Ségovie datant de 1141. Il semble que l'ensemble fasse partie des bâtiments que William Randolph Hearst (*Citizen Kane*) acheta en Europe en 1925. Le monastère fut démantelé pièce par pièce et chaque élément soigneusement mis en caisse. Le tout devait être reconstruit à San Simeon, la propriété de Hearst en Californie. Mais quand les caisses arrivèrent aux États-Unis, les douaniers les mirent en quarantaine, craignant la contagion d'une maladie qui sévissait dans la région d'origine. La paille suspectée de véhiculer le virus fut brûlée et les blocs de pierre furent extraits de leur emballage numéroté et il fut ensuite impossible de revenir à un ordre cohérent. C'est le scénariste Ben Hecht qui raconte l'histoire dans ses mémoires, *Child of the Century*. Le monastère resta à l'abandon à New York pendant 26 ans avant d'être racheté par deux entrepreneurs. Il leur fallut 19 mois pour reconstituer le monastère. En 1964, il fut revendu au colonel Robert Pentland Junior. Le monastère est encore actif aujourd'hui. Des messes ont lieu le dimanche et les jours de la semaine en anglais et en espagnol. Une visite surprenante qui plaira aux amateurs d'insolite !

MIAMI

© GABRIEL MEDINA - SHUTTERSTOCK.COM

Surfside Beach.

BAY OF PIGS MUSEUM & LIBRARY

1821 SW 9th Street
✆ +1 305 649 4719
www.bayofpigsbrigade2506.com
Ouvert du lundi au vendredi de 10h à 16h. Gratuit.

Ce petit musée commémore l'invasion de la *Bay of Pigs* qui se déroula à Cuba entre le 17 et le 20 avril 1961, en pleine Guerre froide. Orchestrée par les USA, cette opération militaire envoya une brigade de 1 511 exilés cubains envahir les plages de la Baie des Cochons à Cuba. La Brigade 2 506 avait été entraînée par la CIA. Mais Castro eut vent de l'opération : 118 membres de la brigade furent tués et plus de 2 000 furent emprisonnés. Des visites guidées sont menées par des vétérans.

BLACK ARCHIVES - HISTORIC LYRIC THEATER

819 NW 2nd Avenue
✆ +1 786 708 4610
Ouvert du lundi au vendredi de 9h à 17h, le samedi de 10h à 15h.

Cet ancien cinéma ouvert en 1913 inscrit au registre national des Monuments historiques est situé dans le quartier d'Overtown. Il était majoritairement fréquenté par la communauté afro-américaine de Miami. En 1988, la *Black Archives, History and Research Foundation of South Florida* achète les lieux pour héberger ses collections d'archives et d'objets datés des XIXe et XXe siècles. Ce lieu culturel de référence organise notamment des expositions sur l'histoire de Black Miami.

CALLE OCHO ★★

SW 8th Street

C'est la rue principale et commerçante de Little Havana, celle qu'il faut parcourir si l'on veut avoir un aperçu de la vie de ce quartier, qui était un quartier juif jusqu'aux années 1950. Il est recommandé de visiter ce quartier en journée et d'éviter de s'y attarder une fois la nuit tombée. De nombreux restaurants vous feront goûter la fameuse cuisine cubaine en terminant sur un café cubain (il a la particularité d'être sucré lors de l'extraction), mais aussi des jus de fruits frais à Los Pinareños Fruteria ou des glaces artisanales comme celles d'Azúcar. Les boutiques ne manquent pas : fabriques de cigares, créateurs locaux, galeries d'art... Une visite le long de la Calle Ocho permet de retracer l'histoire de ces immigrés cubains venus s'installer aux Etats-Unis. Le Brigade 2506 Memorial (à l'angle de SW 13th Ave), est un mémorial discret dédié à la mémoire des Cubains morts dans la baie des Cochons. Une flamme perpétuelle y est allumée. Juste à côté, le Máximo Gómez Park est surnommé Domino Park en raison du grand nombre de joueurs de dominos qui viennent ici se rencontrer. Quelques rues plus loin, le bar Hoy Como Ayer est l'un des plus connus et des plus populaires de Little Havana et voit se produire de nombreux groupes jouant de la musique latino. Enfin le cimetière (3260 SW 8th St) célèbre les combattants pour la libération cubaine et abrite les tombes des trois anciens présidents cubains. Pour préserver son authenticité, une partie de la Calle Ocho a été inscrite trésor national en 2017.

Calle Ocho.

DOMINO PARK - MÁXIMO GÓMEZ PARK ★★

SW 8th Street

Ouvert de 10h à 18h.

Cet ancien terrain vague a été transformé en parc dans les années 1960 et toutes les installations ont été spécialement conçues pour accueillir des jeux de dominos, ici des dominos doubles 9. Pour pouvoir jouer ici, il faut être membre du Domino Club et avoir au moins 55 ans. Vous pouvez vous poster là et observer les joueurs, ils sont imperturbables. Pour prendre une photo, mieux vaut leur demander avant, afin ne pas les froisser. Un spectacle inattendu au milieu de la Calle Ocho.

FREEDOM TOWER ★

600 Biscayne Blvd

✆ +1 305 237 7738

https://moadmdc.org

Au coeur de Downtown, cette jolie tour jaune octogonale aux nombreux ornements contraste avec les gratte-ciel du quartier. Construite en 1925 pour servir de siège au journal *The Miami News*, la Freedom Tower s'inspire directement du clocher de la cathédrale de la Giralda à Séville en Espagne. Le monument a servi de centre d'accueil pour réfugiés cubains de 1962 à 1974 ce qui lui a valu son nom de Freedom Tower qui signifie « Tour de la liberté ». Il accueille aujourd'hui un musée d'art et design en cours de rénovation au moment où nous bouclons ce guide.

FROST MUSEUM OF SCIENCE ★★

1101 Biscayne Blvd ✆ + 1 305 434 9600

www.frostscience.org

Tous les jours de 10h à 18h. Adulte 29,95 US$, enfant (4-11 ans) 24,95 US$, gratuit moins de 3 ans. Planétarium inclus.

Le Frost Science Museum est un magnifique musée, autant pour son architecture ultra-contemporaine que pour ses expériences variées. Nous vous conseillons de débuter votre visite par la terrasse du 6e étage pour apprécier la vue sur Downtown et le port de Miami, puis de découvrir les divers animaux, l'incroyable aquarium sur 3 niveaux et les expositions, notamment celle sur le thème de la science. Ne manquez pas non plus de réserver l'un des 4 *shows* du planétarium. On apprécie le côté ludique des lieux qui plaira aux enfants : tablettes, fouilles de fossiles...

HISTORIC BLACK POLICE PRECINCT COURTHOUSE - MUSEUM

480 NW 11th Street ✆ +1 305 329 2513

https://historicalblackprecinct.org

Mardi au samedi de 10h à 16h.

Visite guidée : 10 US$ (adulte), 5 US$ (étudiant), gratuit pour les 6 ans et moins.

Ce musée est consacré à la première unité de police noire de Miami, durant la Ségrégation. Il est hébergé au sein du *Black Police Precint*, un commissariat réservé aux policiers noirs bâti en 1950 et fermé en 1963, lorsqu'ils furent intégrés au *Miami Police Department*. Deux expositions permanentes sont à découvrir : « The First Five », dédiées aux 5 premiers policiers noirs de Miami, et « Courthouse and Judges ». Les visites guidées menées par d'anciens policiers sont passionnantes.

HISTORIC LUMMUS PARK

360 NW 3 Street

https://dadeheritagetrust.org

Des visites sont organisées par le Dade Heritage Trust, consulter le site internet.

Créé en 1909, l'Historic Lummus Park, à ne pas confondre avec le Lummus Park de South Beach (Miami Beach) est peut-être l'un des lieux les moins connus de Miami. Pourtant, il est le tout premier parc de la ville. Situé en bordure de la Miami River, le parc abrite deux bâtiments faisant partie intégrante de l'histoire de la ville. Le premier, Fort Dallas, jouit d'un passé des plus complexes. En effet, il fut construit en 1836 à l'initiative du gouvernement américain pour empêcher les échanges commerciaux entre les Seminole et les commerçants de Cuba et des Caraïbes. Il servit ensuite de forteresse militaire puis de quartier d'escales avant d'être à nouveau utilisé comme fort durant la troisième guerre Seminole (1855-1858). À la fin du XIXe siècle, Fort Dallas est habité par Julia Tuttle, considéré comme la fondatrice de Miami. Au milieu des années 1920, le lieu devient un restaurant avant que la parcelle ne soit rachetée pour construire un hôtel. Pour éviter sa destruction, la bâtisse est démontée pierre par pierre et reconstruite en 1929 dans l'Historic Lummus Park. Le second monument que vous pourrez apercevoir est la Wagner Homestead. Cette maison en bois fut bâtie en 1857 par William Wagner, un ancien militaire de Fort Dallas, et déplacée en 1979 dans Lummus Park. Elle est aujourd'hui le dernier témoin de la colonisation de Miami durant le XIXe siècle. Fort Dallas et Wagner Homestead ont été rénovés par le Dade Heritage Trust qui propose ponctuellement des visites guidées gratuites.

HISTORY MIAMI MUSEUM ★

101 West Flagler street
✆ +1 305 375 1492
www.historymiami.org
Du mardi au samedi de 10h à 16h, le dimanche de midi à 16h. Adulte : 10 US$, enfant (6-12 ans) : 5 US$ gratuit -6 ans.

Pour tout savoir sur l'Histoire de la Floride de l'époque précolombienne à nos jours, ce musée est incontournable. La collection permanente est enrichie d'expositions temporaires ayant pour thèmes Miami et la Floride à travers l'art ou la documentation. Le parcours chronologique remonte à l'époque précolombienne, soit 10 000 ans d'histoire, à travers une exposition permanente intitulée : l'histoire des habitants de la Floride du Sud (*Tropical Dreams : A People's History of South Florida*). C'est donc un arrêt essentiel pour tout visiteur curieux de cette région.

MIAMI CHILDREN'S MUSEUM ★★

980 Mac Arthur Causeway
✆ +1 305 373 5437
www.miamichildrensmuseum.org
Tous les jours sur 3 créneaux : 10h-12h, 13h-15h et 16h-18h. Réservation obligatoire. Tarif : 22 US$ (gratuit -1 an).

En fait d'un musée, il s'agit plutôt d'une aire de jeux divisée en sections thématiques. Les enfants peuvent ainsi s'improviser pompier, policier, aller faire leurs courses, jouer avec une caisse enregistreuse, appréhender un studio de télévision, essayer quelques instruments de musique, etc. À vocation éducative, ce musée ne présente pas grand intérêt, à part s'il pleut et que vous cherchez à occuper vos enfants. Au-delà de 10 ans, ceux-ci risquent néanmoins de s'ennuyer rapidement. Le bâtiment est insolite et évoque les quatre éléments (eau, terre, feu, air).

LITTLE HAVANA ROOSTERS ★

A l'angle de la SW 16th avenue et de la SW 8th avenue

Ces deux grands et beaux coqs multicolores que vous ne pourrez pas rater sur Calle Ocho sont en fait deux sculptures de l'artiste cubain exilé Tony Lopez. Ces deux coqs sont devenus emblématiques de Little Havana et ils évoquent les exilés cubains de Miami en général. Pourquoi des coqs ? Ces animaux sont très présents dans la culture caribéenne : combats de coqs, vaudou, nourriture... et un clin d'oeil à la personnalité fière et résignée des Cubains. C'est également un hommage du sculpteur à son coq domestique auquel il était très attaché.

MIAMI TOWER

100 SE 2nd Street

La Miami Tower, anciennement Bank of America Tower, est l'un des buildings les plus emblématiques du quartier de Downtown. Haut de 191 mètres et achevé en 1987, cet immeuble post-moderne a été conçu par l'architecte Ieoh Ming Pei, à qui l'on doit également... la pyramide du Louvre à Paris ! La Miami Tower se distingue par sa silhouette entièrement vitrée à 3 niveaux, superbement éclairée au gré des saisons par des millions de LED. C'est également le seul building de Downtown possédant sa propre station de *metromover* (métro aérien gratuit), *Knight Center*.

MIAMI

MAURICE A. FERRÉ PARK

1075 Biscayne Blvd
✆ +1 305 358 7550

Anciennement Museum Park, le Maurice A. Ferré Park est considéré comme l'extension du Bayfront Park, plus au Nord. C'est aujourd'hui la plus longue promenade au bord de l'eau de la ville. Le cadre est magnifique avec les buildings contemporains de Downtown derrière vous et la vue sur le port de croisière en face. Depuis le parc, vous pouvez vous rendre à pied dans deux très beaux musées : le Frost Science Museum et le Pérez Art Museum. Pratique : le Metromover, métro aérien gratuit de Miami, s'arrête au pied du parc à l'arrêt Museum Park.

PÉREZ ART MUSEUM MIAMI ★★

1103 Biscayne Blvd
✆ +1 305 375 3000
pamm.org
Jeudi : 11h-21h. Ven. au dim : 11h-18h. Adulte : 16 US$, 7-18 ans : 12 US$, gratuit -6 ans et le 2e samedi du mois.

Ce musée ultra-design installé sur la baie s'inscrit dans la politique d'urbanisation de la ville visant à dynamiser le quartier de Downtown. Du nom de Jorge M. Pérez, grand collectionneur d'art latino-américain qui a financé le projet à hauteur de 35 millions de dollars, il offre des collections permanentes qui reflètent l'esprit artistique bouillonnant de Miami ainsi que des œuvres de toute l'Amérique latine et de la Caraïbe, à l'image du melting pot culturel de la ville. Une promenade aménagée permet d'avoir une vue imprenable sur les gratte-ciel de Downtown.

SKYVIEWS MIAMI OBSERVATION WHEEL

✆ +1 786 529 7177

https://skyviewsmiami.com

Du lundi au vendredi de 13h à 22h, samedi et dimanche dès 12h. 12 ans et + : 17,06 US$. Enfant (4-11 ans) : 14,92 US$.

C'est l'une des dernières attractions de Miami : cette grande roue de plus de 60 mètres de haut vous invite à grimper dans l'une de ses 42 cabines pour contempler la baie de Biscayne et la *skyline* de Miami. De jour comme de nuit, le spectacle est incroyable. En plus, vous repartirez avec votre *selfie* gratuit imprimé en guise de souvenir. Avant ou après votre tour, profitez-en pour flâner à l'intérieur du Bayside Market où vous attendent nombre de boutiques et restaurants.

TORCH OF FRIENDSHIP

Bayfront Park

La Torche de l'Amitié a été installée en 1960 dans Bayfront Park. Posée sur un socle de pierre de 5 m de haut, elle symbolisait l'amitié entre Miami et les pays d'Amérique latine et des Caraïbes, à une période où de nombreux immigrants arrivaient à Miami. Quatre ans plus tard, le monument est dédié au président Kennedy suite à son assassinat. Y figurent les armoiries des 20 pays des Caraïbes et d'Amérique latine, avec un espace entre le Costa Rica et la République dominicaine. Devrait y figurer Cuba dès lors que les relations entre les deux pays s'apaiseront.

THE MIAMI CIRCLE AT BRICKELL POINT SITE ★

River Walk Trail

Visites de 8h à 18h en hiver, jusqu'à 20h le reste de l'année. Entrée libre.

Découvert en 1998, le Miami Circle, à Brickell, est un site archéologique en plein air situé à l'embouchure de la rivière de Miami. Les fouilles ont mis au jour les ruines du premier village des Indiens Tequesta, l'un des peuples amérindiens autochtones d'Amérique du Nord que rencontra le conquistador Juan Ponce de León lorsqu'il découvrit la Floride en 1513. Le Miami Circle, vestige d'une construction circulaire d'origine préhistorique, a été classé site historique au niveau national.

WARD ROOMING HOUSE

249 NW 9th Street

✆ +1 786 529 8624

www.hamptonartlovers.com

Ouvert du jeudi au dimanche de 12h à 18h. Gratuit.

Construite en 1925 lorsque le quartier s'appelait encore « Colored Town », cette élégante demeure historique accueillait les Afro-Américains et Amérindiens qui ne pouvaient trouver de logement. Aujourd'hui rénovée, c'est une galerie d'art consacrée aux œuvres d'artistes afro-américains, généralement contemporains. Les expositions, organisées par l'association Hampton Art Lovers, rassemblent peintures et sculptures autour de thématiques fortes telles que la place de la femme afro-américaine, l'immigration ou encore l'histoire de Miami. Une visite passionnante.

MIAMI

© FRANCISCO BLANCO - SHUTTERSTOCK.COM

The Miami Circle at Brickell Point Site.

BILL BAGGS CAPE FLORIDA STATE PARK ★

✆ +1 305 361 5811
www.floridastateparks.org
Tous les jours de 8h au coucher du soleil. 8 US$/véhicule (2 à 8 pers) ; 5US$/véhicule (1 pers) ; 2 US$ (piéton, vélo).

© PHB.CZ - FOTOLIA

Une vaste et belle plage de près de 2 km de long, d'où partent un chemin de randonnée et une piste cyclable qui vous permettent de traverser une partie de la forêt de l'île. Le *spot* permet de faire du *snorkeling* et, sur la terre ferme, de louer vélo, rollers, paddle ou encore canoë. L'endroit abrite également un phare construit en 1825, l'un des premiers bâtiments construits dans la région, fièrement été épargné des divers ouragans qui se sont abattus sur la région.

COMMENOZ GALLERY ★

328 Crandon Boulevard
✆ +1 305 361 7052
https://commenozgallery.com
Ouvert du lundi au vendredi de 10h à 18h, le samedi de 10h à 14h. Entrée libre.

Une superbe galerie d'art contemporain qui expose des productions d'artistes locaux et internationaux depuis 1982. La fondatrice, Naynu Commenoz, sélectionne les artistes avec un grand soin afin d'offrir aux visiteurs et aux acquéreurs des œuvres intemporelles. On découvre dans sa galerie des tableaux, de la photographie, du petit mobilier ou encore des sculptures. Parmi les artistes ayant exposé en ce lieu, nous pouvons citer le peintre haïtien Jean-Gilles Joseph, la photographe française Colette Birambo et le plasticien américain Benjamin Edwards.

CORAL GABLES MERRICK HOUSE

907 Coral way
✆ +1 1305 460 5093
www.coralgables.com
Le week-end, vérifier les dates sur le site. Visite guidée à 13h, 14h et 15h (45 min). Adulte : 5 US$, 6-12 ans : 1 US$

C'est depuis cette maison en calcaire oolithique que George Merrick s'est occupé de l'entreprise de maraîchage de son père avant d'en prendre la suite et de devenir le fondateur de la ville de Coral Gables. La maison a été restaurée telle qu'elle était dans les années 1920. Quatorze pièces meublées comme à l'origine sont ouvertes à la visite, ainsi qu'un parc d'un demi hectare composé d'une grotte, d'un bassin d'agrément et d'un jardin nommé « Heritage Garden ».

CORAL GABLES MUSEUM

285 Aragon Avenue
✆ +1 305 603 8067
https://coralgablesmuseum.org
Du lundi au vendredi de 12h à 17h, samedi et dimanche de 12h à 18h. Adulte : 12 US$, 7-12 ans : 5 US$, gratuit -6 ans.

Ce musée prend place au sein d'un superbe bâtiment historique qui était autrefois un commissariat et une station de pompiers. Il se consacre à la création, l'architecture, l'histoire, la préservation environnementale et l'évolution de la ville de Coral Gables. Les expositions présentées sont particulièrement riches et varient plusieurs fois par an. Le musée poursuit sa mission culturelle hors les murs en proposant des promenades à vélo le troisième dimanche du mois ainsi que des sorties en kayak le quatrième dimanche du mois (réservation en ligne).

FAIRCHILD TROPICAL GARDENS ★

10901 Old Collier Road
✆ +1 305 667 1651
www.fairchildgarden.org
Ouvert tous les jours de 10h à 17h. Adulte : 24,95 US$, enfant (6-17 ans) : 11,95 US$.

Le plus grand jardin tropical des Etats-Unis (à l'exception de celui d'Hawaï) avec une superficie de 33 hectares. Il comporte plus de 11 300 plantes, 4300 espèces différentes, 3 800 palmiers et une forêt équatoriale qui se visite via des sentiers ou à bord d'un tram. La zone était jadis célèbre pour ses longues portions de routes bordées de ficus géants (vous en verrez des photos au musée). L'ouragan Andrew les a abattus mais en cherchant, vous tomberez peut-être sur un tronçon intact.

HISTORIC VIRGINIA KEY BEACH PARK ★★

4020 Virginia Beach Drive
✆ +1 305 960 4600
virginiakeybeachpark.net
Dès 8h du lun au jeu, dès 7h du ven au dim, jusqu'au coucher du soleil. 8 US$ par véhicule le w-e, 5 US$ en semaine.

Pendant la ségrégation, Virginia Beach Park était la seule plage autorisée aux personnes Noires. Accessible uniquement en bateau depuis Miami, elle était très fréquentée par les Afro-américains mais aussi par les Latino-américains noirs. Cependant, c'était beaucoup plus qu'une plage puisqu'elle a joué un rôle social très important dans la communauté noire de Miami avec de nombreuses activités sur place, des offices religieux et même un dancefloor. Mais à partir de 1959, à la fin de la ségrégation, la plage a été peu à peu délaissée par la communauté noire puis complètement abandonnée. En raison des infrastructures très abimées, elle a finalement été fermée au public en 1982. Ce n'est qu'à partir de 1999 que des travaux de réhabilitation sont lancés par une association d'Afro-américains, soucieux de préserver leur passé, avec le soutien des autorités locales, pour finalement aboutir à la réouverture du parc en 2008.

Aujourd'hui, le parc, classé monument historique, est ouvert à tous et on peut profiter de la magnifique plage de plus d'un kilomètre de long tout en découvrant les bâtiments historiques de l'époque de la ségrégation. Un centre culturel devrait même ouvrir sur place dans les années à venir. Le parc possède aussi un écosystème unique avec une petite mangrove et de nombreuses espèces endémiques de Floride. On peut découvrir cette zone grâce à des sentiers aménagés. Vous pouvez aussi prévoir des grillades grâce aux barbecues en libre accès.

LOWE ART MUSEUM ★

1301 Stanford drive
✆ +1 305 284 3535
www.lowe.miami.edu
Ouvert du jeudi au samedi de 10h à 16h. Adulte : 13 US$, gratuit pour les moins de 12 ans.

La plus importante collection d'art en Floride du Sud est abritée dans ce musée situé sur le campus de l'université de Miami. On y retrouve onze collections d'art permanentes couvrant l'Antiquité Grecque jusqu'au XXe siècle : Afrique, Amériques anciennes, Méditerranée ancienne, Asie, Caraïbes, Amérique du Sud, du Nord et Amérique centrale, Égypte, Europe, Îles Pacifiques et art autochtone américain. Aussi varié que riche, c'est le musée à faire pour les amateurs d'art. Des expositions itinérantes sont également organisées tout au long de l'année.

MARJORY STONEMAN DOUGLAS BISCAYNE NATURE CENTER

6767 Crandon Blvd
✆ +1 305 361 6767
https://biscaynenaturecenter.org
Ouvert tous les jours de 9h à 15h. Gratuit. Parking : 7 US$.

À l'entrée du Crandon Park, ce centre vous invite à observer la faune et la flore environnante (coquillages, plantes, fleurs, oiseaux...) depuis un sentier aménagé. Il y a également un musée avec un aquarium d'eau salée dans lequel nagent méduses, hippocampes et poissons tropicaux, et une mangrove intérieure où évoluent les habitants de cet environnement particulier. Les plus curieux adoreront le « touch tank », un bassin où l'on peut toucher concombres de mer et autres petits homards.

MIAMI SEAQUARIUM ★★

4400 Rickenbacker Causeway
✆ +1 305 361 5705
www.miamiseaquarium.com
Ouvert tous les de jours 10h à 17h. Adulte : 49,99 US$ enfant (3-9 ans) : 39,99 US$. Parking 10 US$.

Avec ses différentes expositions, ses spectacles d'animaux marins dont dauphins et éléphants de mer et ses nombreuses animations, le Seaquarium est la plus grande attraction privée de Miami. Le lieu a accueilli le tournage de la série *Flipper* dans les années 1960. Depuis 2022, le Seaquarium a interrompu ses spectacles avec l'orque Lolita, élevée en captivité depuis 50 ans, après que celle-ci a attaqué un dresseur. Le PETA (People for the Ethical Treatment of Animals) a lancé une campagne pour que l'orque soit emmenée dans un sanctuaire marin.

SEVEN MERRICK VILLAGES

George Merrick, le fondateur de Coral Gables, fit construire à partir de 1925 sept villages insolites. Le Florida Pionneer Village (Santa Maria Street) rappelle la Nouvelle-Angleterre. Trois autres évoquent le style français : le French Country Village, le French City Village (Hardee Road) et le French Normandy Village (South Le Jeune Road). Le Chinese Village (Riviera Drive) est de style chinois. L'Italian Village (Palmarito Street) imite les villas italiennes du XVIIe et les maisons du Dutch South African Village s'apparentent aux fermes des colons hollandais.

THE AMERICAN MUSEUM OF THE CUBAN DIASPORA

1200 Coral Way ✆ +1 305 529 5400
https://thecuban.org
Ouvert du mercredi au dimanche de 12h à 18h.
Adulte : 12 US$, étudiant : 8 US$, gratuit pour les moins de 12 ans.

Non loin de Little Havana, ce petit musée inauguré en 2016 nous immerge dans la culture et l'histoire cubaine par le prisme d'artistes et penseurs exilés ou nés en dehors de Cuba. Leur regard singulier et leur manière de faire vivre la culture cubaine à travers le monde sont mis en avant via des expositions temporaires admirablement documentées. Une visite indispensable pour mieux comprendre l'héritage cubain inhérent à Miami. Bonus : la terrasse offre une vue à 360° sur la ville.

THE BARNACLE HISTORIC STATE PARK

3485 Main Highway ✆ +1 3054426866
www.floridastateparks.org
Ouvert du dimanche au mercredi de 9h à 17h.
Entrée : 2 US$. Visite guidée de la Munroe House à 10h, 11h30, 13h et 14h30.

Ce parc située au cœur du quartier bohème de Coconut Grove est une vraie bulle de nature face à la mangrove. Pour payer l'entrée, il faudra déposer votre monnaie dans la boîte prévue à cet effet sur le sentier. Vous déboucherez ensuite dans le jardin de la Munroe House, la maison que fit construire Ralph Munroe à la fin des années 1880. Elle est surnommée « The Barnacle » en raison de la forme particulière du toit, qui rappelle la coquille du bernacle. La promenade est très agréable.

ZOO MIAMI ★

12400 SW 152nd street, South Miami
✆ +1 305 251 0400
www.zoomiami.org
Ouvert tous les jours de 10h à 17h.
Adulte : 22,95 US$, enfant (3-12 ans) : 18,95 US$. Gratuit pour les moins de 2 ans.

Le Zoo Miami est le plus grand zoo de Floride et l'un des cinq plus grands d'Amérique avec 120 hectares. Vous pourrez y rencontrer plus de 3 000 animaux, notamment des tigres blancs, des mangoustes d'Afrique australe, des dragons de Komodo et des koalas. Le climat particulier de Floride permet en effet d'accueillir une grande variété d'animaux. Le zoo propose aussi des tours en pédalo sur le lac, un carrousel, une attraction aquatique et un safari en tram (en supplément). L'incontournable monorail permet de se déplacer facilement sur le site.

VIZCAYA MUSEUM AND GARDENS ★★

3251 South Miami Avenue
✆ +1 305 250 9133
https://vizcaya.org
Du mercredi au lundi de 9h30 à 16h30.
Adulte : 25 US$, enfant 6-12 ans : 10 US$.
Visite guidée : 5 US$. Parking gratuit.

Cette sublime maison fut construite entre 1914 et 1916 par James Deering, l'héritier d'une famille qui avait fait fortune dans les machines-outils agricoles. Elle devait ressembler à une villa italienne du XVIe siècle. Vizcaya vient du mot basque signifiant « lieu élevé ». La maison, en béton armé recouvert de corail, est mise en valeur par une série de détails : encadrements de fenêtres en calcaire oolithique local, colonnes faites à partir de la pierre calcaire de Cuba, sans oublier les légendaires tuiles à cylindre de La Havane, dont on dit que les cuisses des *señoritas* ont fourni le modèle. Le domaine comportait 85 hectares, la plus grande partie du terrain fut vendue à la mort de Deering en 1925. Il reste aujourd'hui environ 12 hectares. Comme les flots de Biscayne Bay lèchent littéralement les escaliers de Vizcaya, une digue a été construite et déguisée en barque vénitienne. Les jardins sont tout aussi stupéfiants, il a fallu 7 ans au jardinier en chef Diego Suarez pour en achever le dessin. Si certains sont conventionnels, il y a aussi des innovations : un jardin secret comme on les aimait durant la Renaissance florentine, des fontaines, des piscines dans l'eau desquelles l'environnement se reflète, des chutes d'eau, des escaliers d'eau, un labyrinthe, un théâtre d'été, une maison de thé, un casino et un jardin pour les aveugles. Vizcaya est une des attractions touristiques majeures de Miami. Comptez 2 heures de visite, voire plus si vous vous attardez dans les jardins.

CIRCA 39 HOTEL €

3900 Collins avenue
✆ +1 305 538 4900
www.circa39.com
Chambre double standard entre 145 US$ et 350 US$. Wifi gratuit.

Le Circa 39 est un hôtel dans l'esprit Art déco de South Beach : moderne, élégant et branché. Datant de 1939, il a été entièrement rénové et propose 97 chambres agréables au look contemporain avec une déco qui s'inspire des voyages, aux tons *pepsy* qui mettent de bonne humeur. La petite piscine est agréable pour se rafraîchir. Le restaurant Jules Kitchen permet de découvrir une cuisine US à base de produits locaux ; le Wunderba sert de bons cocktails dans une ambiance *lounge* et le Wunder Garden est le lieu idéal pour se détendre en fin de journée.

CITIZENM MIAMI WORLD CENTER €€

700 NE 2nd Ave ✆ +1 305 529 3624
www.citizenm.com
Chambre à partir de 140 US$. Lit king-size XL, WIFI gratuit, TV HD. Salon commun, salles de réunion. Piscine, terrasses.

Premier CitizenM situé à Miami, on retrouve le concept de l'hôtel luxueux, mais accessible. Tout a en effet été aménagé pour rendre votre séjour le plus confortable possible, notamment grâce à la touche *high-tech*, signature des CitizenM. Vous pourrez ainsi piloter vos volets ou choisir la lumière de votre chambre via une tablette. On apprécie aussi le salon convivial décoré d'œuvres d'artistes locaux. Une petite faim ? La canteenM est ouverte 24h/24. Envie de vous détendre ? Pourquoi ne pas profiter de la piscine sur le toit ou de l'une des terrasses ?

COLONY HOTEL €€

736 Ocean Drive
Chambre double de 159 US$ à 359 US$.

L'hôtel mythique par excellence… Celui qui figure sur la plupart des cartes postales de Miami depuis des décennies. En plein cœur d'Ocean Drive, le Colony date de 1939. L'établissement possède 50 chambres remises à neuf avec style et goût, dans des tons bleutés qui rappellent la façade et ses néons. Ce symbole Art déco de Miami est l'endroit où résider pour les nostalgiques du Miami des années 1950 comme pour les jeunes branchés qui veulent bénéficier de la localisation sur Ocean Drive. Toutes les chambres n'offrent toutefois pas une vue sur la mer.

EL PASEO HOTEL €

405 Española Way
✆ +1 305 400 0767
www.elpaseohotel.com
A partir de 170 US$ la chambre double, wifi gratuit.

Un joli boutique hôtel avec de belles chambres douillettes parfaitement équipées. L'atmosphère et les matières évoquent la chaleur méditerranéenne. Pas d'ascenseur malheureusement et un peu de bruit en provenance de la très animée Española Way mais au moins vous êtes au cœur de l'ambiance et ce n'est pas négligeable, surtout pour sortir le soir. Pas besoin d'Uber ! On apprécie aussi les bonus comme l'entrée gratuite au Wolfsonian Museum, le café offert, les chaises et serviettes de plage ou la réduction dans les restaurants d'Española Way.

ESMÉ MIAMI BEACH €€

1438 Washington Avenue
✆ +1 305 809 8050
www.esmehotel.com
Chambre double à partir de 195 US$. Rooftop. Piscine.

Au cœur d'Española Way, l'hôtel Esmé offre une escapade hors du temps, une plongée dans une contrée ensoleillée. Dans les 140 chambres, des meubles en bois foncé côtoient des tons chauds comme le vert, l'ocre et le terracotta. L'esprit bohème continue dans le *Drexel* où le chef Nano Crespo concocte des plats aux tonalités méditerranéennes. Sur le toit, la piscine vous attend pour un moment de détente bienvenue qui se poursuit avec un cocktail au bar Pinxto. Ce boutique-hôtel est en outre extrêmement bien situé, à proximité de toutes les attractions de South Beach.

EUROSTARS LANGFORD €

121 SE 1st Street
✆ +1 305 420 2200
www.eurostarshotels.co.uk
A partir de 215 US$ la chambre double. Parking en supplément. Consigne gratuite.

Au cœur de Downtown, l'Eurostar Langford se démarque par sa façade historique, qui fut autrefois celle de la Miami National Bank. Le petit *lobby* conserve précieusement les traces de ce passé, avec ses ascenseurs de style années 1920 et son ancienne boîte aux lettres dorée. Les chambres lumineuses avec vue sur les buildings allient savamment confort contemporain et touches rétro : parquet en chêne clair, salle de bains noire et blanche séparée de la chambre par une cloison vitrée, bureau élégant… Un point de chute intéressant pour explorer cette partie de Miami.

GENERATOR MIAMI €€

3120 Collins Avenue
✆ +1 786 496 5730
A partir de 18 US$ le lit en dortoir 10 lits, 23 US$/6 lits, 28 US$/4 lits. Chambre double à partir de 67 US$. Piscine.

La chaîne internationale d'hostels Generator a signé là un bel opus pour son premier établissement à Miami et aux USA. Déco tendance à souhait, entre le *street art* et le style *vintage*, espaces design et lumineux, piscine agréable, restaurant de qualité et bar à cocktails... Les dortoirs sont bien pensés, rien à voir avec les boîtes à sardines de certains *hostels*. Quelques dortoirs sont réservés aux femmes. Quant aux chambres privées, elles sont ultra confortables avec une super literie et des clins d'œil sympas comme la *love box*. Une vraie bonne adresse en somme !

INTERCONTINENTAL MIAMI €€

100 Chopin Plaza
✆ +1 305 577 1000
www.icmiamihotel.com
A partir de 250 US$ la chambre double. Wifi gratuit.

Un immense hôtel de Downtown installé dans un gratte-ciel moderne. Les infrastructures sont de qualité, les chambres très spacieuses et vraiment parfaitement équipées. Mention spéciale pour les *Bay View* qui offrent un panorama sur la baie de Biscayne. Le bar près du lobby est animé le soir et on apprécie la piscine sur le *rooftop*, le club de *fitness*, le spa et les quatre restaurants. Pratique, le Starbucks sur place pour prendre un café à emporter avant de partir explorer Downtown. À la nuit tombée, la façade s'illumine. Une bonne adresse dans l'ensemble.

HOTEL ARYA €

2889 McFarlane Rd
✆ +1 305 529 2828
www.hotelaryacg.com
Chambre double à partir de 155 US$ petit-déjeuner inclus. Ajouter 14,95 US$ de resort fee.

Très bien situé au cœur du quartier de Coconut Grove, à deux pas de la marina, des bars et des restaurants, ce vaste hôtel propose des chambres claires et confortables. Certaines sont pourvues d'une vue magnifique sur la baie, les autres donnent sur la ville. L'hôtel dispose d'une piscine au 8e étage ainsi et – insolite – de terrains de squash. La grande salle de fitness, au dernier étage, offre une très belle vue panoramique sur Coconut Grove et ses environs. A la sortie du lit, on apprécie le petit déjeuner offert dans le restaurant panoramique.

LENNOX MIAMI BEACH €

1900 Collins Avenue
✆ +1 305 531 6800
www.lennoxmiamibeach.com
À partir de 159 US$ la chambre double. Piscine.

Cet hôtel inauguré en 2019 au cœur de South Beach prend place dans un écrin Art déco : quatre bâtiments interconnectés construits en 1936 par l'architecte Russell Pancoast. Le Lennox remplace le Peter Miller Hotel d'origine, comme l'indique l'enseigne aux lettrages rétro toujours visible sur la façade. On apprécie l'ambiance nature des 119 chambres, soulignée par le mobilier en bois de Patagonie. La piscine est une oasis de tranquillité au cœur de l'hôtel. Le restaurant Amalia offre quant à lui une délicieuse cuisine méditerranéenne à base de produits frais.

HOTEL ST. MICHEL €

162 Alcazar avenue
✆ +1 800 848 4683
www.hotelstmichel.com
Chambre double à partir de 125 US$.

A Coral Gables, ce petit hôtel est niché dans un bâtiment historique de 1926 avec un ascenseur d'époque. Son style, qui rappelle celui des hôtels de charme européens, contraste avec les boutiques-hôtels de South Beach au décor moderne et épuré. Les 28 chambres sont douillettes et agréablement décorées. Bon à savoir : réfrigérateur et micro-onde sont disponibles uniquement dans les trois Junior Suites. Sur place, vous trouverez aussi restaurant italien Zucca ainsi qu'une salle de fitness. En somme, c'est un hôtel tranquille, familial et sans fioritures.

LESLIE HOTEL €€

1244 Ocean Drive
✆ +1 786 476 2645
www.lesliehotel.com
Chambre double à partir de 220 US$ la nuit. Piscine. Consigne à bagage.

En flânant sur la mythique Ocean Drive, impossible de passer à côté de la façade d'un jaune éclatant du Leslie Hotel. Ce bijou Art déco renferme 29 chambres contemporaines et très confortables. La situation du Leslie est idéale, puisque vous n'aurez qu'à traverser la rue pour étendre votre serviette et plonger dans l'eau transparente de l'océan. Les dynamiques Collins Avenue, Española Way et Lincoln Road sont également à deux pas. Cerise sur le gâteau : la piscine sur le toit pour se détendre avec vue sur la plage. L'hôtel idéal pour prendre le pouls de Miami.

LIFE HOUSE LITTLE HAVANA €€

528 SW 9th Avenue
✆ +1 866 466 7534
Chambre double à partir de 89 US$ par nuit. Consigne à bagage.

Parce que Miami ne se résume pas qu'à South Beach, séjourner dans le quartier cubain est une très bonne idée ! À l'intérieur de cette imposante demeure rose des années 1920, matières naturelles et tons ocre dominent ; les étagères fourmillent d'objets semblant rapportés de voyages lointains. Une atmosphère que l'on retrouve dans les 33 chambres et qui atteint son climax sur le *roof top* végétalisé et sa vue incroyable sur Downtown. Au petit matin, vous entendrez peut-être un coq chanter. Le *self check-in / check-out* est bien pensé et la *Calle Ocho* à 10 min à pied.

MAYFAIR HOUSE HOTEL & GARDEN €€

3000 Florida Avenue
✆ +1 305 441 0000
www.mayfairhousemiami.com
Chambre double à partir de 300 US$. Piscine.

Ce paradis tropical au cœur de Coconut Grove vient de vivre une incroyable cure de jouvence, et le résultat est sublime ! L'hôtel propose uniquement de suites avec lits *king size* et balcon. Très cosy, elles sont parées de tons chauds, ponctuées de meubles en acajou et de touches Art déco. Les plus luxueuses ont même une terrasse avec douche extérieure, un vrai petit jardin où l'on se prélasserait des heures. Ne manquez pas de faire un plongeon dans la magnifique piscine sur les toits.

MUTINY HOTEL €€

2951 South Bayshore drive
✆ +1 305 441 2100
www.providentresorts.com
Appartement à partir de 119 US$ la nuit en basse saison. Piscine. Pas de resort fee.

Inauguré en 1969, le Mutiny est rapidement devenu un haut-lieu de Coconut Grove et le siège du sélect Mutiny Club. Aujourd'hui, il offre des appartements d'une ou deux chambres avec les services d'un hôtel. Ils disposent d'une vraie cuisine équipée et d'un salon avec canapé convertible. Si la décoration manque un peu de modernité, le rapport qualité/prix est très bon puisque les chambres peuvent accueillir entre 2 et 6 personnes selon la catégorie. Le tout situé au bord du port de plaisance de Coconut Grove et à 2 min à pied de la galerie commerciale Cocowalk.

NAUTILUS BY ARLO €€

1825 Collins Avenue
✆ +1 305 503 5700
www.arlohotels.com
À partir de 150 US$ la chambre double en basse saison. Piscine.

Situé au cœur de South Beach, cet hôtel superbement restauré a gardé son cachet historique. Les 250 chambres sont décorées avec goût, dans un style européen, milieu du XXe siècle, *vintage* juste ce qu'il faut. La vue sur la piscine et la plage depuis les balcons est très belle, de jour comme de nuit. Mention spéciale pour le magnifique lobby bar avec son ambiance années folles tamisée et ses DJ sets. Le plus, c'est la jolie piscine installée dans un jardin tropical où se déploie un beau tunnel de bambous qui mène directement à la plage, à 5 minutes à pied.

RIVIERE SOUTH BEACH HOTEL €€

1424 Collins avenue
✆ +1 305 531 3488
www.dot-hotels.com
Chambre double à partir de 100 US$ en basse saison. Petit-déjeuner offert.

Cet hôtel Art déco à la façade rose pastel, construit en 1934, est bourré de charme. Les chambres récemment rénovées sont propres et lumineuses et dotées d'un petit réfrigérateur et micro-onde. Les suites disposent de leur propre kitchenette. Il y a même un jardin où se poser pour bouquiner tranquillement. Le petit-déjeuner offert dans le lobby est très appréciable pour bien démarrer la journée. Un hôtel idéal pour résider au cœur de South Beach à prix doux, surtout en basse saison.

SLS BRICKELL €€

1300 South Miami Avenue
✆ +1 305 239 1300
www.sbe.com/hotels/sls-hotels/brickell
Chambre double standard à partir de 240 US$ en basse saison. Piscine.

L'hôtel SLS est l'un des plus beaux de Brickell. Dans un immense gratte-ciel, 124 chambres spacieuses, modernes, parfaitement équipées et au design élaboré par le célèbre Philippe Starck sont les alcôves parfaites pour tous les fans d'hôtels urbains chics. La sublime et grande piscine sur les toits ravira les amateurs de bronzette. Le bar au look cosy, un tantinet animalier tout en étant très chaleureux, est parfait pour un cocktail à l'apéro. On peut ensuite poursuivre au restaurant italien Fi'lia, connue pour être une vraie table gastronomique à Miami.

THE GATES HOTEL SOUTH BEACH €€

2360 Collins Avenue
✆ +1 800 445 8667
www.gatessouthbeach.com
Chambre double à partir de 170 US$ + 32 US$ de resort fee. À 5 minutes de la plage.

The Gates South Beach est un établissement de Double Tree by Hilton. Toutes les chambres ont une décoration contemporaine, et sont pourvues du confort intégral (télévision à écran plat, cafetière, bureau, sèche-cheveux, coffre-fort, mini bar). Une piscine extérieure vous attend au milieu de l'hôtel avec solarium et bain bouillonnant. L'hôtel offre aussi un service de navette gratuit pour vous emmener directement sur le sable blanc et le prêt de vélos pour explorer South Beach.

THE GOOD TIME HOTEL €€

601 Washington Avenue
✆ +1 786 687 0234
www.thegoodtimehotel.com
Chambre double à partir de 190 US$ la nuit. Piscine.

Un nouvel hôtel hyper *trendy* dont le co-propriétaire n'est autre que le chanteur Pharell Williams ! Coup de cœur pour les couleurs pastel, l'ambiance musicale et la décoration très travaillée. Les chambres ne sont pas immenses mais regorgent de détails qui font que l'on se sent bien : peignoir léopard, matières douces, banquette pour se reposer... Côté fun, vous trouverez deux piscines tout en longueur entourées de végétation et de parasols au style rétro. L'hôtel dispose aussi d'une portion de plage privée où vous aurez envie de paresser toute la journée.

THE LOCAL HOUSE €€

400 Ocean Drive
✆ +1 305 538 5529
https://localhouse.com
Chambre double à partir de 185 US$. Piscine. Wifi gratuit.

Au cœur de South Beach, ce boutique-hôtel fait très hôtel de plage avec ses tons blanc, crème et bleu pastel. Les 18 chambres sont très agréables avec leur décoration *cocooning*. Certaines sont dotées de petits balcons avec une vue partielle sur l'océan ou sur la ville. Mention spéciale pour la piscine sur le *rooftop* et le petit-déjeuner offert. Vous trouverez aussi sur place un petit restaurant où l'on peut bruncher, siroter un cocktail ou dîner en se régalant de tapas à base de produits locaux. Une jolie adresse sur la partie plus tranquille d'Ocean Drive.

THE NATIONAL HOTEL €€

1677 Collins Avenue
✆ +1 305 532 2311
www.nationalhotel.com
À partir de 255 US$ la chambre double. Wifi gratuit. 2 restaurants, 3 bars. Piscine extérieure chauffée.

Au cœur de South Beach, le National Hotel est un des hôtels emblématiques de l'architecture Art déco à Miami Beach. Il offre 116 chambres et 36 suites, spacieuses et lumineuses avec une belle touche de glamour d'époque. Mais le vrai trésor de l'hôtel reste la belle et immense piscine de l'établissement, la plus longue de South Beach avec ses 62 m, un vrai bonheur ! Juste derrière vous attend l'Aqua Bar à l'atmosphère tropicale où les mojitos coulent à flots tandis qu'un petit chemin mène tout droit sur la plage où des transats attendent les clients de l'hôtel.

THE NEW YORKER €€

6500 Biscayne Boulevard
✆ +1 305 759 5823
https://thenewyorkermiami.com
À partir de 85 US$ la chambre double. Piscine. Parking gratuit.

Non loin de la route, voici un motel typique des années 1950 récemment rénové en boutique-hôtel arty. La déco à l'esprit vintage et les chambres cosy vous raviront. La piscine a également été rénovée, tout comme le lobby et son café. Le petit déjeuner offert est quant à lui servi dans un agréable patio. Le tout pour un bon rapport qualité-prix, ce qui en fait une très bonne adresse. Coup de cœur pour l'ambiance à la nuit tombée, avec les néons illuminés. Un peu loin du centre, mais le quartier MiMo est en pleine expansion et les découvertes ne manquent pas.

THE SHEPLEY HOTEL €€

1340 Collins Avenue
✆ +1 786 2606124
www.theshepleyhotel.com
À partir de 220 US$ la nuit. Consigne à bagage.

Pénétrez dans cet écrin Art déco conçu par l'architecte new-yorkais Henry Hohauser en 1937. Le *lobby* intimiste a conservé son sol d'origine et le mobilier mélange à merveille vintage et contemporain. Les 35 chambres de ce boutique hôtel dégagent une atmosphère douce et élégante. L'accueil est des plus sympathique, et la cuisine en libre-service, très chic avec son réfrigérateur SMEG, permet de se faire un thé ou un café à déguster sur la terrasse face à Collins Avenue. La plage est à deux *blocks*, n'hésitez pas à demander chaise et serviette de plage au concierge !

THE VAGABOND HOTEL €€

7301 Biscayne Boulevard
✆ + 1 305 400 8420
www.thevagabondhotelmiami.com
A partir de 169 US$ la chambre double. Parking et wifi gratuit. Piscine.

Construit en 1953, le Vagabond est l'un des motels de style Miami Modern les mieux restaurés et probablement le plus populaire, au style *vintage* et glamour à souhait. Les chambres sont lumineuses, confortables et bien pensées. Ici, on a le souci du détail rétro, du choix des couleurs jusqu'au mobilier. La piscine avec ses mosaïques restaurées à l'identique est parfaite pour se détendre après une journée de marche, avant de savourer un cocktail au *pool bar*. Le restaurant de l'hôtel, Mr. Mandolin, propose quant à lui une cuisine d'inspiration méditerranéenne.

THESIS HOTEL €€

1350 South Dixie Highway
✆ +1 305 667 5611
www.thesishotelmiami.com
Chambre double à partir de 170 US$. Piscine. Fitness center. Navette gratuite pour circuler dans Coral Gables.

Les 245 chambres de ce nouvel hôtel à deux pas du canal Mahi vous séduiront par leur tonalités douces et feutrées. L'ambiance, à la fois contemporaine et intemporelle, invite à ralentir et prendre du temps pour soi. Cela tombe bien, le Thesis dispose d'une belle piscine au 3e étage, avec vue sur la baie. Le restaurant et bar du *rooftop*, le Mamey, est aussi un très joli atout avec sa grande canopée sous laquelle on se prélasserait bien toute la journée. La station de Metrorail *University* est à 10 min à pied, pratique pour explorer les environs et rejoindre Miami.

UMA HOUSE BY YURBBAN €€

1775 James Avenue
✆ +1 305 390 1184
www.umahousesouthbeach.com
Chambre double à partir de 130 US$. Piscine.

Situé au cœur de l'animation à South Beach et à deux pas de Lincoln Road, ce boutique-hôtel récemment rénové a beaucoup de charme. Les 136 chambres sont décorées de façon chaleureuse avec literie *queen* ou *king*. Vous pourrez même choisir l'ambiance que vous préférez : Sunrise, plutôt bohème, ou Sunside, plus classique. Pour vous rafraîchir, la jolie piscine sur le *rooftop* est vraiment appréciable et presque intime. L'hôtel dispose également de plusieurs terrasses et de son propre *beach lounge* pour se détendre sur la plage, à 10 minutes à pied. Une belle adresse !

WINTERHAVEN HOTEL €€

1400 Ocean drive
✆ +1 305 531 5571
www.winterhavenhotelsobe.com
Chambre double à partir de 130 US$.

Cet immeuble Art déco construit en 1939 est l'une des plus hautes structures d'Ocean Drive. L'hôtel très joliment rénové a su conserver son charme originel : mosaïque Art déco sur le sol du lobby, mobilier en bois, tapisserie tendance vintage dans les 71 chambres... Il est en outre parfaitement situé, non loin de l'animée Española Way et de ses nombreux restaurants, mais vous pouvez aussi opter pour Il Bolognese, le savoureux restaurant italien de l'hôtel. Il n'y a pas de piscine mais après tout, est-ce embêtant alors que la plage est juste en face ?

EAST MIAMI BRICKELL €€€

788 Brickell Plaza
✆ +1 305 712 7000
www.easthotels.com/en/miami
Chambre double à partir de 280 US$. Rooftop et piscine.

La chaîne EAST, déjà présente à Pékin et Hong Kong, signe ici un magnifique hôtel contemporain de 352 chambres dans le quartier dynamique de Brickell. Les *Double King* offrent un balcon pour admirer la vue sur les gratte-ciel environnants, tandis que les *Bay King* surplombent la baie de Miami et Key Biscayne. Si vous voulez vraiment vous faire plaisir, la East suite vous attend avec ses trois balcons. Pour vous relaxer, rendez-vous au 40e étage sur le *rooftop* pour boire un verre au bar Sugar ou plonger dans les différentes piscines.

EDEN ROC HOTEL €€€

4525 Collins Avenue
✆ +1 305 704 7605
www.edenrochotelmiami.com
A partir de 195 US$ la chambre double. Piscines.

Situé sur Collins Avenue, ce complexe hôtelier inauguré au milieu des années 1950 mêle style tropical et glamour. C'est l'un des hôtels les plus anciens de Miami Beach mais il n'a rien perdu de sa superbe. Il offre 415 chambres spacieuses et cosy, trois belles piscines et un spa. Le restaurant Nobu, nommé d'après le célèbre chef japonais éponyme, propose une cuisine asiatique fusion créative. En 2016 a ouvert l'hôtel Nobu, une extension de l'Eden Roc dans l'une des tours de l'hôtel. Les suites penthouse du 15e étage offrent une vue panoramique sur la ville.

FONTAINEBLEAU €€€

4441 Collins Avenue
✆ +1 305 535 3283
www.fontainebleau.com
A partir de 299 US$ la chambre double. Onze piscines.

Ouvert depuis 1954, le Fontainebleau est un des hôtels les plus connus de Miami Beach. Des personnalités célèbres comme Elvis Presley ou Frank Sinatra y ont dormi. Equipé de 11 piscines, 6 restaurants aux cuisines variées, 2 *clubs* dont le fameux Liv et un spa, ce complexe hôtelier est presque une petite ville dans la ville. Les plus de 1000 chambres sont spacieuses, certaines avec kitchenette ou un balcon qui donne sur l'océan. Depuis l'hôtel, on peut directement accéder à la plage à pied ce qui est fort appréciable. Une belle adresse indémodable de Miami Beach !

GRAND BEACH HOTEL SURFSIDE €€€

9441 Collins Avenue
✆ +1 305 534 8666
www.grandbeachhotel.com
A partir de 285 US$ la chambre double en basse saison. Piscine.

Situé dans le quartier calme de Surfside, au nord de Miami Beach, ce vaste hôtel est divisé en deux ailes (une ouest et une est séparées par la route). Elles comprennent des suites très design, modernes et spacieuses avec petit salon et tout le confort nécessaire. La piscine est agréable, avec un bain bouillonnant chauffé et on est à deux pas de la plage, une fois passé le petit portail. Le *lobby* est particulièrement élégant avec un sol tout en marbre et des lustres suspendus.

MANDARIN ORIENTAL €€€

500 Brickell Key drive
✆ +1 305 913 8288
www.mandarinoriental.com
Chambre double à partir de 219 US$. Piscine.

Un bel hôtel au bord de l'eau, avec une plage de sable privée et un calme absolu car c'est le seul hôtel situé au cœur de la petite île résidentielle de Brickell Key. Les 326 chambres sont spacieuses et incroyablement chics avec leurs tons bleus et bois clair. Les suites, toutes situées aux étages les plus élevés, offrent quant à elles une vue à couper le souffle sur la mer et la *skyline* de Brickell. C'est vraiment magique ! Piscine face à la baie, spa, coiffeur, plusieurs bars, l'excellent restaurant La Mar… Une adresse vraiment haut de gamme !

THE SAGAMORE €€€

1671 Collins avenue
✆ +1 305 535 8088
www.sagamoresouthbeach.com
Chambre double à partir de 200 US$. Piscine.

Un hôtel très design, avec sa réception d'un blanc immaculé qui donne un air très méditerranéen à l'ensemble, façon habitation dans les îles grecques. Une décoration chic que l'on retrouve dans les 101 chambres, studios et suites décorées dans des tons bleus et blancs. Pour plus d'espace et d'intimité, il est possible de réserver un charmant bungalow. Sur place, bars et restaurants permettent de manger des grillades au bord de la piscine. A votre disposition également : un centre de fitness, un prêt gratuit de vélo et un accès à la plage privée, face à l'hôtel.

SLS SOUTH BEACH €€€

1701 Collins Avenue
✆ +1 305 674 1701
slshotels.com/southbeach
A partir de 220 US$ la chambre double. Piscine. Bar, restaurant.

Cet hôtel a été designé par le créateur Philipe Starck. Le Français a pensé cet hôtel en collaboration avec Lenny Kravitz, également grand passionné de design. Au final, cet hôtel, c'est du grand Starck, chic, épuré, design à souhait. Les chambres et suites allient savamment modernité et touches rococo dans les tons de rose poudré et blanc. Allez faire un tour dans le hall, même si vous n'êtes pas client, vous comprendrez. Au programme : une piscine sublime, des chambres à la décoration très raffinée et, bien sûr, d'excellents restaurants.

THE BILTMORE HOTEL €€€

1200 Anastasia Avenue
✆ +1 800 727 1926
www.biltmorehotel.com
Chambre double à partir de 260 US$.

Magnifique hôtel historique construit en 1926, à l'architecture hispano-mauresque. Il propose 273 chambres d'un standing haut de gamme irréprochable. L'hôtel est aussi en effet doté d'une des plus grandes et plus belles piscines du continent américain, d'un magnifique spa et d'un golf de 18 trous mondialement réputé. L'hôtel possède aussi de très bons restaurants à savoir le Fontana (spécialités italiennes), ou le Cascade au bord de la piscine. Si vous n'avez pas le budget pour résider à l'hôtel, nous vous recommandons de venir le dimanche pour le brunch.

THE MIAMI BEACH EDITION €€€

2901 Collins Avenue
✆ +1 786 257 4500
www.editionhotels.com/miami-beach
Chambre double à partir de 440 US$ la nuit en basse saison. Piscine.

Il se dégage de ce boutique-hôtel en bord de mer une douce atmosphère caribéenne, notamment autour de sa piscine entourée de cocotiers. Les chambres sont luxueuses avec salle de bains en marbre, et le Spa est l'un des plus perfectionnés de la ville. On vous recommande de goûter la cuisine latino américaine du très design Matador Room. Mais ce qui rend cet hôtel particulièrement original, c'est son bowling *high-tech*, sa mini-patinoire avec patins fournis et sa discothèque baptisée Basement. Un hôtel unique en son genre à ne pas manquer, si vous en avez les moyens.

THE PALMS HOTEL & SPA €€€

3025 Collins Avenue
✆ +1 305 534 0505
www.thepalmshotel.com
A partir de 185 US$ la chambre double. Wifi inclus.

Un sublime hôtel qui a su garder le charme de la Floride d'autrefois tout en étant très contemporain grâce à des travaux de rénovation réussis. Les chambres sont cosy et tout confort avec un style très floridien, la piscine superbe avec accès à la mer et le petit déjeuner buffet somptueux (en supplément) et particulièrement agréable sur la terrasse sous les palmiers. Quant au Spa Aveda, c'est un délice pour l'esprit et les sens... Pour dîner, passage obligé au *Restaurant at The Palms* où vous pourrez vous régaler avec des plats à base de produits locaux et bio.

THE RITZ CARLTON KEY BISCAYNE €€€

455 Grand Bay Drive
✆ +1 305 365 4500
www.ritzcarlton.com
Chambre double à partir de 400 US$ en basse saison.

Un sublime complexe hôtelier comme sait bien le faire la prestigieuse chaîne américaine. Des chambres spacieuses ultra confortables avec de nombreuses commodités (*fitness*, immense piscine, spa, *room service* 24h/24...) le tout à deux pas de la plage. De loin le meilleur hôtel de Key Biscayne ! A ne pas manquer si vous en avez les moyens. Pour profiter du cadre sans y passer la nuit, vous pouvez brancher le dimanche sur la terrasse les pieds dans le sable du restaurant Lightkeepers.

THE STANDARD SPA €€€

40 Island Avenue
✆ +1 305 673 1717
standardhotels.com
A partir de 249 US$ la chambre double. Piscine.

Un hôtel tendance sur South Beach, situé sur une petite île donc très calme et agréable. Son style est chaleureux grâce à des structures boisées omniprésentes mais avant tout design en raison de ses lignes épurées. Les chambres sont très confortables et on se sent immédiatement dans un cocon : lit douillets avec des matelas et oreillers très moelleux, salle de bains avec une douche-pluie pour la détente, peignoir tout doux... Très belle piscine avec vue et excellent Spa où l'hydrothérapie et le wellness ont la part belle. Une adresse chic et zen.

THE VILLA CASA CASUARINA €€€

1116 Ocean Drive
✆ +1 786 445 2200 – www.vmmiamibeach.com
A partir de 570 US$ la suite, petit déjeuner inclus. Piscine, bar, restaurant.

Bienvenue dans l'ancienne maison du styliste italien Gianni Versace aujourd'hui transformée en hôtel ! Décorées dans un style glamour et baroque, 10 suites sublimes attendent les amateurs de luxe. Elles ont gardé leur charme d'antan, avec un soupçon de modernité. Vous pourrez même dormir dans la suite de Versace lui-même. Ne manquez pas de piquer une tête dans la superbe piscine du patio dont la mosaïque est impressionnante. Enfin, le restaurant italien de l'hôtel, le Gianni's, est très agréable avec sa grande terrasse en face de la piscine. Une adresse mythique.

THE FOUNTAIN CONDO RENTALS €€

334 Euclid Avenue
✆ +1 305 202 0824
https://thefountainrentals.com

The Fountain Condo Rentals propose à la location quatre appartements modernes et colorés. Situés à seulement 600 mètres d'Ocean Drive dans un environnement verdoyant et fleuri, ils peuvent accueillir de 2 à 4 personnes et sont parfaitement équipés pour un séjour en toute autonomie avec une cuisine complète. Certains ont même une machine à laver, ce qui est un vrai plus. Vous aurez également accès à une agréable piscine chauffée, au centre de l'immeuble.

SE RÉGALER

Miami est une ville multi-culturelle, et cela se ressent décidément dans l'assiette ! Chaque quartier de la ville décline son identité culinaire tout en mixant des spécialités venues d'ici et d'ailleurs. Un vrai *melting-pot* ! Ainsi, Brickell devient branché tendance fusion tandis que Little Havana recèle de petits établissements authentiques et abordables ; Wynwood est *fun* et éclectique et le sud de Miami plus chic. Quant à South Beach, c'est simple, on y trouve de tout, à tous les budgets ! Alors fouillez bien entre ces pages et vous dégoterez tantôt des adresses face à la mer, tantôt des terrasses vertigineuses, tantôt des restaurants de quartiers prisés des locaux. Que les végétariens et vegans se rassurent : les options sont nombreuses et qualitatives. De quoi partir en quête de tout ce que Miami a de savoureux à offrir, avec pour mots d'ordre : authenticité, bons produits et générosité.

11TH STREET DINER €€

1065 Washington avenue
✆ +1 305 534 6373
https://eleventhstreetdiner.com
Ouvert tous les jours de 7h30 à 23h45. Plat : 17 US$ environ.

Il s'agit d'un véritable *diner* à l'américaine : l'extérieur, avec ses airs de wagon de métro et sa carapace en métal rutilante au soleil, a été construit en 1948 dans le New Jersey, puis démantelé et installé à South Beach en 1992. À l'intérieur, le skaï bleu et rouge des banquettes et tabourets de bar se mêle aux couleurs fluo des néons. Si vous souhaitez découvrir un vrai hamburger *made in America*, vous êtes à la bonne adresse ! C'est aussi une adresse sympathique pour le petit-déjeuner et le brunch (du vendredi au dimanche). Une ambiance unique !

ALMA MEXICANA €

1344 Washington Avenue
✆ +1 305 695 0880
almamexicanamiamibeach.com
Ouvert tous les jours de 11h à minuit, jusqu'à 2h le vendredi et samedi. Plat : 11 US$ environ.

Au cœur de South Beach, voici un petit restaurant mexicain au décor chaleureux qui propose des plats typiques comme des *burritos*, des *tacos*, des *enchiladas* ou encore des *fajitas*, du poulet grillé et des *nachos*. Le tout à arroser d'une *Margarita* ou une *Michelada* (cocktail mexicain à la bière). Si vous êtes plutôt du matin, vous découvrirez des assiettes complètes pour prendre des forces pour la journée, comme les *Huevos a la Mexicana* (œufs brouillés, riz, haricots rouges, guacamole et *tortillas*). Les prix sont très abordables et vous croiserez de nombreux locaux.

AMALIA €€

1900 Collins Avenue
✆ +1 786 583 0510
www.lennoxmiamibeach.com/dining
Lundi au samedi : 7h30-11h30, 12h30-15h30 et 18h30-21h30. Le dimanche : matin et midi. Plat à partir de 23 US$.

Au sein du bel hôtel Lennox, Amalia vous invite à une pause gourmande dans un cadre fleuri à la décoration très joliment travaillée. Vous apprécierez les touches multiculturelles apportées à une cuisine à l'influence méditerranéenne affirmée. Le midi, les plats se la jouent décontractés, à l'image du *Lennox Burger* ou du *Grilled Cheese*. Le soir, les propositions se font plus chics et on se délecte d'un filet de bar grillé ou de pâtes à la ricotta et à la truffe. Au dessert, on hésite assurément entre la pavlova italienne et la crème brûlée à la banane.

BAGATELLE MIAMI €€€

1669 Collins Avenue
✆ +1 305 704 3900
https://bagatelle.com/venues/miami
Ouvert du mardi au samedi de 19h à 2h du matin. Plat : à partir de 45 US$.

Suite au succès des établissements de New York, Los Angeles, São Paulo et d'autres, Bagatelle a ouvert ses portes dans le quartier Art déco de South Beach. On vient ici pour renouer avec de bons plats français revisités de façon contemporaine, comme le filet de Saint-Pierre aux artichauts violets et les côtelettes d'agneau et ses légumes du soleil, ou bien pour déguster un cocktail dans une ambiance festive au bar. L'endroit attire une clientèle mêlant locaux et touristes. En résumé, Bagatelle c'est la bonne adresse pour une soirée festive et/ou gastronomique.

A LA FOLIE €€

516 Espanola way
✆ +1 305 538 4484
www.alafoliecafe.com
Ouvert tous les jours de 9h à 23h. Galette et plat : 16 US$ environ.

© A LA FOLIE

Voilà une crêperie de très bonne qualité et plutôt bon marché située sur la rue piétonne Espanola Way dans le cœur de SoBe. Qu'elles soient salées (galettes) ou sucrées (crêpes), tout est délicieux et le goût identique aux crêperies bretonnes. Pour le reste, belle sélection de sandwichs et salades, d'entrées à la française, de plats généreux comme la tartiflette ainsi que de beaux plateaux de fromages et de charcuterie. Le cadre intimiste évoque les traditionnels bistrots français, et on apprécie s'installer en terrasse ou dans le patio joliment arboré.

LT STEAK & SEAFOOD €€

1440 Ocean Drive
✆ +1 305 673 0044
Ouvert tous les jours pour le petit-déjeuner, le déjeuner et le dîner. Plat à partir de 16 US$.

Ce restaurant cossu se situe dans le hall plein de charme de l'hôtel historique The Betsy. Si vous aimez les steaks dans la pure tradition new-yorkaise et les fruits de mer, vous allez vous régaler ! Les amateurs de sushis et sashimis ne seront pas en reste car ils sont vraiment onctueux et bien préparés. Place ensuite au dessert avec le cheesecake au citron ou la salade de fruits aux tropicaux au yuzu. Libre à vous ensuite de digérer ce copieux repas en faisant une petite balade sur Ocean Drive pour un bon bol d'air marin. La terrasse est aussi très agréable.

PUERTO SAGUA RESTAURANT €

700 Collins avenue
✆ +1 305 673 1115
Ouvert tous les jours de 7h à 23h. Plat à partir de 11,95 US$.

L'une des meilleures cuisines cubaines et espagnoles de Miami Beach. Les crevettes sont très bonnes, et le porc excellent, mais essayez leur picadillo, qui est vraiment unique, ou leur spécialité, la paella. Très réputé, ce restaurant plutôt bon marché attire aussi bien les vieux Espagnols que les jeunes branchés, dans une ambiance élégante, où les serveurs portent la chemise blanche impeccablement boutonnée, rentrée dans un pantalon noir au pli marqué. N'hésitez pas à partager un plat si vous n'avez pas très faim car les assiettes sont copieuses.

MORENO'S CUBA €€

1850 Collins Avenue ✆ +1 305 497 2341
www.morenoscuba.com
Ouvert du dimanche au jeudi de 11h à 22h, jusqu'à 23h le vendredi et samedi. Plat à partir de 12 US$.

Avec sa vaste terrasse végétalisée flanquée d'une voiture rétro rouge, on se croirait vraiment dans un restaurant cubain et ceux qui connaissent l'île crocodile ne s'y tromperont pas. Dans l'assiette, les spécialités sont *made in* Cuba avec des classiques comme le *Bistec Palomillo* un steak de bœuf avec riz, haricots noirs et bananes plantains, mais on peut aussi se délecter des fameux mojitos, très bien préparés. Pour la petite histoire, le patron, Jorge Moreno, est un chanteur américain d'origine cubaine qui a gagné un Grammy dans la catégorie « Musique latino ».

RED STEAKHOUSE €€€

119 Washington avenue
✆ +1 305 534 3688
www.redthesteakhouse.com
Ouvert tous les jours de 18h à minuit. A partir de 50 US$ le repas.

Red est ce qui se fait de plus chic en matière de steakhouse. Ce restaurant sera un bon début de soirée au cœur de la fièvre de SoBe. La viande est délicieuse et tellement tendre qu'on la découperait avec un couteau à beurre ! Un délice accompagné d'asperges grillées ou de purée de pomme de terre à la truffe. La carte propose également de savoureuses pâtes comme celle au homard sauce Marinara. Et pour le dessert, laissez-vous tenter par le décadent New York Cheesecake et sa compotée de fruits rouges ! Une adresse de référence à South Beach depuis 2008.

NAUTILUS CABANA CLUB €€

1825 Collins Avenue
✆ +1 786 483 2650
Ouvert du lundi au vendredi de 7h à 22h, jusqu'à 23h le week-end. Plat à partir de 12 US$.

C'est le restaurant du très élégant Nautilus Hotel. Après avoir traversé un lobby tout de marbre blanc où de belles toiles d'art contemporain s'exposent, on arrive sur une magnifique terrasse en bois au cadre tropical luxuriant qui donne sur une très jolie piscine face à la mer. On vous recommande particulièrement le burger qui est délicieux, tout comme les pâtes sauce Alfredo et les salades tout en fraîcheur. On retrouve même un clin d'œil à la France dans la carte des vins. Un vrai bon plan caché pour un repas détente dans South Beach !

LA SANDWICHERIE €

229 14th Street ✆ +1 305 532 8934
https://lasandwicherie.com
Tous les jours de 7h à 17h. Entre 7 et 10 US$ le sandwich. Aussi à Brickell, Wynwood, North Beach et Coral Gables.

Cette sandwicherie existe depuis plus de 30 ans à South Beach, ce qui en fait une référence ! Elle est tenue par un couple de Français. La carte offre un large choix de produits d'une excellente fraîcheur : salades, smoothies, milkshakes et sandwichs très généreux, format XL. Vous y retrouverez des compositions originales comme le *Tropical Houmous* (Végan) ou le *SoBe Club* (avocat, brie, dinde), tout cela dans une baguette française ou un croissant au beurre. La formule petit-déjeuner avec jus d'orange, café et sandwich toasté devrait séduire les plus matinaux.

SEMILLA €€

1328-1330 Alton Road
✆ +1 305 674 6522
https://semillamiami.com
Ouvert du lundi au samedi de 17h à 23h. Plat : 24 US$ environ. Happy hours de 17h à 19h30.

Le restaurant du chef *Frenchy* Frédéric Joulin vous séduira par son ambiance chaleureuse, où se côtoient touches industrielles et casseroles en cuivre. Autour du comptoir entourant la cuisine ouverte, en terrasse ou sous l'une des oeuvres ornant les murs, on savoure une gastronomie aux influences d'ici et d'ailleurs, savamment ponctuée de clins d'oeil à la cuisine française, comme le tartare de thon / avocat ou la béarnaise qui accompagne les *croquetas* à partager. Escargots persillés, ravioles à la truffe et crème brulée sont aussi de la partie.

STUBBORN SEED €€

101 Washington Avenue
✆ +1 786 322 5211
stubbornseed.com
Du dimanche au jeudi de 18h à 22h, vendredi-samedi de 18h à 23h. Comptez 50 US$ le repas. Menu dégustation : 150 US$.

Le chef de ce restaurant c'est Jeremy Ford, le gagnant d'une célèbre émission TV de cuisine. Les plats qu'il propose sont vraiment atypiques : ce sont de petites portions très savoureuses avec des ingrédients inattendus dont l'association est une belle explosion de saveurs en bouche. Pour terminer tout en fraicheur, on opte pour les myrtilles floridiennes rôties servies avec une crème au yuzu et un gâteau à l'huile d'olive. La carte évolue au fil des saisons mais réserve toujours de belles surprises ! Il est vrai que les plats sont plus originaux qu'ailleurs.

THE LINCOLN EATERY €€

723 N Lincoln Lane
✆ +1 305 695 8700
www.thelincolneatery.com
Ouvert de 8h à 22h tous les jours.

C'est l'un des dernier-nés des *food markets* à Miami avec le Citadel à Little Haiti et le Time Out sur Lincoln Road. Au cœur de South Beach, Lincoln Eatery propose dans un grand hall design 13 stands de *street food* raffinée aux prix abordables. C'est varié, tendance fusion, et ça ne fait pas piège à touristes comme beaucoup d'adresses sur South Beach. Il y en a pour tous les goûts, avec par exemple, les pâtisseries françaises du Café des Fleurs, les assiettes de pâtes de Pesto Italian Cuisine, les burgers de Vice Burger ou les bowls *healthy* de Fresh Garden Bowls.

THE RESTAURANT AT THE PALMS €€

3025 Collins Avenue
✆ +1 305 908 5458
https://www.thepalmshotel.com
Tous les jours pour le petit-déjeuner, le déjeuner et le dîner. Plat à partir de 17 US$ le midi et 25 US$ le soir.

Au sein du très bel hôtel The Palms, ce restaurant accommode des ingrédients bio, locaux et ultra frais dans des plats très floridiens qui sauront charmer votre palais. On apprécie particulièrement l'ambiance de Floride d'autrefois qui règne sur la superbe terrasse en bois ou au bord de la piscine. Côté menu, on se délecte de tagliatelles maison aux fruits de mer, de filet mignon ou d'une généreuse côte de boeuf à partager. Le dimanche, place au brunch !

TIME OUT MARKET €€

1601 Drexel Avenue
✆ +1 786 753 5388
Lundi au jeudi + dimanche : 9h-22h, jusqu'à 23h le vendredi et samedi. Paiement par carte bancaire uniquement.

Un nouveau food-hall pour South Beach ! Time Out Market, c'est près de 1700 m² réunissant le meilleur de la scène gastronomique de Miami, pour le plus grand bonheur des *foodies* ! Des crèmes glacées d'*Azucar !* au poulet frit de *Chick'n Jones* en passant par les burgers de *Little Liberty*, il y en a pour tous les goûts. On apprécie le style industriel et le côté convivial avec les grandes tables et bancs en bois placés du centre. Chacun peut choisir son plat sur l'un des stands, et tout le monde se retrouve pour partager le repas. Le tout à moins de 1 min de la plage.

VILLA AZUR €€€

309 23rd Street
✆ +1 305 763 8688
www.villaazurmiami.com
Ouvert du mercredi au dimanche de 18h30 à tard dans la nuit. A partir de 65 US$ sans le vin.

Avec son grand patio arboré et sa décoration chic, le Villa Azur vous transporte dans l'ambiance de la French Rivera. La carte offre des propositions raffinées aux influences françaises et méditerranéennes, comme les *arancini* au homard, le filet mignon ou la sole meunière. Autre incontournable, les pâtes à la meule flambées au cognac, préparées devant vous. Le personnel, dont une grande partie parle français, est aux petits soins. Si vous souhaitez vivre une soirée de fête *so Miami*, rendez-vous le jeudi : la musique bat son plein et l'ambiance est à son climax.

BOURBON STEAK €€€

19999 W.Country Club Drive
✆ +1 786 279 6600
www.bourbonsteakmia.com
Ouvert de 18h à 22h du dimanche au mercredi, jusqu'à 23h vendredi et samedi. Comptez 60 US$ le repas.

Voici un *steakhouse* qui ravira les amateurs de bonnes viandes ! Tous les steaks du restaurant, quelle que soit leur provenance, sont issus d'élevages 100 % bio qui n'ont jamais été nourris aux hormones. Ajoutez à cette excellente qualité du bœuf les talents du très brillant chef Gabriel Fenton, une déco contemporaine chic, et vous obtenez un des meilleurs *steakhouses* de Miami. Alors oui, c'est un peu cher, mais vous vivrez une belle expérience culinaire dont votre palais se souviendra longtemps ! Bon à savoir : le lieu propose également poissons et fruits de mer.

BURGERS & SHAKES €

7401 Collins Avenue
✆ +1 305 866 1145
www.burgers-and-shakes.com
Ouvert de 11h à 4h du matin.
Burger + frites : à partir de 11,95 US$.

C'est dans ce petit restaurant au cadre simple que vous pourrez manger l'un des meilleurs burgers de la ville. La carte est courte mais efficace, les ingrédients sont frais et la viande de bœuf Angus très tendre. On vous conseille le *Classic Cheeseburger* ou le *Chicken & Avocado Burger* avec poitrine de poulet grillée, fromage suisse, bacon, avocat, tomate fraiche et roquette. Les végétariens ne seront pas en reste car un burger 100 % *veggie* est au menu. Vous pourrez aussi déguster un hot dog ou une salade. Très bon rapport qualité/prix.

CAFÉ CRÈME €

750 NE 125th Street
✆ +1 786 409 3961
cafecrememiami.com
Ouvert du mardi au dimanche de 8h à 22h. Plat de 6 à 15 US$. Happy hour de 17h à 19h du mardi au vendredi.

Ce café tenu par les Français Corentin Finot et Claude Postel propose des plats rapides typiquement français comme des quiches, des tartines ou des sandwichs baguette. Vous trouverez également un large choix de salades. Mais ce n'est pas tout ! Si vous ne souhaitez pas manger sur le pouce, vous pouvez vous tourner vers les plats chauds maison comme les lasagnes ou le filet-mignon. Une bonne adresse pour manger sainement et à prix corrects dans le nord de Downtown. Profitez-en pour visiter le MOCA (Museum of Contemporary Art) situé à proximité.

CAFÉ PRIMA PASTA €€

414 71st Street
✆ +1 305 867 0106
www.primapasta.com
Ouvert du lundi au samedi de 16h30 à 23h, le dimanche de 16h à 22h30. Comptez 25 US$ le repas.

Dans un bistrot aux airs de bar de nuit, avec lumières tamisées et musique festive en fond sonore, vous vous régalerez de bons petits plats typiquement italiens. L'atmosphère est conviviale et la cuisine savoureuse. La *mama* des propriétaires d'origine italienne n'aurait pas à rougir des plats préparés ici, c'est certain. On vous recommande tout particulièrement les *Black Linguini Seafood* et les *Fiocchi Rapera*. Ne manquez pas d'observer les photos en noir et blanc des stars qui sont venues manger sur place (une petite salle leur est réservée).

CARPACCIO €€

9700 Collins Avenue
✆ +1 305 867 7777
www.carpaccioatbalharbour.com
Ouvert de 11h30 à 23h tous les jours. Plat à partir de 22 US$.

Dans un cadre chic et élégant, ce restaurant situé à l'entrée du luxueux centre commercial de Bal Harbour propose des spécialités italiennes traditionnelles avec la part belle laissée à la *pasta*, aux *pizze* cuites au feu de bois et aux onctueux carpaccios. Vous pouvez vous installer dans la belle salle ou en terrasse pour admirer les voitures de luxe qui arrivent au niveau du Valet parking ou pour observer les éventuels people qui seraient vos voisins de table. Leonardo DiCaprio, Serena Williams ou Will Smith seraient des habitués des lieux... Alors ouvrez l'œil !

IL MULINO NEW YORK €€€

17875 Collins Avenue
✆ +1 305 466 9191
www.ilmulino.com/miami
Du lundi au dimanche pour le petit-déjeuner et le dîner, du lundi au samedi pour le déjeuner. Plat à partir de 31 US$.

Dans cet établissement chic au sol en moquette pourpre et au mobilier de bois sombre, vous serez directement transporté en Italie, dans les Abruzzes. Les ingrédients et les plats 100 % italiens, bien présentés, sont directement à l'origine de cette invitation au voyage gustatif. Une très belle adresse pour les amateurs de cuisine italienne authentique, avec en prime une très belle vue sur l'océan depuis la terrasse. Le menu du midi à prix fixe offre un très bon rapport qualité/prix et permet de profiter du cadre tout en restant raisonnable niveau budget.

KITCHEN 305 €€

16701 Collins Avenue
✆ +1 305 749 2110
www.newportbeachsideresort.com
Ouvert du mercredi au dimanche de 17h30 à 22h. Plat à partir de 17 US$.

Malgré son cadre kitsch, un peu vieillot avec ses lumières tamisées bleutées, ce restaurant est une véritable perle culinaire. La cuisine du chef Thomas Russo est à la fois très américaine mais avec une bonne touche floridienne, d'où une carte variée avec poissons, fruits de mer et viandes grillées. Du mercredi au dimanche soir, découvrez également une offre spéciale à prix doux : poisson grillé entier le vendredi, homard et filet mignon le samedi... Une adresse unique en son genre à Miami. La plage de Sunny Isle est à deux pas pour une balade après le dîner.

LOS FUEGOS BY FRANCIS MALLMANN €€€

3201 Collins Avenue ✆ +1 786 655 5600
www.faena.com/miami-beach/dining
Petit-déjeuner : 7h-11h. Déjeuner : 12h-16h. Dîner : 18h30-22h30, jusqu'à 23h vendredi et samedi. Plat : 45 US$ environ.

Francis Mallmann est un chef argentin célèbre qui maîtrise particulièrement l'art des grillades, une spécialité traditionnelle dans son pays d'origine. Dans le restaurant chic de l'hôtel Faena, il prépare des spécialités de viande argentine au bon goût fumé, mais les assiettes se veulent plus élégantes et contemporaines qu'elles ne le seraient au cœur de la pampa. Ici, on cuisine aussi bien à la plancha qu'au four à bois et au grill ! Une bonne adresse pour les amateurs de viande !

MAKOTO €€

9700 Collins Avenue
✆ +1 305 864 8600
makoto-restaurant.com
Ouvert tous les jours de 11h30 à 23h. Plat : 25 US$ environ.

Dans le très chic centre commercial Bal Harbour Shops, le Makoto propose une cuisine japonaise à la fois authentique et créative. Vous n'y trouverez pas que des *sushis*, mais aussi des nouilles *ramen*, de salades ainsi que des *tempuras*. La spécialité du chef Makoto Okuwa c'est surtout des plats de viandes ou de poissons préparés à l'occidentale, qu'il retravaille en y incorporant des ingrédients 100 % japonais. Les Bento au poulet, au saumon ou avec des sushis sont une très bonne idée pour découvrir plusieurs saveurs. Un lieu agréable entre 2 sessions de shopping.

NEYA RESTAURANT €€

9491 Harding Avenue ✆ +1 305 452 0768
www.neyarestaurant.com
Ouvert du dimanche au jeudi de 18h à 23h, vendredi et samedi jusqu'à minuit. Assiettes à partager à partir de 13 US$.

Au sein d'un bâtiment Art déco, dans un cadre chic et boisé où trône un immense bar surplombé d'énormes bocaux de légumes marinés, vous dégusterez des assortiments de *mezze* dans la plus pure tradition israélienne avec une touche savante de modernité apportée par le chef Ben Siman Tov. Garnissez votre table de houmous, aubergines grillées, *borek* ou encore *matbucha* (salade de tomates et poivrons grillés), à déguster accompagnés de délicieux pains pita. Cocktails et desserts créatifs complètent cette expérience culinaire dépaysante. Une excellente adresse à Surfside.

PARADIS BOOKS & BREAD €

128,1 W Dixie Highway
http://pbb.cafe/
Dimanche, lundi et jeudi de 11h à 22h, jusqu'à minuit le vendredi et samedi. Fermé mardi et mercredi. À partir de 3 US$.

Coup de cœur pour cette adresse intimiste, véritable pépite à des années lumières de l'image jet-set que peut avoir Miami. On y déjeune de savoureux petits plats accompagnés d'un pain réalisé sur place avec une farine moulue sur pierre. En fin de journée, on s'attable en terrasse pour siroter un verre de vin de petit producteur soigneusement sélectionné. La particularité du lieu : les étagères garnies d'ouvrages publiés par de petites maisons d'édition sur des thèmes tels que les *black studies* ou la théorie critique. Une adresse où l'on referait bien le monde.

RICE ASIAN HOUSE & SUSHI BAR €

17100 Collins Avenue ✆ +1 305 944 1185
www.riceasianhouse.com
Ouvert du lundi au samedi de 11h30 à 22h30, le dimanche de 13h à 21h30. Comptez 15 à 25 US$ le repas.

Un petit restaurant de quartier qui ne paye pas de mine de l'extérieur mais qui propose depuis sa création en 2008 une cuisine asiatique fusion laissant la part belle aux sushis et aux rolls. Le rapport qualité-prix est très bon, la présentation élégante et le service attentif. Au menu, vous trouverez également différents curry servis avec du riz au jasmin (curry rouge, curry vert...), du riz frit aux fruits de mer ou encore des pad thaï et des *bento boxes* pour le déjeuner.

AREA 31 €€€

270 Biscayne Boulevard ✆ +1 305 424 5234
area31restaurant.com

De 7h à 11h (pdj). Dîner : dim. au mer. (18h-22h), 23h du jeudi au sam. Brunch le w-e. Plat : à partir de 40 US$.

Un restaurant de poissons et fruits de mer de style contemporain, avec une vraie touche US. Tous les poissons proviennent de Fishing Area 31, une zone de pêche écologique, qui explique aussi le nom du restaurant. Certains produits sont même cultivés dans le jardin du restaurant ! La terrasse au 13e étage offre une très belle vue sur « la skyline de Downtown », c'est-à-dire sur la ligne que forment les gratte-ciel de Downtown à l'horizon. En résumé, c'est une adresse de renom à ne pas manquer si votre budget vous le permet, à découvrir à toute heure de la journée.

BAYSIDE MARKET PLACE €

401 Biscayne boulevard
✆ +1 305 577 3344
www.baysidemarketplace.com

Du lundi au jeudi de 10h à 22h, du vendredi au dimanche de 11h à 23h. Vérifier les horaires de chaque restaurant.

Cet énorme centre commercial offre la plus grande concentration et la plus large sélection de restaurants dans le quartier : sushi, pizza, cuisine thaïe, indienne, mexicaine, californienne, du Sud-Ouest… dont des grandes chaînes de restauration bien connues. C'est dire l'importance commerciale de ce Bayside Marketplace, bâtie par les promoteurs qui ont aménagé les bords des quais à Boston, New York et Baltimore. Il n'en reste pas moins que c'est un lieu très agréable, en front de mer, avec une vue panoramique sur la Baie de Biscayne.

CAFÉ BASTILLE DOWNTOWN €€

248 SE 1st Street
✆ +1 7864253575
www.cafebastilledowntown.com

Lundi au vendredi : 8h-16h. Samedi et dimanche : 8h-18h. Plat : 16 US$ environ. Pas de réservation.

Après des années dans la restauration à Paris, Estelle et Ben ont une frustration : impossible de découvrir de nouveaux brunchs parisiens en travaillant le week-end ! C'est pourquoi au Café Bastille, le brunch, c'est tous les jours ! Au cœur de Downtown, vous pourrez déguster l'une de leurs spécialités comme les croissants bénédictes au saumon, d'incroyables pancakes aux myrtilles ou encore le fameux pain perdu au Nutella. En plus, le cocktail Mimosa est à volonté ! On nous souffle à l'oreillette qu'une nouvelle adresse va bientôt ouvrir ses portes à South Beach.

CANTINA LA VEINTE €€

495 Brickell Avenue
✆ +1 786 623 6135
www.cantinala20.com

Lundi-jeudi : 12h30-minuit. Ven : 12h30-1h. Sam : 12h-1h. Dim : 11h-minuit. Résa recommandée. 40 à 45 US$ le repas.

C'est LE restaurant mexicain de Miami et un gros coup de cœur ! On vous recommande vraiment d'aller y dîner au moins une fois. Dans cette belle salle dotée de hauts plafonds, parsemée de clins d'œil à l'architecture Art déco mexicaine, on se régale de plats typiques et faits maison. Pendant votre repas, un groupe de mariachis viendra pousser la chansonnette à votre table, à vous de choisir le titre (pourboire attendu) et vous voilà vraiment transporté au Mexique. Enfin ne manquez pas de goûter aux cocktails à base de tequila ou au mezcal !

LA CARRETA €€

3632 SW 8th Street
✆ + 1 305 444 7501
lacarreta.com

Ouvert du lundi au dimanche de 8h à 23h. Sandwich : 10 US$ environ. Plat : 12 US$ environ.

Un très bon restaurant cubain de Calle Ocho au cadre simple dont le nom espagnol signifie « chariot » en référence à un moyen de transport typique du monde paysan cubain. Vous pourrez y manger toutes les spécialités cubaines possibles et imaginables, à base de poisson, poulet ou fruits de mer, ainsi qu'une large variété de sandwiches dont le fameux *cuban sandwich* (jambon, porc rôti, fromage suisse, moutard et pickles). Si vous avez encore de la place pour le dessert, ne manquez pas le typique *dulce de leche*, un délicieux pudding préparé comme à Cuba.

CASA JUANCHO €€

2436 SW 8th street ✆ +1 305 642 2452
www.casajuancho.com

Ouvert du dimanche au jeudi de 12h à 22h, vendredi et samedi jusqu'à 23h. Fermé le lundi. Plat à partir de 30 US$.

Casa Juancho est spécialisé dans les cuisines cubaine et espagnole, cette dernière étant sans doute l'une des meilleures de Miami dans ce restaurant. On peut autant manger du poisson que de la viande et surtout partager à plusieurs une généreuse paella aux fruits de mer ou en version végétarienne. Le menu propose également une vaste sélection de tapas comme les traditionnelles *croquetas de la abuela* ou *tortilla a la Española* : convivialité assurée ! Des musiciens accompagnent parfois les soirées et le cadre, une maison en pierre, met aussi dans l'ambiance.

CVI.CHE 105 DOWNTOWN €€

105 N.E. 3rd Ave ✆ + 1 305 577 3454
www.ceviche105.com

Ouvert du dimanche au jeudi de 12h à 22h, vendredi et samedi jusqu'à 23h. Ceviche à partir de 16,95 US$.

Le *ceviche* est une spécialité péruvienne qui fait fureur à Miami et vous voici dans le temple de cette spécialité péruvienne ! En effet, comme l'annonce le nom du restaurant, ici vous pourrez déguster une multitude de préparations de *ceviche* concoctées par le chef Juan Chipoco. Les recettes de ce plat de poisson cru mariné qu'on peut préparer avec différentes sauces sont en effet variables à l'infini, ou presque. En outre, le cadre *design et contemporain* est aussi chaleureux grâce au plafond végétalisé. Un paradis pour les amateurs de poisson et de fruits de mer !

EL NUEVO SIGLO €

1305 SW 8th Street
✆ +1 3058541916
www.elnuevosiglousa.com

Ouvert de 7h à 21h. Restaurant situé à l'intérieur du supermarché. Plat : 7-15 US$ environ. Café cubain : 1,60 US$.

Si vous êtes à la recherche d'un lieu authentique pour déguster des plats traditionnels cubains entouré de locaux, vous pouvez pousser la porte de ce supermarché de quartier pour découvrir l'un des meilleurs rapports qualité-prix de la Calle Ocho. Vous aurez le choix entre les plats du jour comme le poulet rôti, les ribs de porc ou le poisson, servi avec 3 (!) accompagnements, à moins que vous ne goûtiez au fameux *Cuban sandwich*. Poursuivez par un flan coco avant de terminer par un café cubain (sucré lors de l'extraction). Copieux, insolite et délicieux !

DOCE PROVISIONS €€

541 SW 12th Avenue
✆ +1 786 452 0161

Du mercredi au dimanche de 17h à minuit. Plat : 25 US$ environ.

Ce qui nous charme tout d'abord chez Doce Provisions, c'est la vaste terrasse verdoyante ponctuée de fresques et éclairée à la lumière des guirlandes. Puis arrive la découverte de la carte qui révèle une cuisine d'inspiration cubaine authentique, savoureuse et généreuse. Les plats sont réalisés à partir de produits locaux et de saison. On craque pour le poulet frit et sa gaufre sauce goyave et miel ou pour le le Mahi-Mahi (poisson floridien) à la noix de coco et à la mangue. La part de gâteau à la coco, au rhum et au *tres leches* achève de nous convaincre.

FI'LIA €€

1300 South Miami Avenue
✆ +1 305 912 1729

Du lundi au vendredi pour le déjeuner, du lundi au dimanche pour le petit déjeuner et le dîner. Plat à partir de 15 US$.

Ce restaurant situé au sein de l'hôtel SLS Brickell propose une cuisine italienne authentique à base de produits frais. La décoration, agréablement boisée et végétalisée, fait que l'on se sent bien tout de suite. Les pâtes et le pain sont faits maison, et les pizzas cuites au feu de bois dans la cuisine ouverte. Moyennant un petit supplément, il est possible de commander des plats en version *gluten free*. La formule midi (lundi au jeudi) est un vrai bon plan pour déguster des plats savoureux à prix doux. Une adresse chaleureuse au milieu des buildings de Brickell.

EDGE STEAK & BAR €€

1435 Brickell Avenue ✆ +1 305 381 3190
www.edgesteakandbar.com

Ouvert tous les jours de 7h à 22h. Brunch le dimanche. 34 US$ le menu midi en semaine, plat à partir de 32 US$ le soir.

Dans un cadre sophistiqué, ce *steakhouse* propose une cuisine moderne où la viande est savoureuse et les portions consistantes et raisonnables à la fois. Les recettes des plats sont créatives et originales. Nous vous recommandons particulièrement le *brunch* pantagruélique du dimanche qui a été primé pour sa grande qualité, bien qu'il faille y mettre un certain prix. Il faut dire que rien ne manque, y compris les huîtres et le champagne mimosa. Un menu spécial coucher du soleil est également disponible en semaine de 17h à 20h, parfait pour profiter de la terrasse.

GARCIA'S SEAFOOD GRILLE & FISH MARKET €€

398 NW North River Drive ✆ +1 305 375 0765
www.garciasmiami.com

Ouvert du dimanche au jeudi de 11h à 22h, jusqu'à 22h vendredi et samedi. Plat à partir de 15 US$.

Installé au bord de la Miami River depuis près de 50 ans, ce restaurant propose de délicieuses spécialités de poissons et de fruits de mer, dont de savoureuses grillades. La fraîcheur est incomparable puisque les poissons proviennent directement des bateaux de pêche de Garcia's. Sont à découvrir soupes variées, homard, *stone crab* ou encore crevettes à la créole. Vous apprécierez de savourer votre repas sur la terrasse avec vue sur la River. Un endroit bien connu des locaux à Downtown.

GRAZIANO'S €€

177 SW 7th Street ✆ +1 305 860 1426
www.grazianosgroup.com
Lundi au jeudi (8h-15h et 17h-22h), jusqu'à 23h30 le ven. Samedi : 12h-23h30, dim : 12h-22h. Plat à partir de 18 US$.

Un des meilleurs restaurants argentins de Miami. L'histoire débute à Buenos Aires en 1962 lorsque Mario et Maria Graziano ouvrent leur boucherie. Trois générations plus tard, la saga familiale se poursuit à Miami avec six *markets* et quatre restaurants. On vous recommande le *carpaccio* de bœuf, la *buratta* ou les *empanadas au bœuf et au poulet* en entrée, avant de poursuivre avec des grillades de viande argentine bien sûr ! Les bœufs sont élevés dans le ranch familial en Argentine, et la viande maturée 21 jours minimum. Les amateurs seront aux anges !

LUNG YAI THAI TAPAS €

1731 SW 8th Street
✆ +1 786 334 6262
www.lungyai.com
Mardi au jeudi (12h-15h et 17h-22h), jusqu'à 23h vendredi et samedi. Le dimanche de 16h à 22h. Plat à partir de 12 US$.

Un tout petit restaurant thaïlandais qui fait figure d'ovni au milieu de la très cubaine Calle Ocho ! Mais c'est vraiment délicieux et pas cher du tout. Nous vous conseillons de goûter les nouilles au porc et au crabe, préparées sous vos yeux dans la cuisine ouverte. Autre option, le pad thaï qui mettra tout le monde d'accord avec ses diverses options (crevette, végétarien, poulet, tofu, boeuf ou porc). Il est très agréable de déjeuner sur la petite terrasse en observant l'animation de la Calle Ocho. Un vrai bon plan que seuls les locaux habitués connaissent !

JACKSON SOUL FOOD €

950 NW 3rd Avenue
✆ +1 305 374 7661
www.jacksonsoulfood.com
Ouvert du mercredi au dimanche de 6h à 14h. Plat à partir de 10 US$.

Une adresse emblématique du quartier d'Overtown, fréquentée par les familles locales depuis des dizaines d'années. Si c'est une bonne adresse pour un petit déjeuner à l'américaine, on préfère s'y rendre à l'heure du déjeuner pour goûter à la *soul food,* cette cuisine réconfortante issue des traditions culinaires afro-américaines. Par exemple : poulet ou crevettes panés servis avec haricots rouges et pain de maïs, *chitterlings* (beignets à base d'intestin grêle de porc), *green collards* (choux cuits) ou *black eyed peas* (ou cornilles). Assiettes très copieuses !

LA MAR BY GASTON ACURIO €€

500 Brickell Key Drive ✆ +1 305 913 8358
www.mandarinoriental.com/miami
Tous les jours de 7h à 11h (pdj) et du dim. au jeudi de 18h à 23h, minuit vendredi et samedi. Plat : à partir de 34 S$.

Dans un cadre très contemporain avec une magnifique terrasse donnant sur la baie de Biscayne et la *skyline* de Miami, vous dégustez une cuisine péruvienne revisitée avec beaucoup de créativité par le chef Gaston Acurio. On a beaucoup aimé le bar à *ceviches* pour goûter à des saveurs inoubliables comme le *ceviche* de poulpe à l'olive. Mais aussi le mix d'influences asiatiques et péruvienne dans les plats tels que les *anticucheros* végétariennes (brochettes de légumes) ou le filet de bar et sa sauce au beurre miso. Réservez si possible une table sur la terrasse !

LOS PINARENOS FRUTERIA €

1334 SW 8th Street
✆ +1 305 285 1135
Du lundi au samedi de 8h à 17h. Le dimanche jusqu'à 15h. Comptez 5 US$ le jus ou les quelques fruits.

Une épicerie authentique et familiale avec de nombreux étals de fruits exotiques et locaux au cœur de Calle Ocho. L'idéal pour faire une pause *healthy* en s'achetant quelques fruits à grignoter mais ce qu'on a adoré, c'est surtout le jus de canne à sucre typiquement cubain fait devant nos yeux avec une machine artisanale, comme on le fait encore à Cuba. C'est un vrai délice et un très bon rafraîchissement. Vous pourrez aussi goûter des jus de fruits exotiques, de l'eau de coco à même le fruit, du vrai café cubain ou bien des mojitos sans alcool.

MARION MIAMI €€

1111 SW 1st Avenue
✆ +1 786 717 7512
marionmiami.com
Mardi et mercredi de 19h à 1h, jeudi à samedi de 19h à 3h. Comptez 35 US$ le repas.

Dans un très joli cadre avec une décoration feutrée et un long bar, on se régale de spécialités d'inspiration japonaise (sushis, sashimis, rolls...) et de grillades savoureuses. Le lieu offre plusieurs salles aux ambiances différentes selon notre food. L'ambiance ne manque pas, tout particulièrement le jeudi soir lors de la *Thursday Marion Soirée* avec DJ et musique live. *So Miami !* Le mardi soir, on ne manque pas le *Lobster Tuesday* où le roi des crustacés est décliné sous de multiples formes : *tempura*, *ceviche*, *lobster roll* ou entier façon Thermidor.

OLD'S HAVANA CUBAN BAR & COCINA €

1442 SW 8th Street ✆ +1 786 518 2196
www.oldshavana.com
De 11h à 23h tous les jours, jusqu'à minuit le samedi. Plat : 14 US$ environ. Happy hour du lundi au vendredi (16h-20h).

Si vous avez envie de faire une pause déjeuner dans un restaurant typiquement cubain où vous pourrez vous régaler à prix doux, notamment avec un excellent sandwich cubain, ne cherchez pas plus loin, vous êtes à la bonne adresse ! Installez-vous au niveau du patio pour un peu d'air frais dans une atmosphère très *cosy*. En prime, les coqs sauvages du quartier vous tiendront compagnie. Le lieu est aussi particulièrement prisé au moment de l'*happy hour*. Une ambiance comme on les aime !

LA PLACITA €€

6789 Biscayne Boulevard
✆ +1 305 400 8173
www.laplacitamiami.com
Ouvert du mercredi au samedi de 12h à 23h, jusqu'à 22h le dimanche. Plat à partir de 19 US$.

C'est le tout premier restaurant portoricain de Miami et vous ne pouvez pas le rater avec sa façade sur laquelle est un immense drapeau de Porto Rico ! L'association de préservation du MiMo, le quartier où se trouve le restaurant souhaite toutefois le retrait de cette fresque qui dénaturerait le quartier... A l'heure où on termine ce guide, elle est toujours là. En cuisine, le talentueux chef portoricain Jose Mendin prépare de bons petits plats typiques et savoureux : poissons grillés, *croquetas, empanadillas*... à déguster dans un cadre coloré et décontracté.

PUBELLY SUSHIS €€

701 South Miami Ave ✆ +1 786 899 5043
www.pubbellyglobal.com
Ouvert du dimanche au jeudi de 11h30 à 23h, vendredi et samedi jusqu'à minuit. Comptez entre 25 et 30 US$ le repas.

Dans un cadre urbano-chic, au quatrième étage du très design Brickell City Centre, vous découvrirez une cuisine nippone tendance fusion latino et des sushis aux recettes originales élaborées par le talentueux chef Jose Mendin. Pubelly Sushi a remporté le prix *Best Sushi* décerné par le *Miami New Times* en 2020. L'*happy hour* est l'occasion de découvrir à prix doux les sakés et la bière de la maison, la Yoshitomo Blonde Ale. Coup de cœur pour les *Korean Chicken and Waffles* du brunch dominical. Egalement 3 autres adresses à Miami dont Miami Beach et Aventura Mall.

QUINTO LA HUELLA €€

788 Brickell Plaza ✆ +1 786 805 4646
www.quintolahuella.com
Dim. au jeudi (7h-22h30) ; ven. et sam. jusqu'à 11h. Brunch le w-e. Plat : dès 32 US$. Buffet midi en semaine : 21 US$.

Dans ce restaurant de l'hôtel East, on se régale de spécialités péruviennes et latino-américaines. Mention spéciale pour les grillades de viande qui sont vraiment tendres et savoureuses, préparées dans un four *made in* Uruguay. La terrasse entourée de gratte-ciel dans le quartier de Brickell est un endroit *trendy chic*, on y dîne en profitant des lumières de Miami *by night* et de la douce brise floridienne. Le midi en semaine, la formule buffet à volonté « Chef's Table » est un vrai bon plan. Il est conseillé de réserver au moins la veille pour s'assurer une table.

SEASPICE €€€

422 NW River North River Drive
✆ +1 305 440 4200
seaspicemiami.com
Ouvert du mardi au dimanche de 12h à à minuit. Comptez au minimum 50 US$ le repas.

Installé au bord de la Miami River, ce restaurant fait fureur auprès des *beautiful people* et de la *jet-set* locale. Dans l'assiette, des spécialités de la mer revues à la sauce contemporaine minimaliste vous attendent. C'est assez cher globalement mais le *show off* a un prix à Miami... Il est très agréable de déjeuner en terrasse car elle donne sur la rivière et on a le sentiment d'être sur un bateau. Le brunch du week-end est l'un des plus courus de Miami, et des soirées à thème sont régulièrement prévues. Une belle adresse bling-bling qui séduira les amateurs.

TACOS EL PORKY €

16 W Flagler Street ✆ +1 305 359 7997
http://tacoselporky.com
Ouvert du dimanche au jeudi de 12h à 22h, vendredi et samedi de 12h à minuit. Tacos à partir de 4 US$.

Comme son nom l'indique, ce petit restaurant sobrement décoré dont l'enseigne est flanquée d'un gentil petit cochon propose des tacos... et uniquement des tacos ! La spécialité : le tacos *Al Pastor* dont la viande de porc agrémentée de sauce salsa et d'ananas frais est cuite à la broche sous vos yeux, de la même manière qu'un kebab. À accompagner de *guacamole* et de chips tortillas. Fort du succès de cette première adresse, El Porky vient d'ouvrir ses portes à New York. Un établissement authentique qui garantit à vos papilles un aller simple pour le Mexique !

LA TAVERNA CALLE OCHO €€

1652 SW 8th Street
✆ +1 305 456 7279
Ouvert le lundi de 9h à 17h, du mardi au dimanche de 11h à 23h. Comptez 25 US$ le repas.

Un très joli restaurant méconnu sur la célèbre Calle Ocho dans Little Havana. C'est sûrement parce qu'il est installé dans une galerie d'art ! C'est celle de l'artiste cubain Agustín Gainza. On y mange de bonnes spécialités cubaines accompagnées d'un mojito sur une grande table en bois centrale, à la bonne franquette, ou encore des tapas espagnoles. Le cadre, intimiste et chaleureux, est coloré grâce aux nombreuses toiles et sculptures de l'artiste exilé de Cuba depuis des années déjà. Mention spéciale pour le bar aux couleurs flashy au fond de la salle.

UNION CAFE & RESTAURANT €

120 S.E. 3rd Avenue
✆ +1 305 374 8444
www.unioncafe.menu
Ouvert du lundi au vendredi de 11h à 15h. Plat à partir de 10 US$.

Si vous avez envie d'un burger juteux préparé avec des ingrédients frais, vous êtes à la bonne adresse. Pour 10,5 US$, vous vous régalerez avec le Classic burger accompagné de frites croustillantes à souhait. Vous pourrez aussi choisir parmi l'une des 10 généreuses salades : thaïe, grecque, Caesar... Vous êtes plutôt d'humeur à déguster un plat aux saveurs latines ? Alors les *fajitas* et les *quesadillas* vous tenteront probablement. Avec un service attentif en prime. Depuis 2001, c'est le bon plan de Downtown pour un déjeuner à prix doux sans lésiner sur la qualité.

TEA ROOM €€

788 Brickell Plaza ✆ +1 786 805 4655
www.easthotels.com/en/miami
Mer. et dim : 18h-1h. Jeudi, vendredi et samedi : 18h-3h. Asian Night Brunch du jeudi au samedi (18h-23h) : 88 US$/pers

Au 40e étage de l'hôtel ultra moderne East, en plein centre de Brickell, se trouve un vrai petit bijou avec une vue splendide sur Brickell et Downtown Miami. Outre les séduisants cocktails, Tea Room propose un concept novateur du jeudi au samedi : un *Asian night brunch* soit un brunch asiatique *by night*. Vous pourrez choisir cinq plats, au croisement de Hong Kong, de la Chine, du Japon et de l'Amérique latine, avec Prosecco, bière ou encore vin à volonté. Le tout accompagné par une musique jazz en *live*, avant qu'un DJ ne prenne le relais. Une expérience unique !

VERSAILLES €

3555 SW 8th street
✆ +1 305 444 0240
www.versaillesrestaurant.com
Du lundi au jeudi de 8h à minuit, vendredi et samedi jusqu'à 1h, le dimanche de 9h à minuit. Plat : 15 US$ environ.

Sur la Calle Ocho depuis 1971, Versailles est considéré comme l'un des meilleurs restaurants cubains de Miami. D'ailleurs, il est surtout fréquenté par la communauté cubaine. Le cadre est insolite avec une pseudo architecture française déployée dans une salle décorée de verre, de chandeliers et de miroirs. Si le porc est la spécialité de la maison, vous pourrez déguster des *ceviches* de poisson, du poulet sous toutes ses formes et des sandwichs. Chaque jour de la semaine apporte aussi son lot de plats. Le pain, les pâtisseries et les glaces sont faits maison.

TERRAS €€

528 SW 9th Avenue
✆ +1 3052041793
www.lifehousehotels.com
Du lundi au dimanche : 8h-11h et mercredi-jeudi : 16h-minuit ; vendredi-samedi : 16h-2h. Plat : 15 US$ environ.

Le toit du très bel hôtel Life House Little Havana cache une surprise de taille : un *rooftop* végétalisé offrant une vue incroyable sur les *buildings* de Downtown. L'atmosphère et les saveurs évoquent la chaleur de l'Amérique du Sud et des Caraïbes. On vient déguster un cocktail « La Exploradora » (tequila, agrumes, curaçao, sirop d'agave) en partageant un *ceviche* de crevettes suivi d'un burger original rehaussé de confiture de goyave. Encore plus magique à la nuit tombée avec l'ambiance musicale offerte par le DJ ! On peut aussi y prendre le petit-déjeuner.

ZUMA €€€

270 Biscayne Boulevard Way
✆ +1 305 577 0277 – zumarestaurant.com
Lundi au jeudi : 18h-23h. Vendredi jusqu'à minuit. Week-end : 11h-14h30 / 18h-00h, 23h le dim. 50 US$ environ le repas.

Zuma est une célèbre chaine de restaurants spécialisés dans la cuisine japonaise, que l'on trouve aussi à Dubaï, Londres, Hong Kong ou encore Istanbul. La spécialité du Zuma, c'est l'*izakaya*, les tapas japonaises en quelque sorte, puisque ce sont de petites entrées très raffinées à partager entre amis. Vous pouvez ainsi commander des assiettes au fur et à mesure. Outre les sashimis et tempura, la carte propose des plats signature comme le *gin-dara no saikyo yaki* (cabillaud mariné dans une sauce saikyo). Une très bonne adresse japonisante au cœur de Brickell.

ARIETE €€

3540 Main Highway
✆ +1 305 640 5862
www.arietecoconutgrove.com
Dimanche au jeudi de 18h à 22h, vendredi et samedi jusqu'à 23h. Brunch le dimanche de 11h à 15h. Plat de 31 à 95 US$.

Dans un cadre chaleureux et rétro, vous vous régalerez chez Ariete avec des plats de la nouvelle cuisine de Miami, créative et à base de bons produits issus de Floride et d'ailleurs. Le chef Michael Beltran est très inspirant, il a d'ailleurs été nommé « Meilleure chef du Sud » en 2020 et 2022. Lors de notre passage, on a ainsi pu tester le foie gras assorti de bananes plantains ou encore la charcuterie maison. Mention spéciale pour le *canard à la presse* (à partager) : Ariete est l'un des seuls restaurants des USA à utiliser cet instrument de la cuisine française.

ATCHANA'S HOMEGROWN THAI €

3194 Commodore Plaza
✆ +1 305 774 0404
https://atchanas.com
Ouvert du dimanche au jeudi de 12h à 22h, vendredi et samedi de 12h à 23h.

Ce restaurant lumineux sert une très bonne cuisine qui mélange les influences de l'Est et de l'Ouest ; en d'autres termes, une cuisine fusion qui fait la part belle aux recettes thaïlandaises mariées avec quelques saveurs des Caraïbes. Parmi les plats : raviolis asiatiques, *Pad See Ew* (nouilles de riz, œuf, brocolis sauce soja), filet de mérou floridien au curry... Pour la touche sucrée, on opte pour les donuts thaïs coco-caramel-chocolat et un café glacé thaï à la cardamome. De quoi satisfaire tous les palais. Sympathique, la petite terrasse à même les pavés.

AYESHA INDIAN FINE DINING €€

328 Crandon Blvd
✆ +1 786 953 4761
https://ayeshagroupmiami.com
Ouvert du mardi au dimanche de 11h30 à 14h45 et de 17h à 22h. Plat : 24 US$ environ.

Les restaurants indiens ne sont pas si fréquents à Miami, celui-ci mérite donc notre attention. Commençons le repas en partageant des crevettes à l'ail et des samoussas végétariens. Poursuivons avec l'un des nombreux plats cuits dans un tandoor (four traditionnel en terre) : poulet tikka, poisson tandoori ou côtelettes d'agneau, accompagnés par un *cheese naan*. À noter que la carte offre aussi des options végétariennes. Les desserts au miel et aux noix achèvent ce voyage culinaire.

LE BOUCHON DU GROVE €€

3430 Main Highway
✆ +1 305 448 6060
www.lebouchondugrove.com
Ouvert du mercredi au samedi de 11h30 à 21h. Dimanche : 8h30-15h. De 26 US$ à 48 US$ le plat principal.

Petit morceau de Lyon au cœur de Coconut Grove, ce sympathique bistrot propose en effet une cuisine française pour le plus grand plaisir des Américains qui se sentent vite dépaysés. Au contraire, vous vous sentirez tout de suite chez vous. Au menu : entrecôte aux échalotes, moules marinières, escargots, fricassé de volaille à l'ancienne ou filet-mignon. Côté sucré, on retrouve les classiques tarte tatin, crème brulée et mousse au chocolat. Le matin, il est possible de prendre un copieux petit déjeuner. Bon à savoir : la quasi-totalité du menu est *gluten-free*.

CAFFE ABBRACCI €€

318 Aragon Avenue
✆ +1 305 441 0700
http://caffeabbracci.com
Lundi-jeudi (11h30-15h30 et 18h-22h30), ven. jusqu'à 23h, samedi (18h-23h), dim. (18h-22h30). Plat à partir de 24 US$.

Ce restaurant ouvert en 1988 est une institution locale. On y déguste une cuisine italienne authentique, de grande qualité et ultra-généreuse. Faites-vous plaisir en démarrant votre repas par une planche d'*antipasti* à partager, puis laissez-vous tenter par un plat de pâtes maison comme les étonnants raviolis au homard ou les incontournables *fettuccini* à la bolognaise. À moins que vous ne préfériez un risotto ou un poisson à la poêle ? Pour la touche sucrée, le *Napoleon* avec ses couches de pâtes feuilletées garnies à la vanille remporte tous les suffrages.

DONUT GALLERY DINER €€

83 Harbor Drive
✆ +1 305 361 9985
www.donutgallerydiner.com
Ouvert tous les jours de 6h à 15h. Plat : 10 US$ environ.

Ce petit *diner* authentique au charme *old school* est tenu par la même famille depuis 1972. Pour une expérience des plus locales, attablez-vous au comptoir sur un tabouret en Formica et observez les cuisiniers s'affairer. La spécialité : le petit-déjeuner ! *Egg sandwiches*, pancakes, omelettes et café à volonté composent le combo idéal. L'assiette « *Ted's Special* » s'adresse particulièrement aux indécis qui ne sauraient que choisir ! Le *diner* sert également des sandwiches et des burgers. Ne vous y méprenez pas : il n'y a pas de donut à la carte !

MIAMI

EL CARAJO €€

2465 SW 17th Avenue
✆ +1 305 856 2424
el-carajo.com
Ouvert de 12h à 22h du dimanche au jeudi, jusqu'à 23h le vendredi et samedi. Plat de 15 à 40 US$.

Voilà une adresse bien cachée puisqu'elle se trouve au fond d'un supermarché quelconque, un « Food store & Deli » en bord de route. Et pourtant c'est un bijou de restaurant qu'on découvre une fois passée la porte du fond. Et les locaux adorent. Ici, c'est le paradis des tapas à l'espagnole et des bons produits de la péninsule ibérique : poulpe à la galicienne, chorizo, tortillas, gaspacho ou paëlla ! Un régal. Sans oublier les vins espagnols ou d'Amérique latine. Enfin, le cadre boisé chaleureux, sans chichis, fait qu'on se sent bien tout de suite. Coup de cœur !

EL GRAN INKA €€

606 Crandon Boulevard ✆ +1 305 940 4910
graninka.com
Ouvert du dimanche au jeudi de 12h à 22h, et de 11h30 à 23h vendredi et samedi. Plat à partir de 15 US$.

Une très bonne adresse de restaurant péruvien, dans un cadre sophistiqué et relax à fois. On adore le bar à *ceviches,* (l'une des spécialités phares de la cuisine péruvienne) qui permet de goûter au *ceviche* de langouste, de poulpe ou de crevette. Autre plaisir gourmand : l'hamburger Inka au bœuf Angus, fromage, confiture de tomates maison et aïoli à la coriandre. Nos papilles s'évadent aussi au dessert avec le *suspiro limeño*, une recette péruvienne à base d'œufs et de confiture de lait, ou le *Chocololucuma*, une mousse au chocolat au Lucuma, un fruit du Pérou.

HARRY'S PIZZERIA €€

2996 McFarlane Road
✆ +1 786 655 0121
https://harryspizzeria.com
Ouvert du dimanche au jeudi de 11h30 à 22h, vendredi et samedi de 11h30 à 23h. Pizza à partir de 14 US$.

Envie d'une pizza ? Allez donc vous attabler chez Harry's ! Ce restaurant a réussi à se créer une clientèle fidèle grâce à la qualité incroyable de ses pizzas qui seraient les meilleures pizzas au feu de bois de Miami. Vous trouverez forcément votre bonheur entre recettes classiques comme la *Margherita* et propositions plus originales comme la *Short Rib* (travers de porc, gruyère, oignons grillés, roquette). La carte propose aussi de grandes salades à l'italienne bien fraiches. L'ambiance est bon enfant, les prix corrects et les portions généreuses.

JAGUAR €€

3067 Grand avenue ✆ +1 305 444 0216
https://jaguarrestaurant.com
Ouvert de 11h à 22h du dimanche au jeudi ; vendredi et samedi jusqu'à 23h. Plat à partir de 18 US$.

La spécialité du Jaguar est le *ceviche* : une préparation péruvienne à base de poisson cru mariné dans du citron. La carte propose également d'excellents plats mexicains dans une ambiance chaleureuse et tranquille, comme du poisson fumé, des *quesadillas* au fromage et différentes grillades. La réputation du lieu n'est plus à faire puisque Enrique Iglesias et Colin Farrell y sont passés. L'*happy hour* en semaine est une excuse toute trouvée pour goûter aux cocktails de la maison. Bon à savoir : un dress code est exigé, mieux vaut éviter les tongs et les bermudas.

LOKAL €

3190 Commodore Plaza
✆ +1 305 442 3377
www.lokalmiami.com
Lundi et jeudi : 12h à 22h. Mercredi et samedi : 12h-23h. Dimanche : 12h-22h. Burger : 17 US$. Plat : 15 US$ environ.

Un petit restaurant à la déco urbaine, très branché *street art* et hip hop, où on se régale de bons burgers faits maison comme le *Miami Heat Burger* et sa viande préparée sur place avec fromage, laitue, tomate, piment Jalapeños, oignons grillés, mayonnaise épicée et sauce Sriracha. Vous pourrez aussi vous régaler de petits rapides à base de produits frais comme la salade de thon ou le grilled-cheese. Les prix sont très corrects et libre à vous ensuite d'aller juste à côté prendre un bon milkshake chez Vicky's (les adresses appartiennent au même groupe).

MINTY Z €€

3206 Grand Avenue ✆ +1 786 409 71 51
https://mintyz.com
Dimanche-jeudi (12h-16h et 17h30-22h), vendredi jusqu'à 23h, samedi (11h30-16h et 17h30-22h). Plat à partir de 12 US$.

Voici une adresse 100% végétalienne fondée par Alex et Huimin. Dans un cadre alliant sol en béton, nombreuses plantes et fresques en hommage à la pop-culture japonaise, vous dégusterez des plats fusion asiatique aux saveurs marquées, élaborées avec des produits de saison. Parmi les produits phares : pleurote (*oyster mushroom*), brocolis chinois et tofu, rehaussés avec des *pickles* maison, du basilic thaï ou de la mayonnaise chili-tofu. Si vous êtes plusieurs, laissez-vous tenter par le menu *Tasting* qui propose de petites assiettes salées et sucrées à partager.

MIAMI

MONTY'S RAW BAR €€

2550 South Bayshore drive ✆ +1 305 856 3992
www.montysrawbar.com
Dimanche au jeudi de 11h30 à 22h, vendredi jusqu'à 23h, samedi jusqu'à minuit. Plat de 15 US$ à 45 US$.

Sur le port de plaisance de Coconut Grove, ce restaurant ouvert en 1969 a été fondé par Monty *himself*, originaire de Key West. Son restaurant est renommé pour ses salades Caesar (les meilleures de la ville), ses crevettes grillées et autres spécialités de poisson et fruits de mer. A l'extérieur, le bar attenant accueille un groupe de musique qui joue du lundi au jeudi dès la fin d'après-midi. Le week-end, place au DJ ! Profitez-en durant l'happy hour ! Monty's sera sans doute familier aux amateurs de séries TV puisqu'il est notamment apparut dans *Miami Vice*.

NARBONA €€

3015 Grand Ave Ste 116
✆ +1 305 340 3242
https://narbona.com
Ouvert du dimanche au mercredi de 8h à 22h, du jeudi au samedi jusqu'à 23h. Plat à partir de 15 US$.

À l'origine, Narbona est une ferme située en Uruguay. Présente depuis peu en Floride, elle est à mi-chemin entre une épicerie fine, un restaurant, un bar et un café. Dès la porte franchie, on se laisse séduire par les nombreux produits fermiers estampillés Narbona : yaourts dans de jolies bouteilles en verre, confitures de myrtille, fromages... Le midi ou le soir, on s'attable avec plaisir pour déguster une pizza Uruguayenne, dont la pâte épaisse est coupée en carrés. Au goûter, on craque pour les glaces artisanales, à savourer en flânant sur Coco Walk.

PEACOCK GARDEN RESTO BAR + GRILL €€

2889 Farlane Road ✆ +1 305 774 3332
https://peacockgardenrestobar.com
Lundi au jeudi de 11h à 23h. Vendredi : 11h-23h30. Samedi : 11h30-23h30. Dimanche : 11h30-22h. Plat dès 23 US$.

Ce restaurant est l'un des secrets les mieux gardés de Coconut Grove ! Niché dans une végétation luxuriante, il vous charmera instantanément avec son grand patio et son mobilier en rotin. Çà et là, des orchidées rappellent que le Peacock participe au *Million Orchid Project*, visant à réintroduire ces fleurs dans le sud de la Floride. Dans l'assiette, il y en a pour tous les goûts : risotto aux fruits de mer, viande grillée... et la *panna cotta* à la mangue pour la touche de fraicheur.

RINCON ARGENTINO €€

2345 Douglas Road
✆ +1 305 444 2494
www.rinconargentino.com
Ouvert du mardi au dimanche de 12h à 21h. Plat : à partir de 15 US$.

Le « recoin argentin », restaurant familial fondé en 1987, propose une cuisine argentine et italienne à la fois. Il fallait y penser ! Les viandes sont tendres et bien grillés au feu de bois et les *empanadas* sont « ricas » comme à Buenos Aires. Quant à la *pasta*, elle semble avoir été préparée par des mamas italiennes. Autre plus de cet établissement : l'atmosphère chaleureuse et authentique qui règne dans ce restaurant donne l'impression que l'on a été télétransporté en Argentine, le temps d'un repas. Très bon rapport qualité-prix.

RUSTY PELICAN €€

3201 Rickenbacker Causeway
✆ +1 786 686 1599 – www.therustypelican.com
Lundi : 12h-16h et 17h22h. Mardi-jeudi : 17h-22h. Vendredi-samedi : 17h-21h. Brunch le w-e (11h-17h). Plat dès 24 US$.

Situé au bord de l'eau avec vue sur la magnifique baie de Biscayne et les buildings illuminés en soirée, le Rusty Pélican fait partie de ces adresses dont la réputation n'est plus à faire. On s'y rend pour le cadre enchanteur mais aussi pour la qualité de la cuisine du chef Jim Pastor qui allie inspirations latines et produits de la mer. Laissez-vous tenter par un plateau de fruits de mer, un poulpe mariné ou un risotto de crevettes. Le week-end, on apprécie les propositions classiques revisitées comme le homard sauce Bénédicte. Sans oublier le Mimosa à volonté !

SANDBAR SPORTS GRILL €

3064 Grand avenue
✆ +1 786 359 4510
www.sandbargrove.com
Ouvert tous les jours de 11h à 3h. Plat : 13 US$ environ. Happy hour de 15h à 19h du lundi au vendredi.

Ce restaurant ouvert tous les jours pour le déjeuner et le dîner est surtout fréquenté par des locaux qui viennent regarder des matchs de sport sur les nombreux écrans. Côté assiettes, la table est réputée pour ses *tacos* de poisson, ses *burritos* de 2 kilos (!) ou ses entrées à partager en toute convivialité. À arroser avec l'une des 40 bières pression de la maison. Tous les vendredis soir, la salle s'ambiance au son de la musique *live*. Une belle façon de s'immerger dans la culture locale ! Nous vous conseillons de venir pour l'*happy hour*, cela vaut le coup !

100 MONTADITOS €

3252 NE 1st Avenue, suite 104
✆ +1 786 577 3235
us.100montaditos.com
Ouvert tous les jours de 10h à 23h. Comptez entre 10 et 15 US$ le repas.

Cette petite chaîne locale est spécialisée dans la cuisine espagnole. Le concept simple et original : des mini-sandwiches coûtant une poignée de dollars chacun. Au bout de 3 à 5 sandwiches, on n'a généralement plus faim. Le choix est colossal : pas moins de 95 recettes sont à découvrir ! Au poisson, à la viande, végétariens... On peut aussi régaler de différentes spécialités espagnoles en mode tapas comme le jambon Serrano, la tortilla ou les croquettes à base de chorizo. En somme, une bonne adresse pour un repas décontracté dans une ambiance conviviale.

L'ATELIER DE JOËL ROBUCHON €€€

✆ +1 305 402 9070
https://latelier-miami.com
Ouvert du mardi au dimanche de 18h à 21h30. Plat à la carte : 45 US$ environ.

Depuis 2019, il est possible de goûter aux plats signatures de Joël Robuchon (1945-2018), chef français le plus étoilé au monde, au cœur de Design District. Dans un cadre contemporain aux tons rouge et noir, on découvre une carte qui allie savamment grands classiques de la cuisine française comme le pigeon servi avec la fameuse purée du chef, et saveurs floridiennes, à l'image des crevettes de Key West. Les desserts rivalisent de créativité. Une très belle adresse.

1-800-LUCKY €€

143 NW 23rd Street ✆ +1 305 768 9826
www.1800lucky.com
Ouvert du lundi au mercredi de 12h à 1h, du jeudi au dimanche de 12h à 3h. Comptez environ 25 US$ le repas.

C'est une des adresses les plus *hype* du moment à Miami. Ce grand marché au cœur de Wynwood, en grande partie à ciel ouvert et avec sa déco éclectique branchée, regroupe plusieurs enseignes de cuisine asiatique pour des tarifs abordables : B-side, Taiyaki NY, Usagi Tokyo, Yip... On y mange aussi bien des spécialités thaïes que japonaises, c'est très varié. Le soir, l'ambiance bat son plein : le grand bar, très fréquenté par les *hipsters* de Miami, s'anime avec souvent de la musique *live*. Le patio est très agréable pour danser ou boire un verre. On recommande !

BOTECO €€

916 NE 79th Street
✆ + 1 305 757 7735
www.botecomiami.com
Ouvert du lundi au mercredi de 12h à 1h, du jeudi au dimanche de 12h à 2h. Plat : 18 US$ environ.

C'est le restaurant brésilien tendance de Miami. À vous les croquettes de *bacalhau* et les caipirinhas sur des airs de samba ! Le week-end, découvrez aussi la spécialité de la maison, la *feijoada*, en mode buffet. C'est un plat brésilien composé d'haricots et de viandes au choix, servi avec des bananes frites, du *farofa* et du chou. Vous apprécierez la terrasse qui ressemble à un club de vacances au Brésil, le cadre exotique et la décoration.. Mention spéciale pour la bonne ambiance festive des lieux (musique live, matchs de soccer...). Une adresse de caractère.

ANDIAMO €

5600 Biscayne Boulevard
✆ +1 305 762 5751
andiamopizzamiami.com
Dimanche au jeudi (11h30-23h), minuit ven. et sam. Pizza à partir de 10,5 US$ (10 »), 14,50 US$ (14 »), 18,25 US$ (18 »).

C'est un des meilleurs restaurants de pizzas de Miami ! Elles sont préparées au feu de bois et elles sont délicieusement croquantes. Côté recettes, vous aurez l'embarras du choix avec près d'une trentaine d'options : à la viande ou veggies, ainsi que des paninis et des salades. Et si vous avez envie de manger ailleurs que dans une salle climatisée (pour une fois !), n'hésitez pas à profiter de la terrasse, si agréable le soir dans son petit coin de verdure loin de la circulation... Le lieu en lui-même vaut le détour : un ancien magasin de pneu à l'allure vintage.

CHEF CREOLE €

200 NW 54th Street
✆ +1 305 754 2223
https://chefcreole.com
Ouvert du lundi au mercredi de 11h à 22h, du jeudi au samedi de 11h à 23h. Plat : 14 US$ environ.

Un restaurant dont la réputation n'est plus à faire, installé dans une case créole typique avec une musique haïtienne qui tourne en boucle. Le chef Wilkinson Sejour cuisine savamment des recettes créoles avec des twists des Caraïbes. Les plats sont authentiques et généreux : crevettes panées, poisson du marché, ailes de poulet grillées... À accompagner de bananes plantain, d'haricots rouges ou de riz. Côté boisson, c'est l'occasion de goûter un soda caribéen. En plus, les prix sont raisonnables. On a surtout adoré l'ambiance. Immersion totale à Haïti garantie.

ENRIQUETA'S €

186 NE 29th Street
✆ +1 305 573 4681
Ouvert de 7h à 15h du lundi au vendredi, le samedi jusqu'à 14h. Fermé le dimanche. Comptez 10 US$ le repas.

Pour manger des plats et des sandwichs typiquement cubains, c'est ici. Cette petite cantine qui ne paye pas de mine de l'extérieur accueille d'ailleurs de nombreux employés cubains du quartier qui ne s'y trompent pas. Une ambiance de diner des années cinquante avec tables et chaises en fer, une ambiance décontractée et des assiettes généreuses qui sentent délicieusement bon. Un conseil : laissez-vos tenter par le *steak sandwich*. On peut aussi y prendre le petit-déjeuner avant de partir explorer Wynwood. Un vrai bon plan pour manger pas cher dans le quartier !

JIMMY'S EASTSIDE DINER €€

7201 Biscayne Boulevard
✆ +1 305 754 3692
Ouvert tous les jours de 6h30 à 16h. Plat : 11 US$ environ.

L'authentique *diner*, celui que l'on voit dans les films américains avec son panneau géant, ses banquettes en skaï rouge et son café à volonté. On y sert à toute heure de généreux petits-déjeuners avec pancakes à la myrtille, gaufres, œufs au plat et *roasties* ou encore saucisse et bacon. Vous pouvez aussi opter pour des omelettes, un poulet rôti ou le très américain *meatloaf* (pain de viande). Les assiettes sont présentées simplement, et les prix sont raisonnables. Sachez que le lieu est très populaire, surtout depuis qu'il est apparu dans le film *Moonlight* en 2016.

JOEY'S €€

2506 NW 2nd Avenue
✆ +1 305 438 0488
www.joeyswynwood.com
Ouvert du mardi au dimanche (12h-17h et 17h-19h). Jusqu'à 23h45 du jeudi au samedi. Plat : 17 US$ environ.

Joey's est un bistrot italien au look design et cosy. C'est l'un des premiers restaurants de Wynwood, ouvert en 2008 par Joey Goldman, à qui l'on doit la transformation du quartier. Vous y mangerez de la bonne pasta comme les incontournables *Joey's Spaghetti & Meatballs* ou les délicieuses *linguine a la Vongole*, mais aussi d'excellentes pizzas (vous pouvez voir les pizzaïolos à l'œuvre dans la cuisine ouverte). Sans oublier les goûteux *antipasti* et les desserts généreux. Une référence en matière de cuisine italienne à Wynwood.

LUNA PASTA E DOLCI €€

6815 Biscayne Blvd
✆ +1 305 956 2431
https://www.lunapastaedolci.com
Du lundi au dimanche de 11h30 à 23h30. Brunch le dimanche de 12h à 15h. Plat : 18 US$ environ.

Une petite adresse italienne nichée à quelques encablures de Little Haiti. Ici, tout est fait maison ! Choisissez votre recette de pâtes préférées : raviolis à la ricotta, *spaghetti all'amatriciana* (sauce tomate épicée et guanciale - viande séchée italienne) ou tortellini à la sauce crémeuse à la truffe ? Vous pouvez aussi opter pour un sandwich à base de pain focaccia ou de savoureuses *empañadas*, suivis d'un *tiramisù* au Nutella ou d'un cheesecake. Si vous avez la possibilité de cuisiner durant votre séjour, sachez qu'il est possible d'acheter des pâtes fraiches.

MANDOLIN €€

4312 NE 2nd Ave
✆ +1 305 749 9140
www.mandolinmiami.com
Ouvert tous les jours de 12h à 23h. Plat : 28 US$ environ.

Depuis 2009, Mandoline apporte un peu de Méditerranée au cœur de Design District. Le dépaysement débute en pénétrant dans cette maison de 1940, blanche aux volets bleus. On y déguste une cuisine simple mais savoureuse issue de recettes de grands-mères turques et grecques, le tout alimenté par un jardin bio à proximité. À noter que les prix sont tout de même assez élevés pour ce que c'est. Mais quoi de plus agréable que de déguster de somptueuses tentacules de pieuvre à l'huile d'olive ou une bonne feta dans un jardin abrité et fleuri ?

MIA MARKET €€

140 NE 39th Street
✆ +1 786 638 3275
https://www.miamarket.com
Ouvert du dimanche au jeudi de 12h à 20h, vendredi-samedi jusqu'à 21h.

Ce *food market* situé en plein cœur de Design District accueille neufs restaurants miniatures de chefs en vogue qui vous feront découvrir la nouvelle cuisine de Miami, souvent assez créative tendance fusion et à base de produits locaux. Vous aurez ainsi le choix entre cuisine italienne, vietnamienne, israélienne, mexicaine... ou, pour une pause fraicheur, des jus de fruits pressés, des cappuccinos et de délicieux cookies. Un lieu convivial au cœur d'un Design District parfois un peu trop guindé, et une cuisine raffinée qui plaira à tous les palais.

MICHAEL'S GENUINE FOOD & DRINK €€

130 N.E. 40 th Street ✆ +1 305 573 5550
michaelsgenuine.com
Ouvert du lundi au jeudi de 11h30 à 23h, jusqu'à minuit vendredi et samedi, dimanche de 11h à 22h. Plats de 19 à 68 US$.

Sur une place charmante entourée de boutiques chic, ce restaurant est installé en grande partie en terrasse, ce qui le rend particulièrement agréable. Les produits sont frais et locaux et le menu change au rythme des saisons. Vous vous régalerez de bons burgers, de pizzas et de plats copieux variés. Si l'adresse affiche un style décontracté, sachez que c'est un « must » de déjeuner là pour les fans de mode et les *people*. Alors, ouvrez l'œil pendant votre repas. Une très bonne adresse !

OASIS WYNWOOD €€

2335 North Miami Avenue
https://www.oasiswynwood.com
Jeudi et dimanche : 12h-2h.
Vendredi-samedi : 12h-3h. Fermé lundi et mardi.

Inauguré en 2021, Oasis Wynwood fait partie de ces nouveaux lieux tendances et très instagramables à découvrir dans le quartier. Une allée végétale mène vers une place centrale entourée de six *corners* de cuisine du monde, astucieusement installés dans d'anciens containers. Le *Tower Bar* est particulièrement insolite, car surmontée d'une tour de huit containers décorés de fresques, designée par l'artiste Antonyo Marest. Des concerts live sont régulièrement organisés. Le lieu idéal pour sortir le soir ou pour partager un repas en bonne compagnie.

R HOUSE WYNWOOD €€

2727 NW 2nd Avenue ✆ +1 305 576 0201
https://www.rhousewynwood.com
Mercredi - jeudi (16h-22h), vendredi (16h-minuit), samedi (11h30-minuit), dimanche (11h-18h30). Plat à partir de 12 US$.

Ce restaurant à l'ambiance festive décline dans les assiettes une cuisine latine aux influences méditerranéennes avec : empanadas, paella, planches de charcuterie et fromages espagnols... Mention spéciale aux cocktails étonnants à l'image du Kiwi Berry Blast (Tequila, kiwi, fruits rouges, menthe, citron vert, fleur d'oranger). Le lieu, très vaste, est lumineux et accueillant. R House est surtout réputé dans le sud de la Floride pour ses *Drag Brunches* qui ont lieu chaque week-end. Une expérience unique et populaire que nous vous conseillons de réserver en avance !

SUGARCANE RAW BAR GRILL €€

3252 N.E. 1st Avenue
✆ +1 786 369 0353 – sugarcanerawbargrill.com
Ouvert du lundi au vendredi de 11h30 à minuit, samedi et dimanche dès 10h30. Comptez 35 US$ le repas.

Une cuisine originale, au croisement des gastronomies japonaise et latine. Les plats créatifs et la décoration à la fois épurée et chaleureuse font de cet établissement un lieu unique en son genre à Design District. Au menu : des sushis et sashimis colorés, de la viande rôtie, du poisson snacké à la plancha ou encore l'incontournable burger avec ses deux steaks. Le week-end, on démarre la journée avec un brunch ultra-gourmand. Le cadre néo-industriel orientalisant rend l'établissement d'autant plus unique. Pour l'anecdote, Sugarcane est aussi présent à Las Vegas.

SWAN €€

90 NE 39th Street
✆ +1 305 704 0994
www.swanbevy.com
Ouvert de 12h à 16h et de 18h à 23h, minuit vendredi et samedi. Comptez 45 US$ le repas minimum.

Avec ses airs de maison de poupée et ses tons rose et vert pâle, ce restaurant est contre toute attente la propriété du chanteur Pharell Williams... On aurait imaginé un restaurant au look plus urbain mais le bar *Swan Upstairs*, à l'étage donc, avec ses tableaux d'art contemporain et ses fauteuils à la marocaine, lui ressemble plus. Côté plats, le Swan propose une cuisine européenne contemporaine avec une forte influence italienne et des notes japonisantes. C'est pas mal du tout mais un peu cher comme toute table à la mode à Miami...

THE CITADEL €€

8300 NE 2nd Avenue ✆ +1 305 908 3849
https://thecitadelmiami.com
Du mardi au jeudi et dimanche de 8h30 à minuit, jusqu'à 1h vendredi et samedi. Rooftop du mer. au ven. de 16h à 00h/1h.

The Citadel, le nouveau lieu qui dynamise les abords de la rivière de Miami. Dans un cadre contemporain et industriel, le Food Hall offre une offre pléthorique de petits plats à consommer sur place ou à emporter : cuisine italienne avec pizza ou *pasta bar*, caribéenne, japonaise, thaïlandaise... Sans oublier les incontournables burgers. Côté sucré, vous pourrez savourer des crèmes glacées fabriquées à Miami ou des cappuccinos bien mousseux. Pour trinquer au coucher du soleil, rendez-vous au bar du rooftop. Découvrez aussi PIVOT, une boutique de créateurs locaux.

FAIRE UNE PAUSE

Que ce soit sur les terrasses de South Beach, du haut d'un *rooftop* à Brickell ou encore entouré d'effluves de cigares à Little Havana, les occasions de boire un verre ne manquent pas ! La tradition de l'*afterwork* est bien présente à Miami et les locaux se retrouvent dès la fin d'après-midi pour partager une pinte, un mojito ou un Cuba Libre, et plus si affinité. C'est d'ailleurs le meilleur créneau pour profiter de l'*happy hour* ! Véritable institution, c'est l'occasion de profiter de boissons et tapas à prix réduits, de quoi se faire plaisir sans exploser son budget. Et tous les bars de la ville se prêtent au jeu ! Généralement, l'*happy hour* se déroule de 16h à 19h les soirs de semaine. Sachez toutefois que les consommations vous couteront plus cher le long d'Ocean Drive, car c'est souvent là que se ruent les touristes. Vous ne pourrez pas manquer les cocktails géants, que vous pourrez choisir de partager... ou pas !

AZUCAR ICE CREAM

1503 SW 8th Street
✆ +1 305 381 0369
www.azucaricecream.com
Lundi au mercredi : 11h-21h. Jeudi au samedi : 11h-23h. Dimanche : 11h-22h. Cornet avec une boule de glace : 5,5 US$.

Impossible de manquer la devanture de ce glacier avec son immense cône rempli de boules de glaces colorées. Le nom est un clin d'œil à la chanteuse de salsa cubaine Célia Cruz qui criait « Azucar ! « lors de ses *shows*. La fondatrice Suzy Batlles, qui a suivi la même formation que les fameux Ben et Jerry, s'est inspirée du savoir-faire de sa grand-mère et propose des saveurs uniques comme « Abuela Maria » (glace à la vanille, confiture de goyave, morceau de goyave et biscuit) ou « Burn in hell Fidel ! « (chocolat noir et piment). Les cônes sont aussi faits maison.

BABY JANE COCKTAIL HOUSE & NOODLE BAR

500 Brickell Avenue
✆ +1 786 803 8004
www.babyjanemiami.com
Du dimanche au jeudi de 12h à 3h, jusqu'à 5h le vendredi et samedi.

Une adresse plutôt confidentielle à Brickell. Le Baby Jane est un petit bar à l'allure rock'n roll, aux lumières tamisées et à la déco iconoclaste, comme l'atteste par exemple l'écriteau lumineux « I'm not your baby ». La spécialité de la maison, ce sont les cocktails, dont certains sont vraiment très originaux comme le *Lavender Fields Forever* composé de vodka, vin cuit, sirop de lavande, citron et vin pétillant. À accompagner avec de la *finger food* d'inspiration japonaise.

BALL AND CHAIN

1513 SW 8th Street
✆ +1 305 643 7820
www.ballandchainmiami.com
Lundi et mardi (11h-minuit) ; mercredi et jeudi (11h-1h) ; vendredi et samedi (11h-3h) ; dimanche (11h-1h).

Ce grand bar ouvert depuis 1939 à Little Havana connaît une seconde jeunesse depuis quelques années déjà. C'est là que ça se passe pour écouter de la bonne salsa *live* le soir venu et faire quelques pas de danse *caliente*. Les mojitos sont excellents, mais il y a bien d'autres cocktails à la carte. Les tapas *latinas* sont tout aussi délicieuses, bien fraiches et savamment présentées. Ne manquez pas d'aller faire un tour dans le patio pour prendre l'air, la scène à la coupole historique en forme d'ananas ne manquera pas de vous faire sourire.

BÂOLI MIAMI

1906 Collins Avenue
✆ +1 305 674 8822
www.baolimiami.com
Ouvert le mardi au samedi de 19h à 3h.

C'est une bonne adresse pour sortir en *before* ou pour passer toute la soirée. Le bar lounge s'organise sur deux espaces, l'un à l'intérieur et l'autre à l'extérieur. Notre préférence va pour le *patio* très accueillant, avec un long bar et de grands arbres joliment illuminés. Il y flotte comme un petit parfum de Provence qui s'explique facilement : il existe aussi un Bâoli à Cannes ! Le Bâoli Miami fait partie du même groupe et appartient à des Français. Passé 22h, le son monte, la piste de danse s'enflamme et le champagne coule à flots. *Welcome to Miami* !

BAR NANCY

2007 SW 8th Street
www.nancy305.com
Mercredi, jeudi et dimanche de 16h à 2h, vendredi et samedi de 16h à 3h. Fermé lundi et mardi.

Dans ce chaleureux bar de quartier, on s'immerge dans une ambiance nautique : bar en forme de poupe de bateau, hublot provenant d'un ancien navire, gouvernail sur la devanture... Les cocktails sont aussi dans le thème : opterez-vous pour le « We're gonna need a bigger boat » (gin, liqueur, myrtille, citron et soda) ou le « Skipper's daughter » (vodka, Aperol, liqueur de gingembre, rose et orange) ? On vient aussi chez Nancy pour chanter à tue-tête lors du traditionnel karaoké dominical, assister à un concert ou danser au son d'un DJ set.

BILTMORE BAR

1200 Anastasia Avenue
✆ +1 877 624 2830
www.biltmorehotel.com
Ouvert du mardi au samedi de 16h à minuit.

Un excellent bar à cocktails au cadre sophistiqué, au sein du prestigieux Biltmore Hotel. Les amateurs trouveront également une large carte de vins au verre. L'*happy hour* du mardi au jeudi (16h-19h) permet de se faire plaisir en profitant de vins et bière à moitié prix. Des artistes de talent se produisent sur place en soirée les vendredis et samedis. Et, puisque vous êtes déjà dans le célèbre hôtel Biltmore, ancien quartier général d'Al Capone, profitez-en pour visiter le superbe *lobby* et vous promener aux abords de la sublime piscine de l'établissement.

BETTANT BAKERY & CAFÉ

1043 Washington Avenue
✆ +1 305 673 5522
Ouvert tous les jours de 7h à 15h.

Bettant est une boulangerie française familiale, ancrée dans le paysage de Miami depuis 1935 ! Aujourd'hui, c'est Matthieu, de la 4e génération, qui est aux manettes. Il prépare chaque jour plusieurs variétés de pains, notamment baguettes, pain multi-céréales et pain blanc. Côté pâtisseries, spécialités françaises (pains aus raisins, croissant, brioche...) côtoient les douceurs préférées des locaux (empanadas, *pecan pie*...). Sans oublier le large choix de cafés et les sandwiches pour la pause déjeuner. La décoration fourmille d'objets rapportés de France.

BLACKBIRD ORDINARY

729 SW 1st Avenue
✆ +1 305 671 3307
Ouvert tous les jours de 15h à 1h.

Quand on a commencé à faire la fête dans les bars de Mary Brickell Village, c'est en général ici qu'on atterrit pour la poursuivre car c'est à 5 minutes à pied. Le Blackbird est une référence pour ceux qui veulent boire une bière dans un cadre cool aux lumières tamisées. Mais on peut aussi aller dehors, dans le grand patio, histoire d'admirer le ciel étoilé entre deux gratte-ciel. La foule est hétéroclite et un tantinet bobo/décalée. On a aimé cette ambiance hors du temps et loin des sentiers battus touristiques. Aux antipodes de South Beach en somme.

BIANCO GELATO

3137 Commodore Plaza
✆ +1 786 717 5315
www.biancogelato.com
Ouvert du dimanche au jeudi de 12h à 22h, vendredi et samedi de 11h à 23h.

Envie de faire une pause glacée à déguster durant votre promenade dans Coconut Grove ou après votre dîner ? Pénétrez dans cette petite boutique accueillante à la devanture blanche qui propose depuis 2013 des glaces artisanales sans additifs, ni colorants, ni OGM. Parmi les parfums : ananas et menthe, beurre de cacahuètes ou encore Key Lime Pie, disponibles en cornet ou en pot. Également des options *vegan*, *gluten-free* et *sugar-free*. À découvrir aussi : des expressos, des cappuccinos, des cookies et même des paninis les vendredis et samedis !

BLUE MARTINI BRICKELL

900 S. Miami Avenue, suite 250
✆ +1 305 981 2583
https://bluemartini.com
Ouvert du mercredi au dimanche de 16h à minuit.

C'est l'un des bars les plus festifs de Brickell. Musique commerciale à fond, boissons qui coulent à flots au bar central et jeunesse locale éméchée qui se trémousse sur les rythmes du DJ ou de la musique *live*. Pour profiter à fond de l'ambiance, on check en avance le planning des événements. À découvrir : les cocktails signatures au Martini à l'image du *Blue Martini* servi dans un immense verre à pied (vodka bleue, curaçao, jus d'orange). Parfait pour faire la fête à Brickell. Profitez de l'*happy hour* par goûter aux petits plats façon tapas à moitié prix.

LA BOULANGERIE BOUL'MICH

328 Crandon Blvd #125 ✆ +1 305 365 5260
https://laboulangerieusa.com
Du lundi au samedi de 7h30 à 18h30, le dimanche de 8h à 16h. Viennoiserie à partir de 2,5 US$. Plat à partir de 12 US$.

Nommée d'après le célèbre boulevard Saint-Michel à Paris, cette boulangerie française fondée en 1998 est une vraie *sucess-story* puisque l'enseigne compte désormais cinq boutiques à Miami et ses environs ! On vous conseille toutefois de vous rendre à celle de Key Biscayne, puisque c'est ici que tout a commencé. A vous les viennoiseries bien beurrées comme le croissant amandes et chocolat, les palmiers croustillants et les brioches moelleuses. Vous pouvez aussi déjeuner sur place grâce au grand choix de sandwiches baguette, d'*avocado toast* et de croque-monsieur.

BROKEN SHAKER AT FREEHAND MIAMI

2727 Indian Creek Drive
✆ +1 786 476 7011
www.brokenshaker.com/miami-happenings
Ouvert du lundi au jeudi de 17h à 1h, vendredi et samedi de 16h à 2h, le dimanche de 16h à 1h.

Un petit bar agréable au cadre exotique, un brin caché, à découvrir au sein de l'*hostel*, de style *vintage* chic Freehand. On y sirote de délicieux cocktails comme le *What's up Doc ?* au jus de carotte, mezcal, liqueur de fruit de la passion, liqueur de piment et citron. La carte propose aussi des infusions avec les herbes du jardin et de quoi grignoter. La terrasse au bord de la piscine est joliment éclairée à la nuit tombée. L'endroit idéal pour *chiller* jusque tard dans la nuit.

CACHITO COFFEE AND BAKERY

251 71st Street
✆ +1 305 868 3554
www.cachitocoffee.com
Ouvert du lundi au samedi de 8h à 19h, le dimanche jusqu'à 14h.

Un agréable petit *coffee-shop* au nord de Miami Beah dans lequel les grains de café sont torréfiés sur place. Fraîcheur et arômes garantis ! Faites votre choix parmi une vingtaine de cafés chauds ou froids, comme le Cortadito – un café crème version cubaine –, le Red Eye (café long et shot d'expresso) ou le Latte frappé. Cachito propose aussi des assiettes petit déjeuner pour bien démarrer la journée, des pâtisseries ainsi que des quiches et sandwiches à prix doux pour le midi.

BONJOUR BAKERY

16650 SW 88th St
✆ +1 786 534 8141
bonjourbakeryusa.com
Ouvert tous les jours de 7h à 20h, sauf le 25 décembre et le 1er janvier. Repas à partir de 20 US$.

Bienvenue chez le boss de la galette des rois ! Eric Buffenoir, deux fois lauréat du concours de Floride, propose de la viennoiserie et de la pâtisserie maison avec le même goût qu'en France... Baguettes, fraisiers, parfaits au chocolat, la vitrine est immense. On a essayé le sandwich au pesto, il est incroyable. Il sert aussi des petits-déjeuners à base d'œufs brouillés, pochés, Bénédicte et, en version latine, avec une sauce piquante. Sans oublier, le soir, de la souris d'agneau au miel et au romarin ou encore des ballotins de poisson... Un régal !

© BONJOUR BAKERY

© BONJOUR BAKERY

CAFE VIDITA

2982 Grand Avenue
✆ +1 786 671 6490
www.cafevidita.com
Ouvert du lundi au mercredi de 11h à 17h, jeudi et dimanche de 11h à 18h, vendredi et samedi de 11h à 19h.

Cafe Vidita est unique en son genre à Miami puisque le café servi ici est cultivé par la famille de Rina, la propriétaire, dans trois fermes au Nicaragua. Les grains sont ensuite torréfiés sur place à Coconut Grove. La qualité et la fraîcheur sont incomparables. Rina est passionnée et saura vous expliquer les nuances et spécificités de chaque breuvage. Elle propose aussi du *Cascara Tea* élaboré à partir d'enveloppes de grains de café séchés. Le *coffee-shop* est quant à lui joliment agencé et très cosy. Une adresse de référence pour les amateurs de café !

LA COLADA GOURMET

1518 SW 8th Street
✆ +1 3058734007
Du lundi au samedi de 10h à 22h. Le dimanche jusqu'à 21h. Expresso : 2,40 US$, cappuccino : 5,75 US$.

Sur la Calle Ocho, ce *coffee-shop* coloré est réputé pour servir l'un des meilleurs cafés de la ville, notamment parce qu'il fait partie des rares à pratiquer la torréfaction sur place. L'arôme est puissant et les choix sont multiples. Pour sortir de l'ordinaire, nous avons opté pour le « Tres leches Cafe » à base de lait concentré sucré et non sucré et de lait entier. Le résultat est très doux en bouche. Les prix sont plus élevés qu'ailleurs, nous vous conseillons de bien regarder l'ardoise, le personnel pouvant tenter de vous orienter vers des boissons « premium ».

CASA FLORIDA

437 SW 2nd Street
✆ +1 833 635 0006
www.casafloridamiami.com
Mercredi-jeudi : 17h-23h ; vendredi : 17h-2h ; sam : 11h-2h ; dim : 11h-23h. Happy hour : mercredi-vendredi (17h-19h).

Casa Florida, c'est le bar à cocktails hautement *instagrammable* de l'hôtel Selena Miami River. Partout, le rose pâle prédomine, faisant échos aux flamants roses déco posés ici et là. Dans le patio agréablement ombragé, l'ambiance se fait tropicale à grand renfort de palmiers. Il y a même une table de ping-pong ! Mention spéciale pour le bus vintage de 1965 dans lequel il est possible de se faufiler. On y mange, on y brunche, on y boit des cocktails au bon goût de Floride, et même on y danse, grâce aux DJs qui se relaient le soir les vendredis et samedis.

D'VINE HOOKHA LOUNGE

445 Lincoln road
✆ +1 305 674 8525
www.dvinelounge.com
Ouvert tous les jours de 12h à 2h.

Un bar à chicha situé sur la trépidante Lincoln Road pour passer l'après-midi à flemmarder. Le D'Vine est très agréable avec sa musique reggae ou orientale et sa terrasse aux canapés confortables. Choisissez parmi les dizaines de saveurs différentes et détendez-vous le temps d'un après-midi ou d'une soirée. L'endroit fait également office de bar et restaurant ; vous pourrez choisir parmi des tapas du monde, des pizzas, des assiettes méditerranéennes et des desserts gourmands. Parmi les plats les plus originaux : les Rigatoni à la vodka.

CERVECERIA LA TROPICAL

45 NE 25th Street
✆ +1 305 741 6991
www.cervecerialatropical.com
Mercredi-jeudi : 16h-23h. Vendredi-samedi : 12h-1h. Dimanche : 12h-21h. Fermé lundi et mardi.

Fondée en 1888, La Tropical est à l'origine l'une des plus anciennes brasseries de Cuba. Tombée dans l'oubli à partir des années 60 en raison du contexte politique cubain, elle est reprise en 1998 par Manny Portuondo, arrière-arrière-petit-fils de son fondateur Federico Kohly. En 2021, conforté par le succès de sa brasserie, il choisit d'installer La Tropical à Miami, dans le quartier de Wynwood. Dans un jardin luxuriant, on y déguste une bière (forcément !) accompagnée de tapas et petits plats d'inspiration cubaine. Il est aussi possible de visiter la brasserie.

DANTE'S HIFI

519 NW 26th Street
https://danteshifi.com
Mercredi et dimanche de 19h à 2h, jeudi au samedi de 19h à 3h. Fermé lundi et mardi. Résa conseillée (créneau de 1h30).

Loin des bars bondés où retentit du son électro, Dante's Hifi est une adresse feutrée où la musique s'écoute... sur vinyle ! Ce concept inspiré des *listening room* au Japon propose d'écouter un DJ diffuser un choix éclectique de chansons. Les murs sont recouverts de vinyles et l'on déguste des cocktails créatifs confortablement installé dans de grands canapés en cuir marron. Une pépite cachée dans le quartier de Wynwood à mille lieues de l'image que l'on se fait de l'ultra festive Miami. Ambiance rétro et *old-fashioned* assurée ! Il est conseillé de réserver.

DUFFY'S SPORTS GRILL

3969 NE 163rd Street
✆ +1 305 760 2124
www.duffysmvp.com
Ouvert du dimanche au mercredi de 11h à 23h, vendredi et samedi jusqu'à minuit.

Un très grand pub sur la baie de North Beach, avec 200 écrans répartis un peu partout et une capacité de 1 000 personnes, ce qui en fait l'endroit rêvé pour aller visionner un match des Miami Dolphins ou du Miami Heat ! Les bons plans : *happy hour* tous les jours à partir de 16h, et Margarita à tout petit prix les lundis soirs. Si vous préférez prendre l'air, rendez-vous sur la terrasse avec vue sur les eaux calmes du canal Intracoastal. Le Duffy's Sports Grill étant une chaîne locale, vous retrouverez d'autres adresses un peu partout en Floride.

FIREMAN DEREK'S BAKESHOP & COFFEE

3435 Main Highway ✆ +1 7865022396
www.firemandereks.com
Ouvert tous les jours de 10h à 22h, jusqu'à 23h le vendredi et le samedi. Environ 8 US$ la pause café/thé avec tarte.

C'est l'histoire vraie d'un pompier qui s'est reconverti en pâtissier car il faisait d'excellentes tartes ! Tout a commencé à Coconut Grove en 1983, et désormais, le fameux pompier Derek a aussi une boulangerie/café à Wynwood. C'est le paradis des gourmands avec des tartes onctueuses pour tous les goûts, au chocolat et noix de pécan, aux pommes, à la noix de coco... La meilleure de toutes serait la *Key lime pie*, cette spécialité de Floride bien connue à base d'un petit citron local.

FLOUR & WEIRDOUGHS

19 Harbor Drive
✆ +1 305 361 9000
www.flourandweirdoughs.com/menu
Ouvert du mardi au dimanche de 8h à 16h.

Une excellente pâtisserie à Key Biscayne pour goûter *cinnamon rolls*, viennoiseries ou pains spéciaux aux recettes originales. Toutes les préparations sont sans additifs et élaborées avec de la farine bio moulue sur place. Quand vient midi, ces mêmes pains et croissants se déclinent en version salée pour un snack sain et gourmand. Le week-end, il vous faudra absolument goûter au *Croissant Cube*, un généreux croissant à la forme cubique dont le *topping* varie au gré des saisons. La bonne idée : commander à emporter et déguster vos victuailles au sein de Crandon Park.

FLOYD MIAMI

34 NE 11th Street
✆ +1 786 618 9447
www.floydmiami.com
Ouvert du jeudi au samedi à partir de 22h jusqu'à 3h le jeudi, 8h le vendredi et 5h le samedi.

Bienvenue dans l'un des bars les mieux cachés de Miami ! Ce *speakeasy bar* possède une entrée secrète – une porte noire sans aucune indication – juste à côté du club électro Space. On adore l'ambiance tamisée et la décoration qui fait penser à ces bars de l'époque de la Prohibition où on se cachait pour boire de l'alcool. Côté musique, c'est *lounge* et *jazzy* quand les DJ ne mettent pas une ambiance de folie ! Une adresse locale, à la fois élégante et délicieusement subversive, qui manquait à Miami ! Les prix sont toutefois un peu élevés.

GELATO-GO BAKERY

✆ +1 786 275 62
www.gelatogo.net/
Ouvert tous les jours de 8h à 21h.

Direction l'Italie dans cette boutique qui combine parmi les meilleures spécialités de la Botte italienne. Côté sucré : des *gelati* crémeux préparés sur place tous les jours, des *Cannoli* siciliens, des *Sfogliatella Napoletana* – pâtisseries en forme de coquillage fourrées à la picota – ou encore des *Cassatina* – de petits gâteaux traditionnels siciliens au glaçage vert –. Côté salé : des pizzas bien sûr, mais aussi des lasagnes, des *arancinis* (boules de risotto farcies à la viande ou au fromage) et des *Schiacciate* – pain plat farci. *Delizioso* !

HARD ROCK CAFE MIAMI

401 Biscayne boulevard
✆ +1 305 377 3110
www.hardrock.com
Du lundi au jeudi + dimanche de 12h à 20h, vendredi et samedi jusqu'à 22h.

Le Hard Rock Café de Miami se trouve à Bayside Market Place depuis 1993, parmi d'autres bars et restaurants avec une vue imprenable sur la marina. L'endroit offre un bon point de chute à Downtown pour boire un verre ou manger, avec sa traditionnelle carte de burgers et autres sandwichs. Les soirées sont régulièrement animées par des concerts de musique et des DJ sets. Envie de rapporter un souvenir ? Vous trouverez bien sûr les tee-shirts légendaires estampillés « Hard Rock Cafe Miami » à acheter dans la boutique juste à côté.

KIKI ON THE RIVER

450 NW North River Drive
✆ +1 786 502 3243
https://kikiontheriver.com
Lundi de 17h à 23h, mardi au jeudi de 13h à 23h, vendredi et samedi de 13h à minuit.

Au bord de la Miami River, Kiki on the River est l'un des endroits bien connus des locaux. Si on adore la décoration intérieure conçue par une agence d'architectes d'intérieur très talentueuse, notre coup de cœur va pour la terrasse avec vue plongeante sur la marina. On se délecte de cocktails savamment préparés aux noms évocateurs tel que le *Kiki Love Potion* ou le *Kiki do you love me ?* que l'on accompagne de tapas d'inspiration grecque et méditerranéenne. Si l'ambiance vous plaît, vous pouvez rester dîner pour profiter de la vue un peu plus longtemps.

MIAMI CAFE

2750 NW 3rd Avenue Suite 21
✆ +1 786 703 1451
www.miamcafe.com
Ouvert de 8h à 15h du lundi au jeudi, vendredi et samedi de 8h à 16h, dimanche de 9h à 16h.

Impossible de manquer ce *coffee-shop* situé dans le Wynwood Building, reconnaissable entre tous avec ses rayures noires et blanches. On apprécie y venir faire une pause petit-déjeuner et se régaler avec un bol de granola maison, une tranche de pain perdu au sirop d'érable et à la crème fouettée ou des oeufs Bénédicte. Les boissons chaudes, à consommer sur place ou à emporter, sont également excellentes. Au déjeuner, *avocado toast*, burgers et salades sont de la partie, le tout à un prix plutôt raisonnable. Une nouvelle adresse a ouvert récemment à Brickell.

LAGNIAPPE

3425 NE 2nd Avenue
✆ +1 305 576 0108
lagniappehouse.com
Ouvert de 18h à 2h, jusqu'à 3h vendredi et samedi. Concert tous les soirs de 20h30 à 23h30.

Situé à l'intersection de Wynwood, de Design District et de Midtown, ce bar à vins est très original avec son style *vintage* et son mobilier à l'ancienne. C'est une sorte de bar de la Nouvelle-Orléans avec de la musique *live* tous les soirs, notamment grâce au superbe piano dans le grand salon aux fauteuils cosy qui fait office de salle principale. A l'arrière, un très grand jardin vous attend pour profiter de la brise du soir autour d'un bon vin et de quelques assiettes de bons fromages ou de tartines variées. Un bar vraiment part à Miami !

MONTY'S SUNSET

300 Alton Road
✆ +1 305 672 1148
www.montyssobe.com
Ouvert tous les jours de 12h à 21h.

Un bistrot agréable, côté baie de Biscayne, pour prendre un verre et profiter du coucher de soleil. D'ailleurs, le site web de Monty's indique l'heure du coucher de soleil du jour. Impossible de le manquer ! On peut également manger des petits plats à base de produits locaux comme des salades, des sandwichs, des grillades de poissons... Mention spéciale pour les fruits de mer comme les pinces de crabe ou le ceviche de crevettes. L'ambiance est conviviale, surtout le vendredi soir avec les concerts de musique très éclectiques.

LILY AND ROSE TEAROOM

3725 NE 163rd Street
✆ +1 305 922 8209
www.lilyandrosetearoom.com
Ouvert du lundi au vendredi de 10h à 18h, samedi et dimanche jusqu'à 18h30. Fermé le mercredi.

On se rend dans cet adorable salon de thé aux accents british pour déguster un thé « Mariage Frères » servi dans une jolie théière fleurie et sa tasse en porcelaine assortie, mais aussi pour goûter aux French Crepes aux fruits frais, des pâtisseries aériennes mais également des glaces artisanales élaborées avec des produits bio et locaux que vous pourrez *pimper* avec les *toppings* de votre choix. La spécialité de la maison : « The cage », un présentoir doré à 3 étages en forme de cage à oiseau dans lequel sont savamment disposés des mignardises, façon *afternoon tea*.

NEVERLAND COFFEE BAR

17830 W Dixie Highway
✆ +1 786 916 3560
https://neverlandcoffeebar.com
Ouvert tous les jour de 8h à 23h.

Une terrasse végétale aux arbres illuminés et au mobilier de bois, un bâtiment en brique, une salle cosy au mobilier chiné où sont disséminés des bibelots vintage évoquant le Pays Imaginaire. et l'univers de Peter Pan. Sommes-nous encore à Miami ? L'évasion est garantie pendant que l'on se régale de petits plats du matin au soir, ou tout simplement d'un thé glacé à la menthe et au citron, d'un smoothie bien frais ou d'une sangria blanche. Les enfants sont les bienvenus avec un menu conçu pour eux. Une adresse qui sort assurément du lot.

NIKKI BEACH

1 Ocean Drive
✆ +1 305 538 1111
https://miami-beach.nikkibeach.com
Beach club tous les jours de 9h à 18h, jusqu'à 19h du vendredi au dimanche.

Ce complexe face à la mer est l'endroit où l'on vient faire la fête... en journée ! Eh oui la musique commence à faire résonner ses basses et les corps se trémoussent avant même qu'il fasse nuit. On profite de la douceur du climat, de la proximité avec la mer. Le brunch du dimanche est parfait pour prendre des forces et faire la fête. Le reste de la semaine, le Nikki Beach fait beach club et restaurant en journée et c'est tout aussi agréable mais plus calme. La cuisine proposée est de style méditerranéen avec des influences internationales.

PANTHER COFFEE

2390 NW 2nd Avenue
✆ +1 305 677 3952
www.panthercoffee.com
Ouvert tous les jours de 7h à 19h. Wifi gratuit.

Amateurs de bon café espresso, ne cherchez plus, c'est bien au Panther Coffee que vous devez faire une petite halte. Oubliez le café américain trop allongé du Starbucks et le Nespresso de George ; ici, on vous propose du café fait sur place par de vrais pros. Les meilleurs grains de café du monde sont sélectionnés par le couple de propriétaires (qui se sont justement rencontrés dans un séminaire sur le café à Minneapolis !). C'est aussi un endroit très agréable pour se poser avec un bon livre, dans la petite salle ou en terrasse.

PARTY CAKE BAKERY

1356 SW 8th Street
✆ +1 786 558 7141
www.partycakebakery.com
Ouvert du lundi au samedi de 6h à 20h, le dimanche de 6h à 18h.

Dans cette boutique artisanale à la façade décorée de *street-art*, vous pourrez déguster d'authentiques pâtisseries cubaines, notamment les onctueuses *guayavas*, les *Pastelitos de Coco* (gâteaux à la noix de coco) ou les traditionnels *Pan de Gloria* (petits pains sucrés), à accompagner d'un *cafe con leche*. C'est donc l'adresse gourmande idéale pour le petit-déjeuner ou le goûter sur Calle Ocho. Pour le déjeuner, vous trouverez également des sandwichs cubains et autres mets salés : *empanadas*, croissants au jambon et au fromage, *pastelito* à la viande...

ROSETTA BAKERY BRICKELL

824 S Miami Avenue
✆ +1 786 534 7512
www.rosettabakery.com
Du lundi au jeudi de 7h30 à 21h, du vendredi au dimanche de 7h30 à 22h30.

Rosetta est une boulangerie italienne lumineuse à deux pas du centre commercial Brickell City Center. Au petit matin, la file s'allonge pour s'approvisionner en *Bombolone*, ces beignets fourrés à la crème ou à la pâte à tartiner et saupoudrés de sucre, *Saccottino* (pain au chocolat) ou croissants. Vous trouverez aussi de savoureuses *focaccia*, divers sandwiches et d'élégants entremets. À consommer sur place ou à emporter ! Rosetta propose également des spécialités italiennes durant les temps forts de l'année, comme le *Pannettone* à Noël ou le *Colomba* à Pâques.

SKY YARD

723 Lincoln Ln N
✆ +1 305 903 4076
www.thelincolneatery.com/skyyard
Dimanche, mercredi et jeudi de 18h à minuit, vendredi et samedi de 18h à 2h.

Sky Yard est un *rooftop* au sommet du Lincoln Eatery, le food-court de l'avenue commerçante Lincoln Road. La terrasse est ultra-cosy avec ses canapés et fauteuils dans lesquels on se love volontiers pour admirer le soleil se coucher sur Miami. Dès la nuit tombée, guirlandes colorées et néons s'illuminent. Le bar est adossé contre une immense fresque à l'effigie de la ville. Un lieu très tendance pour déguster une Margarita à l'ananas et faire la fête dans une ambiance chargée de *Miami vibes*. Suivez le bar sur les réseaux sociaux pour suivre les nombreux événements.

SUGAR

788 Brickell Plaza
✆ +1 786 805 4655
www.east-miami.com
Ouvert jusqu'à 3h vendredi et samedi, 1h du matin les autres jours.

Gros coup de foudre ! Perché au 40e étage de l'hôtel ultra-design de Brickell, l'East, le Sugar Bar est un des meilleurs *rooftops* qu'il nous ait été donné de voir. Alors qu'on est dans l'univers très urbain de Brickell, on se retrouve dans un monde luxuriant digne de Bali tout en profitant d'une vue panoramique sur Brickell, Miami et la *skyline*. Au bar, vous dégusterez une multitude de cocktails (la tequila est particulièrement délicieuse !). Nos conseils : habillez-vous un peu chic et essayez d'arriver tôt le vendredi et le samedi pour écourter l'attente.

SWAN UPSTAIRS

90 NE 39th Street
✆ +1 305 704 0994
www.swanbevy.com
Lundi, jeudi, vendredi et samedi de 23h à 4h.

Les bars du Miami Design District ne sont pas nombreux, et celui-ci mérite tout notre intérêt ! Swan Upstairs est un bar à cocktail situé au-dessus du restaurant Swan. L'ambiance s'y veut méditerranéenne, chic et cosy avec de larges tapis orientaux au sol, des voilages et une succession d'assises confortables.On peut aussi prendre place sur la terrasse illuminée pour siroter des cocktails élaborés rehaussés de fruits frais. Le *dance floor* n'est pas immense mais l'ambiance est bien présente. Une bonne façon de prolonger la soirée après un repas au Swan.

SWIZZLE RUM BAR & DRINKERY

1120 Collins Avenue
✆ +1 347 977 6428
www.swizzlerumbardrinkery.com
Ouvert tous les jours de 19h à 3h.

Vous êtes amateurs de rhums et recherchez un bar à cocktails à l'ambiance chic et vintage façon *speakeasy* ? Swizzle est fait pour vous ! Les *bartenders* vous proposeront une belle sélection de rhums locaux distillés à Saint Augustine, Key West ou Miami, à siroter *neat* (purs) ainsi qu'un grand choix de cocktails sophistiqués à base de rhum, vodka ou whisky. On vous recommande vous installer dans le patio au bord de la piscine et de partager une assiette de crevettes croustillantes !

SWEET CAROLINE KARAOKE BAR

1111 SW 1st Avenue
✆ +1 786 673 2522 – www.sweetcarolinebar.com
Ouvert le lundi de 18h à 3h, du mardi au samedi de 18h à 4h, le dimanche de 19h à 3h. Réservation conseillée.

Cet établissement au cœur de Brickell a été élu meilleur bar-karaoké de Miami ! On y pousse la chansonnette dans une ambiance décontractée et super fun. Un conseil : osez monter sur scène, vous êtes à Miami et personne ne vous jugera ! Vous passerez assurément un bon moment. Autre bon point : les cocktails, originaux et savoureux, comme le Smooth Criminel (rhum, goyave, liqueur de cerise, citron, menthe). Le lieu est très populaire donc préparez-vous à faire la queue pour entrer.

THE ANDERSON

709 NE 79th Street
✆ +1 786 401 6330
https://theandersonmiami.com
Ouvert du dimanche au jeudi de 17h à 2h, vendredi et samedi jusqu'à 5h.

The Anderson est un lieu *underground* à l'atmosphère *cosy* très fréquenté par les locaux, les *hipsters* et les « anti-SoBe ». Le Magnum Lounge et le Supper Club offrent de bons cocktails et de la musique *live*. Vous pourrez choisir parmi les deux ambiances : murs et banquettes rouges à l'intérieur avec piano dans un coin, ou jardin avec bar extérieur et grande terrasse. Chez The Anderson, vous trouverez aussi El Toro, un bar à tacos et tequila ; Santuario, où déguster de délicieuses pizzas, et The Shack, pour les amateurs de rhum. Original !

SWEET LIBERTY DRINKS & SUPPLY COMPANY

237-B 20th Street
✆ +1 305 763 8217
mysweetliberty.com
Ouvert tous les jours 16h à 5h du matin.
Happy hour de 16h à 20h.

Ce bar de South Beach est un peu à l'écart de Collins avenue et se trouve dans une rue très calme. Il est donc surtout fréquenté par les locaux qui y ont leurs habitudes. L'ambiance est tamisée et la déco *vintage* apporte une atmosphère chaleureuse que les grandes lettres lumineuses du fond, « Pursue Happiness », ne font qu'amplifier. Au bar, on vous recommande vraiment les cocktails qui sortent de l'ordinaire. La carte propose aussi des plats typiquement américains comme des burgers.

THE CORNER

1035 North Miami Avenue
✆ +1 305 961 7887
www.thecornermiami.com
Ouvert du dimanche au jeudi de 16h à 5h du matin, vendredi et samedi de 16h à 7h.

A deux pas des clubs E11even et Space Club, ce pub de nuit accueille toute la faune nocturne de Downtown et de Miami en général. Le lieu est cosy avec ses chaises de bar en bois et son grand bar décoré d'un large miroir doré où se reflètent les visages des habitués. On y boit, on y déguste des planches de charcuterie et de fromage, on y fait des rencontres (souvent avec des personnes plutôt alcoolisées...). L'ambiance reste cependant bon enfant et c'est surtout un des rares bars qui restent ouverts toute la nuit et jusqu'au petit matin à Miami.

THE SALTY DONUT

50 NW 23rd St
✆ +1 305 639 8501
saltydonut.com
Ouvert de 7h à 19h tous les jours. Donuts à partir de 2,25 US$.

Les gourmands ne doivent pas manquer de faire une halte à cette adresse qui sert sans doute les meilleurs *donuts* de Miami. Le secret ? Des recettes créatives mais toujours délicieuses qui varient au rythme des saisons : citrouille, pomme, caramel ou encore cranberry... Les saveurs plus classiques comme le donuts au Nutella ou au sucre mettront tout le monde d'accord. Ne manquez pas d'accompagner votre douceur d'un *latte* tout aussi créatif. On devient vite *addict* et on comprend pourquoi le café ne désemplit pas. La petite terrasse est très agréable.

WE WE'S BAKERY & BISTRO

7420 Biscayne Boulevard ✆ +1 305 305 8380
Du lundi au vendredi de 7h à 15h, le samedi de 8h à 15h, le dimanche de 8h à 14h.

Sur Biscayne Boulevard, entourée de motels et bâtiments à l'architecture typique des années 1950, cette petite boulangerie lumineuse ravira les amateurs de pâtisserie française. On note le grand choix de croissants (Oreo, goyave, pomme, amandes...) aux côtés de *bagels* et d'*empanadas*. Eh oui, nous sommes à Miami ! On apprécie de se poser sur la terrasse pour déguster un bon cappuccino. We We's est aussi un bon plan à l'heure du déjeuner puisqu'on y trouve bon nombre de petits plats à déguster sur le pouce, comme des quiches et des sandwiches à base de croissants.

VICKY'S HOUSE

3190 Commodore Plaza
✆ +1 305 442 3377
www.vickyshouse.com
Du lundi au jeudi de 15h à 22h, du vendredi au dimanche de 13h à 23h. Milkshade : 7 à 15 US$.

Une très bonne adresse de milkshakes dans un cadre vraiment original puisqu'il s'agit de la reconstitution d'un authentique appartement des années 1980. La tapisserie, le vieux frigo, les aimants du frigo, la console Nintendo et les VHS dans le fond, tout vous donnera l'impression d'être dans un clip des années 1980 ou dans un épisode de la célèbre série Netflix *Stranger Things*. Les milskshakes sont un régal, ce qui ne gâche rien. Coup de coeur pour la recette nommée d'après l'extraterrestre E.T. avec caramel salé, pop-corn, crème fouettée et sirop au chocolat.

WYNWOOD BREWING COMPANY

565 NW 24th Street ✆ +1 305 982 8732
www.wynwoodbrewing.com
Ouvert tous les jours de 12h jusqu'à minuit et jusqu'à 22h dimanche, lundi et mardi.

Une microbrasserie au cœur de Wynwood où les bières sont donc brassées sur place. La Rubia, bière blonde rafraîchissante à souhait, est l'un des *best seller,* mais la gamme est très large et vous trouverez forcément votre bonheur. N'hésitez pas à demander conseil ! L'ambiance est décontractée, bon enfant, et on peut y jouer à des jeux de société à l'ancienne comme par exemple au fameux « Puissance 4 ». Et côté déco, on reste dans le *street art* de Wynwood bien sûr ! En somme, ne manquez pas de faire un stop à ce bar pour passer un bon moment entre amis.

VINOS IN THE GROVE

2889 McFarlane Road
✆ +1 305 400 8191
http://vinoswinebars.com
Ouvert du mardi au jeudi de 17h à 22h, vendredi et samedi de 17h à minuit, dimanche de 16h à 23h.

Vinos in the Grove est un bar à vin décontracté et intimiste qui vous accueillera aussi bien pour débuter votre soirée en douceur ou refaire le monde des heures durant. La carte fourmille de références pointues de vins au verre, dont des crus français, espagnols, chiliens ou encore californiens. Breuvages qui peuvent s'accompagner de planches de fromages et de charcuterie. Le bar accueille des artistes pour jouer en *live* tous les jeudi et dimanche. La terrasse avec ses tables éclairées à la bougie est quant à elle idéale pour une soirée romantique.

ZAK THE BAKER

295 NW 26th Street
✆ +1 786 294 0876
https://zakthebaker.com
Ouvert du dimanche au vendredi de 7h à 17h.

Coup de cœur pour cette délicieuse boulangerie artisanale à la façade colorée située en plein cœur de Wynwood ! Pour la petite histoire : Zak Stern, *alias* Zak the Baker, a commencé par vendre ses pains dans les marchés locaux avant de finalement se lancer et ouvrir sa boulangerie en 2014. On y déguste de délicieux pains ronds, des *bagels* aux graines ou encore de savoureuses brioches filantes, le tout concocté de la façon la plus artisanale possible. A accompagner d'un café de caractère. Bon à savoir : la boulangerie et le café sont certifiés kasher.

(SE) FAIRE PLAISIR

Miami et le shopping, une histoire en constante évolution. Certaines artères commerciales comme Lincoln Road à South Beach concentrent les plus grandes enseignes de mode, dont certaines introuvables en Europe. Autrement, ne comptez pas trop sur Ocean Drive et Collins Avenue qui pullulent de magasins touristiques avec magnets à gogo et tee-shirts *made in China*. Le récent quartier de Design District, qui compte un grand nombre de boutiques de luxe parmi les plus chères de la ville, ravira plutôt les amateurs de mode et les plus fortunés. Dans des quartiers tels que Wynwood ou Little Havana, de plus en plus de boutiques indépendantes ouvrent leurs portes et font le choix de proposer des produits de créateurs locaux, façon *concept store* tendance. Selon nous, il s'agit de la meilleure option pour rapporter un souvenir *made in Miami*. Enfin, n'hésitez pas à franchir la porte d'échoppes gourmandes et autres épiceries fines.

BRICKELL CITY CENTRE

701 S.Miami Avenue
✆ +1 305 676 9480
www.brickellcitycentre.com
Ouvert de 11h à 21h, le dimanche jusqu'à 19h. Les horaires des commerces peuvent varier.

Ce centre commercial de Brickell est impossible à rater en raison de son architecture ultra design qui se remarque de loin ! Il est agréable pour une simple balade car son look est surprenant. Côté boutiques, la tendance ici est au luxe (Saks, Coach, Agent Provocateur, etc.). Vous trouverez peut-être votre bonheur à prix correct dans quelques boutiques aux enseignes moins connues, mais les tarifs restent globalement élevés. Finalement, le grand intérêt de ce centre commercial est avant tout son design impressionnant et ses quelques terrasses à la jolie vue.

DADELAND MALL

7535 North Kendall Drive
✆ +1 305 665 6227
www.dadelandmall.com
Ouvert du lundi au jeudi de 11h à 20h, vendredi et samedi jusqu'à 21h, dimanche jusqu'à 19h.

Ouvert en 1962, c'est le centre commercial le plus ancien de Miami. Récemment agrandi (13 hectares au total !) et rénové, il reste au top de la modernité et il est fréquenté par plus de 15 millions de visiteurs chaque année. Parmi ses 185 boutiques et restaurants, on compte la plupart des grands magasins américains dont le plus grand Macy's de Floride, JcPenney, Nordstrom et des marques connues comme Tommy Bahama, Urban Outfitters ou Levi's. En résumé, de quoi faire chauffer votre carte de crédit pour faire quelques emplettes avant votre retour !

MIRACLE MARKETPLACE

3301 Coral Way
✆ +1 305 443 9620
Ouvert du lundi au samedi de 10h à 20h, le dimanche de 10h à 18h.

Ce centre commercial ouvert en 1989 n'est certes pas le plus pimpant de Miami mais il y a moyen d'y faire de bonnes affaires, notamment dans les enseignes à petit prix comme *Dollar Tree*. On note aussi la présence d'un vaste *Marshalls*, magasin qui propose à la fois des vêtements, des chaussures et des objets pour la maison. Très sympa pour dégoter des produits saisonniers (Pâques, Halloween, Noël...). Egalement quelques options de restauration rapide. Si vous le pouvez, venez à pied ou en Uber car le parking est souvent pris d'assaut et peu pratique.

THE SHOPS AT MIDTOWN MIAMI

3401 N. Miami Avenue, suite 132
✆ +1 954 845 7157
Ouvert de 10h à 21h tous les jours.

Un centre commercial à ciel ouvert situé non loin de Design District, en direction de Wynwood. Il compte des boutiques américaines bon marché comme Target ou Ross Dress For Less, mais aussi des boutiques spécialisées comme *Bath and Body Works* (bougies et produits de bain). On peut aussi s'y arrêter pour une pause déjeuner ou dîner, les enseignes sont nombreuses, du fast-food comme Five Guys et Chipotle aux bars branchés comme le bar louage Negroni.

BEN & GIULES CONCEPT STORE

811 Lincoln Road
✆ +1 954 681 2711
https://benandgiules.com
Ouvert du lundi au vendredi de 12h à 21h, samedi et dimanche de 11h à 21h.

On peut dire que cette boutique fait office d'ovni sur la commerçante Lincoln Road avec ses enseignes internationales. On adore l'ambiance bohème apportée par l'accumulation de matières chaleureuses et les meubles en bois brut garnis d'objets artisanaux : coussins, céramiques, bijoux, savons ou encore bougies... Les produits proviennent des quatre coins du monde. Impossible de ne pas craquer ! Vous trouverez une seconde boutique au sein du Brickell City Center.

FRANGIPANI

2239 NW 2nd Avenue
✆ +1 305 573 1480
www.frangipanimiami.com
Ouvert tous les jours de 11h à 19h.

La boutique parfaite pour [se] faire un cadeau ! On trouve en effet de tout dans ce *concept store* indépendant agréablement achalandé : des espadrilles brodées, d'adorables coupelles décoratives en céramique peintes à la main, de la jolie papeterie, des livres de collection, de nombreuses bougies *made in* USA... La collection à destination des enfants risque de vous faire craquer, notamment les poupées Aggie originaires d'Australie ou les casquettes de baseball stylées. Vous pouvez avoir un aperçu des collections et des tarifs en visitant le site internet.

GLOTTMAN

2213 Northwest 2nd Avenue
✆ +1 305 438 3711
https://glottman.com
Ouvert tous les jours de 11h à 19h.

Cette jolie boutique au cadre moderne et lumineux est tenue par l'architecte et fait également office de *showroom*. Vous y trouverez des accessoires pour la maison [luminaires, art de la table...], de la papeterie [cartes...], des bijoux, des savons artisanaux ou encore une excellente sélection de livres. De nombreux produits sont estampillés Miami, pouvant par la même occasion faire office de souvenir. Les collections sont contemporaines et colorées. Quant aux prix, ils sont variés et peuvent donc convenir à toutes les bourses.

HAPPY MONKEY SHOP

8120 NE 2nd Avenue ✆ +1 786 488 3270
https://happymonkeyshop.com
Ouvert le lundi de 11h à 15h, du mardi au jeudi de 11h à 18h, le samedi de 11h à 19h, le dimanche de 11h à 16h.

Cette adorable boutique pour enfants a une spécificité qui la rend unique à Miami : elle propose uniquement des jouets *eco-friendly*. Ils sont généralement en bois issus de forêts gérées durablement et décorés avec des peintures utilisant des colorants naturels. La plupart sont fabriqués en Europe. On y trouve notamment une sélection de jeux Montessori. On peut aussi se procurer d'adorables vêtements pour bébé et enfant, des lampes en forme de champignons ou encore des jouets pour rendre le bain plus fun. Retour en enfance garanti ! Difficile de ne pas craquer...

KCÜLL SHOP

1735 SW 8th Street
✆ +1 305 342 9440
www.kcull.com
Ouvert du mardi au dimanche de 11h à 22h. Aussi une autre boutique à Little Havana [1358 SW 8th St] et à Coconut Grove.

Kcull est un *concept store* coloré qui rassemble les créations d'une trentaine d'artistes du coin. Bijoux, vêtements, affiches, parfums, vaisselle, papeterie, lunettes de soleil... Il y en a vraiment pour tous les goûts et tous les budgets ! Parmi nos coups de cœur : les boucles d'oreille en forme de cafetière italienne by Le Chic Miami et les tee-shirts en coton bio de la marque Bichõn® [créée par la française Marilou !], ornés de broderies en hommage aux néons colorés d'Ocean Drive. Un bon moyen de [se] faire plaisir tout en soutenant l'artisanat local.

LOWER EAST COAST

7219 NW 2nd Avenue
✆ +1 305 200 5154
www.lowereastcoast.com
Ouvert du mercredi au samedi de 11h à 19h, le dimanche de 12h à 18h.

Dans le quartier de Little River, Lower East Coast est une boutique indépendante éclectique notamment reconnue pour sa sélection pointue d'ouvrages [livres et magasines] aux thèmes variés : société américaine, art, sport... On y trouve aussi des collections de vêtements de designers internationaux [Full Court Press, PAA, The Good Company...]. Les lignes sont intemporelles avec un petit côté vintage. En somme, c'est un commerce qui a su gagner le cœur des locaux et que nous vous recommandons de découvrir si vous êtes de passage dans le quartier.

PIVOT MARKET - THE CITADEL

8300 NE 2nd Avenue
✆ +1 305 908 3849
Du lundi au jeudi de 12h à 20h, le vendredi de 12h à 21h, le dimanche de 12h à 18h.

Au sein du nouveau *food-hall* The Citadel, Pivot est une vaste boutique qui rassemble les produits de plus de 40 créateurs locaux. Toute les marques sont écoresponsables. Parmi les pépites, vous pourrez dégoter les tee-shirts ultra fun de la marque Bichon (la créatrice Marilou est française), les bijoux *arty* de la designer Lisa Vega, les sacs en matière recyclée The Other Bag ou encore les jolies bougies véganes créées par Two Guys. Le lieu parfait pour un shopping local et responsable.

FARMER'S MARKET

405 Biltmore way
✆ +1305 460 5600
Ouvert tous les samedis de janvier à mars, de 8h à 14h.

Un marché authentique en plein air, avec des produits de la région et de vrais *cook shows*. Vous pourrez y faire vos courses de fruits et légumes, même si vous êtes en appartement. Pensez à faire le plein d'oranges de Floride, très juteuses et réputées. Ce marché est très prisé par les locaux, et c'est une vraie référence en matière de produits bio et frais. On peut même assister à des ateliers de jardinage, des ateliers pour enfants et des cours de taï-chi gratuitement ! N'hésitez pas à venir y flâner si vous visitez Miami entre janvier et mars.

SENTIR CUBANO

3100 SW 8th Street
✆ +1 305 644 8870
www.sentircubano.com
Ouvert du lundi au samedi de 10h à 18h.

Cette boutique phare de la Calle Ocho met en avant la culture cubaine en proposant une multitude de produits en tout genre. Vous pourrez dégoter des *guayaberas*, ces chemises cubaines traditionnelles et colorées, des affiches rétro à l'effigie de Cuba ou de Little Havana mais aussi des services à mojito, des tasses à expresso, ainsi que des souvenirs un peu kitsch à petits prix. Le plus : un petit coin musée qui permet d'en apprendre un peu plus sur l'histoire de Cuba, à grand renfort d'objets historiques et d'images d'archives.

MARKY'S GOURMET

687 NE 79 Street
✆ +1 305 758 9288
Ouvert du lundi au samedi de 9h à 20h, le dimanche de 10h à 18h.

Quelque peu à l'écart du centre-ville, voici une adresse qui ravira les épicuriens. Cette épicerie fine créée en 1983 réunit en effet les meilleurs produits gourmands du monde. Chaque produit que l'on met dans notre panier est en effet rigoureusement sélectionné : charcuterie ibérique, chocolats belges, pâtes italiennes, fromages de Savoie... On déniche également des mets de luxe comme le caviar ou le foie gras. De quoi composer un apéritif dînatoire aux saveurs internationales ! Les prix sont toutefois assez élevés. Marky's réalise aussi des sandwiches gourmets.

CHÈVRE MIAMI

1295 Coral Way
✆ +1 786 332 4128
www.chevremiami.com
Ouvert du mardi au samedi de 10h à 19h, le dimanche de 10h à 18h.

Avec un nom pareil, Chèvre ne pouvait être qu'une fromagerie ! Cette adresse est chérie par les locaux qui affirment sans l'ombre d'une hésitation que l'on y trouve les meilleurs fromages de la ville. Le service est sympathique et passionné. Pour prolonger ce moment de pure gourmandise, nous vous conseillons de commander un plateau de charcuteries et fromages à partager : un plaisir autant gustatif que visuel. N'hésitez pas à demander conseil pour choisir la bouteille de vin qui accompagnera le mieux votre choix. Pour la touche sucrée, goûtez au cheesecake.

MERCATO MIAMI

460 NE 28th Street
✆ +1 305 514 0259
Ouvert du lundi au samedi de 8h à 21h, le dimanche de 9h à 19h.

Au nord de Wynwood et à deux pas de Biscayne Beach, Mercato Miami est un lieu hybride, à la fois épicerie italienne et *coffee-shop*. Dans un environnement agréablement lumineux, on s'approvisionne en vins italiens (pourquoi pas un chianti ou un pinot noir ?), en mozzarella, en *pasta*, en *mortadella et* en *panetone*. Mais aussi en produits de base, bien pratiques pour dépanner. On apprécie tout autant de déguster un croissant accompagné d'un excellent espresso en terrasse, où nous attendent de petites tables ornées de nappes à carreaux rouges et blancs.

MIMMO'S MOZZARELLA

475 NE 123rd Street
✆ +1 305 351 6826
www.mimmosmozzarellaitaliancafe.com
Ouvert du lundi au samedi de 9h à 20h.

Cette boutique italienne respire l'authenticité. C'est un plaisir de franchir la porte pour découvrir les vitrines garnies de fromages italiens à commander à la coupe ou sur un plateau pour goûter à différentes saveurs, accompagnés ou non de charcuterie artisanale. Sur les murs, les étagères sont quant à elle remplies de tartinades, sauces tomates et gressins. On peut rester déjeuner pour goûter à la Pascualina, une généreuse tarte aux épinards, ou au panini burrata et pesto. Un délice. À coupler avec la visite du Museum of Contemporary Art, à 10 minutes à pied.

BICHŌN

1735 SW 8th St
https://thebichon.com
Tous les jours de 10h à 19h.
Articles entre 20 et 60 US$.

Après des années à déplorer la rareté de souvenirs authentiques et éthiques à Miami, Marilou, qui a adopté la ville en 2015, a créé en 2019 Bichōn, marque locale et responsable. Les créations (t-shirts, casquettes et pulls), *made in USA* et 100% coton organique, revisitent les clichés de Vice City avec des broderies réalisées localement, aux couleurs rétro, dont certaines sont phosphorescentes. Bichōn est philanthropique et soutient 2 associations locales : AWOM qui protège les femmes et Clean Miami Beach à visée écologique. Articles pour femmes, hommes et enfants.

RAMONA LARUE BY ARIANNE

3400 North Miami Avenue
✆ +1 305 456 8191
www.ramonalarue.com
Ouvert du lundi au vendredi de 10h à 17h.

Une boutique de vêtements et d'accessoires par une designer de talent, le tout dans un cadre plutôt tendance. On trouve essentiellement des tenues pour femmes. Le style *hippie chic* est à l'honneur avec des vêtements colorés et des matières *loose*. Chaque imprimé est décliné en version top, pantalon, robe ou encore bandeau, ce qui permet d'opter pour un *total look* ou simplement pour une pièce à assortir avec vos propres vêtements. C'est assez cher mais la qualité est au rendez-vous et ce ne sont certainement pas des tenues que vous trouverez ailleurs !

THE WEBSTER

1220 Collins Avenue
✆ +1 305 674 7899
https://thewebster.us
Ouvert du lundi au samedi de 11h à 19h, le dimanche jusqu'à 18h.

Installée sur Collins Avenue dans un superbe édifice Art déco aux tons bleus et roses, c'est l'une des boutiques tendance du moment. Elle rassemble les tenues de designers triés sur le volet par la styliste française Laure Heriard Dubreuil : Givenchy, Versace, Balenciaga... On y trouve aussi des produits de beauté et des objets déco. Qu'on se le dise, les prix ne sont pas à la portée de toutes les bourses. N'hésitez tout de même pas à passer la porte, ne serait-ce que pour admirer l'édifice d'un peu plus près. À voir aussi de nuit avec les néons illuminés.

WYNWOOD TRIBE

2301 NW 2nd Avenue
✆ +1 786 867 7342
www.wynwoodtribe.com
Ouvert tous les jours de 11h à 21h, le lundi à partir de 12h et le samedi jusqu'à 22h.

Une boutique qui propose des vêtements pour hommes et femmes ainsi que des accessoires de marques du monde entier (Lawess Apparel, Mata Traders, Cool Tricks...). La particularité : elles sont toutes écologiques et les produits sont soit créés à partir de matières recyclées, soit fabriqués à la main ou à faible impact. La boutique détient même sa propre marque de vêtements en coton bio fabriqués au Pérou : Wyntribe. Outre les vêtements, vous trouverez des lunettes, des sacs, des chaussures ou encore des bijoux et des objets de décoration.

CARIBBEAN MARKETPLACE

A l'angle de la NE 2nd Avenue et la NE 59th Terrace
✆ +1 305 960 2969
littlehaiticulturalcenter.com
Ouvert du lundi au vendredi de 10h à 21h, le samedi de 10h à 16h.

Ce marché à l'architecture colorée typiquement haïtienne (c'est une république du marché de Port-au-Prince en Haïti) est constitué de boutiques d'artisanat colorées où se vendent pêle-mêle objets d'artisanat ou de culte, poulets en sauce et bananes plantain. Le marché dispose aussi d'un bar. Un vrai lieu de vie et de convivialité à ne pas manquer pour une immersion totale dans la culture haïtienne et dans la vie du quartier. Le Visitor Center adjacent vous donnera de nombreuses idées de visites dans Little Haiti et ses environs.

BOOKS & BOOKS

3409 Main Hightway
✆ +1 305 477 0866
www.booksandbooks.com
Ouvert du dimanche au jeudi de 11h à 19h, vendredi et samedi de 10h à 21h.

Books & Books est une chaîne de librairies indépendantes fondée en 1982. Le magasin de Coconut Grove, à proximité du Barnacle Historic State Park, ravira les amateurs de beaux livres, particulièrement si vous appréciez la lecture en anglais. Le choix est colossal, mais vous serez invité à prendre votre temps, parcourir les étagères remplies de livres du sol au plafond, vous assoir sur un banc pour feuilleter des ouvrages... Si vous avez apprécié l'ambiance de la librairie, profitez-en pour faire une pause café ou déjeuner en terrasse du Cafe at Books & Books.

LIBRAIRIE MAPOU

5919 NE 2nd Avenue
✆ +1 305 757 9922
www.mapoubooks.com
Ouvert du lundi au samedi de 12h à 17h.

Une petite librairie à la devanture rose au milieu de Little Haïti. C'est le meilleur centre de documentation de Miami sur Haïti depuis 1986 (en créole, en français et en anglais). C'est Jan Mapou, le patron de cette librairie spécialisée dans les ouvrages sur Haïti (en créole, en français et en anglais) qui s'en occupe depuis toujours. Il est très impliqué dans la préservation de l'héritage culturel de la diaspora haïtienne, notamment à Miami. Vous pourrez aussi goûter le Krémas, une boisson haïtienne à base de lait de coco, de lait, de rhum et de cannelle.

LUCKY RECORDS

143 NW 23rd Street
✆ +1 833 735 5929
https://www.luckyrecordsmiami.com
Ouvert tous les jours de 12h à 22h.

Bien que de petite taille, cette boutique à la façade décorée de *street art* est une véritable caverne d'Ali Baba emplie de CD et vinyles, neufs ou d'occasion. On apprécie l'éclectisme des albums proposés et c'est un plaisir de fouiller dans les étagères à la recherche de pépites musicales. Si vous ne savez pas par où commencer, faites confiance au staff qui saura vous dénicher de quoi vous satisfaire selon vos goûts. Également des *goodies* sympathiques à l'effigie du *maneki-neko* (chat porte-bonheur très populaire au Japon), emblème de la boutique.

MUSEO DEL DISCO RECORDS

1301 SW 70th Avenue
✆ +1 305 267 5511
https://museodeldisco.com
Ouvert tous les jours de 10h à 18h.

Contrairement à ce que son nom laisse penser, cette adresse n'est pas un musée mais un magasin qui rassemble une incroyable sélection de CD et vinyles. Les locaux viennent ici pour dégoter des albums qu'ils ne trouvent pas ailleurs. Tous les styles musicaux sont représentés, du jazz au metal en passant par le RnB d'hier et d'aujourd'hui. Le personnel, très sympathique, saura vous guider et vous conseiller. Il est même possible d'écouter les CD dans les rayons. Une boutique qui fleure bon la nostalgie, excepté que tous les produits sont neufs.

SWEAT RECORDS

5505 NE 2nd Avenue
✆ +1 786 693 9309
www.sweatrecordsmiami.com
Ouvert de 12h à 17h du dimanche au lundi, jusqu'à 19h du mercredi au samedi.

Sweat Records est un magasin de vinyles de style vintage qui fait aussi café. Ouvert depuis 2005, il fait partie des commerces de références dans le quartier de Little Haiti. On y trouve notamment la plus grande sélection de vinyles neufs et d'occasion de tout Miami. Il est très agréable d'y chiner des trésors de styles variés tout en écoutant de la bonne musique, avant d'aller commander un bon cappuccino. Vous pouvez aussi consulter le stock de la boutique directement depuis le site internet. Un lieu original et un tantinet *hipster*.

TASCHEN STORE

1117 Lincoln Road
✆ +1 305 538 6185
https://www.taschen.com
Ouvert du lundi au samedi de 11h à 19h.

Taschen est une maison d'édition allemande créée en 1980. Ses spécialités : l'art, le cinéma, l'architecture ou encore la photo. L'enseigne dispose de points de vente dans les plus célèbres villes du monde comme Hong Kong, Londres, Milan, Los Angeles, Paris et Miami. Tous ont pour point commun d'avoir été imaginés par le populaire designer français Philippe Stark. La boutique de Miami est très arty avec son ton turquoise. Vous y trouverez de très beaux livres. Preuve en est de sa notoriété, on peut voir une librairie Taschen dans un épisode des *Simpsons* !

BOUGER & BULLER

Miami combine le meilleur des deux mondes : un patrimoine culturel et artistique très riche, et un cadre idyllique. Impossible de ne pas poser sa serviette sur les plages de South Beach ou de Key Biscayne ; de ne pas s'assoir en terrasse ou sur un *roof top* pour savourer un cocktail ; en bref, de se détendre ! Alors pourquoi ne pas en profiter pour vous accorder une pause bien-être ? Vous trouverez ainsi d'excellents spas, souvent au cœur de très beaux hôtels, et plein d'options pour prendre du temps pour vous. Et si au contraire, vous ne tenez pas en place, à vous les loisirs nautiques, les tours en bateau, les matchs de basket ou de baseball dans une ambiance de folie... Autre possibilité, gratuite cette fois : partir en *running* le long de l'Ocean Walk avant de plonger dans les eaux claires de l'Atlantique, et profiter des équipements sportifs en libre service, aux côtés de locaux hyper musclés. Ou comment vous croire dans un film !

AQUASPORT MIAMI

1635 N Bayshore Dr
✆ +1 305 903 0244
www.aquasportmiami.com
Flyboard : 129 US$. Tubing : 50 US$.
Tour en bateau : 59 US$/personne les 1h15.
Package : 200 US$.

Avez-vous déjà vu à la télévision ces drôles de personnage en apesanteur au-dessus de l'eau, débout sur une sorte de tuyau géant cracheur d'eau ? Ça s'appelle un flyboard et il est possible d'en faire à Miami avec Olivier, un Français qui est un des spécialistes mondiaux de l'exercice ! Il propose en plus des sorties en surf électrique, de la bouée tractée et des tours en bateau privé pour partir à la découverte de la baie de Miami. Si vous lui demandez gentiment, il vous montrera quelques tours en flyboard, il donne carrément des ballets aériens !

BILTMORE GOLF CLUB

1210 Anastasia avenue
✆ +1 305 460 5364
www.biltmorehotel.com
Ouvert tous les jours de 6h30 à 19h.
À partir de 89 US$ le parcours 9 trous, 155 US$ le parcours 18 trous.

Ce parcours 18-trous rattaché au magnifique hôtel Biltmore a été conçu en 1925 par le célèbre architecte spécialisé Donald Ross, puis a été modernisé en 2018. Depuis 1964, c'est là que se tient Junior Orange Bowl International Championship. C'est donc un cadre qui ravira les amateurs, au cœur de la charmante ville de Coral Gables (qui n'est pas un quartier de Miami comme on le croit souvent). Vous aurez la possibilité de vous restaurer dans l'un des restaurants de l'hôtel, le Fontana, la Cascade ou le 19th Hole, le restaurant du golf avec vue sur le *green*.

FTX ARENA

601 Biscayne Boulevard
www.ftxarena.com
Programmation des événements, matchs et concerts sur le site internet.

C'est LA salle de référence à Miami en matière de concerts ou de matchs sportifs ! La FTX Arena (anciennement connue sous le nom d'American Airlines Arena) est d'ailleurs la maison de l'équipe de basket des HEAT de Miami. C'est donc ici qu'il faudra vous rendre pour assister à un match de NBA (jusqu'à 19 600 spectateurs), dans une ambiance survoltée typiquement américaine ! Les billets partent vite, alors n'hésitez pas à réserver vos places dès que vos connaissez vos dates de voyage ! Pour info, la saison de basket court généralement de fin octobre à mi-avril.

HARD ROCK STADIUM

347 Don Shula Drive
✆ +1 305 943 8000
www.hardrockstadium.com
Programmation des événements, matchs et concerts à consulter sur le site.

Anciennement New Miami Stadium, le Hard Rock Stadium est le domicile de l'équipe de football américain des Dolphins de Miami. Il fut aussi la maison des Marlins de Miami (baseball). Le stade peut accueillir plus de 65 000 spectateurs. Outre les matchs, c'est une importante salle de concert qui a vu passer des têtes d'affiche de renommée mondiale. D'autres événements sportifs y sont organisés, comme l'Open de Tennis de Miami (en mars et avril) et le Grand Prix de Miami. Le Hard Rock Stadium est situé dans la ville de Miami Gardens, au nord-ouest de Miami.

LOCK & LOAD MACHINE GUN EXPERIENCE & RANGE

2545 N Miami Ave ✆ +1 305 424 8999
www.lockandloadmiami.com
Lundi-vendredi (12h à 20h,) samedi (11h à 20h), dim. (11h à 18h). Adulte : 169 US$ à 599 US$, 10-13 ans : 145 US$.

Voici une activité en dehors des sentiers battus ! Lock and Load vous propose des sessions de 25 tirs sur cible dans une ambiance pédagogue et sécurisée. Vous choisirez parmi différents packages dont le prix varie selon le type d'armes. Elles sont toutes automatiques, ce qui facilite la prise en main. Cette activité est ouverte à tous, un instructeur prendra le temps de vous familiariser avec votre arme. Les protections sont fournies. Il est conseillé de réserver un créneau en ligne.

MIAMI BEACH GOLF CLUB

2301 Alton road ✆ +1 305 532 3350
www.miamibeachgolfclub.com
18 trous : 131 US$ et 235 US$ selon la période. Réservation 5 jours à l'avance sur le site. Location de clubs : 70 US$.

Le Miami Beach Golf Club est un parcours historique de 18-trous fondé en 1923 par Carl Fisher. Idéalement situé au cœur de South Beach, c'est l'un des rares golfs publics de la ville. L'environnement est superbe, très floridien avec de nombreux palmiers et points d'eau. Le parcours est plutôt technique. Si vous n'êtes pas golfeurs, nous vous recommandons de vous rendre au restaurant du club avec vue sur la fin du parcours. Au déjeuner sont proposés différents buffets (entrée, plat, dessert) à des prix raisonnables, comme l'*Italian Buffet* ou le *Miami Flavor Buffet*.

MIAMI KITEBOARDING

Crandon Park
✆ +1 305 345 9974
www.miamikiteboarding.com
Ouvert tous les jours de 10h à 18h.

Cette école, tenue par un Français – Christophe Ribot, l'un des inventeurs des codifications du kitesurf – et affiliée IKO, est sans doute la plus importante de Miami. C'est en tout cas la première à avoir vu le jour en 2001. Elle propose des cours de *kitesurf* en français pour tous les niveaux, un service de location et d'achat de matériel. Vous pourrez aussi louer des kayaks et paddle pour une balade le long de la plage. Si vous souhaitez fuir les plages bondées de South Beach, réfugiez-vous sur North beach, cette plage superbe et tranquille bordant Crandon Park.

OCEAN FORCE ADVENTURES

300 Alton Road
✆ +1 305 372 3388
oceanforceadventures.com
Ouvert tous les jours de 9h à 18h. 150 US$ par personne la visite guidée en bateau de 2h (maximum 6 passagers).

Cette compagnie propose des visites guidées en bateau (6 passagers maximum) de 2 heures dans la baie de Biscayne avec un stop aux principaux points d'intérêt : les maisons des stars, Star Island, Fisher Island, le port de Miami, Miami River, mais aussi certains lieux de tournage de la série *Miami Vice*. Vous aurez peut-être même la chance d'apercevoir des dauphins durant votre balade, alors ouvrez bien les yeux ! On apprécie le côté convivial créé par la petite taille des bateaux, on est loin des croisières très touristiques.

PADL

695 Ocean Drive
✆ +1 786 749 6730
www.padl.co
Accessible de 6h à 19h. Paddles en libre-service via l'application Padl. 10 points de retraits à Miami. 25 US$/heure.

Ça, c'est innovant ! À la manière des vélos ou trottinettes en libre-service, Padl propose de jolies planches de paddle en turquoise et blanc à retirer à travers Miami Beach et Key Biscayne. Le fonctionnement est très simple : il vous suffit de télécharger l'application *Padl*, de repérer le point de retrait le plus proche puis de payer en ligne et débloquer votre paddle. Il n'y a plus qu'à se jeter à l'eau ! À la fin de votre session, replacez la planche sur son support et terminez la location sur l'application. Gilet de sauvetage et pagaie sont fournis.

SCOTT RAKOW YOUTH CENTER

2700 Sheridan Avenue
✆ +1 305 673 7000
www.miamibeachfl.gov/
Patinoire (vendredi : 18h-20h, w-e : 15h-17h) : 14 US$ + 8 US$ (patins). Bowling (lundi à vendredi et dimanche) : 9 US$.

Il pleut ou il fait trop chaud et vous recherchez une activité familiale et fun ? Ce centre dédié à la jeunesse est ouvert aux locaux et aux visiteurs. Il accueille une patinoire de 1 200 m², une piscine extérieure chauffée, un bowling de six pistes, une salle de jeux pour enfants, et encore un terrain de basket, au cœur de Miami Beach ! Certes, les installations ne sont pas immenses mais elles permettent de passer un moment sympathique à prix raisonnable. C'est donc un vrai bon plan dont il serait dommage de ne pas profiter si vous en avez l'occasion !

AQUA PARTY BOAT & CRUISES

Venetian Marina ✆ +1 305 903 4233
www.aquapartyboat.com
Tour à partir de 49 US$ par personne.
Tour public : 100 à 130 US$ par personne et privé entre 200 et 300 US$ l'heure.

Envie d'une croisière de stars et d'un plongeon dans la baie de Miami ? L'équipe francophone d'Aqua Party vous propose de faire la java sur un catamaran pouvant accueillir jusque 45 personnes devant les villas de Will Smith, Ricky Martin et George Clooney ! Vous pouvez aussi privatiser un petit yacht pour vous évader au large. Au programme : musique, vues magnifiques et baignade avec bouée. Dans la journée ou pour le coucher du soleil, *you will have the best time* !

TARPOON LAGOON DIVE CENTER

300 Alton road ✆ +1 305 532 1445
www.tarpoonlagoon.com
Du lundi au vendredi de 10h à 18h, le samedi et dimanche de 8h à 18h. Comptez 110 US$ d'une demi-journée (4h).

Fondé en 1952, le Tarpoon Lagon Dive Center est un centre de plongée qui organise des excursions de plongée au départ de Miami Beach. Après une trentaine de minute de trajet, vous pourrez partir à la découverte de la barrière de corail et de l'écosystème marin. Les départs ont lieu à 12h du lundi au vendredi et à 8h30 et 12h le week-end. Si vous ne souhaitez pas plonger, vous pouvez tout de même accompagner votre famille en restant sur le bateau pour un coût réduit (85 US$).

VENETIAN POOL

2701 De Soto boulevard, Coral Gables
✆ +1 305 460 5306
www.coralgables.com
Haute saison : 11h-17h30 (10h à 16h30 le we). Vérifier les horaires sur le site. Adulte : 21 US$, 3-12 ans : 16 US$.

Une création fantasmagorique de Merrick qui, pour sa Beautiful City, ne voulait pas d'une piscine ordinaire. Le projet émerge en 1921 et la piscine ne sera achevée qu'en 1924 avec une importante restauration fin des années 1980. Elle abrite aujourd'hui un magnifique décor naturel avec une grotte taillée dans le corail. Si dans le passé, elle servit de cadre à des défilés de beauté et à de somptueuses réceptions, aujourd'hui on vient se rafraîchir dans l'eau turquoise dès que la température monte trop. Le prix est un peu élevé mais le décor est absolument unique.

ELEGANCE BEAUTY SALON

301 Altara Avenue
✆ +1 786 452 9275
Ouvert de 9h à 19h. Fermé le dimanche et le lundi.

On vous recommande vivement ce salon tenu par Fabrice Mira, un génie de la coiffure, et son équipe, tous aussi chaleureux que professionnels. Installé à Miami avec sa famille depuis près de 15 ans, Fabrice fait partie des meilleurs coiffeurs de la ville et son salon ne désemplit pas. Quand il ne coiffe pas les stars de passage à Miami, il « chouchoute » ses clientes locales, ravies que leur styliste coiffe les stars. Fabrice est aussi célèbre pour ses incroyables balayages si naturels qu'ils font fureur auprès des Américaines. Une belle *success story* !

NEO NAIL BAR - KEY BISCAYNE

905 Crandon Boulevard
✆ +1 305 922 2726
www.neonailbar.com
Ouvert du mardi au samedi de 10h à 20h. Manucure classique : 20 US$, ongles gel : 39 US$.

Envie de vous octroyer un moment de bien-être et de détente lors de votre journée à Key Biscayne ? Dans un cadre lumineux et agréable, Neo Nail Bar prendra soin de vos ongles (mains et pieds) avec un grand professionnalisme tout en vous prodiguant des conseils avisés. Le choix de vernis est colossal et vous pourrez laisser libre cours à votre imagination en optant pour un effet *tie and dye*, des paillettes ou des dorures délicates. Egalement un salon à Brickell.

RED SALON

7326 Biscayne Boulevard
✆ +1 305 757 7662
De 10h à 19h. Fermé le dimanche. Parking gratuit à l'arrière. Shampooing/coupe/brushing : 95 US$. Avec et sans rdv.

Ce nouveau salon de coiffure appartient à Gauthier Paolini, un jeune Français plein d'énergie originaire de Nice. Tous les coiffeurs qui y travaillent sont doués et chaleureux. Et avantage non négligeable : vous pouvez vous faire comprendre en français et bien expliquer ce que vous voulez comme coupe de cheveux ou couleur. Une bonne façon d'éviter les malentendus et de repartir avec la coiffure de ses rêves. Toutes les prestations coiffure classiques sont proposées (brushing, soins, couleurs, balayages, extensions...) et le tout dans une ambiance ultra conviviale.

THE PALMS SPA AVEDA

3025 Collins Avenue
✆ +1 305 908 5460
www.thepalmshotel.com
Ouvert du lundi au vendredi de 10h à 18h, samedi et dimanche de 10h à 19h. A partir de 130 US$ le massage.

Un superbe Spa au sein de l'hôtel The Palms. Salon de coiffure (qui travaille avec les produits de la marque Aveda à base de végétaux), service de pose d'ongles et institut de beauté offrent un service irréprochable. Les massages sont exceptionnels et vous procureront une détente incroyable. Ils sont tous fortement influencés par la zen attitude asiatique. Nous vous recommandons le « Stress-Fix massage » ou le « Chakra reflexology massage » qui ouvriront tous deux vos chakras et vous mettront dans un état d'apaisement absolu. Une très bonne adresse.

SORTIR

Miami est LA ville de Floride pour profiter d'une vie nocturne intense. Il suffit de voir l'affluence dans les rues lors des *Spring Breaks* ! Tous les soirs des dizaines d'établissements rivalisent d'ingéniosité pour attirer les clients désireux de s'amuser. Très m'as-tu-vu, le plus important à Miami est l'apparence. Les tenues sont donc osées, originales, souvent moulantes et sexy. Mais ne vous inquiétez pas pour autant, ce style est surtout réservé aux soirées et il existe quantité d'endroits où le *casual*, c'est-à-dire la tenue décontractée, est en vigueur. La plupart des clubs et bars de nuit sont concentrés à South Beach et attirent une clientèle plutôt jeune. Brickell et Downtown sont le rendez-vous des locaux trentenaires ; Wynwood et Design District ont un côté alternatif et *bobo*. Dans ces quartiers animés, vous ne devriez pas ressentir d'insécurité, mais évitez tout de même les rues désertes.

BASEMENT MIAMI

2901 Collins Avenue
✆ +1 786 257 4500
basementmiami.com
Du jeudi au samedi de 17h à 2h.
Bowling : réservation obligatoire (60 US$ la piste/1h). Roller : 30 US$/pers les 30 min.

Ce club, qui plaît beaucoup aux locaux, est situé dans le sous-sol de l'hôtel Miami Beach Edition, d'où son nom. La déco semble tout droit sortie d'un film des années 1970 et la musique est logiquement disco ou soul, avec quelques soirées house. L'originalité de cette boîte c'est qu'en plus de sa piste de danse, elle dispose d'un bowling *high-tech* et d'une petite patinoire. De quoi vous défouler et vous amuser comme des petits fous tout au long de la semaine. On a adoré le concept qui détonne clairement dans la sphère clubbing de la Magic City !

BODEGA TAQUERIA Y TEQUILA

1220 16th Street
✆ +1 305 704 2145
Lounge ouvert de 18h à 3h du matin.

Même si vous trouvez d'abord un petit *fast-food* de *tacos* en arrivant sur place, rassurez-vous, vous êtes bien à la bonne adresse. Ici se trouve en réalité un club clandestin à l'image des *speakeasy* du temps de la Prohibition, caché derrière une grande porte métallique. Quand le physio vous laisse entrer, c'est la surprise totale. La musique est à fond, sur des rythmes hip-hop dans un grand loft. Très bonne ambiance pour faire la fête à South Beach !

CLUB SPACE

34 NE 11th St ✆ +1 786 357 6456
www.clubspace.com
Vendredi et samedi de 23h à 11h, le dimanche de 22h à 6h. Entrée : à partir de 15 US$/pers (tarifs variant selon le DJ).

Si vous aimez la musique electro et les grands clubs avec des centaines de personnes qui dansent, le Space Club est la bonne adresse pour faire la fête à Downtown. Si tout le monde ne carbure clairement pas qu'à l'alcool, on s'amuse beaucoup et les DJ sont tout simplement excellents. Vous trouverez plusieurs ambiances et styles musicaux : techno, house, electro, hip-hop... Il y a même une incroyable salle *outdoor*, The Terrace. Vraiment pas mal pour une sortie jusqu'au bout de la nuit, loin des froufrous de South Beach et à deux pas du mythique E11even.

DO NOT SIT ON THE FURNITURE

423 16th Street
✆ +1 510 551 5067
www.donotsitonthefurniture.com
Ouvert du mercredi au dimanche de 22h à 5h du matin. Soirées spéciales : 25 US$.

Un club pour danser jusqu'au bout de la nuit car comme le dit le nom de l'établissement « Il est interdit de s'asseoir sur les meubles ». Dans un cadre à la déco des années 1960, et dans une ambiance bon enfant, vous pourrez danser sur des rythmes house et electro. Mention spéciale pour l'immense boule à facettes qui illumine la piste. L'espace est intimiste, on est loin des immenses clubs bondés. Ici, la fête est moins superficielle qu'ailleurs à South Beach et cela fait du bien.

E11EVEN

29 NE 11th Street
✆ +1 305 829 2911
www.11miami.com
Ouvert 24h/24. Les tickets varient selon la programmation, à partir de 20 US$ (prix réduit pour les femmes).

Bienvenue dans l'un des clubs les plus fous, les plus tendance et les plus déjantés de Miami. Le E11even est unique en son genre. Chaque soir, des invités de renoms se relaient pour faire le show, comme 50 Cent ou Rick Ross, dans une immense arène avec un jeu de lumière incroyable. Une ambiance de folie dans ce temple du Miami Vice ! Dans cette atmosphère surréaliste, on s'amuse tellement qu'on perd vite la notion du temps et, comme le club est ouvert 24h/24, on peut très bien en sortir à 11h du matin sans même avoir vu le temps passer !

MANGO'S TROPICAL CAFE SOUTH BEACH

900 Ocean Drive ✆ +1 305 673 4422
https://mangos.com/mangos-miami-beach
Du lundi au jeudi de 16h à 5h du matin, du vendredi au dimanche à partir de 12h. Leçons de salsa de 19h30 à 22h.

En vous promenant sur Ocean Drive, vous ne pourrez pas manquer de remarquer ce bar cabaret. Le décor, la musique, les serveuses latines en tenue ultra-minimaliste... Pas de doute, vous êtes à Miami ! C'est l'endroit *caliente* toute l'année, à découvrir absolument avec musique à fond et ambiance très hot ! Vous pouvez aussi opter pour l'option dîner spectacle (le célèbre *Mango's Dinner & Show*). C'est aussi l'endroit idéal pour s'adonner à des cours de salsa tout en sirotant un mojito.

LIV, HOTEL FONTAINEBLEAU

4441 Collins avenue
✆ +1 305 674 4680
www.livnightclub.com
Ouvert du jeudi au dimanche de 23h à 5h.

Dans le très chic hôtel Fontainebleau, vous pourrez vous déhancher dans l'une des boîtes les plus tendance de Miami : le Liv.T très chic, ce club accueille des DJs de renommée internationale. Le Liv possède des murs très hauts et donne un sentiment de grand espace avec ses 2 bars intérieurs et sa musique impeccable. C'est à faire au moins une fois pendant votre séjour à Miami, même si, vous verrez, c'est un peu impersonnel en raison du monde... Mettez-vous sur votre 31 avant d'y aller, car les videurs sont sans pitié et il y a beaucoup de monde qui veut rentrer !

MYNT LOUNGE

1921 Collins Avenue
✆ +1 305 532 0727
www.myntlounge.com
Ouvert du jeudi au samedi de minuit à 5h du matin.

Un club réputé où passe de la bonne musique house. Le DJ en résidence ici, AXL, est français, mais selon la soirée, vous découvrirez différents artistes. L'ambiance se fait au milieu de la grande salle, animée par un important jeu de lumière laser et très fluo. Le lieu est surtout à fréquenter le vendredi soir. À savoir : le *dress code* est l'un des plus stricts de Miami, il vous faudra donc vous surpasser pour espérer passer l'épreuve du physio. Une fois à l'intérieur, vous pourrez profiter de votre soirée, mais armez-vous de patience si vous désirez une table !

MAD CLUB WYNWOOD

55 NE 24th Street
✆ +1 786 843 7021
https://madclubwynwood.com
Ouvert du jeudi au samedi de 23h à 5h.

Ouvert en décembre 2021, MAD est un club qui a déjà fait ses preuves auprès des fêtards du quartier arty de Wynwood jusqu'au bout de la nuit. Le décor industriel a des airs d'entrepôt, sublimé par des jeux de néons, mais l'ambiance est aussi chic et sophistiquée. Partout, des références à l'abeille, symbole du club. L'insecte est d'ailleurs représenté version XXL devant la table de mixage du DJ. Consultez le site internet pour être informé des nombreux événements qui se déroulent au club et faire votre réservation. Le *dress code* se veut quant à lui assez strict.

LE ROUGE MIAMI

318 NW 23rd Street
✆ +1 786 973 5159
https://lerougemiami.com
Ouvert du jeudi au samedi de 22h à 3h. Le prix d'entrée varie selon la soirée, comptez entre 15 US$ et 30 US$.

Un club qui a choisi de se distinguer par l'utilisation d'un système son et vidéo des plus performants. L'expérience n'en est que plus immersive ! Le fait que le DJ soit installé au milieu du *dancefloor* au lieu de le surplomber comme c'est le cas généralement permet une véritable interaction. Chaque soirée a son propre thème, de quoi donner envie de revenir. Précision : le *dress code* est clairement indiqué sur le site internet, nous vous conseillons de jeter un œil afin d'éviter un refus à l'entrée. Certains soirs, l'entrée est gratuite pour les dames avant 23h.

STORY

136 Collins Avenue
✆ +1 305 479 4426
storymiami.com
Ouvert vendredi et samedi de 23h à 5h.

Un des clubs tendance à Miami Beach. Vous serez impressionné par l'immensité des lieux (plus de 2 500 m²) et par ses cinq bars. Parfait pour danser jusqu'au bout de la nuit sur de la bonne électro et de la *deep house,* le tout dans une ambiance lumineuse extra. Les meilleurs DJ viennent mixer ici, les prix d'entrée varient en fonction de leur notoriété. Pensez à réserver en ligne à l'avance lorsque la programmation annonce un DJ très connu. Vous aurez peut-être même la chance de croiser des stars : Drake est récemment venu fêter ici la sortie de son dernier album.

ADRIENNE ARSHT CENTER FOR THE PERFORMING ARTS

1300 Biscayne boulevard
✆ +1 305 949 6722
www.arshtcenter.org
Programmation et réservation sur le site internet.

Ce superbe complexe, très design est le plus grand centre culturel de Floride. Il regroupe trois salles de spectacle et propose de nombreuses prestations musicales d'ici et d'ailleurs, des pièces de théâtre, des comédies musicales et des spectacles de ballets. La programmation est variée et éclectique et parvient à séduire le plus grand nombre. Le City Ballet de Miami s'y produit souvent, et nous vous recommandons vivement d'assister à l'une de ses représentations si vous le pouvez.

TWIST

1057 Washington avenue
✆ +1 305 538 9478
www.twistsobe.com
Ouvert tous les jours de 15h à 5h du matin.

Fondé en 1993, Twist est le club gay le plus connu de South Beach, mais également celui qui détient le record de longévité ! Le lieu est impressionnant puisqu'il compte pas moins de 7 bars et 3 *dancefloors.* On découvre ainsi plusieurs univers : jungle, chic, arty... L'ambiance est bon enfant et les soirées à thème rivalisent d'imagination pour faire passer un bon moment : show de *drag queens*, classiques de Broadway, années 80's et 90's... Une chose est sûre : il est difficile de s'ennuyer ! Le tout au cœur du quartier Art déco.

EL TUCAN

1111 SW 1st Ave
✆ +1 305 535 0065
eltucanmiami.com
Ouvert du mercredi au samedi de 19h30 à 3h.

Un superbe bar de nuit avec une salle intimiste aux lumières tamisées vous transporte tout de suite dans l'univers du show. Le DJ met l'ambiance, et on apprécie boire un verre au bar où les cocktails sont plus tentants les uns que les autres. El Tucan, c'est aussi un restaurant chic avec une cuisine fusion à l'inspiration japonaise. Des soirées évènements sont régulièrement organisées en semaine, jetez un oeil au site internet avant de venir ! En résumé, le Tucan c'est vraiment une adresse de sortie à Miami à ne pas manquer !

ACTORS' PLAYHOUSE AT THE MIRACLE THEATRE

280 Miracle mile
✆ +1 305 444 9293
www.actorsplayhouse.org
Billetterie en ligne.

La troupe Actors' Playhouse, fondée en 1988, a créé plus de 180 productions de tout genre : comédies musicales, humour, thrillers... Elle se produit régulièrement au Miracle Theatre depuis le milieu des années 1990. Pour la petite histoire, la troupe s'est engagée à restaurer le théâtre en échange de 45 ans de loyer gratuit. Elle y joue depuis des pièces pour adultes dont la programmation varie tous les mois ou presque. Les enfants ont également droit à des spectacles dédiés.

FAENA THEATER

3201 Collins Avenue
✆ +1 786 655 5600
www.faena.com/miami-beach
A partir de 95 US$/personne. Consulter le site internet pour voir le programme des spectacles.

Au sein de l'hôtel Faena, dans une ambiance tout en pourpre et en velours, venez passer une soirée mémorable en assistant à un spectacle inspiré des plus grands cabarets européens. Au programme : du glamour, du burlesque, des paillettes, de magnifiques costumes et surtout, des artistes de grand talent. Vous pourrez savourer un *lobster roll* ou partager une planche de fromages tout en profitant du spectacle, confortablement installé à votre petite table éclairée seulement par une bougie. Une soirée digne d'un film, à réserver bien à l'avance !

FILLMORE MIAMI BEACH AT THE JACKIE GLEASON THEATER

1700 Washington avenue
✆ +1 305 673 7300
http://fillmoremb.com
Programmation sur le site internet.

Cette salle de concert construite en 1950 à South Beach accueille des spectacles d'artistes américains et internationaux. C'est notamment ici que se produisent de nombreuses stars françaises à Miami. La salle est cosy et l'ambiance chaleureuse. Cela peut valoir le coup de consulter la programmation avant votre arrivée, vous pourriez avoir une bonne surprise ! Ce sera peut-être l'une des rares occasions d'assister à un spectacle dans une authentique salle Art déco !

GABLESTAGE

1200 Anastasia Avenue
✆ +1 305 445 1119
www.gablestage.org
Programmation et réservation sur le site internet.

GableStage est l'une des plus anciennes compagnies de théâtre du sud de la Floride. Engagée, elle souhaite rendre le théâtre accessible au plus grand nombre et joue régulièrement ses pièces hors les murs. Elle monte chaque année 6 pièces avant-gardistes créées par des dramaturges contemporains internationaux. Le théâtre est situé au sein de l'iconique Biltmore Hotel, dans la très chic Coral Gables. Une très jolie expérience dans une salle intimiste. Nous vous conseillons de profiter d'être sur place pour aller prendre un verre au Biltmore Bar après le spectacle.

JUST THE FUNNY

3119 Coral Way
✆ +1 305 693 8669
www.justthefunny.com
Vendredi et samedi soir à 21h, 22h et 23h.
Spectacle de 1h : 10 US$, 2h : 20 US$.

Envie de passer une soirée à rire aux éclats ? Just the Funny est une salle de spectacle tenue par la troupe comique du même nom, spécialisée dans les shows d'improvisation et de *stand up*. Le principe : les performances sont fondées sur vos suggestions ! Les salles sont intimistes et accueillent une centaine de spectateurs, ce qui facilite grandement les interactions entre le comique et le public. Vous trouverez aussi un excellent bar où déguster des vins et des bières locales. De quoi passer un très bon moment tout en décontraction !

NEW WORLD CENTER

500 17th Street
✆ +1 305 673 3330
www.nws.edu
Programmation à consulter sur le site internet.

Cette salle de concerts à l'architecture futuriste était un ancien cinéma Art déco qui a été magnifiquement restauré par Franck Gehry dans un style moderne et ultra design. Le New World Center a ouvert ses portes en 2011 et c'est le lieu d'accueil du New World Symphony Orchestra. Cette salle est aussi un vivier de jeunes artistes, musiciens des orchestres de demain. La programmation oscille entre concerts et happenings. Sur la pelouse extérieure, il est possible d'assister gratuitement à la retransmission des concerts sur écran géant. Apportez votre pique-nique !

O CINEMA SOUTH BEACH

1130 Washington Avenue
✆ +1 786 471 3269
www.o-cinema.org/
Adultes 11 US$, étudiants, enfants et retraités 9,5 US$.

Ce petit cinéma Art déco construit en 1927 au cœur de South Beach et rénové en 2011 propose la projection de films d'auteur. On y retrouve du cinéma européen ou américain dont de nombreux classiques comme parfois *The Shining* ou *Beetlejuice*. Les prix sont raisonnables et c'est une bonne idée de sortie pour une expérience qui sort de l'ordinaire. Il faut toutefois être à l'aise avec l'anglais car les films ne sont pas sous-titrés. C'est également l'occasion de pénétrer dans le bâtiment qui abritait autrefois l'hôtel de ville de Miami.

REGAL SOUTH BEACH CINEMA

1120 Lincoln road
✆ +1 305 674 6766
www.regmovies.com
Adulte : 14,70 US$, enfant : 11,50 US$.

Envie de vous faire une toile à South Beach ? Situé sur Lindoln Road, ce cinéma de 18 salles propose à l'affiche toute l'artillerie américaine, mais également quelques films alternatifs, des vieux classiques et quelques films étrangers. Certaines salles sont équipées d'écrans 3D. Les sièges inclinables sont très confortables. Avant ou après votre séance, vous pourrez profiter d'être sur Lincoln Road pour faire une session shopping, boire un verre ou dîner dans l'un des nombreux restaurants de l'avenue. Le cinéma dispose de son propre parking.

TEATRO AVANTE

744 SW 8th street
✆ +1 305 445 8877
Programmation sur le site internet.

Un théâtre de quartier situé sur la *Calle Ocho* où se produisent des troupes en langue espagnole qui interprètent des pièces modernes ou des grands classiques. Cela permet de promouvoir et faire connaître la culture hispanique tout en mettant en avant des artistes locaux, nationaux ou internationaux. Chaque année depuis plus de trente ans et pendant près de trois semaines, le Teatro Avante accueille le Festival International du Théâtre Hispanique de Miami (en juillet). L'occasion de découvrir de nouvelles œuvres et de pratiquer son espagnol !

K&K BILLIARDS

1100 NE 79th Street
✆ +1 305 530 8805
www.kkbilliardsmiami.com
Ouvert tous les jours de 16h à 2h du matin.

Que vous soyez joueur apprenti ou confirmé, voici l'endroit où passer une bonne soirée à taquiner les billes dans une ambiance très *friendly*. Quinze tables de billard professionnelles sont réparties dans la salle, ce qui devrait vous permettre de commencer à jouer sans attendre ! Entre deux parties, vous pourrez boire un verre et grignoter des tacos au bar ou vous installer dans l'espace *lounge* pour écouter le DJ en *live*. Chaque dimanche soir, c'est soirée karaoké. En somme, un lieu insolite que l'on vous recommande car il est bien difficile de s'y ennuyer !

TOWER THEATER

1508 SW 8th Street
✆ +1 305 237 2463
www.towertheatermiami.com

Présent depuis 1926 sur la Calle Ocho, ce cinéma était lors de son ouverture le plus moderne du sud de la Floride. Sa façade de style Art déco, son enseigne métallique et sa tour d'acier de 12 mètres de haut en font une figure de référence à Miami. Dans les années 1960, il a permis aux familles cubaines arrivées dans le quartier de se familiariser avec la culture américaine. Il dispose de deux salles intimistes de 250 et 140 places. À l'affiche, point de *blockbusters* américains mais une sélection de films indépendants en espagnol ou sous-titrés en espagnol.

PANIQ ESCAPE ROOM

388 NW 27th Street
✆ +1 305 768 9849
https://paniqescaperoom.com/miami/en
Ouvert tous les jours de 10h à 00h30. Tarif : 30 à 35 US$/pers. 7 joueurs maximum. 10 ans et plus.

Cet *escape room* vous propose trois salles immersives aux ambiances particulièrement travaillées : *L'hôpital hanté*, où vous rechercherez l'origine d'un virus mortel ; *Le repaire des pirates*, qui vous plonge dans les années 1800 pour débusquer le trésor du capitaine James ; et *Mon espion*, où vous devrez retrouver un code secret pour vous libérer. La première aventure est la plus inquiétante, les deux autres sont *family friendly*. Dans tous les cas, vous aurez une heure pour tenter de vous échapper. Coopération, entraide et réflexion seront de mise !

CASINO MIAMI

3500 NW 37th Avenue
✆ +1 305 633 6400
www.playcasinomiami.com
Ouvert tous les jours 24h/24.

A 3 km de l'aéroport, cet immense casino accueille plus de 1 000 machines à sous identiques à celles de Las Vegas. Parmi les plus populaires : Tiki Fortune, Jumanji ou la Roue de la Fortune. Vous pourrez aussi jouer à des jeux électroniques comme la roulette ou rejoindre des parties de poker. Chaque jour, vous découvriez une nouvelle promotion, à l'image d'un *happy hour* mais version casino ! De quoi vous amuser jusqu'au bout de la nuit ! Les soirs de week-end, le casino accueille des concerts d'artistes variés. Un vaste parking permet de se garer facilement.

SOUTH BEACH ROOM ESCAPE BAR & ROOFTOP

235 Lincoln Road ✆ +1 786 509 7202
http://southbeachroomescape.com
Dimanche au jeudi (12h à minuit), vendredi et samedi (12h à 1h). Prix selon le nombre de joueurs (35 à 70 US$/pers)

Cet escape game vous propose 3 salles : Diamond Heist, Panic Room et Black Ops. Chaque partie dure une heure et peut accueillir de 2 à 12 joueurs. S'il s'agit de votre première partie, optez plutôt pour Panic Room. Vous pouvez choisir une partie privée (votre groupe seulement) ou partagée (vous jouerez alors avec d'autres personnes). Nous vous conseillons cette option si vous êtes 3 joueurs ou moins car le prix sera plus intéressant. Ne manquez pas de faire un tour sur le *rooftop* !

HOLLYWOOD ★★

Hollywood est une agréable ville balnéaire de 153 000 habitants, dotée de près de 10 km de plage de sable fin. Celle-ci n'a rien à envier à South Beach, et on y retrouve même des cabanes de sauveteurs ! Elle est bordée d'une jolie promenade piétonne de 4 km, le *Broadwalk*, jalonnée de restaurants, boutiques et petits hôtels. Ici, le tourisme est familial et relax. La ville est aussi très verte puisqu'elle compte environ 60 parcs et 600 hectares de mangrove. Pour la petite histoire, Joseph Young, qui fonda la ville en 1925, était originaire de Californie et il avait envie de recréer le même type de commune quand il en a posé les jalons.

La ville aujourd'hui

Hollywood représente la station balnéaire par excellence. Le tourisme est avant tout familial, loin des chichis de South Beach, et... québécois. Eh oui, tout au long de l'année des milliers de touristes canadiens (majoritairement des Québécois) viennent passer leurs vacances ici, notamment pour fuir les longs mois d'hiver. On les surnomme les *snowbirds*. Il suffit d'ailleurs d'observer les plaques d'immatriculation en ville pour se rendre compte que la plupart des voitures viennent de la Belle Province. C'est pourquoi, à Hollywood, de nombreux restaurateurs, hôteliers et vendeurs parlent français. C'est un avantage non négligeable quand on maîtrise mal la langue de Shakespeare.

Autre spécificité : depuis la dernière décennie, le centre-ville s'ouvre au *street-art* avec de nombreux graffitis d'artistes mondialement connus. Pour en savoir plus, jetez un œil au Downtown Hollywood Mural Project.

© PIO3 - SHUTTERSTOCK.COM

Promenade le long d'Hollywood beach.

BISCAYNE NATIONAL PARK ★★

Etabli en 1968 sur une zone de 72 840 ha, le site invite à la découverte de l'écosystème de la baie de Biscayne, au sud-est de Miami. Le parc se compose à 95 % d'un écosystème marin ; la partie continentale, à Homestead, est une zone forestière avec arbres tropicaux et pins. Entre terre et eau, les mangroves attirent poissons, crustacés, mammifères marins et oiseaux. Au large, des zones d'herbes servent de pâturages aux crevettes, tortues et lamantins des mers. Puis apparait un fameux chapelet d'îles : Boca Chita Key, Elliot Key et Adams Key. Enfin, à l'extrême Est, la barrière de corail protège ces écosystèmes des eaux de l'Atlantique.

Pratique

- **Depuis le nord,** à partir de la Florida's Turnpike, prendre l'extension Homestead de la Turnpike par la sortie 2 en direction de Campbell drive. Prendre à droite, puis continuer vers l'est jusqu'à l'intersection avec Kingman road. En tournant à droite, vous atteindrez North Canal drive. Il ne vous reste plus qu'à prendre à gauche jusqu'au bout de cette voie pour atteindre l'entrée sur le côté gauche. Il est également possible de rejoindre la SW 328th street, également appelée North Canal drive, depuis l'US 1, que l'on soit au nord ou au sud de l'embranchement. A partir de ce point, le Convoy Point est à environ 9 miles sur le côté gauche. Si vous arrivez directement de l'aéroport international de Miami, la distance qui vous sépare du centre est de 35 miles.
- **L'entrée du parc est gratuite,** mais vous devrez vous acquitter d'une taxe de 25 US$ si vous souhaitez passer la nuit aux campings de Boca Chita Key ou d'Elliot Key.
- **Des visites en bateau** ont lieu au départ du Dante Fascell Visitor Center.

Se loger

- **Le parc n'offre aucune infrastructure** pour se loger et les hébergements les plus proches se trouvent à Homestead ou à Florida City. Vous pourrez, en revanche, faire du camping sur Boca Chica Key (qui ne dispose pas d'eau) et Elliot Key (douche froide uniquement), ce qui les rend assez spartiate. Les réservations ne sont pas possibles – premier arrivé, premier servi ! Ces deux campings ne sont accessibles qu'en bateau.
- **Le camping sauvage** est absolument interdit même quand les campings officiels sont complets. Attention : personne ne ramasse les ordures dans les campings, chacun est censé les emporter avec soi en partant.

EVERGLADES

Par la route, deux grandes voies permettent d'accéder aux Everglades : la Tamiami trail, qui relie Tampa à Miami (d'où le nom !), et l'Everglades Parkway, une autoroute à péage. D'autres voies secondaires sont aussi praticables. Cinq entrées permettent d'accéder au parc des Everglades : c'est là que vous devrez vous acquitter d'un billet d'entrée valable 7 jours consécutifs (un par véhicule). Sur place, embarcations motorisées privées sont interdites, mais vous pouvez emprunter un hydroglisseur ou le bateau d'une compagnie autorisée pour vous balader. La marche est un excellent moyen de découvrir la faune et la flore sauvages : de nombreux *trails* aménagés de longues variables permettent d'observer alligators, crocodiles et oiseaux. À part des campings, vous ne trouverez pas d'hébergements dans le parc. Privilégiez alors les villes d'Homestead ou de Florida City pour passer la nuit, elles regorgent d'hôtels généralement bon marché.

Turkey Foot
Deep Lake
Jerome
Copeland
BIG CYPRESS
NATIONAL PRESERVE
41
Trailtown
EVERGLADES
Chokoloskee
Trail Center
Pinecrest
Chatham
Pops Hammock Seminole Village
Tenmile Corner
Walter Hamilton Place
Leon Hamilton Place
PARC NATIONAL
DES EVERGLADES
Golfe du Mexique
20 KM

Weston
Southwest Ranches
essie Willies
HOLLYWOOD ★★
Pembroke Pines
Pembroke Park
Surfside
Hialeah
Miami Shores
Virginia Gardens
MIAMI ★★★★
West Miami
Key Biscayne
Kendall
Lindgren
Baie de Biscayne
Goulds
Redland
The Keyhole
Leisure City
HOMESTEAD ★
BISCAYNE NATIONAL PARK
FLORIDA CITY ★
Sponge Rocks
EVERGLADES NATIONAL PARK ★★★
Cutter Bank
Gold Key
Florida Home
Carysfort Yacht Harbor
Jewfish
KEY LARGO ★★★
Everglades
Key Largo
Sunset Point
Plantation Key Colony

PAGES

●● PARC DES EVERGLADES ET RÉSERVE BIG CYPRESS

HOMESTEAD ★

Homestead, dont le nom signifie ferme, est une petite ville ensoleillée de près de 85 000 habitants, à 50 km de Miami. Elle fut fondée en 1913 par la communauté de *homesteaders* (fermiers) qui participèrent à la construction du chemin de fer reliant Miami à Key West. La ville est la porte d'entrée de deux parcs nationaux : les Everglades et le Biscayne National Park, au nord des Keys. Même si Homestead est une ville étape pour de nombreux visiteurs, plusieurs attractions locales méritent qu'on lui accorde du temps, comme son agréable centre-ville historique qui se découvre aisément à pied. Ce dernier accueille l'un des campus du comté de Miami Dade.

EVERGLADES OUTPOST ★★

35601 SW 192 avenue
✆ +1 305 247 8000
www.evergladesoutpost.org
Lundi, mardi et vendredi (10h à 17h), samedi et dimanche (10h à 18h). Adulte : 20 US$, enfant : 15 US$, gratuit -5 ans.

Vers l'entrée du parc des Everglades, ce refuge pour animaux a été créé en 1991 par Bob et Barbara Free. Ce n'est pas un zoo mais une association à but non lucratif qui recueille les animaux exotiques menacés, abandonnés, enlevés à leur maître ou en attente d'autorisation. Une fois soignés, ils sont autant que possible relâchés dans la nature. Ceux qui ne peuvent l'être restent dans le refuge ou sont envoyés dans des lieux à même de les protéger. Lors de votre visite, vous pourrez observer des panthères, des tigres, des tortues, des alligators et même des ours.

EVERGLADES ALLIGATOR FARM ★★

40351 SW 192nd avenue
✆ +1 305 247 2628
www.everglades.com
Tous les jours de 9h à 17h30. Entrée + airboat : 32 US$ (adulte) et 22 US$ (enfant). Repas des crocodiles 4 fois/jour.

L'*airboat* est conduit par un gars du cru qui affectionne les pointes de vitesse et les virages à 180 degrés. Les sensations sont garanties mais de courte durée (20-25 min). La ferme possède aussi des serpents et autres animaux sauvages. On peut se balader sur le parcours aménagé autour des enclos aux alligators. La ferme œuvre pour la préservation des espèces menacées et présente le crocodile Orinoco, plus grand prédateur d'Amérique du Sud. Des shows d'alligators sont aussi organisés.

FRUIT AND SPICE PARK

24801 SW 187th avenue
✆ +1 305 247 5727
https://redlandfruitandspice.com
Tous les jours de 10h à 17h. Adulte : 10 US$, enfant (6-11 ans) : 3 US$, gratuit -6ans. Visites guidées à 11h et 13h30.

Créé en 1944 sur la terre fertile du Redland, ce parc abrite plus de 500 variétés de fruits tropicaux, d'épices, de noix et d'herbes aromatiques. On dénombre par exemple 180 variétés de mangues, 70 variétés de bambous et 40 de bananes. La balade à travers ses champs immenses est unique en son genre. La visite en tram est aussi une très bonne option. S'il n'est pas possible de cueillir directement les fruits sur les arbres, vous pourrez ramasser ceux qui sont tombés au sol. De nombreux événements sont organisés tout au long de l'année.

HISTORIC HOMESTEAD TOWN HALL MUSEUM

41 N Krome Avenue
✆ +1 305 242 4463
https://townhallmuseum.org
Ouvert du mercredi au samedi de 13h à 17h. Gratuit.

Hébergé au cœur de Homestead, ce petit musée s'attache à conter l'histoire de la ville. Il prend place dans l'ancienne mairie, construite en 1917 et restaurée après l'ouragan Andrew en 1992. Le rez-de-chaussée accueillait à l'origine policiers et pompiers, le premier étage les bureaux de la mairie. Vous remonterez le temps grâce à d'anciennes photographies et livres, des objets ainsi que d'anciennes cellules de prison. La pièce maîtresse : un superbe camion de pompier de 1924.

HOMESTEAD MIAMI SPEEDWAY

Speedway Blvd © +1 305 230 5000
www.homesteadmiamispeedway.com
Accès selon les courses, consulter le site Internet pour voir le programme et réserver vos tickets d'entrée.

Inauguré en 1995, le Homestead Miami Speedway est un circuit automobile de 2,4 km pouvant accueillir 65 000 spectateurs. Il est notamment connu pour accueillir la dernière course des championnats de NASCAR. En dehors de cet événement majeur, il accueille de nombreuses autres courses comme la Dixie Vodka 400 ou la Contender Boat 300. Des visites du circuit sont également ponctuellement proposées. Durant les fêtes de fin d'année, le circuit se pare de décorations lumineuses que les visiteurs peuvent découvrir à bord de leur propre véhicule : Magic of Lights.

CORAL CASTLE ★

28655 South Dixie Highway (US1)
© +1 305 248 6345
www.coralcastle.com
Ouvert du jeudi au dimanche de 9h à 18h. Adulte : 18 US$; enfant (de 7 à 12 ans) : 8 US$. Boutique de souvenirs.

Il ne faut pas rater la visite de cet incroyable château de calcaire et corail construit dans les années 1920 par Edward Leedskalnin, un sculpteur et architecte letton. Son amour de jeunesse prit la poudre d'escampette la veille de leur mariage en Lettonie et il ne s'en remit jamais. Après avoir émigré en Floride, il aurait consacré 30 ans de sa vie à construire ce « château » dans l'espoir qu'elle vienne un jour l'y rejoindre. Admirez la porte de 9 tonnes et le cadran solaire unique au monde... La visite guidée est passionnante !

THE HOTEL REDLAND €€

5 S Flagler Ave
© +1 305 246 1904
www.thehotelredland.com
Chambre double à partir de 70 US$/nuit. Parking gratuit.

A Homestead, vous trouverez surtout des motels sans charme particulier. Si vous souhaitez une expérience un peu différente, l'Hôtel Redland retiendra votre attention. Il est situé au cœur du centre historique, dans un bâtiment construit en 1907 (c'est le plus ancien de la ville). Les 13 chambres sont confortables et chaleureuses, bien que la décoration soit un peu vieillotte. Demandez une chambre à l'étage, plus calme. Nous préférons vous prévenir : il se raconte que les lieux sont hantés... Le City Hall Bistro & Martini Bar, au rez-de-chaussée, est agréable.

EVERGLADES GATOR GRILL €

36650 Southwest 192nd Avenue
© +1 786 243 0620
Ouvert tous les jours de 11h à 18h30. Plat à partir de 11,95 US$.

Vous vous sentez l'âme d'un aventurier culinaire ? Alors ne manquez pas de faire un saut dans ce petit restaurant traditionnel unique en son genre. Un indice se cache dans le nom ainsi que sur la façade décorée de fresques représentant des alligators... Eh oui, vous pourrez ici goûter à la viande d'alligator sous toutes ses formes : beignets, tacos, sandwiches et même kebab ! On vous rassure, la carte propose aussi des plats bien plus classiques comme des burgers au poulet grillé, et des options végétariennes. En plus, les prix sont très raisonnables.

ROBERT IS HERE €

19200 SW 344th street
© +1 305 246 1592
www.robertishere.com
Ouvert tous les jours de 9h à 18h.

Situé la route principale des Everglades, ce marché couvert est un immanquable ! Vous y trouverez un incroyable choix de fruits exotiques, mais aussi de nombreux étalages de produits d'épiceries locaux, de quoi rapporter chez vous un souvenir gourmand de Floride. Parmi les produits les plus typiques, citons le miel d'avocatier, la moutarde au Key lime (petit citron local) ou encore les chocolats en forme d'alligators. Vous pourrez aussi y déguster d'immenses milk-shakes et des jus d'oranges fraichement pressées. Une petite ferme est à découvrir à l'arrière.

SCHNEBLY REDLAND'S WINERY & BREWERY €€

30205 SW 217th Avenue © +1 305 242 1224
https://schneblywinery.com
Restaurant : vendredi au dimanche midi et soir. Plat à partir de 18 US$. Boutique et dégustation de vins tous les jours.

Dans un cadre tropical et verdoyant, voici l'un des lieux secrets de Homestead. Bières et vins sont produits ici à partir de nombreux fruits locaux et tropicaux. Goutez ainsi au vin de litchi, au vin de mangue ou encore au rosé goyave-passion. Vous pourrez participer à des dégustations, visiter le site de production, mais aussi vous attabler au Redlander pour déguster la cuisine colorée et goûteuse du chef Dewey LoSasso. Coup de cœur pour la diversité et la présentation des plats.

CORAL CASTLE
Top 35 des meilleurs musées des États-Unis
LOVE STORY
IMMERSIF
EXCEPTIONNEL
INEXPLIQUE
IAMI / HOMESTEAD
3655 S. Dixie Hwy. Miami, Fl. 33033
udi et dimanche : 9h - 18h
ndredi et samedi : 9h - 19h
Dernier tour
1 heure avant
Coral Castle Museum
coral_castle
ww.coralcastle.com
BEST OF
Miami
TripExpert
Redland

Seminole Theatre, Homestead.

AMR HOMESTEAD-MIAMI MOTORPLEX

1835 SE 38th Ave ✆ +1 833 527 8267
http://amrmotorplex.com
Location de kart : du vendredi au samedi de 13h à 18h. 1 course : 25 US$, 2 courses : 45 US$, 3 courses : 65 US$.

Homestead est connue pour être la porte d'entrée des Everglades, mais saviez-vous qu'elle est dotée d'un circuit mondialement réputé ? Le Homestead Miami Speedway accueille en effet chaque année la Dixie Vodka 400. Le karting vous permet de fouler ce célèbre asphalte sur un circuit de 500 m. Les karts peuvent aller jusqu'à 32 km/h et chaque course dure environ 8 minutes. Bon à savoir : les pilotes doivent avoir minimum 14 ans et il est nécessaire de porter des chaussures fermées.

FLORIDA CITY ★

Située à une trentaine de miles au sud-ouest du centre de Miami, Florida City (qui est accolée à Homestead) est traversée par la US1 qui rejoint les Keys au sud. Le territoire était nommé Detroit jusqu'à la fondation de la ville en 1914. Son économie est portée par l'agriculture. Florida City est l'un des derniers endroits où vous trouverez de quoi vous ravitailler, faire de bonnes affaires à l'*Outlet* ou passer la nuit avant l'entrée principale de l'Everglades National Park. Quelques bâtiments historiques sont aussi à découvrir. Ne manquez pas de vous photographier devant la fresque *Welcome Florida City* pour immortaliser votre passage.

SEMINOLE THEATER

18 N Krome Avenue
✆ +1 786 650 2073
www.seminoletheatre.org
Programme et tickets sur le site internet.

Le Seminole Theater, anciennement Airdome Theatre, a une histoire peu commune, puisqu'il a été construit à Miami en 1912 avant d'être démantelé et déplacé à Homestead. Entièrement détruit par les flammes en 1940, il est reconstruit avec la magnifique façade Art déco qu'on lui connaît aujourd'hui. Des films y furent diffusés jusqu'à sa fermeture en 1973. Tombé en désuétude, il est finalement sauvé par la ville de Homestead et rouvre ses portes en 2015. L'unique salle accueille désormais une programmation variée de spectacles de danse, musique et théâtre.

FLORIDA PIONEER MUSEUM

826 N Krome Avenue
✆ +1 305 246 9531
Ouvert de novembre à avril. Du mercredi au dimanche de 13h à 17h. Gratuit.

Ce petit musée prend place dans l'ancienne maison de l'agent de gare de Florida City, du temps où la ville était traversée par la Florida East Coast Railway. Il a pour thème principal la vie quotidienne dans le sud de la Floride au début des années 1900 et présente des pièces reconstituées à l'identique ainsi que de nombreux objets, outils et artefacts. Outre la collection permanente, une exposition temporaire présente des thématiques variées. Actuellement, elle est consacrée à la visite de la base de l'armée de l'air d'Homestead par le président Kennedy en 1962.

TROPICAL EVERGLADES VISITOR ASSOCIATION

160 US 1
✆ +1 305 245 9180
www.tropicaleverglades.com
Ouvert du mardi au samedi de 9h à 15h.

La Tropical Everglades Visitor Association est un passage incontournable pour qui compte passer quelques jours à explorer les Everglades et leurs environs. Vous trouverez ici de nombreuses brochures et plans, ainsi que de judicieux conseils quant aux visites et aux meilleurs parcours suivant la saison (il n'y a que deux saisons aux Everglades : la saison sèche et la saison humide). Il est aussi possible d'acheter sur places des tickets pour les attractions locales.

HOOSVILLE HOSTEL €

20 SW 2nd avenue
✆ +1 305 363 4644
32,5 US$ (dortoir mixte), dès 58 US$ la chambre double (sdb commune), et 138 US$ la chambre privative avec sdb privée.

Une adresse située non loin de la US1 à l'entrée de la ville. Cette auberge de jeunesse propose des lits en dortoir mixte ainsi que des chambres privatives pouvant accueillir 2 à 8 personnes, certaines avec salle de bain privée. L'un des atouts phares du lieu est sans doute son vaste jardin luxuriant avec gazebo, feu de camp, équipements sportifs et même cabane dans les arbres, sans oublier la piscine naturelle avec cascade. Côté pratique, vous trouverez une laverie, une cuisine équipée ainsi qu'un salon avec TV et internet. Une option économique et conviviale.

FLORIDA KEYS OUTLET MARKETPLACE

250 E Palm Drive
✆ +1 305 248 4727
www.premiumoutlets.com
Ouvert du lundi au jeudi de 11h à 20h, vendredi et samedi de 10h à 21h, dimanche de 11h à 19h.

Soyons honnêtes, il n'y a pas énormément de choses à faire à Florida City. C'est plutôt une ville de passage que l'on traverse pour se rendre à l'entrée des Everglades. Si vous souhaitez faire une pause sur la route, nous avons un endroit tout trouvé à vous conseiller : le Florida Keys Out Marketplace. Plus de 50 enseignes sont rassemblées dans un cadre tropical entouré de palmiers. Parmi les plus connues : Levi's, Adidas, Nike, Ralph Lauren ou bien Converse. Bonnes affaires assurées !

EVERGLADES NATIONAL PARK ★★★

Les Everglades, immense marais tropical, ont été déclarés parc national en 1947. Avec ses 6 106 km^2, c'est le troisième du pays en terme de superficie. Il est également inscrit au patrimoine mondial de l'Unesco. Le parc national des Everglades est le refuge de 36 espèces menacées, notamment la panthère de Floride et le crocodile américain. Les Everglades sont d'ailleurs le seul endroit au monde où cohabitent crocodiles et alligators ! Ces derniers peuvent vivre un an sans nourriture, mais seulement deux semaines sans eau. Deux saisons seulement rythment les Everglades : la saison sèche (décembre à avril) et la saison humide (mai à novembre).

Lors de votre visite, gardez à l'esprit que le parc national des Everglades est un lieu unique au monde, où coexistent de multiples formes de vie sauvage qui représentent une richesse inégalée pour la Floride. Les efforts de préservation doivent être maintenus, car il existe un fort lobbying associé à l'urbanisation, à l'industrie et à l'agriculture. L'augmentation rapide du nombre d'habitants fait entrer en concurrence la population et l'écosystème des Everglades pour l'approvisionnement en eau car les ressources naturelles ne suffisent plus. Le développement de l'agriculture crée aussi une nuisance, notamment à cause des pesticides, herbicides et fongicides. Le soutien des habitants, des législateurs et des pouvoirs publics est donc nécessaire pour assurer la mise en œuvre d'une politique de sauvegarde du parc. La qualité de la vie et la survie d'un héritage national sont en jeu.

Histoire

- **En 1928,** Ernest Coe fonde l'Association tropicale du parc national des Everglades et propose à Stephen Mather, directeur général du National Park Service, de créer un parc national dans les clairières de la Floride du Sud. Une rencontre a lieu à l'issue de laquelle une législation pour la création du parc national des Everglades est établie par le sénateur de Floride, Duncan Fletcher. Cette législation est approuvée et signée par le président Roosevelt en mai 1934, mais il faut attendre encore 13 ans pour acquérir les terres et définir les limites du parc.
- **1930.** A cet effet, une réunion a lieu à Miami, à laquelle assiste, entre autres participants, Marjory Stoneman Douglas. Celle-ci écrira plus tard *Une rivière d'herbe*, un ouvrage qui deviendra un classique du mouvement de soutien aux Everglades.

1947. Le projet d'Ernest Coe se réalise en 1947 : le parc est inauguré par le président Truman. Toutefois, il ne constitue qu'un cinquième des Everglades d'origine. Après la mort de Coe en 1951, le ministre de l'Intérieur, Oscar Chapman, a déclaré que les efforts d'Ernest Coe pour sauver les Everglades lui ont valu une place parmi les immortels du parc national. Un dernier hommage lui a été rendu en décembre 1996, lorsque le nouveau centre des visiteurs fut baptisé Ernest Coe Visitors Center.

En 1970. Pour s'opposer aux constructions de digues, barrages et canaux, Marjory Stoneman Douglas crée une association réunissant les amis des Everglades (The Friends of Everglades). Depuis 1976, le parc est reconnu et inscrit par l'Unesco sur la Liste du patrimoine mondial dans le cadre de son programme l'Homme et la Biosphère, dont fait partie le projet international Biosphere Reserves. Face à la progression de la dégradation de l'écosystème, plusieurs instances gouvernementales se sont efforcées de travailler à la préservation du parc et ont lancé des plans de restauration.

En 1972. Le pouvoir législatif de Floride vote plusieurs lois sur l'environnement, dont le Land Conservation Act, qui autorise notamment la protection de l'environnement en danger.

En 1983. Le gouverneur de Floride, Bob Graham, lance le programme Sauvons nos Everglades, un partenariat entre le South Florida Water Management District et les instances fédérales et gouvernementales. Le but de ce programme est de travailler à la restauration de l'écosystème, afin qu'il soit dans un meilleur état en 2000. Le programme concerne 13 000 km^2, qui incluent Kissimmee, le River Basin, le lac Okeechobee, les Everglades, le Big Cypress Swamp, les estuaires de la baie de Floride, de Biscayne Bay et les Ten Thousand Islands. Fort d'un soutien politique et populaire, ce programme a permis l'expansion de la Big Cypress National Preserve, en 1988, et celle du parc national des Everglades en 1989.

En 1987. Le Surface Water Improvment and Management Act (SWIM) demande à chaque instance de contrôle de l'eau de Floride de mettre en place des programmes de nettoyage et de préservation des rivières, lacs, estuaires et baies gérés par le district.

En 1993. Le South Florida Restoration Task Force est fondé par un accord entre les six départements fédéraux impliqués dans la protection de l'écosystème. Le Congrès établit formellement la Task Force en 1996. Dirigée par le ministère de l'Intérieur, elle coordonne et développe des politiques, stratégies, plans et programmes pour restaurer l'écosystème de Floride du Sud. La Task Force a mis au point le Management and Coordination Working Group pour l'assister dans ses travaux.

Tourisme

Si vous ne disposez que d'une seule journée et que vous logez dans la zone de Miami, nous vous recommandons d'aller à Shark Valley, la partie du parc des Everglades la plus proche de la ville.

Shark Valley se situe à environ 30 miles à l'ouest de Miami, soit à moins d'une heure de route. L'endroit est tellement spectaculaire que vous aurez un formidable aperçu de l'immense diversité de la vie sauvage que les Everglades abritent. Ne manquez pas la tour d'observation, plus haut point des Everglades, qui offre une vue spectaculaire des marais.

La partie sud, en direction de Flamingo, peut faire l'objet d'une escapade de plusieurs jours car les activités ne manquent pas. Comptez une longue journée minimum si vous souhaitez faire l'aller-retour jusqu'à Flamingo depuis Miami. Vous aurez le temps d'apprécier les lieux mais devrez sélectionner vos balades. Si vous disposez de moins d'une journée, renoncez à faire la route jusqu'au bout car finalement vous ne profiterez de rien. Le Royal Palm Visitor Center, à quelques miles de l'entrée du parc, peut vous donner un aperçu intéressant des Everglades. Plusieurs trails de différentes longueurs partent de ce point.

WEST LAKE TRAIL ★

0,5 miles (800 m) de piste. Situé à 7 miles (11 km) au nord-est du Flamingo Visitor Center.

La piste serpente sur les rives d'un grand étang d'eau saumâtre à l'ombre des palétuviers. Protégez-vous contre les moustiques ! Côté flore, vous observerez toutes sortes de palétuviers (rouges, noirs et blancs), ainsi que des arbres *buttonwood* qui ont la spécificité de s'adapter à cet environnement rare où l'eau douce se marie à l'eau salée. Le site, naturellement protégé, serait un havre de paix pour le développement des poissons et crustacés si divers échassiers ou autres oiseaux n'avaient repéré ce garde-manger. Accessible aux personnes à mobilité réduite.

Spatule rosée, Everglades national park.

© RICIFOTO - SHUTTERSTOCK.COM

Alligator, Everglades national park.

FLAMINGO ★

1 Flamingo Lodge Hwy
✆ +1 855 708 2207
https://flamingoeverglades.com
Entrée pour les Everglades : 30 US$/véhicule.

Flamingo est une zone où l'eau douce des Everglades coexiste avec l'eau salée du golfe. Les milliers de feuilles de palétuviers qui se décomposent dans l'eau représentent une source de nourriture pour de nombreuses espèces et renferment une forme de vie particulière dont dépendent notamment crocodiles, ratons-laveurs et lamantins. Vous pourrez y louer des canoës et kayaks : les pistes sont celles de Noble Hammock (5 km), de Hells Bay (6 km), de Nine Mile Pond (8 km), de West Lake (13 km) ainsi que de Bear Lake (19 km). La Nine Pond Trail et les excursions dans la baie sont en général les routes les plus suggérées. Des brochures d'information et des cartes indiquant les différentes voies sont disponibles au Visitors Center. Autre option sur l'eau : les tours en bateau au départ de la Marina. Des pistes plus longues se prêteront quant à elles à votre coup de pédale, et certaines vous permettront de traverser des zones de prairies côtières où la flore s'est sélectionnée en fonction de ses affinités avec le sel. Vous y verrez des cactus, des agaves et des yuccas. Les pistes de Christian Point et de Snake Bight sont longues de 6 km chacune, la piste de Rowdy Bend de 8 km, et celle de la Coastal Prairie de 21 km. Suite à certains courriers de lecteurs, nous vous conseillons de venir munis de votre propre VTT car les vélos de ville en location sur place ne sont pas adaptés aux pistes. Il est également possible de passer la nuit au Flamingo Campground. Les éco-tentes safari (avec un vrai lit !) raviront les amateurs de glamping.

FLORIDA BAY ★

www.nps.gov/ever

La Florida Bay est la pointe Sud de la Floride continentale. C'est dans cet estuaire que l'eau douce des Everglades rencontre l'eau salée du golfe du Mexique. Accessible depuis Flamingo, au sud des Everglades, ou depuis les Keys, cette partie maritime du parc national des Everglades est composée principalement d'îlots de mangroves et abrite des populations de dauphins, lamantins, et crocodiles. Pour l'explorer, deux options : visite guidée en bateau ou location de kayak. Afin d'éviter les moustiques, nous vous recommandons d'y aller entre novembre et début avril.

MAHOGANY HAMMOCK TRAIL ★

Situé à 32 miles de l'entrée principale, après une bifurcation au bord de la route qui va vers Flamingo.

Si vous aimez l'acajou, vous allez être servi. La piste de 0,5 miles (800m) permet de pénétrer dans un bosquet de ces arbres et d'admirer le plus grand des spécimens d'arbres Mahogany vivant dans le Nord de l'Amérique. Autour du bosquet, vous verrez quelques palmiers, des figuiers mais aussi des orchidées. Le bosquet est relativement frais et humide. Côté faune, les chasses nocturnes animent le lieu de nuit et, le jour venu, hiboux, chats sauvages ou ratons-laveurs s'endorment dans leur habitat. La piste est accessible aux personnes à mobilité réduite.

MICCOSUKEE INDIAN VILLAGE ★

Mile Marker 36, US-41
✆ +1 305 552 8365 – www.miccosukee.com
Tous les jours (9h-17h).
Visite guidée : adulte 15 US$, enfant 8 US$.
Airboat : adulte 20$, enfant 12$.

Le Miccosukee Indian Village est un village indien reconstitué comprenant un musée sur l'histoire et la culture amérindiennes, des show d'alligators et un restaurant où vous pourrez goûter des snacks à la viande d'alligator. Vous pourrez aussi glisser en *airboat* sur la rivière jusqu'à un campement indien. La boutique à l'entrée mérite aussi un arrêt : elle propose tout un panel d'objets d'artisanat traditionnel amérindien : bijoux en perles, vêtements, poupées... Prévoir 2h de visite.

PA-HAY-OKEE OVERLOOK ★

40001 State Hwy 9336
Situé à 13 miles (21 km) de l'entrée du Visitor Center Ernest Coe.

Le nom de *pa hay okee* (littéralement rivière d'herbe) était attribué par les Indiens séminoles Miccosukee aux marais qui constituent les Everglades. La courte piste de 130 m de long traverse cette « rivière d'herbe » et vous permettra d'avoir une vue panoramique sur la Shark River Slough dont les eaux coulent calmement vers la zone de transition que constituent les palétuviers avant de se jeter dans le golfe du Mexique. Côté faune, vous aurez peut-être la chance d'observer un épervier ou un cerf et de croiser un alligator sur la piste qui conduit au panorama.

PINELANDS TRAIL ★

Situé à 7 miles (11 km) de l'entrée du Ernest Coe Visitor Center.

Passant au milieu des pins, la piste de 0,4 miles (650 m) permet l'observation de plus de 200 espèces de plantes, dont une trentaine sont propres au Sud de la Floride. Cet espace constitué de *pins slash* est le vestige d'un passé glorieux pour l'espèce. En effet, un siècle auparavant, les *pins slash* occupaient la plus grande partie de Miami, et de nombreuses villes le long de la côte Est n'étaient que de vastes forêts. La piste est accessible aux personnes à mobilité réduite. Le départ du *Pinelands Trail* se fait à 11 km de l'Ernest Coe Visitor Center.

ROYAL PALM STATE PARK ★

Le Gumbo trail et le Anhinga trail sont tous deux situés à 4 miles (6 km) de l'entrée du Royal Palm Visitor Center. ✆ +1 305 242 7237
Everglades : 30 US$ par véhicule. Entrée possible dans le parc 24h/24.

Situé à 20 km de Florida City, le Royal Palm State Park est une bonne option si vous souhaitez vous imprégner des Everglades sans faire trop de route. C'est le paradis des activités nature : observation des oiseaux, randonnée à vélo (pas de location dans cette partie du parc)... Vous pourrez aussi explorer la Pine Rocklands, une vaste forêt de pins à la hauteur impressionnante, ou vous lancer sur l'un des *trails*. L'Anhinga Trail et le Gumbo Limbo Trail conviendront aux enfants (30 min) tandis que les grands marcheurs opteront pour le Long Pine Key Trails (35 km).

TEN THOUSAND ISLANDS ★

Balade au départ du Gulf Coast Visitor Center : 40 US$/adulte et 20 US$/enfant (1h30).

Les Ten Thousand Islands sont un labyrinthe d'îles de palétuviers et de voies navigables qui s'étendent au sud-ouest d'Everglades City. Lamantins, dauphins et aigles pêcheurs cohabitent dans cette partie d'eau salée des Everglades. Nul doute que vous serez séduits par l'abondance de cette faune et flore abondantes. Il peut être facile de se perdre dans ces îles, c'est pourquoi nous vous conseillons les balades en bateau d'1h30 qui partent du Gulf Coast Visitor Center. Les guides sont des naturalises qui vous expliqueront les particularités de cet écosystème.

ERNEST F. COE VISITOR CENTER

40001 State Highway 9336
✆ +1 305 242 7700 – www.nps.gov/ever
Ouvert tous les jours de 9h à 17h (avril à mi-décembre), dès 8h de mi-décembre à mars.
Everglades : 30 US$/véhicule.

Ouvert en 1996, ce centre est dédié à Ernest F. Coe, à qui l'on doit l'établissement du parc national des Everglades. Nous vous conseillons de vous y arrêter pour piocher quelques informations sur la faune et la flore locales ou bien jeter un œil au petit musée. Six kilomètres plus loin vous attendent l'*Anhinga Trail* et le *Gumbo Limbo Trail*, deux sentiers de 30 min aménagés sur des pontons de bois. Vous pourrez observer de nombreux alligators et oiseaux évoluant en toute liberté.

SHARK VALLEY ★★

36000 SW 8th Street

La Shark Valley commence au cœur de la rivière d'herbe qui s'étend sur 160 km, du lac Okeechobee jusqu'au golfe du Mexique. La vie sauvage abonde dans l'écosystème d'eau douce des marais. Vous pourrez faire une promenade commentée de deux heures en tramway avec la compagnie Shark Valley Tram Tours (réservation nécessaire), ou bien louer des vélos (autorisation nécessaire pour les groupes de 10 personnes ou plus ; le port du casque est obligatoire pour les enfants de moins de 10 ans). Ceux qui veulent explorer seuls pourront suivre une courte piste et effectuer une partie du trajet du tramway. Au milieu du chemin se dresse une immense tour d'observation haute de 20 m, qui offre une spectaculaire vue panoramique sur les marais de *sawgrass*. Ce que les Indiens, premiers habitants du coin, ont pu contempler voilà 300 ans, ne doit pas être trop éloigné du paysage observable aujourd'hui.

Pour profiter pleinement de Shark Valley, prévoyez au moins une demi-journée. Terminez par une visite au Mickosuckee Indian Village, situé à seulement 5 minutes en voiture de l'entrée de Shark Valley.

▶ **Le Visitor Center de Shark Valley** est un passage obligé. Il propose une petite exposition sur la faune et la flore des Everglades. Vous pourrez également y louer des vélos pour la journée, vous procurer des billets pour le tour en tram et y acheter des souvenirs et snacks.

▶ **C'est également le point de départ de l'Everglades Loop,** une route bitumée longue de 15 miles, qui mène jusqu'à la Shark Valley Observation Tower à mi-parcours. C'est le plus haut point des Everglades, vous profiterez d'une vue à 360° sur l'immensité du parc. Si vous avez du temps devant vous, il est possible d'effectuer le parcours à pied (il faut compter 24 km aller-retour tout de même !) ou à vélo (location au Visitor Center). De part et d'autre de la route, vous croiserez de nombreux alligators, crocodiles, tortues, poissons et oiseaux, évoluant en toute liberté dans une végétation luxuriante. C'est impressionnant !

▶ **Trois trails de 800 mètres** sont également proposés aux alentours du Visitor Center. Le Bobcat Trail Way chemine sur un ponton de bois aménagé à travers les arbres et l'Otter Cave Hammock Trail vous mènera sur un petit sentier dans la forêt tropicale. Le Borrow Pit Trail est situé quant à lui à l'entrée de la Shark Valley Observation Tower. Avant de partir, remplissez vos gourdes, car il n'y a pas de point d'eau entre le Visitor Center et la tour d'observation.

WILDERNESS WATERWAY ★★

15 US$/piéton ou 30 US$/véhicule pour entrer dans le parc. Permis de camper obligatoire : 21 US$ puis 2 US$/pers/nuit.

La Wilderness Waterway, que l'on peut parcourir en canoë, en paddle ou en bateau, serpente sur plus de 160 km à travers les sections marines et l'estuaire du parc pour rejoindre Flamingo depuis Everglades City. Cette excursion, de 8 ou 10 jours, vous permettra une découverte exceptionnelle de la vie sauvage, mais mieux vaut être un minimum expérimenté ! Dans ces eaux tranquilles au cœur des Everglades, vous pourrez observer en toute quiétude poissons, tortues de mer, échassiers et lamantins. Autant vous rappeler que la rivière d'herbe est un incroyable labyrinthe de marais boueux et de palétuviers où l'on perd vite son sens de l'orientation, la vigilance est donc de mise. Si vous optez pour le *paddle*, certains passages comme Broad Creek ne sont accessibles qu'à marée haute. Dans la zone de Flamingo ou d'Everglades City, des pistes plus courtes vous permettent également de découvrir l'arrière-pays, et de tester ainsi votre endurance pendant une journée avant de vous lancer dans le Wilderness Waterway. Si l'essai est concluant, sachez qu'un permis est obligatoire pour le camping (il est nécessaire de passer plusieurs nuits dans la nature). Vous pourrez vous le procurer en ligne. Une fois sur place, il n'est pas obligatoire de réserver votre nuitée à l'avance. Mieux vaut aimer le camping « sauvage » : la plupart des sites sont dépourvus de toilettes. Pour louer des canoës ou des kayaks, il faut se rendre au Gulf Coast Visitor Center. Tout comme la Flamingo Marina, c'est aussi le point de départ de visites en bateau.

© CHRIS HILL - SHUTTERSTOCK.COM

FLAMINGO VISITOR CENTER

1 Flamingo Lodge Hwy
✆ +1 239 695 2945
www.nps.gov/ever
De novembre à fin avril : tous les jours de 8h à 17h. De mai à octobre : du mercredi au dimanche.

Ce Visitor Center, situé dans une structure temporaire, vous accueille à Flamingo pour vous donner les informations nécessaires à votre visite. Comme celui de Gulf Coast Center, il est habilité à délivrer des permis pour camper sur la Wilderness Waterway (21 US$ de frais administratifs et 2 US$ par personne et par nuit). N'hésitez pas à poser des questions aux rangers *qui* renseignent admirablement sur les opportunités du coin. Des travaux de rénovation sont en cours pour moderniser ce centre, dont le bâtiment d'origine a été détruit par l'ouragan Andrew en 2017.

COOPERTOWN AIRBOAT ★★

22700 Southwest 8th Street
✆ +1 305 226 6048
www.coopertownairboats.com
Visite guidée en airboat d'1h.
Adulte : 25,95 US$, enfant (6 à 11ans) : 15 US$).
20 à 25 personnes par embarcation.

Cette société organise des visites guidées dans les Everglasdes en *airboats ou* hydroglisseurs (bateaux à fond plat propulsés par une hélice aérienne). C'est la plus ancienne des Everglades puisqu'elle fonctionne depuis 1945. C'est une valeur sûre. Pour preuve : le bateau que l'on voit dans le générique de la série *Les Experts Miami* appartient à cette compagnie ! Au niveau des guides, le professionnalisme est là et l'on apprend beaucoup de choses. Après votre balade, vous pourrez vous restaurer de spécialités locales au petit restaurant adjacent.

MIAMI OFF ROAD - DE MIAMI AUX EVERGLADES

✆ +1 786 860 2767
www.miamioffroad.com
Visite de 3h30 : transfert A/R depuis Miami et 1h30 d'airboat avec un guide francophone.
159 US$/adulte, 135 US$/enfant.

Au départ de Miami Beach, Miami Off Road propose une visite guidée des Everglades. Avec votre guide francophone, vous embarquerez pour 1h30 à bord d'un *airboat*, en privé ou en groupe de 9 personnes maximum pour découvrir la faune et la flore de cet écosystème mythique des USA. Le pilote, spécialiste de ces prairies humides, vous amènera au plus près des animaux sauvages, et partagera avec vous anecdotes et techniques ancestrales des tribus locales. Une expérience incontournable !

SHARK VALLEY TRAM TOURS

36000 SW 8th Street
✆ +1 305 221 8455
www.sharkvalleytramtours.com
De mai à mi-déc : à 9h30, 11h, 14h et 16h.
De mi-déc. à avr : toutes les heures de 9h à 16h.
Adulte : 28$, enfant : 22$.

Il existe trois moyens de parcourir l'Everglades Loop (24 km) au départ du Visitor Center : à pied, à vélo ou en tram. Cette visite en tram est une excellente option pour s'offrir une immersion dans les Everglades. Elle se compose ainsi : 50 min à l'aller, 20 minutes de pause à la Shark Valley Observation Tower (point le plus haut des Everglades) et 50 min au retour. Vous croiserez une multitude d'alligators et oiseaux, et votre guide vous apportera de nombreuses informations. Même si vous ne comprenez pas bien l'anglais, cette visite vous le détour.

FLAMINGO CAMPGROUND €

Flamingo Lodge Hwy
✆ +1 518 885 3639
À partir de 30 US$/emplacement. 15 US$ de plus par nuit avec électricité. Réservations recommandées de décembre à avril.

Flamingo Campground est le camping le plus au sud du parc. Ouvert toute l'année, il a une capacité d'accueil d'environ 270 tentes mais seulement 41 des emplacements ont accès à l'électricité (avec supplément). Il est équipé de douches solaires et de sanitaires. Un Visitor Center se trouve au camping, vous pouvez y réserver des visites guidées avec des rangers. Un loueur de canoës et kayaks ainsi qu'un petit supermarché se trouvent également sur la marina à proximité. Vous pourrez aussi pêcher votre repas et le faire cuire sur les barbecues à disposition.

LONG PINE KEY CAMPING €

Long Pine Key
✆ +1 305 242 7873
https://flamingoeverglades.com
Ouvert de novembre à fin avril.
Emplacement de tente à partir de 30 US$/nuit.

Le camping compte plus de 100 emplacements pour les tentes. Vous pouvez réserver votre nuitée en avance sur le site web. Outre les emplacement de tente, vous pouvez réserver des éco-tentes sans lit et des emplacements pour camping car. Le camping est doté d'une petite boutique, de toilettes et de douches solaires. Il n'y a pas de branchement pour l'eau ou l'électricité. On trouvera une aire de pique-nique près du camp, ainsi qu'un étang pour pêcher, un amphithéâtre pour les programmes d'hiver et plusieurs sentiers de randonnée également praticables à vélo.

EVERGLADES CITY ★

Everglades City, ou Everglades, est située à l'ouest de l'Everglades National Park, dans la Chokoloskee Bay. C'est une petite bourgade verdoyante, calme et authentique en bordure de rivière, ponctuée de bâtiments historiques au cachet préservé. Elle abrite envion 300 habitants et est principalement connue pour être la porte d'entrée des Ten Thousand Islands, un archipel dont la plus grande partie appartient à l'Everglades National Park. La ville est très réputée pour ses fruits de mer et accueille notamment le Sea Food Festival en février. On trouve à Everglades City l'un des quatre Visitor Centers du parc national, le Gulf Coast Visitor Center.

MUSEUM OF THE EVERGLADES ★

105 West Broadway Avenue ✆ +1 239 252 5026
www.colliermuseums.com

Ouvert du mardi au samedi de 9h à 16h. L'entrée est libre et chacun est invité à donner ce qu'il veut.

Au coeur de la petite ville tranquille qu'est Everglades City, ce petit musée a pris place dans une ancienne blanchisserie construite en 1927, à l'architecture en bois rénovée à l'identique. Entièrement géré par des bénévoles, il présente l'aventure humaine dans les Everglades à travers des photos, archives et objets divers. 2 000 ans d'histoire sont retracés ici. La visite ne devrait pas vous prendre plus de 20 minutes, nous vous conseillons donc de vous y arrêter. Le musée est aujourd'hui inscrit dans le registre des bâtiments historiques.

GULF COAST VISITOR CENTER

815 Oyster Bar Ln
✆ +1 239 695 3311

Situé à Everglades City, dans le coin nord-ouest du parc, le centre est ouvert tous les jours de 8h à 17h.

Un passage obligé pour obtenir des informations sur les Everglades ou vous procurer des tickets pour la balade en bateau vers les Ten Thousand Islands. Tout comme celui de Flamingo, ce Visitor Center est habilité à délivrer des permis le camping sauvage (24h à l'avance) : comptez 21 US$ de frais administratifs et 2 US$ par personne et par nuit. Sachez que certaines randonnées ne sont réalisables que pendant la haute saison. N'hésitez pas à consulter le site Internet avant de partir.

EVERGLADES CITY AIRBOAT TOURS

907 Dupont street
✆ +1 239 695 2400

Lundi au samedi (8h30-16h).
Bateaux de 6 pers. Tour d'1h. Adulte : 41,99 US$, 4-10 ans : 25,99 US$, -3 ans : 8,99 US$..

Cette agence familiale fondée en 1982 vous propose de partir à la découverte de la faune et de la flore locales en hydroglisseur. Durant près d'une heure, vous naviguerez sur la rivière Barron, dans la mangrove et dans la baie. Contrairement à d'autres compagnies, les *airboats* accueillent 6 personnes maximum, ce qui rend la balade bien plus agréable et confidentielle. Les capitaines connaissent la région comme leur poche et vous offriront moult conseils et anecdotes.

SANDFLY ISLAND LOOP TRAIL ★

Distance de 5 miles (8 km) environ. Comptez 3 à 5 heures en canoë / kayak.

Une balade en canoë pour découvrir au plus près la nature sauvage de cette zone. Le départ a lieu depuis le Gulf Coast Visitor Center, où vous pouvez vous procurer une carte de navigation et des explications supplémentaires. Au bout d'une heure de traversée, vous arriverez à l'île de Sandfly où vous pourrez vous arrêter pour parcourir un *trail*. Attachez bien votre bateau ! Nous vous conseillons de porter des chaussures aquatiques et de vérifier l'heure de la marée avant votre départ.

TURNER RIVER CANOE TRAIL ★

17 kilomètres environ. Comptez de 6 à 8 heures.

C'est la promenade en canoë la plus célèbre des Everglades ! Ce chemin à travers les herbes hautes ne fait pas de boucle, les points de départ et d'arrivée sont donc situés à des endroits différents. Il faut donc veiller à vous organiser en conséquence. L'un des points se fait au Gulf Coast Visitor Center, l'autre au niveau de la US 41. Prudence car vous pourriez rencontrer des hydroglisseurs et alligators sur votre chemin. Impossible d'être plus proche de la nature. Une expérience unique qui vous laissera un souvenir impérissable !

EVERGLADES CITY MOTEL €€

310 Collier avenue (state Rd. 29)
✆ +1 239 695 4224
www.evergladescitymotel.com
Chambre double à partir de 99 US$/nuit.
Location de vélo offerte.

Ce motel à l'architecture typique propose des chambres rénovées et soignées, parfaitement équipées pour une étape à proximité des Everglades (micro-onde, machine à café, petit réfrigérateur). Certaines sont dotées de kitchenette. L'emplacement du motel en plein centre ville est pratique puisqu'il permet de tout faire à pied : visiter Florida City, aller au restaurant… Toutes les activités nature des Everglades sont à proximité, n'hésitez pas à demander conseil au personnel de l'hôtel qui peut vous aider à organiser vos excursions.

IVEY HOUSE EVERGLADES ADVENTURES HOTEL €€

605 Buckner Ave N ✆ +1 239 323 9836
https://iveyhouse.com
Chambre double à partir de 119 US$ + taxes.
Chambre double à partir de 119 US$ + taxes.
Piscine. Parking gratuit.

Situé dans un charmant *outpost* (ancien bâtiment à usage militaire), l'Ivey House est un pied à terre de premier choix pour découvrir les Everglades. Les chambres décorées de manière sobre et jolie sont très propres (on apprécie le carrelage au sol) et équipées d'un petit réfrigérateur ou d'une kitchenette. Vous profiterez d'une agréable piscine ensoleillée et de vélos prêtés gratuitement. Le bon plan : en séjournant ici, vous bénéficierez de réductions sur des balades en *airboats*.

CITY SEAFOOD €

702 Begonia Street
✆ +1 239 685 4700
Ouvert tous les jours de 6h à 18h.
Plat à partir de 15 US$.

Les restaurants de Miami et d'ailleurs viennent à Everglades City acheter notamment leurs fameux *stone crabs*, notamment au City Seafood. Si vous voulez goûter à cette spécialité, sachez que la saison court de mi-octobre à début mai. City Sea Food offre une nourriture simple à partir d'ingrédients ultra-frais, dans un décor rustique à souhait. Installez-vous sur le ponton avec vue sur les Everglades et savourez des cuisses de grenouille panées, un sandwich de poisson ou encore des pinces de crabe. Le tout accompagné d'une bonne bière fraiche.

CAMELLIA STREET GRILL €€

202 Camellia Street
✆ +1 239 695 2003
https://www.camelliastreetgrill.com
Ouvert tous les jours de 11h à 21h. Plat à partir de 15,99 US$.

Un grand restaurant de style rustique doté d'une immense terrasse au-dessus de l'eau, à laquelle on accède via un petit ponton. C'est vraiment agréable, surtout en soirée lorsque les guirlandes s'illuminent au dessus de nos têtes et que l'on peut admirer le soleil se coucher. L'ambiance est détendre et joyeuse. En somme, le Camellia Street Grill est un bon plan pour se régaler de *stone crabs* en saison, de cuisses de grenouilles panées, de tacos de poulet mais aussi de bons poissons comme le *grouper*. Un lieu authentique dans la tranquille Everglades City.

BIG CYPRESS NATIONAL PRESERVE ★★

La réserve naturelle de Big Cypress a été établie en 1974 pour préserver l'extraordinaire richesse de la faune et de la flore locales. Il s'agissait également de protéger les environs du parc national des Everglades voisin. Le choix du nom de la réserve n'a pas été dicté par l'observation de la taille des arbres, mais par la quantité incroyable de cyprès présents dans la zone. Ils représentent environ le tiers des 294 112 hectares de la réserve. Outre les cyprès, la réserve est constituée de prairies humides, de petites îles de sable, de bosquets de pins ou de mangroves. L'eau est un facteur essentiel dans le développement de la zone.

© JIM SCHWABEL - SHUTTERSTOCK.COM

Big Cypress National Preserve.

AH-TAH-THI-KI MUSEUM ★

34275 West Boundary Road
✆ +1 877 902 1113
www.ahtahthiki.com
Ouvert de 9h à 17h. Tarif : 10 US$ pour un adulte, 18 ans et moins : 7,5 US$, gratuit pour les moins de 4 ans.

Situé dans la réserve, ce musée est entièrement dédié à la vie des Indiens Séminoles. Il possède la collection la plus riche concernant leur mode de vie, leurs coutumes, leur artisanat… De nombreuses reproductions saisissantes de réalité montrent comment les premiers habitants de cette région vivaient dans les années 1800. Ne manquez pas de visionner le film We Seminoles ! pour vous mettre dans l'ambiance du musée. Vous pourrez aussi vous promener le long du *boardwalk* d'1,5 kilomètre à travers le cyprès. Une visite très intéressante.

CLYDE BUTCHER BIG CYPRESS GALLERY ★

52388 Tamiami trail
✆ +1 239 695 2428
https://explorebigcypress.com
Ouvert tous les jours de 10h à 17h. Éco-tour : 125 US$.

Sur la route d'Everglades City, faites une halte à la galerie du talentueux Clyde Butcher. Célèbre photographe, il est passé maître dans l'art de la photographie en noir et blanc, rendant paisible et paradisiaque un univers aussi hostile que les Everglades. Il a spécialement conçu son appareil photo pour jouer avec la lumière. Ses clichés saisissent par leur calme et leur mysticisme. Vous pouvez participer à des randonnées photo dans les marais alentour.

ROUTES SCÉNIQUES ★

Loop Rd Big Cypress National Preserve

Big Cypress possède deux routes scéniques relativement méconnues. Elles permettent d'avoir un bon aperçu de la flore au cœur de la réserve sans quitter son véhicule, et gratuitement ! La première, longue de 27 miles est la Loop Road qui traverse une forêt de cyprès nains et de pins. L'autre route ne fait que 17 miles, c'est la Turner River - Wagonwheel - Birdon Roads Loop qui traverse des prairies, l'occasion d'observer les oiseaux en pleine nature. Ouvrez bien les yeux, il n'est pas rare de croiser plusieurs alligators paresser le long des routes !

OASIS VISITOR CENTER

33100 Tamiami Trail East
✆ +1 239 695 2000
Ouvert tous les jours de 9h à 16h30.

Cet ancien aéroport privé, puis station service, et enfin Visitor Center, est une bonne introduction à Big Cypress, puisqu'il présente un film de 15 minutes consacré au parc et ses principales richesses. Vous y trouverez également des expositions sur la vie sauvage, de nombreuses informations sur les activités et des expositions d'art régulièrement organisées dans l'auditorium. La boutique est également bien fournie avec notamment de très beaux ouvrages consacrés à la faune et à la flore, pas très bon marché mais très pointus.

MIDWAY CAMPGROUND €

52870 Tamiami Trail East
✆ +1 877 444 6777
www.recreation.gov
Ouvert toute l'année. 24 US$ la nuit en tente.

Le Midway Campgroung est le camping le plus confortable de la réserve de Big Cypress, même s'il reste somme toute assez sommaire. Il fournit en effet aux campeurs une arrivée d'eau, de l'électricité (sur les 26 emplacements de camping-car, mais il est possible d'y planter sa tente), de l'eau potable et des sanitaires. Il n'y a pas de douche sur place. Chaque emplacement de tente (10 au total), possède une table de pique-nique et un grill. Le cadre est très agréable, en pleine nature avec un petit lac autour duquel on peut se promener.

MONUMENT LAKE CAMPGROUND €

50215 Tamiami Trail East ✆ +1 239 695 1201
De mi août à mi-avril. 24 US$ par tente.
10 emplacements pour tente (24 US$/nuit), 26 emplacements pour camping-car.

Ce camping fait partie des deux options d'hébergement offerts par la réserve Big Cypress. Il est situé à 10 minutes seulement du Midway Campgroung et contrairement à ce dernier, il ne dispose pas de raccord électrique. Vous y trouverez 10 emplacements pour tentes et 26 pour camping-cars ainsi que des sanitaires (pas de douche) et un accès à l'eau potable à proximité de ceux-ci. Le cadre est superbe, avec un lac où il est possible de pêcher et observer des alligators et oiseaux. Le lieu est encore plus beau au coucher de soleil.

KEYS

Les Keys sont la partie la plus au sud du continent américain. Elles sont constituées de 42 îles principales reliées par des ponts, de plus de 800 îlôts, et d'une multitude de petits récifs qui s'étendent sur 180 miles, de Key Largo au nord aux Dry Tortugas au sud. Ces derniers font partie des 7 252 km^2 de récifs coralliens et de ressources marines désormais protégés par le Sanctuaire national marin des Florida Keys. Les îles principales sont reliées par de nombreux ponts (42 au total). L'archipel constitue, entre l'océan et le golfe du Mexique, une étroite bande de terre, le plus souvent bordée par une mangrove ou une végétation tropicale. L'ambiance y change radicalement par rapport à Miami, pourtant très proche : la première île, Key Largo, n'est qu'à 1h30 de route. Au fur et à mesure que l'on avance vers les confins des Keys, une grande quiétude s'empare des lieux. Ici, l'Amérique s'offre différemment.

Keys
KEY LARGO ★★★
Sunset Point
ISLAMORADA ★★
1
Layton
Golfe du Mexique
MARATHON KEY ★★
KEY COLONY BEACH ★
LITTLE TORCH KEY
KNIGHTS KEY ★★
PIGEON KEY ★
BAHIA HONDA KEY ★★
Big Pine Key
SUGARLOAF KEY ★
LITTLE PALM ISLAND ★
BIG COPPITT KEY
KEY WEST ★★
LOOE KEY ★
VERS DRY TORTUGAS NATIONAL PARK – FORT JEFFERSON ★★★
30 KM

Key Largo.

PAGES

226 ● ● UPPER KEYS

La partie haute des Keys, à une petite heure de l'aéroport de Miami, présente des changements rapides de décor et de végétation. Les paysages des Keys varient énormément de l'un à l'autre. Ici, les vagues viennent se jeter sur quelques récifs ou sur des plages plus ou moins naturelles ; là, le rivage laisse place à la mangrove et à son extraordinaire enchevêtrement de racines, parfois si dense qu'il ne permet pas toujours de deviner les eaux qui la baignent. A l'intérieur des terres, de longues portions de l'US 1 ne sont qu'un simple couloir taillé dans la verdure. L'urbanisme couvre une petite part des Keys, avec des constructions souvent entourées d'une végétation florissante. L'activité est plus dense autour de l'US 1 : les principales Keys sont de véritables petites villes étalées le long de cette voie.

D'autres Keys sont complètement désertes, laissant libre cours à la végétation tropicale ou à des forêts de pins.

226 KEY LARGO ★★★

Porte d'entrée des Keys, vous passerez inévitablement par ici avant de poursuivre votre route sur l'Overseas Highway. Architecturalement parlant, ce n'est pas la Key la plus charmante mais sa vraie richesse se trouve dans ses espaces naturels protégés, ses eaux claires et les nombreux spots de plongée qui permettent de les découvrir. Y loger coûte aussi moins cher.

233 ISLAMORADA ★★★

Qu'est-ce qu'il fait bon vivre à Islamorada ! Cette ville n'est pas qu'une simple étape sur la route des Keys, mais une destination à part entière. Ici, on s'entraîne pour l'ambiance de Key West : on prend le temps de vivre, on s'installe au soleil couchant pour un cocktail face à la Florida Bay, on déguste des crevettes panées à la noix de coco... La vraie douceur de vivre des Keys commence ici !

238 ● ● MIDDLE KEYS

En continuant la route toujours plus au sud, on arrive à Marathon Key, située au beau milieu des Middle Keys. Aussi appelées « îles de Marathon » parce que Marathon Key en est l'île principale, les Middle Keys comptent, en plus de la grande île Marathon Key, une série de petites îles : Conch Key, Duck Key, Grassy Key, the Crawl keys, Key Colony Beach, Key Vaca, Fat Deer Key, Knight's Key et Pigeon Key.

238 MARATHON KEY ★

À une heure de Key West, Marathon est une key où l'on ne s'ennuie pas : les activités culturelles et nature sont nombreuses. C'est également la dernière ville avant Key West, et donc une étape intéressante pour éviter de dépenser une petite fortune pour dormir à Key West.

Les Lower Keys sont la banlieue résidentielle de Key West. A l'époque où Key West était la plus grande et la plus riche ville de Floride avec une population atteignant 18 000 personnes, il était de bon goût de disposer d'une maison de campagne dans le coin. Ces Keys sont plutôt résidentielles et proposent très peu d'hôtels. La région réunit un très grand nombre de Keys et abrite une faune très importante. Lors de vos trajets en voiture, soyez très prudent car un mini-daim (espèce endémique protégée) peut traverser la route sans crier gare. Trop souvent, des chauffards en écrasent, c'est pourquoi la vitesse est limitée sur Big Pine Key où se concentre la population de cette espèce.

Key West est la dernière étape des Keys. Ensuite, il n'y a plus que l'océan. C'est d'ailleurs ici que l'on trouve le Southernmost Point, soit le point le plus au sud du continent américain. Tout comme Miami, elle est souvent résumée à son côté fêtard, mais il y a bien plus que cela à découvrir à Key West. Bienvenue dans la ville où il vous faudra partager le trottoir avec coqs et poules !

© MARK - STOCK.ADOBE.COM

Dry Tortugas national park, Fort Jefferson.

KEY LARGO ★★★

À une centaine de kilomètres de Miami, vous voilà à Key Largo, porte d'entrée des Florida Keys et capitale mondiale de la plongée. Il s'agit de la plus longue île des Keys (30 miles), c'est pourquoi les Espagnols la nommèrent Cayo Largo. Vous n'aurez toutefois pas vraiment la sensation d'être sur une île car le bord de mer n'est pas toujours à proximité immédiate, mais déjà les loueurs de matériel de plongée ou les prestataires de *watersports* vous attendent. Key Largo abrite deux des plus importantes réserves naturelles pour la plongée dont le John Pennekamp Coral Reef State Park où on peut faire du snorkeling dans des eaux claires et peu profondes.

Histoire

Avant 1952, la première des Upper Keys ne s'appelait pas Key Largo mais Rock Harbor. C'est à la magie hollywoodienne, à John Huston et à son célèbre film *Key Largo*, que nous devons ce changement. Humphrey Bogart et Lauren Bacall ont tourné là, affrontant les intempéries, mais ils ne le firent que pendant quelques jours car les attaques incessantes des moustiques et mouches eurent raison de leur patience, et ils retournèrent affronter les éléments dans les studios aseptisés d'Hollywood !

Fiers d'avoir accueilli ce tournage, et soucieux d'apporter un peu plus de renommée à leur île, les locaux se mobilisèrent pour un changement de nom ; Key West avait Hemingway, il fallait que Rock Harbor ait Bogie. Ils eurent gain de cause.

Tourisme

La traversée de Key Largo n'est pas très charmante mais ses trésors se trouvent bien dans ses fonds sous-marins où vous pourrez observer avec masque et tuba, ou avec un équipement de plongée, des centaines d'espèces de poissons exotiques et plus de 40 types de coraux. La plupart des centres permettent de prendre des cours pour passer ses niveaux de plongée, il faut disposer dans ce cas-là de quelques jours. Voici les spots les plus réputés de l'île.

- **Benwood Wreck.** On y observe facilement une multitude d'espèces de poissons multicolores qui ont établi ici leur résidence dans ce navire coulé par les Allemands lors de la Seconde Guerre mondiale.
- **Conch Reef.** Un cimetière de galions espagnols (*La Capitana, El Infante* et le *San Jose de las Animas*), naufragés lors de l'ouragan de 1733. Pour plongeurs expérimentés puisqu'ils sont à 35 m de profondeur.
- **John Pennekamp Coral Reef State Park.** Au niveau du Mile Marker 102,5 du côté océan. Le parc fait partie du Key Largo National Marine Sanctuary.

KEYS

Marina de Key Largo.

L'OVERSEAS HIGHWAY ET SES PONTS

EN VOITURE JUSQU'AU BOUT DES KEYS

Tous les chemins en direction du sud conduisent aux Keys. L'US1, qui sillonne la côte est de la Floride, vous permettra de traverser de part en part les Keys avant de vous arrêter à Key West, terminus de l'État. La bonne nouvelle c'est qu'il n'y a pas de péage sur toute la route qui traverse l'archipel !

Des ponts interminables. L'US1 suit le tracé de la ligne de chemin de fer construite par Henry Flagler. Cette partie de la route, surnommée Overseas Highway, relie Key Largo à Key West par la route grâce à 43 ponts. Même si elle est avant tout une voie rapide, la route est agréable, alternant une centaine d'îles plus ou moins verdoyantes et des ponts de toutes sortes sur une distance de 126 miles. Cette route a été surnommée Overseas Highway car les ouvrages qui la rythment sont nombreux et longs. Vous passerez en moyenne 15 % de votre trajet sur les ponts.

Histoire. Henry Flagler avait commencé sa construction en 1907. Une fois achevée, la voie unique sur laquelle passaient les trains permit aux voyageurs de relier Key West au reste de la Floride pendant 23 ans. Les problèmes commencèrent dès la fin de la Première Guerre mondiale car cette extension de la voie ferrée de la côte ne fut jamais rentable. Ce fut toutefois la nature qui imposa l'abandon de la voie. En 1935, un terrible ouragan, dont les vents atteignirent plus de 320 kilomètres à l'heure, emporta de nombreux tronçons. La dépression économique qui touchait les États-Unis à cette époque ne permit pas de financer la reconstruction de la voie, et la compagnie de chemin de fer vendit les tronçons restés intacts pour rembourser ses dettes. En mars 1938, quelques journaux locaux annoncèrent le lancement prochain de l'Overseas Highway pour relier Key West à Miami par la route. La reconstruction ne commença qu'en 1941. Key West, qui se situe à 90 miles à peine de Cuba, devint un point-clé de la stratégie militaire américaine. La voie fut à nouveau en état de fonctionnement à partir de 1944. La circulation devenant croissante, et les ponts résistant mal à l'usage et aux intempéries, un vaste programme de remplacement des ponts est entrepris dans le milieu des années 1970. Cette phase de reconstruction dura six ans. Le joyau des ponts les plus récents est sans aucun doute le Seven Mile Bridge, l'un des plus longs ponts du monde lors de son édification. Il est ouvert à la circulation en 1982 et relie Knight's Key dans les Middle Keys à Little Duck Key dans les Lower Keys.

Indications pratiques. La limitation de vitesse est fixée à 55 miles à l'heure et, sur des dizaines de kilomètres, à seulement 45 miles/h. Une vitesse que tous les conducteurs respectent. Certains font même du zèle et roulent à 35 ou 40 miles à l'heure. En tout cas, les excès de vitesse sont vraiment à proscrire ici car les shériffs sont nombreux et toujours bien cachés sur les bas-côtés. Vous serez alors systématiquement verbalisé... Vous avez cependant le droit de doubler dans les zones de dépassement, qui sont régulièrement annoncées via des panneaux. Un doublement en dehors de ces zones est lui aussi sévèrement sanctionné.

Depuis le centre de Miami, empruntez la South 95, puis, arrivé sur Dixie Road, suivez la South 1. Depuis l'aéroport international de Miami, prenez LeJeune Road vers le sud, la 836 vers l'ouest jusqu'à l'extension de la Turnpike, puis l'US1 vers le sud. Depuis le nord, en quittant Orlando, si vous ne souhaitez pas prendre l'US1, prenez la Florida Turnpike vers le sud, sur la côte est. Après avoir traversé Fort Lauderdale, prenez la sortie 149 sur la Turnpike et continuez jusqu'à Florida City. Après, l'US1 est l'unique voie. Depuis l'ouest, en quittant Tampa, vous pouvez prendre l'I75 en direction du sud jusqu'à Naples, puis à l'est par l'Alligator Alley, une longue autoroute triste et monotone à travers les Everglades, jusqu'à la sortie de Miami. Prenez l'extension de la Turnpike, puis l'US1 vers le sud.

FLORIDA KEYS WILD BIRDS CENTER ★

Mile Marker 93,6 ✆ +1 305 852 4486
www.keepthemflying.org
Ouvert du lever au coucher du soleil. Gratuit mais dons appréciés. Visitor center : du lundi au vendredi de 9h à 17h.

Ce centre vient au secours des oiseaux blessés. Après avoir été soignés, ils sont réintroduits dans leur milieu naturel. Vous pourrez observer, dans leur cage, de nombreuses espèces d'oiseaux en voie de guérison. Un long chemin serpentant dans la mangrove jusqu'au bord de la mer vous conduit entre leurs habitats. L'été, n'oubliez pas votre spray anti-moustiques ! Le *visitor center* permet de mieux comprendre la protection des oiseaux dans les Keys et les différentes espèces endémiques.

HARRY HARRIS BEACH AND PARK ★

50 Beach Road
✆ +1 305 852 7161
Du lever au coucher de soleil. Entrée payante le week-end et pendant les vacances : 8 US$ (adulte) et 5 US$ (3-17 ans).

Le lieu idéal pour faire une pause pique-nique ou baignade, non loin de l'entrée des Keys ! Vous y trouverez une jolie petite plage de sable fin bordée de palmiers, des tables de pique-nique et des barbecues, ainsi qu'une aire de jeux pour les enfants et des balançoires. Il y a même deux terrains de baseball ! Pratique, la douche pour se rincer après une baignade dans l'eau salée. Essayez de vous y rendre en semaine afin d'éviter les frais d'entrée.

JOHN PENNEKAMP CORAL REEF STATE PARK ★★★

Mile Marker 102,5
✆ +1 305 451 1202
www.pennekamppark.com
Ouvert tous les jours (8h-17h). Tarif : 9 US$ pour 2 personnes, 10 US$ pour 4. 2,50 US$ pour un piéton ou cycliste.

Le John Pennekamp Coral Reef State est un parc national établi sur le principal récif de corail de Floride. Il offre de multiples activités en mer et vous pourrez facilement y passer la journée. L'attraction principale est le snorkeling : la plongée avec masque et tuba pour admirer la faune sous-marine. Vous pourrez aussi faire un tour en bateau à cale de verre et louer des kayaks pour admirer la mangrove. Envie de vous jeter à l'eau ? Le parc dispose de deux petites plages, Cannon Beach, la plus fréquentée, et Far Beach, plus intimiste. Vous emprunterez également des parcours en pleine nature, comme le *Wild Tamarind Trail* qui vous mène à la découverte d'arbres remarquables (530m). Ne manquez pas non plus le Visitor Center qui dispose d'un petit aquarium et de panneaux d'expositions sur la faune et la flore locales (gratuit). Côté restauration, vous trouverez des tables de pique-nique et food-truck au bord de la marina.

Quelques mots sur le Christ des Abysses : vous avez sûrement déjà vu des photos de cette sculpture en bronze de Christ au large de Key Largo. Elle fut donnée au parc en 1966 pour soutenir les efforts des USA dans la préservation des sites sous-marins. Créée par le sculpteur italien Guido Galletti, cette statue en bronze, de 2,74 m de hauteur et de 1,8 tonne, est installée à 6 m de profondeur. Il en existe une copie dans les eaux de Gênes. C'est l'un des sites sous-marins les plus photographiés et visités par les plongeurs ou *snorkelers*.

Une plongeuse examine la statue « Christ of the Deep », dans le Florida Keys National Marine Sanctuary.

KEY LARGO VISITOR CENTER

106000 Overseas Highway
✆ +1 305 451 1414
https://www.keylargochamber.org
Lundi-vendredi : 9h-17h. Samedi : 9h-16h. Dimanche : 9h-15h.

Située à l'entrée de Key Largo, ce visitor center est un arrêt obligé lors de votre arrivée dans les Keys ! Vous y trouverez toutes les informations touristiques sur la région. Justin et ses collègues sont très disponibles et amicaux : ils sauront vous conseiller les meilleures visites, hébergements et restaurants de ce petit coin de paradis Floridien, mais aussi vous donner des astuces bien pratiques comme où vous garer à Key West. Le lieu abrite aussi une petite boutique de souvenirs. Vous repartirez également avec des coupons de réductions.

AFRICAN QUEEN ★★

Key Largo Marina
✆ +1 305 451 8080
africanqueenflkeys.com
Croisière d'1h30 à 10h, 12h, 14h, 16h et 18h. Adulte : 59 US$, enfant : 25 US$.

Au départ de la marina, vous pourrez embarquer à bord du bateau à vapeur vedette du film *The African Queen* (1951) de John Huston (*L'Odyssée de l'African Queen* en français), qui valut à Humphrey Bogart l'oscar du meilleur acteur et une nomination à l'Oscar pour sa partenaire Katherine Hepburn. Ce petit bateau a été construit à Lytham, en Angleterre, en 1912, pour la compagnie des chemins de fer britanniques d'Afrique de l'Est. Depuis 1982, il est déclaré monument historique national. La croisière vous mènera du canal de Port Largo jusqu'à l'océan Atlantique.

JOHN PENNEKAMP CORAL REEF STATE PARK €

Mile Marker 102,5
✆ +1 305 451 1202
www.pennekamppark.com
36 US$ pour un emplacement avec électricité et eau + 6,7 US$ (frais de réservation) et 8 US$/véhicule (entrée du parc).

Se loger au sein même de ce parc est une chance mais il faut s'y prendre à l'avance car il affiche souvent complet. Les emplacements sont équipés d'électricité, d'une arrivée d'eau, de barbecue et d'une table de pique-nique. Vous serez à proximité de toutes les activités du parc : plages, chemins de randonnée, aquarium, visitor centre et bien sûr tous les équipements pour se distraire : snorkeling, plongée sous-marine, excursions en bateau, boutiques…

BAY HARBOR & COCONUT BAY RESORT €€

97702 Overseas Hwy
✆ +1 305 852 5695
www.bayharborkeylargo.com
A partir de 210 US$ la nuit. Parking et wifi gratuits. Piscine, plage privée.

Idéalement situé en bord de mer, où les couchers du soleil sont sublimes, cet hôtel est le lieu parfait pour des vacances relax et de qualité. Vous pourrez choisir entre chambres, bungalows et des cottages tout équipés, décorés dans un style floridien. Mention spéciale pour la piscine chauffée et le vaste jardin tropical de l'hôtel. En bonus : on peut emprunter gratuitement des kayaks. Peg, la propriétaire, reconnue pour ses délicieux scones faits maison, parle très bien français.

© BAY HARBOR LODGE

© BAY HARBOR LODGE

KEYS

KINGS KAMP €

103620 Overseas Highway
✆ +1 305 451 0010
www.kingskamp.com
À partir de 145 US$ avec salle de bains privée. Camping à 60 US$/nuit pour 2 personnes.

Un complexe situé à deux pas du front de mer qui propose diverses possibilités d'hébergement pour tous les types de voyageur et tous les budgets : chambre de motel, cottages jusqu'à 6 personnes et emplacements de camping. Ce dernier possède un certain confort avec électricité, douches, tables de pique-nique et huttes pour s'abriter en cas de mauvais temps. Comme partout à Key Largo, les possibilités pour faire de la plongée sont nombreuses. Le John Pennekamp State Park et ses multiples activités (kayak, snorkeling, baignade, trails...) sont également à proximité.

KONA KAI RESORT AND GALLERY €€

97802 Overseas Highway ✆ +1 305 852 7200
www.konakairesort.com
Chambre double à partir de 315 US$. Parking et wi-fi gratuits. Piscine, plage privée. Kayak et Paddle gratuits..

Cet hôtel est un véritable petit paradis terrestre avec des chambres et suites aux noms de fruits, situées dans des petites maisons indépendantes, au milieu d'un jardin tropical. Vous pourrez emprunter un kayak et voguer aux alentours de la plage privée, lézarder au bord de la piscine et dans le jaccuzi ou flâner dans le jardin botanique. Une galerie d'art expose différentes œuvres, peintures ou photos, d'artistes locaux. Kathryn, la gérante de l'hôtel, est très sympathique.

MARINA DEL MAR RESORT €€

527 Caribbean Drive ✆ +1 305 451 4107
www.marinadelmarkeylargo.com
À partir de 179 US$ la chambre double. Petit déjeuner inclus et wifi gratuit.

Un joli complexe hôtelier au bord de la marina de Key Largo. Il propose 76 chambres et studios cosy à la déco floridienne, mais l'ensemble reste moderne et fonctionnel. La petite piscine est agréable pour faire bronzette, et on est à proximité du bar et restaurant Skippers Dockside pour une sortie à pied le soir. On apprécie le petit-déjeuner et le parking gratuits. Sans oublier le personnel de la réception qui est aux petits soins et plein de bons conseils. En somme, c'est une adresse à retenir avec un bon rapport qualité/prix.

JULES' UNDERSEA LODGE €€€

51 Shoreland Drive ✆ +1 305 451 2353
https://jul.com
Compter 1600 US$ la nuit pour 2 personnes. Wifi.

Une adresse qui n'est pas pour tous les budgets et s'adresse uniquement aux plongeurs certifiés... mais nous ne pouvions pas ne pas vous en parler, tant elle est unique ! Nommé d'après Jules Vernes, le Jule's Undersea Lodge est un hôtel... sous marin ! Il prend en effet place à 9 mètres de profondeur, dans un ancien laboratoire de recherche. C'est le seul hôtel de ce genre au monde à n'être accessible qu'en plongée. L'unique chambre est équipée avec Wifi, micro-onde... Un hublot permet d'observer de nombreux poissons. Et vous pourrez même commander une pizza !

PLAYA LARGO RESORT & SPA €€€

97450 Overseas Hwy ✆ +1 305 853 1001
playalargoresort.com
A partir de 300 US$ la chambre double standard, 550 US$ la suite et 700 US$ le bungalow. Wifi gratuit. Piscine.

Sur un immense terrain verdoyant et tropical en bord de mer, ce complexe hôtelier du groupe Autograph Collection propose 177 chambres et suites très design, mais aussi 10 bungalows au plus près de la plage pour plus d'intimité. La piscine centrale face à la mer est très agréable et l'Ocean Spa détendra ceux qui rêvent d'un séjour 100 % zen. Le restaurant La Marea est par ailleurs une bonne table méditerranéenne avec des plats à base de produits locaux. Parmi les autres commodités : salle de fitness, plusieurs bars, des activités nautiques... Une belle adresse !

SKIPPER'S €

528 Caribbean Drive
skippersdockside.com
Lundi au jeudi de 12h à 21h, jusqu'à 22h du vendredi au dim. Happy hour 15h-18h en semaine. Plat à partir de 12 US$.

Un grand bar-restaurant en plein air installé au niveau de la marina, à deux pas du Marina del Mar Resort. On peut manger installé au bar en bois de style hawaïen ou sur la belle terrasse en pilotis au-dessus de l'eau. Ambiance très agréable le soir. L'établissement est aussi doté d'une salle au look un tantinet rustique où on peut dîner de façon plus confortable tout en profitant des matchs sur grand écran. Les plats, principalement à base de fruits de mer et de poissons, sont bien exécutés. On recommande pour une soirée décontractée !

SNAPPERS OCEANFRONT €

139 Seaside avenue ✆ +1 305 852 5956
www.snapperskeylargo.com
Lundi au vendredi de 16h à 22h, samedi et dimanche dès 11h. Plat à partir de 16,99. US$. Chambre à partir de 140 US$.

Un restaurant convivial et décontracté qui propose une vaste carte avec de nombreuses spécialités de la mer telles que homard, crabe, crevettes, et poissons cuisinés à toutes les sauces mais aussi quelques hamburgers classiques ainsi que des fruits de mer (moules, huîtres...) à déguster face à la mer. Ambiance maximale en soirée grâce aux concerts de musique live. Le dimanche, on y retourne pour un brunch gourmand et original accompagné de musique jazz et d'un verre de champagne ou Mimosa. Snappers dispose également de 4 chambres confortables à prix raisonnable.

HIDE OUT RESTAURANT €€

47 Shoreland Drive
✆ +1 305 4510128
Tous les jours de 6h à 14h, le vendredi 6h14h - 17h21h. Plat : 12$ environ.

Comme son nom l'indique, ce restaurant typique est bien dissimulé, mais il vous promet un repas face à la baie de Largo Sound. L'accueil est des plus sympathique, l'ambiance détendue, et la décoration semble n'avoir que peu changé depuis l'ouverture en 1978, ce qui confère au lieu un charme certain. Le breakfast est servi à toute heure : les pancakes à la myrtille sont excellents. Goûtez aussi à la Key Lime Pie maison, un dessert typique des Keys. Côté salé, la carte propose un large choix de sandwichs et plats traditionnels. Les prix abordables sont un plus !

THE CONCH HOUSE €

100211 Overseas highway ✆ +1 305 453 4844
www.keylargoconchhouse.com
Du lundi au mercredi de 8h à 21h, vendredi au dimanche de 8h à 22h. Pas de réservation. Plat à partir de 10,95 US$.

Installé dans une petite maison charmante et toute rose, ce restaurant familial fait la part belle au fameux coquillage *conch*, soit la conque, le crustacé le plus populaire des Keys. Vous le trouverez ici préparé sous toutes les formes possibles : frit, en ceviche, en soupe... Vous vous régalerez également de poissons et de fruits de mer locaux et ultra-frais comme le Mahi-Mahi, le *hog-fish* et le *snapper*. La maison n'oublie pas non plus les régimes végétariens et vegan. Terminez votre repas par une tranche de Key Lime Pie, le dessert phare des Keys. Un délice !

SUNDOWNER'S €€

Mile Marker 104
✆ +1 305 451 4502
www.sundownerskeylargo.com
Ouvert tous les jours de 11h à 22h. Plat à partir de 15 US$. Réservation recommandée.

Un bonne adresse pour savourer des spécialités de la mer, bien connue dans le paysage des Keys puisque fondée en 1985. Si vous en avez assez du poisson et des crevettes qui sont effectivement légion dans les Keys, le Sundowner's propose également de délicieux sushis. Et comme il est situé sur la marina, vous pourrez savourer votre assiette accompagnée, pourquoi pas, d'un Key Lime Mijoto, en assistant au coucher de soleil. Tous les dimanches jusqu'à 15h, place au brunch avec de copieuses assiettes aussi bien sucrées que salées.

THE KEY THAI RESTAURANT AND SUSHI BAR €

99611 Overseas Hwy
✆ +1 305 916 5600
https://www.thekeythai.com
Ouvert de 12h à 15h et de 17h30 à 21h30. Plat à partir de 13 US$.

Un petit restaurant qui ne paye pas de mine de l'extérieur. Dans un cadre simple avec quelques décorations asiatiques aux plafonds, vous dégusterez des plats japonais et thaï classiques, comme des pad-thaï, des sushis, des currys... Mais aussi des spécialités à l'image des aubergines grillées, le canard au basilic ou les crevettes frites. C'est bon, frais et surtout pas très cher pour les Keys. L'accueil est sympathique et vous pouvez manger sur place ou à emporter.

THE FISH HOUSE €€

102341 Overseas highway
✆ +1 305 451 0650
www.fishhouse.com
Ouvert tous les jours de 11h30 à 22h. Plat à partir de 11 US$.

The Fish House est l'une des meilleures tables des Keys pour manger poissons, fruits de mer et crustacés en tous genres. La fraicheur des produits est incomparable car directement achetée auprès des pêcheurs. Mention spéciale au homard et aux huîtres. Si vous optez pour le poisson du jour, vous pourrez choisir la préparation qui vous convient : frit, épicé, grillé, à la Jamaïcaine ou au paprika. La Key Lime a quant à elle été élue « Meilleure de Floride » par le magasin Florida Living. Vous l'aurez compris, cette adresse est une valeur sûre.

BAYSIDE GRILLE & SUNSET BAR

99530 Overseas Hwy
✆ +1 305 451 3380
keylargo-baysidegrill.com
Ouvert de 11h30 à 21h tous les jours.

C'est l'un de nos endroits préférés pour assister au coucher de soleil à Key Largo, tout simplement parce que le cadre est magique ! Le bar, qui ne paye pas de mine en soi, est posé sur une petite plage tranquille avec cocotiers et petit ponton en bois. Et au moment du coucher de soleil, on s'installe sur la terrasse aux tables colorées, les pieds dans le sable et une bière locale à la main. C'est un moment inoubliable car le ciel se pare de couleurs rose et orange sublimes.

SNOOK'S BAYSIDE RESTAURANT & GRAND TIKI

99470 Overseas Hwy
✆ +1 305 453 3799
snooks.com
Ouvert tous les jours de 12h à 15h et de 17h à 21h30. Plat à partir de 20 US$.

Un bar restaurant avec une immense terrasse face à la mer. Le cadre est hawaïen et tropical, on s'y sent vraiment en vacances. C'est un bon endroit pour assister au coucher de soleil, avec un petit cérémonial original dont on vous laisse la surprise... Le vrai plus du Snook's c'est son ambiance musicale tous les soirs avec un groupe local qui vient chanter et sympathise facilement avec les clients. Si les cocktails signatures valent le détour, les plats sont quant à eux un peu chers.

JIMMY JOHNSON'S BIG CHILL

104000 Overseas Hwy
✆ +1 305 453 9066
www.jjsbigchill.com
Ouvert de 11h30 à 22h30 tous les soirs, le vendredi et samedi jusqu'à minuit. Plat à partir de 16 US$.

Un immense bar extérieur installé sur le sable face à la mer dans une ambiance très *chill out* comme l'indique le nom de l'établissement. On retrouve les plats phares des Keys comme les crevettes panées à la noix de coco, la conque frite et la Key Lime Pie. Ce n'est pas l'option la moins chère du coin, mais nous avons une astuce : faites un saut au Visitor Center de Key Largo. Outre moult informations pratiques, vous repartirez avec une carte vous offrant une réduction chez Jimmy's.

CARRIBBEAN WATERSPORTS

Mile Marker 97
✆ +1 305 852 4707
www.caribbeanwatersports.com
Ouvert tous les jours de 9h à 17h30.

Installé depuis 1983, ce centre propose diverses activités ludiques et nautiques pour profiter de l'environnement de Key Largo. Au choix, on peut décider de faire du parachute ascensionnel, du snorkeling, de la plongée, du kayak ou encore du Paddle. L'*enviro tour,* une excursion en zodiac de 2 heures, permet quant à elle de se sensibiliser à l'environnement de ce côté des Everglades en découvrant la faune et la flore locales : mangroves, dauphins, lamantins... L'après-midi, l'excursion se termine par l'observation du coucher de soleil directement depuis le bateau.

KEYS

KEYS CHOCOLATES & ICE CREAM

100470 Overseas Hwy
✆ +1 305 453 6613
www.keylargochocolates.com
Ouvert tous les jours de 10h à 22h.

Le temple de la douceur à Key Largo, c'est ici ! Chocolats et parfums gourmands embaument l'air. Impossible de ne pas craquer face à la vitrine garnie de truffes à la mangue, de bouchées chocolatées ou de tablettes entières. Tous ces produits sont fabriqués sur place, tout comme les 36 saveurs de crème glacée dont la *Gator Tracks* (vanille, banane, morceaux de chocolat). Ne manquez pas une autre star, la Key Lime Pie, proposée entière, à la part ou glacée et recouverte de chocolat.

DOLPHINS PLUS MARINE MAMMAL RESPONDER

31 Corrine place
✆ +1 305 453 4321
https://www.dpmmr.org/
Tous les jours de 8h30 à 17h. Nage avec les dauphins à partir de 215 US$. Rencontre avec les dauphins : 65 US$.

Ce centre de recherches sur les dauphins est un centre familial dont l'une des missions est la sauvegarde et la protection des mammifères marins (baleines et dauphins) dans les Keys. Vous pourrez entrer en contact direct avec les dauphins et nager avec eux soit de manière libre, soit en participant à la séance d'entraînement et d'exercice quotidien en compagnie des dresseurs. Une approche aussi ludique qu'inoubliable qui, hélas, passe toujours trop vite.

FLORIDA KEYS DIVE CENTER

Mile Marker 90,5
✆ +1 800 433 8946
www.floridakeysdivectr.com
Tous les jours de 7h45 à 17h. Départ à 8h, 12h et 18h. Plongée avec tuba : 50 US$; avec bouteille : 95 US$.

Entouré par une équipe de professionnels, les sorties sont effectuées dans le Pennekamp Park et dans le Florida Keys National Marine Sanctuary. Les plongeurs confirmés pourront partir à la demi-journée explorer les fonds marins. Le novices pourront en profiter pour passer le PADI. Le Florida Keys Drive Center a aussi pensé à ceux qui ne seraient pas à l'aise dans les profondeurs : il est possible d'effectuer des sorties en *snorkeling* ou de participer à des croisières de 2h au coucher du soleil. Ainsi, tout le monde y trouve son compte !

KEY LARGO PRINCESS BOAT

Mile Marker 100
✆ +1 305 451 4655
www.keylargoprincess.com
Départs tous les jours à 10h, 13h et 16h. 45 US$ pour un adulte, 27 US$ pour un enfant (11 ans et moins).

Embarquez à bord de la Princess de Key Largo pour une croisière de 2 heures à la découverte des fonds marins du John Pennekamp Coral Reef State Park, grâce à l'imposant fond de verre : corail, poissons tropicaux... et plus rarement, débris d'épaves. Depuis le pont du bateau, vous profiterez également de points de vue panoramiques sur l'archipel des Keys. Comptez 45 minutes de traversée pour atteindre le récif corallien. C'est l'option idéale si vous n'êtes pas à l'aise sous l'eau ou si vous ne disposez que d'une paire d'heures.

PADDLE THE FLORIDA KEYS

90773 Old Highway
✆ +1 305 591 60533
www.paddlethefloridakeys.com
Paddle ou kayak à partir de 35 US$ la journée. Éco-tour en paddle de 2h : 60 US$. Tours quotidiens à 10h et à 14h30.

Le propriétaire de l'établissement, Scott Baste, passionné de la nature, a toujours pagayé. Aujourd'hui, lui et son équipe vous transmettent leur savoir-faire, leurs connaissances (et leur bonne humeur) au travers d'éco-tours en paddle. Laissez-vous tenter pour une visite guidée de 2 heures ou allez à votre rythme en optant pour la location à la journée. Trois circuits vous sont alors conseillés : Secret lagoon, Tavernier Key Loop ou Cowpens Cut. Vous y trouverez votre bonheur dans tous les cas, il serait dommage de ne pas s'arrêter en chemin !

ISLAMORADA ★★★

Mile Marker 82,5 dans les Upper Keys, à 1h30 de route de Miami. Islamorada, dont le nom signifie *île pourpre*, a été découverte par les Espagnols en 1513. C'est en réalité un archipel composé de plusieurs petites îles. Aujourd'hui, elle est connue comme la capitale mondiale de la pêche. C'est en effet l'activité principale de ses 6 800 habitants. Où que vous vous tourniez, vous verrez des bateaux petits ou grands, des pêcheurs et des poissons (principalement des espadons, des thons et des Marlins). Islamorada est un petit paradis avec ses restaurants et hôtels les pieds dans l'eau, très prisé par les habitants de Miami qui s'y échappent le week-end.

HISTORY OF DIVING MUSEUM

Mile Marker 83 ✆ +1 305 664 9737
www.divingmuseum.org
Ouvert tous les jours de 10h à 17h. Adulte : 15 US$, enfant (6 à 11 ans) : 7 US$, gratuit pour les moins de 5 ans.

Ce petit musée mérite un arrêt ! Vous y sera contée l'histoire passionnante de la plongée sous-marine, depuis ses prémisses au XVIe siècle jusqu'à nos jours. Le musée détient une collection incroyable de scaphandres, casques de plongée et autres matériels de diverses époques. Une partie est consacrée à la plongée dans le sud de la Floride. Le « Parade of nation » avec ses 45 casques en provenance du monde entier est impressionnant. Vous découvrirez également des coquillages et objets trouvés lors de fouilles sous-marines. La dernière salle vous surprendra !

INDIAN KEY HISTORIC STATE PARK ★

Mile Marker 78, côté océan
✆ +1 305 664 2540
2,50 US$/personne. Accessible uniquement par bateau.

Indian Key est, comme son nom le laisse supposer, un ancien lieu d'habitat d'une tribu indienne. Une zone a été aménagée pour la nage. Il n'y pas d'infrastructures particulières mais la plage est jolie. Auparavant, une passerelle permettait de parcourir les 800 mètres menant jusqu'à l'île. Cette dernière ayant été récemment détruite lors d'une tempête, Indian Key n'est accessible que par bateau. Vous pouvez louer des kayaks à proximité chez Robbie's Marina ou Backcountry Cowboys.

LONG KEY BRIDGE ★

Mile Marker 65,5

Le Long Key Bridge est le deuxième pont le plus long des Keys (3,7 km). Il vous permettra de quitter la région d'Islamorada pour Marathon Key, dans les Middle Keys. Il fut créé à l'initiative d'Henry Morrison Flagler, le patron de chemins de fer Florida East Coast Railway, pour servir de voie ferroviaire entre 1907 à 1935 avant d'être transformé en autoroute. Long de 180 arches, il est constamment occupé par les pêcheurs à la ligne et des centaines de pélicans un peu fainéants qui attendent les poissons que les premiers, généreux ou maladroits, rejettent à la mer.

LONG KEY STATE RECREATION AREA

67400 Overseas Highway

✆ +1 305 664 4815

Tous les jours de 8h au coucher du soleil.
5 US$/véhicule (2 pers) + 50 cents/pers supp., 2,50 US$/ piéton ou cycliste.

C'est l'un des trois parcs d'État dans les Keys. La plage n'est pas bondée et l'on peut même y camper. Deux trails proposent de belles randonnées : le Golden Orb Trail (1,6 km) et le Layton Trail. Vous pourrez également louer des kayaks pour 2 heures. Les plongées avec tuba permettent de découvrir une faune abondante en langoustes et en pieuvres. A portée de vue, des grands échassiers nidifient un peu partout. Mais les moustiques aussi sont chez eux.

ROBBIE'S MARINA ★★★

Mile Marker 77,5, côté baie

✆ +1 305 664 9814

www.robbies.com

Ouvert toute l'année de 7h à 20h.
Compter 2,5 US$ l'entrée sur le dock et 4,5 US$ le seau pour nourrir les tarpons.

Robbie's est une véritable attraction locale qui attire des touristes du monde entier. Contre quelques dollars, vous pourrez accéder à un ponton au-dessus de dizaines de tarpons affamés à qui on lance des morceaux de poisson. Ces poissons dévorent à la vitesse de l'éclair la nourriture dès qu'elle atterrit dans l'eau et sont d'une agilité surprenante. Le spectacle est d'autant plus impressionnant que les tarpons sont vraiment de grands poissons. Ils peuvent en effet atteindre 2,50 m de long et peser jusqu'à 80 kilos ! Sur le ponton, les pélicans guettent. Eux aussi aimeraient bien manger un morceau de poisson mais les visiteurs n'ayant pas le droit de les nourrir, ils sont fort désappointés... En guise de représailles, ils volent de temps en temps des bouts de poisson aux touristes avec une rapidité fulgurante. Mais il ne vous arrivera rien de grave, rassurez-vous. Tout au plus bousculé par un pélican furieux, vous aurez un fou rire (attention aux enfants cependant qui pourraient être plus sérieusement blessés par le bec des pélicans). C'est aussi l'occasion d'observer de près ces grands oiseaux.

Pour vous remettre de vos émotions, il ne vous restera plus qu'à vous régaler avec un bon poisson juste à côté, au Hungry Tarpon Restaurant (pas de tarpons au menu, ils ne sont pas comestibles). La marina loue également des bateaux, des kayaks, et organise des parties de pêche, de la plongée ou des tours en bateau. Vous pourrez aussi déambuler à travers les boutiques de souvenirs en tout genre.

Islamorada.

SAN PEDRO UNDERWATER ARCHAEOLOGICAL PRESERVE ★★

A 1 mile du Mile Marker 85,5 ✆ +1 305 664 2540
www.floridastateparks.org/sanpedro
Ouvert de 8h au coucher du soleil. Entrée libre. Accès par bateau uniquement.

Ce site sous-marin concentre les restes de 21 galions espagnols coulés à six mètres de profondeur en 1733, approximativement à deux kilomètres de l'Indian Key. Ils sont aujourd'hui la demeure de multiples espèces de poissons. Le temps a fait son oeuvre mais la réserve n'en demeure pas moins un site intéressant et très fréquenté par les plongeurs et les snorkeleurs. Il n'y aurait *a priori* pas de trésor caché à récupérer alors ne cherchez pas à remuer le fond, ce serait peine perdue...

THEATER OF THE SEA ★★★

84721 Overseas Hwy ✆ +1 305 664 2431
https://theaterofthesea.fr
Ouvert tous les jours de 9h30 à 17h.
Tarif : 44,95 US$ pour un adulte et 29,95 US$ pour un enfant (de 3 à 10 ans).

Theater of the Sea existe depuis 1946, ce qui en fait une des plus vieilles attractions des Keys. Ce parc d'animaux marins, installé dans la mangrove est différent des parcs habituels puisqu'ici toutes les espèces (raies, requins, tortues, otaries...) sont en semi-liberté. De nombreux animaux ont été sauvés par le parc mais ne peuvent être relâchés. Après votre visite, vous pourrez même profiter de la plage privée. Il est aussi possible de nager avec les dauphins ou les raies, et effectuer un tour de bateau pour assister du coucher de soleil (avec supplément).

ISLAMORADA CHAMBER OF COMMERCE & VISITORS CENTER

Mile Marker 86
✆ +1 305 664 4503
www.islamoradachamber.com
Ouvert du lundi au vendredi de 9h à 17h, le samedi jusqu'à 16h et le dimanche jusqu'à 15h.

Ce Visitor Center à l'architecture traditionnelle locale vous prodiguera de nombreuses Informations sur Islamorada et les Keys en général. L'offre touristique est en effet tellement vaste qu'un regard expert n'est jamais de refus ! Où se restaurer? les festivals et animations durant votre séjour ? où pêcher ?le meilleur spot de *snorkelling* ou la petite plage secrète...? Nul doute que vous ressortirez d'ici plus avisé. Quelques souvenirs sont également à la vente.

CALOOSA COVE MARINA €€

Mile Marker 73,8, côté océan
✆ +1 305 664 8811
www.caloosacove.com
Chambre double à partir de 175 US$ selon la saison. Piscine, plage.

Le Caloosa Cove Marine fait face à la mer et dispose d'une belle plage de sable blanc. Le complexe hôtelier propose uniquement des suites parfaitement équipées avec un coin séjour, une chambre avec balcon et une cuisine. Elles sont spacieuses, lumineuses et décorées selon une thématique marine en bleu et blanc. Pour vous détendre et vous amuser, vous trouverez une piscine chauffée, des terrains de tennis et de basket et autres activités. L'hôtel dispose aussi d'un restaurant, Habano's Oceanfront, où vous pourrez déguster une cuisine cubaine du mardi au dimanche.

LIME TREE BAY RESORT €€

Mile Marker 68,5
✆ +1 305 664 4740
www.limetreebayresort.com
Chambre double à partir de 189 US$.
Petit déjeuner inclus. Wi-fi et parking gratuit.

Un établissement au calme, non loin de la route et au bord de la mer. Les chambres sont lumineuses, spacieuses et bien équipées, certaines avec une agréable terrasse vue mer. La plupart des studios et des suites ont une kitchenette avec frigo et micro-ondes. Côté infrastructures, l'hôtel est bien pourvu : 2 piscines (dont une piscine à remous à l'extérieur), des courts de tennis, des aires de barbecue... Parmi les activités offertes sur place : kayak, snorkeling, pêche, balade en vélo... et des hamacs entre deux cocotiers si vous préférez faire la sieste !

SUNSET INN €€

82200 Overseas Hwy
✆ +1 305 664 3454
https://sunsetinnkeys.com
Chambre double à partir de 159 US$. Piscine.

Cet hôtel des années 1950 a été savamment rénové tout en conservant son architecture d'origine. Les chambres sont simples mais confortables et modernes, avec une jolie salle de bain à carreaux métro. Des photos rétro en noir et blanc d'Islamorada décorent les murs. Coup de cœur pour la piscine au centre de l'hôtel qui revendique son côté vintage avec ses cabanas et parasols orange. Pour le dîner, rendez-vous au Lorelei Restaurant à deux minutes de marche, notre option préférée pour siroter un cocktail à petit prix lors de l'*happy hour,* les pieds dans le sable.

CASA MORADA €€€

136 Madeira road
✆ +1 305 664 0044
www.casamorada.com
16 chambres et suite à partir de 329 US$ petit-déjeuner inclus. Prêt de kayak, paddle, vélo. Piscine.

Situé dans une petite rue calme, cet hôtel respire la sérénité. Construit dans les années 1950, il a gagné ses galons avec de nombreux aménagements, notamment une piscine d'eau douce, un bain à remous face à la baie, une immense terrasse donnant sur l'océan pour prendre son petit déjeuner. Le soir venu, le chemin vers la piscine s'éclaire de mille bougies. Vous pouvez aussi plonger, faire du kayak ou explorer les environs à vélo. Sachez que des cours de yoga sont offerts tous les samedis, dimanches et mercredis matin. De quoi bien commencer la journée.

MORADA BAY BEACH CAFÉ €

81600 Overseas Highway
✆ +1 305 664 0604
www.moradabay.com
Ouvert tous les jours de 11h à 21h. Plat à partir de 18 US$ le repas.

Le Morada Bay Cafe, qui a ouvert ses portes en 1997, se trouve au bord de l'eau. C'est donc un spot de premier choix pour admirer le coucher de soleil. On y retrouve l'ambiance d'un café de plage tout en étant dans une belle maison en bois typique des Keys. Le menu éclectique de style bistrot, à l'accent des produits frais de la mer des Caraïbes, et le cadre remarquable font de Morada Bay une escale gourmande incontournable. Le week-end, vous serez bercé par la mélodie d'un groupe qui vient jouer de la musique sur la petite scène près des tables sur la plage.

HUNGRY TARPON €

77522 Overseas Highway
✆ +1 305 664 0535
www.hungrytarpon.com
Ouvert tous les jours de 6h30 à 21h. Plat à partir de 12,95 US$.

Le restaurant de Robbie's Marina (c'est là qu'on nourrit les tarpons en leur lançant des bouts de poisson) propose d'excellents plats locaux, la plupart à base de poissons et de fruits de mer dont un excellente bisque de homard et de copieux *burrito* aux crevettes. On vous recommande particulièrement l'*Islamorada fish sandwich*. Il est aussi possible de faire préparer ses propres prises ! Cependant, vous ne pourrez pas manger de tarpons car ce ne sont pas des poissons comestibles. A noter : c'est un endroit magique pour admirer le lever du soleil au petit déjeuner.

TWISTED SHRIMP €

87745 Overseas Highway
✆ +1 305 453 6377
http://twistedshrimp.com
Ouvert du jeudi au lundi de 12h à 20h. Plat à partir de 10,5 US$.

Comme on le devine sans trop de difficulté, la crevette est la star de ce petit restaurant. On la retrouve sous toutes ses formes : quesadilla, salade, tacos, wrap... ou tout simplement panée et frite, à piocher dans un panier. Si vous n'êtes pas fan de ce fruit de mer rosé, sachez que la carte propose d'autres options. La salle offre peu de places assises, mais vous pourrez vous installer sur la terrasse. S'y trouve une table un peu particulière car aménagée dans un bateau ! Même si elle est située à deux pas, sachez que ce restaurant n'offre pas de vue mer.

LAZY DAYS €

79867 Overseas Hwy
✆ +1 305 664 5256
www.lazydaysislamorada.com
Ouvert du lundi au jeudi de 11h à 21, jusqu'à 23h du vendredi au dimanche. Plat à 11,95 US$.

Installé au bord de l'eau, ce restaurant vous donnera envie de paresser des heures sans rien faire en profitant du soleil et du bon air marin ! D'où le nom étonnant du restaurant... Dans les assiettes, on se régale de plats simples à base d'excellents produits frais avec une belle offre côté poissons et fruits de mer. Mention spéciale pour les énormes crevettes à partager. C'est un restaurant qui peut convenir à la majorité des budgets, avec des plats simples à moins de 10 US$ comme le hotdog ou le sandwich BLT (Bacon Laitue Tomate).

ISLAMORADA FISH COMPANY €€

Mile Marker 81,5 ✆ +1 305 664 9271
www.islamoradafishco.com
Ouvert tous les jours de 11h à 21h. Plat à partir de 15 US$.

Très loin des nombreux attrape-touristes qui pullulent dans les Keys, ce restaurant sert d'excellents poissons et fruits de mer frais à un prix raisonnable, dans une ambiance de vacances conviviale. Pour goûter à un peu de tout, nous vous conseillons le *Fried Seafood Combo Basket*. L'endroit est tellement prisé qu'il vous faudra sans doute vous préparer à attendre une trentaine de minutes (pas de réservation). Une boutique et des *rocking-chairs* juste au bord de l'eau rendront l'attente plus sympathique. Vous pourrez en profiter pour contempler le coucher du soleil.

LORELEI RESTAURANT & CABANA BAR €€

96 Madeira Road
✆ +1 305 664 2692
www.loreleicabanabar.com
Ouvert tous les jours de 7h à 22h. Happy hours tous les jours de 16h à 18h. Plat : 15 US$ environ.

Le Lorelei est le type d'endroit que l'on espère découvrir dans les Keys : une marina, une terrasse ombragée et des tables à même le sable. La vue sur la baie est imprenable. Dans une ambiance détendue, vous dégusterez des tacos de poissons, du poulet mariné ou encore des sandwichs généreux. Nous vous conseillons l'une des spécialités des Keys : les *Coconut shrimps,* des crevettes panées avec de la noix de coco râpée. Un régal. De la musique *live* est jouée plusieurs soirs par semaine.

RAIN BARELL ARTISAN VILLAGE

Plantation Key
✆ +1 305 521 2043
https://rainbarrelvillage.com
Ouvert tous les jours de 9h à 17h.

Rain Barrel Artisan Village est un endroit est facile à repérer depuis la route puisqu'il abrite une langouste de près de 10 mètres de haut. Elle ne cesse d'être photographiée sous tous les angles. Il s'agit en fait d'une petite galerie commerciale regroupant un café très coloré (le Lobster Shak), un bar ainsi que des boutiques de babioles locales et d'autres d'artisanat proposant de la terre cuite, des tableaux, de la mosaïque, des bijoux, des vêtements...

MARKER 88

88000 Overseas Hwy
✆ +1 305 852 9315
www.marker88.info
Lundi au jeudi de 11h à 21h ; ven. de 11h à 22h ; sam. de 10h30 à 22h et dim. de 10h30 à 21h. Plat à partir de 15 US$.

Un agréable *tiki bar* au mile 88 comme le dit le nom, qui a pour avantage d'être installé sur une petite plage de sable aux eaux claires. Vous ne manquerez pas de faire un *selfie* au moment du coucher de soleil sur le petit ponton ou encore sous les panneaux en bois colorés qui indiquent à quelle distance se trouvent Key West ou Cuba. Le menu fait quant à lui la part belle aux poissons locaux. Une bonne adresse pour prendre un verre en écoutant de la musique live les pieds dans le sable. Pour les amateurs, sachez qu'un brunch a lieu tous les week-ends.

ISLAMORADA DIVE CENTER

84001 Overseas Highway
✆ +1 305 664 3483
www.islamoradadivecenter.com
Ouvert tous les jours de 8h à 18h. Comptez à partir de 95 US$ pour une sortie de 3 heures et 50 US$ avec masque et tuba.

L'équipe de l'Islamorada Dive Center est prête à vous initier à la plongée ! Si vous êtes débutant, vous pourrez passer une certification sur place. Si vous êtes certifié, à vous l'exploration sous-marine via des sorties de 3 heures (matin, après-midi et certains débuts de soirée). Les excursions peuvent également se faire avec palmes-masque-tuba. Les accompagnants qui ne souhaitent pas plonger peuvent prendre part à la sortie pour un prix réduit. En somme, c'est un centre qui conviendra aussi bien aux plongeurs débutants que confirmés.

ISLAMORADA BREWERY & DISTILLERY

82229 Overseas Highway
✆ +1 305 4402162
Ouvert tous les jours de 11h à 21h. Dégustations gratuites. Restauration sur place.

Dans une ambiance vitaminée, cette microbrasserie locale fait honneur aux saveurs des Keys. Parmi les créations houblonnées, nous vous conseillons l'étonnante *Coconut Key Lime Ale* qui allie savamment la noix de coco et le célèbre citron des Keys, ou la *Floridays Tropical Pale Ale* aux fruits exotiques. Côté distillerie, vous pourrez déguster le gin à l'hibiscus ou le rhum épicé. Il est aussi possible de prendre une pinte ou un cocktail en terrasse accompagné de nachos ou sandwiches.

KEYZ CHARTERS

77522 Overseas Hwy,
✆ +1 305 393 1394
www.keyzcharters.com
Ouvert tous les jours de 8h à 20h.

Keyz Charters propose des sorties bateau d'1h à 3h, à la découverte de la faune locale sur la rivière et dans la mangrove. Vous pourrez y observer de nombreux oiseaux mais aussi y découvrir des animaux marins comme le lamantin aujourd'hui en voie de disparition. C'est un moment magique que de le voir nager près du bateau, voire de le filmer sous l'eau avec une GoPro ! C'est surtout grâce à Samantha, une guide qui a un oeil de lynx et repère absolument toutes les espèces animales dans le coin. Il est aussi possible de faire des visites guidées en snorkeling.

MARATHON KEY ★★

Arrivé au *Mile Marker* 60, vous voici dans l'île qui est au cœur des Keys. Elle doit son nom à un employé à la construction de la voie ferrée Florida East Coast Railroad qui s'était exclamé : « Cela va être un marathon ! ». Marathon Key fut longtemps déserte ; cet ancien village de pêcheur et repaire de pirates ne comptait que 17 âmes en 1926 ; elle en compte désormais plus de 8 000. Très engagée dans la protection de la faune et la flore, Marathon est connue pour abriter l'une des rares plages gratuites des Keys : Sombrero Beach. Sa situation à mi-chemin entre Key Largo et Key West en fait une étape de premier choix dans votre visite des Keys.

DOLPHIN RESEARCH CENTER ★

Grassy Key, Mile Marker 59 ✆ +1 305 289 0002
www.dolphins.org

Tous les jours de 9h à 16h30. Tarif : 28 US$ pour un adulte et 23 US$ pour un enfant (de 4 à 12 ans), gratuit -3 ans.

Le centre, qui travaille à la protection et la sauvegarde des dauphins, propose toute l'année des visites guidées qui informent sur les habitudes et le dressage de ces animaux (prévoir 2 heures). Il est également possible de nager avec eux mais mieux vaut réserver longtemps à l'avance (comptez une centaine de dollars pour cette activité). Le personnel est très disponible pour répondre à vos questions sur ces extraordinaires mammifères marins. Le site est grand et vous pourrez facilement y passer la journée si vous prenez votre temps.

AQUARIUM ENCOUNTERS ★★

1170 Overseas Highway
✆ +1 305 407 3262
www.floridakeysaquariumencounters.com

Ouvert tous les jours de 9h à 17h. Adultes 27,50 US$, enfants (de 4 à 12 ans) 19,50 US$.

Un grand aquarium où vous pourrez découvrir de nombreux poissons et animaux marins de Floride et des Keys en particulier. Insolite : plusieurs bassins sont spécialement conçus pour que vous puissiez toucher leurs habitants : raies, étoiles de mer... Il est également possible de participer à différents programmes d'interaction avec les animaux marins en supplément : plongée dans le grand aquarium central, snorkeling dans le lagon privé, nourrissage des bébé requins (frissons garantis). Une belle visite qui plaira à toute la famille, aux grands comme aux petits !

OLD SEVEN MILE BRIDGE ★

Mile Marker 47

Réservé aux piétons et cyclistes.

Parallèle au « nouveau » Seven Mile Bridge (construit en 1982) que vous emprunterez avec la voiture, c'est sans aucun doute le plus long ponton de pêche jamais vu ! En effet, depuis que le nouveau pont a été construit, le Old Seven Mile Bridge, terminé en 1912, sert uniquement à la pêche, au jogging, au roller ou encore au vélo. Il permet aussi d'accéder à Pigeon Key. Il a été fermé de 2006 à 2022 pour une rénovation d'un montant de 77 millions de dollars. Le lieu a plusieurs fois servi de décor à des films comme *Fast and Furious 2* ou *Mission Impossible III*.

CRANE POINT MUSEUM & NATURE CENTER

Mile Marker 50,5, côté baie ✆ +1 305 743 9100
www.cranepoint.net

Du lundi au samedi de 9h à 17h, dimanche de 12h à 17h. Adulte : 14,95 US$, enfant (5-13 ans) 9,95 US$, gratuit -4 ans.

Un musée pédagogique sur la nature et l'histoire des Keys. Le musée évoque les Indiens qui habitèrent les Keys avant l'arrivée des premiers explorateurs espagnols. Il est aussi possible d'observer différents animaux dont des oiseaux, des tortues et des espèces marines, le tout à travers le Hammock Trail, un chemin de randonnée. Le musée propose aussi 4 jardins à papillons. Vous apercevrez également la plus vieille maison des Keys, hors Key West (1904). Un lieu riche en découvertes !

SOMBRERO BEACH

Mile Marker 50

Plage ouverte tous les jours de 7h au coucher du soleil. Parking gratuit. Douche, sanitaires.

Une jolie plage de sable blanc où l'eau est profonde et les infrastructures très pratiques : zone de jeux pour les plus petits, toilettes, point d'eau, emplacement pour pique-niquer. D'avril à octobre, vous pourrez y croiser des tortues qui sont nombreuses à y faire leur nid. Idéal pour passer une journée à la plage avec tout le confort nécessaire. À savoir : Sombrero Beach est l'une des plages les plus fréquentées des Keys, en particulier le week-end. C'est également un spot de premier choix pour assister au coucher du soleil ou s'essayer au snorkeling.

THE TURTLE HOSPITAL ★★

2396 Overseas Hwy
www.turtlehospital.org
Ouvert de 9h à 18h. Visite guidée toutes les 30 min de 9h à 16h. Adulte : 30 US$, 4 à 12 ans : 15 US$, gratuit -4 ans.

Bienvenue dans l'hôpital des tortues marines ! Accompagné d'un guide (visite guidée uniquement), vous observez les tortues actuellement en soins à la clinique et saurez tout sur cet adorable petit animal. Leur nombre varie selon les circonstances et les tortues peuvent être plus ou moins nombreuses. Votre guide vous racontera l'histoire touchante du sauvetage de chaque tortue. La partie de la visite où on voit ces animaux en rémission évoluer dans différents bassins est la plus impressionnante. Passionnant ! A ne pas manquer lors de votre passage dans les Keys.

MARATHON CHAMBER OF COMMERCE & VISITOR CENTER

12222 Overseas Highway
✆ +1 305 743 5417
www.floridakeysmarathon.com
Ouvert tous les joursi de 9h à 17h.

Vous retrouverez en ce lieu toutes les informations touristiques sur la région de Marathon et les Keys en général. L'équipe saura vous conseiller en terme d'hébergements (même si nous vous conseillons de réserver votre logement avant votre départ), de restauration, d'activités à faire en famille ou entre amis mais également de festivals et d'animations. Vous pourrez aussi récupérer des coupons de réduction en tout genre, bien utiles pour faire quelques économies durant votre séjour.

SUN OUTDOORS MARATHON €

59151 Overseas Hwy
✆ +1 8447281737
https://www.sunoutdoors.com
Chambre double à partir de 120$ la nuit. Piscine, laverie, marina, emplacements pour camping-car.

Ce motel récemment rénové est une pépite ! Il propose des chambres de 2 à 4 personnes et des maisonnettes pour 6 personnes avec tout le confort et les équipements nécessaires. Il offre aussi des emplacements pour camping-car. Vous profiterez d'une jolie piscine chauffée, de feux de camp et de grills. Mais le principal atout est la marina offrant une vue imprenable sur le golfe du Mexique. Le spot parfait pour observer le coucher du soleil. À savoir : le motel est situé proche d'une route assez passante. Un vrai bon plan abordable comme il y en a peu dans les Keys.

RAINBOW BEND RESORT €€

Mile Marker 58
✆ +1 305 289 1505
www.rainbowbend.com
Chambre à partit de 195 US$, petit déjeuner inclus.

Un agréable petit resort de couleur rose, les pieds dans l'eau, où vous serez au calme pour profiter des activités des Keys. Les chambres et suites avec kitchenette ont été rénovées récemment et vous garantissent un séjour en toute tranquillité. Mention spéciale pour la piscine d'eau salée chauffée avec sur la mer et la petite plage privée. Vous pourrez même partir à la découverte de l'océan car le resort propose la location de kayak. Le restaurant sur place, le Hideaway Cafe, offre une cuisine aux accents internationaux dans un cadre romantique.

HAWKS CAY RESORT €€€

61 Hawks Cay Blvd
✆ +1 305 743 7000
www.hawkscay.com
Chambre à partir de 313. US$, en fonction de la saison et du type de chambre.

Un très beau domaine niché dans la petite Duck Key. Les chambres ou suites sont spacieuses, la piscine est immense et vous aurez accès à un lagon d'eau salée donnant sur une plage de sable fin. Terrains de tennis, parcours de golf à proximité, une marina et quatre restaurants. Mais surtout l'adresse est idéale pour les familles car l'établissement possède un véritable parc de jeux pour enfants où, selon l'âge, ils pourront faire toutes sortes d'activités, comme le toboggan dans la piscine pour les plus jeunes et le beach volley pour les plus âgés.

ISLA BELLA BEACH RESORT €€€

1 Knights Key Boulevard ✆ +1 305 481 9451
www.islabellabeachresort.com
Chambre double à partir de 240 US$ en basse saison. Piscines.

Ce resort récent situé en front de mer est une véritable bulle de quiétude et de charme. Coup de cœur pour la décoration sophistiquée des chambres, dans les tons de bleu et de blanc. Vous dégusterez des spécialités polynésiennes au restaurant Mahina, à moins que vous ne préfériez composer votre pique-nique à l'Isla Bella Marketplace. Le resort offre également de nombreuses activités sans supplément : vélo, cours de yoga, minigolf, plusieurs piscines... Il y a même une plage privée. L'endroit rêvé pour se laisser porter et se détendre dans un cadre idyllique.

PORKY'S BAYSIDE RESTAURANT & MARINA €

51410 Overseas Hwy
✆ +1 305 289 2065
http://porkysbaysidebbq.com
Ouvert de 8h à 22h, en continu tous les jours. Happy Hour de 15h à 18h

Créé dans les années 1950, le Porky's Bayside se targue d'avoir accueilli Ernest Hemingway et Elizabeth Taylor... Le restaurant n'a rien perdu de son charme, imaginez-vous une bicoque en bois multicolore dotée d'une terrasse donnant sur le petit port : le spot est magique. Le chef Sean continue d'allumer le barbecue chaque jour, il propose la pêche du jour ainsi que des petits plats aux influences cajuns et d'excellents mojitos. En plus, les tarifs sont miraculeusement raisonnables !

SUNSET GRILLE & RAW BAR €

7 Knights Key Blvd
✆ +1 305 396 7235
Ouvert tous les jours de 8h à 22h. Plat à partir de 11,99 US$.

Un restaurant à l'ambiance décontractée avec une grande terrasse en bord de mer. Ici on se régale de fruits de mer et de poissons à prix doux. Mention spéciale pour les tacos au homard de Floride ou le sandwich au crabe. Les amateurs trouveront également des rolls et des sushis nommés d'après des lieux emblématiques des Keys comme le 7 Mile Roll ou le Key West Roll. Nous vous recommandons de venir plutôt le soir afin d'assister au superbe coucher de soleil. En plus, vous pourrez profiter de la piscine chauffée du restaurant. Assez rare pour être souligné !

S.S WRECK & GALLERY GRILL €€

58835 Overseas Highway ✆ +13055176484
https://sswreck.com
Lundi-vendredi : 11h-21h. Samedi-dimanche : 11h-22h. Plat à la carte : environ 13$. Vente à emporter.

Le S.S Wreck & Gallery Grill est l'un de ces lieux à l'ambiance unique qui donne envie de s'attabler au bar et discuter avec son voisin. Le service respire la sympathie, les portions sont généreuses et la carte offre un bel aperçu de la cuisine des Keys : crevettes à la noix de coco, poisson du jour, beignet de conque (coquillage local) et bien sûr, la traditionnelle *key-lime pie*. Si vous cherchez un plat à petit prix, le cheeseburger avec sa viande bien grillée, est une valeur sûre.

CURLY'S COFFEE AND MARINA

11601 Overseas Highway
✆ +1 305 942 3728
https://curlyscoffee.com
Du lundi au samedi de 6h30 à 18h, dimanche de 7h à 18h. Kayak à partir de 30 US$/jour, paddle à partir de 40 US$/jour.

Curly's est un spot bien connu dans les Keys. Les cafés, *caramel latte* et *iced coffee*, préparés dans une petite cabane en bois jaune face à la marina sont excellents, tout comme les smoothies. Bon à savoir : ces boissons sont proposées à emporter uniquement. Curly's vous propose également de louer un kayak ou un paddle pour explorer les superbes paysages autour de Marathon, et de partir en expédition pêche à la journée ou à la demi-journée, le tout dans une ambiance très conviviale !

CAPTAIN HOOK'S MARATHON

11833 Overseas Highway
✆ +1 305 743 2444
https://captainhooks.com
Ouvert tous les jours de 7h à 17h. Snorkeling : 49 US$/4h, plongée nocturne : 109 US$/4h.

Pour pratiquer la plongée à Marathon, nous vous conseillons Captain's Hook ! Ce centre propose aussi des sorties en snorkeling de 4 heures durant lesquelles vous visiterez deux spots en deux heures. Les départs ont lieu à 8h30 et à 13h. Côté plongée sous-marine, les sorties ont lieu après le coucher du soleil, ce qui offre une perspective unique et différent du récif coralien avec la lumière du soir. Vous pourrez aussi profiter de croisières au coucher du soleil (2 heures). Captain Hook's est également présent à Key West et à Big Pine Key.

FLORIDA KEYS KITEBOARDING & STAND UP PADDLE

11201 Overseas Highway
✆ +1 305 942 9635
http://floridakeyskitesurfing.com
Ouvert tous les jours de 8h30 à 15h. Kayak et stand-up paddle : 25 US$/h.

Ce centre vous propose la location de nombreux équipements nautiques pour découvrir les Keys sur l'eau : kayak simples et doubles, stand-up paddle, kiteboard... Malin : il propose même la location de caméra Go Pro à la journée pour que vous puissiez immortaliser ces souvenirs. Pour les débutants, des sorties accompagnées d'un instructeur permettront d'acquérir les bases de paddle. Vous pourrez également y louer des vélos à la journée ou la semaine à petit prix.

KEY COLONY BEACH ★

Key Colony Beach est une île tranquille des *Middle Keys* dont la population quadruple durant la haute saison. Elle est d'ailleurs principalement composée de résidences de vacances. À l'origine, c'était une petite île de 40 hectares nommée Shelter Key. Cette dernière fut agrandie artificiellement et dotée de canaux au début des années 1950 jusqu'à dépasser les 150 hectares. Un petit plongeon à 5 miles au sud de cette Key vous réservera une surprise de taille : vous tomberez nez à nez avec un navire de l'armée, l'*USS Thunderbolt*. Il n'est pas là à cause d'une avarie mais a été volontairement coulé en 1986 pour le plus grand plaisir des plongeurs.

SUNSET PARK

W Ocean Drive

Un spot de premier choix pour admirer le coucher de soleil (d'où le nom du parc !). D'octobre à mai, le spectacle s'accompagne des chansons des Sunset Park Singers, un groupe de chanteurs amateurs. C'est aussi un endroit parfait pour pique-niquer. On y trouve de nombreux bancs pour faire une pause sous les palmiers et même un petit *pier* et une plage. S'il n'est pas possible de s'y baigner, vous pourrez y ramasser quelques coquillages ou vous poser sur le sable. Des concerts sont ponctuellement organisés le dimanche. En somme, ce parc est une pépite cachée !

GLUNZ OCEAN BEACH HOTEL & RESORT €€

351 East Ocean Drive Key
✆ +1 305 289 0525
https://glunzoceanbeachhotel.com
À partir de 219 US$/nuit.

Ce resort situé en front de mer offre une échappée idéale pour vous relaxer au coeur de l'ambiance si particulière des Keys. Les 51 chambres, suites et villas sont décorées dans des tons clairs et lumineux évoquant le style balnéaire. Certaines possèdent une superbe vue mer. Le resort dispose de deux piscines face à la plage, de barbecues et de *fire pit* pour une soirée au coin du feu. Vous pourrez aussi profiter des kayaks mis à disposition gratuitement et explorer les environs à vélo.

HAVANA JACK'S OCEANSIDE RESTAURANT AND BAR €€

401 E Ocean Drive
✆ +1 305 743 4849
www.havanajacksoceanside.com
Ouvert du mercredi au dimanche de 11h à 23h. Plat à partir de 14 US$.

Havana Jack's est l'un des seuls bars-restaurants de Key Colony Beach. Ses points forts : une grande terrasse au plus près de l'océan, un vaste choix de cocktails créatifs (nous vous recommandons le mojito à la noix de coco ou l'Hemingway Daiquiri !) et des prix plutôt raisonnables si l'on opte pour des entrées à partager. Les amateurs de cigares découvriront également une sélection pointue. Et si vous prévoyez de poursuivre la fête ailleurs, faites un saut dans le petit *liquor store*.

KEYS

© PAUL BRIDEN - SHUTTERSTOCK.COM

Key Colony Beach.

KNIGHT'S KEY ★★

À partir de cette Key, vous voici sur l'un des plus longs ponts des Etats-Unis : le Seven Mile Bridge, qui mesure près de 11 km. Jusqu'au début du XXe siècle, Knight's Key était le terminus de la ligne ferroviaire *Florida Overseas Railroad*, avant d'être remplacée par Key West. C'était aussi un important port de pêche. Knight's Key fut nommée d'après le premier colon qui s'y installa, un certain monsieur nommé Knight. Elle est rattachée à la commune de Marathon, bien plus importante en terme de superficie. Deux films à succès furent tournés à Knight's Key : le James Bond *Licence to Kill* (1989) et *True Lies* avec Arnold Schwarzenegger (1992).

KNIGHT'S KEY SUITES €€

40 Kyle Way
✆ +1 305 501 2565
www.knightskeysuites.com
Studios à partir de 120 US$ en basse saison. Piscine. Parking gratuit.

Ce petit hôtel à la façade bleue conviendra parfaitement aux voyageurs qui recherchent un hébergement pratique et abordable. Il dispose en effet de 10 studios et chambres climatisés pouvant accueillir 2 à 6 personnes. Chacun dispose d'une véritable petite cuisine avec grand réfrigérateur, four, plaques de cuisson, micro-ondes et cafetière. La décoration est sobre mais cosy grâce au parquet et à la tête de lit en bois. Le bonus : la vue mer pour tous ! La piscine est sympathique pour se rafraichir, et vous pourrez aussi louer des vélos sur place. Un vrai bon plan !

SEVEN MILE BRIDGE ★★

Le joyau des ponts les plus récents de l'Overseas Highway est sans aucun doute le Seven Mile Bridge, l'un des plus longs ponts du monde lors de son inauguration en 1982. Il est constitué de 288 pièces de 41 mètres de long, construites sur la terre ferme puis assemblées en mer depuis des barges, et de 564 piliers. Il s'étend sur 11 km entre Knight's Key et Little Duck Key et sa forme bombée dans la partie centrale permet le passage des grands navires. Lorsqu'on regarde du côté océan (à gauche quand on descend vers le sud), la forme originale du pont permet d'apercevoir Pigeon Key, depuis son point de départ (Knight's Key). Le pont a été construit par l'architecte J.-C. Meredith, avec un ciment spécial provenant d'Allemagne qui devait lui permettre de résister aux plus vigoureux ouragans régionaux. Le Seven Mile Bridge s'ouvre au trafic en 1982. La nouvelle voie le tracé de l'ancienne voie ferrée de Flagler (1909-1912). Les anciennes constructions, discontinues, ne sont pas ouvertes à la circulation. Elles sont toutefois utilisées sur certains tronçons par les riverains, les cyclistes et les pêcheurs à la ligne. Des parkings ont été aménagés avant et après la plupart des ponts de la nouvelle voie. Idéal pour faire une pause photo ou pour aller à la rencontre des locaux et de leur pêche (en général plutôt abondante). Chaque année au mois d'avril le temps de quelques heures un samedi, le pont est fermé à la circulation pour laisser place aux plus de 1 500 joggers de la course 7-Mile Bridge Run.

Seven Mile Bridge.

Pigeon Key et le Seven Mile Bridge.

MAHINA €€

1 Knights Key Boulevard
✆ +1786 638 8106
Ouvert tous les jours de 7h à 10h30 et de 18h à 22h. Réservation souhaitée pour le dîner. Plat à partir de 38 US$.

Une sublime décoration, une vue mer imprenable et une cuisine moderne d'inspiration polynésienne : voici comment l'on pourrait décrire Mahina. Craquez pour le porc Kurobota, mariné façon thaïe et servi avec du riz à la noix de coco, les légumes du chef et un chutney de poires asiatiques. Vous préférez le poisson ? Optez alors pour le saumon Misoyaki ou le Mahi-Mahi en croûte de homard. Les « cocktails desserts » sont particulièrement inventifs, à l'image du Key Lime Pie Martini ou du Tiramisu Martini. Vous pourrez aussi y prendre un savoureux petit-déjeuner.

PIGEON KEY ★

Cette petite *key* de 2 hectares a d'abord été l'île où résidaient les ouvriers qui construisaient l'extension du chemin de fer jusqu'à Key West, le fameux Old Seven Mile Bridge. Pendant la Seconde Guerre Mondiale, l'île s'est transformée en camp d'entraînement pour *G.I.* et *marines*. Elle est maintenant réservée à la Pigeon Key and Marine Science Center, un organisme caritatif qui travaille à la préservation de l'environnement (notamment en faisant fonctionner la majorité des infrastructures à l'énergie solaire) et de l'histoire de cette Key. On peut s'y rendre en ferry ou en traversant l'Old Seven Mile Bridge-tout juste réouvert- à pied ou à vélo.

PIGEON KEY AND MARINE SCIENCE CENTER ★

✆ +1 305 743 5999
https://pigeonkey.net
Entrée incluse dans le prix du ticket de ferry aller-retour : 15 US$ (adulte) ; 12 US$ (6-12 ans) et 5 US$ (-5 ans).

Ce petit musée situé dans une jolie maison jaune sur Pigeon Key retrace l'histoire du chemin de fer Florida East Coast Railway (FEC) et de la construction du Old Seven Mile Bridge entre 1909 et 1912. Vous pourrez notamment y découvrir de nombreuses photos d'archive, notamment du train et de la construction du pont. Une visite à ne manquer sous aucun prétexte, surtout si vous vous rendez sur l'île en ferry, puisque l'entrée est incluse dans le tarif.

PIGEON KEY FERRY

2010 Overseas Hwy
✆ +1 305 743 5999
pigeonkey.net
Départs à 10h, 12h et 14h. Retours à 12h20, 14h20 et 16h. Adulte : 15 US$, -12 ans : 12 US$, -5 ans : 5 US$.

Pour vous rendre sur Pigeon Key en ferry, il vous faudra acheter vos billets au Visitor Center de Marathon. C'est aussi là que se font les départs. La traversée dure seulement 10 minutes. Le billet inclut également une visite guidée de l'île et l'entrée au musée. C'est une excellente option pour passer une journée à petit prix, car vous pourrez emmener votre pique-nique sur l'île, faire du snorkeling. Si vous souhaitez vous rendre sur l'île à pied ou en vélo via le Old Seven Mile Bridge, vous pourrez acheter un billet pour la visite guidée sans l'option ferry.

KEYS

BAHIA HONDA KEY ★★

Vous n'êtes plus qu'à 37 miles au nord de Key West et à proximité de Big Pine Key. La plage de sable blanc de Bahia Honda Key est l'une des dix plus belles de l'Amérique du Nord et sans conteste la plus grande attraction du Bahia Honda State Park. Créé en 1961, il occupe la majorité de la surface de l'île (accès payant). Vous pouvez louer des équipements de plongée et profiter des deux plages de sable blanc : Sandspur Beach et Calusa Beach. Prenez garde à ne pas vous aventurer seul ou sans expérience car c'est dans cette région des Keys que les courants sont les plus rapides et que des requins sillonnent les eaux, même si les attaques sont rares.

BAHIA HONDA STATE PARK CABINS €

Mile Marker 37

✆ +1 305 872 2353

1/05-31/10 : 120 US$/nuit. 01/11-30/04 : 160 US$/nuit + 6,5 US$ résa + 7 US$/nuit (élec et eau). Camping : 36 US$/nuit.

Voilà un petit complexe relativement basique puisqu'il n'a pas de piscine ni de marina, mais dont les cabanes sur pilotis, très jolies, ont vue sur la mer. Il y a seulement six cabanes, il est donc vivement conseillé de réserver très à l'avance. Autre option d'hébergement dans le Bahia Honda State Park : le terrain de camping (tente et camping-car) qui propose des emplacements avec ou sans électricité et sanitaires. Tous disposent toutefois de table de pique-nique et de grill.

BAHIA HONDA RAILROAD BRIDGE

US Highway n°1

Le Bahia Honda Rail Bridge est un ancien pont ferroviaire abandonné qui reliait Bahia Honda Key et Spanish Harbor Key. Il mesure 1 541 mètres de long. Construit entre 1905 et 1912 pour le passage de l'*Overseas Railway*, il fut endommagé par le passage d'un ouragan en 1935 puis racheté par l'État pour devenir un pont automobile sur l'Overseas Highway, à partir de 1938. Fermé depuis 1972, deux parties de sa structure ont été supprimées afin de laisser libre le passage au trafic maritime.

BAHIA HONDA STATE PARK ★★

Mile Marker 39

✆ +1 305 872 2353

www.floridastateparks.org/bahiahonda

Ouvert tous les jours de 8h au coucher du soleil. Tarif : 8 US$ par véhicule ou 2 US$ par piéton ou cycliste.

Situé à la pointe de l'île de Bahia Honda entre le golfe du Mexique et l'Atlantique, le Bahia Honda State Park possède les plus belles plages des Keys et du sud de la Floride. Vous adorerez leurs eaux turquoise et leur sable blanc ourlé de cocotiers ! Au nord, se trouve ainsi Sandpurbeach, une superbe plage de sable blanc aux eaux claires. Ce *State Park* se découvre de diverses façons : vous pourrez parcourir à pied la végétation luxuriante et découvrir des vestiges de l'ancien chemin de fer, mais aussi louer un kayak, faire du snorkeling et même dormir sur place.

BIG PINE KEY ★

Point de vue superficie, Big Pine Key, située à 31 miles au nord de Key West, se place au premier rang dans les Lower Keys et au deuxième dans les Keys après Key Largo. C'est d'ailleurs le poumon commercial des Lower Keys. Pour la petite histoire, ce sont les pins qui prolifèrent sur toute l'île qui ont donné son nom à Big Pine Key. L'île a aussi pour particularité de posséder la seule source d'eau potable de toutes les Keys et d'abriter le *Key Deer National Refuge*, une réserve naturelle à ciel ouvert où vit une espèce de daim endémique de l'archipel, protégée car en voie de disparition. Cette Key possède également de nombreux chemins de randonnée.

KEY DEER NATIONAL REFUGE ★★

28950 Watson boulevard

www.fws.gov/nationalkeydeer

Ouvert du mercredi au samedi de 10h à 15h. Entrée libre.

Ce parc est le refuge d'environ 300 daims miniatures dont l'espèce est menacée. Pour les observer, il est préférable de venir aux aurores ou au crépuscule. Mais en roulant doucement en plein jour, et en ouvrant l'œil, vous avez toutes les chances d'en apercevoir quelques-uns au bord de la route. Vous pourrez probablement réaliser de très belles photos de ces petits animaux très craquants. Autre point d'intérêt, le Watson Trail, d'une longueur d'1 *mile* qui commence avec un plan d'eau (Blue Hole), habitat naturel d'alligators. Une visite à ne pas manquer.

KEYS

LOWER KEYS CHAMBER OF COMMERCE

31020 Overseas Highway
✆ +1 305 872 2411
www.lowerkeyschamber.com
Ouvert tous les jours de 9h à 17h.

Le personnel de ce Visitor Center est très accueillant. Le lieu en lui-même est agréable, avec une table où vous pourrez vous poser pour consulter les nombreuses documentations. Vous disposerez de tous les renseignements nécessaires à la découverte de cette partie plus isolée des Keys. En effet, les Lower Keys sont souvent traversées par les visiteurs pour aller jusqu'à Key West, mais il est parfois plus rare que l'on s'y arrête. Pourtant, les découvertes sont nombreuses.

LITTLE TORCH KEY

Petite île de 7 000 habitants située dans les Lower Keys, Little Torch Key offre une ambiance paisible à seulement 40 minutes de Key West. Elle tient son nom d'un arbre indigène, le Torchwood. Ici, vous ne trouverez pas moult boutiques, bars et animations, mais vous aurez l'essentiel : un hébergement à prix plutôt raisonnable pour les Keys, un restaurant avec vue sur la baie avec musique *live* et de jolis points de vue. L'île est également réputée pour avoir été l'un des spots de pêche préféré de l'ancien président Harry S. Truman. Vous pourrez vous aussi taquiner les poissons si le cœur vous en dit. Une escapade préservée de l'animation de Key West.

BIG PINE KEY RESORT €

33000 Overseas Highway
✆ +1 305 872 2351
Camping (tente) à partir de 65 US$ (pas d'eau ni d'électricité). Caravane vintage : 900 US$ les 3 nuits (4 personnes).

Ce resort offre un très bon rapport qualité-prix ! Vous pourrez choisir de dormir en toile de tente sur l'un des emplacements vue mer (prévoir votre propre tente) ou opter pour un séjour insolite en *Airstream*, des caravanes vintage rutilantes offrant tout le confort moderne. Vous profiterez d'une piscine chauffée, d'une épicerie et de nombreuses animations comme des tournois de pêche ou des *happy hours* au coucher du soleil. En prime, le resort est très bien situé, à quelques coups de rames du sanctuaire marin de Looe Key et de Bahia Honda. Bon plan !

PARMER'S RESORT €€

565 Barry Avenue
✆ +1 305 872 2157
https://www.parmersresort.com
Chambre double à partir de 200 US$ petit déjeuner inclus. Piscine. Parking gratuit.

Ce resort familial niché face à la mer dans Little Torch Key est la destination idéale pour un séjour calme et reposant. Il propose des hébergements agréables et confortables qui conviendront aussi bien aux couples qu'aux amis et familles nombreuses (chambres, studios, villas). Vous pourrez profiter tout au long de la journée de la petite plage privée, de la piscine chauffée ainsi que des paddles et kayaks gratuits. On apprécie les petites attentions comme la limonade et les cookies offerts l'après-midi. Zéro prise de tête, que du plaisir !

NO NAME PUB

30813 Watson Boulevard
✆ +1 305 872 9115
www.nonamepub.com
Ouvert tous les jours de 11h à 22h. Plat à partir de 12,99 US$.

Ce pub qui n'a pas de nom est un peu caché, et l'on rit en lisant le panneau à l'entrée qui stipule : « You found it » (Vous l'avez trouvé !). Le bar de style Western est vraiment original avec ses milliers de dollars suspendus partout et ses tabourets de bar si hauts qu'on les escaladerait presque. Ensuite, à vous la bière fraîche, et en cas de faim, les grandes et délicieuses pizzas. Ne manquez pas d'aller faire un tour dans ce pub qui n'a pas de nom, ne serait-ce que pour mettre un peu plus d'aventure dans votre découverte des Keys et pouvoir dire « I did it ».

KIKI'S SANDBAR BAR &GRILLE €

✆ +1 305 872 4500
www.kikissandbar.com
Ouvert tous les jours de 11h à minuit. Plat à partir de 12,95 US$.

Une adresse où vous aurez littéralement les pieds dans le sable et une magnifique vue sur la baie. Vous y trouverez les spécialités des Keys comme les crevettes panées à la noix de coco, la conque frite ou le poisson Mahi-Mahi grillé. A découvrir aussi, les tacos signatures de la maison, à la crevette, au poulet ou encore au porc, servis avec de la sauce salsa à la mangue. Côté sucré, n'hésitez pas à demander le dessert du jour, ou optez pour la Key Lime Pie (on ne s'en lasse pas !).

LITTLE PALM ISLAND ★

Luxe, calme et beauté, voilà ce qui attend les visiteurs sur cette Key paradisiaque qui semble presque coupée du monde. Cette petite île à laquelle on accède uniquement par hydravion ou par bateau, est dotée d'une marina luxueuse qui accueille essentiellement des yachts ainsi que la navette acheminant, depuis Little Torch Key, les clients du complexe hôtelier ultra chic de l'île, le Little Palm Island Resort. Pour l'anecdote, c'est l'unique resort situé sur une île privée des USA. Si vous avez quelques milliers de dollars à dépenser, ne manquez pas d'y séjourner. Si non, vous pourrez vous consoler en plongeant dans les eaux claires des autres Keys.

LOOE KEY ★

Looe Key n'est pas une île mais un récif corallien situé au sud de Big Pine Key. Il fut fatal à une frégate anglaise, l'HMS Looe, qui y sombra corps et biens en 1744. L'endroit fait partie du Sanctuaire marin national (Sanctuary Preservation Area), renommé pour ses eaux poissonneuses et profondes - on peut y avoir des requins, des barracudas et des raies - mais également pour la qualité de sa pêche au lancer. Diverses compagnies de plongées organisent des excursions vers ce récif : plongeurs et nageurs avec masque et tuba s'en donnent à cœur joie dans ce qui est considéré comme le plus spectaculaire des récifs vivants de l'Amérique du Nord.

LITTLE PALM ISLAND RESORT & SPA €€€

28500 Overseas Highway ✆ +1 305 684 8341
www.littlepalmisland.com

A partir de 2 190 US$ la suite pour deux personnes. Ce prix comprend l'aller-retour en bateau sur l'île. Adults only.

Comme vous l'aurez compris, cette petite île privée n'est pas seulement un arrêt sur la route de Key West, mais une destination à part entière. Composée de 28 bungalows et de deux suites ultraluxueuses, elle a été aménagée avec beaucoup de goût au milieu d'une végétation tropicale où abondent les fleurs exotiques. La plupart des bungalows ont la vue sur l'océan, avec un ponton privé agrémenté d'un hamac. De quoi se sentir seuls au monde. Une expérience qui fait rêver.

LOOE KEY NATIONAL MARINE SANCTUARY ★

Dans les Lower Keys, le sanctuaire national marin de Looe Key interdit le ramassage des coquillages et des coraux depuis 1981. L'environnement marin s'est ainsi considérablement repeuplé d'un très grand nombre de poissons et de coraux. Chaque année en juillet a lieu le *Underwater Music Festival,* qui est destiné à encourager les plongeurs à pratiquer cette activité de façon responsable. Des enceintes émettent de la musique à thématique marine sous les bateaux de plongée.

Looe Key National Marine Sanctuary.

SUGARLOAF KEY ★

Avec un peu plus de 4 000 habitants, Sugarloaf Key est la seule île des Keys à former un U sur l'Atlantique, comme si elle était constituée de deux îles en quelque sorte. C'est pourquoi elle est géographiquement divisée en deux avec Lower Sugarloaf Key d'un côté et Upper Sugarloaf Key de l'autre. Pour la petite histoire, la Key doit son nom étrange à une variété d'ananas, la Sugarloaf, qui poussait sur l'île à l'époque précolombienne. Sugarloaf Key abrite d'autres espèces locales comme le *poison tree* dont la sève est venimeuse. C'est depuis Sugarloaf Key que l'on peut partir découvrir la réserve de Great Heron National Wildlife Refuge.

MANGROVE MAMA'S RESTAURANT €

19991 Overseas Highway ✆ +1 305 745 3030
https://www.mangrovemamas20.com
Du lundi au dimanche de 11h à 22h (fermé le mardi). Happy hour de 15h à 18h. Plat à partir de 12 US$.

Mangrove Mama est une institution dans les Lower Keys. Depuis une quarantaine d'années, on s'y rend à tout âge pour déguster de délicieux plats à base de poissons et fruits de mer fraichement pêchés, une Margherita à la framboise ou une tranche de Key Lime Pie maintes fois primée. Coup de cœur pour l'ambiance si typique des Keys, avec musique live tous les soirs et terrasse ombragée. Un lieu cher aux locaux qui sont nombreux à s'y rendre pour passer un bon moment.

BABY'S COFFEE

3180 US Highway 1 Marker Mile 15
✆ +1 305 744 9866
https://babyscoffee.com
Ouvert du lundi au dimanche de 6h30 à 16h. Café sur place ou à emporter.

La *Highway One* est ponctuée de petites adresses que l'on remarque parfois à peine, et qui pourtant se révèlent être de vraies pépites ! Baby's Coffee en fait partie. Cette boutique dont l'enseigne est surmontée d'un œil qui semble vous observer tandis que vous franchissez la porte torréfie sur place et à la demande de savoureux grains de café offrant des mélanges pleins de caractère, comme le *Hemingway's Hair of the Dog* ou le *Havana Roast*. Vous pouvez les emporter chez vous ou les déguster sur place. Un stop à ne pas manquer pour les aficionados de café.

KEY WEST ★★★

Que de *miles* et de ponts parcourus pour arriver à Key West ! Plus grande ville des Keys et pourtant véritable havre de paix, Key West garde le charme des vieilles cités des Caraïbes bâties par les pirates et les contrebandiers.
De nombreuses célébrités qui sont venues s'y installer : Ernest Hemingway, le président Truman et même les Beatles. Extraordinaire lieu de tolérance, la ville accueille une population très diverse. Tous les habitants vous raconteront la même histoire : « Je suis venu en vacances il y a 5 ans, et je suis resté ». Key West produit ce genre d'effet sur les gens. Vous le verrez, cette ville est un petit monde à elle seule.

Histoire

▸ **Key West s'enorgueillit d'être la Southernmost City**, la ville située le plus au sud des Etats-Unis, ce qu'elle est de fait si l'on fait exception de l'archipel d'Hawaï. Elle fut aussi la dernière Key inhabitée de la chaîne située le plus à l'ouest, mais l'origine de son nom ne vient pas de là. Pour les Espagnols, c'était Cayo Hueso, ou Bone Key (l'îlot de l'Os). Même si aucun archéologue ne confirme cette thèse, il semblerait que ce nom provienne des nombreux ossements trouvés par les premiers Espagnols et laissés par les Indiens Calusas qui en auraient fait un sanctuaire du cannibalisme. Si elles appartenaient officiellement à l'Espagne, les Keys restèrent longtemps inhabitées en raison du manque d'eau.
Key West ne fut fondée qu'en 1823 après avoir été vendue 2 000 US$, deux ans plus tôt, par un Espagnol du nom de Juan Salas à un Américain, John Simonton. Mais c'est le 25 mars 1822 que le lieutenant Matthew Perry en a pris possession au nom des Etats-Unis. Key West a prospéré presque immédiatement. Le gouvernement américain venait de récupérer la Floride et, considérant son intérêt stratégique, y construisit une base navale en 1826, puis, en 1831, un avant-poste militaire.

▸ **Des *wreckers* aux conches**. Située à 90 miles (135 km) de La Havane du temps où elle était la capitale du Nouveau Monde, Key West contrôlait les détroits qu'empruntaient les galions espagnols chargés des trésors du Mexique et de l'Amérique du Sud lorsque, ayant traversé le golfe du Mexique, ils remontaient vers l'Atlantique Nord. Comme on s'en doute, il y avait quelques pirates dans le coin. Lorsque les galions cessèrent de suivre cette ligne maritime, beaucoup d'entre eux avaient coulé au fond de la mer.

Les Keys n'étaient plus qu'un cimetière de navires, et c'est pourquoi les premiers millionnaires de Key West furent connus sous le nom de *wreckers*. Ces pilleurs d'épaves sortaient en mer sur leurs petites embarcations pour dépouiller de leurs trésors les épaves abandonnées sur les récifs tumultueux. Key West était aussi le repaire des contrebandiers. Pour échapper aux impôts et aux restrictions imposés par l'Empire britannique, les capitaines qui résidaient aux Bahamas décidèrent de s'installer sur cette île isolée. Key West étant dépourvue de tout matériel de construction, ils emportèrent avec eux leurs maisons préalablement démontées. Celles-ci existent toujours avec leurs cloisons de bois mises à nu par les intempéries malgré les couches de peinture successives. Ces immigrants étaient connus sous le nom de *conches* (conques), d'après le gros coquillage dont ils faisaient leur ordinaire. Ce nom désigne aujourd'hui les natifs de Key West.

Du *cuba libre* à l'*USS Maine*. Lors de la guerre de Sécession, la maîtrise absolue de la mer par l'Union et la construction de Fort Taylor, à l'entrée du port, maintinrent Key West sous le contrôle des nordistes. L'échec de la révolution cubaine de 1869 entraîna un afflux de réfugiés qui firent de l'île un centre de fabrication de cigares. En utilisant du tabac cubain, on évitait de payer les tarifs douaniers élevés. C'est ici également que le *cuba libre* fut inventé, lorsque le rhum cubain rencontra le Coca-Cola. Dans les années 1880, Key West était la plus grande ville de Floride, avec une population de 18 000 habitants, et le plus haut niveau de vie des Etats-Unis. Rappelons qu'à l'époque, les deux tiers du Sud de la Floride étaient occupés par des marécages insalubres. Miami n'était qu'une escale peu fréquentée entre les grands ports de la côte, Key West et La Havane. C'est de Key West, plus précisément de Dry Tortugas, que cingla sur La Havane le navire de guerre *USS Maine*, dont la destruction déclencha la guerre hispano-américaine de 1898. Lorsqu'un ouragan ruina l'industrie cigarière (qui se réimplanta à Tampa), les habitants de Key West, débrouillards comme toujours, entreprirent de cultiver l'ananas. Le chemin de fer de Flagler atteignit Miami en 1894 : on projeta très vite son extension jusqu'à Key West. Il était en effet extrêmement lucratif de transporter les fruits directement et rapidement jusqu'aux grandes villes du Nord, et c'est ainsi qu'on ouvrit de nombreuses fabriques de conserves.

De l'Overseas à la Pan Am. La mise sur rails du chemin de fer Overseas dura quatorze ans et causa la mort de 150 ouvriers. Ces travaux, qui incluaient la construction, au terminus, d'un grand hôtel dans la plus pure tradition Flagler, furent finalement achevés en 1912. Entre 1913 et 1935, on pouvait prendre l'Overseas Express de Miami à Key West, puis un paquebot pour La Havane pour 24 US$ aller-retour, repas compris. La destination devint si populaire que la compagnie d'aviation Aero-Marine, rebaptisée par la suite la Pan-American Airlines, ouvrit une ligne entre Key West et La Havane dès 1918. Lorsque l'irruption sur le marché américain des ananas d'Hawaï, plus sucrés et moins chers, ruina l'industrie fruitière de l'île, Key West réussit à conserver une certaine prospérité grâce au grand boom de la spéculation foncière en Floride et au développement du tourisme. La Dépression força cependant la ville à se mettre en faillite ; ses employés ne furent plus payés qu'en reconnaissances de dettes. Mais le pire était encore à venir. En septembre 1935, l'ouragan Labor Day frappait les Keys, détruisant une grande partie du chemin de fer Overseas. Lors des réparations, la voie ferrée fut remplacée par une autoroute, la Overseas Highway, qui devint par la suite la US 1. La Seconde Guerre mondiale ramena la prospérité à Key West, dont la position stratégique en faisait le centre de la défense anti-sous-marine. A cette fin, le gouvernement fit construire un *pipeline* depuis le continent, assurant pour la première fois à Key West un approvisionnement sûr en eau potable. Auparavant, les habitants recueillaient l'eau de pluie dans de grandes citernes.

De Truman aux *drop-out*. Après la guerre, Key West, qui n'est qu'à 159 miles (environ 240 km) au sud-ouest de Miami, devint une destination touristique d'autant plus prisée que le président Truman y avait établi sa Maison-Blanche d'hiver. La révolution cubaine en fit à nouveau une base militaire stratégique. « Ils ne sont qu'à 90 miles de nous ! », devint le cri de ralliement des conservateurs parlant des communistes dans les années 1960. Petit à petit, hippies et autres *drop-out* découvrirent le climat tropical, l'ambiance détendue, la relative indépendance et l'éloignement de cette île détachée de l'Amérique, de ses normes et de ses mœurs. Une importante et très visible communauté gay vint s'établir sur l'île où ses membres trouvèrent la quiétude qui leur était refusée par une Amérique traditionnellement rigoriste et puritaine.

Key West est devenue la capitale du *Do Your Own Thing* (chacun son truc). D'ailleurs, ici, tout le monde a l'air de faire exactement ce qui lui plaît, et la principale responsabilité civique des habitants consiste à aller musar-

© FERRANTRAITE

Maisons typiques colorées de Key West.

der sur les quais à temps pour contempler le coucher de soleil. Venus par la suite, les artistes, les artisans et les écrivains contribuèrent à faire de la Key l'un des hauts lieux de la création d'avant-garde. On a même parlé à un moment – une plaisanterie certes, mais à moitié – de déclarer l'indépendance de l'île, rebaptisée Conch Republic.

La genèse de la Conch Républic. En 1982, pour contenir le flot considérable de réfugiés cubains débarquant en Floride, l'Etat a décidé de dresser un barrage sur l'US 1, au niveau de Key Largo. Vexés par cette frontière sur leur territoire, à laquelle ils doivent à chaque fois montrer patte blanche, les habitants de Key West décrètent qu'ils ne sont plus citoyens américains, mais appartiennent désormais à la Conch Republic. S'appuyant sur quelques vides dans la Constitution américaine, ils envoient une délégation à Washington – les Conchs – porter leur déclaration d'indépendance : la Conch Republic était née. S'ensuit une pseudo-guerre d'indépendance au cours de laquelle il ne faudra pas plus d'une minute aux citoyens de cette nouvelle république pour capituler ! Pendant cette guerre – probablement la plus courte de l'Histoire – le shérif du comté de Dade a été copieusement bombardé avec des petits pains… cubains ! Aujourd'hui, la république des Conques existe toujours en théorie, célébrant l'humour et la convivialité des habitants de Key West ! On acquiert la citoyenneté conche par la naissance. Des passeports factices sont disponibles, y compris en espagnol (www.conchrepublic.com).

Se loger

A Key West, le charme incontestable des bâtisses colorées peut très vite s'effacer face au manque de sommeil, mis à mal par des murs trop fins ! Vous l'aurez compris, dans ces superbes demeures tout en bois reconverties en *guesthouses*, la qualité de votre nuit dépendra de la discrétion de vos voisins ! Cela dit, on vous recommande vraiment de privilégier le centre-ville pour ce qui est du choix de votre hébergement. Vous pourrez ainsi visiter Duval Street et le reste, sans passer des heures à chercher une place pour vous garer. Cependant, à Key West, plus que dans les autres Keys, il est impératif de réserver tôt ! Et c'est encore plus important si vous y allez pour le week-end ou pendant une période de festivités... Dans le cas contraire, vous risquez de trouver la plupart des hôtels complets et les chambres restantes hors de prix.

Se restaurer

Le *Key* Lime. Véritable trésor et fierté de Key West, ce petit citron vert-jaune n'en est pourtant pas originaire. Également connu sous le nom de citron du Mexique ou des Indes, ce fruit qui évoque si bien la saveur de Key West serait arrivé sur l'île avec les premiers immigrants des Bahamas. A la base, ces citrons venaient d'Asie du Sud-Est, et ont été introduits à Haïti par Christophe Colomb vers 1493. Avec leur goût unique, sucré et légèrement acide à la fois, les citrons des Keys sont parfaits pour les tartes et les desserts quels qu'ils soient, notamment la célèbre *Key Lime pie*. Ne quittez donc pas l'île sans en avoir goûté au moins une version, il en existe de toutes sortes, et à tous les coins de rue ! Vous pourrez même vous procurer du jus de *Key Lime* et autres produits gourmands à base de ce petit citron pour reproduire vos recettes préférées chez vous !

La ville aujourd'hui

Après quelques heures à Key West, vous vous surprendrez à fantasmer sur une charmante petite maison de bois peinte en jaune, et sur la manière dont vous aménageriez la terrasse. Ici, une seule industrie : le tourisme. La rue principale, Duval Street est ultra-touristique avec ses boutiques de souvenir, ses nombreux restaurants (pas toujours les meilleurs !) et ses animations de rue. Elle est toutefois assez typique et ponctuée de bâtiments historiques remarquables tels que la plus vieille maison de la ville. Les rues environnantes ont quant à elle gardé leur charme d'antan. Fanas de pêche ou de plongée, dragueurs gays, soixante-huitards, étudiants en goguette, écrivaillons frimeurs, musiciens rocks en cure de désintox..., ils viennent tous ici. Il faut dire que Key West dégage un vent de jovialité qui ne laisse personne indifférent.

Spring break. Key West fait également partie des destinations floridiennes préférées des étudiants américains lors du *Spring Break*, semaine de relâche des universités du pays. Le Spring break s'étale généralement de mi-février à mi-avril, mais les universités floridiennes sont globalement en relâche à la mi-mars. A cette période, les festivités battent leur plein et les tarifs des logements sont particulièrement élevés, car c'est également la haute saison touristique.

AUDUBON HOUSE & TROPICAL GARDENS ★

205 Whitehead au croisement avec Greene street
✆ +1 305 294 2116
www.audubonhouse.com
Ouvert tous les jours de 9h30 à 16h15. 15 US$ pour un adulte et 5 US$ pour un enfant (de 6 à 12 ans) ; gratuit -6 ans.

John James Audubon (Jean-Jacques Audubon en France), né en 1785 d'un amour illégitime entre un colon français à Haïti et une jeune Française immigrée sur cette île, fut un célèbre ornithologiste et un peintre talentueux. Après la mort précoce de sa mère et ses premières années passées dans la plantation de son père puis dans la demeure familiale des Audubon, à Couëron, près de Nantes, il quitte la France en 1803 avec un faux passeport pour fuir la conscription napoléonienne. Il découvre Key West dans les années 1830 après plusieurs années passées aux Etats-Unis et il est aussitôt émerveillé par cette nature nouvelle et luxuriante qu'il entreprend de restituer en la peignant. Il peindra en tout 22 oiseaux des Keys de Floride entre 1831 et 1832. Son travail est considérable. *Birds of America*, son œuvre principale, comporte plus de 430 planches, et une édition originale est devenue en 2010 le livre le plus cher du monde lors d'une vente aux enchères. Vous pourrez en découvrir une partie dans le musée. En outre, vous ne manquerez pas d'être charmé par le jardin tropical qui entoure la maison. Enfin, vous pouvez visiter la jolie demeure elle-même, trois étages de mobilier européen, notamment des meubles Chippendale et des gravures originales d'Audubon. Le bâtiment, à l'origine la résidence du capitaine du premier port construit à Key West mais pratiquement détruite en 1958, a été restauré par la Fondation Wolfson. Avis aux amateurs : la demeure a été déclarée hantée...

CONCH HARBOR MARINA ★★

951 Caroline street
✆ +1 305 294 2933
www.conchharbormarina.com
Ouvert tous les jours de 7h à 18h.

Cette marina historique est l'une des premières de la ville de Key West. Il est extrêmement agréable de flâner le long de l'eau au gré des splendides trois-mâts. Sillonnant les petits pontons en bois, vous pourrez par la même occasion vous renseigner sur les possibilités de sorties en mer et d'excursion au fort Jefferson. Vous trouverez aussi des bars et restaurants comme le Dante's Pool Bar & Restaurant (mention spéciale pour la piscine !) ou le Prime 951 Steakhouse, agréables pour une halte. Le coeur de Key West et Duval Street sont à moins de 10 min à pied.

FORT ZACHARY TAYLOR STATE HISTORIC SITE ★

601 Howard England way
Ouvert 7j/7 de 8h au coucher de soleil.
Entrée 2,50 US$ par piéton ou vélo, 6,50 US$ par voiture + 50 cts/pers.

Une plage agréable même si elle n'est pas de sable, à proximité du fort historique. Justement sans sable, l'endroit est idéal pour du snorkeling et voir coraux et poissons tout près du bord de mer. Possibilité de faire des pique-niques sous les pins et même des barbecues. Tout l'équipement est déjà sur place. Petit stand de restauration et toilettes. Possibilité de randonnée et de suivre une visite guidée à 12h ou 14h par un *ranger* pour en apprendre plus sur l'histoire des lieux.

KEYS

EAST MARTELLO FORT & MUSEUM ★★

3501 S. Roosevelt Boulevard
✆ +1 305 296 3913
www.kwahs.org
Tous les jours de 10h à 17h. Adulte : 16 US$, enfant (7-18 ans) : 8 US$, gratuit -6 ans. Remise si achat en ligne.

Installé dans le Fort East Martello (1862) aux imposants murs de granite rouge, ce musée vraiment insolite reste assez méconnu. On y trouve un mélange d'objets divers sur l'Histoire de Key West et d'objets ésotériques qui semblent tout droit sortis d'un épisode de la célèbre série *La 4e dimension*... Heureusement, la salle qui regroupe des sculptures oniriques de Stanley Papio apporte un peu de gaieté à l'ensemble... L'histoire la plus effrayante est de loin celle de « Robert the Doll », une poupée qui serait possédée. C'est cette même poupée qui a inspiré les réalisateurs du film d'horreur *Chucky, la poupée de sang*. Il faut dire que cette poupée serait malveillante suite à un sortilège vaudou : tous ses propriétaires ont eu de graves problèmes ou ont vu des proches mourir... Vous pourrez voir cette étrange poupée sous verre et il est vrai qu'elle glace le sang. Si vous voulez la prendre en photo, il est impératif de lui demander son autorisation sinon elle pourrait vous maudire ! La réceptionniste du musée vous expliquera cela dès votre arrivée. Vous pourrez aussi lire les milliers de courriers d'excuses numérisés qui défilent sur un écran juste à côté de Robert : il s'agit de gens qui ont pris des photos sans son autorisation et qui ont renvoyé les photos par peur en s'excusant auprès de Robert, un peu plus tard... Le but étant de conjurer une éventuelle malédiction. En tout cas, ce musée fait clairement partie des immanquables de Key West.

ERNEST HEMINGWAY HOME & MUSEUM ★★★

907 Whitehead Street
✆ +1 305 294 1136
www.hemingwayhome.com
Ouvert tous les jours (9h-17h). Tarif : 17US$ (adulte) et 7US$ (enfant). Paiement en espèce. Visites guidées gratuites.

Cette maison de style espagnol colonial bâtie en 1851 est l'une des seules construites selon la tradition de Key West (fondations de pierre et sous-sol). L'auteur y fit construire la première piscine de la ville en 1937. C'est depuis le cabinet d'écriture surplombant celle-ci qu'Hemingway écrivit *Pour qui sonne le glas, Les Vertes Collines d'Afrique, La Cinquième Colonne, Les Neiges du Kilimandjaro,* ainsi que la *Courte et heureuse vie de Francis Macomber*. C'est, en tout cas, ce que l'on raconte. La maison a appartenu à l'écrivain de 1931 à 1961 et, à l'intérieur comme à l'extérieur, tout est resté intact et conforme au moment où il l'habitait. Vous découvrirez les deux étages ponctués de meubles, bibelots, livres ou encore vaisselle ayant appartenu à l'écrivain. Depuis l'étage, vous aurez une jolie vue sur le phare de Key West. Le grand jardin colonial est particulièrement agréable. Insolite : vous croiserez plusieurs chats, tantôt couchés sur le lit, tantôt allongés sur la terrasse. Observez-les de près : oui, ils ont bien six doigts ! Ce sont des chats polydactyles. C'est lors d'une soirée avec ses amis marins qu'Hemingway s'est vu offrir un chat polydactyle. L'auteur en a ensuite adopté d'autres, et la vitesse de reproduction des chats aidant, il y en a aujourd'hui près d'une cinquantaine évoluant en toute liberté dans la propriété. Ces chats sont un véritable phénomène, tant et si bien que les spécialistes des félins ont rebaptisé le chat polydactyle « le chat Hemingway ».

HARRY S. TRUMAN LITTLE WHITE HOUSE ★★

111 Front street ✆ +1 305 294 9911
www.trumanlittlewhitehouse.com
Tous les jours de 9h40 à 16h30. Adulte : 24,67 US$, enfant : 10,75 US$. Tarif réduit en ligne.

Cette blanche demeure était la résidence des commandants de la base navale jusqu'au lendemain de la Seconde Guerre mondiale. Elle fut ensuite réaménagée pour servir de lieu de retraite au président Truman, qui y séjourna 175 jours en tout, entre 1946 et 1952. Le terrain de la base navale fut vendu et, en 1974, la maison restaurée devint un musée en 1986. Le mobilier et les décorations sont d'origine. Une petite exposition gratuite vous attend à l'arrière de la boutique.

HIGGS MEMORIAL BEACH PARK ★

1000 Atlantic Boulevard
Ouvert tous les jours de 6h à 23h.

Higgs Beach est une plage de sable blanc aux eaux turquoise entourée de végétation tropicale. Très pratique, elle est dotée d'un parking gratuit, de toilettes, de douches, et d'un petit restaurant de plage. On peut y pratiquer différentes activités nautiques comme le kayak ou le paddle (on peut louer du matériel sur place) ou tout simplement nager et faire du snorkeling. A noter pour les familles : l'aire de jeux pour enfants. C'est aussi un lieu prisé au moment du coucher du soleil.

© TASFOTONL - SHUTTERSTOCK.COM

Higgs Memorial Beach Park.

KEYS

KEY WEST AQUARIUM ★

1 Whitehead street ✆ +1 305 296 2051
www.keywestaquarium.com
Ouvert tous les jours de 9h30 à 17h30.
Adulte : 22,56 US$, enfant (4-12 ans) : 12,89 US$. Réduction si achat en ligne.

L'aquarium a été construit durant la Dépression en 1935, dans le but de donner du nerf à l'industrie touristique. Il a d'ailleurs une jolie architecture Art déco. Dans la pièce principale, trois bassins sont entourés de nombreux aquariums abritant les principales espèces des environs. Quelques maquettes de requins blancs, barracudas ou de mammifères marins plus rassurants sont suspendues au plafond. Mention spéciale pour les bassins « touch tank » dans lesquels il est possible de mettre les mains pour toucher conque, étoile de mer ou concombre de mer.

KEY WEST FIRST LEGAL RUM DISTILLERY

105 Simonton St
✆ +1 305 2941441
www.keywestlegalrum.com
Ouvert tous les jours de 11h à 18h. Visite gratuite de 11h à 18h (15-20 min) avec dégustation.

Cette distillerie fondée en 2012 prend place dans un ancien saloon construit en 1900, qui a plus tard abrité une usine d'embouteillage Coca-Cola. Son histoire est particulière, puisque c'est la première distillerie légale de Key West depuis la Prohibition. Vous découvrirez les rhums blancs et ambrés aux saveurs exotiques concoctés à base de produits locaux comme le sucre de canne, la Key Lime Pie ou la noix de coco. Ne manquez pas la visite gratuite pour goûter à ces breuvages.

KEY WEST LIGHTHOUSE MUSEUM ★

938 Whitehead street ✆ +1 305 294 0012
www.kwahs.com
Ouvert tous les jours de 10h à 17h.
Adulte : 14 US$, enfant (7-18 an) : 5 US$, gratuit pour les moins de 7 ans.

Le premier phare de Key West, bâti en 1825, fut détruit par un ouragan en 1846. Le nouveau phare, achevé la même année, a à son actif 123 années de bons et loyaux services puisque les gardes-côtes ne l'utilisent plus depuis 1969. Cela vaut la peine de grimper ses 88 marches pour jouir de la plus belle vue de l'île, sur les Keys et l'océan. Vous découvrirez aussi à quoi ressemblait le quotidien du gardien du phare. Profitez-en ensuite pour visiter la maison d'Hemingway, juste en face.

MALLORY SQUARE ★★

400 Wall Street
www.mallorysquare.com

L'activité de Key West est centrée autour de Mallory Square, près du port. S'y concentrent l'aquarium, l'ancienne base navale ainsi que la Petite Maison-Blanche, résidence d'été de Truman, ainsi que Duval Street, avec ses boutiques, ses galeries d'art, ses restos et ses innombrables bars. Au moment du coucher du soleil, toute la ville se presse sur Mallory Square pour admirer le spectacle. Tâchez d'apercevoir le fameux rayon vert, qui apparaît au tout dernier moment, quand le soleil bascule dans la mer. Une fois ce dernier rayon disparu, la foule applaudit…

MUSEUM OF ART & HISTORY AT THE CUSTOM HOUSE

281 Front Street
✆ +1 3052956616
Tous les jours 10h-17h. Adulte : 16 US$; enfant (7-18 ans) : 8 US$; gratuit -7 ans. Réduction si réservation en ligne.

À deux pas de Mallory Square, ce musée situé dans un ancien bâtiment fédéral vous contera l'histoire de Key West. Le rez-de-chaussée est actuellement consacré au bicentenaire de la ville (1822-2022) dont l'évolution est fascinante. Au premier étage, vous découvrirez une salle dédiée à l'Overseas Railway, l'incroyable ligne de chemin de fer construite par Henry Flagler qui relia les Keys à la Floride, mais aussi une exposition mettant en avant l'œuvre du peintre Tennessee Williams.

SHIPWRECK MUSEUM ★

1 Whitehead street
✆ +1 305 292 8990
http://www.keywestshipwreck.com
Tous les jours de 9h30 à 17h30. Adulte : 18,26 US$, 4-42 ans : 9,66 US$. Réductions en ligne. Prévoir 1 heure de visite.

Ce musée vous invite à revivre les grandes heures des naufrages qui ont jalonné l'histoire de Key West. Les 3 niveaux de la maison ont été aménagés pour vous replonger dans les cales d'un bateau, la cabine du capitaine, puis dans son grenier regorgeant de trésors. Au premier étage, vous remontez 150 ans et découvrez de nombreux objets rapportés du fond des mers : brosses à dents, peignes, pièces… Le toit offre un très beau point de vue sur la ville ! Vous pouvez acheter un billet combiné avec celui de l'aquarium pour économiser quelques dollars.

REST BEACH ★

Atlantic Boulevard

Situé Rest Beach est une petite plage tranquille, loin de la foule avec un sentier en bord de mer et pas mal d'arbres, l'idéal pour trouver un peu d'ombre si on n'a pas vraiment envie de s'exposer au soleil. C'est aussi la plage parfaite pour pique-niquer car elle est équipée de tables et bancs en bois, mais vous trouverez des plages plus agréables si vous souhaitez vous baigner. Le soir, c'est un bon endroit pour admirer le coucher de soleil loin des flots de touristes de Mallory Square. Avant de repartir, vous pourrez faire un saut à l'*Edward B. Knight Pier.*

SIMONTON STREET BEACH ★

C'est la seule plage qui ne se trouve pas du côté océan mais du côté baie ! Elle est assez petite, avec quelques coins de verdure et a pour avantage de pouvoir accueillir de petits bateaux de plaisance grâce à son petit quai où ils peuvent accoster. Elle est également équipée de toilettes, et on peut y louer des parasols ainsi que s'offrir un rafraîchissement au snack. En résumé Simonton Street Beach est une plage sympathique pour une pause baignade à l'abri de la foule, mais les autres plages de Key West sont quand même plus jolies…

KEYS

© TRAVELVIEW - SHUTTERSTOCK.COM

Mallory Square.

SOUTH BEACH ★★

1319 Duval Street

South Beach, qui se trouve au bout de Duval street, est une petite plage de sable agréable. L'eau y est peu profonde et transparente. C'est la plage la plus au sud de Key West et donc par définition la plage la plus au sud du continent américain (Key West étant le territoire le plus au sud du pays). Vous pourrez lire sur un petit panneau bleu une citation de l'écrivain Tennessee Williams qui avait l'habitude de venir se baigner ici et déclara : *I work everywhere but I work best here*, comprenez « Je travaille partout mais je travaille mieux ici ».

SOUTHERNMOST POINT ★★

A l'angle de South street et Whitehead street

© FREDERIC PROCHASSON

Il vous faudra sûrement faire la queue avant de pouvoir fièrement poser à côté de cette borne qui représente symboliquement le point le plus au sud des Etats-Unis, car tous les touristes semblent se donner rendez-vous ici ! Ensuite, il n'y a plus que l'océan, et comme l'indique le texte, Cuba à quelque 90 miles de là (145 km), 94 pour être très exact. Vous êtes donc géographiquement situé plus près de Cuba que de Miami ! Le monument a été installé en 1983 car, pour la petite anecdote, il était indiqué auparavant seulement par un panneau souvent volé !

THE KEY WEST BUTTERFLY & NATURE CONSERVATORY ★

1316 Duval Street ✆ +1 305 296 2988

www.keywestbutterfly.com

Ouvert de 9h à 17h. Le guichet ferme à 16h30. Adulte 15 US$, enfant (4-12 ans) 11 US$, gratuit pour les moins de 3 ans.

La visite commence par un petit musée qui présente les principales espèces de papillons et leurs habitats à travers le monde. Vous pénétrez ensuite dans une vaste serre où virevoltent librement plus de 50 espèces de papillons et 25 espèces d'oiseaux exotiques, le tout au cœur d'une végétation tropicale luxuriante. Vous rencontrerez également un couple de flamants roses, Rhett et Scarlett, et pourrez observer des papillons dans leur chrysalide. Une expérience sereine et magique !

KEY WEST CHAMBER OF COMMERCE

510 Greene street,

✆ +1 305 294 2587

www.keywestchamber.org

Ouvert en semaine de 8h à 18h, le week-end à partir de 9h.

Située à deux pas de Duval Street, donc au coeur de Key West, ce Visitor Center propose comme de coutume brochures touristiques et coupons de réduction (notamment le magazine gratuite *See Key West* qui donne plein de bonnes adresses). Vous pourrez aussi y acheter des tickets pour les différentes attractions de l'île. Nous vous conseillons vivement de vous y arrêter, surtout si vous restez à Key West moins d'une journée et cherchez à en voir le maximum en peu de temps.

AIR ADVENTURES HELICOPTER TOURS

3471 S Roosevelt Boulevard

✆ +1 844 246 3594

https://fly-keywest.com

10 minutes de vol : 99 US$/personne.
20 minutes : 169 US$.

Profitez d'une vue exceptionnelle à bord de petits hélicoptères conçus spécialement pour ce type d'excursions. Le tour est au départ de l'aéroport de Key West, survolent la ville et ses environs et, en fonction de la durée de vol choisie, vous pourrez en apprendre davantage sur l'île somptueuse ! Départ tous les jours. Parmi les options proposées : tour de l'île (10 minutes), éco-tour (20 minutes), expérience ultime (30 minutes) ou encore coucher de soleil (30 minutes).

KEYS

CONCH TOUR TRAIN ★★

201 Front street

✆ +1 305 294 5161

www.conchtourtrain.com

Premier départ à 10h15, dernier départ à 16h30. Adulte : 50,6 US$, 4-12 ans : 23,18 US$. 10-15$ de réduction en ligne.

Une excursion de 90 min en train pour revivre les 400 années d'histoire de Key West, avec de nombreuses anecdotes concernant les pirates, les naufragés, les Indiens ou la guerre civile. On passe la vieille ville, les plages, Duval street, la maison d'Hemingway, le Southernmost Point et le front de mer historique. L'embarquement se fait à Front Street Depot et le tour s'achève derrière Mallory Square. Après chaque stop, vous pouvez prendre le prochain train. Le Conch Train, qui existe depuis 1958, permet d'avoir un très bon aperçu des richesses de Key West.

DOLPHIN SAFARI CHARTERS

7001 Shrimp Road ✆ +1 305 747 0453

http://safaricharters.com

6 personnes maximum. Départs à 8h30, 12h30 et 17h. Adulte : 99 US$, enfant (10 ans et moins) : 79 US$. Parking gratuit.

Les amoureux de la faune en totale liberté seront ravis. Le capitaine Gary, amoureux de la mer et des dauphins propose des tours en bateau intimistes de 3h30 à la rencontre de ces fascinants mammifères marins. Des centaines de dauphins ont fait de Key West leur habitat naturel, venez les découvrir dans le terrain de jeux de leur état sauvage se nourrir, jouer, nager en pleine mer. Puis faites un plongeon dans l'eau grâce au matériel de snorkeling à disposition. À bord, tout est prévu pour que vous passiez un excellent moment, snacks et boissons fraiches inclus !

GHOSTS & GRAVESTONES TOUR ★★

501 Front Street ✆ +1 305 901 0955

www.ghostsandgravestones.com/key-west

Adulte et + de 13 ans : 39,85 US$. Non conseillé pour les moins de 13 ans. Réduction de 5% en ligne. Durée : 1h.

Key West serait l'une des villes les plus hantées des USA. Ce circuit nocturne en trolley vous emmène donc sur les lieux les plus emblématiques comme le cimetière africain ou le Saloon du Captain Tony. Votre guide vous contera les plus effrayantes légendes de Key West, à commencer par une inquiétante poupée nommée Robert... Craintifs s'abstenir. En somme, ce tour est un bon plan pour frissonner mais il vaut mieux parler bien l'anglais pour comprendre tous ces mythes et légendes.

OLD TOWN TROLLEY ★

Mallory square ✆ +1 800 868 7482

https://www.trolleytours.com/key-west

Tous les jours de 10h à 16h30. Adulte : 61,10 US$, 12-18 ans : 23,18 US$. Gratuit -12 ans. 10/15 US$ de remise en ligne.

Ces trolleys parcourent un circuit de 13 étapes regroupant les principaux points d'intérêt de Key West. Vous pouvez descendre à chacune des stations pour visiter les boutiques ou les sites historiques à proximité de l'arrêt, puis repartir avec un autre trolley (passage toutes les 30 minutes environ). Le circuit complet dure à peu près 90 min. A bord, le conducteur raconte d'un air enjoué des anecdotes et histoires drôles sur les lieux que vous croisez, mais vous apporte également des informations historiques claires qui intéresseront les petits comme les grands.

KEY WEST INTERNATIONAL AIRPORT

3491 South Roosevelt Boulevard

✆ +1 305 809 5200

https://eyw.com

Des rotations au départ de l'aéroport international de Miami sont programmées plusieurs fois par jour, mais les prix restent cependant assez élevés. L'aéroport propose également des liaisons avec Fort Lauderdale, Tampa, Orlando ou encore Washington. Si Key West se visite facilement à pied ou à vélo, il vous faudra une voiture pour arpenter le reste des Keys car les îles sont mal desservies. Des travaux sont en cours pour réaliser l'extension du terminal A, prévue pour 2024.

CONCH SCOOTERS

✆ +1 305 747 8953

www.conchscooters.com

Lundi-samedi (9h-17h). Scooter : 60 à 80 US$/jour ; vélo : 20 à 25 US/jour. Livraison gratuite à votre hébergement.

À Key West, circuler en voiture et se garer peuvent être un véritable casse-tête, surtout durant la saison touristique. Les places sont rares et les tarifs élevés, même s'il existe quelques exceptions. Opter pour un scooter ou un vélo est donc un choix malin pour se déplacer plus librement. Vous pouvez faire confiance à Conch Scooters, une société de location sérieuse tenue par le très sympathique Scott Freeman. Les locations sont possibles à la journée ou à la semaine. Pratique : on vous apportera le véhicule où que vous soyez sur l'île. Testé et approuvé !

BOYD'S KEY WEST CAMPGROUND €

6401 Maloney avenue ✆ +1 305 294 1465
www.boydscampground.com
Emplacement de tente : de 65 US$ à 95 US$ selon la saison et la présence ou non d'eau/élec. Piscine. Wifi gratuit.

Un camping au bord de l'eau avec tout le confort moderne au milieu de palmiers et bananiers. Il propose des emplacements pour tentes, camping-car mais aussi des *tiny-house* pour deux personnes. Vous profiterez d'une piscine, de barbecues et de commodités pratiques comme une laverie. Possibilité de louer des vélos et des kayaks et de participer à des activités sur place. Deux boutiques sont prévues pour des achats de dépannage, et un bus vous mènera au centre-ville (arrêt à 3 min).

SEA SHELL MOTEL AND HOSTEL €

718 South street ✆ +1 305 296 5719
www.keywesthostel.com
Lit en dortoir à partir de 50 US$, chambre double à partir de 140 US$. Parking gratuit dans la rue et Wifi inclus.

À 5 minutes de Duval Street dans une rue résidentielle tranquille, ce motel / auberge de jeunesse est l'une des adresses les moins chères de la ville. On peut y dormir dans des dortoirs simples mais propres de 10 lits (un mixte, un réservé aux femmes et un réservé aux hommes). Les chambres doubles offrent plus de confort. Casier pour ses affaires personnelles (apporter son cadenas) et location de vélos. Une adresse à conserver en cas de besoin d'hébergement de dernière minute.

ALEXANDER' S GUESTHOUSE €€

1118 Fleming Street ✆ +1 305 294 9919
www.alexanderskeywest.com
A partir de 325 US$ la chambre double, petit-déjeuner inclus. Piscine et Jacuzzi.

Un hôtel plein de charme dans une belle maison en bois typique de Key West, inscrite sur la liste du Registre National des Lieux Historiques. Cet établissement ouvert à tous a la particularité d'être *LGBTQA friendly*. L'ambiance est conviviale et propice aux échanges, notamment lors de l'*happy hour* quotidien au bord de la piscine. Les 17 chambres sont quant à elles richement décorées. Vous pourrez aussi profiter d'une piscine et d'un bain bouillonnant accessibles 24h/24, et bronzer sans vêtement dans certains espaces. Mention spéciale pour le petit-déjeuner maison.

CASA 325 €€

325 Duval street
✆ +1 866 227 2325
www.casa325.com
Chambre double à partir de 210 US$. Piscine. Parking : 15 US$ (à réserver).

Idéalement située dans le quartier historique de Key West, dans un coin tranquille de l'animée Duval Street, cette guesthouse est à proximité de tous les restaurants et lieux d'animations. La décoration sobre et douillette avec du parquet et de larges fauteuils donne à l'ensemble une touche très résidentielle pour se sentir comme chez soi. Les 11 chambres possèdent une petite cuisine avec réfrigérateur, micro-ondes, cafetière, pratique notamment pour se préparer son petit déjeuner. La piscine est également très agréable pour se rafraîchir en fin de journée.

LA CONCHA HOTEL & SPA €€

430 Duval Street
✆ +1 305 296 2991
www.laconchakeywest.com
A partir de 285 US$ la chambre double. Wifi gratuit. Piscine.

Au coeur de Duval Street, cet hôtel, édifié en 1926, est un des plus anciens de Key West et c'est aussi le bâtiment le plus haut du centre-ville. Pour la petite histoire, Hemingway évoque La Concha dans son roman *En avoir ou pas*. L"établissement a été soigneusement rénové en gardant le charme très floridien d'antan. Les chambres sont un peu petites mais le confort est largement suffisant. Ne manquez pas d'aller vous baigner à la piscine du *rooftop* et de prendre un verre au bar. Un bon plan pour découvrir Key West à pied et profiter de la vie nocturne le soir.

ISLAND HOUSE €€

1129 Fleming street ✆ +1 305 294 6284
www.islandhousekeywest.com
Chambres à partir de 299 US$ (salle de bains partagée) et 339 US$ (salle de bains privée). Réservé aux hommes. Piscine.

C'est le plus grand complexe gay de tout Key West et sans doute le plus chaud. Les chambres sont réparties sur plusieurs bâtiments et plusieurs niveaux entourés de passages en bois avec une végétation luxuriante. Le sauna, le bain à remous, la *back-room* très esthétique où sont diffusés des films X ou tout simplement la grande piscine ou le solarium sont autant de lieux de rencontres et de convivialité. Il y a même un café pour se restaurer. Tout cela pourra convenir également à ceux qui recherchent un environnement gay sans vouloir faire de rencontres.

L'HABITATION GUESTHOUSE €€

408 Eaton street
✆ +1 305 293 9203
www.lhabitation.com
À partir de 280 US$ la nuit, petit-déjeuner inclus. 21 ans et plus.

Un Bed and Breakfast dans une splendide maison victorienne du quartier historique, en plein centre-ville et dans une rue calme. L'établissement se compose de 7 chambres agréablement décorées offrant un joli contraste entre murs clairs et meubles en bois foncé. La terrasse est une véritable invitation à la détente, et vous aimerez sûrement y flâner, le soir venu. L'équipe est très accueillante et sera ravie de vous donner des conseils de visite. Un pied à terre idéal pour prendre le pouls de la ville et l'explorer à pied. Sachez qu'il n'y a pas de piscine.

LIGHTHOUSE HOTEL BY KIMPTON KEY WEST €€

902 Whitehead street
✆ +1 305 294 9588
Chambre double à partir de 225 US$ petit déjeuner inclus. Piscine.

Située au pied du phare, cet hôtel est sans aucun doute l'une des plus anciennes références de Key West. Les 45 chambres proposées sont modernes et confortables et possèdent un accès au balcon ou patio. Pour vous détendre, vous trouverez une piscine, un bar animé, un restaurant et un agréable jardin tropical. Le tout est dominé par l'impressionnant phare. La situation est idéale, à deux pas de la maison d'Hemingway, alors n'hésitez pas à enfourcher l'un des vélos prêtés par l'hôtel !

MARGARITAVILLE BEACH HOUSE €€

2001 S Roosevelt Blvd
✆ +1 305 292 9800
Chambre double à partir de 315 US$. Piscine.

L'une des dernières adresses de Key West, petit paradis tropical avec une piscine aux airs de lagon. Les chambres modernes et lumineuses respirent la sérénité. Vous pourrez participer à une dégustation de rhum (tous les jeudis), déguster smoothies et cocktails au bar de la piscine ou croquer dans un cookie tout chaud dans le lobby avant de partir en balade en vélo. De nombreuses activités sont pensées pour les enfants. Et un resort *kids friendly*, ce n'est pas si courant à Key West !

MARRERO'S GUEST MANSION €€

410 Fleming Street ✆ +1 305 294 6977
https://www.marreros.com
À partir de 280 US$ la chambre double. Piscine. Petit-déjeuner inclus.

Coup de coeur pour ce boutique-hôtel ultra-vitaminé qui mêle parfaitement touches tropicales *vintage* et confort contemporain. Il prend place dans une sublime maison victorienne en bois blanc qui appartenait autrefois à un fabriquant de cigares. Les 20 chambres, plus charmantes les unes que les autres, ont toutes leur ambiance propre. Vous passerez un séjour relax en profitant de la piscine nichée dans la végétation, du petit-déjeuner sur le porche, des boissons d'accueil offertes toute la journée dans le lobby ou du *happy hour* qui se déroule au Tiki Bar.

NYAH €€

420 Margaret Street
✆ +1 844 399 624
www.nyahotels.com
À partir de 200 US$ la chambre double et 90 US$ la nuit en dortoir. Petit déjeuner inclus. Wifi.

NYAH signifie *Not Your Average Hotel* ce qui veut dire « Pas un hôtel habituel » et c'est exactement cela. D'abord le cadre est magique, les 35 chambres sont installées dans de jolies maisonnettes blanches en bois typiques de Key West dans un immense jardin tropical avec trois piscines et un bain bouillonnant. Les chambres sont minimalistes mais offrent tout le confort moderne Il est aussi possible de réserver un lit dans un dortoir (mixte ou non). En résumé, c'est une excellente adresse que vous voyagiez seul, en famille, en couple ou entre amis.

THE GATES HOTEL €€

3824 N Roosevelt Boulevard
✆ +1 305 320 0930
www.gateshotelkeywest.com
Chambre double à partir de 250 US$. Piscine.

Un bel hôtel à l'atmosphère tropicale très agréable. Toutes les chambres sont *cosy* et design avec un petit coin salon et un écran LCD. La piscine de taille moyenne, au milieu du *resort*, est très agréable et non loin d'un bar extérieur de style hawaïen. Des concerts *live* sont organisés régulièrement. A noter : un *shuttle* gratuit vous emmène toute la journée dans le centre de Key West et à la marina. Vous pourrez également emprunter les vélos de l'hôtel. En résumé, c'est un bel endroit pour se détendre, un peu à l'écart de l'effervescence de Duval Street.

THE GUESTHOUSES AT SOUTHERNMOST BEACH RESORT €€

1319 Duval Street
✆ +1 305 296 6577
Chambre double à partir de 315 US$, petit déjeuner inclus.

Choisissez parmi deux célèbres B&B de Key West : l'Avalon et le Duval Gardens. Tous deux sont situés dans des bâtiments historiques. Les chambres ne sont pas très grandes, mais charmantes et confortables. Leur emplacement sur la partie tranquille de Duval Street est imbattable. Vous pourrez savourer votre petit-déjeuner sur le porche en bois, et profiter des piscines et de la plage privée du Southernmost Beach Resort. L'endroit est tellement prisé, il vaut mieux réserver à l'avance.

THE MERMAID & THE ALLIGATOR €€

729 Truman Avenue
✆ +1 305 294 18 94
https://www.kwmermaid.com
Chambre double à partir de 279 US$. Petit-déjeuner inclus. Piscine. 21 ans et plus.

C'est sans doute le *Bed and Breakfast* le plus populaire de Key West. Vous y retrouverez tout ce qui fait le charme de l'île : une demeure en bois blanc entourée d'un porche, un jardin luxuriant, une piscine pour se détendre... Les chambres, très spacieuses et élégamment décorées, sont réparties entre la maison principale et le cottage attenant. La plupart d'entre elles disposent d'un balcon. Loger ici est une véritable expérience, à réserver très longtemps à l'avance !

THE PERRY HOTEL KEY WEST €€

7001 Shrimp Road ✆ +1 877 496 8712
www.perrykeywest.com
À partir de 240 US$ la chambre double. Wifi gratuit.

Situé dans la Marina de Stock Island, à 10 minutes de voiture du centre de Key West, ce boutique hotel est une bouffée d'oxygène. Sa déco est très originale, contemporaine et *cosy* à la fois. Les chambres sont spacieuses, souvent avec un joli balcon qui donne la marina et ses bateaux. Les deux piscines sont tropicales et relax, et les restaurants, Salty Oyster, et Matt's Stock island & kitchen, offrent une cuisine à base de bons produits de Key West et du reste de la Floride. Et leur terrasse, avec vue sur la marina, est très agréable de jour comme de nuit.

CASA MARINA RESORT €€€

1500 Reynolds Street
✆ +1 305 296 3535
www.casamarinaresort.com
À partir de 350 US$ la chambre double.

Établi sur une plage paradisiaque dans un cadre tropical magique et luxuriant, cet hôtel de la Waldorf Astoria Collection du groupe Hilton à la façade blanche immaculée, est un établissement historique superbement restauré. Conçu dans les années 1920 par le maître d'œuvre des chemins de fer de l'Overseas Railroad, Henry Flagler, c'est un des hôtels les plus prisés de Key West. Les chambres sont spacieuses, lumineuses, modernes tout en ayant une touche raffinée tropicale à deux pas d'une plage de rêve. Quant aux 2 piscines et au spa c'est la cerise sur le gâteau.

PARADISE INN €€€

819 Simonton street
✆ +1 305 293 8007
www.theparadiseinn.com
Chambre à partir de 390 US$ petit déjeuner inclus.

Le Paradise Inn est, comme son nom l'indique, un établissement... paradisiaque ! Situé en plein centre-ville de Key West, il est décoré avec un grand raffinement et prend place au milieu d'une végétation luxuriante, dans un cadre tropical des plus agréables. L'édifice en bois blanc propose des chambres spacieuses et lumineuses au style très floridien avec de jolies terrasses. Vous apprécierez également la belle piscine et le bain bouillonnant, parfait pour se détendre en fin de journée. Ne manquez pas l'*happy hour* avec vin et fromage le soir !

THE SOUTHERNMOST HOUSE €€€

1400 Duval Street ✆ +1 305 296 3141
www.southernmosthousehotel.com
Chambre double à partir de 459 US$, petit déjeuner inclus et Wifi gratuit.

Un très bel hôtel à la superbe devanture rose installé dans une ancienne maison victorienne restaurée, fréquentée jadis par les grands de ce monde parmi lesquels Hemingway. Les chambres, où élégance rime avec confort, sont spacieuses et chaleureuses à souhait. La grande piscine vient parfaire le tout à quelques mètres de la mer et de la l'animée Duval Street. Toutefois, pas besoin d'aller bien loin pour boire un verre : le Seaside Cafe, sur place, est réputé pour ses excellents mojitos. Les tarifs sont élevés et certaines chambres sont réservées un an à l'avance.

BAD BOY BURRITO €

1228 Simonton Street
✆ +1 305 292 2697
www.badboyburrito.com
Ouvert du lundi au samedi de 10h à 20h. Burrito à partir de 9 US$.

Ce petit restaurant est plébiscité par les locaux pour ses onctueux *burritos* dont on peut choisir soi-même les ingrédients (locaux au maximum). C'est le *revival* du *burrito* tendance gourmet. Les options sont nombreuses et peuvent également convenir aux personnes végétariennes. Tacos croustillants et salades fraîches font aussi partie de la carte. Pour vous rafraîchir, n'hésitez pas un prendre un jus ou un *smoothie* au Juice Bar, vous ne serez pas déçu. Un très bon rapport qualité/prix pour manger relativement équilibré sans se ruiner.

BLUE HEAVEN €

729 Thomas street
✆ +1 305 296 8666
www.blueheavenkw.com
Ouvert tous les jours de 8h à 14h30 et de 17h à 22h30. Plat à partir de 22 US$.

Ce restaurant, qui possède également une petite boutique, grouille de vie et est considéré comme une des valeurs sûres de la ville. Situé au cœur d'un village de style bahaméen dans une vaste cour à l'arrière d'une maison typique, vous pourrez manger en plein air dans une ambiance conviviale sur des tables en bois. Au dîner, les lampes rendent l'endroit magique, accompagné par des groupes de musique locale. Au menu, spécialités des Caraïbes mais également des fruits de mer ou des plats de poissons. Vous y trouverez du vin et de la bière. Une très bonne adresse.

CAROLINE'S €

310 Duval street
✆ +1 305 294 7511
www.carolineskeywest.com
Ouvert tous les jours de 11h à 23h30. Plat à partir de 15 US$.

LE bon plan de Key West : sur la terrasse ombragée, ou mieux sur une chaise haute autour du cabanon donnant sur Duval street, on sert avec décontraction des spécialités de fruits de mer, mais aussi d'énormes salades et sandwichs à l'image du Caroline's Famous Fish Sandwich (poisson frit et sauce tartare). Les frites, excellentes, débordent presque des assiettes, tandis que bières et autres boissons plus ou moins alcoolisées sont à siroter en toute oisiveté, et à toute heure de la journée. Idéal pour observer les badauds déambuler sur Duval...

DATE & THYME ORGANIC CAFE AND MARKET €

829 Fleming Street
✆ +1 305 296 7766
www.dateandthyme.com
Ouvert du lundi au samedi de 8h à 18h. Plat à partir de 10,95 US$.

Un petit restaurant bio avec des jus frais, des *smoothies* mais aussi des salades et de bons *wraps*. Les végétariens seront ravis car ils auront l'embarras du choix. Nous vous conseillons l'onctueux *wrap* au houmous et le jus *green warrior* à base de kale, de mangue et d'ananas pour reprendre des forces après une soirée de fiesta. Dans le petit marché adjacent, vous trouverez une belle sélection de produits de qualité et bio, parfaite si vous avez de quoi cuisiner dans votre logement.

FRENCHIE'S CAFÉ €

529 United Street
✆ +1 305 396 7124
www.frenchieskeywest.com
Ouvert tous les jours de 7h à 15h, fermé le mercredi. Plat à partir de 11,25 US$.

Tenu par deux Français, Stéphanie et Xavier, cette agréable petite caféteria, ouverte depuis 2012, est l'adresse idéale pour manger de vrais bons croissants et de délicieux pains au chocolat au petit déjeuner. A midi, vous pourrez aussi vous régaler de sandwichs consistants aux multiples ingrédients, de croque-monsieur et quiches lorraines, et même déguster le célèbre sandwich niçois, le pan bagnat ! Pour un repas plus *healthy*, vous aurez l'embarras du choix : grandes salades, ratatouille provençale... Une bonne adresse pour bien manger à prix doux.

MANGIA MANGIA €

900 Southard Street
✆ +1 305 294 2469
www.mangia-mangia.com
Ouvert tous les jours de 17h30 à 22h. Plat à partir de 16,95 US$.

Un très bon restaurant italien et ce serait le meilleur de Key West ! Ce qui fait le succès de cet établissement ce sont les excellentes pâtes fraîches préparées sur place, servies avec de savoureuses sauces : Alfredo, Marinara, pesto crémeux... et une tartine au beurre d'ail craquante à souhait. La carte propose également des grillades de poisson, des pâtes aux crevettes ou encore des plats à base de poulet fermier comme le pollo marsala, et les traditionnelles *spaghettini alla carbonara* dans leur recette originelle (sans crème donc !). Une valeur sûre.

MARGARITAVILLE RESTAURANT €

500 Duval street ✆ +1 305 292 1435
www.margaritavillekeywest.com
Ouvert du dimanche au jeudi de 11h à 22h, vendredi et samedi jusqu'à 23h. Comptez 20 US$ le repas.

Une institution ! En préface du menu, le propriétaire des lieux, le chanteur country Jimmy Buffett, explique qu'il aime autant la nourriture que la musique, raison pour laquelle il a choisi d'allier les deux. Et dans ce lieu improbable qui ressemble à une véritable petite ville sud-américaine, on mange sur la place du village : *fish and chips*, fruits de mer… accompagnée d'une margarita (la marque de fabrique !). Musique *live* tous les soirs. À savoir : c'est une chaîne très touristique.

SALTY OYSTER €€

7001 Shrimp Road
✆ +1 305 296 1717
Ouvert de 11h à 20h30 tous les jours. Comptez 40 US$ le repas.

Un très beau et bon restaurant au bord de l'eau, au coeur de la marina de Stock Island, dans l'hôtel branché Perry Key West. Dans une ambiance de vacances chic, on se régale de bons fruits de mer (et d'huîtres bien sûr comme l'indique le nom du restaurant) mais aussi de savoureuses grillades de poulet ou de viande. Mention spéciale pour le burger qui est vraiment réussi ! Le soir, les lumières tamisées rendent les lieux plus romantiques, un plus pour les amoureux en quête de tranquillité car on est alors bien loin de la folie ambiante du centre de Key West.

A&B LOBSTER HOUSE €€

700 Front street
✆ +1 305 294 5880
www.aandblobsterhouse.com
Ouvert tous les soirs de 17h30 à 22h. À partir de 36 US$ le plat.

Une affaire de famille qui date de 1947 et où l'on continue à servir des plats à l'ancienne. On y dîne à l'intérieur ou en terrasse avec une très belle vue sur la marina, dans une ambiance élégante mais détendue. Vous pourrez bien sûr manger du homard mais aussi goûter les huîtres Rockefeller et bien d'autres plats à base de viandes, pâtes ou fruits de mer, comme le filet mignon et son gratin de pommes de terre au gorgonzola ou les crevettes fettuccini. La présentation est soignée et les produits de grand qualité. Bonne sélection de vins américains.

BETTER THAN SEX - A DESSERT RESTAURANT

926 Simonton Street ✆ +1 305 296 8102
www.betterthansexkeywest.com
Mercredi, jeudi et dimanche de 18h à 23h, vendredi et samedi jusqu'à minuit. Dessert : 12 US$ environ.

Si le péché de gourmandise était un restaurant, ce serait celui-là ! Bienvenue dans le temple des plaisirs du palais car la carte propose uniquement des desserts aux noms évocateurs, et ils sont tous aussi bons les uns que les autres… Dans une ambiance digne d'un *speakeasy*, craquez par exemple pour le *Peanut Butter Perversion* ou le *Morning Afer* à la vanille. Et comment dire, vous risquez fort de fondre de bonheur, à défaut d'avoir trouvé l'âme sœur à Key West. Une valeur sûre !

MOONDOG CAFÉ & BAKERY €€

823 Whitehead Street ✆ +13057417699
moondogcafe.com
Ouvert tous les jours de 7h30 à 22h. Plat : 13$ environ.

Dans une jolie demeure à la devanture bleue et à deux pas de la maison d'Ernest Hemingway, le Moondog Café propose une cuisine alliant incontournables du petit-déjeuner : œufs Bénédicte, pain perdu, mais aussi burgers, salades, tacos et sandwichs. Coup de cœur pour les deux terrasses : la première située sur le porche est idéale pour observer les coqs promener dans la rue ; la seconde à l'arrière est entourée de palissades graffées. En fin de repas, résisterez-vous aux pâtisseries maison ? Une halte bienvenue à l'abri de l'effervescence de Duval Street.

CAPTAIN TONY'S SALOON

428 Greene Street
✆ +1 305 294 1838
https://capttonyestore.com
Ouvert du lundi au samedi de 11h à 2h du matin, le dimanche de 12h à 2h.

Un des bars mythiques de Key West où il y a toujours de l'ambiance avec de la musique country *live* de jour comme de nuit. Ce serait le plus vieux bar de Floride, et Hemingway y avait ses habitudes. On se demande bien combien de temps il a fallu pour accumuler tous les dollars et les soutien-gorges suspendus au plafond et aux branches de l'arbre poussant au milieu du bar. Tony Tarracino, le patron décédé en 2008, était un grand fêtard, vous verrez son portrait et de nombreux articles de journaux le concernant dans la salle du billard. Un immanquable de Key West !

GREEN PARROT BAR

601 Whitehead street
✆ +1 305 294 6133
www.greenparrot.com
Tous les jours de 10h à 2h du matin, jusqu'à 4h les vendredi et samedi. Happy hour en semaine à partir de 16h.

Ouvert depuis 1890, ce bar, légèrement en retrait de Duval Street, est une référence locale. Des groupes de musique s'y produisent les week-ends et certains soirs en semaine, souvent à partir de 17h30. L'ambiance du lieu est agréable, festive avec ses petites guirlandes vertes, et décontractée. On s'y sent rapidement à l'aise. Insolite : vous pourrez vous immerger dans l'ambiance du bar à toute heure depuis le site Web du bar, grâce à la webcam qui filme en *live*. Vous voilà prévenu : une fois à l'intérieur du bar, souriez, vous êtes filmé !

SLOPPY JOE'S

201 Duval street
✆ +1 305 294 5717
www.sloppyjoes.com
Ouvert tous les jours de 9h à 2h, le dimanche à partir de 12h.

L'établissement a ouvert ses portes en 1937 et ne les a jamais refermées. Ce fut le bar préféré d'Hemingway, qui se considérait comme le copropriétaire, tant il y passait du temps. Aujourd'hui, bien qu'il soit souvent envahi par des hordes de touristes, il reste un incontournable. Sirotez une ou deux margaritas glacées dans des gobelets de plastique en contemplant les souvenirs du grand Ernest. On aurait même découvert certains de ses manuscrits dans les murs. Le soir, il y a très souvent des groupes qui se produisent sur place. Ambiance garantie !

HARD ROCK CAFÉ

313 Duval street
✆ +1 305 293 0230
www.hardrock.com
Ouvert tous les jours de 11h à 22h.

Même Hard Rock Café a pignon sur rue à Key West. Il est installé dans une magnifique maison en bois typique de l'île, au beau milieu de Duval street. En dehors de la célèbre *Key lime pie*, le menu est le même qu'à New York, Londres ou Paris, mais généralement, on va au Hard Rock Café pour l'ambiance et la déco ! Idéal pour prendre un verre entouré d'objets ayant appartenu à Jimi Hendrix, Madonna ou encore Elvis. On n'oublie pas de se rendre dans la *Rock Shop* pour acheter l'incontournable tee-shirt estampillé *Hard Rock Cafe Key West*.

TROPICAL VIBES ROLLED ICE CREAM & SHAVE ICE

411 Greene Street
✆ +1 305 209 0366
Lundi : 11h-20h, mardi, jeudi et dimanche : 15h-20h, vendredi : 15h-22h, samedi : 13h-21h.
Glace : 7,99 US$.

Une petite adresse animée et colorée qui propose les fameuses *rolled ice cream*, ces spécialités à base de crème et de fruit déposées sur une surface glacée et ensuite roulées et rassemblées dans un pot, comme un petit bouquet. On apprécie les saveurs de glaces locales et originales : punch au fruit, Key Lime, myrtilles… Et les multiples combinaisons au choix comme la *Nutty Floridian* au beurre de cacahuète et chocolat. Aussi des *açaï bowl* et des glaces hawaïennes au lait concerté.

KERMIT'S KEY LIME SHOP

200 Elizabeth Street ✆ +1 305 296 0806
keylimeshop.com
Lundi-jeudi : 10h-21h30. Vendredi-samedi : 9h-21h30. Repas servi de 7h à 15h.
Carte : 12 US$ environ.

C'est LA pâtisserie pour déguster une vraie *key lime pie*, cette petite tarte au citron typique de Key West. Vous aurez sûrement l'occasion de rencontrer Kermit, le patron. Vous pourrez acheter dans la boutique tout un tas de produits à base de Key Lime, dont des préparations pour cookies, des marmelades et même… des biscuits pour chien ! Vous pourrez aussi manger des petits plats maison et la fameuse tarte dans le restaurant installé dans la belle cour intérieure. Un incontournable de Key West ! Un second point de vente est situé derrière Mallory Square.

DANGER CHARTERS

255 Front St ✆ +1 305 304 7999
www.dangercharters.com
Excursions à la demi-journée entre 99 US$ et 109 US$, excursions à la journée à 134 US$.
Coucher de soleil : 109 US$.

Cette compagnie de bateaux propose des sorties autour de Key West à bord d'un grand voilier, direction les coraux et les bancs de sable du Key West National Wildlife Refuge. Vous pourrez alors faire du kayak dans la mangrove ou du snorkeling dans l'eau turquoise en pleine mer selon l'excursion choisie. L'équipage a pensé à tout et vous offre même des snacks et rafraîchissements à bord. On vous recommande vivement la *Sunset cruise* pour admirer le soleil couchant en mer à Key West tout en dégustant une sélection de vins et des hors-d'oeuvre. Un moment magique !

FURY WATER ADVENTURES

Départs de la marina de l'hôtel Hilton, à l'angle de Greene street et Front street.
✆ +1 888 976 0899 - www.furycat.com
Comptez 74 US$/ personne la Sunset cruise. A partir de 50 US$ par personne pour les autres sorties. Réductions en ligne.

Sur d'immenses catamarans au pont spacieux et convivial, voguez à vive allure pendant que l'équipage, très serviable, distribue gratuitement bières, vin et sodas. Possibilité de faire avec plusieurs activités comme du snorkeling, du parachute ascensionnel, du jet-ski et des croisières au coucher du soleil avec buffet et boissons à volonté. On vous recommande particulièrement la *Commotion on the ocean Sunset cruise*, où un groupe joue en live sur le bateau tandis que le soleil se couche. En bref, c'es' un interlocuteur de choix pour toutes vos sorties nautiques.

KEY WEST JET-SKI

1107 Key Plaza
✆ +1 305 797 6423
www.keywest-jetski.com
Visite guidée en jet-ski de 1h30 de 110 à 140 US$ (si achat en ligne), 175 US$ sur place.

Key West Jet-Ski ne propose pas la simple location de jet-ski, mais une offre plutôt originale et insolite : une visite guidée de 45 km en petit groupe, dans les environs de Key West via le Golfe du Mexique et l'océan Atlantique. Le guide vous apportera quelques explications sur le lieu, la faune et la flore. Des phases de grande vitesse alternent avec les phases de découverte. Key West Jet-Ski offre aussi l'incontournable Sunset Cruise avec musique et boissons à bord. Côté terre ferme, vous pourrez louer des vélos, des scooters et même des voiturettes de golf.

LAZY DOG ADVENTURES

5114 US 1
✆ +1 305 295 9898
https://lazydog.com
Visite guidée en paddle (2h) : 55 US$/adulte et 30 US$/enfant. Location de paddle (2h) : 30 US$/ adulte - 20 US$/enfant.

Et si vous découvriez les alentours de Key West en faisant du paddle ? C'est ce que propose cette agence et c'est plutôt une bonne idée ! Vous pouvez opter pour des éco-tours en petit groupe pour en apprendre plus sur la faune et la flore locales, ou louer des paddles en autonomie pour 2 heures et plus. Ces passionnés de paddle ont même élaboré un cours de paddle yoga et de fitness à base de paddle, le « paddleFit ». Pourquoi pas ! L'option kayak (éco-tour ou en autonomie) est aussi possible, donc il y en a vraiment pour tous les goûts.

801 BOURBON BAR

801 Duval street ✆ +1 305 294 4737
www.801.bar
Ouvert tous les jours de 10h à 4h du matin. Show de drag queens tous les soirs à 21h et 23h : 15 à 20 US$.

Le Bourbon Bar, au 801 est une référence sur l'île et l'ambiance y est vraiment très bonne. L'étage s'anime tous les jours avec des spectacles de *drag queens*. Les différentes prestations sont d'excellente qualité, et même si vous ne parlez pas très bien l'anglais, vous comprendrez tout grâce à la gestuelle très expressive des chanteuses. Rires garantis. Le dimanche de 16h à 21h, place au karaoké ! Ce bar est donc un incontournable de Key West, il suffit de voir le nombre important de locaux parmi les spectateurs qui ne se lassent pas de cette atmosphère unique.

LA TE DA

1125 Duval street
✆ +1 305 296 6706
www.lateda.com
Ouvert tous les jours. Restaurant, bar, hôtel, spectacles de cabaret (33 US$).

Dans un magnifique bâtiment historique jaune et bleu, à la fois restaurant, piano-bar et cabaret gay, La Te Da propose des spectacles de *drag queens* tous les soirs, ainsi que des concerts au piano-bar. L'ambiance y est toujours excellente, c'est une véritable référence dans le monde de la nuit à Key West. Les spectacles ont lieu tous les soirs à partir de 20h30 (vous pouvez réserver en ligne). La Te Da, c'est aussi un hôtel de 15 chambres cosy et décorées dans l'esprit Floridian. Impossible d'être plus au cœur de l'animation de Key West.

TROPIC CINEMA

416 Eaton Street
✆ +1 877 761 3456
http://tropiccinema.com
Ticket : 14 US$.

Un cinéma bleu et rose à la décoration Art déco adorablement rétro avec une statue de Marylin juste devant (impossible de la manquer car tout le monde se fait prendre en photo à côté). Côté programmation, on retrouve quelques *blockbusters* américains mais surtout de films d'auteurs et des grands classiques remasterisés. Au bar du cinéma, on peut commander un verre de vin ou de bière et le boire pendant la projection du film. Une bonne option pour se reposer et se rafraîchir, mais mieux vaut être à l'aise en anglais car les films ne sont pas sous-titrés.

DRY TORTUGAS NATIONAL PARK - FORT JEFFERSON ★★★

A environ 112 km à l'ouest de Key West, et d'une superficie de 262 km², c'est le dernier archipel des Keys. Il est composé de 11 îlots dont 2 principaux : Garden Key et Loggerhead Key. Garden Key a pour particularité d'abriter Fort Jefferson, un monument national. A la croisée des deux Amériques, ce parc naturel voit passer chaque année des milliers d'oiseaux venus de 300 espèces y faire escale durant leur migration.

Histoire

Suite au traité d'Adams-Onis qui officialise la vente de la Floride par l'Espagne, les Américains jugent que les Dry Tortugas peuvent jouer un rôle stratégique pour protéger le territoire de Floride des attaques extérieures. Débute alors un projet de construction d'une base navale. En 1826, le Garden Key lighthouse est construit pour orienter les bateaux dans cette zone. Il faudra 20 ans de plus pour que commence la construction du Fort Jefferson, en 1846.

A l'époque de la guerre de Sécession (1861-1865), le fort accueille plus de 1 700 prisonniers militaires et des centaines de civils. C'est ici que les soldats déserteurs de l'Union étaient mis en prison. En 1865, Samuel Mudd, le prisonnier le plus célèbre, arrive à Fort Jefferson. Ce médecin a en effet été condamné pour conspiration dans l'assassinat d'Abraham Lincoln en 1865 à Washington. La nuit de l'événement, Mudd a en effet soigné la jambe cassée de John Wilkes Booth, le meurtrier de Lincoln, qui était un sympathisant sudiste, avant de le cacher dans sa chambre d'ami. En 1867, une épidémie de fièvre jaune décime la population du fort et le médecin de la prison meurt. Mudd prend alors la direction de l'infirmerie et parvient à contenir l'épidémie. Pour le remercier, le président Johnson le gracie et il quitte le Fort Jefferson en 1869. Au milieu des années 1870, l'entretien du fort devient trop coûteux, notamment à cause des intempéries tropicales, et il n'est plus aussi vital pour la stratégie de défense maritime américaine. L'armée finit donc par quitter les lieux.

Aujourd'hui, vous pouvez visiter le fort, voir l'ancienne cellule de Mudd et même observer les douves lors d'une séance de snorkeling.

© VARINA PATEL - FOTOLIA

Dry Tortugas National Park.

BUSH KEY ★

Accessible seulement d'octobre à janvier.
Entrée dans le National Park : 15 US$ (inclus si vous venez en ferry).

Cette petite île, d'une superficie de seulement 4,5 ha, accueille des oiseaux rares qui viennent s'y reproduire. Bush Key est donc fermée au public un partie de l'année pendant la période de nidification. Mais une fois les oiseaux partis, les visiteurs sont autorisés à accéder à cette île inhabitée en restant sur les sentiers balisés qui en font le tour. A noter : Bush Key est accessible depuis Garden Key, l'île du Fort Jefferson. On peut s'y rendre *via* un chemin de sable mais il n'est pas toujours praticable, tout dépend de son état qui évolue avec la météo.

LOGGERHEAD KEY ★

Entrée au National Park : 15 US$ (inclus dans le prix si vous venez en ferry).

C'est la plus grande île des Dry Tortugas et elle est surtout reconnaissable à son phare. Il est possible de la visiter seulement en journée en restant sur les sentiers balisés. Elle se trouve à environ 5 km de Garden Key, l'île du Fort Jefferson, où s'arrête le ferry. Pour y accéder, il faut venir en kayak (pensez à embarquer au préalable un kayak sur le ferry mais il faudra contacter la compagnie à l'avance pour des questions de place) ou en bateau de plaisance privé. A noter également : les nombreuses épaves autour de l'île feront le bonheur des plongeurs.

KEYS

FORT JEFFERSON ★★★

Garden Key
www.drytortugas.com
Parc Fort Jefferson : 15 US$ par personne, inclus dans le prix de la traversée depuis Key West avec Yankee Freedom.

Suite au traité d'Adams-Onis qui officialise la vente de la Floride par l'Espagne, les Américains jugent que les Dry Tortugas peuvent jouer un rôle stratégique pour protéger les eaux et le territoire de Floride des attaques extérieures. Le projet de construction d'une base navale se met alors en route mais c'est d'abord un phare, le Garden Key lighthouse, qui est construit pour orienter les bateaux dans cette zone en 1826. Ce n'est que 20 ans plus tard, en 1846, que commence la construction du Fort Jefferson. A l'époque de la guerre de Sécession (1861-1865), le fort accueille plus de 1 700 prisonniers militaires et quelques centaines de civils. C'est au Fort Jefferson que les soldats déserteurs de l'Union étaient mis en prison. Quelques civils, le plus souvent des brigands, y étaient aussi enfermés. En 1865, Samuel Mudd, le prisonnier le plus célèbre arrive à Fort Jefferson. Ce médecin a en effet été condamné pour conspiration dans l'assassinat d'Abraham Lincoln en 1865. La nuit de l'assassinat de Lincoln à Washington, Mudd a en effet soigné la jambe cassée de John Wilkes Booth, le meurtrier de Lincoln, qui était un sympathisant sudiste, avant de le cacher dans sa chambre d'ami. En 1867, une épidémie de fièvre jaune décime la population de détenus du fort et le médecin de la prison meurt. Mudd prend alors la direction de l'infirmerie et parvient à contenir l'épidémie. Pour le remercier, le président Johnson décide de le gracier et Mudd quitte le Fort Jefferson en 1869. Au milieu des années 1870, l'entretien du fort devient trop coûteux, notamment à cause des intempéries tropicales, et il n'est plus aussi vital pour la stratégie de défense maritime américaine. L'armée finit donc par quitter les lieux. Aujourd'hui, vous pouvez visiter le fort, voir l'ancienne cellule de Mudd et même observer les douves du Fort lors d'une séance de snorkeling. Les plages situées au sud et à l'est du Fort Jefferson sont l'occasion de goûter à la température de l'eau et d'apercevoir les poissons qui y évoluent, tout en profitant d'un point de vue original sur le fort et son avancée sur les eaux turquoise. Des tables de pique-nique situées au sud vous permettent de prendre votre repas au bord de l'eau (aucune nourriture n'est vendue sur place). Il est même possible de passer la nuit en campant dans le Dry Tortugas National Park. Quoi qu'il en soit, vous garderez pour toujours en tête l'image de ce bastion de brique rouge qui contraste de manière sublime avec l'eau turquoise qui l'entoure. Nous vous conseillons toutefois de réserver votre billet à l'avance.

SEAPLANE OF KEY WEST

3471 South Roosevelt boulevard
✆ +1 305 293 9300
keywestseaplanecharters.com
4 heures (dont 2h30 sur l'île) : 361 US$/adulte et 288 US$/6-12 ans. + 15 US$ pour l'entrée au parc national (+16 ans).

Cette compagnie propose des vols à basse altitude dans des hydravions monomoteurs pour accéder aux Dry Tortugas et visiter le fort Jefferson. Vous profiterez d'extraordinaires points de vue sur l'eau turquoise et le fort, mais aussi des anecdotes du pilote. Vous apercevrez des épaves, des oiseaux et peut-être même des tortues ! C'est le moyen le plus rapide mais également le plus onéreux de se rendre dans le parc national. Une fois sur place, à vous la plongée, le circuit historique, le farniente sur la plage… L'équipement de plongée est prêté gratuitement.

YANKEE FREEDOM II

240 Margaret street
✆ +1 800 634 0939
www.yankeefreedom.com
Départ tous les jours (2h15 de trajet) : départ 7h30 et retour à Key West à 17h15. Adulte : 190 US$, 4-16 ans : 135 US$.

C'est la seule compagnie de ferry à proposer la liaison vers le Dry Tortugas National Park et Fort Jefferson. Vous prendrez place à bord d'un catamaran de 30 mètres aux places très confortables. Sur place : nous vous recommandons de participer à la visite guidée du fort qui est incluse dans le billet (45 minutes). Ensuite, à vous les plaisirs de l'île : baignade dans les eaux turquoise, plongée palmes-masque-tuba (prêt gratuit de matériel), observation d'oiseaux… avant le retour à Key West. Le petit déjeuner et le déjeuner sous forme de buffet sont inclus.

GARDEN KEY CAMPGROUND €

✆ +1 800 634 0939
www.drytortugas.com
Ferry + camping : 210 US$/ adulte et 155 US$/ 4-16 ans + 15 à 30 US$/jour sur place. R éservation 8 à 12 mois à l'avance.

Les places pour avoir la chance de camper sur le parc national sont très rares : seuls 11 emplacements de tente sont disponibles. Il faut donc réserver très en avance (par téléphone uniquement). Pensez aussi à vous organiser vu que le camping est entièrement sauvage (pas d'eau, ni d'électricité, ni de nourriture). Il faut venir tout équipé ! Des tables et barbecues sont toutefois mis à disposition à chaque emplacement. A votre retour, vous devez emporter vos déchets avec vous. Le cadre est magique et vous vous sentirez presque seul au monde.

CÔTE EST

Partir en Floride se résume (trop) souvent à un séjour à Miami, la visite des parcs d'attractions à Orlando et une escapade dans l'archipel des Keys. Nous vous proposons donc de partir plus loin à la découverte du Sunshine State, en longeant la côte Est du sud vers le nord. Au programme de cet itinéraire, la découverte de villes à la personnalité affirmée prisées par les *snowbirds* comme Hollywood, Fort Lauderdale ou Jacksonville ; une plongée dans la conquête spatiale à Cape Canaveral ; un retour dans le temps à Saint-Augustine, la plus ancienne ville des États-Unis, ou encore un détour par Daytona Beach, paradis des bikers. La côte Est de la Floride, c'est aussi le calme de l'Indian River, cette lagune ponctuée de 150 kilomètres de plages de sable fin ouvertes au public. Vous pourrez ainsi vous adonner à l'observation de faune et de la flore, pratiquer moult sports nautiques. Un parfait combo entre nature, culture et divertissement.

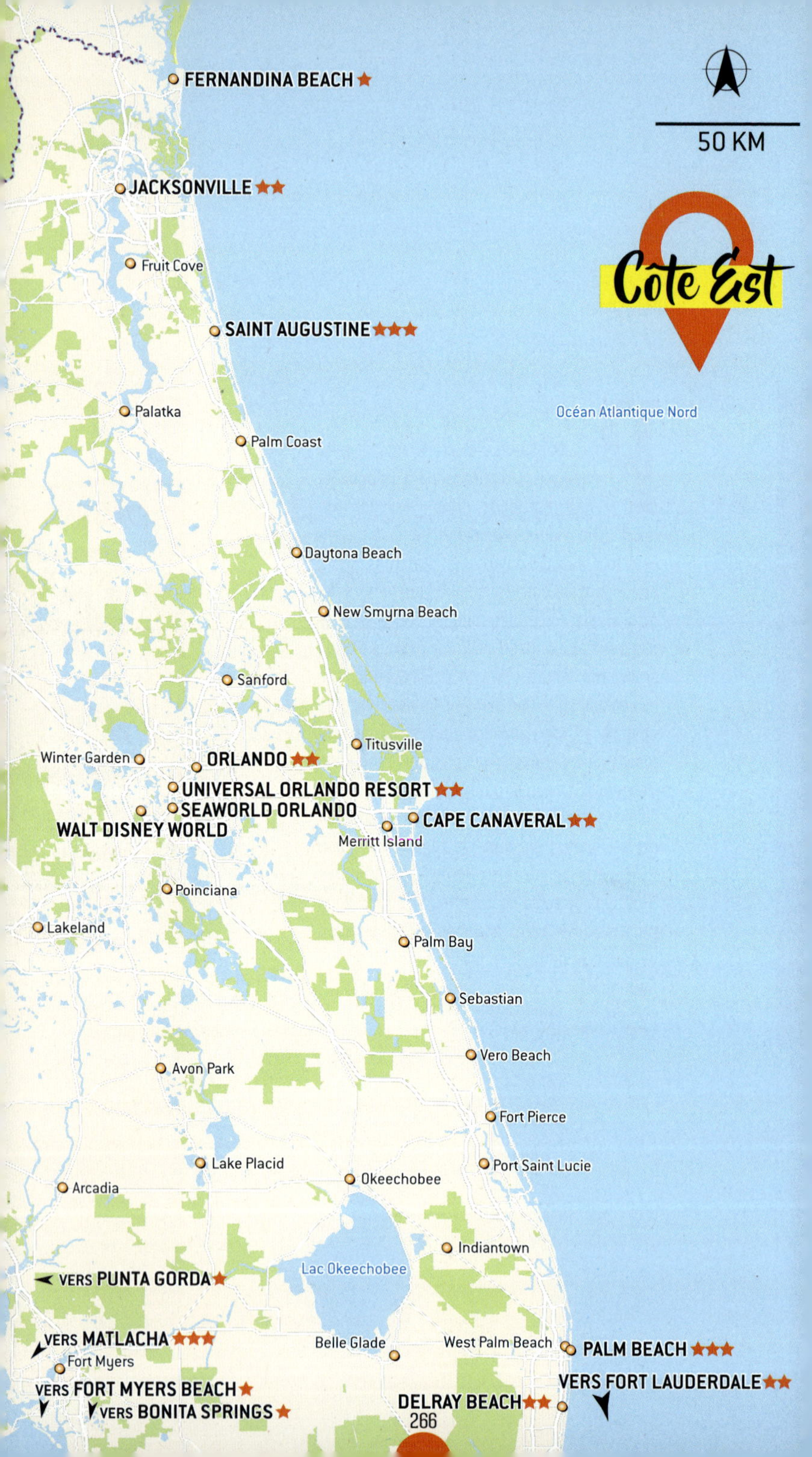
50 KM
Côte Est
Océan Atlantique Nord
FERNANDINA BEACH ★
JACKSONVILLE ★★
Fruit Cove
SAINT AUGUSTINE ★★★
Palatka
Palm Coast
Daytona Beach
New Smyrna Beach
Sanford
Titusville
Winter Garden
ORLANDO ★★
UNIVERSAL ORLANDO RESORT ★★
SEAWORLD ORLANDO
WALT DISNEY WORLD
CAPE CANAVERAL ★★
Merritt Island
Poinciana
Lakeland
Palm Bay
Sebastian
Vero Beach
Avon Park
Fort Pierce
Lake Placid
Port Saint Lucie
Arcadia
Okeechobee
Indiantown
Lac Okeechobee
VERS PUNTA GORDA ★
VERS MATLACHA ★★★
Fort Myers
Belle Glade
West Palm Beach
PALM BEACH ★★★
VERS FORT LAUDERDALE ★★
VERS FORT MYERS BEACH ★
VERS BONITA SPRINGS ★
DELRAY BEACH ★★

PAGES

●● CÔTE EST

268

Ici, on ne vit pas seulement du tourisme, même si les visiteurs sont accueillis comme il se doit. Chacune de ces villes de la côte Est possède sa propre ambiance, tantôt historique, tantôt balnéaire, tantôt tournée vers l'espace ou même les sports automobiles... Vous n'aurez que l'embarras du choix !

© SIMON DANNHAUER - ISTOCKPHOTO.COM

Plage de Fort Lauderdale.

FORT LAUDERDALE ★★

Fort Lauderdale tient son nom du major William Lauderdale, qui y fit édifier un fort en 1838, époque où les tensions étaient très vives avec les Indiens Séminoles. La ville de 182 000 habitants, située à 48 km au nord de Miami, offre aux vacanciers un autre aspect de la Floride : distingué, paisible, préservé… Ses 400 kilomètres de canaux lui valent le surnom de *Venise of America*. Nous vous conseillons d'ailleurs de visiter la ville en bateau. Parmi les choses à faire : flâner sur le River Walk, vous détendre sur les 37 km de plages ou découvrir les nombreux parcs et musées. Fort Lauderdale est également une ville phare de la communauté gay.

Sortir

Toutes les grandes villes ont un quartier ou une rue particulière où se côtoient les boutiques les plus chics, les nouvelles tendances de la mode, les grandes galeries d'art, les plus délicieux restaurants et les bars où se concentre une activité nocturne des plus animées. A Fort Lauderdale, il s'agit de Las Olas Boulevard. Parallèle à la Fort Lauderdale New's River dans sa course vers l'océan Atlantique, Las Olas Boulevard est une grande avenue longue de 4 kilomètres, ornée de parterres de fleurs et de hauts arbres touffus. Au centre du boulevard, l'architecture des boutiques, des restaurants et des bars témoigne de l'héritage espagnol du Sud de la Floride. En dépit de son charme historique, ce boulevard est surtout un point d'activité commerciale très intense, un temple de la consommation prisé des touristes du monde entier.

Tourisme

Le littoral de la Venise américaine est à l'image des autres villes touristiques des côtes floridiennes : des hôtels et des condos sortent chaque jour de terre et bientôt ne formeront qu'un seul et même amas de béton. Très prisée, la zone de Greater Fort Lauderdale est devenue la capitale mondiale de la navigation de plaisance, à tel point que la marina a été agrandie pour accueillir près de 55 000 bateaux ! Fort Lauderdale n'en reste pas moins une agréable station balnéaire que l'on prend plaisir à découvrir à pied ou sur les flots (et pourquoi pas en gondole !) au gré des nombreux canaux. Moins guindée que Palm Beach, moins *fashion* et huppée que Miami, Fort Lauderdale offre un autre aspect de la Floride : distingué, paisible, réservé… Quelques kilomètres plus au nord, la charmante Lauderdale-by-the-Sea est l'endroit idéal pour lézarder au soleil.

BONNET HOUSE MUSEUM & GARDENS ★★

900 North Birch Road ✆ +1 954 563 5393
www.bonnethouse.org
Du mardi au vendredi (11h-15h), samedi et dimanche (11h-16h). Adulte : 20 US$, 6-17 ans : 8 US$. Jardins seuls : 10 US$.

La maison Bonnet a été conçue par Frederic Clay Bartlett, un artiste américain originaire de Chicago. La construction a commencé dans les années 1920 et s'est poursuivie pendant près de 20 ans. Avec ses fleurs de marbre en trompe-l'œil et ses colonnes mauresques, c'est un très bel exemple d'architecture hispanisante. De nombreuses oeuvres d'art sont à découvrir à l'intérieur. Le jardin subtropical attenant présente cinq écosystèmes variés et une très belle collection d'orchidées.

BUTTERFLY WORLD ★★

3600 West Sample road, Coconut Creek
✆ +1 954 977 4400
www.butterflyworld.com
Ouvert du lundi au samedi de 9h à 17h et le dimanche de 11h à 17h. Adulte : 32,5 US$, enfant (3-11 ans) : 22,50 US$.

Paradis des papillons, ce parc recense la plus importante diversité de papillons au monde. Vous y découvrirez en effet plus de 20 000 papillons volant tout autour de vous dans une vaste serre agrémentée de végétation tropicale luxuriante. Butterfly World dispose aussi d'un jardin extérieur ponctué de pontons, de points d'eau et d'oiseaux exotiques. Vous en apprendrez également davantage sur le cycle de vie des papillons. Une visite très colorée et enchanteresse pour qui affectionne particulièrement ces divines créatures volantes.

FLAGLER VILLAGE

Flagler Village

À l'image de Wynwood à Miami, Flagler Village était jusque dans les années 2000 une zone industrielle et résidentielle délaissée. Petit à petit, son renouveau s'est affirmé grâce à l'arrivée de restaurants et cafés *trendy* et de *street-artistes* qui ont transformé le paysage du quartier. Ne manquez pas de visiter les galeries et boutiques de FAT Village (Flager Arts Technology ou Food Arts Technology). En somme, Flagler Village est aujourd'hui *the place to be* à Fort Lauderdale. Las Olas, Downtown et la plage ne sont qu'à quelques encablures.

FLAMINGO GARDENS ★★

3750 South Flamingo Road
✆ +1 954 473 2955
www.flamingogardens.org
Ouvert tous les jours de 9h30 à 17h. Adulte : 19,95 US$, enfants de 3 à 11 ans : 14,95 US$.

A la fois jardin botanique et sanctuaire pour les animaux, les Flamingo Gardens sont à ne pas manquer. La variété des espèces présentes est impressionnante : oiseaux de proie, flamants roses, ours, panthère de Floride, alligators, plantes endémiques de Floride... Le cadre est sublime avec son arboretum, ses jardins variés et ses points d'eau. Vous en prendrez plein les yeux ! Le site propose aussi une visite commentée en tram (inclus dans le billet) et un musée. C'est une sortie parfaite en famille ou pour les amateurs de nature. Prévoir deux heures de visite.

HUGH TAYLOR BIRCH STATE PARK

3109 E Sunrise Boulevard
✆ +1 954 564 4521
Ouvert tous les jours de 8h au coucher du soleil. 6 US$ / véhicule, 2 US$/piéton ou cycliste.

Cette réserve naturelle de 66 hectares vous offrira une journée de dépaysement à deux pas de la ville ! Au programme : paddle, petite randonnée de 20 minutes via le *Coastal Hammock Trail*, baignade et snorkeling, session bronzage sur la plage du parc... Il est aussi possible de louer un vélo sur place pour profiter de la piste cyclable de 3 kilomètres qui serpente dans la nature environnante. Les rangers du parc organisent régulièrement des sorties et visites guidées sans supplément.

HISTORIC STRANAHAN HOUSE MUSEUM

335 SE 6th Avenue ✆ +1 954 524 4736
https://stranahanhouse.org
Lundi au vendredi de 10h à 16h, samedi et dimanche de 12h à 16h. Adulte (-60 ans) et enfant : 12 US$, étudiant : 7 US$.

Construite en 1901 au bord de la New River, la Stranahan House est la plus ancienne bâtisse de Broward County, et donc de Fort Lauderdale. Elle appartenait à Franck et Ivy Cromartie Stranahan. L'un est considéré comme le père fondateur de la ville, l'autre était la première enseignante de Broward County. La maison, qui connut au fil du temps plusieurs agrandissements, est aujourd'hui un site historique abritant un musée fascinant que vous pourrez découvrir lors d'une visite guidée.

MUSEUM OF DISCOVERY AND SCIENCE ★

401 SW 2nd Street ✆ +1 954 467 6637
www.mods.org
Ouvert du lundi au samedi de 10h à 17h, le dimanche de 12h à 17h. Adulte : 27 US$, enfant (2-12 ans) : 22 US$.

Le musée de la Découverte et des Sciences est l'un des plus vastes du genre en Floride. Ses deux étages offrent des collections consacrées à la Floride : paysages, histoire de l'eau, préhistoire... Ainsi que des expositions autour des sciences : simulateurs de vol, minéraux, grandes découvertes... S'y trouve aussi Great Gravity Clock, la plus grande sculpture à énergie cinétique de Floride. Bonus : chaque billet inclut le visionnage d'un documentaire 3D dans la salle IMAX.

© ROBERTO A SANCHEZ - ISTOCKPHOTO

Fort Lauderdale.

NAVAL AIR STATION FORT LAUDERDALE MUSEUM

4000 W Perimeter Road
✆ +1 954 359 4400
https://www.nasflmuseum.com
Ouvert le samedi et dimanche de 11h à 15h. Gratuit.

Ce petit musée ouvert se situe sur le site de l'ancienne station aéronavale de la ville, construite en 1942. Elle a été particulièrement active durant la Seconde Guerre mondiale. Le bâtiment n° 8, qui abrite dorénavant le musée, est la seule construction encore debout, et figure sur le registre national des lieux historiques. Vous pourrez y apercevoir un Link Trainer – simulateur de vol des années 1930-1950) et découvrir des expositions sur le thème de l'histoire aéronautique.

NSU ART MUSEUM ★

One E. Las Olas Boulevard ✆ +1 954 525 5500
http://nsuartmuseum.org
Du mardi au samedi de 11h à 17h, le dimanche de 12h à 17h. Adulte : 12 US$, jeunes (13-17 ans) : 5 US$, gratuit -12 ans.

Cet immense musée d'art fondé en 1958 appartient à la Nova Southeastern University (d'où son nom, NSU Art Museum). Il reçoit chaque année les plus grandes expositions internationales. On a ainsi pu y voir des œuvres de Dali ou des sculptures de Duane Hanson. Plus de 7 500 œuvres sont visibles à l'année, dont la plus importante collection américaine d'artistes du mouvement européen CoBrA (acronyme de Copenhague, Bruxelles et Amsterdam). Le musée présente également des œuvres modernes d'artistes cubains et latino-américains, dont Frieda Kahlo.

JUNGLE QUEEN RIVERBOAT ★

801 Seabreeze boulevard ✆ +1 954 462 5596
www.junglequeen.com
Lundi : 10h à 17h, mardi au dimanche : 10h à 18h30. Croisière de 90 min : 20,95 US$ (3-12 ans), 29,95 US$ (adulte).

Jungle Queen Riverboat propose deux types de croisières touristiques à bord d'un magnifique bateau de 1935. En journée, vous embarquez pour une balade de 90 minutes à la découverte de la baie de Fort Lauderdale et ses environs (départs à 12h et 14h30 selon le jour de la semaine). Le soir, vous profiterez d'une croisière touristique de 45 minutes avant de débarquer sur l'île de Tropical Island, où vous attendent un barbecue à volonté et un spectacle de variétés (magie, musique...). Puis retour à Fort Lauderdale de nuit (départ du mardi au dimanche à 18h).

SAWGRASS RECREATION PARK ★

1006 Highway 27 ✆ +1 888 424 7262
www.evergladestours.com
Ouvert tous les jours de 8h à 18h30. Départ toutes les 30 min de 9h30 à 17h. Adulte : 26,95 US$, 4-12 ans : 16,95 US$.

À seulement 25 minutes de route à l'ouest de Fort-Lauderdale, les grandes étendues d'herbe grasse du Sawgrass Recreation Park sont adaptées aux excursions en aéroglisseur et c'est ce qui est proposé ici. Vous pourrez ainsi découvrir la faune et la flore et avoir quelques sensations dans les zones dégagées où le bateau va à une plus grande vitesse. A voir également, un petit zoo de la faune locale avec alligators et reptiles et des expositions sur la faune et la flore. Prévoir 2 heures pour la visite complète. Une bonne alternative pour profiter des Everglades.

BALEARIA CARIBBEAN

Port Everglades
À partir de 200 US$ l'aller-retour par personne entre Port Everglades et Grand Bahama.

Et si vous profitiez de votre séjour en Floride pour faire une petite escale aux Bahamas ? La compagnie de ferries Baleria Caribeean effectue des allers-retours entre Port Everglades (le port de Fort Lauderdale) et la paradisiaque île de Grand Bahama, plusieurs fois par semaine. La traversée dure environ 3 heures. La compagnie dessert aussi les îles de Bimini, plus confidentielles. Comptez alors 2 heures de trajet. Nous vous conseillons de passer au moins trois jours sur place pour avoir le temps de profiter des nombreuses activités offertes par les Bahamas.

PORT EVERGLADES CRUISE

Eisenhower Boulevard
✆ +1 954 523 3404
www.porteverglades.net

Port Everglades est le troisième port du monde en terme de fréquentation, avec 3,9 millions de passagers en 2019. Il accueille 9 compagnies de croisières et un ferry de la compagnie Balearia qui fait la liaison avec deux iles des Bahamas en seulement 2 à 3 heures. Ce port a aussi pour avantage d'être seulement à 5 minutes de route de l'aéroport de Fort Lauderdale. Des navettes et taxis font la liaison entre les 2. Port Everglades dispose d'un parking à 15 US$ par jour. C'est plutôt intéressant en cas d'escapade de quelques jours dans la mer des Caraïbes.

B-CYCLE

✆ +1 754 200 5672
broward.bcycle.com
5 US$ les 30 minutes, 50 US$ maximum la journée.

B-Cycle vous propose la location de vélos électriques en libre-service sur tout le front de mer de Fort Lauderdale, et même à Lauderdale-by-the-Sea et Hollywood. Vous aurez la possibilité de payer en ligne ou directement sur place via une borne. C'est en fait le même système de location de vélos que les Vélibs à Paris, mais version électrique. L'application B-Cycle est très pratique pour localiser les bornes à proximité et le nombre de vélos disponibles. Une super manière d'explorer Fort-Lauderdale et ses environs tout en éviter de s'embarrasser d'une voiture.

FORT LAUDERDALE COMMUNITY SHUTTLE

✆ +1 954 761 3543
Gratuit. Cinq lignes dont quatre fonctionnant du lundi au vendredi.

Anciennement connu sous le nom de Sun Trolley, ce service de navette gratuit offre cinq lignes pour parcourir Fort-Lauderdale. Trois lignes sont particulièrement pratiques : la *Beach Link* - la plus populaire - fonctionne 7 jours/7 le long de la plage. *Las Olas Link* dessert le principal boulevard commerçant de la ville, le week-end uniquement. Enfin, la *Downtown Link* rallie les principaux points d'intérêt du centre-ville. La navette circule toutes les heures environ.

RIVERWALK WATER TROLLEY

Riverwalk North
✆ +1 954 761 3543
En service tous les jours de 10h à 22h. Le temps d'attente à chaque arrêt est d'environ 20 minutes. Gratuit.

Ce bateau-bus dessert la New River dans le centre-ville de Fort Lauderdale. Il marque 8 arrêts le long des rives nord et sud de la rivière. Les piétons ont ainsi un accès facile aux différents points d'intérêt du centre mais aussi aux boutiques, restaurants, bars et autres lieux de sortie. Vous profiterez également de points de vue inédits sur les buildings et les superbes villas qui bordent la New River. En bonus : le capitaine vous contera quelques anecdotes durant la traversée. Pratique, insolite, gratuit : aucune raison de s'en priver !

WATER TAXI

✆ +1 954 467 6677
watertaxi.com
Tous les jours de 10h à 22h. Pass journée : 35 US$ (12 ans et +), 15 US$ (5 à 11 ans). Pass soirée (dès 17h) : 20 US$.

Fort Lauderdale est surnommée « la Venise de l'Amérique », alors quoi de mieux que de circuler sur l'eau ! La compagnie Water Taxi offre deux lignes. La *Fort Lauderdale Route* dessert dix arrêts avec un bateau toutes les 35 à 45 minutes. La *Hollywood Express Route* part de Fort Lauderdale jusqu'au sud de la ville d'Hollywood (au niveau du complexe hôtelier de Margaritaville). Comptez trois heures si vous souhaitez faire la totalité de la *Fort Lauderdale Route*. Le billet journée permet de circuler toute la journée en illimité sur les deux lignes.

4145 BY THE SEA €€

4145 Bougainvilla Drive
✆ +1 754 7153479
www.stayat4145.com
Chambre double à partir de 125 US$. Parking gratuit.

Après Lille et Bordeaux, c'est dans la dynamique ville balnéaire de Lauderdale-by-the-Sea que Marjorie, Nicolas et leurs enfants ont débuté leur aventure en Floride. Ils vous invitent à découvrir leur charmant hôtel de 7 chambrres au charme rétro. Toutes ont en commun une ambiance douce et apaisante, et 5 d'entre elles sont équipées d'une cuisine. Vous pourrez aussi vous détendre sur le patio et profiter du barbecue. Mention spéciale pour la situation idéale : la plage est à 200 mètres et les commerces et restaurants animés du centre-ville à 10 minutes à pied.

SONESTA FORT LAUDERDALE BEACH €€

999 North Fort Lauderdale Boulevard
✆ +1 954 315 1460
Chambre double à partir de 178 US$. Wifi gratuit. Piscine.

Installé juste en face de la longue et belle plage de Fort Lauderdale, cet hôtel moderne de la chaîne Sonesta dispose de 240 chambres récemment rénovées, dont 24 suites lumineuses et fonctionnelles qui ont toutes vue sur la mer. Sur place, le restaurant Steelpan propose une bonne cuisine de type floridienne tendance caribéenne avec vue sur la plage. Parmi les autres commodités : un accès privé à la plage, un club de fitness et une piscine extérieure. Un très bon rapport qualité-prix.

VILLA VENEZIA €€

132 Isle of Venice Drive
+1 954 832 0981
www.villa-venezia.com
À partir de 115 US$ la nuit. Logements pour 2 à 5 personnes. Piscine.

Dans une petite rue calme d'Isle of Venice, en plein quartier résidentiel et cossu de Fort Lauderdale, ce petit établissement propose des chambres et appartement cosy, clairs, spacieux et très bien équipés. La décoration est floridienne, sans être *kitsch*. Les appartements disposent d'une cuisine complète (micro-ondes, four, frigo, machine à café), de quoi vous sentir chez vous. Pour vous rafraîchir, une petite piscine est à disposition. Une belle affaire pour des vacances tranquilles, non loin de Miami et à 20 minutes de la plage de Fort Lauderdale.

THE PILLARS HOTEL €€€

111 North Birch road
+1 954 467 9639
www.pillarshotel.com
Chambre double à partir de 350 US$. Wifi gratuit.

Un havre de paix au cœur de la Venise américaine ! Bienvenue dans ce boutique-hôtel de style old British, au cœur d'un jardin tropical. Les chambres sont douces et élégantes, certaines avec vue sur la piscine ou sur la New River. Ce *Small Luxury hotel of the world* offre un service sur mesure qui s'apprécie jusque dans la cuisine, avec un chef qui cuisine *fresh and healthy*. Le restaurant est d'ailleurs seulement accessible aux clients et aux membres du club sélect géré par l'hôtel. Vous apprécierez baigner dans le calme et la sérénité de ce cadre paradisiaque.

LESTER'S DINER €

250 State road 84
+1 954 525 5641
https://lestersdiner.com
Ouvert 24h/24. Plat à partir de 7,99 US$.

Depuis 1958, ce diner américain des plus typique remplit les panses des Floridiens avec de grandes portions de frites croustillantes à souhait… Les œufs Bénédicte sont un régal, tout comme l'un des nombreux desserts maison. Particularité : le petit déjeuner est servi pendant 24h, des horaires très souples qui attirent les locaux, les clubbers, les fonctionnaires… Mention spéciale pour le café servi à volonté dans des mugs de 400 ml ! Bref une atmosphère conviviale, animée par un personnel tout aussi sympathique et rapide. Le rapport qualité/prix est très bon.

O-B HOUSE €

333 Himmarshee Street
+1 954 530 7520
www.o-bhouse.com
Du mardi au jeudi de 9h à 13h25, du vendredi au dimanche jusqu'à 14h25. Plat à partir de 15 US$.

La particularité de ce petit restaurant au cadre *cosy* et à l'agréable jardin ombragée en plein centre-ville, c'est de servir le petit déjeuner tout au long de la journée. Pas mal pour les lève-tard ! Au programme, de délicieuses omelettes aux recettes variées mais aussi de très bons gâteaux. Mais la spécialité, ce sont les pancakes cuits au four ! Mention spéciale pour celui aux myrtilles et noix de pécan de Floride. Au déjeuner, grandes salades, petits plats cuisinés et sandwichs raviront les affamés. Un soin particulier est accordé à l'origine des produits.

CAFE SEVILLE €€

2768 East Oakland Park boulevard
+1 954 565 1148
www.cafeseville.com
Lundi au jeudi de 17h à 22h, jusqu'à 22h30 vendredi et samedi. Fermé le dimanche.
Plat principal à partir de 30 US$.

On devinera facilement à son nom que ce restaurant à la façade plutôt quelconque propose des plats typiquement espagnols, et c'est une vraie institution depuis plus de 20 ans ! Au menu, une large sélection de plats : paellas, gaspacho andalous, poulet à la Sévillane… ainsi que des tapas à partager. Ne soyez pas surpris si votre serveur vous apporte un tableau blanc avec des plats ne figurant pas sur le menu ! De quoi compliquer un choix déjà cornélien… La carte des vins est remarquable et maintes fois primée ; l'ambiance chaleureuse et méditerranéenne.

CASA SENSEI €€

1200 E Las Olas Blvd STE 101
+1 954 5304176
https://casasensei.com
Lundi : 16h-22h30, mardi/mercredi : 11h30-22h30, jeudi au samedi : 11h30-23h30, dim : 11h30-22h30. Plat : 25 US$ env.

Au cœur de Fort-Lauderdale, installez-vous dans la salle aux tonalités boisées et végétales ou en terrasse avec vue sur les gondoles voguant sur le canal Himmarshee. Vous dégusterez une cuisine créative et élégante savamment présentée, aux influences pan-asiatiques et latines. Coup de cœur pour le steak coréen Chimichurri, la viande marinée est tendre et savoureuse. La carte propose aussi de généreux sushis, un pad-thaï ou du saumon grillé. Insolite, le *dog menu* pour nos amis à 4 pattes. Le premier week-end du mois, place au Rock'n'roll Brunch avec musique live.

CASABLANCA CAFE €€

3049 Alhambra street
✆ +1 954 764 3500
www.casablancacafeonline.com
Ouvert du dimanche au jeudi de 8h30 à 22h, jusqu'à 23h le vendredi et samedi.
Plat à partir de 14,95 US$.

Dans un bâtiment sorti de terre en 1927, le Casablanca Cafe fait presque office d'OVNI parmi les grands immeubles de la rue Alhambra. Ce restaurant fusion mélange des influences venues d'Asie, d'Afrique du Nord et des Caraïbes pour des plats originaux aux saveurs variées. L'architecture est de style marocain et le cadre, avec la vue sur l'océan est très agréable. Une très bonne adresse, idéale pour un dîner en tête-à-tête. Les concerts de jazz et le piano bar les soirs, rendent l'endroit particulièrement romantique. L'*happy hour* est aussi très attractif !

VOO LA VOO CAFE €€

2430 NE 13th Avenue ✆ +1 754 200 5285
https://www.voolavoocafe.com
Ouvert du lundi au vendredi de 7h30 à 15h.
Samedi et dimanche de 7h30 à 16h.
Plat à partir de 13 US$.

Le nom nous fait sourire, il se prononce « voulez-vous » avec un petit accent américain. Le côté Frenchy se poursuit dans l'assiette : la spécialité, c'est la crêpe ! Rien de surprenant quand on sait que la gérante Sylvie Le Nouail est bretonne ! On la déguste en version salée comme la Ratatouille ou la Chicken Béchamel, ou en version sucrée ultra gourmande à l'image de la Red Velvet (ganache chocolat, fraise, glace à la vanille, amandes caramélisées, coulis de fruits rouges et crème fouettée). La terrasse ombragée est très agréable et l'ambiance chaleureuse.

RIVERWALK

400 South West 2nd street
www.goriverwalk.com

Riverwalk est une promenade longue de 4 kilomètres qui suit le cours de la New River, au cœur de Fort Lauderdale. C'est finalement un complexe commercial et de loisirs en plein air composé de bars, de restaurants et de cinémas. Les œuvres d'art disséminées tout du long et sa position au bord de l'eau lui octroie beaucoup plus de charme qu'un simple centre commercial. Vous pourrez y arriver en *Riverwalk Water Trolley* ou vous amarrer devant, si vous disposez d'un bateau. Le Riverwalk est particulièrement fréquenté le week-end.

STACHE DRINKING DEN + COFFEE BAR

109 SW 2nd Avenue
✆ +1 954 449 1044
https://stacheftl.com
Café : du lundi au vendredi de 9h à 17h.
Club : vendredi et samedi de 21h à 4h du matin.

Ce bar est un ***speakeasy***, à savoir un bar caché, comme au temps de la prohibition aux USA. Vous verrez donc écrit à l'entrée « Himmie Health Club », mais vous êtes bien à la bonne adresse ! À l'intérieur, une grande salle aux hauts plafonds et à la déco *vintage* vous attend mais aussi plusieurs petits salons à l'ambiance plus intime. Le bar est particulièrement impressionnant avec son grand mur de bouteilles joliment éclairé. Bonne programmation de concerts et de DJ en fin de semaine.

THE WRECK BAR

1140 Seabreeze Blvd
✆ +1 954 245 3836
Du mercredi au samedi de 18h à 2h, le dimanche de 11h à 3h.

Nos pas nous mènent au B Ocean Resort, un hôtel insolite des années 1950 dont la silhouette évoque avec réalisme celle d'un paquebot. À l'intérieur se niche le tout aussi singulier Wreck Bar, dont la décoration toute en bois reconstitue celle d'un galion espagnol. Un vaisseau qui aurait coulé si on en croit la vue sur les fonds marins offerts par les hublots. L'illusion est totale car il s'agit d'aquariums dans lesquels nagent poissons et... sirènes ! Le bar est en effet célèbre pour ses *Mermaid Shows* organisés plusieurs fois par semaine. Une expérience unique !

LAS OLAS BOULEVARD

Las Olas Boulevard
✆ +1 954 258 8382
https://lasolasboulevard.com

C'est l'avenue principale de Fort Lauderdale. Longue de 17 *blocks*, située au œde Downtown, elle regroupe près de 120 boutiques, une soixantaine de restaurants dont de très bonnes adresses, des galeries d'art, mais aussi des musées, des boites de nuit, des spas et un théâtre. On peut dire que la quintessence de Fort Lauderdale est rassemblée ici. Côté pratique, Las Olas est notamment desservie par la navette gratuite de la ville le Water Taxi. Terminez votre séance shopping par une virée à la plage de Las Olas Beach, à l'extrémité du boulevard.

SAWGRASS MILLS

12801 West Sunrise boulevard
✆ +1 954 846 2300
www.sawgrassmills.com
Ouvert du lundi au samedi de 10h à 21h, le dimanche de 11h à 20h.

C'est un des plus grands *malls* du sud de la Floride. Même sans faire toutes les boutiques, on passe facilement une journée entière à déambuler dans les diverses allées. Toutes les grandes enseignes américaines et de nombreuses boutiques étrangères sont ici concentrées : Guess, Calvin Klein, Aeropostale, Americain Apparel, Levis, Gap, Fossil, Nike, Puma, Adidas, Victoria's Secret, Tommy Hilfiger... Certains sont des *outlets* c'est-à-dire qu'ils proposent des prix plus bas que dans les boutiques normales de la même marque. De quoi faire de bonnes affaires !

THE GALLERIA

2414 East Sunrise Boulevard
✆ +1 954 564 1015
www.galleriamall-fl.com
Ouvert de 11h à 20h, le dimanche de 12h à 18h.

C'est l'un des principaux centres commerciaux de Fort Lauderdale. D'inspiration méditerranéenne, il compte plusieurs grandes enseignes américaines comme Dillards et Macy's. Au total, une centaine de boutiques et plusieurs bonnes tables comme Capitale Grille, Seasons 52 ou P.F. Chang's vous attendent à The Galleria, ainsi qu'un vaste *food court* comme c'est la tradition dans les centres commerciaux américains. Il est situé à 12 kilomètres de l'aéroport, pratique pour un session shopping de dernière minute si vous partez de Fort Lauderdale.

BROWARD CENTER FOR THE PERFORMING ART

201 South West Fifth avenue
✆ +1 954 522 5334
www.browardcenter.org
Les horaires et les tarifs évoluent au fil de l'année en fonction des représentations.

Ce complexe situé dans Downtown se compose de deux salles : l'Au-Rene Theater (2700 places) et l'Amaturo Theater (600 places). Les scènes du Broward Center for the Performing Arts se sont multipliées pour faire honneur au théâtre, à la danse, à l'opéra et aux sons et lumières philharmoniques. L'Au-Rene Théâtre programme notamment de nombreuses comédies musicales, parmi les meilleures de Broadway. Trois restaurants vous accueillent pour diner ou boire un verre avant le spectacle.

DELRAY BEACH ★★

Située au nord de Palm Beach et au sud de Fort Lauderdale, Delray Beach est une très agréable ville en bord de mer avec une très belle plage de sable fin et un vrai centre à l'européenne qui s'articule autour de son avenue principale.
Vous y trouvez un grand nombre de bars et de restaurants de qualité avec terrasse. C'est l'idéal pour passer une belle soirée au calme et dans un cadre élégant car Delray est une ville plutôt chic. Pour vous en assurer, regardez les voitures de marque qui défilent en permanence sur l'avenue principale.

© FELIX MIZIOZNIKOV - SHUTTERSTOCK.COM

Delray Beach.

ALOFT DELRAY BEACH €€

202 SE 5th Avenue
✆ +1 561 469 0550
Chambre double à partir de 140 US$. Piscine.

Cet hotel au style contemporain et industriel a ouvert ses portes en 2019 dans le quartier de Downtown Delray, plus précisément dans le SOFA District. Les chambres évoquent un esprit loft qui change de l'ambiance que l'on voit habituellement dans les villes balnéaires. Dans le même esprit, le W XYZ®, le bar et restaurant de l'hôtel, vous attend pour une pause cocktail ou un repas décontracté composé de tacos, salade ou burger à prix raisonnables. La piscine est également très agréable. En bref, un pied à terre parfait pour profiter de la ville et de la plage.

CITY OYSTER & SUSHI BAR €€

213 E. Atlantic Avenue
✆ +1 561 272 0220
cityoysterdelray.com
Ouvert du dimanche au jeudi de 11h à 22h, jusqu'à 23h le vendredi et samedi. Sushis à partir de 14,50 US$.

Un restaurant au cadre élégant - coup de cœur pour les canapés rayés noirs et blancs - et un menu de rêve pour les amateurs d'huîtres et de sushis frais et généreux. C'est en effet essentiellement ces deux mets que vous trouverez au menu, à déguster accompagnés d'un verre de verre soigneusement choisi (la sélection est impressionnante !). Les pains, desserts et pâtes sont préparés artisanalement dans l'atelier situé au-dessus du restaurant. Pour profiter de l'ambiance de l'avenue, installez-vous sur l'agréable terrasse illuminée en soirée.

DELRAY BEACH MARKET €€

33 E 3rd Avenue
✆ +1 561 562 7000
https://www.delraybeachmarket.com
Ouvert du dimanche au jeudi de 8h à 22h, le vendredi et le samedi jusqu'à 23h.

Avec ses 14 000 m2 répartis, le Delray Beach Market est le plus *grand food hall* de Floride ! Les amateurs de gastronomie pourront faire leur choix parmi les 23 enseignes gourmandes. Cuisine asiatique, espagnole, italienne, péruvienne, mexicaine, américaine... C'est presque un tour du monde gastronomique qui est proposé dans un cadre incroyable : un vaste entrepôt industriel à l'ambiance tropicale décoré de néons. Outre les adresses *food*, on y découvre quelques boutiques dont un fleuriste, un savonnier artisanal et une marque d'accessoires de surf.

ARTS GARAGE

94 NE 2nd Avenue
✆ +1 561 450 6357
artsgarage.org
Les tarifs et horaires varient selon la programmation.

Ce complexe culturel très accessible est installé dans un grand entrepôt réaménagé avec une scène principale, le Stuart & Shelby Theatre. Il propose des spectacles alternatifs et variés tout au long de l'année : slam, flamenco, hip-hop, percussions... propulsés par des acteurs, danseurs et musiciens connus ou émergeants. Vous trouverez un bar pour boire un verre avant ou après le show. Le site accueille également la Marshall Family Foundation Gallery, une salle d'exposition qui présente des tableaux d'artistes locaux. Son accès est libre et gratuit.

PALM BEACH ★★

Palm Beach est une île très cossue, reliée à West Palm Beach par deux ponts. West Palm Beach est une belle commune aux airs de village avec des commerces, des restaurants, des bars à tarifs accessibles... Elle est très différente de l'île de Palm Beach, réputée pour ses boutiques de luxe, ses somptueuses demeures, ses voitures de marque à tous les coins de rue et sa centaine de golfs. Venir y passer la journée pour démystifier sa réputation est un passage obligé, mais de là à y séjourner, il faudra avoir les moyens.

Histoire

La légende veut que ce soit après le naufrage d'un navire espagnol rempli de noix de coco, vers la fin du XIXe siècle, que de nombreux palmiers ont commencé à pousser le long de cette bande de sable blanc. Puis le richissime Flagler, magnat du chemin de fer en Floride et personnage incontournable du développement touristique de l'État, est tombé sous le charme de ce coin paradisiaque. Il l'a baptisé Palm Beach en même temps qu'il a érigé le premier hôtel de la ville, le Poinciana, dans les années 1880. Puis la station balnéaire est devenue l'une des plus huppées de tous les États-Unis, destination hivernale des riches et influentes familles américaines, comme les Kennedy, les Pulitzer, les Trump et autres Rockefeller.

Sports / Loisirs

La côte du comté de Palm Beach est la région idéale pour faire de la plongée sous-marine. Les amateurs seront séduits par la faune et la flore aquatiques de cette région, l'une des plus belles de la côte est. Les eaux marines de Palm Beach, uniques parce que situées à la rencontre des eaux du nord et de celles des Caraïbes, offrent un grand choix d'aventures aquatiques avec des coraux aux couleurs uniques, cinq espèces différentes de tortues marines, des pieuvres, des requins et de nombreuses variétés de plantes tropicales et de poissons multicolores. La présence du Gulf Stream rend la température de l'eau agréable toute l'année. Vous pourrez sans effort accéder aux sites les plus magnifiques de la région, et nombreux sont les récifs qui parsèment la côte et la dotent d'un aspect mystérieux.

L'une des plus belles épaves est celle du *SS Princess Anne*, un navire long de 122 mètres construit en 1933 et coulé dans les années 1990. Il est aujourd'hui encore intact. Toutes les épaves de vaisseaux offrent des possibilités de plongée intéressantes et attirent dans la région de nombreuses écoles de plongée sous-marine.

Récifs les plus connus :

▶ **The Ranch.** Il mesure entre 21 et 25 m. Cette saillie de calcaire est parsemée de crevasses et on peut y découvrir de nombreuses anguilles qui y ont élu domicile. Des poissons et des tortues de mer ont leurs habitudes dans le coin.

▶ **Loggerhead Reef.** Ce récif mesure entre 16 et 21 m. Détachés du récif, des gros rochers à la forme arrondie permettent de l'identifier facilement, de même que la plus grande partie de décombres à l'ouest.

▶ **Rio Jobe Reef.** Récif spectaculaire d'environ 20 à 27 m, avec 4,50 à 6 m de relief torturé fait de crevasses et d'éboulements successifs. Il offre une multitude de recoins cachés qui abritent une vie marine intense. Langoustes, murènes, poissons tropicaux s'y sont réfugiés, et il faut se frayer un passage entre ces nombreux habitants pour pouvoir voir le récif !

▶ **The Cave.** Il mesure entre 36,50 et 49 m. C'est un récif traversé par un tunnel naturel d'environ 70 m, dont on aperçoit chacune des deux sorties. Une multitude d'énormes poissons colorés et de langoustes habitent ce lieu où l'on pourra même apercevoir des requins et des raies.

▶ **Northwest Doubles-Shark Dive.** Ce récif de 27 m, marqué par une grande fissure, est un repaire de requins. Les poissons tropicaux abondent également dans ce site impressionnant.

▶ **Rockpiles.** Récif artificiel, long de 33,50 m et aujourd'hui recouvert de divers coraux, il attire de nombreux habitants de l'océan, poissons et tortues.

FLAGLER MUSEUM ★

Cocoanut Row, Whitehall way
✆ +1 561 655 2833
www.flaglermuseum.us

Du mardi au samedi de 10h à 17h et le dimanche de 12h à 17h. Adulte : 26 US$, 6-12 ans : 13 US$. Gratuit pour -5 ans.

L'exceptionnelle maison du millionnaire Flagler, construite en 1902, est monument historique. C'est l'une des plus riches et des plus belles maisons privées des USA, elle contient de vastes salons rappelant la splendeur des années 1920. Henry Flagler était un homme d'affaires qui a cru tôt au potentiel touristique de la Floride ; il permit le développement du tourisme sur place en faisant construire des chemins de fer à travers l'Etat et même jusqu'à Key West ! C'est pourquoi Flagler est considéré comme l'un des « pères de Miami » et le fondateur de Palm Beach.

LION COUNTRY SAFARI

2003 Lion Country Safari road
✆ +1 561 793 1094
www.lioncountrysafari.com

Ouvert tous les jours de 9h30 à 17h30. Adulte : 41 US$, enfant (3-9 ans) : 31 US$. Prévoir 4 heures pour la visite.

Sur ces 500 acres de vie sauvage, on trouvera animaux, jeux en tout genre, promenades et émotions fortes. On y part en safari durant 6,5km dans sa propre voiture, à la libre découverte des 1 000 espèces animales qui y vivent. Afin d'en voir le plus possible, il est recommandé de venir par temps de pluie ou le matin. Le billet inclut aussi l'accès aux attractions d'Adventure Park. Le KOA Camping est également disponible pour ceux qui voudraient dormir sur place. Une escapade qui vous permettra de profiter pleinement de la plus grande réserve de lions de Floride.

Palm Beach.

NORTON MUSEUM OF ART ★

1451 South Olive avenue ✆ +1 561 832 5196
www.norton.org
Lundi, mardi et samedi de 10h à 17h.
Vendredi : 10h-22h. Dimanche : 11h-17h.
Adulte : 18 US$. Gratuit -12 ans.

Un intéressant musée qui dispose d'une collection riche et variée. La section Américaine présente peintures et sculptures des XIXe et du XXe siècle retraçant l'histoire du pays. Celle consacrée à l'art Européen du XVe au XXe siècle présente des grands maîtres, de Gauguin à Chagall. Le musée est également en possession d'une belle collection de photographies. La section consacrée à l'art chinois présente un panel d'œuvres des différentes périodes. Découvrez enfin une section dédiée à l'art contemporain. Le musée est aussi actif côté expositions temporaires.

THE CHESTERFIELD HOTEL €€

363 Cocoanut Row
✆ +1 561 659 5800
www.chesterfieldpb.com
Chambre double à partir de 330 US$. Piscine.

Cet hôtel évoque le charme des vieux manoirs anglais dans un écrin méditerranéen du début du XXe siècle. Les chambres et les suites, toutes uniques, sont décorées avec goût. Les dîners sont exquis et le *tea time*, de 12h à 16 h, n'est jamais oublié. Pour un bon cocktail, rendez-vous dans le Leopard Lounge où il y a souvent de la musique *live* en début de soirée. Prenez le temps d'observer le plafond de la salle du restaurant et ses décorations peintes à la main. L'endroit est à quelques mètres des musées, des boutiques et de l'océan. Un hôtel exceptionnel.

MANGO INN BED & BREAKFAST €€

128 North Lakeside Drive
✆ +1 561 533 6900
https://www.mangoinn.com
Chambre double à partir de 149 US$. Piscine, petit-déjeuner et parking gratuits.

Si vous souhaitez séjourner dans les environs de Palm Beach sans débourser plusieurs centaines de dollars, le Mango Inn B&B est une excellente option. Cette charmante bâtisse de 1905 accueille sept chambres chaleureuses et colorées, complétées par quatre autres situées dans un cottage privatif et dans la *Little House* attenante. Coup de coeur pour le jardin calme et arboré doté d'une agréable piscine. Chaque matin, un délicieux buffet végétarien est proposé au petit-déjeuner.

COX SCIENCE CENTER & AQUARIUM

4801 Dreher Trail N
✆ +1 561 832 1988
www.coxsciencecenter.org
Du lundi au vendredi de 9h à 17h.
Samedi et dimanche de 10h à 18h.
Ticket adulte à 20,95 $.

© COX SCIENCE CENTER MUSEUM

Ce musée a pour objectif d'ouvrir les esprits aux sciences par le biais d'expositions interactives qui plaisent beaucoup aux petits comme aux grands. Il compte un planétarium, un aquarium, un parcours de golf miniature et un espace d'exposition qui présente l'écosystème des Everglades, un simulateur d'ouragan, une cinquantaine de casse-têtes... Chaque mois, il s'ouvre au public pour une nocturne. Vous ne pouvez pas le rater, il se trouve dans le parc Dreher à côté du zoo de Palm Beach.

BRAZILIAN COURT €€€

301 Australian Avenue
✆ +1 561 655 7740
www.thebraziliancourt.com
Chambre double de 539 à 1 439 US$. Piscine.

Le Brazilian Court propose une grande piscine, une salle de gym, un salon de coiffure de renom, un bon restaurant français (le Café Boulud dont le menu est élaboré par le grand Chef Daniel Boulud), une belle terrasse ensoleillée, un *beach club* privé, une bibliothèque... Ajoutez-y un personnel dévoué, une décoration soignée et des chambres infiniment confortables et vous obtiendrez une des meilleures adresses de Palm Beach. Ce n'est pas par hasard que Gary Cooper, Greta Garbo ou Marlon Brando y ont dormi : cet hôtel, construit en 1926, est sublime et a su le rester.

Rolls-Royce à Palm Beach.

PISTACHE FRENCH BISTRO €€

101 N Clematis Street ✆ +1 561 833 5090

www.pistachewpb.com

Lundi-jeudi (11h30-20h30), vendredi (11h30-21h30), samedi (11h30-14h30 et 16h30-21h30 (20h30 le dim). Plat dès 15 US$.

Un bistrot de style français avec une déco chaleureuse et rustique. Il donne sur la jolie place de West Palm Beach qui fait très village et on se croirait presque en France, d'autant plus qu'une partie du personnel est français. N'hésitez pas à leur demander des conseils de visite à West Palm et Palm Beach. Dans les assiettes, vous verrez défiler de bonnes spécialités *frenchies* parmi lesquelles la soupe gratinée aux oignons, le pâté de campagne ou les moules marinières. Accompagné, pour varier un peu, de *Mac and Cheese* à la truffe. Une bonne adresse en résumé !

THE BREAKERS €€€

One South County Road

✆ +1 855 430 3527

www.thebreakers.com

A partir de 695 US$ la chambre double. Piscines.

Cet hôtel de luxe est parmi les plus beaux des USA ! C'est le rêve absolu car on trouve tout sur place : cinq piscines face à la mer, des restaurants de qualité, un spa, un bar animé le soir... Construit à la fin des années 1890 sur une idée de l'industriel Henry M. Flagler, dans un style architectural inspiré de la Villa Medicis à Rome, The Breakers a des airs de musée tout en n'ayant subi aucun outrage du temps. Les chambres spacieuses et lumineuses sont décorées sobrement avec une touche floridienne. Un hôtel d'exception à tester au moins une fois dans sa vie.

THE PARISIAN €€

201 North US1

✆ +1 561 360 2224

www.theparisianrestaurant.com

Ouvert du lundi au samedi de 17h à 22h.
Plat à partir de 24 US$.

Ce restaurant semble tout droit arrivé de Paris avec sa grande salle de style brasserie chic respirant l'élégance. On comprend pourquoi : il a été fondé par un Parisien, Tarzi Benazzouz ! Vous pourrez découvrir de très bonnes spécialités de tout l'Hexagone. Certaines sont particulièrement demandées, comme par exemple le filet mignon ou le steak tartare. On trouve aussi des plats US comme le burger ou le poulet cajun. Pour accompagner votre repas, la carte des vins propose beaucoup de bons crus. En dessert, les profiteroles et la crêpe au caramel sont un *must*.

BUCCAN €€

350 South County Road ✆ +1 561 833 3450

www.buccanpalmbeach.com

Ouvert du dimanche au jeudi de 17h à 21h30, le vendredi et samedi jusqu'à 22h. Assiette à partager à partir de 16 US$.

C'est sans hésiter l'une des meilleures tables de Palm Beach ! Vous y dégusterez la cuisine américaine créative du chef Clay Conley à base d'ingrédients frais locaux. Les plats se présentent dans de petites assiettes à partager, une vraie bonne idée pour goûter à plusieurs saveurs : burrata italienne, falafels, ceviche de poisson... Mais la carte propose aussi des plats plus conséquents. De vraies compositions artistiques aussi belles pour les yeux que bonnes pour le palais ! Ambiance *cosy* et agréable. Buccan propose aussi des sandwiches à emporter le midi.

215 SPEAKEASY

1000 N Congress Avenue

✆ +1 561 921 7848

Ouvert du mercredi au samedi de 19h30 à minuit.

À West Palm Beach, le 215 Speakeasy est un bar caché dans un club pour adultes. Pour trouver l'entrée, il vous faudra chercher la lumière rouge... Créé sur le modèle des bars des années 1920 pendant la Prohibition, il est tenu par Vincent Toscano, un Français, qui prépare de délicieux cocktails ultra créatifs à la présentation soignée. Ici, pas de menu : le bartender vous concoctera un breuvage à partir de vos goûts. Surprise garantie, mais n'espérez pas obtenir la recette pour le refaire chez vous, car le secret restera bien gardé ! On recommande !

PALM BEACH OUTLETS

1751 Palm Beach Lakes Boulevard
✆ +1 561 515 4405
Ouvert du lundi au jeudi de 11h à 20h, le vendredi et samedi de 10h à 21h, le dimanche de 11h à 19h.

Cet agréable centre commercial à ciel ouvert compte une centaine de magasins dont beaucoup de grandes marques (Banana Republic, Kate Spade New York, Polo Ralph Lauren...). La plupart des magasins offrent des prix d'usine soit jusqu'à 70% moins chers que dans les boutiques habituelles. C'est notamment le cas d'Adidas, de Nike, de Levi's, de New Balance ou encore de Puma. Pas mal pour un shopping chic sans vous ruiner à Palm Beach ! Vous trouverez aussi sur place des cafés et restaurants pour vous ravitailler entre deux achats.

THE ROYAL POINCIANA PLAZA

340 Royal Poinciana Way
✆ +1 561 440 5441
www.theroyalpoincianaplaza.com
Ouvert tous les jours de 8h à 21h30.

Désigné par le célèbre architecte John Volk, ce haut lieu du shopping situé au coeur de Palm Beach a été fondé en 1957 et rénové en 2017. Autour d'une place fleurie et arborée ponctuée de fontaines et de palmiers, on flâne parmi boutiques de mode, de décoration, enseignes de luxe et galeries d'art. Reconnaissons que la plupart des enseignes ont des prix assez élevés, mais les boutiques sont si joliment aménagées qu'on se laisse tenter par un peu de lèche-vitrine.

WORTH AVENUE

Worth Avenue

La Worth Avenue fait le bonheur des amateurs de lèche-vitrines comme des promeneurs. Recouvrant quatre *blocks* de South Ocean Boulevard à Cocoanut Row sur Palm Beach Island, c'est l'une des plus magnifiques aires de shopping du monde. Worth Avenue allie l'ambiance exotique du Palm Beach subtropical, le chic cosmopolite de Manhattan et la célébrité resplendissante de Beverly Hills. Cette zone regroupe environ 200 boutiques, grands magasins, restaurants et galeries d'art. Une promenade à ne pas manquer, même si votre porte-monnaie est vide !

PGA NATIONAL RESORT €€€

400 Avenue of the Champions
✆ +1 800 863 2819
www.pgaresort.com
Chambre double à partir de 375 $.

© PGA NATIONAL RESORT

C'est l'un des complexes de golf les plus impressionnants des États-Unis. Construit dans les années 1980 et rénové récemment pour la bagatelle de 110 millions de dollars, cet établissement de 339 chambres et deux cottages compte six parcours de 18 trous... Mais on trouve également au PGA des terrains de tennis, une salle de gym, un croquet et un immense spa, ainsi qu'un espace enfant avec des jeux vidéo... en plus de deux excellents restaurants, une chocolaterie et un glacier ! Vous pouvez aussi venir pour le tournoi de golf international en février.

NARCOSIS DIVE COMPANY

200 E 13th Street
✆ +1 561 630 0606
narcosisdive.com
Lundi au vendredi : départ à 10h.
Samedi / dimanche : départ à 8h et 13h.
À partir de 105 US$ la sortie avec 2 plongées.

Ce club de plongée organise différentes sorties sur les principaux sites de plongée de Palm Beach, notamment au niveau des barrières de corail situées à 30 minutes de la marina. Durant la sortie, vous effectuerez deux plongées : deux récifs coralliens ou un récif et une épave. Si vous ne détenez pas de certification de plongée, vous pourrez participer à un programme de découverte encadré par un instructeur, qui se déroulera en même temps que la sortie classique. Ill est recommandé de réserver sa sortie à l'avance. Comptez 4,5 heures en mer.

CÔTE EST

CAPE CANAVERAL ★★

Le monde entier connaît Cape Canaveral. C'est ici qu'ont été entreprises les actions qui ont stupéfait le monde, comme les premiers pas de l'homme sur la Lune en 1969, diffusés jusque dans le Sahara. Cette longue bande de terre, aussi appelée Indian River, exerce depuis une fascination magique. Le Kennedy Space Center est en constante expansion afin d'offrir le meilleur à ses 3 millions de visiteurs annuels. Le site abrite aussi à son extrémité un grand sanctuaire d'oiseaux, une zone d'une diversité écologique complexe et merveilleuse.

Histoire

Dans les années qui suivent la Seconde Guerre mondiale, les progrès des fusées militaires américaines ne leur permettent plus d'être lancées du désert de l'Ouest. Le choix se porte donc sur une longue bande de terre de la côte est de la Floride. L'accord est entériné en juin 1949 par le président Truman. Dans les années 1960, alors que le centre est au point culminant de son activité, il existe plus de vingt pas de tir en fonction. En 1958, la National Aeronautics and Space Administration s'installe sur le site. Rapidement, les programmes Mercury et Gemini sont mis en place, et des satellites et engins spatiaux automatiques sont lancés pour explorer le système solaire. A la fin de l'année 1962, suite au célèbre discours du président Kennedy et à sa phrase « We choose to go to the Moon », les préparatifs commencent pour la construction du fameux pas de tir 39 d'où seront tirés les véhicules spatiaux *Apollo-Saturn V*. Plus tard, ce pas de tir sera transformé pour accueillir le Space Shuttle. A partir de 1989, il est réutilisé pour les vols réguliers de *Columbia*. Mais ce qui était alors une incroyable aventure s'est transformé en quelques dizaines d'années en un gouffre financier. Si le programme lunaire Apollo de la NASA a fait travailler jusqu'à 400 000 personnes dans les années 1970, les restrictions budgétaires et le ralentissement des commandes ont fait chuter le nombre de salariés du Kennedy Space Center à 1 800 en 2002.

A ce tableau économique, il faut ajouter les deux accidents majeurs qui ont mis un frein à de nouveaux lancements. En 1986, d'abord, lorsque la navette *Challenger* explose lors de son décollage, avec sept astronautes à bord, et devant les caméras du monde entier. Après de profonds remaniements techniques et de réorganisation interne, c'est la navette *Columbia* qui explose en février 2003 avec sept astronautes à son bord. Triste destin d'un Cap qui avait la vocation de multiplier les vols habités. Pour l'heure, ce sont les deux millions de visiteurs annuels qui font recette, en venant admirer au Cape Canaveral l'incroyable épopée de la conquête spatiale. En 2011, une page se referme lorsque est décidé l'arrêt d'envoi de navettes dans l'espace. Le 8 juillet *Atlantis* décolle donc pour la dernière fois avec à son bord quatre astronautes et atterrit le 21 juillet sur le sol de Floride. Les Américains n'enverront plus d'astronautes dans l'espace. Elle laisse des entrepreneurs privés prendre la relève... Pour l'instant !

En novembre 2011, suite à la disparition dans l'espace de la sonde russe Phobos-Grunt qui devait se poser sur Mars, la Nasa annonce qu'elle va envoyer son propre robot d'exploration, baptisé Curiosity, sur la planète rouge. Le 6 août 2012, Curiosity est donc envoyé sur Mars depuis Cape Canaveral. Sa mission : trouver des traces de vie sur cette planète méconnue. Muni de 6 roues et d'une dizaine d'instruments, il a parcouru 1 500 m en un an. Il n'a pas encore trouvé de traces de vie sur Mars mais des éléments intéressants sur le passé de cette planète. Les observations des multiples instruments de Curiosity ont ainsi permis de montrer qu'il y a eu un vaste lac pendant des millions d'années sur Mars. En 2020, la Nasa envoie sur Mars le Rover Perseverance pour poursuivre les explorations. Son retour sur Terre est prévu en 2033. La conquête spatiale continue avec le programme Artemis qui vise à envoyer à nouveau des Hommes sur la lune. En 2022, la navette Artemis 1 a passé une vingtaine de jours dans l'espace afin de tester les systèmes de navigation en prévision de la mission Artemis 2 qui emportera cette fois un équipage à son bord.

AIR FORCE SPACE & MISSILE MUSEUM

191 Museum Cir

✆ +1 321 853 9171

https://afspacemuseum.org

Ouvert du mardi au vendredi de 9h à 14h, le samedi de 9h à 17, le dimanche de 9h à 16h. Gratuit.

Ce musée se consacre à l'histoire de la conquête spatiale américaine depuis les années 1950 à nos jours. On peut y voir des fusées, des missiles ainsi que des photos d'archives. Le musée étant situé sur un site militaire, il est nécessaire de réserver une visite guidée. À l'heure où nous bouclons ce guide, ces visites sont temporairement suspendues, nous vous invitons donc à consulter le site. L'extension du musée, le *Sands Space History Center*, est gratuite et sans réservation.

CANAVERAL NATIONAL SEASHORE ★

South of New Smyrna Beach
✆ +1 321 267 1110
www.nps.gov/cana
Ouvert de 6h à 20h en été et de 7h à 18h en hiver. Entrée : 20 US$/voiture, 10 US$/piéton ou cycliste.

Ce site s'étend sur 24 miles le long de la côte est de la Floride, entre New Smyrna Beach et le Kennedy Space Center. La barrière d'îles, les plages et les lagons sont préservés et protégés pour leur beauté naturelle. Vous pourrez visiter le site en voiture, partir en randonnée archéologique et profiter d'un ensemble de visites guidées et de programmes éducatifs mis à votre disposition. Il est aussi possible d'y observer des lancements de fusée. Un camping est présent sur place.

GATEWAY

Inclus dans le billet du Kennedy Space Center.

Inaugurée en juin 2022, c'est la toute dernière attraction du Kenndy Space Center. Dans un immense bâtiment aux lignes futuristes, vous êtes invités à expérimenter un voyage dans l'espace. Au premier niveau, vous pénétrerez dans une vaste salle où sont exposés au dessus de vos têtes des vaisseaux tels que le *Booster SpaceX Falcon 9* et des répliques grandeur nature. Des écrans tactiles permettent d'en savoir plus sur 40 satellites présents dans l'espace. Vient ensuite le moment d'embarquer pour votre voyage spatial en 4D avec 4 destinations possibles. Immersif !

APOLLO / SATURN V CENTER ★★

Compris dans le prix du Kennedy Space Center.

L'histoire du programme Apollo entre 1961 et 1975 et de la conquête de la Lune par les Américains, ou comment se sont déroulés les premiers pas sur la Lune. Le lieu revient sur l'histoire de ces astronautes et l'évolution des technologies spatiales en plein milieu de la Guerre froide. Vous aurez la chance de voir l'impressionnante fusée qui a servi aux missions Apollo, exposée dans un grand hall. Ne manquez pas non plus la petite pierre en provenance directe de la lune, exposée sous verre. C'est le 2e et dernier stop du circuit en bus du Kennedy Space Center.

KENNEDY SPACE CENTER ★★★

Nasa Causeway ✆ +1 321 449 4444
www.kennedyspacecenter.com
Ouvert tous les jours de 9h à 17h.
Entrée générale : 57 US$ par adulte et 47 US$ par enfant de 3 à 11 ans.

Le Kennedy Space Center est composé de deux parties. À l'entrée, il y a les « attractions » à découvrir en autonomie : simulateur de vol, aire de jeux pour enfant, expositions, Rocket Garden où sont exposées de nombreuses fusées... Puis il y a la partie « centre spatial » que l'on visite obligatoirement en bus avec un arrêt aux deux principaux sites dont l'*Apollo/Saturne V Center* (inclus dans le prix). Il faut compter 2h30 en moyenne pour la visite des deux sites du centre spatial, parcours en bus compris ; c'est vraiment la partie la plus passionnante et la plus impressionnante du centre. Vous vous approcherez notamment de l'immense *Vehicule Assembly Building* floqué du logo de la NASA (où fut construite la navette Saturn V) et la base de lancement des fusées (NASA et Space X). D'ailleurs : sachez qu'il est possible que votre visite coïncide avec le lancement d'une navette spatiale ! Même s'il est fréquent que ceux-ci soit reprogrammés selon la météo. Le site du Kennedy Space Center propose ainsi en supplément du ticket d'entrée des billets pour assister au lancement depuis le Main *Visitor Complex* en bénéficiant de commentaires en direct. Il est possible de se rendre en autonomie sur l'un des 3 postes d'observation situés autour du Kenendy Space Center ou de consulter le programme des lancements depuis le site internet. Décollage ou non, nous vous conseillons absolument d'y passer la journée tellement les découvertes sont passionnantes. Vous trouverez aussi 3 boutiques et 5 points de restauration.

© CELSODINIZ

CÔTE EST

ASTRONAUT ENCOUNTER ★

Compris dans le prix du Kennedy Space Center.

Rencontrez des astronautes retraités et écoutez-les raconter des anecdotes sur leurs missions et leur vie dans l'espace. C'est l'occasion unique de leur poser des questions et de découvrir les êtres humains qui se cachent derrière toutes ces prouesses technologiques. L'intervention dure une quarantaine de minutes. Le site internet du Kennedy Space Center indique les astronautes qui seront présents le jour de votre visite. Les horaires disponibles sur place. Il est aussi possible d'obtenir un autographe dans la *Space Shop* à divers moments de la journée.

JOURNEY TO MARS : EXPLORERS WANTED ★★

Inclus dans le billet du Kennedy Space Center.

Pour savoir quels sont les futurs plans de la NASA, rendez- vous ici ! A travers ce show, vous découvrirez tout ce qu'il faut savoir sur l'exploration de la planète Mars. Grâce à une exposition interactive présentant les tout nouveaux prototypes de simulateurs et de capsules, vous en apprendrez également davantage plus sur la conquête de la planète rouge dans les années à venir, et même sur un futur retour sur la Lune. La salle inclut aussi des jeux. Prévoyez trente minutes.

EYES ON THE UNIVERSE : NASA'S SPACE TELESCOPE ★★

Compris dans le prix du billet.

Cette conférence animée en direct de l'Universe Theater vous permet de faire un voyage dans le temps et l'univers en visionnant les images enregistrées par le télescope Hubble. Vous profiterez ainsi d'une toute nouvelle vision de l'espace grâce à la technologie de pointe 3D 4K. Une expérience mémorable ! Il est préférable de consulter les hororaires de ce show lors de votre arrivée au Kennedy Space Cente. Les explications sont en anglais mais les images parlent d'elles-même !

ROCKET GARDEN ★

Compris dans le prix du Kennedy Space Center.

Un saut dans le passé et vous voilà dans ce jardin en train de découvrir les différentes fusées qui ont été envoyées dans l'espace depuis Cape Canaveral. Des noms mythiques à voir et même à visiter tels que Redstone, Atlas et Titan ou encore les navettes Mercury, Gemini et Apollo. Des visites guidées sont organisées plusieurs fois par jour pour vous conter les histoires de ces navettes iconiques (en anglais) mais vous pourrez aussi flâner seul dans le jardin. Vous vous sentirez tout petit face à la taille et la prestance de ces engins qui ont exploré l'espace.

HUBBLE SPACE TELESCOPE ★

Compris dans le prix du Kennedy Space Center.

La puissance du téléscope Hubble est ici reconstituée dans une exposition qui vous permettra de voir et de mesurer ce qui entoure la terre à savoir les étoiles, les planètes et les galaxies qui ont pu être observées grâce à cet œil surdimensionné. Hubble a été déployé dans l'espace pour la première fois en 1990 et il y est toujours aujourd'hui. C'est grâce à lui que l'on en apprend sur l'environnement spatial. La maquette du téléscope en taille réelle qui flotte au dessus de nous est impressionnante ! Vous pourrez ainsi l'observer sous toutes les coutures.

SHUTTLE LAUNCH EXPERIENCE ★

Compris dans le prix du Kennedy Space Center.

Ce simulateur de vol recrée les conditions d'un décollage d'une navette spatiale dans l'espace et sa mise en orbite. Plus vrai que nature, il vous fait ressentir les sensations des astronautes. Véritable bijou technologique, certains considèrent même qu'il est plus performant que le véritable simulateur d'entraînement des astronautes basé au Johnson Space Center. Émotions fortes garanties ! À noter : les jeunes astronautes doivent mesurer au moins 1,10 m pour participer à l'expérience.

SPACE SHUTTLE ATLANTIS ★

Compris dans le prix du Kennedy Space Center.

C'est sûrement l'attraction du Kennedy Space Center la plus impressionnante. Vous voilà dans l'authentique et imposante navette Space Atlantis qui est allée 33 fois dans l'espace, soit un total de 307 jours entre 1985 et 2011. D'un coût de 100 millions de dollars, cette attraction vous permettra, entre autres, de flotter comme dans l'espace et de vivre 60 expériences interactives comme si vous étiez dans la peau d'un astronaute. A ne pas manquer ! Si vous comprenez bien l'anglais, tendez l'oreille pour tenter d'entendre les explications des guides aux alentours.

MERRITT ISLAND NATIONAL WILDLIFE REFUGE

Merritt Island NWR

Toute l'année du lever au coucher du soleil. Visitor Center : mardi au samedi de 8h à 16h. Accès gratuit.

Sur une surface de 570km², le *Merritt Island National Wildlife Refuge* rassemble plus de 1000 espèces de plantes, 330 oiseaux, 31 espèces de mammifères, 117 espèces de poissons et 68 amphibiens. Nous vous conseillons de vous arrêter au Visitor Center pour en savoir plus sur les activités disponibles sur place. Le lieu est notamment prisé des randonneurs avec ses différents *trails*. Le *Black Point Wildlife Drive,* un auto-tour de 11 km, permet d'avoir un bel aperçu de la faune sauvage.

KENNEDY SPACE CENTER BUS TOURS ★

www.kennedyspacecenter.com

Inclus dans le ticket d'entrée du Kennedy Space Center. Horaires disponibles sur place.

Le bus est le seul moyen pour visiter le centre spatial lui-même. 1er arrêt : le centre de lancement LC 39 avec la tour d'observation, Observation Gantry, qui permet d'avoir une vue de premier choix sur l'énorme complexe de lancement. 2e arrêt : le centre Apollo/Saturn V Center où l'on comprend comment l'Amérique a conquis l'espace en pleine Guerre froide, après avoir admiré l'énorme fusée des missions Apollo. Vous pourrez prendre votre temps sur place car les navettes sont régulières.

LOST INN PARADISE €€

2902 S Atlantic Ave

✆ +1 321 783 4765

https://www.lostinnparadise.com

À partir de 150 US$ la nuit. Piscine.

Situé à une trentaine de minutes du Kennedy Space Center, ce charmant hôtel est situé face à la Banana River. Pratique, il se compose de 12 bungalows indépendants récemment rénovés. Tous sont agréablement décorés dans des tons clairs et très bien équipés, avec kitchenette. Mention spéciale pour les patios qui permettent d'observer les splendides couchers de soleil. Parmi les autres commodités : une piscine face à l'eau, un barbecue, des kayaks... La plage est aussi à deux pas. En bref, c'est un très bon point de chute sur la Space Coast.

GRILLS SEAFOOD DECK & TIKI BAR €

500 Glen Cheek Drive

✆ +1 321 868 2226

Ouvert du dimanche au jeudi de 7h à 22h, vendredi et samedi de 7h à 23h. Plat à partir de 12,99 US$.

Depuis 1997, ce restaurant spécialisé dans les fruits de mer est une référence à Cap Canaveral. Dans une ambiance relax, on déguste des plats généreux et gourmands comme des tacos de poisson, des burgers, des kebabs, du poisson grillé selon la pêche du jour ou encore de délicieuses crevettes panées à la noix de coco. La terrasse au bord de l'eau est particulièrement agréable pour admirer le coucher de soleil. Des événements live animent régulièrement les soirées. Une belle adresse !

SPACE SHOP AT KENNEDY SPACE CENTER

kennedyspacecenter.com

Cette immense boutique de près de 1400 m² rassemble la plus grande collection au monde de produits dérivés de la NASA ! C'est un passage obligé pour rapporter chez vous un souvenir de votre visite au Kennedy Space Center. Vous y trouverez notamment des mugs, des tee-shirts, des jouets pour enfants, des peluches, des pin's... Le choix est incroyable et toutes les missions Apollo et plus encore sont représentées ! Nous avons craqué pour une suspension de Noël à accrocher sur le sapin.

DAYTONA BEACH ★★

Daytona Beach se trouve sur une péninsule séparée de la terre ferme par la rivière Halifax. Elle est réputée pour son circuit mondial de Formule 1, berceau de NASCAR. Vous pourrez aussi vous balader dans le quartier historique de Beach Street et découvrir des boutiques plus charmantes les unes que les autres, ou encore flâner à la découverte des bateaux de Halifax Harbor Marina. Daytona Beach a connu ces dernières années une renaissance culturelle importante qui en fait une destination de qualité. Au sud, Daytona Beach Shores est une ville crée dans les années 1960. Vous y trouverez les meilleurs restaurants de fruits de mer de la région.

DAYTONA INTERNATIONAL SPEEDWAY ★★

1801 West International Speedway Boulevard
✆ +1 386 253 7223

Ouvert tous les jours. Visite guidée d'1h entre 9h30 et 15h : 25 US$ (adulte), 20 US$ (5 à 12 ans), gratuit -5 ans.

Connu pour être le plus grand circuit de courses du monde, le Daytona International Speedway accueille pendant huit week-ends par an des compétitions d'engins à moteur, parmi lesquels le NASCAR stock-cars, voitures de sport, motos et karts. Tous les mois de février, Daytona est LE lieu de rassemblement des fans de compétition. C'est du grand spectacle dans un site grandiose d'autant plus depuis qu'il a été agrandi et rendu encore plus confortable pour les spectateurs après de longs travaux. Il a donc fait peau neuve en 2016 après 400 millions de dollars de travaux ! Les festivités commencent avec la Rolex 24, la seule course d'endurance de voitures organisée au nord des Etats-Unis. Le week-end suivant, c'est la Bush Pole Qualifying pour désigner ceux qui participeront à Daytona 500, au Bush Clash et à ARCA 200. L'action continue avec le Gatorade 125-Mile Qualifying Race pour la Course internationale des champions, la Discount Auto Parts 2, la Gargoyles 300 et, enfin, la World's Greatest Race – la plus grande course du monde –, à savoir Daytona 500. Pour visiter le circuit, il faut obligatoirement faire une visite guidée d'une heure. Celles-ci permettent de découvrir les coulisses de ce lieu emblématique : on embarque sur un train à roulettes conduit par un guide qui vous présente le circuit ; vous vous arrêtez aux différents lieux les plus importants, explications à l'appui. C'est passionnant, même sans être un fan de courses automobiles !

HALIFAX HISTORICAL MUSEUM ★

252 South Beach street ✆ +1 386 255 6976
www.halifaxhistorical.org

Du mardi au vendredi de 10h30 à 16h30, le samedi de 10h à 16h. Adulte : 7 US$, -12 ans : 1 US$ (gratuit le samedi).

Ce musée d'histoire locale situé dans une ancienne banque construite en 1910 mérite un détour pour sa somptueuse architecture néo-classique. Il se consacre à l'histoire du Daytona Beach et ses environs, dont les villes d'Ormond Beach, Ponce Inlet et Port Orange. À découvrir : une collection éclectique et intéressante d'objets datant de la colonisation espagnole et britannique : plus de 10 000 photos d'époque, des ustensiles et bien sûr des voitures. Comptez 1h30 de visite.

LILIAN PLACE HISTORIC HOUSE ★

1000 S Peninsula Dr. ✆ +1 386 2564810
www.heritagepreservationtrust.org

Ouvert du mercredi au dimanche, visite guidée de 13h à 16h30. Adulte : 5 US$, gratuit pour les moins de 12 ans.

Construite en 1884, cette superbe maison victorienne de style italien et de couleur jaune est la plus ancienne maison de Daytona. Elle a été construite par les premiers habitants de la ville. Pour la petite histoire, elle serait hantée par une femme portant une robe blanche, prénommée Lucy… D'ailleurs, des événements sur le thème du paranormal sont souvent organisés dans la demeure. Une exposition temporaire propose une nouvelle thématique chaque mois. Une visite intéressante.

MUSEUM OF ARTS AND SCIENCES

352 South Nova Road ✆ +1 386 255 0285
www.moas.org

Lundi au samedi : 10h à 17h, dimanche : 11h à 17h. Adulte : 12,95 $, 6-17 ans : 6,95 $. Gratuit le 1er jeudi du mois.

Ce vaste musée abrite plusieurs départements totalement différents. On trouve ainsi la plus importante collection d'art cubain en dehors de Cuba, une collection d'art chinois ou encore d'art africain. Côté américain, c'est un intéressant parcours chronologique qui commence par le XVIIIe et s'achève par le XXe siècle avec une collection dédiée à la plus célèbre marque de soda américaine : Coca-Cola. Enfin si vous êtes en famille, ne manquez pas le planétarium. Prévoir 2,5h de visite.

PONCE DE LEÓN INLET LIGHTHOUSE AND MUSEUM ★★

4931 South Peninsula drive, Ponce Inlet
✆ +1 386 761 1821 - www.ponceinlet.org
Ouvert tous les jours de 10h à 18h, jusqu'à 21h en été. Adulte : 6,95 US$, enfant (3-11 ans) : 1,95 US$. Gratuit -2 ans.

Construit il y a 125 ans, ce phare de 53 m de haut est le deuxième plus grand phare des Etats-Unis. Il sert toujours à guider les marins vers la côte Atlantique. Situé à Ponce Inlet, ce phare abrite également le plus grand musée maritime de Floride, avec des expositions retraçant l'histoire maritime de la région et celle du phare lui-même. La montée en haut du phare vaut le déplacement pour une magnifique vue d'ensemble de la région, après une ascension de 203 marches tout de même.

WORLD'S MOST FAMOUS BEACH ★★

Plage accessible 24h/24. Pour rouler en voiture sur la plage : 20 US$ (février à novembre), gratuit le reste de l'année.

Cette immense plage de 37 km constitue l'attrait principal de Daytona Beach et fait le bonheur des amoureux du *farniente*. C'est l'une des seules plages des États-Unis où il est possible de circuler en voiture (16 km/heure au maximum). Outre lézarder sur le sable, vous pourrez construire des châteaux de sable avec les enfants, pêcher, marcher, courir pour les plus endurants, mais aussi surfer, naviguer, s'initier au jet-ski ou encore au *beach driving*.

BRUCE ROSSMEYER'S DAYTONA HARLEY-DAVIDSON

1637 N. US Highway 1 ✆ +1 386 671 7100
www.brucerossmeyer.com
Ouvert du lundi au samedi de 9h à 18h, le dimanche de 10h à 16h. Location de Harley-Davidson à partir de 199 US$/jour.

Cette immense concession Harley-Davidson est l'adresse de référence pour les motards désireux de se prendre au jeu d'explorer Daytona Beach en deux-roues ! Le showroom de plus de 10 000 m² en impressionnera plus d'un. Outre la vente de motos, une dizaine de modèles différents sont proposés à la location pour un à plusieurs jours. Également un nombre impressionnant de goodies en tout genre. Un incontournable de Daytona Beach depuis 1994, à découvrir sans faute !

MS. MAGGIE'S SOUTH COUNTRY INN €€

544 South Palmetto Avenue
✆ +1 386 281 3490
Entre 175 US$ et 235 US$. Petit déjeuner compris, parking gratuit.

Ce *Bed and Breakfast* situé dans une demeure historique dans le quartier de Downtown Daytona Beach offre quatre chambres confortables aux ambiances variées. Tout est pensé pour que vous passiez un séjour relaxant : jardin arboré, jacuzzi en plein air, sauna, barbecue... Mention spéciale pour le copieux petit-déjeuner maison. Depuis 2020, le B&B est tenu par Ms Maggie, qui vous réservera un accueil des plus chaleureux. De nombreux restaurants et boutiques sont accessibles à pied.

SHORELINE & CABANA €€

2435 South Atlantic avenue
✆ +1 800 217 3947
www.daytonashoreline.com
À partir de 135 US$. Piscine.

Sur un verdoyant domaine d'un hectare en front de mer, Shorelin Inn Suites & Cabana Colony Cottages offre 6 jolis cottages indépendants pouvant accueillir de 2 à 8 personnes. C'est l'option idéale pour des vacances en couple, entre amis et en famille. Les lieux aussi également 6 chambres, dont certaines avec vue mer. Tous les hébergements, décorés dans des couleurs claires, évoquent l'ambiance balnéaire. Vous pourrez profiter de services très agréables comme la piscine extérieure chauffée, le journal du matin livré à votre porte ou un barbecue.

DANCING AVOCADO KITCHEN (DAK) €

110 S. Beach Street
✆ +1 386 947 2022
https://www.dancingavocadokitchen.com
Ouvert du lundi au vendredi de 10h à 15h, le samedi de 9h à 15h. À partir de 9 US$.

Dans un cadre coloré, sur fond de déco hippie-reggae, vous mangerez des plats à base de produits frais et bio, dont certains sont destinés aux végétariens et aux vegans. Les recettes sont originales et délicieuses. A la carte : sandwichs, salades, soupes et plats rapides... Pour rire un peu, ne manquez pas d'observer la centaine de petits canards en plastique près de la caisse, ils sont tous colorés et différents, vous aurez sûrement envie d'en acheter comme souvenir insolite.

KALE CAFE JUICE BAR & VEGAN CUISINE €

116 N. Beach Street

✆ +1 386 872 5097

www.kalecafejuicebar.com

Ouvert du mardi au samedi de 11h à 18h, le dimanche de 11h à 15h. Plat à partir de 12 US$.

Dans une salle aux couleurs de la Jamaïque et au bon son reggae, vous dégusterez des spécialités jamaïcaines préparées à base de produits locaux frais. Tous les plats sont vegan. Sans oublier les jus de fruits préparés sur place et qui ont tous des vertus différentes, à choisir selon vos besoins du jour. Le patron Omar, un grand garçon 100 % rastamuffin made in Jamaica, sera ravi de discuter avec vous et de vous raconter son incroyable histoire. Très bonne adresse, cool et relax.

RONIN SUSHI AND BAR €€

111 W International Speedway Blvd

✆ +1 386 252 6320

https://roninsushibar111.com

Ouvert tous les jours de 16h à 21h. Comptez 25 US$ le repas. Happy Hour du lundi au jeudi de 16h à 19h.

Une bonne adresse pour manger japonais et troquer burgers et sandwichs contre de délicieux sushis et sashimis frais et préparés avec tout le savoir-faire nécessaire. L'ambiance est très agréable, tamisée et cosy. Si vous vous y arrêtez, essayez de savoir ce que veut dire Ronin, une petite histoire se cache derrière ce nom. Le service est rapide. Bon à savoir : vous pourrez déguster une sélection de sushis à prix réduit les mercredi et dimanche soir, et profiter de deux verres de saké, bière ou vin pour le prix d'un lors de l'*happy hour*.

OCEAN DECK €

127 South Ocean Avenue

✆ +1 386 253 5224

www.oceandeck.com

Ouvert tous les jours de 11h à 2h du matin. Plat à partir de 18,50 US$.

Un restaurant face à la plage qui est un prétexte pour s'amuser, écouter de la musique et boire un verre. Il y a toujours de l'ambiance, hiver comme été. En soirée, après quelques verres, il n'est pas rare que les clients se mettent à danser sur la musique du DJ. Côté nourriture, c'est un bon rapport qualité-prix même si la présentation est assez basique. A la carte, les spécialités sont les fruits de mer et le poisson. On vous recommande le plateau de fruits de mer Shipwreck avec huîtres, crevettes et pattes de crabe d'Alaska. Musique live tous les soirs.

ROSE VILLA RESTAURANT €€

43 W Granada Boulevard ✆ +1 386 615 7673

www.rosevillarestaurant.com

Ouvert tous les jours de 12h à 15h et de 16h à 20h30 (21h vendredi et samedi). Plat à partir de 14 US$.

Autrefois, cette maison de bois à la façade rose était un hôtel où les gens fortunés venaient s'encanailler discrètement. Aujourd'hui, on y déguste des plats typiques de la cuisine du sud des États-Unis, comme le poulet frit. A la fin du repas, ne manquez pas d'aller boire un verre dans le Speakeasy Bar, un bar caché derrière une bibliothèque au dernier étage et directement inspiré des bars cachés de l'époque de la prohibition. Vous pourrez y boire de l'absinthe dans un cadre très frenchy où même le zinc du bar vient de l'Hexagone. Une adresse très originale.

DOWN THE HATCH €€

4894 Front Street

✆ +1 386 761 4831

https://www.downthehatchseafood.com

Ouvert du dimanche au jeudi de 11h30 à 21h, vendredi et samedi de 11h30 à 22h. Plat à partir de 12 US$.

Situé en bordure de la Halifax River, ce restaurant très prisé par les locaux sert d'énormes portions de poissons frais et de fruits de mer. Des sandwichs et des hamburgers très bon marché sont aussi à tester. La vue est magique sur les bateaux de pêche et parfois même les dauphins, notamment le soir venu, au coucher du soleil. Veillez alors à réserver, car l'endroit est populaire. Bonus : le concert de musique live tous les soirs, et même deux fois par jour le dimanche. Une adresse généreuse et authentique comme on les apprécie !

THE CELLAR RESTAURANT €€

220 Magnolia Avenue

✆ +1 386 258 0011

www.thecellarrestaurant.com

Ouvert du mardi au dimanche de 17h à 22h. Plat à partir de 27 US$.

Voici une très bonne adresse si vous voulez manger dans un vrai restaurant italien. Le chef Sam Moggio a notamment travaillé à New York et en Italie. La présentation est raffinée, les sauces sont très bonnes et accompagnent très bien les différents plats. Toutes les pâtes sont préparées maison. La carte propose aussi osso bucco, plats de poissons, carré d'agneau... Idéal pour une soirée romantique ou calme entre amis. Belle sélection de vins. Insolite : le restaurant est situé dans la maison du vingt-neuvième président des États-Unis, Warren G. Harding (1865-1923).

BOOT HILL SALOON

310 Main Street
✆ +1 386 258 9506
boothillsaloon.com
Ouvert tous les jours de 11h à 2h du matin, jusqu'à 5h le samedi.

C'est le bar mythique de Daytona Beach. Vous y trouverez une vraie ambiance de bikers avec des motards ultra lookés et des concerts de groupes dans la lignée d'AC/DC ou ZZ Top. Pendant la *Biketoberfest* en octobre, autant vous prévenir, le bar est plein à craquer. Enfin, si vous n'êtes pas biker mais que vous avez un bon esprit, on vous acceptera sans problèmes. Nous, on y a passé une soirée mémorable alors qu'on n'a jamais conduit de moto et on vous encourage vivement à y aller ! Profitez-en pour déguster des *chicken wings* accompagnés d'une bière Bud bien fraîche.

GRIND GASTROPUB & KONA TIKI BAR

49 W Granada Boulevard ✆ +1 386 672 7277
https://www.grindgastropub.com
Lundi au jeudi de 11h30 à minuit, vendredi et samedi de 11h30 à 2h, dimanche de 10h à minuit. Plat à partir de 12 US$.

Dans un cadre hawaïen, un très grand bar extérieur et ses tikis attendent les fans de bières et cocktails variés. En cas de faim, les pizzas au feu de bois sont un régal, en particulier la pizza signature The Grinder au bœuf, *onion rings* et bacon fumé. À retrouver également en version burger ! Très bonne programmation de concerts en fin de semaine. Bon plan : le lundi, c'est *happy hour* toute la journée ! Une bonne adresse parfaite pour un bon *chill-out* comme disent les Américains.

THE OYSTER PUB

555 Seabreeze Boulevard
✆ +1 386 255 6348
http://oysterpub.com
Ouvert du dimanche au jeudi de 11h30 à 23h, vendredi et samedi de 11h30 à minuit. Plat à partir de 12,99 US$.

Un grand pub avec une dizaine d'écrans plats pour regarder les matchs de base-ball, de basket ou de football américain. On peut boire un verre et commander l'une des neufs spécialités d'huîtres, au prix du marché : cuites à la vapeur, grillées, frites, fourrées au crabe et aux crevettes… Si vous n'aimez pas les huîtres, vous trouverez des sandwichs, wraps, et différents plats rapides pour vous rassasier. Côté sucré, on se délecte de la tarte au chocolat et au beurre de cacahuète. L'ambiance est animée et vous discuterez facilement avec les locaux au bar.

BRUCE ROSSMEYER'S DAYTONA HARLEY-DAVIDSON

1637 N US Highway 1
https://www.brucerossmeyer.com
Ouvert tous les jours de 9h à 18h, le dimanche de 10h à 16h.

Bienvenue dans le temple de la Harley-Davidson ! Tout, ici, est tourné vers la moto américaine mythique. Dans ce grand complexe, vous pourrez en acheter, en faire réparer, en louer et bien sûr trouver tous les vêtements et accessoires liés à la marque sur place. Il y a même de très anciens modèles en exposition. On y trouve également des restaurants Harley pour les amateurs. Pour la petite anecdote, le magasin de Harley-Davidson que vous verrez est le plus grand du monde.

DAYTONA FLEA & FARMERS MARKET

1425 Tomoka Farms Road
✆ +1 386 253 3330
https://daytonafleamarket.com
Ouvert du vendredi au dimanche de 9h à 17h. Accès et parking gratuits.

Mondialement connu, le Daytona Flea & Farmers Market figure dans le top 5 des meilleurs marchés des États-Unis. Il comprend plus de mille stands qui vendent aussi bien des produits frais et locaux (légumes, agrumes, fruits…) que des antiquités (vaisselle, vestes de *bikers* en cuir, bijoux…). Le lieu est tellement immense qu'il vaut mieux prévoir quelques heures devant vous pour en profiter tranquillement. Il vous sera sûrement difficile de repartir les mains vides…

DAYTONA LAGOON

601 Earl Street ✆ +1 386 254 5020
https://daytonalagoon.com
Tous les jours de 10h à 22h, le vendredi dès 11h. Adulte : 37,99 à 40,99 U$ (samedi). Enfant : 28,99 à 31,99 US$.

Daytona Lagoon est un parc d'amusement familial. Il comprend un parc aquatique avec douze attractions, une piscine à vagues et une rivière sur laquelle on se laisse flotter sur une bouée. Le toboggan *Kraken Revenge* est particulièrement impressionnant avec ses 15 mètres de haut, tout comme le *Shaka Halfpipe*, un toboggan boomerang qui vous propulse à toute vitesse. Daytona Lagoon, c'est aussi un *Fun Park* avec des attractions « au sec » pour ceux qui ne souhaitent pas se mouiller ! Parmi celles-ci : karting, jeux d'arcade, mini-bowling et mini-golf, *laser game*…

RAZZLE'S

611 Seabreeze Boulevard
+1 386 257 6236
www.razzlesnightclub.com
Ouvert du mercredi au samedi de 20h à 2h.

Avec ses 1 400 m² et ses 11 bars, c'est LE club qui fait danser locaux et touristes de Daytona Beach depuis plus de 30 ans. L'idéal pour se défouler au son d'une musique vibrante. En plus, les consommations sont offertes tous les soirs entre 21h et 22h. Bon à savoir : au mois de mars, une foule d'étudiants débarque à Daytona Beach et le Razzle's est littéralement pris d'assaut. Nous vous conseillons donc d'éviter cette période. L'accès au club est autorisé à partir de 18 ans mais il faut avoir 21 ans révolu pour consommer de l'alcool, comme partout aux États-Unis.

SAINT AUGUSTINE ★★★

Les habitants de Saint Augustine sont très fiers de leur petite cité, qui vit principalement du tourisme. Regroupés au sein d'associations de protection du patrimoine, ils veillent avec intelligence à ne pas endommager les vieux quartiers qui ont été restaurés avec précaution et un grand souci de véracité historique... C'est une ville si agréable et populaire que plus de la moitié de ses visiteurs viennent de l'État de Floride lui-même. Artistes et artisans sont légion et les quartiers historiques sont devenus piétonniers. Saint Augustine est une ville riche en monuments et en musées car on la considère comme la ville la plus ancienne des USA.

Géologie

De la bâtisse du Visitor Center au fort San Marcos, vous verrez de la *coquina* partout. Calcaire naturel, composé d'amas de coquillages brisés et de sable, il a été utilisé par les Espagnols pour construire leurs maisons lorsqu'ils ont fondé la ville. C'est un matériau très résistant et l'histoire raconte que si le Castillo San Marcos n'avait pas été fait de *coquina*, les Anglais auraient pu s'emparer de la ville avant 1763. Si vous souhaitez en savoir plus sur cette pierre et la construction de St. Augustine, vous pourrez visiter les Spanish Coquina Quarries, des carrières de pierre à l'est de la ville, sur Anastasia Island. Le site et le parking sont gratuits.

Histoire

La fondation de la ville, en 1565, le jour de la Saint Augustin, est attribuée au bourreau des Français : l'Espagnol Pedro Menendez de Avilès. La vieille ville a conservé, à force de restaurations, tout son charme de ville coloniale espagnole, bien que deux incendies l'ont ravagée, en 1887 et en 1914. Le pirate anglais Drake l'a assiégée et a réussi à la piller plusieurs fois mais il n'est pas parvenu à la conquérir en raison du fort San Marcos qui la défendait.

A la fin du XIXe siècle, Henry Flagler fit passer sa ligne de train par St. Augustine et y construisit trois fabuleux hôtels, dont le Ponce de Léon, qui lui donnèrent une importance qu'elle n'avait pas jusque-là.

Aujourd'hui, vous pourrez ainsi y découvrir la plus vieille rue du pays, la plus vieille école du pays ou encore le plus vieux phare du pays.

Se loger

Trois possibilités : pour une expérience des plus authentique, vous pourrez dormir dans un hôtel ou un *Bed and Breakfast* de charme au cœur du centre historique pittoresque de la ville. Vous pourrez également opter pour le bord de mer en choisissant l'un des nombreux hôtels de St. Augustine Beach où les prix sont un peu plus élevés mais où vous avez en général un accès direct à la plage. Ces établissements sont globalement assez modernes et moins charmants que ceux du centre historique. Enfin, en étant en bord de mer, vous serez un peu loin de l'ambiance festive du centre le soir venu car les bars animés avec de la musique *live* et restaurants sont légion ! Dernière option : choisir un logement de l'autre côté du Bridge of Lions. C'est ici que vous trouverez les hôtels les plus abordables et vous ne serez qu'à 15 minutes de marche du centre historique.

Transports

Le centre historique se visite aisément à pied, d'autant plus que plusieurs ruelles sont piétonnes comme St. George Street, la rue principale du vieux centre. Mieux vaut donc vous garer et passer la journée à marcher. Il est cependant difficile de stationner dans les rues du centre-ville et nous vous recommandons de laisser votre voiture dans le grand parking près du Visitor Center (15 US$ la journée), ou à votre hôtel si vous dormez sur place. Cependant, si vous souhaitez vous rendre à St. Augustine Beach, il vous faudra reprendre la voiture ; comptez 10 minutes de trajet à partir du centre-ville. Vous pouvez aussi y aller en bus via un bus gratuit, le Beach bus, qui fait des rotations du centre-ville à la plage avec également des arrêts au phare de St. Augustine et à la ferme des alligators. Renseignez-vous sur les horaires auprès du Visitor Center.

ALLIGATOR FARM ★★

999 Anastasia Boulevard ✆ +1 904 824 3337
www.alligatorfarm.com
Ouvert tous les jours de 9h à 17h.
Adulte : 33,99 US$, enfant (3-11 ans) : 18,99 US$. Gratuit pour les moins de 3 ans.

Fondé en 1893, c'est l'un des seuls endroits dans le coin où vous pourrez voir ce type d'attraction. Vous y croiserez de nombreuses espèces, du petit tamarin à l'imposant caïman noir, en passant par le *gavial* et son étrange museau en forme de pointe, mais aussi des alligators albinos. Ne manquez pas Maximo, crocodile australien gigantesque qui possède son propre bassin. Le tour de la ferme ne serait pas complet sans emprunter le pont de bois dominant les marécages, où les hérons s'en donnent à cœur joie. De nombreux spectacles ont lieu tout au long de la journée.

CASTILLO DE SAN MARCOS ★

1 South Castillo Drive ✆ +1 904 829 6506
https://www.nps.gov/casa/index.htm
Ouvert tous les jours de 9h à 17h. Adulte : 15 US$, gratuit pour les moins de 15 ans.

Cet imposant monument bordé de palmiers et ses terres s'étendent sur 10 ha dans le centre-ville, au nord du Bridge of Lions. Cette forteresse date de 1695 et ne fut jamais prise par la force. L'entrée se fait par un pont-levis. L'ensemble a été construit en coquina (roche calcaire) par les Espagnols. Vous pourrez visite le fort de manière autonome ou suivre une visite assurée par un guide en costumes d'époque, du garde au cuisinier. Ne manquez pas d'aller jeter un œil aux latrines de l'époque... C'est le genre de monument que l'on ne s'attend pas à voir aux USA !

COLONIAL QUARTER ★★

33 Saint George Street ✆ +1 904 342 2857
www.colonialquarter.com
Ouvert tous les jours de 10h à 17h.
Adulte : 14,99 US, enfant (5-12 ans) : 8,99 US$. Gratuit pour les moins de 4 ans.

Ce quartier colonial espagnol d'époque est à ne pas manquer ! Deuxième attraction de la ville après le fort San Marcos, le Musée historique de l'ancien quartier colonial espagnol est unique en son genre : c'est un mini-village comme il existait vers 1740 où vous êtes invité à discuter avec les artisans, forgerons, calligraphes et autres travailleurs du cuir, tandis que les femmes portent leurs seaux. Puis, laissez-vous tenter par une sangria à la taverne Taberna del Gallo, sans oublier d'aller manger un bout dans les deux restaurants coloniaux espagnols sur place.

FORT MATANZAS ★

8635 A1A South
✆ +1 904 471 0116
www.nps.gov/foma
Tous les jours (9h-17h30). Gratuit avec trajet en ferry (mer. au dim.). Ticket au Fort Matanzas Visitor Center.

Situé à 15 miles au sud de la ville, le fort fut à l'origine une tour en bois entourée de palissade qui permettait d'observer les mouvements au sud de la ville. En 1740, après le siège tenu par le général James Edward Ogelthorpe, des travaux commencèrent pour le reconstruire en pierre. Il fallut environ deux années pour achever les travaux. Le fort fut utilisé par les maîtres de la ville, espagnols, anglais et encore espagnols lors de leur retour en 1784. Lorsque le territoire de Floride devint américain, en 1821, l'armée choisit d'abandonner le fort.

CÔTE EST

© SEAN PAVONE - SHUTTERSTOCK.COM

Saint Augustine.

FORT MOSE NATIONAL HISTORIC LANDMARK ★

15 Fort Mose Trail
✆ +1 904 823 2232
Ouvert tous les jours de 9h à 17h. Accès gratuit. Visitor Center ouvert du jeudi au lundi (2 US$).

Ce fort a été établi par le gouverneur Manuel Montiano en 1738. Précurseur, ce dernier accorda la liberté et des terres aux esclaves noirs des colonies anglaises. Les habitants du fort aidèrent ceux de Matanzas pendant le siège d'Ogelthorpe. Le fort Mose fut détruit par une attaque anglaise en 1740 et, dès 1752, un nouveau fort fut édifié à côté du premier. Un petit musée dans le Visitor Center retrace l'histoire du fort détruit. Vous pourrez aussi faire de la randonnée et du paddle.

FOUNTAIN OF YOUTH ★★

11 Magnolia Avenue ✆ +1 904 829 3168
www.fountainofyouthflorida.com
Tous les jours de 10h à 18h (guichet fermé à 17h). Adulte : 19,99 US$, enfant (6-12 ans) : 9,99 US$, gratuit -5 ans.

Quand le conquistador espagnol Ponce de León arriva en Floride, il remarqua que les Indiens Tainos étaient en meilleure santé que les Espagnols. Comme ils buvaient tous l'eau d'une même source, il déduisit que celle-ci avait des vertus spéciales et permettait de rester jeune. Ainsi naquit la légende de la fontaine de Jouvence ! Son emplacement a été préservé et on peut toujours y boire de l'eau. Au-delà de la légende, le site est intéressant car il reconstitue la vie des indiens de Floride et les habitations telles qu'elles étaient lors de l'arrivée des Espagnols.

LIGHTNER MUSEUM ★★

75 King street
✆ +1 904 824 2874
lightnermuseum.org
Tous les jours de 9h à 17h (dernière admission à 16h). Adulte : 17 US$, jeune (12-17 ans) : 11 US$. Gratuit -11 ans.

Ce musée est installé dans le bâtiment de l'ancien et superbe hôtel Alcazar, construit en 1888. Il propose une belle collection de tableaux, sculptures, porcelaines et mobilier qui datent pour la plupart du 19ème siècle. C'est très hétéroclite et souvent insolite car il s'agit de l'ensemble des objets récoltés au fil du temps par le collectionneur Otto Lightner, un personnage avide d'originalité. Des expositions temporaires sont aussi organisées. Vous pourrez prolonger votre visite en déjeunant au Cafe Alcazar, en lieu et place de l'ancienne piscine de l'hôtel.

MISSION NOMBRE DE DIOS ★★

27 Ocean Avenue ✆ +1 904 824 2809
www.missionandshrine.org
Ouvert de 9h à 17h, le dimanche de 12h à 16h. Entrée gratuite, dons bienvenus.

Dans un grand parc verdoyant au bord d'un lac, ce site raconte l'histoire de l'arrivée des premiers missionnaires chrétiens en Amérique en 1565 et revient sur la fondation de St. Augustine. Ne manquez pas le cercueil original de Pedro Ménendez de Avilés, le fondateur de la ville, dans le musée (son corps repose aujourd'hui à Avilés en Espagne) et une visite dans la jolie chapelle à l'extérieur. Qu'on soit intéressé par la religion ou pas, ce site vaut le détour pour sa grande valeur historique et la halte de fraîcheur agréable qu'il constitue.

THE OLDEST HOUSE ★

14 Saint Francis Street
✆ +1 904 824 2872
Ouvert toute l'année de 10h à 17h. Adulte : 10 US$. Famille (2 adultes et 2 enfants) : 23 US$.

La maison Gonzales-Alvarez est la plus ancienne de la ville. Fondée par Gonzales Hernandes en 1565, elle subit les assauts des batailles, brûla en 1702 et vit ses habitants mourir en 1727. 40 ans plus tard, les Anglais s'emparèrent de la ville et de la maison. Les années passèrent et l'un des propriétaires décida de la revendre, en 1790, à un Espagnol, el Señor Alvarez. Sa famille y habita pendant une centaine d'années, puis d'autres prirent le relais à partir de 1882. La ville fit l'acquisition de cette demeure historique en 1918 pour la transformer en musée.

PIRATE AND TREASURE MUSEUM

12 South Castillo Drive ✆ +1 877 467 5863
https://www.thepiratemuseum.com
Tous les jours de 10h à 17h. Adulte : 17,99 US$, enfant (5-12 ans) : 9,99 US$ (tarifs si achat sur le site internet).

Après 5 ans à Key West, le *Pirate and Treasure Museum* a déménagé à Saint Augustine. Ce musée interactif et moderne vous plonge dans l'univers inquiétant des pirates réels ou fictifs. Vous pourrez apprécier plus de 800 artefacts objets datant de 1600 à 1800. Ils auraient appartenu à de vrais flibustiers (on vous laisse seul juge !), comme le journal du Capitaine Kidd, les armes du terrible Barbe Noire ou le coffre aux trésors ayant appartenu au corsaire devenu pirate, Thomas Tew.

POTTERS WAX MUSEUM

17 King street
✆ +1 800 584 4781
www.potterswax.com
Ouvert tous les jours de 10h à 17h.
Adulte : 14,0 US$, enfant (4-12 ans) : 8,51 US$, gratuit pour les moins de 3 ans.

Way signifiant « cire », voici un musée du même style que le musée Grévin, et c'est le plus ancien des États-Unis ! Installé dans la plus ancienne pharmacie des USA (la ville étant la plus ancienne des USA), vous y découvrirez plus de 160 statues à l'effigie de célèbres personnages historiques ou fictifs. Par exemple : Martin Luther King, Harry Potter, Jack Sparrow, Michael Jackson, Walt Disney... Pour l'anecdote, la cire vient de France, les yeux d'Allemagne et les cheveux d'Italie.. Vous pourrez peut-être voir un artiste en train de créer la prochaine statue !

SAINT PHOTIOS GREEK ORTHODOX CHAPEL ★★

41 George Street
✆ +1 904 829 8205
https://stphotios.org/
Ouvert du dimanche au samedi de 9h à 17h.
Entrée libre. Donations bienvenues.

Cette très belle chapelle orthodoxe, tout de blanc immaculée, contient de très belles fresques byzantines et rend hommage à la première colonie grecque qui s'établit sur le sol américain en 1768. La colonie a été baptisée The New Smyrna Colony car la plupart des Grecs qui partirent à la conquête du continent américain étaient originaires de la ville de Smyrna. La Floride était alors sous domination britannique et ce sont en fait les Anglais qui partirent enroler ces hommes et femmes méditerranéens, pensant qu'ils supporteraient bien la chaleur de Floride pour travailler dans une plantation. Mais les migrants rêvaient plutôt de liberté dans le Nouveau Monde... Sur 1 403 personnes qui embarquèrent, il y avait des Grecs mais aussi des Italiens et des Corses ! Seuls 1 255 arrivèrent en vie après un long et éprouvant voyage en mer. La colonie s'établit à 75 miles au sud de St. Augustine, près de Mosquito Inlet, où se trouvaient des terres agricoles fertiles, notamment pour la culture du coton. Très vite, c'est la désillusion parmi les nouveaux venus, conscients d'être exploités. Les révoltes se multiplient mais sont réprimées. En 1769, soit un an après l'établissement de la colonie, 450 personnes ont ainsi perdu la vie. En 1777, environ 600 migrants finissent par s'échapper de la plantation et s'installent à St. Augustine... En résumé, ne manquez pas cette visite intéressante d'un épisode méconnu de la conquête du nouveau continent par les Européens.

SAN SEBASTIAN WINERY

57 King Street
✆ +1 904 826 1594
www.sansebastianwinery.com
Dégustations libres et gratuites du lundi au samedi 10h-17h ; le dimanche de 11h à 17h.
Boutique ouverte jusqu'à 18h.

Fondée en 1996, San Sebastian Winery est le deuxième plus grand vignoble de Floride. La majorité des raisins utilisés pour la production est cultivée à Clermont, près d'Orlando. Laissez-vous tenter par la dégustation gratuite, agréablement menée, afin de découvrir une sélection de huit vins. Mention spéciale pour le Rosa et le Vintners (rouge), fruités et légers, élaborés à partir de raisin Muscadine, originaire du sud des USA. À l'étage, le restaurant Le Cellar propose des copieuses planches de fromage et charcuterie à partager, avec un verre de vin bien sûr !

ST. AUGUSTINE BEACH

Saint Augustine Beach

Sur Anastasia Island, à quelques minutes de route du centre-ville de Saint Augustine, Saint Augustine Beach est une petite ville surtout connue pour... sa plage ! Nous vous conseillons de poser votre serviette sur Crescent Beach, une longue plage de sable blanc sur la façade Atlantique. L'eau est magnifique, le cadre paisible et la baignade est des plus agréable. Lorsque le vent se lève, l'océan fourmille de rouleaux sur lesquels vous pourrez vous amuser si vous avez une planche. Mais prudence tout de même ! C'est aussi un bon spot pour les surfeurs débutants.

ST. AUGUSTINE LIGHTHOUSE AND MARITIME MUSEUM ★★

81 Lighthouse Avenue
✆ +1 904 829 0745
www.staugustinelighthouse.org
Tous les jours de 9h à 18h. Adulte : 14,95 US$; -12 ans : 12,95 US$. Tarifs réduits en ligne.

Il vous faudra monter 219 marches pour avoir une splendide vue sur Saint-Augustine et sa baie, depuis le sommet de ce phare construit entre 1871 et 1874. Le musée est quant à lui très complet puisqu'il se compose de plusieurs bâtiments historiques autour du phare, dont l'ancienne maison du gardien. L'occasion d'en apprendre davantage sur ce métier difficile, sur le monde marin mais aussi d'assister à la construction de bateaux en bois. De nombreuses activités attendent les enfants.

ST. GEORGE STREET ★★

Cette très agréable rue piétonne, avec ses vieilles maisons et ses balcons de bois fleuris, traverse le cœur du quartier historique de St. Augustine. C'est aussi l'une des plus commerçantes. On y trouve de tout : des bars, des restaurants, des boutiques artisanales... Laissez-vous porter par la douce ambiance et admirez les plus vieilles bâtisses en tout genre (la plus vieille école en bois, la plus vieille maison en bois...) qui y sont légion. C'est aujourd'hui le lieu touristique par excellence de Saint Augustine, mais il a su conserver son âme.

ST AUGUSTINE DISTILLERY ★★

112 Riberia Street ✆ +1 904 825 4962

www.staugustinedistillery.com

Boutique ouverte du lundi au samedi de 10h à 18h. Visites guidées et dégustations gratuites de 10h30 à 17h30.

Installée dans une ancienne usine de fabrication de glace, cette distillerie est 100 % *made in* St. Augustine puisqu'elle regroupe plusieurs producteurs locaux. On vous accueille comme si vous étiez un ouvrier de l'usine avec un ticket qui est poinçonné, histoire de dire que vous avez pointé à l'usine. Après une petite présentation de l'histoire de la distillerie, vous partez à la découverte des machines et des processus de fabrication des alcools forts élaborés sur place (vodka, gin...). Vous avez droit à une petite dégustation et des réductions dans la boutique.

CASA DE SUENOS B&B €€

20 Cordova Street ✆ +1 4077596865

https://casadesuenos.com

7 chambres à partir de 179 US$, petit-déjeuner inclus. Parking gratuit.

Plongez dans l'ambiance méditerranéenne de Saint-Augustine en séjournant dans cette très jolie maison construite en 1904 dans un style espagnol. L'intérieur est baigné de lumière naturelle avec ses larges fenêtres et ses couleurs solaires. Les 7 chambres ont leur propre ambiance, certaines possèdent un balcon. Depuis ce B&B, vous serez à moins de 5 min à pied de la célèbre George Street avec ses commerces et restaurants. Petit-déjeuner et dessert maison, fleurs fraiches dans votre chambre et snacks vous attendent.

A GHOSTLY ENCOUNTER ★★

6 Cordova Street

✆ +1 904 827 0807

www.staugustineghosttours.net

Visite guidée à pied de 90 minutes, 7 jours sur 7. Adulte : 25 US$, enfant (6-11 ans) : 15 US$.

Si vous n'avez pas peur des fantômes, cette visite guidée est faite pour vous. Un guide en tenue d'époque vous accueille avec sa lanterne et vous emmène à la découverte des fantômes de St. Augustine qui en tant que plus ancienne ville des Etats-Unis en compte tout de même pas mal et ils sont plutôt très actifs. Histoire d'en capturer quelques-uns en photo, on vous explique comment faire avec votre smartphone. Quand vous verrez la femme au chapeau de paille à son balcon, vous aurez sans doute finalement assez peur, tout comme nous. Une sacrée visite !

OLD TOWN TROLLEY TOUR ★

167 San Marco Avenue

✆ +1 904 829 3800

www.trolleytours.com

Pass 1 journée : 45,9 US$ (adulte) et 24,04 US$ (enfant). Réduction si achat en ligne.

Un bon plan pour vous donner un premier aperçu de la ville et des endroits à visiter à bord de ces vieilles voiturettes, au confort spartiate ! Mais c'est surtout un excellent moyen de transport quand vos jambes commencent à vous lâcher.

La balade complète dure environ une heure et vous mène aux 22 arrêts, qui correspondent à autant de monuments clés. Vous pouvez descendre et monter à votre guise tout au long de la journée. Le pass vous offre un accès gratuit à la navette qui va à la plage et à Alligator Farm ainsi qu'une entrée au St. Augustine History Museum.

OLDEST WOODEN SCHOOL HOUSE IN THE USA

14 Saint George street ✆ +1 904 824 0192

www.oldestwoodenschoolhouse.com

Dimanche au jeudi de 10h à 17h, vendredi et samedi de 10h à 19h. Adulte : 5,95 US$, 6-12 ans : 4,95 US$. Gratuit -5 ans.

La plus vieille école en bois des États-Unis au début du XVIIIe siècle. Elle est aussi appelée « Genoply house », du nom de ses propriétaires qui la transformèrent en école. Le mobilier est également d'époque. La visite permet de revenir sur les bancs d'école comme cela se faisait il y a deux cents ans, mais aussi d'explorer la cuisine et les jardins où trône encore l'ancienne cloche. La dernière leçon eut lieu en 1864. Après votre visite, vous recevrez même un diplôme en souvenir !

THE LOCAL INN €

512 Anastasia Blvd
✆ +1 904 907 9608
https://www.thelocalinns.com
Chambre à partir de 98 US$. Piscine.

L'hébergement peut coûter assez cher à Saint-Augustine et vous trouverez peu d'hôtels bon marché dans le centre-ville. Le bon plan est donc de loger de l'autre côté du Bridge of Lions, à 5 min en voiture. The Local Inn est un agréable motel rénové au look rétro, hautement instagrammable, tenu par la super Leïla. Les chambres sont confortables. La plage de Saint-Augustine est à 5 minutes de route, et vous pourrez aussi vous détendre dans la piscine. C'est un *ghost hotel*, c'est-à-dire que c'est en *self check in* : on ouvre la chambre avec son smartphone.

THE PIRATE HAUS INN €

32 Treasury Street
✆ +1 904 808 1999
www.piratehaus.com
Chambre double à partir de 99 US$.
Petit déjeuner offert.

Au cœur du quartier historique se cache une *guesthouse* spacieuse et conviviale, tenue par Captain Conrad. Parfaitement bilingue (il parle français), il se fera un plaisir de vous indiquer les bons plans de « sa » St. Augustine. La résidence de style hispanique possède six chambres avec salles de bain pouvant accueillir de 2 à 6 personnes. La décoration de chaque pièce est personnalisée sur le thème des pirates, certaines avec des peintures murales de paysages. Le petit-déjeuner est offert et une cuisine commune est à disposition si vous souhaitez cuisiner.

BAYFRONT MARIN HOUSE €€

142 Avenida Menendez
www.bayfrontmarinhouse.com
À partir de 259 US$. Petit déjeuner et apéritif happy hour inclus, wifi gratuit.

Ce Bed & Breakfast de 15 chambres est installé dans une magnifique maison en bois, parfaitement restaurée et repeinte dans un beau jaune. Il est idéalement situé pusqu'il est au bord de la baie au coeur de St. Augustine. Les chambres sont tout confort avec une très jolie décoration. Le petit déjeuner se prend sur l'agréable terrasse où on se régale notamment de spécialités sucrées faites maison. Tous les soirs, c'est l'*happy hour* avec sangria, bière et vin gratuits pour les clients ! Parmi les autres commodités, des vélos à disposition pour explorer la ville.

OLD CITY HOUSE €€

115 Cordova Street
✆ +1 904 826 0113
http://oldcityhouse.com
Chambre double à partir de 169 US$.
Petit déjeuner inclus et wi-fi gratuit.

Située au cœur de Downtown St. Augustine, à deux pas du Lightner Museum, cette maison de type colonial a été construite en 1873. Ce *bed and breakfast* marie habilement le confort moderne au charme et à l'intimité d'une vieille maison. Chaque chambre, décorée et personnalisée avec soin, comprend un lit double immense, et certaines disposent de leur balcon privé ou d'un jacuzzi. Le restaurant sur place fait partie depuis 1990 du Top 100 des meilleurs restaurants de Floride, et il figure également au classement des 25 meilleurs restaurants du nord de la Floride.

ST FRANCIS INN €€

279 St George St ✆ +1 9048246068
https://stfrancisinn.com
Chambre à partir de 179 US$ la nuit, petit-déjeuner inclus. Piscine, prêt de vélo. Parking gratuit.

Au cœur du quartier historique et à deux pas de l'océan, Saint-Francis Inn est la plus vieille auberge de la ville : elle accueille des visiteurs depuis 1791 ! Le lieu est idyllique avec son patio arboré, ses rocking-chairs et ses balcons. Les 19 chambres sont cosy et la déco est authentique. Ici, l'hospitalité est un art : à 17h, vous dégusterez des vins locaux avant de partir à pied dîner en ville. À votre retour, un brasero vous attend pour faire griller des chamallows. Quant au petit-déjeuner maison, il change tous les matins. Une vraie incitation à ralentir.

ST GEORGE INN €€

4 George Street
✆ +1 904 827 5740
www.stgeorge-inn.com
Chambre double à partir de 220 US.
Petit déjeuner inclus. Wifi et parking gratuits.

Situé au cœur du centre historique, sur la charmante rue St George, il permet de tout découvrir à pied. Les chambres sont uniques en leur genre avec pour points communs un mobilier élégant et une déco raffinée et chaleureuse. La plupart sont équipées de balcons donnant sur le Castillo San Marcos, l'entrée de la ville ou la baie de Matanzas. Le personnel du B&B est vraiment aux petits soins et sera toujours prêt à vous donner de bons conseils pour votre visite. Mention spéciale pour le petit déjeuner, un buffet varié et consistant. Une excellente adresse !

KERNEL POPPERS €

116B St George Street
✆ +1 904 342 7668
www.kernelpoppers.net
De 4,5 US$ à 34 US$ la portion de popcorn selon la taille.

Bienvenue dans le temple du popcorn. Ici, vous pourrez déguster et acheter du popcorn à tous les goûts possibles et imaginables et de toutes les couleurs parmi 250 saveurs ! Au choix : banane, myrtille, cheesecake, Key Lime, piment, ou encore fraise-kiwi. Si vous hésitez, sachez que vous pourrez goûter avant d'acheter. Vous pouvez choisir une portion raisonnable ou vous faire plaisir avec le forma extra-large. En prime, le staff est très sympathique et amical. En bref, une petite adresse insolite et gourmande sur l'animée George Street.

THE BLUE HEN CAFÉ €

117 Martin Luther King Avenue
✆ +1 904 217 3777
https://www.bluehencafe.com
Ouvert du mercredi au dimanche de 8h à 14h. Plat à partir de 10 US$.

Ce café cosy vous donnera l'occasion d'explorer un recoin moins visité par les touristes, un peu à l'écart de l'animation du centre-ville. À deux pas du Maria Sanchez Lake, dans une charmante bâtisse en bois blanc, vous pourrez déguster un savoureux petit-déjeuner à toute heure de la journée, composé par exemple d'un *breakfast burrito* ou d'œufs au plat accompagnés de bacon et d'avocat. Nous vous conseillons également de goûter l'une des spécialités locales, la Blue Crab Quiche. Les produits sont frais et locaux, et le cadre est agréable.

PIZZA TIME €

124 St George Street ✆ +1 904 8190133
http://pizzatime.com
Du lundi au jeudi : 10h30-22h30.
Vendredi au dimanche : 10h30-23h.
Part de pizza : 7 US$. Espèces uniquement.

Situé au beau milieu de la plus célèbre rue de Saint-Augustine, Saint-George Street, cette pizzeria très réputée est l'option idéale pour un repas à petit prix. Les parts de pizza sont tout simplement gigantesques, et une seule devrait suffire à combler votre appétit. Parmi les saveurs : poulet/parmesan, champignon/pepperoni ou encore aubergine/tomate. Vous pourrez compéter votre choix par des pains à l'ail ou des *arancini* (boulettes de riz panées et frites). Demandez une boite à pizza et dégustez votre butin face à la mer ou sur l'une des places de la ville.

PROHIBITION KITCHEN

119 George Street ✆ +1 904 209 5704
https://pkstaug.com
Ouvert du dimanche au jeudi de 11h à 23h, jusqu'à minuit le vendredi et samedi. Plat à partir de 15 US$.

Un très grand bar tout en longueur avec une belle hauteur de plafond et un style élégant qui rappelle le début du siècle et l'époque de la Prohibition. Tous les soirs, un groupe joue en live et c'est généralement du jazz. L'ambiance est rétro chic, très agréable en début de soirée. Au niveau du bar, des écrans géants retransmettant les matchs du moment, pour ceux qui seraient plus branchés sport que musique. On peut aussi diner sur place et les plats du chef James Greaves à base de produits locaux, sont de qualité, comme le Triple Mushroom Swiss Burger. Bon plan !

SCARLETT O'HARA'S RESTAURANT €

70 Hypolita Street ✆ +1 904 824 6535
www.scarlettoharas.net
Ouvert du dimanche au jeudi de 11h à minuit, vendredi et samedi de 11h à 1h30. Plat à partir de 12 US$.

Les portraits de la fameuse Scarlett O'Hara et de Rhett Butler dans la salle de ce très beau restaurant en bois vieilli ne manqueront pas de vous amuser. Très prisé par les touristes, comme par les locaux, le Scarlett O'Hara's sert des plats classiques américains influencés par la cuisine de la Louisiane ou de la Nouvelle-Orléans. Le charme de la terrasse en bois, qui domine Hypolita Street, et les concerts live réguliers y sont certainement pour beaucoup dans le succès du lieu.

SAINT AUGUSTINE SOAP

14H St George Street
www.staugustinesoap.store
Ouvert tous les jours de 11h à 17h.

Cette charmante petite boutique dévoile les savons, bombes de bain et soins pour le corps de la toute jeune Saint Augustine Soap Company. Les produits sont confectionnés artisanalement à partir d'ingrédients naturels, dont l'eau de la *Fontaine de Jouvence* à Saint Augustine et les miel et lait de chèvre de fermes locales. Les savons portent des noms évocateurs tels que « Ocean Breeze », « Fresh Rain » ou « Pink Hawaiian Flower » et leur jolie forme rappelle celle des vagues. On apprécie les fins de série à petits prix. De quoi rapporter un souvenir local et parfumé.

JACKSONVILLE ★★

Située au nord-est des côtes floridiennes, Jacksonville est la 12e ville des USA avec 900 000 habitants (1,3 million pour l'agglomération). Bien qu'elle soit souvent négligée au profit de Miami ou d'Orlando, cette jolie ville possède bien des aouts, comme le plus grand nombre d'espaces verts aux États-Unis. Son centre-ville a été redynamisé grâce à l'ouverture de cafés, restaurants tendance et microbrasseries qui ont relancé sa vie nocturne. Enfin, la ville possède les hébergements les moins chers de Floride et les plages sont seulement à une trentaine de kilomètres.

Histoire

Jacksonville a été fondée en 1562 par le Français Jean Ribault et une troupe de huguenots, un demi-siècle après que Ponce de Leon eut déclaré que la Floride appartenait à l'Espagne. Jean Ribault traversa les eaux de ce qu'il appellera la rivière de Mai – et qui porte aujourd'hui le nom de Saint John River – pour trouver un refuge aux huguenots français. Ils construisirent là un petit fortin qu'ils appelèrent fort Caroline, en hommage au roi de France Charles IX. Les Français en furent chassés l'année suivante par les Espagnols, qui détruisirent le fort à leur arrivée et gardèrent le contrôle de la Floride pendant près de deux siècles. La ville prendra plus tard le nom d'Andrew Jackson, qui s'est illustré dans les guerres indiennes. Lorsque la Floride devint le premier producteur de coton, le port de Jacksonville commença à prendre une place considérable dans le commerce des États-Unis. La bourse aux esclaves y traitait la quasi-totalité du trafic de bois d'ébène destiné au Nouveau Continent.

A la veille de la guerre de Sécession, le coton avait fait le succès économique de Jacksonville. Pendant la guerre, elle fut désertée et brûlée à plusieurs reprises mais redevint en deux décennies l'une des plus grandes destinations d'hiver du pays avec une multitude de grands hôtels. A la fin du XIXe siècle, elle fut frappée par une grave épidémie de fièvre jaune ; puis, en 1901, par un incendie extrêmement sévère qui détruisit entièrement plus de 2 500 immeubles. La ville se releva pourtant aisément de ce désastre et, 10 ans après le Grand Feu, Jacksonville était devenue une grande métropole et un centre bancaire important. En 1918, la gare ferroviaire était animée par un trafic quotidien de 110 trains et de 20 000 passagers, chiffres considérables à l'époque. Mais, en raison de la popularité croissante de l'automobile, la gare périclita et ferma définitivement en 1974. Ses bâtiments ont été restaurés, agrandis et convertis en Prime F. Osborn III Convention

© SEAN PAVONE - ISTOCKPHOTO

Jacksonville.

Center ; ils accueillent désormais de vieilles locomotives comme les fameuses Engine 1504 et Orange Blossom Special.

Située aujourd'hui au croisement de deux autoroutes, Jacksonville continue d'écrire son histoire comme un grand port et le centre financier de la Floride. Près de 700 restaurants et 15 000 chambres d'hôtel ont pignon sur rue, sans compter la dizaine de galeries, de centres dédiés à l'art et de musées. Berceau des NFL Jacksonville Jaguars, Jacksonville est, avec ses bases navales militaires, son jardin zoologique, et ses belles plages, une ville aussi diverse qu'attrayante.

CATTY SHACK RANCH WILDLIFE SANCTUARY

1860 Starratt Road ✆ +1 904 757 3603
https://cattyshack.org
Dimanche au jeudi de 13h à 15h, vendredi et samedi 13h à 15h et 18h à 19h30. 12 ans et + : 15 US$, 3-11 ans : 8 US$.

Ce sanctuaire animalier géré par des bénévoles est l'une des attractions phares de Jacksonville. Catty Shack recueille diverses espèces de félins en danger et leur fournit un lieu de vie sécurisé et adapté. Vous pourrez ainsi y observer des tigres, lions, pumas, léopards, lynx, renards et coatimundis (mammifères au musée pointu proches des ratons laveurs). Le lieu a une réelle vocation de pédagogie et d'éducation. Le site Internet présente les animaux recueillis et leur histoire.

CUMMER MUSEUM OF ART AND GARDENS ★

829 Riverside Avenue ✆ +1 904 356 6857

https://www.cummermuseum.org

Mar. et ven. (11h-21h), mer., jeu. et sam. (11h-16h), dim. (12h-16h). Adulte : 15US$, 6-17 ans : 5US$, gratuit -5 ans.

Dans un magnifique manoir de style Tudor, le musée Cummer propose l'une des collections les plus riches du nord de la Floride, de la peinture médiévale, en passant par la Renaissance et les toiles de Velasquez, au baroque et à son émotion... La partie dédiée aux enfants propose des expositions interactives pour apprécier l'art en s'amusant. Le meilleur se trouve derrière le patio : un jardin coloré, d'un côté anglais et de l'autre italien, avec des milliers de fleurs, donne sur la baie.

FLORIDA THEATER ★

128 E. Forsyth Street

✆ +1 904 355 5661

www.floridatheatre.com

Horaires variant selon la programmation.

Connue comme étant l'une des plus belles réalisations architecturales de Jacksonville et comme l'un des grands sites culturels de la ville, ce sublime théâtre de 1927 a été entièrement restauré en 1983, dans le respect de son style originel. Les représentations qui y sont données sont d'une grande qualité et très variées : concerts, magie, comédie, danse... Certains soirs sont aussi diffusés des grands classiques du cinéma. La salle est superbe avec son rideau rouge pourpre, son haut plafond et ses moulures. Allez-y, tant pour le décor que pour le spectacle !

FORT CAROLINE NATIONAL MEMORIAL ★

12713 Fort Caroline Road

✆ +1 904 641 7155

Ouvert tous les jours de 9h à 16h30. Entrée gratuite.

Les huguenots français ont occupé ce site en 1564 et y ont établi la première colonie protestante des Etats-Unis. Le mémorial de 130 acres (52 ha), situé à Arlington, contient une réplique du fort construit à l'époque sur la Saint Johns River ainsi qu'un musée avec des objets français et indiens du XVIe siècle. Le site est situé dans la Timucuan Preserve où vous pourrez aussi randonner sur l'un des nombreux trails ou pique-niquer en pleine nature.

FRIENDSHIP PARK FOUTAIN ★

1025 Gulf Life Drive

Spectacle avec musique et jeux de lumière tous les soirs.

Cette fontaine construite en 1965 et située dans le St. Johns River Park (aussi nommé Friendship Park) est l'une des plus grandes du monde. Elle envoie en effet de l'eau jusqu'à 120 pieds (35 mètres) au-dessus du sol ! La nuit, ses jeux de lumière s'animent au rythme de la musique et constituent un spectacle magnifique à observer. Ce show nocturne n'a rien à envier à celui orchestré par les fontaines de l'hôtel Bellagio à Las Vegas ! La Frienship Park Fountain est l'une des attractions touristiques les plus populaires de Jacksonville.

JACKSONVILLE ZOO & GARDEN ★

370 Zoo Parkway ✆ +1 904 757 4463

www.jacksonvillezoo.org

Tous les jours de 9h à 17h. Adulte : 24,95 US$, 3-12 ans : 19,95 US$. Gratuit -2 ans. Réservation en ligne obligatoire.

Ce vaste jardin est divisé en zones : Australie, forêt africaine, Asie, Amérique du Sud, Floride..., chacune présentant des animaux et des informations sur leur habitat. Un parcours surélevé vous permettra d'admirer rhinocéros et léopards. Un show animalier et d'autres spectacles sont proposés au fil de la journée. Vous pourrez également visiter la nurserie ou vous promener dans le village d'Okavango, entre les tortues, les alligators et les oiseaux. Comptez 2 à 3 heures pour la visite.

JAX ALE TRAIL

visitjacksonville.com/jax-ale-trail

Circuit découverte de plus de 20 microbrasseries de Jacksonville.

Depuis quelques années, la ville a lancé le Jax Ale Trail, un parcours piéton qui permet de découvrir 22 microbrasseries locales situées dans différents quartiers du centre-ville. On vous remet un mini-passeport dans le premier bar où vous allez et vous devrez le faire tamponner à chaque fois que vous vous rendez dans l'un des bars. Des goodies sont à remporter à partir de 4 tampons, mais il vous faudra obtenir les 22 tampons pour remporter le super prix surprise ! Pour cela, il suffit de rapporter votre passeport à l'office de tourisme de Jacksonville.

KINGSLEY PLANTATION ★

11676 Palmetto Avenue
✆ +1 904 251 3537
Ouvert de 9h à 16h30. Entrée gratuite.

Cette magnifique plantation est située sur Fort George Island, en bordure de la Fort George River. Vous pénétrerez sur le domaine par une magnifique forêt, luxuriante et tropicale, qui semble là depuis des centaines d'années. Pourtant, détrompez-vous ! A l'époque de l'esclavage, la région regorgeait de plantations et la plupart des amas forestiers de part et d'autre de la route faisaient place, voilà une centaine d'années, à des champs de coton. L'entrée de la propriété se fait par les maisons des esclaves, dont il ne reste que les fondations. Plus de cent âmes ont travaillé ici entre 1765 et 1865, non seulement aux champs, mais aussi à l'entretien de la maison de maître parfaitement préservée, cultivant leurs propres récoltes. En raison de sa situation sur le bras de la Fort George River, la Kingsley Plantation avait tous les atouts d'un emplacement idéal pour cultiver et commercer bois, coton, coquillages, animaux et cultures vivrières... A l'époque, les Américains étaient persuadés que seuls les Africains étaient aptes à endurer ces conditions d'humidité et chaleur intenses, ces nuages d'insectes piquants, etc. A gauche de la maison de maître se trouve le Visitor Center. L'accueil des *rangers* est particulièrement chaleureux, et une documentation abondante est en vente (des livres sur la ségrégation, sur la plantation...). N'hésitez pas à continuer votre chemin le long de la berge, par un petit passage entre les arbres et la flore abondante, jusqu'au ponton de bois. C'est vraiment un incontournable, et en plus, c'est gratuit !

METROPOLITAN PARK ★

1410 Gator Bowl Boulevard
✆ +1 904 630 3690
www.metropolitanpark.org
Ouvert de 7h au coucher du soleil.

Ce parc, situé au bord de la rivière, accueille chaque année le festival de jazz de Jacksonville ainsi que beaucoup d'autres concerts pouvant accueillir jusqu'à 10 000 spectateurs. C'est également au Metropolitan Park que se déroulent les célébrations du 4 juillet (Independance Day). Vous pourrez aussi y louer des barques pour vous promener sur la rivière. Le parc dispose d'aires de jeux pour les enfants, d'aires de pique-nique, de divers jardins et d'une longue promenade le long de la rivière. C'est un endroit très agréable pour passer un après-midi de repos !

MUSEUM OF CONTEMPORARY ART - MOCA

333 N Laura Street ✆ +1 904 366 6911
https://mocajacksonville.unf.edu
Du mardi au samedi de 11h à 17h, le dimanche de 12h à 17h. Fermé le lundi. Adulte : 8 US$, enfant (2-12 ans) : 5 US$.

Le MOCA, musée d'art contemporain, est la première destination du genre dans le nord de la Floride. Situé en plein cœur de Downtown Jacksonville dans un bâtiment historique - le Western Union Telegraph Building -, il offre 6 étages dédiés à l'art contemporain (des années1960 à nos jours). Vous pourrez explorer les collections en autonomie ou opter pour une visite guidée afin d'approfondir les facettes de l'art à l'époque contemporaine. Des expositions et événements rythment l'année.

MUSEUM OF SCIENCE AND HISTORY ★

1025 Museum Circle ✆ +1 904 396 6674
www.themosh.org
Lundi, jeudi et ven. (10h17h), sam. (10h-18h), dim. (12h-17h). Adulte : 17,95 US$, 3-12 ans : 14,95 US$. Gratuit-2 ans.

Des expositions permanentes vous permettront de découvrir l'histoire passée et contemporaine de la région. En suivant un labyrinthe où il est vraiment très difficile de se repérer, vous passerez à travers les grandes époques de la Floride, des Indiens Seminoles à la Seconde Guerre mondiale et aux intérieurs des années 1960. Vous pourrez également faire un détour par le planétarium où vous attendent de nombreuses représentations, dont un *laser show* (en supplément).

SAINT JOHN'S RIVER FERRY

4610 Ocean street
✆ +1 904 241 9969
www.stjohnsriverferry.com
Mayport Village to George Island. 1 US$/piéton, 7 à 8 US$/voiture. Lundi-jeudi : 6h-19h, ven : 6h-20h30, w-e : 7h-20h30.

Le Saint John's River Ferry, aussi appelé Mayport Ferry, fait passer piétons, motards et voitures sur la Saint John's River, entre Mayport Village et Fort George Island. Mayport Village est l'un des plus vieux villages de pêche du pays, et le berceau des plus grands bateaux de pêche à la crevette du monde. C'est la façon la plus agréable, et la plus appréciée, de rejoindre Amelia Island en suivant le Buccaneer Trail. La traversée dure environ cinq minutes avec une fréquence de passage toutes les 15 minutes, du lundi au dimanche.

RITZ THEATRE AND MUSEUM

829 N. Davis Street ✆ +1 904 632 5555
www.ritzjacksonville.com
Musée du Ritz : mardi-vendredi de 10h à 16h, week-end sur rdv. Adulte : 8 US$, 4-17 ans, étudiants et seniors : 5 US$.

Situé dans le quartier de LaVilla, autrefois surnommé la Harlem du Sud, le théâtre de 400 places, et son musée, était à l'origine une ancienne salle de cinéma ouverte en 1929. Pendant les années ségrégationnistes, le quartier a également attiré toutes sortes de nouveaux migrants, des Russes aux Cubains. Reconstruit en 1999, le musée s'est aujourd'hui imposé parmi les musées majeurs retraçant l'histoire des Afro-Américains, principalement à Jacksonville, et c'est certainement l'un des lieux culturels les plus intéressants de la ville. Jacksonville a été une étape cruciale dans la lutte pour les droits civiques aux Etats-Unis. Elégant, son style Art déco vous plonge directement dans l'ambiance des soirées jazz qui se tenaient ici dans les années 1960, lorsque Billie Holiday ou Sarah Vaughan passaient la porte de l'immense hall à la moquette bordeaux et aux murs crème. Un lieu exceptionnel pour comprendre quelle a été l'influence de la communauté afro-américaine sur la Floride contemporaine. Un lieu vibrant d'émotions et de véracité, pour un regard enrichi sur l'histoire de Jacksonville. Des expositions permanentes retracent l'histoire et l'héritage des artistes afro-américains et de la communauté, avec notamment une reproduction grandeur nature des différentes étapes et valeurs essentielles qui leur ont permis de ne pas être aliénés. Vous y découvrirez des peintures ainsi que de nombreux objets anciens, historiques ou de collection. C'est tout un pan de l'histoire américaine qui vous est conté.

SKYWAY

En service du lundi au vendredi de 6h à 21h. Gratuit.

Le Skyway est un métro automatique aérien, ou monorail, qui relie le sud de la ville, en partant de Kings Avenue Station, au nord de la ville jusqu'à Rosa Parks Station, via le pont Acosta Bridge. Il dessert 8 stations sur un parcours de 4 kilomètres, avec une fréquence de passage : toutes les 4 minutes aux heures de pointe et toutes les 8 minutes durant les heures creuses. Le Skyway circule du lundi au vendredi uniquement, hors événements spéciaux les week-ends. Il est gratuit. Vous pourrez laisser votre véhicule au parking de la station Kings Avenue.

BB'S RESTAURANT AND BAR €

1019 Hendricks Avenue
✆ +1 904 306 0100
www.bbsrestaurant.com
Lundi-jeudi 11h-22h30, vendredi 11h-minuit, samedi 10h-minuit, dim 10h-21h. À partir de 15 US$. Réservation conseillée.

BB'S est l'un des restaurants les plus populaires de Jacksonville. Vous y dégusterez une cuisine éclectique dans une ambiance Art déco avec un magnifique bar en marbre. Les plats sont frais, de saison, aux arômes relevés, avec de nombreuses entrées, des pizzas, d'énormes salades et des plats du jour à prix raisonnables. En prime, de nombreux légumes et herbes aromatiques sont cultivés directement sur le jardin situé sur le toit. Mention spéciale pour la pêche du jour accompagnée d'andouille, de riz cajun, d'haricots et d'une rémoulade aux câpres.

BISTRO AIX €€

1440 San Marco Boulevard
✆ +1 904 398 1949
www.bistrox.com
Lundi au jeudi (16h-22h), vendredi (11h30-22h30), samedi (17h-23h). Réservation conseillée. Plat à partir de 14 US$.

Un restaurant couru par une population aisée et branchée, dont le nom est une abréviation de la ville Aix-en-Provence… L'intérieur est original avec des luminaires couleur feu qui se reflètent dans du fer forgé. La cuisine se veut quant à elle « French fusion », dans l'esprit d'un bistrot français, avec des spécialités quasiment toutes cuisinées au feu de bois ou sur le grill, telles que les pizzas, les pâtes, le risotto, les steaks et les fruits de mer. Avec plus de 250 bouteilles à la carte, Aix peut s'enorgueillir de l'une des plus belles caves du coin.

AARDWOLF BREWING COMPANY

1461 Hendricks Avenue ✆ +1 904 301 0755
www.aardwolfbrewing.com
Ouvert du mardi au jeudi de 15h à 23h, vendredi de 15h à minuit, samedi de midi à minuit, dimanche de midi à 21h.

Située dans le quartier de San Marco, cette grande brasserie installée dans une ancienne fabrique de glace des années 1930 est agréable pour prendre un verre et déguster des bières fabriquées sur place. Le bar propose très régulièrement de nouvelles sortes de bières. Des foodtrucks sont aussi de la partie pour prolonger la fête. Cette brasserie fait partie des 23 participants du parcours *Jax Ale Trail*, donc n'oubliez pas de réclamer votre passeport à brasseries et de le faire tamponner : il vous faut au moins quatre tampons pour gagner un cadeau !

BOLD BEAN

869 Stockton Street
✆ +1 904 738 7670
www.boldbeancoffee.com
Ouvert du mardi au vendredi de 6h30 à 19h, samedi et dimanche de 7h à 19h.

Dans un petit immeuble en brique typique du centre-ville, vous pénétrerez dans une vaste salle alliant savamment murs de brique et murs de bois. Aux murs sont suspendus tableaux d'art contemporain et macramés, ça et là, des plantes vertes... Et surtout, cela sent très bon le café puisque les grains de café sont moulus sur place. Latte glacé à la vanille, cappuccino mousseux... Les amateurs seront aux anges. Vous pourrez même venir avec votre ordinateur si vous avez besoin de travailler (parce que parfois, ça arrive même en vacances !) ou lire votre roman préféré.

CHAMBLIN'S UPTOWN CAFE

215 North Laura Street
✆ +1 904 674 0868
https://www.chamblinbookmine.com
Ouvert mercredi, jeudi et vendredi de 8h à 17h, le samedi de 9h à 16h, le dimanche de 10h à 17h.

Voilà un café des plus originaux car il trône au milieu d'une grande librairie où se vendent des livres neufs et d'occasion ou encore des magazines. À la carte, des bagels, des pâtisseries et des croissants à accompagner de cafés locaux (mention spéciale pour les délicieux cappuccinos). Il est aussi possible d'y prendre son petit-déjeuner ou le repas du midi. De nombreuses options pourront convenir aux vegans. En somme, c'est le genre de lieu où l'on souhaiterait rester des heures tant l'ambiance est calme et reposante. Et pourquoi ne pas repartir avec un livre ?

BIG TALBOT ISLAND STATE PARK

12157 Heckscher Drive
✆ +1 904 251 2320
Tous les jours de 8h du matin jusqu'au crépuscule. 3 US$ par véhicule. 2 US$/pers pour accéder au ponton de pêche.

Cette réserve naturelle est la destination idéale pour une journée en pleine nature mêlant détente et activités sportives. Vous pourrez ainsi profiter de la plage aménagée, ramasser quelques coquillages puis pique-niquer sous un pavillon au bord de l'eau avant de partir observer la faune et la flore sur l'un des 5 trails aménagés. Le Timucuan Trail, avec ses 5 km de chemins pavés, est particulièrement accessible. Les amateurs d'activités nautiques pourront louer kayak et paddle.

PLAGES

A 12 miles (20 km) à l'est de Jacksonville se trouvent plusieurs plages : Mayport Beach, Atlantic Beach, Jacksonville Beach, Neptune Beach, Ponte Vedra Beach et, plus au sud, South Ponte Vedra Beach, North Beach et Vilano Beach. Ces plages sont accessibles par Atlantic Boulevard (SR 10), Beach boulevard (US Highway 90), la SR 9A, J. Turner Butler Boulevard et la US Highway A1A. Attractions, restaurants et boutiques parsèment les 80 kilomètres de plages de sable blanc et constituent un agréable complément au surf et aux séances de bronzage sur les plages.

FERNANDINA BEACH ★

Basée sur Amelia Island, cette charmante cité balnéaire reste marquée par son passé victorien et respire le calme. Inscrite au registre national des villes historiques, elle est aussi la capitale de la crevette. Depuis quelques années, la ville de Fernandina Beach connaît une deuxième jeunesse grâce notamment à un gros *boom* des *bed and breakfast*, dans le style de Saint Augustine.

Histoire

La ville, depuis 1811, doit son nom à consonance espagnole au roi d'Espagne Ferdinand VII. Les Espagnols n'étaient pourtant pas les premiers sur place et ils n'ont pas fait grand cas de la présence des Français, qui avaient fondé la ville en 1562, ni des Anglais qui leur avaient succédé. Quelques batailles plus tard, en 1821, la ville est intégrée aux Etats-Unis. Tout au long de son histoire, la région aura été sous la domination de huit drapeaux différents...

Tourisme

Depuis Fernandina Beach, un simple petit saut vers le nord permet de quitter le Sunshine State pour la Géorgie. À vol de héron, la distance à parcourir est d'un demi-mile.

AMELIA ISLAND LIGHTHOUSE ★

✆ +1 904 277 7350

Visite gratuite le samedi (11h-14h).
Tour guidé le 1er et 3e mercredi à 10h.
Adulte : 5 US$. Réservation par téléphone.

Considérée comme le plus vieil édifice de l'île, ce phare de 20 mètres de haut construit en 1839 est une pure merveille. C'est aussi le plus ancien phare de Floride toujours en service. Il permet d'observer jusqu'à 15 miles (24 km) en mer. Le samedi, vous pourrez vous promener au pied du phare, mais il est nécessaire de s'inscrire à la visite guidée (premier et troisième mercredi du mois) pour pénétrer à l'intérieur de la sentinelle. Sachez toutefois qu'il n'est pas possible de grimper tout en haut. Le bus menant au phare quitte l'Atlantic Recreation Center à 10h.

AMELIA ISLAND MUSEUM OF HISTORY ★

233 South 3rd Street ✆ +1 904 261 7378
www.ameliamuseum.org

Ouvert du lundi au samedi de 10h à 16h et le dimanche de 13h à 16h. Adulte : 10 US$, enfant (5-17 ans) : 5 US$.

La présence humaine dans la région a commencé il y a 4 000 ans, comme en témoignent plusieurs vestiges archéologiques. Ce musée retrac l'histoire d'Amelia Island, l'île aux 8 drapeaux, et notamment celle des Indiens Timucuan (ils étaient 30 000 sur l'île et vivaient de la pêche) et des plantations du XVIIIe siècle. Les documents de sont nombreux et s'intègrent dans un décor lui-même chargé d'histoire. Le musée propose également une visite commentée du centre historique de la ville.

FORT CLINCH STATE PARK ★

2601 Atlantic Avenue
✆ +1 904 277 7274

Parc : toute l'année de 8h au coucher du soleil. 6 US$/voiture (2-8 pers), 2 US$/piéton ou cycliste. Fort : 2 US$/pers.

Ce parc de 439 ha est le point de la côte le plus au nord de la Floride. Le vieux fort de brique permet d'observer la frontière avec la Géorgie et l'océan Atlantique, ce qui lui a conféré une position stratégique pendant la guerre civile. Les canons sont là pour en témoigner. Plages et dunes sont calmes et ouvertes au public. Si vous avez envie d'observer la faune locale, rendez-vous au *Willow Pond Nature Trail* (de 25 à 45 min selon l'itinéraire). Le parc abrite aussi 2 campings. Sachez qu'il est possible de réserver un emplacement jusqu'à 11 mois à l'avance.

ELISABETH POINTE LODGE €€€

98 South Fletcher avenue
✆ +1 800 772 3359
www.elizabethpointelodge.com

Chambre double à partir de 329 US$.

Vous serez séduit par cette immense maison familiale en bois, construite à même la plage dans le style Nantucket des années 1890. Pourtant, l'établissement de charme a été érigé en 1991. Chacune des 25 chambres a sa spécificité et son charme particulier. Vous pourrez loger dans la Main House, le Harris Lodge ou le Miller Cottage. Certaines chambres ont une superbe vue mer. Coup de cœur pour le petit-déjeuner offert, à déguster dans la jolie salle à manger face à la plage ou sur la terrasse. Un séjour hors du temps qui se prête à ravir à une occasion romantique.

FAIRBANKS HOUSE €€€

227 South 7th Street
✆ +1 904 277 0500
www.fairbankshouse.com

Chambre double à partir de 245 US$.
Petit-déjeuner inclus.

Sans doute le plus populaire *bed and breakfast* de la région ! Situé au cœur de Fernandina Beach, l'établissement bâti en 1885 fait partie des monuments historiques et ses chambres, dans le style victorien, sont franchement dépaysantes. Un vrai retour au XIXe siècle ! Rob et Yvonne sont des hôtes charmants. La Fairbanks House est également le seul *bed and breakfast* de l'île à disposer d'une piscine. Nombreuses autres commodités : prêt gratuit de serviettes de plage et de glacières, boissons sans alcools autour de la piscine, vélos mis à disposition gratuitement…

THE BUCCANEER TRAIL

2601 Atlantic Avenue
✆ +1 904 249 3868

Cette route de 52 miles, qui commence au niveau de la Highway A1A, sur Amelia Island, constitue l'une des plus belles promenades de la région. La *trail* vous emmènera le long de magnifiques plages, notamment celle de Little Talbot Park, dans des criques idylliques ou encore le long de rivières qui mènent jusqu'à l'océan Atlantique. Si vous aimez la pêche, n'oubliez pas votre matériel, vous vous en donnerez à cœur joie. Sur la route, vous pourrez découvrir également des sites historiques tels que la Kingsley Plantation ou encore le Castillo de San Marco.

ORLANDO ET LES PARCS

Ce n'est une surprise pour personne : si l'on vient à Orlando, c'est d'abord pour visiter ses légendaires parcs d'attractions. Tout commence au milieu des années 1960, lorsque les frères Disney annoncent la construction d'un parc d'attractions beaucoup plus vaste que Disneyland Californie. Walt Disney World ouvre ses portes le 1er octobre 1971, et le succès est incroyable. De quoi attirer quelques décennies plus tard Universal Studios, le rival de toujours, qui inaugure un premier parc en 1990. Cette concurrence s'avère prolifique et à l'origine des meilleures créations des parcs : World of Pandora (Disney's Animal Kingdom) est ainsi imaginé pour détrôner le Wizarding World of Harry Potter (Universal Studio). De nombreux autres parcs se sont depuis implantés à Orlando afin de profiter du rayonnement des deux géants, comme Sea World, Legoland, Discovery Cove ou le tout nouveau Peppa Pig Theme Park.

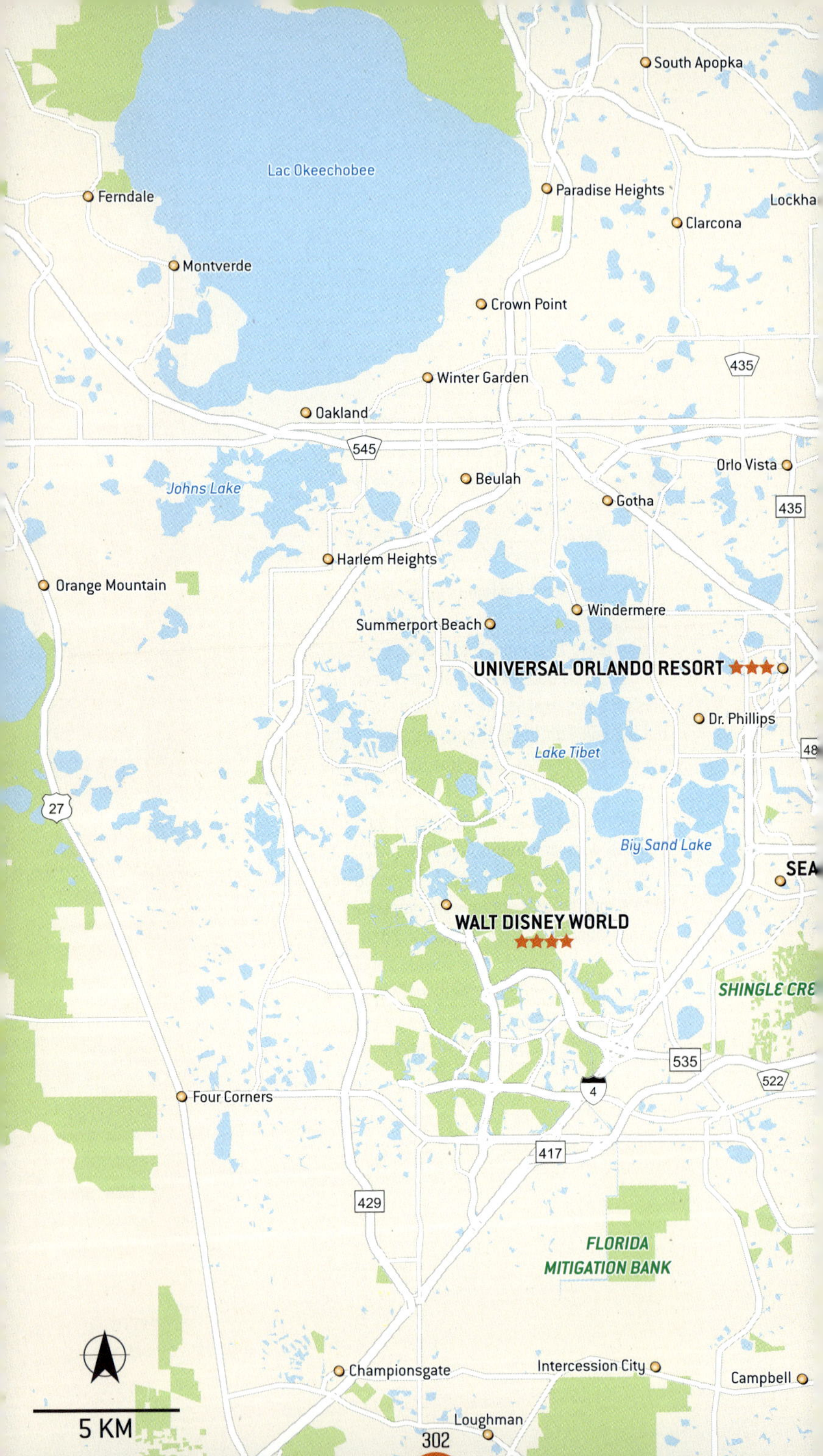
South Apopka
Lac Okeechobee
Ferndale
Paradise Heights
Lockha
Clarcona
Montverde
Crown Point
435
Winter Garden
Oakland
545
Orlo Vista
Beulah
Johns Lake
Gotha
435
Harlem Heights
Orange Mountain
Windermere
Summerport Beach
UNIVERSAL ORLANDO RESORT
Dr. Phillips
Lake Tibet
27
Big Sand Lake
SEA
WALT DISNEY WORLD
SHINGLE CRE
535
522
Four Corners
4
417
429
FLORIDA
MITIGATION BANK
Championsgate
Intercession City
Campbell
5 KM
Loughman

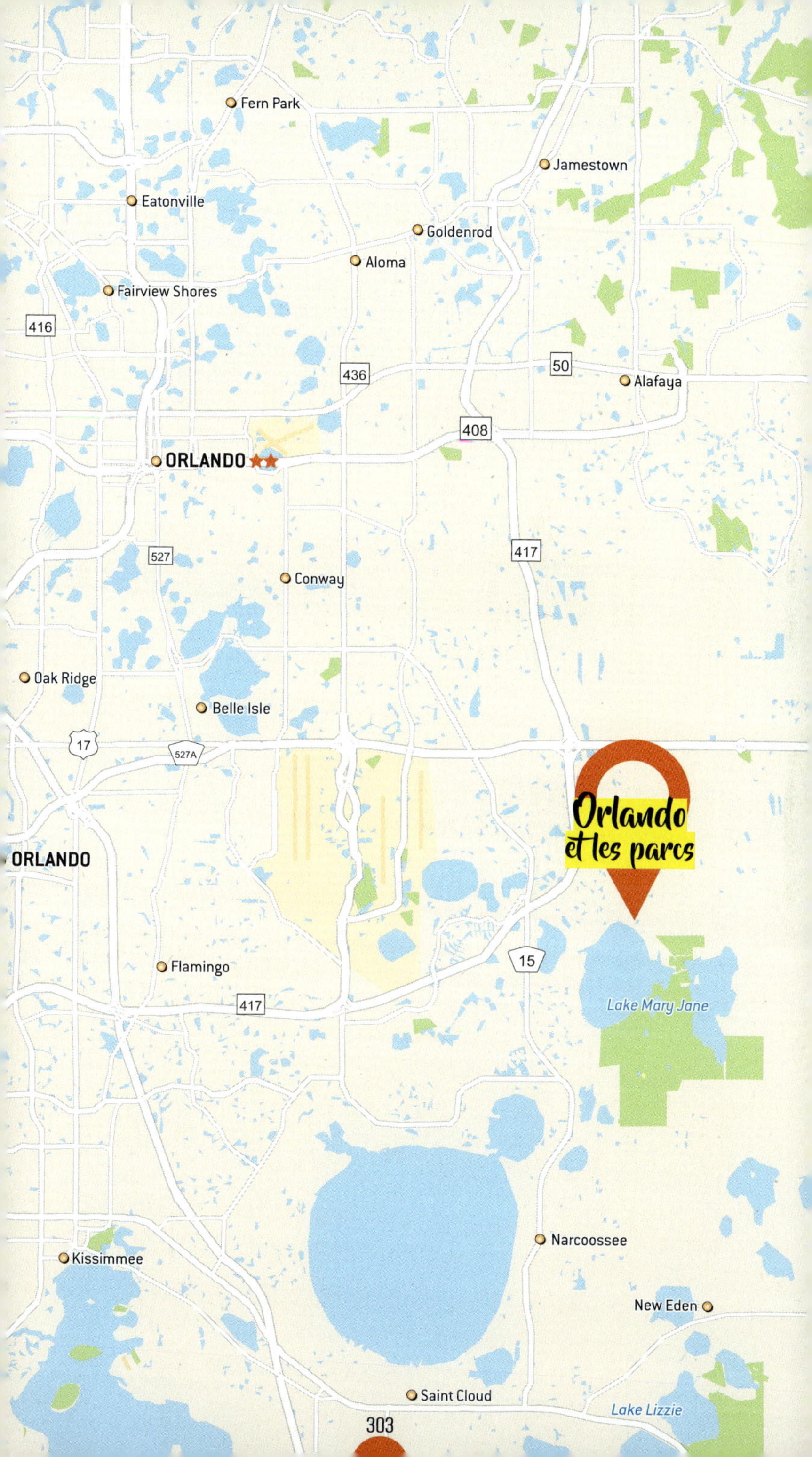
Fern Park
Jamestown
Eatonville
Goldenrod
Aloma
Fairview Shores
416
436
50
Alafaya
408
ORLANDO ★★
417
527
Conway
Oak Ridge
Belle Isle
17
527A
Orlando et les parcs
ORLANDO
15
Flamingo
417
Lake Mary Jane
Narcoossee
Kissimmee
New Eden
Saint Cloud
Lake Lizzie

ORLANDO

© KRUCK20 - ISTOCKPHOTO.COM

Il existe deux façons d'appréhender Orlando. Soit on y vient dans le but unique de profiter de ses parcs d'attractions, soit on prend le temps de découvrir une autre Orlando, plus culturelle et paisible. La ville s'attache en effet à faire vivre bien d'autres valeurs que celle d'un tourisme de masse toujours plus imposant, et c'est en silence et aux plus curieux qu'elle propose ses multiples possibilités de séjours. En marge de l'International Drive qui regroupe parcs d'attractions et magasins de souvenirs XXL, Orlando s'impose comme une ville sereine, consciente de son potentiel dans les domaines scientifiques et cinématographiques. Elle est l'une des villes les plus touristiques des États-Unis, grâce à des locomotives telles que Walt Disney World, le plus grand complexe Disney au monde, et Universal Studio, qui propose deux parcs basés sur le cinéma. Divers autres plaisirs vous attendent, mais il vous faudra choisir !

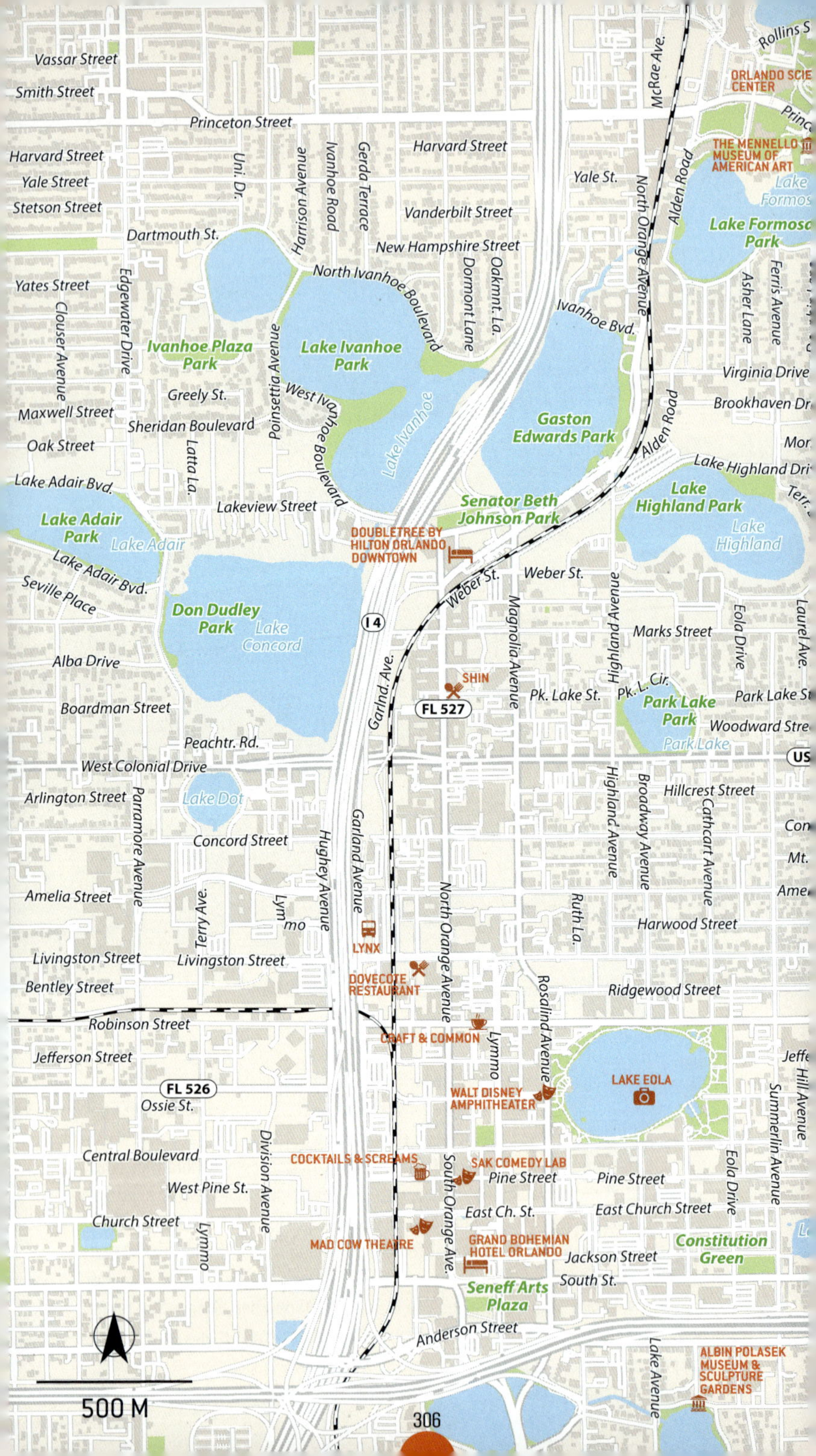
Vassar Street
Smith Street
Princeton Street
Rollins S
ORLANDO SCIE CENTER
Princ
McRae Ave.
Harvard Street
Harvard Street
Yale Street
Yale St.
Stetson Street
Uni. Dr.
Harrison Avenue
Ivanhoe Road
Gerda Terrace
Vanderbilt Street
North Orange Avenue
Alden Road
THE MENNELLO MUSEUM OF AMERICAN ART
Lake Formos
Lake Formosa Park
Dartmouth St.
New Hampshire Street
North Ivanhoe Boulevard
Dormont Lane
Oakmnt. La.
Yates Street
Edgewater Drive
Clouser Avenue
Ivanhoe Bvd.
Asher Lane
Ferris Avenue
Ivanhoe Plaza Park
Lake Ivanhoe Park
Poinsettia Avenue
Virginia Drive
Greely St.
West Ivanhoe Boulevard
Lake Ivanhoe
Gaston Edwards Park
Alden Road
Brookhaven Dr
Maxwell Street
Sheridan Boulevard
Latta La.
Oak Street
Lake Highland Dri
Lake Adair Bvd.
Lakeview Street
Senator Beth Johnson Park
Lake Highland Park
Lake Highland
Lake Adair Park
Lake Adair
DOUBLETREE BY HILTON ORLANDO DOWNTOWN
Lake Adair Bvd.
Seville Place
Weber St.
Weber St.
Magnolia Avenue
Highland Avenue
Eola Drive
Laurel Ave.
Don Dudley Park
Lake Concord
I 4
Marks Street
Garlnd. Ave.
Alba Drive
SHIN
Pk. Lake St.
Pk. L. Cir.
Park Lake Park
Park Lake St
FL 527
Boardman Street
Woodward Stre
Park Lake
Peachtr. Rd.
West Colonial Drive
US
Arlington Street
Lake Dot
Parramore Avenue
Hillcrest Street
Garland Avenue
Hughey Avenue
Highland Avenue
Broadway Avenue
Cathcart Avenue
Concord Street
Amelia Street
Terry Ave.
Lymmo
North Orange Avenue
Ruth La.
Harwood Street
LYNX
Livingston Street
Livingston Street
DOVECOTE RESTAURANT
Rosalind Avenue
Ridgewood Street
Bentley Street
Robinson Street
CRAFT & COMMON
Lymmo
Jefferson Street
LAKE EOLA
Hill Avenue
FL 526
Ossie St.
WALT DISNEY AMPHITHEATER
Summerlin Avenue
Central Boulevard
Division Avenue
COCKTAILS & SCREAMS
SAK COMEDY LAB
Pine Street
Pine Street
West Pine St.
South Orange Ave.
Eola Drive
East Ch. St.
East Church Street
Church Street
Lymmo
MAD COW THEATRE
GRAND BOHEMIAN HOTEL ORLANDO
Constitution Green
Jackson Street
South St.
Seneff Arts Plaza
Anderson Street
Lake Avenue
ALBIN POLASEK MUSEUM & SCULPTURE GARDENS
500 M

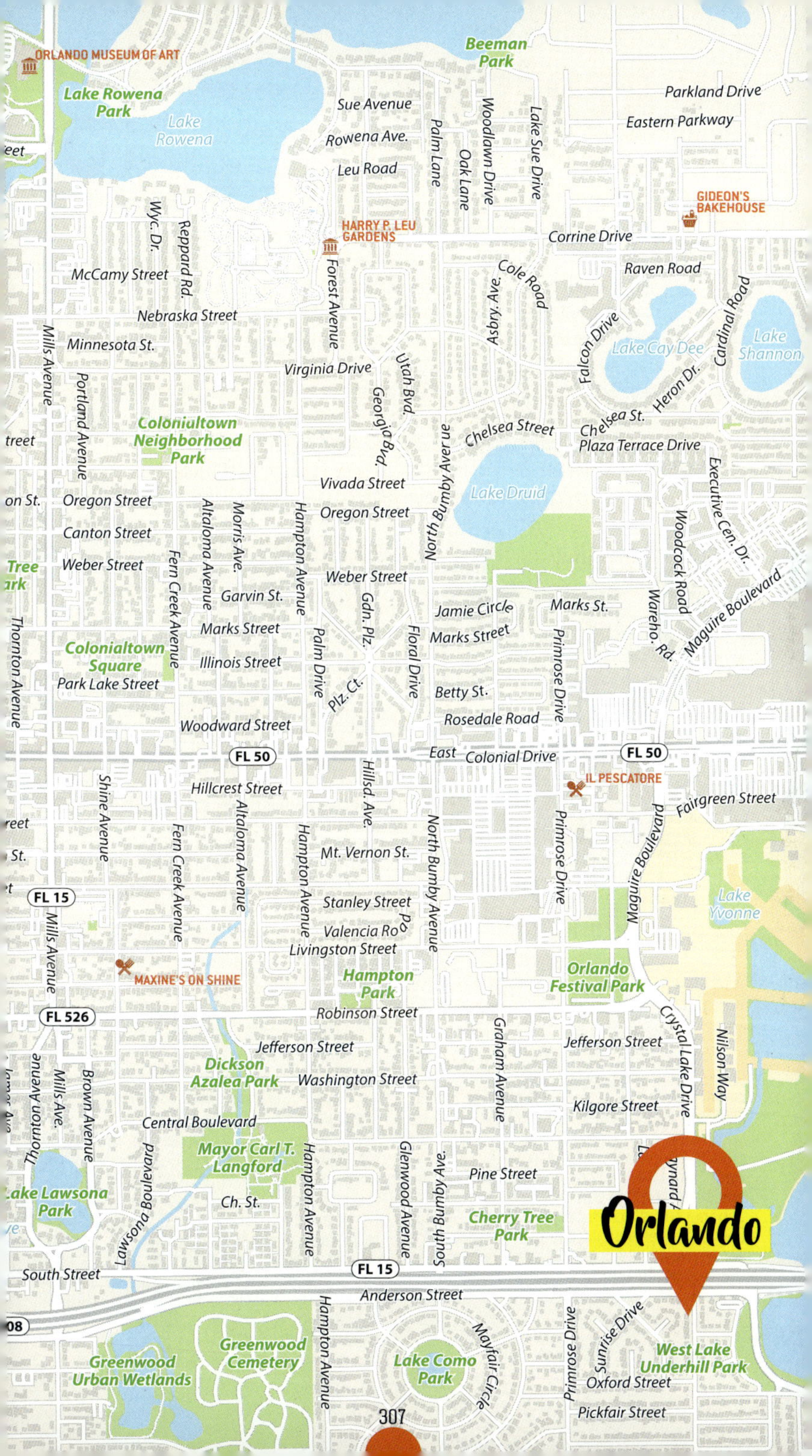
Orlando Museum of Art
Beeman Park
Lake Rowena Park
Lake Rowena
Sue Avenue
Rowena Ave.
Leu Road
Palm Lane
Oak Lane
Woodlawn Drive
Lake Sue Drive
Parkland Drive
Eastern Parkway
Gideon's Bakehouse
Harry P. Leu Gardens
Corrine Drive
Raven Road
Cole Road
Asbry Ave.
McCamy Street
Wyc. Dr.
Reppard Rd.
Forest Avenue
Nebraska Street
Minnesota St.
Mills Avenue
Virginia Drive
Utah Blvd.
Georgia Bvd.
Falcon Drive
Lake Cay Dee
Cardinal Road
Lake Shannon
Heron Dr.
Chelsea St.
Chelsea Street
Plaza Terrace Drive
Portland Avenue
Coloniultown Neighborhood Park
Vivada Street
Lake Druid
Oregon Street
Canton Street
Weber Street
Altaloma Avenue
Morris Ave.
Hampton Avenue
North Bumby Avenue
Executive Cen. Dr.
Woodcock Road
Garvin St.
Fern Creek Avenue
Jamie Circle
Marks St.
Marks Street
Wareho. Rd.
Maguire Boulevard
Gdn. Plz.
Floral Drive
Primrose Drive
Colonialtown Square
Illinois Street
Park Lake Street
Palm Drive
Plz. Ct.
Betty St.
Thornton Avenue
Rosedale Road
Woodward Street
FL 50
East Colonial Drive
Il Pescatore
Hillcrest Street
Shine Avenue
Hillsd. Ave.
Fairgreen Street
Mt. Vernon St.
FL 15
Stanley Street
Valencia Road
Livingston Street
Lake Yvonne
Maxine's on Shine
Hampton Park
Orlando Festival Park
FL 526
Robinson Street
Jefferson Street
Graham Avenue
Crystal Lake Drive
Nilson Way
Dickson Azalea Park
Washington Street
Mills Ave.
Brown Avenue
Kilgore Street
Central Boulevard
Mayor Carl T. Langford
Glenwood Avenue
South Bumby Ave.
Pine Street
Lake Lawsona Park
Lawsona Boulevard
Ch. St.
Cherry Tree Park
Orlando
South Street
Anderson Street
Greenwood Urban Wetlands
Greenwood Cemetery
Lake Como Park
Mayfair Circle
Sunrise Drive
West Lake Underhill Park
Oxford Street
Pickfair Street

SE REPÉRER SE DÉPLACER

Le choix de votre mode de transport dépend du séjour que vous allez faire. Il n'est pas utile de s'encombrer d'un véhicule si vous allez passer la journée dans les parcs, d'autant plus que la majorité des hôtels des alentours proposent des navettes gratuites. Si aucune navette ne dessert votre destination ou si les horaires ne vous conviennent pas, la meilleure option est encore de réserver un Uber ou un Lyft. Les chauffeurs sont très nombreux aux alentours des parcs et si vous choisissez bien votre logement, vous n'aurez que quelques kilomètres à parcourir. En prime, cela vous évitera de payer le parking et de perdre du temps. Le centre-ville d'Orlando peut quant à lui se découvrir facilement à pied. Un véhicule sera toutefois nécessaire si vous souhaitez découvrir les environs, comme les villes de Celebration et Winter Park, ou profiter de votre passage pour écumer les nombreux *outlets* à la recherche des meilleures affaires.

AÉROPORT ORLANDO INTERNATIONAL

1 Airport Boulevard
✆ +1 407 825 2001
www.orlandoairports.net

Orlando est desservie par un aéroport international (le quatrième plus grand des Etats-Unis). Cependant, il n'existe pas de vol direct depuis Paris. Les *shuttles* sont situées au niveau 1 du terminal principal, côtés A et B. Leurs prix varient selon les compagnies et la saison. Si vous êtes utilisateur d'Uber ou de Lyft, sachez enfin que tous ces déplacements vous coûteront 30 % moins cher en moyenne... Des navettes vous emmèneront directement aux parcs Disney.

AMTRAK STATION

1400 Sligh Boulevard
✆ +1 800 872 7245
www.amtrak.com

L'Amtrak est une compagnie ferroviaire américaine qui dessert l'ensemble du pays. En Floride, si vous n'avez pas de voiture, le train peut être une bonne alternative car l'Amtrak couvre les principales villes de l'État (Tampa, Jacksonville, West Palm Beach ou encore Miami). Il faut toutefois avoir en tête que les gares ne se situent pas toujours en plein centre-ville et qu'il vous faudra peut-être prendre le bus ou le taxi pour arriver à votre destination. La gare d'Orlando se trouve dans Downtown, à environ 1 mile au sud du quartier d'affaires.

BRIGHTLINE

✆ +1 305 520 2300
www.gobrightline.com
Comptez 10 US$ pour Miami/Fort Lauderdale et 15 US$ pour Miami/West Palm Beach. En 2023 : Miami/Orlando.

Cette compagnie de train à grande vitesse relie Miami, Fort Lauderdale et West Palm Beach. Les trains de la Brightline sont confortables et très modernes avec Wifi gratuit à bord et prises USB. Une autre partie du tronçon de la *Brightline*, encore en travaux au moment où nous bouclons ce guide, permettra de relier Orlando à Miami en 3h, et ce dès 2023. La station se situe dans le terminal Sud de l'aéroport d'Orlando. C'est donc une très bonne nouvelle pour ceux qui souhaitent éviter de louer une voiture pour rejoindre les deux villes.

GREYHOUND STATION

4111 Northwest 27th Street - **MIAMI**
✆ +1 305 871 1810
www.greyhound.com
Ouvert 24h/24. Principales villes desservies par le réseau : Orlando, Miami, Tampa, Key West, Fort Lauderdale...

La compagnie américaine de bus Greyhound relie Orlando à la plupart des grandes villes américaines (Miami en 5h, Tampa en 1h30, Tallahassee en 5h15, Saint Augustine en 2h15...). La gare routière d'Orlando est située à Downtown mais il est aussi possible de prendre un bus directement depuis l'aéroport. Si vous souhaitez profiter des parcs d'attraction d'Orlando, nous vous conseillons de vous arrêter à la station de Kissimmee, à 15 miles de Disney World et 18 miles d'Universal Studio. Une option économique si vous avez du temps devant vous.

SUNSHINE FLYER

✆ +1 866 353 5937
https://sunshineflyer.com
Aéroport d'Orlando à Disney World. Adulte : 17 US$ aller et 34 US$ l'A/R ; enfant : 12,5 US$ l'aller et 25 US$ l'A/R.

Vous séjournez dans un hôtel de Disney World ? Dès votre arrivée à l'aéroport d'Orlando, direction le monde magique avec les bus Sunshine Flyer ! Ils desservent l'ensemble des hôtels du parc. Les départs ont lieu devant le terminal B, au niveau 1 de l'aéroport (*Ground Transportation*), entre les arrêts de bus B5 et B9. La fréquence de passage est de 20 minutes, et chaque véhicule est équipé de toilettes. Au retour, vous serez informé par email de l'heure à laquelle le bus viendra vous chercher à votre hôtel (environ 4 heures avant le départ). Réservation en ligne.

LYNX

455 North Garland Avenue
✆ +1 407 841 2279
www.golynx.com
Ticket 2 US$. Pass de 7 jours à 16 US$.

C'est la compagnie générale de bus à Orlando. La station centrale se trouve à Downtown : c'est de là que la plupart des bus partent ou arrivent. On y trouve les plans et les informations nécessaires mais vous trouverez aussi toutes les informations sur les lignes de bus et la liste des différents arrêts par ligne sur le site Internet de Lynx. C'est à la station centrale que vous pourrez acheter un pass à la semaine, les chauffeurs ne proposant pas ce système. Seuls les trajets à l'unité ou le pass à la journée peuvent s'acheter directement dans le bus.

I-RIDE TROLLEY

✆ +1 407 248 9590
www.iridetrolley.com
Tous les jours de 8h à 22h30. Toutes les 20 à 30 minutes. Adulte : 2 US$, enfant (3-9 ans) 1 US$. Pass 1 jour : 5 US$.

Ces sympathiques trolleys verts sont faciles à reconnaître avec leur capot orné d'un sourire. Ils desservent International Drive 2 itinéraires (rouge et vert). La Red Line circule ainsi du nord au sud tandis que la *Green Line* démarre au Major Boulevard et longe Universal Boulevard avant de rejoindre la Red Line. Le transfert d'une ligne à l'autre est gratuit mais il vous faudra demander un « transfert coupon » au chauffeur lorsque vous achetez votre billet. Le paiement se fait en espèces uniquement (faire l'appoint). SeaWorld et Icon Park sont notamment desservis.

MEARS

✆ +1 407 839 1570
www.mearstransportation.com
Taxis, navettes partagées, bus, transferts vers les parcs d'attractions. Réservations en ligne.

Mears est l'une des plus anciennes compagnies de taxis et de navettes d'Orlando. Elle a en effet commencé ses activités en 1939. Elle propose une multitude de trajets au départ d'Orlando et ses environs (bus, taxis, navettes pour les parcs...). Les réservations et paiement se font en ligne de manière simple. Vous pourrez notamment rejoindre directement DisneyWorld, Universal Studio, SeaWOrld ou encore Legoland et de nombreuses autres attractions touristiques au départ de l'aéroport. Il est également possible de réserver des navettes privatives.

LYMMO

✆ +1 5165038449
Fonctionne du lundi au vendredi de 6h à 22h45, le samedi de 10h à 22h45 et le dimanche de 10h à 22h. Gratuit.

Ce système de transport circule uniquement dans Downtown Orlando. Il peut se prendre au départ la gare centrale avec des stops très fréquents tout autour du quartier. Les lignes de bus Lymmo sont les suivantes : la n° 31 Orange/Downtown line, la n° 61 qui est la Lime line, la n° 62 qui est la Grapefruit line, la n° 63 qui la Orange/North Quarter line. Les arrêts sont donnés ligne par ligne sur le site. Idéal pour découvrir le centre-ville et ses principaux points d'interêt sans voiture. Le bus passe toutes les 7min, 15 min en soirée et durant les week-ends.

THE RIDE XPERIENCE

https://www.therideexperience.com
Du lundi au samedi de 10h à 19h.
À partir de 35 US$ la journée, prix dégressif selon la durée de location.

Orlando est une ville qui se prête particulièrement bien à la découverte en vélo, grâce à ses 425 kilomètres de pistes cyclables et ses nombreux bike trails comme le Cady Way Trail ou le Lake Underhill Path. The Ride Xperience propose ainsi la location de différents modèles de vélo (classique ou électrique) selon votre niveau et le type de pistes que vous envisagez d'emprunter. Pratique : vous pouvez réserver en ligne et votre vélo vous sera livré à votre hébergement la veille au soir. Selon le vélo, le casque est fourni ou à louer en supplément.

À VOIR / À FAIRE

Pour apprécier pleinement Orlando, l'idéal est d'explorer ses différents quartiers et atmosphères. Parmi les principaux, il y a Downtown, le quartier d'affaires d'Orlando. Le quartier, bien que possédant quelques attractions et lieux tels que des bars et des restaurants, est essentiellement actif la journée. Lake Eola est la partie historique de la ville, les environs sont un mélange entre quartiers résidentiels et commerces avec de nombreuses maisons anciennes. Thornton Park est quant à lui assez cosmopolite et accueille pas mal d'adresses branchées de la ville, tout comme Uptown. Dans le ViMi District (Little Vietnam), vous trouverez quantité de restaurants et boutiques asiatiques. Dans les environs, Winter Park est une petite ville truffée de musées et galeries d'art ; Celebration, une cité proprette créée par la Walt Disney Company ; et International Drive, LA rue où l'on vient dormir, manger et sortir à deux pas des parcs.

WINTER PARK WELCOME CENTER & CHAMBER OF COMMERCE

151 W Lyman Avenue
✆ +1 407 644 8281
www.winterpark.org
Ouvert du lundi au vendredi de 8h30 à 17h, le samedi de 9h à 14h.

Comme dans tous les Visitor Centers, vous trouverez ici de nombreuses informations pratiques sur la très jolie petite ville de Winter Park et les attractions à découvrir aux environs. Winter Park étant généralement hors des sentiers touristiques, il est toujours utile de bénéficier de conseils de professionnels. Ne manquez pas le Farmer's Market tous les samedis de 8h à 13h et les nombreux musées d'art et d'histoire de la ville. Les ruelles pavées sont aussi pleines de charme.

BOGGY CREEK AIRBOAT RIDES ★

2001 E Southport road
✆ +1 407 344 9550
www.bcairboats.com
Tous les jours de 9h à 17h30. 30 minutes : 35 US$ (adulte), 30 US$ (enfant). 1h : 55 US$ (adulte), 50 US$ (enfant).

Boggy Creek Airboat Rides propose des excursions de trente minutes à une heure à bord d'un hydroglisseur sur un cours d'eau menant aux Everglades. Le pilote sert également de guide sur la flore et la faune (tortues, alligators, oiseaux) qu'il essaie de débusquer durant la balade. Une excursion est également proposée lors du coucher du soleil - ce qui permet d'apercevoir des animaux qui sont cachés durant la journée - et durant la nuit (frissons garantis !).

SCENIC BOAT TOUR ★

312 East Morse Boulevard
✆ +1 407 644 4056
www.scenicboattours.com
Départ toutes les heures tous les jours de 10h à 16h. 16 US$ par adulte, 8 US$ par enfant.

Cette balade vous permet de partir à la rencontre des lacs et des canaux de la charmante ville de Winter Park, à 10 kilomètres au nord d'Orlando. Une heure d'enchantement, commentée avec humour et professionnalisme, au milieu des superbes demeures qui bordent les lacs. Les couleurs de la végétation qui se reflètent sur l'eau sont spectaculaires. Les bateaux accueillent au maximum 18 passagers, ce qui garantit une croisière tranquille et personnalisée. Une balade au fil de l'eau des plus bucoliques que nous vous recommandons absolument.

WANDERING PALM FOOD TOURS

✆ +1 407 476 1694
À partir de 62 US$ par personne.

Découvrir Orlando et ses environs tout en se régalant, c'est ce que propose Wandering Palm Food Tours ! Plusieurs options s'offrent à vous dont *Brew and bites*, une visite de 3h où vous visiterez cinq brasseries locales. Votre guide pourra aussi vous emmener dans l'une des rues les plus secrètes d'Orlando où vous attendent cinq dégustations imaginées par des chefs locaux. Des visites en toute convivialité que l'on vous recommande particulièrement si vous êtes à l'aise en anglais.

ALBIN POLASEK MUSEUM & SCULPTURE GARDENS

633 Osceola Avenue ✆ +1 407 647 6294
www.polasek.org
Ouvert du mardi au samedi de 10h à 16h, le dimanche de 13h à 16h. Adulte : 12 US$, enfant : 4-12 ans) : 7 US$.

Albin Polasek (1879-1965) est l'un des plus illustres sculpteurs américains du XXe siècle, travaillant les personnages figuratifs et les portraits avec une grande sensibilité. C'est lors de sa retraite qu'il s'installe à Winter Park et y fait construire sa maison, la Capen-Showalter House, qu'il laisse peu à peu découvrir au public. 200 œuvres composées de sculptures, peintures et dessins appartiennent à la fondation. En plus de la subtilité des œuvres, le cadre est très agréable.

CELEBRATION ★

https://celebrationtowncenter.com

À 30 km au sud d'Orlando et à moins de 10 km de Disney Word, Celebration est une ville un peu particulière puisqu'elle a été fondée par la Walt Disney Company en 1994. Son concept tient son origine d'un projet utopique de Walt Disney : créer une ville idéale où il n'y aurait aucune criminalité et où les habitants vivraient en harmonie dans des maisons à l'architecture soigneusement travaillée. Le père de Mickey n'aura pas connu la réalisation de ce projet (il décède en 1966), mais il reste lié à son histoire. Aujourd'hui, la ville de 11 000 habitants n'est plus gérée par la firme aux grandes oreilles, mais son esprit demeure le même qu'à sa conception. Vous y verrez ainsi de magnifiques maisons qui rappellent celles de la série *Desperate Housewife* (toutes construits dans l'un des cinq styles architecturaux approuvés à l'époque), des boutiques cossues et une architecture colorée de style Art déco. Tout le centre-ville est accessible à pied, les pelouses sont superbement entretenues les nains de jardin formellement interdits, et une petite musique entraînante résonne dans des hauts parleurs discrètement dissimulés. La ville est ainsi souvent comparée à celle du film *Truman Show*. Nous vous conseillons d'y passer quelques heures car c'est une curiosité assez unique qui plaira autant aux fans de Disney qu'aux amateurs d'architecture et autres visiteurs curieux. La balade est en plus très agréable car la ville est verdoyante et fleurie ; dotée d'un lac artificiel dont vous pourrez faire le tour et observer oiseaux et alligators.

DISCOVERY COVE

6000 Discovery Cove way
✆ +1 407 513 4600
www.discoverycove.com
Ouvert toute l'année de 9h à 17h. Adulte et enfant de 3 ans et plus : 224 US$ la journée.

Discovery Cove est parc aquatique mêlant rencontres avec animaux marins et activités nautiques. Le principe est celui du *all-inclusive* : votre entrée inclut donc de nombreuses expériences. Par exemple, la nourriture est offerte à volonté tout au long de la journée. En outre, vous pourrez faire du snorkeling dans le grand récif, nager aux côtés des loutres et des ouistitis dans la *Freshwater Oasis*, nourrir les oiseaux exotiques dans l'*Explorer's Aviary*... Mais aussi nager avec des dauphins (en supplément). Côté pratique, le parc fournit serviettes et crème solaire.

GATORLAND ★

14501 South Orange Blossom trail
✆ +1 800 393 5297
www.gatorland.com
Tous les jours de 10h à 17h. Adulte : 32,99 US$ par adulte et 22,99 US$ par enfant (3-12 ans). Remise de 3 US$ en ligne.

Le parc s'est autoproclamé capitale mondiale des alligators. Ils sont en effet plusieurs milliers à nager dans les eaux troubles du parc ou à se dorer la pilule sur des planchers non immergés. Vous pourrez en observer de toutes tailles : des énormes, qui atteignent de 3,60 à 4,60 m de long et pèsent entre 350 et 600 kg, ou une foule de petits qui viennent de naître. De nombreuses espèces sont représentées ; elles proviennent de Cuba, des rives du Nil, du Congo... Le parc permet également d'observer toutes sortes d'oiseaux, des animaux et des reptiles.

HARRY P. LEU GARDENS

1920 North Forest avenue
✆ +1 407 246 2620
www.leugardens.org
Ouvert tous les jours de 9h à 17h (dernière entrée à 16h). Adulte : 15 US$, enfant (4-17 ans) : 7 US$.

Un jardin botanique de 135 ha, avec de splendides camélias, des roses, des palmiers, des orchidées ou encore des plantes exotiques dont la croissance est possible grâce au climat particulier de la Floride. Au fond du jardin, la maison de Leu (*Leu House*), inscrite aux monuments historiques, est aujourd'hui un musée ouvert qui raconte l'histoire de cet industriel et homme d'affaires. Avec sa femme, il voyagea dans le monde entier et rapporta des plantes que l'on trouve aujourd'hui dans ce superbe jardin. La visite prendra environ 2 heures.

Lake Eola.

JUNGLE ADVENTURES ★

26205 East Colonial Drive Christmas
✆ +1 407 568 2885
www.jungleadventures.com
Ouvert tous les jours de 9h30 à 17h30. Prévoir 2h pour la visite. Adulte : 27,95 US$, enfant (3 à 11 ans) : 17,95 US$.

Un parc consacré à l'environnement régional. Vous pourrez y rencontrer de nombreux alligators, des panthères de Floride, des ours noirs, des serpents, des loups ou encore des cerfs. Parmi les activités, le parc propose la Jungle Swamp Cruise, une croisière en bateau électrique dans les marécages ; la visite d'un fort Espagnol ou d'un village Amérindien reconstitué... Des pontons en bois dressés au-dessus des marécages permettent quant à eux de se balader tranquillement. Assister au nourrissage des alligators est particulièrement impressionnant.

LAKE EOLA ★

Trônant au beau milieu du quartier de Downtown et s'étendant sur 12 hectares, ce petit lac donne au centre-ville tout son cachet. Prenez le temps de louer un des pédalos en forme de cygnes, pour mieux appréhender la sérénité de la coin de la ville. Vous pouvez également emprunter le chemin piétonnier, de près de 1,5 kilomètre qui borde le lac, puis vous balader dans les petites ruelles alentour, ponctuées de bars, et qui s'animent la nuit tombée. Enfin le dimanche, le Eola Farmers Market qui s'y tient invite incontestablement à la flânerie.

KRAFT AZALEA GARDENS ★

1363 Alabama Drive
✆ +1 407 599 3334
Ouvert tous les jours de 8h à la tombée de la nuit. Gratuit.

Un très beau jardin public de deux hectares, idéal pour s'éloigner de l'animation survoltée des parcs d'Orlando et profiter d'un peu de quiétude et de verdure en plein cœur de Winter Park. Situé en bordure du lac Maitland, le jardin est particulièrement agréable lors des chaudes journées d'été. Il fait alors bon se reposer à l'ombre des cyprès centenaires et de ses grands arbres recouverts de mousse espagnole. Vous pourrez en plus y observer de nombreux oiseaux. Au printemps, le lieu est encore plus beau avec de nombreuses azalées fleuries.

LEGOLAND FLORIDA ★★

1 Legoland Way ✆ +1 877 350 5346
https://www.legoland.com/florida
Ouvert de 10h à 17h, jusqu'à 18h ou 19h certains soirs. Journée : 124 US$. Gratuit moins de 2 ans. Réductions en ligne.

Legoland est le parc qui séduira les passionnés de Lego de 7 à 77 ans. Au total, cet univers *cartoonesque* rassemble une cinquantaine d'attractions grand public et animations pour les fans des mythiques pavés colorés. Des événements viennent ponctuer l'année selon les saisons : Halloween, vacances... Avec un supplément, vous pourrez accéder au parc aquatique Legoland qui combine toboggans, rivières, piscines et jeux d'eau. En somme, Legoland est un parc familial très sympathique, mais il laissera sans doute les amateurs de sensation sur leur faim.

MORSE MUSEUM ★

445 North Park Avenue ✆ +1 407 645 5311
www.morsemuseum.org
Mardi au jeudi + samedi : 9h30-16h.
Vendredi : 9h30-20h. Dimanche : 13h-16h.
Adulte : 6$, étudiant : 1$, gratuit -12 ans

Ce musée est tout simplement un passage obligé pour tous les amateurs d'Art déco. On y découvre la plus grande collection au monde d'œuvres de Louis Comfort Tiffany, l'un des plus grands verriers de son époque dans la veine de Daum ou Gallé chez nous. Peintures, sculptures, objets en verre, bijoux, vitraux… Son art est prodigieux et ses réalisations s'arrachent de part et d'autre du globe. Vous pourrez aussi déambuler dans certaines pièces de sa maison, Laurelton Hall. La chapelle créée pour l'exposition Universelle de Chicago (1893) est un pur chef d'œuvre.

ORLANDO MUSEUM OF ART ★

2416 North Mills Avenue ✆ +1 407 302 4231
www.omart.org
Du mardi au vendredi de 10h à 16h, le samedi et le dimanche de midi à 16h. Adulte : 20 US$, enfant (4 à 17 ans) : 8 US$.

L'un des plus importants musées de la ville. Une collection est dédiée à l'art africain : on y découvre des masques en bois, des tissus, des statuettes de pays tels que la Côte d'Ivoire ou la République démocratique du Congo. Une autre section présente des objets des Indiens d'Amérique, dont beaucoup d'objets en terre cuite, vases peints, statuettes... Enfin, une dernière section traite de l'art américain avant et après 1945, présentant certains artistes majeurs du pays. Les expositions temporaires traitent de nombreux thèmes variés relatifs à l'art en général.

ORLANDO SCIENCE CENTER ★

777 E Princeton street
✆ +1 407 514 2000
www.osc.org
Ouvert de 10h à 17h. Fermé le mercredi.
Adulte : 24 US$, enfant (2-11 ans) : 18 US$.
Gratuit moins de 2 ans.

L'Orlando Science Center est le plus important musée des Sciences de tout le Sud-Est de la Floride. Il propose 9 salles d'expositions interactives, qui emportent les visiteurs dans différents univers : l'espace, la Préhistoire, la nourriture... Le dôme est avant tout un planétarium, mais il est aussi possible d'y observer le ciel toilé à certaines périodes de l'année. Comptez de 3 à 4h pour la visite, davantage si vous avez vraiment l'esprit curieux. Le lieu propose également des expositions temporaires sur des thématiques très différentes à chaque fois.

PEPPA PIG THEMED PARK

Legoland Way, Winter Haven
✆ +1 833 451 8004
Ouvert tous les jours de 9h à 17h. Entrée : 34,99 US$. Gratuit pour les moins de 2 ans.

À deux pas de LegoLand, ce tout nouveau parc d'attraction est le premier au monde à être entièrement consacré au célèbre petit cochon anglais et sa famille. Parmi les attractions, vous découvriez le *Daddy's Pig Roller Coaster*, le fort de George (le petit frère de Peppa), la serre du grand père... et bien d'autres ! Un cinéma diffuse des épisodes du dessin animé sur grand écran. Vos enfants pourront aussi rencontrer Peppa et être pris en photo à ses côtés, et assister à deux spectacles mettant en scène leurs personnages préférés. Un parc conçu pour les plus jeunes.

THE BLACK HAMMOCK

2316 Black Hammock Fish Camp Road
✆ +1 407 807 6623
www.theblackhammock.com
Le lieu est ouvert du mardi au dimanche.
Tour d'airboat de 9h à 17h à partir de 30 US$.
Restaurant à partir de 30 US$.

© THE BLACK HAMMOCK

Le spot idéal pour partir à la découverte des alligators. Tout d'abord, il y a le lac, immense et sauvage, où ils sont des centaines à vivre tranquillement. Vous pouvez partir en exploration sur l'un des airboats qui attendent sur le ponton. Profitez-en pour jeter un œil aux oiseaux qui fouillent inlassablement la vase en quête de poisson eux aussi. Au retour, arrêtez-vous au bar pour siroter une margarita, admirez les perroquets, dégustez une queue d'alligator au restaurant avant, pourquoi pas, de passer la nuit dans une des villas en location !

RIPLEY'S BELIEVE IT OR NOT

8201 International Drive
✆ +1 407 345 0501
www.ripleys.com/orlando
Dimanche au jeudi de 10h à 23h. Vendredi et samedi de 10h à minuit. Adulte : 27,99 US$, enfant (3-11 ans) : 18,99 US$.

Dans ce lieu étonnant, vous découvriez des objets bizarres ou extraordinaires, antiques ou exotiques, gigantesques ou minuscules, tous découverts par Robert Ripley au long de ses périples en quête d'insolite. Parmi les pièces les plus insolites : les *shrunken heads* (têtes réduites réalisées à partir de crânes humains en Amazonie). Au total, plus de 200 objets sont réunis dans ce musée très différent de ceux que vous connaissez.. Le bâtiment en lui-même est surprenant.

ROLLINS MUSEUM OF ART

1000 Holt Avenue
✆ +1 407 646 2526
www.rollins.edu/
Mardi : 10h-19h. Mercredi, jeudi, vendredi : 10h-16h. Samedi et dimanche : 12h-17h. Gratuit.

Installé à l'intérieur de l'université de Rollins, ce musée d'art abrite une collection de 5 000 pièces, de l'antiquité à l'époque contemporaine, dont la plupart sont des dons. Le résultat est hétéroclite mais chaque objet est de qualité, ce qui offre une agréable découverte d'une des plus riches collections d'art de Floride. En parallèle, des expositions temporaires sont également organisées avec des thématiques là encore très diverses. Le cadre en bordure du lac est en plus vraiment agréable. Une visite qui vaut le détour !

THE MENNELLO MUSEUM OF AMERICAN ART

900 E Princeton street
✆ +1 407 246 4278
www.mennellomuseum.com
Ouvert du mardi au samedi de 10h30 à 16h30 et de 12h à 16h30 le dimanche. Adulte : 5 US$, enfant (6-17 ans) : 1 US$.

La grande fierté de ce musée reste en premier lieu l'importante collection d'œuvres de l'artiste américain Earl Cunningham (1893-1977), qui met en scène dans un style naïf et particulièrement coloré nombre de paysages des Etats-Unis et plus particulièrement de la Floride. On y retrouve également beaucoup d'autres artistes contemporains comme Sally Michel et Clementine Hunter, ainsi que des expositions permanentes et temporaires très intéressantes.

THE WHEEL AT ICON PARK ★★

8401 International Drive
✆ +1 866 228 6438
iconorlando.com
Lundi : 12h-22h, mardi au jeudi : 13h-23h, samedi : 12h-23h, dimanche : 11h-22h. Adulte : 28,99 US$.

Située au cœur d'Icon Park, cette grande roue ouverte en 2015 est conçue sur le modèle londonien du même nom. Haute de 121 mètres, elle permet d'avoir une vue panoramique sur Orlando et sa skyline, mais aussi Big Sand Lake et Little Sand Lake. En cherchant bien, vous apercevrez même les quatre parcs de Disney World, Disney Springs et le château de Poudlard à Universal Studio ! Chaque tout dire environ 18 minutes. Nous vous recommandons de grimper à bord à la nuit tombée pour profiter du spectacle qu'offre la ville illuminée.

TITANIC - THE ARTIFACT EXHIBITION ★

7324 International Drive ✆ +1 407 248 1166
https://titanicorlando.com
Dimanche au jeudi : 10h-18h. Vendredi et samedi : 10h-17h. Adulte : 21,95 US$. Dîner gala (ven.-sam.) : 69 US$/adulte

Ce musée immersif est une invitation à embarquer à bord du Titanic à grand renfort de maquettes, affiches publicitaires d'époque, plus de 300 objets découverts près de l'épave et témoignages de survivants. Les reconstitutions de pièces comme le Veranda Cafe ou le grand escalier sont particulièrement réussies. Vous pourrez aussi toucher un iceberg pour vous rendre compte de la température de l'eau lors du naufrage. Des échanges d'objets ont régulièrement lieu avec le musée de Las Vegas.

WINTER PARK HISTORY MUSEUM

200 W New England Avenue
✆ + 1 407 647 2330
www.winterparkhistory.org
Ouvert du mardi au vendredi de 10h à 16h et le samedi de 9h à 14h. Entrée libre.

Situé dans un ancien bâtiment ferroviaire, ce petit musée revient sur l'histoire de la ville depuis sa création avec notamment l'organisation d'expositions thématiques sur divers sujets en relation directe avec Winter Park : culture, éducation, hôtellerie... via de nombreux objets anciens. Les collections s'enrichissent régulièrement, notamment grâce à des dons. A faire si vous avez un peu de temps dans le coin. Profitez-en ensuite pour flâner dans Central Park.

SE LOGER

Avec plus de 490 hôtels et près de 130 000 chambres, Orlando propose une large palette de possibilités sans toutefois être très économique. Généralement, les hôtels les moins chers sont situés dans le nord (loin des parcs), les plus chers et les plus luxueux dans le sud-ouest ; plus vous vous éloignez des parcs, plus les prix chutent. Ils restent raisonnables dans le sud-est, notamment dans Kissimmee Street. Pour faire des économies, vous pouvez opter pour les hôtels et motels pas chers sur International Drive. Sur cette artère principale, vous ne serez jamais bien loin des parcs d'attractions, à 10 min d'Universal et 20 min de Disney. La plupart ont une piscine (certaines sur le parking) et des chambres de bonne taille avec mini-frigo et micro-onde. Si vous comptez passer plusieurs jours à Disney World ou Universal et que vous avez un budget conséquent, nous vous conseillons d'opter pour les hôtels des parcs.

BOHEMIAN HOTEL CELEBRATION €€

700 Bloom Street
✆ +1 407 566 6000
www.marriott.com
Chambre double à partir de 170 US$ la nuit.

Ce très bel hôtel au style balnéaire prend place dans un superbe décor, en bordure du lac Rianhard, au coeur de la cossue ville de Celebration. Les chambres aux tons clairs invitent à la détente, tout comme la piscine avec vue le lac. Les charmants commerces et boutiques de Celebration sont à deux pas, et un trail permet de faire le tour du lac au départ de l'hôtel. Une très bonne option, moins coûteuse qu'un hôtel Disney et plus chaleureuse qu'un hébergement à Orlando.

GRAND BOHEMIAN HOTEL ORLANDO €€

325 S Orange Avenue
✆ +1 407 313 9000
Chambre double à partir de 215 US$.

Niché au cœur de Downtown, cet hôtel élégant offre des chambres pleines de caractère, ponctuée de touches baroques et de matières de qualité. Mention spéciale pour la très belle piscine sur le toit. Pour boire un verre ou dîner, nul besoin d'aller bien loin : le restaurant de l'hôtel, *The Boheme*, vous propose une cuisine de style steakhouse et de délicieux cocktails dans une ambiance raffinée. Le dimanche, le brunch se déroule au son de la musique jazz en live.

DOUBLETREE BY HILTON ORLANDO DOWNTOWN €€

60 South Ivanhoe Boulevard
✆ +1 407 425 4455
A partir de 130 US$ la chambre double. Wifi gratuit.

Un hôtel contemporain et design tout confort au coeur de Downtown/ Les chambres sont grandes avec TV écran plat et de belles salles de bains. Il est possible d'aller se servir en snack, café, thé, jus, gâteaux dans un petit salon près de la piscine 24h/24h ; c'est gratuit pour les clients de l'hôtel ! La piscine est grande et très agréable, surtout pour une baignade le soir quand elle s'illumine et que la chaleur de la journée retombe… Un vrai bon plan en somme !

LEGOLAND HOTEL €€

1 Legoland Way, Winter Haven
✆ +1 888 690 5346
https://www.legoland.com/florida
À partir de 220 US$ la nuit, petit-déjeuner inclus.

Avec le Pirate Island Hotel, c'est l'un des 2 hôtels officiels de Legoland. Avec sa façade colorée ornée de Lego géant, cet hôtel fera le bonheur des familles, et surtout des enfants ! Tout d'abord, les chambres sont extrêmement bien thématisées et il est même possible de choisir son univers : pirates, Ninja, chevalier, aventure… Les enfants auront même leur espace dédié ! La grande piscine chauffée est très fun, il est possible de rencontrer des personnages et le parc est à quelques minutes à pied. Le petit-déjeuner offert permet de bien commencer la journée.

SONESTA ES SUITES ORLANDO €€

8480 International Drive
✆ +1 407 352 2400
www.sonesta.com
A partir de 139 US$ la chambre (appartement). Wifi gratuit.

Cet hôtel propose 146 suites claires, spacieuses et ultra-modernes. Les chambres offrent de grands lits moelleux et les cuisines sont équipées avec l'électroménager dernier cri (machine à café, lave-vaisselle, micro-ondes, grille-pain, frigo américain). Parfait pour un séjour en famille ou en couple, surtout si on veut un peu d'indépendance. L'établissement est particulièrement bien situé au cœur d'International Drive, à 5min des restaurants et à proximité des parcs (navette gratuite).

SUMMER BAY ORLANDO BY EXPLORIA RESORTS €€

17805 US Highway 192 W
✆ +1 352 242 1100
Appartement à partir de 199 US$ la nuit. Piscines, animation, restauration, café sur place. Navettes pour les parcs.

© IMAGE BY EXPLORIA RESORTS

À proximité d'Orlando, ce resort offre appartements et villas répartis dans un cadre verdoyant, certains avec vue directe sur le lac. Pour vous détendre, vous trouverez plusieurs piscines, des activités nautiques et de nombreuses animations. Des restaurants, bars et un café Starbucks vous attendent aussi sur place. Chaque logement est parfaitement équipé, lave-linge et lave-vaisselle inclus ! De quoi passer un séjour sans stress. Profitez aussi des navettes gratuites vers les parcs.

THURSTON HOUSE €€

851 Lake Avenue
✆ +1 407 5391911
https://thurstonhouse.com
À partir de 235 US$ la chambre, petit-déjeuner inclus.

À dix minutes de Downtown Orlando et tout proche de Winter Park, ce très charmant B&B prend place dans une demeure victorienne construite en 1885 au cœur d'un vaste jardin. Il offre 3 chambres accueillantes et intimistes, dont l'une avec vue sur le lac. Chaque matin dans la salle à manger, vous sera servi un délicieux petit-déjeuner maison composé d'assiettes d'œufs cuisinés selon l'humeur du jour, de viennoiseries et de fruits frais. Les propriétaires, Carole et Joe, sont très sympathiques et se feront un plaisir d'échanger avec vous. Un havre de paix.

PARK PLAZA HOTEL €€€

307 Park Avenue South
✆ + 1 407 647 1072
parkplazahotel.com
A partir de 209 US$ la chambre double.

L'hôtel est situé au cœur du vieux quartier de Winter Park sur sa principale avenue, à savoir Park Avenue. Construit en 1922, cet élégant bâtiment abrite un boutique hôtel de qualité qui ne possède que 28 chambres et où tout est fait pour se sentir à l'aise. Les chambres sont décorées avec des meubles anciens, le balcon donne sur une végétation luxuriante. En bonus : le petit-déjeuner gratuit est servi tous les matins dans votre chambre. Une vraie bonne adresse pour se reposer et profiter du calme ambiant. Vous trouverez de nombreux restaurants à proximité.

HORIZON VACATION HOMES €€

648 Lockbreeze dr
✆ +1 407 218 7613
www.horizonvacationhomes.com

Vous vous préparez à visiter Disneyworld et vous vous inquiétez du prix des chambres d'hôtel ? Le Français Yann Guyonic a fondé une conciergerie francophone type Airbnb qui aide les touristes à se loger en appartement ou en maison, lorsqu'ils visitent les parcs d'attractions et la région d'Orlando. Pour le prix d'une chambre d'hôtel, il propose un logement de 3 à 4 chambres. Les quelque 120 hébergements qu'il propose donnent tous accès à une piscine ! Et si vous êtes propriétaire, vous pouvez bien sûr passer par lui pour louer votre bien.

ORLANDO

FRÉDÉRIQUE CARRÉ ET YANN GUYON

AGENT IMMOBILIER ET GESTIONNAIRE DE BIEN

Ils accompagnent les personnes désireuses de louer un bien ou investir dans l'immobilier à Orlando.

Pourquoi s'installer à Orlando ?

Yann Guyon : Orlando est une ville très agréable, aussi bien pour vivre que pour investir.

Frédérique Carré : il s'agit d'une ville jeune, avec un très bon système scolaire. Elle est beaucoup moins vulnérable aux ouragans que les villes côtières, tout en étant bien plus abordable. 500 000 familles s'y installent chaque année, on n'a pas vu telle expansion depuis le Far West !

Quels sont les services de votre agence immobilière ?

Frédérique Carré : j'achète et je vends aussi bien des résidences principales que des propriétés d'investissement. Je recommande aux investisseurs les bons coins, les bonnes écoles, je leur explique les étapes de l'acquisition, puis je les mets en contact avec des comptables, des banques, des avocats d'immigration et des assureurs, tous francophones. Ainsi qu'avec Yann, qui peut gérer leur bien.

En quoi consiste votre rôle de gestionnaire ?

Yann Guyon : nous nous occupons des familles qui investissent dans un logement pour le destiner à leurs vacances ou à la location, par exemple en les aidant pour les travaux. Le service se fait en français, ce qui clarifie l'appréhension de règles locales. Et j'ai créé une conciergerie type Airbnb, qui aide les touristes à se loger en appartement ou en maison. Pour le prix d'une chambre d'hôtel, on propose un logement de 3 à 4 chambres avec accès à une piscine !

Pourquoi travaillez-vous ensemble ?

Yann Guyon : nous sommes très complémentaires, si bien que l'investissement est sécurisé. Frédérique recommande et négocie les biens et moi je calcule les revenus potentiels, les gens savent à quoi ils s'engagent et à quoi ils peuvent s'attendre en termes de revenus.

www.frederiquecarre.premiersothebysrealty.com
www.horizonvacationhomes.com

© FRÉDÉRIQUE CARRÉ

© FRÉDÉRIQUE CARRÉ

© FRÉDÉRIQUE CARRÉ

SE RÉGALER

A choix de plus de 5 000 restaurants, mais une concurrence féroce qui vous garantit des prix raisonnables... Vous trouverez de nombreux restaurants et *diners* le long d'International Drive, mais rien de bien original et une grande majorité de chaînes que vous trouverez ailleurs. Pour une expérience plus authentique, outre la cuisine américaine classique, mieux vaut se rendre dans Downtown Orlando ou à Winter Park, où les jolies rues pavés apportent une touche européenne. Côté sucré, vous trouverez partout la fameuse Key lime pie. Sachez enfin que les restaurants et fast-foods des parcs d'attractions sont très chers, et avec les taxes et les pourboires, l'addition grimpe vite. Pour économiser quelques dollars, vous pouvez prévoir votre pique-nique et vous faire plaisir avec des gourmandises moins onéreuses comme une sucette au riz soufflé en forme de tête de Mickey ou la fameuse *turkey leg* (cuisse de dinde), si populaire aux US.

Key Lime Pie.

BOSTON LOBSTER FEAST €€

8731 International Drive
✆ +1 407 248 8606
www.bostonlobsterfeast.com
Ouvert du lundi au vendredi de 16h à 22h, le samedi et le dimanche de 14h à 22h. Adulte : 64,95 US$, enfant : 25,95 US$.

Ce restaurant propose sa désormais incontournable formule *all-you-can-eat* (buffet à volonté) où vous aurez plaisir à revenir si vous êtes amateur de fruits de mer et de homard. Pour le plaisir de vos papilles : *rolls*, crevettes, saumon, écrevisses, huîtres, coquilles Saint-Jacques, moules... à accompagner de frites, pâtes ou encore légumes. Le buffet offre aussi des choix de viande. Quant au buffet de desserts : Key Lime Pie, flan maison, brownie, fruits frais... Du coup, mieux vaut donc avoir vraiment faim pour apprécier pleinement la multitude de choix.

LE CAFÉ DE PARIS €

5170 Dr Phillips Blvd
✆ +1 407 293 2326
www.shopcafeparis.com
Ouvert tous les jours de 8h à 15h. Plat à partir de 12 US$.

Chantal et Claude, un couple de Français venant de Lorraine, vous feront redécouvrir la vraie pâtisserie française. Vous découvrirez un vrai petit déjeuner américain ou bien sûr français. Dans ce café très accueillant, on vous servira quiche lorraine, croissant, croque-monsieur ou croque-madame, omelettes, baguette, etc. On s'y arrête aussi pour leurs succulentes glaces maison et leurs bons vins français. Claude étant un grand amateur de café, il a sélectionné des grains de haute qualité moulus à Orlando. Nous vous conseillons de vous laisser tenter !

CAFE TU TU TANGO €

8625 International Drive
✆ +1 407 248 2222
www.cafetututango.com
Lundi-vendredi : 11h à minuit ; samedi : 10h à minuit ; dim : 10h-23h. À partir de 9 US$. Brunch le week-end (10h-15h).

La façade rose donne le ton, ce café-restaurant est haut en couleur. Dans une ambiance bigarrée très espagnole, ce qui ne l'empêche pas d'avoir des influences asiatiques et un tableau de Bouddha au mur, on retrouve une carte qui propose des tapas de toutes sortes ainsi que des pizzas à prix doux et des spécialités qui font voyager nos papilles t (Tikka Masala, boulette de viande à la marocaine...). À accompagner de sangria ou de vin à choisir parmi la longue liste proposée. Mention spéciale pour le brunch qui propose les fameuses *Fried Chicken Waffles*.

LE COQ AU VIN €€

4800 S Orange Avenue
✆ +1 407 851 6980
www.lecoqauvinrestaurant.com
Ouvert du mardi au samedi de 17h30 à 21h. Plat à partir de 25 US$.

Ce restaurant nommé d'après une célèbre spécialité bourguignonne a ouvert ses portes en 1976. Il est aujourd'hui tenu par le chef Reimund Pitz et sa femme Sandy, en partenariat avec l'ancien chef Louis Perrotte. Le chef propose une cuisine raffinée et créative via des plats traditionnels français : tarte à l'oignon pour commencer puis bien sûr coq au vin et crêpes Suzette. La salle chaleureuse et un tantinet rustique fourmille de clins d'œil à la France, que vous pourrez vous amuser à chercher en attendant vos plats. La terrasse est très agréable pour dîner.

DOVECOTE RESTAURANT €€

390 N Orange Avenue Suite 110 ✆ +1 407 930 1700
https://www.dovecoteorlando.com
Lundi-jeudi de 11h30 à 22h, vendredi jusqu'à 23h, samedi de 10h30 à 14h30 et de 17h30 à 23h, dimanche de 10h30 à 14h30.

Dans une ambiance très chic, ce restaurant situé au cœur de Downtown Orlando et à deux pas d'Eola Park propose une cuisine bistrot américaine savamment twistée à la sauce française. Mention spéciale pour le DC burger qui allie l'aïoli avec fromage américain et bacon. Les plus petites faims pourront goûter au croque-madame ou au wrap à la dinde et au brie, tandis que les amateurs de fruits de mer trouveront leur bonheur au *raw bar*. Sans oublier l'*happy hour* qui est vraiment un bon plan puisqu'il débute dès 14h30 et dure jusqu'à 18h (du lundi au vendredi).

DOWNTOWN DINER CELEBRATION €€

701 Front Street - Celebration
✆ +1 407 566 8696
http://downtowndinercelebration.com
Ouvert tous les jours de 7h à 14h. Plat à partir de 10 US$.

Dans la petite ville de Celebration, ce *diner* donne l'impression d'un retour dans les années 1950, le côté moderne en plus. On s'attable sur l'agréable terrasse face au lac ou sur une banquette turquoise pour déguster un savoureux petit-déjeuner composé de pancakes à la ricotta citronnée, de gaufres aux fruits rouges ou d'omelette au bacon. Au déjeuner, on se régale de burgers, wraps ou de poulet grillé servi avec une purée de pommes de terre. Très bon rapport qualité-prix.

IL PESCATORE €

651 North Primrose Drive
✆ +1 407 896 6763
ilpescatoreonline.com
Ouvert du lundi au jeudi de 11h à 21h30, le vendredi de 11h à 22h, le dimanche de 12h à 22h. Plat à partir de 13,95 US$.

Stefano et Marie Lacommare accueillent enthousiasme leurs invités, dans leur restaurant familial italien à la décoration chaleureuse. Avec un nom qui signifie *Au Pêcheur,* normal que les fruits de mer tiennent la haute place dans le menu, depuis le plateau de fruits de mer jusqu'aux *linguini con vongole*... Les cannellonis sont fabriqués maison, avec une ricotta délicieuse, et cuits à la perfection. Pour la touche sucrée, on craque pour le Tiramisu ou la traditionnelle *Torta de Nonna* (tarte de grand-mère) à la crème de citron. Une adresse authentique.

MAXINE'S ON SHINE €€

337 Shine Avenue
✆ +1 407 674 6841
https://maxinesonshine.com
Mercredi et jeudi : 17h-21h. Vendredi et samedi : 10h-21h. Dimanche : 10h-15h. Plat à partir de 17 US$.

C'est une vraie institution à Orlando ! Au sein d'un bâtiment ancien en brique rouge, Maxine et Kirt Earhart ont créé un véritable univers mêlant ambiance vintage et décontraction. La cuisine est savoureuse et décomplexée, à l'image du plat signature *Maxine's*, des penne servies avec échalote rôtie, champignons, poulet et sauce Marsala (existe aussi en version veggie). Coup de coeur pour la décoration insolite du bar ! À la nuit tombée, le restaurant et sa terrasse sous les arbres s'illuminent de guirlandes. À découvrir si vous aimez les lieux à forte personnalité.

SARAH GREEK CUISINE & MORE €

16640 Cagan Crossings Blvd
✆ +1 352 4048031
https://www.sarahgreekcuisine.com
Du lundi au vendredi : 10h-21h. Samedi : 11h-21h. Dimanche : 11h-19h. Sur place ou à emporter.

On vous l'accorde : ce restaurant grec ne paye pas de mine de l'extérieur. Il suffit toutefois de voir le nombre de locaux passant la porte pour comprendre que cette adresse est une valeur sûre si vous séjournez à Clermont. Le menu propose des plats variés, copieux et à prix abordable, comme des sandwiches pita aux falafels, des salades grecques ou de la moussaka. Vous trouverez aussi de nombreuses options végétariennes ou véganes. De quoi déguster un repas qui change de l'ordinaire.

SHIN €€

803 N Orange Ave
✆ +1 407 648 8000
www.shinsushi.com
Ouvert de 11h30 à 13h30 et de 17h30 à 20h30, samedi de 17h30 à 21h. Fermé le dimanche. Plat à partir de 14 US$.

Si vous aimez les sushis, les rolls, la soupe miso, les gyozas et tout ce qui fait les délices de la cuisine nippone, vous avez frappé à la bonne porte. Ce restaurant dont le patron est japonais ne vous décevra pas. Les produits sont frais et généreux, le savoir-faire authentique. Vous pourrez notamment goûter au *Chicken Katsu*, poulet frit à la japonaise, ou au saumon servi avec sa sauce Teriyaki maison. À proximité des lacs Concorde et Ivanhoe, le cadre est *cosy* et se prête même à un dîner romantique le soir. Un bon rapport qualité/prix.

THE RAVENOUS PIG €€

565 W Fairbanks Avenue
✆ +1 407 628 2333
www.theravenouspig.com
Mardi au jeudi : 16h-22h. Vendredi : 16h-23h. Samedi : 11h-23h. Dimanche : 11h-19h. Plat à partir de 18 US$.

Dans ce établissement situé à Winter Park, on mange américain mais avec un petit quelque chose de très différent des autres restaurants. En effet, on est dans un gastropub où, si les steaks, salades et sandwichs sont les plats proposés à la carte, les ingrédients et la façon de cuisiner sont beaucoup plus raffinés et délicats. C'est bon, goûteux et made in USA. Les planches de charcuterie et fromage ainsi que les huitres à partager sont une bonne façon de commencer le repas en toute convivialité. Mentions spéciale pour le cadre boisé et chaleureux.

CHEZ VINCENT €€

533 W New England Avenue ✆ +1 407 599 2929
www.chezvincent.com
Restaurant : du mercredi au dimanche de 16h à 22h. Lounge : ouvert tous les soirs. Plat à partir de 28 US$.

Ce restaurant français est situé au cœur de Winter Park, au nord d'Orlando. Le chef Vincent Gagliano vous accueille avec son épouse dans le quartier Hannibal Square. Ouvert en 1997, le restaurant a été récompensé plusieurs fois par Scott Joseph. Vous dégusterez une cuisine gastronomique dans un décor blanc et argent à des prix raisonnables. Goûtez son carré d'agneau sauce au Bleu, il est carrément divin ! En dessert, crème brulée et tarte Tatin sont de la partie. Après dîner, passez à Hannibal's Lounge pour un dernier verre, vous êtes encore chez Teri et Vincent.

FAIRE UNE PAUSE

Outre les nombreux bars et restaurants de Downtown Orlando, on découvre régulièrement de nouvelles boulangeries et coffee shop *trendy* où il est très agréable de faire une pause dans la journée, déguster une pâtisserie tout juste sortie du four ou un latte bien mousseux. Les adresses ne manquent pas, en particulier dans les rues du centre-ville ou à proximité du lac Eola. Mais la capitale du divertissement ne serait pas ce qu'elle est sans quelques adresses hors du commun qui vous séduiront par leur personnalité affirmée et leur originalité. Pour les découvrir, il vous faudra généralement quitter Downtown pour vous rendre du côté d'International Drive qui concentre la quintessence des lieux de loisirs hors normes. Le choix est colossal, mieux vaut donc anticiper et réserver vos sorties afin de 1. être plus serein, et 2. vous éviter d'être tenté par des pièges à touristes une fois sur place.

COCKTAILS & SCREAMS

39 W Pine Street
✆ +1 407 904 0124
https://www.cocktailsandscreams.com
Ouvert du mardi au samedi de 19h à 2h, le dimanche de 12h à minuit.

Un bar dans lequel c'est Halloween toute l'année, cela vous tente ? Cocktails & Streams est un lieu pas comme les autres où l'ambiance est poussée à son paroxysme. Il suffit de jeter un oeil au bar où sont encastrés des crânes, à l'éclairage inquiétant et aux tableaux qui donnent la chair de poule. Des barmans maquillés servent des cocktails qui répondent aux doux noms de Jekyll & Hyde, Frank & Stein ou Bone Daddy, certains sont fumants, d'autres ornés d'araignées. Des concerts et spectacles animent les soirées. Même les toilettes valent le coup d'oeil !

CRAFT & COMMON

47 E Robinson St Ste. 100
✆ +1 407 723 8078
https://craftandcommon.com
Ouvert tous les jours de 7h à 18h.

Ce coffee-shop situé au cœur de Downtown, à deux pas du lac Eola, vous séduira par son cadre lumineux et moderne. On y déguste des cafés originaux et savamment préparés. Parmi les recettes phares : le *Nitro Cold Brew,* un café froid pétillant infusé 18 heures et servi à la pression, et le *Wild Child*, un savoureux café *latte* dans lequel on ajoute une touche de rose, de vanille et de cardamome. Craft & Common sert aussi un délicieux Avocado Toast dont le pain provient d'une boulangerie locale, et des sandwichs savoureux. À déguster sur place ou au bord du lac.

GIDEON'S BAKEHOUSE

3201 Corrine Drive
https://gideonsbakehouse.com
Ouvert tous les jours de 10h à 19h.

Cette pâtisserie a des airs de cabinet de curiosité magique avec ses grimoires au mur. La spécialité de la maison, celle que tout le monde s'arrache, c'est le cookie. Mais pas n'importe lequel ! Chez Gideon, ce biscuit est tout simplement décadent : très généreux (220 grammes), ultra original, délicieusement fondant. Dix recettes sont à découvrir, de la plus classique (cookie aux pépites de chocolat, mainte fois primé) à la plus sophistiquée (pistache, pépites de chocolat, caramel). Ces cookies sont si populaires qu'on ne peut en acheter plus de 3 par personne.

ICEBAR ORLANDO

8967 International Drive
✆ +1 407 426 7555
https://icebarorlando.com
Du dimanche au jeudi de 17h à minuit, vendredi et samedi jusqu'à 2h du matin. Entrée : 21 US$.

Orlando est connue pour être la capitale du divertissement et des loisirs, rien d'étonnant donc à ce que l'on y trouve un bar de glace, et qu'il soit le plus grand du monde ! Plus de 70 tonnes de glaces ont été creusées à la main pour créer ce lieu incroyable. À votre arrivée, vous serez équipé de manteau et de gants pour profiter pleinement de votre soirée. Commandez votre cocktail (servi dans un verre de glace), et que la fête commence ! Si vous êtes frileux, rendez-vous au Fire Lounge où une cheminée vous attend pour une ambiance moins... glaciale.

(SE) FAIRE PLAISIR

Il existe une multitude de possibilités de shopping à Orlando. La plus populaire : les *outlets*, ces centres commerciaux où l'on retrouve les plus grandes marques à prix cassés. C'est LE bon plan pour s'offrir des jeans Levi's, des sneakers ou cosmétiques. On trouve même des boutiques de déstockage de produits en provenance des parcs Disney ! Cela vaut d'autant plus le coût qu'avec la chute du dollar, il est moins intéressant de faire son shopping dans les boutiques classiques. Autre option : les magasins de souvenirs qui pullulent, particulièrement le long d'International Drive. Ces derniers sont une aubaine pour dégoter des produits estampillés Disney, Harry Potter et autres franchises à succès, mais regardez bien les étiquettes afin de ne pas tomber sur des contrefaçons. Enfin, pour mêler shopping et divertissement, rendez-vous à Disney Springs ou Universal City Walk (accessibles même si vous n'avez pas de billet pour les parcs).

UNIVERSAL CITY WALK

6000 Universal Boulevard
✆ +1 407 363 8000
Ouvert de 8h à minuit, jusqu'à 2h les vendredis et samedis.

L'Universal City Walk est situé à l'entrée d'Universal Studio. Dans le même principe que Disney Springs, c'est une large allée qui concentre un choix pléthorique de boutiques, restaurants et bars. Il est très agréable d'y flâner en fin de journée pour une dernière pause shopping avant de rejoindre le parking. On y retrouve des enseignes célèbres comme Bubba Gump Shrimp Company (d'après le film Forrest Gump), Hard Rock Cafe et Burger King. La boutique Universal Studio Store vous sauvera la mise si vous avez oublié d'acheter un cadeau au sein des parcs !

ORLANDO PREMIUM OUTLETS INTERNATIONAL DRIVE

4951 International Drive
✆ +1 407 352 9600
Ouvert du lundi au jeudi de 11h à 20h, vendredi et samedi de 10h à 21h, dimanche de 11h à 19h.

Un outlet situé au nord de International Drive, rempli de boutiques donc certaines à prix dégriffés. Idéal pour s'habiller *made in Usa* avec des marques telles que Aeropostale, Converse, Ed Hardy, Nike, Adidas, Gap et bien bien d'autres, dont l'incontournable Levi's. Un conseil aux fans de Mickey : plutôt que dépenser une fortune dans les parcs, faites votre shopping dans la boutique Disney's Character Wharehouse, qui propose des produits officiels des parcs à prix doux. Une aubaine !

ORLANDO PREMIUM OUTLETS

8200 Vineland avenue
✆ +1 407 238 7787
Ouvert du lundi au samedi de 10h à 21h et le dimanche jusqu'à 19h.

Cet outlet propose des boutiques de vêtements, souvent de grandes marques, voire de haute couture, à prix discount. Vous bénéficierez jusqu'à 65 % de remise sur certains articles. Sur place notamment : Calvin Klein, Levi's, Converse, Hugo Boss, Diesel, Nike, Adidas, Disney... Un food-court proposant des spécialités culinaires du monde entier permet de se restaurer sur place entre deux boutiques. Le site est vaste, nous vous conseillons donc de repérer en avance les boutiques qui vous intéressent et de vous garer au plus près en conséquence.

DISNEY SPRINGS

Ouvert tous les jours de 10h à 23h. Parking gratuit.

C'est le Disney Village parisien, mais en beaucoup plus grand ! Avec plus de 100 boutiques et 60 restaurants et snacks, Disney Springs est l'endroit idéal pour faire votre shopping ou passer une agréable soirée, même si vous ne séjournez pas à Disney World. Des magasins de grandes marques côtoient des boutiques Disney et des spectacles et animations ont lieu tous les jours. Mieux vaut prévoir quelques heures pour en profiter ! Pour vous détendre, vous pourrez flâner au bord du lac, et même embarquer à bord du plus grand ballon à l'hélium peint à la main du monde.

BOUGER & BULLER

On ne s'en rend pas forcément compte, mais visiter des parcs d'attractions aussi immenses que ceux d'Orlando relève parfois du marathon ! Vous serez estomaqués de constater le nombre de kilomètres que vous aurez parcouru en une journée. Alors, pour mieux profiter de votre séjour, souffler un peu et vous détendre entre deux visites, voici une petite sélection d'activités toutes plus différentes les unes que les autres, accessible à tous les âges et budgets. Car Orlando, ce n'est pas que Mikey, et vous pourriez avoir envie d'aller applaudir l'équipe locale de basketball, profiter d'un soin au spa en amoureux ou prendre de la hauteur à bord d'une montgolfière. Dans tous les cas, vous passerez un bon moment car s'il y a bien quelque chose qu'Orlando sait faire, c'est divertir et dépayser ! Un conseil : laissez-vous porter par cette énergie unique, tentez de nouvelles choses, et surtout, amusez-vous !

AEROPHILE

Disney Springs

Ouvert aux horaires de Disney Springs.
Adulte : 25 US$, enfant (3-9 ans) : 20 US$.

Certes, vous n'irez pas bien loin avec cette magnifique montgolfière puisqu'elle se contente de vous élever à la verticale au-dessus du lac de Disney Springs. Construit par l'entreprise française Aerophile, c'est le plus grand ballon captif au monde peint à la main. L'expérience est très sympathique puisqu'elle vous offre une vue à 360° sur les différents parcs Disney, avec à vos pieds le quartier de Downtown. Un vol de huit minutes durant lequel vous pourrez voir jusqu'à 15 kilomètres à la ronde, par beau temps ! A faire si vous n'avez pas le vertige !

ORLANDO MAGIC

400 W. Church Steet
www.nba.com/magic

L'équipe joue à domicile d'avril à octobre, avec des tickets qui démarrent au prix de 15 US$.

Pour les amateurs de basket comme pour les autres, rien de tel que l'ambiance incroyable des stades américains. La Team d'Orlando, Orlando Magic, est une des meilleures de la NBA, et chacun de ses matchs offre un véritable *show*. Depuis 2010, l'équipe joue au Amway Center, destinée à *rebooster* l'intérêt du public dans le centre-ville d'Orlando. La salle accueille également les matchs de football américain et les Predators. On trouve 9 bars et restaurants à l'intérieur du complexe. Une expérience à ne pas manquer et un vrai show à l'américaine !

IFLY INDOOR SKYDIVING

8969 International Drive
✆ +1 407 337 4359
www.iflyworld.com/orlando

Lundi et vendredi : 10h-18h. Mardi au jeudi : 11h-19h. Samedi : 10h-21h. Dimanche : 9h-20h.
Deux vols : 84,99 US$/pers.

Avec *Ifly*, vous aurez l'impression de planer sans avoir besoin de monter dans un avion ! Cette activité, dans lequel vous flotterez en l'air dans un tunnel transparent, est ouverte à tous (de 3 à 103 ans) et promet de belles sensations ! A votre arrivée, vous serez briefé par un instructeur de vol et équipé d'une combinaison et d'un casque. Ensuite, vous voilà prêt à vous envoler ! Selon le package choisi, vous pourrez réaliser 2 à 5 vols (60 secondes environ). Il est recommandé de porter une tenue confortable et des baskets ou sneakers.

THE SPA ORLANDO

2626 Edgewater Drive
✆ +1 407 898 7737
https://thespaorlando.com

Du lundi au vendredi de 9h à 20h, samedi et dimanche de 8h30 à 18h30.

Les parcs d'attraction, ça fatigue ! Souvent nommé comme le meilleur spa d'Orlando, cet établissement vous invite à prendre une pause méritée et vous propose un large choix de soins et massages. Vous pourrez ainsi opter pour un massage aux pierres chaudes (dénoue les tensions), un massage suédois (idéal pour une première expérience) ou encore un massage en couple pour vous relaxer à deux. Il est aussi possible de réaliser des pédicures (mains et pieds) ainsi que des soins du visage. Des verres de jus de fruits ou de vins sont offerts lors de votre visite.

SORTIR

Un nombre important de bars branchés ont su s'imposer à proximité du centre-ville d'Orlando et la vie nocturne a pris une nouvelle tournure. En marge des lieux touristiques, un nouveau marché de la nuit se développe à destination des locaux et les bars musicaux et les discothèques se multiplient à la vitesse grand V. La ville du divertissement offre également plusieurs dîners-spectacles de haut vol aux thématiques variées (pirates, Moyen Âge...). Bien sûr, la nourriture n'est pas le point fort de ces soirées, mais la démesure des mises en scène à l'américaine compense ce petit défaut, et c'est une expérience que vous ne vivrez pas ailleurs ! Enfin, Orlando se distingue par une scène culturelle riche et variée. Un grand choix de spectacles et concerts s'offre à vous afin de passer une soirée originale. Autre bon point : il est très facile de se déplacer d'un point à un autre à pied !

BLUE MARTINI

9101 International Dr #1182
✆ +1 407 447 2583
https://orlando.bluemartini.com
Du lundi au samedi de 18h à 2h.

Ambiance moderne et chic avec néon bleu électrique pour cette boîte de nuit où il est recommandé de venir plutôt bien habillé si l'on veut pouvoir se fondre dans la masse des personnes venues ici danser et s'amuser sur la piste. Le lieu propose également un coin bar lounge où déguster des cocktails sophistiqués comme le Blue Martini (et une quarantaine d'autres saveurs !), et des tapas d'inspiration japonaise. Les jeudis soir, c'est soirée latine avec musique live. L'*happy hour* du jeudi au samedi permet de se faire plaisir tout en économisant quelques dollars.

CAPONE'S DINNER & SHOW

4740 West Highway 192 ✆ +1 407 397 2378
https://alcapones-shop.com
Show tous les jours à 19h30 ou 20h (3h). 50% de remise si achat en ligne : 36,99 US$ (adulte) et 24,99 US$ (3-12 ans).

Ce dîner spectacle vous propulse dans les années 1930, dans l'univers du célèbre gangster Al Capone. Dans un théâtre à l'ancienne à la décoration boisée, le show alterne chansons et danses dans le plus pur style de Broadway. De nombreuses interactions avec le public participent à rendre le show vivant, dynamique et immersif. Dans l'assiette, vous dégusterez un menu en quatre plats, accompagné de boissons à volonté. Le staff est très sympathique et l'ambiance speakeasy est bien réalisée. La boutique propose de nombreux souvenirs, dont les fameux chapeaux *fedoras*.

ENZIAN THEATER

1300 S. Orlando avenue
✆ +1 407 629 0054
www.enzian.org
Adulte : 12 US$, enfant : 10 US$.

Ce cinéma alternatif ne dédie pas sa programmation à l'unique profit financier, mais s'est surtout spécialisé dans la projection de films indépendants. Son magnifique théâtre accueille notamment le Festival du film de Floride. De temps à autre, le cinéma diffuse des classiques du cinéma et d'anciennes pépites. Il faut toutefois être assez à l'aise en anglais car les films ne sont pas sous-titrés. Le café Eden Bar attenant dispose d'une agréable terrasse et d'une carte à prix doux, parfait si vous arrivez en avance pour votre film ou si vous êtes dans le quartier.

MAD COW THEATRE

54 W Church Street
✆ +1 407 297 8788
https://madcowtheatre.com

Fondé en 1997, ce théâtre situé en plein coeur de Downtown offre une programmation variée et intimiste au sein de deux salles : le Harriett Theatre (160 sièges) et le Zehngebot-Stonerock Theatre (60 sièges). Les spectacles présentés, au nombre de dix par an, savent toucher tous les publics dans de nombreux styles : comédie, show musical, pièce de théatre... La programmation est disponible sur le site internet. Vous aurez le sentiment d'être un local venu assister à une pièce avant de sortir dîner en ville. Une belle expérience culturelle.

MEDIEVAL TIMES DINNER & TOURNAMENT

4510 West Irlo Bronson Memorial Highway
✆ +1 888 935 678
www.medievaltimes.com
Adulte : 65,95 US$, enfant (12ans et moins) : 38,95 US$. Un à trois spectacles par jour selon la période.

Ce dîner spectacle vous plonge au Moyen-Âge, au XIe siècle. Au programme : combat d'épées en armures, tournois à cheval, cérémonie, parade… Les chevaliers s'affrontent dans les règles de l'art. En même temps, vous dégusterez un festin médiéval complet. Les dépendances du château abritent un musée sur l'époque médiévale, un village reconstitué ainsi qu'un bar. Les fondateurs connaissent bien leur sujet et possèdent 9 châteaux aux architectures différentes dans d'autres villes des US.

PIRATE'S DINNER ADVENTURE

6400 Carrier Drive
✆ +1 407 248 0590
www.piratesdinneradventure.com
Un à deux spectacles par jour selon la période de l'année. Adulte : 67,95 US$, enfant (3-12 ans) : 41,95 US$.

Le grand galion du capitaine Sébastien est impressionnant et fait l'objet d'une bataille dans laquelle des pirates se battent en musique pour sauver la princesse Anita. Le capitaine vous donnera peut-être la chance d'y jouer un rôle. Au menu, les classiques : salade, poulet rôti, porc, ou pâtes aux légumes, et le dessert royal de la princesse Anita. Après le repas, les pirates dansent sur de la disco… vous pourrez les rejoindre ! Des spectacles spéciaux ont lieu pour Halloween et Noël.

SAK COMEDY LAB

29 S Orange Avenue ✆ +1 407 648 0001
https://www.sakcomedylab.com
Lundi : 17h-21h. Mardi au jeudi : 13h-21h. Vendredi : 13h-00h30. Samedi : 15h-22h30. Spectacle à partir de 20 US$.

Nommé « Meilleur *comedy club* d'Orlando », SAK vous propose des spectacles comiques et des spectacles d'improvisation dans une salle chaleureuse de 250 sièges. Un bar propose bières et verres de vin à siroter durant le spectacle. Jusqu'à trois shows sont joués chaque jour d'ouverture. De nombreuses personnalités du cinéma ont débuté sur les planches de SAK, comme l'acteur Wayne Brady (*How I met your mother*) et Aaron Schure (scénariste et producteur de *The Office*). Nul doute que vous passerez une soirée divertissante avec une ambiance qui n'a pas son pareil.

SLEUTHS MYSTERY DINNER SHOWS

8267 International Drive ✆ +1 407 363 1985
www.sleuths.com
Spectacle de 2h30 du mardi au dimanche à 17h30 ou 18h30. Adulte : 67,95 US$, enfant (3-11 ans) : 29,96 US$.

Entrez dans le monde de l'intrigue et aidez à résoudre le mystère du crime. Selon la soirée, vous participerez à l'un des six spectacles de Sleuths Mystère. L'action ne traîne pas et l'ambiance est comique. Il faut cependant une bonne maîtrise de l'anglais, ou vous résoudrez difficilement les mystères qui se présenteront à vous. Côté menu, vous aurez le choix entre des lasagnes, du poulet rôti ou encore des nouilles aux légumes. Il est recommandé de se présenter 1h à l'avance.

TITANIC DINNER GALA

7324 International Drive
✆ +1 407 248 11 66
Vendredi soir et samedi soir uniquement. Adulte : 69 US$; enfant : 45 US$. Entrée à l'exposition Titanic incluse.

Envie d'une expérience culinaire qui sort de l'ordinaire lors de votre séjour à Orlando ? Voici venue l'occasion de vous mettre dans la peau d'un passager de première classe à bord du *Titanic* lors de la soirée du 14 avril 1912. Vous rencontrerez le Capitaine Smith, l'ingénieur Thomas Andrews ou la célèbre passagère Molly Brown, et dégusterez un délicieux repas en quatre temps dans une ambiance unique ponctuée par les interventions de riches passagers en costume d'époque. Toutefois, restez sur vos gardes car un évènement imprévu va se produire à la fin du dîner...

WALT DISNEY AMPHITHEATER

101 N Rosalind Avenue

Ce théâtre de plein air situé au bord du lac Eola, au cœur du centre-ville d'Orlando, propose toutes sortes d'événements, dont des spectacles gratuits, des concerts, des opéras et soirées cinéma en plein air. Géré ces dernières années par la Walt Disney Company, il a pris comme une cure de jouvence ! La programmation est ponctuelle et est annoncée, entre autres, sur le panneau d'affichage sur place ou sur le site. Le cadre est très agréable avec une jolie vue sur la *skyline* de Downtown et une aire de jeux pour enfant à proximité.

WALT DISNEY WORLD ★★★★

La Floride ne serait pas le paradis des touristes si une petite souris n'avait pas pointé le bout de son nez dans les marais des environs d'Orlando. L'ambitieux projet de Walt Disney a ainsi été le point de départ de l'incroyable engouement touristique de la région. Disney World est aujourd'hui la plus grande destination Disney au monde avec une superficie de 110 km² (plus que Paris !). Le premier parc, Magic Kingdom, ouvrit ses portes en 1971, suivit d'EPCOT, Hollywood's Studios et Animal Kingdom. Disney World, c'est aussi 2 parcs aquatiques (Typhoon Lagoon et Blizzard Beach), une zone de shopping et divertissement (Disney Springs) et 25 hôtels !

Pratique

▶ **Tarifs.** Nous vous conseillons d'acheter vos tickets sur le site officiel de Disney World. Vous pourrez alors choisir un nombre de jours de visites (de 2 à 10). Le tarif à la journée est dégressif : à partir de 126 € par jour pour 2 jours, 104 € par jour pour 3 jours, etc. Le calendrier est divisé en 3 périodes : *value season* (basse saison), *regular season* et *peak season* (saison haute). Le prix de base inclut la visite d'un parc par jour (par exemple, jour 1 au Magic Kingdom et jour 2 à EPCOT). Si vous souhaitez changer de parc au cours de la journée, il vous faudra opter pour l'option *Park Hopper* (comptez alors 75 € environ de plus par jour). Attention : avec cette option, les autres parcs ne sont accessibles qu'à partir de 14h. Sachez toutefois que les parcs sont immenses et parfois assez éloignés les uns des autres. Si vous avez le temps et le budget, nous vous conseillons d'opter pour la visite d'un parc par jour.
Enfin, il est désormais nécessaire de réserver votre accès au(x) parc(s) de votre choix. Cette procédure se fait après le paiement en ligne. Dans le cas d'un ticket avec option *Park Hopper*, vous devrez choisir le premier parc que vous visiterez. Par exemple, si vous prévoyez de débuter votre journée à Animal Kingdom et de vous rendre à EPCOT à partir de 14h, vous devrez réserver votre accès à Animal Kingdom. Il ne sera pas nécessaire de réserver votre accès à EPCOT. Le site officiel propose un calendrier permettant de visualiser les parcs disponibles à la réservation à vos dates.
Cas particulier : le site officiel n'offre pas aux visiteurs européens la possibilité d'acheter un billet pour un jour seulement.

Quartiers

▶ **Magic Kingdom.** C'est la pièce maîtresse du World et le premier des quatre parcs de Disney World à avoir ouvert en octobre 1971. Représentation grandeur nature du monde imaginaire de Walt Disney, c'est le même royaume que vous retrouvez en Californie, à Tokyo ou à Paris. Bien sûr, les parcs sont très différents les uns des autres mais le principe reste le même. Si vous connaissez Disneyland Paris, vous aurez même la curieuse impression de reconnaître les lieux et de savoir vous repérer même lors de votre première visite. Vous retrouverez des attractions phares dans une autre version, comme Haunted Mansion (Phantom Manor à Disneyland Paris), Pirates of the Caribbean, Big Thunder Moutain ou encore Space Mountain. Amusez-vous à trouver les similitudes et les différences ! Mais le Magic Kingdom est beaucoup plus dense que le resort parisien, et certaines attractions n'existent nulle part ailleurs. Passée l'entrée, Main Street USA vous mène directement à Central Plaza qui s'étend devant le château de Cendrillon, et qui donne accès aux sept pays qui forment le Magic Kingdom Park : Adventureland, Frontierland, Liberty Square, Fantasyland, Mickey's Toontown Fair, Tomorrowland et Main Street. Si vous voulez découvrir toutes les attractions dans de bonnes conditions, nous vous conseillons de consacrer au moins deux journées à ce parc.

▶ **Epcot** (Experimental Prototype Community Of Tomorrow), ouvert en 1982, est le deuxième des quatre parcs à thème du World, mais c'est en pensant à ce parc que Walt Disney avait voulu créer Walt Disney World. Il ne s'agissait plus de mettre en scène l'univers issu de son imagination mais de créer un espace où serait réunie l'expression culturelle de différentes nations et de faire un prototype expérimental de ce que pourrait être la communauté de demain. Le symbole du parc : SpaceShip Earth, une sphère géodésique haute de 18 étages. Le parc se divise en quatre quartiers. Les trois premiers, World Celebration, World Discovery (sur le thème de l'espace, des sciences et des technologies) et World Nature (sur le thème de la préservation de l'environnement), constituaient auparavant la zone nommée Future World. D'importants travaux de rénovation sont actuellement menés pour poursuivre les transformations de cette zone.
D'autre part, le World Showcase constitué de onze réalisations architecturales construites autour du lac. Chacune est la représentation grandeur nature d'un symbole et la reconstitution d'un quartier typique d'une nation, le Mexique, la Norvège, la Chine, l'Allemagne, l'Italie, les Etats-Unis, le Japon, le Maroc, la France, l'Angleterre et le Canada. Pour chaque nation, c'est une véritable initiation culturelle à travers des attractions, des restaurants de cuisine authentique, des boutiques d'artisanat ou des spectacles. Les employés de chacun des pavillons sont originaires du pays concerné et fiers de représenter leur culture. Ils sont généralement ouverts et enthousiastes. Voici l'occasion de faire un rapide tour du monde !

Disney's Hollywood Studios. Le cinéma, le *show-biz* et les dessins animés sont les thèmes du troisième parc du World, inauguré en 1989 pour concurrencer Universal Studio Orlando. Il vous invite à découvrir les coulisses de la production, des décors, des personnages et des effets spéciaux surprenants. Il y a des attractions à ne pas manquer comme *Rock'n Roller Coaster* (récemment disparue du resort parisien), la première version de la *Tower of Terror* ou la dernière attraction en date, *Mickey & Minnie's Runaway Railway*.
Le parc est divisé en neuf lands : Hollywood Boulevard, Sunset Boulevard, Echo Lake, Animation Courtyard, Commissary Lane, Grand Avenue, Pixar Place, Toy Story Land et Star Wars: Galaxy's Edge.

Disney's Animal Kingdom. Le « royaume des animaux » est le quatrième et dernier parc à thème de Walt Disney World. Avec ses 1 000 hectares de superficie, c'est également le plus vaste parc du World, mais il ne présente pas les attractions habituelles ; la vocation du parc est d'être une aire de découverte des richesses de la faune et de la flore. Tous les moyens ont été mis en œuvre pour recréer des environnements naturels et permettre des rencontres les plus naturelles également. Dans le Kilimanjaro Safari, qui est une des attractions les plus connues du parc, vous serez plongé dans les profondeurs de la jungle et des forêts ainsi que dans une vaste savane ressemblant à, s'y méprendre, aux réserves d'Afrique ou d'Asie. Les promenades sont bien conçues et permettent des rencontres nez à museau avec de nombreuses espèces, grandes ou petites, et souvent sans aucune barrière visible. Une vraie réussite ! Voici les différentes zones à explorer : Oasis, Safari Village, Africa, Asia, Dinoland USA, et la plus populaire, Pandora, the World of Avatar.

Transports

Disney World est une véritable ville dotée de nombreux moyens de transports gratuits pour se déplacer d'un parc à l'autre. Ils font vraiment partie de l'expérience et nous vous conseillons vivement d'en profiter !

Le monorail : transport historique du parc au look rétro-futuriste. Trois lignes permettent de rejoindre en quelques minutes les parcs EPCOT et Magic Kingdom ainsi que de nombreux hôtels Disney, tout en profitant de vues panoramiques. La station *Transportation and Ticket Center* est commune aux trois lignes. Le monorail commence à circuler 30 minutes avant l'ouverture la plus matinale des parcs, jusqu'à une heure après la fermeture la plus tardive.

Le Skyliner : lancé en 2019, le Skyliner est un système de transport de type télécabines. Chaque cabine colorée est à l'effigie de personnages Disney. Quatre lignes desservent EPCOT, Hollywood Studios et des hôtels. Le Skyliner est généralement ouvert dès 7h30 ou 8h30 jusqu'à 22h ou 23h, selon les horaires des parcs.

Le bateau : plusieurs lignes de ferry opèrent sur les lacs de la destination. Le parc Magic Kingdom est le seul à être accessible depuis le Transportation and Ticket Center : quoi de plus magique que d'apercevoir le château de Cendrillon tandis que vous voguez sur les eaux paisibles ? Les parcs EPCOT et Hollywood Studios ne sont accessibles que depuis certains hôtels.

Le bus : moyen de transport le plus répandu, il permet de se déplacer sur les quatre parcs du Resort ainsi que les parcs aquatiques, les hôtels Disney et la zone de shopping et divertissement Disney Springs. Ils circulent 45 minutes avant l'ouverture la plus matinale des parcs, jusqu'à une heure après la fermeture la plus tardive.

Se garer et se rendre à Disney World. Si vous visitez Disney World à la journée et que vous utilisez votre propre véhicule, deux options sont possibles : le *preferred parking* et le *standard parking*. Le prix est le même d'un parc à l'autre et le *pass* parking est valable toute la journée.
Preferred parking : permet de garer son véhicule à proximité de l'entrée des parcs afin de les rejoindre à pied. Il coûte entre 45 et 50 US$ par jour selon la saison.
Standard parking : plus éloigné de l'entrée des parcs, il nécessite d'utiliser ensuite un système de transport en commun gratuit (bus, navette fluviale, monorail ou skyliner). Il coûte 25 US$ par jour.
Si vous logez en hôtel Disney, le prix du parking dépend de la catégorie de ce dernier : Disney Value Resorts: 15 US$ par nuit, Disney Moderate Resorts: 20 US$ par nuit ou Disney Deluxe and Deluxe Villa Resorts: 25 US$ par nuit.
Bon à savoir : le parking des parcs aquatiques (Disney's Typhoon Lagoon et Disney's Blizzard Beach) ainsi que le parking de Disney Springs sont gratuits !
Autre option : venir en Uber ou en Lyft, ce qui vous évitera de perdre du temps à faire la queue pour entrer et sortir du parking. Ainsi, si vous souhaitez vous rendre au Magic Kingdom, votre VTC vous déposera au *Transportation and Tickets Center*, d'où vous pourrez ensuite emprunter le Monorail ou la navette fluviale. Les trois autres parcs ont une zone de *pickup up / drop off* à quelques mètres de leur entrée principale. Il vous coûtera entre 10 et 20 US$ le trajet si vous logez aux environs de Disney World.

AVATAR FLIGHT OF PASSAGE ★★

Animal Kingdom

Interdit aux enfants de moins de 112 cm.

Au cœur de l'incroyable *land* Pandora - The World of Avatar, transformez-vous en chasseur Na'vi et envolez-vous sur votre propre Banshee des montagnes (une créature sauvage ailée que les Na'vi ont réussi à dompter pour se déplacer) et lancez-vous dans un voyage spectaculaire en 3D au-dessus de la lune du monde d'Avatar. Les couleurs sont superbes et la balade dynamique. Parviendrez-vous à réussir ce rite de passage avec succès ? Une immersion dans le monde de Pandora riche en sensations ! Le port de lunettes 3D est nécessaire dans cette attraction.

BUZZ LIGHTYEAR'S SPACE RANGER SPIN ★

Tomorrowland

Plongez dans l'incroyable monde en images de synthèse du film *Toy Story* et prêtez main-forte à Buzz L'Eclair dans sa mission contre l'infâme empereur Zurg. Vous voilà projeté au cœur de l'aventure spatiale puisque vous êtes équipé de canons laser avec lesquels il vous faudra viser le plus de cibles possibles ! Une attraction amusante, très colorée, et si vous réalisez un bon score, vous aurez la chance d'être sur le tableau d'honneur du jour ou du mois !

BIG THUNDER MOUNTAIN RAILROAD ★★

Frontierland

Dans les montagnes rouges de l'Ouest américain, ce train de la mine vous entraîne dans un voyage chaotique et tumultueux. A toute vitesse, vous foncez sur le flanc des montagnes, au milieu des geysers ou d'ossements inquiétants ! Les décors ont été récupérés dans d'anciennes mines et des audio-animatronics animent le parcours. Les sensations ne sont pas très fortes, mais on prend beaucoup de plaisir ! C'est l'une des attractions préférées des visiteurs, tous parcs Disney confondus.

CARROUSEL OF PROGRESS ★

Tomorrowland - Magic Kingdom

Le Carrousel du Progrès vous présente la vie d'une famille du début du XXe siècle à « nos jours », et la progression technologique au fil du temps. Entre chacun des 4 tableaux, la partie assise tourne autour de la scène centrale pour dévoiler la scène suivante. Le thème musical incite à l'optimisme : *There's a Great Big Beautiful Tomorrow*. Bien qu'un peu désuète, cette attraction est historique : elle a été conçue par Walt Disney pour la Foire Internationale de New York en 1964 avant d'être transférée ici 10 ans plus tard. C'était d'ailleurs son attraction préférée.

DISNEY'S BLIZZARD BEACH ★★

Ouvert de 10h à 19h, selon la saison. Accessible via les multiples formules de pass.

Le plus récent des parcs aquatiques de Disney World est sans aucun doute le plus surprenant de tous. Il s'agit d'une station de sports d'hiver des montagnes Rocheuses ! L'ambiance est reconstituée avec beaucoup de savoir-faire, les attractions sont formidables et les sensations garanties. Ne manquez pas le Summit Plumme, un toboggan qui vous fera vivre une descente à près de 100 km/h. C'est un des toboggans les plus hauts et les plus rapides du monde ! Nouveauté 2022 : les personnages de la *Reine des Neiges* ont fait leur entrée à Tike's Peak, la zone pour enfants.

DISNEY'S TYPHOON LAGOON ★★

Ouvert de 9h à 17h. Accessible via les multiples formules de pass.

Ce parc a pour thème les tropiques : on se détend, les doigts de pieds en éventail... Attention aux vagues ! Dans un environnement entièrement naturel, vous glisserez dans des chutes d'eau qui coulent de toutes parts. Souvent, vos pieds sont rafraîchis par des escaliers où l'eau coule, ou par des cascades sortant des rochers de manière inattendue. Tout semble si naturel... Cela rend le parc formidable ! Rivières tropicales, croisières à bord de bouée en solitaire ou à plusieurs, toboggans... La journée sera définitivement rafraîchissante !

EXPEDITION EVEREST ★★

Asia - Animal Kingdom

C'est une des attractions les plus populaires du parc Animal Kingdom. Après une attente passée à découvrir le musée du Yéti et de la reconstitution de tout le milieu des sherpas et des alpinistes prêts à franchir l'Everest, c'est à vous d'atteindre les sommets de la montagne à bord d'un train lancé à grande vitesse dans des descentes infernales et des virages serrés. Le parcours est d'ailleurs le plus long de toutes les montagnes russes créées par Disney ! Amateurs de sensations fortes, avides de turbulences, cette attraction est faite pour vous !

FROZEN EVER AFTER

EPCOT

Direction le pavillon de la Norvège avec ce *dark ride* [parcours dans le noir] dédié à l'un des plus gros succès Disney de tous les temps, *La Reine des Neiges*. À bord d'un bateau traditionnel, vous voguerez à travers le royaume d'Arendelle à la rencontre des héros du dessin animé : les deux sœurs Anna et Elsa, le bonhomme de neige Olaf, Kristof et son cerf Sven... Les audio animatronics de cette attraction récente [2016] sont particulièrement fidèles. Frozen Ever After arrivera d'ici 2026 à Disneyland Paris, dans le cadre de l'expansion des Walt Disney Studios.

WALT DISNEY

Qui est Walt Disney ? Créateur de Mickey Mouse et fondateur de Disneyland et de Walt Disney World, Walt Disney est né à Chicago, dans l'Illinois, le 5 décembre 1901. Elevé dans une ferme, il s'intéressa très tôt au dessin et à la nature. En août 1923, Walt partit à Hollywood, avec 40 $ en poche et un projet de film associant des personnages réels et dessinés. Roy Disney, son frère, qui vivait déjà en Californie, lui donna ses 250 $ d'économie et emprunta 250 $ supplémentaires pour se lancer dans la production.

Après un premier échec, il se lance le défi de faire le premier dessin animé au monde avec synchronisation du son. Mickey Mouse sera présenté officiellement en novembre 1928, au Colony Theatre de New York, dans Steamboat Willie. Pendant toute sa carrière, Disney fut à la pointe de l'innovation pour perfectionner l'art de l'animation. Il n'hésita pas à investir tout son bien dans ces nouvelles aventures, alors que ses amis et ses banquiers criaient « Au fou ! ». En 1937, le lancement de Blanche-Neige et les sept nains fit courir un risque considérable aux studios Disney. Ce long-métrage, le premier du genre, coûta près de 1,5 million de dollars à une époque où les USA étaient en pleine crise. Le film est aujourd'hui considéré comme l'un des grands moments de l'histoire du cinéma. Dès lors, les longs-métrages vont s'enchaîner et remporter un franc succès avec Pinocchio, Fantasia, Dumbo ou Bambi.

Pendant la Seconde Guerre mondiale, les studios Disney produisirent des films pour la formation militaire, la propagande et la santé, sans jamais cesser d'innover. Les personnages réels s'intègrent avec succès aux dessins et Mary Poppins constitue le modèle du genre. De son vivant, Walt Disney dirigea la production de 81 films. La télévision le passionnait également, et le Mickey Mouse Club ou Zorro remportèrent un vif succès dans les années 1950.

Mais le rêve le plus fou de Disney était de transformer le rêve en réalité en donnant la vie à ses personnages sur une immense scène. Disneyland à Anaheim, Californie, coûta 17 millions de dollars et ouvrit ses portes en 1955.

Populaire dans le monde entier, ce jeune homme d'origine modeste a réussi, grâce à son imagination, son optimisme et sa force de travail, à devenir une légende. L'œuvre qu'il laisse est une source inépuisable de joie et d'émotion pour petits et grands.

GUARDIANS OF THE GALAXY - COSMIC REWIND

EPCOT

107 cm minimum.

C'est la dernière attraction d'EPCOT inaugurée au printemps 2022, qui participe totalement au renouveau de ce parc ouvert en 1982. Ce roller coaster - le premier d'EPCOT - est à retrouver dans la section World Discovery, anciennement Future World. Avec ses véhicules à rotations à 360° et son parcours en intérieur qui est l'un des plus longs du monde, c'est une vraie innovation technologique ! Vous rejoindrez les héros des Gardiens de la Galaxie pour un voyage spatial mémorable.

MAHARAJAH JUNGLE TRECK ★

Asia - Animal Kingdom

Préparez-vous à partir en balade dans une jungle très organisée. Dans un environnement qui recrée d'anciens villages fortifiés et des ruines d'un palace de Maharajah du Sud-Est asiatique, vous pourrez voir des tigres, des gibbons, des gorilles et d'autres créatures exotiques comme des chauves-souris géantes et des dragons de Komodo. Vous croiserez également de nombreux oiseaux exotiques (plus de 50 espèces évoluent dans cette forêt). Le décor est magnifique et la proximité avec les animaux vous permettra de prendre de très belles photos.

INDIANA JONES EPIC STUNT SPECTACULAR

Disney Hollywood Studios

Durée 30 minutes. Cinq spectacles par jour.

Les amateurs d'Indiana Jones reconnaissent immédiatement la terrible scène où Harrison Ford est poursuivi par une énorme pierre dans les dédales d'une pyramide. Puis le réalisateur annonce que l'on passe à la scène suivante. Vous étiez en fait face à un décor de cinéma fixé à une semi-remorque qui s'éloigne pour laisser apparaître un village en plein désert. Des volontaires viennent compléter le casting et les scènes s'enchaînent au rythme effréné des cascades et des explosions !

MICKEY & MINNIE'S RUNAWAY RAILWAY

Disney Hollywood Studios

Voici la toute dernière attraction du Disney Hollywood Studios et la première au monde à être entièrement consacrée à la plus célèbre des souris. Vous embarquerez dans un petit véhicule qui vous emmène à la rencontre de Mickey, Minnie et Dingo pour vivre une aventure… imprévue ! Les animations sont superbes, dans un style rétro tout à fait charmant. La musique est entraînante et les effets de lumière créent une ambiance unique. Une nouvelle attraction très populaire.

IT'S A SMALL WORLD ★

Fantasyland - Magic Kingdom

Une promenade sur une rivière enchantée qui donne un aperçu de toutes les civilisations de notre planète. Les différents tableaux réunissent, dans des décors de bois, une quantité incroyable de poupées qui chantent et dansent. Chacune d'elles est vêtue et typée en fonction de son origine. En signe d'amitié, tous ces enfants du monde chantent la même chanson en chœur. La chanson est très répétitive et vous risquez de passer le reste de la journée avec cet air en tête. Sans être chauvin, nous trouvons que la version de Disneyland Paris a plus de charme.

MILLENNIUM FALCON : SMUGGLERS RUN

Disney Hollywood Studios

Taille minimale : 97 cm.

Dans l'extraordinaire nouvelle zone Star Wars : Galaxy's Edge, cette attraction vous invite à prendre le contrôle du célèbre *Millennium Falcon*, le vaisseau le plus rapide de toute la galaxie, pour une mission mouvementée. Choisissez votre rôle : pilote, ingénieur ou tireur, et soyez prêt à relever les défis qui se présenteront à vous et votre équipe ! À l'extérieur de l'attraction, ne manquez pas d'admirer la réplique plus vraie que nature du *Millennium Falcon*.

NAVI'I RIVER JOURNEY

Au sein du sublime World of Avatar, cette attraction familiale est un vrai bijou empreint de poésie. Vous embarquerez pour un paisible voyage sur la rivière Kasvapan de Pandora. Ce dernier vous plongera au cœur de l'univers du film de James Cameron. Vous pénétrerez dans des grottes et forêts bioluminescentes peuplées de créatures exotiques. Vous y attend le Na'vi Shaman of Songs, l'audio animatronic le plus élaboré jamais créé par la Walt Disney Company. C'est clairement l'une des plus belles attractions de Disney World, à ne manquer sous aucun prétexte !

REMY'S RATATOUILLE ADVENTURE

EPCOT

Cette attraction inaugurée en 2021 dans le quartier de Paris au EPCOT World Showcase est la copie conforme de l'attraction parisienne installée aux Walt Disney Studios depuis 2014. Basée sur le savoureux dessin animé *Ratatouille*, elle réduit le visiteur à la taille d'un rat et l'emmène à travers les cuisines d'un chic restaurant parisien. Une expérience 4D mouvementée très immersive que l'on vous recommande de découvrir, à moins que vous ne connaissiez déjà la version parisienne.

PIRATES OF THE CARIBBEAN ★★

Adventureland - Magic Kindom

Vous allez découvrir le monde impitoyable des pirates. Abordage de navire, pillage de villes, marché aux femmes, tout y est representé, même le capitaine Jack Sparrow ! Les audio-animatronics sont surprenants de réalité, la musique entrainante et l'ensemble est d'une telle richesse de détails que plusieurs passages seront nécessaires si vous souhaitez ne pas perdre une seule miette des scènes animées. L'attraction est entièrement à l'intérieur ainsi que la file d'attente. C'est un grand classique des parcs Disney dans le monde.

ROCK'N ROLLER COASTER ★

Disney Hollywood Studios

Interdit aux enfants de moins de 112 cm.

Lancé à grande vitesse dans une limousine géante, ce *roller coaster* vous fera vivre des sensations incroyables avec en bande sonore la musique du légendaire groupe de rock Aerosmith. Un parcours mouvementé qui vous propulse jusqu'à 92 km/h, définitivement rock'n'roll et à faire absolument ! Ce *ride* plaira tout particulièrement aux nostalgiques de l'attraction parisienne, qui a laissé place à une nouvelle épopée Marvel. Pour être sûr de ne pas avoir trop d'attente, nous vous recommandons de vous y rendre en début ou fin de journée.

RE-IMAGINED SPACESHIP EARTH

Future World East

EPCOT

Spaceship Earth est à Epcot ce que le château de Cendrillon est au Magic Kingdom. Mais plus qu'un symbole du parc, cet immense globe métallique de plus de 8 000 tonnes est aussi une prouesse architecturale : il a été construit sans aucun échafaudage, par l'assemblage de plus de 11 000 triangles d'acier. Le symbole d'Epcot est également une attraction. À l'intérieur, une spirale de 18 étages retrace l'histoire de la communication, des premières peintures rupestres au réseau Internet.

SEVEN DWARFS MINE TRAIN

Magic Kingdom

Taille minimum : 97 cm.

Voici un *roller coaster* familial sur le thème de Blanche Neige et les Sept Nains. Vous embarquerez à bord d'un petit train pour une aventure mouvementée à la rencontre des nains qui travaillent dans la mine. Vous serez éblouis par les pierres précieuses étincelantes que renferme la caverne. La file d'attente est très immersive et vous plonge déjà dans l'univers du tout premier long métrage d'animation de Walt Disney. À savoir : les temps d'attente s'enflamment rapidement, nous vous conseillons donc de les surveiller régulièrement sur l'application du parc.

SPACE MOUNTAIN ★

Tomorrowland - Magic Kingdom
Interdit aux enfants de moins de 112 cm.
Space Mountain est une incroyable montagne russe où tout se déroule dans le noir. La zone de lancement vous propulse au milieu des néons pour un voyage à la vitesse de la lumière (ou presque), d'une durée de près de 5 min. Le principe de la montagne russe dans le noir est épatant car vous découvrez les sensations au dernier moment. En plus, les wagonnets sont très ouverts et vous donnent l'impression d'être assis sur les rails sans protection. L'attraction est complètement différente de son homologue à Disneyland Paris, autant visuellement que dans le parcours.

STAR WARS : GALACTIC STARCRUISER

Disney's Hollywood Studios
À partir de 4 800 US$ pour 2 personnes (incluant deux nuits, les repas, l'accès à Disney's Hollywood Studios).
Embarquez à bord du vaisseau *Galactic Starcruiser* pour une expérience exceptionnelle. Durant 2 nuits et 3 jours, vous vivrez à bord aux côtés des personnages de la saga *Star Wars*. Au programme : maniement de sabres laser, missions interactives, escale sur le land Star Wars Galaxy Edge, repas exclusifs, repos dans votre cabine avec vue sur la galaxie... Sans aucun doute l'expérience la plus immersive, la plus complète mais aussi la plus chère proposée par Disney World à ce jour.

STAR WARS : RISE OF THE RESISTANCE

Disney Hollywood Studios
Taille minimum : 102 cm.
C'est l'autre attraction phare de la très immersive zone Star Wars : Galaxy's Edge. Vous serez invités à rejoindre la Résistance... Malheureusement, votre vaisseau sera capturé par un Destroyer Stellaire et son armée de stormtroopers. Par chance, vous pourrez compter sur l'aide de BB8 et de Rey pour vous évader ! Une aventure excitante dans un décor incroyable. Mention spéciale pour les immenses AT-AT (véhicules de transports blindés sur 4 pattes) que vous croiserez sur votre passage.

THE ENCHANTED TIKI ROOM ★

Adventureland - Magic Kindom
Dans cette pagode, une sérénade exceptionnelle vous sera donnée par 225 oiseaux des îles du Pacifique, sans oublier les fleurs et les statues de bois. L'ensemble semble provenir d'un temps où les premiers coucous sortant des horloges provoquaient de grands émois... Mais il ne faut pas oublier que cette attraction fut originellement conçue en 1963 pour le premier parc Disney en Californie, et répliquée ici en Floride. La diversité, l'harmonie et la surprise créées par chaque enchaînement transforment ce spectacle parfaitement orchestré en un véritable enchantement.

THE HALL OF PRESIDENTS

Liberty Square - Magic Kingdom
Installé dans de confortables fauteuils, vous allez pouvoir assister à une fresque historique à la gloire de l'Amérique. L'histoire politique est retracée en 30 minutes à l'aide d'audio-animatronics criants de vérités représentant tous les présidents des États-Unis. De George Washington à Joe Biden Obama en passant par Lincoln, chacun prend la parole, se lève et réagit aux propos de leurs confrères. Tous arborent costumes et accessoires de leur époque. Les nombreux raccourcis historiques et le sentiment patriotique très intense... *God bless USA !*

THE HAUNTED MANSION ★★

Liberty Square - Magic Kingdom
À l'approche de cette maison hantée du XVIIIe siècle, la végétation change, les bruits deviennent inquiétants, des tombes abandonnées jonchent un jardin en mauvais état... Puis vous vous engouffrez dans une salle qui semble s'étirer avant de vous relâcher dans des pièces sombres et anciennes. Vous prenez place dans un *doom-buggy*, un petit wagonnet, et partez à la rencontre d'esprits, fantômes, squelettes et autres visions cauchemardesques... Techniquement, l'attraction est une véritable prouesse avec de nombreux effets spéciaux. Un grand classique.

THE TWILIGHT ZONE TOWER OF TERROR ★★

Sunset Boulevard - Disney Hollywood Studios

Interdit aux enfants de moins de 102 cm.

L'entrée de cet ancien hôtel est splendide, bien que poussiéreuse. Si vous l'osez, vous serez invité à vous asseoir dans un ascenseur de service pour entrer dans la Twilight Zone, soit la fameuse 4ème dimension.... La cabine s'élance, puis une rupture des câbles vous entraîne dans une première chute vertigineuse. Et ce n'est pas fini ! Sensations très fortes garanties ! Il s'agit là de la première *Tower of Terror*, aujourd'hui présente dans une version différente dans tous les parcs Disney.

CITY HALL - VISITOR CENTER

A l'entrée de Magic Kingdom, directement sur votre gauche après avoir passé les portiques, se trouve le City Hall qui est le point d'information du parc. Le personnel souriant répondra vos questions et vous aidera à organiser votre journée sur le parc. C'est aussi là que vous pourrez obtenir sur simple demande des badges gratuits à l'effigie de DisneyWorld, à épingler fièrement sur votre tee-shirt. Il en existe pour plusieurs occasions : anniversaire, première visite, mariage et fête.

TOMORROWLAND PEOPLEMOVER

Tomorrowland - Magic Kingdom

Un prototype unique de transport qui permet de faire le tour du *land* en une quinzaine de minutes, et notamment de pénétrer dans Space Mountain et le Carrousel Of Progress. Le mode de transport est futuriste (enfin, surtout lors de son ouverture en 1975) mais la balade, qui est commentée, est surtout reposante. Vous profiterez de points de vue uniques sur le Château de la Belle au Bois Dormant et Tomorrowland. Bien que très agréable, le Peoplemover ne fait pas partie des attractions les plus populaires du parc, vous ne devrez donc pas faire la queue bien longtemps.

DISCOVERY ISLAND TRAILS

Animal Kingdom

Cette attraction est en fait une promenade à pied relaxante au milieu d'une végétation luxuriante, aux abords de l'incroyable Tree of Life d'Animal Kingdom. Vous partirez ainsi à la découverte d'une multitude d'animaux exotiques : tortues des Galapagos, lémuriens, kangourous, porc-épic, flamants roses... Différents points de vue spécialement aménagés vous permettront de mieux les voir et de les prendre en photo. À faire pour souffler entre deux attractions trépidantes ou lorsque les temps d'attente s'enflamment ailleurs dans le parc.

TREE OF LIFE

Animal Kingdom

Haut de 50 m avec une circonférence de plus de 150 m à sa base, c'est l'emblème du parc. Un enchevêtrement de 350 sculptures de mammifères, d'oiseaux, de reptiles, d'amphibiens et d'insectes couvre ses racines noueuses, son tronc massif et ses branches vigoureuses. En vous rapprochant, vous découvrirez le subtil enchevêtrement des animaux qui se fond dans un paysage paisible de plans d'eau et de prairies. Une cascade jaillit du tronc et alimente un cours d'eau. Près de 103 000 feuilles ont été attachées une à une et à la main aux 8 000 branches de l'arbre !

KILIMANJARO SAFARIS

Africa - Animal Kingdom

L'aventure commence au bout du village africain. Un baobab de 13 m de hauteur abrite l'entrepôt de la réserve et la base de départ des safaris. Le conducteur du véhicule tout-terrain vous donnera une foule d'informations sur les animaux que vous rencontrerez. Vous voilà parti pour traverser une authentique forêt africaine. Sous les roues, la terre est rouge vif ; autour de vous, des arbres, dont certains atteignent des circonférences énormes ; toutes sortes d'animaux vaquent à leurs occupations. C'est l'attraction la plus vaste existant dans un parc Disney.

DISNEY WORLD RAILROAD

Main Street - Magic KIngdom

Quatre authentiques trains à vapeur datant du début des années 1900 vous proposent le tour du parc. Il ne s'agit pas de faire gagner du temps mais bien de découvrir le Magic Kingdom autrement, tout en vous reposant un peu ! Le tour du parc se fait en 20 minutes environ et vous pourrez monter et descendre à Main Street USA. Frontierland et Fantasyland. Les trains circulent tout au long de la journée. Le RailRoad est un grand classique des parcs Disney dans le monde : c'était en effet une attraction chère à Walt Disney lui-même qui était un passionné de trains.

JUNGLE CRUISE ★

Adventureland - Magic Kingdom

Le sympathique capitaine de bateau nous invite à embarquer pour un périple allant du Nil au fleuve Amazone ou à travers la jungle. L'euphorie est de mise au départ du safari mais tout se gâte très vite. Autant les éléphants semblent pacifiques, autant les lions ou certaines tribus primitives paraissent vraiment hostiles... A caser absolument dans votre planning ! L'attraction est l'une des plus anciennes du parc et paraîtra encore plus réaliste dans la douce pénombre de la nuit. Elle a d'ailleurs inspiré le film *Jungle Cruise* sorti en 2021.

LIBERTY SQUARE RIVERBOAT

Liberty Square - Magic Kingdom

Embarquez sur l'un de ces gigantesques bateaux à roue qui circulaient sur le Mississippi pour une croisière paisible d'une quinzaine de minutes sur le lac autour de l'île de Tom Sawyer. Les points de vue sont splendides et une histoire vous est racontée. Les bateaux tournent toute la journée et leur très grande capacité vous évite une attente trop importante. C'est l'attraction idéale pour se reposer tout en découvrant des paysages inédits que vous n'apercevriez pas depuis la terre ferme. Coup de cœur pour la vue sur Big Thunder Mountain et Haunted Mansion.

DISNEY'S FORT WILDERNESS RESORT AND CAMPGROUND €

4510 North Fort Wilderness Trail, Lake Buena Vista
✆ +1 407 934 7639
www.disneyworldcamping.com
A partir de 55 US$ par tente.
Des bus relient le camping aux parcs Disney.

Ce camping est l'un des plus anciens sites construits par Disney autour de ses parcs. Il a été entièrement rénové et très bien équipé, au cœur d'un vaste terrain arboré. Il offre plusieurs niveaux de confort, de la toile de tente à l'emplacement pour camping car. Parmi les services : grill à disposition, baby-sitting, animaux acceptés, bus vers les parcs... bref un petit paradis pour toute la famille. C'est une bonne alternative aux autres resorts plus onéreux proposés par Disney.

DISNEY'S ALL-STAR RESORT €€

Dans l'enceinte Walt Disney World
✆ +1 407 934 7639
www.disney.com
A partir de 130€ la chambre double.

D'une architecture originale et plaisante, les petits bâtiments à deux étages des All-Star sont décorés par thème : celui consacré aux sports est orné de casques de football américain, de battes de base-ball, de raquettes de tennis ou d'impressionnantes planches de surf dont la hauteur avoisine les 10 m. Un autre est consacré au cinéma et un autre à la musique. Les chambres sont simples mais fonctionnelles et agréables. Vous trouverez aussi des piscines, aire d'activités sportives et restaurants. L'accès aux parcs Disney est très facile et l'ambiance assurée.

DISNEY'S POP CENTURY RESORT €€

1050 Century Drive
A partir de 180 € la chambre double.

Cet hôtel fait partie de la gamme *Value*, c'est donc l'un des moins chers du resort avec les 3 hôtels *All Stars*. Le Pop Century est un hommage aux années 1950 à 1990, dans une ambiance flashy et colorée, ponctuée de personnages Disney version XXL. Les bâtiments ressemblent à des motels classiques, mais décorés de cette façon, on n'y prête pas attention. A l'intérieur, c'est plus sobre, particulièrement dans les chambres, mais toujours confortable. Mention spéciale pour les 3 piscines.

DISNEY'S POLYNESIAN RESORT €€€

Dans l'enceinte de Walt Disney World
✆ +1 407 934 7639
www.disney.com
A partir de 385 $ la chambre double.

Le Polynesian est un petit coin de paradis, en bois et en bambou, envahi par les plantes et les fleurs tropicales. L'ambiance des îles des mers du Sud permet de se retrouver dans un havre de paix, où vous vous laisserez bercer par une douce musique de ukulélé. Les chambres sont lumineuses et ponctuées de détails invitant à l'évasion. Les bâtiments sont entourés de jardins et bordés par trois plages de sable blanc, aménagées de hamacs. Cet hôtel est situé sur les rives du lac Crescent.

50'S PRIME TIME CAFE €€

Disney Hollywood Studios
Ouvert tous les jours pour le déjeuner et le dîner. Plat à partir de 17 US$.

Un vrai *diner* américain, comme on les voit dans les films, avec un décor entièrement années 1950 et en prime un poste de télé et de radio vintage. Au menu, des plats savoureux et réconfortants qui semblent avoir été cuisinés par maman : poulet grillé, pain de viande, pot-au-feu... Les desserts sont aussi appétissants, notamment le brownie de maman ou le cake au beurre de cacahuète de papa. Mais la particularité du lieu, c'est son ambiance : il faut se montrer bien élevé, ou vous vous ferez réprimander ! Alors, gare à ne pas poser vos coudes sur la table !

CINDERELLA'S ROYAL TABLE €€

Fantasyland - Magic Kingdom
Ouvert pour le petit déjeuner, le déjeuner et le dîner. Menus de 42 US$ à 62 US$ par personne. Réservation conseillée.

Vous prendrez place dans un lieu d'exception : l'intérieur du château de Cendrillon ! La salle de restaurant est couverte de bois et de tapisseries, ponctuée d'armures et de chandeliers. Dans cet environnement royal, assis sur des chaises en bois massif, vous rencontrerez Cendrillon, le prince charmant ou la bonne fée, qui viendront vous saluer et se faire prendre en photo en votre compagnie. Côté plats, rien de très royal : poisson en papillote, viande et poulet grillés... Mais un effort est fait sur la présentation, et on l'on vient surtout pour le cadre.

MAIN STREET CONFECTIONERY

Main Street USA - Magic Kingdom
Pâtisserie à partir de 5,99 US$.

Si le temple de la gourmandise avait un nom, ce serait sans doute Main Street Confectionery ! Vous trouverez dans cet antre au parfum sucré une multitude de douceurs et pâtisseries en forme de têtes de Mickey : cookies géants aux pépites de chocolat, sucette marshmallow aux M&M's, pommes d'amour enrobées de chocolat blanc ou encore cupcakes multicolores... C'est simple : tout est aussi beau que bon ! Un rendez-vous incontournable à l'heure du goûter.

OGA'S CANTINA

Disney Hollywood Studios
Cocktail : 16 US$ environ.

Au sein de la zone Star Wars Galaxy's Edge, le dépaysement est garanti dans cette cantine où se croisent brigands, voyageurs de passage et robots en tout genre. L'ambiance musicale est assurée par le Rex, le droïde qui pilotait autrefois le vaisseau *Star Speeder 3000* de l'attraction Star Tours. Vous dégusterez des cocktails innovants aux noms évocateurs comme le Jedi Mind Trick (vodka au pamplemousse et à la rose, curaçao, jus de raisin blanc et citron) ou le Jet Juice (bourbon, liqueur de chili, liqueur de grenade et jus de raisin).

EMPORIUM

Main Street USA - Magic Kingdom

C'est la plus grande boutique du Magic Kingdom. Située sur Main Street USA, la charmant allée victorienne menant au château de la Belle au Bois dormant, Emporium regroupe la quasi-totalité de tous les souvenirs que vous pourrez retrouver dans le parc. Que ce soit pour les enfants (peluches, jouets...), pour la maison (tasses, vaisselle, affiches...) ou encore pour se vêtir (de la tête aux pieds !), vous trouverez à coup sûr votre bonheur ! La boutique en elle-même est très agréable avec son ambiance de grand magasin d'un autre siècle. Elle est souvent bondée.

WORLD OF DISNEY

Disney Springs

Ouvert de 10h à 23h.

Au cœur de Disney Springs, la zone de divertissement et de shopping de Disney World, voici le plus grand magasin Disney du monde. Autour d'une impressionnante fontaine de peluches, quatre grands espaces se consacrent à un thème et proposent des jouets, des vêtements, des souvenirs que vous ne trouverez nulle part ailleurs… Comme toujours dans un magasin de Disney World, il ne s'agit pas d'une simple boutique et les décors valent le détour. Vous y trouverez de tout et pour tous les âges. C'est un arrêt incontournable pour tous les grands fans de shopping Disney !

YE OLDE CHRISTMAS SHOPPE

Liberty Square - Magic Kingdom

Située sur Liberty Square, non loin du château de la Belle au Bois dormant, cette adorable boutique est un peu particulière car elle propose des décorations de Noël toute l'année ! Avec ses sapins et ses multiples guirlandes, l'immersion hivernale est garantie ! Comment ne pas craquer face aux centaines de suspensions à l'effigie de nos personnages Disney préférés ? Coup de cœur pour les fameuses *Minnie ears*, ces serre-têtes représentant les oreilles de Minnie, reproduits ici en version miniature à suspendre sur le sapin. Un joli souvenir à rapporter chez vous.

BEAUTY AND THE BEAST LIVE ON STAGE

Disney Hollywood Studios

Spectacle de 30 minutes joué cinq fois par jour. Horaires sur le site ou à l'entrée du parc.

Les personnages cultes de *La Belle et la Bête* prennent vie dans un spectacle magnifique reprenant les principales scènes de cette histoire adorée par petits et grands. Les villageois, le chandelier Lumière, l'attaque du château, on retrouve sur scène tous les moments forts du film dans un show musical magique et très bien réalisé. A ne pas manquer si vous appréciez ce chef-d'œuvre de Walt Disney. C'est aussi l'occasion de vous reposer un peu ! Mieux vaut se présenter un peu en avance.

DISNEY ENCHANTMENT

Magic Kingdom

Tous les soirs à la fermeture du parc.

Pour finir la journée en beauté, ne manquez pas ce magnifique spectacle son et lumière qui anime le château de la Belle au Bois dormant. Joué tous les soirs, il offre de superbes tableaux au son des plus belles chansons Disney, synchronisées avec les fontaines et les animations projetées sur le château. Des feux d'artifice viennent ponctuer ce spectacle grandiose d'une durée de 15 minutes. Tout simplement magique ! Nul doute que petits et grands resteront sans voix. Nous vous conseillons de vous rendre en avance devant le château pour un meilleur emplacement.

UNIVERSAL ORLANDO RESORT ★★★

Depuis 1990, Universal Orlando Resort est le grand rival de Disney World. Le resort se compose de 2 parcs : Universal Studio, qui a pour thème le cinéma, et Island of Adventure, particulièrement immersif avec son décor de jungle mystérieuse. Tous deux mettent en avant les plus grandes franchises à travers des attractions pour toute la famille. La plus grande star : Harry Potter, qui bénéficie de deux *lands*, Le Chemin de Traverse (Universal Studio) et Pré-au-lard (Island of Adventure). Les 2 parcs à thème d'Universal sont reliés par le City Walk, une promenade ponctuée de restaurants et de boutiques. Le parc aquatique Volcano Bay complète l'expérience.

Pratique

- **Horaires.** Selon la période de l'année, les parcs Universal Studio et Island of Adventure ouvrent à partir de 8h ou 9h et ferment entre 17h et 22h.
- **Tarifs**. Comptez 109 US$ par adulte pour une journée aux Universal Studios OU à Island of Adventure, 104 US$ pour un enfant de 3 à 9 ans. Pour un accès aux deux parcs à la journée : adultes 164 US$, enfants 159 US$. Pour un accès au parc Universal Volcano Bay à la journée, comptez 80 US$ par adulte et 75 US$ par enfant de 3 à 9 ans.
- **Express Pass.** Pour la plupart des attractions, il existe une file Express qui va beaucoup plus vite. Pour pouvoir y accéder, il faut payer un supplément et acquérir un Express Pass. Il vous coûtera 89,99 US$ pour emprunter la file dédiée une seule fois par attraction (Universal Express Pass) ou 119 US$ pour un accès illimité (Universal Express Unlimited Pass)

ORLANDO

Achat en ligne. Il est possible d'acheter les tickets à l'avance directement sur le site Internet d'Universal et de les imprimer. Vous éviterez ainsi de faire la queue à l'entrée et vous vous rendrez directement aux tourniquets où votre *pass* sera scanné.

Des promotions sont également disponibles sur le site Internet si vous optez pour un ticket valable plusieurs jours.

Quartiers

Universal Studio : Il faut consacrer une bonne journée à l'Universal Studios pour en profiter pleinement. On ne se perd pas dans ce parc de forme rectangulaire et dont les différents quartiers s'articulent autour d'un lac. En arrivant, vous vous baladerez dans Production Central dont les thèmes sont les productions de télé ou de cinéma. C'est également ici que vous trouverez tous les services pratiques : casiers, informations, location de poussettes, etc. En continuant vers le fond du parc (vous y serez vite), vous entrerez dans les rues de New York, où vous rencontrerez la momie et les Blues Brothers. Vous continuerez dans le sens des aiguilles d'une montre et arriverez dans le quartier de San Francisco, avant de pénétrer dans le Chemin de Traverse et la gare King's Cross (The Wizarding World of Harry Potter). Puis vous poursuivrez vers le sud vers la petite zone World Expo qui précède la ville des Simpsons, Springfield. Vous arriverez ensuite dans une zone dédiée aux enfants, Woody Woodpecker's Kids Zone, avant de terminer le circuit par le quartier d'Hollywood. Vous pouvez également faire le tour des quartiers en sens inverse ou dans le désordre, même si l'obligation alors de contourner le lac ne vous facilite pas les choses.

Islands of Adventure. Ce parc d'attractions mérite toute votre attention et assurément une visite lors de votre passage à Orlando. La conception et la réalisation se sont faites en collaboration étroite avec Steven Spielberg et d'anciens cadres des parcs Disney. L'univers poétique, les sensations extrêmes et variées ainsi que la plongée totale et assumée dans ce monde imaginaire en font l'un des plus aboutis d'Orlando. Islands of Adventure propose des zones aux thèmes très imaginatifs et pas seulement des reconstitutions de studios de cinéma. La fantaisie et la richesse des décors, le souci du détail dans la réalisation et une offre d'attractions sensationnelles ou très abouties permettent aux studios Universal de marquer des points dans la bataille qui les oppose aux parcs Disney.
Il est plus petit que son voisin Universal Studio, une journée devrait largement suffire pour faire le tour de toutes les attractions et même refaire celles que vous avez le plus appréciées. Il est composé de différents lands aux thématiques immersives :

Marvel Super Hero Island. Les super-héros et les méchants des comics sont à l'honneur dans cette partie du parc. Les décors nous replongent dans l'ambiance très spéciale des bandes dessinées comme *Hulk, Spiderman* ou *Docteur Doom*. Chaque attraction propose des sensations très différentes : cette zone est celle qui fait le plus frissonner dans le parc !

Toon Lagoon. Dudley Do-Right, Popeye, Bluto, Olive, Betty Boop, Beetle Bailey, Blondie, etc., prennent vie dans le lagon des toons. C'est toute une époque que nous retrouvons là ! Vous ne reconnaîtrez pas tous les personnages car certaines productions n'ont pas été diffusées dans nos contrées. Mais quel plaisir de retrouver Dudley, Popeye ou Hagar le terrible !

Skull Island où vous attend l'attraction Reign of Kong, une sombre aventure des plus inquiétante entourée d'animatronics plus vrais que nature.

Jurassic Park. Les amateurs des films de Spielberg se plairont dans cette reconstitution exacte de l'univers de *Jurassic Park*. Vous retrouverez absolument tout : les portes d'entrée monumentales, les torches, la musique, la végétation luxuriante, les voitures, le Discovery Center et, bien sûr les dinosaures recréés à partir d'une séquence d'ADN trouvée dans un morceau d'ambre. Ils ont dépensé sans compter !

The Wizarding World of Harry Potter. Plongez dans le monde magique de Harry Potter. Cet univers, le plus récent du Parc Universal, est le plus populaire de tous. Alors préparez-vous à faire la queue ! Après avoir visité Pré au Lard, vous ferez une course poursuite à dos de balai dans l'attraction *Harry potter and the Forbidden* Journey aux incroyables effets spéciaux et pourrez ensuite partir à l'assaut de 2 roller coasters : le *Flight of The Hippogriff* et *Hagrid's Magical Creatures Motorbike Adventure.* Si vous détenez un billet pour les deux parcs, vous pourrez emprunter le mythique Poudlard Express pour rejoindre le Chemin de Traverse au parc Universal.

The Lost Continent. Les mythes et les légendes prennent vie dans cette partie du parc qui ne manque pas de créativité. Sorti de *Jurassic Park*, vous tombez dans une épouvantable forêt médiévale où demeurent deux dragons en lutte. Si vous venez de Seuss Landing, c'est une imposante statue de Poséidon, dieu grec de la mer, qui vous reçoit, avant de vous laisser pénétrer dans le monde très exotique de Sinbad le marin.

- **Seuss Landing.** Dans une débauche de couleurs vives incroyables, les personnages du Docteur Seuss prennent vie. Ici, le royaume du rêve a envahi les rues rose bonbon, les lampadaires jaune poussin ; toutes les formes ressemblent à des gâteaux ou d'énormes confiseries. Les petits vont adorer et les plus grands vont retomber en enfance.
- **Universal City Walk** est l'espace de divertissement nocturne des studios Universal, à l'image de Disney Springs à Walt Disney World. Au programme, des restaurants, des bars à thème avec des groupes musicaux, de nombreuses boutiques et des salles de cinéma. Universal a réussi à rassembler des enseignes dans cet espace comme le Hard Rock Cafe, un Margaritaville, Bubba Gump Shrimp Co... C'est la première zone que vous traverserez après avoir quitté le parking.

Transports

- **Le parc est situé** à proximité de l'intersection entre la I4 et la Florida Turnpike. Depuis la I4, prenez l'une des sorties suivantes : 74B, 75A ou 75B.
- **Parking**. Plusieurs tarifs sont proposés. Il vous en coûtera de 27 US$ pour un jour (parking classique) à 60 US$ (parking premium). Vous pourrez également vous rendre aux parcs en Uber ou en Lyft. Les arrivées et départs se font au Jurassic Park Garage.

ORLANDO

CAMP JURASSIC ★★

Jurassic Park

Monter, descendre, escalader, passer le pont de liane… N'importe quel stratagème est bon pour fuir les horribles T-Rex. Dans ce mini Jurassic Park, les enfants et les jeunes ados s'en donnent à cœur joie dans une sorte de parcours aventure, truffé de grottes et de passages secrets, surmontés d'innombrables ponts de cordes et autres filets tendus. Des jets d'eau sont même à disposition pour jouer à une bataille amicale, avant de se laisser réchauffer par la douce chaleur floridienne. Une plaine de jeux palpitante pour les enfants, et reposante pour les parents.

DIAGON ALLEY ★★

Le célèbre Chemin de Traversée magnifiquement reproduit en taille réelle. Comme dans l'œuvre de J.K. Rowling, il vous faudra dénicher l'entrée, masquée derrière un mur de briques. Une fois dans la rue, vous serez émerveillés, car tout y est : la boutique de baguettes d'Ollivander, le magasin de farces et attrapes des jumeaux Weasley, la banque Gringott surmontée d'un dragon qui crache du feu de manière intempestive... Vous pourrez boire une Biéraubeurre au Chaudron Baveur, acheter une baguette magique ou des vêtements de sorciers chez Madame Guipure. Un plaisir !

ANIMAL ACTORS ON LOCATION ! ★★

Woody woodpecker's kidzone

Horaires à l'entrée du parc.

Un spectacle très amusant constitué uniquement d'animaux : oiseaux exotiques, cochons, chiens, canards... Quelle distribution épatante ! Les animaux sont admirablement dressés. Le spectacle est franchement mignon, bien réglé et avec de nombreux acteurs. Les enfants s'en donneront à cœur joie, et leurs parents passeront un moment très agréable et reposant durant une vingtaine de minutes. Très bien pour les fins de journée lorsque vous êtes sur les rotules.

DOCTOR DOOM'S FEARFALL ★★

Marvel Super Hero Island

Interdit aux enfants de moins de 132 cm.

Deux tours métalliques de 60 mètres de hauteur intriguent dans cette partie du parc : c'est la dernière création de l'abominable Docteur Doom. Lorsque vient votre tour, une porte s'ouvre puis se referme brutalement derrière vous. Attaché dans un siège, dos à la tour, les pieds dans le vide, vous voilà propulsé au sommet de la tour avec une accélération surprenante. Après l'arrivée au sommet, c'est la descente, tout aussi rapide et surprenante que la montée… Suivent quelques allers-retours contre la tour, comme suspendu à un élastique, avant la libération.

DUDLEY DO-RIGHT'S RIPSAW FALLS ★★

Toon Lagoon

Interdit aux enfants de moins de 111 cm.

Inspirée par l'un des dessins animés les plus populaires des années 1960, *Dudley Do-Right*, cette attraction vous fait dévaler des torrents de neige fondue dans des troncs de bois. La montée au sommet vous permet de vivre une aventure de Dudley, qui s'oppose à son ennemi, le diabolique Snidely Wliplash. Puis une explosion à la dynamite déclenche votre chute dans les torrents… Les troncs d'arbres finissent dans de grandes gerbes d'eau dont vous sortirez complètement trempé.

E.T. ADVENTURE RIDE ★

Woody woodpecker's kidzone

Interdit aux enfants de moins de 86 cm.

Il voulait rentrer à la maison, mais les patrons d'Universal Studios ont réussi à le faire rester parmi nous ! Dans cette sympathique attraction familiale, vous pénétrez dans une forêt où E.T. aura la bonté de faire une apparition dans un nuage de fumée. Ensuite, vous embarquez sur des vélos (un par personne) pour revivre les principales scènes du film. Vous allez sauver E.T. (oui, oui !) en le conduisant sur sa planète. Spielberg nous fait un formidable cadeau avec la découverte de sa planète d'origine. Vous comprendrez mieux pourquoi il voulait tant y retourner.

HAGRID'S MAGICAL CREATURES MOTORBIKE ADVENTURE ★

Taille minimale : 1,22 m.

C'est le dernier ajout de *The Wizarding World of Harry Potter* dans le parc Islands of Adventure. Embarquez dans la moto et le side car du géant Hagrid pour un voyage palpitant de type montagnes russes (c'est d'ailleurs le plus long parcours de Floride) à travers la Forêt interdite. Le clou de l'attraction est sans doute la chute de cinq mètres qui ravira les amateurs de sensations fortes. Très populaire, cette attraction est généralement prise d'assaut dès le début de la journée.

HARRY POTTER AND THE FORBIDDEN JOURNEY ★★

The Wizzarding world of Harry Potter

Cette superbe attraction se situe à l'intérieur du château de Poudlard. Durant la file d'attente, vous passerez dans différentes salles du château avant de retrouver Harry, Ron et Hermione qui vous proposent de ne pas aller en cours et de les suivre. Puis un *roller coaster* prend le relais et vous emmène à travers une série d'aventures où Quidditch et détraqueurs seront sur votre route. Les effets spéciaux sont terriblement efficaces et l'attraction toute entière est une réussite.

HOGSMEADE ★★

Islands of Adventure

Si vous vous êtes toujours demandé à quoi pourrai ressembler Pré-au-Lard, vous allez être aux anges ! La célèbre allée est pleine de charme avec ses maisons aux toits pointus surmontés de neige (qu'importe s'il fait 30 degrés en Floride !). Vous flânerez avec joie dans les lieux les plus emblématiques comme Honeyduckes dans laquelle vous pourrez acheter des Chocogrenouilles et autres sucreries magiques, ou la taverne des Trois Balais, où vous goûterez à la Bièraubeurre. À l'horizon, le majestueux château de Poudlard vous attend.

HOGWARTS EXPRESS

C'est l'expérience ultime, celle qui vous fait entrer dans le monde magique d'Harry Potter. Au départ d'une gare de Kingcross criante de réalité, vous passerez à travers le célèbre passage de la voie 9 3/4 pour embarquer au bord du plus iconique des trains à vapeur. Le *Poudlard Express*, rutilant, vous mènera d'Universal Studio au second parc, Islands of Adventures, et vice versa. Vous prendrez place dans l'un des wagons, et c'est parti pour un voyage qui ne se passera pas tout à fait comme prévu... Un billet pour les 2 parcs est nécessaire pour emprunter ce train.

HOLLYWOOD RIP RIDE ROCKIT ★★

Production Central

Un *roller coaster* vertigineux avec un décor minimaliste : vous êtes en extérieur et cela se passe entre vous et le ciel bleu de Floride ! Le *ride* propose des *loops* serrés et surtout une descente à la verticale ! Sensation garantie et ventre bien accroché pour faire cette attraction. Le petit plus, c'est la customisation de l'attraction, notamment en choisissant la musique que vous voulez parmi une sélection, et un film de vos exploits que vous pouvez ensuite bien entendu acheter.

HORROR MAKE UP SHOW

Hollywood

Horaires à l'entrée du parc.

Il n'y a pas vraiment foule dans cet amphithéâtre de l'horreur et le spectacle offert par les deux compères sur scène vous fera rapidement comprendre pourquoi. Ayez la gentillesse de prendre quelques mimiques horrifiées, choquées ou tendues, afin de contribuer à l'ambiance, et poussez un ouf de soulagement lorsqu'on vous montrera le truc. Bien sûr, vous aurez l'impression de perdre votre temps mais vous apprendrez plein de combines utilisées dans des séries B du genre sanguinolent. Une expérience insolite que vous n'aurez pas l'occasion de réitérer de sitôt.

JURASSIC PARK DISCOVERY CENTER

Jurassic Park

Les amateurs de dinosaures trouveront de quoi s'occuper dans le centre de découverte. Squelette géant de T-Rex, reproductions de plusieurs espèces de dinosaures, explication sur l'ADN et sur les techniques de duplication de celui-ci, scène de naissance de bébés, etc. Un mélange assez hétéroclite d'informations sérieuses et de science-fiction, présenté de manière aussi pédagogique que ludique. Le centre permet de se reposer un peu entre deux attractions trépidantes.

JURASSIC PARK RIVER ADVENTURE ★★

Jurassic Park

Taille minimum : 110 cm.

Embarquez pour une une promenade en bateau sur la rivière de Jurassic Parc permettant de voir des dinosaures plus vrais que nature dans leur environnement naturel. La reconstitution est spectaculaire mais les spécimens à observer ne sont pas nombreux et la balade est plutôt tranquille. L'entrée dans le hangar semble vouloir donner du punch à l'aventure… plus vite, plus effrayant mais sans convaincre complètement… jusqu'à un impressionnant plongeon pour échapper à un T-rex.

JURASSIC WORLD VELOCICOASTER

Islands of Adventure

Taille minimum : 130 cm.

C'est la toute dernière attraction à sensation du parc Islands of Adventure. Inauguré en 2021, Jurassic World Velocicoaster vous embarque pour une chasse aux vélociraptors au-dessus du lac du parc. Une aventure sensationnelle et décoiffante dont le parcours culmine à 47 mètres de haut avec deux lancements à grande vitesse, un sommet à quatre inversions et une vitesse de pointe de 112 km/heure ! À faire absolument si vous êtes amateurs de sensations fortes !

MARDI GRAS

Universal Studio

De début février à fin avril.

Chaque année durant plus de 2 mois, un air de Louisiane souffle sur le parc Universal Studio avec la célébration de Mardi Gras, une fête qui se déroule traditionnellement 47 jours avant Pâques. Les festivités font écho au carnaval de la Nouvelle-Orléans (aussi nommé Mardi Gras). Ce furent les colons français qui apportèrent cette fête païenne en Louisiane à la fin du XVIIe siècle. Vous pourrez ainsi profiter de parades ponctuées de danseurs en costumes extravagants et de lancers de colliers de perles, de spécialités culinaires cajuns et autres animations.

MEN IN BLACK ALIEN ATTACK ★

World Expo

Taille minimum : 106 cm.

La file d'attente vous replonge dans le film et vous allez assez rapidement pouvoir entrer dans l'action en prenant place à bord d'un wagonnet muni de pistolets laser. Vous partez dans un décor de ville où vous faites les rencontres les plus variées et les plus surprenantes. En fonction de votre rapidité et votre habileté à viser les bonnes personnes au bon endroit, vous engrangerez des points. Serez-vous le meilleur de votre wagon et allez-vous être intégré au MIB ? Suspense…

REVENGE OF THE MUMMY

Taille minimum : 122 cm.

Plongez dans l'univers inquiétant de cette célèbre œuvre cinématographique. Votre véhicule s'élance à toute allure tandis que vous tentez d'échapper à la menaçante momie Imhotep. Mais y parviendrez-vous ? Jets de flammes véritables et ombres mystérieuses ajoutent beaucoup de réalisme à cette attraction qui file des frissons. Les momies sont particulièrement effrayantes ! Jetez un œil aux hiéroglyphes égyptiens sur les murs, ils tentent de vous faire parvenir un message… À faire, même si vous n'avez jamais vu la trilogie de films !

POPEYE AND BLUTO'S BILGE-RAT BARGES ★★

Toon Lagoon

Taille minimale : 110 cm.

L'affrontement de Popeye et Bluto continue de plus belle dans cette attraction qui vous apprendra la différence entre *wet* et *soak wet*. Dans le premier cas, vous devez vous attendre à quelques éclaboussures, tandis que dans le second, vous ressortirez absolument trempé ! 12 personnes peuvent prendre place dans ces bouées qui dévalent la rivière. L'environnement, très réussi, vous replonge à merveille dans ce dessin animé où l'humour est toujours présent.

SKULL ISLAND : REIGN OF KONG ★★

Skull Island : Reign of Kong, est l'une des dernières attractions d'Islands of Adventure. Inaugurée en 2016, elle propose une immersion en 3D sous forme de *dark ride* (parcours dans le noir) avec de nombreux effets spéciaux. Vous piloterez un véhicule dans le massif temple de l'univers de Skull Island, une île peuplée de créatures préhistoriques étranges contre lesquelles il va falloir vous battre… Les *audio animatronics* sont particulièrement réalistes.

POSEIDON'S FURY ★

The Lost Continent

Horaires à l'entrée du parc.

Après une file d'attente dans une caverne sombre, vous êtes accueilli par le gardien des lieux. Ce dernier prétend n'avoir vu personne depuis des milliers d'années et s'empresse de vous raconter la disparition de la fabuleuse cité dans la mer. Enfermé dans une pièce sombre, vous assistez à quelques effets de lumières rudimentaires et devez supporter le vieillard qui radote… Inquiet, vous vous demandez quand cette mauvaise comédie s'achèvera… Enfin, une porte s'ouvre sur un surprenant et hypnotisant vortex aquatique. La seule issue est un étonnant et long tunnel…

STORM FORCE ACCELERATRON

Marvel Super hero Island

La force de ce parc réside dans le fait qu'à chaque étape, les petits n'ont pas été oubliés. Et l'on tente de leur faire vivre les sensations des grands. Ici, dans des demi-soucoupes qui tournent sur des plateaux, chacun prend place pour une espèce de farandole, où les enfants et les parents partent dans tous les sens, sorte de Mad tea party à Disney. Ce n'est certainement pas l'attraction la plus spectaculaire du coin, mais la plus sympathique à faire en famille, d'autant que la file d'attente n'est généralement jamais trop longue.

THE AMAZING ADVENTURES OF SPIDERMAN ★★

Marvel Super Hero Island
Taille minimale : 100 cm.

L'une des plus grandes réussites techniques du parc. Elle combine le mouvement d'un *ride* (c'est-à-dire un véhicule sur des rails) avec celui d'un simulateur et des films en 3D sur d'immenses écrans, avec des effets spéciaux épatants. La file d'attente vous fait traverser les bureaux du journal *Daily Bugle*, où Peter Parker alias Spiderman travaille comme reporter. Les forces du mal incarnées par Doctor Octopus veulent voler la statue de la Liberté grâce à un pistolet antigravité.

THE FLIGHT OF THE HIPPOGRIFF ★

The Wizarding world of Harry Potter
Taille minimum : 90 cm.

Un petit grand-8 pour les enfants dans l'univers d'Harry Potter. Dans des wagonnets à deux places, le train, ayant pour figure de proue un Hypogriffe, s'élance sur les rails, pour quelques virages quand même sévèrement négociés. La vitesse, bien que réduite, n'en demeure pas moins impressionnante, et les cris des enfants sont là pour rappeler que les sensations n'ont rien à envier à celles des plus imposants manèges. Une attraction très sympathique à faire en famille.

THE BLUES BROTHERS SHOW

New York
Horaires à l'entrée du parc.

Dans ce spectacle, vous assisterez à une interprétation live des meilleurs morceaux des légendaires Blues Brothers dans la Delancey Street : *Everybody Needs Somebody to Love*, *Flip, Flop and Fly* ou encore *Jailhouse Rock* et *Think*. Jake, Elwood et compagnie sont entourés d'une foule compacte qui danse de manière frénétique. Allez-y faire un tour car ils sont sympathiques et ils y croient ! Une super ambiance ! *Fun fact* : pour les fêtes de Noël, la playlist évolue pour inclure des classiques tels que *All I Want for Christmas Is You.*

THE INCREDIBLE HULK COASTER ★★

Marvel Super Hero Island
Taille minimum : 136 cm.

Un *roller coaster* qui nous coupe le souffle sans secouer dans tous les sens. En 2 secondes, il atteint les 60 km/h et attaque une première double inversion ; les 2 minutes suivantes se déroulent à 90 km/h avec 7 inversions et 2 plongeons sous terre impressionnants. Le fait que le train soit massif crée une incroyable sensation de puissance car les inversions se font à toute vitesse sans trembler. Le laboratoire du docteur Bruce Banner, au niveau de la file d'attente, est aussi réussi.

THE CAT IN THE HAT

Seuss landing

Facile à trouver… Vous voilà face à un gigantesque chapeau rouge ! Vous prenez place dans des wagons à 6 places et partez à la découverte de 18 scènes inspirées par les grands classiques du Docteur Seuss. Si vous n'êtes pas familier de cette histoire, en voici un résumé : le Cat in the Hat rend visite à un jeune garçon et une jeune fille un jour de pluie, pendant que leur mère est absente… et met une pagaille infernale dans la maison ! Avec de nombreux audio-animatronics et des décors qui bougent dans tous les sens, les scènes sont drôles et très innocentes.

THE SIMPSONS RIDE ★★

World Expo
Interdit aux enfants de moins de 102 cm.

En route pour Springfield ! Marge et Omer vous emmènent avec toute la famille Simpson dans une balade endiablée à la fête foraine où tout ne va pas se dérouler comme prévu… et pour une fois, ce n'est pas la faute de Bart. Alors, attachez votre ceinture et… mangez un donut, pourquoi pas ? Mais ne vous inquiétez pas, vous n'aurez pas la tête à l'envers : il s'agit d'un simulateur. Après l'attraction, vous pourrez flâner dans le quartier thématique de Springfield et visiter des lieux iconiques du fameux *show* comme le Krusty Burger.

ORLANDO

TRANSFORMERS : THE RIDE 3D ★

Production Central

Préparez-vous pour un combat grandeur nature dans l'univers des Transformers ! Cette attraction, entre réalité et 3D, est une immersion totale avec les robots géants. Le pitch : la planète Terre est menacée par Megatron et ses Decepticons. Pour parer à ce risque, vous monterez à bord d'un N.E.S.T et rejoindrez Optimus Prime et Bumblebee dans une quête dynamique et mouvementée pour tenter de les arrêter ! Sortirez-vous vainqueur de la bataille finale ?

VOLCANO BAY ★★

Volcano Bay est le parc aquatique d'Universal Studio. Ouvert en 2017, il est constitué de quatre zones : le Volcan, le Wave Village (village des vagues), le River village (le village de la rivière) et le Rainforest village (le village de la forêt tropicale). La silhouette impressionnante du volcan Krakatau (61 mètres de haut) domine le parc. Vous trouverez un grand nombre d'attractions aquatiques : canoës, bouées, rapides, piscine à vagues, toboggans... De quoi passer une superbe journée rafraîchissante, fun et hautement dépaysante !

WOODY WOODPECKER'S NUTHOUSE COASTER

Universal Studio

Taille minimale : 92 cm.

Pour une fois, les petits pourront faire comme les grands avec ce mini *roller coaster* sur le thème de l'amusant oiseau Woody Woodpecker. Ils découvriront les joies de la vitesse et des descentes qui font des chatouilles dans le ventre. Une expérience très fun pour une première immersion dans le monde des sensations. Malin : des énigmes et quizz sont disséminés dans la file d'attente pour que le temps passe plus vite. Les enfants de moins de 122 cm devront être accompagnés d'un adulte.

HYATT PLACE ORLANDO UNIVERSAL €€

5895 Caravan court

✆ +1 407 351 0627

orlandouniversal.place.hyatt.com

A partir de 125 U$ la chambre double, petit déjeuner inclus. Wifi gratuit.

Hyatt s'est implanté dans cette zone touristique, bien située à proximité d'Universal Studios et d'International Drive. Le lieu est décoré avec goût, les chambres sont confortables et le service est sérieux. Vous y trouverez une agréable piscine extérieure ainsi qu'une salle de fitness à disposition. Pratique : en tant qu'hôtel partenaire d'Universal, l'Hyatt Place propose une navette gratuite en direction du parc d'attraction. Vous pourrez aussi accéder au parc à pied.

LOEWS ROYAL PACIFIC RESORT €€€

6300 Hollywood way

✆ +1 407 224 6735

www.universalorlando.com

A partir de 330 US$ la chambre double standard.

Dans l'enceinte des parcs Universal, cet hôtel de plus de 1 000 chambres propose des prestations de qualité dans une ambiance polynésienne moderne. La piscine est sublime. L'accès à City Walk et aux parcs Universal se fait par des bateaux navettes. En bonus : vous bénéficierez d'un *Universal Express Unlimited* gratuit qui vous donnera un accès prioritaire aux attractions principales, et vous pourrez aussi accéder au *Wizarding World of Harry Potte*r une heure avant l'ouverture.

UNIVERSAL'S HARD ROCK CAFE €€€

5800 Universal boulevard

✆ +1 888 464 3617

www.universalorlando.com

A partir de 339 US$ la chambre double.

La fameuse chaîne de Hard Rock Café a aussi son hôtel à Universal Studio. Une décoration intéressante, des chambres à la fois sobres et stylées au confort irréprochable avec station MP3 pour écouter bien entendu sa musique favorite, un accueil parfait. La piscine entourée d'une plage de sable est très agréable, et l'hôtel dispose de plusieurs restaurants et bars. Des concerts sont régulièrement organisés. Une bonne adresse pour les inconditionnels du rock'n'roll et de bonnes adresses.

FINNEGAN'S BAR & GRILL €

New York

Ouvert tous les jours pour le déjeuner et dîner. Plat à partir de 15,95 US$.

Un pub irlandais pour combler petites faims et grosses soifs ou vice-versa. Au menu, des classiques irlandais comme le Shepherd pie, choux et corned beef, ragoût de bœuf à la Guiness ou encore Kilkenny Pot Pie accompagnent d'autres plats plus classiques : burgers, sandwiches, salades, fish and chips... Le restaurant fait également bar et des concerts sont régulièrement organisés. L'ambiance est chaleureuse, le cadre authentique, et finalement nous n'avons pas l'impression d'être dans un restaurant de parc, mais bien dans une bonne adresse.

MYTHOS €

Lost Continent

✆ +1 407 224 4012

Réservation conseillée. Plat à partir de 17 US$.

Le restaurant est situé à l'intérieur de l'immense montagne du Continent Perdu avec ses cascades et ses parois étroites. Une fois à l'intérieur, on se retrouve dans une caverne entièrement sculptée de têtes de Dieux. La terrasse donne elle sur le lac et le centre du parc. Au menu, des saveurs du monde entier : pad thaï, gnocchis bolognaise, poulet grillé aux épices orientales ou encore pêche du jour. Sans oublier les délicieux desserts comme le Chocolate Banana Gooey Cake, arrosé de caramel et servi avec une glace au beurre de cacahuète.

HARD ROCK CAFE €

Universal's City Walk

✆ +1 407 351 7625

www.hardrock.com

Ouvert tous les jours. De 10 US$ à 25 US$ le plat.

La célèbre chaîne a fait peau neuve à Universal Studios et propose, outre son hôtel et son arène de concerts live, un vaste restaurant. La décoration est toujours aussi bluffante : voiture rose au centre du bar, Memorabilia des grands noms du rock passés et présents et une cuisine américaine classique dont de très nombreux burgers et quelques salades. Les plats sont copieux, avec une mention spéciale pour les gigantesques burgers, l'accueil agréable, l'ambiance enflammée et le tout fait un peu surfait et bling bling mais on aime !

THREE BROOMSTICKS €

The Wizzarding world of Harry Potter

Ouvert tous les jours pour le déjeuner et le dîner.

La taverne sombre où complotent nos sorciers en herbe se retrouve ici en Floride au cœur de la rue de Pré-au-Lard, pour proposer des plats typiquement british, du *fish and chips* en passant par la *shepherd pie*, la dinde grillée ou les cuisses de poulet... En dessert, on retrouve également les incontournables tels que la tarte aux pommes, glace au beurre de cacahuètes ou le *fudge*. Sans oublier la spécialité de la maison : l'étonnante Bièreaubeurre, une boisson caramélisé et vanillée, au goût très sucré qui ne vous laissera pas indifférent (et c'est sans alcool !).

JIMMY BUFFET'S MARGARITAVILLE €

Universal's City Walk

✆ +1 407 224 2155

www.margaritavilleorlando.com

Ouvert tous les jours midi et soir. Plat à partir de 14,95 US$.

Un restaurant sympa situé dans une imposante bâtisse style villa moderne avec vaste terrasse où l'on siropte sa margarita of course mais quantité d'autres cocktails comme le Bahama Mama (rhum épicé, noix de coco, goyave, grenadine et citron vert). Côté cuisine, on retrouve un menu américain classique avec hamburger, frites et compagnie, mais aussi des spécialités des îles avec riz cajun, cake au crabe, crevettes à la noix de coco... Ambiance décontractée et bon enfant.

BOB MARLEY A TRIBUTE TO FREEDOM €€

City Walk

Plat à partir de 12,95 US$.

De la cuisine authentique de la Jamaïque, mais également de toute la Caraïbe, accompagnée par un groupe de musiciens reggae, le tout à la mémoire du plus célèbre des Jamaïcains : Bob Marley. Goûtez aux *Rasta Pasta* (crevettes, hampe de bœuf, poivrons, oignons) ou au *Reggae Jamaican Jerk Chicken* (poulet mariné dans des épices jamaïcaines et piment grillé au feu de bois servi avec des bananes plantain). Une adresse qui sort de l'ordinaire, ambiance garantie.

LOMBARD'S SEAFOOD GRILLE €€

San Francisco / Amity
✆ +1 407 224 3613
Plat à partir de 22 US$.
Réservation conseillée surtout le soir.

C'est le restaurant le plus chic du parc, spécialisé dans les fruits de mer et le poisson, avec une terrasse qui donne une vue imprenable sur le lac situé au milieu du parc. L'intérieur reproduit quant à lui le style d'une villa victorienne. La nourriture reste cependant classique. On peut choisir entre le poisson du jour et des plats aux saveurs des Caraïbes ou de Nouvelle-Angleterre, principalement des fruits de mer accompagnés de différentes sauces. Les plus gourmands opteront pour le *Lobster Roll,* un savoureux sandwich au homard, ou pour le *Wharf Burger*.

HONEYDUKES

The Wizzarding world of Harry Potter

Amateurs de bonbons en tout genre, c'est la boutique qu'il vous faut, et les autres se laisseront charmer par l'inventivité déployée ! La plus célèbre boutique de sucreries du village de Pré-au-Lard vend quantité de bonbons colorés. Vous ne repartirez pas les mains vides mais plutôt avec une boîte de Bertie Crochue, en espérant ne pas tomber sur le goût morvelle ou encore un sac de Fizwizbiz ou de Suçacide, sans oublier les Chocogrenouilles et leurs cartes de sorciers célèbres à collectionner. Toutes les confiseries de la saga sont là.

THE TOOTHSOME CHOCOLATE EMPORIUM

City Walk

Une boutique extrêmement bien thématisée avec une façade évoquant une fabrique de chocolats de style *steampunk*. Vous y découvrirez des gourmandises plus tentantes les unes que les autres, telles que des bouchées chocolatées de toutes les couleurs ou des milkshakes décadents surmontés de chantilly et de biscuits en tout genre. La visite vaut le détour même si vous n'achetez rien. Vous trouverez aussi un restaurant, le Savory Feast Kitchen, proposant pâtes, burgers et autres plats.

FILCH'S EMPORIUM OF CONFISCATED GOODS

The Wizzarding world of Harry Potter

Rusard (Filch dans la version anglaise d'Harry Potter) a encore fait des siennes et a confisqué quantité d'objets appartenant aux élèves de Poudlard. A vous de pouvoir racheter ce qui s'y trouve : pulls, tee-shirts, cravates et uniformes des quatre maisons de sorciers, équipement de Quidditch, masque de mangemort, on trouve ici obligatoirement son bonheur. Comme chaque boutique des univers Harry Potter, la thématisation est immersive et la visite se révèle être une expérience en soi.

OLLIVANDERS WAND SHOP

The Wizzarding world of Harry Potter

Le célèbre Ollivander vous reçoit dans sa boutique pour que vous trouviez votre baguette magique. Il y en a littéralement du sol au plafond ! Vous assisterez aussi à un phénomène unique : voir une baguette magique choisir son sorcier. Si jamais la magie n'opère pas, vous pouvez toujours acheter celle d'Harry, Ron ou Hermione ou autres héros en souvenir. La décoration de la boutique est incroyable et l'on se sent vraiment au cœur de la saga. Deux boutiques existent : l'une à Pré-au-Lard (Islands of Adventure), l'autre sur le Chemin de Traverse (Universal Studio).

SEAWORLD ORLANDO

Vous pourrez admirer ici la plupart des espèces du monde marin : dauphins, requins, éléphants de mer, pingouins, manchots et ours blancs. Vous pourrez aussi assister à des *shows* animaliers spectaculaires. Mis à mal par le documentaire choc *Blackfish* (2013) qui dénonce les conditions de captivité des animaux, SeaWorld a dû se repositionner afin de convaincre les visiteurs de ses bonnes intentions vis-à-vis des animaux marins. Le parc offre également de nombreuses attractions, dont des *roller coasters*.

Pratique

- **En voiture** : le parc est facilement accessible depuis l'intersection entre la I-4 et la Beachline Expresswat, à 10 minutes au sud du centre-ville d'Orlando, et à une quinzaine de minutes de l'aéroport international.

- **Grand parking** payant à l'entrée : 30 à 35 US$ selon la date. Il est conseillé de réserver votre parking à l'avance sur le site officiel de SeaWorld.
- **En bus :** le I-Trolley qui dessert International Drive passe par Sea World (2 US$). Le bus 8 et le bus 50 (qui relie Disney Springs à Downtown Orlando) s'y arrêtent également (arrêt à la sortie du parc).
- **Le parc** est ouvert toute l'année à partir de 9h puis ferme à des horaires variables selon les périodes. Compter une journée pour une visite complète.
- **Pass à la journée** à partir de 125 US$ pour les adultes et enfants de plus de 3 ans. Pour 50 US$ de plus par personne, vous pourrez manger toute la journée à volonté.

ICE BREAKER

Taille minimum : 137 cm.

C'est la dernière attraction de SeaWorld, inaugurée début 2022. Le parc animalier poursuit donc sa diversification en proposant des attractions qui varient des spectacles et show marins. Ce roller coaster, nommé d'après les sommets glacés de l'Arctique, fait déjà beaucoup parler de lui, puisqu'il comprend la chute la plus raide de Floride (100 degrés) combinée à de nombreux virages serrés, inversions et catapultages à la fois en avant et en arrière. Il vous faudra vous armer de courage (et de patience) si vous souhaitez l'essayer !

ORLANDO

AQUATICA

✆ +1 407 545 5550

www.aquatica.com/orlando

À partir de 94,99 US$ la journée (réduction si achat en ligne).

Ce parc aquatique saura divertir les petits comme les plus grands, entre les piscines à vagues, les quelques 42 toboggans que comprend le parc, ou une pause bien méritée sur les plages paisibles du parc. Au beau milieu de la vibrante Orlando, il abrite des toboggans, des rivières et lagons, ainsi qu'un énorme espace de plage de sable. À ne pas manquer : le nouveau toboggan Reef Plunge Water Slide de plus de 100 mètres de long qui vous fera passer au milieu d'un aquarium peuplé de dauphins et requins. Plusieurs espaces de restauration sont aussi prévus sur place.

JOURNEY TO ATLANTIS ★

Ne rien avoir sur soi : des casiers payants se trouvent à l'entrée de l'attraction. Taille minimale : 107 cm.

Journey to Atlantis vous emmène explorer la cité engloutie, dans un cadre qui rappelle les parcs d'attractions classiques. La décoration est très réussie et l'ensemble de bonne facture. Il s'agit en fait d'une attraction aquatique qui vous mènera sur un circuit d'eau dans un rondin avec, à la clé, une chute assez vertigineuse et de grosses éclaboussures. En général, beaucoup d'attente et quelques minutes de plaisir... somme toute rafraîchissantes. Une attraction qui plaira sans aucun doute aux petits et grands. Encore plus appréciable en été !

DOLPHIN COVE ★

Une attraction qui permet d'approcher et d'observer les dauphins au plus près. Dans un grand bassin à vagues entouré d'une plage reconstituée vit une petite colonie de dauphins. Ces derniers peuvent être observés depuis le bord du bassin et peuvent même être caressés et nourris par vos soins (en supplément). Une grotte dont la paroi est circulaire permet une observation de toute la profondeur du bassin. Les dauphins s'intéressent vivement à tout ce qui se passe autour d'eux et le site est propice aux photographies. Un spectacle absolument magique.

MANATEE REHABILITATION AREA ★★

Cette zone du parc, grande de cinq hectares, accueille des animaux blessés qui sont en cours de soins ou des bébés animaux orphelins. On peut surtout y voir des lamentins rescapés mais aussi d'autres espèces comme les tortues marines. Cet espace est clairement destiné à montrer que SeaWorld, malgré la polémique entraînée par le documentaire *Blackfish*, se soucie de la protection et du bien-être des animaux et qu'une réelle prise de conscience s'est faite.

KRAKEN ★★

Taille minimum : 137 cm.

© VIAVAL TOURS - SHUTTERSTOCK.COM

Voici un *roller coaster* qui ira très haut (jusqu'à 45 mètres), très vite et dans lequel vous resterez longtemps. Aucun rapport avec le thème du parc si ce n'est le nom Kraken qui est celui d'un monstre marin de légende. Une très bonne attraction pour les amateurs du genre ! La particularité : c'est la seule attraction de Floride dans laquelle vous aurez les pieds dans le vide. Sensations fortes garanties ! Côté pratique : il y a des casiers payants sur la droite (2 fois 25 centimes, préparez votre monnaie il n'y a pas d'échangeur).

MANTA ★★

Taille minimale : 137 cm.

C'est l'une des dernières attractions à sensation forte de SeaWorld ! Vous glisserez sur les rails à la façon d'une raie manta. Au lieu d'être assis dans le wagon qui vous emmène, vous êtes accroché par le dos, les pieds attachés, et la machine vous fera nager dans les airs dans tous les sens à grand renfort d'inversions, vous faisant parfois frôler l'eau. Ces montagnes russes, parfaitement dans le thème de SeaWorld, sont paradoxalement puissantes et tout en douceur. Une vraie réussite à faire absolument durant votre journée.

PACIFIC POINT PRESERVE

Dans un cadre superbe, ce bassin recrée un petit coin de mer dont les vagues s'abattent contre les rochers et qui permet à une colonie d'otaries, de lions de mer, de phoques et d'oiseaux de mer de vivre paisiblement. La colonie est nombreuse, assez bruyante (vous les entendrez de loin) et elle assure toute la journée un spectacle amusant ou surprenant. Ses habitants ayant bien compris le fonctionnement de notre société, ils font les beaux pour obtenir quelques poissons que vous pouvez acheter à la boutique voisine pour un coût de 10 US$.

SESAME STREET LAND

C'est le nouveau quartier thématique de SeaWorld, consacré au célèbre show Sesame Street. Il est particulièrement adapté pour faire plaisir aux enfants : carrousel, petit train, jeux d'eau... Vous pourrez aussi assister à la parade colorée où défilent les personnages les plus célèbres, et vous faire prendre en photo avec eux. Côté restaurant, un ensemble de food trucks proposant des plats sur le pouce comme des *Grilled cheese*, des nuggets de poulet ou encore des smoothies aux fruits frais. Sans oublier la boutique de souvenirs Hopper's Store.

SHARK ENCOUNTER ★

Plusieurs aquariums de grande taille sont la résidence de ces quelques poissons et mammifères féroces… Mais le plat de résistance est sans aucun doute le tunnel, qui passe sous un aquarium rectangulaire très long et qui représente une prouesse technique puisque l'eau y exerce une pression équivalente au poids de 600 éléphants. Autour de vous, requins en tous genres, des barracudas, poissons venimeux… La grandeur de l'aquarium permet de les voir se déplacer et donne l'impression d'être au fond de l'océan. Le tapis roulant avance et vous conduit vers la sortie…

SKYTOWER

Attraction payante en plus du tarif de l'entrée. 6 US$.

Située à l'entrée de SeaWorld, cette attraction est l'une des icônes du parc puisqu'elle existe depuis l'ouverture en 1974. Lentement, vous vous élevez vers les sommets jusqu'à 120 mètres de haut à l'aide de cette tour dont la capsule tourne autour d'elle-même pour vous permettre d'avoir une vue panoramique sur tous les environs, durant 6 minutes. Le principe de l'attraction est sympathique mais l'on regrette le fait de devoir payer un supplément à l'intérieur du parc pour cette activité. Ce n'est donc pas un incontournable selon nous.

STINGRAY LAGOON

Dans un grand pavillon bleu, à l'air libre, ce bassin ovale de faible profondeur accueille une quantité incroyable de raies mantas (plus de 120 !) qui nagent en rond tranquillement toute la journée. Certains font plus de 150 centimètres de long ! Vous êtes autorisé à toucher leurs corps lisse et élastique, et vous verrez que c'est une expérience qui sort du commun ! Ne les pincez pas ; elles seraient amenées à se défendre en cas d'agression ! Une boutique à côté du bassin permet, à des horaires précis, d'acheter de quoi les nourrir.

HILTON GRAND VACATIONS CLUB AT SEAWORLD €€

6924 Grand vacations way
✆ +1 407 239 0100
www.hiltongardeninn3.hilton.com
Toutes les chambres sont équipées d'une kitchenette. A partir de 115 US$.

Un très beau complexe situé juste en face de SeaWorld, et donc accessible à pied. Les chambres, répondant au standard Hilton et équipées de micro-ondes et frigo, vous garantissent une certaine indépendance pendant votre séjour par rapport à un hôtel traditionnel. Ce vaste hôtel dispose de deux grandes piscines très agréables, d'une petite supérette, d'un restaurant et d'un café pour vos petits déjeuners et sandwichs. Le personnel est très serviable.

RENAISSANCE ORLANDO AT SEAWORLD €€

6677 Sea Harbor Drive
✆ +1 407 351 5555
À partir de 166 US$ la chambre double.

Situé à deux pas de SeaWorld et du parc aquatique Atlantica, cet hôtel possède un vaste et élégant atrium autour duquel sont disposées des chambres modernes et confortables, décorées dans des couleurs bleu et écru. À la fin de votre journée, vous pourrez vous détendre dans la piscine olympique thématisée dans un style méditerranéen et prendre le soleil sur l'un des transats mis à votre disposition. Les enfants trouveront une piscine qui leur est dédiée avec des jeux d'eau.

SHARKS UNDERWATER GRILL AND BAR €€

6850 Westwood Boulevard
Réservation obligatoire dès votre arrivée dans le parc. Plat à partir de 27 US$.

Ce restaurant sert des plats à base de fruits de mer et de poisson essentiellement. Toutefois, son principal intérêt n'est pas dans l'assiette mais bien dans la salle en elle-même. Vous pourrez en effet, dans une ambiance tamisée, observer des requins se mouvoir tranquillement durant tout votre repas. Les requins sont impressionnants par leur taille. Grand moment avec une nourriture classique et sans surprise, surpayée pour profiter du spectacle.

DOLPHIN ADVENTURES

Dolphin Theater

Ce spectacle très divertissant qui se déroule dans le Dolphin Stadium a pour star principale le monde naturel avec l'ambassadeur le plus espiègle de l'océan, le grand dauphin de l'Atlantique. Dolphin Adventure divertira et instruira tout la famille sur les dauphins et leur importance dans la nature. Vous en apprendrez plus sur les menaces qui pèsent sur ces adorables mammifères marins. Un spectacle interactif et éducatif d'une durée de 20 minutes, qui a lieu tous les jours. Si vous avez envie d'être éclaboussé, choisissez les sièges marqués « Soak Zone ».

CÔTE OUEST

La côte Ouest est moins envahie par la déferlante touristique que la côte Est de la Floride... Pour l'instant ! Cette région de la Floride est plus préservée, moins bétonnée et moins artificielle que la côte Est. La partie la plus au sud de la côte Ouest n'est pas très dense en population mais riche par sa faune et sa flore, notamment en raison d'une proximité quasi immédiate avec le parc naturel des Everglades. La montée vers le nord permet des découvertes riches et intéressantes ; Naples, Sarasota, les îles Sanibel ou Anna Maria sont de vrais petits paradis bordés par le golfe du Mexique. Au-delà, vers le nord, vous pénétrerez dans la Floride profonde, un peu *old school*, accessible et sauvage à la fois, ce qui la rend plus belle encore. Cette Floride gagne à être connue, et les visiteurs européens sont peu nombreux à s'aventurer jusque-là. Si vous souhaitez vivre une expérience authentique, voilà où vous devriez vous rendre !

Côte Ouest
PINE ISLAND ★
Spring Hill
Winter Garden
ORLANDO ★★
UNIVERSAL ORLANDO RESORT ★★
SEAWORLD ORLANDO
WALT DISNEY WORLD
Kissimmee
Poinciana
TARPON SPRINGS ★
CALADESI ★
Lakeland
CLEARWATER ★★
TAMPA ★★
Baie de Tampa
SAINT PETERSBURG ★★
Avon Park
ANNA MARIA ISLAND ★★
BRADENTON ★
SARASOTA ★★
Myakka City
Arcadia
VENICE ★★
North Port
PUNTA GORDIA ★
BOCA GRANDE ★
Labelle
Golfe du Mexique
MATLACHA ★★★
FORT MYERS ★★★
SANIBEL ET CAPTIVA ISLANDS ★
FORT MYERS BEACH ★
ESTERO ★
BONITA SPRINGS ★
NAPLES ★★
MARCO ISLAND ★
RÉSERVE NATIONALE BIG CYPRESS
TEN THOUSAND ISLANDS ★
Everglades
50 KM

La côte Ouest de la Floride est moins concernée par l'afflux de touristes que la côte Est... Pour l'instant ! Cette région est ainsi moins bétonnée, plus authentique. Les prix y sont aussi généralement moins élevés. La partie la plus au sud de la côte n'est pas très dense en population mais riche par sa faune et sa flore. On quitte alors peu à peu la mangrove de la région des Everglades ; les accès au parc sont peu nombreux mais les itinéraires sont bien balisés. La montée vers le nord permet des découvertes riches et intéressantes. Naples, Sarasota, les îles Sanibel ou Anna Maria sont de vrais petits paradis ! Au-delà de cette zone, vous découvrirez des villes encore plus préservées.

Cité cossue à l'architecture élégante digne d'une série américaine, Naples offre un magnifique jardin botanique, une avenue commerce des plus agréable - 5th Avenue - et surtout une grande plage où vous aurez peut-être la grande chance d'apercevoir des dauphins !

Troisième ville la plus peuplée de Floride après Jacksonville et Miami, Tampa connaît depuis quelques années une renaissance qui ne fait que renforcer son intérêt. Alors que l'on ne faisait qu'y passer, aujourd'hui on s'y arrête volontiers pour découvrir microbrasserie, musées anciens ou contemporains et quartiers de caractère comme l'historique Ybor City. Dans un rayon de 50 km autour de la ville, les surprises sont nombreuses. Tarpon Springs vous transporte dans une ambiance grecque, Saint Petersburg charme avec son Pier et son centre-ville à l'européenne... À Clearwater, place aux plages de sable blanc tandis que Calasedi offre une parenthèse hors du temps.

TEN THOUSAND ISLANDS ★

Les Everglades continuent à l'ouest sous la forme d'une multitude de petites îles ou îlots, d'où le nom de Ten Thousand Islands. Sur cet archipel situé entre Marco Island et Everglades City, chaque morceau de terre accueille une mangrove luxuriante où se développent la progéniture des poissons et des crustacés ou de petits mammifères marins. Les oiseaux, très attirés par ce type de garde-manger sans cesse approvisionné, sont nombreux dans la région. Le meilleur moyen de profiter de ces îles désertées par l'homme est sans doute de louer un petit bateau, un paddle ou un kayak et de partir à l'aventure. Vous pourrez le faire depuis Marco Island.

ESPLANADE SHOPPES AT MARCO ISLAND

760 N Collier Blvd

Ce centre commercial à ciel ouvert bordé de palmiers est le lieu de toutes les activités à Marco Islands : restaurants en tout genre, boutiques raffinées… Le lieu étant adjacent à la marina, on peut également s'y procurer des informations sur les activités nautiques. Et au milieu, trône : un bar ! Un très bel édifice circulaire, où l'on vient s'accouder en sirotant un cocktail face à la mer et les bateaux. Pour info, l'happy hour se tient de 16h à 18h !

MARCO ISLAND ★

Marco Island, à 15 miles au sud de Naples et à 100 miles à l'ouest de Miami, est un véritable paradis tropical à proximité immédiate du Parc national des Everglades. C'est également l'île la plus vaste de l'archipel des *Ten Thousand Islands*. Très chic, Marco Island regorge de maisons cossues et de complexes hôteliers haut de gamme. Jetez un œil aux boîtes aux lettres : nombreuses sont celles en forme de dauphins ou de lamantins ! Ses vastes plages de sable fin sont un véritable enchantement : on peut y pratiquer toute sorte de sports nautiques et y ramasser moult coquillages. Vous aurez sans doute la chance d'apercevoir des dauphins.

MARCO ISLAND CENTER FOR THE ARTS

1010 Winterberry Drive

✆ +1 239 394 4221

www.marcoislandart.org

Ouvert tous les jours de 9h à 16h. Gratuit (sauf pièce de théâtre au Arts Center Theatre).

Ce centre d'art de 1 300 m² comprend trois galeries d'art et diverses installations pédagogiques et éducatives. Y est mis à l'honneur l'héritage culturel de Marco Island et du sud-ouest de la Floride. De nombreuses expositions se succèdent dans les trois galeries autour de thèmes aussi variés que l'art abstrait, la céramique, l'art numérique… L'Arts Center Theatre propose quant à lui une nouvelle pièce de théâtre chaque mois, généralement une comédie.

Marco Island.

CÔTE OUEST

MARCO ISLAND HISTORICAL MUSEUM ★★

180 S. Heathwood Dr.
✆ +1 239 252 1440
https://colliermuseums.com
Ouvert du mardi au samedi de 9h à 16h. Entrée gratuite mais dons bienvenus.

Le musée présente une large collection de plus de 200 objets des peuples amérindiens, principalement les Indiens Calusas, qui ont vécu sur Marco Island pendant plus de 6 000 ans. Nombre d'entre eux ont été découverts en 1896 par Frank Hamilton Cushing. Ces objets font partie des pièces les plus spectaculaires d'art précolombien jamais découvertes. Par ailleurs, un village amérindien reconstitué permet aux visiteurs de voir comment vivaient ces peuples autochtones.

ROSE MARINA ★

951 Bald Eagle Dr
✆ +1 239 394 2502
https://www.rosemarina.com

Une marina agréable où on peut faire quelques balades et un peu de shopping. Mais c'est surtout le point de départ d'excursions dans le coin, comme un éco-tour pour apercevoir des dauphins ou des sorties pêche. La compagnie Key West Express offre quant à elle des départs vers les Keys et permet de rejoindre Key West en 3h30 de traversée. C'est plus rapide que par la route (environ 5h de trajet) et bien plus agréable ! La marina de Marco Island propose également la location de divers types de bateaux à la journée ou à la demi-journée.

TIGERTAIL BEACH ★★

Hernando Drive

Tigertail Beach est l'une des plus jolies plages de la région. Une belle étendue de sable fin et des eaux cristallines peu profondes où peuvent se baigner les enfants. C'est aussi un site naturel préservé très fréquenté par plus de 185 espèces d'oiseaux locaux : cigognes, canard tacheté... Une tour d'observation en bois a d'ailleurs été construite pour les admirer. Parmi les autres activités phares de cette plage : location de kayak, ramassage de coquillages et exploration des *tidal pools*, ces petites mares d'eau stagnante qui pullulent sur les lieux.

THE BOAT HOUSE ON MARCO ISLAND €€

1180 Edington Place
✆ +1 239 642 2400
https://theboathousemotel.com
Chambre double à partir de 195 US$. Piscine.

Soyons honnête : séjourner sur Marco Island a un prix. Si l'expérience vous tente, ce motel familial situé en bordure du Golfe du Mexique est une excellente alternative aux *resorts* chics. Vous y découvrirez 20 chambres aménagées sobrement et équipées de micro-onde et réfrigérateur mais aussi trois appartements et une maison. Mention spéciale pour la piscine avec vue sur le golfe et le ponton privé qui vous accueille pour profiter du coucher du soleil. Une adresse pleine de charme.

JW MARRIOTT MARCO ISLAND BEACH RESORT €€€

400 S Collier Blvd
✆ +1 239 642 2794
Chambre double à partir de 380 US$. Piscine, plage privée.

C'est le premier hôtel à avoir ouvert ses portes sur l'île. Ce *resort* élégant et luxueux vous séduira avec sa plage privée, son agréable piscine bordée de palmiers et son spa. Les chambres sont lumineuses et confortables, et certaines disposent d'un balcon avec vue sur les eaux turquoises du Golfe du Mexique. Pour manger un morceau, nul besoin d'aller bien loin : le *resort* dispose de 12 restaurants offrant un savoureux aperçu des cuisines du monde. Une parfaite destination de vacance.

BISTRO SOLEIL €€

100 Palm Street
✆ +1 239 389 0981
https://www.bistrosoleil.net/
Ouvert du mardi au samedi de 18h à 21h. Plat à partir de 32 US$.

La Floride, un eldorado pour les chefs français ? C'est en tout cas un petit bout de Lorraine que nous retrouvons dans ici à Marco Island, dans ce restaurant tenu par le chef Denis Meurgue, nommé dans le top 10 des meilleurs chefs du Sud de la Floride. Dans un cadre chaleureux et cosy ou sur la terrasse face à l'eau, vous pourrez débuter votre repas par un pâté de campagne maison suivi d'un carré d'agneau à la Provençale. Pour la note sucrée, nous vous recommandons la crème brulée à la lavande, ou plus local, les beignets de Josephine à la façon Nouvelle-Orléans.

NAPLES ★★

Naples est une petite localité qui séduit par son élégance. C'est en hommage à son homologue italienne, et particulièrement à son roi dont ils étaient les amis, que les fondateurs de la ville, John S. Williams et Walter H. Haldeman, lui donnèrent ce nom.
Moins bling-bling que Miami, Naples est la ville de Floride qui concentre le plus de millionnaires et de milliardaires au km² ! La petite ville dispose de tous les atouts : une rue commerçante très chic (5th Avenue) une superbe plage, une marina pour les activités nautiques... À la fin du mois de septembre 2022, Naples a été très sévèrement endommagée suite au passage de l'ouragan Ian.

Histoire

Naples est sortie de terre en 1886, quand une douzaine de personnes originaires du Kentucky et de l'Ohio ont acheté quelque 8 700 acres de terre vierge (3 520 hectares), en face d'une plage de sable blanc magnifique. Ils ont commencé à bâtir une ville, divisée en parcelles qu'ils ont revendues. Cependant, ils ont surtout très vite construit une immense digue et un hôtel d'une quinzaine de chambres, dont l'une des premières clientes a été la sœur du président Grover Cleveland, Rose. Elle s'est associée à des notables et, ensemble, ils ont inauguré toute une rangée de maisons bâties directement sur la plage, appelée la promenade des millionnaires. Aujourd'hui, ce quartier est connu sous le nom d'Old Naples, et sa tranquillité est jalousement préservée par ses nouveaux résidents. Naples est aussi connue pour posséder le plus grand nombre de terrains de golf par habitant.

5TH AVENUE SOUTH NAPLES

649 Fifth Avenue South
https://www.fifthavenuesouth.com
Stationnement gratuit dans les rues alentour.

Sans doute l'avenue la plus chic de Naples ! Cette artère aux larges trottoirs est longue de 5 miles (8 kilomètres). et bordée de palmiers et de bâtiments colorés aux styles architecturaux variés. Des sculptures et des bancs ponctuent cette avenue très réputée. Vous y trouverez de nombreuses boutiques (décoration, vêtements, bijoux, souvenirs...), des cafés, des restaurants ainsi que des galeries d'art. Si la plupart de ces boutiques ne sont pas données, c'est une balade sympathique à faire une fois pour s'immerger dans l'ambiance de Naples.

AUDUBON CORKSCREW SWAMP SANCTUARY ★

375 Sanctuary Road West ✆ + 1 239 348 9151
https://corkscrew.audubon.org
Tous les jours de 8h à 13h, fermeture du sentier à 15h. Adulte : 17 US$, enfant (6-14 ans) : 6 US$, gratuit -6 ans.

Une vie sauvage abondante, des pistes surélevées pour l'observation de plus de 200 espèces d'oiseaux et d'animaux en voie de disparition comme des alligators ou encore des cigognes, ou des panthères de Floride, ainsi que des orchidées rares appelées les *ghost orchids*. En tout, ce sont près de 5 kilomètres de *trails* qui s'offrent à vous. Prenez également le temps de pénétrer dans le Blair Audubon Visitor Center qui propose des expositions, des oeuvres d'art ainsi qu'un petit jardin.

Naples.

BAREFOOT BEACH COUNTY PRESERVE ★

505 Barefoot Beach Boulevard
✆ +1 239 252 4000
https://www.discoverbarefootbeach.com
Du lundi au samedi de 8h au coucher du soleil.

Cette magnifique plage figure régulièrement dans les tops 10 des plus belles plages des Etats-Unis. Elle est plutôt prisée des locaux qui aiment venir s'y détendre en famille, pique-niquer et y ramasser de jolis petits coquillages (le meilleur moment pour cela : à marée basse après de forts vents). Vous pourrez également louer un kayak pour naviguer sur les eaux claires et turquoise ou déjeuner au Nicky P's Cafe, à même la plage. Un lieu préservé et reposant.

CLAM PASS PARK ★★

400 Seagate Drive
✆ +1 239 254 4000
Ouvert de 8h au coucher du soleil. 10 US$ de frais de stationnement sur la plage.

Ce parc naturel permet de se balader dans la mangrove et la nature environnante ainsi que de louer des canoës ou des catamarans pour une expédition plus lointaine. Le site se prête à l'observation des crabes ou d'autres espèces sauvages familières de la zone. On apprécie particulièrement les larges pontons de bois qui serpentent en pleine nature, l'idéal pour une exploration en toute sécurité. La plage de sable blanc est très agréable et bien plus intimiste que la grande plage de Naples. Un restaurant avec terrasse est présent sur place pour un déjeuner avec vue.

COLLIER COUNTY MUSEUM ★

3331 Tamiami trail East
✆ +1 239 774 8476
www.colliermuseums.com
Ouvert de 9h à 16h du lundi au samedi.
Entrée gratuite.

Une rétrospective très intéressante sur la vie des habitants de la Floride, de la préhistoire à nos jours, avec notamment une grande exposition dévolue à la vie des Indiens Calusas, puis des Seminoles et enfin des premiers pionniers. Maisons d'époque, plantes originaires de la région et premières voitures des marais – sorte d'ancêtre du *buggy* qui marche à l'essence et dont les locaux se servaient encore voilà à peine dix ans ! – plairont surtout aux jeunes enfants. Guide du visiteur disponible en français, sur demande à l'accueil.

CONSERVANCY OF SOUTHWEST FLORIDA ★★

1495 Smith Preserve Way ✆ +1 239 262 0304
www.conservancy.org
Du lundi au samedi de 9h30 à 16h30. Adulte : 17,95 US$, enfant de 3 à 12 ans : 9,95 S$. Gratuit pour les moins de 2 ans.

Ce lieu très intéressant à visiter en famille héberge un *Nature Center* consacré à l'écosystème particulier de la Floride. Vous pourrez visiter le Dalton Discovery Center, un musée récemment rénové qui propose notamment des expositions sur le changement climatique et les espèces envahissantes. Les activités se poursuivent en extérieur : vous sont proposées des promenades guidées de 45 minutes en bateau électrique sur la Gordon River (inclus dans le billet).

DELNOR-WIGGINS PASS STATE PARK

11135 Gulfshore drive North
✆ +1 239 597 6196
Ouvert tous les jours de 8h au coucher du soleil. 6 US$/voiture, 2 US$/piéton ou cycliste.

Situé à environ 9 km à l'Ouest de Naples, ce parc très bien aménagé offre la possibilité de faire des pique-niques et des barbecues dans un cadre superbe. Côté activité, vous pourrez vous adonner à la pêche, randonner le long de la plage ou louer kayak, paddle et canoë avec Naples Beach Adventures. Ceux qui préfèrent se jeter à l'eau s'adonneront avec joie à la baignade, au snorkeling ou à la plongée sous-marine dans les zones prévues à cet effet. Pratique : les douches pour se rincer.

HOLOCAUST MUSEUM & COHEN EDUCATION CENTER

975 Imperial Golf Course Boulevard
✆ +1 239 263 9200
www.hmcec.org
Ouvert du mercredi au dimanche de 13h à 16h.
Entrée : 13 US$ sur le site Internet ou 15 US$ sur place.

Ce musée se consacre à la période de la Shoah ou Holocauste, qui causa la mise à mort de 6 millions de personnes de religion juive durant la Seconde Guerre mondiale. L'exposition permanente présente objets d'archives, documents et portraits classés chronologiquement. Une partie d'entre eux ont été donnés par des familles locales de survivants. La visite s'effectue librement ou guidée, avec ou sans audio-guide. En raison de certaines images, le musée est déconseillé aux moins de 12 ans.

NAPLES BOTANICAL GARDEN ★★

4820 Bayshore Drive ✆ +1 239 643 7275
www.naplesgarden.org
Ouvert de 9h à 17h. Adulte : 25US$, enfant de 4 à 17 ans : 10 US$, gratuit pour les moins de 4 ans.

Un incroyable jardin d'une superficie de 170 acres (69 ha) qui respire la sérénité. Vous arpenterez différents jardins thématiques avec une végétation et des plantes selon le thème ou le pays : le jardin de l'eau, le jardin asiatique, brésilien… Coup de cœur pour le jardin des orchidées. De vastes points d'eau ponctuent les allées et de nombreux bancs invitent à la contemplation. Un espace de jeu éducatif a été aménagé pour les enfants, et de nombreuses animations ont lieu régulièrement.. Vous pourrez aussi déguster un avocado toast à la terrasse du Fogg Café.

THE BAKER MUSEUM / ARTIS - NAPLES ★

5833 Pelican Bay boulevard
✆ +1 259 597 1900
artisnaples.org
Ouvert du mardi au samedi de 10h à 16h et le dimanche de 12h à 16h. Adulte : 10 US$, étudiant : 5 US$. Gratuit -17 ans.

Artis Naples est imposant complexe dédié aux arts visuels et aux arts du spectacle. C'est l'une des références artistiques incontournables de la Floride. Elle abrite le Baker Museum, un judicieux mélange d'expositions permanentes et itinérantes autour de l'art moderne et de l'art contemporain. Passionnant ! Le complexe accueille également le *Naples Philharmonic.* Artis Naples organise plus de 300 évènements (concerts, spectacles, festivals du film…) par an.

NAPLES PIER ★★★

12 Avenue et Gulfshore Boulevard
www.naplespier.com

Le ponton long de 305 mètres est l'endroit favori des locaux pour prendre des bains de soleil ou pêcher. C'est aussi un point stratégique pour assister aux couchers de soleil, mais l'endroit est vite bondé dès 19h. Une expérience incontournable à Naples, à faire au moins une fois car la vue sur le coucher de soleil est vraiment magnifique depuis le *pier*. Si vous voulez toutefois éviter le monde, on vous conseillera de prendre votre voiture direction la Plage de Vanderbilt, d'où le *sunset* est tout aussi spectaculaire mais l'endroit moins encombré…

NAPLES TROLLEY TOURS ★

1010 6th avenue South ✆ +1 239 262 7300
www.naplestrolleytours.com
De 8h30 à 17h30. Ticket journée : 29 US$ (adulte) et 19 US$ (enfant). Achat en ligne ou à l'Experience Naples Center.

A travers un tour d'environ 2 heures, vous découvrez les principaux points d'intérêt de Naples. Vous pouvez effectuer une visite complète ou bien monter et descendre aux différents arrêts (14 au total) comme bon vous semble, grâce à votre ticket à la journée. Les départs ont lieu toutes les heures (8h30, 9h30, 10h30…) et les explications sont en anglais uniquement. Parmi les points d'intérêts du parcours : le zoo, le Musée des Everglades ou l'Holocauste Muséum. C'est un bon moyen de découvrir la ville sans perdre trop de temps à se déplacer d'un point à l'autre.

NAPLES ZOO AT CARIBBEAN GARDENS ★★

1590 Goodlette-Frank road ✆ +1 239 262 5409
www.napleszoo.org
Tous les jours de 9h à 16h30, dernière entrée à 15h30. Adulte : 22,95 US$, 3 à 12 ans : 14,95 US$. Prévoir 4h de visite.

Un jardin tropical de 21 hectares qui réunit de nombreuses plantes et plus de 50 espèces d'animaux en danger. La plupart des informations et des spectacles visent à sensibiliser à la préservation des espèces. Construit en 1920 pour servir de jardin privé au botaniste Henry Nerhling, il a été transformé en zoo en 1968. Il fait partie des 10 % des zoos américains à être accrédités par l'American Zoo and Aquarium Association, label qualité concernant les conditions de vie des animaux.

BAYFRONT INN 5TH AVENUE €€

1221 5th Avenue South
✆ +1 239 649 5800
www.bayfrontinnnaples.com
Chambre double à partir de 189 US$. Wifi gratuit.

Un hôtel très agréable avec 93 chambres modernes et confortables. Selon que la vue est sur la ville ou sur la baie et la marina, les prix changent et la vue sur la mer se paie un peu plus cher. Le Penthouse suite avec sa magnifique vue sur la baie, son bar américain et son lit immense est tout simplement superbe. Le Bambu Tropical Bar & Grille, le restaurant de l'hôtel, est quant à lui une option pratique et agréable pour un dîner face à l'eau. En résumé, une bonne adresse sur la 5th Avenue, à 5 minutes du centre-ville et du centre commercial Tin-City.

BELLASERA HOTEL €€

221 9th Street South
✆ +1 239 649 7333
www.bellaseranaples.com
Chambre double à partir de 269 US$.
Parking inclus. Wifi gratuit.

Un très beau complexe hôtelier à l'architecture italienne, tout près des belles plages de sable fin. Le lobby est très chic avec ses notes boisées. L'établissement propose des chambres et des studios très confortables dans les tons de bleu et de blanc, parfaitement équipés. Sur place, vous trouverez bon nombre de commodités : une belle piscine chauffée entourée de transats en fer forgé, un spa, un Jacuzzi extérieur, une salle de *fitness* et un élégant restaurant de fruits de mer et de poissons, le Claw Bar. Pour boire un verre, rendez-vous au London Club.

THE INN ON FIFTH €€€

699 5th avenue South
✆ +1 239 403 8777
www.innonfifth.com
Chambre double à partir de 299 US$.

Cet hôtel romantique et calme, situé au cœur de Old Naples, a investi les anciens locaux d'une banque. Il dispose de 119 chambres spacieuses et élégantes. Juste en face, le Club Level offre 32 suites avec petit déjeuner et bain à remous sur le toit. Luxueux, le Inn on Fifth offre une architecture méditerranéenne agrémentée de fontaines, de lustres et de boiseries brillants comme un sou neuf. La piscine est particulièrement relaxante, le personnel extrêmement serviable et disponible. Certaines chambres disposent de charmantes terrasses privées.

THE RITZ CARLTON €€€

280 Vanderbilt Beach Road
✆ +1 239 598 330
www.ritzcarlton.com/naples
Chambre double à partir de 600 US$.

Cet hôtel c'est le luxe absolu à l'image de la chaîne Ritz Carlton. Des chambres ultra-confortables avec balcon et tout ce qui s'en suit, deux belles piscines, un accès à une plage privée, cinq restaurants, un club de *fitness*, un *kid club*, quatre courts de tennis, un terrain de golf… La décoration est bien sûr chic et raffinée partout avec un *lobby* immense très impressionnant où ont souvent lieu des concerts en soirée et où vous prendrez plaisir à boire un verre, même si vous ne résidez pas à l'hôtel. Tout est parfait en résumé, même si le budget est conséquent.

FOOD AND THOUGHT €

2132 Tamiami Trail North
✆ +1 239 213 2222
www.foodandthought.com
Ouvert du lundi au samedi de 7h à 21h, le dimanche de 8h à 16h. Plat à partir de 8,95 US$.

Un café où tous les produits sont bio. A la carte : des salades, des sandwiches ou encore des draps végétariens. C'est bon, pas cher et sain. La petite terrasse avec jardin est agréable, notamment la table avec le grand arbre au milieu. Vous trouverez aussi sur place un supermarché bio où l'on vend notamment des fruits et légumes qui sont cultivés sur place. Vous pourrez poursuivre votre shopping en faisant un tour à la boutique *Th*oughtful Threads, qui vend des vêtements de fabrication organique ainsi que des bougies et accessoires.

TONY'S OFF THIRD €

1300 3th Street South
✆ +1 239 262 7999
www.tonysoffthird.com
Ouvert tous les jours de 7h à 19h. Plat à partir de 13 US$.

Chez Tony, vous trouverez toutes sortes de pâtisseries européennes et américaines : carrot cakes, muffins, cookies, scènes, Key Lime Pie... à déguster en terrasse accompagnées d'un iced latte ou d'un chocolat chaud bien gourmand. On s'attache aussi pour le déjeuner en optant pour un sandwich, une salade ou une assiette de pâtes. Tony's, c'est aussi une boutique de vin offrant des milliers de bouteilles (Sukie vous aidera à faire votre choix !) et une épicerie fine. En somme, un lieu hybride vraiment original qui mérite le détour.

BLEU PROVENCE €€

1234 8th Street South
✆ +1 239 261 8239
www.bleuprovencenaples.com
Ouvert du mardi au jeudi de 17h à 21h, vendredi et samedi de 17h à 22h. Plat à partir de 36,99 US$.

Le restaurant préféré des habitants de Naples et notre coup de cœur ! Lillois mais Provençaux dans l'âme, Jacques et Lysielle ont ouvert, il y a 23 ans, un restaurant typiquement provençal à l'atmosphère classe et chaleureuse. Si Lysielle est aux fourneaux, Jacques s'occupe du bar et de la cave, et Kevin et Clément (les fils) du management. Ne passez pas à côté du Filet Mignon et sa sauce périgourdine ou de la frangipane aux poires. Pour couronner le tout, la carte des vins est édifiante ; ils ont même du vrai vin rosé de Provence, une denrée rare en Floride.

CAMPIELLO €€

1177 3th Street
✆ +1 239 435 1166
https://campiellonaples.com
Tous les jours de 11h30 à 21h (22h le vendredi et samedi). Réservation fortement recommandée. Plat à partir de 18 US$.

Cet immense restaurant, dont la partie principale occupe l'un des plus vieux immeubles de Naples, est un bon endroit pour passer un agréable moment de détente, notamment dans la minuscule cour et sa jolie fontaine. L'art raffiné de manger des pâtes aux mélanges très excitants, tout en ayant une excellente photographie du style de vie des Napolitains made in Florida. En somme, un resto pour voir et être vu. Depuis 2020, vous pouvez aussi vous rendre au Club Room qui offre une expérience encore plus raffinée avec cocktail et jazz live tous les soirs.

THE CABANA BAYFRONT

495 Bayfront Place
https://bayfrontcabana.com
Ouvert tous les jours de 11h à 22h.

A deux pas de Downtown, voilà un bar installé dans une cabane *cosy* au-dessus de l'eau, sur la marina de Naples et à non loin des palmiers de Bayfront Place. Tout près, une grande terrasse tout aussi plaisante. C'est vraiment le bar pour regarder un beau de coucher de soleil à l'heure de l'apéro. Des groupes jouent en *live* en début de soirée, ce qui rend l'ambiance encore plus agréable et relaxante. Le Cabana Front est aussi un *sport bar* où l'on vient s'imprégner de l'ambiance américaine en visionnant un match sur les écrans, accoudé au comptoir.

CHEZ GUY PARISIAN BISTRO €€

5447 Airport Road North ✆ +1 239 431 5824
chezguynaples.com
Ouvert tous les jours de 11h30 à 21h, jusqu'à 22h le vendredi et samedi. Plat à partir de 14 US$.

Si la France vous manque un peu, ce petit bout d'hexagone à Naples devrait vous plaire. Accueilli par le chaleureux Guy, un Français installé à Naples depuis de longues années, vous pourrez déguster des plats bien *frenchy* comme le bœuf bourguignon, le steak tartare ou le filet mignon. En entrée, la soupe à l'oignon et les escargots séduiront aussi les amateurs. Les becs sucrés opteront pour finir pour l'onctueuse Pêche Melba ou les régressives profiteroles. Chez Guy, c'est aussi des crêpes sucrées et salées, de quoi manger *frenchy* à prix plus doux.

NAPLES SOAP COMPANY

615 5th Avenue South
✆ +1 239 302 6909
https://www.naplessoap.com
Lundi au jeudi : 10h-21h. Vendredi-samedi : 10h-22h. Dimanche : 11h-19h

La Naples Soap Company a été fondée à Naples en 2009. La boutique de la 5ème avenue regorge de savons artisanaux aux parfums locaux (*key lime*, noix de coco...), de bombes de bains mais aussi de cosmétiques (gommages au sel de mer, crèmes...), fabriqués artisanalement en Floride sans composants chimiques. Si vous ne deviez choisir qu'un produit à rapporter chez vous, optez pour le *Loofah Soap* qui allie savon et éponge loofah pour exfolier la peau. La boutique offre aussi une sélection de bijoux et accessoires. Plusieurs points de vente sont disséminés en Floride.

THE FRENCH €€

365 5th Avenue South
✆ +1 239 315 4019
www.thefrenchnaples.com
Ouvert tous les jours de 11h30 à 21h, jusqu'à 22h le samedi. Plat à partir de 18 US$ (lunch) et 25 US$ (dîner).

Décidément Naples raffole de la France et ce restaurant français est d'autant plus inattendu qu'il reconstitue un bistrot parisien du début du siècle dernier, sur la chic 5th Avenue de Naples. La France c'est chic mais quand c'est rustique ça plaît encore plus aux Etats-Unis et c'est justement l'esprit de cette brasserie avec ses fresques murales, ses boiseries sombres et son sol petits carreaux. À vous poulet rôti, steak frites, éclair au chocolat et crème brûlée à la pistache ! USA oblige, on trouve tout de même un hamburger, mais gourmet s'il vous plait !

THE VILLAGE SHOPS ON VENETIAN BAY

4200 Gulf Shore Blvd N
✆ +1 239 261 6100
www.venetianvillage.com
Ouvert du lundi au samedi de 10h à 18h, le dimanche de 12h à 17h.

Allez faire un tour dans cette petite ville italienne reconstituée au bord de l'eau, colorée et un peu surréaliste. C'est en fait un grand centre commercial assez chic composé de 45 boutiques (vêtements, déco...). À l'heure du goûter, direction *Le Petit French Café* qui sert crêpes pâtisseries. En fin de journée, après avoir fait du lèche-vitrines, profitez-en pour aller boire un verre ou manger un morceau dans l'un des six restaurants, eux aussi avec vue sur l'eau.

TIN CITY

Goodlette Road ✆ +1 239 262 4200
www.tin-city.com
Du lundi au samedi (10h-21h), dim. (12h-17h). Restaurants du dimanche au jeudi (11h- 22h), vendredi et samedi (11h-23h).

Tin City est un complexe de restaurants, et de boutiques colorées en bordure de la marina de Naples sur un long ponton en bois. Vous trouverez votre bonheur parmi les échoppes de vêtements, de bijoux, de produits de beauté ou autres souvenirs en tout genre. Sur place, vous pouvez également louer des jet-skis ou prendre part à une croisière pour observer les dauphins ou admirer le coucher de soleil. Plusieurs cafés et restaurants vous attendent pour un snack sucré ou salé avec vue sur la marina. On retrouve le même esprit que le *John's Pass Village* à Madeira Beach.

WATERSIDE SHOPS

5415 Tamiami Trail North
✆ +1 239 598 1605
www.watersideshops.com
Ouvert du lundi au samedi de 10h à 18h et le dimanche de 11h à 17h.

Cette galerie commerciale à ciel ouvert vaut le détour. Pour la promenade, vous pourrez apprécier les allées élégamment décorées et les vitrines présentées avec goût. Pour le *shopping*, tous les budgets y trouveront leur bonheur : bijouterie, jeunes créateurs mais également L'Occitane en Provence, Gucci, Louis Vuitton, Tiffany & Co ou Anthropologie. La restauration y est excellente. Nous vous recommandons particulièrement le West Coast Burger de California Pizza Kitchen ainsi que la *Key lime pie* de Bricktop's, qui est délicieuse.

NAPLES PRINCESS

550 Port-O-Call Way
✆ +1 239 649 2275
www.naplesprincesscruises.com
Ouvert tous les jours de 9h à 17h. Croisière : de 49,5 US$ à 83 US$ par adulte selon les prestations.

Partez en croisière d'1h30 à 2h dans la baie de Naples et le golfe du Mexique en pleine journée ou le soir pour admirer le coucher de soleil à bord du Naples Princess, un yacht luxueux récemment rénové de plus de trente mètres de long. Vous aurez la chance d'observer des dauphins, des hérons, des pélicans ou des lamantins. Certaines croisières, comme la *SeaBRezze Lunch Cruise* ou la *Sunset Dinner Cruise*, permettent de se restaurer à bord. Des croisières spéciales sont même organisées pour Thanksgiving, Noël, le Nouvel An et la Saint-Valentin.

BONITA SPRINGS ★

Autrefois nommée Survey, petite ville agricole avec ses cultures d'ananas, de bananes et ses plantations de cocotiers, Bonita Springs s'est métamorphosée en une élégante ville métropolitaine. Si les indiens Calusas ont laissé derrière eux des tumulus et des poteries colorées, la ville s'est développée grâce à l'arrivée du chemin de fer et du Tamiami Trail (US41). Située juste au nord de Naples, Bonita Springs accueille aujourd'hui sur son sol des hôtels haut de gamme, des galeries marchandes chics, des restaurants et un Center for Performing Arts. On n'oubliera pas non plus de visiter ses plages magnifiques et ses parcs verdoyants !

ANGELINA'S RISTORANTE €€

24041 South Tamiami Trail
✆ +1 239 390 3187
http://angelinasofbonitasprings.com
Ouvert du mardi au jeudi de 16h à 21h, vendredi et samedi de 16h à 22h, dimanche de 16h à 21h. Plat à partir de 24 US$.

L'un des meilleurs restaurants italiens du sud-ouest de la Floride, avec un bar *lounge* et un piano-bar agréable. Côté plat, on se régale bien sûr avec les pâtes maison à l'image des raviolis au butternut, des *orecchiette* (pâtes typiques des Pouilles) aux crevettes ou des *agnolotti* farcies à la bolognaise. Le menu propose aussi des poissons grillés et des risottos. Le cadre est chic et on en attend autant de la clientèle alors nous vous conseillons de ne pas venir en tongs si vous ne voulez pas vous voir orienter gentiment vers le bar au lieu du restaurant...

MEL'S DINER €€

28601 Trails Edge Boulevard
✆ +1 239 949 3080
https://melsdiners.com
Ouvert tous les jours de 7h à 21h. Plat à partir de 9,99 US$.

Un vrai diner au look rétro avec sa façade métallisée, ses banquettes en skaï turquoises et sa déco un peu kitsch. Comme souvent dans ce type d'établissement, le petit-déjeuner est un véritable festin incluant pancakes XXL, gaufres aux fruits frais, bacon, oeufs brouillés et café à volonté ! Au déjeuner ou au dîner, on se délecte d'un burger à la viande Angus, élu *best burger in town* ou de poulet à la sauce au Key Lime. Au dessert, *apple pie*, sundaes et Banana *split* finiront de vous convaincre. Une expérience typiquement US pour un budget raisonnable.

ROYAL SCOOP HOMEMADE ICE CREAM

15 8th Street
✆ +1 239 992 2000
https://www.royalscoop.com
Ouvert tous les jours de 11h à 22h.

Depuis 1979, Royal Scoop fabrique de savoureuses crèmes glacées à Bonita Springs, et l'adresse figure est assurément l'une des meilleures de la région ! On adore les parfums plus étonnants les uns que les autres aux noms farfelus, comme *Spongebob Ice-cream* (glace vanille jaune, pâte à cookie, vermicelles), *Cupid's Love Potion* (vanille, coulis de framboise, morceaux de brownie) ou *Royal Turtle* (chocolat, noix de pécan caramélisées, caramel). Egalement des options sans gluten et vegan.

ESTERO ★

La rivière Estero se déverse dans la baie du nom éponyme. Estero reçut son nom des explorateurs espagnols qui sillonnaient la baie d'Estero, ce mot voulant dire « estuaire » en espagnol. Estero a été fondée en 1904 par les Koreshans, une secte religieuse qui comptait à l'époque près de 10 000 membres. Ce groupe contribua à l'expansion de la communauté d'Estero à travers les arts, la musique, le théâtre et les affaires. En 1961, ils léguèrent leur propriété à l'État de Floride ; on peut encore de nos jours visiter ces bâtiments originaux au Koreshan Historic Site et voir les vestiges de leur « Nouvelle Jérusalem » sur les rives de la rivière Estero.

KORESHAN HISTORIC SITE ★

3800 Corkscrew Road
✆ +1 239 992 0311
Ouvert de 8h au coucher du soleil. 5 US$ par voiture (2-8 personnes), 4 US$/conducteur seul, 2 US$/piéton ou cycliste.

On peut visiter les bâtiments originaux de la secte Koreshan qui a fondé la ville. Sur le même site : Mound Key, un grand village et lieu sacré des Indiens Calusas. À proximité de la *ranger station,* il est possible de louer des canoës, des kayaks ou des planches de paddle pour arpenter l'Ester River. Les amateurs de randonnée iront quant à eux faire un tour sur le River Trail (700 mètres) ou le Blue Trail (12 km). Le parc autour du Koreshan Historic Site a également un terrain de camping de 60 emplacements dont certains disposés au bord de l'Estero River.

COCONUT POINT MALL

23106 Fashion Drive
✆ +1 239 992 9966
Ouvert du lundi au jeudi de 10h à 20h, vendredi et samedi de 10h à 21h, et le dimanche de 12h à 18h.

Situé entre Naples et Fort Myers, ce complexe commercial chic, luxueux et moderne, est entouré de lacs et de ruelles piétonnes. Il propose plus d'une centaine de boutiques (vêtements, thés, librairie, maquillage...), une vingtaine de restaurants en plein air ainsi que des salles de cinéma. On trouve même une aire de jeux pour les enfants. Une promenade en bois permet de flâner en faisant le tour du lac. Le lieu étant immense, nous vous conseillons de repérer à l'avance les boutiques qui vous intéressent afin de vous garer à proximité.

MIROMAR OUTLETS

10801 Corkscrew Road
✆ +1 239 948 3766
www.miromaroutlets.com
Ouvert du lundi au jeudi de 10h à 19h, vendredi et samedi de 10h à 20h, dimanche de 11h à 18h.

Encore un magasin de produits d'usines ! Mais pour une fois, les enseignes diffèrent un peu des *Prime Outlets* qui pullulent en Floride. On retrouve bien sûr les traditionnels Ralph Lauren, Calvin Klein et Levi's Store, mais la maroquinerie Fossil ou encore le spécialiste des bagages Samsonite ont réussi à s'y faire une place. Une vingtaine de restaurants et snacks proposant de la cuisine du monde vous attendent également sur place. C'est somme toute un arrêt shopping intéressant pour faire de bonnes affaires sur la route de Fort Myers.

FLORIDA EVERBLADES À L'HERTZ ARENA

11000 Everblades Parkway,
https://hertzarena.com

Les fanatiques de hockey sur glace ne rateraient pour rien au monde un match de leur équipe, les Florida Everblades, basée au stade Hertz Arena. Si vous êtes dans le coin quand il y a un match (généralement entre octobre et avril), nous vous encourageons vivement à aller y assister. Outre le match en lui-même, c'est une véritable immersion au cœur de la culture américaine. L'Hertz Arena propose également une large programmation de concerts et spectacles.

OLD CORKSCREW GOLF CLUB

17320 Corkscrew Road
✆ + 1 239 949 4700
www.oldcorkscrew.com
Ouvert tous les jours de 7h à 17h. Réservations en ligne.

Ce magnifique terrain 18-trous dessiné par le golfeur professionnel Jack Nicklaus, qui a désigné pas moins de 425 parcours dans 45 pays différents. Il s'intègre à la nature qui l'entoure et possède dix cours d'eau. C'est le site de plusieurs championnats nationaux, et clairement le plus populaire du sud de la Floride. Les amateurs de golf vous diront que le parcours est challengeant mais l'accueil et le cadre valent définitivement le détour. Une boutique permet de dégoter accessoires et idées cadeaux de grandes marques spécialisées.

FORT MYERS BEACH ★

Fort Myers Beach, qui occupe la plus grande partie de l'île d'Estero, est reliée au continent par San Carlos Boulevard. Cette petite ville sympathique et familiale ne cesse de fasciner les visiteurs avec ses dix kilomètres de plage de sable d'un blanc étincelant, ses nombreux restaurants et bars en bord de mer, une grande variété de sports nautiques et diverses formules d'hébergements : villas cossues, petites maisons sur la plage, appartements ou complexes balnéaires. Fort Myers Beach est aussi réputée pour la pêche, surtout aux crevettes. La ville, frappée de plein fouet par l'ouragan Ian en 2022, en est au début de sa phase de reconstruction.

MOUND HOUSE ★

289 Connecticut Street
✆ +1 239 765 0865
www.moundhouse.org
Mardi-samedi de 9h à 16h. Adulte : 10 US$, étudiant : 8 US$, 6 à 12 ans : 5 US$, gratuit -5 ans. Visite guidée : 5 US$.

Cette maison installée sur un tumulus construit par les Indiens Calusas permet de découvrir l'archéologie et l'histoire de l'île d'Estero. C'est aussi un endroit charmant pour un pique-nique au bord de l'eau. Des visites guidées permettent d'approfondir certaines thématiques (en supplément) et il est également possible de louer un kayak dans la baie d'Estero pour naviguer sur les traces des anciennes tribus. Ne manquez pas de visiter les jardins et de vous promener sur le pont d'observation. Le lieu est régulièrement animé par des ateliers et démonstrations.

OSTEGO BAY FOUNDATION MARINE SCIENCE CENTER ★

718 Fishermans Wharf ✆ +1 239 765 8101
www.ostegobay.org
Ouvert du lundi au samedi de 10h à 16h. Entrée libre mais don suggéré de 5 US$ (adulte) et 3 US$ (enfant +6 ans).

Ce centre marin propose depuis plus de 30 ans des expositions interactives et des animations pédagogiques pour en apprendre plus sur le monde sous-marin. Des aquariums et *touch tanks* (bassins où vous pourrez toucher des raies ou des étoiles de mer) sont aussi de la partie. Une visite immersive qui plaira définitivement aux enfants ! Au moment où nous bouclons ce guide, le centre est fermé pour des travaux de réparation suite au passage de l'ouragan Ian en septembre 2022.

DIAMONDHEAD BEACH RESORT €€

2000 Estero Boulevard ✆ +1 844 652 3696
https://www.diamondheadfl.com
Suite de 2 à 4 personnes à partir de 183 US$ avec vue sur la mer. 25 US$ de resort fee/jour. Parking inclus.

Un très bel établissement élu meilleur *resort* de Fort Myers Beach durant plusieurs années consécutives. L'établissement de 12 étages se compose uniquement d'appartements, chacun dotés d'un balcon. Spacieux, récemment rénovés et parfaitement équipés, ils conviennent aussi bien aux couples qu'aux familles ou amis. Sur place, le nouveau restaurant Cōste Island Cuisine et le Beach Bar Cabañas raviront les paresseux qui ne veulent pas sortir du complexe hôtelier. Vous profitez d'une belle piscine et d'un accès rapide à la superbe plage de sable fin juste en face.

S.O.B SMOKIN' OYSTER BREWERY €

340 Old San Carlos Boulevard
✆ +1 239 463 3474
https://sob4fun.com
Ouvert du lundi au jeudi de 11h à 22h, vendredi et samedi jusqu'à 23h. Plats à partir de 13 US$.

Un pub agréable où l'on sert de très bonnes spécialités de la mer : des poissons, des moules, des crevettes, du crabe et bien sûr des huîtres à prix doux comme le suggère le nom de l'établissement. On peut s'asseoir en salle ou au bar et déguster une bonne bière tout en écoutant un groupe jouer de la musique live. Vous pouvez aussi vous laisser tenter par le burger au champignon et fromage suisse servi avec une sauce aïoli au piment chipoltle. Une adresse décontractée et sympathique.

PARROTT KEY CARIBBEAN GRILL €€

2500 Main Street
✆ +1 239 463 3257
www.myparrotkey.com
Ouvert tous les jours de 11h à 21h. Plats à partir de 20 US$.

Un joyeux restaurant à la belle façade jaune et bleue, offrant une vue sur la baie et les mangroves. Atmosphère conviviale et cuisine floridienne avec des influences caribéennes : crevettes sautées au piment, tacos de thon, ribs à la jamaïcaine, Key Lime pie... à déguster sur l'immense terrasse face à la marina. Ajoutez à cela un cocktail *Permanent vacation* (rhum, noix de coco, pêche, ananas et jus de cranberry) et vous vous sentirez vraiment en vacances !

OUTRIGGER TIKI BAR

6200 Estero Boulevard
✆ +1 239 463 3131
Ouvert de 11h à 21h. Musique live tous les soirs entre 17h et 20h en semaine et 15h et 18h le week-end.

Un bar *cosy* de style hawaïen sur la plage. Il fait partie de l'hôtel Outrigger Beach Resort mais on peut y aller sans dormir à l'hôtel. Les locaux et les touristes y font la fête ensemble et il est agréable de boire un cocktail en profitant de la vue sur le Golfe du Mexique au coucher du soleil. Pour grignoter, on retrouve les traditionnels crevettes panées à la noix de coco, des quesadillas au poulet ou encore des hamburgers. L'happy hour (entre 15h et 18h en semaine) est particulièrement intéressant avec les bières et vins à moitié prix. Très bonne ambiance !

KEY WEST EXPRESS

1200 Main Street
✆ +1 239 463 5733
www.keywestexpress.net
L'aller-retour Fort Myers Beach-Key West : 165 US$ à 185 US$/adulte, 135 US$/enfant (5-12 ans), 85 US$ (-4ans).

Une petite journée détente à Key West ? Ce catamaran grande vitesse fait l'aller/retour en une journée. Mais vous pouvez aussi rester plusieurs jours à Key West et rentrer à Fort Myers par le catamaran. Comptez 3,5 à 4h de trajet aller, sachant que l'embarquement se fait à 7h de Fort Myers Beach et à 17h de Key West. Durant la traversée, vous pourrez profiter d'écrans TV, d'un point de restauration, ou tout simplement apprécier la vue depuis le pont. Bon à savoir : pour vraiment visiter Key West sans le faire au pas de course, il faut au minimum deux jours.

FORT MYERS ★★

Mais où est donc le fort de Fort Myers ? Il n'existe plus ! Il a été baptisé ainsi en l'honneur du colonel Abraham C. Myers. À l'époque, c'était une importante base avec un embarcadère, un quai de 305 m de long et une cinquantaine de bâtiments. Il était situé entre Hough Street, Monroe Street et Second Street. La ville fut tournée vers l'agriculture avant de se développer avec l'arrivée du *Atlantic Coast Line train*. Aujourd'hui Fort Myers a le charme de la Floride d'antan. Edison et Ford y avaient établi leurs résidences d'hiver, devenues des musées. En septembre 2022, la ville a été fortement endommagée par l'ouragan Ian de catégorie 4.

EDISON & FORD WINTER ESTATES ★★

2350 McGregor Boulevard ✆ +1 239 334 7419
www.edisonfordwinterestates.org
De 9h à 17h30. Visite avec audioguide : 25 US$ (adulte), 20 US$ (13-19 ans), 15 US$ (6-12 ans). Gratuit-5 ans.

Vous avez l'occasion de visiter la résidence secondaire du célèbre scientifique Thomas Edison. Y est disséminée une collection unique de ses inventions originales. On y découvre aussi un jardin botanique contenant des plantes et des arbres fascinants rapportés d'un peu partout par Thomas Edison. Il faut absolument voir le fantastique banyan qui s'y trouve, le plus grand aux Etats-Unis et l'un des plus anciens. Vous pourrez même pénétrer dans le laboratoire de recherche d'Edison.

IMAG HISTORY & SCIENCE CENTER ★

2000 Cranford Avenue
✆ +1 239 321 7420
theimag.org
Lundi et mercredi au samedi de 10h à 17h, dimanche de 12h à 17h. Adulte : 17,5 US$, 3 à 18 ans : 15 US$, gratuit -2 ans.

Un musée interactif destiné aux enfants, dont les expositions scientifiques rappellent celles de la Cité des sciences à Paris : touchez un nuage, expérimentez la force d'un *hurricane* ou observez de près mérous et iguanes ! On y trouve aussi des aquariums ainsi que des reptiles et amphibiens. La bonne idée pour détourner les enfants du rituel de la plage. C'est un espace ludique qui stimule leur curiosité. Il est particulièrement adapté pour les moins de 12 ans.

MANATEE PARK ★

10901 Palm Beach Blvd

✆ +1 239 690 5030

Ouvert de 8h du matin au coucher du soleil.

Le parc permet d'observer les lamantins de mer en liberté, ou manette, dans un environnement naturel. Ce mammifère surnommé « vache de mer » mesure trois mètres de long en moyenne et pèse plus de 400 kilos. Il peut être aperçu depuis les nombreux points d'observation du parc, mais aussi directement depuis l'eau si vous louez un canoë pour naviguer sur l'Orange River. La meilleure période pour voir les lamantins est la fin de l'été ou la saison d'hiver, lorsque les eaux du Golfe du Mexique sont plus froides. Le parc possède également des pavillons de pique-nique.

SHELL FACTORY & NATURE PARK ★

2787 North Tamiami trail, North Fort Myers

✆ +1 239 995 2141

www.shellfactory.com

Ouvert tous les jours de 10h à 18h. Entrée gratuite. Prévoir 3 heures pour la visite.

C'est tout simplement la plus grande collection de coquillages au monde ! On y verra des artisans réaliser toutes sortes de produits à partir des milliers de coquillages entreposés dans l'usine. L'occasion d'en apprendre un peu plus sur cette forme de vie sous-marine et de rapporter un cadeau original. Les visites guidées sont gratuites mais les objets souvent coûteux… Vous pourrez également voir des animaux dans le parc, jouer au bateau tamponneur, faire du minigolf et vous restaurer.

THE BUTTERFLY ESTATES ★★

1815 Fowler Street

✆ +1 239 690 2359

www.thebutterflyestates.com

Mardi au dimanche. Nov. à mai : 10h-15h, juin à octobre : 9h-14h. Adulte : 10 US$, 3-16 ans : 7 US$, gratuit -3 ans.

Un endroit qui plaira certainement aux jeunes et aux moins jeune. Au sein d'une vaste serre, vous évoluerez dans un magnifique jardin fleuri peuplé de centaines de papillons en liberté voletant tout autour de vous. Certains peuvent même se poser sur votre épaule ! De petits pontons de bois blanc permettent de circuler facilement dans cet environnement. Autant vous prévenir, il peut faire chaud dans cette serre. Le personnel est très sympathique et pourra répondre à vos questions. Avant de partir, faites un arrêt à la boutique de souvenirs et au petit café.

THE BANYAN HOTEL €€

1520 Broadway

✆ +1 239 337 3446

Chambre double à partir de 170 US$. Wifi gratuit.

Situé au centre-ville de Fort Myers dans le River District, ce boutique hôtel chic appartient au groupe Hilton. Tout juste rénové, il offre des chambres et appartements spacieux et cosy équipés d'une literie *king-size*, d'une télé à écran plat, de machine à café et d'une grande salle de bain. Mention spéciale pour le roof-top de l'hôtel et sa piscine extérieure offrant une magnifique vue sur le centre-ville et la rivière. Vous pourrez prendre votre petit-déjeuner et vous restaurer au Filament, le bistrot de l'hôtel agréablement décoré dans des tons rose et crème.

THE HIBISCUS HOUSE €€

2135 Mc Gregor Boulevard

✆ +1 239 332 2651

https://thehibiscushousebnb.com

Chambre double de 175 à 295 US$. Petit déjeuner inclus. Wifi gratuit.

Ce *Bed and Breakfast*, installé dans une maison du début du XXe siècle, propose cinq grandes chambres cosy et pleines de charme. Le petit-déjeuner maison est excellent, vous vous régalerez de pancakes aux fruits frais, pains divers, œufs et bacon… Sans oublier le très beau jardin où il fait bon se poser avec un livre. L'accueil de Bob et Colleen est généreux et convivial. Le slogan de la maison est d'ailleurs : *Arrive as guests, leave as friends* (arrivez comme des invités, repartez comme des amis). Une excellente adresse à cinq minutes à pied du centre-ville.

THE WESTIN CAPE CORAL RESORT AT MARINA VILLAGE €€

5951 Silver King Blvd

✆ +1 239 541 5000

Chambre double à partir de 200 US$. Wifi gratuit.

A quelques kilomètres au sud de Fort Myers, ce complexe hôtelier de 19 étages, situé sur la marina de Tarpon Point à Cape Coral, offre un hébergement tout confort dans des studios ou des appartements pouvant accueillir jusqu'à 6 personnes. Ultra pratique pour un séjour en toute autonomie. Petit plus : la plupart des chambres sont dotées d'un balcon et d'une vue rivière ou marina. Parmi les commodités sur place : piscine, *fitness*, 2 restaurants, café et diverses activités sportives.

CÔTE OUEST

VERANDA €€

2122 2nd Street ✆ +1 239 332 2065
www.verandarestaurant.com
Ouvert du lundi au samedi de 17h à 20h30. Fermé le dimanche. Plat à partir de 30 US$. Réservation recommandée.

Ce restaurant est niché depuis 1978 dans une très belle maison historique du centre-ville de Fort Myers. Y est servie une cuisine inspirée des spécialités du sud des Etats-Unis. On retrouve ainsi en entrée des *Southern Grit Cakes* (petits cakes salés) ou du crabe bleu, suivies du *Chicken Orleans*, une poitrine de poulet panée accompagnée de crevettes, ou de la *Southern Sampler*, une assiette garnie de poissons frais, crevettes et coquille Saint-Jacques. Côté sucré, on se délecte d'un cheesecake au Bailey's. Le dîner s'accompagne de la musique live d'un pianiste.

SANIBEL ET CAPTIVA ISLANDS ★

La légende veut que Ponce de León ait nommé la plus grande île San Ybel pour célébrer la beauté de la reine Isabelle d'Espagne. La seconde a été appelée ainsi en raison des femmes qui y auraient été faites prisonnières par le pirate Jose Gaspar. Aujourd'hui, Sanibel et Captiva sont reliées à Fort Myers par le Sanibel Causeway. Leurs plages de sable blanc ainsi que leur faune et leur flore protégées avec rigueur invitent au dépaysement. Les amateurs de coquillages observeront des spécimens très rares. Malheureusement, une partie de l'île de Sanibel et du pont Sanibel Causeway a été détruite suite au passage de l'ouragan Ian en septembre 2022.

BROADWAY PALM DINNER THEATRE €€€

1380 Colonial boulevard
✆ +1 239 278 4422
www.broadwaypalm.com
Dîner spectacle : 75 US$ (adulte) et 25 US$ (-18 ans). Spectacle seul : 50 US$ (adulte) et 21 US$ (enfant).

Ce théâtre propose des comédies musicales de très bonne qualité comme Le Magicien d'Oz, Sister Act ou encore La Petit Sirène. Les décors tout comme les costumes sont superbes. Vous pourrez profiter du spectacle seul ou opter pour la formule déjeuner ou dîner-spectacle. Dans ce cas, le repas inclut une salade en entrée, plusieurs choix de plats dont des options végétariennes, différents desserts ainsi que thé et café. Des représentations ont lieu tous les jours.

BAILEY-MATTHEWS NATIONAL SHELL MUSEUM ★★

3075 Sanibel-Captiva Road ✆ +1 239 395 2233
www.shellmuseum.org
Ouvert tous les jours de 10h à 17h. Adulte : 23,95 US$, 12 à 17 ans : 14,95 US$, 5 à 11 ans : 8,95 US$. Gratuit -5 ans.

Le petit musée recense toutes les mers du monde, et expose une incroyable diversité de spécimens de coquillages. Parmi les nouveautés, une galerie d'aquariums où évoluent de nombreux mollusques. Ne manquez pas les objets artisanaux à base de coquillages où sont inscrites des déclarations d'amour. Ce sont des cadeaux de Saint-Valentin, fabriqués dans les Caraïbes, qu'offraient les marins à leur dulcinée pour qu'elles ne les oublient pas une fois repartis sur les flots.

BELL TOWER

13499 US 41 South-East
✆ +1 239 489 1221
https://belltowerfl.com
Ouvert de 11h à 19h du lundi au samedi et le dimanche de 12h à 17h.

Ce vaste centre commercial situé à environ 9 kilomètres au sud de Fort Myers propose un grand nombre de boutiques. Si la plupart des enseignes ne vous diront rien, certaines valent le détour comme Bath and Body Works (des bougies et produits de bain aux parfums envoûtants). On se rend également à Bell Tower pour manger un morceau (vous aurez le choix entre cuisine japonaise, italienne ou encore mexicaine), ainsi que pour se divertir. Le centre commercial dispose en effet d'un cinéma immersif où les écrans se prolongent sur les murs.

SANIBEL HISTORICAL MUSEUM AND VILLAGE ★

950 Dunlop Road ✆ +1 239 472 4648
www.sanibelmuseum.org
Mi-octobre à fin avril : mardi au samedi (10h-16h). 1er mai au 1er août : 10h à 13h. Adulte : 10 US$, gratuit -18ans.

Ce village historique a été fondé en 1984. Il est constitué d'un ensemble de bâtiments des XIXe et XXe siècles (école, bureau de poste...) consacrés à l'histoire des familles pionnières de Sanibel et de Captiva. Il raconte l'histoire de ces deux îles depuis l'arrivée des Indiens Calusas jusqu'au milieu des années 1900. Des guides papier et audio-guides sont disponibles dans chaque bâtiment mais il est aussi possible de prendre part à une visite guidée à 10h30 (sans supplément).

J.N. « DING » DARLING NATIONAL WILDLIFE REFUGE ★★

1 Wildlife Drive
✆ +1 239 472 1100
www.dingdarlingsociety.org
Ouvert de 7h à 20h en été, jusqu'à 17h30 l'hiver. Fermé le vendredi. Entrée : 10 US$ par voiture.

Le « Ding » Darling, comme l'appellent les habitants, est un refuge naturel proposant des balades extrêmement intéressantes et dépaysantes, à travers sa flore tropicale, à la rencontre des espèces animales protégées qui le peuplent. Un parcours en voiture de 6 kilomètres passe par les principaux points d'intérêt du parc, où l'observation des oiseaux est la meilleure. Ces milliers de volatiles sont la première raison d'exister du refuge. Au milieu du parcours, une tour d'observation permet d'apprécier une vue panoramique sur la réserve. Commencez votre visite par le Visitor Center où vous attend une exposition reconstituant les différents biotopes du parc, très intéressante et rapide, y est présentée. Des bénévoles vous expliqueront les meilleurs endroits d'observation et les principales règles : pas plus de 15 miles à l'heure, et on arrête toujours sa voiture sur le côté droit. La balade peut également se faire à vélo (location auprès de Tarpon Bay Explorers) l'un des moyens de locomotion les plus prisés des îles, pour une balade de 6,7 km à travers les chemins cerclés de mangroves et au-delà des marécages. La magie du lieu opère toujours. Visitez le refuge à marée basse, pour avoir un maximum de chances d'observer la vie sauvage. Une seule femelle crocodile a pris ses quartiers dans la réserve : bien qu'il ne s'agisse géographiquement pas de son milieu naturel. En été, on pourra l'observer dans la baie, en faisant du kayak ou une croisière avec le Tarpon Bay Explorers.

SANIBEL LIGHTHOUSE ★

Sanibel Island
http://sanibellighthouse.com

Qui n'a pas fait une photo du phare en passant par Sanibel ? Le monument date de 1884, époque où l'île n'était qu'une grande réserve naturelle, et marque l'entrée de la baie de San Carlos. Il est vraiment original avec sa silhouette métallique de trente mètres de haut, peinte en brun. Il est toujours opérationnel aujourd'hui. Le parc attenant permet de se balader dans une végétation luxuriante, de profiter d'une plage de sable blanc où l'on a parfois la chance d'apercevoir des dauphins, ou encore de pêcher dans la baie depuis un ponton.

TOWER GALLERY ★

751 Tarpon Bay Road
✆ +1 239 472 4557
www.towergallery.net
Ouvert de 10h à 16h.

Sur deux étages, cette petite galerie à la façade bleu turquoise expose les œuvres dune vingtaine d'artistes locaux. Vous y découvrirez des peintures, des sculptures, de la céramique, de la photographie... Chaque œuvre est un hommage à la Floride, particulièrement à sa faune et sa flore. Si vous voulez faire une visite très complète, sachez que l'exposition s'étend jusque dans les toilettes ! À l'heure où nous bouclons ce guide, la galerie est temporairement fermée suite au passage de l'ouragan Ian qui a fortement endommagé l'île de Sanibel.

Kayak, J.N. « Ding » Darling national wildlife refuge.

CAPTIVA CRUISES ★★

11401 Andy Rosse Lane ✆ +1 239 472 5300
www.captivacruises.com
De 8h à 17h. Adulte : 35 à 55 US$, enfant : 25 à 45 US$. Départ de South Seas Island Resort ou de la McCarthy Marina.

Quatre navires vous emmènent en mer pour des excursions d'1h30 à une journée. Vous pourrez au choix voir des dauphins, admirer le coucher de soleil ou explorer les îles alentour comme Cabbage Key, Gasparilla Island, Pine Island, ou Useppa Island. Ici, de petites communautés vivent dans de somptueuses demeures floridiennes, tout en bois, sur des îlots où aucune voiture ne circule. Un petit coin de paradis perdu au milieu du golfe du Mexique. Vous pourrez aussi visiter le Barbara Sumwalt Museum qui conte l'histoire de l'île. Autre option : le Cayo Costa State Park.

PALMVIEW INN €€

706 Donax Street
✆ +1 239 472 1606
https://www.palmviewsanibel.com
Studio et cottages de 159 US$ à 229 US$ par nuit. Frais de ménage : 99 US$. Prêt de vélo.

Située dans une zone calme et résidentielle, cette charmante propriété se compose de quatre petits cottages ultra-colorés, et de studios entourés d'un jardin tropical. Parfaitement équipés, ils sont dotés de climatisation, d'une *kitchenette* et d'un balcon ou patio. La décoration, qui rappelle le style Floridien d'antan, est charmante. Vélos, chaises de plages et parasols à disposition gratuitement. C'est l'un des établissements les moins chers de l'île, bien que les frais de ménage soient conséquents. Les plages de Sanibel ne s'ont qu'à deux blocs de là.

BILLY'S RENTAL

1470 Periwinkle Way
✆ +1 239 472 5248
www.billysrentals.com
Location de vélo de 20 US$ à 50 US$/jour, scooter (2 personnes) : 110 US$/jour. Réservation en ligne.

De par sa taille, l'île de Sanibel se prête parfaitement à une découverte à vélo. Cette agence située sur l'île propose ainsi la location de vélos, de scooters et de Rosalie (deux à quatre personnes) pour explorer les environs en toute liberté. Côté deux-roues, vous aurez le choix entre des vélos à une ou plusieurs vitesses, des vélos hybrides ou encore des tandems. Les locations vont de deux heures à quatre semaines. Si vous avez prévu de passer la journée à la plage, vous pourrez même en profiter pour louer des chaises de plage et un parasol. Futé !

BUBBLE ROOM RESTAURANT €

15001 Captiva Drive ✆ +1 239 472 5558
www.bubbleroomrestaurant.com
Ouvert tous les jours de 11h30 à 15h et de 16h30 à 21h le dîner (17h30 à 21h hors saison). Plat à partir de 29 US$.

Dîner au Bubble Room est une expérience unique : la bicoque en bois est peinte aux couleurs de l'arc-en-ciel, avec des bulles dessinées partout. Des statues de personnages de contes vous accueillent dans une sorte de caverne d'Ali Baba, où le mélange des genres décoratifs et la drôlerie n'effraient pas les nombreux clients. Les chevaux en bois cohabitent avec les singes en peluche, éclairés par des guirlandes multicolores. Le Bubble Room est réputé pour ses énormes portions, et surtout pour ses cakes décadents aussi fantasques et colorés que le lieu en lui-même.

CABBAGE KEY INN €€

Intracoastal Waterway
✆ +1 239 283 2278
www.cabbagekey.com
Chambre double de 135 US$ à 250 US$, cottages de 225 US$ à 465 US$ selon la saison.

Sur l'île de Cabbage Key, ce B&B offre 6 chambres et 8 charmants cottages décorés dans un style à l'inspiration nautique. Il a été construit sur un tumulus d'Indiens Calusas, à une époque où l'importance historique du lieu n'était pas connue. Au sommet, vous profiterez d'un panorama spectaculaire sur Pine Island Sound. Le restaurant de l'hôtel attire une foule de visiteurs qui viennent contempler les milliers de billets de dollars accrochés aux murs. La légende raconte que les pêcheurs accrochaient un billet avec leur nom afin de se payer un verre à leur retour.

TARPON BAY EXPLORERS

900 Tarpon Bay Road
✆ +1 239 472 8900
www.tarponbayexplorers.com
Ouvert de 8h à 18h. Kayak : 30 US$/2h, paddle : 25 US$/1h. Croisière guidée à partir de 35 US$/adulte et 25 US$/enfant.

Non loin du « Ding » Darling National Wildlife Refuge, c'est ici que vous pourrez louer des vélos, des canoës, de paddles et de kayaks pour mieux appréhender la réserve naturelle et les paysages alentour. L'eau est calme et vous aurez peut-être la chance d'apercevoir des dauphins, des lamantins et de nombreux oiseaux. Moult autres activités et visites guidées sont également proposées : croisière commentée par un naturaliste (en anglais), sorties pêche, visite commentée en tramway du refuge « Ding » Darling, balades en paddle au coucher du soleil…

CÔTE OUEST

PINE ISLAND ★

Les indiens Calusas étaient les premiers habitants de Pine Island, entourée de mangrove et de trois réserves aquatiques. Très authentique, elle donne l'impression de faire un plongeon dans le passé. On est attiré par sa nature rustique où la pêche et l'agriculture sont les activités principales. De nombreux artistes et écrivains ont aussi élu domicile à Pine Island. On pourra admirer les petites galeries multicolores en traversant le petit village de Matlacha (prononcez « Matlaché »). Côté cuisine, vous vous régalerez de palourdes, d'huîtres et de poissons du Pine Island Sound ainsi que de mangues, litchis et légumes cultivés sur l'île.

Sports / Loisirs

Véritable paradis, les eaux claires de la baie Tarpon bay sont agréables pour pratiquer de nombreux sports nautiques, mais également pour faire un peu de pêche, observer des oiseaux, et peut-être même apercevoir des dauphins, lamantins et tortues géantes. Mais si l'on vient ici, c'est surtout pour lui : le tarpon. Une espèce rare et très convoitée, connue pour donner beaucoup de fil à retordre aux adeptes du fil de pêche... En effet, ce poisson est vraiment un très grand poisson. Il peut atteindre 2,50 m de long et peser jusqu'à 80 kilos ! En mai et juin, les inconditionnels se pressent massivement dans l'estuaire de Pine Island Sound pour taquiner l'hôte des lieux. Enfin, il est possible de faire des croisières vers les îles au large de Pine Island Sound, Gasparilla Island et Cayo Costa notamment. En tous lieux, l'ambiance est sereine.

CALUSA HERITAGE TRAIL ★

13810 Waterfront Drive
✆ +1 239 283 2157

Ouvert tous les jours du lever au coucher du soleil.
Adulte : 7 US$, retraités 5 US$ et 4 US$ pour les enfants.

Le Colusa Heritage Trail est une très belle balade au cœur du site archéologique de Pineland, sur les traces des Indiens Calusas. Surnommés les Shell Indians, les « Indiens des coquillages », les membres de cette tribu de près de 50 000 personnes ont régné en maître sur le sud-ouest de la Floride. Les premiers écrits les concernant datent de 1513, dans un rapport établi par les explorateurs espagnols, et auxquels ils se heurtèrent violemment. Les visites sont libres. Vous trouverez au Randell Research Center une sélection de livres et de cadeaux.

CAYO COSTA STATE PARK ★

Accessible uniquement en bateau.

Ce parc d'Etat est situé sur une île très préservée avec une plage déserte et sublime. Au programme : ramassage de coquillages, kayak, baignades et randonnées ! Parfait pour une journée de détente au bord de l'eau, loin du bruit des villes. Pour prolonger l'expérience, il est aussi possible de passer la nuit dans une petite cabine ou dans votre toile de tente. Le lieu n'étant accessible que par la voie des mers, le mieux est de vous renseigner auprès de la compagnie de bateaux de croisière Tropic Star qui effectue la traversée tous les jours.

MUSEUM OF THE ISLANDS ★

5728 Sesame Street
✆ +1 239 283 1525
www.museumoftheislands.com

Mardi, jeudi et samedi de 11h à 15h.
Adulte : 3 US$, enfant : 1 US$.

Ce petit musée, qui prend place dans l'ancienne bibliothèque de l'île, retrace l'histoire de Pine Island. Plusieurs expositions sont ainsi à découvrir : collection de coquillages, nature sauvage de l'île, pêche, objets du quotidien, ou encore vie quotidienne au temps de la « old Florida ». Avant de quitter les lieux, ne manquez pas la boutique qui présente des ouvrages et des produits d'artisanat locaux. A découvrir ! A l'heure où nous bouclons ce guide, le musée est temporairement fermé suite aux dégâts causés par l'ouragan Ian.

TROPIC STAR

16498 Tortuga Street
✆ +1 239 283 0015
http://tropicstaradventures.com

Ouvert tous les jours de 8h à 17h.
A partir de 45 US$ la croisière par adulte et 25 US$ par enfant.

Tropic Star organise des croisières à la journée vers les îles de Cabbage Key, Cayo Costa, ainsi que la magnifique île de Gasparilla. Sur l'île de Cayo Costa, il est possible de faire du camping dans des cabanes très rustiques. Tropic Star loue également des canoës et des kayaks. Nous vous recommandons particulièrement la *Sunset cruise* (spectacle assuré !) et le *Nature tour*, une croisière de deux heures durant lesquelles vous chercherez à observer dauphins, lamantins et autres oiseaux locaux tout en profitant des explications du capitaine.

CÔTE OUEST

LAZY FLAMINGO €€

16501 Stringfellow Road
+1 239 283 5959
www.lazyflamingo.com
Du dimanche au jeudi de 11h à 21h, vendredi et samedi de 11h à 22h. Plat de 11 US$ à 19 US$.

On apprécie ce restaurant rose flashy pour son ambiance décontractée et son cadre très agréable avec sa petite terrasse rustique sur l'eau. Ici, les produits de la mer sont à l'honneur ! Vous goûterez huîtres et palourdes fraîches, pâtes aux moules, poissons de la région ou encore *conch chowder* (soupe de conque, ce gros coquillage que l'on retrouve souvent à la carte en Floride). Les pêcheurs peuvent même apporter leurs propres prises ! Si vous préférez la viande, vous vous régalerez d'ailes de poulet, burger juteux et autres sandwiches. Peu de choix végétarien.

THE TARPON LODGE & RESTAURANT €€

13771 Waterfront Drive
+1 239 282 3999
www.tarponlodge.com
Ouvert tous les jours pour le déjeuner et le dîner. Comptez 40 US$ le repas.

C'est le restaurant de l'hôtel du même nom. Dans cette adresse 4 étoiles, vous dégusterez des recettes éclectiques. Sur la carte, le kebab méditerranéen côtoie ainsi le sandwich cubain et le *crab cake*. On apprécie aussi la présence d'options véganes. Le restaurant est particulièrement agréable à l'heure du coucher de soleil, surtout si vous avez la chance d'être installé sur la terrasse couverte. Prolongez l'expérience en séjournant au Tarpon Lodge. Ambiance romantique assurée !

TARPON LODGE

13771 Waterfront Drive
+1 239 283 3999
www.tarponlodge.com/home
Chambre double à partir de 135 US$, cottage à partir de 325 US$.

Vous allez très vite savoir dire « luxe, calme et volupté » en anglais, car ce sont là les termes adéquats pour qualifier le *tarpon lodge*, havre de paix situé sur une côte sauvage. Les chambres - situées dans une maison de 1926 - et cottage sont plus charmants les uns que les autres. Dans un univers très « Floride d'antan », on profite sans modération du restaurant quatre étoiles, du terrain de golf, de la piscine chauffée, des promenades et du bar à cocktails sous la véranda. On peut pêcher toute l'année, les poissons varient selon les saisons.

MATLACHA ★★★

À la fin des années 1990, la pêche commerciale déclina à Matlacha. Les habitants décident alors de peindre leurs maisons aux couleurs de l'arc en ciel. Cette transformation fit la renommée de cette petite ville au charme unique qui se résume à une longue rue où s'alignent ces petites maisonnettes colorées. La pêche y est toujours une activité phare, pour preuve : le pont de Matlacha est surnommé *The Fishingest Bridge in the World* (Le pont le plus poissonneux du monde). De nombreux artistes s'y sont également installés, et vous pourrez aisément passer la journée à parcourir leurs galeries, mais aussi voguer en kayak dans la mangrove.

LOVEGROVE GALLERY & GARDENS ★★★

4637 Pine Island Road
+1 289 283 6453
https://www.leomalovegrove.com
Ouvert du lundi au samedi de 10h à 17h, le dimanche de 11h à 16h.

Une très belle galerie d'art agrémentée d'un jardin multicolore où on peut flâner au bord de l'eau. Vous découvrirez les œuvres de Leoma Lovegrove, une artiste impressionniste très connue en Floride et à travers tous les Etats-Unis puisque certaines de ses œuvres sont même exposées à la Maison Blanche. Vous la reconnaîtrez forcément avec ses grandes lunettes aux formes fantaisistes. Elle adore la France et séjourne régulièrement à Giverny où vécut le peintre impressionniste français.

BOCA GRANDE ★

Boca Grande, sur l'île de Gasparilla, est considérée comme une belle escapade par les gens fortunés et célèbres. Elle fut fondée par la riche famille française des Dupont de Nemours à la fin des années 1800. Boca Grande est une petite ville chic mais agréable à découvrir, notamment son petit centre-ville animé (boutiques, restaurants...) et ses belles plages. Elle est aussi connue comme étant la capitale mondiale du tarpon. Les membres de l'Association des Guides de Boca Grande Tarpon, composée en majeure partie de capitaines de la région, fournissent aux touristes tout le nécessaire leur permettant de passer une excellente journée en mer.

CÔTE OUEST

GASPARILLA ISLAND ★

880 Belcher Road,

Ouvert tous les jours de 8h au coucher du soleil. Entrée : 3 US$ par véhicule.

L'île où les présidents américains, et encore aujourd'hui la famille Bush, ainsi que les célébrités, viennent passer leurs vacances ; ambiance chic, multiples terrains de golf, promenade à bicyclette ou en *golf cart* à travers l'île pour voir les iguanes, les adorables petites chapelles et le phare. Ici, c'est aussi la capitale de la pêche aux tarpons toute l'année mais surtout de mai à juin quand des milliers de tarpons traversent la grande passe de Boca Grande et du Pine Island Sound. Des pêcheurs du monde entier viennent pour participer à cette pêche sportive.

BABCOCK WILDERNESS ADVENTURES

8000 SR 31

✆ +1 800 500 5583

https://babcockranchecotours.com

Sur réservation uniquement. Comptez 24 US$ pour un adulte et 16 US$ pour un enfant de 3 à 12 ans.

Dans ce ranch de plus de 36 421 hectares, vous découvrirez à travers les marécages la flore et la faune de la région comme la panthère de Floride, les vaches *Florida Cracker Cattle* et de nombreux alligators grâce à une balade commentée d'1h30 en buggy 4x4. De nos jours encore, des cow-boys à cheval et des chiens mènent le bétail car souvent les vaches se perdent dans des endroits inaccessibles aux Jeeps ou aux camionnettes. Il est aussi possible de faire une balade à pied (gratuite).

PUNTA GORDA ★

Punta Gorda est une petite ville balnéaire de près de 20 000 habitants, en bordure de la Peace River. Si elle a beaucoup souffert suite au passage de l'ouragan Charley en 2004, elle offre aujourd'hui un centre historique agréable pour flâner, ponctué d'un Harborwalk, une longue promenade de près de 4 kilomètres en bordure de rivière. Parmi les rendez-vous à ne pas manquer, le marché de producteurs locaux du samedi matin, élu *best small market* de Floride et 15e des USA. Vous apprécierez également le village de pêcheurs coloré et sa marina où l'on trouve bon nombre de boutiques et restaurants. Sans oublier, bien sûr, les superbes plages alentour.

FISHERMEN'S VILLAGE

1200 W. Retta Esplanade

✆ +1 941 639 8721

Ouvert du lundi au samedi de 10h à 20h, le dimanche de 12h à 18h.

Un centre commercial sous la forme d'un charmant village de pêcheurs au bord de la marina, où vous trouverez de nombreux restaurants et boutiques en tout genre, notamment de produits locaux. Le lieu offre également de nombreuses possibilités pour effectuer des excursions en bateau, louer des vélos, prévoir une partie de pêche ou partir en croisière. Il est possible de loger sur place au Fishermen's Village All Suites Resort. Vous pourrez aussi visiter le Military Heritage Museum qui dévoile de nombreux artefacts, de la Guerre d'Indépendance aux conflits modernes.

CÔTE OUEST

Punta Gorda.

VENICE ★★

La ville de Venice est longtemps restée un petit port de pêche dont les charmes rappellent son homologue italienne. Son expansion économique date de l'entre-deux-guerres, mais la ville est restée modeste : moins de 24 000 habitants. Le centre-ville, *Historic Downtown*, est dénué de buildings imposants et très agréable avec une multitude de petites adresses, dont plusieurs françaises. Insolite : Venice est surnommée *capitale mondiale de la dent de requin*. Aussi surprenant que cela puisse paraitre, vous trouverez en effet beaucoup de dents de requin fossilisées mêlées aux grains de sables gris sur les plages de Venice Beach ou de Carspersen Beach.

OSCAR SCHERER STATE PARK ★

1843 S. Tamiami Trail
✆ +1 941 483 5956
Ouvert tous les jours de 8h au coucher du soleil. 5 US$/voiture, 2 US$/cycliste ou piéton.

Un petit parc national, avec 1 385 acres (560 ha) boisés de pins et jonchés de broussailles. Il est possible de faire du canoë ou du kayak, de se baigner dans le lac, de pêcher dans l'eau douce ou l'eau de mer, mais aussi de se balader sur des pistes aménagées à pied ou à vélo (16 kilomètre). Le parc est l'habitat favori de plus de 200 espèces d'oiseaux, et tout particulièrement des *scrub-jays* (geai buissonniers). Vous pourrez récupérer une liste d'oiseaux à observer au Visitor Center. Très *kids friendly*, le parc dispose de deux aires de jeux pour les enfants.

HISTORIC VENICE TRAIN DEPOT

303 E Venice Avenue
✆ +1 941 412 0151
www.veniceareahistoricalsociety.org
Visite guidée gratuite certains samedis à 10h, consulter le site Internet.

Découvrez l'ancienne gare ferroviaire de Venice, construite en 1927 et inscrite sur la liste des bâtiments historiques. Le transport de passagers cessa en 1971, puis le bâtiment stoppa toute activité dans les années 1980. Il sombra dans l'abandon et manqua d'être détruit, avant d'être rénové dans les années 2000. Aujourd'hui, le superbe bâtiment jaune abrite un petit musée consacré à son histoire et à celle de Venice. N'hésitez pas à vous inscrire à une visite gratuite le samedi.

VENETIAN WATERWAY PARK

200 N Tamiami Trail

Un agréable parc créé en bordure de l'Intercoastal Waterway, avec une promenade bétonnée et aménagée de 8 km de long idéale pour les cyclistes et promeneurs. Les véhicules à moteur étant interdits, le parc est toujours calme et propice à l'observation de la nature environnante. Bancs, tables de pique-nique et points de vue ponctuent la balade. C'est une autre manière de découvrir Venice. C'est également une façon agréable de vous rendre à l'Historic Venice Train Depot, ou de prolonger la balade en rejoignant le Legacy Trail qui relie Venice à Sarasota.

IDEAL CLASSIC CARS

224 South Tamiami Trail
✆ +1 941 966 1900
www.idealclassiccars.net
Ouvert du lundi au jeudi de 9h à 18h, le vendredi de 9h à 17h, le samedi de 9h à 16h. Fermé le dimanche. Gratuit.

Un lieu insolite car c'est à la fois un magasin de voitures de collection où sont rassemblés des dizaines de modèles de toutes les couleurs et toutes les formes (Chevrolet Camaro de 1969, Corvette de 1956...) mais aussi un petit musée avec quelques pièces rares telles qu'une voiture de Batman et le van de Scooby Doo. Vous pouvez découvrir les modèles actuellement à la vente sur le site Internet, afin de vous donner une idée du genre de véhicules que vous apercevrez sur place. L'entrée étant gratuite, il n'y a aucune raison de se priver !

VENICE FISHING PIER

1600 Harbor Drive Street
Ouvert tous les jours de 6h30 à 21h.

Un *pier* comme l'on en trouve dans les villes balnéaires de Floride. Celui-ci surplombe la plage de Paw Park. Très agréable pour se balader en journée, observer les pêcheurs et les pélicans, sentir l'air iodé... L'eau est très claire et vous aurez peut-être la chance d'apercevoir des dauphins. Il y a même une petite boutique. Ce *pier* est également très prisé quand vient l'heure du coucher du soleil, spectacle garanti ! Au pied du *pier*, vous pourrez faire une pause gourmande au restaurant Sharky's. Profitez du parking gratuit de la plage pour garer votre véhicule.

SARASOTA ★★

Comme beaucoup de villes de la côte ouest, Sarasota est souvent oubliée par les touristes… Et pourtant ! Le sable des plages est d'une pure blancheur, les plantes tropicales sont luxuriantes et l'eau du golfe du Mexique d'un bleu intense. La ville est également une capitale culturelle dotée d'un séduit centre-ville qui s'emploie à mettre en valeur ses atouts. Les petites îles qui la bordent jouissent chacune d'une atmosphère particulière. Longboat Key est axée sur le luxe et les loisirs, Lido et Saint Armands Keys accueillent des boutiques exotiques, Siesta Key est une immense plage de sable blanc… Laissez-vous séduire et n'en faites pas qu'une halte !

Histoire

Il faut attendre le milieu du XIXe siècle pour voir apparaître la première maison, et la fin du même siècle pour qu'une véritable ville moderne voie le jour. Des Écossais séduits par le site, mais surtout par le climat, s'y établissent et construisent un hôtel et un parcours de golf. Avec l'installation de Bertha Palmer, en 1910, la ville devient à la mode et attire de nombreuses personnalités. L'arrivée de John et Charles Ringling, en 1920, lui apporte sa part de bouleversement. Pendant la période hivernale, ces derniers dressent dans la ville le chapiteau du plus beau spectacle du monde qui réunit les stars du cirque : Barnum, Bailey Circus et les frères Ringling. Amateurs des beaux-arts, les frères Ringling construisent une somptueuse demeure de style Renaissance italienne et collectionnent des œuvres d'art. Cette immense collection est aujourd'hui un musée très intéressant à visiter.

Shopping

C'est dans la rue principale du centre-ville ainsi que dans les rues avoisinantes que se trouvent des boutiques diverses, des galeries d'art et des restaurants internationaux. Palm Avenue est une longue allée de palmiers bordant des constructions de style méditerranéen. Les locaux la désignent comme la rue des décorateurs d'intérieur car de nombreux antiquaires et des boutiques originales s'y sont installés.

- **Les quais sont bien animés** au croisement de Fruitville Road et de la US41, avec shopping en bord de mer, dîners romantiques et des divertissements en tous genres.
- **Pour le shopping souvenirs et vêtements de plage**, allez dans le village de Siesta Key où vous trouverez votre bonheur dans l'une des nombreuses boutiques.
- **Pour les fanatiques de shopping,** direction le Premium Outlets à Ellenton où sont regroupés 130 magasins d'usine des plus grandes marques américaines.

CIRCUS MUSEUM 🏛

5401 Bay Shore Road
✆ +1 941 359 5700
https://www.ringling.org/circus-museum
Tous les jours de 10h à 17h. Adulte : 25 US$, 6-17 ans : 5 US$, gratuit pour les moins de 6 ans. Gratuit le lundi.

John Ringling, le roi du cirque né dans la misère, a fait fortune avec ses frères en créant l'attraction du même nom. Il a uni pour toujours le cirque et la ville de Sarasota en y déplaçant les quartiers d'hiver de cet impressionnant *entertainement*. Fondé en 1948, ce musée retrace la fabuleuse épopée du cirque moderne et de ses idoles en passant par les chariots ambulants, sculptés et peints. Le clou du spectacle reste le canon à homme ; il faut le voir pour le croire ! Le Tibbals Learning Center expose sous un chapiteau le plus grand cirque miniature du monde.

MANOIR CA' D'ZAN 📷

✆ +1 941 359 5700
https://www.ringling.org/ca-dzan
Fait partie du Ringling Museum. Tarif : billet pour le musée (25 US$/adulte, 5US$ pour les 6-17 ans) + 10 US$.

Ca' D'Zan, la « maison de John » en argot vénitien, était la résidence d'hiver des Ringling. C'est l'un des plus grands et somptueux manoirs d'Amérique. Fascinée par les palais gothiques qu'elle a pu admirer à Venise, Mable Ringling a demandé à son architecte d'en copier la décoration extérieure comme intérieure, à laquelle Mable a mélangé avec faste les styles d'autres époques. L'immense terrasse, carrelée et bordée d'un balconnet à colonnes, s'étire sur la baie de Sarasota. Cette demeure historique offre un fidèle aperçu de la vie pendant les années folles.

JOHN AND MABLE RINGLING MUSEUM OF ART ★★

5401 Bay Shore Road ✆ +1 941 359 5700
www.ringling.org
Tous les jours de 10h à 17h. Adulte : 25 US$, 6-17 ans : 5 US$, gratuit pour les moins de 6 ans. Gratuit le lundi.

Classé parmi les 20 meilleurs musées américains, cet ensemble de trois musées se dresse dans un somptueux parc, le Bayfront Gardens, rempli de fleurs qui embaument les allées bordées de bancs, de *banyans*, et d'arbres à saucisses. Au-delà de la qualité des expositions, la bâtisse en elle-même est somptueuse.

- **Le Ringling Museum** et son exceptionnelle collection ont été légués par John Ringling (1866-1936) aux habitants de Sarasota, ville pour laquelle il a longtemps œuvré au développement. Une rue et un pont portent d'ailleurs son nom. En tout près de 27 ha, abritant une rare concentration d'œuvres d'art et d'architecture, regroupées par sa femme Mable (1875-1929) et lui-même au cours de leur mariage.
- **Le Museum of Art** expose plus de 600 tableaux, des sculptures et des objets des arts décoratifs. Pour abriter leur précieuse collection, les Ringling ont fait construire ce musée en 1929. Ils ont réuni des pièces considérées parmi les plus célèbres et les plus rares des USA notamment des œuvres de Rubens, Poussin, Velasquez, Guercino, ainsi que des tableaux d'autres grands artistes de la Renaissance et du Baroque. La collection, enrichie de pièces chypriotes et d'autres époques – notamment des céramiques chinoises – comprend plus de 16 000 objets.
- **Le Tibbals Learning Center**, du nom de son créateur, expose sous un chapiteau le plus grand cirque miniature du monde. Une œuvre d'exception. La visite est accompagnée par les bruitages de la vie d'un cirque. A ne manquer sous aucun prétexte !

MYAKKA RIVER STATE PARK ★

13208 Clark Road ✆ +1 941 365 0100
De 8h au coucher du soleil. 6 US$/voiture, 2 US$/piéton. Visite guidée en bateau : 20 US$/adulte et 12 US$/enfant.

Il s'agit du plus grand parc national de Floride, d'une superficie de plus de 28 800 acres (11655 ha). Vous pourrez partir à la recherche d'alligators, de daims, de ratons laveurs et de plus de 200 espèces d'oiseaux. Plusieurs pistes sont bien aménagées pour l'observation. Les *airboats* – des bateaux à fond plat propulsés par un énorme ventilateur – de Miakka Safari Tours y circulent régulièrement et des tours sont organisés toute l'année. Vous pourrez également louer un canoë ou un vélo à des tarifs raisonnables. Trois campings vous attendent pour passer la nuit.

SARASOTA JUNGLE GARDENS ★★

3701 Bay Shore Road ✆ +1 941 355 5305
www.sarasotajunglegardens.com
Ouvert tous les jours de 10h à 16h. Adulte : 21,99 US$, enfant (4-12 ans) : 14,99 US$, gratuit pour les moins de 3 ans.

Vous allez pouvoir arpenter des pistes tracées dans la jungle à la découverte de ses habitants : serpents, alligators, tortues géantes et flamants roses (vous pourrez les approcher de très près et les nourrir). La végétation du jardin est luxuriante, avec plus de 240 espèces, des centaines de palmiers, de fleurs et d'arbres tropicaux. Trois lacs ponctuent les jardins, agréables pour un peu de fraîcheur. Plusieurs spectacles interactifs avec la foule (les Américains en raffolent) sont présentés tout au long de la journée. Prévoyez de 2 à 3 heures pour la visite.

SELBY GARDENS ★★

337 North Tamiami trail, Osprey
✆ +1 941 966 5214
https://selby.org
Tous les jours (10h-17h). Jardins : 21 US$ et 11 U$ (5-17 ans). Historic Spanish Point : 16 US$ et 11 US$ (5-17 ans).

Selby Gardens se compose de deux sites situés à 15 km l'un de l'autre. Les Mary Selby Botanical Gardens se composent d'une maison tropicale abritant des milliers de variétés de plantes et de fleurs, un jardin aux bambous, une serre aux orchidées ou aux papillons, un étang où nagent des carpes koï... L'Historic Spanish Point est quant à lui un très beau site de 12 ha consacré à l'histoire, à l'archéologie et à l'environnement, en bordure de la baie de Sarasota. Vous pourrez y observer des monticules préhistoriques indiens ainsi qu'une demeure de pionniers.

THE INN ON SIESTA KEY €€

515 Beach Road
✆ +1 941 346 7196
https://innonsiestakey.com
Appartement à partir de 185 US$ la nuit pour 2 à 4 personnes, selon la taille et la saison. Parking gratuit. Piscine.

Six petits appartements rénovés il y a quelques années et parfaitement équipés (cuisine avec four et lave-vaisselle, TV à écran plat, belle salle de bain, patio ou balcon) dans des bâtisses charmantes tout en bois. L'un des cottages bleu et blanc, date de 1926. En prime, une jolie piscine (chauffée quand il fait frais), des vélos à disposition et tout le nécessaire pour aller se relaxer en bord de mer. La plage, les boutiques et les restaurants de Siesta Key Village ne sont qu'à cinq minutes à pied. Une bonne affaire pour un couple, une famille ou des amis.

TROPICAL BREEZE €€

140 Colombus Drive
✆ +1 941 349 1125
https://www.tropicalbreezeresort.com
Chambre double à partir de 190 US$. Piscines. Wi-fi gratuit.

Un boutique resort de style espagnol aux façades bleues et blanches situé au coeur d'un jardin tropical Très confortable, il offre une touche de « zenitude » à 5 minutes à pied de la plage, et avec 2 piscines chauffées en prime. Les 54 chambres, réparties dans différentes maisonnettes, sont toutes équipées d'une cuisinette et décorées dans de jolis tons clairs. Le complexe a également deux maisons à part entière. Animaux bienvenus. Vous pourrez emprunter gratuitement des vélos et des affaires de plage. Cet établissement est très agréable avcc un bon accucil.

ANOTHER BROKEN EGG CAFE €

140 Avenida Messina ✆ +1 941 552 8320
www.anotherbrokenegg.com
Ouvert tous les jours de 7h à 14h pour les petits déjeuners et les déjeuners. Comptez 15 US$ le repas environ.

Après avoir cassé les œufs, on peut vous servir de solides petits déjeuners américains à base d'omelettes aux saveurs originales (que diriez-vous de brie et homard ?), mais surtout d'œufs préparés de façon très créative à l'image du *crab cake Benedict*, ou tout simplement *sunny side up* (au plat). Également de savoureux *pancakes*, des pâtisseries maison variées, des gaufres au poulet croustillant, des jus de fruits frais… Une très bonne adresse pour le petit déjeuner mais aussi pour le déjeuner avec d'excellents *burgers* et club sandwichs.

SKOB - SIESTA KEY OYSTER BAR €

5328 Ocean Boulevard ✆ +1 941 346 5443
www.skob.com
Du lundi au jeudi de 11h à 23h, vendredi et samedi de 11h à minuit, le dimanche de 9h à 23h. Comptez 25 US$ le repas.

Si les huîtres sont la spécialité de la maison, on peut aussi manger des *burgers*, des grandes salades, des fruits de mer, des plats tout simples à base de poulet ou de viande. Tous les produits sont soigneusement sélectionnés pour leur qualité. Bon plan : durant l'happy hour (de 15h à 18h tous les jours), la douzaine d'huîtres est à moitié prix ! Le bar s'anime particulièrement au moment des concerts qui ont lieu presque tous les soirs. Une bonne adresse pour manger puis faire la fête.

RENDEZ VOUS FRENCH BAKERY

5336 Clark Rd
✆ +1 941 906 9575
www.rendezvoussarasota.com
Ouvert du mardi au samedi de 7h30 à 15h. Le dimanche de 8h à 15h. Fermé le lundi.

On est étonné de retrouver au fin fond de la Floride un artisan boulanger-pâtissier à l'accent provençal, tout droit sorti de son village près de Béziers. Joël Garcia, 20 ans de fourneaux, est arrivé à Sarasota en 2015 avec sa femme. Vous ne trouvez ici ni donuts ni cheesecake, mais des baguettes, croissants, Saint-Honoré et Paris-Brest, tous faits maison, qui sont réputés dans toute la région. Côté salé, on trouve aussi de délicieuses omelettes au bacon, au fromage ou aux épinards.

© RENDEZ VOUS

© RENDEZ VOUS

C'EST LA VIE €

1553 Main Street
✆ +1 941 906 9575
www.cestlaviesarasota.com
Ouvert tous les jours à 7h30, fermé à 18h du lundi au mardi et à 21h du mercredi au dimanche. A partir de 30 US$.

© C'EST LA VIE

Ce restaurant-boulangerie fleure bon le sud de la France avec son joli comptoir en bois et ses murs jaunes. Il s'agit du projet de Christophe et Géraldine Coutelle, qui ont quitté leur travail en France en 1997 pour tenter le rêve américain. En plus de la viennoiserie et pâtisserie faites maison avec l'aide de leurs quatre boulangers-pâtissiers, qu'ils livrent également dans plusieurs restaurants locaux, ils proposent le soir des plats de brasserie qui font fureur : soupe à l'oignon, quiche, tajine d'agneau, coquilles Saint-Jacques, moules-frites, crêpes...

TURTLES RESTAURANT €

8875 Midnight Pass Road
✆ +1 941 346 2207
www.turtlesrestaurant.com
Ouvert du lundi au samedi de 11h30 à 21h, le dimanche de 10h à 21h. Plat à partir de 12 US$.

Ce restaurant propose un menu dans la plus grande tradition floridienne (jusque dans la décoration assez kitsch, il faut bien le reconnaître). Le plat le plus populaire est sans aucun doute le *Fisherman platter* qui est un assortiment de crevettes, noix de Saint-Jacques et poissons grillés. En terrasse, vous aurez droit à une vue superbe sur la petite baie de Sarasota (c'est vraiment là qu'il faut s'installer pour dîner). C'est aussi une adresse sympathique pour bruncher le dimanche. Service attentif et très bon rapport qualité-prix dans l'ensemble.

OLD SALTY DOG €€

1601 Ken Thompson Parkway
✆ +1 941 388 4311
theoldsaltydog.com
Lundi au jeudi : 11h-21h30. Vendredi au dimanche : 7h30-21h30. Plat : 13US$ environ.

Idéalement situé face à la baie de Sarasota, le Old Salty Dog est une institution ! Ce restaurant décontracté et familial vous propose de déguster sa spécialité : le « Salty Dog », un hot-dog à l'apparence traditionnelle si ce n'est que la saucisse a été panée puis frite. Ça croustille, et c'est délicieux ! Vous trouverez également des burgers, sandwichs et tacos à la carte. Insolite : chaque table est dotée d'un bol pour chien contenant les sauces. Il vous faudra sans doute patienter un peu avant d'obtenir une place, profitez-en pour observer le coucher de soleil.

YODER'S RESTAURANT €€

3434 Bahia Vista Street
✆ +1 941 9557771
https://www.yodersrestaurant.com
Lundi au samedi : 7h-20h. Petit-déjeuner : à partir de 6,95 US$. Plat : 15 US$ environ. Boutique.

Envie d'un repas authentique hors des circuits touristiques ? Situé dans le quartier Amish de Pinecraft, Yodler's propose une cuisine à la fois simple, généreuse et goûteuse. On s'y rend du matin au soir pour déguster tantôt des œufs brouillés accompagnés de pommes de terre, tantôt au déjeuner ou au dîner pour goûter au poulet frit – la spécialité de la maison –, et aussi pour le goûter (on y sert des tartes complètement démentes). Les murs sont garnis de cartes postales vintage que vous pourrez décrypter depuis votre banquette. Une institution depuis 1975.

OLEARY'S TIKI BAR & GRILL

5 Bayfront Drive
✆ +1 941 953 7505
www.olearystikibar.com
Ouvert tous les jours de 8h à 21h. Plats à partir de 12 US$.

Un bar de style hawaïen installé sur la marina. C'est le lieu idéal pour bien démarrer la journée avec un petit déjeuner avec vue (de 8h à 11h). Un peu plus tard, optez pour des Tiki Nachos, des crevettes panées à la noix de coco ou encore un wrap à la dinde et au guacamole. Le soir, c'est vraiment l'endroit où il faut venir déguster un cocktail au moment du coucher de soleil. Plutôt Coco Loco (à base de tequila) ou Chi-chi (à base de vodka) ? C'est tout simple mais vraiment magique.

CÔTE OUEST

SHAKESPEARE'S CRAFT BEER AND GASTRO PUB

3550 South Osprey Avenue
✆ +1 941 364 5938
www.shakespearesenglishpub.com
Ouvert tous les jours de 11h30 à 21h30. Comptez environ 15 US$ pour un burger.

Un pub traditionnel avec un long bar en bois, beaucoup d'ambiance et de grands écrans pour suivre les matchs du moment. Plus de 80 bières différentes et des burgers délicieux qui ont fait la réputation des lieux dans tout Sarasota. Notre favori : celui aux oignons caramélisés au vinaigre balsamique et Brie. Pour encore plus d'originalité, optez pour le Spicy Thaï avec sa sauce aux cacahuètes. Ou comment avoir l'impression d'être en Angleterre, mais avec la chaleur de Floride !

ELLENTON PREMIUM OUTLETS

5461 Factory Shops Boulevard
✆ +1 941 723 1150
www.premiumoutlets.com
A 30 minutes de Sarasota. Ouvert du lundi au samedi de 10h à 20h et le dimanche de 11h à 18h.

Un vaste centre commercial de 130 magasins d'usine où sont regroupées de nombreuses marques de vêtements, de chaussures et d'accessoires. Vous pouvez faire jusqu'à 65 % d'économie sur les prix pratiqués dans les boutiques classiques. Parmi les enseignes les plus populaires : Adidas, Kate Spade New York, Reebok, Bath and Body Workds, ou encore Nike, Lee et Columbia. Les gourmands se rendront directement dans la boutique Lindt. En somme, voilà le genre de centre commercial où vous savez quand vous arrivez... mais pas vraiment quand vous en repartirez !

VAN WEZEL PERFORMING ARTS HALL

777 North Tamiami Trail
✆ +1 941 953 3368
www.vanwezel.org

Ce complexe ne passe pas inaperçu sur les rives de Sarasota. Comme il est doté d'une salle de concerts à l'acoustique impeccable, les plus grands spectacles de Broadway et de tous les Etats-Unis s'y jouent tout au long de l'année. Une exposition de peinture accueillant des artistes de renommée internationale est également visible dans le hall d'entrée et vaut largement le coup d'œil. Vous pouvez aussi manger sur place dans le très beau restaurant Mattison's avant votre spectacle.

BRADENTON ★

Bradenton, située juste à l'ouverture de la baie de Tampa entre Saint Petersburg et Sarasota, fut découverte par le *conquistador* Hernando De Soto en 1539. Cependant, le nom de la ville vient de Joseph Braden dont le fort servit de refuge aux premiers émigrants lors d'attaques d'Indiens. A présent, Bradenton est un petit port de plaisance tranquille au charme préservé, évoquant la Floride d'antan. De nombreux joueurs de tennis y ont vécu tels que Mary Pierce et Maria Sharapova car une école de jeunes talents du tennis s'y trouve, école qui a compté André Agassi ou encore Monica Seles comme élèves. Les plages de la région de Brandenton sont magnifiques.

MANATEE VILLAGE HISTORICAL PARK

1404 Manatee Ave E ✆ +1 941 749 7165
www.manateevillage.org
Lundi au vendredi de 9h à 16h, ainsi que le deuxième et le quatrième samedi du mois. Fermé durant les vacances. Gratuit.

Ce musée à ciel ouvert se consacre à la période de la fondation du comté de Manatee (1840-1918) et à la vie quotidienne au temps de l'*Old Florida*. Vous découvrirez un village composé d'une église, de maisons et autres bâtiments du quotidien (moulin, boutique, hangar à bateaux...). Certains sont d'origine, comme l'école (1908) ou le palais de justice en bois (1860), d'autres ont été reconstruits. Tous sont meublés comme à l'époque. Une visite passionnante que l'on vous recommande.

RED BARN FLEA MARKET

1707 1st St East
✆ +1 941 747 3794
www.redbarnfleamarket.com
Ouvert du vendredi au dimanche de 9h à 16h.

Avis aux amateurs de chine et de trouvailles en tout genre ! Ce marché aux puces géant aux allures de grange rouge de près de 14 000 m^2 se compose plus de de 600 stands de chineurs en tout genre, d'un food-court, d'un marché de producteurs locaux à ciel ouvert et d'un espace intérieur climatisé de 7 000 m^2 dans lequel vous ferez encore de nombreuses découvertes, notamment culinaires. C'est une véritable institution locale et un excellent moyen de dégoter des souvenirs originaux et à petit prix pour vous remémorer votre voyage en Floride.

DE SOTO NATIONAL MEMORIAL ★

De Soto Memorial Highway
✆ +1 941 792 0458
https://www.nps.gov/deso/index.htm
Ouvert de 9h à 17h tous les jours. Accès gratuit.

Consacré au conquistador Hernando de Soto et à ses expéditions en Floride, ce site s'attache à retracer les quatre années de conquête des Espagnols et les interactions souvent violentes avec les Amérindiens qui occupaient alors les terres de Floride. Arrivé en 1539 dans la baie de Tampa, c'est sur le sol américain, dans l'actuel Arkansas, qu'Hernando de Soto perdit la vie trois ans plus tard. Le parc propose aussi des activités (sur réservation) : escape game, balade en kayak...

THE BISHOP MUSEUM OF SCIENCE AND NATURE ★

201 10th street W ✆ +1 941 746 4131
www.bishopscience.org
Ouvert du mardi au samedi de 10h à 17h, le dimanche de 12h à 17h. Adulte : 25 US$, 5-17 ans : 16 US$, gratuit -4 ans.

Ce musée se consacre à l'histoire naturelle et culturelle de la côte du Golfe. Il y a également un planétarium entièrement digital et un centre où vous pourrez observer des lamantins, en réhabilitation. Une petite exposition est notamment consacrée à Snooty qui était le lamantin le plus vieux du monde d'après le livre *Guinness des Records* et qui a vécu ses dernières années paisiblement dans cet aquarium avant de s'éteindre à 69 ans en juillet 2017. Prévoyez deux heures de visite.

VILLAGE OF THE ARTS

1227 12th St West
http://villageofthearts.com
Vous pouvez consulter les horaires des différentes boutiques et galeries sur le site.

Ce village est l'un des endroits les plus insolites du comté de Manatee. Unique en son genre, il se compose de près de 275 demeures aux styles variés ainsi que de nombreuses galeries d'art, ateliers d'artistes, bourriques et studios. De nombreux artistes vivent sur place et vous pourrez facilement les rencontrer et échanger avec eux. Parmi eux : des peintures, céramistes, antiquaires, mosaïques, potiers, menuisiers, soudeurs... Des cafés et restaurants variés permettent de se poser et apprécier l'ambiance du quartier. À découvrir absolument !

AROUND THE BEND NATURE & DISCOVERY TOURS ★

1815 Palma Sola Boulevard
✆ +1 941 794 8773
www.aroundbend.com
Tarifs et réservations en ligne.
Prévoyez de 1 à 3 heures en fonction de la balade.

Around the Bend propose des promenades dans la nature ou des excursions en bateau afin de découvrir le comté de Manatee et ses richesses culturelles. Près d'une dizaine de balades sont à expérimenter en fonction de vos goûts et envies : observation des oiseaux, exploration de Duette Preserve à bord d'un wagon ancien, éco-tour, pêche à pied dans la baie de Sarasota (crustacés et poissons sont attrapés dans un filet pour être observés puis relâchés)... Immersif et passionnant.

ANNA'S DELI €

8207 Tourist Center Drive
✆ +1 941 893 5908
https://annasdelis.com
Ouvert tous les jours de 11h à 16h.
Sandwichs à moins de 10 US$.

Chez Anna's Deli, retrouvez l'atmosphère des vieux *delis* new-yorkais, où abondent des mets en tout genre, finalement bien plus agréable qu'une place en terrasse bondée et surréaliste. La spécialité du lieu : d'énormes sandwichs garnis de viandes, salade, fromages... Vous pourrez choisir votre type de pain (complet, blanc...). Le best seller est le Surfer sandwich composé de jambon, dinde, concombre et fromage Suisse et agrémenté de la sauce de la maison. Les salades fraiches préparées chaque jour sont également délicieuses. Une autre adresse existe à Siesta Key.

PARIS BISTROT €€

8131 Lakewood Main Street ✆ +1 941 388 0564
https://www.parisbistrotlwr.com
Le lundi de 17h à 21h, du mardi au vendredi de 11h à 14h et de 17h à 21h, week-end dès 8h30.
Menu dîner : 29,90 US$.

Dans un cadre chic et *cosy*, on s'installe sur une banquette pour déguster des galettes de sarrazin et des salades gourmandes à midi, ainsi que des plats traditionnels français le soir. Nous vous recommandons l'onctueuse salade au gorgonzola en entrée, suivi d'un poulet à la provençale (sauce tomate maison) servi avec un gratin dauphinois. Terminez par une crêpe garnie de profiteroles au chocolat et vous voilà aux anges. Une adresse pour bien manger à prix assez doux grâce au menu du Chef. Rien d'étonnant à ce que le lieu cartonne depuis son ouverture en 2008.

CÔTE OUEST

© MADEMOISELLE PARIS

© MADEMOISELLE PARIS

© MADEMOISELLE PARIS

MADEMOISELLE PARIS UTC €

8527 Cooper Creek Blvd
✆ +1 941 355 2323
Ouvert le lundi et mardi de 7h45 à 17h.
Du mercredi au dimanche de 7h45 à 21h.

Mademoiselle Paris, c'est le bébé de Jean et Myriam qui ont quitté la région parisienne pour tenter l'aventure aux Etats-Unis en ouvrant à Bradenton une boulangerie-pâtisserie doublée d'un restaurant. A vous les croissants, mille-feuilles et autres religieuses, mais aussi le canard à l'orange, le risotto de Saint-Jacques et le bœuf bourguignon... Sans compter les concerts le week-end et, chaque mois, une dégustation de vin autour d'une région de France. Avec le succès, ils ont même ouvert deux autres boulangeries à Sarasota et Anna Maria !

© MADEMOISELLE PARIS

© MADEMOISELLE PARIS

RAY'S CANOE HIDEAWAY

1289 Hagle Park Road
✆ +1 941 747 3909
www.rayscanoehideaway.com
Tous les jours du lever au coucher du soleil, sauf le mer. 25 US$/4h de canoë/kayak, 30 US$/jour de canoë, 35 US$/kayak.

Cette entreprise familiale vous propose de partir à la découverte de la faune et de la flore de la rivière Manatee à travers des excursions en canoë ou en kayak qui peuvent durer d'une demi-journée à plusieurs jours. Côté pratique, il est possible de louer un kayak solo, double ou triple. Sur le parcours, de nombreuses petites plages invitent à accoster pour une baignade. Il est possible d'apercevoir des tortues, des serpents et même des alligators. En somme, une balade relaxante et agréable. Bon à savoir : paiement en espèce uniquement.

ISLAND TROLLEY

Gratuit. Du lundi au samedi, de 6h à 22h30. Passage toutes les 20 min jusqu'à 21h puis toutes les 30 min jusqu'à 22h30.

Le trolley est un bus qui parcourt l'île d'Anna Maria du Nord au Sud toute la journée en s'arrêtant aux principaux points d'intérêt. C'est donc une excellente façon de visiter l'île en laissant votre voiture sur un parking. Le point de départ est situé au Anna Maria City Pier et l'arrivée se fait à Coquina Beach. Entre ces deux points sont disséminés 12 arrêts signalés par un logo indiquant « Trolley » sur fond vert. Les week-ends de décembre à avril, vous pourrez aussi emprunter le *Beach ConneXion Shuttle* (gratuit). Il dessert notamment la plage de Manatee.

ANNA MARIA ISLAND ★★

Anna Maria Island est une superbe petite île aux plages de sable fin et à la mer couleur émeraude, située à 30 minutes de route de Sarasota. Elle est reliée à Bradenton via deux ponts, l'un sur la Manatee Avenue au nord et l'autre sur Cortez Road au sud. C'est une île qu'il faut absolument découvrir si vous êtes dans la région. Très préservée, elle est vraiment agréable pour se reposer loin de la foule, en famille ou entre amis. Boutiques et bons restaurants vous tendent les bras ; vous ne vous ennuierez pas un instant après la baignade et les séances de bronzage. Anna Maria Island, c'est vraiment notre coup de cœur de la côte ouest, courez-y.

HALEY'S AT ANNA MARIA ISLAND INN €€

8102 Gulf Drive North
✆ +941 778 5405
Chambre double ou studio de 149 US$ à 189 US$ selon la saison. Wi-fi gratuit.

Une chambre double qui donne sur un patio, des studios et des appartements parfaitement équipés avec cuisine et tout le mobilier nécessaire et un style qui rappelle celui des motels Floridiens typiques mais avec une touche de modernité. Construit dans les années 1950, Haley's a bien été rénové sans perdre son âme. Vous trouverez une jolie piscine pour vous rafraichir après une journée à la plage de Holmes Beach, à 5 minutes de là. Bon rapport qualité-prix dans l'ensemble.

ANNA MARIA CITY PIER ★★

10005 Gulf Drive
Ouvert de 7h à 22h.

Long *pier* historique de l'île. Construit en 1911, il accueillait les passagers venus visiter l'île depuis Saint Petersburg. Détruit lors de l'ouragan Irma en 2017, le Pier a été reconstruit pour rouvrir en 2020. C'est une balade très agréable, notamment lors du coucher du soleil. Tout au bout du Pier, vous trouverez un restaurant, le *City Pier Grill* qui propose des petits plats et des glaces, ainsi qu'une boutique vendant des appâts pour les pêcheurs. En 2023, le Pier devrait accueillir un centre de sensibilisation maritime, le *Mote Marine Outreach Center*.

TORTUGA INN BEACH RESORT €€

1325 Gulf Drive North
✆ +1 941 778 6611
Chambres et studios de 205 US$ à 500 US$ pour 2 à 6 personnes. Piscines. Wifi gratuit.

Ce resort propose des chambres et appartements (1 à 3 chambres) parfaitement aménagés, spacieux et joliment décorés dans un style « old Florida ». Niveau équipement, vous ne manquerez de rien. Tout y est : frigo, micro-ondes, cafetière, wifi... Côté détente, vous profiterez de deux agréables piscines sur place, mais également d'un accès rapide à la mer, avec prêt de chaises de plage, de serviettes et de parasol. Un très bel établissement verdoyant et paisible, le pied-à-terre parfait pour explorer en toute quiétude l'île Anna Maria.

WHITE SANDS BEACH RESORT €€

6504 Gulf Drive
✆ +1 941 778 2577
www.whitesandsbeachresort.com
Appartement de 250 US$ à 315 US$. Piscine.

Un resort familial et des appartements bien équipés, spacieux et tout confort. Tous ont une TV dans le salon, un lecteur DVD, une PlayStation avec des jeux mis à disposition. Certes, la décoration n'est pas très moderne mais vous oublierez vite ce détail lorsque vous plongerez dans la piscine avec vue sur le golfe du Mexique. Le White Sands Beach Resort est donc le logement idéal pour une famille à deux pas de la plage et son eau cristalline. En outre, vous serez à proximité de toutes les attractions, bars, boutiques et restaurants de l'île.

GINNY'S & JANE'S €

9807 Gulf Drive
✆ +1 941 778 3170
www.ginnysandjanees.com
Ouvert tous les jours de 7h à 15h. Comptez 10 US$ le petit déjeuner et 15 US$ le déjeuner.

Un *snack* restaurant au milieu d'un grand magasin d'antiquités fourre-tout, entre kitsch et *vintage*. Vous trouverez absolument de tout, aussi bien une vieille figurine de Superman que des livres de Shakespeare. C'est vraiment un lieu unique. On peut s'asseoir sur des chaises et des tables anciennes pour boire un café ou un smoothie accompagné d'un scone maison à la cannelle, déguster un bon petit déjeuner typiquement américain ou manger un sandwich. On a aimé cette joyeuse pagaille indéfinissable et les produits frais, bien préparés, du petit restaurant.

ISLAND CREPERIE €

127 Bridge Street
✆ +1 941 778 1011
Ouvert du mercredi au dimanche de 8h30 à 13h30. Comptez entre 15 et 20 US$ le repas.

Installée sur l'île depuis 2003, cette crêperie à la devanture violette et aux accents de bistrot français est tenue par des Français. On y mange très bien, et l'on dit cela sans chauvinisme ! Au petit déjeuner, vous dégusterez des croissants (nature ou version gourmet avec œufs et bacon), et autres viennoiseries maison, servis avec un café latte, ou pourquoi pas, un Mimosa ! Le midi, place aux crêpes salées (nous vous conseillons celle au homard) et à la vingtaine de crêpes sucrées. Si vous avez envie d'un repas à la saveur *frenchy*, allez-y !

ROD AND REEL PIER €

875 North Shore Drive
✆ +1 941 778 1885
www.rodreelpier.com
Ouvert tous les jours de 9h à 20h. Plat de 10 à 35 US$.

Tout au bout du *pier* parallèle à Anna Maria City Pier, une petite maison en bois aux murs jaunes et turquoise accueille ce restaurant de poissons et de fruits de mer au deuxième étage. Dans un cadre rustique et avec une vue imprenable sur la mer, on déguste des spécialités locales comme des palourdes frites, du *gumbo* (ragoût traditionnel de Louisiane) et bien sûr, la Key Lime pie. À moins que vous ne préfériez découvrir la carte du petit déjeuner avec ses pancakes et omelettes. Une très bonne adresse au charme *old school* et aux prix plutôt raisonnables.

SANDBAR SEAFOOD AND SPIRITS €€

100 Spring Avenue
✆ +1 941 778 0444
https://www.sandbardining.com
Ouvert tous les jours de 11h à 22h. Plat à partir de 18 US$.

Le restaurant que tout le monde connaît sur l'île en raison de son emplacement exceptionnel sur la plage. C'est vraiment l'endroit où il faut venir admirer un coucher de soleil tout en sirotant un cocktail, les pieds dans le sable. Côté nourriture, le choix est diversifié et les portions consistantes : grandes salades, sandwichs, *fish and chips*, crevettes frites ou poulpe grillé, mais aussi de généreux burgers. Les produits sont locaux et sélectionnés selon le rythme des saisons.

MADEMOISELLE PARIS AMI

9906 Gulf Dr
mademoiselleparis.com

Si vous passez par Anna Island, faites donc une pause chez Mademoiselle Paris. Vous y trouverez une boulangerie-pâtisserie avec du pain, des tartes et des gâteaux bien de chez nous, mais aussi une terrasse où vous pourrez vous prélasser sous les palmiers pour déguster des tartines gourmandes avec de l'avocat, du saumon fumé et des œufs brouillés, des crêpes complètes comme sorties de Saint-Malo, des paninis trois fromages ou encore, le soir, une salade au prosciutto, à la mozzarella, aux cœurs d'artichauts et au basilic. Ca vous changera des hamburgers !

CÔTE OUEST

SAINT PETERSBURG ★★

Le livre *Guinness des Records* a cité Saint Petersburg comme la ville ayant le plus de jours de soleil consécutifs, avec une performance de 768 jours, du 9 février 1967 au 17 mars 1969. Pour l'anecdote : de 1910 à 1986, le *Saint Petersburg Evening Independent*, le journal local, a décidé que le journal serait distribué gratuitement les jours de mauvais temps. Une promotion qui n'a pas coûté cher puisqu'en 76 ans, il n'a été distribué gratuitement que 295 fois, soit moins de 4 fois par an ! Le centre-ville est très animé, avec boutiques, musées (dont le superbe musée Dali) et restaurants. Le tout nouveau *Pier* prolonge cette animation sur la mer.

Sports / Loisirs

- **Les plages** ne sont pas abîmées par le bitume et restent plutôt pittoresques. Avec de telles caractéristiques, il n'est pas surprenant que les activités maritimes fassent l'objet de l'intérêt principal des visiteurs. La température de l'eau sur les plages du golfe est de 24 °C. On peut louer des catamarans, surfs, voiles et jet-skis le long des plages, ainsi que prendre des cours dans le sport nautique de son choix.
- **Les parcs naturels** et les randonnées en pleine nature offrent les plus grandes possibilités d'observer la beauté naturelle de la Floride. Les parcs les plus désignés pour étudier la nature, pêcher, pique-niquer et se baigner sont le Fort De Soto Park, au sud de Saint Petersburg, ainsi que Honeymoon et Caladesi Island State Parks, près de Dunedin. Les trois sites sont des îles laissées à l'état sauvage.

FLORIDA HOLOCAUST MUSEUM ★

55 5th Street South ✆ +1 727 820 0100
https://www.thefhm.org
Ouvert du mardi au dimanche de 10h à 17h. Adulte : 16 US$, jeune (7-17 ans) : 8 US$, gratuit pour les moins de 6 ans.

Quatrième plus grand musée des Etats-Unis dédié à la tragédie de l'Holocauste, il vise à promouvoir la tolérance et à comprendre le passé. Une rétrospective intéressante revient sur l'échec du voyage à bord du MS *St Louis* entre l'Allemagne et la Floride en 1939 : pour échapper aux camps, des centaines de juifs avaient embarqué pour un long voyage afin d'atteindre les côtes de Floride mais ils furent refoulés par les Américains à leur arrivée dans les eaux cubaines et la plupart d'entre eux sont finalement morts dans les camps de concentration, une fois rentrés en

IMAGINE MUSEUM

1901 Central Avenue ✆ +1 727 300 1700
https://www.imaginemuseum.com
Mardi au samedi de 10h à 17h, le dimanche de 12h à 17h. Adulte : 15 US$, 7-17 ans et étudiant : 10 US$, gratuit -6 ans.

Ce musée inauguré en 2018 rassemble des œuvres d'art contemporaines en verre venues des quatre coins du monde ; Canada, République Tchèque, Italie, Espagne, Angleterre... Vous y découvrirez d'imposantes sculptures, des objets décoratifs finement travaillés ou encore des représentations d'animaux et d'humains. La visite est aussi l'occasion d'en apprendre plus sur l'histoire du verre dans notre civilisation ainsi que sa place dans l'art. L'exposition *Journey to Imagination* (incluse dans le ticket d'entrée) vous transportera dans un univers fantasmagorique.

MUSEUM OF FINE ARTS ★

255 Beach drive North East ✆ +1 727 896 2667
https://mfastpete.org
Mardi-samedi de 10h à 17h, jeudi jusqu'à 20h, dimanche 12h à 17h. Adulte : 20 US$, 7 à 17 ans : 10 US$, gratuit -6 ans.

Ce bâtiment imposant, de style palladien, posé au bord de l'eau, abrite une collection permanente d'art aussi riche qu'éclectique : européen, américain précolombien... Les œuvres du XXe siècle sont particulièrement nombreuses. Une section est consacrée à l'impressionnisme avec notamment des œuvres de Monet. Entre la vaisselle, l'art africain, la tenture chinoise et une œuvre de Rodin, vous trouverez certainement votre bonheur ! C'est d'ailleurs l'un des seuls musées traditionnels de Floride à abriter des collections itinérantes de jeunes artistes internationaux.

OPEN AIR POST OFFICE

3135 1st Avenue North
✆ +1 8002758777
Ouvert de 9h à 18h. Entrée libre.
Petite exposition gratuite au fond du hall.

En déambulant dans Downtown, vous remarquerez sans doute cet étonnant bâtiment de style méditerranéen avec ses arches majestueuses, ses colonnes de marbre et ses nombreux casiers numérotés. Il s'agit du National First Open Air Post Office, un bureau de poste à ciel ouvert construit en 1916 et inscrit comme lieu historique. En 1969, une partie du bâtiment a été cloisonnée pour créer des comptoirs, toujours en activité. N'hésitez pas à entrer : une petite exposition au fond du hall présente objets et courriers retrouvés dans les boîtes aux lettres extérieures.

SAINT PETE PIER

600 2nd Avenue NE
✆ +1 727 8227437
https://stpetepier.org
Ouvert tous les jours de 6h à 23h.
Parking payant. Restaurants, boutiques.

C'est le nouvel endroit pour profiter du soleil et du front de mer à Saint Petersburg ! Inaugurée en 2020 à deux pas du port, cette jetée de 800mètres de long vous offrira une superbe vue panoramique, notamment sur la plage de Saint-Pete. Cafés, restaurants, jeux pour enfants et pièces d'art contemporain locales ponctuent cette agréable promenade. De nombreux fauteuils et bancs vous attendent pour observer le coucher de soleil. Le Discovery Center propose quant à lui une exposition ludique sur l'écosystème de la baie de Tampa ainsi que des écotours en bateau.

SAWGRASS LAKE PARK ★

7400 25th street North
✆ +1 727 217 7256
Ouvert tous les jours jusqu'au coucher du soleil. Entrée gratuite.

© MICHAEL GORDON - SHUTTERSTOCK.COM

Au nord de Saint Petersburg, à l'abri de l'agitation du centre-ville, ce très beau parc naturel est idéalement adapté aux longues balades main dans la main. Des pontons en bois aménagés permettent de s'enfoncer sans risque dans la végétation et d'observer la faune et la flore. Il est fort possible que vous aperceviez des alligators, des tatous ou des tortues ! Une tour panoramique offre une très belle vue d'ensemble. Le *Sawgrass Lake Conservation Education Center* propose également une petite exposition. La balade est particulièrement magique au coucher du soleil.

ST. PETE MURAL TOUR

Visite guidée tous les samedis de 10h à 11h30. Adulte : 19 US$, enfant (6-18 ans) : 11 US$, gratuit moins de 5 ans.

Le centre-ville de St Petersburg est le terrain de jeux de nombreux ***street artists***. Le Central Arts District, qui regorge de boutiques de créateurs, d'ateliers d'artistes et autres bonnes adresses, a conçu cette visite guidée pour vous faire découvrir plus de 30 fresques disséminées dans le quartier. Vous serez impressionné par leur taille (certaines sont vraiment immenses) et la créativité de celles et ceux qui les ont créées. Grâce à votre guide, vous connaîtrez l'histoire qui se cache derrière chacune d'entre elles. Une façon passionnante d'explorer la ville.

THE CHIHULY COLLECTION ★

720 Central Avenue ✆ +1 727 822 7872
https://moreanartscenter.org/chihuly/
Du lundi au samedi de 10h à 17h, le dimanche de 12h à 17h. Adulte : 20 US$, jeune (6-18 ans) : 13 US$. Gratuit - 5 ans.

Cette galerie est consacrée aux œuvres de l'artiste américain Dale Chihuly, spécialisé dans l'artisanat *design* du verre coloré. Elle a été spécialement aménagée au sein du *Morean Arts Center*. Ce souffleur de verre mondialement connu a notamment installé des œuvres à Londres, Montréal, Venise ou Jérusalem. Celles de la *Chihuly Collection* sont tantôt monumentales, tantôt décoratives, mais toujours stupéfiantes et colorées. Vous serez notamment impressionné par le *Blue Chandelier* ou le *Ruby Chandelier*, créé spécialement pour le lieu. Une visite qui vaut le détour !

THE DALÍ MUSEUM ★★

One Dalí Boulevard ✆ +1 727 823 3767
https://thedali.org
De 10h à 18h, le jeudi jusqu'à 20h.
Adulte : 29 US$, 6-12 ans : 12 US$, gratuit -5 ans.
Réservation en ligne.

A ne pas manquer ! Situé sur le front de mer de Saint Petersburg, le musée Dali à l'architecture ultra-design présente la plus grande collection d'œuvres du maître espagnol. Au total près de 2 500 œuvres dont des huiles, de nombreuses aquarelles, des dessins, des sculptures et d'autres objets d'art. Sur les 18 œuvres majeures de Dali, 6 se trouvent au musée de Saint Petersburg. Enfin, pour les fans de l'artiste, la petite boutique aux mille et un souvenirs estampillés « Dali » est un petit bonheur ! Bon à savoir : la visite du petit jardin du musée est gratuite.

THE KENWOOD GABLES B&B €€

2801 7th Avenue North ✆ +1 7272891199
http://thekenwoodgables.com
Chambre dès 179 US$, suite dès 249 US$ (petit-déj. inclus). Piscine chauffée, parking, location de vélo.

© KENWOOD GABLES

« Welcome home ». Les premiers mots de Raymond et Jayson donnent le ton : vous serez ici chez vous. Dans un quartier paisible proche de toutes les attractions de la ville, au cœur d'une magnifique maison de style Tudor Revival décorée avec goût, vous expérimenterez le véritable *bed and breakfast*. Les 5 chambres aux personnalités affirmées rivalisent de charme et de sérénité. Vos hôtes iront au-delà de vos attentes pour vous faire vivre un séjour authentique et profondément humain. Mention spéciale pour les omelettes de Jayson au petit déjeuner et la jolie piscine.

MUSEUM OF THE AMERICAN ARTS & CRAFTS MOVEMENT

355 4th Street North
✆ +1 7274404859
Mardi au samedi : 10h-16h. Dimanche : 14h-16h. Fermé le lundi. Adulte : 25 US$, enfant (6-17 ans) : 10$. Gratuit -5 ans.

Ce musée ouvert en 2021 est le seul au monde consacré à ce mouvement artistique né en Angleterre et popularisé aux USA entre les années 1890 et 1930. Il consistait à d'offrir aux objets du quotidien un design esthétique, simple et inspiré de la nature, en réaction à l'industrialisation. Le musée présente ainsi une riche collection d'objets décoratifs, de peintures et de mobiliers ayant en commun des thèmes tels que les fleurs et les animaux. Le bâtiment en lui-même vaut le détour.

TROLLEY

La ligne circulant dans Downtown est gratuite. Du lundi au dimanche, horaires disponibles sur le site Internet.

Ce trolley est très pratique car il s'arrête aux principaux points d'intérêt de la ville : le Pier, le musée Dalí, le Museum of Fine Arts... Alors laissez votre voiture à l'hôtel et partez à la découverte du centre de St Peterburg en trolley ! Le trolley *Downtown Looper* est particulièrement économique car gratuit ! Deux autres trolleys permettent de se déplacer à moindre coût dans St Petersburg et ses environs : le Central Avenue Trolley (centre-ville et Pass-a-Grille Beach) et le Jolley Trolley (de Clearwater Beach à Tarpon Springs).

THE INN ON THIRD €€

342 3rd Avenue North
✆ +1 727 894 3248
https://www.theinnonthird.com
Chambre double à partir de 105 US$ petit déjeuner inclus. Parking et wi-fi gratuits.

Cet hôtel s'appelait Moulton Hotel lorsqu'il fut construit en 1937 et fonctionnait principalement l'hiver alors que les touristes venaient en masse profiter du soleil floridien. Depuis transformé en B&B, ses 20 chambres confortables ont gardé leur style traditionnel et chaleureux. Vous apprécierez l'hospitalité de vos hôtes, Stéphanie et Brian, le couple germano-américain propriétaire de l'hôtel depuis 2005. Le petit plus : un verre de vin ou une bière sont offerts tous les soirs dans le *lobby*. Un hôtel agréable de très bon rapport qualité-prix.

CASITA TAQUERIA €

2663 Central Avenue
✆ +1 727 498 8749
https://casitatacos.com
Du lundi au samedi : 11h-21h. Tacos : 4 US$ environ l'unité.

Pour un aller simple au Mexique, direction Casita Taqueria ! Ce restaurant coloré situé sur l'animée Central Avenue vous propose un large choix de tacos à petit prix (tortilla de maïs maison en prime), comme le Camarones (crevettes sautées, tomates, piments, coriandre) ou le Barbacoa (bœuf braisé, ail, tomates, fromage mexicain et coriandre). Nous vous conseillons d'en prendre 3, à accompagner de guacamole, chips et sauce salsa. La carte propose également des burritos, des salades et des *tortas* (sandwich mexicain) ainsi que des bières importées du Mexique.

THE CHATTAWAY €

358 22nd Avenue South
✆ +1 727 823 1594
https://thechattaway.com
Dimanche au jeudi (11h-21h30), vendredi et samedi jusqu'à 22h. Paiement en espèces uniquement. Plat à partir de 12 US$.

Ce resto de plein air doté de tables en bois est tenu par la famille du même nom, les Chattaway, depuis plus de 50 ans. Il cultive le succès de ses hamburgers (mention spéciale au *Chattaburger*, pour les gros appétits), cuisinés comme dans les années 1950 : énormes, tendres et juteux. Le lieu réserve une surprise de taille : une salle entièrement décorée dans un style anglais pour déguster un *afternoon tea* dans les règles de l'art ! À la nuit tombée, les guirlandes illuminent la terrasse. C'est l'une des pépites les mieux cachées de Saint Petersburg !

ITALY BOTTEGA €€

1045 Central Ave ✆ +1 727 9544572
https://www.italybottega.com
Du mardi au jeudi et dimanche 12h-22h. Vendredi-samedi : 12h-23h. Fermé le lundi. Plat : 20$ environ.

Fondé par un Sicilien, ce restaurant situé sur l'une des rues principales de Saint-Petersburg ravira les amateurs de cuisine authentique et de bons vins venus tout droit de la botte italienne. Ici, pas de menu : les entrées et les plats changent tous les jours ! Vous pourrez par exemple déguster une assiette généreuse de pâtes maison, comme les Penne Siciliana aux aubergines frites et sauce marinara, ou les spaghettis accompagnés de boulettes de viande. Côté dessert, tiramisu et Bombolone (donut italien) sont de la partie. Une cuisine simple mais savoureuse !

THE OYSTER BAR €

249 Central Avenue
✆ +1 727 897 9728
www.theoysterbarstpete.com
Ouvert du dimanche au jeudi de 11h à 22h, vendredi et samedi de 11h à minuit. Plat à partir de 14 US$.

Idéalement situé au cœur de toutes les animations de Saint Pete, ce restaurant *cosy* est spécialisé dans les huîtres depuis 1999. On peut les déguster préparées de diverses façons, celles cuites au four avec du pesto d'épinard/basilic et du balsamique ont retenu notre attention ! Le menu propose également des fruits de mer, des plats de poisson ou de volaille ainsi que de grandes salades. Le midi, quelques plats sont proposés spécialement à petit prix. Le lieu s'anime régulièrement de soirées festives ou d'offres spéciales. Un belle adresse.

THE MANDARIN HIDE

231 Central Avenue
✆ +1 727 440 9231
www.mandarinhide.com
Ouvert le mardi de 17h à 2h, mercredi au vendredi de 17h à 3h, samedi et dimanche de 12h à 3h.

Une grande salle en brique, une décoration moderne et design, des lumières tamisées, une énorme tête de *buffalo* accrochée au mur, des serveurs charmants et chics, voilà en quelques mots à quoi ressemble ce bar du centre-ville de Saint Pete. Les cocktails, la spécialité du lieu, sont issus d'un vrai savoir-faire, à tel point que si vous ne trouvez pas votre bonheur sur la carte, le barman vous en concoctera un spécialement pour vous ! L'ambiance est très sympathique, surtout lorsque résonne la musique *live*. On vous recommande vraiment d'aller y boire un verre !

CASSIS ST. PETE €€

170 Beach Drive
✆ +1 727 827 2927
https://cassisstpete.com
Lundi au jeudi (11h-22h), vendredi et samedi (8h23h), dimanche (8h-16h). Plat à partir de 16 U$ (midi) et 28 US$ (soir).

C'est l'un des meilleurs restaurants de St Petersburg. La grande salle : ses hauts plafonds avec ses lustres ronds Art déco, son carrelage noir et blanc *so chic*, son bar en zinc tout en longueur, les canapés en cuir… Une déco bien choisie et raffinée. On vous recommande leur plat signature, la bouillabaisse, très réussie. La carte des vins est variée et la sangria fruitée à souhait. Allez-y, en couple, en famille, entre amis, c'est une très bonne table. Vous pourrez également vous procurer de délicieuses pâtisseries à la touche *frenchy* à la boulangerie Cassis.

MAZZARO MARKET

2909 22nd Avenue N.
✆ +1 727 321 2400
www.mazzarosmarket.com
Ouvert du lundi au vendredi de 9h à 17h, le samedi de 9h à 14h30.

Un marché couvert où on se croirait en Italie. On trouve tous les produits *made in Italia* : pâtes fraiches, pesto, vins, charcuterie, fromages variés ou encore pâtisseries... On peut faire son *shopping* pour composer son propre repas ou manger dans les petites échoppes sur place. Les patrons, Patricia et Sam Cuccaro, ont parfaitement su recréer le marché italien de leurs parents. Les amateurs de café revivront en buvant un bon *espresso* comme on les sert en Italie. Une adresse pittoresque agréable et dépaysante. Vous trouverez une seconde adresse à Clearwater.

CLEARWATER ★★

De Saint Petersburg, en remontant la côte ouest vers le nord, vous arrivez à Clearwater, une charmante station balnéaire dont la plage de sable fin a été élue plus belle des USA en 2016. La ville est connue pour être le siège des redoutables et puissants scientologues. Erigée par l'écrivain de science-fiction Ron Hubbard, leur doctrine affirme que l'homme provient d'une étoile, la planète Helatrobus, qui s'est détruite elle-même par le mal ! Pas d'inquiétude cependant, le touriste de passage ne risque pas plus d'y être embrigadé qu'en France. Au-delà de cela, Clearwater est une ville idéale pour pratiquer des sports nautiques et se détendre.

ALLIGATOR & WILDLIFE DISCOVERY CENTER ★★

12973 Village Boulevard Suites A-J
✆ +1 727 329 8751
https://kissagator.com
Ouvert du lundi au samedi de 10h à 17h, le dimanche de 12h à 19h. Adulte : 15 US$, enfant (3-12 ans) : 10 US$.

Vous n'avez pas eu le temps d'aller voir les alligators dans les Everglades ? Alors rendez-vous dans ce centre qui recueille et soigne plus de 250 animaux sauvages qui ne peuvent pas retourner dans leur environnement, dont des reptiles, des mammifères et des poissons. Le lieu est aussi une mine d'information sur la faune et la flore locales ainsi que sur les façons d'œuvrer pour préserver l'environnement. C'est une visite idéale à faire avec des enfants.

CLEARWATER MARINE AQUARIUM ★★

249 Windward Passage
✆ +1 727 441 1790
www.cmaquarium.org
Ouvert tous les jours de 10h à 18h. Adulte : 35,95 US$, enfant (3-12 ans) : 26,95 US$. Gratuit pour les moins de 2 ans.

L'aquarium, qui est plus un centre de réhabilitation pour les animaux blessés qu'autre chose, abrite une très grande variété de poissons, de tortues et de mammifères marins. C'est là que vivait le dauphin Winter, star de *L'Incroyable Histoire de Winter le dauphin* (2011). La plupart des scènes du film ont été tournées dans l'aquarium. Malheureusement, Winter est décédé en 2021. Des spectacles avec les dauphins réhabilités ont également lieu tout au long de la journée.

JOHN'S PASS VILLAGE AND BOARDWALK ★★

150 John's Pass Boardwalk
✆ +1 727 394 0756
www.johnspass.com
Ouvert toute l'année de 10h à 22h. Parking de Madeira Beach (en face) : 3 US$/heure. À 30 minutes au sud de Clearwater.

Un village de pêcheurs pittoresque de la fin du XIXe siècle, plus de 130 boutiques, des restaurants et des attractions en abondance, voilà John's Pass Village. Pour bien l'apprécier, une brève rétrospective historique est nécessaire. Durant l'été 1848, George Watson fut désigné pour faire la première étude officielle sur le Sud de la Floride. Considérées sans valeur, les îles de Gulf Beach n'étaient pas incluses dans l'étude. Cependant Watson rencontra Juan Levique et Joe Silva, des chasseurs de tortues de mer installés dans l'actuelle Madeira Beach et Treasure Island, et avec lesquels il se lia d'amitié. Il fit donc une visite de ces sites à titre personnel. L'ouragan de septembre 1848 modifia considérablement la côte et créa une nouvelle coupure entre le golfe du Mexique et Boca Ciega Bay. Juan, qui fut le premier à voir le nouveau passage, lui donna son nom : Juan's Pass, qui fut sans doute américanisé en John's Pass. Dès 1875, un petit pont fut élevé au-dessus du nouveau passage et les boutiques commencèrent à fleurir autour. Reconstruit en 1927, le pont fut remplacé, en 1971, par le Gulf Boulevard. Le village s'est constitué à l'est du Gulf Boulevard et a commencé à dynamiser la zone. Aujourd'hui, John's Pass Village & Boardwalk est une attraction populaire et reconnaissons-le, très touristique. La balade est charmante et offre de jolies points de vue sur la baie. Le John's Pass Seafood Festival, en janvier, est l'un des festivals les plus populaires de l'Etat.

SEA SCREAMERS OF CLEARWATER ★

25 Causeway Boulevard ✆ +1 727 447 7200
www.seascreamer.com
Départ tous les jours à 10h, 12h, 14h et 16h. Adulte : 26,99 US$, -12 ans : 19,99 US$. Gratuit pour les moins de 4 ans.

Embarquez à bord du Sea Screamer, le plus grand hors-bord au monde, à la rencontre des dauphins qui peuplent les eaux du Golfe du Mexique. Vous pourrez en profiter pour admirer les plages de la baie de Clearwater depuis les flots. Une épopée décoiffante à plus de 55 km/h qui ravira autant les petits que les grands. L'observation de dauphins est garantie, et si vous n'en apercevez pas, vous pourrez rembarquer gratuitement ! Bon à savoir : vous risquez d'être un peu mouillé !

BELLEVIEW INN €€

25 Belleview Blvd
✆ +1 727 441 1774
Chambre double à partir de 289 US$. Piscine, Jacuzzi.

Difficile de retenir un « wahou » face à cet hôtel historique construit en 1897 par Henry Plant, magnat du tourisme et du transport ferroviaire à qui l'on doit aussi le Tampa Bay Hotel. Premier hôtel de la côte Ouest, il accueillait célébrités et riches invités. Superbement rénové, il a conservé sa prestance avec sa façade de bois blanche, son porche et sa toiture pointue. Du chic lobby aux 35 chambres à la décoration intemporelle, en passant par la piscine avec Jacuzzi, tout est une invitation à prendre son temps. Un parfait exemple d'art de vivre à la floridienne.

HOTEL CABANA €€

669 Mandalay Avenue
✆ +1 727 442 5694
https://hotelcabanacwb.com
Chambre double à partir de 269 US$. Piscine. À certaines périodes, séjours de 2 nuits minimum.

Ce motel construit en 1947 a été savamment rénové dans un style Key West, lumineux et coloré. Vous apprécierez les différentes configurations d'hébergement qui satisfont toutes les envies. Si vous voyagez à deux ou avec des enfants, vous pourrez opter pour l'une des chambres avec micro-onde et réfrigérateur, à moins que vous ne préfériez opter pour un studio ou appartement avec cuisine complète (ces derniers sont situés de l'autre côté de la rue). Côté détente, vous profiterez d'une agréable piscine et d'un accès quasi direct à la magnifique plage de Clearwater.

FRENCHY'S SALTWATER CAFE €

419 Poinsettia ✆ +1 727 461 6295
www.frenchysonline.com
Ouvert tous les jours de 11h à 23h.
Plat à partir de 12 US$.

Mike, le *frenchy* fondateur, vit une véritable *success story* ! Ce Québécois a ouvert son premier café en 1981. Quelques années plus tard, il fonde la *Frenchy's Seafood Company*, ce qui lui permet de proposer des poissons et fruits de mer ultra-frais pêchés en direct. Aujourd'hui, Frenchy's compte six adresses ! Le Saltwater Cafe vous séduira avec son ambiance chaleureuse et sa décoration colorée façon cabane de plage. Les plats sont copieux, les prix très raisonnables et le menu varie selon le jour de la semaine. En plus, la marina est à deux pas.

GULF BISTRO €€

15225 Gulf Boulevard ✆ +1 727 392 8627
www.gulfbistro.com
Du mardi au jeudi de 17h30 à 20h30, vendredi et samedi jusqu'à' 21h. Plat à partir de 29 US$. Réservation recommandée.

Le Gulf Bistro est une très bonne adresse pour manger des savoureux petits plats français préparés par le talentueux chef Frédéric, dans une ambiance un brin rustique. Il a cuisiné pour les plus grands comme François Mitterrand et Valery Giscard d'Estaing, avant d'émigrer aux Etats-Unis pour ouvrir ce restaurant au tout début des années 2000. Au menu : plateau de fromages, asperges gratinées au parmesan, cuisses de grenouille meunière, magret de canard à l'orange... Suivis pour la touche sucrée, d'une crème brûlée, d'un nougat glacé ou de profiteroles.

CADDY'S JOHN'S PASS

190 John's Pass Boardwalk
✆ +1 727 290 1455
https://caddys.com/caddys-johns-pass
Ouvert du dimanche au jeudi de 11h à 22h, jusqu'à 22h vendredi et samedi.

Un immense bar de style tropical, installé dans une grande et belle cabane en bois sur plusieurs étages. Le bar est au-dessus de l'eau et un ponton mène à une très belle terrasse d'où la vue sur la mer est sublime. Prenez l'apéro là au moment du coucher de soleil, c'est vraiment romantique. Si vous avez un petit creux, vous pourrez prolonger ce bon moment en optant pour *Fish and Chips*, des tacos de crevettes ou un *Seafood Mac and Cheese*, déclinaison originale du célèbre plat américain. Une adresse magique et festive dans le village de John's Pass.

CUBAN PARADISE

12933-A Village Boulevard
✆ +1 727 397 7693
www.cubanparadise.com
Ouvert du dimanche au jeudi de 10h à 22h, vendredi et samedi de 10h à 23h.

Cette petite boutique est un concentré de Cuba au cœur de l'agréable mais touristique John's Pass Village. Vous pourrez y commander un excellent *cortadito* (café cubain), mais la spécialité ici, ce sont les cigares. Ils sont roulés à la main sur place devant vous, comme sur la Calle Ocho à Miami. Le choix est important, alors n'hésitez pas à solliciter le staff, très sympathique et disponible pour vous renseigner sur les différents parfums et le processus de fabrication. Le dépaysement est bien présent, surtout avec les effluves mêlées de cigare et de café.

CÔTE OUEST

TAMPA ★★

La ville de Tampa tire son nom d'un mot indien qui signifie « brindille pour allumer le feu ». Avec près de 400 000 habitants, elle fait partie des plus grandes villes de l'Etat. Pendant longtemps, elle n'a pas axé son activité sur le tourisme et a privilégié ses activités de commerce et l'industrie, mais cela tend à changer. Tampa a aussi permis le développement d'une vingtaine de petites brasseries qui apportent plus d'ambiance en ville. Enfin, ne manquez surtout pas le quartier d'Ybor City, qui est la partie la plus ancienne et la plus charmante de Tampa. Son histoire, indissociable de Cuba, est passionnante.

Sortir

- **Tampa a une tradition de petites brasseries** dont la plus ancienne remonte à un siècle. Aujourd'hui, elle possède une vingtaine de mini-brasseries dont certaines toutes récentes, et elles se répartissent un peu partout en ville. Voilà de quoi occuper vos soirées !

- **Côté gastronomie,** les restaurants de la ville permettent un véritable tour du monde culinaire. De quoi avez-vous envie ? De cuisine américaine, mexicaine, créole, chinoise, ou... française ? Vous aurez l'embarras du choix et tous les budgets s'y retrouveront. Si vous aimez les bonnes tables, sachez que Tampa en compte beaucoup. Celles que nous avons référencées sont parmi les meilleures.

- **Chaque 4e vendredi du mois,** la Tampa Riverwalk dans Downtown Tampa s'anime toute la soirée dès 18h : réductions dans les restaurants et bars, concerts et animations vous attendent au bord de l'eau. www.fourthfridaytpa.com

BUSCH GARDENS ★★

10165 North Malcolm McKinley Drive
✆ +1 888 800 5447
https://buschgardens.com/tampa
Horaires variables selon la saison. Pass à la journée : 124,99 US$ par personne (gratuit -3 ans).

Busch Gardens est la première destination touristique de la baie de Tampa : zoo et parc d'attractions sur le thème de l'Afrique, il a de quoi ravir petits et grands. Commencez la journée par un mini-safari pour découvrir plus de 200 espèces d'animaux évoluant dans un décor rappelant l'Afrique. C'est étonnant de voir des girafes et des rhinocéros comme si on était dans un safari en plein parc Kruger en Afrique du Sud sauf qu'on est en Floride, à une trentaine de minutes de route de Tampa... Mais c'est réussi et presque authentique ! Et surtout, les animaux ont beaucoup d'espace, cela ne fait pas vraiment zoo. Ensuite, faites-vous plaisir : grand huit, manèges, rencontres avec les animaux... Amateurs de sensations fortes, ne manquez pas de tester l'attraction à sensations du parc, le roller-coaster « Iron Gwazi », qui n'est autre que le plus haut coaster hybride d'Amérique du Nord et le plus rapide au monde. Mais le Cobra's Curse, le Tigris, le Kumba et le Cheetah hunt ne sont pas mal non plus dans la catégorie roller-coasters qui décoiffent. Pour ceux qui veulent des manèges plus calmes, il y en a aussi, rassurez-vous, et on vous conseille notamment le Serengeti Express, un petit train qui fait le tour du parc et permet d'observer les différents animaux et les attractions. Divers spectacles sont offerts tout au long de la journée et de nombreuses options existent pour se restaurer sur place. Le pass à la journée est certes un peu cher mais il permet de faire le tour de la plupart des attractions.

ADVENTURE ISLAND ★

4500 Bougainvillea Avenue
✆ +1 888 800 5447
www.adventureisland.com
Horaires variables selon la saison. Ticket : 79,99 US$. Gratuit pour les moins de 3 ans. Réductions régulières en ligne.

Situé en face de Bush Gardens, Adventure Island est le seul parc aquatique de Tampa. Inauguré en 1980, il comprend une dizaine de toboggans (dont certains font vraiment frissonner !), trois piscines et des aires de jeux aquatiques pour les enfants. Parmi les nouveautés, on peut citer *Rapids Racer* - un toboggan de 180 mètres de haut que l'on dévale à deux sur un radeau - et Wahoo ! Remix - un toboggan doté d'effets sonores et lumineux -. Le parc propos également plusieurs snacks, food-truck et bar pour vous restaurer. De quoi passer la journée sans s'ennuyer.

EMPOWER THROUGH ADVENTURES

423 Lafayette Boulevard
✆ +1 813 448 5635
www.zipontampabay.com
Ouvert tous les jours de 9h à 17h. 79$ par personne pour 2h d'aventures ou 84$ lors du coucher de soleil.

Si le vertige ne vous fait pas peur, ce spot est fait pour vous ! Installé au dessus des marais, ce complexe de trois tyroliennes, d'un pont suspendu et de plusieurs passages acrobatiques permet de naviguer dans les airs en profitant de la vue sur la canopée, les étangs et, en fin de journée, sur le soleil couchant. Il est aussi possible d'y louer un paddle pour partir à l'aventure. Attention tout de même, des alligators croisent dans les parages...

FLORIDA AQUARIUM ★

701 Channelside Drive
✆ +1 813 273 4000
www.flaquarium.org
Ouvert tous les jours de 9h30 à 17h.
Adulte : 29 à 38 US$, enfant : 25 à 30 US$., gratuit pour les moins de 2 ans.

C'est l'un des plus beaux musées marins de la Floride. Des milliers de plantes et d'animaux aquatiques y sont regroupés. L'environnement marin recréé est fantastique. Certains aquariums, gigantesques, reconstituent un petit rêve d'océan avec ses coraux et une multitude de poissons colorés. D'autres habitats sont reconstitués comme Madagascar, les zones humides de Floride ou le récif corallien. Le lieu comprend également un cinéma 4D (inclus dans le prix du ticket) et une aire de jeux aquatiques pour les enfants. Comptez au moins 2 heures de visite.

FLORIDA MUSEUM OF PHOTOGRAPHIC ARTS ★

400 North Ashley Drive ✆ +1 813 221 222
www.FMoPA.org
Ouvert du lundi au dimanche de 12h à 17h, le vendredi jusqu'à 19h. Adulte : 10 US$, étudiants/retraités 8 US$.

Dans un bel édifice cubique ultra design entouré de buildings se trouve un superbe musée de la photo où sont exposées des photos d'artistes locaux et internationaux. Un espace d'expositions temporaires est destiné à promouvoir le travail d'artistes plus ou moins connus et d'étudiants photographes issus de quartiers défavorisés. Une visite intéressante qui aborde de nombreuses thématiques de l'époque contemporaine. À certaines dates, il est aussi possible de prendre part à des ateliers.

GLAZER CHILDREN'S MUSEUM ★

110 W. Gasparilla Plaza ✆ +1 813 443 3861
http://glazermuseum.org
Du mardi au vendredi de 10h à 17h, le samedi jusqu'à 18h, le dimanche de 13h à 18h.
Entrée : 16 US$, gratuit -1 an.

Inauguré en 2010, cet immense musée pour enfants propose des animations interactives bien conçues. Il se compose de différents espaces thématiques : la clinique vétérinaire, le supermarché, la banque, l'hôpital, la caserne de pompiers, la pizzeria... dans lesquels les enfants peuvent endosser des costumes, interagir et apprendre de nouvelles choses tout en s'amusant. C'est un véritable laboratoire de vie pratique. De nombreuses activités du Glazer Children's Museum sont également accessibles aux enfants porteurs de handicap physique ou moteur.

HENRY B. PLANT MUSEUM ★★

401 West Kennedy Boulevard
✆ +1 813 254 1891
www.plantmuseum.com
Du mardi au samedi (10h-17h), le dimanche dès 12h. Adulte : 10 US$, enfant (4-12 ans) : 5 US$. Audioguide inclus.

Remontez le temps dans ce musée consacré à la fascinante histoire du Tampa Bay Hotel et à son fondateur, l'homme d'affaires Henry B. Plant. En activité de 1891 à 1932, cet immense hôtel est considéré comme le premier « Magic Kingdom » de Floride, bien avant le royaume de Walt Disney. Le bâtiment est une œuvre d'art de style néo-mauresque : l'aile ouest est consacrée au musée, le reste héberge l'université de Tampa. De part et d'autre d'un long couloir ponctué d'objets d'époque, vous explorerez d'anciennes chambres, salles de bain et autres pièces. À découvrir !

Henry B. Plant Museum.

JOSÉ MARTÍ PARK ★★

1303 E 8th Ave

Ouvert tous les jours de 8h à 13h. Entrée libre.

Ce parc d'environ 550 m², dans lequel trône une statue blanche de José Martí et où flotte un drapeau cubain, est un territoire qui appartient à Cuba depuis une cinquantaine d'années. Jusqu'à ce que les relations diplomatiques soient rétablies entre Cuba et les Etats-Unis en 2015 et qu'une ambassade cubaine s'installe à Washington, c'était le seul territoire cubain des Etats-Unis. Plutôt insolite, donc. Mais pas tant que cela car Tampa a une longue histoire commune avec les Cubains qui vinrent s'installer à Ybor City au XIXe siècle pour y développer des fabriques de cigares et plus de 80 000 Américains d'origine cubaine vivent aujourd'hui à Tampa. C'est à cette époque que José Martí est venu à Tampa également afin de trouver un appui auprès des Américains contre les Espagnols avec qui il était en guerre à Cuba. Penseur, poète, politique et révolutionnaire, José Martí est une véritable icône à Cuba où de nombreuses avenues portent son nom et de moult monuments lui sont dédiés. Fidel Castro et Che Guevara ont largement été influencés par ses ouvrages avant de lancer une révolution à Cuba, celle qui aboutira à la chute de Batista en 1959. Ce petit parc est donc une manière d'en apprendre plus sur une partie de l'histoire cubaine tout en passant un agréable moment à l'ombre des arbres, parfois entourés de poulets en liberté. Les horaires d'accès sont réduits mais vous pouvez toujours avoir un aperçu du parc à travers les grilles, si celles-ci sont fermées. La visite, bien que rapide, vaut le détour.

MOSI-MUSEUM OF SCIENCE AND INDUSTRY ★★

4801 East Fowler avenue ✆ +1 813 987 6000

https://mosi.org

Du lundi au vendredi de 10h à 17h. Comptez 12,95 US$ par adulte, retraités 10,95 US$, 7,95 US$ pour les 3 à 12 ans.

L'un des plus grands musées des sciences au sud des Etats-Unis où l'on peut passer une bonne journée sans s'ennuyer. Cinéma dans un dôme IMAX, planétarium, expositions sur l'espace, les nouvelles technologies... Ainsi qu'une très intéressante exposition sur les dinosaures, le *Dinovation Lab*, où l'on peut notamment découvrir un immense dinosaure, participer à des enquêtes sur le monde préhistorique ou visionner des films. Un musée captivant essentiellement destiné aux enfants.

TAMPA BAY AUTOMOBILE MUSEUM ★

3301 Gateway Centre Boulevard

✆ +1 727 579 8226

www.tbauto.org

Lundi et du mercredi au samedi (10h à 16h30), dimanche (12h à 16h30). Adulte : 12 US$, enfant : 8 US$, gratuit -12 ans.

Un musée d'automobiles passionnant créé par Alain Cerf, un Français installé en Floride. Sa collection est impressionnante avec de nombreux modèles uniques au monde. Certains ont été désignés par de grands noms du monde du transport moderne comme Paul Jaray - designer de Zeppelin - et Gabriel Voisin - designer d'avions durant la Première Guerre Mondiale -. Le musée rassemble des modèles venus de France, d'Italie, du Japon ou encore des USA. A voir, qu'on soit un fan ou pas de voitures.

TAMPA BAY HISTORY CENTER

801 Water Street

✆ +1 813 228 0097

https://tampabayhistorycenter.org

Tous les jours de 10 à 17h. Adulte : 16,95 US$, étudiant et senior : 14,95 US$, 7-17 ans : 12,95 US$, gratuit -6 ans.

Cet immense musée de plus de 5 500 m² retrace 12 000 ans d'histoire, des premiers habitants de la Floride en passant par l'arrivée des Européens au XVIe siècle et le développement commercial de la baie de Tampa. Les expositions, réparties sur 3 étages, sont particulièrement immersives et ludiques grâce à l'usage de maquettes, films, décors de qualité et projections. Parmi les thèmes : l'exploration européenne, les guerres, les pirates... Insolite : le Columbia Cafe est une reproduction du restaurant éponyme situé à Ybor City, le plus ancien de Floride (1905).

TAMPA MUSEUM OF ART ★

120 W. Gasparilla Plaza ✆ +1 813 274 8130

www.tampamuseum.org

Lundi au dimanche 10h-17h, le jeudi jusqu'à 18h. Adulte : 20 US$, enfant (7 ans et +) : 5 US$. Moins de 6 ans : gratuit.

Dans un bâtiment à l'allure contemporaine, ce musée présente la plus grande collection d'antiquités grecques et romaines du sud des Etats-Unis : statues, vases, poteries... Mais aussi différentes expositions temporaires toutes plus intéressantes les unes que les autres. N'hésitez pas à consulter le programme avant votre visite ! Au premier étage, une terrasse surplombe la rivière et offre une très jolie vue sur Downtown et l'ancien Tampa Bay Hotel, qui abrite aujourd'hui un musée et l'université de Tampa. Le hall d'entrée, très design, abrite un agréable café.

CÔTE OUEST

YBOR CITY MUSEUM STATE PARK ★

1818 9th Avenue ✆ +1 813 247 1434
www.ybormuseum.org
Ouvert du mercredi au dimanche de 9h à 16h. Entrée : 4 US$ par adulte, gratuit pour les enfants de moins de 5 ans.

Le musée, situé dans une maison historique - l'ancienne Ferlita Bakery - retrace l'histoire des premiers immigrants qui se sont installés à Ybor City ainsi que l'évolution de la ville. On y découvre également une exposition consacrée à l'industrie du cigare. Des supports écrits et vidéos accompagnent la visite qui se fait en autonomie. Ne manquez pas de terminer par l'agréable jardin de style méditerranéen, rafraîchissant avec sa fontaine. Comptez une petite heure pour la visite.

VISIT TAMPA BAY

201 N. Franklin St.
✆ +1 813 223 2752
www.visittampabay.com
Ouvert tous les jours de 10h à 18h. De 11h à 17h le dimanche.

Tampa Bay n'en finit pas de se réinventer et la meilleure boussole pour se retrouver dans ces changements est encore son office de tourisme. Il vous indiquera les anciens quartiers industriels qui se transforment en bastion de la mode, les nouveaux restaurants glamour qui ouvrent sur le vieux port, les incroyables montagnes russes qui vous propulsent à toute vitesse au-dessus des girafes et des hippopotames, le musée qui retrace l'histoire de la baie et bien sûr la fameuse balade le long du fleuve qui permet de découvrir la ville sous un angle presque balnéaire !

PORT DE TAMPA

1101 Channelside Dr
✆ +1 813 905 7678
https://www.porttb.com

Situé à seulement 15 minutes de l'aéroport, le port de Tampa accueille chaque année de plus en plus de passagers en partance pour une croisière à bord de paquebots des compagnies Carnival, Norwegian Cruise Line, Royal Carribbean International et Celebrity Cruises. Avec 50 millions de tonnes de marchandises transportées par an, c'est également le premier port de tonnage de Floride et le septième des États-Unis. Aux abords du port se trouvent notamment l'Aquarium de Floride, le quartier historique d'Ybor City et le Channel District, un quartier en pleine expansion.

HOPR - COAST BIKE SHARE

https://gohopr.com/coast
1 US$ puis 25 cts/minute. Pass journée : 20 US$.

Coast Bike Share est un système de location de vélos via des bornes, présent à Tampa et à Saint Petersburg. Le paiement se fait par carte bancaire via l'application gratuite HOPR : il suffit de sélectionner une borne et le type de location (à l'heure ou à la journée), puis de déverrouiller le vélo. C'est somme toute le même système que les vélibs en France. Plus d'une trentaine de bornes sont réparties à Ybor City, Hyde Park et Downtown. De quoi se déplacer facilement et rapidement sans avoir à s'embarrasser de garer sa voiture !

PIRATE WATER TAXI

333 S Franklin Street
✆ +1 813 223 7999
www.piratewatertaxi.com
Dimanche au jeudi 11h30-21h30, vendredi et samedi jusqu'à 22h30. Pass journée illimité : 25 US$/adulte, 15 US$/enfant.

Un bateau-taxi très pratique qui parcourt toute la Tampa River et vous emmènera partout, ou presque, de façon très agréable et à prix doux grâce au pass à la journée. De nombreux points d'intérêts (musées, parcs, restaurants, hôtels...) sont accessibles très facilement après avoir débarqué. C'est une façon idéale de découvrir Tampa depuis les flots et de profiter de points de vue inédits sur les buildings et le paysage environnant. Les tickets peuvent être achetés en ligne ou à bord du bateau. Il est aussi possible d'opter seulement pour un aller simple.

GRAM'S PLACE BED AND HOSTEL €

3109 North Ola Avenue ✆ +1 813 221 0596
www.grams-inn-tampa.com
40 US$ la nuit en dortoir, de 75 US$ à 95 US$ pour chambre double avec ou sans salle de bains privée. Wi-fi gratuit.

Si vous recherchez un logement convivial, propre, pas cher et un vrai dépaysement, en somme une expérience unique, c'est ici qu'il faut loger. Aucune chambre privée ni dortoir ne se ressemblent. Chacun a une décoration liée à la musique (*Folk*, *Jazz*, etc.). Le matin dans la cuisine, de nombreux produits vous attendent pour que vous concoctiez votre petit-déjeuner : oeufs, lait, pain, fruits... Il y a même un *rooftop* et un jacuzzi ! En résumé, cet *hostel* est une vraie bonne adresse !

HOTEL HAYA €€

1412 E 7th Avenue
✆ +1 813 568 1200
https://hotelhaya.com
Chambre double à partir de 209 US$. Piscine.

Ce tout niveau boutique-hôtel est le pied-à-terre idéal pour un séjour à la découverte de Tampa. Situé dans le quartier historique d'Ybor City - dont il est le premier hôtel ! -, il n'est qu'à quelque minutes à pied de Downtown Tampa. Des touches d'artisanat local et des clins d'œil au quartier sont disséminés dans les chambres, à la fois modernes et chaleureuses. Vous apprécierez plonger dans la piscine, calme et relaxante, siroter un café cubain au Café Quiquiriqui ou déguster des spécialités d'inspiration internationale au superbe restaurant Flor Fina.

THE CURRENT HOTEL €€€

2545 N Rocky Point Dr.
✆ +18132812545
Chambres à partir de 350 $.

Cet hôtel Marriott de la collection Autograph se distingue par son design élégant et son bel emplacement face à la baie de Tampa. Les chambres, spacieuses, bénéficient d'une vue à couper le souffle et le rooftop est également très agréable pour siroter un cocktail avant de se coucher. Au rez-de-chaussée, entrée très classe avec un grand piano, une longue bande noire ondulée qui court le long du plafond et, au bout de l'allée, le restaurant et la piscine baignée de soleil sur la terrasse. Une adresse sûre pour les voyages d'entreprise, mais aussi d'agrément.

SPARKMAN WHARF

615 Channelside Dr
✆ +18136185844
www.sparkmanwharf.com
Ouvert tous les jours de 11h à 21h et jusque 23h vendredi et samedi.

C'est la grande mode en ce moment, on rénove un peu partout les ports industriels. C'est précisément le cas de Sparkman Wharf, qui mêle hôtels, musée, centre de convention, bureaux de style loft, commerces de détail au rez-de-chaussée, et une série de restaurants installés dans des containers chamarrées, qui servent des menus du monde entier. Et un carré de gazon artificiel face à la mer pour manger italien, thaï ou chinois, ou encore un biergarten, mais aussi pour écouter de la musique live. Le tout sous un soleil éclatant !

BERN'S STEACKHOUSE €€

1208 South Howard Avenue
✆ +1 813 251 2421
www.bernssteakhouse.com
Mardi au jeudi et dim. de 17h à 22h, jusqu'à 23h vendredi et samedi. Viande à partir de 45 US$. Réservation recommandée.

Sans aucun doute l'une des meilleures tables de Tampa. La spécialité de la maison c'est la viande rouge : on peut choisir le type de viande, le poids du steak, son épaisseur. Vous trouverez aussi du poulet ou des crevettes. Côté vins, Bern's propose l'un des plus larges choix de la planète. A la fin du repas, c'est la tradition, vous aurez droit à une visite de l'incroyable cave. Si le cœur vous en dit, allez manger un dessert dans la salle des desserts à l'étage. A noter : pour dîner dans l'une des somptueuses salles, le *dress code* est plutôt formel.

COLUMBIA RESTAURANT YBOR CITY €€

2117 East 7th Avenue
✆ +1 813 248 4961
www.columbiarestaurant.com
Ouvert tous les jours de 11h à 21h, le vendredi et le samedi jusqu'à 22h. Plat à partir de 15 US$.

Fondé en 1905, ce restaurant peut se targuer d'être le plus ancien restaurant de Floride, et l'un des plus grands restaurants espagnols du monde. Du mardi au samedi soir, le lieu propose des spectacles de danseurs de flamenco pour une ambiance latino de folie. La cuisine d'inspiration espagnole et cubaine est simple mais très bonne. On retrouve ainsi à la carte le traditionnel sandwich cubain, différentes recettes de paella ou encore des tapas. Il est conseillé de réserver.

FORBICI MODERN ITALIAN €€

1633 1633 W Snow Ave
✆ +18132518001
www.eatforbici.com
Ouvert tous les jours de 11h30 à 22h, jusque 23h du jeudi au samedi. Pizza à partir de 14$, pâtes à partir de 12$.

Ce restaurant italien aux allures de loft industriel vous attend à Hyde Park Village, un quartier tout récemment rénové où les enseignes de luxe ouvrent les unes après les autres. On ne vous recommande pas les pizzas, à la pâte bien trop épaisse. En revanche, vous nous direz des nouvelles des *calamari alla birra* et surtout des crevettes sautées dans leur succulente sauce au citron et à l'ail... Le faux-filet, très tendre, est servi avec des frites audacieusement saupoudrées de parmesan. Mais après tout, pourquoi pas, le voyage c'est l'aventure !

OXFORD EXCHANGE €€

420 West Kennedy Boulevard
✆ +18132530222
www.oxfordexchange.com
Ouvert du lundi au vendredi de 7h30 à 17h30, samedi et dimanche de 9h à 17h30. Plat du brunch à partir de 10$.

Cet immense espace entre loft new yorkais et bibliothèque anglaise symbolise le renouveau esthétique de Tampa. Il s'agit d'un ensemble d'espaces qui conjuguent restaurant, librairie et open space, en plus d'une boutique d'ameublement et de fournitures de bureau, le tout décoré avec beaucoup d'originalité. On y est allé pour bruncher et on a adoré le saumon fumé et le breakfast tacos, de haute volée. De plus le service est exquis, ce qui ne gâche rien. Pensez à réserver votre table si vous souhaitez y déjeuner, la maison est très courue.

ULELE €€

1810 North Highland Avenue
✆ +18139994952
www.ulele.com
Ouvert tous les jours de 11h à 22h et jusque 23h vendredi et samedi. A partir de 50$.

Si vous voulez un restaurant de fruits de mer original, Ulele se pose là ! Imaginez un grand entrepôt en brique en bord de mer, avec une charpente de bois et de métal. Dès l'entrée, vous êtes saisi par la cuisine ouverte avec ses grands feux. On sert ici d'étonnantes queues d'alligators frites au citron, des langoustes accompagnées de haricots verts craquants, de grosses crevettes avec leur purée de céleris, un délicieux rizzoto de fruits de mer aromatisé au safran... Les huîtres gratinées sont par contre un peu étouffe-chrétiennes. Une bonne adresse !

ANGRY CHAIR BREWING

4101 N Florida Avenue
✆ +1 813 238 1122
angrychairbrewing.com
Ouvert du jeudi au dimanche de 11h à 22h.

Près de Seminole Heights, dans la baie de Tampa, on vous recommande vivement une pause rafraîchissante ici. Dans une ambiance chaleureuse, les amateurs de bière pourront déguster les bières maison *Angry Chair*, brassées par les propriétaires. À découvrir entre autres : la *Cinna-Fionn*, une Porter à l'érable, noisette, vanille et café ou la *Sincerely Sorry*, une *Imperial Sweet Stout* à la noix de coco, noisette, café et chamallow vieillie en fut de Bourbon. Mention spéciale pour le design créatif des étiquettes. L'une des micro-brasseries les plus appréciées de Tampa.

CALADESI ★

Avec ses 5 km de plage, Caladesi est une île retirée qui fait partie des quelques îles encore désertes et accessibles seulement par bateau depuis Honeymoon Island. Elle est située à environ 5 km au nord de Clearwater Beach. Les équipements, volontairement limités, se résument à une seule petite zone, afin de préserver le site dans son état naturel. Les seules constructions que vous trouverez seront des abris pour pique-niquer, des toilettes et des pistes aménagées pour se promener. Les amateurs de plongée se régaleront de la richesse des fonds marins du site. Un espace absolument sauvage qu'il faut plus que jamais respecter.

Histoire

Une sépulture mise au jour dans les années 1900 permit aux chercheurs de découvrir que les indiens avaient habité l'île avant l'arrivée des Espagnols dans les années 1500. De même, des pièces d'artisanat retrouvées permettent de dire qu'un ou plusieurs explorateurs espagnols ont visité Caladesi. En dehors de la ferme, établie par le biologiste Henry Scharrer, de l'université de Zurich, à la fin des années 1800, l'île n'a pas connu de changements, sauf ceux provoqués par la nature elle-même. Après la mort de H. Scharrer, l'île est redevenue entièrement sauvage. En 1921, un ouragan provoqua des modifications majeures. Il coupa l'île en deux, séparant Caladesi de Honeymoon Island. Durant la Prohibition, les deux îles servirent de cachettes pour le trafic d'alcool. Honeymoon Island acquit sa renommée dans les années 1940, lorsque 50 cottages y furent construits.

CALADESI ISLAND FERRY

Honeymoon Island Docks ✆ +1 727 734 5263
https://caladesiferry.org
7j/7 dès 10h. Aller-retour : 18 US$/adulte, 9 US$ 6-12 ans, gratuit -5 ans. 8 US$ l'entrée sur Honeymoon Island.

À moins que vous ne possédiez un bateau personnel, ce ferry est le seul moyen de visiter Caladesi Island. Après une traversée tranquille de 20 min au départ d'Honeymoon Island (parking gratuit), vous accosterez sur cette île charmante et préservée. Ensuite, libre à vous de partir en balade sur les *trails* aménagés, de faire du snorkeling, de lézarder sur le sable chaud (vous pourrez emprunter des chaises de plage auprès du ranger) ou de ramasser des coquillages. Vous pourrez aussi pique-niquer à moins que vous ne préfériez manger au café Caladesi, au bord de l'eau.

CÔTE OUEST

TARPON SPRINGS ★★

Tarpon Springs, une petite commune de Floride, est unique en son genre. Elle est en effet devenue la capitale de l'éponge lorsque les pêcheurs d'éponges grecs s'y installèrent au début des années 1900. Une visite à Tarpon Springs vous transporte ainsi dans un petit village de pêcheurs typiquement grec dont l'héritage s'est conservé à travers la religion, l'architecture, la musique et la nourriture. Le centre-ville, à quelques kilomètres du port, mérite également le détour. Pour la communauté grecque, la fête de l'Épiphanie, le 6 janvier, est l'une des plus importantes célébrations. À découvrir pour vivre une journée sous le signe du dépaysement !

HELLAS BAKERY

785 Dodecanese Boulevard
© +1 727 9432400
www.hellasbakery.com
Lundi au dimanche de 11h à 20h30, le vendredi jusqu'à 21h30.

Vous trouverez plusieurs boulangeries grecques à Tarpon Springs, mais Hellas Bakery est sans aucun doute la plus réputée. La vitrine est plus alléchante avec ses baklavas, loukoums et koulourdias (biscuits au beurre), à accompagner d'un café grec. Côté salé, vous pourrez emporter des bourekis ou des spanakopitas (feuilleté aux épinards et à la feta). Le choix est immense et tous les produits sont artisanaux. La boulangerie communique avec le Hellas Restaurant qui propose une cuisine grecque traditionnelle à grand renfort de tzatziki, fruits de mer et moussaka.

SAINT NICHOLAS GREEK ORTHODOX CHURCH ★★

36 North Pinellas Avenue © +1 727 937 3540
https://stnicholastarpon.org
Ouverte aux visiteurs du lundi au vendredi de 9h à 15h et le dimanche de 7h à 13h. Messe le dimanche à 7h45.

Cette église est la réplique de la Sainte-Sophie d'Istanbul. Un excellent exemple de la nouvelle architecture byzantine, avec son intérieur décoré de marbre. Datant de 1943, la cathédrale a remplacé une structure plus petite, construite en 1907 par une communauté grecque. Elle est dotée d'un magique dôme. Vous y découvrirez 23 vitraux peints à la main, un autel en marbre, des lustres de Tchéquoslovaquie ainsi que de nombreuses icônes réalisées par l'iconographe grec George Saklaridis.

TARPON SPONGE COMPANY

735 Dodecanese Boulevard
© +1 727 9384404
https://tarponsponge.com
Lundi au jeudi : 10h-18h. Vendredi au dimanche : 10h-21h. Éponges à partir de 3 $.

Si vous souhaitez vous procurer ces éponges qui font la renommée de Tarpon Springs, dirigez-vous vers la Tarpon Sponge Company ! Devant la petite boutique vous attendent des paniers remplis d'éponges de toutes les formes, taillées devant vous et à des prix moins chers qu'aux alentours. Les éponges les plus claires ont été pêchées en eaux profondes et peuvent durer jusqu'à 2 ans, contrairement aux éponges plus foncées. Une petite fiche d'entretien vous sera fournie. N'hésitez pas à entrer dans la boutique pour voir des éponges immenses qui servent plutôt de déco.

Coucher de soleil sur Tarpon Springs.

NORD-OUEST

Peu de touristes viennent jusqu'ici, aux confins de la Floride, où il fait un peu plus frais en hiver, certes, mais où les contrées plus verdoyantes réservent bien des surprises aux amoureux de nature avides de beaux paysages. Les randonneurs qui oseront s'aventurer dans les forêts de la région de Tallahassee ou d'Ocala pourront admirer rivières, lacs et cascades qui y sont légion. Les passionnés de culture et d'histoire seront quant à eux enchantés par le centre historique de Pensacola, l'une des plus anciennes villes des USA, ou par Tallahassee, capitale de la Floride, en visitant l'ancien capitole de la ville. Pour la plage, il suffira de mettre le cap sur la côte d'Émeraude, baptisée ainsi en raison de la belle couleur de ses eaux, ou sur Panama City Beach ou Seaside pour plus de tranquillité. En résumé, ne faites pas comme la plupart des visiteurs qui viennent en Floride : ne manquez pas le nord-ouest de l'État !

ALABAMA
GÉORGIE
Crestview
Milton
PENSACOLA
SEASIDE
Upper Grand Lagoon
PANAMA CITY BEACH
Panama City
Marianna
Chattahoochee
Wewahitchka
Port Saint Joe
Apalachicola
Thomasville
TALLAHASSEE
Wacissa
98
Perry
Madison
Mayo
Lake City
Fargo
Folkston
Starke
Cross City
GAINESVILLE
Citra
Williston
Suwannee
OCALA
Cedar Key
Golfe du Mexique
Nord-Ouest
Homosassa Springs
Inverness
PINE ISLAND
50 KM

PAGES

NORD-OUEST

OCALA ★

A égale distance d'Orlando et de Tampa, Ocala est une petite ville sur la L75. Le centre historique est constitué de maisons de style victorien. Le comté de Marion, dont fait partie Ocala, est le plus au nord de la Floride. Il est réputé pour ses élevages de chevaux pur sang entraînés pour s'illustrer sur les champs de courses. Ocala est ainsi surnommée Capitale mondiale du cheval. Plus de mille chevaux sont élevés dans les quelque 600 fermes équestres du comté, dont certaines sont ouvertes aux visites. Ne manquez pas non plus la visite de l'immense Ocala National Forest (1 500 km²) avec ses sources d'eaux naturelles, lacs et rivières.

LA CUISINE €€

48 SW 1st Ave ✆ +1 352 433 2570
www.lacuisineocala.com
Ouvert du mardi au vendredi de 17h à 21h et de 11h à 21h samedi et dimanche. Fermé lundi. Live music vendredi et samedi.

© LA CUISINE

La cuisine française vous manque ? Elle manquait visiblement aussi aux habitant d'Ocala, qui plébiscitent ce restaurant tenu par un couple de Lyonnais : Patrice, formé à l'Institut Paul Bocuse, et sa femme Elodie, qui travaille en salle. Bœuf bourguignon, canard à l'orange, bouillabaisse, soufflé, crème brûlée : la carte de La Cuisine fait dans le genre bistronomie, avec quelques adaptations américaines comme les gros burgers. Sans oublier les excellents cocktails servis au bar en attendant de passer à table, ainsi que les concerts le vendredi et le samedi.

OCALA DRIVE-IN

4850 S Pine Avenue
✆ +1 352 629 1325
https://ocaladrivein.info
Tous les jours. Billets en vente sur place uniquement. Adulte : 6 US$, enfant (6-2 ans) : 3 US$, gratuit moins de 5 ans.

S'il y a une expérience typiquement américaine, c'est bien le *drive-in* ! À Ocala, vous pourrez profiter tous les soirs de deux films projetés sur les plus grands écrans de Floride. Installez-vous confortablement dans votre véhicule, réglez la radio sur la fréquence indiquée et profitez de l'expérience ! Le programme change chaque semaine et propose 4 films (deux par écran). Les projections ont lieu tous les soirs, même s'il pleut ! Il n'est pas possible d'apporter votre propre nourriture, mais un stand vous propose pizzas, burgers et autres plats à petits prix.

OCALA NATIONAL FOREST

325 John Knox Rd, Tallahassee
✆ +1 904 942 9300
www.fs.usda.gov/ocala

Avec ses 460 000 acres, le parc, appelé Big Scrub, est la première forêt nationale établie à l'est du Mississippi. Les possibilités d'activités nature sont vraiment nombreuses : baignade dans les eaux cristallines des 600 lacs et rivières, plongée avec tuba ou bouteille, balades en canoë, en VTT ou à cheval... Sans oublier les nombreuses promenades balisées, comme le Saint Francis Trail, le Eaton Loop Lake Trail ou le Florida National Scenic Trail. Il est même possible de dormir à la belle étoile dans l'un des 14 campings de la forêt.

SILVER SPRINGS STATE PARK ★★

5656 East Silver Springs Boulevard
✆ +1 352 261 5840
www.silversprings.com
Toute l'année de 8h au coucher du soleil. 2 US$/adulte, gratuit -6 ans. Kayak : 25 US$/h, excursion en bateau : 13 US$.

Parmi les attractions les plus populaires de Floride, Silver Springs State Park est le paradis des amoureux de nature. Vous pourrez faire des balades dans les bateaux à fond de verre, louer kayak, canoë ou paddle pour descendre les eaux cristallines de la Silver River et tenter d'apercevoir des lamantins, ou encore visiter le Silver River Museum qui se consacre à l'histoire de la Floride. Le Cracker Village est quant à lui une réplique d'un village de pionniers du XIXe siècle.

Silver Springs State Park.

SHAMROCK COVE INN

215 S Pine Avenue
✆ +1 352 421 5673
https://shamrockcoveinn.com
Chambre double à partir de 90 US$.

Ce petit motel situé à quelques pas du quartier historique de Pensacola devrait séduire les amateurs de vintage. Il offre 12 chambres très confortables avec machine à café, micro-onde et petit réfrigérateur. Chacune a son propre thème et palette de couleurs, comme Boudoir Bohémien, Sanctuaire Botanique, ou Jardin Anglais. La décoration, à grand renfort d'objets chinés et de couvre-lits à motif, est assez chargée et peut ne pas plaire à tout le monde. C'est toutefois cette atmosphère unique et tout sauf impersonnelle qui fait le charme des lieux.

IVY ON THE SQUARE €€

53 S Magnolia Avenue
✆ +1 352 622 5550
https://www.ivyhousefl.com
Mardi et mercredi : 11h à 21h. Jeudi au samedi de 11h à 22h. Plat à partir de 14 US$.

Ce que l'on remarque en premier, c'est l'immense palmier devant la devanture en briques rouges du restaurant Ivy on the Square. À l'intérieur, on découvre un style doux et cosy et des meubles de caractère de style Louis XVI comme les chaises médaillon de couleur grise. La cuisine, typique du Sud des États-Unis, fait naturellement la part belle aux crevettes et au poulet, comme avec le fameux Shrimp Bo Boy ou le poulet frit à déguster dans un burger généreux ou un sandwich. Des plats sont également prévus pour les végétariens. Une adresse pleine de charme.

GAINESVILLE ★★

En continuant vers le nord, vous arriverez à Gainesville, un petit havre de paix regorgeant de richesses méconnues. Fondée en 1854, la ville tire son nom d'Edmund Gaines, l'un des héros des guerres séminoles. Le comté fut un temps connu comme la capitale du citron. Dans la partie nord-est de la ville, des bâtiments datant de 1880 à 1930 sont classés monuments historiques, tandis que le Florida Museum of Natural History vaut à lui seul une halte à Gainesville. Économiquement, la grande force de la ville réside dans son université. Très réputée, elle s'étend sur des milliers d'hectares !

Histoire

Les premières explorations, datant de 1519, sont faites par les Espagnols. Plusieurs dizaines d'années plus tard, des colons s'installent sur ces terres fertiles. L'agriculture et l'élevage favorisent le développement des missions et permettent de nourrir les populations d'indiens séminoles. Les Anglais occupent la Floride de 1763 à 1783, jusqu'à ce que l'Espagne en reprenne le contrôle. Gainesville, fondée en 1854, tire son nom de celui d'Edmund Gaines, l'un des héros des guerres séminoles. Jusqu'à la fin du siècle, et jusqu'à une vague de gel venue anéantir une partie considérable de la production, le comté est resté la capitale du citron. En 1906, l'installation de l'université de Floride donne un nouvel élan à la ville. Elle est aujourd'hui la quatrième plus grande université des États-Unis pour le nombre d'inscriptions.

© H.J. HERRERA - SHUTTERSTOCK.COM

Alice Lake.

ALICE LAKE ★

Museum Road

Ouvert tous les jours en permanence. Entrée libre.

Un coup d'œil au lac Alice, situé sur le campus de l'université de Floride, vous permettra de comprendre pourquoi l'équipe d'athlétisme de l'université porte le nom de Gators. Ce grand lac est en effet la résidence principale d'un grand nombre d'alligators ! Vous pourrez les observer à loisir, mais prudence tout de même. Autour du lac, vous trouverez un ravissant jardin botanique, le Ficke Garden, ainsi que le Baughman Center, un pavillon à l'architecture originale qui se reflète sur le lac. Profitez-en aussi pour flâner sur le campus de l'université de Floride.

DEVIL'S MILLHOPPER ★

4732 NW 53rd Avenue

✆ +1 352 955 2008

Ouvert du mercredi au dimanche de 9h à 17h. Fermé lundi et mardi. Entrée : 4 US$/voiture et 2 US$/piéton ou cycliste.

Avant de pénétrer dans cette petite forêt tropicale et de jouer avec l'écho de votre voix, vous devrez descendre 232 marches en bois… De nombreuses cascades font également écho et ne vous laissent pas en paix. Le parcours est jalonné de nombreuses fleurs et de plantes de toutes les espèces. Ouvrez bien les yeux, car vous pourrez aussi apercevoir des écureuils, des lapins et des reptiles. Dans le Visitor Center, une exposition est consacrée aux fossiles, aux ossements et aux coquillages marins. Une excursion dépaysante qui change des paysages floridiens habituels !

BIVENS ARM NATURE PARK ★

3650 South Main Street

Ouvert tous les jours de 9h à 17h. Entrée libre.

À quelques encablures du centre-ville, vous découvrirez une promenade est balisée le long des marécages, au milieu des chênes. Le parc est tranquille et permet de découvrir une faune et une flore sauvages et abondantes. Des citations de poètes, d'auteurs ou de naturalistes jalonnent le parcours et contribuent à l'intérêt de la visite. Ce parc est particulièrement agréable pour pique-niquer et propose aussi une aire de jeux pour les enfants. Soyez toutefois attentif car il arrive que des alligators viennent se poser le long des *trails*.

FLORIDA MUSEUM OF NATURAL HISTORY ★

3215 Hull Road ✆ +1 352 846 2000

www.flmnh.ufl.edu

Lundi-samedi : 10h-17h, à partir de 13h le dimanche. Gratuit. Butterfly Rainforest : 14 US$/adulte, 7,50 US$/3-17 ans.

Un musée d'Histoire naturelle bien réalisé qui retrace l'évolution de la région du temps des dinosaures jusqu'à celui des Indiens calusas et séminoles. Une balade interactive très intéressante, avec de nombreux squelettes impressionnants, dont celui d'un mammouth. Le Butterfly Rainforest dévoile une immense serre où volent plus de 1 000 papillons au milieu d'une végétation tropicale puis des postes d'observation de l'éclosion des chrystalides et la reproduction. À ne pas manquer.

PAYNES PRAIRIE STATE PRESERVE ★

US 441
✆ +1 352 466 3397
Tous les jours de 8h au coucher du soleil. 6 US$/voiture, 2 US$/piéton ou cycliste, 18 US$/nuit + taxe au camping.

© KRISTI BLOKHIN - SHUTTERSTOCK.COM

Des bisons, des chevaux sauvages, des alligators et près de trois cents autres espèces d'animaux et d'oiseaux vaquent à leurs occupations dans cette réserve de 19 000 acres (7 690 ha). Possibilité de faire du vélo ou du cheval sur les parcours balisés de la prairie Paynes ; de randonner sur l'un des huit trails ou de faire du canoë sur le lac Wauburg. La tour d'observation de 15 mètres de haut située au Visitor Center offre quant à elle une splendide vue panoramique sur la prairie.

VISIT GAINESVILLE, ALACHUA COUNTY

33 N Main Street
✆ +1 866 778 5002
www.visitgainesville.com
Ouvert du lundi au vendredi de 8h30 à 17h.

Tout ce qu'il y a à voir et à faire dans cette ville assez peu connue du Nord de la Floride, et le comté d'Alachua en général. Vous découvrirez ainsi la richesse de l'offre locale, aussi bien en terme de restauration (il y en a vraiment pour tous les goûts !), d'hébergement, de musées et visites culturelles, d'escapades nature, de sport, de vie nocturne... Le site web de ce Visitor Center est très bien fourni et vous pourrez faire des repérages avant votre visite.

GRADY HOUSE BED AND BREAKFAST €€

24042 West US Hwy 27
✆ +1 386 454 2206
https://www.gradyhousebnb.com
Chambre double à partir de 180 US$. Petit déjeuner inclus. Wi-fi gratuit.

Cette demeure historique en brique date de 1917 et possède un superbe jardin où vous prendrez plaisir à vous prélasser. L'intérieur est décoré avec soin, et Sara et Scott vous accueilleront avec chaleur. Vous apprécierez particulièrement le délicieux et consistant petit déjeuner. Vous pourrez aussi flâner dans le petit salon au rez-de-chaussée en écoutant des standards de jazz ou lire sur la terrasse en bois. Les cinq chambres à l'étage sont uniques et colorées, décorées d'antiquités.

SWEETWATER BRANCH INN €€€

625 East University Avenue ✆ +1 352 373 6760
www.sweetwaterinn.com
Chambre double à partir de 174 US$/nuit. Piscine.

Ce magnifique *bed and breakfast* situé dans une demeure victorienne de charme en plein centre historique propose 12 chambres très confortables décorées avec des meubles anciens ainsi que plusieurs cottages de style floridien équipés d'une cuisine. Une piscine et un spa d'eau salée offrent une détente bienvenue après une journée à explorer Gainesville. Mention spéciale pour les vélos prêtés gratuitement. Les petits-déjeuners sont servis dans la maison victorienne voisine. Ne manquez pas la *Wine and Cheese Hour* durant laquelle vins et fromages sont offerts.

GREAT OUTDOORS €€

65 North Main Street ✆ +1 386 454 1288
www.greatoutdoorsdining.com
Mardi au jeudi : 12h à 21h, vendredi : 12h à 23h, samedi : 11h à 23h, dimanche : 11h à 21h. Plat à partir de 10 US$.

Une grande salle dans un bâtiment ancien tout en briques à la décoration assez rustique et un patio agrémenté d'une belle terrasse avec bar. Vous dégusterez des plats classiques de la cuisine américaine ou *tex-mex* : nachos, burgers généreux, mac and cheese ou encore steaks. La présentation est soignée et le service attentif. Si vous venez en fin de semaine, votre repas sera sans doute animé par de la bonne musique live. En résumé, ce restaurant offre certainement le meilleur rapport qualité/prix de la petite commune de High Springs, à 15 minutes de Gainesville.

BLUE SPRINGS PARK

7450 N.E. 60th Street
✆ +1 386 454 1369
www.bluespringspark.com
Ouvert de 8h au coucher du soleil. 6 US$ par voiture, 2 US$ par cycliste ou par piéton.

Un superbe parc aux eaux transparentes où l'on peut nager et faire du kayak dans les nombreuses Springs, ces bassins d'eau naturels tels que Little Blue Spring, Naked Spring, Kiefer Spring ou Johnson Spring. Il est aussi possibilité de faire un circuit de randonnée en pleine nature à l'aide de la carte de sentiers fournie à l'entrée, et même de dormir sur place dans l'un des 7 campings dédiés aux tentes. Pour la petite histoire, c'était auparavant un parc privé. Si cela est possible, nous vous recommandons d'éviter les week-ends car le parc est très fréquenté.

HART SPRINGS PARK

4240 SW 86th Avenue
✆ +1 352 463 3444
www.hartsprings.com
Mai à septembre : 9h-19h30, octobre à avril : 9h-17h. Haute saison : 5 à 8 US$. Basse saison : 3 US$. Gratuit -de 5 ans.

Un très beau parc avec de superbes *springs (lacs)*. Hart Spring Park est situé à environ une heure de High Springs, sur la commune de Bell. Malgré la route, le déplacement vaut le détour ! Durant la journée, vous pourrez louer des kayaks ou des canoës pour voguer sur la Suwannee River, vous baigner dans l'un des plus grands Springs de Floride, randonner sur les différents *trails*, pique-niquer à l'ombre des pins... Il est aussi possible de camper quelques jours sur place pour profiter sans vous presser de toutes ces activités.

SANTA FE CANOE OUTPOST

2025 N.W. Santa Fe Boulevard
✆ +1 386 454 2510
Ouvert du mercredi au dimanche de 9h à 17. Comptez 38 US$ par personne pour 3h de location de canoë.

Santa Fe Canoë Outpost organise des sorties en canoë, en paddle ou en kayak sur la rivière Santa Fe et sur les nombreux *springs* de la région. Vous pourrez choisir parmi quatre itinéraires d'une longueur de 9 à 22 kilomètres (comptez 3 à 5 heures de navigation). Le parcours le plus long vous permettra de voir une dizaine de *springs*). Selon le parcours, il vous sera proposé un retour à la base en navette. C'est un excellent moyen de découvrir ces paysages uniques, avec des points de vue que vous ne pourriez pas trouver depuis la terre ferme.

TALLAHASSEE ★★

La végétation luxuriante, les cascades et les collines du nord-ouest de l'État font vite oublier les étendues marécageuses du sud. Tallahassee est une ville de plus de 190 000 habitants, et c'est aussi la capitale de la Floride ! Comme elle ne fait pas beaucoup parler d'elle et que les touristes l'ignorent trop souvent, elle est calme et paisible. Pourtant, Tallahassee est une ville riche culturellement. Ne manquez pas la visite des deux capitoles et de la Mission San Luis. Si vous venez du sud, les collines et grandes descentes vous donneront l'impression d'être dans les Alpes ou à San Francisco, mais certainement pas dans la plate Floride !

Histoire

Les Indiens sont les premiers à s'établir dans la région au XIIe siècle. Ils installent leurs habitations sur les rives du lac Jackson. Fondée en 1823, la ville devient plus tard le siège du premier gouvernement civil de l'État de Floride. La France est à l'honneur dans la région, puisqu'en remerciement des services rendus pendant la Révolution américaine, le marquis de La Fayette y reçoit des terres du gouvernement, sur lesquelles il plante des vignes. Ce vin français reste encore de nos jours très réputé. La ville joue également un rôle important pendant la guerre de Sécession car ses habitants alimentent les troupes des confédérés, et se distinguent tout particulièrement lors de la célèbre bataille de Natural Bridge. En 1824, grâce à sa position entre les deux plus grandes villes d'alors (St. Augustine et Pensacola), Tallahassee est nommée capitale de Floride.

Tallahassee.

NORD-OUEST

CHALLENGER LEARNING CENTER

200 S Duval Street ✆ +1 850 645 7827
https://www.challengertlh.com
Lundi au jeudi de 12h à 19h, jusqu'à 21h du vendredi au dim. Adulte : à partir de 5 US$, enfant : à partir de 4,25 US$.

Avis aux passionnés de la conquête spatiale ! Ce centre de près de 3 000 m² rassemble un planétarium, un cinéma IMAX 3D, des simulateurs de vol et de nombreuses activités pour petits et grands. Il est l'un des 40 Challenger Center du monde. Tous ont été fondés suite à l'explosion de la navette Challenger en 1986, dans le but de soutenir l'effort de la nation dans la conquête spatiale, mais aussi d'accroître l'intérêt des jeunes générations envers la science et les mathématiques.

DOWNTOWN MARKET PLACE ★

115 E. Park avenue
✆ +1 850 224 3252
De mars à novembre : tous les samedis de 10h à 14h.

Chaque samedi de mars à novembre, entre 10h et 14h, se tient le marché de Tallahassee où se côtoient les musiciens locaux (jazz en particulier), les poètes qui présentent leurs écrits et les artistes leurs dernières œuvres, tandis que les fermiers des environs vendent ce que la nature leur a donné de meilleur. Au total, ce sont près de 35 stands qui vous attendent pour des emplettes locales. Emmenez votre couverture, achetez vos fruits sur place, et profitez d'un moment de détente au cœur de la culture américaine : pas celle de Miami, celle du terroir.

GOODWOOD MUSEUM & GARDENS ★

1600 Miccosukee Road
✆ +1 850 877 4202
www.goodwoodmuseum.org
Du lundi au vendredi de 10h à 16h. Jardins : gratuits. Adulte : 12 US$, enfant (6-12 ans) : 6 US$.

Datant de 1834, cette plantation qui produisait du coton et du maïs a également longtemps été le siège d'instances politiques. Il est possible de visiter l'élégante demeure blanche de style colonial, richement meublée comme à l'époque, lors de visites guidées (4 fois par jour du mardi au vendredi, deux fois par jour le samedi). Prévoir 1h de visite. Si ce pan d'histoire ne vous intéresse pas particulièrement, vous pouvez tout de même visiter gratuitement les jardins.

HISTORIC CAPITOL OF FLORIDA ★★

Downtown, S Monroe Street
✆ +1 850 487 1902
www.flhistoriccapitol.gov
Du lundi au vendredi de 9h à 16h30, le samedi de 10h à 16h30, le dimanche dès midi. Gratuit mais donation appréciée.

© TODD TAULMAN - FOTOLIA

Il s'agit de l'ancien capitole de Floride, restauré tel qu'il était en 1902. Vous pourrez y découvrir le bureau du gouverneur ainsi que la chambre du Sénat et la Cour suprême. En entrant dans le bâtiment, vous serez sans doute impressionné par la majestueuse rotonde et son vitrail en verre. Un musée permet de découvrir l'histoire de la politique de la Floride notamment au moment de la ségrégation. Une visite à ne pas manquer pour qui s'intéresse à l'histoire de cet État.

MACLAY STATE GARDENS ★

3540 Thomasville Road
✆ +1 850 487 4556
De 8h au coucher du soleil. 6 US$/véhicule, 2 US$/piéton-cycliste. Janvier-avril : jardins 6 US$/adulte / 3 US$/enfant.

Alfred B. Maclay était un financier passionné de botanique. L'architecture florale de cette maison d'hiver des années 1930 est une pure merveille. Durant votre découverte du parc, vous aurez la possibilité de faire des promenades balisées, notamment deux circuits à travers bois, surplombant le lac. Des pistes sont également dédiées aux cyclistes, tandis que l'on peut se baigner dans le Lake Hall. La floraison des jardins s'étend de début janvier à fin avril, avec un pic à la mi-mars, d'où le coût supplémentaire si vous venez à cette période. Un vrai enchantement.

MISSION SAN LUIS ★★

2100 West Tennessee Street ✆ +1 850 245 6406
www.missionsanluis.org
Du mardi au dimanche de 10h à 16h.
Adulte : 5 US$, seniors : 3 US$, enfants de 6 à 17 ans : 2 US$, gratuit -6 ans.

Mission San Luis était la capitale de la Floride à l'époque où elle était colonisée par les Espagnols de 1656 à 1704. Les Espagnols vivaient alors en bonne intelligence avec des Indiens Apalachee aussi bien pour des raisons économiques que militaires. La Mission a été reconstituée à l'identique sur son site original. Sur une trentaine d'hectares, c'est aujourd'hui un musée vivant avec des bâtiments coloniaux (église, maison de colons, salle de rituels d'Indiens Apalachee…), des expositions et des pièces d'archéologie. Une visite passionnante à ne pas manquer.

MUSEUM OF FLORIDA HISTORY ★★

500 South Bronough Street
✆ +1 850 248 6400
www.museumoffloridahistory.com
Du lundi au vendredi : 9h à 16h30, samedi : 10h-16h30, le dimanche : 12h-16h30. Gratuit, dons appréciés.

Seul musée de l'État à traiter près de 12 000 ans d'histoire de la Floride, ce complexe bunker propose une rétrospective riche en objets rares. Le quotidien des premières tribus est fidèlement restitué avec des objets d'époque. Vous pénétrerez aussi dans un appartement des années 1950 avec des détails si précis qu'on a l'impression d'être chez quelqu'un. La partie la plus émouvante est celle consacrée aux soldats morts pendant la Seconde Guerre mondiale.

RILEY HOUSE MUSEUM

419 E. Jefferson Street
✆ +1 850 891 3560
https://www.rileymuseum.org
Ouvert du mardi au jeudi de 10h à 16h.
Adulte : 5 US$, enfant : 3 US$.

Dans le cœur historique de la capitale Floridienne, ce musée prend place dans l'ancienne maison de John Gilmore Riley (1857-1954), un membre éminent de la communauté afro-américaine de Tallahassee et ancien esclave. Il se consacre à la place de l'histoire et la culture afro-américaine aux États-Unis, et plus particulièrement aux périodes ayant précédé et suivi la Guerre de Sécession (1861-1965). Vous découvrirez également dans le musée un *audio-animatronic* (robot animé et parlant) plus vrai que nature représentant John Gilmore Riley, conçu par Disney.

TALLAHASSEE AUTOMOBILE MUSEUM ★

6800 Mahan Drive ✆ +1 850 942 0137
www.tacm.com
Lundi-ven : 8h-17h, samedi : 10h-17h, dimanche : 11h-17h. Adulte : 20 US$, dès 2 adultes : 17,50 US$, 5-8 ans : 5 US$.

Ce musée expose une impressionnante collection de voitures parmi lesquelles on découvre une Duesenberg de 1931, une T-Bird de 1956, des Delorean, des Cadillac, des Corvette… A son ouverture en 1996, le musée ne possédait que 16 voitures... Aujourd'hui, il y en a plus de 160 ! De nouveaux objets et modèles viennent régulièrement enrichir les expositions. Comptez 1 heure pour la visite. Avis aux amateurs : il est même possible d'acheter des véhicules de collection !

TALLAHASSEE MUSEUM ★

3945 Museum Drive
✆ +1 850 575 8684
www.tallahasseemuseum.org
Lundi au samedi de 9h à 17h, dimanche de 11h à 17h. Adulte : 12,5 US$; enfant (4-12 ans) : 9,50 US$, gratuit -3 ans.

Ce musée, dont la visite s'effectue majoritairement en plein air, propose une découverte de la faune via des *trails* surélevés depuis lesquels vous pourrez observer de nombreux animaux tels que la panthère de Floride, l'ours noir, le renard roux ou la tortue sauvage. La Big Ben Farm, une ferme typique de la fin du XIXe siècle, donne quant à elle l'impression de remonter le temps, tout comme les nombreux bâtiments historiques du domaine : la Plantation Bellevue, l'école, l'église et la locomotive des années 1920. Prévoir environ 2 heures de visite.

THE NEW CAPITOL ★

400 South Monroe Street
✆ +1 850 488 6167
Ouvert du lundi au vendredi de 9h à 17h. Entrée libre.

A ne pas confondre avec l'*historic Capitol*, derrière lequel il est construit, le nouveau capitole de Tallahassee a été achevé en 1977. Il abrite les pouvoirs exécutif et législatif de la Floride. Très moderne, il culmine à 94 m de haut et est doté d'une terrasse offrant une vue panoramique de toute beauté. Son design est similaire aux capitoles des Etats de Louisiane, du Nebraska et du Dakota du Nord. Des expositions, notamment artistiques, sont organisées dans les galeries. Il est également possible d'assister à des sessions législatives.

WAKULLA SPRINGS STATE PARK ★★

465 Wakulla Park Drive
✆ +1 850 561 7276
www.floridastateparks.org
Accès : 6 US$/voiture, 2 US$/piéton ou cycliste. Sortie bateau avec fond de verre : 8 US$ par adulte, 5 US$ par enfant.

A seulement 30 minutes de Tallahassee, la visite de ce parc est un vrai bol d'air frais. Grâce à sa rivière, la Wakulla River, le parc d'environ 3 000 hectares est très riche en faune et flore. Vous pourrez apercevoir alligators, tortues et différents oiseaux si vous faites la promenade en bateau. Parmi les multiples activités possibles sur place : randonnée, vélo, baignade, *snorkeling*, pique-nique... Si vous le souhaitez, vous pouvez passer la nuit dans le *lodge* sur place.

VISIT TALLAHASSEE VISITOR INFORMATION CENTER

414 E. Bloxham Street, Suite 115
✆ +1 850 606 2305
www.visittallahassee.com
Du lundi au vendredi de 8h à 17h, le samedi de 10h à 14h.

Un office de tourisme où vous trouverez absolument tout ce que vous avez envie de savoir sur la capitale de la Floride et sa région. Le bureau est situé à proximité immédiate du très agréable Cascade Park et de ses nombreuses pièces d'eau comme l'Imagination Fountain. Nous vous recommandons vivement de vous y arrêter, notamment parce que Tallahassee est bien moins connue que Miami... Il peut donc être difficile de savoir par où commencer la visite !

THE LITTLE ENGLISH GUEST HOUSE €€

737 Timberlane Road
✆ +1 850 907 9777
www.littleenglishguesthouse.com
Chambre double à partir de 109 US$. Petit déjeuner inclus. Wi-fi gratuit.

Ce B&B est installé dans une maison charmante, agréablement située au milieu de grands arbres. Tracey, la maîtresse de maison, d'origine anglaise, vous servira le thé à volonté sur sa belle table familiale ornée de napperons. Et vous aurez le choix entre trois chambres *cosy*, avec lit *king size*, où les édredons sont énormes, *english style* oblige ! Pour vous détendre, le joli jardin anglais verdoyant et son banc-balançoire est un havre de paix très appréciable. Convivial et reposant.

GORDO'S NORTHSIDE €

1460 Market Street
✆ +1 850 727 5914
www.gordoscubanfood.com
Ouvert tous les jours de 11h à 22h. Plat à partir de 8,75 US$.

Un restaurant cubain avec de très bons sandwichs préparés à la *cubana* et toutes les spécialités de l'île. Parmi les plats stars, on vous recommande le *picadillo*, une onctueuse préparation de boeuf accompagnée de riz et de bananes frites. Un classique de l'île crocodile (le petit surnom de Cuba). On termine avec un cheesecake au Dulce de Leche et un café Colada. Mention spéciale pour la déco colorée ultra fun qui fait très restaurant de plage et les photos d'époque du Cuba d'avant Fidel Castro. Une bonne adresse aux prix très raisonnables.

GEORGIO'S €€

2971 Apalachee Parkway
✆ +1 850 877 3211
www.georgiostallahassee.com
Ouvert du mardi au samedi de 16h30 à 22h. Salade à partir de 15 US$. Autres plats à partir de 24 US$.

Un restaurant qu'il faut connaître, car vous ne tomberez pas dessus par hasard. Il est en effet dans une zone commerciale, à 10 min du centre-ville. La qualité de la cuisine n'a d'égal que la gentillesse du patron, Georges Koikos, un Grec qui a émigré aux USA depuis plus de 40 ans. Il tient aujourd'hui le restaurant avec sa fille Elen. Vous serez sûr de manger frais, savoureux et original : tous les plats sont maison. Si la décoration est un peu vieillotte, la carte affiche une sophistication qui fait de Georgio's l'une des plus intéressantes tables de la ville.

OSAKA JAPANESE HIBACHI STEAKHOUSE & SUSHI BAR €€

1489 Maclay Commerce Drive ✆ +1 850 900 5149
https://theosakasteakhouse.com
Du lundi au vendredi de 11h à 22h. Le week-end de 11h à 22h30. Plat : à partir de 23 US$. Sushis : à partir de 10 US$.

Si vous êtes amateur de cuisine japonaise, vous avez frappé à la bonne porte ! Ici, vous pourrez aussi bien manger des rolls, des sushis, des tempuras, ou des sashimis que vous faire un festin de grillades japonaises en live, autrement appelé « Hibachi » chez les Japonais mais transformé en « Steakhouse » par les Américains. Mention spéciale pour la présentation soignée des plats. Autre plus de ce restaurant, c'est un des rares à être encore ouverts après 21h30 hors saison ! Ouf.

PANAMA CITY BEACH ★★

Avec des eaux aux reflets émeraude et des plages de fin sable blanc bordant le golfe du Mexique sur une trentaine de miles, Panama City Beach est souvent classée parmi les plus belles plages des États-Unis. Bien que l'hiver n'y apporte pas la douceur que l'on peut attendre de la Floride, l'été n'y est pas étouffant et attire de nombreux retraités en quête de calme. La ville a été durement frappée par l'ouragan Michael en octobre 2018, lui donnant des airs de zone de guerre selon les médias américains présents sur place. Depuis, Panama City Beach est redevenue la station balnéaire de rêve qu'elle a toujours été. Une petite visite s'impose !

PANAMA CITY CENTER FOR THE ARTS ★

19 E. 4th Street
✆ +1 850 640 3670
https://www.pccenterforthearts.com
Ouvert du mardi au samedi de 10h à 17h, le vendredi jusqu'à 19h. Entrée gratuite.

De nombreux artistes locaux dévoilent leurs œuvres dans ce musée des Beaux-Arts, mais vous trouverez aussi des expositions d'autres artistes américains. Au total, près de 30 expositions se relaient chaque année pour varier les plaisirs ! La galerie destinée aux enfants est particulièrement réussie. Le deuxième jeudi du mois, une soirée micro ouvert invite les auteurs qui le souhaitent à lire leurs écrits face à un public. Qui sait, vous rencontrerez peut-être le futur Stephen King...

GULF WORLD MARINE PARK ★★

15412 Front Beach Road ✆ +1 850 234 5271
www.gulfworldmarinepark.com
De 9h30 à 17h30 en été, jusqu'à 15h ou 16h en basse saison. Adulte : 32,99 US$, 5-11 ans : 22,99 US$. -3 US$ en ligne.

Gulf Word accueille de nombreux mammifères marins, notamment des dauphins, des lions de mer et des otaries, ainsi que d'autres espèces marines comme les pingouins, les raies ou encore les tortues. Des bassins tactiles permettent même de toucher certains animaux ! Le parc compte aussi des perroquets et des flamants roses. Des spectacles et animations ont lieu tout au long de la journée. Comptez 3h à 4h de visite. En supplément, plusieurs activités sont proposées : nage avec les dauphins, rencontre avec les otaries et les raies..

SAINT ANDREWS STATE PARK ★

4607 State Park Lane
✆ +1 850 233 5140
8 US$/voiture, 2 US$/piéton ou cycliste. Camping : 28 US$ la nuit et 6,70 US$ de frais de réservation.

Saint Andrews est l'un des deux State Parks de Panama Beach City avec Camp Helen. Avec ses dunes de sable fin situées entre le golfe du Mexique et la baie de Saint Andrew, ce parc est un vrai petit paradis. Pour en profiter pleinement, les options sont nombreuses : vous pourrez vous baigner dans l'eau transparente, faire de la plongée, pêcher, faire du bateau, randonner sur les pistes balisées... Le site est particulièrement prisé des cyclistes qui apprécient pédaler sur les 3,5 kilomètres de route pavée. Il est même possible de camper sur place.

MAN IN THE SEA MUSEUM

17314 Panama City Beach Parkway
✆ +1 850 235 4101
https://maninthesea.org
Ouvert du jeudi au samedi de 10h à 16h. Adulte : 8 US$, enfant ((6-17 ans) : 6 US$, gratuit moins de 5 ans.

Ce musée de près de 500 m² qui a fêté ses 40 ans en 2022 est consacré à l'histoire de la plongée sous-marine et aux progrès technologiques qui lui sont associés. Vous découvrirez une collection assez impressionnante d'anciens sous-marins, de scaphandres d'époque et de maquettes. Surtout, vous explorerez un Sea Lab (laboratoire sous-marin) des années 1960, parfaitement restauré. Adultes et enfants passeront sans aucun doute un très bon moment. N'hésitez pas à poser des questions aux bénévoles présents sur le site ! Prévoir 2 heures de visite.

HOLIDAY INN RESORT €€

11127 Front Beach Road
✆ +1 850 234 1111
www.hipcbeach.com
À partir de 360 US$ pour une chambre double. Wi-fi gratuit.

Cet immense hôtel posé sur la plage au cadre tropical paradisiaque entre cocotiers, piscines immenses et plage aux eaux cristallines, dispose entre autres d'un grand bar de plage, d'un restaurant nommé The View, de plusieurs bars dont certains avec vue sur le golfe du Mexique, d'un spa pour se détendre et d'une scène extérieure pour des concerts le soir. Les chambres rénovées récemment sont spacieuses et contemporaines. Notez aussi que de nombreuses animations sont proposées tout au long de la journée pour petits et grands. Une très bonne adresse !

PINEAPPLE WILLY'S €

9875 South Thomas Drive ✆ +1 850 235 0928
www.pwillys.com
Ouvert tous les jours de 11h à 22h. Cocktails de 8 US$ à 12 US$, salades : 10 US$ environ, plats de 15 US$ à 30 US$.

Un grand restaurant à la décoration tropicale et une immense terrasse extérieure installée en longueur sur un ponton en bois au-dessus de la mer. On vous recommande le cocktail *Pineapple Willy* pour son délicieux mélange de rhum, crème de coco et jus d'ananas. Les plats sont très américains (*burgers*, *nachos*, salades…) mais vous trouverez aussi de bons fruits de mer et des poissons bien préparés. Si vous avez très faim, laissez-vous tenter par le One Pound Bucket : près de 500 grammes de ribs de porcs marinés durant 8 heures avec du whisky et de la sauce barbecue !

SHUCKUMS OYSTER PUB & SEAFOOD GRILL €

15614 Front Beach Road ✆ +1 850 235 3214
www.shuckums.com
Lundi, vendredi et samedi de 10h à 23h, les autres jours de la semaine jusqu'à 22h. Plat à partir de 13,99 US$.

Un pub traditionnel où l'on peut manger des huîtres jusqu'à pas d'heure mais aussi sandwichs, salades et plats rapides comme des aiguillettes de poulet. Le tout accompagné d'une bonne bière ou d'un verre de vin. La soupe à la bisque de crabe est excellente et les huîtres aussi : 12 recettes sont à découvrir ! Bonne ambiance, écrans pour regarder les matchs de basket ou de base-ball, musique *live* certains soirs. Un lieu bien connu de Panama City puisqu'il a été fondé en 1967.

AMERICAN CHARLIE GRILL & TAVERN €€

473 Richard Jackson Boulevard
✆ +1 850 238 8340
https://americancharlie.com
Ouvert du lundi au samedi de 11h à 21h. Plat : à partir de 12 US$.

Petite sœur de l'excellent restaurant Firefly, également à Panama City, American Charlie est une nouvelle adresse qui fleure bon les saveurs du pays de l'Oncle Sam. Dans un décor boisé ponctué de touches bien américaines (drapeaux, Statue de la Liberté ou portrait de Lincoln), vous dégusterez des spécialités telles que les burgers, le Bayou Shrimp Po Boy (un sandwich aux crevettes grillées) ou encore la soupe de palourdes, typique de la Nouvelle-Angleterre. Dépaysement garanti !

FIREFLY €€

535 N. Richard Jackson Boulevard
✆ +1 850 249 3359
fireflypcb.com
Ouvert de 17h à 22h tous les jours. Plats à partir de 20 US$.

Un restaurant unique en son genre à Panama City Beach. D'abord, parce qu'un grand arbre illuminé se trouve au milieu de l'une des deux salles du restaurant, mais aussi car le chef Rob Burgess propose deux types de cuisines très différentes, ce qui permet de plaire au plus grand nombre. Ainsi, vous pourrez aussi bien déguster des rolls et des sushis que de délicieuses pâtes italiennes ou de la viande et des poissons grillés. L'ambiance est romantique, le cadre élégant et cosy. C'est définitivement l'une des meilleures tables de Panama City Beach.

TOOTSIE'S ORCHID LOUNGE

700 Pier Park Drive
✆ +1 850 236 3459
www.tootsies.net
Ouvert de 10h à 2h du matin, de 11h à 3h du matin en été.

Ce bar à la jolie façade rose situé à Pier Park accueille des concerts de musique country tous les week-ends et presque tous les soirs pendant la haute saison. L'ambiance y est incroyable et les gens dansent à tous les âges. Regardez les portraits d'artistes country sur les murs, ici on se croirait à Nashville, berceau de cette musique. D'ailleurs, ce bar est en fait la déclinaison du Tootsies Bar créé dans les années 1960 à Nashville justement. Avis aux amateurs d'huîtres : ne manquez pas la happy hours pour déguster ces coquillages à petit prix.

WATER PLANET

5709 N Lagoon Drive
✆ +1 850 230 6030
www.waterplanetusa.com/fr
Tous les jours du 1er mars à mi-décembre. Equipe francophone. 4h de nage avec les dauphins : 115 US$. 3 jours : 460 US$.

Water Planet vous offre l'occasion de partir à la rencontre des dauphins, et de nager en leur compagnie. Toutes les activités sont guidées, dans le souci de respecter la vie sauvage et de protéger l'environnement. Les dauphins sont en liberté, évoluant dans leur milieu naturel. Divers programmes sont possibles : 4 heures, 3 jours ou même une semaine de nage avec les dauphins. Une rencontre émouvante pour un souvenir impérissable ! Découvrez encore la « Dolphin Therapy » qui combine rencontre avec les mammifères marins, massages et musique.

SEASIDE ★★

Cette charmante ville, située entre Destin et Panama City Beach, encore méconnue des touristes, est à ne pas manquer pour ses grandes et superbes plages préservées mais aussi pour son originalité ! En effet, elle fut fondée en 1981 par un riche promoteur immobilier qui rêvait d'une ville où toutes les maisons seraient identiques, où il n'y aurait pas d'insécurité et où toutes les familles seraient heureuses. En cela, Seaside fait penser à la ville de Célébration, également en Floride. Ce monde parfait inspira même les réalisateurs du film *The Truman Show* (1998) avec Jim Carrey et c'est d'ailleurs à Seaside que fut tourné en grande partie le film.

Seaside.

GRAYTON BEACH STATE PARK

357 Main Park Road

✆ +1 850 267 8300

Ouvert tous les jours de 8h au coucher du soleil. 8 US$/voiture, 2 US$/piéton ou cycliste.

Avec ses 810 hectares, Grayson Beach State Park est une destination idéale pour une journée au soleil. Il est réputé pour sa superbe plage prisée pour la baignade ainsi que pour le Western Lake sur lequel il est possible de faire du canoë ou du kayak (location possible sur place). Les marcheurs se lanceront avec plaisir sur les différents *trails* (de 1,6 à 14 kilomètres). Enfin, il n'est pas rare d'apercevoir des ours noirs, des cerfs, des renards ainsi que de nombreux oiseaux tels que des aigles et des balbuzards pêcheurs. Un camping est présent sur le site.

HIBISCUS COFFEE & GUESTHOUSE €€

85-117 Defuniak Street

✆ +1 850 231 2733

https://www.hibiscusflorida.com

Chambre double à partir de 200 US$ la nuit, petit-déjeuner inclus.

Ce Bed and Breakfast offre 10 chambres et 3 appartements à l'atmosphère unique, répartis dans trois bâtiments : la Bert's Barn (grange de Bert) construite en 1904, le Woodpecker Cottage et le Café Building. Coup de cœur pour la décoration soignée et le très beau parquet présent dans certaines chambres. Autre atout, et pas des moindres : la plage est à 10 min à pied ou 2 min à vélo. À l'Hibiscus Café, vous vous régalerez de délicieux plats végétariens, à déguster dans le jardin.

THE COURT €€€

215 Quincy Cir

✆ +1 866 595 7178

https://www.thecourtseaside.com

Chambre à partir de 300 US$. Piscine. Il faut avoir 25 ans minimum pour séjourner.

The Court est l'unique boutique-hôtel de Seaside. Il a été récemment entièrement rénové et offre huit chambres pleines de charme décorées dans un esprit balnéaire épuré avec vue sur le jardin. Chacune respire la sérénité et la fraîcheur avec des meubles blancs rehaussés par des touches de bleu marine et des luminaires en rotin. Coup de cœur pour la balançoire suspendue sur le porche privé de chaque chambre. Vous pourrez également profiter de trois piscines et d'une location de vélo gratuite. Vous trouverez une boulangerie sur place, Black Bear Bread Company.

THE GREAT SOUTHERN CAFÉ €€

83 Central Square ✆ +1 850 231 7327

https://thegreatsoutherncafe.com

Ouvert de 8h à 21h30 tous les jours. Plat à partir de 14 US$. Réservation recommandée.

Face au square de Seaside et à quelques minutes de la mer, ce restaurant sert une cuisine inspirée des traditions du Sud des États-Unis. Au petit-déjeuner, vous pourrez goûter aux célèbres beignets comme on les fait à la Nouvelle-Orléans ou au *Chicken and Waffle* (du poulet frit posé sur une gaufre). Au déjeuner et au dîner, la carte propose par exemple un *Macaroni and Cheese* au bacon et aux crevettes, ou la pêche du jour panée aux noix de pécan. Des saveurs originales que vous ne retrouverez pas partout pour une immersion instantanée dans le Vieux-Sud.

PENSACOLA ★★

Sur la côte, à l'extrémité ouest de la Floride, Pensacola reçoit peu de visiteurs francophones… dont les périples ne les mènent pas jusque-là ! Pourtant, la ville fondée en 1565 par les Espagnols est l'une des plus anciennes colonies établies aux États-Unis, avec Saint Augustine. C'est dire son histoire ! Pensacola vaut aussi le détour pour ses plages de sable blanc, sa base aéronavale et ses pilotes d'élite, les Blue Angels. Discrète, elle a acquis une grande notoriété grâce à la série télévisée portant son nom et consacrée aux héros du ciel qui y résident. Ne manquez pas de vous y arrêter, et, en plus, vous serez à 20 minutes de l'Alabama !

Histoire

La ville est fondée par les Espagnols en 1559 sous le nom de Panzacola. Cette première colonie n'est pas très florissante et les colons, préoccupés par la recherche de l'or, délaissent le site pendant un siècle. D'ailleurs, la ville dispute de ce fait encore le titre de plus ancienne colonie établie aux USA, avec Saint Augustine (fondée en 1565). En 1698, les Espagnols s'y réinstallent et construisent un fort. Les Français livreront trois batailles acharnées avant de s'emparer de la ville en 1719. Les Espagnols la récupèrent trois ans plus tard. C'est au tour des Anglais de venir à la bataille, et les Espagnols cèdent de nouveau en 1763 avant de la reconquérir en 1781. Andrew Jackson est l'ultime libérateur de cette emprise espagnole et permet l'intégration de la ville aux USA en 1821. Pendant la guerre de Sécession, Pensacola sert de camp de base aux troupes de l'Union.

CHARLES LAVALLE HOUSE

205 East Church street

Visite de la maison incluse dans la visite guidée « Life on the Frontier Bordlands Tour » du mardi au samedi à 14h30.

Située dans le quartier historique de Pensacola (Historic Pensacola Village), cette maison qui fait partie des plus anciennes de la ville. Elle fut construite en 1805 par Charles Lavalle, un charpentier de la ville. Avec son porche en bois peint en rouge et sa façade en bois, elle est un exemple du style colonial créole français. La maison est meublée avec des objets de l'époque. Pour l'anecdote, elle fut érigée au 111 West Government Street mais déplacée dans l'historique Pensacola Village en 1968 afin de la préserver de la destruction.

FORT BARRANCAS ★

Taylor Road

✆ +1 850 455 5167

Ouvert samedi et dimanche de 9h à 16h30.

L'histoire du fort a commencé avec les Espagnols qui l'ont fondé au cours du XVIIIe siècle. Partiellement détruit par le temps qui passe mais surtout par les batailles, le fort a été restauré par les Américains au cours du XIXe siècle, dans le respect des plans d'origine qui font partie des Archives nationales. Le site, qui s'étend sur 65 acres, au centre de la base navale (la Naval Air Station), permet de se promener sur des parcours balisés. Au moment où nous bouclons ce guide, la Naval Air Station, et donc le Fort Barrancas, sont fermés au public.

Fort Barrancas.

HISTORIC PENSACOLA VILLAGE ★★

Entre Jefferson Street, Bayfront Parkway, Alcaniz Street et Government Street ✆ +1 850 595 5985
www.historicpensacola.org
Mardi au samedi de 10h à 16h. Le dimanche dès 12h. Adulte : 10 US$, enfant (3-14 ans) : 5 US$. Gratuit moins de 3 ans.

Il ne faut pas manquer le centre historique de la ville, le *Historic Pensacola Village*. Vous pouvez visiter ce village historique en autonomie ou dans le cadre de visites guidées de 45 minutes (incluses dans le prix) à 11h, 13h et 14h30. Situé au cœur de la ville, ce village historique regroupe une dizaine de propriétés qui permettent aux visiteurs de découvrir Pensacola à travers les âges de 1559 (date de l'établissement de la colonie espagnole) aux années 1920. Les visites guidées, faites par des guides en costume d'époque, permettent de découvrir Lavalle House (1805), Dorr House (1871), Lear-Rocheblave House (1890) et Old Christ Church (1832) qui font partie des plus anciens bâtiments de la ville. Le musée du Commerce et le musée de l'Industrie sont d'impressionnantes reconstitutions des outils et du mode de vie des pionniers. Le musée des Enfants ravira ces derniers avec ses reproductions miniatures d'Historic Pensacola Village, sa salle de classe d'antan et ses expositions interactives sur la nature. Enfin, le musée d'Etat de la Floride, le T.T Wentworth Museum, présente différentes expositions temporaires et permanentes sur l'histoire de la Floride. Vous verrez aussi la plus ancienne église protestante de Floride qui est toujours en place sur son site d'origine. Elle fut utilisée pendant la guerre de Sécession comme camp de réserve et hôpital pour les soldats. Les expositions retracent l'histoire de Pensacola depuis la préhistoire.

PENSACOLA LIGHTHOUSE & MARITIME MUSEUM ★

2081 Radford Boulevard
✆ +1 850 393 1561
www.pensacolalighthouse.org
Ouvert de 10h à 17h. Adulte : 9,50 US$, enfant (12 ans et moins) : 6,50 US$.

© HENRYK SADURA - FOTOLIA

Ce phare bicolore noir et blanc de 53 mètres de haut est sorti de terre en 1825. Il est encore en activité aujourd'hui. Le monument est ouvert au public qui peut monter à son sommet. Un conseil pour gravir les 177 marches : prévoyez de bonnes chaussures et bannissez les tongs ! Un petit musée revient sur l'histoire du phare. C'est un site militaire, il faut donc réserver votre visite à l'avance sur Internet et être prêt à présenter votre carte d'identité en cas de demande.

NATIONAL MUSEUM OF NAVAL AVIATION ★

1750 Radford Boulevard ✆ +1 850 452 3604
www.navalaviationmuseum.org
Ouvert toute l'année de 9h à 17h. Entrée libre. Visites guidées tous les jours à 9h30, 11h, 13h et 14h30.

Situé au cœur de la base militaire, ce musée de l'Aviation est l'un des plus vastes du monde. Vous y découvrirez plus d'une centaine d'avions (dont le premier à avoir traversé l'Atlantique) ainsi que des instruments et témoignages relatifs à l'aéronaval ou à la conquête spatiale. Ne manquez pas le pavillon consacré aux mythiques Blue Angels. Vous devrez montrer une pièce d'identité pour entrer sur le site. Au moment où nous bouclons ce guide, la Naval Air Station est fermée au public.

PENSACOLA MUSEUM OF ART

407 S Jefferson Street
✆ +1 850 430 6247
https://pensacolamuseum.org
Mardi au samedi de 10h à 16h, le dimanche à partir de 12h. Adulte : 10 US$, enfant (3-14 ans) : 5 US$. Gratuit -3 ans.

Situé dans le centre historique de Pensacola, ce musée d'art prend place dans ce qui fut la prison de la ville entre 1906 et 1954. Les collections permanentes dévoilent majoritairement des œuvres du XIXe siècle à nos jours, notamment des peintures, des esquisses et des sculptures. Parmi les artistes exposés, on retrouve des grands noms tels que Pablo Picasso, Andy Warhol, Salvador Dali ou encore le verrier Louis Comfort Tiffany. Des expositions temporaires se relaient tout au long de l'année pour présenter des thèmes artistiques plus spécifiques.

PENSACOLA VICTORIAN BED & BREAKFAST €€

203 W. Gregory Street
✆ +1 850 434 2818
www.pensacolavictorian.com
Chambre double de 95 US$ à 160 US$.
Petit déjeuner inclus et wifi gratuit.

Cette charmante demeure victorienne à la devanture verte, construite en 1892, a été superbement restaurée. Les 4 chambres de style différent feront le bonheur des voyageurs en quête de confort et d'authenticité. Chuck et Barbee Major, les propriétaires, sont particulièrement accueillants. Pour la petite anecdote, Barbee était une grande amie du Commandant Cousteau ! La gourmandise est de mise entre le petit déjeuner préparé par Barbee et les biscuits maison offerts toute la journée.

COTTAGE CAFE €

203 W. Gregory Street
✆ +1 850 434 2818
www.eatatcottagecafe.com
Du lundi au vendredi de 11h à 14h.
Plat : 9,95 US$ environ.

Située sur le domaine du Pensacola Victorian Bed & Breakfast, dans l'ancien garage à carriole, le Cottage Cafe propose de grandes et délicieuses salades, des sandwichs consistants, des wraps aux recettes variées, et des quiches, le tout dans un cadre cosy agréable, comme dans une maison de poupée. D'octobre à mai viennent s'ajouter du chili maison et une soupe. Et que dire des desserts, comme le Banana bread ou l'**apple pie** ! Les produits sont frais du jour et tout est préparé sur place et avec le sourire. La bonne affaire pour déjeuner sainement à un prix mini.

MCGUIRE'S IRISH PUB €

616 E Gregory Street
✆ +1 850 433 6789
www.mcguiresirishpub.com
Ouvert tous les jours de 11h à 2h du matin, le jeudi jusqu'à 21h. Plat à partir de 11,99 US$.

C'est une étape obligatoire pour quiconque vient à Pensacola : un véritable bar restaurant irlandais tout en bois et vert où des milliers de dollars tapissent les murs. La carte propose un choix varié : pour les plus courageux, pourquoi ne pas essayer le hamburger à l'ananas ? Les amateurs de soupes se régaleront avec la mythique Senate Bean soup dont le prix n'a pas bougé depuis 1977 puisqu'elle est seulement à 18 cents ! Ce restaurant est également réputé pour sa bière brassée sur place. Mention spéciale pour le musicien et ses ballades irlandaises.

THE FISH HOUSE €€

600 S Barracks Street
✆ +1 850 470 0003
www.fishhousepensacola.com
Ouvert du dimanche au jeudi de 11h à 21h, vendredi et samedi de 11h à 22h.
Plat à partir de 15 US$.

Jim Shirley, co-propriétaire de Fish House, a grandi en suivant son père militaire à travers le monde. Il a ramené de ses voyages des saveurs asiatiques, mélangées aujourd'hui avec des plats du Vieux Sud américain dont il est originaire. Résultat : des plats succulents dont son désormais célèbre Grits à Ya Ya, de la semoule de maïs cuisinée avec du gouda, des champignons, des épinards, du bacon et des crevettes. Le soir, le ponton du restaurant, illuminé de centaines de guirlandes, s'anime au son des groupes qui viennent jouer au bord de l'eau.

PEG LEG PETE'S €€

1010 Fort Pickens Road
✆ +1 850 932 4139
www.peglegpetes.com
Ouvert lundi au jeudi de 11h à 22h, vendredi et samedi de 11h à 22h30. Plat à partir de 13 US$.

Les huîtres, la spécialité de la maison, sont présentées sous huit formes différentes, dont la plus classique, à savoir crues, et la plus originale, au parmesan et bacon. Le chef propose également des sandwichs variés (sans huîtres), des spécialités cajuns, des fruits de mer, des spécialités du golfe à base de poissons frits ou du poulet. Vous aurez la possibilité de prendre votre repas au bar pour sympathiser avec votre voisin et observer les ouvreurs d'huîtres qui travaillent à la vitesse de l'éclair au bout du bar. La terrasse est très agréable.

SEVILLE QUARTER

130 East Government Street ✆ +1 850 434 6211
www.sevillequarter.com
Du dimanche au jeudi de 11h à 2h, vendredi et samedi jusqu'à 3h. Mercredi au dimanche : 3 à 5US$ l'entrée.

Seville Quarter est un complexe d'animations nocturnes où vous pourrez vous amuser tous les soirs. Le lieu est original puisqu'il se compose de sept salles aux ambiances variées : bars, restaurants et boite de nuit. Les restaurants proposent de la cuisine du sud des États-Unis avec de nombreuses spécialités de fruits de mer. L'animation du soir est assurée par des groupes musicaux. La discothèque accueille les danseurs dans plusieurs salles aux musiques différentes : blues, reggae, rock, country... En somme, il est difficile de s'ennuyer au Seville Quarter !

ORGANISER SON SÉJOUR

Organiser des vacances à des milliers de kilomètres, cela ne s'improvise pas, et l'on ne compte plus les heures passées à surfer sur le web à la recherche des meilleurs bons plans. C'est encore plus complexe lorsqu'on ne connaît pas du tout la destination, et que celle-ci est réputée pour être plutôt chère, comme peut l'être la Floride. Alors, même après avoir réservé, il n'est pas rare que des doutes persistent jusqu'au jour du départ : l'hôtel choisi me permettra-t-il d'accéder facilement à toutes les attractions prévues ? Le mode de transfert depuis l'aéroport est-il vraiment le plus judicieux ? Ai-je sélectionné la meilleure compagnie aérienne ? Quel moyen de transport utiliser sur place pour ne pas perdre de temps ? Afin de vous éviter ces questionnements et le stress qui les accompagne, nous avons condensé nos conseils pratiques et futés dans ces pages. De quoi vous permettre de préparer sereinement votre voyage.

ORGANISER SON SÉJOUR

ARGENT

Monnaie. L'unique monnaie est le dollar US. Pièce se dit *coin* et monnaie se dit *change*. Le dollar est divisé en 100 cents. La pièce de 25 cents est appelée *quarter* (quart de dollar), celle de 10 cents *dime* (de très petite taille), celle de 5 cents *nickel* (plus grande que le *dime*). Celle de 1 cent appelée *penny* (toute petite) sert à faire l'appoint. Il existe aussi, mais d'un usage plus rare, des pièces d'un demi-dollar et d'un dollar. Toujours avoir une bonne réserve de *quarters*. Y consacrer même une bourse particulière, parce que ces pièces servent toute la journée : bus, parkings (attention les contractuelles sont rapides), péages d'autoroute... Côté billet on trouve des 1, 2, 5, 10, 20, 50 et 100 US$. Ils sont à l'effigie des premiers présidents américains, de George Washington pour 1 US$ à Benjamin Franklin pour 100 US$. Les billets de 1 dollar sont également très prisés pour les pourboires et pour faire l'appoint, là encore veillez à en avoir sur vous. Les cartes bancaires qu'on utilise couramment sont la Visa, la MasterCard et l'American Express.

Taux de change en avril 2023 : 1 US$ = 0,93 € ; 1€ = 1,07 US$.

BUDGET / BONS PLANS

Comptez de 100 US$ à 200 US$ par jour en moyenne si vous faites très attention, notamment à l'hôtellerie qui sera la partie la plus chère de votre voyage (en haute saison, comptez de 150 US$ minimum).

De manière générale, les prix flambent dans les grandes villes et les lieux touristiques, et sont divisés par trois dans les cités de taille plus réduite. Cette règle vaut pour tout : dans une grande métropole, comptez 100 US$ environ une chambre double dans un hôtel de charme, 70 US$ dans une petite communauté urbaine. Un repas ne vous coûtera jamais moins de 10 US$, de 20 US$ à 30 US$ dans un restaurant standard, et 45 US$ minimum dans un restaurant chic.

Les transports urbains coûtent en moyenne 1,50 US$ le ticket mais les taxis ont des prix un peu trop élevés par rapport aux distances parcourues en général. On vous recommande plutôt de prendre Uber ou Lyft qu sont implantés dans toutes les grandes villes de Floride.

L'entrée aux parcs d'attraction est tout le temps chère ; au minimum 100 US$ par parc.

PASSEPORT ET VISAS

Pour vous rendre aux Etats-Unis, il vous faut :

Un billet d'avion aller-retour qui prouve votre sortie du territoire américain, quelle que soit votre destination.

Un passeport biométrique en cours de validité.

Avoir obtenu votre ESTA au plus tard 72h AVANT le départ ! L'ESTA (Electronic System for Travel Authorization) est un questionnaire, identique au formulaire I94W qui était autrefois rempli dans l'avion (parmi les renseignements demandés figurent le numéro de passeport, le pays de résidence...). Adultes et enfants (quel que soit leur âge) sont soumis à cette procédure. Surtout, vérifiez bien que vous n'avez pas fait d'erreur d'orthographe sur vos noms et prénoms, au risque d'être embêté à la douane si vos papiers d'identité ne correspondent pas. Après avoir rempli et validé ce formulaire, le voyageur reçoit une autorisation de voyage électronique. Dans la plupart des cas, les agents de sécurité intérieure donnent en effet leur accord en ligne presque immédiatement en renvoyant la mention « autorisation approuvée ». L'autorisation est valable pour une durée de 2 ans ou jusqu'à expiration du passeport. L'autorisation ESTA (vous pouvez l'imprimer sur le site) pourra vous être demandée à l'enregistrement à l'aéroport (mais généralement les compagnies aériennes reçoivent automatiquement une notification d'attribution d'ESTA pour les passagers qui ont acheté un billet vers les Etats-Unis). A l'arrivée aux Etats-Unis, sachez que le douanier retrouvera automatiquement l'autorisation ESTA dans ses fichiers au moment où il scannera votre passeport.

Bon à savoir : la déclaration est à faire sur le site officiel https://esta.cbp.dhs.gov, et uniquement sur ce site. La demande est payante et coûte 21 US$.

Attention aux conditions d'entrée pour vos animaux de compagnie. Renseignez-vous avant votre départ pour savoir comment ils pourront vous accompagner.

Conseil. Avant de partir, pensez à photocopier tous les documents que vous emportez avec vous, ou bien numérisez-les et envoyez-les vous par mail. Vous emporterez un exemplaire de chaque document et laisserez l'autre à quelqu'un en France. En cas de perte ou de vol, les démarches de renouvellement seront ainsi beaucoup plus simples auprès des autorités consulaires.

INTERVIEW

L'ASSURANCE VOYAGE, LE MEILLEUR MOYEN POUR FAIRE FACE À DES FRAIS DE SANTÉ ÉLEVÉS À L'ÉTRANGER

avec le DR CÉDRIC RAMAUT, directeur médical d'Allianz Travel

Les frais médicaux sont-ils les mêmes selon les différentes régions du monde ?

Les frais médicaux sont en général plus élevés à l'étranger qu'en France. En Australie, une consultation médicale coûte en moyenne 2 fois plus cher qu'en France. Au Canada, elle est 3 fois plus chère et aux États-Unis, jusqu'à 7 fois.

La sécurité sociale et la mutuelle prennent-elles en charge les frais médicaux à l'étranger ?

La sécurité sociale fonctionne uniquement avec les pays avec lesquels la France a passé des accords. Il faut pour cela penser à demander sa carte européenne d'assurance maladie (CEAM). La sécurité sociale et la mutuelle couvriront alors les frais médicaux à l'étranger à hauteur de leur propre barème sous certaines conditions. Il est malgré tout conseillé de souscrire une assurance voyage, car la prise en charge des frais ne sera pas la même qu'en France.

À combien peut s'élever une consultation chez un médecin généraliste ou une hospitalisation à l'étranger ?

Aux États-Unis, au Canada et en Australie, une consultation chez un généraliste peut coûter entre 200 et 5 000 dollars, si le médecin a besoin de pratiquer des examens au cabinet. Le coût d'une hospitalisation peut lui atteindre plusieurs milliers de dollars par jour !

Quelle est la meilleure protection pour faire face aux frais médicaux ?

Cela va dépendre du pays dans lequel on voyage. Dans tous les cas il est indispensable de pouvoir faire face à des frais médicaux imprévus à l'étranger, et donc d'être en possession d'une couverture assistance médicale adaptée.

Les couvertures incluses dans certaines cartes bancaires ne sont-elles pas suffisantes ?

Les garanties, et notamment la prise en charge des frais médicaux, diffèrent suivant le type de cartes. Il est donc nécessaire de bien prendre connaissance de son contrat, car la plupart des cartes proposent des couvertures qui peuvent s'avérer insuffisantes.

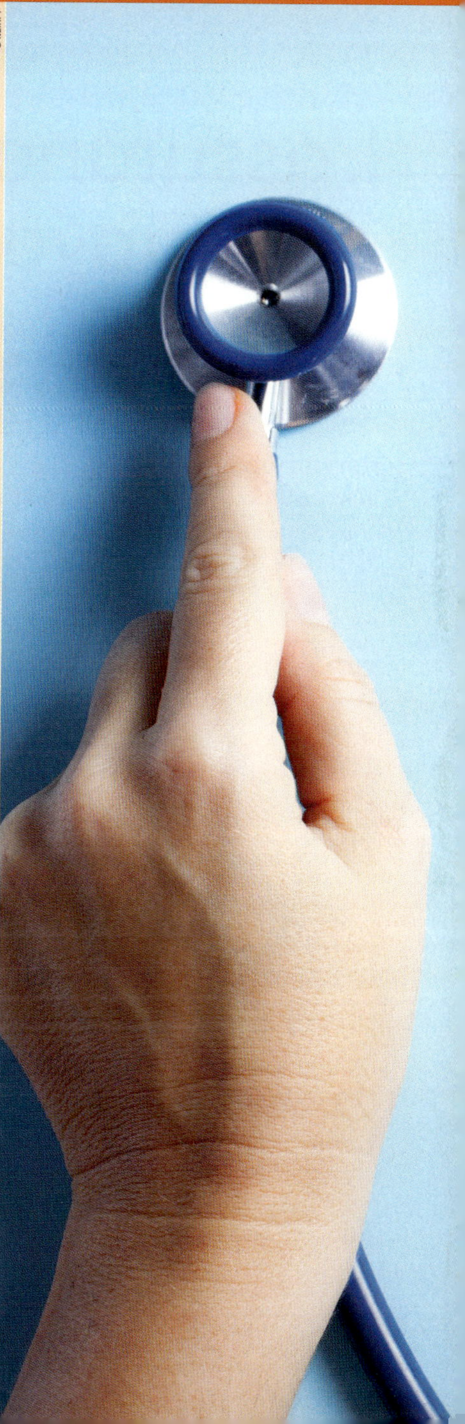

PERMIS DE CONDUIRE

Pour louer une voiture en Floride, il faut avoir 21 ans minimum et détenir son permis de conduire depuis au moins 12 mois.
Les compagnies de location appliquent systématiquement un supplément jeune conducteur aux personnes âgées de moins de 25 ans (environ 25 US$ par jour).

S'il n'est pas obligatoire pour des séjours de moins de 3 mois, nous vous conseillons de faire une demande de permis de conduire international. Cette demande gratuite se fait en deux étapes. Tout d'abord, faire une pré-demande en ligne sur le site de ANTS (Agence Nationale des Titres Sécurisés) en fournissant une copie de votre justificatif d'identité, votre justificatif de domicile de moins de 6 mois et votre permis de conduire. Vous aurez ensuite 15 jours pour envoyer par courrier des documents complémentaires : attestation de dépôt de demande en ligne, photo d'identité de moins de 6 mois (conforme aux normes) et enveloppe prête à poster, en lettre suivie 50g, à votre adresse. Les délais d'envoi des permis de conduire internationaux sont très variables, il est donc conseillé de faire sa demande 6 mois avant le départ. Le permis délivré est valable 3 ans et devra TOUJOURS être présenté avec votre permis de conduire français.

SANTÉ

Un voyage en Floride ne nécessite pas de vous faire vacciner avant de partir. Mais comme pour tout voyage, il est conseillé de mettre à jour vos vaccins contre le tétanos, la poliomyélite, l'hépatite B et la diphtérie. Sachez que l'eau du robinet est potable (sauf avis contrainte) et gratuite dans les restaurants (pour une carafe, demander *tap water*).

SÉCURITÉ

La Floride est un Etat assez sûr. Miami n'est plus la ville la plus dangereuse des USA depuis longtemps. La municipalité a beaucoup investi pour la sécurité des touristes et des retraités qui viennent y chercher tranquillité et sécurité. Les piétons, en dehors des centres-villes, doivent être très prudents, car les infrastructures ne sont pas toujours bien équipées pour leur laisser de la place en toute sécurité (absence de trottoirs, de passages piétons).

La Floride est souvent sujette aux ouragans de mai à novembre et plus particulièrement de septembre à novembre. En cas d'alerte, branchez-vous sur la chaîne météo de la télévision ou écoutez la radio. Le personnel de votre hôtel vous relaiera également les consignes de sécurité.

Les femmes peuvent tout à fait voyager sans crainte en Floride. A vous de faire attention lors de sorties en boîtes de nuit ou bars, deux précautions valent mieux qu'une. Si vous pouvez sortir sans crainte à Naples ou les villes à forte concentration de personnes âgées, soyez prudente dans les grandes villes comme Miami ou Tampa. La police est cependant extrêmement présente sur les lieux touristiques.

DÉCALAGE HORAIRE

Il y a 6 heures de moins en Floride par rapport à la France. Attention, Pensacola et son comté ont 7 heures de moins.

LANGUES PARLÉES

On peut presque dire que la Floride est bilingue, tant l'espagnol est présent du fait de sa population immigrée latine et tout particulièrement cubaine. La langue officielle reste l'anglais, mais le double affichage ou les publicités en espagnol sont très présents à Miami et dans le reste de la moitié sud de l'Etat. Le français est peu étudié et peu pratiqué sauf à la réception de quelques grands hôtels.

© STOCKSTUDIOX - ISTOCKPHOTO.COM

COMMUNIQUER

Trouver du Wifi ne sera pas un problème en Floride. Tous les hôtels disposent de connexion wi-fi (généralement gratuite mais parfois payante). Il en va de même pour de nombreux cafés, restaurants, lieux culturels, aéroports et gares... ainsi que certains visitor centers. Les plus grandes villes comme Miami mettent à disposition du public des réseaux wifi gratuits.

ELECTRICITÉ ET MESURES

Electricité. Le courant est en 110-120 volts et 60 périodes. Les prises américaines possèdent 2 fiches plates. Il est préférable de venir avec un adaptateur, il vous coûtera moins cher en France (environ 5 € l'adaptateur simple). Vous pouvez toutefois en acheter sur place dans une boutique multimédia, un supermarché ou à l'aéroport. Vous n'aurez pas besoin de transformateur de courant, car la plupart de nos appareils électriques (chargeurs de téléphone, d'ordinateur portable...) acceptent également ce type de voltage.

Distances. 1 mile = 1,609 km. Pour convertir mentalement les distances et les vitesses (en *miles per hour*), ajoutez au chiffre donné 50 %, puis à ce résultat 10 %. Le long de quelques autoroutes, mystérieusement, les distances sont aussi indiquées en kilomètres.

Capacités. 1 *gallon* = 3,785 l – 1 *quart* = 0,946l – 1 *pint* = 0,473l.

Longueurs. 1 *yard* = 0,918 m – 1 *foot* (pied) = 30,48 cm – 1 *inch* (pouce) = 2,54 cm.

Poids. 1 *pound* = 0,4536 kg – 1 *once* = 28,35 g.

Température. 32°F = 0°C – 104°F = 40°C. La conversion entre les degrés Farhenheit (°F) en vigueur aux Etats-Unis et les degrés Celsius (°C) est plus difficile à faire de tête. Le calcul exact consiste à retirer 32 au chiffre indiqué, à multiplier le résultat par 5, puis à diviser par 9. Plus facile, mais un peu moins exact : sous-traire 30 aux degrés Fahrenheit, diviser par 2 et ajouter 10 %.

BAGAGES

La crème solaire sera indispensable en Floride. Ne vous encombrez pas d'un spray anti-moustiques acheté en France, seuls ceux que vous trouverez en Floride seront réellement efficaces. Vous aurez rarement froid mais prévoyez tout de même une veste ou un gilet en prévision des matinées ou les soirées. Un parapluie et un imperméable ne sont pas de trop si vous voyagez entre juillet et novembre.

LES PHRASES CLÉS

Bonjour, je voudrais réserver un billet aller/retour pour…
Hello, I would like a round trip ticket for…

J'ai raté mon avion. Je voudrais échanger mon billet s'il vous plaît.
I missed my flight.I would like to change my ticket, please.

Mon vol est très en retard. Ma correspondance sera bien assurée ?
My flight is very delayed. Will I be able to make my connection?

Mes bagages ont été égarés, à qui dois-je m'adresser ?
My luggage was lost. Whom should I speak to?

Louez-vous des voitures avec chauffeur ?
Do you provide chauffeur-driven car rental service?

Je n'ai presque plus d'essence. Où se trouve la station-service la plus proche ?
I'm almost out of gas. Where is the nearest gas station?

S'Y RENDRE

Organiser son voyage peut être une expérience autant exaltante qu'angoissante. Pour vous aider à y avoir plus clair et vous concentrer sur l'essentiel, nous avons fait le tri ! Découvrez pour commercer les compagnies aériennes proposant des vols vers Miami ou Orlando, directs ou non selon votre budget et votre aéroport de départ. Comme souvent, plus vous vous y prendrez à l'avance, moins les prix seront élevés ! Afin de trouver les meilleurs tarifs, soyez aux aguets et n'hésitez pas à activer des alertes. Avoir des dates flexibles peut également permettre de baisser considérablement la note. Enfin, comme pour n'importe quelle destination, il faut garder en tête qu'il y a des périodes de l'année plus chères que d'autres en fonction du climat mais aussi des événements de grande envergure qui se déroulent sur place. En Floride, il s'agit généralement des mois de décembre, avril, mai, juillet et août, mais il y a toujours des exceptions.

AIR EUROPA

✆ 01 42 65 08 00

www.aireuropa.com

La compagnie aérienne espagnole Air Europa assure une liaison quotidienne de Paris-Orly à Miami via Madrid. En comptant l'escale, il vous faut prévoir environ 15 heures entre le décollage de Paris et l'atterrissage à Miami. Si vous n'êtes pas trop pressé, cette option est souvent plus économique qu'un vol direct et permet d'économiser une certaine somme. Le repas classique est inclus dans le billet, mais vous pouvez opter pour des menus spéciaux en supplément. Air Europa étant membre de l'alliance Skyteam, certains vols peuvent être opérés par Air France.

AIR FRANCE

✆ 09 69 39 36 54

Selon la saison, la compagnie Air France propose plus ou moins quinze vols hebdomadaires et directs entre Paris Charles-de-Gaulle et Miami : comptez de 9 heures 25 à 10 heures 15 de trajet. Les vols décollent en général de Paris en début d'après-midi pour atterrir à Miami en fin d'après-midi. Certains vols sont opérés par la compagnie Delta, aussi membre de l'alliée Skyteam. Des vols avec escale sont aussi possibles au départ de Rennes, Lyon, Marseille ou Toulouse. Air France propose également un système de point fidélités (*miles*) avantageux.

AMERICAN AIRLINES

✆ 08 21 98 09 99

Réservations en ligne ou par téléphone.

American Airlines propose des vols directs et quotidiens Paris-Miami et Paris-Fort Lauderdale. Comptez environ 10 heures de vol. A noter, American Airlines propose également des correspondances via Miami vers les villes de Key West, Tampa, Orlando, Jacksonville ou Pensacola. Les voyageurs fréquents peuvent adhérer au programme de fidélisation AAdvantage d'American Airlines qui offre de nombreux avantages, notamment la possibilité de gagner des miles et de les échanger contre des primes de voyages sur American Airlines et toutes les compagnies partenaires.

FRENCH BEE

MIAMI

Réservations en ligne ou par téléphone au 0825205205 (numéro payant).

La compagnie française low-cost French Bee, petite sœur d'Air Caraïbes, propose depuis décembre 2022 une liaison directe vers Miami au départ de l'aéroport Paris-Orly. Trois à quatre vols décollent de Paris chaque semaine les lundis, jeudis et samedis. Comptez environ 9 heures 50 de trajet à l'aller et 8 heures 55 au retour. Bon plan : les vols du lundi sont généralement moins chers. French Bee étant une compagnie low-cost, il faut prévoir un supplément pour emporter un bagage en soute ou consommer un repas, du moins si vous voyagez en classe économique.

SÉJOURS ET CIRCUITS

Si, par manque de temps ou d'envie, vous ne souhaitez pas organiser vos vacances en Floride vous-même, sachez que de nombreux voyagistes proposent des séjours tout inclus vers la destination. Vous pourrez ainsi opter pour des auto-tours avec des circuits pré-établis (zéro prise de tête !), des formules avec hébergement uniquement, ou encore d'autres avec ou sans activités. Vous pouvez ainsi opter pour un circuit d'une dizaine de jours incluant Miami, les Keys et les Everglades, choisir un séjour 100% parcs d'attractions à Orlando ou encore faire le tour de la Floride. Enfin, si vous avez envie d'explorer davantage les États-Unis, il existe également des voyages combinés, qui permettent en un même séjour de visiter Miami et d'autres villes américaines comme New York ou La Nouvelle-Orléans. Dans tous les cas, vous profiterez d'un voyage personnalisé qui collera au mieux à vos attentes. Cela promet une belle expérience !

ALTIPLANO VOYAGE

Route de la Bouvarde
EPAGNY METZ-TESSY
✆ 04 50 46 90 25
www.altiplano-voyage.com
Ouvert du lundi au vendredi de 8h à 13h et de 14h à 18h.

Ayant vécu ou baroudé à travers tout le pays, les spécialistes USA d'Altiplano vous conseillent pour composer votre voyage personnalisé. Grâce à leur expertise, découvrez Miami, Orlando, les Everglades, l'archipel des dix mille îles, Key Largo, Key West et tant d'autres endroits paradisiaques via le circuit de 12 jours « Les charmes de la Floride ». Les expériences proposées sont originales et authentiques, et tout est bien ficelé. Vous préparez votre séjour avec les recommandations d'expertes et partirez sereinement grâce à l'assistance 24h/24.

AMERIKASIA

48, rue Franklin
LYON (2e)
✆ 04 78 42 98 82
www.amerikasia.fr
Ouvert du lundi au vendredi de 10h à 18h, le samedi de 10h à 15h.

Comme son nom l'indique, Amerikasia est spécialisé dans les séjours en Amérique et en Asie. Toutes sortes de suggestions sont disponibles, avec plus ou moins d'autonomie selon le type de voyage désiré. Plusieurs auto-tours en tout liberté sont proposés, notamment « Floride et les Keys » (9 jours), parfait pour une première découverte de la Sun City et de ce divin archipel tout en se laissant porter par un programme complet. Il est aussi possible de réserver via l'agence l'hébergement et le vol uniquement (à Miami : Marseille Hotel ou Red South Beach).

AMERICAN MOTORS TRAVEL

73, avenue Henri Ginoux
MONTROUGE
✆ 01 47 46 09 58
www.american-motors-travel.com

L'Amérique a toujours fasciné les motards. Cette agence de voyages propose de vous y conduire, sur une Harley par exemple. Rendez-vous sur son site Internet pour connaître les trajets proposés. Son circuit, la traversée de l'Etat du Soleil « The Sunshine State » !, permet notamment de découvrir Miami, Fort Lauderdale, la célèbre Daytona Beach, le parc national des Everglades et Key West en deux-roues (10 jours). Le circuit « Enjoy the Sun vous » propose le même itinéraire, mais en voiture. Il est possible de voyager en formule accompagnée.

ANAPIA VOYAGES

5, Oletako Bidea
ASCAIN / AZKAINE
✆ 06 88 62 62 66
www.anapiavoyages.fr
Sur rendez-vous uniquement. Aix-en-Provence, Lyon ou Ascain.

Anapia Voyages a été créée par Sylvia, une Péruvienne vivant depuis plus de 30 ans en France. La richesse de ses programmes, à dominante culture et nature, s'appuie sur l'expérience de ses collaborateurs, guides ou producteurs de séjours et circuits. Le plus d'Anapia ? Panacher sur mesure des sites incontournables et des lieux inédits, de petites structures d'hébergement de charme avec de confortables hôtels typiques. A Miami, un séjour de 5 jours est proposé au Betsy Hotel. Anapia propose aussi un combiné Montréal/Miami au départ de Montréal.

CERCLE DES VOYAGES

31, avenue de l'Opéra
PARIS (1er)
✆ 01 40 15 15 19
www.cercledesvoyages.com
Tous les jours sauf dimanche 9h-20h, samedi 10h-18h30.

Les conseillers du Cercle des Voyages sont des spécialistes qui partageront avec vous leurs conseils et leurs petits secrets pour faire de votre voyage une expérience inoubliable et personnalisée. Confiez-leur vos habitudes de voyages, les différentes régions que vous souhaitez découvrir et co-concevez ensemble un voyage sur mesure, qui vous ressemble. L'agence propose par exemple un auto-tour de quinze jours en Floride ou une croisière vers les Caraïbes au départ de Miami, incluant deux jours de visite au cœur de la Magic City.

COMPTOIR DES VOYAGES

2-18, rue Saint-Victor - **PARIS** (5e)
✆ 01 53 10 30 15
www.comptoirdesvoyages.fr
Ouvert du lundi au samedi de 10h à 18h.
Egalement des agences à Marseille, Nice, Lyon, Toulouse, Bordeaux et Lille.

Comptoir des Voyages propose des autotours pour la Floride avec la possibilité de personnaliser votre voyage. Parmi les itinéraires individuels, « Floride tropicale » (13 jours) est un voyage tourné vers la mer et la détente, avec pour principales étapes Key West, Orlando, Naples et Miami. L'autotour « Les clefs du paradis » (9 jours), au nom évocateur, vous mènera à travers les Keys de Miami à Key West. Enfin, l'Itinéraire « Secrets de Floride » (14 jours) vous emportera jusqu'aux confins de l'Etat vers des destinations authentiques hors des sentiers battus.

JETSET VOYAGES

249, rue de Crimée
PARIS (19e)
✆ 01 53 67 13 00
www.jetset-voyages.fr
Ouvert du lundi au vendredi de 9h à 18h.

Jetset propose une offre à la carte en Floride, avec notamment plusieurs circuits au volant, comme « Floride Express » ou « La Floride en Famille ». Enfin, un circuit accompagné est aussi programmé : « Découverte de la Floride », pour goûter à l'animation de Miami Beach, au charme colonial de Key West, observer la faune des Everglades, lézarder sur les plages du golfe du Mexique et se divertir dans les parcs d'attractions d'Orlando à la carte. L'offre du tour-opérateur est très large, le mieux est de consulter le site pour faire son choix.

LES MAISONS DU VOYAGE

3, rue Cassette
PARIS (6e)
✆ 01 53 63 13 43
www.maisonsduvoyage.com

Loin du tourisme de masse, Les Maisons du Voyage réinventent pour vous le voyage à travers des escapades en individuel ou en groupe suivant des itinéraires maison. L'équipe, composée de spécialistes mais aussi de vrais voyageurs, apporte sa touche personnelle. Envie explorer la Floride en voiture ? Vous pouvez opter pour l'auto-tour « La Floride en famille » (13 jours) ou « Miami et Orlando en famille » (8 jours). Plutôt voyage sur mesure ? Le circuit « Miami autrement » (7 jours) et le combiné « New York et Miami autrement » (8 jours) devraient vous séduire.

USA TRAVEL

75, boulevard Louis Schmidt
BRUXELLES - BRUSSEL
✆ +32 2 734 97 00
usatravel.be
Ouvert du lundi au vendredi, de 9h à 18h.

USA Travel, c'est plus de 25 ans d'expérience pour organiser votre voyage sur mesure aux États-Unis, au Canada et ailleurs. Un éventail de circuits (libres ou accompagnés) à travers l'Est américain est disponible, notamment des séjours thématisés comme un spécial golf entre Floride et Bahamas ou un spécial familles. L'agence offre également une large gamme de prestations : transport, accueil, transferts, hébergements variés et pour tous les budgets, programme de visites guidées à Miami et dans toute la Floride. Ainsi que des garanties en cas de pépin.

WEST FOREVER

32, rue du Bassin-d'Austerlitz
STRASBOURG
✆ 03 88 68 89 00
www.westforever.com
Ouvert du lundi au vendredi de 9h à 12h et de 14h à 17h.

West Forever est LE spécialiste français des voyages en Harley Davidson. Aux États-Unis, et particulièrement en Floride, l'agence qui est certifiée « Authorized Harley-Davidson Tours » propose par exemple un Florida Tour de quinze jours ou quelques jours en Harley Davidson à la découverte de la célèbre Bike Week à Daytona Beach, qui réunit chaque année plus de 300 000 motards. En complément des offres du catalogue, on notera la possibilité de confectionner son propre voyage à la carte, avec l'aide de l'équipe. C'est le moment de rêver !

ITEAM-USA

9831 Nokay Dr.
✆ +1 407 929 5381
www.iteam-usa.com
info@iteam-usa.com
A contacter par téléphone ou email.

Envie d'authenticité dans votre séjour aux États-Unis ? Agence réceptive connue pour ses voyages d'entreprise méticuleusement préparés, Isabelle Chauffeton partage aujourd'hui son savoir-faire avec les particuliers en lançant *My Authentic Voyage.* L'humain, la nature et le service sont au cœur de sa philosophie. Hôtellerie, restauration, location de véhicule avec ou sans chauffeur, guides privés, excursions privées, rencontres avec des locaux sur les sujets qui vous intéressent : Isabelle saura vous préparer un voyage sur mesure !

© ITEAM-USA

© ITEAM-USA

AUTHENTIK USA

✆ +1 725 210 6996
www.authentikusa.com/fr-fr
N° Vert depuis la France : 0 805 080 055.

Cette agence spécialiste des États-Unis propose des road-trips qui plairont à tous les publics. Plusieurs autotours sont notamment proposés en Floride : « La Floride en camping-car » (quinze jours), « La Floride » (quinze jours) ou « Sous le soleil » (neuf jours). Il est possible de télécharger gratuitement des guides de voyage mais aussi de consulter des articles de blog très complets sur le site. À savoir : les séjours s'adaptent aux goûts et aux besoins de chacun. L'option « Mon road-trip sur mesure » permet d'aller encore plus loin dans la personnalisation.

CRUISE EN VOGUE

19201 Collins Avenue
MIAMI
✆ +1 954 691 0580
www.cruiseenvogue.com

Nathalie Woog, créatrice de voyages sur-mesure est une parisienne et une grande passionnée du globe ! Installée tout proche de Miami, elle est la fondatrice de Cruise en Vogue et se fera un plaisir de découvrir vos aspirations et créer avec vous un voyage qui vous correspond. Les croisières sont organisées sur des compagnies de bateaux mondialement reconnues et Nathalie vous prodiguera les meilleurs conseils et tarifs pour profiter pleinement de ce concept clés-en-main. Consultez le site Internet pour plus d'informations sur les séjours, ports de départ et dates.

RÉCEPTIF VOYAGES

FORT LAUDERDALE
✆ +1 786 441 2191
www.receptifvoyages.com

Réceptif Voyages est une agence réceptive spécialisée dans les voyages à destination des États-Unis. Elle propose des séjours clés en main en petit groupe, avec une équipe 100 % francophone. Parmi les destinations en Floride : Miami, Key West, Orlando et les parcs. De nombreuses activités sont aussi proposées en complément du voyage. Bonus : vous recevez un devis avec itinéraire détaillé par mail sous 24h au maximum. Réservation d'avions, d'hôtels et d'attractions partout en Floride. Laissez-vous guider, Réceptif Voyages s'occupe de tout ! Excellent relationnel.

INTERVIEW

LE VOYAGE-SUR-MESURE

AVEC STEVEN LE CHEVALIER ET MATHIEU VALLY DE QUOTATRIP

Quel est le concept de l'agence QuotaTrip ?

Quotatrip est la première plateforme de mise en relation entre voyageurs et agences locales. Grâce à elle, les voyageurs peuvent enfin échanger en direct avec des agences qui sont sur place et concevoir un voyage unique, au meilleur prix et 100% personnalisé.

Pourquoi voyager avec des agences locales ?

À l'inverse des agences traditionnelles, les agences locales sont des expertes de la destination choisie. Ce sont aussi les mieux placées pour concevoir des séjours qui sortent des sentiers battus. Elles sont ainsi en mesure de répondre à l'ensemble des envies, le voyageur rentre dans l'univers de l'equi-tourisme = le tourisme sans intermédiaire.

Quels sont les autres avantages pour les voyageurs ?

Il y a une multitude d'avantages. Cela permet notamment de ne pas voyager comme tout le monde, d'organiser de manière simple et rapide un séjour sur mesure et au meilleur prix. Fini les mauvaises surprises, les voyageurs posent toutes les questions qu'ils souhaitent et bénéficient d'un accompagnement sur mesure, de la conception du projet jusqu'à sa réalisation en toute sécurité car les agences référencées sont sélectionnées et recommandées par les journalistes des guides du Petitfute en toute impartialité.

Les démarches sont-elle simples à effectuer ?

Les sites de voyage en ligne font perdre beaucoup de temps aux internautes sans pour autant répondre entièrement à leurs désirs. QuotaTrip propose un formulaire simple et rapide qui permet de décrire les souhaits, les envies et les besoins. L'internaute reçoit aussitôt gratuitement et sans engagement les offres de trois ou quatre agences locales avec qui il peut ensuite échanger afin de personnaliser son projet grâce à la messagerie mise en place.

Quelles sont les destinations proposées ?

Notre plateforme propose plus de 21 000 projets de voyage sur plus de 100 destinations à travers le monde. De l'Amérique latine en passant par l'Asie et l'Afrique, nos mille agences partenaires sont là pour répondre à vos projets de voyage.

Décrivez votre projet de voyage. Echangez en direct avec les agences locales et partez au meilleur prix.

***Plus d'informations** : quotatrip.com*

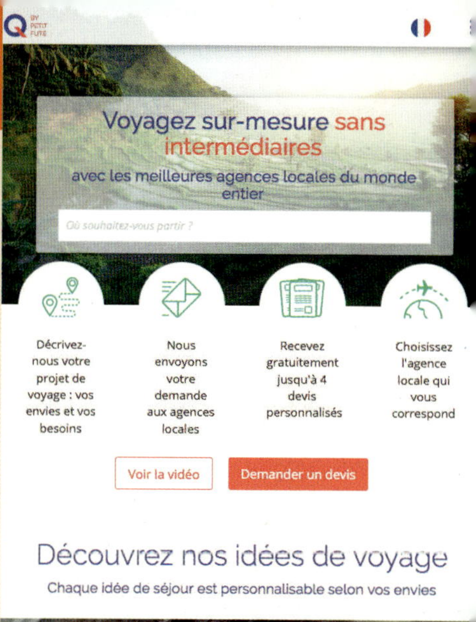

© D.R

© D.R

© D.R

SE LOGER

Les options d'hébergements en Floride ne manquent pas : auberges de jeunesse conviviales, motels abordables, *Bed and Breakfast* de charme, hôtels luxueux... Selon la période choisie, le budget logement peut toutefois rapidement exploser, surtout si vous prévoyez un long séjour sur les routes de Floride. Il peut alors être futé d'envisager des options alternatives, comme l'échange de maisons, qui permet de véritablement s'immerger dans la culture locale, ou le *couchsurfing*, particulièrement adapté si vous voyagez en solo ou à deux. Le principe : être hébergé gratuitement chez un particulier - le plus souvent sur son canapé - et ainsi partager une part de son quotidien et de sa culture. Une aubaine pour voyager à moindre coût ! Ces pratiques se sont aujourd'hui démocratisées et il est possible d'effectuer ses réservations sur des plateformes officielles afin d'encadrer les échanges et éviter les mauvaises surprises.

BEWELCOME €€

www.bewelcome.org

Le système est simple : être hébergé chez l'habitant, partout dans le monde. C'est le site Internet qui se charge de contacter les accueillants et les postulants puis de les mettre en contact, que ce soit en ligne ou dans la vraie vie. Avec leur carte interactive, les profils *des « welcomers »* s'affichent, avec leurs disponibilités. Certains font part de leurs projets de voyage afin de pouvoir trouver des affinités, des opportunités d'action avec les membres du site. Idéal pour un voyage solidaire et plein de belles rencontres !

HOME EXCHANGE €€

www.homeexchange.fr

Abonnement annuel 149 €.

Et si vous échangiez votre maison avec d'autres pour partir en vacances ? HomeExchange est une plateforme d'échange de maisons et d'appartements entre particuliers. L'idée : un site Internet pour échanger son logement (studio, appartement, villa...) moyennant un abonnement annuel à l'agence en ligne, qui se charge de la présentation du bien et de la mise en contact des intéressés. Un excellent moyen de faire des économies pour partir en vacances et réduire ainsi les frais d'hébergement sur place. Le choix est large, avec plus de 450 000 offres dans 159 pays.

COUCHSURFING €€

www.couchsurfing.com

Plateforme internet pour séjourner chez l'habitant. Tarif d'adhésion : 15€ environ.

Couchsurfing est le service d'hébergement gratuit en ligne regroupant le plus d'adhérents. Il suffit de s'inscrire pour accéder aux profils des locaux ou faire sa demande d'hébergement pour quelques jours, voire quelques semaines. En échange, vous pouvez par exemple inviter votre hôte à manger, lui offrir un cadeau ou bien l'accueillir chez vous. Le site Internet met en place des systèmes de contrôle : notation des membres, numéro de passeport exigé à l'inscription, etc. Les participants ont accès à des hébergements volontaires dans plus de 200 pays.

HOSTELWORLD €

www.hostelworld.com

Depuis 2005, cette centrale de réservation en ligne permet de planifier son séjour à prix corrects dans le monde entier. Hostelworld est spécialisé dans les logements peu onéreux (auberges de jeunesse ou *hostels*...) mais proposant des services et un cadre plutôt soignés. Pour chaque ville, le site propose une sélection pointue d'enseignes partenaires et vous n'aurez plus qu'à choisir l'adresse la plus pratique, la mieux située, ou la moins chère. En Floride, vous pourrez opter pour Orlando, Miami, Key West, Tampa ou encore Fort Lauderdale.

SE DÉPLACER

Avec une superficie de plus de 170 000 km², la Floride se hisse au 22e rang des États Américains. Les distances d'une ville à l'autre pouvant être conséquentes, louer une voiture est donc le meilleur moyen de profiter de votre séjour en toute liberté, et avec un maximum de flexibilité. Toutefois, le train et le bus peuvent s'avérer être des options économiques intéressantes pour certains trajets en particulier. Par exemple, si vous souhaitez réaliser un combo Miami/Orlando pour profiter des parcs d'attractions, il vous sera possible d'emprunter la nouvelle ligne de la compagnie ferroviaire Brightline qui relie les deux villes en trois heures (ouverture courant 2023). Il en va de même pour le trajet Miami/Key West qui peut s'effectuer en bus (comptez 4h30 à 6h de trajet). Dans ces deux cas, vous pourrez tout à fait vous passer de voiture une fois arrivé à destination, et compter sur la marche ou les VTC pour vous déplacer.

GREYHOUND STATION

4111 Northwest 27th Street - **MIAMI**
✆ +1 305 871 1810
www.greyhound.com
Ouvert 24h/24. Principales villes desservies par le réseau : Orlando, Miami, Tampa, Key West, Fort Lauderdale...

La compagnie américaine de bus Greyhound relie Orlando à la plupart des grandes villes américaines (Miami en 5h, Tampa en 1h30, Tallahassee en 5h15, Saint Augustine en 2h15...). La gare routière d'Orlando est située à Downtown mais il est aussi possible de prendre un bus directement depuis l'aéroport. Si vous souhaitez profiter des parcs d'attraction d'Orlando, nous vous conseillons de vous arrêter à la station de Kissimmee, à 15 miles de Disney World et 18 miles d'Universal Studio. Une option économique si vous avez du temps devant vous.

BRIGHTLINE

✆ +1 305 520 2300
www.gobrightline.com
Comptez 10 US$ pour Miami/Fort Lauderdale et 15 US$ pour Miami/West Palm Beach. En 2023 : Miami/Orlando.

Cette compagnie de train à grande vitesse relie Miami, Fort Lauderdale et West Palm Beach. Les trains de la Brightline sont confortables et très modernes avec Wifi gratuit à bord et prises USB. Une autre partie du tronçon de la *Brightline*, encore en travaux au moment où nous bouclons ce guide, permettra de relier Orlando à Miami en 3h, et ce dès 2023. La station se situe dans le terminal Sud de l'aéroport d'Orlando. C'est donc une très bonne nouvelle pour ceux qui souhaitent éviter de louer une voiture pour rejoindre les deux villes.

MEARS

ORLANDO
✆ +1 407 839 1570
www.mearstransportation.com
Taxis, navettes partagées, bus, transferts vers les parcs d'attractions. Réservations en ligne.

Mears est l'une des plus anciennes compagnies de taxis et de navettes d'Orlando. Elle a en effet commencé ses activités en 1939. Elle propose une multitude de trajets au départ d'Orlando et ses environs (bus, taxis, navettes pour les parcs...). Les réservations et paiement se font en ligne de manière simple. Vous pourrez notamment rejoindre directement DisneyWorld, Universal Studio, SeaWOrld ou encore Legoland et de nombreuses autres attractions touristiques au départ de l'aéroport. Il est également possible de réserver des navettes privatives.

PIRATE WATER TAXI

333 S Franklin Street - **TAMPA**
✆ +1 813 223 7999
www.piratewatertaxi.com
Dimanche au jeudi 11h30-21h30, vendredi et samedi jusqu'à 22h30. Pass journée illimité : 25 US$/adulte, 15 US$/enfant.

Un bateau-taxi très pratique qui parcourt toute la Tampa River et vous emmènera partout, ou presque, de façon très agréable et à prix doux grâce au pass à la journée. De nombreux points d'intérêts (musées, parcs, restaurants, hôtels...) sont accessibles très facilement après avoir débarqué. C'est une façon idéale de découvrir Tampa depuis les flots et de profiter de points de vue inédits sur les buildings et le paysage environnant. Les tickets peuvent être achetés en ligne ou à bord du bateau. Il est aussi possible d'opter seulement pour un aller simple.

B-CYCLE

FORT LAUDERDALE

✆ +1 754 200 5672

broward.bcycle.com

5 US$ les 30 minutes, 50 US$ maximum la journée.

B-Cycle vous propose la location de vélos électriques en libre-service sur tout le front de mer de Fort Lauderdale, et même à Lauderdale-by-the-Sea et Hollywood. Vous aurez la possibilité de payer en ligne ou directement sur place via une borne. C'est en fait le même système de location de vélos que les Vélibs à Paris, mais version électrique. L'application B-Cycle est très pratique pour localiser les bornes à proximité et le nombre de vélos disponibles. Une super manière d'explorer Fort-Lauderdale et ses environs tout en éviter de s'embarrasser d'une voiture.

BSP AUTO

✆ 01 86 26 90 80

www.bsp-auto.com

Site comparatif accessible 24h/24.

Il s'agit là d'un prestataire qui vous assure les meilleurs tarifs de location aux conditions les plus avantageuses auprès des grands loueurs de véhicules dans les gares, aéroports et les centres-villes du monde entier. Le kilométrage illimité et les assurances sont souvent compris dans le prix. Avec BSP Auto, vous pouvez réserver dès maintenant et payer seulement cinq jours avant la prise de votre véhicule. Autre bonus du courtier BSP : pas de frais de dossier ni d'annulation (jusqu'à la veille). La moins chère des options zéro franchise.

CITIBIKE

MIAMI

www.citibikemiami.com

4,95 US$/30m, 6,95 US$/1h, 10,95 US$/2h, 18 US$/4h, 24 US$/jour. Un mois : 35 US$. Si dépassement : 4,60 US$/30min.

Le Citibike est le système de location de vélos en libre-service de Miami, identique aux Vélib' parisiens. Vous trouverez plus de 165 stations entre Miami Beach et Downtown. Pour louer un vélo, c'est très simple : il suffit de choisir une durée et de payer par carte bancaire via la borne. Vous pourrez ensuite déposer votre vélo à n'importe quelle station. Astuce : en optant pour l'abonnement mensuel, vous bénéficierez d'une heure gratuite par jour. Pour que ce soit rentable, il faut tout de même faire beaucoup de vélo pendant votre séjour. Un calcul s'impose !

SCOOTERS SOUTH BEACH

1520 Collins Avenue

MIAMI

✆ +1 305 672 4346

https://scooterssouthbeach.com

Ouvert tous les jours de 10h à 18h30.

L'agence Scooters South Beach propose la location de Vespa, scooters, mini Hummer et Segway. Un emplacement idéal à South Beach, juste à côté de... tout ! L'agence peut aussi livrer et récupérer les véhicules sur votre lieu d'hébergement. SI vous louez un deux-roues ou un Segway, casques et cadenas sont fournis. Les Vespas sont très belles et bien entretenues, une maintenance régulière permet de louer en toute sérénité. Vous serez reçu en toute sympathie. Une option intéressante et moins onéreuse qu'une voiture pour se déplacer facilement dans Miami.

CONCH SCOOTERS

KEY WEST ✆ +1 305 747 8953

www.conchscooters.com

Lundi-samedi (9h-17h). Scooter : 60 à 80 US$/jour ; vélo : 20 à 25 US/jour. Livraison gratuite à votre hébergement.

À Key West, circuler en voiture et se garer peuvent être un véritable casse-tête, surtout durant la saison touristique. Les places sont rares et les tarifs élevés, même s'il existe quelques exceptions. Opter pour un scooter ou un vélo est donc un choix malin pour se déplacer plus librement. Vous pouvez faire confiance à Conch Scooters, une société de location sérieuse tenue par le très sympathique Scott Freeman. Les locations sont possibles à la journée ou à la semaine. Pratique : on vous apportera le véhicule où que vous soyez sur l'île. Testé et approuvé !

THE RIDE XPERIENCE

ORLANDO

https://www.theridexperience.com

Du lundi au samedi de 10h à 19h.

À partir de 35 US$ la journée, prix dégressif selon la durée de location.

Orlando est une ville qui se prête particulièrement bien à la découverte en vélo, grâce à ses 425 kilomètres de pistes cyclables et ses nombreux bike trails comme le Cady Way Trail ou le Lake Underhill Path. The Ride Xperience propose ainsi la location de différents modèles de vélo (classique ou électrique) selon votre niveau et le type de pistes que vous envisagez d'emprunter. Pratique : vous pouvez réserver en ligne et votre vélo vous sera livré à votre hébergement la veille au soir. Selon le vélo, le casque est fourni ou à louer en supplément.

S'INFORMER

Pour préparer votre voyage en Floride, vous trouverez bien sûr une foule d'informations sur Internet. C'est l'idéal pour dégrossir votre séjour et noter les attractions et activités qui vous tentent le plus. Une fois sur place, nous ne pouvons que vous conseiller de passer la porte des *Visitor Centers* présents un peu partout, équivalents des offices de tourisme. Vous y trouverez un grand nombre de brochures touristiques, de plans et de cartes en tout genre pour découvrir les environs de votre zone de visite. L'accueil est toujours très sympathique, alors n'hésitez pas à demander conseil. Le bon plan : il n'est pas rare que les employés de *Visitor Centers* distribuent des *vouchers* ou coupons de réduction pour faire découvrir aux visiteurs restaurants, hébergements ou activités. On trouve également une petite boutique de souvenirs, et parfois même de petits musées gratuits comme dans les Everglades ou dans certains parcs nationaux.

MAÎTRE CHRISTIAN SCHOEPP

1221 Brickell Avenue - **MIAMI**
✆ +1 305 215 9355
www.schoepplaw.com/fr
Prise de contact par email ou téléphone.

Après 10 ans en tant que haut fonctionnaire consulaire au Consulat général du Canada et des missions en tant que consultant pour le comté de Miami-Dade, Christian Schoepp a fondé son cabinet d'avocat dans le quartier de Brickell. Il compte aujourd'hui 22 ans d'expérience à son actif. Ses domaines d'activité sont larges : droit de la famille, blessure personnelle, fraude... Trilingue, il parle français, anglais et espagnol. Particularité : en prenant rendez-vous, vous bénéficierez directement d'une consultation initiale avec Christian Schoepp.

CARNETS DE VOYAGE

36, Boulevard de la Bastille
PARIS (12e)
www.us.phoenix-publications.com

Publié par les éditions Phoenix, qui comptent déjà plusieurs revues à leur actif, ce trimestriel est consacré aux voyages avec des focus dédiés à la découverte d'une ville, d'une région, que ce soit en France, en Europe ou dans le monde. *Carnets de Voyage*, un magazine utile pour nous faire découvrir le meilleur d'une destination et nous faciliter le voyage. Pour de grandes ou petites escapades, les rédacteurs nous invitent à entrer dans leurs textes vivants, complétés de conseils pratiques, d'un agenda, de bonnes adresses et de superbes photos.

VISIT FLORIDA

TALLAHASSEE
✆ +1 888 735 2872
www.visitflorida.com

Site officiel de l'office du tourisme de Floride. Une mine d'informations sur les principales adresses et activités à travers l'État. Hébergements, restaurations, bars, loisirs, bons plans, parc d'attraction... tout y passe ! Également des idées de séjour par thématique (éco-friendly, en famille, road-trip...), ainsi que la liste de tous les Visitors Center floridiens. Le site est disponible en version française. Ce sera donc votre meilleur allié pour préparer votre voyage et dégoter des visites, qu'elles soient incontournables ou hors des sentiers battus !

DESTINATION USA

shop-vasco.com/destination-usa

On baigne dans la culture américaine : littérature, cinéma, musique, séries... D'ailleurs, lorsqu'on débarque pour la première fois aux USA, on est saisi par une impression de « déjà-vu » tant nos rétines sont imprégnées d'images et de sons de ce pays. Avec ses dossiers complets sur des villes comme La Nouvelle-Orléans, New York ou San Francisco, ses carnets de voyage nature en Oregon ou dans le Wyoming, ses *road trips* sur la route du blues ou la Pacific Highway, le trimestriel *Destination USA* est rapidement devenu la bible de tous les amoureux des « States ».

RESTER

Le saviez-vous ? Il existe une grande communauté francophone en Floride avec plus de 30 000 personnes y résidant à l'année. Le français est d'ailleurs la troisième langue de la ville, après l'anglais et l'espagnol. Les démarches pour s'installer sont toutefois longues et fastidieuses et il vous faudra un précieux sésame, à savoir un visa américain. La liste est longue : visa étudiant, investisseur, professions spécialisées, conjoint... À moins que vous n'ayez un sésame encore plus précieux : la Green Card, une carte qui permet à un citoyen non-américain de s'installer de façon permanente et de travailler aux États-Unis. Pour l'obtenir, il faut participer à la *Diversity Visa Lottery* et espérer être parmi les 50 000 personnes tirées au sort chaque année. Autre possibilité : épouser un citoyen américain ou être sponsorisé par une entreprise américaine. N'hésitez pas à vous faire accompagner dans ces démarches, souvent fastidieuses.

ACTION CONTRE LA FAIM

102, rue de Paris - **MONTREUIL**
✆ 01 70 84 70 70
www.actioncontrelafaim.org
Par téléphone de 9h à 13h et de 14h à 18h.
ONG internationale spécialisée dans la lutte contre la faim dans le monde, active dans les domaines de la nutrition, santé, sécurité alimentaire, de l'eau, de l'assainissement. L'association intervient dans des situations de crise. Le but étant de rendre les populations autonomes d'un point de vue de la nutrition, en apportant une aide concrète et en formant les intervenants locaux qui prendront le relais. Ses missions de volontariat durent de trois mois à un an en Afrique, Asie, Amérique, Europe centrale, dans le Caucase, au Moyen-Orient et dans les Caraïbes.

CIDJ

www.cidj.com
Le Centre d'Information et de Documentation Jeunesse a été créé en 1969, sous la tutelle du ministère de la Jeunesse et des Sports. Le site Internet est bien fait et très complet. La rubrique « Partir à l'étranger » fournit des informations pratiques aux jeunes qui ont pour projet d'aller vivre à l'étranger. Il y a une rubrique spécifique dédiée à chacun des thèmes suivants : travail, étude, stage, volontariat international et séjours linguistiques. Pour vous aider dans vos démarches, vous pouvez avoir un entretien gratuit avec un conseiller du CIDJ.

AEFE

23, place de Catalogne
PARIS (14e)
✆ 01 53 69 30 90
www.aefe.fr
Cette agence, sous tutelle du ministère des Affaires étrangères, anime et gère un réseau de près de 500 établissements d'enseignement français à l'étranger, dans près de 140 pays. Des centaines de milliers d'élèves, dont une forte proportion de Français, fréquentent ces établissements. Offres d'emploi à l'international pour les titulaires de la fonction publique et informations sur la politique pédagogique émaillent le site Internet de cet organisme qui soutient également l'association Anciens des lycées français du monde est particulièrement bien fait.

ÉDUCATION NATIONALE

www.education.gouv.fr
Modalités sur www.france.diplomatie.fr/mfi.
Vous êtes enseignant ou fonctionnaire d'État, vous souhaitez travailler à l'étranger ? Consultez le site du ministère de l'Éducation nationale, il informe sur les conditions de mobilité dans le monde. Cette initiative peut s'inscrire dans un parcours professionnel. Elle permet d'exercer son métier dans des conditions spécifiques, ou un autre métier et diversifier ainsi son expérience en enrichissant ses compétences. Les personnels d'encadrement peuvent aussi postuler dans des organismes internationaux ou de l'Union européenne.

MINISTÈRE DE L'EUROPE ET DES AFFAIRES ÉTRANGÈRES

www.diplomatie.gouv.fr

Site Internet officiel pour connaître les formalités d'entrée et séjour dans le pays. Dans la rubrique « Services aux Français », vous trouverez un guide de l'expatriation, les modalités de demandes de documents officiels. Sur la page d'accueil en sélectionnant le pays, vous obtenez les contacts des ambassades. Dans l'espace politique, économie et socio-culturel, quantité d'informations et de communications utiles pour qui s'intéresse aux réalités du pays.

WEP FRANCE

95, avenue Ledru Rollin
PARIS (11e)
✆ 01 48 06 26 26
www.wep.fr

WEP propose plus de 50 projets éducatifs et séjours linguistiques dans une trentaine de pays pour une durée allant de une semaine à 18 mois. Quel que soit votre projet d'études ou de volontariat à l'étranger, vous trouverez sur le site de WEP une rubrique qui y sera consacrée : étudier au lycée, dans une université, partir en séjour linguistique, faire une expérience professionnelle dans le cadre d'un stage ou vivre en immersion dans une famille. Possibilité également de planifier des programmes combinés (études et projet humanitaire par exemple).

FRÉDÉRIQUE CARRÉ - PREMIER SOTHEBY'S INTERNATIONAL REALTY

1117 International Parkway - **ORLANDO**
✆ +14073331900
www.frederiquesellsflorida.com

Cet agent immobilier basé à Orlando est une mine d'or pour les francophones qui souhaitent acheter une maison ou un appartement dans la région. Il leur recommande les meilleurs biens dans les meilleurs quartiers et leur explique les différentes étapes de l'acquisition, avant de leur conseiller des comptables, des banquiers, des avocats d'immigration, des assureurs et des gestionnaires de biens, généralement francophones. Un service rassurant qui permet d'éviter bien des écueils.

BUSINESS FRANCE

77, Boulevard Saint-Jacques
PARIS (14e)
✆ 01 40 73 30 00
Ouvert en semaine de 8h30 à 18h30.

L'Agence pour le développement international des entreprises françaises travaille en étroite collaboration avec les missions économiques. Le site Internet recense toutes les actions menées, les ouvrages publiés, les événements programmés et renvoie sur la page du Volontariat International en Entreprise (VIE). Fondée en 2015, cette structure est née de la fusion entre Ubifrance et l'Agence française pour les investissements internationaux. Elle est affiliée au Ministère de l'Europe et des Affaires étrangères et au Ministère de l'Économie et des Finances.

CAPCAMPUS

www.capcampus.com

CapCampus fut l'un des premiers portails étudiants français en ligne. Dans la rubrique dédiée aux stages et aux premiers emplois, vous trouverez aussi des offres pour l'étranger, classées par pays. Celles pour les Etats-Unis ne sont pas très nombreuses, le mieux est de consulter le site régulièrement pour ne pas passer à côtés des offres intéressantes. Le site est également utile pour se familiariser avec la vie aux Etats-Unis, car il propose également toutes les informations pratiques pour bien préparer son départ et son séjour à l'étranger.

VIE - VOLONTARIAT INTERNATIONAL EN ENTREPRISE

✆ 04 96 17 26 50
mon-vie-via.businessfrance.fr

Le VIE est destiné aux jeunes de 18 à 28 ans. Il s'effectue en entreprise, dans une ONG, dans une collectivité locale ou dans un service de l'État – allant de l'ambassade à l'établissement culturel en passant par le consulat. Par ailleurs, il peut durer de 6 à 24 mois et être renouvelé une fois, de deux ans au plus. Enfin, sa rémunération mensuelle est constituée d'un salaire fixe de 749,33 € et d'une indemnité supplémentaire dont le montant varie selon la mission.

INDEX

© CRISTIAN LAZZARI - ISTOCKPHOTO

Islamorada.

ÉDITION

Directeurs de collection et auteurs : Dominique AUZIAS et Jean-Paul LABOURDETTE

Auteurs : Ceyliane RATTO, Saliha HADJ-DJILANI, Romain RISSO, Juliette COURTOIS, Sylvie DEL COTTO, Baptiste THARREAU, Amandine GLEVAREC, Corentin LAPLANCHE-TSUTSUI, Priscilla PARARD, Mathias DESHOURS, Lucie DOROTHE, Mily NEAU, Philippe DAGOUASSAT, Sandra FONTAINE, Jean-Paul LABOURDETTE, Dominique AUZIAS et alter

Directeur Editorial : Stéphan SZEREMETA

Rédaction Monde : Laure CHATAIGNON, Morgane VESLIN, Pierre-Yves SOUCHET, Natalia COLLIER, Julie BEZ

Rédaction France : Briséis CREAC'H-MENUT, Audrey VEDOVOTTO, Marie VIGNERON, Nicolas WODARCZAK, Mélanie PEILLET

FABRICATION

Maquette et Montage : Romain AUDREN, Julie BORDES, Delphine PAGANO

Iconographie et Cartographie : Anne DIOT, Julien DOUCET

WEB ET NUMÉRIQUE

Directeur Web : Louis GENEAU de LAMARLIERE

Technical Project Manager : Hervé MARION

Développeurs : Guillaume BARBET, Adeline CAUX

Intégrateur Web : Mickael LATTES, Antoine DION

Webdesigner : Caroline LAFFAITEUR

Community Traffic Manager : Alice BARBIER, Noémie LE SAUX

Content Manager : Aliénor de PERIER

DIRECTION COMMERCIALE

Directeur commercial : Guillaume VORBURGER

Coordinatrice des Régies commerciales : Manon GUERIN

Account Manager Marketplace : Leila ROUGEOT

Responsable Régies locales : Michel GRANSEIGNE

Responsables Développement régie inter : Jean-Marc FARAGUET, Guillaume LABOUREUR et Camille ESMIEU

Assistante commerciale Régie internationale : Leila ANTRI-BOUZAR

Chefs de Publicité Régie nationale : Caroline AUBRY, François BRIANCON-MARJOLLET, Perrine DE CARNE MARCEIN, Jonathan TOUTOUX

Régie FLORIDE : Bertille TAUPIN et Antoine CALVINO

DIFFUSION ET PROMOTION

Directrice des Ventes : Bénédicte MOULET assistée d'Aissatou DIOP

Responsable des ventes : Jean-Pierre GHEZ assisté de Nelly BRION

Relations Presse-Partenariats : Jean-Mary MARCHAL

ADMINISTRATION

Président : Jean-Paul LABOURDETTE

Directrice des Ressources Humaines : Dina BOURDEAU assistée de Sandra DOS REIS et Eva BAELEN

Directrice Administrative et Financière : Valérie DECOTTIGNIES

Comptabilité : Guillaume PETIT, Aminata BAGAYOKO, Jeannine DEMIRDJIAN et Adama DIABY

Recouvrement : Fabien BONNAN assisté de Sandra BRIJLALL

Responsable informatique : Elie NZUZI-LEBA

PETIT FUTÉ FLORIDE

LES NOUVELLES ÉDITIONS DE L'UNIVERSITÉ
18, rue des Volontaires - 75015 Paris.
© 01 53 69 70 00 - Fax 01 42 73 15 24
Internet : www.petitfute.com
SAS au capital de 1 000 000 € - RC PARIS B 309 769 966

Couverture : Lamentin © THIERRY EIDENWEIL

Impression : CORLET IMPRIMEUR 14110 Condé-en-Normandie

Achevé d'imprimer : Mai 2023

Dépôt légal : 18/06/2023

ISBN : 9782305068695

Pour nous contacter par email, indiquez le nom de famille en minuscule suivi de @petitfute.com
Pour le courrier des lecteurs : info@petitfute.com

IMPRIMÉ EN FRANCE

L

M

N

O

P

R

S

T

U

V

W